D1754531

Wörterbuch
Spanisch

Wörterbuch Spanisch

Spanisch-Deutsch
Deutsch-Spanisch

Berlitz®

Die Nennung von Waren erfolgt in diesem Werk, wie in Nachschlagewerken üblich, ohne Erwähnung etwa bestehender Patente, Gebrauchsmuster oder Marken. Das Fehlen eines solchen Hinweises begründet also nicht die Annahme, eine nicht gekennzeichnete Ware oder Dienstleistung sei frei.

© Berlitz Publishing, München
Printed in Germany
www.berlitzpublishing.de
Berlitz ist eine beim U.S. Patent Office
und in anderen Ländern eingetragene Marke.
Marca Registrada.
Marke von Berlitz Investment Corporation lizenziert.
ISBN 3-468-73087-X

Inhaltsverzeichnis
Indice

	Seite
Hinweise für die Benutzung des Wörterbuches – Indicaciones para el uso del diccionario	7
Erklärung der im Wörterbuch angewendeten Zeichen und Abkürzungen – Explicación de los signos y abreviaturas empleados en el diccionario	13
Die Aussprache des Spanischen – La pronunciación de las palabras españolas	15
Die Aussprache des Deutschen – La pronunciación de las palabras alemanas	18
Wörterverzeichnis Spanisch-Deutsch Vocabulario Español-Alemán	21
Wörterverzeichnis Deutsch-Spanisch Vocabulario Alemán-Español	283
Spanische geographische Eigennamen – Nombres propios geográficos españoles	539
Deutsche geographische Eigennamen – Nombres propios geográficos alemanes	544
Spanische Abkürzungen – Abreviaturas españolas	549
Deutsche Abkürzungen – Abreviaturas alemanas	554
Die Konjugation der spanischen Verben – La conjugación de los verbos españoles	560
Zahlwörter – Numerales	573

Prefacio

Nos hallamos en el umbral de la Europa sin fronteras. Con la introducción de la moneda única, el euro, Europa ha dado un paso decisivo hacia los ideales que, tras 1945, formularon Jean Monnet y Robert Schuman. Esto significa también que los conocimientos de idiomas tienen cada vez mayor importancia. Vale esto no sólo para el turista, sino de manera muy especial para el hombre de negocios al igual que para el técnico, el político, el deportista y el artista.

El rasgo más característico y, por ende, más destacado de este diccionario es el vocabulario ofrecido: en la selección de los vocablos y giros que desbordan el léxico general, se ha dado prioridad a los sectores especiales economía, comercio, viajes y oficina, sin dejar de destacar también ámbitos tan importantes como la política, técnica y cultura. Con conceptos como *agujero de ozono, cepo, doble imposición, efecto invernadero, envase no retornable, impacto ambiental, no contaminante, prejubilación, sin plomo o tarjeta de teléfono* queremos ofrecerle al mayor número posible de personas una ayuda práctica y útil en la comunicación lingüística de la nueva Europa.

Vorwort

Wir stehen heute an der Schwelle zu einem Europa ohne Grenzen. Mit der Einführung der gemeinsamen Währung ist Europa den Idealen, wie sie Jean Monnet und Robert Schuman nach 1945 formulierten, ein gutes Stück nähergerückt. Das bedeutet auch, daß Sprachkenntnisse an Bedeutung noch gewinnen werden. Dies gilt nicht nur für den Urlaubsreisenden, sondern insbesondere für den Geschäftsmann, wie auch für den Techniker, den Politiker, den Sportler, den Künstler.

Charakteristisches und damit wichtigstes Merkmal dieses Wörterbuches ist der dargebotene Wortschatz: Das Schwergewicht bei der Auswahl der über den allgemeinsprachlichen Wortschatz hinausgehenden Wörter und Wendungen lag dabei auf den Sachgebieten Wirtschaft, Handel, Reise und Büro, wobei aber auch so wichtige Gebiete wie Politik, Technik und Kultur gebührende Berücksichtigung fanden. Begriffe wie *Doppelbesteuerung, Einwegflasche, Ozonloch, Parkkralle, schadstofffrei, Telefonkarte, Treibhauseffekt, Umweltbelastung, unverbleit, Vorruhestand* bieten möglichst vielen Menschen eine praktische und nützliche Hilfe bei der sprachlichen Kommunikation im neugestalteten Europa.

Hinweise für die Benutzung des Wörterbuches
Indicaciones para el uso del diccionario

1. **Die alphabetische Reihenfolge** ist überall streng eingehalten. Die Umlaute ä, ö, ü wurden hierbei den Buchstaben a, o, u gleichgestellt. An alphabetischer Stelle sind auch die wichtigsten unregelmäßigen Formen der spanischen Verben angegeben.

2. **Rechtschreibung.** Für die Schreibung der deutschen Wörter dienten als Norm die amtlichen Regeln für die deutsche Rechtschreibung (Duden), für die spanischen Wörter die Regeln der Real Academia Española.

3. **Phonetische Angaben**

   a) **Die Aussprache** der Stichwörter wird in eckigen Klammern durch die Zeichen der Association Phonétique Internationale angegeben (s. S. 15 und 18).

   b) **Die Betonung** der deutschen Wörter wird durch das Tonzeichen (') vor der betonten Silbe angegeben. Bei mit Tilde angehängten Stichwörtern, deren Betonung mit der des Hauptstichwortes übereinstimmt, entfällt das Tonzeichen. Bei Gruppenartikeln ist der Tonwechsel zu beachten, z. B. **über...:** '2blick; ~'blicken.

4. **Tilde und Strich.** Abgeleitete und zusammengesetzte Wörter sind zwecks Raumersparnis oft zu Gruppen vereinigt.

1. **El orden alfabético** queda rigurosamente establecido. Las metafonías ä, ö, ü fueron tratadas como las vocales simples a, o, u. En el correspondiente lugar alfabético se hallan también las formas irregulares más importantes de los verbos españoles.

2. **Ortografía.** Para las voces alemanas han servido de norma las reglas oficiales que rigen para la ortografía alemana (Duden); para las españolas las reglas establecidas por la Real Academia Española.

3. **Indicaciones Fonéticas**

   a) **La pronunciación** de las voces-guía se indica entre corchetes, utilizando los símbolos de la Asociación Fonética Internacional (v. págs. 15 y 18).

   b) **Acentuación.** La sílaba en que carga la pronunciación de las palabras alemanas va marcada con un acento (') delante de la sílaba tónica. En las voces-guía añadidas con una tilde, cuya acentuación coincide con la de la voz-guía principal, se omite el acento ápice. Si varias palabras van reunidas en párrafo bajo una «voz-guía» (vocablo común), hay que tener en cuenta el cambio de acento, v.gr. **über...:** '2blick; ~'blicken.

4. **Tilde y Raya.** Para reservar todo el espacio disponible a las voces-guía, las palabras derivadas y compuestas se han reunido casi siempre en grupos.

Der senkrechte Strich (|) im ersten Stichwort einer solchen Gruppe trennt den Teil ab, der allen folgenden Wörtern dieser Gruppe gemeinsam ist.

Die Tilde (~) vertritt entweder das ganze erste Stichwort einer Gruppe oder den vor dem senkrechten Strich (|) stehenden Teil dieses Stichwortes. Die Tilde vertritt außerdem in Wendungen innerhalb des Artikels das ganze, unmittelbar vorhergehende Stichwort, das selbst schon mit Hilfe der Tilde gebildet sein kann. Wenn sich der Anfangsbuchstabe ändert (groß in klein oder umgekehrt), steht statt der Tilde die Tilde mit Kreis (⦵).

Beispiele: **Schuh**, **~geschäft** = Schuhgeschäft; **Schul|ung**, **~zeit** = Schulzeit; **Scheide**, ⦵n (= scheiden), *sich ~ lassen* = sich scheiden lassen; **Schema**, ⦵tisch = schematisch.

5. **Der Bindestrich** (-) findet als Abkürzungszeichen vor der Endung -a der weiblichen Form von Substantiven Verwendung und bedeutet Ersatz des Endvokals -o der Maskulinform durch -a oder Anhängung des a an den Endkonsonanten der Maskulinform. Außerdem wird er verwendet bei Ersatz der Endung mit Akzent durch Endung ohne Akzent; z. B. **suizo** *m*, **-a** (= *suiza*) *f* Schweizer(in); **español** *m*, **-a** (= *española*) *f* Spanier (-in); **Berliner(in)** berlinés, -esa (= *berlinesa*).

6. **Der kurze Strich** (-) in Wörtern wie Ab-art usw. deutet die Trennung von Sprechsilben an, um den Ausländer vor Irrtümern in der Aussprache des Deutschen zu bewahren.

7. **Wörter gleicher Schreibung,** aber von verschiedener Abstammung oder verschiedener Wortart sind getrennt aufgeführt und in solchem Falle mit [1], [2] usw. bezeichnet worden, z. B. **Heide**[1] ['haɪdə] *m* (-n; -n) pagano *m*; (neuer Titelkopf:) **Heide**[2] *f* (-; -n) brezal *m*; landa *f*

La raya (|) separa de la voz-guía la parte común de todas las demás voces del grupo.

La tilde (~) sustituye la primera voz-guía entera de un grupo o bien la parte de la voz-guía que precede a la raya (|). La tilde sustituye además, en locuciones dentro del artículo, la voz-guía entera que precede inmediatamente y puede ser formada ella misma por medio de la tilde. La transformación de mayúscula en minúscula o viceversa se indica por el signo ⦵.

Ejemplos: **Schuh**, **~geschäft** = Schuhgeschäft; **Schul|ung**, **~zeit** = Schulzeit; **Scheide**, ⦵n (= scheiden), *sich ~ lassen* = sich scheiden lassen; **Schema**, ⦵tisch = schematisch.

5. **El guión** (-) se emplea como signo de abreviación delante de la letra final -a de la forma femenina de sustantivos y significa sustitución de la -o final del masculino por -a, o agregación de esta letra a la consonante final del masculino precedente. Además se usa el guión para sustituir una terminación con acento por otra sin acento; v.g. **suizo** *m*, **-a** (= *suiza*) *f* Schweizer(in); **español** *m*, **-a** (= *española*) *f* Spanier(in); **Berliner(in)** berlinés, -esa (= *berlinesa*)

6. **El trazo corto** (-) en palabras tales como Ab-art, etc. indica la separación prosódica de las sílabas, para que ateniéndose a ella evite el extranjero una defectuosa pronunciación de la palabra alemana.

7. **Voces de igual ortografía,** pero de etimología diferente o pertenecientes a partes de la oración distintas se encuentran en apartes distintos y marcadas en tal caso con [1], [2], etc., v.g. **Heide**[1] ['haɪdə] *m* (-n; -n) pagano *m*; **Heide**[2] *f* (-; -n) brezal *m*; landa *f*

8. Die runden Klammern ( ). Wenn in einem Wort einzelne Buchstaben in runden Klammern stehen, so handelt es sich um zwei unterschiedslos gebräuchliche Formen, z. B. **confes(i)onario** = confesonario oder confesionario = *Beichtstuhl*

9. Die grammatischen Bezeichnungen (*adj, adv, v/t, v/i, prp* usw.) sind da, wo beide Sprachen übereinstimmen, weggelassen worden, außer wo eine Unterscheidung notwendig war.

Das Geschlecht (*m, f, n*) ist bei allen spanischen und deutschen Substantiven angegeben.

10. Die Rektion der Verben ist nur da angegeben, wo sie in beiden Sprachen verschieden ist.

11. Übersetzung und Bedeutung. Die Bedeutungsunterschiede sind gekennzeichnet: durch Synonyme in runden Klammern; durch vorgesetzte spanische bzw. deutsche Ergänzungen oder Erklärungen; durch vorgesetzte bildliche Zeichen oder Abkürzungen.

Durch Komma werden gleiche oder ähnliche Bedeutungen getrennt, das Semikolon trennt unterschiedliche Bedeutungen. Wesentliche Bedeutungsunterschiede bzw. verschiedene Wortarten werden durch Zahlen oder Buchstaben gekennzeichnet.

12. Grammatische Angaben

A) Spanische Verben: Bei jedem spanischen Verb weisen die in runden Klammern stehenden Zahlen und Buchstaben auf das entsprechende Konjugationsmuster im Anhang hin (s. S. 560).

B) Deutsche Substantive und **Verben:**

a) Bei jedem deutschen **Substantiv** wird die Genitiv- und die Pluralform angegeben:

8. Los paréntesis ( ). Cuando en una voz ciertas letras están entre paréntesis, se trata de dos formas que se usan sin distinción de sentido, v.g. **confes(i)onario** = confesonario o confesionario = *Beichtstuhl*

9. Las advertencias gramaticales (*adj, adv, v/t, v/i, prp*, etc.) quedan omitidas siempre que los dos idiomas concuerden entre sí, excepto cuando resulte necesaria una diferenciación.

Se indica **el género** (*m, f, n*) de todos los sustantivos españoles y alemanes.

10. El régimen de los verbos se indica solamente si hay diferencia en este punto entre los dos idiomas.

11. Traducción y significación de las palabras. Las diferencias de significación se indican: anteponiendo a la traducción un sinónimo entre paréntesis; por medio de complementos o explicaciones antepuestos a la traducción; por signos o abreviaturas convencionales.

Por medio de la coma se separan significados idénticos o similares. El punto y coma separa diferentes significados. Por medio de números o letras se separan diferencias de significado considerables o bien diferentes clases de palabras.

12. Instrucciones gramaticales

A) Verbos españoles: En cada verbo español, los números y letras entre paréntesis aluden al paradigma de conjugación correspondiente indicado en el apéndice (v. pág. 560).

B) Sustantivos y **verbos alemanes:**

a) En cada **sustantivo** alemán se indica el genitivo y el plural:

Affe *m* (-n; -n) = des Affen; die Affen

Das „e" in eckigen Klammern bedeutet, daß der Genitiv mit „s" oder mit „es" gebildet werden kann: Das Zeichen „⸚" bedeutet, daß in der Pluralform ein Umlaut auftritt:

Blatt *n* (-[e]s; ⸚er) = des Blatts, des Blattes; die Blätter

Aus einem scharfen „s" (= ß) kann Doppel-s werden:

Genuß *m* (-sses; ⸚sse) = des Genusses; die Genüsse

Bleibt das Substantiv im Genitiv bzw. im Plural unverändert, so wird dies mit einem Strich angegeben:

Kreisel *m* (-s; -) = des Kreisels; die Kreisel

Diese Angaben stehen bei Grundwörtern. Bei zusammengesetzten Wörtern stehen sie nur, wenn der entsprechende Teil an alphabetischer Stelle in der Form abweicht oder wenn dort mehrere Formen angegeben sind, die für das zusammengesetzte Wort nicht alle zutreffen:

Bank *f* (-; -en bzw. ⸚e)
Datenbank *f* (-; -en)

b) Bei allen deutschen **Verben** wird das Hilfszeitwort „sn" oder „h" (sein oder haben) angegeben. Bei regelmäßigen Grundverben ist zusätzlich angegeben, wenn das Partizip mit „ge" gebildet wird:

arbeiten (ge-, h) = hat gearbeitet

Bei unregelmäßigen Grundverben stehen in Klammern Imperfekt und Partizip sowie das Hilfszeitwort:

bringen (brachte, gebracht, h)

Bei zusammengesetzten Verben ist angegeben, ob im Präsens

Affe *m* (-n; -n) = des Affen; die Affen

La «e» entre corchetes significa que el genitivo se puede formar con «s» o con «es». El símbolo «⸚» significa que el plural lleva vocal modificada:

Blatt *n* (-[e]s; ⸚er) = des Blatts, des Blattes; die Blätter

Una «ß» puede convertirse en «ss»:

Genuß *m* (-sses; ⸚sse) = des Genusses; die Genüsse

Si el sustantivo permanece invariable en genitivo o bien en plural, esto se indica con un guión:

Kreisel *m* (-s; -) = des Kreisels; die Kreisel

Estas indicaciones son válidas para las palabras simples. En las palabras combinadas sólo aparecen cuando la parte correspondiente en orden alfabético diverge en la forma o cuando se indican más formas, de las que no todas se aplican a la palabra combinada:

Bank *f* (-; -en bzw. ⸚e)
Datenbank *f* (-; -en)

b) En todos los **verbos** alemanes se indica la abreviatura del verbo auxiliar para el perfecto «sn» o «h» («sein» o «haben»). Para los verbos simples regulares se indica además cuando se construye el participio con «ge»:

arbeiten (ge-, h) = hat gearbeitet

En los verbos irregulares aparecen entre paréntesis el imperfecto y el participio, así como el verbo auxiliar para el perfecto:

bringen (brachte, gebracht, h)

En los verbos combinados se indica si el prefijo ha de ser separa-

(und im Imperfekt) die Vorsilbe abgetrennt wird und ob im Partizip ein -ge- eingeschoben wird:

abfassen (*sep*, -ge-, h) = faßt(e) ab, hat abgefaßt

Bei unregelmäßigen zusammengesetzten Verben ist zusätzlich „*irr*" (= unregelmäßig) sowie der Verweis auf das Grundverb angegeben:

abschreiben (*irr, sep*, -ge-, h → *schreiben*)

do en presente (y en imperfecto) y si hay que intercalar una «ge» en el participio.

abfassen (*sep*, -ge-, h) = faßt(e) ab, hat abgefaßt

Los verbos irregulares combinados se indican adicionalmente con «*irr*» (= irregular) así como con la referencia al verbo simple.

abschreiben (*irr, sep*, -ge-, h → *schreiben*)

Erklärung der im Wörterbuch angewendeten Zeichen und Abkürzungen

Explicación de los signos y abreviaturas empleados en el diccionario

1. Zeichen – Signos

F	familiär, *familiar*	✒	Landwirtschaft, Gartenbau, *agricultura, horticultura*
P	populär, *popular*		
V	vulgär, unanständig, *vulgar, indecente*	⚘	Pflanzenkunde, *botánica*
		⌂	Baukunst, *arquitectura*
✝	Handel, *comercio*	⋏	Mathematik, *matemáticas*
⚓	Schiffahrt, *navegación*	⚗	Chemie, *química*
✕	Militär, *milicia*	⚡	Elektrotechnik, *electrotecnia*
⚙	Technik, *tecnología*	✴	Medizin, *medicina*
⚒	Bergbau, *minería*	⚖	Rechtswesen, *jurisprudencia*
⛊	Eisenbahn, *ferrocarril*	⋓	wissenschaftlich, *científico*
✈	Flugwesen, *aviación*	=	gleich, *igual a*
✉	Post, *correos*	→	siehe, *vease*
♪	Musik, *música*	-, ~, ♀, ǀ, ' *s. S. 8ff.*

2. Abkürzungen – Abreviaturas

a	auch, *también*	*dep*	deporte, *Sport*
abr	abreviatura, *Abkürzung*	*desp*	despectivo, *verächtlich*
a/c	alguna cosa, *etwas*	*dim*	diminutivo, *Diminutiv*
ac	acusativo, *Akkusativ*	*d-s*	dies, dieses, *esto*
adj	adjetivo, *Adjektiv*	*ea*	einander, *uno(s) a otro(s)*
adv	adverbio, *Adverb*	*e-e*	eine, *una*
alg	alguien, alguno, *jemand*	*e-m*	einem, *a un(o)*
Am	Hispanoamérica, *Spanisch-Amerika*	*e-n*	einen, *(a) un(o)*
		e-r	einer, *de una, a una*
anat	anatomía, *Anatomie*	*e-s*	eines, *de un(o)*
astr	astronomía, *Astronomie*	*Esp*	España, *Spanien*
auto	automóvil, *Kraftfahrzeugwesen*	*et*	etwas, *algo, alguna cosa*
biol	biología, *Biologie*	*etc*	etcétera, *und so weiter*
bsd	besonders, *especialmente*	*f*	femenino, *Femininum*
bzw	beziehungsweise, *o bien*	*fig*	en sentido figurado, *figürlich*
cj	conjunción, *Konjunktion*	*fil*	filología, filosofía, *Philologie, Philosophie*
dat	dativo, *Dativ*		

fís	física, *Physik*	*p ej*	por ejemplo, *zum Beispiel*
fot	fotografía, *Fotografie*	*pint*	pintura, *Malerei*
f/pl	femenino plural, *Femininum im Plural*	*pl*	plural, *Plural*
		pol	política, *Politik*
fr	francés, *französisch*	*pp*	participio pasado, *Partizip Perfekt*
gal	galicismo, *Gallizismus*		
gastr	gastronomía, *Gastronomie*	*pron*	pronombre, *Pronomen*
gen	genitivo, *Genitiv*	*prp*	preposición, *Präposition*
geo	geografía, geología, *Geographie, Geologie*	*psic*	psicología, *Psychologie*
		refl	reflexivo, *reflexiv*
ger	gerundio, *Gerundium*	*reg*	regional, *regional*
gram	gramática, *Grammatik, Linguistik*	*rel*	religión, *Religion*
		s	siehe, *véase*
h	haben, *tener, haber*	*s-e*	seine, *su, sus*
hist	histórico, *historisch*	*sep*	separable, *trennbar*
imp	imperativo, *Imperativ*	*sg*	singular, *Singular*
ind	indicativo, *Indikativ*	*s-m*	seinem, *a su (dat)*
inf	infinitivo, *Infinitiv*	*sn*	sein, *ser, estar*
inform	informática, *Informatik*	*s-n*	seinen, *(a) su (ac)*
int	interjección, *Interjektion*	*span*	spanisch, *español*
interr	interrogativo, *Interrogativ*	*s-r*	seiner, *de su, de sus*
inv	invariable, *unveränderlich*	*s-s*	seines, *de su*
iron	irónico, *ironisch*	*su*	sustantivo, *Substantiv*
j	jemand, *alguien*	*subj*	subjuntivo, *Konjunktiv*
j-m	jemandem, *a alguien (dat)*	*taur*	tauromaquia, *Stierkampf*
j-n	jemanden, *(a) alguien (ac)*	*tb*	también, *auch*
j-s	jemandes, *de alguien (gen)*	*teat*	teatro, *Theater*
lit	literatura, *Literatur*	*tel*	telecomunicación, *Nachrichtentechnik*
lt	latín, *lateinisch*		
m	masculino, *Maskulinum*	*tip*	tipografía, *Typographie, Buchdruck*
m-e	meine, *mi, mis*		
met	meteorología, *Meteorologie*	*TV*	televisión, *Fernsehen*
m/f	Substantiv maskulin und feminin, *sustantivo masculino y femenino*	*u*	und, *y*
		usw	und so weiter, *etcétera*
		v	von, vom, *de*
min	mineralogía, *Mineralogie*	*vb*	verbo, *Verb*
m-m	meinem, *a mi (dat)*	*v/i*	verbo intransitivo, *intransitives Verb*
m-n	meinen, *(a) mi (ac)*		
m/pl	masculino plural, *Maskulinum im Plural*	*Vkw*	Verkehrswesen, *tráfico*
		v/refl	verbo reflexivo, *reflexives Verb*
m-r	meiner, *de mi*	*v/t*	verbo transitivo, *transitives Verb*
m-s	meines, *de mi*		
mst	meistens, *generalmente*	*Wz*	Warenzeichen, *marca registrada*
n	neutro, *Neutrum*	*z B*	zum Beispiel, *por ejemplo*
n/pl	neutro plural, *Neutrum im Plural*	*zo*	zoología, *Zoologie*
		zs	zusammen, *juntos*
od	oder, *o*	*Zssg(n)*	Zusammensetzung(en), *palabra(s) compuesta(s)*
part	participio, *Partizip*		

Die Aussprache des Spanischen

Die Aussprachebezeichnung ist in der Lautschrift der Association Phonétique Internationale wiedergegeben. Bei zwei- und mehrsilbigen Wörtern steht vor der betonten Silbe der Akzent (').

Zeichen	Wert des Zeichens	Beispiele
A. Vokale		
a	kurzes helles **a** wie in *Abend*	mano ['mano] Hand
ɛ	kurzes offenes **e** wie in *ändern*	llover [ʎo'bɛr] regnen
e	kurzes halboffenes **e** wie in *essen*	meseta [me'seta] Hochfläche
i	reines geschlossenes **i** wie in *hier*	mina ['mina] Bergwerk
ĭ	unbetonter Teil des Doppellauts [aĭ] wie in *Saite*	baile ['baĭle] Tanz
	unbetonter Teil des Doppellauts [ɛĭ] wie in *hebräisch*	peine ['pɛĭne] Kamm
	unbetonter Teil des Doppellauts [ɔĭ] wie in *heute*	boina ['bɔĭna] Baskenmütze
ɔ	kurzes offenes **o** wie in *Wolle*	ojo ['ɔxo] Auge
o	kurzes halboffenes **o** wie in *Norden*	oficina [ofi'θina] Büro
u	reines geschlossenes **u** wie in *Huhn*	pluma [·pluma] Feder
ŭ	unbetonter Teil des Doppellauts [eŭ] wie in *Jubiläum*	deuda ['deŭda] Schuld
B. Konsonanten		
b	deutsches **b** wie in *Bad*, doch möglichst weich zu sprechen	basta ['basta] genügt
ƀ	stimmhafter, mit beiden Lippen gebildeter Reibelaut	escribir [eskri'ƀir] schreiben
d	deutsches **d** wie in *dann*, doch möglichst weich zu sprechen	donde ['dɔnde] wo
đ	stimmhafter Reibelaut, ähnlich dem englischen stimmhaften **th** in *other*	nada ['nađa] nichts

Zeichen	Wert des Zeichens	Beispiele
f	deutsches **f** wie in *Fall*	favor [fa'bɔr] Gunst
g	deutsches **g** wie in *Golf*, doch möglichst weich zu sprechen	gusto ['gusto] Geschmack
ğ	stimmhafter Reibelaut wie in *Hagel*	agua ['ağŭa] Wasser
x	wie **ch** in *Dach*	gerente [xe'rente] Geschäftsführer jefe ['xefe] Chef
j	deutsches **j** wie in *jeder*, jedoch möglichst weich zu sprechen	yema ['jema] Eigelb
k	deutsches **k** wie in *kalt*	casa ['kasa] Haus
l	deutsches **l** wie in *Lampe*	leche ['letʃe] Milch
ʎ	mouilliertes **l** ähnlich wie in *Familie*	capilla [ka'piʎa] Kapelle
m	deutsches **m** wie in *Magen*	miel [mĭɛl] Honig
n	deutsches **n** wie in *nie*	naranja [na'raŋxa] Apfelsine
ɲ	wie **gn** in *Champagner*	España [es'paɲa] Spanien
ŋ	wie deutsches **n** vor **g** oder **k** in *Menge* oder *Anker*	tengo ['teŋgo] ich habe
p	deutsches **p** wie in *Puppe*	pastas ['pastas] Gebäck
r	Zungen-**r**	señor [se'ɲor] Herr
rr	stark gerolltes Zungen-**r**	espárragos [es'parragos] Spargel
s	scharfes **s** wie in *Messer*, jedoch mit leichtem Anklang an das deutsche **sch**	casa ['kasa] Haus
z	weiches **s** wie in *Sonne*	mismo ['mizmo] selbst
t	deutsches **t** wie in *Tor*	nata ['nata] Sahne
θ	stimmloser Lispellaut wie **th** in englisch *thing*	cinco ['θiŋko] fünf zapato [θa'pato] Schuh

Zeichen	Wert des Zeichens	Beispiele
ð	stimmhafter Lispellaut wie **th** in englisch *there*	juzgado [xuð'gaðo] Gerichtshof
tʃ	**t** mit deutschem **sch** wie in *Pritsche*	mucho ['mutʃo] viel
w	kurzes **u**, wie **w** in englisch *ware*	software ['sɔftwea] Software

Für die mit **b** und **v** beginnenden Wörter machen wir den deutschen Benutzer noch besonders darauf aufmerksam, daß der diesen beiden Buchstaben entsprechende Laut im Wörterverzeichnis logischerweise mit deutschem b (Verschlußlaut!) wiedergegeben ist, da er hier im absoluten Anlaut steht, während er im Wortgefüge wie im Wortinneren – außer nach m und n – als ƀ (Reibelaut!) zu sprechen ist, also: *babor* = ba'bɔr, aber: *el babor* = el ba'bɔr; *vivienda* = bi'bi̯enda, *la vivienda* = la ƀi'ƀi̯enda – neben: *viento* ['bi̯ento] und *un viento* [um 'bi̯ento].

Das gleiche gilt für **d**: im Vokabelanfang = d, im Wortgefüge wie im Wortinneren = đ – außer nach l und n, also: *deuda* = 'deu̯da, aber: *la deuda* = la 'đeu̯đa – neben: *dedo* ['deđo], *el dedo* [el 'deđo] und *un dedo* [un 'deđo]. Am Wortende ist đ kaum hörbar: usted [us'teđ].

Das spanische Alphabet

A a	B b	C c	Ch ch	D d	E e	F f	G g	H h	I i	J j	K k
a	be	θe	tʃe	de	e	'efe	xe	'atʃe	i	'xota	ka

L l	Ll ll	M m	N n	Ñ ñ	O o	P p	Q q	R r	S s	T t	U u
'ele	'eʎe	'eme	'ene	'eɲe	o	pe	ku	'ere	'ese	te	u

V v	W w	X x	Y y	Z z
'uβe	'doble'uβe	'ekis	i 'gri̯ega	'θeđa

Beim Nachschlagen im spanisch-deutschen Wörterbuch ist darauf zu achten, daß im spanischen Alphabet ñ als eigener Buchstabe auf n folgt.

Hingegen gelten seit 1994 ch und ll im Spanischen nicht mehr als eigene Buchstaben und sind hier dementsprechend wie im Deutschen in c und l eingeordnet.

La pronunciación de las palabras alemanas

según el sistema de la Asociación Fonética Internacional

a) Vocales:

(Las vocales seguidas de dos puntos son largas [ɑː], las demás breves [a]).

- ɑː como la **â** francesa en **â**me; más larga que la **a** en m**a**dre.
- a   más breve que la **a** en b**a**rco.
- eː más cerrada y larga que la **e** en Jos**é**.
- e   cerrada y breve como la **e** en d**e**bido.
- ɛː abierta y larga como la **è** francesa en m**è**re.
- ɛ   abierta y breve como la **e** en p**e**rro.
- ə   (sólo en sílabas átonas); más breve y relajada que la **e** en bail**e**; suena como la **e** francesa en sabr**e**.
- iː más larga que la **i** en sal**i**da.
- i   más breve y abierta que la **i** en c**i**rco.
- o   cerrada y breve como la **o** en p**ó**liza.
- oː más cerrada y larga que la **o** en c**o**la; suena como la **ô** francesa en c**ô**te.
- ɔ   abierta y breve como la **o** en g**o**rra.
- ø   más cerrada y larga que la **eu** francesa en qu**eu**e.
- œ   abierta y breve como la **eu** francesa en m**eu**rtre o la **u** inglesa en h**u**rt.
- uː más larga que la **u** en n**u**be.
- u   breve como la **u** en s**u**spiro.
- yː larga como la **û** francesa en s**û**r.
- y   breve como la **u** francesa en b**u**t.
- ã, ɛ̃, ɔ̃, œ̃: vocales de sonido nasal como en las palabras francesas pl**an**, f**in**, b**on**, br**un**; no se encuentran sino en extranjerismos de origen francés.
- ʔ   significa que la vocal que sigue se pronuncia con una ligera aspiración, v.gr. Beamte [bəˈʔamtə]. Cuando prescindimos de la transcripción fonética, indicamos la aspiración por un guión muy corto, v.gr. 'An-erbieten [pronunciado: ˈanʔɛrbiːtən].

b) Diptongos:

- aɪ como **ai** en b**ai**le.
- aʊ como **au** en **au**la.
- ɔʏ como **oi** en b**oi**na.

c) Consonantes:

- k, p, t: como en **k**ilo, **p**adre, **t**ío; al principio de una sílaba tónica se pronuncian con una ligera aspiración.
- b, d, g: como en em**b**argo, sol**d**ar, ¡**g**racias!
- f, v: como en **f**alta, u**v**a.
- s   como la **s** sorda en **s**anto.
- z   como la **s** sonora en Li**s**boa, pero pronunciada con más fuerza.
- ts como **ts** en **ts**e-**ts**é (mosca africana) o la **z** italiana en raga**zz**o.
- x   como la **j** en ba**j**o.
- ç   sonido palatal que no existe en el idioma español; es el sonido sordo que corresponde al sonido sonoro de la letra **y** en **y**erro.
- j   como la **y** en a**y**uda o la **i** en p**i**erna.
- ʃ   como **sh** en la voz inglesa **sh**ip o como **ch** en la palabra francesa **ch**anson.
- ʒ   como la **g** francesa en **g**êne; no se encuentra sino en extranjerismos de origen francés.
- m, n, l: como en **m**adre, **n**oche, **l**ago.
- ŋ   sonido nasal como el de la **n** en bla**n**co.
- r   se pronuncia en algunas regiones como la **r** española en mi**r**to; pero en la mayor parte de Alemania tiene un sonido uvular o gutural como la **r** francesa.
- w   una **u** corta como la **w** en inglés **w**e

h   aspiración al principio de una palabra o sílaba, más fuerte que la **h** francesa en **h**âte; su sonido tiene cierta semejanza con el de la **j** española.

d) Acentuación:

El acento prosódico va colocado delante de la sílaba, en la cual debe cargar, v.gr. fordern ['fɔrdərn], Forelle [fo'rɛlə].

Dos acentos indican acentuación ambigua, v.gr. grundverschieden ['gruntfɛr-'ʃiːdən].

e) Advertencias:

Un guión sustituye una sílaba ya transcrita en las transcripciones precedentes, v.gr. Witz [vits]; ⌣bold ['-bɔlt]; direkt [di'rɛkt]; ꝛor [-'-tɔr].

Por falta de espacio prescindimos de la transcripción fonética de *palabras compuestas* como Briefkasten, Absicht, visto que la pronunciación de cada uno de sus elementos se indica en el respectivo lugar alfabético: *Brief, Kasten, ab, Sicht*.

Lista de los sufijos y desinencias

más usuales, cuya transcripción, por falta de espacio, no se incluye en el texto del diccionario:

- **-bar(keit)** [-bɑːr(kaɪt)]
- **-ei** [-'aɪ]
- **-el, -eln(d)** [-əl, -əln(t)]
- **-en, -ens...** [-ən(s...)]
- **-end, -ende(r)** [-ənt, -əndə(r)]
- **-er(in), -erisch** [ər(in), -əriʃ]
- **-ern** [-ərn]
- **-et** [-ət]
- **-haft(s...), -haftigkeit** [-haft(s...), -haftiçkaɪt]
- **-heit(s...)** [-haɪt(s...)]
- **-ieren** [-'iːrən]
- **-ig** [-iç], **-igen** [-igən], **-ige(r)** [-igə(r)], **-igkeit** [-içkaɪt], **-igt** [-içt], **-igung** [-iguŋ]
- **-in** [-in]
- **-isch** [-iʃ]
- **-istisch** [-'istiʃ]
- **-keit(s...)** [-kaɪt(s...)]
- **-lich(keit)** [-liç(kaɪt)]
- **-los, -losigkeit** [-loːs, -loːziçkaɪt]
- **-nis** [-nis]
- **-sal** [-zɑːl]
- **-sam(keit)** [-zɑːm(kaɪt)]
- **-schaft(s...)** [-ʃaft(s...)]
- **-ste(l), -stens** [-stə(l), -stəns]
- **-te(l), -tens** [-tə(l), -təns]
- **-tum** [-tuːm]
- **-ung(s...)** [-uŋ(s...)]

El alfabeto alemán

A a	B b	C c	D d	E e	F f	G g	H h	I i	J j	K k
ɑː	beː	tseː	deː	eː	'ɛf	geː	hɑː	iː	jɔt	kɑː

L l	M m	N n	O o	P p	Q q	R r	S s	(ß)	T t	U u
ɛl	ɛm	ɛn	oː	peː	kuː	ɛr	ɛs	(ɛs-'tsɛt)	teː	uː

V v	W w	X x	Y y	Z z
faʊ	veː	iks	'ypsilɔn	tsɛt

Wörterverzeichnis Spanisch-Deutsch

A

A, a *f* [a] A, a *n*
a [a] *prp* **1.** (*lugar*) *a la mesa* am Tisch, bei Tisch; *a la puerta* an der Tür; *a la derecha* rechts; *al sol* in der Sonne; *a tres kilómetros de Madrid* drei Kilometer von Madrid (entfernt); **2.** (*dirección*) *a casa* nach Hause; *al cine* ins Kino; *a Francia* nach Frankreich; *ir a la escuela (a la cama, al médico)* zur Schule (ins *od* zu Bett, zum Arzt) gehen; *a la izquierda* nach links; **3.** (*tiempo*) a las tres um drei (Uhr); *de once a doce* von elf bis zwölf; *a la llegada del tren* bei Ankunft des Zuges; *a medianoche* um Mitternacht; *a los diez años* mit (*od* nach) zehn Jahren; *estamos a dos de junio* heute ist der 2. Juni; **4.** (*modo*) *a pie* zu Fuß; *a mano* mit der Hand; *a la española* auf spanische Art; **5.** (*precio*) *¿a cómo (está)?, ¿a cuánto (está)?* wie teuer ist das?, was kostet das?; *a mil pesetas el kilo* das Kilo zu tausend Peseten, **6.** Akkusativobjekt (*bei Personen*): *he visto a mi amigo* ich habe meinen Freund gesehen; Dativobjekt: *lo doy a mi madre* ich gebe es meiner Mutter
ábaco ['abako] *m* Rechenbrett *n* (*mit Kugeln*); △ Kapitellplatte *f*
abad [a'bað] *m* Abt *m*
aba|desa [aba'ðesa] *f* Äbtissin *f*; **~día** [~'ðia] *f* Abtei *f*
abajo [a'baxo] *adv* (*dirección*) herunter, hinunter, hinab; (*lugar*) unten; *más ~* weiter unten; *hacia ~* nach unten, abwärts; *de diez para ~* unter zehn; *el ~ firmante* der Unterzeichnete
abalanzarse [abalan'θarse] (1f): *~ sobre* herfallen über (*ac*); sich stürzen auf (*ac*)
abalorio [aba'lorjo] *m* Glasperle *f*
abanderado [abande'raðo] *m* Fahnenträger *m*; *fig* Anführer *m*
abandon|ado [abando'naðo] verlassen; (*descuidado*) verwahrlost; **~ar** [~'nar] (la) verlassen; im Stich lassen; (*renunciar*) aufgeben; **~arse** sich gehen lassen; **~o** [~'dono] *m* (*renuncia*) Aufgabe *f*, Verzicht *m*; (*descuido*) Verwahrlosung *f*; Verlassenheit *f*
abani|car [abani'kar] (1g) fächeln; **~co** [~'niko] *m* Fächer *m*; *fig* Palette *f*
abarata|miento [abarata'mĭento] *m* Verbilligung *f*; **~r** [~'tar] (la) verbilligen; **~rse** billiger werden
abarcar [abar'kar] (1g) *a fig* umfassen, umschließen; enthalten; *~ (con la vista)* überblicken
abarrota|do [abarrɔ'taðo] überfüllt, F gerammelt voll; **~r** [~'tar] (la) (*llenar*) vollstopfen; füllen
abaste|cedor [abasteθe'ðɔr] *m* Lieferant *m*; **~cer** [~'θer] (2d) beliefern, versorgen (*mit dat* dc); **~cerse de** sich eindecken mit (*dat*); **~cimiento** [~θi'mĭento] *m* Versorgung *f*, (Be-)Lieferung *f*; *~ energético* Energieversorgung *f*
abasto [a'basto] *m* Versorgung *f* (*bsd mit Lebensmitteln*); *mercado m de ~s* Markt(platz) *m*; *no dar ~* es nicht schaffen; nicht fertig werden (mit *dat a, con*)
abate [a'bate] *m* Abbé *m*
aba|tible [aba'tible] Klapp..., Kipp...; *asiento m ~* Liegesitz *m* (*auto*); **~tido** [~'tiðo] mutlos, niedergeschlagen; **~timiento** [~ti'mĭento] *m* Niedergeschlagenheit *f*; **~tir** [~'tir] (3a) niederreißen; ✈ abschießen; (*persona*) entmutigen
abdica|ción [abðika'θĭon] *f* Abdankung *f*; Verzicht *m*; **~r** [~'kar] (1g) abdanken; *~ de* aufgeben
abdom|en [ab'ðomen] *m* Unterleib *m*; Bauch *m*; **~inal** [abðomi'nal] Bauch..., Unterleibs...; *cavidad f ~* Bauchhöhle *f*
abecé [abe'θe] *m* Alphabet *n*, Abc *n*; *fig* Anfangsgründe *m*/*pl*
abecedario [abeθe'ðarjo] *m* Alphabet *n*; (*libro*) Fibel *f*
abedul [abe'ðul] *m* Birke *f*
abe|ja [a'βexa] *f* Biene *f*; *~ reina* Bienenkönigin *f*, Weisel *m*; *~ obrera* Arbeitsbiene *f*; **~jarrón** [~xa'rrɔn] *m*, **~jón**

abejorro

[~'xɔn] m Drohne f; Hummel f; **~jorro** [~'xɔrrɔ] m Hummel f; Maikäfer m

aberración [abɛrra'θĭɔn] f Abweichung f, fig Verirrung f

abertura [abɛr'tura] f Öffnung f; Riß m; Spalt m; Schlitz m

abeto [a'beto] m Tanne f; **~ blanco** Edeltanne f; **~ rojo** Fichte f

abierto [a'bĭɛrto] offen, geöffnet; fig offenherzig; **~ a** a/c aufgeschlossen für et (ac); **~ a mediodía** durchgehend geöffnet

abigarrado [abiga'rraðo] bunt

abisal [abi'sal] Tiefsee...

abis|mado [abiz'maðo] fig **~ en** versunken in (ac); **~mal** [~'mal] fig abgrundtief; **~marse** [~'marse] (1a) sich versenken (in ac en); **~mo** [a'bizmo] m a fig Abgrund m; Kluft f; **estar al borde del ~** am Rande des Abgrunds stehen (a fig)

abjuración [abxura'θĭɔn] f Abschwören n; Widerruf m

ablandar [ablan'dar] (la) weich machen, aufweichen; fig besänftigen, beschwichtigen; **~se** weich werden (a fig)

ablución [ablu'θĭɔn] f Waschung f (a rel)

abnega|ción [abnega'θĭɔn] f Selbstverleugnung f, Entsagung f; **~do** [~'gaðo] selbstlos

abobado [abo'baðo] dumm

abocado [abo'kaðo] süffig (vino); **~ al fracaso** zum Scheitern verurteilt

abochorna|do [abotʃor'naðo] beschämt; **~r** [~'nar] (la) chritzen; fig beschämen; **~rse** schwül werden; fig sich schämen

abofetear [abofete'ar] (la) ohrfeigen

aboga|cía [aboga'θia] f Anwaltschaft f; **~da** [~'gaða] f (Rechts-)Anwältin f; **~do** [~'gaðo] m (Rechts-)Anwalt m; fig Fürsprecher m; **~ del Estado** Rechtsvertreter des Staates; **~ de oficio** Pflichtverteidiger m; **~r** [~'gar] (1h) fig: **~ por** sich einsetzen, eintreten, plädieren für

abolengo [abo'leŋgo] m Abstammung f; **de rancio ~** aus altem Adel; alteingesessen

aboli|ción [aboli'θĭɔn] f Abschaffung f, Aufhebung f; **~r** [~'lir] (3a) abschaffen, aufheben

aboll|adura [aboʎa'ðura] f Beule f; **~ar** [~'ʎar] (la) verbeulen

abombar [abɔm'bar] (la) wölben, ausbauschen

abomi|nable [abomi'nable] abscheulich; scheußlich; **~nación** [~na'θĭɔn] f Abscheu m; Greuel m; **~nar** [~'nar] (la) verabscheuen

abona|ble [abo'nable] ✝ zahlbar; **~do** [~'naðo] m Abonnent m; tel Teilnehmer m; ✓ Düngung f

abo|nar [abo'nar] (la) ✝ (be)zahlen; ✓ düngen; **~ en cuenta** gutschreiben; **~narse** [~'narse] (la) abonnieren (ac a); **~no** [a'bono] m (Be-)Zahlung f; Vergütung f; teat Abonnement n; 🎫 Zeitkarte f; ✓ Dünger m; **~ en cuenta** Gutschrift f

abor|dable [abɔr'ðable] zugänglich (a fig); **~daje** ⚓ [~'ðaxe] m Entern n; **~dar** [~'ðar] (la) **1.** v/t ⚓ entern, rammen; (tema) anschneiden, zur Sprache bringen; (asunto) in Angriff nehmen; (persona) ansprechen; **2.** v/i ⚓ anlegen

abo|rigen [abo'rixen] **1.** adj einheimisch; **2. ~rígenes** m/pl Ureinwohner m/pl

aborre|cer [abɔrre'θɛr] (2d) verabscheuen, hassen; **~cible** [~'θible] abscheulich, hassenswert; **~cimiento** [~θi'mĭento] m Abneigung f; Abscheu m

abor|tado [abɔr'taðo] fig mißglückt, gescheitert; **~tar** [~'tar] (la) abtreiben; (espontáneamente) e-e Fehlgeburt haben; fig mißlingen, fehlschlagen; **~tivo** [~'tibo] m Abtreibungsmittel n; **~to** [a'bɔrto] m Fehlgeburt f; **~ provocado** Abtreibung f

abotonar [aboto'nar] (1a) **1.** v/t zuknöpfen; **2.** v/i Knospen treiben

aboveda|do [abobe'ðaðo] gewölbt; **~r** [~'ðar] (la) überwölben

abrasa|dor [abrasa'ðɔr] brennend, sengend; **~r** [~'sar] (la) (ver)brennen; stechen (sol); fig verzehren; **~rse** verbrennen; **~ de sed** (calor) vor Durst (Hitze) vergehen od F umkommen

abrasivo 🔧 [abra'sibo] m Schleifmittel n

abra|zadera [abraθa'ðera] f Klammer f; Rohrschelle f, Muffe f; **~zar** [~'θar] (1f) umarmen; a fig umfassen; **~zo** [a'braθo] m Umarmung f; **dar un ~** umarmen

abre|cartas [abre'kartas] m Brieföffner m; **~latas** [~'latas] m Büchsen-, Dosenöffner m

abre|vadero [abreba'ðero] m Tränke f; **~var** [~'bar] tränken

abrevia|r [abre'ʝar] (1b) (ab-, ver-)kürzen; **~tura** [~bʝa'tura] f Abkürzung f

abridor [abri'ðor] m (Flaschen-)Öffner m

abri|gado [abri'gaðo] warm angezogen; (sitio) geschützt; **~gar** [~'gar] (1h) (proteger) schützen (vor dat **de**); (ropa) warm halten; (esperanza) hegen; **~garse** sich zudecken; sich warm anziehen; **~go** [a'briɣo] m Schutz m (a fig); (prenda) Mantel m; **~ de entretiempo** Übergangsmantel m; **ropa** f **de ~** warme Wäsche (od Kleidung) f; **al ~ de** geschützt vor (dat)

abril [a'bril] m April m

abrillanta|dor [aβriʎanta'ðor] m Diamantenschleifer m; (detergente) Klarspülmittel n; **~r** [~'tar] (la) polieren, auf Hochglanz bringen

abrir [a'brir] (3a; part. **abierto**) öffnen, aufmachen; (libro) aufschlagen; (túnel, canal) bauen; (camino) anlegen; (cuenta, sesión, etc) eröffnen; fig **~ camino** e-n Weg bahnen; **~ los ojos** staunen, große Augen machen; **~ el apetito** Appetit machen; **~ paso** Platz machen; **a medio ~** halb geöffnet; **en un ~ y cerrar de ojos** im Nu; **~se** sich öffnen; (puerta) aufgehen; **~ a alg** j-m sein Herz ausschütten; **~ paso** sich durchdrängen; fig s-n Weg machen, sich durchsetzen

abrochar [abro'tʃar] (la) zuknöpfen, zuhaken; (zapatos) zuschnüren

abroga|ción [aβroga'θʝon] f Aufhebung f; Abschaffung f; **~r** [~'gar] (1h) aufheben, abschaffen, außer Kraft setzen

abruma|dor [abruma'ðor] drückend; lästig; **~r** [~'mar] (la) bedrücken, belasten; **~ de reproches** mit Vorwürfen überschütten; **~ de** (od **con**) **trabajo** mit Arbeit überlasten; **~rse** neblig werden

abrupto [a'βrupto] steil; a fig schroff

absceso [abs'θeso] m Abszeß m

abscisa ▲ [abs'θisa] f Abszisse f

absentismo [absen'tizmo] m Absentismus m, Fernbleiben n von der Arbeit

ábside △ ['abside] m Apsis f

absolu|ción [absolu'θʝon] f ⚖ Freispruch m; rel Lossprechung f, Absolution f; **~tamente** [~luta'mente] absolut, durchaus; **~ nada** gar nichts; **~tismo** [~lu'tizmo] m Absolutismus m; **~to** [~'luto] absolut, völlig; unumschränkt; **en ~** durchaus nicht, überhaupt nicht

absolver [absol'βer] (2h; part **absuelto**) ⚖ freisprechen; rel lossprechen

absor|bente 🌿 [absor'βente] saugfähig; absorbierend; fig verzehrend; **~ber** [~'βer] (2a) ein-, aufsaugen, a fig aufnehmen, absorbieren; fig ganz in Anspruch nehmen; fesseln; **~ción** [~'θʝon] f 🌿 Absorption f; Ein-, Aufsaugung f; fig Aufnahme f; **~to** [ab'sorto] fig versunken (in ac **en**)

abstemio [abs'temʝo] 1. adj abstinent; 2. m Abstinenzler m

abste|nción [absten'θʝon] f Enthaltung f, Verzicht m; pol Stimmenthaltung f; **~nerse** [~'nerse] (2l): **~ de** sich enthalten (gen); verzichten auf (ac); **~ (de votar)** sich der Stimme enthalten

abstinen|cia [absti'nenθʝa] f Enthaltsamkeit f; Abstinenz f; **~te** [~'nente] enthaltsam; mäßig

abstrac|ción [abstrag'θʝon] f Abstraktion f; **hacer ~ de** außer acht lassen; **~ hecha de** abgesehen von (dat); **~to** [~'trakto] abstrakt (a pint)

abstra|er [abstra'er] (2p) abziehen, abstrahieren; **~erse** sich vertiefen, sich versenken (in ac **en**); **~ído** [~'iðo] gedankenverloren; zerstreut

abstruso [abs'truso] abstrus, schwer verständlich; verworren

absuelto ⚖ [ab'swelto] freigesprochen

absurdo [ab'surðo] 1. adj absurd; ungereimt; widersinnig; 2. m Ungereimtheit f; Widersinn m

abubilla [abu'βiʎa] f Wiedehopf m

abuche|ar [abutʃe'ar] (la) v/t. auspfeifen, -zischen, -buhen; **~o** [~'tʃeo] m Auspfeifen n, -zischen n, -buhen n

abue|la [a'βwela] f Großmutter f; F **¡que se lo cuente a su ~!** machen Sie das einem andern weis!; **~lo** [a'βwelo] m Großvater m; **~s** m/pl Großeltern pl

ab|ulia [a'βulʝa] f Willenslosigkeit f, Willensschwäche f; **~úlico** [a'βuliko] willensschwach

abulta|do [aβul'taðo] dick; sperrig, platzraubend; **~r** [~'tar] (la) 1. v/t fig übertreiben, aufbauschen; 2. v/i viel Platz einnehmen

abun|damiento [aβunda'mʝento] m: **a mayor ~** zu allem Überfluß; **~dancia**

abundante

[~'danθia] f Überfluß m; Fülle f; **en ~** in Hülle und Fülle; **~dante** [~'dante] reichlich; reichhaltig; **~dar** [~'dar] (la) reichlich vorhanden sein

aburguesa|do [aburge'saðo] bürgerlich; desp spießig; **~rse** [~'sarse] (la) verbürgerlichen; desp verspießern

aburri|do [abu'rriðo] langweilig; **~miento** [~rri'miento] m Langeweile f; **~r** [~'rrir] (3a) langweilen

abu|sar [abu'sar] (la): **~ de a/c** et mißbrauchen; **~ de alg** j-n ausnützen; **~ de una mujer** e-e Frau mißbrauchen; **~sivo** [~'sißo] mißbräuchlich; **precio ~** Wucherpreis m; **~so** [a'buso] m Mißbrauch m; **~ de autoridad** Amts-, Ermessensmißbrauch m; **~ de confianza** Vertrauensbruch m; **~s deshonestos** unzüchtige Handlungen f/pl

abyec|ción [abjeɡ'θion] f Verworfenheit f; **~to** [~'jekto] verworfen; niederträchtig, gemein

acá [a'ka] adv hierher; **~ y allá** hier und dort; **de ~ para allá** hin und her; **¡ven ~!** komm her!

acaba|do [aka'baðo] **1.** adj fertig, vollendet; (persona) erledigt; **producto m ~** Fertigware f; **2.** m ⊕ Endverarbeitung f; Finishing n; **~lladero** [~ʎaʎa'ðero] m Gestüt n; **~miento** m Ende n; Vollendung f; Abschluß m

acabar [aka'bar] (la) (be)enden, abschließen, vollenden, fertigstellen; **~ con alg** j-n erledigen; **~ con a/c** fertig sein mit et; fig mit ein Schluß machen; **~ de hacer a/c** et soeben getan haben; **~ por hacer a/c** schließlich et tun; **no acabo de comprender** ich verstehe einfach nicht; **~ en** enden, auslaufen in (ac); **~ en punta** spitz zulaufen; **~ bien** gut ausgehen; **(él) va a ~ mal** es wird ein schlimmes Ende mit ihm nehmen; **es cosa de nunca ~** das nimmt ja kein Ende; **¡acaba ya!** nun mach doch endlich!; **~se** zu Ende gehen

acacia [a'kaθia] f Akazie f

aca|demia [aka'ðemia] f Akademie f; Privatschule f; **~ de idiomas** Sprachenschule f; **~démico** [~'ðemiko] **1.** adj akademisch; **2.** m Mitglied n e-r Akademie

acae|cer [akae'θer] (2d) geschehen, sich ereignen; **~cimiento** [~θi'miento] m Ereignis n, Begebenheit f

acallar [aka'ʎar] (la) zum Schweigen bringen; beschwichtigen; **~se** sich beruhigen

acalora|do [akalo'raðo] hitzig, heftig; **~miento** [~ra'miento] m Erhitzung f; fig Eifer m; **~r** [~'rar] (la) erhitzen; fig erregen; **~rse** sich erhitzen; fig sich ereifern

acampada [akam'paða] f Zelten n

acampanado [akampa'naðo] glockenförmig; **falda f -a** Glockenrock m

acampar [akam'par] (la) v/i. zelten, kampieren

acanala|do [akana'laðo] gerillt; **~dura** [~'ðura] f Rille f; Auskehlung f; **~r** [~'lar] (la) auskehlen, riefeln

acantilado [akanti'laðo] **1.** adj steil (costa); **2.** m Steilküste f

acanto [a'kanto] m ♀ Bärenklau m; △ Akanthus m

acapara|dor [akapara'ðor] m Aufkäufer m, Hamsterer m; **~r** [~'rar] (la) aufkaufen, hamstern; fig an sich reißen

acariciar [akari'θiar] (1b) liebkosen; streicheln; **~ una idea** mit e-m Gedanken spielen; **~ una esperanza** e-e Hoffnung hegen

ácaro ['akaro] m Milbe f

acarre|ar [akarre'ar] (la) transportieren, befördern; fig verursachen, nach sich ziehen; **~o** [~'rreo] m Beförderung f; Anlieferung f; (precio) Rollgeld n

acaso [a'kaso] vielleicht; **por si ~** falls (etwa); für alle Fälle

acata|miento [akata'miento] m (de una ley, etc) Befolgung; **~r** [~'tar] (la) (ley, regla) befolgen, einhalten

acatarrarse [akata'rrarse] (la) sich erkälten

acaudalado [akauða'laðo] reich, vermögend, wohlhabend

acaudillar [akauði'ʎar] (la) anführen, befehligen

acceder [agθe'ðer] (2a) zustimmen; einwilligen (in ac a)

accesible [agθe'sißle] zugänglich; (precio) erschwinglich

accésit [ag'θesit] m Nebenpreis m, Trostpreis m

acceso [ag'θeso] m Zutritt m, Zugang m; inform Zugriff m; ♂ u fig Anfall m; **~ a la autopista** Autobahnzubringer m; **de difícil ~** schwer zugänglich; **~rio** [~'sorio] **1.** adj nebensächlich, Neben...; **2.** ~s *m/pl* Zubehör *n*; (*moda*) Accessoires *n/pl*; *teat* Requisiten *n/pl*

acciden|tado [agθiðen'taðo] **1.** *adj* verunglückt; (*viaje, etc*) voller Zwischenfälle; (*terreno*) hügelig, uneben; **2.** *m* Verunglückte(r) *m*; **~tal** [~'tal] (*casual*) zufällig; (*secundario*) unwesentlich; **~tarse** [~'tarse] (la) verunglücken; **~te** [~'ðente] *m* Unfall *m*; (*del terreno*) Unebenheit *f*; ♪ Vorzeichen *n*; **~ de tráfico** Verkehrsunfall *m*

acción [ag'θĭɔn] *f* Handlung *f*; Tat *f*; (*efecto*) Wirkung *f*; ✝ Aktie *f*; **~ concertada** konzertierte Aktion *f*; **entrar en ~** in Aktion treten; **poner en ~** in Betrieb setzen

acciona|miento ⊙ [agθĭona'mĭento] *m* Antrieb *m*; **~r** [~'nar] (la) antreiben, betätigen

accionista [agθĭo'nista] *m* Aktionär *m*

acebo [a'θeβo] *m* Stechpalme *f*

acech|ar [aθe'tʃar] (la) auflauern (*dat*); **~o** [a'θetʃo] *m* Auflauern *n*; (*caza*) Anstand *m*; **al ~** auf der Lauer; **ponerse al ~** sich auf die Lauer legen

acedera [aθe'ðera] *f* Sauerampfer *m*

acei|tar [aθeï'tar] (la) ölen, schmieren; **~te** [a'θɛite] *m* Öl *n*; **~ de oliva** Olivenöl *n*; **~ de hígado de bacalao** Lebertran *m*; **~ mineral** Mineralöl *n*; **~ pesado** Schweröl *n*; **~ solar** Sonnenöl *n*; **~ vegetal** Pflanzenöl *n*; **~tera** [~'tera] *f* Ölkanne *f*; **~tuna** [~'tuna] *f* Olive *f*

acelera|ción [aθelera'θĭɔn] *f* Beschleunigung *f*; **~dor** [~ra'ðɔr] *m auto* Gaspedal *n*; **~r** [~'rar] (la) beschleunigen (*a fig*)

acelga ✿ [a'θelga] *f* Mangold *m*

acen|to [a'θento] *m* Akzent *m*, Betonung *f*; *fig* Nachdruck *m*; **~tuar** [aθen'tŭar] (le) betonen, hervorheben; **~tuarse** sich verschärfen; zunehmen

acepción [aθɛb'θĭɔn] *f* Bedeutung *f*; **sin ~ de personas** ohne Ansehen der Person

acepilladora [aθepiʎa'ðora] *f* Hobelmaschine *f*

acepta|ble [aθɛp'table] annehmbar; **~ción** [~ta'θĭɔn] *f* Annahme *f*; Anerkennung *f*; ✝ Akzept *n*; **~nte** [~'tante] *m* Akzeptant *m*; **~r** [~'tar] (la) annehmen; *a* ✝ akzeptieren

acequia [a'θekĭa] *f* Bewässerungsgraben *m*, -kanal *m*

acera [a'θera] *f* Gehweg *m*

acera|do [aθe'raðo] gestählt, stählern; *fig* schneidend, scharf; **~r** [~'rar] (la) *a fig* stählen

acerbo [a'θerβo] herb; *fig* hart

acerca [a'θerka]: **~ de** betreffs (*gen*); über (*ac*); hinsichtlich (*gen*)

acercar [aθɛr'kar] (1g) (näher) heranbringen; **~se** sich nähern, näher kommen

acería [aθe'ria] *f* Stahlwerk *n*

acero [a'θero] *m* Stahl *m*; **~ especial** Edelstahl *m*; **~ bruto** Rohstahl *m*; **~ fundido** Gußstahl *m*

acérrimo [a'θɛrrimo] sehr scharf; *fig* erbittert; hartnäckig

acer|tado [aθɛr'taðo] treffend; richtig; **~tante** [~'tante] *m* Gewinner *m* (*en un concurso, etc*); **~tar** [~'tar] (1k) erraten; (das Richtige) treffen; **no acierto a hacerlo** es gelingt mir nicht; **~tijo** [~'tixo] *m* Rätsel *n*

acervo [a'θerβo] *m fig* Gemeingut *n*; **~ cultural** Kulturgut *n*

acético [a'θetiko] Essig...

ace|tileno [aθeti'leno] *m* Azetylen *n*; **~tona** [~'tona] *f* Azeton *n*

achacar [atʃa'kar] (1g): **~ a** schieben auf; **~ la culpa a alg** j-m die Schuld zuschieben

achacoso [atʃa'koso] kränklich; gebrechlich

achaparrado [atʃapa'rraðo] (*persona*) untersetzt; ✿ verkümmert

achaque [a'tʃake] *m* Unpäßlichkeit *f*; ♣ Beschwerde *f*; **~s de la edad** Altersbeschwerden *f/pl*

achicar [atʃi'kar] (1g) verkleinern; (*intimidar*) einschüchtern; ⚓ auspumpen; **~se** F *fig* klein werden

achicoria [atʃi'korĭa] *f* Zichorie *f*

achicharrar [atʃitʃa'rrar] (la) (zu) stark braten; anbrennen lassen; **~se** (*de calor*) vor Hitze eingehen

achisparse F [atʃis'parse] (la) sich beschwipsen

achuchar [atʃu'tʃar] (la) aufhetzen; hetzen auf; zerquetschen

aciago [a'θĭago] unglückbringend, unheilvoll; **día ~** Unglückstag *m*

aciano [a'θĭano] *m* Kornblume *f*

acicalar [aθika'lar] (la) herausputzen, schniegeln; **~se** sich herausputzen

acicate [aθi'kate] *m fig* Antrieb *m*, Anreiz *m*

acidez [aθi'ðeθ] f Säure f; Säuregehalt m; ~ **de estómago** Sodbrennen n
ácido ['aθiðo] **1.** adj sauer; **2.** m Säure f; ~ **acético** Essigsäure f; ~ **carbónico** Kohlensäure f; ~ **clorhídrico** Salzsäure f; ~ **sulfúrico** Schwefelsäure f; ~ **úrico** Harnsäure f
acídulo [a'θiðulo] säuerlich
acierto [a'θiɛrto] m Treffer m; fig Geschicklichkeit f; Erfolg m; **con ~** geschickt, treffend
aclama|ción [aklama'θĭon] f Beifall(sruf) m; Zuruf m; **~r** [~'mar] (la) zujubeln; applaudieren
aclara|ción [aklara'θĭon] f Aufklärung f; Erläuterung f; **~r** [~'rar] (la) **1.** v/t (auf)klären; (explicar) erklären, erläutern; (color) aufhellen; (líquido) verdünnen; (bosque) lichten; (ropa) spülen; **2.** v/i aufklären, sich aufhellen
aclimata|ción [aklimata'θĭon] f Akklimatisierung f; Eingewöhnung f; **~r** [~'tar] (la) akklimatisieren, **~rse** sich eingewöhnen
acné 🌿 [ak'ne] f Akne f
acobardar [akobar'ðar] (la) einschüchtern; **~se** verzagen, den Mut verlieren
aco|dado [ako'ðaðo] gebogen, **~darse** [~'ðarse] (1a) sich auf die Ellbogen stützen; **~do** [~'koðo] m Ableger m
acog|edor [akɔxe'ðor] gastlich, gemütlich; **~er** [~'xɛr] (2c) aufnehmen; fig **~ con satisfacción** begrüßen, gutheißen; **~erse: ~ a alg** bei j-m Schutz (od Hilfe) suchen; **~ a alc** sich auf et (ac) berufen; **~ida** [~'xiða] f Aufnahme f, Empfang m; **tener buena ~** Beifall finden; gut ankommen (beim Publikum)
acolchar [akɔl'tʃar] (la) polstern, steppen, wattieren
acólito [a'kolito] m Ministrant m; Meßdiener m; fig Anhänger m
acome|ter [akome'tɛr] (2a) angreifen; fig in Angriff nehmen; **~tida** [~'tiða] f Angriff m; ⚙ Anschluß m
acomoda|ble [akomo'ðable] anpassungsfähig; **~ción** [~ða'θĭon] f Anpassung f; Umbau m, -gestaltung f; **~dizo** [~'ðiθo] anpassungsfähig; fügsam; **~do** [~'ðaðo] (cómodo) bequem; (rico) wohlhabend; **~dor** [~'ðor] m Logenschließer m; Platzanweiser m; **~r** [~'ðar] (la) anpassen; (alojar) unterbringen; **~rse** sich anpassen (an ac **a**)

acompaña|miento [akɔmpaɲa'mĭento] m Begleitung f (a ♪); gastr Beilage f; **~nte** [~'nante] m Begleiter m, Beifahrer m; **~r** [~'nar] (la) begleiten (a ♪); j-m Gesellschaft leisten; (adjuntar) beilegen
acompasado [akɔmpa'saðo] nach dem Takt; rhythmisch; fig gemessen
acompleja|do [akɔmple'xaðo]: **estar ~** Komplexe haben; **~r** [~'xar] (la) Komplexe verursachen; **~rse** Komplexe bekommen
acondiciona|do [akɔndiθĭo'naðo]: **aire** m **~** Klimaanlage f; **~dor** [~'ðor] m: **~ de aire** Klimaanlage f; **~miento** [~'mĭento] m Einrichtung f; Gestaltung f; **~ de aire** Klimatisierung f; **~r** [~'nar] (la) gestalten; herrichten; (aire) klimatisieren
acongojar [akɔŋgo'xar] (la) bedrücken, bekümmern, beklemmen
acónito 🌿 [a'konito] m Eisenhut m
aconseja|ble [akɔnsɛ'xable] ratsam; empfehlenswert; **~r** [~'xar] (la) empfehlen; j-m raten, j-n beraten; **~rse: ~ a** (od **con**) sich (dat) Rat holen bei (dat)
aconte|cer [akɔnte'θɛr] (2d) sich ereignen, geschehen; **~cimiento** [~θi'mĭento] m Ereignis n, Begebenheit f
acopi|ar [ako'pĭar] (1b) anhäufen, ansammeln; **~o** [a'kopĭo] m Anhäufung f; Vorrat m
acopla|miento ⚙ [akopla'mĭento] m Kupplung f; Kopplung f; **~ en serie** Reihen-, Serienschaltung f; **~r** [~'plar] (la) zs.-fügen; kuppeln
acoraza|do [akora'θaðo] **1.** adj gepanzert; Panzer...; **2.** m ⚓ Panzerkreuzer m; **~r** [~'θar] (1f) panzern
acor|dado [akor'ðaðo] beschlossen; **lo ~** der Beschluß; die Vereinbarung; **~dar** [~'ðar] (1m) beschließen, vereinbaren; **~darse** sich erinnern (an ac **de**); **si mal no me acuerdo** wenn ich mich recht entsinne; **~de** [a'korðe] **1.** adj übereinstimmend; **~ con** in Einklang mit; **2.** ♪ m Akkord m
acorde|ón [akorðe'ɔn] m Akkordeon n, Ziehharmonika f; **~onista** [~ðeo'nista] m Akkordeonspieler m
acordona|miento [akorðona'mĭento] m Abriegelung f, Absperrung f; **~r** [~'nar] (la) abriegeln, absperren
acorralar [akorra'lar] (la) (ganado) einpferchen; fig in die Enge treiben

acortar [akɔr'tar] (la) v/t. (ab-, ver)kürzen; (falda) kürzer machen; **～se** (día) kürzer werden

aco|sar [ako'sar] (la) hetzen; fig bedrängen; j-m zusetzen (**con preguntas** mit Fragen); **～so** [a'koso] m Hetzjagd f; **～ sexual** sexuelle Belästigung f

acostar [akɔs'tar] (1m) zu Bett bringen; **～se** zu Bett gehen, schlafen gehen

acostumbra|do [akɔstum'braðo] gewohnt; **estar ～ a alc** an et (ac) gewöhnt sein; **～r** [～'brar] (la) **1.** v/t gewöhnen (an ac a); **2.** v/i pflegen, gewohnt sein (zu inf); **～rse** sich gewöhnen (an **a**)

acota|ción [akota'θĭon] f Randbemerkung f; teat Bühnenanweisung f; **～miento** [～'mĭento] m Abgrenzung f; **～r** [～'tar] (la) mit Randbemerkungen versehen; (terreno) abgrenzen; einfried(ig)en

ácrata ['acrata] **1.** adj anarchistisch; **2.** m Anarchist m

acre ['akre] scharf, herb (a fig)

acrecentar [akreθen'tar] (1k) vermehren, steigern; **～se** zunehmen, anwachsen

acredita|do [akreði'taðo] geachtet, angesehen; bewährt; **～r** [～'tar] (la) Ansehen verleihen (dat); verbürgen; pol beglaubigen, akkreditieren; ✝ gutschreiben; **～rse** sich bewähren; sich Ansehen erwerben

acreedor [akree'ðor] **1.** adj anspruchsberechtigt; **2.** m [～'dor] Gläubiger m

acribillar [akriβi'ʎar] (la) durchlöchern; fig bedrängen (mit dat **a**)

acrimonia [akri'monĭa] f Schärfe f; fig Bitterkeit f

acrisolar [akriso'lar] (la) (metal) läutern (a fig)

acristalar [akrista'lar] (la) verglasen

acritud [akri'tuð] f Schärfe f (a fig)

acr|óbata [a'kroβata] m Akrobat m; **～obático** [akro'βatiko] akrobatisch; **vuelo** m **～** Kunstflug m

acta ['akta] f Urkunde f; (de una sesión, etc) Protokoll n; ⚖ Akte f; **～ notarial** notarielle Urkunde f; **hacer constar en ～** aktenkundig machen, protokollieren; **levantar ～** beurkunden, zu Protokoll nehmen

acti|tud [akti'tuð] f Stellung f, Haltung f; fig Einstellung f, Verhalten n; **～var** [～'βar] (la) beschleunigen; aktivieren; **～vidad** [～βi'ðað] f Tätigkeit f, Aktivität f; fig Betriebsamkeit f; **～vista** [～'βista] m pol Aktivist m; **～vo** [～'tiβo] **1.** adj aktiv; tätig; tatkräftig; **en ～** im Dienst (stehend); gram **voz** f **-a** Aktiv n; **2.** m ✝ Aktivvermögen n, Aktiva pl

acto ['akto] m Tat f, Handlung f; teat Akt m, Aufzug m; **～ inaugural** Eröffnungsfeier f; **～ de clausura** Schlußfeier f; **hacer ～ de presencia** sich (kurz) blicken lassen; **～ seguido** anschließend, gleich darauf; **en el ～** auf der Stelle, unverzüglich; **en ～ de servicio** in Erfüllung s-r Pflicht

ac|tor [ak'tɔr] m Schauspieler m; **～triz** [～'triθ] f Schauspielerin f

actua|ción [aktŭa'θĭon] f Tätigkeit f; Auftreten n, Auftritt m (a teat); **～ en directo** Live-Auftritt m; ⚖ **actuaciones** pl Prozeßführung f; **～l** [～'tŭal] aktuell, gegenwärtig; **～lidad** [～tŭaliðað] f Gegenwart f; Aktualität f; **de gran ～** sehr aktuell; **en la ～** zur Zeit, gegenwärtig; **～lizar** [～'θar] (1f) aktualisieren; auf den neuesten Stand bringen; **～r** [～'tŭar] (le) tätig sein bzw werden; wirken (a ⚙); teat auftreten; **～ de** sich betätigen als, auftreten als; **～rio** [～'tŭarĭo] m ⚖ Protokollführer m, Urkundsbeamte(r) m

acuare|la [akŭa'rela] f Aquarell n; **～lista** [～re'lista] m Aquarellmaler m

acuario [a'kŭarĭo] m Aquarium n; astr ♒ Wassermann m

acuartela|miento [akŭartela'mĭento] m Kasernierung f; **～r** [～'lar] (la) kasernieren

acuático [a'kŭatiko] Wasser...

acuchillar [akutʃi'ʎar] (la) niederstechen; (matar) erstechen; (parqué) abziehen

acucia|nte [aku'θĭante] dringend, brennend; **～r** [～'θĭar] (1b) anstacheln

acuclillarse [akukli'ʎarse] (la) sich hokken, sich (nieder)kauern

acudir [aku'ðir] (3a) herbeieilen; (asistir) teilnehmen (an dat **a**); **～ a alg** sich an j-n wenden; **～ a las urnas** zur Wahl gehen

acueducto [akŭe'ðukto] m Aquädukt m

acuerdo [a'kŭerðo] m Übereinkunft f; Übereinstimmung f; (convenio) Abkommen n, Vereinbarung f; Beschluß m; **～ comercial** Handelsabkommen n; **estar de ～ con** einverstanden sein mit

acumulación

(*dat*); *llegar a un* ~ zu e-r Einigung kommen; *ponerse de* ~ sich einigen (mit *dat con*); *tomar un* ~ e-n Beschluß fassen; *de común* ~ einmütig; *de* ~ *con* gemäß (*dat*); *¡de* ~*!* einverstanden!

acumula|ción [akumula'θĭɔn] *f* Anhäufung *f*; **~dor** [~'dɔr] ⚡ *m* Akku(mulator) *m*; **~r** [~'lar] (la) an-, aufhäufen; **~rse** sich ansammeln

acuña|ción [akuɲa'θĭɔn] *f* (Münz-)Prägung *f*; **~r** [~'ɲar] (la) (*moneda, palabra*) prägen

acuoso [a'kŭoso] wässerig; (*fruta*) saftig

acupuntura [akupun'tura] *f* Akupunktur *f*

acurrucarse [akurru'karse] (1g) sich ducken; sich zs.-kauern

acu|sación [akusa'θĭɔn] *f* Beschuldigung *f*; ⚖ Anklage *f*; **~sado** [~'saðo] *m* Angeklagte(r) *m*; **~sador** [~'ðɔr] *m* Ankläger *m*; **~sar** [~'sar] (la) anklagen; beschuldigen; (*mostrar*) aufweisen; ~ *recibo* den Empfang bestätigen; **~sativo** *gram* [~sa'tiβo] *m* Akkusativ *m*; **~satorio** [~sa'tɔrĭo] Anklage...; **~se** [a'kuse] *m*: ~ *de recibo* Empfangsbestätigung *f*; **~són** F [aku'sɔn] *m* Petze *f*

acústi|ca [a'kustika] *f* Akustik *f*; **~co** [~ko] akustisch

acutángulo [aku'taŋgulo] spitzwinklig

adagio [a'ðaxĭo] *m* Sprichwort *n*; Spruch *m*; ♪ Adagio *n*

adalid [aða'lið] *m* Anführer *m*; *fig* Vorkämpfer *m*

adapta|ble [aðap'table] anpassungsfähig; **~ción** [~ta'θĭɔn] *f* Anpassung *f*; (*de un texto*) Bearbeitung *f*; **~dor** ⚡ [~'ðɔr] *m* Adapter *m*; **~r** [~'tar] (la) anpassen; bearbeiten; **~rse** sich anpassen (an *ac* **a**)

adecentar [aðeθen'tar] (la) (ordentlich) herrichten

ade|cuado [aðe'kŭaðo] angemessen, geeignet, passend; **~cuar** [~'kŭar] (1d) anpassen

adefesio F [aðe'fesĭo] *m* (*persona*) Vogelscheuche *f*

adelanta|do [aðelan'taðo] vorgerückt; fortgeschritten; vorzeitig; *pagar por* ~ vorausbezahlen; *ir* ~ vorgehen (*reloj*); **~miento** [~ta'mĭento] *m auto* Überholen *n*; **~r** [~'tar] (la) **1.** *v/t* vorrücken; *auto* überholen; (*dinero*) vorstrecken; (*reloj*) vorstellen; (*fecha*) vorverlegen; **2.** *v/i* Fortschritte machen; (*reloj*) vorgehen; **~rse** vorangehen; *fig* ~ *a alg* j-m zuvorkommen

adelante [aðe'lante] vorwärts; *¡*~*!* los!; vorwärts!; herein!; *de ahora* (*od aquí*) *en* ~ von jetzt an; *más* ~ weiter vorn; (*más tarde*) später; *salir* ~ *fig* vorwärtskommen, es zu et bringen

adelanto [aðe'lanto] *m* Fortschritt *m*; ✝ Vorschuß *m*

adelfa ♣ [a'ðɛlfa] *f* Oleander *m*

adelgaza|miento [aðelɣaθa'mĭento] *m*: *cura f de* ~ Abmagerungskur *f*; **~r** [~'θar] (1f) abnehmen

ademán [aðe'man] *m* Gebärde *f*, Geste *f*

además [aðe'mas] **1.** *adv* außerdem, ferner; **2** *prp* ~ *de* außer (*dat*)

adentrarse [aðen'trarse] (la) eindringen (*a fig*) (in *ac en*)

adentro [a'ðentro] hinein; *mar* ~ seewärts; *tierra* ~ landeinwärts; *decir para sus* ~*s* zu sich selbst sagen

adepto [a'ðɛpto] *m* Anhänger *m*

adere|zar [aðere'θar] (1f) herrichten, zurechtmachen; *gastr* zubereiten, anrichten; (*tela*) appretieren; **~zarse** sich zurechtmachen; **~zo** [~'reθo] *m gastr* Zubereitung *f*; Würze *f*; (*adorno*) Schmuck *m*

adeu|dado [aðeŭ'ðaðo] verschuldet; **~dar** [~'dar] (la) schulden; ~ *en cuenta* das Konto belasten; **~darse** Schulden machen; **~do** [a'ðeŭðo] *m* Schuld *f*; ~ *en cuenta* Belastung *f*; Lastschrift *f*

adhe|rencia [aðe'renθĭa] *f* Anhaften *n*; ⚕ Verwachsung *f*; **~rente** [~'rente] (an)haftend, (an)klebend; **~rir** [~'rir] (3i) (an)haften; **~rirse** sich anschließen (an *ac* **a**); beitreten (a un *partido*, etc, *dat*); **~sión** [~'sĭɔn] *f* Anschluß *m*, Beitritt *m*; *fig* Adhäsion *f*; **~sivo 1.** *adj* (an)haftend, Haft...; **2. m** Klebstoff *m*

adicción ⚕ [aðiɣ'θĭɔn] *f* Sucht *f*

adi|ción [aði'θĭɔn] *f* Zusatz *m*; ℞ Addieren *n*, Addition *f*; **~cional** [~θĭo'nal] zusätzlich, Zusatz...; **~cionar** [~'nar] (la) hinzufügen; ℞ addieren

adicto [a'ðikto] **1.** *adj* ergeben, zugetan (*dat* **a**); (*a las drogas, etc*) süchtig; **2.** *m* Anhänger *m*; ⚕ Süchtige(r) *m*

adiestra|miento [aðĭestra'mĭento] *m* Abrichtung *f*; Dressur *f*; **~r** [~'trar] (la) abrichten, dressieren; (*instruir*) anleiten, schulen

adinerado [aðine'raðo] vermögend
adiós [a'ðjos] **1.** *int* auf Wiedersehen!; **2.** *m* Abschied *m*
adiposo [aði'poso] Fett...; *tejido m ~* Fettgewebe *n*
adit|amento [aðita'mento] *m* Zusatz *m*; **~ivo** [~'tiβo] *m* Zusatz(stoff) *m*
adivi|nación [aðiβina'θjon] *f* Wahrsagung *f*; Erraten *n*; **~nanza** [~'nanθa] *f* Rätsel *n*; **~nar** [~'nar] (la) (*predecir*) wahrsagen; (*acertar*) (er)raten; **~no** *m*, **-na** *f* [~'βino, ~'βina] Wahrsager(in *f*) *m*
adjetivo [aðxe'tiβo] *m* Eigenschaftswort *n*, Adjektiv *n*
adjudica|ción [aðxuðika'θjon] *f* Zuerkennung *f*; (*subasta*) Zuschlag *m*; **~ de una obra** Vergabe *f* e-s Baues; **~r** [~'kar] (1g) zuerkennen; (*subasta*) zuschlagen
adjun|tar [aðxun'tar] (1a) beilegen, -fügen; **~to** [~'xunto] beiliegend
administra|ción [aðministra'θjon] *f* Verwaltung *f*; **~dor** [~'ðor] *m* Verwalter *m*; Geschäftsführer *m*; **~r** [~'trar] (la) verwalten; ⚕ verabreichen; *rel* spenden; **~tivo** [~tra'tiβo] **1.** *adj* Verwaltungs...; **2.** *m* Verwaltungsangestellte(r) *m*
admira|ble [aðmi'raβle] bewundernswert; **~ción** [~ra'θjon] *f* Bewunderung *f*; (*asombro*) Staunen *n*; (**signo** *m* **de**) **~** Ausrufungszeichen *n*; **~dor** [~'ðor] *m* Bewunderer *m*; Verehrer *m*; **~r** [~'rar] (la) bewundern; (*extrañar*) erstaunen; **~rse** sich wundern (über *ac* **de**)
admi|sible [aðmi'siβle] zulässig, statthaft; **~sión** [~'sjon] *f* Zulassung *f*; Aufnahme *f*; **~tir** [~'tir] (3a) zulassen, aufnehmen; (*reconocer*) zugeben; **~ en pago** in Zahlung nehmen
admonición [aðmoni'θjon] *f* Ermahnung *f*; Verwarnung *f*
ado|bar [aðo'βar] (la) *gastr* marinieren, beizen; **~be** [a'ðoβe] *m* Luftziegel *m*; **~bo** [a'ðoβo] *m gastr* Marinade *f*, Beize *f*
adocenado [aðoθe'naðo] alltäglich
adoctrinar [aðoktri'nar] (la) belehren, unterweisen
adolecer [aðole'θer] (2d) kranken, leiden (an *dat* **de**)
adolescen|cia [aðoles'θenθja] *f* Jünglingsalter *n*; **~te** [~'θente] *m* Jugendliche(r) *m*, Halbwüchsige(r) *m*

adonde [a'ðonde] wohin
¿adónde? [a'ðonde] *interr* wohin?
adop|ción [aðop'θjon] *f* Adoption *f*; **~tar** [aðop'tar] (la) adoptieren; (*aceptar*) annehmen; **~ una medida** e-e Maßnahme ergreifen; **~ una resolución** e-n Entschluß fassen; **~tivo** [~'tiβo] Adoptiv...; *patria f -a* Wahlheimat *f*
ado|quín [aðo'kin] *m* Pflasterstein *m*; **~quinado** [~ki'naðo] *m* Pflaster(n) *n*; **~quinar** [~ki'nar] (la) pflastern
adora|ble [aðo'raβle] *fig* entzückend; **~ción** [~ra'θjon] *f* Anbetung *f*; Verehrung *f*; **~dor** [~'ðor] *m* Verehrer *m*; **~r** [~'rar] (la) anbeten; verehren; abgöttisch lieben
adormece|dor [aðormeθe'ðor] einschläfernd; **~r** [~'θer] (2d) einschläfern; **~rse** einschlummern
adormidera [aðormi'ðera] *f* Mohn *m*
adormi|larse [aðormi'larse], **~tarse** [~'tarse] (la) einnicken
ador|nar [aðor'nar] (la) schmücken, verzieren; **~no** [a'ðorno] *m* Schmuck *m*; Verzierung *f*
adosar [aðo'sar] (la) anlehnen
adqui|rir [aðki'rir] (3i) erwerben; anschaffen; (*conseguir*) erlangen; **~sición** [~si'θjon] *f* Erwerb(ung *f*) *m*; Anschaffung *f*; **~sitivo** [~'tiβo]: *poder m ~* Kaufkraft *f*
adrede [a'ðreðe] *adv* absichtlich
adua|na [a'ðwana] *f* Zoll *m*; **~nero** [aðwa'nero] **1.** *adj* Zoll...; **2.** *m* Zollbeamte(r) *m*
aducir [aðu'θir] (3o) (*pruebas*) beibringen, vorlegen
adueñarse [aðwe'ɲarse] (la): **~ de** sich bemächtigen (*gen*)
adula|ción [aðula'θjon] *f* Schmeichelei *f*; **~dor** [~'ðor] *m* Schmeichler *m*; **~r** [~'lar] (la) *j-m* schmeicheln
adúltera [a'ðultera] *f* Ehebrecherin *f*
adultera|ción [aðultera'θjon] *f* Verfälschung *f*; **~r** [~'rar] (la) (ver)fälschen
adulterio [aðul'terjo] *m* Ehebruch *m*
adúltero [a'ðultero] **1.** *adj* ehebrecherisch; **2.** *m* Ehebrecher *m*
adulto [a'ðulto] **1.** *adj* erwachsen; **2.** *m* Erwachsene(r) *m*
adusto [a'ðusto] finster, mürrisch
adve|nedizo [aðβene'ðiθo] **1.** *adj* fremd, hergelaufen; **2.** *m* Fremde(r) *m*; Emporkömmling *m*; **~nimiento** [~ni-

adverbio

'miento] *m* Ankunft *f*; (*al trono*) Thronbesteigung *f*
adverbio [aðˈbɛrbĭo] *m* Umstandswort *n*, Adverb *n*
adver|sario [aðbɛrˈsarĭo] *m* Gegner *m*; **~sidad** [~siˈdað] *f* Widrigkeit *f*; Mißgeschick *n*; **~so** [~ˈbɛrso] widrig; feindlich; ungünstig
adver|tencia [aðbɛrˈtɛnθĭa] *f* Warnung *f*; Hinweis *m*; **~tir** [~ˈtir] (3i) bemerken; (*indicar*) aufmerksam machen; (*avisar*) warnen
adviento *rel* [aðˈbĭento] *m* Advent *m*
adyacente [aðjaˈθente] angrenzend
aeración [aeraˈθĭon] *f* (Be-)Lüftung *f*
aéreo [aˈereo] Luft...; **compañía** *f* **-a** Luftfahrtgesellschaft *f*; **ferrocarril** *m* **~** Schwebebahn *f*
aero|bús [aeroˈbus] *m* Airbus *m*; **~deslizador** [~dezliθaˈðor] *m* Luftkissenboot *n*; **~dinámico** [~ðiˈnamiko] stromlinienförmig
aeródromo [aeˈroðromo] *m* Flugplatz *m*
aero|espacial [aeroespaˈθĭal] (Luft- und) Raumfahrt...; **~foto** [~ˈfoto] *f* Luftbild *n*; **~grama** [~ˈgrama] *m* Luftpostleichtbrief *m*; **~modelismo** [~moðeˈlizmo] *m* Flugmodellbau *m*; **~moza** [~ˈmoθa] *f Am* Stewardess *f*; **~náutica** [~ˈnautika] *f* Luftfahrt *f*; **~náutico** [~ˈnautiko] Luftfahrt...; **~nave** [~ˈnaβe] *f* Luftschiff *n*; **~navegación** [~naβegaˈθĭon] *f* Luftfahrt *f*; **~puerto** [~ˈpŭerto] *m* Flughafen *m*; **~sol** [~ˈsol] *m* Aerosol *n*; Spray *m u n*;
aeróstato [aeˈrɔstato] *m* Luftballon *m*, Fesselballon *m*; **~taxi** [~ˈtaksi] *m* Lufttaxi *n*; **~técnica** [~ˈteknika] *f* Flugtechnik *f*; **~vía** [~ˈbia] *f* Fluglinie *f*
afab|ilidad [afabiliˈdað] *f* Freundlichkeit *f*; **~le** [aˈfable] freundlich
afamado [afaˈmaðo] berühmt
afán [aˈfan] *m* Streben *n*; Eifer *m*; (*anhelo*) Gier *f*; **~ de aprender** Bildungsdrang *m*; **~ de lucro** Gewinnsucht *f*
afanar [afaˈnar] (la) F klauen, stibitzen; **~se** sich abmühen, F sich abrackern
afear [afeˈar] (la) verunstalten, entstellen; **~ a/c a alg** j-m et vorwerfen
afección [afeɣˈθĭon] *f* Zuneigung *f*; ✱ Leiden *n*
afecta|ción [afɛktaˈθĭon] *f* Geziertheit *f*, Affektiertheit *f*; **~do** [~ˈtaðo] betroffen (von *dat por*); (*amanerado*) geziert, af-

fektiert; **~r** [~ˈtar] (la) betreffen, angehen; (*fingir*) vorgeben; ✱ befallen; (*emocionar*) berühren; ***esto le afecta mucho*** das geht ihm sehr nahe
afec|tivo [afɛkˈtibo] Gemüts...; gefühlsbetont; **~to** [aˈfɛkto] **1.** *adj* geneigt, zugetan (j-m **a alg**); ✱ **~ de** befallen von; **2.** *m* Affekt *m*; Zuneigung *f*; **~tuosidad** [~tŭosiˈðað] *f* Herzlichkeit *f*; **~tuoso** [~ˈtŭoso] herzlich, liebevoll
afei|tado [afeĭˈtaðo] *m* Rasieren *n*, Rasur *f*; **~tadora** [~taˈðora] *f* Trockenrasierer *m*; **~tar** [~ˈtar] (la) rasieren; **~te** [aˈfeĭte] *m* Schminke *f*
afeminado [afemiˈnaðo] **1.** *adj* weibisch; **2.** *m* Weichling *m*
aferra|do [afɛˈrraðo] verrannt (in *ac* **a**); **~miento** [~rraˈmĭento] *m* Hartnäckigkeit *f*; **~rse** [~ˈrrarse] (1k): **~ a a/c** *fig* auf et (*dat*) beharren
afianza|miento [afĭanθaˈmĭento] *m* Stütze *f*; Sicherung *f*; **~r** [~ˈθar] (1f) befestigen; (ab)stützen; *fig* festigen
afición [afiˈθĭon] *f* Zuneigung *f*; Neigung *f* (zu *por*); **la ~** die Anhänger, die Fans; **por ~** aus Liebhaberei; als Hobby
aficiona|do [afiθĭoˈnaðo] **1.** *adj*: **~ a** geneigt zu, begeistert für; **2.** *m* Liebhaber *m*, Amateur *m*; Fan *m*; **~r** [~ˈnar] (1a) gewinnen für (*ac* **a**), **~rse**: **~ a** sich für et begeistern
afila|cuchillos [afilakuˈtʃiʎos] *m* Messerschärfer *m*; **~do** [~ˈðo] scharf; spitz; **~dor** [~laˈðor] *m* (Scheren-)Schleifer *m*; **~dora** [~ˈðora] *f* Schleifmaschine *f*; **~lápices** [~ˈlapiθes] *m* Bleistiftspitzer *m*; **~r** [~ˈlar] (la) schleifen; (*lápiz*) spitzen
afilia|ción [afiliaˈθĭon] *f* Beitritt *m* (zu *dat* **a**); Mitgliedschaft *f* (bei *dat* **a**); **~do** [~ˈlĭaðo] **1.** *adj*: ***estar ~ a*** angehören (*dat*); **2.** *m* Mitglied *n*; **~rse** [~ˈlĭarse] (1b) eintreten (in *ac* **a**); beitreten (*dat*)
afín [aˈfin] angrenzend; *fig* verwandt
afina|ción [afinaˈθĭon] *f* ♪ Stimmen *n*; **~dor** [~ˈðor] *m* ♪ (Klavier-)Stimmer *m*; Stimmschlüssel *m*; **~r** [~ˈnar] (la) **1.** *v/t* verfeinern; ♪ stimmen; **2.** *v/i* (ton)rein spielen (*od* singen)
afincarse [afinˈkarse] (1g) ansässig werden; sich niederlassen
afinidad [afiniˈðað] *f* Verwandtschaft *f* (*a fig*)
afirma|ción [afirmaˈθĭon] *f* Behauptung

f; Bestätigung *f*; ~r [~'mar] (1a) behaupten; bestätigen; bejahen; *(sujetar)* befestigen; ~tiva [~ma'tiba] *f* Bejahung *f*; Zusage *f*; ~tivo [~'tibo] bejahend
aflic|ción [aflig'θi̯ɔn] *f* Betrübnis *f*; Kummer *m*; ~tivo [aflik'tibo] betrüblich
afligi|do [afli'xiðo] bedrückt; bekümmert; ~r [~'xir] (3c) betrüben; bedrücken; ~rse sich grämen
aflojar [aflo'xar] (1a) **1.** *v/t* lockern; F *(dinero)* locker machen; **2.** *v/i* abflauen; ~se locker werden
aflorar [aflo'rar] (1a) zutage treten
afluen|cia [a'flu̯enθi̯a] *f* Zustrom *m*; Andrang *m*; ~te [a'flu̯ente] *m* Nebenfluß *m*
afluir [a'flu̯ir] (3g) einmünden; herbeiströmen *(a fig)*
afonía [afo'nia] *f* Stimmlosigkeit *f*
afónico [a'foniko] stimmlos; (stock)heiser
aforismo [afo'rizmo] *m* Sinnspruch *m*, Aphorismus *m*
aforo [a'foro] *m (de una sala, etc)* Fassungsvermögen *n*
afortuna|damente [afɔrtunaða'mente] glücklicherweise, zum Glück; ~do [~'naðo] glücklich
afrenta [a'frenta] *f* Beleidigung *f*; ~r [~'tar] (1a) beleidigen
africano [afri'kano] **1.** *adj* afrikanisch; **2.** *m*, **-a** *f* Afrikaner(in *f*) *m*
afrodisíaco [afroði'siako] *m* Aphrodisiakum *n*
afrontar [afrɔn'tar] (1a) gegenüberstellen; *(arrostrar)* trotzen *(dat)*
aft|a ✝ ['afta] *f* Mundfäule *f*; ~oso [af'toso]: **fiebre** *f* **-a** Maul- und Klauenseuche *f*
afuera [a'fu̯era] draußen; hinaus; **de ~** von draußen; von auswärts; **~s** *f/pl* Umgebung *f*; Außenbezirke *m/pl*
agachar [aga'tʃar] (1a) neigen; beugen; ~se sich ducken; sich bücken
agalla [a'gaʎa] *f zo* Kieme *f*; F **tener ~s** Schneid haben
ágape ['agape] *m* Festessen *n*
agarra|dero [agarra'ðero] *m* Griff *m*, Henkel *m*; ~do [~'rraðo] *fig* F knauserig, geizig; ~dor [~'ðɔr] *m* Topflappen *m*; ~r [~'rrar] (1a) (er)greifen, (an)packen; ~rse sich festhalten (an **a**)
agasajar [agasa'xar] (1a) bewirten; beschenken; *j-n* feiern; **-jo** [~'saxo] *m* Bewirtung *f*; (festlicher) Empfang *m*; Ehrung *f*
ágata ['agata] *f* Achat *m*
agavanz|a [aga'banθa] *f* Hagebutte *f*; ~o *m* Heckenrose *f*
agave [a'gabe] *f* Agave *f*
agazaparse [agaθa'parse] (1a) sich ducken
agencia [a'xenθi̯a] *f* Agentur *f*, Vertretung *f*; **~ de informes** Auskunftei *f*; **~ inmobiliaria** Maklerbüro *n*; **~ matrimonial** Eheanbahnungsinstitut *n*; **~ de noticias** Nachrichtenagentur *f*; **~ de publicidad** Werbeagentur *f*; **~ de transportes** Spedition(sfirma) *f*; **~ de viajes** Reisebüro *n*
agenda [a'xenda] *f* Notizbuch *n*; Terminkalender *m*; *Am* Tagesordnung *f*
agente [a'xente] *m* Agent *m*; Vertreter *m*; **~ de cambio y bolsa** Börsenmakler *m*; **~ marítimo** Schiffsmakler *m*; **~ patógeno** Krankheitserreger *m*; **~ de la propiedad industrial** Patentanwalt *m*; **~ de la propiedad inmobiliaria** Immobilienmakler *m*; **~ (de policía)** Polizist *m*; **~ secreto** Geheimagent *m*; **~ de tráfico** Verkehrspolizist *m*; **~ de transportes** Spediteur *m*
agigantado [axigan'taðo] riesenhaft, riesig; **a pasos ~s** mit Riesenschritten
ágil ['axil] behend, flink, beweglich
agili|dad [axili'ðað] *f* Behendigkeit *f*, Gewandtheit *f*; Beweglichkeit *f*; ~zar [~'θar] (1f) beschleunigen
agio ✝ ['axi̯o] *m* Agio *n*, Aufgeld *n*; ~tista [~'tista] *m* (Börsen-)Spekulant *m*
agita|ción [axita'θi̯ɔn] *f* (heftige) Bewegung *f*; Auf-, Erregung *f*; *pol* Unruhe *f*; ~do [~'taðo] aufgeregt, erregt; bewegt; stürmisch; ~dor [~ta'ðɔr] *m* Agitator *m*, Aufwiegler *m*; ~r [~'tar] (1a) schwenken, schütteln; *fig* er-, aufregen
aglomera|ción [aglomera'θi̯ɔn] *f* Anhäufung *f*; Zs.-ballung *f*; **~ urbana** Ballungsgebiet *n*; **~ de gente** Gedränge *n*; ~r [~'rar] (1a) anhäufen; ~rse sich zs.-ballen; *(gente)* sich ansammeln
aglutina|nte [agluti'nante] **1.** *adj* Binde..., Klebe...; **2.** *m* Bindemittel *n*; ~r [~'nar] (1a) verkleben; agglutinieren
agobi|ante [ago'bi̯ante] drückend, lastend; ~ar [~'bi̯ar] (1b) *fig* (be-, nieder)drücken; überlasten; ~o [a'gobi̯o] *m fig* Druck *m*; Last *f*

agolpa|miento [agɔlpa'mĭento] *m* Auflauf *m*; Andrang *m*; **~rse** [~'parse] (1a) sich drängen

agon|ía [ago'nia] *f* Todeskampf *m*, Agonie *f*; **~izar** [~ni'θar] (1f) im Sterben liegen

agorafobia [agora'fobĭa] *f* Platzangst *f*

ago|rar [ago'rar] (1n) voraussagen, prophezeien; **~rero** [~'rero] **1.** *adj* unheilverkündend; *ave f* **-a** Unglücksvogel *m*; **2.** *m* Zeichendeuter *m*; *fig* Schwarzseher *m*

agosto [a'gɔsto] *m* August *m*; *hacer su* **~** sein Schäfchen ins trockene bringen

agota|do [ago'tađo] erschöpft, (*mercancía*) ausverkauft; (*libro*) vergriffen; **~miento** [~'mĭento] *m* Erschöpfung *f*; **~r** [~'tar] (1a) erschöpfen (*a fig*); (*provisiones*) aufbrauchen

agracia|do [agra'θĭađo] anmutig; (*vom Glück*) begünstigt; *salir* **~** gewinnen; **~r** [~'θĭar] (1b) auszeichnen (mit *dat con*); ⚖ begnadigen

agra|dable [agra'đable] angenehm; nett; **~dar** [~'đar] (1a) gefallen

agrade|cer [agrađe'θer] (2d) danken (*alc a alg* j-m für et); *se lo agradezco* ich bin Ihnen dankbar dafür; **~cido** [~'θiđo] dankbar; **~cimiento** [~θi'mĭento] *m* Dank *m*; Dankbarkeit *f*

agrado [a'građo] *m* Anmut *f*; (Wohl-)Gefallen *n*; *ser del* **~** *de alg* j-m zusagen

agrandar [agran'dar] (1a) vergrößern, erweitern

agrario [a'grarĭo] Agrar...; *reforma f* **-a** Bodenreform *f*

agrava|ción [agraba'θĭɔn] *f* Erschwerung *f*; Verschärfung *f*; ⚕ Verschlimmerung *f*; **~nte** [~'bante] erschwerend; ⚖ strafverschärfend; **~r** [~'bar] (1a) erschweren; verschärfen; ⚕ verschlimmern

agravio [a'grabĭo] *m* Beleidigung *f*

agredir [agre'đir] (3a; *ohne stammbetonte Formen*) angreifen; überfallen

agrega|do [agre'gađo] *m pol* Attaché *m*; **~r** [~'gar] (1h) hinzufügen; (*destinar*) zuteilen

agre|sión [agre'sĭɔn] *f* Angriff *m*, Überfall *m*; **~sividad** [~siβi'đađ] *f* Angriffslust *f*, Aggressivität *f*; **~sivo** [~'siβo] aggressiv; **~sor** [~'sɔr] *m* Angreifer *m*

agreste [a'greste] ländlich; *fig* ungeschliffen, grob

agria|do [a'grĭađo] verbittert; **~rse** (1b *od* 1c) sauer werden; *fig* sich ärgern

agrícola [a'grikola] *adj* landwirtschaftlich, Agrar...

agricul|tor [agrikul'tɔr] *m* Landwirt *m*; **~tura** [~'tura] *f* Landwirtschaft *f*

agridulce [agri'đulθe] süßsauer (*a fig*)

agrietarse [agrĭe'tarse] (1a) Risse bekommen, rissig werden (*tb piel*)

agrio ['agrĭo] sauer; **~s** *m/pl* Zitrusfrüchte *f/pl*

agronomía [agrono'mia] *f* Landwirtschaftskunde *f*

agrónomo [a'gronomo] *m* Agronom *m*; *ingeniero m* **~** Diplomlandwirt *m*

agrupa|ción [agrupa'θĭɔn] *f* Gruppierung *f*; Gruppe(nbildung) *f*; **~r** [~'par] (1a) gruppieren; **~rse** sich zs.-schließen

agua ['agŭa] **1.** *f* Wasser *n*; **~** *bendita* Weihwasser *n*; **~** *de Colonia* Kölnisch Wasser *n*; **~** *corriente* fließendes Wasser *n*; **~** *dulce* Süßwasser *n*; **~** *del grifo* Leitungswasser *n*; **~** *de manantial* Quellwasser *n*; **~** *de mar* Seewasser *n*; **~** *mineral* Mineralwasser *n*; **~** *oxigenada* Wasserstoffsuperoxyd *n*; **~** *potable* Trinkwasser *n*; **~** *refrigerante* Kühlwasser *n*; *como* **~** *de mayo* hochwillkommen; *claro como el* **~** sonnenklar; **~(s)** *abajo* (*arriba*) stromabwärts (-aufwärts); *ha corrido mucha* **~** viel Zeit ist vergangen; *llevar el* **~** *a su molino* auf s-n Vorteil bedacht sein; *llevar* **~** *al mar* Eulen nach Athen tragen; *se me hace la boca* **~** das Wasser läuft mir im Munde zusammen; ⚓ *hacer* **~** lecken; **2. ~s** *pl* Gewässer *n*; **~** *freáticas* (*od subterráneas*) Grundwasser *n*; **~** *jurisdiccionales* Hoheitsgewässer *n/pl*; **~** *residuales* Abwässer *n/pl*; **~** *termales* Thermalquelle *f*

aguacate [agŭa'kate] *m* Avocado *f*

agua|cero [agŭa'θero] *m* Platzregen *m*, Reguß *m*; **~fiestas** [~'fĭestas] *m* Spielverderber *m*; **~fuerte** *m* Radierung *f*; **~marina** [~ma'rina] *f min* Aquamarin *m*; **~nieve** [~'nĭeβe] *f* Schneewasser *n*, -regen *m*

aguan|tar [agŭan'tar] (1a) aushalten; ertragen; (*sostener*) (fest)halten; *no le puedo* **~** ich kann ihn nicht ausstehen;

ajarse

~te [a'gŭante] *m* Ausdauer *f*; Widerstandsfähigkeit *f*
aguar [a'gŭar] (1a) verwässern; **~ la fiesta** den Spaß verderben
aguardar [agŭar'dar] (1a) (er-, ab)warten
aguardiente [agŭar'diente] *m* Branntwein *m*, F Schnaps *m*
aguarrás [agŭa'rras] *m* Terpentin *n*
aguatinta [agŭa'tinta] *f* Tuschzeichnung *f*
agu|deza [agu'deθa] *f* Schärfe *f*; Scharfsinn *m*; **~dizar** [~di'θar] (1f) verschärfen; **~se** sich zuspitzen; **~do** [a'gudo] spitz; scharf; 🛠 akut; ♪ hoch; *fig* scharfsinnig, geistreich
agüero [a'gŭero] *m* Vorbedeutung *f*; **de mal ~** unheilverkündend
aguerrido [age'rrido] *fig* abgehärtet
agui|jar [agi'xar] (1a) *fig* anstacheln, anspornen; **~jón** [~'xon] *m* Stachel *m*; *fig* Antrieb *m*, Ansporn *m*
águila ['agila] *f* Adler *m*; *fig* **ser un ~** ein schlauer Fuchs sein
agui|leño [agi'leɲo] Adler...; **nariz *f* -a** Adlernase *f*; **~lucho** [~'lutʃo] *m* Jungadler *m*
aguinaldo [agi'naldo] *m* *Esp* Geldgeschenk *n* zu Weihnachten
aguja [a'guxa] *f* Nadel *f*; *(de reloj)* Zeiger *m*; △ Spitze *f*; 🛠 Weiche *f*; **~ de coser** Nähnadel *f*; **~ de gancho** Häkelnadel *f*; **~ de (hacer) media** *(od* **punto)** Stricknadel *f*; **~ de zurcir** Stopfnadel *f*; **buscar una ~ en un pajar** *fig* e-e Stecknadel im Heu suchen
agu|jerear [aguxere'ar] (1a) durchlöchern; **~jero** [~'xero] *m* Loch *n*, Öffnung *f*; **~ en la capa de ozono** Ozonloch *n*; **tapar ~s** Löcher stopfen *(a fig)*; **~jetas** [~'xetas] *f/pl* Muskelkater *m*
agustino [agus'tino] *m* Augustiner *m*
aguzanieves *zo* [aguθa'nieβes] *f* Bachstelze *f*
aguzar [agu'θar] (1f) schärfen *(a fig)*; **~ el oído** die Ohren spitzen
ahí [a'i] da, dort; dorthin; **de ~ que** deshalb, darum; **por ~** dort(herum); ungefähr; **por ~ voy** darauf wollte ich hinaus
ahija|do *m*, **-a** *f* [ai'xado, ~da] Patenkind *n*; **~r** [~'xar] (1a) adoptieren
ahínco [a'iŋko] *m* Nachdruck *m*; Eifer *m*; **con ~** eifrig; **poner ~ en a/c** auf et Nachdruck legen, et betonen

aho|gar [ao'gar] (1h) ertränken; *(asfixiar)* ersticken; **~garse** ertrinken; *(asfixiarse)* ersticken; **~ en un vaso de agua** wegen e-r Kleinigkeit den Mut verlieren; **~go** [a'ogo] *m* Ersticken *n*; Beklemmung *f*; *fig* Bedrängnis *f*
ahondar [aon'dar] (1a) vertiefen; *a fig* eindringen (in *ac* **en**); *fig* ergründen
ahora [a'ɔra] jetzt, nun; *(en seguida)* gleich; **~ mismo** gerade, soeben; *(en seguida)* gleich, (jetzt) sofort; **por ~** vorläufig; **~ bien** also; **~ más** nun erst recht; **desde ~ (en adelante)** von nun an; **¡hasta ~!** bis gleich!
ahorcar [aɔr'kar] (1g) (auf)hängen, henken; **~se** sich erhängen
ahorr|ador [aɔrra'dɔr] **1.** *adj* sparsam; **2.** *m* Sparer *m*; **~ar** [aɔ'rrar] (1a) sparen; *a fig* ersparen; **~o** [a'ɔrro] *m* Sparen *n*; **~s** *m/pl* Ersparnisse *f/pl*
ahuecar [aŭe'kar] (1g) aushöhlen; (auf)lockern; **~se** F sich aufblasen
ahuma|do [au'mado] geräuchert; Räucher...; **cristal *m* ~** Rauchglas *n*; **~r** [~'mar] (1a) *gastr* räuchern; ausräuchern; mit Rauch füllen
ahuyentar [aujen'tar] (1a) verjagen, verscheuchen *(a fig)*
aira|do [ai'rado] zornig, aufgebracht; **~r** [~'rar] (1a) erzürnen; **~rse** zornig werden, aufbrausen
aire ['aire] *m* Luft *f*; *(viento)* Wind *m*; *(aspecto)* Aussehen *n*; ♪ Weise *f*, Melodie *f*; **~ comprimido** Druckluft *f*; **al ~ libre** im Freien; **a su ~** wie es ihm paßt; **corre mucho ~** es zieht; **darse ~s de** sich aufspielen als; **estar en el ~** in der Luft hängen; in der Schwebe sein; **flotar en el ~** in der Luft liegen; **tomar el ~** frische Luft schöpfen
airear [aire'ar] (1a) lüften; **~se** an die Luft gehen
airoso [ai'roso] anmutig; **salir ~** glänzend abschneiden (bei **de**)
aisla|do [aiz'lado] abgesondert, vereinzelt; isoliert; **~dor** [~'dɔr] *m* Isolator *m*; **~miento** [~'miento] *m* Isolierung *f (a* ⚡, ⚗*)*; **acústico (térmico)** Schall-(Wärme-)dämmung *f*; ⚖ **celular** Einzelhaft *f*; **~nte** [~'lante] *m* Isolierstoff *m*; **~r** [~'lar] (1a) isolieren; absondern.
aja|do [a'xado] zerknittert; *a fig* welk; **~r** [a'xar] (1a) zerknittern; **~rse** verblühen; welken *(a fig)*

ajedrea ❖ [axe'drea] *f* Bohnenkraut *n*
ajedre|cista [axedre'θista] *m* Schachspieler *m*; **~z** [~'dreθ] *m* Schach(spiel) *n*
ajenjo [a'xeŋxo] *m* ❖ Wermut *m*; (*bebida*) Absinth *m*
ajeno [a'xeno] fremd, Fremd...; **~ de** frei von (*dat*); fern von (*dat*); **lo ~** fremdes Gut *n*; **ser ~ de a/c** mit et nichts zu tun haben
ajetre|arse F [axetre'arse] (1a) sich plagen; sich abhetzen; **~o** F [~'treo] *m* Plackerei *f*; Hetze *f*
ají ❖ [a'xi] *m Am* Art Pfeffer *m od* Paprika *m*
ajillo [a'xiʎo] *m*: **al ~** mit Knoblauch (gebraten)
ajo ['axo] *m* Knoblauch *m*; F **andar** (*od* **estar**) **en el ~** s-e Hände im Spiel haben
ajonjolí ❖ [axoŋxo'li] *m* Sesam *m*
ajuar [a'xŭar] *m* Hausrat *m*; (*de novia*) Aussteuer *f*
ajus|table [axus'table] einstellbar; regulierbar; **~tado** [~'taðo] passend; (*precio*) angemessen; (*cálculo*) knapp; (*vestido*) eng anliegend; **~tador** ◉ [~ta'ðor] *m* Monteur *m*; **~tar** [~'tar] (1a) anpassen, einpassen; angleichen; ◉ justieren (*a tip*), einstellen; **~ cuentas** abrechnen (*a fig*); **~tarse: ~ a** sich richten nach; sich halten an; (*corresponder*) entsprechen (*dat*); **~te** [a'xuste] *m* Anpassung *f*; Einstellung *f*; **~ de cuentas** Abrechnung *f* (*a fig*)
ajusticiar [axusti'θĭar] (1b) hinrichten
ala ['ala] *f* Flügel *m*; *dep* Flügelstürmer *m*; **~ delta** Deltaflügel *m*, Flugdrachen *m*; **~ del sombrero** Hutkrempe *f*
alaba|nza [ala'banθa] *f* Lob *n*; **~r** [~'bar] (1a) loben, rühmen; **~rse** sich rühmen (*gen* **de**), prahlen (mit **de**)
alabastro [ala'bastro] *m* Alabaster *m*
alacena [ala'θena] *f* Küchenschrank *m*
alacrán [ala'kran] *m* Skorpion *m*
alado [a'laðo] geflügelt; *fig* beschwingt, schnell
alambique [alam'bike] *m* Destillierkolben *m*
alam|brada [alam'braða] *f* Drahtgitter *n*; **~ de púas** Stacheldrahtverhau *m*; **~brado** [~'braðo] *m* Drahtgeflecht *n*; Drahtzaun *m*; **~brar** [~'brar] (1a) mit Draht einzäunen; **~bre** [a'lambre] *m* Draht *m*; **~ de púas** Stacheldraht *m*;
~brera [alam'brera] *f* Drahtgitter *n*; (*ventana*) Fliegenfenster *n*
alameda [ala'meða] *f* Pappelbestand *m*; (*paseo*) Allee *f*
álamo ['alamo] *m* Pappel *f*; **~ temblón** Zitterpappel *f*, Espe *f*
alarde [a'larðe] *m* Prahlerei *f*; Protzerei *f*; **hacer ~ de** prahlen mit (*dat*); **~ar** [~'ar] (1a) prahlen, protzen (mit *dat* **de**)
alarga|miento [alarga'mĭento] *m* Verlängerung *f*; **~r** [~'gar] (1h) verlängern; (*brazo*) ausstrecken; (*cuello*) recken; **~rse** länger werden; *fig* sich in die Länge ziehen
alarido [ala'riðo] *m* Geschrei *n*; **dar ~s** schreien
alarm|a [a'larma] *f* Alarm *m*; *fig* Sorge *f*, Unruhe *f*; **falsa ~** blinder Alarm; **dar la** (**voz de**) **~** Alarm schlagen; **~ante** [alar'mante] beunruhigend, alarmierend; **~ar** [~'mar] (1a) alarmieren; *fig* beunruhigen; **~arse** sich beunruhigen; **~ista** [~'mista] *m* Panikmacher *m*
alazán [ala'θan] *m* (*caballo*) Fuchs *m*
alba ['alba] *f* Tagesanbruch *m*; Morgendämmerung *f*
albacea [alba'θea] *m* Testamentsvollstrecker *m*
albahaca ❖ [alba'aka] *f* Basilikum *n*
albañil [alba'ɲil] *m* Maurer *m*; **~ería** [~ɲile'ria] *f* Maurerhandwerk *n*; (*obra*) Mauerwerk *n*
albarán [alba'ran] *m* Lieferschein *m*
albarda [al'barða] *f* Pack-, Saumsattel *m*
albaricoque [albari'koke] *m* Aprikose *f*; **~ro** [~ko'kero] *m* Aprikosenbaum *m*
albedrío [albe'ðrio] *m*: **libre ~** freier Wille *m*; **a su ~** nach s-m Ermessen
alber|gar [alber'gar] (1h) beherbergen; *fig* (*idea*, *etc*) hegen; **~garse** einkehren, sich einlogieren; **~gue** [al'berge] *m* Herberge *f*; Obdach *n*; **~ de carreteras** Rasthaus *n*; **~ juvenil** Jugendherberge *f*
albino [al'bino] *m* Albino *m*
albóndiga [al'bondiga] *f* Kloß *m*, Knödel *m*
alborada [albo'raða] *f* Tagesanbruch *m*; ♪ Morgenständchen *n*
albornoz [albor'noθ] *m* Bademantel *m*; (*de los árabes*) Burnus *m*
alboro|tador [alborota'ðor] **1.** *m* Aufwiegler *m*; Randalierer *m*; **2.** *adj* lärmend, randalierend; **~tar** [~'tar] (1a) **1.**

v/t aufwiegeln; **2.** v/i randalieren; **~to** [~'roto] m Lärm m; Aufruhr m

alboro|zar [alboro'θar] (1f) sehr erfreuen; **~zarse** jubeln, sich sehr freuen; **~zo** [~'roθo] m Fröhlichkeit f, Jubel m

albricias [al'briθias] f/pl: *¡~!* gute Nachricht!

álbum ['albun] m Album n

alcachofa [alka'tʃofa] f Artischocke f

alcahueta [alka'ueta] f Kupplerin f

alcal|de [al'kalde] m Bürgermeister m; **~día** [alkal'dia] f Bürgermeisteramt n

alcalino [alka'lino] alkalisch

alcance [al'kanθe] m Reichweite f; fig Tragweite f; **accidente m por ~** Auffahrunfall m; **al ~ de** erreichbar für (ac); zugänglich (dat); **al ~ de la mano** in Reichweite; **de largo ~** weitreichend; fig **de pocos ~s** beschränkt

alcancía [alkan'θia] f Sparbüchse f

alcanfor [alkam'for] m Kampfer m

alcantarilla [alkanta'riʎa] f Abwasserkanal m; **~do** [~ri'ʎaðo] m (städtische) Kanalisation f

alcanzar [alkan'θar] (1f) **1.** v/t einholen; erreichen, erlangen; (dar) reichen; (bala) treffen; fig verstehen, begreifen; **2.** v/i (aus)reichen

alcaparra [alka'parra] f Kaper f

alcázar [al'kaθar] m Burg f, Festung f

alce ['alθe] m zo Elch m

alcista [al'θista] m (bolsa): **tendencia f ~** steigende Tendenz f

alcoba [al'koba] f Schlafzimmer n

alco|hol [alko'ɔl] m Alkohol m; **~ de quemar** Brennspiritus m; **~ etílico** Äthylalkohol m; **~ metílico** Methylalkohol m; **~holemia** [~'lemia] f Blutalkohol(gehalt) m; **prueba f de ~** Alkoholtest m; **~hólico** [~'oliko] **1.** adj alkoholisch; **2.** m Trinker m, Alkoholiker m; **~holismo** [~o'lizmo] m Alkoholismus m; Trunksucht f

alcornoque [alkor'noke] m Korkeiche f; F fig Dussel m, Dummkopf m

alcurnia [al'kurnia] f Abstammung f; **de noble ~** aus adligem Geschlecht

alcuza [al'kuθa] f Ölkrug m; Ölkanne f

alda|ba [al'daba] f Türklopfer m; **~bonazo** [~bo'naθo] m Schlag m mit dem Türklopfer; fig Warnung f

aldea [al'dea] f Dorf n; **~ infantil** SOS-Kinderdorf n; **~ de vacaciones** Feriendorf n; **~no** [alde'ano] **1.** adj dörflich; **2.** m Bauer m

alea|ción [alea'θion] f Legierung f; **~r** [~'ar] (1a) legieren

aleatorio [alea'torio] vom Zufall abhängig, aleatorisch

alecciona|dor [alɛɡθiona'dɔr] lehrreich; **~r** [~'nar] (1a) lehren, unterweisen

aledaño [ale'daɲo] **1.** adj angrenzend; fig nahestehend; **2.** m Anlieger m

alega|r [ale'gar] (1h) **1.** v/t anführen; (pruebas) beibringen; **2.** v/i plädieren; **~to** [~'gato] m *typ* Schriftsatz m; a fig Plädoyer n

ale|goría [alego'ria] f Allegorie f; **~górico** [~'goriko] allegorisch

ale|grar [ale'grar] (1a) erfreuen; fig beleben; **~grarse** sich freuen (über ac de); **~gre** fröhlich, lustig; (bebido) angeheitert; **~gría** [~'gria] f Freude f; Fröhlichkeit f

aleja|miento [alɛxa'miento] m Entfernung f; Zurückgezogenheit f; (entre personas) Entfremdung f; **~r** [~'xar] (1a) entfernen, fernhalten; **~rse** sich entfernen; sich zurückziehen (von **de**)

alelado [ale'laðo] blöde, einfältig

aleluya [ale'luja] Halleluja n; (dibujo) Bilderbogen m

alem|án [ale'man] **1.** adj deutsch; **2.** m Deutsche(r) m; Deutsch n; **alto ~** Hochdeutsch n; **bajo ~** Nieder-, Plattdeutsch n; **~ana** [~'mana] f Deutsche f

alenta|dor [alenta'dɔr] ermutigend; **~r** [~'tar] (1k) ermutigen; **~rse** Mut fassen

alerce ♀ [a'lɛrθe] m Lärche f

al|ergia ✱ [a'lɛrxia] f Allergie f; **~érgico** [a'lɛrxiko] allergisch (gegen ac **a**) (a fig)

ale|ro [a'lero] m Schutzdach n; Vordach n; **estar en el ~** in der Schwebe sein; **~rón** [ale'rɔn] m ✈ Querruder n

alerta [a'lɛrta] **1.** adv wachsam, aufmerksam; **2.** m Alarm m; **~r** [alɛr'tar] (1a) warnen

aleta [a'leta] f zo Flosse f; **~ de la nariz** Nasenflügel m; **~s** f/pl Schwimmflossen f/pl

aletear [alete'ar] (1a) flattern

alevín [ale'bin] m Fischbrut f; fig Anfänger m

alevo|sía [alebo'sia] f Hinterlist f, Heimtücke f; **~so** [~'boso] hinterlistig, heimtückisch

alfabético [alfa'betiko] alphabetisch; *por orden ~* in alphabetischer Reihenfolge

alfabeto [alfa'beto] *m* Alphabet *n*

alfalfa ⚕ [al'falfa] *f* Luzerne *f*

alfare|ría [alfare'ria] *f* Töpferei *f*; Töpferware *f*; **~ro** [~'rero] *m* Töpfer *m*

alféizar [al'feiθar] *m* Fensterbrett *n*

alférez [al'fereθ] *m* Leutnant *m*; *~ de navío* Leutnant *m* zur See

alfil [al'fil] *m* (*ajedrez*) Läufer *m*

alfiler [alfi'ler] *m* Stecknadel *f*; (*broche*) Brosche *f*; *~ de corbata* Krawattennadel *f*; *no caber un ~* überfüllt sein; *de veinticinco ~es* in vollem Staat; **~azo** [~le'raθo] *m* Nadelstich *m* (*a fig*)

alfom|bra [al'fombra] *f* Teppich *m*; **~brilla** [~'briʎa] *f* kleiner Teppich *m*; Fußmatte *f*; Bettvorleger *m*

alforfón ⚕ [alfor'fon] *m* Buchweizen *m*

alforja(s) [al'forxa(s)] *f(pl)* Satteltasche *f*

alga ['alga] *f* Alge *f*; Tang *m*

algarabía [algara'bia] *f* Kauderwelsch *n*; (*griterío*) Geschrei *n*, Getöse *n*

algarrobo [alga'rroβo] *m* Johannisbrotbaum *m*

álgebra ['alxeβra] *f* Algebra *f*

algebraico [alxe'braiko] algebraisch

álgido ['alxiðo] eisig: *punto m ~ fig* Höhepunkt *m*

algo ['algo] etwas; *por ~* aus gutem Grund; *~ es ~* besser als nichts

algo|dón [algo'ðon] *m* Baumwolle *f*; *~ (hidrófilo)* (Verbands-)Watte *f*; *criado entre algodones* sehr verwöhnt; **~donero** [~do'nero] **1.** *adj* Baumwoll...; **2.** *m* Baumwollstaude *f*; (*persona*) Baumwollpflanzer *m*

alguacil [algwa'θil] *m* Gerichts-, Amtsdiener *m*; **~illo** [~θi'liʎo] *m taur* Vorreiter *m*

alguien ['algien] jemand

algún [al'gun] = **alguno** (*delante de su/m*)

alguno [al'guno] **1.** *pron* jemand; **2.** *adj* mancher; (irgend)einer; *~s* einige; *algún día* c-s Tages; *a vez* (irgend)einmal; *de modo ~* keineswegs, -falls

alhaja [al'axa] *f* Schmuckstück *n*; *a fig* Juwel *n*

alhelí ⚕ [ale'li] *m* Levkoje *f*; *~ amarillo* Goldlack *m*

alheña ⚕ [al'eɲa] *f* Liguster *m*

alia|do [a'liaðo] **1.** *adj* verbündet; **2.** *m* Verbündete(r) *m*; *~s m/pl pol* Alliierte(n) *m/pl*; **~nza** [a'lianθa] *f* Bündnis *n*; Allianz *f*; (*anillo*) Trau-, Ehering *m*; **~rse** [a'liarse] (1c) sich verbünden

alias ['alias] **1.** *adv* alias, genannt; **2.** *m* Spitzname *m*; Deckname *m*

alicaído [alika'iðo] *fig* schwach; mutlos

alica|tado [alika'taðo] *m* Fliesenbelag *m*; Kachelung *f*; **~tes** [~'kates] *m/pl* Flachzange *f*; *~ universales* Kombizange *f*

aliciente [ali'θiente] *m* Lockmittel *n*; *fig* Anreiz *m*

alie|nación [aliena'θion] *f* Veräußerung *f*; *~ mental* geistige Umnachtung *f*; **~nar** [~'nar] (1a) veräußern; **~nista** [~'nista] *m* Irrenarzt *m*

aliento [a'liento] *m* Atem *m*; *mal ~* Mundgeruch *m*; *fig* **cobrar** *~* Mut schöpfen; *de un ~* in e-m Zug; *sin ~* atemlos; *tomar ~* Atem holen

aligerar [alixe'rar] (1a) erleichtern; (*atenuar*) lindern; *~ el paso* den Schritt beschleunigen

alijo [a'lixo] *m* Schmuggelware *f*; *~ de drogas* geschmuggelte Drogen *f/pl*

alimaña [ali'maɲa] *f* kleines Raubzeug *n*; *fig* Ungeziefer *m*

alimen|tación [alimenta'θion] *f* Ernährung *f*; **~tar** [~'tar] (1a) ernähren; *fig* nähren, schüren; **~tario** [~'tario], **~ticio** [~'tiθio] Nähr...; Nahrungs...; **~to** [~'mento] *m* Nahrung *f*; Nahrungsmittel *n*; *~s pl* ⚖ Alimente *n/pl*

alimón [ali'mon] *al ~* gemeinsam, mit vereinten Kräften

aline|ación [alinea'θion] *f* Aufstellung *f*; **~ar** [~'ar] (1a) aufstellen; *pol* **países** *m/pl* **no alineados** blockfreie Länder *n/pl*

ali|ñar [ali'ɲar] (1a) schmücken; *gastr* würzen, anmachen; **~ño** [a'liɲo] *m* Verzierung *f*; *gastr* Zubereitung *f*; Würze *f*

alisar [ali'sar] (1a) glätten, polieren

alisio [a'lisio] (*vientos*) *~s m/pl* Passatwinde *m/pl*

aliso ⚕ [a'liso] *m* Erle *f*

alista|miento [alista'miento] *m* Einschreibung *f*; ✠ Anwerbung *f*; Erfassung *f*; **~r** [~'tar] (1a) einschreiben; auflisten; ✠ anwerben; erfassen; **~rse** sich einschreiben; sich melden

aliteración [alitera'θion] *f* Stabreim *m*, Alliteration *f*

alivi|ar [ali'βĭar] (1b) erleichtern; (*dolor*) lindern; **~o** [a'liβĭo] *m* Erleichterung *f*
aljibe [al'xiβe] *m* Zisterne *f*
allá [a'ʎa] dort, da; dorthin; (*tiempo*) damals; *más ~* weiter (weg); *más ~ de* jenseits von; *el más ~* Jenseits *n*; *por ~* dorthin; ungefähr dort; *¡~ voy!* ich komme schon!; *~ él* das ist s-e Sache
allana|miento [aʎana'mĭento] *m* (Ein-)Ebnen *n*; ⚖ *~ de morada* Hausfriedensbruch *m*; **~r** [~'nar] (1a) ebnen, planieren; ⚖ *~ una casa* Hausfriedensbruch begehen
allegado [aʎe'gaðo] **1.** *adj* nahe(stehend) **2.** *m* Angehörige(r) *m*
allí [a'ʎi] da, dort; *~ mismo* genau dort; *de ~* daher; *hasta ~* bis dahin; *por ~* dort (herum)
alma ['alma] *f* Seele *f* (*a fig*); *fig* Herz *n*, Gemüt *n*; *llegar al ~* tief ergreifen; *no se ve un ~* man sieht keine Menschenseele
almacén [alma'θen] *m* Lager *n*; *Am* Gemischtwarenhandlung *f*; *tener en ~* auf Lager haben, vorrätig haben; *grandes almacenes m/pl* Kauf-, Warenhaus *n*
almace|naje [almaθe'naxe] *m* (Ein-)Lagerung *f*; Lagerhaltung *f*; **~namiento** [~'mĭento] *m* Bevorratung *f*, (Ein-)Lagerung *f*; *inform* Speicherung *f*; *~ final* Endlagerung *f*; **~nar** [~'nar] (1a) speichern (*a inform*), (ein)lagern; *fig* anhäufen; **~nero** [~'nero] *m* Lagerist *m*; **~nista** [~'nista] *m* Lagerhalter *m*; Großhändler *m*
almadraba [alma'ðraβa] *f* Thunfischerei *f*
almanaque [alma'nake] *m* Almanach *m*, Kalender *m*
almazara [alma'θara] *f* Ölmühle *f*
almeja [al'mɛxa] *f* Venusmuschel *f*
almena [al'mena] *f* (Mauer-)Zinne *f*
almen|dra [al'mendra] *f* Mandel *f*; *~ amarga* bittere Mandel *f*; *~ garapiñada* gebrannte Mandel *f*; **~dro** [~dro] *m* Mandelbaum *m*
almiar ⚹ [al'mĭar] *m* (Heu-)Miete *f*
almíbar [al'miβar] *m* Sirup *m*; *melocotón m en ~* Pfirsichkompott *n*
almibarado [almiβa'raðo] *fig* zuckersüß
almi|dón [almi'ðon] *m* Stärke *f*; Stärkemehl *n*; **~donar** [~ðo'nar] (1a) (*ropa*) stärken

alminar [almi'nar] *m* Minarett *n*
almiran|tazgo [almiran'taðgo] *m* Admiralität *f*; **~te** [~'rante] *m* Admiral *m*
almirez [almi'reθ] *m* Mörser *m*
almizcle [al'miθkle] *m* Moschus *m*
almoha|da [almo'aða] *f* Kopfkissen *n*; *~ neumática* Luftkissen *n*; *consultar a/c con la ~* et überschlafen; **~dilla** [~'ðiʎa] *f* kleines Kissen *n*; Sitzkissen *n*; (*de tinta*) Stempelkissen *n*; *~ eléctrica* Heizkissen *n*; **~dón** [~'ðon] *m* großes Kissen *n*; Sofakissen *n*
almorranas [almɔ'rranas] *f/pl* Hämorrhoiden *m*
almorta ♣ [al'mɔrta] *f* Platterbse *f*
almorzar [almɔr'θar] (1f *u* 1m) zu Mittag essen; *reg* frühstücken
almuecín [almŭe'θin], **almuédano** [al'mŭeðano] *m* Muezzin *m*
almuerzo [al'mŭɛrθo] *m* Mittagessen *n*; *reg* Frühstück *n*
alocado [alo'kaðo] verrückt
alocución [aloku'θĭon] *f* kurze Ansprache *f*
aloe, áloe ♣ ['aloe] *m* Aloe *f*
aloja|miento [alɔxa'mĭento] *m* Unterkunft *f*; Unterbringung *f*; **~r** [~'xar] (1a) beherbergen; unterbringen; **~rse** absteigen (*in dat en*)
alondra [a'lɔndra] *f* Lerche *f*
alopecia [alo'peθĭa] *f* Haarausfall *m*
alpaca [al'paka] *f zo, metal* Alpaka *n*
alpargata [alpar'gata] *f Esp* Leinenschuh *m* mit Hanfsohle
alpi|nismo [alpi'nizmo] *m* Bergsport *m*; **~nista** [~'nista] *su* Bergsteiger(in *f*) *m*; **~no** [~'pino] Alpen...
alpiste [al'piste] *m* Kanariengras *n*; Vogelfutter *n*
alqui|lar [alki'lar] (1a) (*tomar*) mieten; leihen; (*dar*) vermieten; verleihen; *se alquila* zu vermieten; **~ler** [~'lɛr] *m* Vermieten *n*; Verleih *m*; (*precio*) Miete *f*; *~-venta* Mietkauf *m*; *de ~* Miet...
alqui|mia [al'kimĭa] *f* Alchimie *f*; **~mista** [~ki'mista] *m* Alchimist *m*
alquitrán [alki'tran] *m* Teer *m*
alrededor [alrreðe'ðɔr] ringsherum; *~ de* um... herum; ungefähr; **~es** *m/pl* Umgebung *f*; Umland *n*
alsaciano [alsa'θĭano] **1.** *adj* elsässisch; **2.** *m* Elsässer *m*
alta ['alta] *f* Anmeldung *f*; ⚕ Entlassung(sschein *m*) *f*; *dar de ~* anmelden;

altamente

⚕ gesund schreiben, (als gesund) entlassen; *darse de* ~ (als Mitglied) eintreten; sich anmelden

altamente [alta'mente] höchst, äußerst

altane|ría [altane'ria] *f* Hochmut *m*, Stolz *m*; **~ro** [~'nero] hochmütig

altar [al'tar] *m* Altar *m*; ~ *mayor* Hochaltar *m*

altavoz [alta'boθ] *m* Lautsprecher *m*

altera|ble [alte'raβle] veränderlich; wandelbar; **~ción** [~ra'θĭɔn] *f* Veränderung *f*; (*perturbación*) Störung *f*; (*excitación*) Aufregung *f*; **~r** [~'rar] (1a) (ver)ändern; verfälschen; (*persona*) verstören; aufregen; ~ *el orden* Unruhe stiften; **~rse** (*persona*) sich aufregen; (*alimentos*) schlecht werden

altercado [alter'kaðo] *m* Wortwechsel *m*; Streit *m*

alterna|ción [alterna'θĭɔn] *f* Abwechslung *f*, Wechsel *m*; **~r** [~'nar] (1a) **1.** *v/t* (ab)wechseln; **2.** *v/i*: ~ *con* alternieren, abwechseln mit; (*tener trato*) verkehren mit; **~rse** sich abwechseln; **~tiva** [~na'tiβa] *f* Alternative *f*; *taur dar la* ~ als Matador zulassen; **~tivo** [~'tiβo] alternativ, Alternativ...

alterne [al'terne] *m. bar m de* ~ Animierlokal *n*; *chica f de* ~ Animierdame *f*

alterno [al'terno] abwechselnd; ⚕ *cultivo m* ~ Fruchtwechsel *m*

alteza [al'teθa] *f* Hoheit *f*; Würde *f*; ~ *real* Königliche Hoheit *f*

altibajos [alti'baxos] *m/pl fig* Auf und Ab *n*; Wechselfälle *m/pl*

altillo [al'tiʎo] *m* Anhöhe *f*; (*armario*) Schrankaufsatz *m*

altímetro [al'timetro] *m* Höhenmesser *m*

altiplan|icie [altipla'niθĭe] *f* Hochfläche *f*, -ebene *f*; **~o** [~'plano] *m* Hochland *n*, Hochebene *f*

altisonante [altiso'nante] hochtrabend

altitud [alti'tuð] *f* Höhe *f*

alti|vez [alti'beθ] *f* Stolz *m*, Hochmut *m*; **~vo** [~'tiβo] stolz, hochmütig

alto ['alto] **1.** *adj* hoch; (*persona*) groß; *en -as horas de la noche* spät nachts; *-a calidad* erstklassige Qualität *f*; *-a sociedad* vornehme Gesellschaft *f*; *en -a mar* auf hoher See; *en voz -a* laut; **2.** *adv hablar* ~ laut sprechen; *volar* ~ hoch fliegen; *llegar* ~ es weit bringen; *pasar por* ~ *fig* übergehen; **3.** *m* Halt *m*; Rast *f*; (*altura*) Höhe *f*; *geo* Anhöhe *f*; *dos metros de* ~ zwei Meter hoch; *dar el* ~ anhalten; *hacer* (*un*) ~ Halt machen, rasten; ~ *el fuego* Feuereinstellung *f*, Waffenruhe *f*; *¡~!* halt!

altoparlante [altopar'lante] *m Am* Lautsprecher *m*

altramuz ⚕ [altra'muθ] *m* Lupine *f*

altruis|mo [altru'izmo] *m* Selbstlosigkeit *f*, Altruismus *m*; **~ta** [~'ista] **1.** *adj* selbstlos; **2.** *m* Altruist *m*

altura [al'tura] *f* Höhe *f*; (*estatura*) Größe *f* (*a fig*); *a estas ~s* beim jetzigen Stand der Dinge; *estar a la ~ de alc* e-r Sache gewachsen sein; ✈ *tomar* ~ steigen

alubia ⚕ [a'luβĭa] *f* (weiße) Bohne *f*

aluci|nación [aluθina'θĭɔn] *f* Halluzination *f*; **~nante** [~'nante] *fig* unglaublich, F super; **~nar** [~'nar] (1a) blenden; fesseln; **~nógeno** [~'noxeno] *m* ⚕ Halluzinogen *n*

alud [a'luð] *m* Lawine *f* (*a fig*)

aludir [alu'ðir] (3a): ~ *a* anspielen auf (*ac*); erwähnen; (*no*) *darse por aludido* sich (nicht) angesprochen fühlen

alumbra|do [alum'braðo] *m* Beleuchtung *f*; ~ *público* Straßenbeleuchtung *f*; **~miento** *m* Beleuchtung *f*, ⚕ Entbindung *f*, Niederkunft *f*; **~r** [~'brar] (1a) er-, beleuchten; ⚕ niederkommen mit

alumbre [a'lumbre] *m* Alaun *m*

aluminio [alu'minĭo] *m* Aluminium *n*; *papel m de* ~ Alufolie *f*

alum|nado [alum'naðo] *m* Schülerschaft *f*; **~no** *m* [a'lumno] Schüler *m*

aluniza|je [aluni'θaxe] *m* Mondlandung *f*; **~r** [~'θar] (1f) auf dem Mond landen

alusi|ón [alu'sĭɔn] *f* Anspielung *f* (auf *ac a*); Erwähnung *f*; *hacer* ~ *a* anspielen auf; **~vo** [~'siβo] anspielend (auf *a*)

aluvión [alu'βĭɔn] *m* Überschwemmung *f*; Schwemmland *n*; *fig* Schwall *m*

alvéolo [al'beolo] *m* ⚕ Alveole *f*; Zahnfach *n*; Lungenbläschen *n*

alza ['alθa] *f* Steigerung *f*; ~ *de precios* Preisanstieg *m*; (*bolsa*) *jugar al* ~ auf Hausse spekulieren; **~do** [~'θaðo] *m* △ Aufriß *m*; **~miento** [~θa'mĭento] *m pol* Erhebung *f*, Aufstand *m*; **~r** [~'θar] (1f) aufheben; hoch halten; emporheben; (*mano, voz, etc*) erheben; (*precio*) erhöhen; ~ *la vista* aufblicken; **~rse** sich erheben, aufstehen (*a* ⚔); ~ *con el triunfo* den Sieg davontragen

ama ['ama] *f* Herrin *f*; **~ de casa** Hausfrau *f*; **~ de cría** Amme *f*; **~ de llaves** Wirtschafterin *f*, Haushälterin *f*

ama|bilidad [amaβili'ðað] *f* Liebenswürdigkeit *f*; **~ble** [a'maβle] liebenswürdig; freundlich; **~do** [a'maðo] *m*, **-a** *f* Geliebte(r *m*) *m*/*f*

amadrinar [amaðri'nar] (1a) Patin sein bei

amaestra|miento [amaestra'mĭento] *m* Unterweisung *f*; Abrichten *n*, Dressur *f*; **~r** [~'trar] (1a) unterweisen; (*animal*) abrichten, dressieren

ama|gar [ama'gar] (1h) drohen; **~go** [a'mago] *m* drohende Gebärde *f*; ⚔ Anflug *m*; Anzeichen *n*

amainar [amaï'nar] (1a) *v*/*i* nachlassen

amalgama [amal'gama] *f* Amalgam *n*; *fig* Gemisch *n*; **~r** [~ga'mar] (1a) *fig* verquicken; vermengen; **~rse** verschmelzen

amamantar [amaman'tar] (1a) stillen; (*animal*) säugen

amanecer [amane'θer] **1.** *v*/*i* (2d) tagen, Tag werden; **2.** *m* Tagesanbruch *m*; **al ~** bei Tagesanbruch

amanera|do [amane'raðo] geziert; affektiert; **~miento** [~ra'mĭento] *m* Affektiertheit *f*

amansar [aman'sar] (1a) zähmen; *fig* besänftigen; **~se** zahm werden

amante [a'mante] **1.** *adj* liebend; **~ de la paz** friedliebend; **2.** *su* Liebhaber(in *f*) *m*; Geliebte(r *m*) *m*/*f*; **~ de la música** Musikliebhaber(in *f*) *m*; **~s** *pl* Liebespaar *n*

amapola ⚘ [ama'pola] *f* Mohn *m*

amar [a'mar] (1a) lieben

amara|je ✈ [ama'raxe] *m* Wasserung *f*; **~r** [~'rar] (1a) wassern

amar|gar [amar'gar] (1h) verbittern; **~go** [a'margo] bitter (*a fig*); **~gor** [~'gor] *m*, **~gura** [~'gura] *f* Bitterkeit *f* (*a fig*)

amari|llento [amari'ʎento] gelblich; **~llo** [~'riʎo] gelb

amarra ⚓ [a'marra] *f* Tau *n*, Trosse *f*; **~dero** [amarra'ðero] *m* Anlegeplatz *m*; **~r** [~'rrar] (1a) festbinden; ⚓ vertäuen

amarre ⚓ [a'marre] *m* Vertäuen *n*; Liegeplatz *m*

amartelado [amarte'laðo] sehr verliebt

amasar [ama'sar] (1a) (ver)kneten; *fig* anhäufen

amateur [ama'tœr] *m* Amateur *m*

amatista [ama'tista] *f* Amethyst *m*

amazona [ama'θona] *f* Amazone *f* (*a fig*), Reiterin *f*

ambages [am'baxes] *m*/*pl*: **sin ~** unverhohlen, ohne Umschweife

ámbar ['ambar] *m* Bernstein *m*

ambi|ción [ambi'θĭon] *f* Ehrgeiz *m*; **~cionar** [~θĭo'nar] (1a) erstreben, sehnlich wünschen; **~cioso** [~'θĭoso] ehrgeizig

ambien|tación [ambĭenta'θĭon] *f* (*cine, etc*) Milieugestaltung *f*; **~tador** [~'dor] *m* Raumspray *m*; **~tal** [~'tal] Umwelt...; **~tar** [~'tar] (1a) ein Milieu schaffen; **~te** [~'bĭente] **1.** *adj* umgebend; **medio *m* ~** Umwelt *f*; **2.** *m* Umwelt *f*, Milieu *n*; *fig* Stimmung *f*, Atmosphäre *f*

ambigú [ambi'gu] *m* kaltes Büfett *n*; Theaterbüfett *n*

ambi|güedad [ambigŭe'ðað] *f* Zweideutigkeit *f*; **~guo** [~'bigŭo] zweideutig, doppelsinnig; (*carácter*) zwiespältig

ámbito ['ambito] *m* Umkreis *m*; Bereich *m*

amb|os, ~as ['ambɔs, ~as] beide

ambula|ncia [ambu'lanθĭa] *f* Krankenwagen *m*; **~nte** [~'lante] wandernd; umherziehend; **copa** *f* **~** Wanderpokal *m*; **vendedor** *m* **~** Hausierer *m*; **~torio** [~la'torĭo] *m* **1.** *adj* ⚔ ambulant; **2.** *m* Ambulanz *f*

ameba [a'meβa] *f* = **amiba**

amedrentar [ameðren'tar] (1a) einschüchtern; **~se** verzagen

amén [a'men] *m* Amen *n*; **en un decir ~** im Nu; **~ de** außer (*dat*)

amenaza [ame'naθa] *f* Drohung *f*; **~dor** [~'dɔr], **~nte** [~'θante] drohend; **~r** [~'θar] (1f) bedrohen (*ac*); drohen (*dat*)

ame|nizar [ameni'θar] (1f) verschönern; anregend gestalten; **~no** [a'meno] anregend; unterhaltsam

amento ⚘ [a'mento] *m* Kätzchen *n*

america|na [ameri'kana] *f* Jackett *n*, Sakko *m*; **~no** [~'kano] **1.** *adj* amerikanisch; **2.** *m*, **-a** *f* Amerikaner(in *f*) *m*

ameri|zaje [ameri'θaxe] *m* = **amaraje**; **~zar** [~'θar] (1f) = **amarar**

ametralla|dora ⚔ [ametraʎa'ðora] *f* Maschinengewehr *n*; **~r** [~'ʎar] (1a) beschießen; niederschießen

amianto [a'mĭanto] *m* Asbest *m*

amiba [a'miba] *f* Amöbe *f*

amiga [a'miga] *f* Freundin *f*; (*amante*)

amigable

Geliebte *f*; **~ble** [ami'gaβle] freundlich; freundschaftlich

am|ígdala ✱ [a'miɣðala] *f* Mandel *f*; **~igdalitis** [amiɣða'litis] *f* Mandelentzündung *f*

amigo [a'miɣo] **1.** *adj* befreundet; **2.** *m* Freund *m*; (*amante*) Liebhaber *m*; *hacerse ~s* sich anfreunden

amilanar [amila'nar] (1a) einschüchtern, **~se** verzagen

aminorar [amino'rar] (1a) (ver)mindern; *~ la marcha* langsamer fahren

amis|tad [amis'tað] *f* Freundschaft *f*; **~es** *f/pl* Freundes-, Bekanntenkreis *m*; **~toso** [~'toso] freundschaftlich

amnesia [am'nesia] *f* Amnesie *f*, Gedächtnisverlust *m*

amnis|tía [amnis'tia] *f* Amnestie *f*; **~tiar** [~'tiar] (1c) amnestieren

amo ['amo] *m* Herr *m*; Eigentümer *m*; Dienstherr *m*

amojonar [amoxo'nar] (1a) vermarken, abgrenzen

amolar [amo'lar] (1m) schleifen

amoldar [amol'dar] (1a) anpassen; formen, modellieren; **~se** sich anpassen (an *ac a*)

amonesta|ción [amonesta'θion] *f* Ermahnung *f*; Verwarnung *f*; **~ciones** *f/pl* (Heirats-)Aufgebot *n*; **~r** [~'tar] (1a) ermahnen; verwarnen; (*novios*) aufbieten

amoníaco [~'niako] *m* Salmiakgeist *m*

amontona|miento [amontona'miento] *m* An-, Aufhäufung *f*; **~r** [~'nar] (1a) anhäufen; (auf)stapeln; **~rse** sich häufen; (*gente*) sich ansammeln

amor [a'mor] *m* Liebe *f*; *~ propio* Eigenliebe *f*; *por ~ al arte* gratis, umsonst; *por ~ de Dios* um Gottes willen; *hacer el ~* lieben, koitieren

amoratado [amora'tað̃o] dunkelviolett; *~ de frío* blau vor Kälte

amordazar [amorða'θar] (1f) knebeln; *fig* mundtot machen

amorío [amo'rio] *m* Liebelei *f*

amoroso [amo'roso] liebevoll

amortigua|dor [amortiɣŭa'dor] *m* Stoßdämpfer *m*; **~r** [~'ɣŭar] (1i) abschwächen, dämpfen; lindern

amortiza|ble [amorti'θaβle] tilgbar, amortisierbar; **~ción** [~θa'θion] *f* Tilgung *f*, Abschreibung *f*, Amortisierung *f*; **~r** [~'θar] (1f) tilgen, abschreiben; amortisieren

amotina|do [amoti'naðo] *m* Meuterer *m*; **~r** [~'nar] (1a) aufwiegeln; **~rse** meutern

ampa|rar [ampa'rar] (1a) (be)schützen; **~rarse** sich schützen, Schutz suchen; **~ro** [~'paro] *m* Schutz *m*, Hilfe *f*; *al ~ de* unter dem Schutz von (*dat*)

amplia|ción [amplia'θion] *f* Erweiterung *f*; Vergrößerung *f* (*a fot*); *~ de capital* Kapitalerhöhung *f*; **~mente** [~'mente] reichlich; ausführlich; **~r** [am'pliar] (1c) erweitern; vergrößern (*a fot*)

amplifi|cación [amplifika'θion] *f* Erweiterung *f*; ♪ Verstärkung *f*; **~cador** [~'dor] *m* ♪ Verstärker *m*; **~car** [~'kar] (1g) erweitern; ♪ verstärken

ampli|o ['amplio] weit, ausgedehnt; (*extenso*) ausführlich; (*espacioso*) geräumig; **~tud** [~pli'tuð] *f* Ausdehnung *f*, Weite *f*; *fis* Amplitude *f*

ampolla [am'poʎa] *f* ✱ Blase *f*; (*vasija*) Ampulle *f*; *fig levantar ~s* Aufsehen erregen

ampuloso [ampu'loso] schwülstig, hochtrabend

ampu|tación [amputa'θion] *f* ✱ Amputation *f*; **~tar** [~'tar] (1a) amputieren; *fig* beschneiden

amueblar [amŭe'βlar] (1a) möblieren

amuleto [amu'leto] *m* Amulett *n*

amurallar [amura'ʎar] (1a) mit Mauern umgeben

anabolizante [anaβoli'θante] *m* Anabolikum *n*

anacardo ♀ [ana'karðo] *m* Cashewnuß *f*

ana|crónico [ana'kroniko] anachronistisch; **~cronismo** [~kro'nizmo] *m* Anachronismus *m*

ánade ['anaðe] *m* Ente *f*

anadear [anaðe'ar] (1a) watscheln

anal [a'nal] anal, After...

anales [a'nales] *m/pl* Annalen *pl*

analfabe|tismo [analfaβe'tizmo] *m* Analphabetentum *n*; **~to** [~'βeto] *m* Analphabet *m*

analgésico [anal'xesiko] *m* schmerzstillendes Mittel *n*, Analgetikum *n*

análisis [a'nalisis] *m* Analyse *f*; *~ de sistema inform* Systemanalyse *f*

ana|lista [ana'lista] *m*: *~ de sistemas* Systemanalytiker *m*; **~lítico** [~'litiko] analytisch; **~lizar** [~li'θar] (1f) analysieren

analogía [analo'xia] *f* Analogie *f*

analógico [ana'lɔxiko], **análogo** [a'nalogo] analog
ananá(s) ⚥ [ana'na(s)] f *Am* Ananas f
anaquel [ana'kɛl] m (Regal-)Brett n; Schrankbrett n
anaranjado [anaraŋ'xaðo] orange(nfarbig)
anar|quía [anar'kia] f Anarchie f; **~quista** [~'kista] **1.** *adj* anarchistisch; **2.** *m* Anarchist m
anatema [ana'tema] m Bannfluch m
ana|tomía [anato'mia] f Anatomie f; **~tómico** [~'tomiko] anatomisch
anca ['aŋka] f Hinterbacken m; *gastr* **~s de rana** Froschschenkel m/pl
ancestral [anθes'tral] (von den Vorfahren) überliefert
ancho ['antʃo] **1.** *adj* breit; weit; *estar a sus -as* sich wohl fühlen; **2.** *m* Breite f; 🚂 **~ de vía** Spurweite f
anchoa [an'tʃoa] f An(s)chovis f, Sardelle f
anchura [an'tʃura] f Breite f, Weite f
ancia|na [an'θïana] f Greisin f; **~nidad** [~θïani'ðað] f (Greisen-)Alter n; **~no** [~'θïano] **1.** *adj* alt, (hoch)betagt; **2.** *m* Greis m
ancla ['aŋkla] f Anker m; *echar* **~s** Anker werfen; *levar* **~s** die Anker lichten; **~dero** [~'dero] m Ankerplatz m; **~r** [~'klar] (1a) (ver)ankern
áncora ['aŋkora] f Anker m *(reloj, fig)*; **~ de salvación** *fig* Rettungsanker m
anda|das [an'daðas] f/pl: *volver a las* **~** in e-e schlechte Gewohnheit zurückfallen; **~dura** [~'ðura] f Gang m; Gangart f
andaluz [anda'luθ] **1.** *adj* andalusisch; **2.** *m*, **-a** f [~'luθa] Andalusier(in f) m
anda|miaje [anda'mïaxe] m, **~mio** [~'damïo] m (Bau-)Gerüst n
andanza [an'danθa] f Abenteuer n
andar [an'dar] (1q) **1.** *v/i* gehen; ⚙ laufen, funktionieren; **~** *con cuidado (od ojo)* vorsichtig zu Werk gehen; **~** *en (od por) los 30* etwa 30 Jahre alt sein; **~** *por buen camino* auf dem rechten Wege sein *(a fig)*; **~** *por mal camino fig* auf die schiefe Bahn geraten; **~** *tras a/c* hinter et her sein; *¡anda!* nanu!; nur zu!; los!; *¡andando!* also los!; **2.** *v/t (camino)* zurücklegen; **3.** *m:* **~es** *pl* Gang m, Gangart f

anda|riego [anda'rĭego], **~rín** [~'rin] **1.** *adj* wanderlustig; gut zu Fuß; **2.** *m* guter Fußgänger m
andas ['andas] f/pl Bahre f; Traggestell n
andén [an'den] m Bahnsteig m
andrajo [an'draxo] m Lumpen m; **~so** [~dra'xoso] abgerissen, zerlumpt
an|écdota [a'nɛgðota] f Anekdote f; **~ecdótico** [anɛg'ðotiko] anekdotisch
anegar [ane'gar] (1h) unter Wasser setzen
anejo [a'nɛxo] = *anexo*
anemia [a'nemĭa] f Blutarmut f, Anämie f
anémico [a'nemiko] blutarm
anémona [a'nemona] ⚥ f Anemone f
anes|tesia [anes'tesĭa] f Anästhesie f, Narkose f; **~ general** Vollnarkose f; **~ local** Lokalanästhesie f; **~tesiar** [~te'sĭar] (1b) betäuben; **~tésico** [~'tesiko] m Betäubungsmittel n; **~tesista** [~te'sista] m Narkosearzt m, Anästhesist m
ane|x(ion)ar [anɛg'sar *od* ~gsĭo'nar] (1a) angliedern; annektieren; **~xlón** [~g'sĭon] f Annexion f; **~xo** [a'nɛgso] **1.** *adj* beiliegend; **2.** *m* Nebengebäude n; *(en una carta)* Anlage f
anfetamina ✱ [amfeta'mina] Amphetamin n
anfibio [am'fibĭo] **1.** *adj* amphibisch; Amphibien...; **2.** *m* Amphibie f
anfiteatro [amfite'atro] m Amphitheater n; *teat* Rang m
anfitr|ión [amfi'trĭon] m Gastgeber m; **~iona** [~'trĭona] f Gastgeberin f
ánfora ['amfora] f Amphore f
ángel ['aŋxɛl] m Engel m; **~ custodio**, **~ de la guarda** Schutzengel m
angélica ⚥ [aŋ'xelika] f Engelwurz f
an|gelical [aŋxeli'kal], **~gélico** [~'xeliko] engelhaft
angina ✱ [aŋ'xina] f (*mst* **~s** *pl*) Angina f, Halsentzündung f; **~ de pecho** Angina f pectoris
anglicano [aŋgli'kano] **1.** *adj* anglikanisch; **2.** *m* Anglikaner m
anglosajón [aŋglosa'xɔn] angelsächsisch
angos|to [aŋ'gɔsto] eng, knapp; **~tura** [~gɔs'tura] f Enge f, Verengung f
anguila [aŋ'gila] f Aal m
angula [aŋ'gula] f Jungaal m; *gastr* Glasaal m

angular

angular [aŋgu'lar] eckig; Winkel...; *piedra f* ~ Eckstein *m* (*a fig*)
ángulo ['aŋgulo] *m* Ecke *f*; ⚙ Winkel *m*; ~ *agudo* (*obtuso, recto*) spitzer (stumpfer, rechter) Winkel *m*
anguloso [aŋgu'loso] winkelig; (*cara*) kantig
angus|tia [aŋ'gustia] *f* Angst *f*; Beklemmung *f*; **~tiado** [~gus'tiaðo] ängstlich; **~tiar** [~'tiar] (1b) ängstigen; **~tioso** [~'tioso] beängstigend; angstvoll
anhe|lante [ane'lante] *fig* sehnsüchtig; **~lar** [~'lar] (1a) *fig* ersehnen; **~lo** [a'nelo] *m* Sehnsucht *f*, Verlangen *n*
anidar [ani'ðar] (1a) *v/i* nisten (*a fig*)
anilla [a'niʎa] *f* ⚙ Ring *m*; **~s** *f/pl dep* Ringe *m/pl*
anillo [a'niʎo] *m* Ring *m*; ~ *de boda* Trauring *m*, Ehering *m*; *como ~ al dedo* wie angegossen
ánima ['anima] *f rel*, ⚙ Seele *f*
anima|ción [anima'θion] *f* Belebung *f*, Lebhaftigkeit *f*; (*actividad*) bewegtes Treiben *n*, Betrieb *m*; **~do** [~'maðo] lebhaft, munter; (*conversación*) angeregt; **~dor** [~ma'ðor] *m* Conférencier *m*; Animateur *m*; **~dora** [~'ðora] *f* Ansagerin *f*, Animateurin *f*
animadversión [animaðbɛr'sion] *f* Abneigung *f*
animal [ani'mal] **1.** *adj* tierisch; Tier...; **2.** *m* Tier *n*; *fig* Dummkopf *m*
animar [ani'mar] (1a) beleben; animieren; aufmuntern; ermutigen; **~se** sich aufraffen, sich entschließen (*zu a*)
ánimo ['animo] *m* Gemüt *n*; (*valor*) Mut *m*; *estado m de ~* Gemütsverfassung *f*; *presencia f de ~* Geistesgegenwart *f*; *con ~ de* in der Absicht zu; *¡~!* Kopf hoch!; nur Mut!
animo|sidad [animosi'ðað] *f* Abneigung *f*; **~so** [~'moso] tatkräftig; beherzt
aniquilar [aniki'lar] (1a) zerstören, vernichten; **~se** zunichte werden
anís ⚙ [a'nis] *m* Anis *m*; (*bebida*) Anislikör *m*
aniversario [anibɛr'sario] *m* Jahrestag *m*; Jubiläum *n*; ~ *de boda* Hochzeitstag *m*
ano ['ano] *m* After *m*
anoche [a'notʃe] gestern abend; **~cer** [~'θɛr] **1.** *v/i* (2d) Nacht werden; **2.** *m* Abenddämmerung *f*; *al ~* bei Einbruch der Dunkelheit

42

anodino [ano'ðino] nichtssagend
an|omalía [anoma'lia] *f* Anomalie *f*; **~ómalo** [a'nomalo] anomal
anonadar [anona'ðar] (1a) vernichten; niederschmettern; verblüffen
anonimato [anoni'mato] *m* Anonymität *f*
anónimo [a'nonimo] **1.** *adj* anonym; **2.** *m* anonymer Brief *m*
anorak [ano'rak] *m* Anorak *m*
anorexígeno [anorɛɡ'sixeno] *m* Appetitzügler *m*
anormal [anɔr'mal] anormal
anota|ción [anota'θion] *f* Anmerkung *f*; **~r** [~'tar] (1a) notieren
anovulatorio [anobula'torio] *m* Ovulationshemmer *m*
ansi|a ['ansia] *f* Sehnsucht *f*; Drang *m*; (*angustia*) Angst *f*; ~ *de saber* Wißbegier(de) *f*; **~ar** [~'siar] (1b) ersehnen; **~edad** [~sie'ðað] *f* (Seelen-)Angst *f*; innere Unruhe *f*; **~oso** [~'sioso] begierig; *estar ~ por inf* sich sehnen nach
anta|gónico [anta'ɡoniko] antagonistisch; gegensätzlich; **~gonismo** [~ɡo'nizmo] *m* Antagonismus *m*; **~gonista** [~ɡo'nista] *m* Widersacher *m*; Gegenspieler *m*
antaño [an'taɲo] ehemals, einst
antártico [an'tartiko] antarktisch
ante ['ante] **1.** *m* Wildleder *n*; **2.** *prp* vor (*dat*); angesichts (*gen*); ~ *todo* vor allem; **~anoche** [~a'notʃe] vorgestern abend; **~ayer** [~a'jɛr] vorgestern
antebrazo [ante'braθo] *m* Unterarm *m*
antece|dente [anteθe'ðente] **1.** *adj* vorhergehend, vorig; **2.** *m* **~s** *pl* Vorleben *n*; **~s** *penales* Vorstrafen *f/pl*; *sin ~s* nicht vorbestraft; *estar en ~s* im Bilde sein; **~sor** [~ðe'sɔr] *m* Vorgänger *m*; (*antepasado*) Vorfahr *m*
antediluviano [anteðilu'biano] vorsintflutlich (*a fig*)
ante|lación [antela'θion] *f*: *con ~* im voraus; *con la debida ~* rechtzeitig; **~mano** [~'mano]: *de ~* im voraus
antena [an'tena] *f* Antenne *f*; *zo* Fühler *m*; ~ *colectiva* Gemeinschaftsantenne *f*; ~ *parabólica* Parabolantenne *f*
ante|ojeras [anteo'xeras] *f/pl* Scheuklappen *f/pl*; **~ojo** [~'ɔxo] *m* Fernglas *n*
antepasados [antepa'saðos] *m/pl* Vorfahren *m/pl*
anteponer [antepo'nɛr] (2r) voranstellen; *fig* den Vorrang geben (vor *dat a*)

anteproyecto [antepro'jɛkto] *m* Vorprojekt *n*, Vorentwurf *m*
anterior [ante'rĩɔr] vorhergehend; früher (als *a*); **~idad** [~rĩori'ðað] *f*: *con ~* früher, eher
antes ['antes] **1.** *prp ~ de* vor; bevor; *~ de hora* (*od tiempo*) vorzeitig; **2.** *adv* früher; vorher; eher; *~ bien* vielmehr; *cuanto ~*, *lo ~ posible* möglichst bald; *poco ~* kurz zuvor; *el día ~* tags zuvor; **3.** *cj ~ (de) que subj* bevor, ehe
antesala [ante'sala] *f* Vorzimmer *n*
antiaéreo [antia'ereo] Fliegerabwehr...
antialcohólico [antialko'oliko] *m* Antialkoholiker *m*
antibalas [anti'balas]: *chaleco m ~* kugelsichere Weste *f*; *cristal m ~* Panzerglas *n*
antibelicista [antiβeli'θista] *m* Kriegsgegner *m*
antibiótico [anti'βĩɔtiko] *m* Antibiotikum *n*
antibloqueo [antiblo'keo]: *sistema m ~ de frenos* Antiblockiersystem *n* (ABS)
anticiclón [antiθi'klɔn] *m met* Hoch *n*
antici|pación [antiθipa'θĩɔn] *f* Vorwegnahme *f*; *con ~* im voraus; **~pado** [~'paðo] vorzeitig; (*elecciones, etc*) vorgezogen; *por ~* im voraus; **~par** [~'par] (1a) verfrühen; vorwegnehmen; (*dinero*) vorschießen; **~parse** vorzeitig kommen; *~ a alg* j-m zuvorkommen; **~po** [~'θipo] *m* Vorschuß *m*; Vorauszahlung *f*
anticoncep|ción [antikonθeb'θĩɔn] *f* Empfängnisverhütung *f*; **~tivo** [~'tiβo] *m* Empfängnisverhütungsmittel *n*
anticongelante [antikɔŋxe'lante] *m* Frostschutzmittel *n*
anticonstitucional [antikɔnstituθĩo'nal] verfassungswidrig
anticorrosivo [antikɔrro'siβo] *m* Rostschutzmittel *m*
anticua|do [anti'kŭaðo] veraltet; **~rio** [~'kŭarĩo] *m* Antiquitätenhändler *m*
anticuerpo ✱ [anti'kŭɛrpo] *m* Antikörper *m*
antideslizante [antiðezli'θante] **1.** *adj* rutschfest; **2.** *m* Gleitschutz *m*
antidisturbios [antiðis'turβĩos]: *policía f ~* Bereitschaftspolizei *f*
antidoping [anti'ðopiŋ]: *control m ~* Dopingkontrolle *f*
antídoto [an'tiðoto] *m* Gegengift *n*; *fig* Gegenmittel *n*

antifaz [anti'faθ] *m* Gesichtsmaske *f*
antigualla [anti'gŭaʎa] *f*: *~s pl* alter Kram *m*, Plunder *m*
antigüedad [antigŭe'ðað] *f* Altertum *n*, Antike *f*; Dienstalter *n*; *~es pl* Antiquitäten *pl*
antiguo [an'tigŭo] *adj* alt; ehemalig; antik
antihigiénico [antii'xĩeniko] unhygienisch
antílope [an'tilope] *m* Antilope *f*
antinatural [antinatu'ral] widernatürlich
antinuclear [antinukle'ar] *m* Kernkraftgegner *m*
antioxidante [antiɔgsi'ðante] *m* Rostschutzmittel *n*
antiparásito ✱ [antipa'rasito] entstört
anti|patía [antipa'tia] *f* Antipathie *f*, Abneigung *f*; **~pático** [~'patiko] unsympathisch
antirreglamentario [antirreglamen'tarĩo] vorschriftswidrig; verkehrswidrig
antirrobo [anti'rrɔβo] *m*: (*sistema m*) *~* Diebstahlsicherung *f*
antisemitismo [antisemi'tizmo] *m* Antisemitismus *m*
antiséptico [anti'sεptiko] **1.** *adj* antiseptisch; keimtötend; **2.** *m* Antiseptikum *n*
antiterrorista [antitɛrro'rista] *adj*: *lucha f ~* Terroristenbekämpfung *f*
antítesis [an'titesis] *f* Antithese *f*; Gegensatz *m*
anto|jadizo [antɔxa'ðiθo] launenhaft; **~jarse** [~'xarse] (1a): *se me antoja* ich habe Lust zu ...; es scheint mir; **~jo** [an'tɔxo] Gelüst *n* ; Laune *f* ; *a su ~* nach Gutdünken
antología [antolɔ'xia] Anthologie *f*; *de ~* hervorragend
antonomasia [antono'masĩa] *f*: *por ~* schlechthin
antorcha [an'tɔrtʃa] *f* Fackel *f*
ántrax ✱ ['antraɡs] *m* Milzbrand *m*
antro ['antro] *m* Höhle *f*, Grotte *f*; *fig* F Bruchbude *f*; Spelunke *f*
antro|pófago [antro'pofago] *m* Menschenfresser *m*; **~pología** [~polɔ'xia] *f* Anthropologie *f*
anual [a'nŭal] jährlich; Jahres...; **~idad** [anŭali'ðað] *f* Jahresbetrag *m*, -rate *f*
anuario [a'nŭarĩo] *m* Jahrbuch *n*
anudar [anu'ðar] (1a) (ver)knoten; (*alfombra*) knüpfen; *fig* verbinden

anulación

anula|ción [anulaˈθi̯ɔn] *f* Aufhebung *f*; Nichtigkeitserklärung *f*; Annullierung *f*; Storno *m u n*; **~r** [~ˈlar] **1.** *v/t* (1a) streichen, annullieren; rückgängig machen; **2.** *adj* ringförmig; **3.** *m*: (**dedo** *m*) **~** Ringfinger *m*

anun|ciación [anunθi̯aˈθi̯ɔn] *f* Ankündigung *f*; *rel* ♀ Mariä Verkündigung *f*; **~ciante** [~ˈθi̯ante] *m* Inserent *m*; **~ciar** [~ˈθi̯ar] (1b) bekanntmachen, ankündigen; inserieren, annoncieren; **~cio** [aˈnunθi̯o] *m* Anzeige *f*, Annonce *f*; Bekanntmachung *f*

anverso [amˈbɛrso] *m* Vorderseite *f*; (*de una moneda*) Bildseite *f*

anzuelo [anˈθu̯elo] *m* Angelhaken *m*; *fig* Köder *m*

añadi|dura [aɲaðiˈðura] *f* Zusatz *m*; **por ~** obendrein; **~r** [~aˈðir] (3a) hinzufügen

añejo [aˈɲexo] (*vino*) alt

añicos [aˈɲikos] *m/pl*: **hacer ~** zerbrechen, F kaputtmachen

año [ˈaɲo] *m* Jahr *n*; (*día m de*) ♀ **Nuevo** Neujahr(stag *m*) *n*; **el ~ que viene** nächstes Jahr; **entrado** (*od* **metido**) **en ~s** bejahrt; **quitarse ~s** sich für jünger ausgeben; **¿cuántos ~s tienes?** wie alt bist du?; **¡por muchos ~s!** meine Glückwünsche!

añora|nza [aɲoˈranθa] *f* Sehnsucht *f*; Heimweh *n*; **~r** [~ˈrar] (1a) sich sehnen nach (*dat*); nachtrauern (*dat*)

aorta [aˈɔrta] *f* Aorta *f*

apacentar [apaθenˈtar] (1k) weiden

apacible [apaˈθiβle] mild, ruhig; sanft

apaciguar [apaθiˈɣu̯ar] (1i) beruhigen, besänftigen

apadrinar [apaðriˈnar] (1a) Pate sein bei (*dat*); *fig* fördern

apaga|do [apaˈɣaðo] erloschen; (*sonido, color*) gedämpft; (*voz*) dumpf; (*persona*) schwunglos; **~r** [~ˈɣar] (1h) (aus)löschen; (*luz, radio*) ausmachen; (*ruidos*) dämpfen; (*sed*) löschen, stillen; **~rse** erlöschen, ausgehen

apagón [apaˈɣɔn] *m* (plötzlicher) Stromausfall *m*, Blackout *m*

apalabrar [apalaˈβrar] (1a) absprechen, vereinbaren; **~se** sich verabreden

apalear [apaleˈar] (1a) (ver)prügeln

apaña|do [apaˈɲaðo] anstellig; geschickt; **estar ~** F aufgeschmissen sein; **~r** [~ˈɲar] (1a) (*arreglar*) flicken, ausbessern, zurechtmachen; (*coger*) wegnehmen; **~rse** zurechtkommen

aparador [aparaˈðɔr] *m* Büfett *n*, Sideboard *n*

aparato [apaˈrato] *m* Apparat *m*; Gerät *n*; (*boato*) Prunk *m*, Pomp *m*; **tel al ~** am Apparat; **~so** [~ˈtoso] protzig, pompös; aufsehenerregend

aparca|dero [aparkaˈðero] *m* Parkplatz *m*; **~miento** [~ˈmi̯ento] *m* Parken *n*; Parkplatz *m*; **~ subterráneo** Tiefgarage *f*; **~r** [~ˈkar] (1g) parken; *fig* auf Eis legen

aparear [apareˈar] (1a) *zo* paaren

aparecer [apareˈθɛr] (2d) erscheinen, auftauchen

apare|jador [aparexaˈðɔr] *m* Bauleiter *m*, -führer *m*; **~jar** [~ˈxar] (1a) herrichten; (*caballo*) (an)schirren; ♃ auftakeln; **~jo** [~ˈrɛxo] *m* ⚙ Flaschenzug *m*; (*de caballo*) Geschirr *n*; ♃ Takelage *f*; **~s** *pl* Gerätschaften *f/pl*; **~ de pescar** Angelgerät *n*

aparen|tar [aparenˈtar] (1a) vorspiegeln, vorgeben; **no aparenta la edad que tiene** er sieht nicht so alt aus, wie er ist; **~te** [~ˈrente] scheinbar; sichtbar

aparición [apariˈθi̯ɔn] *f* Erscheinung *f*; Erscheinen *n*

apariencia [apaˈri̯enθi̯a] *f* Aussehen *n*; Schein *m*; Anschein *m*; **salvar las ~s** den Schein wahren; **las ~s engañan** der Schein trügt; **según las ~s** allem Anschein nach

aparta|do [aparˈtaðo] **1.** *adj* entfernt, abgelegen; **2.** *m tip* Absatz *m*; **~ (de correos)** Postfach *n*; **~mento** [~ˈmento] *m* Appartement *n*; **~r** [~ˈtar] (1a) entfernen (*separar*) trennen; **~ de** abbringen von (*dat*); **~rse** beiseite treten; abweichen (von **de**)

aparte [aˈparte] **1.** *adv* beiseite; gesondert, für sich; **~ de ello** außerdem; **~ de que** abgesehen davon, daß; **2.** *m tip* Absatz *m*; **punto y ~** neuer Absatz

apasiona|do [apasi̯oˈnaðo] leidenschaftlich; **~miento** [~naˈmi̯ento] *m* Begeisterung *f*; **~nte** [~ˈnante] begeisternd, mitreißend; **~r** [~ˈnar] (1a) begeistern; **~rse: ~ por** sich begeistern für

apatía [apaˈtia] *f* Teilnahmslosigkeit *f*, Apathie *f*

apático [aˈpatiko] teilnahmslos, apathisch

apátrida [a'patriða] staatenlos

apea|dero [apea'ðero] *m* 🚏 Haltepunkt *m*; **~rse** aus-, absteigen; *fig* abtreten

apedrear [apeðre'ar] (1a) mit Steinen bewerfen; steinigen

ape|gado [ape'gaðo]: *estar* **~** *a* an et hängen; **~go** [a'peɡo] *m* Anhänglichkeit *f*, Zuneigung *f*

apela|ción [apela'θi̯on] *f* Berufung *f*; **~nte** [~'lante] *m* Berufungskläger *m*; **~r** [~'lar] (1a) appellieren (an *ac a*); Berufung einlegen (gegen *de*)

apelli|dar [apeʎi'ðar] (1a) nennen; **~darse** heißen; **~do** [~'ʎiðo] *m* Familienname *m*

apelotonarse [apeloto'narse] sich zs.-drängen

apenar [ape'nar] (1a) bekümmern; **~se** traurig werden

apenas [a'penas] kaum

apéndice [a'pendiθe] *m* Anhang *m*; ✱ **~ (vermiforme)** Wurmfortsatz *m*

apendicitis [apendi'θitis] *f* Blinddarmentzündung *f*

apercibir [aperθi'bir] (3a) mahnen; verwarnen; **~se: ~** *de a/c* et merken

aperitivo [aperi'tiβo] *m* Aperitif *m*

aperos [a'peros] *m* Geräte *n/pl*

apertura [aper'tura] *f* Eröffnung *f*; Öffnung *f*; *met* **~** *de claros* Aufheiterung *f*

apesadumbrar [apesaðum'brar] (1a) bekümmern; **~se** sich grämen

apes|tar [apes'tar] (1a) **1.** *v/t* verpesten; **2.** *v/i* stinken; **~toso** [~'toso] stinkig

apete|cer [apete'θer] (2d) begehren; *(no) me apetece* ich habe (keine) Lust auf *(ac)*; **~cible** [~'θiβle] wünschens-, begehrenswert; **~ncia** [~'tenθi̯a] *f* Verlangen *n* (nach *dat de*)

apetito [ape'tito] *m* Appetit *m*; *fig* Trieb *m*, Begierde *f*; **~so** [~ti'toso] appetitlich; verlockend

apiadarse [api̯a'ðarse] (1a) Mitleid haben (mit *dat de*)

ápice ['apiθe] *m* Gipfel *m*; Spitze *f*; *no falta ni un* **~** kein Tüpfelchen fehlt

apicul|tor [apikul'tor] *m* Bienenzüchter *m*, Imker *m*; **~tura** [~'tura] *f* Bienenzucht *f*, Imkerei *f*

apilar [api'lar] (1a) stapeln

apiña|do [api'ɲaðo] dichtgedrängt; **~r(se)** [~'ɲar(se)] (1a) (sich) zs.-drängen

apio 🌿 ['api̯o] *m* Sellerie *m od f*

apisonadora [apisona'ðora] *f* Dampf-, Straßenwalze *f*

aplacar [apla'kar] (1g) besänftigen

aplana|miento [aplana'mi̯ento] *m* Einebnen *n*, Planieren *n*; **~r** [~'nar] (1a) (ein)ebnen, planieren

aplasta|nte [aplas'tante] erdrückend; *con mayoría* **~** mit überwältigender Mehrheit; **~r** [~'tar] (1a) plattdrücken; zertreten; *fig* erledigen; niederschlagen

aplau|dir [aplau̯'ðir] (3a) Beifall klatschen, applaudieren; *fig* begrüßen; **~so** [a'plau̯so] *m* Beifall *m*, Applaus *m*

aplaza|miento [aplaθa'mi̯ento] *m* Vertagung *f*; Aufschub *m*; **~r** [~'θar] (1f) vertagen, auf-, verschieben

aplica|ble [apli'kaβle] anwendbar (auf *a*); **~ción** [~ka'θi̯on] *f* Anwendung *f*; Verwendung *f*; Fleiß *m*; **~do** [~'kaðo] fleißig; *(ciencia)* angewandt; **~r** [~'kar] (1g) an-, auflegen; *(emplear)* an-, verwenden; **~rse** fleißig sein

aplique [a'plike] *m* Wandlampe *f*

aplomo [a'plomo] *m* Selbstsicherheit *f*; sicheres Auftreten *n*

apoca|do [apo'kaðo] kleinmütig, verzagt; *(tímido)* schüchtern; **~miento** [~ka'mi̯ento] *m* Kleinmut *m*; Verzagtheit *f*; **~rse** [~'karse] (1g) sich demütigen; *(desanimarse)* verzagen

apodar [apo'ðar] (1a) e-n Spitznamen geben *(dat)*

apodera|do [apoðe'raðo] *m* Bevollmächtigte(r) *m*, Prokurist *m*; **~r** [~'rar] (1a) bevollmächtigen; **~rse: ~** *de* sich bemächtigen *(gen)*

apodo [a'poðo] *m* Spitzname *m*

apogeo [apo'xeo] *m astr* Erdferne *f*; *fig* Höhepunkt *m*

apolítico [apo'litiko] unpolitisch

apología [apolo'xi̯a] *f* Verteidigungsrede *f*, -schrift *f*

apoplejía [apople'xi̯a] *f* Schlaganfall *m*

aporrear [aporre'ar] (1a) verprügeln; *fig* hämmern gegen *od* auf

aporta|ción [aporta'θi̯on] *f* Beitrag *m*; **~r** [~'tar] (1a) beisteuern, beitragen

aposen|tar [aposen'tar] (1a) beherbergen; **~to** [~'sento] *m* Zimmer *n*; Quartier *n*

apósito ✱ [a'posito] *m* Wundverband *m*

apostar [apos'tar] (1m) wetten; setzen auf; ⚔ (1a) aufstellen, postieren

apostilla [apɔs'tiʎa] *f* Erläuterung *f*; Randbemerkung *f*
apóstol [a'pɔstɔl] *m* Apostel *m*
apostólico [apɔs'tɔliko] apostolisch
apóstrofo [a'pɔstrofo] *m* Apostroph *m*
apoteosis [apote'osis] *f* Apotheose *f*; *fig* Höhepunkt *m*
apo|yar [apo'jar] (1a) stützen; *fig* unterstützen; **~yarse** sich stützen (auf *ac en*); **~yatura** ♪ [~ja'tura] *f* Vorschlag *m*; **~yo** [a'pojo] *m* Stütze *f*; *fig* Unterstützung *f*; Rückhalt *m*
apre|ciable [apre'θĭable] schätzbar, wahrnehmbar; *fig* beachtlich; **~ciación** [~θĭa'θĭɔn] *f* (Wert-)Schätzung *f*; Beurteilung *f*; **~ciar** [~'θĭar] (1b) schätzen (*a fig*); taxieren; beurteilen; **~cio** [a'preθĭo] *m* (Hoch-)Achtung *f*
aprehen|der [apreen'dɛr] (2a) fassen; (*confiscar*) beschlagnahmen; *fig* erfassen; **~sión** [~'sĭɔn] *f* Ergreifung *f*, Festnahme *f*; Beschlagnahme *f*
apre|miante [apre'mĭante] dringend; **~miar** [~'mĭar] (1b) 1. *v/t* (be)drängen; ⚖ mahnen; 2. *v/i* dringlich sein; **~mio** [a'premĭo] *m* Druck *m*; Dringlichkeit *f*; ⚖ Mahnung *f*; *por* **~** *de tiempo* aus Zeitmangel
aprend|er [apren'dɛr] (2a) lernen; **~iz** [~'diθ] *m* Lehrling *m*, Auszubildende(r) *m*; **~iza** [~'diθa] *f* Lehrmädchen *n*; **~izaje** [~di'θaxe] *m* Lehrzeit *f*, Lehre *f*
apren|sión [apren'sĭɔn] *f* Besorgnis *f*; Angst *f*; **~sivo** [~'sibo] überängstlich
apresa|miento [apresa'mĭento] *m* ⚓ Kapern *n*; **~r** [~'sar] (1a) ergreifen, fangen; ⚓ kapern, aufbringen
apres|tar [apres'tar] (1a) vorbereiten; ⚙ appretieren; **~tarse** sich bereitmachen (zu *a*); **~to** [a'presto] *m* Vorbereitung *f*; ⚙ Appretur *f*
apresura|do [apresu'raðo] eilig; **~miento** [~ra'mĭento] *m* Eile *f*; **~r** [~'rar] (1a) antreiben; **~rse** sich beeilen
apre|tado [apre'taðo] eng, knapp; (*gente*) dichtgedrängt; **~tar** [~'tar] (1k) 1. *v/t* drücken; zs.-pressen; (*tornillo, freno*) anziehen; *fig* in die Enge treiben; (be)drängen; **~** *el paso* den Schritt beschleunigen; **~** *los dientes* die Zähne zs.-beißen; **~** *los puños* die Fäuste ballen; 2. *v/i* (*tiempo, calor*) drängen; **~tarse** sich drängen; **~** *el cinturón* den Gürtel enger schnallen; **~tón** [~'tɔn] *m* Druck *m*; Gedränge *n*; **~** *de manos* Händedruck *m*
apretu|jar [apretu'xar] (1a) drängeln; **~ra** [~'tura] *f* Enge *f*; Gedränge *n*; *fig* Bedrängnis *f*
aprieto [a'prĭeto] *m* Bedrängnis *f*, Not(lage) *f*; *estar en un* **~** F in der Klemme sein
aprisa [a'prisa] schnell
aprisionar [aprisĭo'nar] (1a) einsperren (ins Gefängnis); *fig* einklemmen
aproba|ción [aproba'θĭɔn] *f* Billigung *f*; **~do** [~'baðo] (*examen*) bestanden; (*nota*) genügend; **~r** [~'bar] (1m) billigen; (*examen*) bestehen
apropia|ción [apropĭa'θĭɔn] *f* Aneignung *f*; **~do** [~'pĭaðo] geeignet, angemessen; **~r** [~'pĭar] (1b) anpassen; **~rse** *a/c* sich *et* aneignen
aprovecha|ble [aproβe'tʃable] brauchbar; verwertbar; **~do** [~'tʃaðo] (*alumno*) fleißig; *desp* berechnend; **~miento** [~tʃa'mĭento] *m* Nutzung *f*; Ausnutzung *f*; ⚙ Verwertung *f*; **~r** [~'tʃar] (1a) (be)nutzen; ausnutzen; verwerten; *¡que aproveche!* guten Appetit!; **~rse** *de* sich *et* zunutze machen, ausnützen
aprovisiona|miento [aproβisĭona'mĭento] *m* Versorgung *f*; **~r** [~'nar] (1a) versorgen; verproviantieren; **~rse** sich eindecken (mit *dat de*)
aproxima|ción [aprɔgsima'θĭɔn] *f* Annäherung *f*; **~damente** [~ða'mente] ungefähr, etwa; **~do** [~'maðo] annähernd; **~r** [~'mar] (1a) nähern; **~rse** sich nähern; **~tivo** [~ma'tibo] annähernd
aptitud [apti'tuð] *f* Eignung *f*, Fähigkeit *f*
apto ['apto] fähig; geeignet; tauglich; **~** *para menores* jugendfrei
apuesta [a'pŭesta] *f* Wette *f*
apuesto [a'pŭesto] stattlich, schmuck; gut aussehend
apunta|do [apun'taðo] spitz; **~dor** [~ta'ðɔr] *m teat* Souffleur *m*
apuntalar [apunta'lar] (1a) abstützen
apun|tar [apun'tar] (1a) 1. *v/t* (*arma*) zielen (auf *ac a*); (*señalar*) zeigen, hinweisen (auf *ac a*); (*anotar*) notieren; *teat* soufflieren; 2. *v/i* sich zeigen; (*día*) anbrechen; (*barba*) sprießen; **~** *a* hindeuten auf; **~tarse: ~** *a* sich melden zu; **~te** [a'punte] *m* Notiz *f*; *pint* Skizze *f*; ✝ Buchung *f*; **~s** *pl* Aufzeichnungen *f/pl*;

tomar ~s sich Notizen machen; mitschreiben
apuñalar [apuɲa'lar] (1a) erdolchen, erstechen
apura|do [apu'raðo] (*agotado*) erschöpft; (*difícil*) heikel, schwierig; (*apresurado*) eilig; ~ (*de dinero*) abgebrannt, in Geldnöten; **~r** [~'rar] (1a) (*agotar*) aufbrauchen, *a fig* erschöpfen; leeren, austrinken; (*dar prisa*) drängen; **~rse** sich grämen; *bsd Am* sich beeilen
apuro [a'puro] *m* Bedrängnis *f*; Verlegenheit *f*; (Geld-)Not *f*; (*aflicción*) Kummer *m*; *bsd Am* Eile *f*
aqueja|do [akɛ'xaðo]: ~ *de* ♣ leidend an (*dat*); **~r** [~'xar] (1a) quälen; bedrängen
aquel, **~la**, **~lo** [a'kɛl, a'kɛʎa, a'kɛʎo] jener, jene, jenes; der, die, das dort; der-, die-, dasjenige
aquelarre [ake'larre] *m* Hexensabbat *m* (*a fig*)
aquí [a'ki] hier; hierher; *de ~ que* daher (kommt es), daß; *de ~ para allí* hin u her; *de ~ a ocho días* heute in acht Tagen; *por ~* hier(her); *he ~* hier ist (sind)
aquiescencia [akies'θenθia] *f* Zustimmung *f*
ara ['ara] *f* Altar *m*; *en ~s de* um ... willen, wegen (*gen*)
árabe ['araβe] **1.** *adj* arabisch; **2.** *m* Araber *m*
arable [a'raβle] anbaufähig; *suelo m ~* Ackerboden *m*
arado [a'raðo] *m* Pflug *m*
aragonés [arago'nes] **1.** *adj* aragon(es)isch; **2.** *m* Aragonier *m*
arancel [aran'θɛl] *m* Tarif *m*
arándano [a'randano] *m* Heidel-, Blaubeere *f*; *~ rojo* Preiselbeere *f*
arandela ⊙ [aran'dela] *f* Scheibe *f*
araña [a'raɲa] *f zo* Spinne *f*; (*lámpara*) Kronleuchter *m*, Lüster *m*; **~r** [~'ɲar] (1a) kratzen; *fig* zs.-kratzen; **~zo** [~'ɲaθo] *m* Kratzer *m*; Schramme *f*
arar [a'rar] (1a) pflügen
arbitr|aje [arβi'traxe] *m* Schiedsspruch *m*; **~al** [~'tral] Schieds...; **~ar** [~'trar] (1a) schlichten; *dep* Schiedsrichter sein; **~ariedad** [~trarie'ðað] *f* Willkür *f*; Eigenmächtigkeit *f*; **~ario** [~'trario] willkürlich; eigenmächtig; **~io** [~'βitrio] *m* freier Wille *m*; Gutdünken *n*; ✝ Abgabe *f*, Steuer *f*

árbitro ['arβitro] *m* Schiedsrichter *m*
árbol ['arβɔl] *m* Baum *m*; ⚓ Mast *m*; ⊙ Achse *f*, Welle *f*; *~ genealógico* Stammbaum *m*; *~ frutal* Obstbaum *m*; *~ de levas* Nockenwelle *f*; *~ de Navidad* Weihnachtsbaum *m*
arbotante △ [arβo'tante] *m* Strebepfeiler *m*, -bogen *m*
arbusto [ar'βusto] *m* Strauch *m*; Staude *f*
arca ['arka] *f* Kasten *m*, Truhe *f*; *~ de Noé* Arche *f* Noah
arcada [ar'kaða] *f* Arkade *f*, Säulengang *m*; (*puente*) Brückenbogen *m*
arcaico [ar'kaiko] altertümlich; veraltet
arcángel [ar'kanxɛl] *m* Erzengel *m*
arcano [ar'kano] *m* Geheimnis *n*
arce ♣ ['arθe] *m* Ahorn *m*
arcén [ar'θen] *m* Rand-, Seitenstreifen *m*
archi... [artʃi...] Erz...; **~duque** [~'ðuke] *m* Erzherzog *m*; **~duquesa** [~ðu'kesa] *f* Erzherzogin *f*; **~piélago** [~'pielago] *m* Inselgruppe *f*, Archipel *m*
archi|vador [artʃiβa'ðor] *m* Aktenschrank *m*; (Brief-)Ordner *m*; **~var** [~'βar] (1a) archivieren, ablegen; *fig* ad acta legen; **~vo** [ar'tʃiβo] *m* Archiv *n*; Datei *f*
arcilla [ar'θiʎa] *min f* Ton *m*
arco ['arko] *m* Bogen *m* (*a* △, ♪); *~ iris* Regenbogen *m*
arcón [ar'kon] *m* große Truhe *f*
arder [ar'ðɛr] (2a) brennen; in Flammen stehen; *fig ~ de* (*od en*) brennen vor
ardid [ar'ðið] *m* List *f*; Trick *m*
ardiente [ar'ðiente] brennend, heiß, *fig* feurig
ardilla [ar'ðiʎa] *f* Eichhörnchen *n*
ardor [ar'ðor] *m* Glut *f*, Hitze *f*; *fig* Eifer *m*; *~ de estómago* Sodbrennen *n*; **~oso** [~ðo'roso] glühend; *fig* feurig
arduo ['arðuo] schwierig; mühselig
área ['area] *f* Fläche *f*; Gebiet *n* (*a fig*); (*medida*) Ar *n*; *dep ~ de castigo*, *~ de penalty* Strafraum *m*; *auto ~ de descanso* Rastplatz *m*; *~ de servicio* Rasthof *m*, -stätte *f*
arena [a'rena] *f* Sand *m*; (*plaza*) Arena *f*
arenga [a'renga] *f* Ansprache *f*; **~r** [aren'gar] (1h) eine Ansprache halten
are|nilla [are'niʎa] *f* Streusand *m*; ♣ Grieß *m*; **~nisca** [~'niska] *f* Sandstein *m*; **~noso** [~'noso] sandig
arenque [a'renke] *m* Hering *m*; *~ ahumado* Bückling *m*

arete [a'rete] *m* Ohrring *m*
argamasa [arga'masa] *f* Mörtel *m*
argelino [arxe'lino] **1.** *adj* algerisch; **2.** *m*, **-a** *f* Algerier(in *f*) *m*
argentino [arxen'tino] **1.** *adj* argentinisch; (*argénteo*) silbern; *fig* silberhell; **2.** *m*, **-a** *f* Argentinier(in *f*) *m*
argolla [ar'goʎa] *f* Metallring *m*
argot [ar'go] *m* Argot *m od n*, Jargon *m*
argucia [ar'guθia] *f* Arglist *f*; Spitzfindigkeit *f*
argüir [ar'gŭir] (3g) argumentieren, vorbringen; (*deducir*) folgern
argumen|tación [argumenta'θion] *f* Beweisführung *f*, Argumentation *f*; **~tar** [~'tar] (1a) argumentieren; **~to** [~'mento] *m* Argument *n*; Beweis(grund) *m*; (*de un libro, etc*) Inhaltsangabe *f*
aria ['aria] *f* Arie *f*
aridez [ari'deθ] *f* Dürre *f*, Trockenheit *f*
árido ['ariðo] dürr; trocken (*a fig*)
Aries *astr* ['aries] *m* Widder *m*
ariete [a'riete] *m hist* Sturm-, Rammbock *m*; *dep* (Mittel-)Stürmer *m*
ario ['ario] **1.** *adj* arisch; **2.** *m* Arier *m*
arisco [a'risko] unliebenswürdig, schroff
arista [a'rista] *f* Kante *f*
aris|tocracia [aristo'kraθia] *f* Aristokratie *f*; **~tócrata** [~'tokrata] *m* (*f*) Aristokrat(in *f*) *m*; **~tocrático** [~to'kratiko] aristokratisch
aritméti|ca [arid'metika] *f* Arithmetik *f*; **~co** [~ko] arithmetisch
arlequín [arle'kin] *m* Harlekin *m*
arma ['arma] *f* Waffe *f* (*a fig*); ⚔ Waffengattung *f*; **~ blanca** blanke Waffe *f*; **~ de fuego** Schußwaffe *f*; **~ punzante** Stichwaffe *f*; **~s** *pl* (*blasón*) Wappen *n*; **pasar por las ~s** (standrechtlich) erschießen
armada [ar'maða] *f* Kriegsflotte *f*
armadillo *zo* [arma'ðiʎo] *m* Gürteltier *n*
arma|do [ar'maðo] bewaffnet; **~dor** ⚓ [arma'ðor] *m* Reeder *m*; **~dura** [~'ðura] *f* (Ritter-)Rüstung *f*; ⚙ Gerüst *n*; **~mento** [~'mento] *m* Rüstung *f*; Bewaffnung *f*; ⚓ Bestückung *f*
armar [ar'mar] (1a) bewaffnen;' ausrüsten; (*montar*) aufstellen; ⚓ bestücken; **~se** sich rüsten (*a fig*); **~ de paciencia** sich mit Geduld wappnen
armario [ar'mario] *m* Schrank *m*; **~ empotrado** Einbauschrank *m*; **~ de luna** Spiegelschrank *m*; **~ rinconero** Eckschrank *m*; **~ ropero** Kleider-, Wäscheschrank *m*
armazón [arma'θon] *f* Gerüst *n* (*a fig*); Gestell *n*; Rahmen *m*
arme|ría [arme'ria] *f* Waffenhandlung *f*; **~ro** [ar'mero] *m* Waffenschmied, -händler *m*
armiño [ar'miɲo] *m* Hermelin *n*; (*piel*) Hermelinpelz *m*
armisticio [armis'tiθio] *m* Waffenstillstand *m*
armonía [armo'nia] *f* Harmonie *f* (*a fig*); ♪ Harmonielehre *f*
armóni|ca [ar'monika] *f* Mundharmonika *f*; **~co** [~ko] harmonisch
armoni|o ♪ [ar'monio] *m* Harmonium *n*; **~oso** [armo'nioso] harmonisch; **~zación** [~θa'θion] *f* Harmonisierung *f*; **~zar** [~ni'θar] (1f) **1.** *v/t* in Einklang bringen (*a fig*); **2.** *v/i* harmonieren
arnés [ar'nes] *m* Harnisch *m*; **arneses** *pl* Pferdegeschirr *n*
aro ['aro] *m* Reifen *m*; **pasar por el ~** sich fügen, klein beigeben
aro|ma [a'roma] *m* Duft *m*, Aroma *n*; **~mático** [aro'matiko] aromatisch
arpa ['arpa] *f* Harfe *f*
arpegio ♪ [ar'pɛxio] *m* Arpeggio *n*
arpía [ar'pia] *f mit* Harpyie *f*; *fig* Drachen *m*
arpillera [arpi'ʎera] *f* Sackleinen *n*
arpista [ar'pista] *su* Harfenist(in *f*) *m*
arpón [ar'pon] *m* Harpune *f*
arque|ado [arke'aðo]: **piernas** *f/pl* **-as** O-Beine *n/pl*; **~ar** [~'ar] (1a) wölben; biegen; **~o** [~'keo] *m* Krümmung *f*; ⚓ Tonnage *f*; ✝ Kassensturz *m*
arque|ología [arkeolɔ'xia] *f* Archäologie *f*; **~ológico** [~'lɔxiko] archäologisch; **~ólogo** [~'ologo] *m* Archäologe *m*
arquero [ar'kero] *m* Bogenschütze *m*
arquetipo [arke'tipo] *m* Urbild *n*, Archetyp *m*
arquitec|to [arki'tɛkto] *m* Architekt *m*; **~tónico** [~tɛk'toniko] architektonisch; **~tura** [~'tura] *f* Baukunst *f*, Architektur *f*
arrabal [arra'bal] *m* Vorstadt *f*
arraiga|do [arrai'gaðo] verwurzelt (*a fig*); **~r** [~'gar] (1h) (ein)wurzeln, Wurzel schlagen; **~rse** *fig* Fuß fassen
arran|car [arran'kar] (1g) **1.** *v/t* ausreißen; entreißen; abreißen; **2.** *v/i* anfah-

ren; abfahren; anlaufen, starten; (*motor*) anspringen; *fig* ausgehen (von **de**); **~que** [a'rraŋke] *m* Ausreißen *n*; Anfahren *n*; Anlaufen *n*, Start *m*; *auto* Anlasser *m*; *fig* Anwandlung *f*, Anfall *m*; **~ automático** Startautomatik *f*; (*moto*) **~ de pie** Kickstarter *m*; **punto** *m* **de ~** Ausgangspunkt *m*
arrasar [arra'sar] (1a) verwüsten; dem Erdboden gleichmachen
arrast|rado [arras'traðo] armselig, elend; **~rar** [~'trar] (1a) **1.** *v/t* schleppen, schleifen; mit sich fortreißen; *fig* nach sich ziehen; **~ los pies** schlurfen; **2.** *v/i* (*cartas*) Trumpf ausspielen; **~rarse** kriechen; *fig* sich erniedrigen; **~re** [a'rrastre] *m* Fortschleppen *n*; *taur* Abschleppen *n* des toten Stiers; (*cartas*) Trumpfausspielen *n*; **estar para el ~** schrottreif sein; *fig* zum alten Eisen gehören
arrayán [arra'jan] *m* Myrte *f*
arrear [arre'ar] (1a) (*animal*, *fig*) antreiben; F (*asestar*) versetzen, verpassen
arreba|tado [arreβa'taðo] ungestüm, hastig; **~tador** [~ta'ðor] hinreißend; entzückend; **~tar** [~'tar] (1a) entreißen, rauben; *fig* hinreißen; **~tarse** außer sich geraten; sich ereifern; **~to** [~'βato] *m* (*impetu*) Erregung *f*; (*éxtasis*) Verzückung *f*; **~ de cólera** Jähzorn *m*
arreciar [arre'θiar] (1b) (*viento*, *etc*) stärker werden
arrecife [arre'θife] *m* Riff *n*
arredrarse [arre'ðrarse] (1a) zurückweichen; Angst bekommen
arreg|lado [arre'γlaðo] ordentlich; geregelt; **~lar** [~'γlar] (1a) regeln, ordnen; in Ordnung bringen; aufräumen; (*reparar*) reparieren, ausbessern; ♪ bearbeiten; **~larse** sich herrichten; 🐎 **~ con alg** sich mit j-m vergleichen; **~lárselas** zurechtkommen, sich zu helfen wissen; **~lista** ♪ [~'γlista] *m* Arrangeur *m*; **~lo** [a'rreγlo] *m* Regelung *f*; Ordnung *f*; (*acuerdo*) Abmachung *f*; (*reparación*) Reparatur *f*; ♪ Arrangement *n*; **con ~ a** gemäß (*dat*); **esto no tiene ~** da ist nichts zu machen
arremangar [arreman'gar] (1h) auf-, hochkrempeln; **~se** die Ärmel aufkrempeln
arreme|ter [arreme'ter] (2a) angreifen, anfallen; **~ con** (*od* **contra**) herfallen über (*ac*); **~tida** [~'tiða] *f* Angriff *m*, Überfall *m*
arrenda|dor [arrenda'ðor] *m* Verpächter *m*; Vermieter *m*; **~miento** [~'miento] *m* Verpachtung *f*; Vermietung *f*; (*precio*) Pacht *f*; **~r** [~'dar] (1k) (*ceder*) verpachten, vermieten; (*tomar*) pachten, mieten; **~tario** [~da'tario] *m* Pächter *m*, Mieter *m*
arrepenti|do [arrepen'tiðo] reumütig; **estar ~ de a/c** et bereuen; **~miento** [~ti'miento] *m* Reue *f*; **~rse** [~'tirse] (3i): **~ de a/c** et bereuen
arres|tar [arres'tar] (1a) verhaften; **~to** [a'rresto] *m* Verhaftung *f*; Haft *f*; Arrest *m*; **orden** *m* **de ~** Haftbefehl *m*; **~ domiciliario** Hausarrest *m*; **~s** *pl* Mut *m*, F Schneid *m*
arriar [a'rriar] (1c) (*vela*, *bandera*) einholen; *fig* **~ velas** klein beigeben
arriate [a'rriate] *m* Rabatte *f*, Blumenbeet *n*
arriba [a'rriβa] oben; (*dirección*) hinauf; **~ de** mehr als; **de ~ abajo** von oben bis unten; *fig* ganz u gar, völlig; **~ mencionado** obenerwähnt; **hacia ~** nach oben, aufwärts; **más ~** weiter oben; **¡~!** auf!
arri|bada ⚓ [arri'βaða] *f* Einlaufen *n*; **~bar** ⚓ [~'βar] (1a) einlaufen; **~bista** [~'βista] *m* Emporkömmling *m*
arriero [a'rriero] *m* Maultiertreiber *m*
arriesga|do [arrjez'gaðo] gefährlich, riskant; **~r** [~'gar] (1h) wagen, riskieren; **~rse** sich in Gefahr begeben; **~ a a/c** sich an et wagen
arrimar [arri'mar] (1a) nähern; heranrücken; **~ el hombro** sich ins Zeug legen; **~se** sich anlehnen; (nah) herankommen
arrimo [a'rrimo] *m* Stütze *f*; *fig* Schutz *m*, Gunst *f*
arrincona|do [arriŋko'naðo] abgelegen, verlassen; vergessen; **~r** [~'nar] (1a) in die Ecke stellen (*a fig*); *fig* vernachlässigen; (*acosar*) in die Enge treiben
arroba [a'rroβa] *f* (*unidad de peso*, 11,5 kg)
arro|bamiento [arroβa'miento] Verzückung *f*; Entzücken *n*; **~barse** [~'βarse] (1a) in Verzückung geraten; **~bo** [a'rroβo] *m* = **arrobamiento**
arrodillarse [arroði'ʎarse] (1a) niederknien
arroga|ncia [arro'ganθia] *f* Arroganz *f*,

2 *Wörterbuch Spanisch*

arrogante 50

Anmaßung *f*; ~**nte** [~'gante] arrogant, überheblich; (*gallardo*) forsch, schneidig; ~**rse:** ~ *a*/*c* sich et anmaßen
arro|jado [arro'xaðo] mutig, kühn; ~**jar** [~'xar] (1a) werfen; schleudern; (*humo*) ausstoßen; ✝ ergeben; abwerfen; ✠ erbrechen; ~**jarse** sich stürzen (in *a*, auf *sobre*); ~**jo** [a'rroxo] *m* Verwegenheit *f*, Schneid *m*
arrolla|dor [arroʎa'ðɔr] überwältigend; umwerfend; ~**r** [~'ʎar] (1a) aufrollen; *auto* überfahren; ⚔ *u fig* überrollen
arropar [arro'par] (1a) zudecken; bedecken
arrostrar [arrɔs'trar] (1a) die Stirn bieten, trotzen
arroyo [a'rrojo] *m* Bach *m*; (*de la calle*) Rinnstein *n*, *a fig* Gosse *f*
arroz [a'rroθ] *m* Reis *m*; ~ *con leche* Milchreis *m*; ~**al** [arro'θal] *m* Reisfeld *n*
arruga [a'rruga] *f* Falte *f*; ~**do** [~'gaðo] runzlig; verknittert; ~**r** [~'gar] (1h) runzeln; zerknüllen, zerknittern; (*nariz*) rümpfen; ~**rse** knittern
arruinar [arrui'nar] (1a) zerstören; ruinieren; ~**se** sich ruinieren, sich zugrunde richten
arrullar [arru'ʎar] (1a) 1. *v*/*t* (*niño*) einwiegen; 2. *v*/*i* gurren; *fig* turteln
arrumaco F [arru'mako] *m mst* ~**s** *pl* Geschmuse *n*
arsenal [arse'nal] *m* Arsenal *n*
arsénico [ar'seniko] *m* Arsen *n*
arte ['arte] *m* (*pl f*) Kunst *f*; (*habilidad*) Kunstfertigkeit *f*; (*astucia*) List *f*; *bellas* ~**s** schöne Künste *f*/*pl*
artefacto [arte'fakto] *m* Apparat *m*; ~ (*explosivo*) Sprengkörper *m*
artemisa ♀ [arte'misa] *f* Beifuß *m*
arteria [ar'teria] *f* Arterie *f*; *fig* Hauptverkehrsstraße *f*
arteriosclerosis [arteriɔskle'rosis] *f* Arterienverkalkung *f*
artesa [ar'tesa] *f* (Back-)Trog *m*; ~**nal** [artesa'nal] handwerklich; Handwerks...; ~**nía** [~'nia] *f* (Kunst-)Handwerk *n*; ~**no** [~'sano] *m* Handwerker *m*
artesonado △ [arteso'naðo] *m* Kassettendecke *f*
ártico ['artiko] arktisch
articula|ción [artikula'θiɔn] *f anat*, ⚙ Gelenk *n*; Artikulation *f*; ~**do** [~'laðo] gegliedert; Glieder...; ~**r** [~'lar] 1. *adj* Gelenk...; 2. *v*/*t*. (1a) artikulieren

artículo [ar'tikulo] *m* Artikel *m* (*a* ✝, *gram*); ⚖ Paragraph *m*; ~ *de consumo* Gebrauchsartikel *m*; ~ *de fondo* Leitartikel *m*; ~ *de gran consumo* Massenartikel *m*
artífice [ar'tifiθe] *m* Künstler *m*; *fig* Urheber *m*
artifi|cial [artifi'θial] künstlich; ~**ciero** [~'θiero] *m* Feuerwerker *m*; ~**cio** [~'fiθio] *m* Kunstgriff *m*, Kniff *m*; (*destreza*) Kunstfertigkeit *f*; ~**cioso** [~fi'θioso] gekünstelt
artillería [artiʎe'ria] *f* Artillerie *f*
artilugio [arti'luxio] *m* Gerät *n*, F Ding *n*; *fig* Trick *m*, Kniff *m*
artista [ar'tista] *m* (*f*) Künstler(in *f*) *m*; ~ *de circo* Artist(in *f*) *m*
artístico [ar'tistiko] künstlerisch, Kunst...
artritis [ar'tritis] *f* Arthritis *f*
arveja [ar'bexa] *f* Wicke *f*; *Am* Erbse *f*
arzobis|pado [arθobis'paðo] *m* Erzbistum *n*; ~**pal** [~'pal] erzbischöflich; ~**po** [~'bispo] *m* Erzbischof *m*
as [as] *m* As *n* (*a fig*)
asa ['asa] *f* Henkel *m*, Griff *m*
asa|do [a'saðo] 1. *adj* gebraten; 2. *m* Braten *m*; ~**dor** [asa'ðɔr] *m* Bratspieß *m*; Grillrestaurant *n*; ~**dura** [~'ðura] *f* Innereien *pl*
asalariado [asala'riaðo] *m* Lohn-, Gehaltsempfänger *m*
asal|tante [asal'tante] *m* Angreifer *m*; ~**tar** [~'tar] (1a) angreifen; überfallen; ⚔ stürmen; *fig* befallen; ~**to** [a'salto] *m* Angriff *m*; Überfall *m*; (*boxeo*) Runde *f*; *tomar por* ~ im Sturm nehmen (*a fig*)
asamblea [asam'blea] *f* Versammlung *f*
asar [a'sar] (1a) braten; ~ *a la parrilla* grillen
asbesto [az'besto] *m* Asbest *m*
ascen|dencia [asθen'denθia] *f* Vorfahren *m*/*pl*; ~**dente** [~'dente] (auf)steigend; ~**der** [~'dɛr] (2g) 1. *v*/*t* befördern; 2. *v*/*i* hinaufsteigen; ~ *a* sich belaufen auf; ~**diente** [~'diente] *m* Einfluß *m*; ~**sión** [~'siɔn] *f* Aufstieg *m*; Besteigung *f*; ♀ (Christi) Himmelfahrt *f*; ~**so** [as'θenso] *m fig* Beförderung *f*
ascensor [asθen'sɔr] *m* Aufzug *m*, Fahrstuhl *m*; ~**ista** [~so'rista] *m* Liftboy *m*
as|ceta [as'θeta] *m* Asket *m*; ~**cético** [~'θetiko] asketisch
asco ['asko] *m* Ekel *m*; *me da* ~ es ekelt mich an; *¡que* ~*!* pfui!

ascua ['askŭa] f Glut f; F **arrimar el ~ a su sardina** auf s-n Vorteil bedacht sein; fig **estar en** (od **sobre**) **~s** auf glühenden Kohlen sitzen

asea|do [ase'aðo] sauber, reinlich; **~r** [~'ar] (1a) säubern; **~rse** sich zurechtmachen

asedi|ar [ase'ðiar] (1b) belagern; fig bedrängen, bestürmen; **~o** [a'seðio] m Belagerung f

asegura|do [asegu'raðo] m Versicherte(r) m; **~dor** [~ra'ðɔr] m Versicherer m; **~r** [~'rar] (1a) versichern; (garantizar) zusichern, sicherstellen; (sujetar) sichern, befestigen; **~rse** sich versichern; sich vergewissern

asemejarse [aseme'xarse] (1a) ähnlich sehen, ähneln (dat a)

asentar [asen'tar] (1k) errichten, (auf)stellen; ansiedeln; (golpe) versetzen; ✝ buchen; **~se** sich niederlassen, sich ansiedeln

asen|timiento [asenti'miento] m Zustimmung f, Einwilligung f; **~tir** [~'tir] (3i) zustimmen

aseo [a'seo] m Sauberkeit f; **~** (**personal**) Körperpflege f; (**cuarto** m **de**) **~** Badezimmer n; Waschraum m

aséptico [a'septiko] keimfrei, aseptisch

asequible [ase'kible] erreichbar

aserra|dero [aserra'ðero] m Sägewerk n; **~r** [~'rrar] (1k) (zer)sägen

asesi|nar [asesi'nar] (1a) ermorden; **~nato** [~'nato] m Mord m; **~no** [~'sino] 1. adj mörderisch; 2. m Mörder m

asesor [ase'sɔr] 1. adj beratend; 2. m Berater m; **~ de empresa** Unternehmensberater m; **~ fiscal** Steuerberater m; **~ de imagen** Imageberater m; **~ de inversiones** Anlageberater m; **~ jurídico** Rechtsberater m; **~amiento** [~sora'miento] m Beratung f; **~ar** [~'rar] (1a) beraten; **~ía** [~'ria] f Beratungsbüro n

asestar [ases'tar] (1a) (golpe) versetzen

aseverar [aseβe'rar] (1a) versichern, behaupten

asfal|tado [asfal'taðo] m Asphaltierung f; Asphalt(belag) m; **~tar** [~'tar] (1a) asphaltieren; **~to** [~'falto] m Asphalt m

asfixia [as'fiksia] f Ersticken n; **~r(se)** [~fig'siar(se)] (1b) ersticken

así [a'si] 1. adv so; **~ ~** soso, mittelmäßig; **~ como ~** ohne weiteres; **~ y todo** trotzdem; immerhin; **~ es** so ist es; stimmt; 2. cj **~ que**, **~ pues** also

asiático [a'siatiko] 1. adj asiatisch; 2. m, -a f Asiat(in f) m

asidero [asi'ðero] m Griff m

asidu|idad [asiðui'ðað] f Fleiß m; Eifer m; **~o** [a'siðuo] eifrig; häufig (anwesend); **cliente** m **~** Stammgast m

asiento [a'siento] m Sitz m; Sitzgelegenheit f; Platz m; ✝ Buchung f, Posten m; ✈ **~ eyectable** od **catapulta** Schleudersitz m; **tomar ~** Platz nehmen

asigna|ción [asigna'θiɔn] f An-, Zuweisung f; Zuteilung f; **~r** [~'nar] (1a) zuweisen, anweisen; zuteilen; **~tura** [~'tura] f (Lehr-)Fach n

asi|lado [asi'laðo] m pol Asylant m; **~lar** [~'lar] (1a) pol Asyl gewähren; **~lo** [a'silo] m Asyl n (a pol); Heim n; **~ de ancianos** Altersheim n

asimi|lación [asimila'θiɔn] f Angleichung f, Assimilation f; **~lar** [~'lar] (1a) angleichen, assimilieren; verarbeiten (a fig)

asimismo [asi'mizmo] auch, ebenfalls, ebenso

asir [a'sir] (3a; pre **asgo, ases** usw) (an)fassen; (er)greifen

asis|tencia [asis'tenθia] f Anwesenheit f, Teilnahme f; (ayuda) Hilfe f, Beistand m; **~ facultativa** (od **médica**) ärztliche Hilfe f; **~ social** Sozialfürsorge f; **~tenta** [~'tenta] f Assistentin f; (criada) Zugeh-, Putzfrau f; **~tente** [~'tente] m Anwesende(r) m, Teilnehmer m; Assistent m; **~ su social** Fürsorger(in f) m; **~tir** [~'tir] (3a) 1. v/t unterstützen, helfen (dat); ⚕ betreuen; 2. v/i anwesend sein; teilnehmen (a dat a)

asma ['azma] f Asthma n

asmático [az'matiko] asthmatisch

asno ['azno] m Esel m (a fig)

asocia|ción [asoθia'θiɔn] f Vereinigung f; Verein m; Verband m; **~ de ideas** Gedankenverbindung f; **~do** [~'θiaðo] m Teilhaber m; **~r** [~'θiar] (1b) verbinden; **~ a alg a** j-n beteiligen an (dat); **~rse** sich zs.-schließen; **~ a** sich anschließen (ac)

asola|dor [asola'ðɔr] verheerend; **~r** [~'lar] (1m) zerstören, verwüsten

asomar [aso'mar] (1a) 1. v/t hinausst(r)ecken; zeigen; 2. v/i zum Vorschein kommen; hervorgucken; **~se**

asombrar

sich hinauslehnen; sich zeigen; ~ *a la ventana* zum Fenster hinaussehen

asom|brar [asɔm'brar] (1a) erstaunen; **~brarse** sich wundern; **~bro** [a'sɔmbro] *m* Erstaunen *n*; **~broso** [~'broso] erstaunlich; verblüffend

asomo [a'somo] *m* Anzeichen *n*; Anflug *m*; *ni por* ~ nicht die Spur; auf keinen Fall

aspa ['aspa] *f* Windmühlenflügel *m*; (*cruz*) Kreuz *n*; **~viento** [~'bi̯ento] *m* Getue *n*

aspecto [as'pɛkto] *m* Anblick *m*; Aussehen *n*; *fig* Aspekt *m*; *tener buen* ~ gut aussehen

aspereza [aspe'reθa] *f* Rauheit *f*; Herbheit *f*; (*del terreno*) Unebenheit *f*

áspero ['aspero] rauh; herb; (*terreno*) uneben; *fig.* schroff

aspersor [asper'sor] *m* Rasensprenger *m*

áspid ['aspid] *m* Natter *f*

aspira|ción [aspira'θi̯on] *f* Einatmen *n*; ⚙ An-, Einsaugen *n*; *fig* Streben *n*; **~dor** [~'dor] *m*, **-a** [~'dora] *f* Staubsauger *m*; **~nte** [~'rante] *m (f)* Anwärter(in *f*) *m*; **~r** [~'rar] (1a) (ein)atmen; ⚙ an-, einsaugen; ~ *a* streben nach (*dat*), anstreben (*ac*)

asque|ar [aske'ar] (1a) anwidern, anekeln; **~arse** Ekel empfinden; **~roso** [~'roso] ekelhaft, widerlich

asta ['asta] *f* Fahnenstange *f*; (*cuerno*) Horn; *a media* ~ halbmast

ast|enia [as'teni̯a] *f* Asthenie *f*, Schwäche *f*; **~énico** [~'teniko] asthenisch

aster ♀ [as'ter] *m* Aster *f*

asterisco [aste'risko] *m tip* Sternchen *n*

astill|a [as'tiʎa] *f* Splitter *m*, Span *m*; *hacerse* ~s zersplittern; **~ero** [~'ʎero] *m* Schiffswerft *f*

astracán [astra'kan] *m* Persianer(mantel) *m*

astral [as'tral] Sternen...; Astral...

astro ['astro] *m* Gestirn *n*; Stern *m*; *fig* Star *m*; **~logía** [~lo'xia] *f* Astrologie *f*

astrólogo [as'trologo] *m* Astrologe *m*

astro|nauta [astro'nau̯ta] *m* Astronaut *m*; **~náutica** [~'nau̯tika] *f* Raumfahrt *f*; **~nave** [~'nabe] *f* Raumschiff *n*; **~nomía** [~no'mia] *f* Sternkunde *f*, Astronomie *f*; **~nómico** [~'nomiko] astronomisch (*a. fig*)

astrónomo [as'tronomo] *m* Astronom *m*

astroso [as'troso] verlottert; zerlumpt

astucia [as'tuθi̯a] *f* Schlauheit *f*; (Hinter-)List *f*

asturiano [astu'ri̯ano] **1.** *adj* asturisch; **2.** *m* Asturier *m*

astuto [as'tuto] schlau; (hinter)listig

asueto [a'su̯eto] *m*: (*día m de*) ~ freier Tag *m*

asumir [asu'mir] (3a) übernehmen; auf sich nehmen

Asunción [asun'θi̯on] *f* Mariä Himmelfahrt *f*

asunto [a'sunto] *m* Angelegenheit *f*, Sache *f*; (*tema*) Thema *n*

asusta|dizo [asusta'diθo] schreckhaft; **~r** [~'tar] (1a) erschrecken; **~rse** erschrecken; sich fürchten (vor *dat de*)

ataca|nte [ata'kante] *m* Angreifer *m*; **~r** [~'kar] (1g) angreifen; ⚔ befallen

atadura [ata'ðura] *f* Bindung *f*; Band *n* (*a fig*)

atajo [a'taxo] *m* Abkürzung(sweg *m*) *f*

atalaya [ata'laja] *f* Wachtturm *m*; Aussichtsturm *m*

ataque [a'take] *m* Angriff *m*; ⚔ Anfall *m*

atar [a'tar] (1a) (an-, fest-, zu)binden; *fig* ~ *corto a alg* j-n kurzhalten

atardecer [atarde'θer] **1.** (2d) Abend werden; dämmern; **2.** *m* Abenddämmerung *f*; *al* ~ gegen Abend

atarea|do [atare'aðo] vielbeschäftigt; **~rse** [~'arse] (1a) angestrengt arbeiten; F schuften

atas|carse [atas'karse] (1g) sich verstopfen; *a fig* steckenbleiben; **~co** [a'tasko] *m* Verstopfung *f*; *auto* Stau *m*

ata|viar [ata'bi̯ar] (1c) schmücken; zurechtmachen; **~vío** [~'bio] *m* Schmuck *m*; Aufmachung *f*

ateísmo [ate'izmo] *m* Atheismus *m*

atemorizar [atemori'θar] (1f) erschrecken, einschüchtern

atenazar [atena'θar] (1f) *fig* in die Zange nehmen

aten|ción [aten'θi̯on] *f* Aufmerksamkeit *f*; (*obsequio*) Gefälligkeit *f*; *¡*~*!* Achtung!, Vorsicht!; *llamar la* ~ *de alg sobre a/c* j-n auf *ac* aufmerksam machen; *llamar la* ~ auffallen; *prestar* ~ aufpassen (auf *ac a*); *en* ~ *a* mit Rücksicht auf (*ac*); **~der** [~'der] (2g) beachten; (*cuidar*) betreuen, sich kümmern (um *ac a*); (*cliente*) bedienen

atenerse [ate'nerse] (2l): ~ *a* sich halten

an (ac); **saber a qué** ~ wissen, woran man ist

aten|tado [atɛn'taðo] m Anschlag m, Attentat n; **~tamente** [~ta'mente] (*final de carta*) hochachtungsvoll; **~tar** [~'tar] (1k): ~ **contra** *alg* e-n Anschlag auf j-n verüben; ~ **contra** *a/c* gegen et verstoßen; **~to** [a'tento] aufmerksam

atenua|ción [atenŭa'θĭon] f Abschwächung f, Milderung f; **~nte** [~'nŭante] **1.** *adj* mildernd; **2.** ⚖ m mildernder Umstand m; **~r** [~'nŭar] (le) abschwächen, mildern

ateo [a'teo] **1.** *adj* gottlos, atheistisch; **2.** m Atheist m

aterciopelado [atɛrθĭopɛ'laðo] samtig (*a fig*)

aterra|dor [atɛrra'ðor] schrecklich; **~r** [atɛ'rrar] (la) erschrecken

aterriza|je ✈ [atɛrri'θaxe] m Landung f; ~ **forzoso** (*od* **de emergencia**) Notlandung f; ~ **instrumental** Blindlandung f; **~r** ✈ [~'θar] (1f) landen

aterrorizar [atɛrrori'θar] (1f) terrorisieren

atesorar [ateso'rar] (1a) anhäufen, ansammeln (*a fig*)

ates|tado [ates'taðo] **1.** *adj* gedrängt (F gerammelt) voll; **2.** m Attest n; Bescheinigung f; **~tar** [~'tar] **a)** (1k) (ganz) füllen; vollstopfen (mit *dat* **de**); **b)** (1a) (be)zeugen, bescheinigen; **~tiguar** [~ti'gŭar] (li) bezeugen

atiborrar [atiβo'rrar] (1a) vollpfropfen; **~se**: ~ *de* sich vollstopfen mit

ático ['atiko] m Dachgeschoß n; Dachwohnung f

atilda|do [atil'daðo] herausgeputzt, -staffiert; **~r** [~'dar] (1a) herausputzen

atiza|dor [atiθa'ðor] m Schür-, Feuerhaken m; **~r** [~'θar] (1f) schüren (*a fig*); (*golpe*) versetzen; F *¡atiza!* nanu!

atlas ['atlas] m Atlas m

at|leta [at'leta] m (f) Athlet(in f) m; **~lético** [~'letiko] athletisch; **~letismo** [~le'tizmo] m (Leicht-)Athletik f

atmósfera [að'mosfera] f Atmosphäre f (*a fig*)

atmosférico [aðmos'feriko] atmosphärisch; **presión** *f* **-a** Luftdruck m

atolla|dero [atoʎa'ðero] m *fig* Klemme f, F Patsche f; **~rse** [~'ʎarse] (1a) sich festfahren (*a fig*)

atolondra|do [atolon'draðo] unbesonnen; unvernünftig; **~miento** [~'mĭento] m Unbesonnenheit f

atómico [a'tomiko] atomar; Atom...

atomiza|dor [atomiθa'ðor] m Zerstäuber m; **~r** [~'θar] (1f) zerstäuben

átomo ['atomo] m Atom n; *fig* Spur f

atónito [a'tonito] verblüfft, verdutzt

atonta|do [aton'taðo] benommen; (*tonto*) blöd, dumm; **~miento** [~'mĭento] m Benommenheit f; Dummheit f

atormentar [atormen'tar] (1a) foltern; *fig* quälen, peinigen

atornillar [atorni'ʎar] (1a) fest-, anschrauben

atosigar [atosi'gar] (1h) *fig* drängen

atraca|dero ⚓ [atraka'ðero] m Anlegeplatz m; **~dor** [~'ðor] m Bandit m, Gangster m; **~r** [~'kar] (1g) **1.** *v/i* ⚓ anlegen; **2.** *v/t* (*robar*) überfallen

atracción [atrag'θĭon] f Anziehung(skraft) f; **parque** *m* **de atracciones** Vergnügungspark m

atraco [a'trako] m (Raub-)Überfall m; ~ *a mano armada* bewaffneter Raubüberfall m

atractivo [atrak'tiβo] **1.** *adj* anziehend, charmant, attraktiv; **fuerza** *f* **-a** Anziehungskraft f; **2.** m Reiz m, Charme m

atraer [atra'ɛr] (2p) anziehen

atragantarse [atragan'tarse] (1a) sich verschlucken; *fig* steckenbleiben

atrapar [atra'par] (1a) fangen, F erwischen

atrás [a'tras] hinten; rückwärts; zurück; **años** ~ vor Jahren; **dejar** ~ hinter sich lassen (*a fig*); **echar** ~ rückwärtsgehen *od* -fahren; **hacia** ~ rückwärts; **quedarse** ~ zurückbleiben, nicht mitkommen (*a fig*); **volverse** ~ (*od* **echarse**) *fig* e-n Rückzieher machen; *¡*~*!* zurück!

atra|sado [atra'saðo] (*niño*) zurückgeblieben; (*país*) rückständig; **ir** ~, **estar** ~ (*reloj*) nachgehen; **~sar** [~'sar] (1a) **1.** *v/t* verzögern; (*fecha*) verschieben; (*reloj*) zurückstellen; **2.** *v/i* (*reloj*) nachgehen; **~sarse** sich verspäten; **~so** [a'traso] m Verspätung f; Rückständigkeit f; ✝ **~s** *pl* Außenstände *m/pl*; Rückstände *m/pl*

atravesar [atraβe'sar] (1k) (*cruzar*) über-, durchqueren; (*traspasar*) durchbohren; *fig* durchmachen, erleben

atrayente [atra'jente] anziehend

atre|verse [atre'βɛrse] (2a) wagen; sich

trauen; ~ **a** (*inf*) (es) wagen zu (*inf*); **¿cómo te atreves?** was unterstehst du dich?; **~vido** verwegen; (*insolente*) dreist; **~vimiento** [~bi'mi̯ento] *m* Verwegenheit *f*; (*insolencia*) Unverschämtheit *f*
atribu|ción [atribu'θi̯on] *f* Zuweisung *f*; (*competencia*) Befugnis *f*; **~ir** [~'ir] (3g) zuschreiben, zuerkennen
atribular [atribu'lar] (1a) Sorge (*od* Kummer) machen; betrüben
atributo [atri'buto] *m* Eigenschaft *f*; *gram u fig* Attribut *n*
atril [a'tril] *m* Pult *n*; Notenständer *m*
atrincherarse [atrintʃe'rarse] (1a) *a fig* sich verschanzen (hinter *dat* **tras, en**)
atrio ['atri̯o] *m* Vorhalle *f*; Vorhof *m*
atrocidad [atroθi'ðað] *f* Scheußlichkeit *f*, Greuel *m*
atrofia [a'trofi̯a] *f* Atrophie *f*, Schwund *m*; **~rse** [~'fi̯arse] (1b) verkümmern (*a fig*)
atropell|ado [atrope'ʎaðo] überstürzt; **~ar** [~'ʎar] (1a) überfahren (*a fig*); umrennen; **~arse** sich überstürzen; **~o** [~'peʎo] *m* Überfahren *n*; *fig* Beleidigung *f*
atroz [a'trɔθ] gräßlich, scheußlich
atuendo [a'tu̯endo] *m* Kleidung *f*, Aufmachung *f*
atún [a'tun] *m* Thunfisch *m*
aturdi|do [atur'ðiðo] unbesonnen; (*desconcertado*) verblüfft; ❦ benommen; **~miento** [~ði'mi̯ento] *m* Bestürzung *f*; Verwirrung *f*; ❦ Benommenheit *f*; **~r** [~'ðir] (3a) betäuben; *fig* verblüffen
auda|cia [au̯'ðaθi̯a] *f* Kühnheit *f*, Verwegenheit *f*; **~z** [~'ðaθ] kühn, verwegen
audi|ble [au̯'ðible] hörbar; **~ción** [au̯ði'θi̯on] *f* Hören *n*; ♪ Vorspielen *n*; Anhörung *f*
audiencia [au̯'ði̯enθi̯a] *f* Audienz *f*; ⚖ Gerichtshof *m*; *TV*, *radio* Zuhörer *m*/*pl*, -schauer *m*/*pl*; (*índice m de*) ~ Einschaltquote *f*
audífono [au̯'ðifono] *m* Hörapparat *m*, -gerät *n*
audiovisual [au̯ðiobi'su̯al] audiovisuell
auditivo [au̯di'tibo] Gehör..., Hör...
auditor [au̯ði'tɔr] *m* Rechnungsprüfer *m*; **~ía** [~to'ria] *f* Rechnungsprüfung *f*; **~io** [~'tori̯o] *m* Zuhörer(schaft *f*) *m*/*pl*; (*sala*) Konzertsaal *m*
auge ['au̯xe] *m* Aufschwung *m*; Höhepunkt *m*; **estar en** ~ florieren

augu|rar [au̯gu'rar] (1a) prophezeien, voraussagen; **~rio** [~'guri̯o] *m* Vorzeichen *n*, Omen *n*
augusto [au̯'gusto] erhaben, edel
aula ['au̯la] *f* Hörsaal *m*; Klassenzimmer *n*
aull|ar [au̯'ʎar] (1a) heulen; **~ido** [~'ʎiðo] *m* Geheul *n*
aumen|tar [au̯men'tar] (1a) **1.** *v*/*t* vermehren; vergrößern; (*precio*) erhöhen; **2.** *v*/*i* zunehmen; (*precio*) steigen; **~to** [~'mento] *m* Vergrößerung *f*; Erhöhung *f*; Zunahme *f*; Anstieg *m*; **ir en** ~ zunehmen
aun [au̯n] sogar; ~ **cuando** obwohl; **ni** ~ nicht einmal
aún [a'un] noch, immer noch
aunar [au̯'nar] (1a) verbinden, vereinigen
aunque ['au̯ŋke] obwohl, obgleich, wenn auch
aupar F [au̯'par] (1a) hochheben
aureola [au̯re'ola] *f* Heiligenschein *m*
auricular [au̯riku'lar] *m* (Telefon-)Hörer *m*; **~es** *pl* Kopfhörer *m*
aurora [au̯'rora] *f* Morgenröte *f*
auscultar ❦ [au̯skul'tar] (1a) abhorchen
ausen|cia [au̯'senθi̯a] *f* Abwesenheit *f*; (*carencia*) Fehlen *n*, Mangel *m* (**an de**); **~tarse** [~sen'tarse] (1a) sich entfernen; weggehen; **~te** [~'sente] abwesend
auspicio [au̯s'piθi̯o] *m* Vorzeichen *n*, Vorbedeutung *f*; **bajo los** ~**s de** unter dem Schutz von
auste|ridad [au̯steri'ðað] *f* Strenge *f*; ✝ Sparsamkeit *f*; **~ro** [~'tero] streng; ernst; nüchtern; sparsam
austral [au̯s'tral] südlich, Süd...
australiano [au̯stra'li̯ano] **1.** *adj* australisch; **2.** *m* Australier *m*
austríaco [au̯s'triako] **1.** *adj* österreichisch; **2.** *m*, **-a** *f* Österreicher(in *f*) *m*
autarquía [au̯tar'kia] *f* Autarkie *f*
autenticidad [au̯tenti̯i'ðað] *f* Echtheit *f*
auténtico [au̯'tentiko] echt, authentisch
auto ['au̯to] *m* (*coche*) Auto *n*; ⚖ Beschluß *m*; ~ **de detención** Haftbefehl *m*
auto|adhesivo [au̯toaðe'sibo] selbstklebend; **~banco** ✝ [~'baŋko] *m* Autoschalter *m*; **~biografía** [~bi̯ogra'fia] *f* Autobiographie *f*; **~bús** [~'bus] *m* (Auto-)Bus *m*; ~ **escolar** Schulbus *m*; **~car** [~'kar] *m* Reisebus *m*; **~caravana** [~kara'bana] *f* Wohnmobil *n*; Cam-

pingbus *m*; **~cine** [~'θine] *m* Autokino *n*

autocompla|cencia [aŭtokompla'θenθia] *f* Selbstgefälligkeit *f*; **~ciente** [~'θiente] selbstgefällig

autóctono [aŭ'toktono] eingeboren; einheimisch

auto|determinación [aŭtodetermina-'θion] *f* Selbstbestimmung *f*; **~didacta** [~di'dakta] *m* Autodidakt *m*; **~disparador** *fot* [~dispara'dor] *m* Selbstauslöser *m*; **~dominio** [~do'minio] *m* Selbstbeherrschung *f*

autódromo [aŭ'todromo] *m* Autorennbahn *f*

auto|escuela [aŭtoes'kŭela] *f* Fahrschule *f*; *profesor m de* **~** Fahrlehrer *m*; **~expreso** [~es'preso] *m* Auto(reise)zug *m*

autógeno [aŭ'toxeno] autogen

autogestión [aŭtoxes'tion] *f* Selbstverwaltung *f*

auto|giro ✈ [aŭto'xiro] *m* Tragschrauber *m*; **~gol** [~'gol] *m dep* Eigentor *n*

autógrafo [aŭ'tografo] **1.** *adj* eigenhändig (geschrieben); **2.** *m* Autogramm *n*

autómata [aŭ'tomata] *m* Automat *m*

auto|mático [aŭto'matiko] automatisch; **~matización** [~matiθa'θion] *f* Automatisierung *f*; **~matizar** [~'θar] (1f) automatisieren

auto|móvil [aŭto'moβil] *m* Kraftfahrzeug *n*; Auto *n*, Wagen *m*; **~movilismo** [~moβi'lizmo] *m* Auto-, Kraftfahrsport *m*; **~movilista** [~'lista] *m* Auto-, Kraftfahrer *m*

autonomía [aŭtono'mia] *f* Autonomie *f*, Unabhängigkeit *f*

autónomo [aŭ'tonomo] unabhängig, selbständig, autonom

autopista [aŭto'pista] *f* Autobahn *f*

autopsia [aŭ'topsia] *f* Obduktion *f*

autor [aŭ'tor] *m* Autor *m*, Verfasser *m*; Urheber *m*; ⚖ Täter *m*

autori|dad [aŭtori'dad] *f* Autorität *f*; *mst pl* **~es** Obrigkeit *f*, Behörde *f*; **~tario** [~'tario] autoritär; **~zación** [~θa'θion] *f* Genehmigung *f*; **~zado** [~'θado] ermächtigt; befugt; **~zar** [~'θar] (1f) berechtigen; genehmigen

autorradio [aŭto'rradio] *m* Autoradio *n*

autorrealización [aŭtorrealiθa'θion] *f* Selbstverwirklichung *f*

autorretrato [aŭtorre'trato] *m* Selbstbildnis *n*

autoservicio [aŭtoser'biθio] *m* Selbstbedienung *f*

autostop [aŭto'stop] *m* Autostop *m*; *hacer* **~** trampen, per Anhalter fahren; **~ista** [~sto'pista] *m* Anhalter *m*, Tramper *m*

autosugestión [aŭtosuxes'tion] *f* Autosuggestion *f*

autotrén [aŭto'tren] *m* Auto(reise)zug *m*

autovía [aŭto'bia] *f* Schnellstraße *f*

auxiliar [aŭgsi'liar] **1.** *adj* Hilfs...; **2.** *v/t* (1b) helfen; beistehen; **3.** *m* Gehilfe *m*; Hilfskraft *f*; ✈ **~ de vuelo** Steward *m*; **~** *f de médico* Arzthelferin *f*

auxilio [aŭ'gsilio] *m* Hilfe *f*, Beistand *m*; **~ en carretera** Pannenhilfe *f*; **primeros ~s** *m/pl* Erste Hilfe *f*

aval [a'βal] *m* Bürgschaft *f*; Aval *m*; **~ bancario** Bankbürgschaft *f*

avalancha [aβa'lantʃa] *f* Lawine *f* (*a fig*)

avalar [aβa'lar] (1a) bürgen für

avan|ce [a'βanθe] *m* Vorrücken *n*, Vormarsch *m*; (*progreso*) Fortschritt *m*; **~ editorial** Vorabdruck *m*; **~ de programas** Programmvorschau *f*; **~zado** [~'θado] fortschrittlich; (*edad, hora*) vorgeschritten; **~zar** [~'θar] (1f) vorrücken; *fig* fortschreiten, Fortschritte machen

ava|ricia [aβa'riθia] *f* Geiz *m*; **~ro** [a'βaro] **1.** *adj* geizig; **2.** *m* Geizhals *m*

avasalla|dor [aβasaʎa'dor] überwältigend; **~r** [~'ʎar] (1a) unterwerfen; *fig* überwältigen

ave ['aβe] *f* Vogel *m*; **~ de paso** Zugvogel *m*; **~ de rapiña** Raubvogel *m*; **~s de corral** Geflügel *n*

avecinarse [aβeθi'narse] (1a) sich nähern

avefría *zo* [aβe'fria] *f* Kiebitz *m*

avejentado [aβexen'tado] (1a) (vorzeitig) gealtert

avella|na [aβe'ʎana] *f* Haselnuß *f*; **~no** [~'ʎano] *m* Haselstrauch *m*

avena [a'βena] *f* Hafer *m*

ave|nencia [aβe'nenθia] *f* Übereinkunft *f*; Vergleich *m*; **~nida** [~'nida] *f* Allee *f*, Boulevard *m*; (*de un río*) Hochwasser *n*; **~nido**: *bien* **~** einig; *mal* **~** uneinig; (*matrimonio*) unharmonisch

aventaja|do [aβenta'xado] (*alumno*) begabt; **~r** [~'xar] (1a) übertreffen; **~rse** sich hervortun

aventu|ra [aβen'tura] *f* Abenteuer *n*;

aventurar

~**rar** [~tu'rar] (1a) wagen; ~**rarse** sich in Gefahr begeben; ~**rero** [~tu'rero] 1. *adj* abenteuerlich; 2. *m* Abenteurer *m*

avergonza|do [abɛrgɔn'θaðo] be-, verschämt; ~**r** [~'θar] (1n *u* 1f) beschämen; ~**rse** sich schämen

ave|ría [abe'ria] *f* ⚓ Havarie *f*; ⚙ Schaden *m*; (*auto*) Panne *f*; ~**riado** [~'rĭaðo] beschädigt

averigua|ción [aberiguă'θĭon] *f* Ermittlung *f*; ~**r** [~'guar] (1i) untersuchen; ermitteln; in Erfahrung bringen

aversión [abɛr'sĭon] *f* Abneigung *f*; Widerwille *m*

avestruz *zo* [abes'truθ] *m* Strauß *m*

avia|ción [abĭa'θĭon] *f* Luftfahrt *f*; ~**dor** [~'ðor] *m* Flieger *m*

avícola [a'bikola] Geflügel...; **granja** *f* ~ Geflügelfarm *f*

avicul|tor [abikul'tɔr] *m* Geflügelzüchter *m*; ~**tura** [~'tura] *f* Geflügelzucht *f*

avidez [abi'ðeθ] *f* Gier *f*

ávido ['abiðo] gierig

avío [a'bio] *m* Ausrüstung *f*; ~**s** *pl.* Werkzeug *n*; Sachen *f/pl*

avión [a'bĭon] *m* Flugzeug *n*; ~ **comercial** Verkehrsflugzeug *n*; ~ **chárter** Chartermaschine *f*; ~ **a** (*od de*) **reacción** Düsenflugzeug *n*; **por** ~ ✉ mit Luftpost

avioneta [abĭo'neta] *f* Sportflugzeug *n*

avi|sado [abi'saðo] schlau; **mal** ~ unklug; übel beraten; ~**sador** [~sa'ðɔr] *m*: ~ **de incendios** Feuermelder *m*; ~**sar** [~'sar] (1a) benachrichtigen, Bescheid sagen; (*anunciar*) melden, ankündigen; (*advertir*) warnen; ~**so** [a'biso] *m* Benachrichtigung *f*, Nachricht *f*; (*advertencia*) Warnung *f*; **estar sobre** ~ auf der Hut sein; **sin previo** ~ unangemeldet

avis|pa [a'bispa] *f* Wespe *f*; ~**pado** F [~'paðo] aufgeweckt; ~**pero** [~'pero] *m* Wespennest *n*; ~**pón** [~'pon] *m* Hornisse *f*

avistar [abis'tar] (1a) erblicken

avituallar [abitŭa'ʎar] (1a) verpflegen, verproviantieren

avutarda *zo* [abu'tarða] *f* Trappe *f*

axila [a'gsila] *f* Achsel(höhle) *f*

axioma [a'gsĭoma] *m* Axiom *n*

¡ay! [aĭ] ach!, oh!; (*dolor*) au!; **¡~ de mí!** wehe mir!

aya ['aja] *f* Kinderfrau *f*; Erzieherin *f*

ayer [a'jɛr] gestern; ~ **por la mañana** gestern morgen

ayuda [a'juða] 1. *f* Hilfe *f*; ~ **al desarrollo** Entwicklungshilfe *f*; 2. *m*: ~ **de cámara** Kammerdiener *m*; ~**nte** [aju'dante] *m* Gehilfe *m*; Assistent *m*; ⚔ Adjutant *m*; ~**r** [~'ðar] (1a) helfen

ayu|nar [aju'nar] (1a) fasten; ~**nas** [a'junas]: **en** ~ nüchtern; ~**no** [a'juno] *m* Fasten *n*

ayuntamiento [ajunta'mĭento] *m* Rathaus *n*; (*administración*) Gemeinde-, Stadtverwaltung *f*

azada [a'θaða] *f* Hacke *f*

azafata [aθa'fata] *f* Stewardeß *f*; ~ **de congresos** Hostess *f*

azafrán ♣ [aθa'fran] *m* Safran *m*

azahar [aθa'ar] *m* Orangenblüte *f*

azalea ♣ [aθa'lea] *f* Azalee *f*

azar [a'θar] *m* Zufall *m*; **al** ~ aufs Geratewohl; **juego** *m* **de** ~ Glücksspiel *n*

azaroso [aθa'roso] gefahrvoll

ázimo ['aθimo] (*pan*) ungesäuert

azogue [a'θoge] *m* Quecksilber *n* (*a fig*)

azor [a'θor] *m* (Hühner-)Habicht *m*

azo|taina F [aθo'taĭna] *f* Tracht *f* Prügel; ~**tar** [~'tar] (1a) geißeln (*a fig*); (aus)peitschen; ~**te** [a'θote] *m* Peitsche *f*; *a fig* Geißel *f*; (*golpe*) Peitschenhieb *m*; Klaps *m*

azotea [aθo'tea] *f* Dachterrasse *f*

azúcar [a'θukar] *m* (*a f*) Zucker *m*; ~ **glas**, ~ **lustre** Puderzucker *m*; ~ **cande**, ~ **candi** Kandiszucker *m*; ~ **en terrones**, ~ **cortadillo** Würfelzucker *m*

azuca|rar [aθuka'rar] (1a) zuckern; ~**rero** [~'rero] 1. *adj* Zucker...; 2. *m* Zuckerdose *f*

azucena [aθu'θena] *f* weiße Lilie *f*

azufre [a'θufre] *m* Schwefel *m*

azul [a'θul] blau; ~ **celeste** himmelblau; ~ **marino** marineblau

azulejo [aθu'lɛxo] *m* Fliese *f*, Kachel *f*

azuzar [aθu'θar] (1f) (*perro*) hetzen; *fig* antreiben, anstacheln

B

B, b [be] *f* B, b *n*
baba ['baβa] *f* Geifer *m*, Speichel *m*
babear [baβe'ar] (1a) geifern, F sabbern
babel [ba'βɛl] *su* Wirrwarr *m*
babero [ba'βero] *m* Lätzchen *n*
Babia ['baβia] *f*: *estar en* ~ geistesabwesend sein
babor ⚓ [ba'βor] *m* Backbord *n*
babosa *zo* [ba'βosa] *f* Nacktschnecke *f*
baca ['baka] *f auto* Dachgepäckträger *m*
bacalao [baka'lao] *m* Kabeljau *m*, Dorsch *m*; ~ *(seco)* Stockfisch *m*; F *cortar el* ~ den Ton angeben
bacilo [ba'θilo] *m* Bazillus *m*
bacón [ba'kɔn] *m* (Frühstücks-)Speck *m*
bacteria [bak'terĩa] *f* Bakterie *f*
báculo ['bakulo] *m* Stab *m*; *fig* Stütze *f*; ~ *pastoral* Bischofsstab *m*
bache ['batʃe] *m* Schlagloch *n*; *fig* Tiefpunkt *m*; ✈ ~ *(de aire)* Luftloch *n*
bachiller [batʃi'ʎɛr] *m* Abiturient *m*; ~**ato** [~ʎe'rato] *m* Abitur *n*; *estudiar el* ~ auf's Gymnasium gehen
badajo [ba'ðaxo] *m* Glockenschwengel *m*, Klöppel *m*
badén [ba'ðen] *m* Querrinne *f*
bafle ['bafle] *m* Lautsprecherbox *f*
bagaje [ba'gaxe] *m* Gepäck *n*; *fig* Rüstzeug *n*
bagatela [baga'tela] *f* Lappalie *f*, Bagatelle *f*
bahía [ba'ia] *f* Bucht *f*
bai|lable [baï'laβle] *m* Tanzplatte *f*; *música f* ~ Tanzmusik *f*; ~**lador** [~la'ðor] Tänzer *m*; ~**laor** [~'or] *m* Flamencotänzer *m*; ~**lar** [~'lar] (1a) tanzen; *fig* ~ *con la más fea* den kürzeren ziehen; ~**larín** *m*, ~**larina** *f* [~la'rin, ~'rina] (Ballett-)Tänzer(in *f*) *m*; ~**le** ['baïle] *m* Tanz *m*; *(fiesta)* Ball *m*; ~ *de disfraces* Maskenball *m*; ~ *de salón* Gesellschaftstanz *m*
baja ['baxa] *f* Fallen *n*, Sinken *n* (*tb precios*); *(bolsa)* Baisse *f*; ⚔ Verlust *m*; ✚ Krankmeldung *f*; *(cese)* Austritt *m*; Abmeldung *f*; *dar de* ~ abmelden; entlassen; ✚ krank schreiben; *darse de od causar* ~ austreten; ausscheiden; sich abmelden
bajada [ba'xaða] *f* Abstieg *m*

bajamar [baxa'mar] *f* Ebbe *f*
bajar [ba'xar] (1a) **1.** *v/t* herunterholen, -nehmen, -bringen, -lassen; *(escalera)* hinuntergehen; *(precio, voz, etc)* senken; **2.** *v/i* sinken; *(de un vehículo)* aussteigen
bajeza [ba'xeθa] *f* Niedertracht *f*; Gemeinheit *f*
bajista [ba'xista] ✝: *tendencia f* ~ fallende Tendenz *f*
bajo ['baxo] **1.** *adj* niedrig *(a fig)*; tief(gelegen); *(estatura)* klein; *(voz)* leise; ♪ tief; *(inferior)* unter; *por lo* ~ insgeheim; unter der Hand; **2.** *m* ♪ Baß *m*; Bassist *m*; *(piso m)* ~ Erdgeschoß *n*; **3.** *adv*: *hablar* ~ leise sprechen; **4.** *prp* unter; ~ *juramento* unter Eid
bajón [ba'xɔn] *m* Niedergang *m*
bajorrelieve [baxorre'lieβe] *m* Flachre-/lief *n*
bala ['bala] *f* Kugel *f*; ✝ Ballen *m*
balada [ba'laða] *f* Ballade *f*
baladí [bala'ði] belanglos
balan|ce [ba'lanθe] *m* ✝ Bilanz *f* (*a fig*); ~**cear** [~lanθe'ar] (1a) **1.** *v/t* ausbalancieren; *(equilibrar)* ausbalancieren; **2.** *v/i* ⚓ schlingern; ~**cín** [~'θin] *m* Balancierstange *f*; Gartenschaukel *f*
balan|dra ⚓ [ba'landra] *f* Kutter *m*; ~**dro** [~dro] (leichtes) Segelboot *n*
balanza [ba'lanθa] *f* Waage *f*; ✝ ~ *comercial* Handelsbilanz *f*; ~ *de pagos* Zahlungsbilanz *f*
balar [ba'lar] (1a) blöken
balasto [ba'lasto] *m* 🚂 Schotter *m*, Bettung *f*
balaustrada [balaus'traða] *f* Balustrade *f*, Brüstung *f*
balazo [ba'laθo] *m* Schuß *m*; *(herida)* Schußwunde *f*
balbu|cear [balβuθe'ar] (1a) stammeln, stottern; ~**ceo** [~'θeo] *m* Stammeln *n*, Stottern *n*
balcánico [bal'kaniko] Balkan..., balkanisch
balcón [bal'kɔn] *m* Balkon *m*
baldaquín [balda'kin] *m* Baldachin *m*
balde ['balde] *m bds* ⚓ Wassereimer *m*; *de* ~ umsonst, unentgeltlich; *en* ~ vergeblich; *estar de* ~ überflüssig sein

baldío [bal'dio] 1. *adj* unbebaut; brachliegend; *fig* zwecklos; 2. *m* Brachland *n*
baldosa [bal'dosa] *f* (Boden-)Fliese *f*
balear [bale'ar] 1. (1a) *Am* beschießen; erschießen; 2. *adj* von den Balearen
balido [ba'liðo] *m* Blöken *n*
balística [ba'listika] *f* Ballistik *f*
baliza ⚓ [ba'liθa] *f* Bake *f*, Boje *f*; **~miento** [~'mjento] *m* Befeuerung *f* (*a* ✈)
ballena [ba'ʎena] *f* Wal(fisch) *m*
ballesta [ba'ʎesta] *f* Armbrust *f*; ⚙ Feder *f*
ballet [ba'lɛt] *m* Ballett *n*
balneario [balne'arjo] *m* Bade-, Kurort *m*
balompié [balɔm'pje] *m* Fußball *m*
balón [ba'lɔn] *m* Ball *m*
balon|cesto [balɔn'θesto] *m* Basketball *m*; **~mano** [~'mano] *m* Handball *m*; **~volea** [balɔmbo'lea] *m* Volleyball *m*
balsa ['balsa] *f* Floß *n*
bálsamo ['balsamo] *m* Balsam *m*
báltico ['baltiko] baltisch
baluarte [ba'lŭarte] *m* Bollwerk *n* (*a fig*)
bambalina *teat* [bamba'lina] *f* Soffitte *f*
bambú [bam'bu] *m* Bambus *m*
banal [ba'nal] banal; **~idad** [~nali'ðað] *f* Banalität *f*
bana|na *Am* [ba'nana] *f* Banane *f*; **~nero** [~na'nero] *m*, **~no** [~'nano] *m* Bananenstaude *f*
banca ['baŋka] *f* ✝ Bank *f*; Bankwelt *f*, Bankwesen *n*; (*en el juego*) Bank *f*; **~rio** [~'karjo] Bank...; **~rrota** [~'rrɔta] *f* Bankrott *m*
banco ['baŋko] *m* (Sitz-)Bank *f*; ✝ Bank *f*; ⚙ Arbeits-, Werkbank *f*; **~ de arena** Sandbank *f*; **~ de carpintero** Hobelbank *f*; **~ de crédito** Kreditbank *f*; **~ de datos** Datenbank *f*; **~ emisor** Notenbank *f*; **~ de pruebas** Prüfstand *m*; **~ de sangre** Blutbank *f*
banda ['banda] *f* Band *n*; Schärpe *f*; (*pandilla*) Bande *f*; ♪ Blaskapelle *f*; **~ de frecuencias** Frequenzband *n*; **~ sonora** Tonstreifen *m*; **~da** [~'daða] *f* (*de pájaros, peces*) Schwarm *m*
bandeja [ban'dɛxa] *f* Tablett *n*
bandera [ban'dera] *f* Fahne *f*, Flagge *f*; **bajada** *f* **de ~** (*taxi*) Grundpreis *m*
banderill|a *taur* [bande'riʎa] *f* Banderilla *f*; **~ero** [~ri'ʎero] *m* Banderillero *m*
banderín [bande'rin] *m* Fähnchen *n*; Wimpel *m*

bandido [ban'diðo] *m* Bandit *m*
bando ['bando] *m* Erlaß *m*; Bekanntmachung *f*; (*facción*) Partei *f*
bandole|ra [bando'lera] *f* Schulterriemen *m*; (*bolso*) Umhänge-, Schultertasche *f*; **en ~** umgehängt; **~rismo** [~le'rizmo] *m* Räuberunwesen *n*; **~ro** [~'lero] *m* (Straßen-)Räuber *m*, Bandit *m*
bandurria ♪ [ban'durrja] *f* Bandurria *f*
banjo ♪ ['banxo] *m* Banjo *n*
banquero [baŋ'kero] *m* Bankier *m*; (*juego*) Bankhalter *m*
banque|ta [baŋ'keta] *f* Schemel *m*; **~te** [~'kete] *m* Bankett *n*, Festessen *n*
banquillo [baŋ'kiʎo] *m* Fußschemel *m*; ⚖ Anklagebank *f*; *dep* Reservebank *f*
bañ|ador [baɲa'ðɔr] *m* Badeanzug *m*; Badehose *f*; **~ar** [~'ɲar] (1a) baden; **~era** [~'ɲera] *f* Badewanne *f*; **~ero** [~'ɲero] *m* Bademeister *m*; **~ista** [~'ɲista] *m* Badende(r) *m*; Badegast *m*; **~o** ['baɲo] *m* Bad *n*; Badezimmer *n*; ⚙ Überzug *m*, Glasur *f*; **~ de azúcar** Zuckerguß *m*; **~ María** Wasserbad *n*; **~s** *pl* Heilbad *n*
baptisterio [baptis'tɛrjo] *m* Taufkapelle *f*
baqueta [ba'keta] *f* Gerte *f*, Rute *f*; ♪ Trommelstock *m*, -schlegel *m*
bar [bar] *m* Imbißstube *f*, Café *n*; **~ americano** (Nacht-)Bar *f*
bara(h)únda [bara'unda] *f* Lärm *m*, Tumult *m*, Wirrwarr *m*
bara|ja [ba'raxa] *f* Spiel *n* Karten; **~jar** [~ra'xar] (1a) (*naipes*) mischen; **~ cifras** mit Zahlen jonglieren
baran|da [ba'randa] *f* Geländer *n*; (*billar*) Bande *f*; **~dilla** [~'diʎa] *f* Geländer *n*
baratear [barate'ar] (1a) verschleudern, verramschen
barati|ja [bara'tixa] *f* (wertlose) Kleinigkeit *f*; **~s** *pl* Ramsch(ware *f*) *m*, Plunder *m*; **~llero** [~ti'ʎero] *m* Trödler *m*; **~llo** [~'tiʎo] *m* Trödelmarkt *m*, -laden *m*
bara|to [ba'rato] billig; **~tura** [~ra'tura] *f* Billigkeit *f*
barba ['barβa] *f* Bart *m*; **por ~** pro Kopf, F pro Nase
barbacoa [barβa'koa] *f* (Garten-)Grill *m*; (*comida*) Grillparty *f*, -fest *n*
barba|ridad [barβari'ðað] *f* Barbarei *f*; Ungeheuerlichkeit *f*; **¡qué ~!** unglaub-

lich!; ~**rie** [~'barie] f Barbarei f, Roheit f
bárbaro ['barbaro] **1.** adj barbarisch; roh; F toll; **2.** m Barbar m (a fig)
barbecho [bar'betʃo] m Brachfeld n; **estar de** ~ brachliegen
barbe|ría [barbe'ria] f (Herren-)Friseurgeschäft n; ~**ro** [~'bero] m Barbier m; Herrenfriseur m
barbilla [bar'biʎa] f Kinn n
barbo ['barbo] m (pez) Barbe f
barbudo [bar'buđo] bärtig
barca ['barka] f Boot n; Kahn m; ~ **de pesca** Fischerboot n; ~ **de remos** Ruderboot n; ~**za** ⚓ [~'kaθa] f Barkasse f
barco ['barko] m Schiff n; ~ **pesquero** Fischerboot n; ~ **salvador** Bergungsschiff n; ~ **de vela** Segelschiff n
bardana ♀ [bar'đana] f Klette f
baremo [ba'remo] m Tarifliste f; (Lohn-)Tabelle f; Tarifordnung f
barítono [ba'ritono] m Bariton m
barlovento ⚓ [barlo'bento] m Luv(seite) f
barman ['barman] m Barkeeper m
barniz [bar'niθ] m Firnis m; Lack m; (para madera) Beize f; ~**ar** [~'θar] (1f) firnissen; lackieren; beizen
barómetro [ba'rometro] m Barometer n
ba|rón [ba'rɔn] m Baron m, Freiherr m; ~**ronesa** [baro'nesa] f Baronin f, Freifrau f
barquero [bar'kero] m Bootsführer m; Fährmann m
barquillo [bar'kiʎo] m Waffel f
barra ['barra] f Stab m, Stange f; ⚖ Gerichtsschranken f/pl; (mostrador) Theke f, Bar f; ♪ Taktstrich m; ~ **americana** (Nacht-)Bar f; dep ~ **de equilibrios** Schwebebalken m; ~ **fija** Reck n; ~ **de labios** Lippenstift m; ~**s asimétricas** Stufenbarren m; ~**s paralelas** Barren m
barraca [ba'rraka] f Baracke f; ~ **de feria** (Jahrmarkts-)Bude f
barranco [ba'rraŋko] m Schlucht f; Steilhang m
barredera [barre'đera] f Straßenkehrmaschine f
barrena [ba'rrena] f Bohrer m; ✈ Trudeln n; **entrar en** ~ (ab)trudeln; ~**dora** [barrena'đora] f Bohrmaschine f; ~**r** [~'nar] (1a) bohren
barrendero [barren'dero] m Straßenkehrer m

barreno [ba'rrɛno] m Sprengloch n, Bohrloch n
barreño [ba'rreɲo] m (große) Schüssel f; Kübel m
barrer [ba'rrɛr] (2a) kehren, fegen
barrera [ba'rrɛra] f Schranke f (a 🐘); Barriere f (a fig); fig Hindernis n; ~ **del sonido** Schallmauer f
barriada [ba'rriađa] f Stadtteil m
barrica [ba'rrika] f Faß n; ~**da** [barri'kađa] f Barrikade f, Straßensperre f
barrido [ba'rriđo] m Kehren n; Kehricht m
barriga [ba'rriga] f Bauch m
barril [ba'rril] m Faß n, Tonne f; (de petróleo) Barrel m
barrio ['barrio] m Stadtviertel n, -teil m
barrizal [barri'θal] m Morast m
barro ['barro] m Schlamm m; Lehm m; (de alfarero) Ton m
barroco [ba'rroko] **1.** adj barock; **2.** m Barock(stil) m
barrote [ba'rrote] m (Eisen-)Stange f
barrun|tar [barrun'tar] (1a) ahnen, vermuten; ~**to** [ba'rrunto] f Ahnung f, Vorgefühl n
barullo [ba'ruʎo] m Wirrwarr m; (ruido) Lärm m, Krach m
basalto [ba'salto] m Basalt m
basar [ba'sar] (1a) gründen, stützen (auf en); ~**se** beruhen (auf dat en)
báscula ['baskula] f Waage f
base ['base] f Grundlage f, Basis f; 🐘 Base f; ⚔ Stützpunkt m; **a** ~ **de** auf Grund von
bási|camente [basika'mente] grundsätzlich; im wesentlichen; ~**co** ['basiko] Grund...; grundlegend; 🐘 basisch
basílica [ba'silika] f Basilika f
basta|nte [bas'tante] **1.** adj genügend, ausreichend; **2.** adv genug; ziemlich; ~**r** [~'tar] (1a) genügen, ausreichen
bastar|dilla [bastar'điʎa] f Kursivschrift f; ~**do** [~'tarđo] m Bastard m
bastidor [basti'đɔr] m Rahmen m; Gestell n; teat ~**es** pl Kulissen f/pl; fig **entre** ~**es** hinter den Kulissen
bastión [bas'tion] m Bollwerk n (a fig), Bastion f
bas|tón [bas'tɔn] m Stock m, Stab m; Spazierstock m; ~ **de esquí** Skistock m; ~**tonazo** [~to'naθo] m Stockhieb m
basu|ra [ba'sura] f Abfall m, Müll m; fig Dreck m; **cubo** m **de** ~ Mülleimer m;

basurero 60

~rero [~'rero] m Müllfahrer m, -mann m; (lugar) Müllhaufen m; Mülldeponie f
bata ['bata] f Haus-, Schlaf-, Morgenrock m; Kittel m
bata|lla [ba'taʎa] f Schlacht f; **~ campal** Feldschlacht f; **~ de flores** Blumenkorso m; **~llar** [bata'ʎar] (1a) kämpfen; **~llón** [~'ʎɔn] m Bataillon n
batata [ba'tata] f Batate f, Süßkartoffel f
batería [bate'ria] 1. f ✕, ♪ Batterie f; ♪ Schlagzeug n; **~ de cocina** Topfset m; 2. m ♪ Schlagzeuger m
bati|da [ba'tiða] f Treibjagd f; (redada) Razzia f; **~do** [~'tiðo] 1. adj (camino) ausgetreten; 2. m (Milch-)Mixgetränk n; **~dor** [~ti'ðɔr] m Schneebesen m; **~dora** [~'ðora] f Mixer m, Rührgerät n
batín [ba'tin] m Hausrock m
batir [ba'tir] (3a) schlagen; (récord) brechen; (rastrear) absuchen, durchkämmen; **~se** kämpfen, sich schlagen
batiscafo [batis'kafo] m Tiefseetauchgerät n
batista [ba'tista] f Batist m
batuta ♪ [ba'tuta] f Taktstock m
baúl [ba'ul] m Truhe f; (maleta) Schrankkoffer m
bauti|omal [bautiz'mal] Tauf...; **~omo** [~'tizmo] m Taufe f; **~zar** [~ti'θar] (1f) taufen; **~zo** [~'tiθo] m Taufe f; **~ de fuego** Feuertaufe f
bávaro ['baβaro] 1. adj bay(e)risch; 2. m Bayer m
baya ['baja] f Beere f
bayeta [ba'jeta] f Scheuertuch n
bayoneta [bajo'neta] f Bajonett n
baza ['baθa] f (juego) Stich m; fig Trumpf m; **meter ~** F seinen Senf dazugeben
bazar [ba'θar] m Basar m
bazo anat ['baθo] m Milz f
bazooka ✕ [ba'θoka] m Panzerfaust f
bea|ta [be'ata] f desp Betschwester f; **~tificar** [~tifi'kar] (1g) seligsprechen; **~titud** [~ti'tuð] f Glückseligkeit f; **~to** [be'ato] 1. adj selig; desp scheinheilig; 2. m Selige(r) m
bebé [be'be] m Baby n; **~probeta** Retortenbaby n
bebe|dero [bebe'ðero] m Tränke f; Trinknapf m; **~dor** m [~'dɔr] Trinker m; **~r** [be'βɛr] (2a) trinken
bebi|da [be'βiða] f Getränk n; **~do** [~ðo] angetrunken

beca ['beka] f Stipendium n
becada zo [be'kaða] f Schnepfe f
becario [be'karĩo] m Stipendiat m
becerro [be'θɛrro] m Stierkalb n; **~ de oro** Goldenes Kalb n
bechamel [betʃa'mɛl] f Bechamelsoße f
becuadro ♪ [be'kŭaðro] m Auflösungszeichen n
bedel [be'ðɛl] m Pedell m
beduino [be'ðŭino] m Beduine m
befa ['befa] f Spott m, Hohn m
béisbol ['beisbɔl] m Baseball m
bejuco ♀ [bɛ'xuko] m Liane f
beldad [bɛl'dað] f Schönheit f
belén [bc'len] m (Weihnachts-)Krippe f
belfo ['bɛlfo] dicklippig
belga ['belga] 1. adj belgisch; 2. su Belgier(in f) m
belicista [beli'θista] m Kriegshetzer m, Kriegstreiber m
bélico ['beliko] kriegerisch, Kriegs...
beli|coso [beli'koso] kriegerisch; (agresivo) streitsüchtig; **~gerante** [~xe'rante] kriegführend
bellaco [be'ʎako] m Schurke m
belladona ♀ [beʎa'ðona] f Tollkirsche f
belleza [be'ʎeθa] f Schönheit f
bello ['bɛʎo] schön
bellota ♀ [be'ʎota] f Eichel f
bemol ♪ [be'mɔl] m Erniedrigungszeichen n, b n; **tener ~es** schwierig sein
bencina [ben'θina] f ⚑ Benzin n
ben|decir [bende'θir] (3p) segnen; **~dición** [~di'θĩɔn] f Segen m (a fig); **~dito** [~'dito] gesegnet; geweiht
benedictino [beneðik'tino] m Benediktiner m
benefi|cencia [benefi'θenθĩa] f Wohltätigkeit f; **~ciar** [~'θĩar] (1b) zustatten kommen, Nutzen bringen; **~ciarse** Nutzen ziehen (aus de); **~ciario** [~'θĩarĩo] m Begünstigte(r) m, Nutznießer m; **~cio** [~'fiθĩo] m ✞ Gewinn m; (provecho) Nutzen m, Vorteil m; **~cioso** [~fi'θĩoso] vorteilhaft, einträglich
benéfico [be'nefiko] wohltätig; wohltuend; Wohltätigkeits...
bene|mérito [bene'merito] verdienstvoll; **~plácito** [~'plaθito] m Genehmigung f; **dar su ~** sein Plazet geben; **~volencia** [~βo'lenθĩa] f Wohlwollen n
benévolo [be'neβolo] wohlwollend
ben|gala [beŋ'gala] f Leuchtrakete f
benig|nidad [benigni'dað] f Güte f; Mil-

de *f*; ✱ Gutartigkeit *f*; ~**no** [~'niɲno] gütig; mild; ✱ gutartig
benjamín [beŋxa'min] *m fig* Benjamin *m*; Nesthäkchen *n*
beodo [be'oðo] betrunken
berberecho [bɛrbe'rɛtʃo] *m* Herzmuschel *f*
berbiquí [bɛrbi'ki] *m* Drillbohrer *m*
berenjena [bereŋ'xena] *f* Aubergine *f*
bergantín ⚓ [bɛrɡan'tin] *m* Brigg *f*
berli|na [bɛr'lina] *f auto* Limousine *f*; ~**nés** [~li'nes] *m* Berliner *m*
bermejo [bɛr'mɛxo] (hoch)rot
bermudas [bɛr'muðas] *f/pl* Bermudashorts *pl*
berr|ear [bɛrre'ar] (1a) blöken; *fig* plärren; ~**ido** [~'rriðo] *m* Blöken *n*; *fig* Geplärr *n*; ~**inche** F [~'rrintʃe] *m* Wutanfall *m*
berro ['bɛrrɔ] *m* (Brunnen-)Kresse *f*
berza ['bɛrθa] *f* Kohl *m*
besamel [besa'mɛl] *f s* **bechamel**
be|sar [be'sar] (1a) küssen; ~**so** ['beso] *m* Kuß *m*
bestia ['bestia] *f* Tier *n*, Vieh *n*; ~**l** [bes'tial] bestialisch, viehisch; F toll; ~**lidad** [~tiali'ðað] *f* Bestialität *f*; Gemeinheit *f*
besugo [be'suɡo] *m* See-, Meerbrasse *f*
betún [be'tun] *m* Teer *m*; (*para zapatos*) Schuhcreme *f*
biberón [bibe'rɔn] *m* (Baby-)Flasche *f*
Biblia ['biblia] *f* Bibel *f*
bíblico ['bibliko] biblisch
biblio|grafía [bibliogra'fia] *f* Bibliographie *f*; ~**teca** [~'teka] *f* Bibliothek *f*; (*mueble*) Bücherschrank *m*; ~**tecario** [~te'kario] *m* Bibliothekar *m*
bicarbonato [bikarbo'nato] *m*: ~ *de sodio* Natron *n*
bíceps ['biθɛps] *m* Bizeps *m*
bicho ['bitʃo] *m* Tier *n*; ~ *raro* komischer Kauz *m*; ~**s** *pl* Ungeziefer *n*
bicicleta [biθi'kleta] *f* Fahrrad *n*; *ir (od montar) en* ~ radfahren, F radeln; ~ *de carreras* Rennrad *n*; ~ *de montaña* Mountain Bike *n*; ~ *plegable* Klapprad *n*
bicoca [bi'koka] *f* gutes Geschäft *n*; günstiger Kauf *m*
bicolor [biko'lɔr] zweifarbig
bidé [bi'ðe] *m* Bidet *n*
bidón [bi'ðɔn] *m* Kanister *m*
biela ['biɛla] *f* Pleuelstange *f*

bien [bien] **1.** *m* Gut *n*; Gute(s) *n*; Wohl *n*; ~**es** *pl* Vermögen *n*; Güter *n/pl*; ~**es** *de consumo* Konsumgüter *n/pl*; ~**es** *de equipo* Investitionsgüter *n/pl*; **2.** *adv* gut, wohl; gern; sehr; richtig; *más* ~ eher, vielmehr; **3.** *cj*: *si* ~, ~ *que* obgleich, wenn auch; ~ ... (*o*) ~ ... entweder ... oder ...
bienal [bie'nal] **1.** *adj* zweijährlich; **2.** *f* Biennale *f*
bien|aventurado [bienaβentu'raðo] glücklich; *rel* selig; ~**estar** [~es'tar] *m* Wohlstand *m*; Wohlbefinden *n*; ~**hechor** [~e'tʃɔr] *m* Wohltäter *m*; ~**intencionado** [~intenθio'naðo] wohlmeinend, wohlgesinnt
bienio [bi'enio] *m* Zeitraum *m* von zwei Jahren
bienveni|da [biembe'niða] *f* Willkomm(en *n*) *m*; *dar la* ~ willkommen heißen; ~**do** [~ðo] willkommen
bies ['bies]: *al* ~ schräg, quer
biftec [bif'tek] *m s* **bistec**
bifurca|ción [bifurka'θion] *f* Gabelung *f*; Abzweigung *f*; ~**rse** [~'karse] (1g) abzweigen; sich gabeln
bigamia [bi'gamia] *f* Bigamie *f*
bígamo ['biɡamo] *m* Bigamist *m*
bigo|te [bi'ɡote] *m* Schnurrbart *m*; ~**tudo** [~'tuðo] schnurrbärtig
bigudí [biɡu'ði] *m* Lockenwickler *m*
bikini [bi'kini] *m* Bikini *m*
bilateral [bilate'ral] zweiseitig, bilateral
biliar [bi'liar] Gallen...
bilingü|e [bi'liŋɡüe] zweisprachig; ~**ismo** [~liŋ'ɡuismo] *m* Zweisprachigkeit *f*
bilis ['bilis] *f* Galle *f*
billar [bi'ʎar] *m* Billard(spiel) *n*
billete [bi'ʎete] *m* Fahrkarte *f*, -schein *m*; ~ (*de banco*) Banknote *f*, Geldschein *m*; ~ (*de lotería*) (Lotterie-)Los *n*; ~ *de avión* Flugschein *m*; ~ *de ida y vuelta* Rückfahrkarte *f*; ~ *infantil* Kinderfahrkarte *f*
billeter|a [biʎe'tera] *f*, ~**o** [~ro] *m* Brieftasche *f*
billón [bi'ʎɔn] *m* Billion *f*
bimensual [bimen'sual] vierzehntägig
bimestral [bimes'tral] zweimonatlich
bimotor [bimo'tɔr] **1.** *adj* zweimotorig; **2.** *m* zweimotoriges Flugzeug *n*
bingo ['biŋɡo] *m* Bingo *n*
biodegradable [bioðeɡra'ðable] biologisch abbaubar

biografía 62

bio|grafía [biogra'fia] f Biographie f; **~gráfico** [~'grafiko] biographisch
biógrafo ['biografo] m Biograph m
bio|logía [biolo'xia] f Biologie f; **~lógico** [~'lɔxiko] biologisch
biólogo ['biologo] m Biologe m
biombo ['biombo] m Wandschirm m
biopsia ⚕ ['biɔpsia] f Biopsie f
bioquímica [bio'kimika] f Biochemie f
biotopo [bio'topo] m Biotop n
bipartidismo [biparti'dizmo] m pol Zweiparteiensystem n
biplaza [bi'plaθa] m Zweisitzer m
birlar F [bir'lar] (1a) klauen
birrete [bi'rrete] m Barett n
birria F ['birria] f F Mist m, Schmarren m
bis [bis] m ♪ Zugabe f
bisabuel|a [bisa'bŭela] f Urgroßmutter f; **~o** [~lo] m Urgroßvater m
bisagra [bi'sagra] f Scharnier n
bisiesto [bi'siesto]: **año** m **~** Schaltjahr n
bismuto [biz'muto] m Wismut m
bisnieto [biz'nieto] m Urenkel m
bisonte [bi'sɔnte] m Bison m; **~ europeo** Wisent m
bisoño [bi'soɲo] 1. adj neu, unerfahren; 2. m Neuling m
bisté [bis'te], **bistec** [bis'tɛk] m Beefsteak n
bisturí [bistu'ri] m Skalpell n
bisutería [bisute'ria] f Modeschmuck m
bitácora ⚓ [bi'takora] f Kompaßhaus n; **cuaderno m de ~** Logbuch n
bizco ['biθko] schielend; **ser ~** schielen
bizcocho [biθ'kotʃo] m Zwieback m; (pastel) Biskuit n od m
blanca ['blaŋka] f ♪ halbe Note f
Blancanieves [blaŋka'niebes] f Schneewittchen n
blanco ['blaŋko] 1. adj weiß; **en ~** unbeschrieben; ✝ Blanko...; **pasar la noche en ~** eine schlaflose Nacht verbringen; 2. m Weiß n; Weiße(r) m; (de tiro) Ziel n, a fig Zielscheibe f
blancura [blaŋ'kura] f Weiße f
blan|do ['blando] weich (a droga); zart; fig sanft; **~dura** [~'dura] f a fig Weichheit f; Sanftheit f
blanque|ante [blaŋke'ante] m Bleichmittel n; Weißmacher m; **~ar** [~'ar] (1a) weißen, tünchen; (ropa) bleichen; gastr blanchieren; (dinero) waschen
blasfe|mar [blasfe'mar] (1a) lästern, fluchen; **~mia** [~'femia] f Gotteslästerung f, Blasphemie f
blasón [bla'sɔn] m Wappen n
blinda|do [blin'dado] gepanzert, Panzer...; **~je** [~'daxe] m Panzerung f; ⚡ Abschirmung f; **~r** [~'dar] (1a) panzern; ⚡ abschirmen
bloc [blɔk] m (Schreib-)Block m; **~ de notas** Notizblock m
blonda ['blɔnda] f Seidenspitze f
bloque ['bloke] m Block m; Klotz m; **en ~** im ganzen, pauschal; **~ar** [~ke'ar] (1a) blockieren; a ✝ sperren; **~o** [~'keo] m Blockade f; Sperre f; Blockierung f
blusa ['blusa] f Bluse f
boa ['boa] f Boa f
boato [bo'ato] m Prunk m, Pomp m
bobada [bo'bada] f Dummheit f
bobina [bo'bina] f Spule f; (Garn-)Rolle f; **~r** [~'nar] (auf)spulen, wickeln
bobo ['bobo] 1. adj dumm, albern; 2. m Narr m, Dummkopf m
boca ['boka] f Mund m; (de animales) Maul n, Schnauze f; (abertura) Mündung f, Öffnung f; (entrada) Eingang m; ⚕ **a ~** m Mund-zu-Mund-Beatmung f; **~ de riego** Hydrant m; **~ abajo** auf dem Bauch; **~ arriba** auf dem Rücken; **a pedir de ~** ganz nach Wunsch; **correr de ~ en ~** von Mund zu Mund gehen; **no decir esta ~ es mía** den Mund nicht aufmachen; **meterse en la ~ del lobo** sich in die Höhle des Löwen wagen; **quedarse con la ~ abierta** sprachlos sein
boca|calle [boka'kaʎe] f Straßeneinmündung f; **~dillo** [~'diʎo] m belegtes Brötchen n; (cómic) Sprechblase f; **~do** [~'kado] m Bissen m, Happen m; **no probar ~** keinen Bissen anrühren; **~jarro** [~'xarrɔ] m: **a ~** aus nächster Nähe; **~ta** F [~'kata] m belegtes Brötchen n; **~zas** [~'kaθas] m F Schwätzer m, Großmaul m
boceto [bo'θeto] m Skizze f; Entwurf m
bochorno [bo'tʃorno] m Schwüle f; fig Scham(röte) f; **~so** [botʃor'noso] schwül; fig beschämend, peinlich
bocina [bo'θina] f Sprachrohr n, Schalltrichter m; auto Hupe f; ⚓ Nebelhorn n
bocio ⚕ ['boθio] m Kropf m
boda ['boda] f Hochzeit f; **~s de oro** goldene Hochzeit f; **~s de plata** silberne Hochzeit f

bode|ga [bo'deɣa] *f* Weinkeller *m*; Kellerei *f*; Weinhandlung *f*; *(despensa)* Vorratskeller *m*; ⚓ Laderaum *m*; **~gón** [boðe'ɣɔn] *m* pint Stilleben *n*
bodrio ['bodrĭo] *m* F Fraß *m*; *(libro o cuadro malo)* F Schinken *m*
bofe ['bofe] *m* (*mst pl*) Lunge *f* (*de animales*); **~tada** [~'taða] *f*, **~tón** [~'tɔn] *m* Ohrfeige *f*
boga ['boɣa] *f* Rudern *n*; *estar en* **~** Mode sein; beliebt sein; **~r** [~'ɣar] (1h) rudern; **~vante** [~'bante] *m* Hummer *m*
bohemio [bo'emĭo] **1.** *adj* böhmisch; *vida f -a* Bohemeleben *n*; **2.** *m* Böhme *m*; Bohemien *m*
boicot [bɔĭ'kɔt] *m* Boykott *m*; **~ear** [~kote'ar] (1a) boykottieren
boina ['bɔĭna] *f* Baskenmütze *f*
boite *gal* [bŭat] *f* Nachtlokal *n*
boj ♀ [box] *m* Buchsbaum *m*
bol [bɔl] *m* henkellose Tasse *f*, Schale *f*
bola ['bola] *f* Kugel *f*; *fig* Lüge *f*; (Zeitungs-)Ente *f*; **~** *portatipos* Kugelkopf *m*
bolchevi|que [bɔltʃe'bike] **1.** *adj* bolschewistisch; **2.** *m* Bolschewist *m*; **~smo** [~'bizmo] *m* Bolschewismus *m*
bolera [bo'lera] *f* Kegelbahn *f*
bolero [bo'lero] *m* Bolero *m*
boletín [bole'tin] *m* Bulletin *n*; (amtlicher) Bericht *m*; *(papeleta)* Schein *m*, Zettel *m*; **~** *oficial* Amtsblatt *n*; **~** *de pedido* Bestellschein *m*
boleto [bo'leto] *m* (Lotterie-)Los *n*; Tippschein *m*; *Am* Fahrkarte *f*; Eintrittskarte *f*
bólido ['boliðo] *m* Meteorstein *m*; *fig* Rennwagen *m*
bolígrafo [bo'liɣrafo] *m* Kugelschreiber *m*
boliviano [boli'bĭano] **1.** *adj* bolivianisch; **2.** *m*, **-a** *f* Bolivianer(in *f*) *m*
boll|ería [boʎe'ria] *f* Feinbäckerei *f*; **~o** ['boʎo] *m* Milchbrötchen *n*; *(chichón)* Beule *f*
bolo ['bolo] *m* Kegel *m*; *teat* Tournee *f*; *(juego m de)* **~s** Kegelspiel *n*; *jugar a los* **~s** kegeln
bol|sa ['bɔlsa] *f* Beutel *m*, Tasche *f*; Tüte *f*; Tragetasche *f*; ✝ Börse *f*; **~** *de agua caliente* Wärmflasche *f*; **~** *de aseo* Kulturbeutel *m*; **~** *de la basura* Mülltüte *f*; **~** *de la compra* Einkaufstasche *f*; **~** *de estudios* Stipendium *n*; **~** *iso-*

boquiabierto

térmica Kühltasche *f*; **~** *de plástico* Plastiktüte *f*; **~** *de trabajo* Arbeitsmarkt *m*; **~** *de valores* Wertpapier-, Effektenbörse *f*; **~sillo** [~'siʎo] *m* Tasche *f*; *de* **~** Taschen...; **~so** ['bɔlso] *m* Handtasche *f*
bomba ['bɔmba] *f* Pumpe *f*; ✕ Bombe *f*; **~** *atómica* Atombombe *f*; **~** *de calor* Wärmepumpe *f*; **~** *explosiva* Sprengbombe *f*; **~** *fétida* Stinkbombe *f*; **~** *incendiaria* Brandbombe *f*; **~** *lacrimógena* Tränengasbombe *f*; **~** *de relojería* (*od de tiempo*) Zeitbombe *f*; *fig caer como una* **~** wie e-e Bombe einschlagen; F *pasarlo* **~** F sich toll amüsieren
bombacho [bɔm'batʃo]: *pantalón m* **~**, **~s** Pumphosen *f/pl*
bombarde|ar [bɔmbarðe'ar] (1a) bombardieren; **~o** [~'ðeo] *m* Bombardierung *f*, Bombenangriff *m*; **~ro** [~'ðero] *m* ✈ Bombenflugzeug *n*, Bomber *m*
bombe|ar [bɔmbe'ar] (1a) pumpen; **~o** [~'beo] *m* Pumpen *n*; **~ro** [~'bero] *m* Feuerwehrmann *m*
bombilla [bɔm'biʎa] *f* Glühbirne *f*
bombín [bɔm'bin] *m* *(sombrero)* Melone *f*
bombo ['bɔmbo] *m* ♪ große Trommel *f*, Pauke *f*; *(de sorteo)* Lostrommel *f*; *fig a* **~** *y platillo(s)* mit großem Tamtam
bom|bón [bɔm'bɔn] *m* Praline *f*; **~bona** [~'bona] *f* Ballon-, Korbflasche *f*; **~** *de gas* Gasflasche *f*; **~bonera** [~'nera] *f* Pralinenschachtel *f*; **~bonería** [~'ria] *f* Süßwarengeschäft *n*
bonachón [bona'tʃɔn] gutmütig
bonan|cible [bonan'θible] mild; friedlich; **~za** [~'nanθa] *f* Meeresstille *f*
bondad [bɔn'dað] *f* Güte *f*; **~oso** [~da'ðoso] gütig
boniato ♀ [bo'nĭato] *m* Süßkartoffel *f*
bonifica|ción [bonifika'θĭɔn] *f* Vergütung *f*; **~r** [~'kar] (1g) vergüten
bonito [bo'nito] **1.** *adj* hübsch; nett; **2.** Bonito *m* (*Art Thunfisch*)
bono ✝ ['bono] *m* Gutschein *m*, Bon *m*; Bonus *m*; **~** *del tesoro* Schatzanweisung *f*
boñiga [bo'ɲiɣa] *f* Kuhmist *m*
boom [bum] *m* Boom *m*
boque|rón [boke'rɔn] *m* *zo* Sardelle *f*; **~te** [~'kete] *f* Bresche *f*, Loch *n*
boqui|abierto [bokĭa'bĭerto] mit offe-

boquilla 64

nem Munde; *fig* sprachlos; **~lla** [~'kiʎa] *f* ♪ Mundstück *n*; (*para cigarrillos*) Zigarettenspitze *f*; ⚙ Düse *f*
borbo|llar [borbo'ʎar], **~tar** [~'tar] (1a) sprudeln
borceguí [borθe'gi] *m* Halbstiefel *m*
borda ['borða] *f* ⚓ Reling *f*; *fig* **echar por la ~** über Bord werfen
borda|do [bor'ðaðo] *m* Stickerei *f*; **~dora** [~ða'ðora] *f* Stickerin *f*; **~dura** [~'ðura] *f* Stickerei *f*; **~r** [~'ðar] (1a) sticken
borde ['borðe] *m* Rand *m*; (*orilla*) Ufer *n*; **al ~ de** am Rande *gen* (*a fig*); **~ar** [~ðe'ar] (1a) ⚓ entlangfahren, umfahren; *fig* grenzen an
bordelés [borðe'les] aus Bordeaux
bordillo [bor'ðiʎo] *m* Randstein *m*, Bordstein *m*
bordo ⚓ ['borðo] *m* Bord *m*; **a ~** an Bord
boreal [bore'al] nördlich
borgo|ña [bor'gɔɲa] *m* Burgunder(wein) *m*; **~ñón** [~go'ɲɔn] **1.** *adj* burgundisch; **2.** *m* Burgunder *m*
bórico ['boriko] Bor...; **ácido** *m* **~** Borsäure *f*
borla ['borla] *f* Quaste *f*, Troddel *f*
borno ['borne] *m* ⚙ Klemme *f*
boro ['boro] *m* Bor *n*
borra|chera [borra'tʃera] *f* Rausch *m* (*a fig*); **~cho** [~'rratʃo] **1.** *adj* betrunken; *fig* trunken; **2.** *m* Betrunkene(r) *m*
borra|dor [borra'ðor] *m* Entwurf *m*, Konzept *n*; (*cuaderno*) Schmierheft *n*; **~dura** [~'ðura] *f* Streichung *f*; **~ja** ♣ [~'rraxa] *f* Borretsch *m*; **~r** [~'rrar] (1a) (durch)streichen; ausradieren; löschen (*a inform, cinta*)
borras|ca [bo'rraska] *f* Sturm *m*, Unwetter *n*; *met* (Sturm-)Tief *n*; **~coso** [borras'koso] stürmisch
borrego [bo'rrego] *m* einjähriges Schaf *n*; *fig* Dummkopf *m*
borrico [bo'rriko] *m* Esel *m* (*a fig*)
borrón [bo'rrɔn] *m* Klecks *m*; *fig* Schandfleck *m*; **¡~ y cuenta nueva!** Schwamm drüber!, Strich drunter!
borroso [bo'rroso] verschwommen, undeutlich
boscoso [bos'koso] waldig
bosque ['boske] *m* Wald *m*; **~jar** [~kɛ'xar] (1a) skizzieren; entwerfen; **~jo** [~'kexo] *m* Skizze *f*; Entwurf *m*

boste|zar [boste'θar] (1f) gähnen; **~zo** [~'teθo] *m* Gähnen *n*
bota ['bota] *f* Stiefel *m*; (*para vino*) Lederflasche *f*; **~ de montar** Reitstiefel *m*
botadura ⚓ [bota'ðura] *f* Stapellauf *m*
botáni|ca [bo'tanika] *f* Botanik *f*; **~co** [~ko] **1.** *adj* botanisch; **2.** *m* Botaniker *m*
botar [bo'tar] (1a) **1.** *v/t* ⚓ vom Stapel lassen; **2.** *v/i* zurückprallen
bote ['bote] *m* (*salto*) Sprung *m*, Satz *m*; (*vasija*) Büchse *f*, Dose *f*; ⚓ Boot *n*; **~ neumático** Schlauchboot *n*; **~ plegable** Faltboot *n*; **~ salvavidas**, **~ de salvamento** Rettungsboot *n*; **tener a alg en el ~** j-n in der Tasche haben; **de ~ en ~** gestopft voll
bote|lla [bo'teʎa] *f* Flasche *f*; **~ retornable** Pfandflasche *f*; **~llero** [~te'ʎero] *m* Flaschenständer *m*; **~llín** [~'ʎin] *m* Fläschchen *n*
botica [bo'tika] *f* Apotheke *f*; **~rio** [~ti'karjo] *m* Apotheker *m*
botijo [bo'tixo] *m* Trinkkrug *m* aus Ton
botín [bo'tin] *m* Beute *f*; (*calzado*) Halbstiefel *m*
botiquín [boti'kin] *m* Haus-, Reiseapotheke *f*; ⚕ Verbandskasten *m*
botón [bo'tɔn] *m* Knopf *m*; ♣ Knospe *f*; **~ de muestra** Muster *n*, Probe *f*; **~ de presión** Druckknopf *m*
boton|adura [botona'ðura] *f* Knopfgarnitur *f*; **~es** [~'tones] *m* Laufbursche *m*; Boy *m*, Page *m*
boutique [bu'tik] *f* Boutique *f*
bóveda ['boβeða] *f* Gewölbe *n*
bovino [bo'βino] Rind..., Rinder...
boxe|ador [bɔksea'ðor] *m* Boxer *m*; **~ar** [~'ar] (1a) boxen; **~o** [~'seo] *m* Boxen *n*
boya ⚓ ['boja] *f* Boje *f*; (*corcho*) Schwimmer *m*; **~nte** [~'jante] *fig* erfolgreich; glücklich
bo|zal [bo'θal] *m* Maulkorb *m*; **~zo** [~'θo] *m* Flaum-, Milchbart *m*
brace|ar [braθe'ar] (1a) mit den Armen fuchteln; **~ro** [~'θero] *m* Tagelöhner *m*; Erntearbeiter *m*
bra|ga ['braga] *f* (*mst* **~s** *pl*) Schlüpfer *m*; **~gazas** F [~'gaθas] *m* Pantoffelheld *m*; **~guero** ⚕ [~'gero] *m* Bruchband *n*; **~gueta** [~'geta] *f* Hosenlatz *m*
bramante [bra'mante] *m* Bindfaden *m*
bram|ar [bra'mar] (1a) brüllen; (*viento*) heulen; **~ido** [~'miðo] *m* Gebrüll *n*; Tosen *n*

bran|di, ~dy ['brandi] *m* Weinbrand *m*
branquia *zo* ['braŋkĩa] *f* Kieme *f*
bras|a ['brasa] *f* Glut *f*; *gastr* **a la ~** vom Rost; **~ero** [~'sero] *m* Kohlenbecken *n*
brasileño [brasi'leɲo] **1.** *adj* brasilianisch; **2.** *m*, **-a** *f* Brasilianer(in *f*) *m*
bravío [bra'bio] wild, ungebändigt; *fig* ungehobelt
bravo ['braβo] tapfer, mutig; wild
bravu|cón F [braβu'kɔn] *m* Maulheld *m*, Prahlhans *m*; **~ra** [~'βura] *f* Mut *m*, Tapferkeit *f*; Wildheit *f*
braza ['braθa] *f* ⚓ Faden *m*; *dep* Brustschwimmen *n*; **~l** [~'θal] *m* Armbinde *f*; **~lete** [~θa'lete] *m* Armband *n*; (*brazal*) Armbinde *f*
brazo ['braθo] *m* Arm *m*; Oberarm *m*; *zo* Vorderbein *n*; (*de sillón*) Armlehne *f*; **~ partido** aus Leibeskräften; **ir del ~** Arm in Arm gehen; **no dar su ~ a torcer** nicht nachgeben; **ser el ~ derecho de alg** j-s rechte Hand sein
brea ['brea] *f* Teer *m*, Pech *n*
brebaje [bre'βaxe] *m desp* Gesöff *n*
brécol(es) ['brekol(es)] *m(pl)* Brokkoli *pl*
brecha ['bretʃa] *f* Bresche *f*; **abrir ~** eine Bresche schlagen (*a fig*); **seguir en la ~** (immer) noch tätig sein
brega ['breɣa] *f* Kampf *m*; *fig* harte Arbeit *f*; **andar a la ~ = ~r** [~'ɣar] (1h) sich abrackern, schuften
breve ['breβe] kurz; **en ~** bald; **ser ~** sich kurz fassen; **~dad** [~βe'ðað] *f* Kürze *f*
breviario [bre'βiarĩo] *m* Brevier *n*
bre|zal [bre'θal] *m* Heide *f*; **~zo** ['breθo] *m* Heidekraut *n*
bribón [bri'βɔn] *m* Gauner *m*; Schurke *m*
bricola|dor [brikola'ðɔr] *m* Bastler *m*, Heimwerker *m*; **~ge, ~je** [~'laxe] *m* Basteln *n*, Heimwerken *n*
brida ['briða] *f* Zaum *m*, Zügel *m*; ⊕ Flansch *m*; **a toda ~** in vollem Galopp
bridge [briðʒ] *m* Bridge *n*
brigada [bri'ɣaða] **a)** *f* ⚔ Brigade *f*; (*de trabajadores*) (Arbeiter-)Trupp *m*; **b)** *m* ⚔ (Ober-)Feldwebel *m*
brill|ante [bri'ʎante] **1.** *adj* glänzend (*a fig*), strahlend; **2.** *m* Brillant *m*; **~antez** [~ʎan'teθ] *f* Glanz *m*; **~ar** [~'ʎar] (1a) glänzen (*a fig*), funkeln; **~o** ['briʎo] *m* Glanz *m*, Schein *m*; **sacar ~ a** polieren
brin|car [briŋ'kar] (1g) hüpfen, springen; **~co** ['briŋko] *m* Sprung *m*, Satz *m*; **dar ~s** hüpfen

brin|dar [brin'dar] (1a) **1.** *v/t* anbieten; **2.** *v/i* anstoßen (auf *ac por*); e-n Trinkspruch ausbringen (auf *ac por*); **~dis** ['brindis] *m* Trinkspruch *m*, Toast *m*
brío ['brio] *m* Schwung *m*, Elan *m*
brioso ['brioso] schwungvoll; feurig
brisa ['brisa] *f* Brise *f*
británico [bri'taniko] **1.** *adj* britisch; **2.** *m* Brite *m*
broca ['broka] *f* Bohreinsatz *m*
brocado [bro'kaðo] *m* Brokat *m*
brocal [bro'kal] *m* Brunnenrand *m*
brocha ['brotʃa] *f* Malerpinsel *m*; **~ (de afeitar)** Rasierpinsel *m*
broche ['brotʃe] *m* Haken *m* u Öse *f*; (*joya*) Brosche *f*; *fig* **~ de oro** Krönung *f*
bro|ma ['broma] *f* Scherz *m*; Witz *m*, Ulk *m*; Spaß *m*; **~ pesada** übler Scherz *m*; **en ~** zum Spaß; **no estoy para ~s** mir ist nicht zum Lachen (zumute); **~mear** [~me'ar] (1a) scherzen; **~mista** [~'mista] *m* Spaßvogel *m*
bromo ['bromo] *m* Brom *n*
bronca ['brɔŋka] *f* Zänkerei *f*; Krach *m*; F Rüffel *m*; **echar una ~ a alg** j-n ausschimpfen
bronce ['brɔnθe] *m* Bronze *f*; **~ado** [~θe'aðo] **1.** *adj* bronzefarben; (*por el sol*) (sonnen)gebräunt, braungebrannt; **2.** *m* (Sonnen-)Bräune *f*; ⊛ Bronzieren *n*; **~ador** [~θea'ðɔr] *m* Sonnenöl *n*, -creme *f*; **~ar** [~θe'ar] (1a) bräunen
bronco ['brɔŋko] *adj* schroff, barsch
bronqui|al [brɔŋ'kial] bronchial; **~os** ['brɔŋkĩos] *m/pl* Bronchien *f/pl*; **~tis** ✱ [~'kitis] *f* Bronchitis *f*
broqueta [bro'keta] *f* Bratspieß *m*
bro|tar [bro'tar] (1a) ✱ keimen; sprießen (*a fig*); (*líquido*) hervorquellen; **~te** ['brote] *m* Knospe *f*, Sproß *m*, Trieb *m*
bruces ['bruθes]: **caer de ~** aufs Gesicht (F auf die Nase) fallen
bru|ja ['bruxa] *f* Hexe *f* (*a fig*); **~jería** [~xe'ria] *f* Hexerei *f*, Zauberei *f*; **~jo** ['bruxo] *m* Hexenmeister *m*, Zauberer *m*
brújula ['bruxula] *f* Kompaß *m*
bru|ma ['bruma] *f* Nebel *m*, Dunst *m*; **~moso** [~'moso] neblig, dunstig
brus|co ['brusko] plötzlich, jäh; (*carácter*) brüsk, barsch; **~quedad** [~ke'ðað] *f* Schroffheit *f*
brutal [bru'tal] brutal, roh; F *fig* toll; **~idad** [~tali'ðað] *f* Brutalität *f*; Roheit *f*

bruto

bruto ['bruto] **1.** *adj fig* dumm; grob(schlächtig); ✝ brutto, Brutto...; ⊛ **en ~** im Rohzustand; **2.** *m fig* Rohling
bucal [bu'kal] Mund...
buce|ador [buθea'ðɔr] *m* Taucher *m*; **~ar** [~θe'ar] (1a) tauchen; **~o** [~'θeo] *m* Tauchen *n*
bucle ['bukle] *m* Locke *f*; *fig* Windung *f*, Schleife *f*
bucólico [bu'koliko] Hirten..., Schäfer...; bukolisch
buche ['butʃe] *m zo* Kropf *m*
budín [bu'ðin] *m* Pudding *m*
budis|mo [bu'ðizmo] *m* Buddhismus *m*; **~ta** [~'ðista] **1.** *adj* buddhistisch; **2.** *m* Buddhist *m*
buen [bŭen] *s* **bueno**
buenaventura [bŭenaben'tura] *f* Glück *n*; **decir la ~** wahrsagen
bueno [bŭeno] (*vor su sg* **buen**) gut; (*niño*) artig, brav; (*bondadoso*) gutmütig; **a la buena de Dios** aufs Geratewohl, auf gut Glück; **por las buenas** im guten; gutwillig; **de buenas a primeras** mir nichts, dir nichts
buey [bŭɛi] *m* Ochse *m*
búfalo ['bufalo] *m* Büffel *m*
bufanda [bu'fanda] *f* Schal *m*
bufar [bu'far] (1a) schnauben; fauchen
bufete [bu'fete] *m* Anwaltskanzlei *f*
buffet [bu'fet] *m gastr* Büfett *n*; **~ libre** Selbstbedienungsbüfett *n*
bufido [bu'fiðo] *m* Schnauben *n*
bufo ['bufo] **1.** *adj* komisch; **ópera** *f* **-a** komische Oper *f*; **2.** *m* ♪ Buffo *m*
bufón [bu'fon] **1.** *adj* närrisch; **2.** *m* Spaßmacher *m*; Hofnarr *m*
buhardilla [buar'ðiʎa] *f* Dachkammer *f*; (*ventana*) Dachluke *f*
búho ['buo] *m* Uhu *m*
buhonero [buo'nero] *m* Hausierer *m*
buitre ['bŭitre] *m* Geier *m* (*a fig*)
bujía [bu'xia] *f* Kerze *f*; *auto* Zündkerze *f*
bula ['bula] *f* (päpstliche) Bulle *f*
bulbo ['bulbo] *m* (Blumen-)Zwiebel *f*, Knolle *f*
bulevar [bule'βar] *m* Boulevard *m*
búlgaro ['bulgaro] **1.** *adj* bulgarisch; **2.** *m* Bulgare *m*
bullicio [bu'ʎiθio] *m* Getöse *n*; Tumult *m*; **~so** [~ʎi'θioso] lärmend, unruhig
bullir [bu'ʎir] (3h) sieden, kochen; *fig* wimmeln
bulo ['bulo] *m* Falschmeldung *f*, Ente *f*

bulto ['bulto] *m* Gepäckstück *n*; Bündel *n*; ⚕ Beule *f*, Schwellung *f*; 🚢 **~s** *pl* Stückgut *n*; **de ~** wichtig, bedeutend; **escurrir el ~** sich drücken
buñuelo [bu'ɲŭelo] *m span* Ölgebäck *n*; **~ de viento** Windbeutel *m*
buque ['buke] *m* Schiff *n*; **~ de carga** Frachter *m*; **~ escuela** Schulschiff *n*; **~ frigorífico** Kühlschiff *n*; **~ de guerra** Kriegsschiff *n*; **~ mercante** Handelsschiff *n*; **~ de pasaje(ros)** Passagierdampfer *m*; **~ portacontenedores** Containerschiff *n*
burbu|ja [bur'βuxa] *f* (Wasser-, Luft-)Blase *f*; (Sekt-)Perle *f*; **~jear** [~βuxe'ar] (1a) sprudeln; perlen
burdel [bur'ðel] *m* Bordell *n*
burdeos [bur'ðeos] **1.** *adj* bordeauxrot; **2.** *m* (*vino m de*) **~** Bordeaux(wein) *m*
burdo ['burðo] grob; plump
bur|gués [bur'ges] **1.** *adj* bürgerlich; *desp* spießbürgerlich; **2.** *m* Bürger *m*; **pequeño ~** Klein-, Spießbürger *m*; **~guesía** [~ge'sia] *f* Bürgerstand *m*; (**pequeña**) **~** (Klein-)Bürgertum *n*
buril [bu'ril] *m* Stichel *m*
burla ['burla] *f* Spott *m*; (*broma*) Spaß *m*; **de ~s** zum Spaß; **~dero** [~la'ðero] *m* *taur* Schutzwand *f* für den Stierkämpfer; **~dor** [~'ðɔr] *m* Spötter *m*; (*libertino*) Verführer *m*; **~r** [~'lar] (1a) verspotten, necken; (*engañar*) täuschen, hintergehen; **~rse de alg** sich über j-n lustig machen
burlesco [bur'lesko] spaßhaft, burlesk
burlete [bur'lete] *m* Stoffleiste *f* (*zum Abdichten von Fenstern u Türen*)
burlón [bur'lon] **1.** *adj* spöttisch; **2.** *m* Spötter *m*
bu|rocracia [buro'kraθia] *f* Bürokratie *f*; **~rócrata** [~'rokrata] *m* Bürokrat *m*; **~rocrático** [~ro'kratiko] bürokratisch
burra ['burra] *f* Eselin *f*; F *fig* dumme Kuh *f*; **~da** [~'rraða] *f* Eselei *f*, Dummheit *f*
burro ['burro] *m* Esel *m* (*a fig*); ⚙ Sägebock *m*; **~ de carga** Packesel *m* (*a fig*); **caer** (*od* **apearse**) **del ~** s-n Irrtum einsehen
bursátil [bur'satil] Börsen...
bus [bus] *m* = **autobús**
busca ['buska] *f* Suche *f*; **en ~ de** auf der Suche nach; **~r** [~'kar] (1g) suchen; **ir a ~** abholen

buscona [bus'kona] f Straßendirne f
búsqueda ['buskeða] f Suche f
busto ['busto] m Büste f; Oberkörper m
butaca [bu'taka] f Lehnstuhl m; teat Parkettplatz m
butano [bu'tano] m Butan(gas) n
butifarra [buti'farra] f katalanische Bratwurst f
buzo ['buθo] m Taucher m
buzón [bu'θɔn] m Briefkasten m
byte [baït] m Byte n

C

C, c [θe] f C, c n
cabal [ka'bal] richtig; (sensato) vernünftig; *no estar en sus ~es* F nicht recht bei Trost sein
cabalga|da [kabal'gaða] f Reitertrupp m; **~dura** [~ga'ðura] f Reit-, Lasttier n; **~r** [~'gar] (1h) reiten; **~ta** [~'gata] f Kavalkade f; Umzug m
caballa zo [ka'baʎa] f Makrele f
caball|ar [kaba'ʎar] f Pferde...; **~eresco** [~ʎe'resko] ritterlich, Ritter...; **~ería** [~ʎe'ria] f Reittier n; ✗ Kavallerie f; hist Rittertum n; *libro m de ~s* Ritterroman m
caballero [kaba'ʎero] m Reiter m; hist Ritter m; Ordensritter m; (hombre cortés) Kavalier m, Gentleman m, Herr m; **~sidad** [~ʎerosi'ðað] f Ritterlichkeit f; **~so** [~ʎe'roso] ritterlich
caballete [kaba'ʎete] m pint Staffelei f; ⊚ Gestell n, Bock m
caballito [kaba'ʎito] m: *~ de mar* Seepferdchen m; **~s** m/pl Karussell n
caballo [ka'baʎo] m Pferd n; (ajedrez) Springer m; (naipes) Dame f; F Heroin n; fig *~ de batalla* Lieblingsthema n; *~ blanco* Schimmel m; *~ de carreras* Rennpferd m; *~ negro* Rappe m; *~ de vapor* (CV) Pferdestärke f (PS); *a ~* zu Pferd; *a ~ entre* zwischen
cabaña [ka'baɲa] f Hütte f; (rebaño) Herde f
cabaret [kaba'ret] m Nachtlokal n
cabece|ar [kabeθe'ar] (1a) 1. v/t (pelota) köpfen; 2. v/i mit dem Kopf wackeln; (ein)nicken; ⚓ stampfen; **~ra** [~'θera] f Kopfende n; (de un río) Oberlauf m
cabecilla [kabe'θiʎa] m Anführer m; Rädelsführer m

cabe|llera [kabe'ʎera] f (Haupt-)Haar n; (de cometa) Schweif m; **~llo** [~'beʎo] m Haar n; *~ de ángel* Kürbiskonfitüre f
caber [ka'bɛr] (2m) hineingehen, (-)passen; Platz haben; (tocarle a alg) zufallen, zuteil werden; (ser posible) möglich sein; *no ~ en sí de alegría* vor Freude außer sich sein; *no cabe duda* zweifellos; *no me cabe en la cabeza* das will mir nicht in den Kopf
cabestr|illo ✚ [kabes'triʎo] m Armbinde f, -schlinge f; **~o** [~'bestro] m Halfter n
cabe|za [ka'beθa] a) f Kopf m, Haupt n (a fig); fig Verstand m; (res) Stück n (Vieh); *~ de ajo* Knoblauchzwiebel f; *~ de chorlito* leichtsinniger Mensch m; *~ de turco* Prügelknabe m; *a la ~, en ~* an der Spitze; *meterse a/c en la ~* sich et in den Kopf setzen; *perder la ~* fig den Kopf verlieren; *romperse la ~* fig sich den Kopf zerbrechen; *sentar la ~* Vernunft annehmen; b) m (An-)Führer m, Leiter m; *~ de familia* Familienoberhaupt m; **~zada** [~'θaða] f Stoß m mit dem Kopf; *dar una ~* ein Nickerchen machen; **~zal** [~'θal] m Kopfkissen n; ⊚ Abtastkopf m; **~zazo** [~'θaθo] m Kopfstoß m; **~zón** [~'θɔn], **~zota** [~'θota], **~zudo** [~'θuðo] 1. adj dickköpfig; 2. m Dickkopf m
cabida [ka'biða] f Fassungsvermögen n; *dar ~ a* aufnehmen; fig berücksichtigen
cabina [ka'bina] f Kabine f; (de camión) Führerhaus n; ✈ *~ del piloto* Cockpit n; *~ telefónica* Telefonzelle f
cabizbajo [kabið'baxo] niedergeschlagen, verzagt
cable ['kable] m Kabel n; Tau n, Seil n; **~ado** [~e'aðo] m Kabelanschluß m; **~ar**

cablegrafiar

[~e'ar] (1a) verkabeln; **~grafiar** [~gra-'fiar] (1c) kabeln; **~(grama)** [~'grama] *m* Kabel(nachricht *f*) *n*
cabo ['kaβo] *m* Ende *n*; *geo* Kap *n*; ⚓ Leine *f*, Tau *n*; ✕ Gefreite(r) *m*; *al ~ de un mes* nach c-m Monat; *al fin y al ~* letzten Endes; *de ~ a rabo* von A bis Z
cabotaje [kaβo'taxe] *m* Küstenschiffahrt *f*
cabra ['kaβra] *f* Ziege *f*; *~ montés* Steinbock *m*; F *estar como una ~* verrückt sein, spinnen
cabrear F [kaβre'ar] (1a) ärgern; *~se* sich ärgern, F einschnappen
cabrestante ⚓ [kaβres'tante] *m* Ankerwinde *f*, Spill *n*
cabrío [ka'βrio] Ziegen...; *macho m ~* Ziegenbock *m*
ca|britilla [kaβri'tiʎa] *f* Ziegen-, Schaf-, Glacéleder *n*; **~brito** [~'brito] *m* Zicklein *n*; **~brón** [~'brɔn] *m* Ziegenbock *m*; V Saukerl *m*; **~bronada** P [~bro'naða] *f* P Sauerei *f*, Hundsgemeinheit *f*
cacahuete [kaka'uete] *m* Erdnuß *f*
cacao [ka'kao] *m* Kakao *m*; *fig* Durcheinander *n*
cacarear [kakare'ar] (1a) **1.** *v/i* gackern (*u fig*), **2.** *v/i* häufig erwähnen, F ausposaunen
cacatúa [kaka'tua] *f* Kakadu *m*
cacería [kaθe'ria] *f* Jagd *f*
cacerola [kaθe'rola] *f* Kasserolle *f*, Schmortopf *m*, Stieltopf *m*
cachalote [katʃa'lote] *m* Pottwal *m*
cacharr|ería [katʃarrɛ'ria] *f* Töpferladen *m*; **~o** [~'tʃarro] *m* (irdener) Topf *m*; *desp* altes Stück *n*; **~s** *m/pl* Küchengeräte *n/pl*; Kram *m*
cachear [katʃe'ar] durchsuchen; F filzen
cachemira [katʃe'mira] *f* Kaschmir *m*
cacheo [ka'tʃeo] *m* Durchsuchung *f*; Leibesvisitation *f*
cachet [ka'ʃɛ, ka'tʃɛt] *m* Gage *f*
cachete [ka'tʃete] *m* Klaps *m*
cacho ['katʃo] *m* Stück *n*; Brocken *m*
cachon|deo P [katʃɔn'deo] *m* Spaß *m*, Gaudi *f*; **~do** [ka'tʃɔndo] *zo* läufig; F *fig* scharf, geil; (*gracioso*) witzig
cachorro [ka'tʃɔrrɔ] *m* Junge(s) *n*; (*perro*) Welpe *m*
caciqu|e [ka'θike] *m* Kazike *m*, Häuptling *m*; *fig* Bonze *m*; **~ismo** [~θi'kizmo] *m* Bonzentum *n*, Klüngel *m*
caco F ['kako] *m* Dieb *m*

cacofonía [kakofo'nia] *f* Mißklang *m*
cact|o ['kakto], **~us** ['kaktus] *m* Kaktus *m*
cada ['kaða] jeder, jede, jedes; *~ cosa* alles Mögliche; *~ uno, ~ cual* jeder; *~ vez* jedesmal; *~ vez más* immer mehr; *~ tres días* alle 3 Tage; *uno de ~ tres* jeder dritte
cadalso [ka'ðalso] *m* Schafott *n*
cadáver [ka'ðaβɛr] *m* Leiche *f*, Leichnam *m*, Kadaver *m*
cadena [ka'ðena] *f* Kette *f*; *TV* Kanal *m*, Programm *n*; **~s** (*antideslizantes*) Schneeketten *f/pl*; *~ de alta fidelidad* Hi-Fi-Anlage *f*; *~ de montaje* Fließband *n*; *~ perpetua* lebenslängliche Zuchthausstrafe *f*
cadencia [ka'ðenθia] *f* Rhythmus *m*; Takt *m*; ♩ Kadenz *f*
cadera [ka'ðera] *f* Hüfte *f*
cadete [ka'ðete] *m* Kadett *m*
cadmio ['kaðmio] *m* Kadmium *n*
cadu|car [kaðu'kar] (1g) verfallen (*a fig*); ablaufen; veralten; **~cidad** [~θi'ðað] *f* Hinfälligkeit *f*; *fig* Vergänglichkeit *f*; ✝ *fecha f de ~* Verfallsdatum *n*; **~co** [~'ðuko] hinfällig; vergänglich
caer [ka'ɛr] (2o) fallen; stürzen; ab-, herunterfallen; *~ sobre* herfallen über; *fig* hereinbrechen über; *~ cerca* in der Nähe liegen; *~ bien* (*mal*) (*vestido*) gut (schlecht) sitzen *od* stehen; (*persona*) (un)sympathisch sein; *estar al ~* unmittelbar bevorstehen; *~ en domingo* auf e-n Sonntag fallen; *~ enfermo* krank werden; *~ en suerte* zufallen; *~ en la cuenta* begreifen; *~ en la red*, *~ en la trampa* in die Falle gehen (*bsd fig*); **~se** stürzen; (hin)fallen, umfallen; *~ de risa* sich totlachen; *~ de sueño* vor Müdigkeit umfallen
café [ka'fe] *m* Kaffee *m*; (*local*) Café *n*; *~ con leche* Milchkaffee *m*; *~ solo* schwarzer Kaffee *m*; *~ con terraza* Straßencafé *n*
cafeína [kafe'ina] *f* Koffein *n*
cafe|tera [kafe'tera] *f* Kaffeekanne *f*; *~ automática* Kaffeemaschine *f*; **~tería** [~te'ria] *f* Cafeteria *f*, Snackbar *f*; **~to** [~'feto] *m* Kaffeebaum *m*
caí|da [ka'iða] *f* Fall *m*, Sturz *m*; *a la ~ del sol* bei Sonnenuntergang; *~ del pelo* Haarausfall *m*; **~do** [~'iðo] **1.** *adj* gefallen; herabhängend; **2.** **~s** *m/pl* ✕ Gefallene(n) *m/pl*

caigo ['kaĩgo] *s* **caer**
caja ['kaxa] *f* Kiste *f*; Kasten *m*; Dose *f*; Schachtel *f*; ✝ Kasse *f*; ~ *acústica* Lautsprecherbox *f*; ~ *(postal) de ahorros* (Post-)Sparkasse *f*; ~ *de cartón* Pappschachtel *f*; ~ *de caudales,* ~ *fuerte* Tresor *m*, Safe *m*; ~ *de cambios* auto Getriebe *n*; ~ *de colores* Malkasten *m*; ~ *de compases* Reißzeug *n*; ~ *de la escalera* Treppenhaus *n*; ~ *de música* Spieldose *f*; ~ *negra* ✈ Flugschreiber *m*; ~ *de reloj* Uhrgehäuse *n*; ~ *de resistencia* Streikkasse *f*; ~ *de seguridad* (Bank-)Safe *m*; ~ *torácica* Brustkorb *m*
cajero [ka'xero] *m* Kassierer *m*; ~ *automático* Geldautomat *m*
cajetilla [kaxe'tiʎa] *f* Schachtel *f* Zigaretten
cajón [ka'xɔn] *m* Schublade *f*; ~ *de sastre* F Sammelsurium *n*
cal [kal] *f* Kalk *m*; *de* ~ *y canto* felsenfest, dauerhaft
cala ['kala] *f* kleine Bucht *f*
calaba|cín [kalaba'θin] *m* Zucchini *f*; **~za** [~'baθa] *f* Kürbis *m*; *dar* **~s** *fig* einen Korb geben
calabozo [kala'boθo] *m* Verlies *n*, Kerker *m*; Arrestzelle *f*
caladero [kala'dero] *m* Fischgrund *m*
calado [ka'lado] **1.** *adj* durchnäßt; **2.** *m* ⚓ Tiefgang *m*; (*bordado*) Hohlsaum *m*
calafatear ⚓ [kalafate'ar] (1a) kalfatern; abdichten
calamar [kala'mar] *m* Kalmar *m* (*Art Tintenfisch*)
calambre [ka'lambre] *m* Muskel-, Wadenkrampf *m*; ⚡ Schlag *m*
calami|dad [kalami'dad] *f* Not *f*; Unheil *n*; Katastrophe *f*; *fig* Unglücksmensch *m*; **~toso** [~'toso] unheilvoll; trübselig
calar [ka'lar] (1a) (*penetrar*) durchbohren, hineinstoßen; (*mojar*) durchnässen, durchtränken; (*sombrero, etc*) aufsetzen; (*motor*) abwürgen; (*melón*) anschneiden; *fig* durchschauen; ~ *hondo* zu Herzen gehen; ~ *(hasta los huesos)* (bis auf die Haut) naß werden
calavera [kala'bera] **1.** *f* Totenkopf *m*; **2.** *m fig* Windhund *m*
calcar [kal'kar] (1g) durchpausen, -zeichnen; *fig* (sklavisch) nachahmen
calcáreo [kal'kareo] kalkig, -haltig
calceta [kal'θeta] *f* Strumpf *m*; *hacer* ~ stricken

calcetín [kalθe'tin] *m* Socke *f*
calcinado [kalθi'nado] ausgebrannt, verkohlt
calcio ['kalθio] *m* Kalzium *n*
calco ['kalko] *m* Pause *f*, Durchzeichnung *f*; *fig* Abklatsch *m*; **~manía** [~ma'nia] *f* Abziehbild *n*
calcula|ble [kalku'lable] berechenbar; **~dor** [~la'dɔr] **1.** *adj fig* berechnend; **2.** *m* Rechner *m*; **~dora** [~'dora] *f* Rechenmaschine *f*; ~ *de bolsillo* Taschenrechner *m*; **~r** [~'lar] (1a) (be-, aus)rechnen; kalkulieren; **~torio** [~la'torio] kalkulatorisch, rechnerisch
cálculo ['kalkulo] *m* Rechnen *n*; Berechnung *f*, Kalkulation *f*; ~ *mental* Kopfrechnen *n*; ⚕ ~ *(vesical, renal, biliar)* (Blasen-, Nieren-, Gallen-)Stein *m*
caldas ['kaldas] *f/pl* Thermalquelle *f*
calde|ar [kalde'ar] (1a) erhitzen, erwärmen (*a fig*); **~ra** [~'dera] *f* Kessel *m*; Heizkessel *m*; **~rero** [~'rero] *m* Kesselschmied *m*; **~rilla** [~'riʎa] *f* Kleingeld *n*
calderón [kalde'rɔn] *m* ♪ Fermate *f*
caldo ['kaldo] *m* Brühe *f*; ~ *de carne* Fleischbrühe *f*, Bouillon *f*; *hacer(le) el* ~ *gordo a alg* j-n begünstigen
calefac|ción [kalefag'θiɔn] *f* Heizung *f*; ~ *central* Zentralheizung *f*; ~ *individual* Etagenheizung *f*; **~tor** [~fak'tɔr] *m* Heizgerät *n*
calendario [kalen'dario] *m* Kalender *m*; ~ *de actos* Veranstaltungskalender *m*; ~ *de taco* Abreißkalender *m*
calen|tador [kalenta'dɔr] *m* Heizgerät *n*; ~ *de agua* Boiler *m*; **~tamiento** [~'miento] *m* (Er-)Wärmen *n*, Erhitzen *n*; **~tar** [~'tar] (1k) (er)wärmen; (be)heizen; **~tarse** sich wärmen; warm werden; **~tura** [~'tura] *f* Fieber *n*; **~turiento** [~tu'riento] fiebrig
cali|brador ⚙ [kalibra'dɔr] *m* Schublehre *f*; **~brar** [~'brar] (1a) messen; eichen; *fig* einschätzen; **~bre** [~'libre] *m* Kaliber *n* (*a fig*)
calidad [kali'dad] *f* Qualität *f*; *de (primera)* ~ erstklassig, hochwertig; *en* ~ *de* als; ~ *de vida* Lebensqualität *f*
cálido ['kalido] warm (*a fig*); heiß
calidoscopio [kalidɔs'kopio] *m* Kaleidoskop *n*
caliente [ka'liente] heiß, warm
califa [ka'lifa] *m* Kalif *m*
califica|ción [kalifika'θiɔn] *f* Qualifika-

calificado 70

tion *f*, Eignung *f*; (*examen*) Benotung *f*, Note *f*; ~**do** [~'kaðo] qualifiziert, geeignet; ~**r** [~'kar] (1g) qualifizieren; beurteilen; bezeichnen (als *de*); ~**tivo** [~ka'tiβo] **1.** *adj* bezeichnend, kennzeichnend; **2.** *m* Beiname *m*
caligrafía [kaligra'fia] *f* Schönschrift *f*; Handschrift *f*
cali|ma [ka'lima], ~**na** [~'lina] *f* Dunst *m*
cáliz ['kaliθ] *m* Kelch *m* (*a* ⚜)
caliza [ka'liθa] *f* Kalkstein *m*
calla|da [ka'ʎaða] *f*: *dar la* ~ *por respuesta* nicht antworten; ~**do** [~'ʎaðo] schweigsam; still; ~**r** [ka'ʎar] (1a) **1.** *v/t* verschweigen; ~ *la boca* den Mund halten; **2.** *v/i* schweigen; ~**rse** schweigen; still sein
calle ['kaʎe] *f* Straße *f*; *dep* Bahn *f*; ~ *de dirección única* Einbahnstraße *f*; ~ *comercial* Geschäftsstraße *f*; ~ *lateral* Nebenstraße *f*; ~ *mayor* Hauptstraße *f*; *en la* ~ auf der Straße; *poner a alg (de patitas) en la* ~ j-n auf die Straße setzen; ~**jear** [~ʎexe'ar] (1a) durch die Straßen bummeln; ~**jero** [~'xero] **1.** *adj* Straßen...; **2.** *m* Straßenverzeichnis *n*; ~**jón** [~'xon] *m* (enge) Gasse *f*; ~ *sin salida* Sackgasse *f* (*a fig*)
calli|cida [kaʎi'θiða] *m* Hühneraugenmittel *n*; ~**sta** [~'ʎista] *m* Fußpfleger *m*
callo ['kaʎo] *m* Schwiele *f*; Hühnerauge *n*; ~**s** *pl gastr* Kutteln *f/pl*; ~**sidad** [~si'ðað] *f* Hornhaut *f*; ~**so** [~'ʎoso] schwielig
cal|ma ['kalma] *f* Stille *f*, Ruhe *f*; ⚓ Windstille *f*; *fig* Gemütsruhe *f*; ~ *chicha* Flaute *f*; ~**mante** [~'mante] **1.** *adj* beruhigend; schmerzlindernd; **2.** *m* Beruhigungsmittel *n*; schmerzstillendes Mittel *n*; ~**mar** [~'mar] (1a) beruhigen; ~**moso** [~'moso] ruhig, still
caló [ka'lo] *m* Zigeunersprache *f*
calor [ka'lɔr] *m* (F *f*) Wärme *f* (*a fig*), Hitze *f*; *hace* (*mucho*) ~ es ist (sehr) heiß; *entrar en* ~ warm werden; *tengo* ~ mir ist warm *od* heiß
caloría [kalo'ria] *f* Kalorie *f*; *bajo* (*rico*) *en* ~**s** kalorienarm (-reich)
calorífico [kalo'rifiko] wärmeerzeugend; Wärme...
calumni|a [ka'lumnia] *f* Verleumdung *f*; ~**ador** [~'ðɔr] **1.** *adj* verleumderisch; **2.** *m* Verleumder *m*; ~**ar** [~'niar] (1b) verleumden

caluroso [kalu'roso] heiß; *fig* warm, herzlich
cal|va ['kalβa] *f* Glatze *f*; *fig* kahle Stelle *f*; ~**vario** [~'βario] *m* Kreuzweg *m*; *fig* Leidensweg *m*; ~**vicie** [~'βiθie] *f* Kahlheit *f*; Glatze *f*; ~**vo** ['kalβo] **1.** *adj* kahl(köpfig); **2.** *m* Kahl-, Glatzkopf *m*
calza ['kalθa] *f* Keil *m*; ~**s** *pl* Hosen *f/pl*; ~**da** [~'θaða] *f* Fahrbahn *f*; ~**do** [~'θaðo] *m* Schuhwerk *n*; ~**dor** [~θa'ðɔr] *m* Schuhanzieher *m*; ~**r** [~'θar] (1f) (*zapatos*, *etc*) anziehen; anhaben; ⊙ sichern, verkeilen; *¿qué número calza?* welche Schuhgröße haben Sie?
calzón [kal'θɔn] *m* Hose *f*
calzon|azos F [kalθo'naθos] *m* Pantoffelheld *m*; ~**cillos** [~'θiʎos] *m/pl* Unterhose(n) *f(pl)*
cama ['kama] *f* Bett *n*; ✒ Streu *f*; ~ *de matrimonio* Ehebett *n*, Doppelbett *n*; ~ *elástica* Trampolin *n*; ~ *individual* Einzelbett *n*; ~ *nido* Bettcouch *f*; ~ *plegable* Klappbett *n*; ~ *turca* Schlafcouch *f*
camada [ka'maða] *f zo* Wurf *m*
camaleón [kamale'ɔn] *m* Chamäleon *n*
cámara ['kamara] **1.** *f* Kammer *f*, *fot*, *TV* Kamera *f*; *auto* ~ *de aire* Schlauch *m*; ~ *de comercio* (*e industria*) (Industrie- und) Handelskammer *f*; ~ *de diputados* Abgeordnetenkammer *f*; ~ *frigorífica* Kühlkammer *f*; ~ *lenta* Zeitlupe *f*; ~ *oscura* Dunkelkammer *f*; **2.** *m* Kameramann *m*
camara|da [kama'raða] *m* Kamerad *m*; *pol* Genosse *m*; ~**dería** [~raðe'ria] *f* Kameradschaft *f*
camare|ra [kama'rera] *f* Kellnerin *f*; (*hotel*) Zimmermädchen *n*; ⚓ Stewardeß *f*; ~**ro** [~'rero] *m* Kellner *m*; ⚓ Steward *m*
camarilla [kama'riʎa] *f* Kamarilla *f*; *fig* Clique *f*
camarón *zo* [kama'rɔn] *m* Sandgarnele *f*
camarote ⚓ [kama'rote] *m* Kajüte *f*, Kabine *f*
camastro [ka'mastro] *m* Pritsche *f*
cambalache F [kamba'latʃe] *m* Tausch(handel) *m*
cambia|ble [kam'biable] ver-, austauschbar; wandelbar; ~**nte** [~'biante] wechselnd, wechselhaft
cambiar [kam'biar] (1b) **1.** *v/t* (ver-,

um)tauschen; (*dinero*) wechseln; (*modificar*) (ver-, um-, ab)ändern; **2.** *v/i* sich ändern, wechseln; ~ *de lugar* um-, verstellen; ~ *de traje* sich umziehen; ~ *de tren* umsteigen; ~ *de velocidad* schalten; **~se** sich umziehen; **~io** [~'biario] Wechsel...

cambio ['kambio] *m* Wechsel *m*, (Ver-)Änderung *f*; ✝ Geldwechsel *m*; Wechselkurs *m*; (*dinero*) Wechselgeld *n*, Kleingeld *n*; (*intercambio*) (Aus-)Tausch *m*; Umtausch *m*; *auto* ~ (*de marchas*) (Gang-)Schaltung *f*; ~ *automático* Automatikschaltung *f*; ~ *de neumático* Reifenwechsel *m*; *a* ~ *de* gegen, für; *en* ~ hingegen

cambista [kam'bista] *m* (Geld-)Wechsler *m*

camelia ♀ [ka'melia] *f* Kamelie *f*

camello [ka'meʎo] *m* Kamel *n*; F Drogenhändler *m*, Dealer *m*

camerino *teat* [kame'rino] *m* Künstlergarderobe *f*

camill|a [ka'miʎa] *f* Tragbahre *f*; (*mesa*) runder Tisch *m*; **~ero** [~mi'ʎero] *m* Krankenträger *m*; Sanitäter *m*

camina|nte [kami'nante] *m* Fußgänger *m*; Wanderer *m*; **~r** [~'nar] (1a) gehen, wandern; **~ta** [~'nata] *f* Wanderung *f*

camino [ka'mino] *m* Weg *m*; *por* (*od en*) *el* ~ unterwegs; ~ *de* auf dem Wege nach; *abrirse* ~ *fig* s-n Weg machen; *ponerse en* ~ sich auf den Weg machen

camión [ka'mion] *m* Last(kraft)wagen *m*; ~ *cisterna* Tankwagen *m*; ~ *de mudanzas* Möbelwagen *m*; ~ *frigorífico* Kühlwagen *m*

camione|ro [kamio'nero] *m* Lastwagenfahrer *m*, Fernfahrer *m*; **~ta** [~'neta] *f* Lieferwagen *m*; Kleinbus *m*

cami|sa [ka'misa] *f* Hemd *n*; ~ *de fuerza* Zwangsjacke *f*; ~ *de vestir* Oberhemd *n*; ~ *de once varas* F sich in Dinge einmischen, die e-n nichts angehen; **~sería** [~se'ria] *f* Herrenwäschegeschäft *n*; **~sero** [~'sero] *m* Hemdbluse *f*; (*vestido m*) ~ Hemdblusenkleid *n*; **~seta** [~'seta] *f* Unterhemd *n*; T-Shirt *n*; **~són** [~'son] *m* Nachthemd *n*

camorr|a [ka'morra] *f* Streit *m*; Schlägerei *f*; **~ista** [kamo'rrista] *m* Raufbold *m*

campa|l [kam'pal]: *batalla f* ~ Feldschlacht *f*; **~mento** [~pa'mento] *m* (Feld-, Truppen-, Zelt-)Lager *n*

campa|na [kam'pana] *f* Glocke *f*; ~ *de chimenea* Rauchfang *m*; ~ *de rebato* Sturmglocke *f*; *echar las* ~*s al vuelo* frohlocken; **~nada** [~pa'naða] *f* Glockenschlag *m*; *fig dar la* ~ (ärgerliches) Aufsehen erregen; **~nario** [~'nario] *m* Glockenturm *m*; **~nilla** [~'niʎa] *f* Glöckchen *n*; Klingel *f*; *anat* Zäpfchen *n*; **~nte** F [~'pante] unbekümmert; *quedarse tan* ~ so tun, als ob nichts dabei wäre

campaña [kam'paɲa] *f* Kampagne *f*, Feldzug *m*; ~ *electoral* Wahlkampf *m*; ~ *publicitaria* Werbeaktion *f*, -feldzug *m*

campechano [kampe'tʃano] ungezwungen; jovial

campe|ón [kampe'on] *m* Meister *m*; *fig* Vorkämpfer *m*; **~onato** [~o'nato] *m* Meisterschaft(skampf *m*) *f*; ~ *mundial*, ~ *del mundo* Weltmeisterschaft *f*

campesino [kampe'sino] **1.** *adj* ländlich; **2.** *m* Landbewohner *m*; Bauer *m*

campestre [kam'pestre] ländlich, Land...

camping ['kampiŋ] *m* Zelten *n*, Camping *n*; (*lugar*) Zelt-, Campingplatz *m*, *hacer* ~ zelten, campen

campista [kam'pista] *m* Zeltler *m*

campo ['kampo] *m* Feld *n*; Acker *m*; Land *n*; ⚔ Lager *n*; *dep* Platz *m*; *fig* Gebiet *n*; ~ *de batalla* Schlachtfeld *n*; ~ *de tiro* Schießplatz *m*; ⚔ ~ *visual* Gesichtsfeld *n*; *en el* ~ auf dem Land; (*a*) ~ *traviesa* querfeldein; *fig tener* ~ *libre* freie Bahn haben; **~santo** [~'santo] *m* Friedhof *m*

camufla|je [kamu'flaxe] *m* Tarnung *f*; **~r** [~'flar] (1a) tarnen

can [kan] *m* Hund *m*

cana ['kana] *f* weißes Haar *n*; *peinar* ~*s* alt sein; F *echar una* ~ *al aire* sich e-n vergnügten Tag machen

canadiense [kana'ðiense] **1.** *adj* kanadisch; **2.** *su* Kanadier(in *f*) *m*

canal [ka'nal] *m* Kanal *m* (*a TV*); △ Rille *f*; **~ización** [~liθa'θion] *f* Kanalisation *f*; **~izar** [~li'θar] (1f) kanalisieren

canalla [ka'naʎa] **1.** *f* Gesindel *n*, Pack *n*; **2.** *m* Schuft *m*, Kanaille *f*; **~da** [~'ʎaða] *f* Schurkerei *f*

canal|ón [kana'lon] *m* Dachrinne *f*; **~ones** *gastr* [~'lones] *m/pl s canelones*

canana [ka'nana] *f* Patronengurt *m*

canapé [kana'pe] *m* Sofa *n*; *gastr* (fein) belegtes Brot *n*

canario [ka'narĭo] **1.** *m* Kanarienvogel *m*; *geo* Kanarier *m*; **2.** *adj geo* kanarisch

canas|ta [ka'nasta] *f* Henkelkorb *m*; **~tilla** [~'tiʎa] *f* Körbchen *n*; (*de bebé*) Babyausstattung *f*; **~to** [~'nasto] *m* Tragkorb *m*

cancela|ción [kanθela'θĭɔn] *f* Streichung *f*; Absage *f*; ✝ Tilgung *f*, Löschung *f*; **~dora** [~'dora] *f*: **~ de billetes** Fahrscheinentwerter *m*; **~r** ['lar] (1a) streichen; absagen; ✝ tilgen, löschen; (*billete*) entwerten

cáncer ['kanθer] *m* ♋ Krebs *m*; *astr* ♋ Krebs *m*

cance|rígeno [kanθe'rixeno] krebserregend; **~roso** [~'roso] krebsartig, Krebs...

cancha ['kantʃa] *f* Spielplatz *m*, -feld *n*; **~ de tenis** Tennisplatz *m*

canciller [kanθi'ʎer] *m* Kanzler *m*; **~ federal** Bundeskanzler *m*; **~ía** [~ʎe'ria] *f* (Staats-)Kanzlei *f*; Kanzleramt *n*

canci|ón [kan'θĭɔn] *f* Lied *n*; **~ de cuna** Wiegenlied *n*; **~ de moda** Schlager *m*; **~onero** [~θĭo'nero] *m* Liederbuch *n*, -sammlung *f*

candado [kan'daðo] *m* Vorhängeschloß *n*

cande|la [kan'dela] *f* Kerze *f*; **~labro** [~de'laβro] *m* Armleuchter *m*, Kandelaber *m*; ♀**laria** *rel* [~de'larĭa] *f* Lichtmeß *f*; **~lero** [~'lero] *m* Leuchter *m*

candente [kan'dente] glühend; *fig* aktuell, brennend

candida|to [kandi'ðato] *m* Kandidat *m*, Bewerber *m*; **~tura** [~da'tura] *f* Bewerbung *f*, Kandidatur *f*; *presentar su ~ para* sich bewerben um

candidez [kandi'ðeθ] *f* Aufrichtigkeit *f*, Offenheit *f*; Naivität *f*

cándido ['kandiðo] arglos; offen; naiv

candil [kan'dil] *m* Öllampe *f*; **~ejas** [~di'lexas] *f/pl teat* Rampenlicht *n*

candor [kan'dɔr] *m* Treuherzigkeit *f*; **~oso** [~do'roso] arglos, aufrichtig

canela [ka'nela] *f* Zimt *m*; **~ en rama** Zimtstange *f*

canelones [kane'lones] *m/pl* Cannelloni *pl*

cangrejo *zo* [kaŋ'grɛxo] *m* Krebs *m*; **~ de río** Flußkrebs *m*

canguro [kaŋ'guro] **1.** *m* Känguruh *n*; **2.** *su* F Babysitter(in *f*) *m*

ca|níbal [ka'niβal] **1.** *adj* kannibalisch; **2.** *m* Menschenfresser *m*, Kannibale *m*; **~nibalismo** [~βa'lizmo] *m* Kannibalismus *m*

canica [ka'nika] *f* Murmel *f*

canícula [ka'nikula] *f* Hundstage *m/pl*

canijo [ka'nixo] schwächlich, kränklich

canino [ka'nino] Hunde...; *hambre f -a* Heißhunger *m*; (*diente*) **~** Eckzahn *m*

canje ['kaŋxe] *m* Austausch *m*; Umtausch *m*; Einlösung *f*; **~ de notas** Notenwechsel *m*; **~ar** [~xe'ar] (1a) austauschen; umtauschen; einlösen

cano ['kano] (*pelo*) grau, weiß

canoa [ka'noa] *f* Kanu *n*

canódromo [ka'nɔðromo] *m* Hunderennbahn *f*

canon ['kanɔn] *m* Regel *f*; Kanon *m* (a ♪); ✝ Pachtgebühr *f*

canóni|co [ka'noniko] kanonisch; *derecho m ~* Kirchenrecht *n*; **~go** [~'nonigo] *m* Domherr *m*; ♀ (*hierba f de*) **~(s)** *m(pl)* Feldsalat *m*

canoniza|ción [kanoniθa'θĭɔn] *f* Heiligsprechung *f*; **~r** [~'θar] (1f) heiligsprechen

canoro [ka'noro]: *pájaro ~* Singvogel *m*

canoso [ka'noso] grauhaarig

canotaje [kano'taxe] *m* Kanusport *m*

can|sado [kan'saðo] müde, matt; erschöpft, abgespannt; **~sancio** [~'sanθĭo] *m* Müdigkeit *f*; Erschöpfung *f*; **~sar** [~'sar] (1a) ermüden, ermatten; (*aburrir*) langweilen; **~sarse** müde werden; **~ de a/c** satt haben; **~sino** [~'sino] matt, ermüdet

cantábrico [kan'taβriko] kantabrisch

cantante [kan'tante] *m* (*f*) Sänger(in *f*) *m*

cantaor [kanta'ɔr] *m*, **-a** [~'ora] *f* Flamencosänger(in *f*) *m*

cantar [kan'tar] (1a) **1.** *v/i.* singen (*a fig*); (*gallo*) krähen; **2.** *v/t.* besingen, preisen; **3.** *m* Lied *n*; F *ese es otro ~* das ist et ganz anderes

cantarela ♀ [kanta'rela] *f* Pfifferling *m*

cántaro ['kantaro] *m* (Henkel-)Krug *m*; *llover a ~s* in Strömen regnen

cantata [kan'tata] *f* Kantate *f*

cantautor [kantaŭ'tɔr] *m* Liedermacher *m*

cante ['kante] *m*: **~ jondo** Art Flamencogesang

cante|ra [kan'tera] *f* Steinbruch *m*; *dep* Nachwuchs *m*; **~ro** [~'tero] *m* Steinmetz *m*; (*de pan*) Kanten *m*

cántico ['kantiko] *m* Kirchenlied *n*
cantidad [kanti'ðað] *f* Quantität *f*, Anzahl *f*, Menge *f*; (*de dinero*) Betrag *m*, Summe *f*
cantimplora [kantim'plora] *f* Feldflasche *f*
cantina [kan'tina] *f* Kantine *f*
canto ['kanto] *m* Gesang *m*; (*canción*) Lied *n*; (*borde*) Kante *f*; Ecke *f*, Rand *m*; (*guijarro*) (Kiesel-)Stein *m*; **~s rodados** Geröll *n*
cantor [kan'tɔr] **1.** *adj* Sing...; *maestro m* **~** Meistersinger *m*; *niño m* **~** Sängerknabe *m*; *pájaro m* **~** Singvogel *m*; **2.** *m* Sänger *m*
canturrear [kanturre'ar] (1a) trällern
cánula ✵ ['kanula] *f* Kanüle *f*
caña ['kaɲa] *f* ✵ (Schilf-)Rohr *n*; (*vaso*) kleines Glas *n* Bier; ♪ Rohrblatt *n*; (*de la bota*) (Stiefel-)Schaft *m*; *anat* Röhrenknochen *m*; **~ de azúcar** Zuckerrohr *n*; **~ de pescar** Angel(rute) *f*
cañada [ka'ɲaða] *f* Engpaß *m*; Hohlweg *m*; (*paso de animales*) (Vieh-)Trift *f*
cañamazo [kaɲa'maθo] *m* Gitterleinen *n*, Stramin *m*
cáñamo ['kaɲamo] *m* Hanf *m*
cañería [kaɲe'ria] *f* Rohrleitung *f*
caño ['kaɲo] *m* Röhre *f*, Rohr *n*
cañón [ka'ɲɔn] *m* Kanone *f*, Geschütz *n*; (*de fusil*) Lauf *m*; *geo* Cañon *m*
caño|nazo [kaɲo'naθo] *m* Kanonenschuß *m*; **~nero** [~'nero] *m* Kanonenboot *n*
caoba [ka'oβa] *f* Mahagoni(holz) *n*
ca|os ['kaɔs] *m* Chaos *n*; **~ótico** [ka'otiko] chaotisch
capa ['kapa] *f* Schicht *f* (*a fig*); (*prenda*) Umhang *m*, Cape *n*; **~** (*de pintura*) Anstrich *m*; **~ de ozono** Ozonschicht *f*; *bajo* **~ *de*** unter dem Vorwand von; *andar* (*od ir*) *de* **~ *caída*** heruntergekommen sein, F schlecht dran sein
capaci|dad [kapaθi'ðað] *f* Fassungsvermögen *n*; (*aptitud*) Fähigkeit *f*; Talent *n*; **~ de memoria** *inform* Speicherkapazität *f*; **~tación** [~ta'θɪɔn] *f* Befähigung *f*; *curso m de* **~** Fortbildungskurs *m*; **~tar** [~'tar] (1a) befähigen; berechtigen
capar [ka'par] (1a) kastrieren
caparazón [kapara'θɔn] *m zo* Panzer *m*
capataz [kapa'taθ] *m* Vorarbeiter *m*; Werkmeister *m*; Aufseher *m*; △ Polier *m*; ⚒ **~ *de mina*** Steiger *m*

capaz [ka'paθ] fähig; befähigt; tüchtig; imstande (*zu de*)
capazo [ka'paθo] *m* (flacher) Korb *m*; Einkaufskorb *m*
capcioso [kaβ'θɪoso] verfänglich; *pregunta f* **-a** Fangfrage *f*
capea *taur* [ka'pea] *f* Amateurkampf *m* mit Jungstieren; **~r** [~pe'ar] (1a) *den Stier mit der Capa reizen*
capellán [kape'ʎan] *m* Kaplan *m*
Caperucita [kaperu'θita] *f*: **~ *Roja*** Rotkäppchen *n*
caperuza [kape'ruθa] *f* Kapuze *f*; ⚙ Kappe *f*
capicúa [kapi'kua] *m* symmetrische Zahl *f* (*z. B. 5665*)
capilar [kapi'lar] Haar...; Kapillar...
capilla [ka'piʎa] *f* Kapelle *f*; **~ *ardiente*** (Raum *m* für die) feierliche Aufbahrung *f*
cápita ['kapita]: *per* **~** pro Kopf
capital [kapi'tal] **1.** *adj* hauptsächlich, wesentlich; Haupt..., Kapital...; **2.** *f* Hauptstadt *f*; **3.** *m* ✝ Kapital *n*; **~ *social*** Gesellschafts-, Stammkapital *n*; **~ismo** [~ta'lizmo] *m* Kapitalismus *m*; **~ista** [~'lista] *m* Kapitalist *m*; **~izar** [~li'θar] (1f) kapitalisieren
capi|tán [kapi'tan] *m* ⚓ Kapitän *m*; ⚔ Hauptmann *m*; *dep* Mannschaftsführer *m*; **~tanear** [~tane'ar] (1a) befehligen, anführen; *fig* leiten
capitel △ [kapi'tel] *m* Kapitell *n*
capitolio [kapi'tolɪo] *m* Kapitol *n*
capitoste F [kapi'tɔste] *m* F Bonze *m*; F Boß *m*
capitula|ción [kapitula'θɪɔn] *f* Kapitulation *f*; **capitulaciones** *pl* **matrimoniales** Ehevertrag *m*; **~r** [~'lar] **1.** *adj* Kapitel... **2.** *v/i* (1a) kapitulieren (*a fig*); ⚔ vereinbaren
capítulo [ka'pitulo] *m* Kapitel *n* (*tb rel*); *fig llamar a* **~** zur Rechenschaft ziehen
capó [ka'po] *m* Motorhaube *f*
capón [ka'pɔn] *m* Kapaun *m*
capota [ka'pota] *f* *auto* Verdeck *n*; **~r** [~'tar] (1a) ✈, *auto* sich überschlagen
capote [ka'pote] *m* Umhang *m*; *taur* Stierkämpferumhang *m*; *decir* (*pensar*) *para su* **~** bei sich sagen (denken)
capricho [ka'pritʃo] *m* Einfall *m*, Laune *f*; Schrulle *f*; **~so** [~'tʃoso] launisch; kapriziös

Capricornio

Capricornio [kapri'kɔrnĭo] *m astr* Steinbock *m*
cápsula ['kabsula] *f* Kapsel *f*, Hülse *f*
capta|ción [kapta'θĭɔn] *f* Erfassung *f*, Gewinnung *f*; ~ **de clientes** Kundenfang *m*; **~r** [~'tar] (1a) gewinnen; (*atención*) fesseln; (*emisora*) empfangen; (*comprender*) erfassen
captura [kap'tura] *f* Fang *m*; ⚖ Festnahme *f*; **~r** [~'rar] (1a) fangen; ⚖ festnehmen; ⚓ aufbringen; *inform* erfassen
capu|cha [ka'putʃa] *f* Kapuze *f*; **~china** [~'tʃina] *f* ♀ Kapuzinerkresse *f*; **~chino** [~'tʃino] *m* Kapuzinermönch *m*; **~chón** [~'tʃɔn] *m* Kapuze *f*; ⊙ (Verschluß-)Kappe *f*
capullo [ka'puʎo] *m* Kokon *m*; ♀ Knospe *f*
caqui ['kaki] 1. *m* Kakifrucht *f*; 2. *adj* khaki(farben)
cara ['kara] *f* Gesicht *n*; Miene *f*; (*de disco*) Seite *f*; (*de moneda*) Bildseite *f*; (*aspecto*) Aussehen *n*; *fig* **~ (dura)** Unverschämtheit *f*; **~ a** von Angesicht zu Angesicht; **de ~** von vorn; (**de**) **~ a** im Hinblick auf; angesichts; **dar la ~** für s-e Handlung einstehen; **dar la ~ por alg** sich für j-n einsetzen; **echar en ~** vorwerfen; **hacer ~ a** die Stirn bieten; **tener ~ de** aussehen wie; **tener buena (mala) ~** gut (schlecht) aussehen
carabela [kara'bela] *f* Karavelle *f*
carabina [kara'bina] *f* Karabiner *m*; *fig* F Anstandswauwau *m*
caracol [kara'kɔl] *m zo* Schnecke *f*
carácter [ka'rakter] *m* Charakter *m*; Wesen *n*; **caracteres** *m/pl* **de imprenta** Druckbuchstaben *m/pl*
caracte|rística [karakte'ristika] *f* Kennzeichen *n*, Merkmal *n*; **~rístico** [~ko] bezeichnend, charakteristisch; **~rizar** [~ri'θar] (1f) charakterisieren; *teat* treffend darstellen; **~ de** verkleiden als
caradura P [kara'ðura] *m* unverschämter Kerl *m*
¡caramba! [ka'ramba] verdammt (noch mal)!; (*sorpresa*) na, so was!
carámbano [ka'rambano] *m* Eiszapfen *m*
carambola [karam'bola] *f* Karambolage *f* (*billar*)
caramelo [kara'melo] *m* Bonbon *n/m*; (*azúcar*) Karamel(zucker) *m*

carátula [ka'ratula] *f* Maske *f*
carava|na [kara'bana] *f* Karawane (*a fig*); (*de coches*) Autoschlange *f*; (*remolque*) Wohnwagen(anhänger) *m*; **~ning** [~'baniŋ] *m* Reisen *n* im Wohnwagen, Caravaning *n*
¡caray! [ka'raĭ] verdammt
carbón [kar'bɔn] *m* Kohle *f*; **~ vegetal**, **~ de leña** Holzkohle *f*; **dibujo** *m* **al ~** Kohlezeichnung *f*
carbo|nato [karbo'nato] *m* Karbonat *n*; **~ncillo** [~bɔn'θiʎo] *m* Zeichenkohle *f*, Kohlestift *m*; **~nera** [~bo'nera] *f* Kohlenkeller *m*; ⚓ Bunker *m*; **~nería** [~ne'ria] *f* Kohlenhandlung *f*; **~nero** [~'nero] 1. *m* Kohlenhändler *m*; 2. *adj* Kohlen...; **~nilla** [~'niʎa] *f* Kohlenstaub *m*; **~nizar** [~ni'θar] (1f) verkohlen; **~no** 🜚 [~'bono] *m* Kohlenstoff *m*
carbunco [kar'buŋko] *m* Milzbrand *m*
carbura|ción [karbura'θĭɔn] *f auto* Vergasung *f*; **~dor** [~'ðɔr] *m* Vergaser *m*; **~nte** [~'rante] *m* Treib-, Kraftstoff *m*; **~r** [~'rar] (1a) vergasen
carca P ['karka] rückständig, stockkonservativ
carcaj [kar'kax] *m* Köcher *m*
carcajada [karka'xaða] *f* Gelächter *n*; **reír a ~s** aus vollem Halse lachen
cárcel ['karθel] *f* Kerker *m*; Gefängnis *n*
carcelero *m* [karθe'lero] Gefängniswärter *m*
carcinoma 🜚 [karθi'noma] *m* Karzinom *n*, Krebsgeschwulst *f*
carco|ma [kar'koma] *f* Holzwurm *m*; **~mido** [~'miðo] wurmstichig
cardar [kar'ðar] (1a) (*lana*) kämmen; (*pelo*) toupieren
cardenal [karðe'nal] *m* Kardinal *m*; 🜚 blauer Fleck *m*
cardíaco 🜚 [kar'ðiako] Herz...; herzkrank
cardinal [karði'nal] Haupt...; **números** *m/pl* **~es** Grundzahlen *f/pl*; **los puntos ~es** die Himmelsrichtungen *f/pl*
cardiólogo [kar'ðiologo] *m* Herzspezialist *m*
cardo ♀ ['karðo] *m* Distel *f*
cardumen [kar'ðumen] *m* Fischschwarm *m*, -bank *f*
carear [kare'ar] (1a) gegenüberstellen; *fig* vergleichen; **~se** sich aussprechen
carecer [kare'θer] (2d): **~ de** nicht haben; entbehren

caren|cia [ka'renθia] f Mangel m (an *de*), Fehlen n; **~te** [~'rente]: **~ de** mangelnd an, ohne
careo ⚖ [ka'reo] m Gegenüberstellung f
carestía [kares'tia] f Mangel m; ✝ Teuerung f; Verteuerung f
careta [ka'reta] f Maske f
carey [ka'rei̯] m Schildpatt n
carga ['karga] f Last f, Bürde f (*a fig*); ✝ Fracht f; Ladung f (*a* ⚓, ✈); ⚔ Angriff m; *fig* Belastung f; **~ explosiva** Sprengladung f; **~ útil** Nutzlast f; **~s sociales** Soziallasten f/pl, -abgaben f/pl; **volver a la ~** auf et bestehen; **~do** [~'gaðo] beladen (mit *de*); (*arma*) geladen; (*bebida*) stark; *met* schwül; **~dor** [~ga'ðor] m Verlader m; ✈ Ladegerät n; (*de arma*) Magazin n; **~ de muelle** ⚓ Dockarbeiter m, Schauermann m; **~mento** [~'mento] m Ladung f; Fracht f; **~nte** F [~'gante] lästig, aufdringlich
cargar [kar'gar] (1h) **1.** v/t beladen; (*arma*) laden; ✈ aufladen; (*culpa*) zuschieben; **~ en cuenta** ein Konto belasten; **2.** v/i lasten (auf *sobre*); **~ con** tragen; *fig* übernehmen; **~ contra** ⚔ angreifen; **~se** (*cielo*) sich beziehen; F **~ a alg** (*examen*) j-n durchfallen lassen; P (*matar*) j-n umlegen; **~ a/c** et kaputtmachen
cargo ['kargo] m Amt n, Posten m; ⚖ Anklagepunkt m; **alto ~** hohe Stellung f (*od* Persönlichkeit f); **~ en cuenta** Lastschrift f; **a ~ de** zu Lasten von; **hacerse ~ de** übernehmen
carguero [kar'gero] m ⚓ Frachter m; (*avión m*) **~** Lastflugzeug n
cariado [ka'riaðo] (*diente*) faul, kariös
caricatu|ra [karika'tura] f Karikatur f; **~rista** [~'rista] m Karikaturist m; **~rizar** [~ri'θar] (1f) karikieren
caricia [ka'riθia] f Liebkosung f, Zärtlichkeit f
caridad [kari'ðað] f Nächstenliebe f; Wohltätigkeit f; (*limosna*) Almosen n
caries ['karies] f ⚕ Karies f
carillón [kari'ʎon] m Glockenspiel n
cariño [ka'riɲo] m Liebe f, Zuneigung f; ¡**~!** Liebling!; **tomar ~ a** liebgewinnen; **~so** [~ri'ɲoso] liebevoll; zärtlich
carisma [ka'rizma] m Charisma n, Ausstrahlung f
caritativo [karita'tiβo] mildtätig, karitativ

cariz [ka'riθ] m Aussehen n; Lage f; **tomar mal ~** bedenklich aussehen
carlinga ✈ [kar'liŋga] f Pilotenkanzel f, Cockpit n
carmelita [karme'lita] m (f) Karmeliter(in f) m
car|mesí [karme'si] karmesinrot; **~mín** [~'min] m Karmin(rot) n
carnal [kar'nal] fleischlich, sinnlich; (*pariente*) leiblich
carnaval [karna'βal] m Karneval m, Fasching m
carne ['karne] f Fleisch n; **~ de cañón** fig Kanonenfutter n; **~ congelada** Gefrierfleisch n; **~ de gallina** fig Gänsehaut f; **~ de membrillo** Quittengelee n; **~ picada** Hackfleisch n; **poner toda la ~ en el asador** alle Hebel in Bewegung setzen
carné [kar'ne] m s **carnet**
carnero [kar'nero] m Hammel m; (*carne*) Hammelfleisch n
carnet [kar'ne] m Ausweis m; **~ de conducir** Führerschein m; **~ de identidad** Personalausweis m
carnice|ría [karniθe'ria] f Metzgerei f, Fleischerei f; *fig* Blutbad n, Gemetzel n; **~ro** [~'θero] m Fleischer m, Metzger m
cárnico ['karniko] Fleisch...
carnívoro [kar'niβoro] fleischfressend
carnoso [kar'noso] fleischig
caro ['karo] teuer; *fig a* lieb
carótida *anat* [ka'rotiða] f Halsschlagader f
carpa ['karpa] f *zo* Karpfen m; (*entoldado*) Zirkuszelt n
carpeta [kar'peta] f (Akten-)Mappe f; Aktendeckel m; Schreibunterlage f
carpinte|ría [karpinte'ria] f Schreinerwerkstatt f, Tischlerei f; (*oficio*) Tischlerhandwerk n; **~ro** [~'tero] m Schreiner m, Tischler m; (*pájaro m*) **~** Specht m
carraspe|ar [karraspe'ar] (1a) sich räuspern; **~ra** [~'pera] f Heiserkeit f
carrera [ka'rrera] f Lauf m; Wettlauf m; Rennen n; (*trayecto*) Weg(strecke f) m; (*estudios*) Laufbahn f, Karriere f; (*en la media*) Laufmasche f; **~ de armamentos** Wettrüsten n; **~ de fondo** Lang(strecken)lauf m; **tomar ~** Anlauf nehmen
carre|ta [ka'rreta] f Karren m; **~te** [ka'rrete] m Spule f; *fot* (Roll-)Film m; **~**

carretera

de hilo Garnrolle *f*; **~tera** [~'tera] *f* Landstraße *f*; **~tilla** [~'tiʎa] *f* Schubkarre *f*

carril [ka'rril] *m* Fahrspur *f*; 🚋 Schiene *f*; **~ de adelantamiento** Überholspur *f*; **~-bici** Fahrradweg *m*; **~ para vehículos lentos** Kriechspur *f*

carri|llo [ka'rriʎo] *m* Backe *f*, Wange *f*; **~to** [~'rrito] *m* Wägelchen *n*; **~ de compra** Einkaufswagen *m*; **~ para equipajes** Kofferkuli *m*; **~ de té** (*od de servicio*) Teewagen *m*

carrizo [ka'rriθo] *m* Schilf *n*; Rohr *n*

carro ['karrɔ] *m* Karren *m*, Karre *f*; (*máquina de escribir*) Wagen *m*; *Am* Auto *n*; **~ de combate** Panzer(wagen) *m*

carrocería [karrɔθe'ria] *f* Karosserie *f*

carroña [ka'rrɔna] *f* Aas *n*

carroza [ka'rrɔθa] **1.** *f* Karosse *f*; **2.** *adj* F alt, altmodisch

carruaje [ka'rrůaxe] *m* Fuhrwerk *n*

carta ['karta] *f* Brief *m*, Schreiben *n*; *pol* Charta *f*; (*naipe*) (Spiel-)Karte *f*; *gastr* (Speise-)Karte *f*; **~ de ajuste** *TV* Testbild *n*; **~ blanca** Blankovollmacht *f*; **~-bomba** *f* Briefbombe *f*; **~ certificada** Einschreiben *n*; **~ comercial** Geschäftsbrief *m*; **~ con valores** (*declarados*) Wertbrief *m*; **~ de vinos** Getränkekarte *f*; **~ urgente** Eilbrief *m*; **dar ~ blanca a alg** j-m freie Hand lassen; **jugarse todo a una ~** *fig* alles auf e-e Karte setzen; **tomar ~s en el asunto** eingreifen; **tomar ~ de naturaleza** sich einbürgern

cartabón [karta'bɔn] *m* Winkelmaß *n*, Zeichendreieck *n*

cartapacio [karta'paθiɔ] *m* Mappe *f*

cartearse [karte'arse] (1a) in Briefwechsel stehen

cartel [kar'tɛl] *m* Plakat *n*; **estar en ~** auf dem Spielplan stehen

cártel ✝ ['kartɛl] *m* Kartell *n*

cartele|ra [karte'lera] *f* Anschlagbrett *n*; Veranstaltungskalender *m*; **~ro** [~'lero] *m* Plakatkleber *m*

carteo [kar'teɔ] *m* Briefwechsel *m*

cárter ['kartɛr] *m* ⚙ Gehäuse *n*; *auto* Ölwanne *f*

carte|ra [kar'tera] *f* Brieftasche *f*; Aktentasche *f*; Schultasche *f*; Mappe *f*; ✝ Bestand *m*; (*persona*) Briefträgerin *f*; *pol* Portefeuille *n*; **~ría** [~'ria] *f* Briefabfertigung *f*; **~rista** [~'rista] *m* Taschendieb *m*; **~ro** [~'tero] *m* Briefträger *m*

cartílago [kar'tilago] *m* Knorpel *m*

cartilla [kar'tiʎa] *f* Fibel *f*; **~ de ahorro** Sparbuch *n*

cartógrafo [kar'tografɔ] *m* Kartenzeichner *m*, Kartograph *m*

cartomancia [kartɔ'manθia] *f* Kartenlegen *n*, -schlagen *n*

cartón [kar'tɔn] *m* Pappe *f*, Karton *m*; (*de cigarrillos*) Stange *f*; **~ ondulado** Wellpappe *f*; **~ piedra** Pappmaché *n*

cartoné 📖 [kartɔ'ne] kartoniert

cartuch|era [kartu'tʃera] *f* Patronentasche *f*; **~o** [~'tutʃo] *m* Patrone *f*

cartu|ja [kar'tuxa] *f* Karthäuserkloster *n*; **~jo** [~'tuxo] *m* Karthäuser(mönch) *m*

cartulina [kartu'lina] *f* dünner Karton *m*, feine Pappe *f*

casa ['kasa] *f* Haus *n*; Wohnung *f*; ✝ Firma *f*; **a ~** nach Hause; **en ~** zu Hause; **~ adosada** Reihenhaus *n*; **~ de campo** Landhaus *n*; **~-cuna** Kinderkrippe *f*; **~ de empeños**, **~ de préstamos** Pfandhaus *n*; **~ de huéspedes** Pension *f*; **~ de locos** Irrenhaus *n*; **~ de maternidad** Entbindungsanstalt *f*; **~ de pisos** (**de alquiler**) Mietshaus *n*; **~ matriz** ✝ Stammhaus *n*; **~ prefabricada** Fertighaus *n*; **~ pública** Bordell *n*; **echar** (*od* **tirar**) **la ~ por la ventana** das Geld zum Fenster hinauswerfen; **llevar la ~** den Haushalt führen

casación ⚖ [kasa'θiɔn] *f* Kassation *f*; Aufhebung *f*

casa|dero [kasa'dero] heiratsfähig; **~mentero** *m* [~men'tero] Heiratsvermittler *m*; **~miento** [~'miento] *m* Heirat *f*, Hochzeit *f*, Trauung *f*

casar [ka'sar] (1a) **1.** *v/t* verheiraten, trauen; ⚖ für ungültig erklären; **2.** *v/i fig* harmonieren; **~se** (sich ver)heiraten; **~ por lo civil** (**por la iglesia**) standesamtlich (kirchlich) heiraten

cascabel [kaska'bɛl] *m* Schelle *f*; Glöckchen *n*; **serpiente** *f* **de ~** Klapperschlange *f*

casca|da [kas'kaða] *f* Wasserfall *m*; Kaskade *f*; **~do** [~'kaðo] verbraucht; altersschwach; (*voz*) brüchig; **~nueces** [~'nueθes] *m* Nußknacker *m*

cascar [kas'kar] (1g) knacken; zerbrechen; *fig* prügeln; (*charlar*) schwatzen

cáscara ['kaskara] *f* Schale *f*

casco ['kasko] *m* Helm *m*; (*fragmento*) Scherbe *f*; Splitter *m*; ⚓ (Schiffs-)Rumpf *m*; *zo* Huf *m*; (*envase*) Flasche *f*; ~ **antiguo** Altstadt *f*; ~ **azul** Blauhelm *m*; ~ **urbano** Stadtkern *m*; ~**s** *pl* F Kopfhörer *m/pl*; F **ligero de** ~**s** leichtsinnig

cascote [kas'kote] *m* (Bau-)Schutt *m*

case|río [kase'rio] *m* Weiler *m*; Gehöft *n*; ~**ro** [~'sero] **1.** *adj* Haus...; häuslich; *gastr* hausgemacht; **2.** *m* Hausherr *m*, -wirt *m*; ~**rón** [~se'rɔn] *m* großes, altes Haus *n*; ~**ta** [~'seta] *f* Hütte *f*; Bude *f*; ~ **de baños** Badekabine *f*; ~ **de tiros** Schießbude *f*

casete [ka'sete] *m* = **cassette**

casi ['kasi] beinahe, fast

casilla [ka'siʎa] *f* Häuschen *n*; (*de ajedrez*) Feld *n*; (*de un mueble*) Fach *n*; (*en un papel*) Kästchen *n*; *fig* **salirse de sus** ~**s** aus dem Häuschen geraten

casino [ka'sino] *m* Kasino *n*; Klubhaus *n*; ~ **de juego** Spielbank *f*

casis ['kasis] *f* schwarze Johannisbeere *f*

caso ['kaso] *m* Fall *m*; *gram* a Kasus *m*; **en** ~ **de que** (*subj*), ~ **de** (*inf*) falls; **estar en el** ~ im Bilde sein; **hacer** ~ **a alg** auf j-n hören; **hacer** ~ **de** beachten; **no hacer** (*od* **venir**) **al** ~ nicht zur Sache gehören; **hacer** ~ **omiso de** unbeachtet lassen; ¡**vamos al** ~**!** kommen wir zur Sache!; **en todo** ~ auf jeden Fall; (*a lo sumo*) allenfalls; **en último** ~ notfalls

casorio F [ka'sorio] *m* Mißheirat *f*

caspa ['kaspa] *f* (Kopf-)Schuppen *f/pl*

casquillo [kas'kiʎo] *m* Patronenhülse *f*; ⊕ Hülse *f*

casquivano F [kaski'bano] leichtsinnig, F windig

cassette [ka'sɛt] *f* (Tonband-)Kassette *f*; (*aparato*) Kassettenrecorder *m*; ~ **virgen** unbespielte Kassette *f*, Leerkassette *f*

casta ['kasta] *f* Kaste *f*; Geschlecht *n*

casta|ña [kas'taɲa] *f* Kastanie *f*; *fig* **sacar las** ~**s del fuego** die Kastanien aus dem Feuer holen; ~**ño** [~'taɲo] **1.** *adj* kastanienbraun; **2.** *m* Kastanienbaum *m*; F **pasar de** ~ **oscuro** über die Hutschnur gehen; ~**ñuela** [~ta'ɲuela] *f* Kastagnette *f*

castellano [kaste'ʎano] **1.** *adj* kastilisch; (*lengua*) spanisch; **2.** *m* Kastilier *m*; (*lengua*) Spanisch(e) *n*

castidad [kasti'daδ] *f* Keuschheit *f*

casti|gador [kastiga'δɔr] *m fig* Frauenheld *m*; ~**gar** [~'gar] (1h) (be)strafen; ~**go** [~'tigo] *m* Strafe *f*, Bestrafung *f*; (*escuela*) Strafarbeit *f*

castillete [kasti'ʎete] *m* Förderturm *m*; ~ **de sondeos** Bohrturm *m*

castillo [kas'tiʎo] *m* Burg *f*; Schloß *n*; ~ **de naipes** Kartenhaus *n* (*a fig*); ~ **en el aire** *fig* Luftschloß *n*

castizo [kas'tiθo] echt, rein; urwüchsig

casto ['kasto] keusch, züchtig

castor [kas'tɔr] *m* Biber *m*

castra|ción [kastra'θiɔn] *f* Kastration *f*; ~**r** [~'trar] (1a) kastrieren

castrense [kas'trense] Militär...

casual [ka'sual] zufällig; ~**idad** [~li'daδ] *f* Zufall *m*; Zufälligkeit *f*; **por** ~ zufällig

casulla [ka'suʎa] *f* Meßgewand *n*

cata ['kata] *f* Probieren *n*, Kosten *n*; ~ **de vinos** Weinprobe *f*; ~**clismo** [~'klizmo] *m* Katastrophe *f* (*a fig*); ~**cumbas** [~'kumbas] *f/pl* Katakomben *f/pl*; ~**dor** [~'dɔr] *m*: ~ (**de vinos**) Weinprüfer *m*

catalán [kata'lan] **1.** *adj* katalanisch; **2.** *m* Katalane *m*; (*lengua*) Katalanisch(e) *n*

catalejo [kata'lɛxo] *m* Fernrohr *n*

catalizador [kataliθa'δɔr] *m* Katalysator *m* (*a auto*)

cat|alogar [katalo'gar] (1h) katalogisieren; ~**álogo** [~'talogo] *m* Katalog *m*

cataplasma ✱ [kata'plazma] *f* Umschlag *m*

catapulta [kata'pulta] *f* Katapult *m od n*; ~**r** [~'tar] (1a) katapultieren (*a fig*)

catar [ka'tar] (1a) probieren

catarata [kata'rata] *f* Wasserfall *m*; ✱ grauer Star *m*

catarro [ka'tarrɔ] *m* Katarrh *m*; Erkältung *f*

catastro [ka'tastro] *m* Kataster *m*, *n*

catástrofe [ka'tastrofe] *f* Katastrophe *f*

catastrófico [katas'trofiko] katastrophal

catavino [kata'bino] *m* Stechheber *m*; ~**s** [~'binos] *m* Weinprüfer *m*

catear F [kate'ar] (1a) durchfallen (lassen)

catecismo [kate'θizmo] *m* Katechismus *m*

cátedra ['kateδra] *f* Lehrstuhl *m*, Professur *f*

catedral [kate'δral] *f* Kathedrale *f*; Dom *m*

catedrático

catedrático [kateˈðratiko] *m* Professor *m*; ~ **de Instituto** *etwa*: Studienrat *m*
cate|goría [kateɣoˈria] *f* Kategorie *f*; *(rango)* Rang *m*; *(calidad)* Güte *f*; Klasse *f*; **de** ~ bedeutend, von Rang; **~górico** [~ˈɣoriko] kategorisch
catéter ⚕ [kaˈtetɛr] *m* Katheter *m*
cátodo ⚡ [ˈkatoðo] *m* Kathode *f*
catolicismo [katoliˈθizmo] *m* Katholizismus *m*
católico [kaˈtoliko] **1.** *adj* katholisch; **2.** *m* Katholik *m*
catorce [kaˈtorθe] vierzehn
catre [ˈkatre] *m* Feldbett *n*
cauce [ˈkaŭθe] *m* Flußbett *n*; *fig* Bahn *f*, Weg *m*; **volver a su** ~ *fig* wieder ins Geleise kommen
caucho [ˈkaŭtʃo] *m* Kautschuk *m*
caución [kaŭˈθi̯on] *f* Sicherheitsleistung *f*, Kaution *f*
caudal [kaŭˈðal] *m* Wassermenge *f*; *fig* Fülle *f*; Vermögen *n*; **~oso** [~daˈloso] wasserreich
caudillo [kaŭˈðiʎo] *m* (An-)Führer *m*
causa [ˈkaŭsa] *f* Ursache *f*, Grund *m*; ⚖ Prozeß *m*; **a** ~ **de** wegen; **por mi** ~ meinetwegen; **hacer** ~ **común con** gemeinsame Sache machen mit *(dat)*; **~nte** [~ˈsante] *m* Urheber *m*; **~r** [~ˈsar] (1a) verursachen
causticidad [kaŭstiθiˈðað] *f fig* Bissigkeit *f*
cáustico [ˈkaŭstiko] ätzend; *fig* beißend, bissig
caute|la [kaŭˈtela] *f* Vorsicht *f*; **~loso** [~teˈloso] vorsichtig, behutsam
cauterizar [kaŭteriˈθar] (1f) (aus)brennen; ätzen
cauti|var [kaŭtiˈβar] (1a) gefangennehmen; *fig* fesseln, entzücken; **~verio** [~tiˈβeri̯o] *m*, **~vidad** [~βiˈðað] *f* Gefangenschaft *f*; **~vo** [~ˈtiβo] **1.** *adj* gefangen; **2.** *m* Gefangene(r) *m*
cauto [ˈkaŭto] vorsichtig; behutsam
cava [ˈkaβa] **a)** *f* Weinkellerei *f*; **b)** *m* Sekt *m*; **~r** [~ˈβar] (1a) hacken; graben
caverna [kaˈβɛrna] *f* Höhle *f*
caviar [kaˈβi̯ar] *m* Kaviar *m*
cavidad [kaβiˈðað] *f* Höhlung *f*; Vertiefung *f*; ⚕ Höhle *f*
cavilar [kaβiˈlar] (1a) grübeln
cayad|o *m*, **-a** *f* [kaˈi̯aðo, ~ða] Hirtenstab *m*; Bischofsstab *m*

caza [ˈkaθa] **a)** *f* Jagd *f*; *(animales)* Wild *n*; **b)** ✈ *m* Jagdflugzeug *n*; ~ **de reacción** Düsenjäger *m*; **~bombardero** [~bombarˈðero] *m* Jagdbomber *m*; **~dor** [~ˈðor] *m* Jäger *m* (*a* ⚔); **~dora** [~ˈðora] *f* Jägerin *f*; *(chaqueta)* Sport-, Windjacke *f*; **~r** [kaˈθar] (1f) jagen (*a fig*); F ergattern; ertappen
cazo [ˈkaθo] *m* Stieltopf *m*
cazuela [kaˈθu̯ela] *f* Koch-, Schmortopf *m*
ceba|da [θeˈβaða] *f* Gerste *f*; **~r** [~ˈβar] (1a) mästen; *fig* schüren, nähren; **~rse**: ~ **en alg** s-e Wut an j-m auslassen
cebellina [θeβeˈʎina] *f* Zobel *m*
cebo [ˈθeβo] *m* Mastfutter *n*; *(para peces, etc)* Köder *m* (*a fig*)
cebo|lla [θeˈβoʎa] *f* Zwiebel *f*; **~lleta** [~ˈʎeta] *f* Frühlingszwiebel *f*; **~llino** [~ˈʎino] *m* Schnittlauch *m*
cebra [ˈθeβra] *f* Zebra *n*; **paso** *m* ~ Zebrastreifen *m*
Ceca [ˈθeka] *f*: **ir** *(od andar)* **de la** ~ **a la Meca** von Pontius zu Pilatus laufen
cece|ar [θeθeˈar] (1a) lispeln; **~o** [~ˈθeo] *m* Lispeln *n*
cecina [θeˈθina] *f* Rauch-, Dörrfleisch *n*
cedazo [θeˈðaθo] *m* Sieb *n*
ceder [θeˈðɛr] (2a) **1.** *v/t* abtreten, überlassen; ~ **el paso** den Vortritt lassen; **ceda el paso** Vorfahrt gewähren; **2.** *v/i* nachgeben; *(disminuir)* nachlassen
cedro ♣ [ˈθeðro] *m* Zeder *f*
cédula [ˈθeðula] *f* Schein *m*; Urkunde *f*; *Am* ~ **de identidad** Personalausweis *m*
cegar [θeˈɣar] (1h *u* 1k) blenden; *fig* verblenden; *(tapar)* verstopfen; zuschütten
ceguera [θeˈɣera] *f* Blindheit *f*
ceja [ˈθexa] *f* Augenbraue *f*; **tener entre** ~ **y** ~ *(e-e Sache)* im Auge haben
cejar [θɛˈxar] (1a) nachgeben
celador [θelaˈðor] *m* Aufseher *m*; (Gefängnis-)Wärter *m*
cel|da [ˈθelda] *f* (Kloster-, Gefängnis-)Zelle *f*; **~dilla** [~ˈðiʎa] *f* Bienenzelle *f*
celebra|ción [θeleβraˈθi̯on] *f* Feier *f*; **~r** [~ˈβrar] (1a) feiern, begehen; *(alabar)* loben; *(acto)* veranstalten; abhalten; **lo celebro mucho** das freut mich sehr; **~rse** stattfinden
célebre [ˈθeleβre] berühmt
celebridad [θeleβriˈðað] *f* Berühmtheit *f*

celeridad [θeleri'ðað] *f* Schnelligkeit *f*
celes|te [θe'leste] himmlisch, Himmels...; (*color*) himmelblau; **~tial** [~'tĭal] himmlisch (*a fig*); **~tina** [~'tina] *f* Kupplerin *f*
celibato [θeli'bato] *m* Zölibat *n*, *m*
célibe ['θelibe] unverheiratet, ledig
celo ['θelo] *m* Eifer *m*; *zo* Brunst *f*, **~s** *pl* Eifersucht *f*; *tener* **~s** *de* eifersüchtig sein auf (*ac*)
celofán [θelo'fan] *m* Cellophan *n*
celosía [θelo'sia] *f* Jalousie *f*
celoso [θe'loso] eifersüchtig (auf *ac de*)
celta ['θelta] **1.** *adj* keltisch; **2.** *su* Kelte *m*, Keltin *f*
celtibérico [θelti'beriko] keltiberisch
céltico ['θeltiko] keltisch
célula ['θelula] *f* Zelle *f*; **~ fotoeléctrica** Fotozelle *f*
celu|lar [θelu'lar] Zell..., Zellen...; **~litis** [~'litis] *f* Zellulitis *f*; **~losa** [~'losa] *f* Zellulose *f*
cemen|tar [θemen'tar] (1a) zementieren; **~terio** [~'terĭo] *m* Friedhof *m*; **~to** [~'mento] *m* Zement *m*
cena ['θena] *f* Abendessen *n*
cenador [θena'ðor] *m* Laube *f*
cena|gal [θena'gal] *m* Moor *n*; Morast *m*; **~goso** [~'goso] morastig
cenar [θe'nar] (1a) zu Abend essen
cencerro [θen'θerro] *m* Kuhglocke *f*
cenefa [θe'nefa] *f* Borte *f*; Einfassung *f*; △ Randverzierung *f*
ceni|cero [θeni'θero] *m* Aschenbecher *m*; **2cienta** [~'θĭenta] *f* Aschenputtel *n* (*a fig*); **~ciento** [~'θĭento] aschgrau
cenit [θe'nit] *m* Zenit *m* (*a fig*)
ceni|za [θe'niθa] *f* Asche *f*; **~zo** [~θo] *m* F Pechvogel *m*
censo ['θenso] *m* (Volks-)Zählung *f*; **~ electoral** Wählerliste *f*; **~r** [~'sor] *m* Zensor *m*; **~ jurado de cuentas** Wirtschaftsprüfer *m*
censura [θen'sura] *f* Zensur *f*; Tadel *m*; **~ble** [~'rable] tadelnswert; **~r** [~'rar] (1a) zensieren; kritisieren; tadeln
centavo [θen'tabo] *m* Hundertstel *n*
centell|a [θen'teʎa] *f* Funke(n) *m*; Blitz *m*; **~ear** [~teʎe'ar] (1a) funkeln, glitzern
centena [θen'tena] *f*, **~r** [~te'nar] *m* Hundert *n*; **~rio** [~'narĭo] **1.** *adj* hundertjährig; **2.** *m* Hundertjahrfeier *f*
centeno [θen'teno] *m* Roggen *m*
cen|tésimo [θen'tesimo] hundertste(r); **~tígrado** [~'tigraðo]: *grados m/pl* **~s** Grad *m/pl* Celsius; **~tímetro** [~'timetro] *m* Zentimeter *m* od *n*
centinela [θenti'nela] *m* (Wacht-)Posten *m*
central [θen'tral] **1.** *adj* zentral; Haupt...; Mittel...; **2.** *f* Zentrale *f*, Hauptstelle *f*; **~** (*eléctrica*) Kraft-, Elektrizitätswerk *n*; **~ hidroeléctrica** Wasserkraftwerk *n*; **~ nuclear** Kernkraftwerk *n*; **~ telefónica** Telefonzentrale *f*; **~ térmica** Wärmekraftwerk *n*; **~ismo** [~'izmo] *m* Zentralismus *m*; **~ita** *tel* [~tra'lita] *f* Hausvermittlung *f*; **~izar** [~trali'θar] (1f) zentralisieren
centrar [θen'trar] (1a) zentrieren; *dep* flanken; *fig* auf sich ziehen; **~se** sich konzentrieren (auf *ac en*)
céntrico ['θentriko] zentral gelegen
centrifuga|dora [θentrifuga'ðora] *f* Zentrifuge *f*; (*para ropa*) Schleuder *f*; **~r** [~'gar] (1h) schleudern
centro ['θentro] *m* Mitte *f*; Mittelpunkt *m*; Zentrum *n*; **~ de cálculo** Rechenzentrum *n*; **~ comercial** Einkaufszentrum *n*; **~ de datos** Datenzentrum *n*; **~ de gravedad** Schwerpunkt *m*; **~ urbano** Stadtzentrum *n*; **~americano** [~ameri'kano] mittelamerikanisch; **~campista** [~kam'pista] *m dep* Mittelfeldspieler *m*; **~europeo** [~eŭro'peo] mitteleuropäisch
ceñi|do [θe'ɲiðo] enganliegend; **~r** [~'ɲir] (3l *u* 3h) gürten, umschnallen; (*rodear*) um-, einfassen; **~rse** sich beschränken (auf *ac a*)
ceño ['θeɲo] *m* Stirnrunzeln *n*; finstere Miene *f*; **~udo** [~'ɲuðo] stirnrunzelnd; (finster) blickend
cepa ['θepa] *f* Baumstrunk *m*; (*vid*) Reb-, Weinstock *m*; *de pura* **~** echt, F waschecht
cepill|ar [θepi'ʎar] (1a) bürsten; ⊛ hobeln; **~o** [~'piʎo] *m* Bürste *f*; ⊛ Hobel *m*; *rel* Opferstock *m*; **~ de dientes** Zahnbürste *f*
cepo ['θepo] *m auto* Parkkralle *f*
cera ['θera] *f* Wachs *n*
cerámica [θe'ramika] *f* Keramik *f*
ceramista [θera'mista] *m* (*f*) Keramiker(in *f*) *m*
cerca[1] ['θerka] *f* Umzäunung *f*; Zaun *m*
cerca[2] ['θerka] nahe; *de* **~** aus der Nähe; **~ de** nahe bei; (*aproximadamente*) ungefähr

cercado

cercado [θεr'kaðo] *m* Umzäunung *f*, Einfriedigung *f*; Gehege *n*
cercanía [θεrka'nia] *f* Nähe *f*; ~**s** *f/pl* Umgebung *f*; *tren m de* ~**s** Nahverkehrszug *m*
cercano [θεr'kano] nahe
cercar [θεr'kar] (1g) umgeben; ⚔ einschließen, umzingeln
cerciorarse [θεrθio'rarse] (1a) sich vergewissern
cerco ['θεrko] *m* Ring *m*, Kreis *m*; ⚔ Belagerung *f*
cer|da ['θεrða] *f* Borste *f*; *zo* Sau *f*; ~**do** ['θεrðo] *m* Schwein *n* (*a fig*)
cereales [θere'ales] *m/pl* Getreide *n*
cere|belo [θere'belo] *m* Kleinhirn *n*; ~**bral** [~'bral] Gehirn..., Hirn...; ~**bro** [~'reβro] *m* Gehirn *n*, Hirn *n*
ceremoni|a [θere'monia] *f* Feierlichkeit *f*; Zeremonie *f*; ~**al** [~mo'nial] **1.** *adj* feierlich; förmlich; **2.** *m* Zeremoniell *n*; ~**oso** [~'nioso] förmlich
céreo ['θereo] wächsern
cere|za [θe'reθa] *f* Kirsche *f*; ~**zo** [~'reθo] *m* Kirschbaum *m*
cerilla [θe'riʎa] *f* Streichholz *n*
cerner [θεr'nεr] (2g) sieben; ~**se** drohen, sich zs.-brauen
cero ['θero] *m* Null *f*; F *ser un* ~ *a la izquierda* e-e Null sein
cerra|do [θe'rraðo] geschlossen, zu; (*curva*) scharf; (*noche*) finster; (*barba*) dicht; *fig* verschlossen; engstirnig; *oler a* ~ muffig riechen; ~**dura** [θerra'dura] *f* Schloß *n*; ~ *de contacto* Zündschloß *n*; ~ *de seguridad* Sicherheitsschloß *n*; ~**jería** [~xe'ria] *f* Schlosserei *f*; ~**jero** [~'xero] *m* Schlosser *m*
cerrar [θe'rrar] (1k) **1.** *v/t* (ab-, ver-, zu)schließen, zumachen; (*paso, etc*) (ver)sperren; ~ *al tráfico* für den Verkehr sperren; **2.** *v/i* schließen, zugehen; ~**se** sich schließen; *fig* ~ *a* sich verschließen (*dat*)
cerro ['θεrro] *m* Hügel *m*; ~**jo** [θε'rroxo] *m* Riegel *m*; *echar el* ~ *a* zuriegeln
certamen [θεr'tamen] *m* Wettbewerb *m*, -streit *m*
cer|tero [θεr'tero] treffend, genau; ~**teza** [~'teθa] *f*, ~**tidumbre** [~ti'dumbre] *f* Gewißheit *f*, Sicherheit *f*
certifica|ción [θεrtifika'θion] *f* Bescheinigung *f*; Bestätigung *f*; ~**do** [~'kaðo] *m* Bescheinigung *f*; Zertifikat *n*; ✉ Attest *n*; ✉ Einschreiben *n*; ~**r** [~'kar] (1g) bescheinigen; bestätigen; ✉ einschreiben lassen
cerumen [θe'rumen] *m* Ohrenschmalz *n*
cervato [θεr'bato] *m* Hirschkalb *n*
cerve|cería [θεrβeθe'ria] *f* Brauerei *f*; (*local*) Bierstube *f*; ~**cero** [~'θero] *m* Brauer *m*; ~**za** [~'beθa] *f* Bier *n*; ~ *de barril* Faßbier *n*
cervical [θεrβi'kal] Hals...
cesa|ción [θesa'θion] *f* Aufhören *n*; Einstellung *f*; ~**r** [~'sar] (1a) aufhören; *sin* ~ unaufhörlich
cesárea ✴ [θe'sarea] *f* Kaiserschnitt *m*
cese ['θese] *m* Aufhören *n*, Beendigung *f*; Ausscheiden *n* (aus dem Dienst); ~ *del negocio* Geschäftsaufgabe *f*
cesión [θe'sion] *f* Abtretung *f*, Überlassung *f*
césped ['θespeð] *m* Rasen *m*
ces|ta ['θesta] *f* Korb *m*; ✝⚖ *de la compra* Warenkorb *m*; ~**tería** [~te'ria] *f* Korbmacherei *f*; ~**to** ['θesto] *m* (größerer) Korb *m*
cesura [θe'sura] *f* Zäsur *f* (*a fig*)
cetro ['θetro] *m* Zepter *n*
chabaca|nería [tʃabakane'ria] *f* Geschmacklosigkeit *f*; ~**no** [~'kano] geschmacklos
chabola [tʃa'bola] *f* Hütte *f*; Elendswohnung *f*
chacal [tʃa'kal] *m* Schakal *m*
chacha F ['tʃatʃa] *f* (Kinder-, Dienst-) Mädchen *n*
cháchara ['tʃatʃara] *f* Geschwätz *n*
chafar [tʃa'far] (1a) zertreten; zerknittern; zerdrücken
chaflán [tʃa'flan] *m* Schrägkante *f*; (abgeschrägte) Haus- *od* Straßenecke *f*
chal [tʃal] *m* Schal *m*; ~**ado** P [tʃa'laðo] verrückt; ~ *por* F verknallt in
chalana ⚓ [tʃa'lana] *f* Leichter *m*, Schute *f*
chalé [tʃa'le] *m s chalet*
chaleco [tʃa'leko] *m* Weste *f*; ~ *salvavidas* Schwimmweste *f*
chalet [tʃa'lεt] *m* Villa *f*; Landhaus *n*; ~ *adosado* Reihenhaus *n*
chalote ♀ [tʃa'lote] *m* Schalotte *f*
chalupa [tʃa'lupa] *f* ⚓ Schaluppe *f*
chamba ['tʃamba] *f* Zufallstreffer *m*; glücklicher Zufall *m*
cham|pán [tʃam'pan], ~**paña** [~'paɲa] *m*

chimenea

Champagner *m*; **~pañera** [~pa'ɲera] *f* Sektkühler *m*
champiñon [tʃampi'ɲɔn] *m* Champignon *m*
champú [tʃam'pu] *m* Schampoo *n*
chamuscar [tʃamus'kar] (1g) an-, versengen; leicht rösten
chancho *Am* ['tʃantʃo] *m* Schwein *n*
chanchull|ero [tʃantʃu'ʎero] *m* Schwindler *m*; **~o** [~'tʃuʎo] *m* Schwindelei *f*; Schiebung *f*
chanc|la ['tʃaŋkla] *f* F Latsche *f*; **~leta** [~'kleta] *f* Pantoffel *m*, Hausschuh *m*; **~lo** ['tʃaŋklo] *m* Überschuh *m*; Gummischuh *m*
chándal ['tʃandal] *m* Trainings-, Jogginganzug *m*
chanquete [tʃaŋ'kete] *m* (*pez*) Weißgrundel *m*
chanta|je [tʃan'taxe] *m* Erpressung *f*; *hacer* **~** = **~jear** [~taxe'ar] (1a) erpressen; **~jista** [~ta'xista] *m* Erpresser *m*
chapa ['tʃapa] *f* Blech *n*; Platte *f*; Blechmarke *f*; (*tapón*) Kronkorken *m*; **~do** [~'paðo] furniert; beschlagen; **~ en oro** aus Golddublee
chaparrón [tʃapa'rrɔn] *m* Regenguß *m*
chapero F [tʃa'pero] *m* F Strichjunge *m*
chapistería [tʃapiste'ria] *f auto* Karosseriewerkstatt *f*
chapotear [tʃapote'ar] (1a) 1. *v/t* anfeuchten; 2. *v/i* plätschern; plantschen
chapuce|ar [tʃapuθe'ar] (1a) (ver)pfuschen; stümpern; **~ría** [~θe'ria] *f* Pfusch(erei *f*) *m*; Stümperei *f*; **~ro** [~'θero] *m* Stümper *m*
chapurr(e)ar [tʃapu'rrar, ~rre'ar] (1a) (*idioma*) radebrechen
chapu|za [tʃa'puθa] *f* Pfuscharbeit *f*; **~zón** [~'θɔn] *m* Untertauchen *n*; Sprung *m* ins Wasser
chaqué [tʃa'ke] *m* Cut(away) *m*
chaque|ta [tʃa'keta] *f* Jacke *f*; **~ de punto** Strickjacke *f*; **~tón** [~ke'tɔn] *m* Dreivierteljacke *f*
charada [tʃa'raða] *f* Scharade *f*
charanga [tʃa'raŋga] *f* Blechmusik(kapelle) *f*
char|ca ['tʃarka] *f* Tümpel *m*; **~co** [~ko] *m* Pfütze *f*; Lache *f*
charcutería [tʃarkute'ria] *f* (Schweine-)Metzgerei *f*; Wurstwaren *f/pl*
charla ['tʃarla] *f* Plauderei *f*; **~r** [~'lar] (1a) plaudern, schwatzen; **~tán**

[~la'tan] *m* Schwätzer *m*; Scharlatan *m*
charnela [tʃar'nela] *f* Scharnier *n*
charol [tʃa'rɔl] *m* Glanzleder *n*; *zapatos m/pl de* **~** Lackschuhe *m/pl*
chárter ['tʃartɛr]: *vuelo m* **~** Charterflug *m*
chasco ['tʃasko] *m* Streich *m*; (*decepción*) Reinfall *m*; *llevarse un* **~** reinfallen
chasis ['tʃasi(s)] *m auto* Fahrgestell *n*
chasqu|ear [tʃaske'ar] (1a) 1. *v/t* anführen, F reinlegen; 2. *v/i* (*látigo*) knallen mit; (*lengua*) schnalzen mit; **~ido** [~'kido] *m* (Peitschen-)Knall *m*; Knaken *n*; Schnalzen *n*
chatarr|a [tʃa'tarra] *f* Schrott *m*; **~ero** [~'rrero] *m* Schrotthändler *m*
chato ['tʃato] 1. *adj* stumpfnasig; 2. *m* niedriges Weinglas *n*
chaval [tʃa'bal] *m* Junge *m*; **~a** [~'bala] *f* Mädchen *n*
chaveta [tʃa'beta] *f* Splint *m*; Bolzen *m*; F *perder la* **~** den Verstand verlieren
checo ['tʃeko] 1. *adj* tschechisch; 2. *m*, *-a f* [~ka] Tscheche *m*, Tschechin *f*
chelín [tʃe'lin] *m* Schilling *m*
cheque ✝ ['tʃeke] *m* Scheck *m*; **~ cruzado** Verrechnungsscheck *m*; **~ al portador** Inhaberscheck *m*; **~regalo** Geschenkgutschein *m*; **~ de viaje** Reisescheck *m*; **~o** [~'keo] *m* ⚕ Generaluntersuchung *f*; *auto* Inspektion *f*; **~ra** *Am* [~'kera] *f* Scheckheft *n*
chic [tʃik] schick
chica ['tʃika] *f* Mädchen *n*; (*criada*) Dienstmädchen *n*
chicharrón [tʃitʃa'rrɔn] *m* Speckgriebe *f*
chichón [tʃi'tʃɔn] *m* Beule *f* am Kopf
chicle ['tʃikle] *m* Kaugummi *m*
chico ['tʃiko] 1. *adj* klein; 2. *m* Junge *m*
chifla|do F [tʃi'flaðo] verrückt; **~ por** F verknallt in; **~dura** [~'ðura] *f* Verrücktheit *f*, Marotte *f*; **~r** [~'flar] (1a): *me chifla* ... ich schwärme für ...; **~rse** verrückt sein (nach *por*)
chileno [tʃi'leno] 1. *adj* chilenisch; 2. *m*, *-a f* [~na] Chilene *m*, Chilenin *f*
chill|ar [tʃi'ʎar] (1a) kreischen; schreien; (*chirriar*) quietschen; **~ería** [~ʎe'ria] *f* Geschrei *n*; **~ido** [~'ʎiðo] *m* (gellender) Schrei *m*; **~ón** [~'ʎɔn] 1. *adj* kreischend, schrill; (*color*) grell; 2. *m* Schreihals *m*
chimenea [tʃime'nea] *f* Schornstein *m*; (*hogar*) Kamin *m*

chimpancé [tʃimpan'θe] m Schimpanse m
china ['tʃina] f Chinesin f; (piedra) Steinchen n; (porcelana f de) ~ feines Porzellan n
chinche ['tʃintʃe] f zo Wanze f; **~ta** [~'tʃeta] f Reiß-, Heftzwecke f
chinchilla [tʃin'tʃiʎa] f Chinchilla f
chinela [tʃi'nela] f Pantoffel m, Hausschuh m
chino ['tʃino] **1.** adj chinesisch; **2.** m Chinese m; (colador) Sieb n; **esto es ~ para mí** das kommt mir spanisch vor
chip ['tʃip] m inform Chip m
chipirón [tʃipi'rɔn] m kleiner Tintenfisch m
chiquill|a [tʃi'kiʎa] f kleines Mädchen n; **~ada** [~'ʎaða] f Kinderei f; **~o** m kleines Kind n
chirigota F [tʃiri'gota] f Scherz m
chirimía ♪ [tʃiri'mia] f Schalmei f
chirimoya [tʃiri'mɔja] f Zuckerapfel m
chiringuito [tʃirin'gito] f Trink- od Imbißbude f im Freien
chirla ['tʃirla] f Art Venusmuschel f
chirona F [tʃi'rona] f Kittchen n; **estar en ~** hinter Schloß und Riegel sitzen
chirri|ar [tʃi'rriar] (1c) quietschen; knarren, (cigarra) zirpen; **~do** [~'rriðo] m Quietschen n; Knarren n; Zirpen n
¡chis! [tʃis] pst!
chis|me ['tʃizme] m Klatsch m; F (trasto) Ding n; **~s** pl Zeug n, Kram m; **~morrear** [~mɔrre'ar] (1a) klatschen; **~mosa** [~'mosa] f Klatschbase f; **~moso** [~'moso] **1.** adj klatschsüchtig; **2.** m Klatschmaul n
chis|pa ['tʃispa] f Funke(n) m; fig Geist(esblitz) m; Witz m; F Schwips m; **echar ~s** wütend sein; **una ~ de** ein bißchen; **ni ~** keine Spur; **~pazo** [~'paθo] m Funke(n) m (a fig); **~peante** [~pe'ante] funkensprühend; fig geistsprühend; **~pear** [~pe'ar] (1a) funkeln
chistar [tʃis'tar] (1a): **sin ~** ohne sich zu mucksen
chiste ['tʃiste] m Witz m
chistera F [tʃis'tera] f Zylinder m
chistoso [tʃis'toso] witzig
chita ['tʃita] f: **a la ~ callando** still u heimlich
chiva|rse [tʃi'barse] (1a) F petzen; **~to** [~'bato] m F Petze(r m) f
chivo ['tʃibo] m Zicklein n; **~ expiatorio** Sündenbock m

choc ✱ [tʃɔk] m Schock m; **~ante** [tʃo'kante] anstößig; schockierend; **~ar** [~'kar] (1g) **1.** v/i zs.-stoßen (a fig); **2.** v/t (brindar) anstoßen; fig Anstoß erregen bei, schockieren
chocha ['tʃɔtʃa] f Schnepfe f
choch|ear [tʃotʃe'ar] (1a) kindisch werden; vertrotteln; **~o** ['tʃotʃo] kindisch; vertrottelt
chocolate [tʃoko'late] m Schokolade f; (bebida) Kakao m; P Hasch(isch) m od n; **~ría** [~late'ria] f Schokoladenfabrik f, -geschäft n
chófer ['tʃofer] m Chauffeur m, Fahrer m
choll|a F ['tʃoʎa] f Kopf m, P Birne f; **~o** F ['tʃoʎo] m Gelegenheitskauf m
chopo ['tʃopo] m Pappel f
choque ['tʃoke] m Stoß m; Zs.-stoß m (a fig); ✱ Schock m; **~ en cadena** Massenkarambolage f
chorizo [tʃo'riθo] m Paprikawurst f; P Taschendieb m
chorr|ada P [tʃo'rraða] f Unsinn m, F Quatsch; **~ear** [~rre'ar] (1a) rieseln; triefen
chorro ['tʃɔrrɔ] m (Wasser-)Strahl m; fig Schwall m; **a ~s** in Strömen
chotis ['tʃotis] m Madrider Volkstanz
choto ['tʃoto] m Zicklein n
choza ['tʃoθa] f Hütte f
christmas ['krismas] m Weihnachtskarte f
chubas|co [tʃu'basko] m (Regen-)Schauer m; **~quero** [~'kero] m Wetter-, Regenmantel m
chuchería [tʃutʃe'ria] f (nette) Kleinigkeit f; (golosina) Näscherei f
chucho ['tʃutʃo] m F Köter m
chucrut [tʃu'krut] m Sauerkraut n
chufa ♀ ['tʃufa] f Erdmandel f
chulear P [tʃule'ar] (1a) angeben
chuleta [tʃu'leta] f Kotelett n; (papel) Spickzettel m
chulo ['tʃulo] **1.** adj vorlaut; keß; F nett, hübsch; **2.** m Angeber m; F Zuhälter m
chupa|da [tʃu'paða] f: **dar una ~** e-n Zug tun; **~do** [~'paðo] (flaco) ausgemergelt; F (fácil) (kinder)leicht; **~r** [~'par] (1a) lutschen; (auf)saugen; **~se los dedos** sich die Finger nach et lecken; **no ~se el dedo** nicht auf den Kopf gefallen sein
chupete [tʃu'pete] m Schnuller m

churro ['tʃurrɔ] *m in Öl ausgebackenes Spritzgebäck*
chusco ['tʃusko] *drollig, witzig*
chusma ['tʃuzma] *m Gesindel n, Pöbel m*
chut [tʃut] *m (fútbol)* Schuß *m*; **~ar** [~'tar] (1a) schießen; F *esto va que chuta* F das geht wie geschmiert
cianuro [θia'nuro] *m Zyankali n*
cláti|ca ['θiatika] *f Ischias m (a n)*; **~co** [~ko] Hüft...
cibernética [θiber'netika] *f Kybernetik f*
cicate|ría [θikate'ria] *f Knauserei f*; **~ro** [~'tero] knauserig
cicatriz [θika'triθ] *f Narbe f*; **~ación** [~triθa'θiɔn] *f Vernarbung f*; **~ar** [~'θar] (1f) vernarben
ciclamen [θi'klamen] *m Alpenveilchen n*
cíclico ['θikliko] *zyklisch*
ciclis|mo [θi'klizmo] *m Radsport m*; **~ta** [θi'klista] *m (f)* Radfahrer(in *f*) *m*
ciclo ['θiklo] *m Zyklus m*; **~motor** [~mo'tɔr] *m Moped n*
ciclón [θi'klɔn] *m Wirbelsturm m*
cicuta ❦ [θi'kuta] *f Schierling m*
ciego ['θiego] **1.** *adj* blind; *a ciegas* blindlings; **2.** *m* Blinde(r) *m*; (*intestino m*) **~** Blinddarm *m*
cielo ['θielo] *m Himmel m*; *llovido del* **~** wie gerufen (kommen)
ciempiés *zo* [θiem'pies] *m Tausendfüßler m*
cien [θien] *s ciento*
ciencia ['θienθia] *f Wissenschaft f*; **~-ficción** Science-fiction *f*; *a* **~** *cierta* mit aller Bestimmtheit; **~s** Naturwissenschaften *f/pl*; **~s** *empresariales* Betriebswirtschaft *f*
cieno ['θieno] *m Schlamm m*
científico [θien'tifiko] **1.** *adj* wissenschaftlich; **2.** *m* Wissenschaftler *m*
ciento ['θiento] (*delante de su cien*) hundert; *por* **~** Prozent *n*; *el cinco por* **~** 5%
cierre ['θierre] *m Schließung f*, Schluß *m*; (*cerradura*) Verschluß *m*; **~** *centralizado auto* Zentralverriegelung *f*; *TV* **~** (*de las emisiones*) Sendeschluß *m*; **~** *patronal* Lockout *m*, Aussperrung *f*
cierto ['θierto] gewiß, sicher; (*exacto*) richtig; *es* **~** das stimmt; *por* **~** übrigens; *estar en lo* **~** recht haben
ciervo ['θierbo] *m Hirsch m*
cierzo ['θierθo] *m Nordwind m*
cifra ['θifra] *f Ziffer f*, Zahl *f*; (*cantidad*) Summe *f*; **~r** [~'frar] (1a) verschlüsseln, chiffrieren
cigala *zo* [θi'gala] *f Kaisergranat m*, Kronenhummer *m*
cigarra *zo* [θi'garra] *f Zikade f*
cigarre|ra [θiga'rrera] *f Zigarrenetui n*; **~ría** *Am* [~rre'ria] *f Tabakladen m*
cigarr|illo [θiga'rriʎo] *m Zigarette f*; **~o** [~'garro] *m Zigarre f*
cigüeña [θi'güeɲa] *f Storch m*; **~l** [θigüe'ɲal] *m auto Kurbelwelle f*
cilantro ❦ [θi'lantro] *m Koriander m*
cilindrada *auto* [θilin'draða] *f Hubraum m*
cilíndrico [θi'lindriko] *zylindrisch*
cilindro [θi'lindro] *m Zylinder m*, Walze *f*
cima ['θima] *f Gipfel m*; Spitze *f*; (*de árbol*) Wipfel *m*; *fig* Höhepunkt *m*
cim|entar [θimen'tar] (1k) das Fundament legen; *fig* (be)gründen; **~iento(s)** [~'miento(s)] *m(pl)* Grundmauer *f*; Fundament *n* (*a fig*)
cinc [θiŋk] *m Zink n*
cincel [θin'θel] *m Meißel m*; **~ar** [~θe'lar] (1a) meißeln; ziseiieren
cinco ['θiŋko] *fünf*
cincuen|ta [θiŋ'kuenta] *fünfzig*; **~tón** [~kuen'tɔn] *m Fünfzig(jähriger) m*
cine ['θine] *m Kino n*; **~asta** [~'asta] *m Filmschaffende(r) m, -regisseur m*
cinéfilo [θi'nefilo] *m Filmfan m*
cinegético [θine'xetiko] Jagd...
cinemato|grafía [θinematogra'fia] *f Filmkunst f*; **~gráfico** [~'grafiko] Film...
cinética [θi'netika] *f Kinetik f*
cínico ['θiniko] **1.** *adj zynisch*; **2.** *m Zyniker m*
cinismo [θi'nizmo] *m Zynismus m*
cin|ta ['θinta] *f Band n*; Schleife *f*; (*de máquina de escribir*) Farbband *n*; (*película*) Film(streifen) *m*; **~** *adhesiva* Klebestreifen *m*; **~** *aislante* Isolierband *n*; **~** *magnetofónica* Tonband *n*; **~** *métrica* Bandmaß *n*; **~** *de vídeo* Videoband *n*; **~tura** [~'tura] *f Taille f*; *meter en* **~** zur Vernunft bringen; **~turón** [~tu'rɔn] *m Gürtel m*; ✕ Koppel *n*; **~** (*de ronda*) Ringstraße *f*; **~** *de seguridad* Sicherheitsgurt *m*
ciprés [θi'pres] *m Zypresse f*
circense [θir'θense] Zirkus...
circo ['θirko] *m Zirkus m*

circuito [θirˈküito] *m* Umkreis *m*; (*viaje*) Rundfahrt *f*, -reise *f*; *dep* Rennstrecke *f*; ⚡ Stromkreis *m*

circulación [θirkulaˈθi̯on] *f* Kreislauf *m*; *auto* Verkehr *m*; ~ **de la sangre** Blutkreislauf *m*; ~ **giratoria** Kreisverkehr *m*; ~ **monetaria** Geldumlauf *m*

circular¹ [θirkuˈlar] **1.** *adj* kreisförmig; **2.** *f* Rundschreiben *n*

circular² [θirkuˈlar] (1a) (umher)gehen; zirkulieren; (*coches etc*) fahren; (*tren*) verkehren; *¡circulen!* weitergehen!

circulatorio [θirkulaˈtori̯o] Kreis...; ⚕ Kreislauf...

círculo [ˈθirkulo] *m* Kreis *m* (*a fig*); ~ **vicioso** Teufelskreis *m*

circunci|dar [θirkunθiˈdar] (1a) beschneiden; ~**sión** [~ˈsi̯on] *f* Beschneidung *f*

circun|dar [θirkunˈdar] (1a) umgeben, einfassen; ~**ferencia** [~kumfeˈrenθi̯a] *f* Umfang *m*; Umkreis *m*; ~**navegación** [~kunnabegaˈθi̯on] *f* Umseg(e)lung *f*, Umschiffung *f*

circunscri|bir [θirkunskriˈbir] (3a) eingrenzen; ⚡ umschreiben; ~**pción** [~kribˈθi̯on] *f* Eingrenzung *f*; *pol* Bezirk *m*

circunspec|ción [θirkunspɛgˈθi̯on] *f* Umsicht *f*, Bedacht *m*; ~**to** [~ˈpɛkto] umsichtig; zurückhaltend

circunstancia [θirkunsˈtanθi̯a] *f* Umstand *m*

circun|valación [θirkumbalaˈθi̯on] *f* Umgehungsstraße *f*; ~**volución** [~boluˈθi̯on] *f* Windung *f*

cirio [ˈθiri̯o] *m* Kerze *f*

ciruе|la [θiˈrṷela] *f* Pflaume *f*; ~ **claudia** Reineclaude *f*; ~ **pasa** Backpflaume *f*; ~**lo** [~lo] *m* Pflaumenbaum *m*

ciru|gía [θiruˈxia] *f* Chirurgie *f*; ~ **estética** Schönheitschirurgie *f*; ~**jano** [~ˈxano] *m* Chirurg *m*

cisne [ˈθizne] *m* Schwan *m*; (*jersey de*) **cuello** *m* ~ Rollkragen(pullover) *m*

cisterciense [θisterˈθi̯ense] *m* Zisterzienser *m*

cisterna [θisˈtɛrna] *f* Zisterne *f*

cita [ˈθita] *f* Verabredung *f*; Termin *m*; (*referencia*) Zitat *n*; ~**ción** [~ˈθi̯on] *f* ⚖ Vorladung *f*; ~**r** [~ˈtar] (1a) bestellen; ⚖ vorladen; (*mencionar*) zitieren, anführen; ~**rse** sich verabreden

cítara [ˈθitara] *f* Zither *f*

cítrico [ˈθitriko] **1.** *adj*: **ácido** *m* ~ Zitronensäure *f*; **2.** ~**s** *m*/*pl* Zitrusfrüchte *f*/*pl*

ciudad [θi̯uˈdad] *f* Stadt *f*; ~ **gemela** Partnerstadt *f*; ~**anía** [~dadaˈnia] *f* Staatsangehörigkeit *f*; ~**ano** [~ˈdano] **1.** *adj* städtisch; **2.** *m* Bürger *m*; (*súbdito*) Staatsbürger *m*; ~**ela** [~ˈdela] *f* Zitadelle *f*

cívico [ˈθibiko] (staats)bürgerlich; **deber** *m* ~ Bürgerpflicht *f*

civil [θiˈbil] **1.** *adj* bürgerlich, zivil, Zivil...; **2.** *m bsd Am* Zivilist *m*; ~**ización** [~li̯θaˈθi̯on] *f* Zivilisation *f*, Kultur *f*; ~**izado** [~liˈθado] gesittet; gebildet; zivilisiert; ~**izar** [~liˈθar] (1f) zivilisieren

civismo [θiˈbizmo] *m* Bürgersinn *m*

cizalla(s) [θiˈθaʎa(s)] *f*(*pl*) Blechschere *f*

clamar [klaˈmar] (1a) schreien (nach *dat por*)

clamor [klaˈmor] *m* Geschrei *n*; ~**oso** [~moˈroso] *fig* laut(stark); (*éxito*) überwältigend

clan [klan] *m* Klan *m*; Sippe *f*

clandesti|nidad [klandestiniˈdad] *f* Heimlichkeit *f*; ~**no** [~ˈtino] heimlich; Geheim..., Schwarz...

claqué [klaˈke] *m* Steptanz *m*

clara [ˈklara] *f* Eiweiß *n*; ~**boya** [~ˈboja] *f* Dachluke *f*; Oberlicht *n*

clarete [klaˈrete] *m* Klarettwein *m*

clari|dad [klariˈdad] *f* Helle *f*; *fig* Klarheit *f*; ~**ficar** [~fiˈkar] (1g) klären

clarín [klaˈrin] *m* Signalhorn *n*

clarinet|e [klariˈnete] *m* Klarinette *f*; ~**ista** [~ˈtista] *su* Klarinettist(in *f*) *m*

clarividen|cia [klaribiˈdenθi̯a] *f* Scharfblick *m*; ~**te** [~ˈdente] scharfsichtig, weitblickend

claro [ˈklaro] **1.** *adj* hell; klar; (*pelo, etc*) dünn; (*líquido*) dünn(flüssig); *¡~!* natürlich!, klar!; **2.** *adv* klar, deutlich; **3.** *m* Helle *f*, Licht *n*; (*del bosque*) Lichtung *f*; (*espacio*) Lücke *f*; *met* (*apertura f de*) ~**s** Aufheiterungen *f*/*pl*; ~ **de luna** Mondschein *m*; **poner en** ~ klarstellen

claroscuro [klarɔsˈkuro] *m* Helldunkel *n*

clase [ˈklase] *f* Klasse *f*; Art *f*, Sorte *f*; (*aula*) Klasse(nzimmer *n*) *f*; Hörsaal *m*; (*lección*) Unterricht *m*, Vorlesung *f*; ~ **económica** Economyklasse *f*; ~ **media** Mittelstand *m*; ~ **particular** Privatstunde *f*; **dar** ~ Unterricht geben

clásico [ˈklasiko] **1.** *adj* klassisch; **2.** *m* Klassiker *m*

clasifica|ción [klasifika'θĭɔn] f Einteilung f, Klassifizierung f; dep Qualifikation f; **~dor** [~'ďɔr] m (Akten-)Ordner m; **~r** [~'kar] (1g) einordnen; klassifizieren; **~rse** dep sich qualifizieren

claudicar [klaŭďi'kar] (1g) fig nachgeben

claustro ['klaŭstro] m Kreuzgang m; **~ de profesores** Lehrkörper m

cláusula ['klaŭsula] f Klausel f

clausura [klaŭ'sura] f rel Klausur f; fig (Ab-)Schluß m; **~r** [~'rar] (1a) (sesión, etc) (ab)schließen

clava|do [kla'baďo] fig pünktlich; **~r** [~'bar] (1a) (an)nageln; befestigen; (clavo) einschlagen

clave ['klabe] a) f fig Schlüssel m; Code m; △ Schlußstein m; ♪ Notenschlüssel . m; ~ **de fa** Baßschlüssel m; ~ **de sol** Violinschlüssel m; b) m ♪ Cembalo n

clavel ♀ [kla'bɛl] m Nelke f

clavi|cémbalo ♪ [klabi'θembalo] m Cembalo n; **~cordio** ♪ [~'kɔrďĭo] m Klavichord n

clavícula [kla'bikula] f Schlüsselbein n

clavija [kla'bixa] f Stift m, Bolzen m; Zapfen m; ♪ Wirbel m; ⚡ Stecker m; **apretar las ~s a alg** j-n unter Druck setzen

clavo ['klabo] m Nagel m; ♀ Gewürznelke f; **agarrarse a un ~ ardiendo** fig sich an e-n Strohhalm klammern; **como un ~** pünktlich; **dar en el ~** den Nagel auf den Kopf treffen

claxon auto ['klagsɔn] m Hupe f; **tocar el ~** hupen

clemen|cia [kle'menθĭa] f Milde f, Gnade f; **~te** [~'mente] mild, gütig

clementina ♀ [klemen'tina] f Klementine f

clerical [kleri'kal] geistlich, klerikal; **~ismo** [~ka'lizmo] m Klerikalismus m

clérigo ['klerigo] m Geistliche(r) m

clero ['klero] m Klerus m, Geistlichkeit f

cliché [kli'tʃe] m Klischee n (a fig)

clien|ta ['klĭenta] f Kundin f; 🙊 Klientin f; **~te** ['klĭente] m Kunde m; 🙊 Klient m; **~tela** [~'tela] f Kundschaft f, Kundenkreis m; **~ fija** Stammkundschaft f

clima ['klima] m Klima n (a fig)

climaterio [klima'terĭo] m Wechseljahre n/pl

climático [kli'matiko] klimatisch, Klima...

climatizado [klimati'θaďo] klimatisiert; auto mit Klimaanlage; **~r** [~'ďɔr] m Klimaanlage f

clíni|ca ['klinika] f Klinik f; **~co** [~ko] klinisch

clip [klip] m Büroklammer f; (pendiente) Ohrclip m

clítoris ['klitoris] m Klitoris f

cloaca [klo'aka] f Kloake f (a zo)

cloro ['klɔro] m Chlor n; **~fila** [~'fila] f Chlorophyll n; **~formo** [~'fɔrmo] m Chloroform n

club [klub] m Klub m; **~ deportivo** Sportverein m; **~ nocturno** Nachtlokal n

clueca ['klŭeka] f Glucke f

coagula|ción [koagula'θĭɔn] f Gerinnung f; **~rse** [~'larse] (1a) gerinnen

coágulo [ko'agulo] m Gerinnsel n

coalición [koali'θĭɔn] f Bündnis n; pol Koalition f

coartada [koar'taďa] f Alibi n

coautor [koaŭ'tɔr] m Mitautor m; 🙊 Mittäter m

coba F ['koba] f: **dar ~ a alg** F j-m Honig um den Bart schmieren

cobalto [ko'balto] m Kobalt n

cobar|de [ko'barďe] **1.** adj feige; **2.** m Feigling m; **~día** [~'ďia] f Feigheit f

cobaya [ko'baja] f Meerschweinchen n

cobertura [kober'tura] f ✝ Deckung f; **~ de aguas** △ Richtfest n

cobij|ar [kobi'xar] (1a) beherbergen; (proteger) (be)schützen; **~arse** Zuflucht suchen; **~o** [~'bixo] m Unterschlupf m

cobra ['kɔbra] f Kobra f

cobrador [kobra'ďɔr] m Kassierer m; (bus, etc) Schaffner m

cobrar [ko'brar] (1a) kassieren, einziehen; (cheque) einlösen; (sueldo) beziehen, verdienen; (precio) verlangen; **~ ánimo** Mut fassen

cobr|e ['kɔbre] m Kupfer n; **~izo** [~'briθo] kupferfarben

cobro ['kɔbro] m Einziehung f, Inkasso n; (de tasas) Erhebung f; (de cheques) Einlösung f

coca ♀ ['kɔka] f Kokastrauch m

cocaína [koka'ina] f Kokain n

cocción [kɔg'θĭɔn] f (Ab-)Kochen n

cocear [koθe'ar] (1a) (caballo) ausschlagen

cocer [ko'θɛr] (2b u 2h) **1.** v/t kochen; (al

cochambre 86

horno) backen; (*cerámica*) brennen; **2.** *v/i* kochen
cochambr|e [ko'tʃambre] *m* F Dreck *m*; **~oso** F [~'broso] F dreckig
coche ['kotʃe] *m* Auto *n*, Wagen *m*; (*de caballos*) Kutsche *f*; 🚃 Waggon *m*; **~ de alquiler** Mietwagen *m*; **~-bomba** *m* Autobombe *f*; **~-cama** Schlafwagen *m*; **~ de carrera** Rennwagen *m*; **~ celular** Gefängniswagen *m*; **~ directo** Kurswagen *m*; **~ fúnebre** Leichenwagen *m*; **~ de línea** Überlandbus *m*, Linienbus *m*; **~-literas** Liegewagen *m*; **~ de niño** Kinderwagen *m*; **~ (radio-)patrulla** (Funk-)Streifenwagen *m*; **~ restaurante** Speisewagen *m*; **~ usado** (*od de ocasión*) Gebrauchtwagen *m*; **~ra** [ko-'tʃera] *f* Wagenschuppen *m*; Garage *f*; **~ro** [~ro] *m* Kutscher *m*
cochi|na [ko'tʃina] *f* Sau *f* (*a fig*); **~nillo** [~'niʎo] *m* Ferkel *n*; **~no** [~'tʃino] **1.** *adj fig* schmutzig, dreckig; **2.** *m* Schwein *n* (*a fig*)
cocido [ko'θiðo] *m spanischer* Eintopf *m*
cociente [ko'θiente] *m* Quotient *m*
coci|na [ko'θina] *f* Küche *f*; (*aparato*) Herd *m*; **~ eléctrica** Elektroherd *m*; **~ de gas** Gasherd *m*; **~nar** [~'nar] (1a) *v/t u v/i* kochen; **~nera** [~'nera] *f* Köchin *f*; **~nero** [~'nero] *m* Koch *m*; **~nilla** [~'niʎa] *f* (Spiritus-)Kocher *m*
coco 🍎 ['koko] *m* Kokosnuß *f*
cocodrilo [koko'ðrilo] *m* Krokodil *n*
cocotero [koko'tero] *m* Kokospalme *f*
cóctel ['kɔktɛl] *m* Cocktail *m*
coctelera [kɔkte'lera] *f* Mixbecher *m*, Shaker *m*
codazo [ko'ðaθo] *m* Stoß *m* mit dem Ellenbogen; Rippenstoß *m*
codici|a [ko'ðiθia] *f* Habsucht *f*; Geldgier *f*; **~ar** [~'θiar] (1b) begehren; **~oso** [~'θioso] habsüchtig
codificar [koðifi'kar] (1g) kodieren, verschlüsseln; ⚖ kodifizieren
código ['koðigo] *m* Kode *m*; ⚖ Gesetzbuch *n*; ✝ **~ de barras** Strichkode *m*; **~ civil** Bürgerliches Gesetzbuch *n*; **~ penal** Strafgesetzbuch *n*; **~ postal** Postleitzahl *f*
codo ['koðo] *m* Ellbogen *m*; ⚙ Knierohr *n*; *hablar por los* **~s** (zuviel) schwatzen
codorniz [koðor'niθ] *f* Wachtel *f*
coeficiente [koefi'θiente] *m* Koeffizient *m*

coetáneo [koe'taneo] **1.** *adj* gleichaltrig; zeitgenössisch; **2.** *m* Alters-, Zeitgenosse *m*
coexist|encia [koɛgsis'tenθia] *f* Koexistenz *f*; **~ir** [~'tir] (3a) nebeneinander bestehen
cofa ⚓ ['kofa] *f* Mastkorb *m*
cofia ['kofia] *f* Haube *f*
cofradía [kofra'ðia] *f* Laienbruderschaft *f*
cofre ['kofre] *m* Truhe *f*; Kästchen *n*, Schatulle *f*
coger [kɔ'xɛr] (2c) nehmen, (er)greifen; (*ladrón*) fangen; (*enfermedad*) sich holen; *taur* auf die Hörner nehmen; (*flores, frutas*) pflücken; **~ frío** sich erkälten; **~ de sorpresa** überraschen
cogestión [koxes'tion] *f* Mitbestimmung *f*
cogida [kɔ'xiða] *f taur* Verletzung *f* (*durch den Stier*)
cogollo 🌱 [ko'goʎo] *m* (*de lechuga*) Herz *n*
cogote [ko'gote] *m* Nacken *m*
cohabitar [koaβi'tar] (1a) (ehelich) zs.-leben
cohech|ar [koe'tʃar] (1a) bestechen; **~o** [ko'etʃo] *m* Bestechung *f*
cohe|rencia [koe'renθia] *f* Zs.-hang *m*; **~rente** [~'rente] zs.-hängend; **~sión** [koe'sion] *f* Zs.-halt *m*; *fig* Kohäsion *f*
cohete [ko'ete] *m* Rakete *f*; **~ portador** Trägerrakete *f*
cohibi|ción [koiβi'θion] *f* Einschränkung *f*; Hemmung *f* (*a psic*); **~do** [~'βiðo] befangen, gehemmt; **~r** [~'βir] (3a) hemmen, einschüchtern
coinci|dencia [koinθi'ðenθia] *f* Zs.-treffen *n*; Übereinstimmung *f*; **~dir** [~'ðir] (3a) zs.-treffen, -fallen; übereinstimmen
coito ['kɔito] *m* Beischlaf *m*, Koitus *m*
coje|ar [koxe'ar] (1a) hinken, humpeln; (*mueble*) wackeln; **~ra** [~'xera] *f* Hinken *n*
cojín [kɔ'xin] *m* Kissen *n*
cojinete [kɔxi'nete] *m* ⚙ Lager *n*; **~ de bolas** Kugellager *n*
cojo ['kɔxo] **1.** *adj* hinkend; lahm; (*mueble*) wackelig; **2.** *m* Lahme(r) *m*
co|jón P [kɔ'xɔn] *m* Hoden *m*; **~jonudo** P [~xo'nuðo] toll, phantastisch
col [kɔl] *f* Kohl *m*; **~ de Bruselas** Rosenkohl *m*

cola ['kola] *f* Schwanz *m*; (*de cometa*) Schweif *m*; (*del vestido*) Schleppe *f*; (*de gente*) Schlange *f*; (*para pegar*) Leim *m*; ~ **de caballo** (*peinado*) Pferdeschwanz *m*; **hacer** ~ Schlange stehen; **traer** ~ Folgen haben

colabora|ción [kolabora'θi̯on] *f* Mitarbeit *f*; ~**dor** [~'dɔr] *m* Mitarbeiter *m*; ~**r** [~'rar] (1a) mitarbeiten, mitwirken

colación [kola'θi̯on] *f* Imbiß *m*; **traer** (*od sacar*) **a** ~ zur Sprache bringen

cola|da [ko'laða] *f* Wäsche *f*; ~**dor** [~'dɔr] *m* Sieb *n*, Durchschlag *m*

colapso [ko'labso] *m* ✱ Kollaps *m*; *fig* Zs.-bruch *m*

colar [ko'lar] (1m) **1.** *v/t* (durch)sieben; **2.** *v/i* durch-, einsickern; ~**se** sich einschleichen; sich vordrängen

colateral [kolate'ral] Seiten...; Neben...

colch|a ['kɔltʃa] *f* Überdecke *f*, Tagesdecke *f*; ~**ón** [~'tʃon] *m* Matratze *f*; ~ **de muelles** Sprungfedermatratze *f*; ~ **neumático** Luftmatratze *f*; ~**oneta** [~'neta] *f* Polster *n*; *dep* Matte *f*; Luftmatratze *f*

colear [kole'ar] (1a) (mit dem Schwanz) wedeln; *fig* noch anhalten, (an)dauern

colec|ción [kolɛɡ'θi̯on] *f* Sammlung *f*; ✝ Kollektion *f*; ~**cionar** [~θi̯o'nar] (1a) sammeln; ~**cionista** [~θi̯o'nista] *m* Sammler *m*; ~**ta** [~'lɛkta] *f* Kollekte *f*; ~**tividad** [~tiβi'ðað] *f* Gemeinschaft *f*; Kollektiv *n*; ~**tivo** [~'tiβo] **1.** *adj* gemeinsam; Sammel...; **2.** *m Am* kleiner Autobus *m*; ~**tor** [~'tɔr] *m* ⊙ Sammelkanal *m*; Kollektor *m*; ~ **solar** Sonnenkollektor *m*

cole|ga [ko'leɣa] *su* Kollege *m*, Kollegin *f*; ~**giado** [~lɛ'xi̯aðo] *m dep* Schiedsrichter *m*; ~**gial** [~'xi̯al] *m* (Ober-)Schüler *m*; ~**giala** [~'xi̯ala] *f* (Ober-)Schülerin *f*; *a fig* Schulmädchen *n*; ~**giata** [~'xi̯ata] *f* Stiftskirche *f*

colegio [ko'lɛxi̯o] *m* Schule *f*; (*asociación*) Kammer *f*; ~ **de abogados** Anwaltskammer *f*; ~ **electoral** Wahllokal *n*; ~ **mayor** Studentenheim *n*; ~ **de médicos** Ärztekammer *f*

cólera [ko'lera] **a)** *f* Zorn *m*; **montar en** ~ zornig werden; **b)** *m* ✱ Cholera *f*

colérico [ko'leriko] cholerisch; aufbrausend, jähzornig

colesterol [koleste'rɔl] *m* Cholesterin *n*

colga|dero [kɔlɣa'ðero] *m* Kleiderhaken *m*; ~**do** [~'ɣaðo] hängend; **dejar** ~ **a alg** j-n im Stich lassen; **estar** ~ hängen; ~**dor** [~'dɔr] *m* Kleiderbügel *m*; ~**nte** [~'ɣante] **1.** *adj* hängend; **2.** *m* (*joya*) Anhänger *m*

colgar [kɔl'ɣar] (1h *u* 1m) **1.** *v/t* (an-, auf-, um)hängen; *tel* auflegen; *fig* anhängen, zuschieben; F (*en un examen*) durchfallen lassen; **¡no cuelgue!** bleiben Sie am Apparat!; **2.** *v/i* (herab-, heraus)hängen; ~**se** *inform* abstürzen

colibacilo [koliβa'θilo] *m* Kolibazillus *m*

colibrí *zo* [koli'βri] *m* Kolibri *m*

cólico ✱ ['koliko] *m* Kolik *f*

coliflor [koli'flɔr] *f* Blumenkohl *m*

colilla [ko'liʎa] *f* (Zigaretten-)Stummel *m*, Kippe *f*

colina [ko'lina] *f* Hügel *m*

colindante [kolin'dante] angrenzend, benachbart

colirio ✱ [ko'liri̯o] *m* Augentropfen *m*/*pl*

colisión [koli'si̯on] *f* Zs.-stoß *m*; *fig* Kollision *f*; ~ **múltiple** *od* **en cadena** Massenkarambolage *f*

colista [ko'lista] *m dep* Tabellenletzte(r) *m*

colitis ✱ [ko'litis] *f* Kolitis *f*, Dickdarmentzündung *f*

collar [ko'ʎar] *m* Halskette *f*; (*de perro*) Halsband *n*

colma|do [kɔl'maðo] *m reg* Lebensmittelgeschäft *m*; ~**r** [~'mar] (1a) (an)füllen (mit *dat* **de**); *fig* überhäufen

colme|na [kɔl'mena] *f* Bienenkorb *m*; ~**nero** [~me'nero] *m* Imker *m*

colmenilla [kɔlme'niʎa] *f* Morchel *f*

colmillo [kɔl'miʎo] *m* Eckzahn *m*; *zo* Stoß-, Reißzahn *m*, Hauer *m*

colmo ['kɔlmo] *m* Übermaß *n*; *fig* Gipfel *m*; F **¡es el** ~**!** das ist die Höhe!

coloca|ción [koloka'θi̯on] *f* Aufstellung *f*; Anordnung *f*; (*empleo*) Stelle *f*, Anstellung *f*; ~**r** [~'kar] (1g) stellen, legen, setzen; (*dinero*) anlegen; ✝ absetzen; (*emplear*) anstellen, unterbringen; ~**rse** e-e Anstellung finden

colofón [kolo'fɔn] *m* Abschluß *m*; Höhepunkt *m*

colombiano [kolɔm'bi̯ano] **1.** *adj* kolumbianisch; **2.** *m*, **-a** *f* Kolumbianer(in *f*) *m*

colon ['kolon] *m anat* Grimmdarm *m*

colo|nia [ko'loni̯a] *f* Kolonie *f*; Siedlung *f*; ~ *od* **agua** *f* **de** ஐ *f* Kölnisch Wasser *n*; ~**nial** [kolo'ni̯al] Kolonial...; ~**nización** [~niθa'θi̯on] *f* Kolonisation *f*; Be-

colonizar

siedlung *f*; **~nizar** [~ni'θar] (1f) besiedeln; kolonisieren; **~no** [~'lono] *m* (An-)Siedler *m*; ✍ (Pacht-)Bauer *m*
coloquial [kolo'kĭal] umgangssprachlich
coloquio [ko'lokĭo] *m* Gespräch *n*, Kolloquium *n*
color [ko'lɔr] *m* Farbe *f*; **de ~** farbig; **de ~ de rosa** *fig* in rosigem Licht
color|ación [kolora'θĭon] *f* Färbung *f*; Farbgebung *f*; **~ado** [~'rado] rot; **ponerse ~** rot werden; **~ante** [~'rante] *m* Farbstoff *m*; **~ear** [~re'ar] (1a) kolorieren; färben; *fig* beschönigen; **~ete** [~'rete] *m* Schminke *f*; **~ido** [~'rido] *m* Farbe *f*, Färbung *f*
colos|al [kolo'sal] riesig, kolossal; **~o** [ko'loso] *m* Koloß *m* (*a fig*)
colum|na [ko'lumna] *f* Säule *f*; *tip* Spalte *f*; ✗ Kolonne *f*; **~ de anuncios** Litfaßsäule *f*; **~ vertebral** Wirbelsäule *f*; **~nata** [~'nata] *f* Kolonnade *f*; **~nista** [~'nista] *m* Kolumnist *m*
columpi|ar [kolum'pĭar] (1b) schaukeln; **~o** [ko'lumpĭo] *m* Schaukel *f*
colza ♧ ['kɔlθa] *f* Raps *m*
coma ['koma] **a)** *f gram* Komma *n*; **b)** *m* ✍ Koma *n*
coma|dre [ko'madre] *f* (*chismosa*) Klatschbase *f*; **~dreja** *zo* [~'drexa] *f* Wiesel *n*; **~drona** [~'drona] *f* Hebamme *f*
comanda|ncia [koman'danθĭa] *f* Kommandantur *f*; **~nte** [~'dante] *m* Kommandant *m*; ✗ Major *m*; ✈ Kapitän *m*
comanditario ✝ [~di'tarĭo] **1.** *adj* Kommandit...; **2.** *m* Kommanditist *m*
comando [ko'mando] *m* Kommando *n*
comarca [ko'marka] *f* Landstrich *m*; Gegend *f*
comba ['kɔmba] *f* Biegung *f*, Krümmung *f*; (*juego*) Springseil *n*; **jugar** (*od* **saltar*) *a la ~** Seil springen; **~r** [~'bar] (1a) biegen, krümmen
comba|te [kɔm'bate] *m* Kampf *m*; Gefecht *n*; **fuera de ~** außer Gefecht (*a fig*); **~tiente** [~ba'tĭente] *m* Kämpfer *m*; **~tir** [~'tir] (3a) **1.** *v/i* kämpfen; **2.** *v/t* bekämpfen; **~tivo** [~'tibo] kampflustig
combina|ción [kɔmbina'θĭon] *f* Kombination *f*; Zs.-stellung *f*; ✿ Verbindung *f*; (*prenda*) Unterrock *m*; **~do** [~'nado] *m* Cocktail *m*; **~r** [~'nar] (1a) zs.-stellen; kombinieren
combusti|ble [kɔmbus'tible] **1.** *adj*

brennbar; **2.** *m* Kraftstoff *m*; Brennstoff *m*; **~ón** [~'tĭon] *f* Verbrennung *f*
comedia [ko'medĭa] *f* Lustspiel *n*, (*a fig*) Komödie *f*; Schauspiel *n*; **~ musical** Muscial *n*; **~nte** [kome'dĭante] *m* Schauspieler *m*; *a fig* Komödiant *m*
comedi|do [kome'dido] bescheiden; zurückhaltend; **~miento** [~di'mĭento] *m* Höflichkeit *f*; Anstand *m*; **~rse** [~'dirse] (3l) sich zurückhalten
come|dón ✍ [kome'dɔn] *m* Mitesser *m*; **~dor** [~'dɔr] *m* Eßzimmer *n*; Speisesaal *m*; (*de empresa, etc*) Kantine *f*; **~ universitario** Mensa *f*
comensal [komen'sal] *m* Tischgast *m*, -genosse *m*
comentar [komen'tar] (1a) kommentieren; besprechen; **~io** [~'tarĭo] *m* Kommentar *m*; **~s** *pl* Bemerkungen *f/pl*; **~ista** [~'rista] *m* Kommentator *m*
comenzar [komen'θar] (1f *u* 1k) anfangen, beginnen
comer [ko'mɛr] (2a) **1.** *v/t* essen; (*animal*) fressen; **2.** *v/i* essen; (*almorzar*) zu Mittag essen; **~se** aufessen; (*palabra*) verschlucken
comer|cial [kɔmɛr'θĭal] kaufmännisch, Handels..., Geschäfts...; **~cialización** [~θĭaliθa'θĭon] *f* Vermarktung *f*; **~cializar** [~θĭali'θar] (1f) vermarkten; kommerzialisieren; **~ciante** [~'θĭante] *su* Kaufmann *m*, Kauffrau *f*, Händler *m*; **~ciar** [~'θĭar] (1b) handeln, Handel treiben; **~cio** [ko'mɛrθĭo] *m* Handel *m*; (*tienda*) Geschäft *n*, Laden *m*; *fig* Umgang *m*, Verkehr *m*; **~ al por mayor** Großhandel *m*; **~ exterior** (*interior*) Außen- (Binnen-)handel *m*
comestible [komes'tible] **1.** *adj* eßbar; **2. ~s** *m/pl* Lebensmittel *pl*; **~s finos** Feinkost *f*
cometa [ko'meta] **1.** *m* Komet *m*; **2.** *f* (Papier-)Drachen *m*
come|ter [kome'tɛr] (2a) begehen; verüben; **~tido** [~'tido] *m* Auftrag *m*; Aufgabe *f*; (*deber*) Pflicht *f*
cómic ['komik] *m* Comic *m*
comicidad [komiθi'dad] *f* Komik *f*
comicios [ko'miθĭos] *m/pl* Wahlen *f/pl*
cómico ['komiko] **1.** *adj* komisch; **2.** *m* Komiker *m*
comida [ko'mida] *f* Essen *n*; (*de mediodía*) Mittagessen *n*; **~ casera** Hausmannskost *f*

comidilla [komi'ðiʎa] f Stadtgespräch n
comienzo [ko'mi̯enθo] m Beginn m, Anfang m
comillas [ko'miʎas] f/pl Anführungszeichen n/pl
comi|lón F [komi'lɔn] **1.** adj gefräßig; **2.** m Vielfraß m; **~lona** [~'lona] f Gelage n
comino ⚘ [ko'mino] m Kümmel m
comisar|ía [komisa'ria] f Kommissariat n; Polizeirevier n; **~io** [~'sari̯o] m Kommissar m; Beauftragte(r) m
comisión [komi'si̯ɔn] f Kommission f, Ausschuß m; ✝ Provision f
comisura [komi'sura] f: ~ **de los labios** Mundwinkel m
comi|té [komi'te] m Ausschuß m, Komitee n; ~ **de empresa** Betriebsrat m; **~tiva** [~'tiβa] f Gefolge n, Zug m
como ['komo] **1.** adv wie, sowie; (en calidad de) als; (aproximadamente) ungefähr; ~ **quien dice** sozusagen; **2.** cj da, weil; (si) wenn; ~ **si**, ~ **que** als ob
cómo ['komo] wie?; wieso?; wie (sehr) ...; ¿~ (**dice**)? wie bitte?; ¿**a** ~? wieviel?, wie teuer?; ¿~ **que no?** wieso nicht?; ¡~ **no!** natürlich!, selbstverständlich!
cómoda ['komoða] f Kommode f
comodidad [komoði'ðað] f Bequemlichkeit f; **~es** pl Komfort m
comodín [komo'ðin] m (naipe) Joker m
cómodo ['komoðo] bequem
compacto [kɔm'pakto] kompakt
compadecer [kɔmpaðe'θɛr] (2d) bemitleiden; **~se**: ~ **de alg** Mitleid haben mit j-m
compagina|ción [kɔmpaxina'θi̯ɔn] f tip Umbruch m; **~r** [~'nar] (1a) tip umbrechen; fig in Einklang bringen
compañe|rismo [kɔmpaɲe'rismo] m Kameradschaftlichkeit f; Kollegialität f; **~ro** [~pa'ɲero] m Kollege m; Kamerad m; Gefährte m; ~ **de clase** Mitschüler m, Klassenkamerad m
compañía [kɔmpa'ɲia] f ✝ Gesellschaft f (a fig); ✕ Kompanie f; teat Truppe f; ~ **aérea** Fluggesellschaft f; ~ **naviera** Reederei f; **en** ~ **de** in Begleitung von; **hacer** ~ **a alg** j-m Gesellschaft leisten
compara|ble [kɔmpa'raβle] vergleichbar; **~ción** [~ra'θi̯ɔn] f Vergleich m; **~r** [~'rar] (1a) vergleichen; **~tivo** [~ra'tiβo] **1.** adj vergleichend; **2.** m gram Komparativ m

comparecer [kɔmpare'θɛr] (2d) (vor Gericht) erscheinen
comparsa [kɔm'parsa] m (f) teat Statist(in f) m
comparti|m(i)ento [kɔmparti'm(i̯)ento] m Abteilung f, Fach n; 🚆 Abteil n; **~r** [~'tir] (3a) einteilen; (repartir) verteilen; ~ **con** teilen mit (dat)
compás [kɔm'pas] m ⋀ Zirkel m; ♩ Takt m; ⚓ Kompaß m
compasi|ón [kɔmpa'si̯ɔn] f Mitleid n; **~vo** [~'siβo] mitleidig
compati|bilidad [kɔmpatiβili'ðað] f Vereinbarkeit f; **~ble** [~'tiβle] vereinbar; inform kompatibel
compatriota [kɔmpa'tri̯ota] su Landsmann m, -männin f
compendio [kɔm'pendi̯o] m Auszug m; Abriß m; Leitfaden m
compenetra|do [kɔmpene'traðo] aufea. eingestellt; **~rse** [~'trarse] (1a) inea. aufgehen
compensa|ción [kɔmpensa'θi̯ɔn] f Ausgleich m; Abfindung f; Entschädigung f; **~r** [~'sar] (1a) ausgleichen; entschädigen (für de)
compe|tencia [kɔmpe'tenθi̯a] f Wettbewerb m, Konkurrenz f; (incumbencia) Kompetenz f, Zuständigkeit f (a 🏛); **~tente** [~'tente] zuständig; (capaz) kompetent, fähig; **~tición** [~ti'θi̯ɔn] f Wettbewerb m, -streit m; **~tidor** [~ti'ðɔr] m Konkurrent m; **~tir** [~'tir] (3l) konkurrieren (mit dat con); **~titivo** [~ti'tiβo] konkurrenzfähig, Konkurrenz...
compilar [kɔmpi'lar] (1a) zs.-stellen, kompilieren
compla|cencia [kɔmpla'θenθi̯a] f Wohlgefallen n; Gefälligkeit f; **~cer** [~'θɛr] (2x) gefällig sein; (contentar) befriedigen; **~cerse**: ~ **en** Gefallen finden an (dat); **~cido** [~'θiðo] zufrieden; **~ciente** [~'θi̯ente] gefällig, zuvorkommend
comple|jidad [kɔmplexi'ðað] f Vielgestaltigkeit f; Schwierigkeit f; **~jo** [~'plexo] **1.** adj verwickelt, komplex; kompliziert; **2.** m Komplex m (a ✻)
complemen|tario [kɔmplemen'tari̯o] ergänzend; **~to** [~'mento] m Ergänzung f; gram Objekt n
comple|tar [kɔmple'tar] (1a) vervollständigen, ergänzen; **~to** [~'pleto] vollständig; vollkommen; (lleno) voll, besetzt; **por** ~ völlig

complexión [kɔmplɛg'sĭɔn] f Körperbau m, Konstitution f

complica|ción [kɔmplika'θĭɔn] f Komplikation f (a ⚕); Kompliziertheit f; **~r** [~'kar] (1g) komplizieren

cómplice ['kɔmpliθe] su Komplize m, Komplizin f

complicidad [kɔmpliθi'ðað] f Mitschuld f, Beihilfe f

complot [kɔm'plɔt] m Komplott n

compone|nte [kɔmpo'nente] m Bestandteil m; **~r** [~'ner] (2r) zs.-setzen; bilden; (*reparar*) ausbessern; *tip* (ab)setzen; ♪ komponieren; **~rse** bestehen (aus *dat* **de**)

comporta|miento [kɔmpɔrta'mĭento] m Betragen n, Verhalten n; **~rse** [~'tarse] (1a) sich benehmen, sich verhalten

composi|ción [kɔmposi'θĭɔn] f Zs.-setzung f; ♪ Komposition f; *tip* Satz m; **~tor** ♪ [~'tɔr] m Komponist m

compostura [kɔmpɔs'tura] f Ausbesserung f; *fig* Zurückhaltung f; Anstand m

compo|ta [kɔm'pɔta] f Kompott n; **~tera** [~po'tera] f Kompottschale f

compra ['kɔmpra] f Kauf m; Einkauf m; *ir de* **~s** einkaufen gehen; **~ a plazos** Ratenkauf m; **~dor** m [~'ðɔr] Käufer m, **~r** [~'prar] (1a) kaufen; **~venta** [~pra'benta] f: *contrato m de* **~** Kaufvertrag m

compren|der [kɔmpren'dɛr] (2a) (*incluir*) umfassen, einschließen; (*entender*) begreifen, verstehen; **~sible** [~'sible] verständlich; **~sión** [~'sĭɔn] f Verständnis n; **~sivo** [~'sibo] verständnisvoll

compre|sa [kɔm'presa] f Kompresse f; Damenbinde f; **~sión** [~'sĭɔn] f Kompression f; **~sor** [~'sɔr] m Kompressor m

comprimi|do ⚕ [kɔmpri'miðo] m Tablette f; **~r** [~'mir] (3a) zs.-pressen, -drücken

comproba|ción [kɔmproba'θĭɔn] f Überprüfung f; (*prueba*) Beweis m, Nachweis m; **~nte** [~'bante] m Beleg m; Kassenbon m; **~r** [~'bar] (1m) nach-, überprüfen

comprome|tedor [kɔmpromete'ðɔr] kompromittierend; heikel; **~ter** [~'tɛr] (2a) kompromittieren; (*arriesgar*) gefährden; verpflichten; **~terse** sich verpflichten (zu **a**); **~tido** [~'tiðo] heikel;

estar **~** schon etwas vorhaben, schon e-e Verabredung haben

compromiso [kɔmpro'miso] m Kompromiß m; (*obligación*) Verpflichtung f; **~ matrimonial** Verlobung f; *sin* **~** unverbindlich

compuesto [kɔm'pŭesto] **1.** adj zs.-gesetzt; **2.** m ⚗ Verbindung f

compulsión [kɔmpul'sĭɔn] f Zwang m

computa|dor [kɔmputa'ðɔr] m, **~dora** [~'ðora] f Computer m; *asistido por* **~** computergestützt; **~r** [~'tar] (1a) aus-, an-, berechnen

computerizar [kɔmputeri'θar] (1f) computerisieren

cómputo ['kɔmputo] m Berechnung f

comulgar [komul'gar] *rel* zur Kommunion gehen, kommunizieren

común [ko'mun] adj gemeinsam; (*corriente*) gewöhnlich; *en* **~** gemeinsam; *por lo* **~** gewöhnlich

comuna [ko'muna] f Kommune f, Wohngemeinschaft f

comunica|ción [komunika'θĭɔn] f Mitteilung f; *a tel* Verbindung f; *comunicaciones* pl Verkehrsverbindungen f/pl; **~do** [~'kaðo] **1.** adj: *bien* **~** mit guten Verkehrsverbindungen; verkehrsgünstig; **2.** m Kommuniqué n; **~r** [~'kar] (1g) **1.** v/t mitteilen; verbinden; **2.** v/i in Verbindung stehen; *tel* besetzt sein; **~rse** sich in Verbindung setzen (mit **con**); **~tivo** [~ka'tibo] mitteilsam, gesprächig

comunidad [komuni'ðað] f Gemeinschaft f; ♀ *Europea* Europäische Gemeinschaft f; ♀ *Europea del Carbón y del Acero (CECA)* Montanunion f

comunión [komu'nĭɔn] f rel Kommunion f, Abendmahl n

comunis|mo [komu'nizmo] m Kommunismus m; **~ta** [~'nista] **1.** adj kommunistisch; **2.** su Kommunist(in f) m

comunitario [komuni'tarĭo] Gemeinschafts-...; *pol* EG-...

con [kɔn] mit; **~ tal que** *subj* vorausgesetzt, daß; **~ lo caro que es** obwohl es so teuer ist

conato ⚖ [ko'nato] m Versuch m

cóncavo ['kɔŋkabo] konkav; hohl

concebir [kɔnθe'bir] (3l) begreifen; (*plan*) fassen; *bio* empfangen

conceder [kɔnθe'ðɛr] (2a) gewähren; zugestehen

conce|jal [konθɛ'xal] *m* Stadtrat *m* (*persona*); **~jo** [~'θexo] *m* Stadtrat *m*
concentra|ción [konθentra'θi̯on] *f* Konzentration *f*; **~ de masas** Massenkundgebung *f*; **~r(se)** [~'trar(se)] (1a) (sich) konzentrieren (auf *ac* **en**)
concep|ción [konθɛb'θi̯on] *f bio* Empfängnis *f*; *fig* Vorstellung *f*, Auffassung *f*; **~to** [~'θepto] *m* Begriff *m*, Idee *f*; Meinung *f*; **en ~ de** als
concernir [konθɛr'nir] (3i) betreffen, angehen
concertar [konθɛr'tar] (1k) ✝ abschließen; (*acordar*) vereinbaren, abmachen
concerti|no ♪ [konθɛr'tino] *m* Konzertmeister *m*, erster Geiger *m*; **~sta** [~'tista] *su* Konzertgeiger(in *f*) *m*, -pianist(in *f*) *m etc*
concesi|ón [konθe'si̯on] *f* Bewilligung *f*, Gewährung *f*; Konzession *f*, Zugeständnis *n*; **~onario** [~si̯o'nari̯o] *m* Konzessionär *m*; Vertragshändler *m*
concien|cia [kon'θi̯enθi̯a] *f* Gewissen *n*; Bewußtsein *n*; **a ~** gewissenhaft; **en ~** mit gutem Gewissen; **~zudo** [~'θuðo] gewissenhaft
concierto [kon'θi̯ɛrto] *m* Übereinkunft *f*; ♪ Konzert *n*
concili|ación [~li̯a'θi̯on] *f* Versöhnung *f*; ⚖ Schlichtung *f*; **~ar** [~'li̯ar] (1b) versöhnen; **~ el sueño** einschlafen; **~o** [~'θili̯o] *m* Konzil *n*
conciso [kon'θiso] knapp, kurz
conclu|ir [konklu'ir] (3g) **1.** *v/t* (ab)schließen, beenden; (*deducir*) folgern; **2.** *v/i* enden; **~sión** [~'si̯on] *f* Abschluß *m*; Schlußfolgerung *f*
concor|dancia [konkor'danθi̯a] *f* Übereinstimmung *f*; Konkordanz *f*; **~dar** [~'dar] (1m) **1.** *v/t* in Einklang bringen; **2.** *v/i* übereinstimmen; **~dato** [~'dato] *m* Konkordat *n*; **~dia** [~'korði̯a] *f* Eintracht *f*
concre|tar [konkre'tar] (1a) konkretisieren; **~to** [~'kreto] **1.** *adj* konkret; **2.** *m Am* Beton *m*
concupiscen|cia [konkupis'θenθi̯a] *f* Sinneslust *f*; **~te** [~'θente] lüstern
concurr|encia [konku'rrenθi̯a] *f* Zulauf *m*; Publikum *n*; *fig* Zs.-treffen *n*; **~ido** [~'rriðo] stark besucht, beliebt; **~ir** [~'rrir] (3a) zs.-kommen (*a fig*); **~ a** teilnehmen an, mitwirken bei (*dat*)
concur|sante [konkur'sante] *m* Bewerber *m*; Teilnehmer *m*; **~sar** [~'sar] (1a) sich an e-m Wettbewerb beteiligen; **~so** [~'kurso] *m* Wettbewerb *m*; Preisausschreiben *n*; (*ayuda*) Mitwirkung *f*; ✝ Ausschreibung *f*
concha ['kontʃa] *f* Muschel *f*; *zo* Schale *f*; Schildpatt *n*
con|dado [kon'daðo] *m* Grafschaft *f*; **~dal** [~'dal] gräflich; **~de** ['konde] *m* Graf *m*
condeco|ración [kondekora'θi̯on] *f* Auszeichnung *f*; Orden *m*; **~rar** [~'rar] (1a) auszeichnen
condena ⚖ [kon'dena] *f* Verurteilung *f*; Strafe *f*; **~ción** [~dena'θi̯on] *f* Verurteilung *f*; *rel* Verdammnis *f*; **~r** [~'nar] (1a) verurteilen (*a fig*)
condensa|dor [kondensa'ðor] *m* Kondensator *m*; **~r** [~'sar] (1a) kondensieren; zs.-fassen
condesa [kon'desa] *f* Gräfin *f*
condescen|dencia [kondesθen'denθi̯a] *f* Nachgiebigkeit *f*; *desp* Herablassung *f*; **~der** [~'dɛr] (2g) einwilligen (in *ac* **a**); *desp* sich herablassen (zu **a**); **~diente** [~'di̯ente] nachgiebig; *desp* herablassend
condici|ón [kondi'θi̯on] *f* Bedingung *f*; (*situación*) Zustand *m*; Beschaffenheit *f*; (*rango*) Rang *m*, Stand *m*; **-ones de trabajo** Arbeitsbedingungen *f/pl*; **~ previa** Voraussetzung *f*; **a ~ de que** (*subj*) unter der Bedingung, daß; **~onal** [~θi̯o'nal] *m gram* Konditional *m*; **~onar** [~θi̯o'nar] (1a) bedingen; abhängig machen von
condimen|tar [kondimen'tar] (1a) würzen; **~to** [~'mento] *m* Gewürz *n*
condiscípulo *m* [kondis'θipulo] Mitschüler *m*
condón [kon'don] *m* Kondom *n*
cóndor ['kondor] *m* Kondor *m*
conduc|ción [konduɡ'θi̯on] *f auto* Lenkung *f*; ⚙ Leitung *f*; **~ir** [~'θir] (3o) führen, leiten; *auto* fahren; **~irse** sich benehmen; **~ta** [~'dukta] *f* Verhalten *n*; Benehmen *n*; **~tibilidad** [~duktiβili'ðað] *f* Leitfähigkeit *f*; **~to** [~'dukto] *m* Leitung *f*; *anat* Gang *m*, Kanal *m*; **~tor** [~'tor] *m* Fahrer *m*; ⚡ Leiter *m*
conectar [konɛk'tar] (1a) verbinden; ⚡ einschalten; anschließen; **~ a tierra** erden
cone|jera [kone'xera] *f* Kaninchenstall *m*; **~jillo** [~'xiʎo] *m*: **~ de Indias** Meer-

conejo 92

schweinchen *n*; *fig* Versuchskaninchen *n*; **~jo** [~'nɛxo] *m* Kaninchen *n*
conexión [konɛg'sjɔn] *f* Verbindung *f*; *fig* Zs.-hang *m*; ⚡ Schaltung *f*; Anschluß *m*
confecc|ión [kɔmfɛg'θjɔn] *f* Anfertigung *f*; Konfektion *f*; **~ionar** [~θjo'nar] (1a) anfertigen
confederación [kɔmfedera'θjɔn] *f* Bündnis *n*, Bund *m*
conferencia [kɔmfe'rɛnθja] *f* Konferenz *f*; (*discurso*) Vortrag *m*; *tel* Ferngespräch *n*; **~ nacional** *od* **interurbana** Inlandsgespräch *n*; **~nte** [~rɛn'θjante] *m* Vortragende(r) *m*, Redner *m*
conferir [kɔmfe'rir] (3i) verleihen
confe|sar [kɔmfe'sar] (1k) gestehen; *rel* beichten; **~sarse** beichten; **~sión** [~'sjɔn] *f* Geständnis *n*; *rel* Beichte *f*; Konfession *f*; **~s(i)onario** [~fes(i)o-'narjo] *m* Beichtstuhl *m*; **~so** [~'feso] geständig; **~sor** *rel* [~'sɔr] *m* Beichtvater *m*
confeti [kɔm'feti] *m* Konfetti *n*
confia|do [kɔm'fjaðo] vertrauensvoll, -selig; **~nza** [~'fjanθa] *f* Vertrauen *n*; **~ en sí mismo** Selbstvertrauen *n*; **de ~** zuverlässig, en **~** vertraulich; **~r** [~'fjar] (1c) **1.** *v/t* anvertrauen; **2.** *v/i* vertrauen (auf *ac* **en**)
confiden|cia [kɔmfi'ðenθja] *f* vertrauliche Mitteilung *f*; **~cial** [~ðen'θjal] vertraulich; **~te** [~'ðente] *m* Vertraute(r) *m*; (*policial*) Spitzel *m*
confina|miento [kɔmfina'mjento] *m* Zwangsaufenthalt *m*; **~r** [~'nar] (1a) verbannen; (*encerrar*) einsperren
confirma|ción [kɔmfirma'θjɔn] *f* Bestätigung *f*; *rel* Firmung *f*; Konfirmation *f*; **~ del pedido** Auftragsbestätigung *f*; **~r** [~'mar] (1a) bestätigen; *rel* firmen; konfirmieren
confisca|ción [kɔmfiska'θjɔn] *f* Beschlagnahme *f*; **~r** [~'kar] (1g) konfiszieren, beschlagnahmen
confi|tería [kɔmfite'ria] *f* Süßwarengeschäft *n*; **~tura** [~'tura] *f* Konfitüre *f*
conflic|tivo [kɔmflik'tiβo] konfliktreich; **~to** [~'flikto] *m* Konflikt *m*
conflu|encia [kɔm'flwenθja] *f* Zs.-fluß *m*; **~ir** [~'ir] (3g) zs.-fließen, *a fig* zs.-strömen
confor|mación [kɔmfɔrma'θjɔn] *f* Gestalt(ung) *f*, Bau *m*; **~mar** [~'mar] (1a) bilden, gestalten; **~marse** sich abfinden *bzw* begnügen (mit *dat* **con**); **~me** [~'fɔrme] **1.** *adj*: **ser ~ a** entsprechen; **estar ~ con** einverstanden sein mit; **2.** *prp*: **~ a** gemäß, entsprechend; **~midad** [~fɔrmi'ðað] *f* Übereinstimmung *f*; Zustimmung *f*
confort [kɔm'fɔrt] *m* Komfort *m*; **~able** [~fɔr'taβle] bequem, gemütlich
confortar [kɔmfɔr'tar] (1a) trösten
confronta|ción [kɔmfrɔnta'θjɔn] *f* Gegenüberstellung *f*; **~r** [~'tar] (1a) gegenüberstellen; vergleichen
confu|ndir [kɔmfun'dir] (3a) verwechseln; (*perturbar*) durchea.-bringen, verwirren; **~ndirse** in Verwirrung geraten; (*equivocarse*) sich irren; **~sión** [~fu'sjɔn] *f* Verwirrung *f*; Verwechslung *f*; (*desorden*) Durcheinander *n*; **~so** [~'fuso] verworren, konfus; (*persona*) verwirrt
congela|ción [kɔŋxela'θjɔn] *f* Gefrieren *n*; (*a fig*) Einfrieren *n*; **~ de precios** Preisstopp *m*; **~do** [~'laðo] tiefgekühlt; (*alimentos m/pl*) **~s** Tiefkühlkost *f*; **~dor** [~la'ðɔr] *m* Gefrierfach *n*; **~ horizontal** Tiefkühltruhe *f*; **~r** [~'lar] (1a) tiefkühlen, einfrieren; **~rse** gefrieren
con|geniar [kɔŋxe'njar] (1b) harmonieren; **~génito** [~'xenito] angeboren
congestión [kɔŋxes'tjɔn] *f* ⚕ Stauung *f*; **~ del tráfico** Verkehrsstockung *f*
congoja [kɔŋ'gɔxa] *f* Kummer *m*
congra|ciarse [kɔŋgra'θjarse] (1b): **~ con** sich beliebt machen bei (*dat*); **~tularse**: **~ de** *alc fig* et begrüßen
congre|gar [kɔŋgre'gar] (1h) versammeln; **~sista** [~'sista] *m* Kongreßteilnehmer *m*; **~so** [~'greso] *m* Kongreß *m*
congrio ['kɔŋgrjo] *m* Meeraal *m*
congruen|cia [kɔŋ'grwenθja] *f* Übereinstimmung *f*; **~te** [~'grwente] angemessen, passend
cónico ['koniko] kegelförmig
coníferas [ko'niferas] *f/pl* Nadelhölzer *n/pl*
conjetura [kɔŋxe'tura] *f* Vermutung *f*; **~r** [~'rar] (1a) mutmaßen
conjuga|ción [kɔŋxuga'θjɔn] *f* Konjugation *f*; **~r** [~'gar] (1h) konjugieren; *fig* vereinigen
conjun|ción [kɔŋxun'θjɔn] *f* Verbindung *f*; *gram* Konjunktion *f*; **~tiva** *anat* [~'tiβa] *f* Bindehaut *f*; **~tivitis** ⚕

[~ti'bitis] f Bindehautentzündung f; **~to** [~'xunto] **1.** adj verbunden; gemeinsam; **2.** m Gesamtheit f, Ganze(s) n; ♪, *moda* Ensemble n; *en ~* im ganzen (gesehen)

conjura [kɔŋ'xura], **~ción** [~'θjɔn] f Verschwörung f; **~r** [~'rar] (1a) **1.** v/t beschwören **2.** v/i konspirieren

conllevar [kɔnʎe'bar] (1a) ertragen; fig mit sich bringen

conmemora|ción [kɔnmemora'θjɔn] f Gedenken n; Gedenkfeier f; **~r** [~'rar] (1a) gedenken, (feierlich) begehen

conmigo [kɔn'migo] mit mir, bei mir

conmiseración [kɔnmisera'θjɔn] f Erbarmen n, Mitleid n

conmo|ción [kɔnmo'θjɔn] f Erschütterung f (*a fig*); **~ cerebral** Gehirnerschütterung f; **~cionar** [~'nar] (1a) erschüttern; **~vedor** [~be'dɔr] erschütternd, rührend; **~ver** [~'bɛr] (2h) erschüttern; rühren

conmutador ⚡ [kɔnmuta'dɔr] m Schalter m

cono ['kono] m Kegel m

cono|cedor [konoθe'dɔr] m Kenner m; **~cer** [~'θɛr] (2d) kennen; kennenlernen; (*reconocer*) erkennen (an *por*); *dar a ~* bekanntgeben; **~cido** [~'θiðo] **1.** adj bekannt; **2.** m, **-a** f [~'θiða] Bekannte(r) m, Bekannte f; **~cimiento** [~θi'mjento] m Kenntnis f; ✝ Bewußtsein n

conque ['kɔŋke] also, nun

conquista [kɔŋ'kista] f Eroberung f (*a fig*); **~dor** [~'dɔr] m Eroberer m; *fig* Frauenheld m; **~r** [~'tar] (1a) erobern

consabido [kɔnsa'biðo] bewußt; (sattsam) bekannt

consagra|ción [kɔnsagra'θjɔn] f Weihe f; *rel* Wandlung f; *fig* Bestätigung f; **~r** [~'grar] (1a) *rel* weihen; *fig* widmen

consanguíneo [kɔnsaŋ'gineo] blutsverwandt

consciente [kɔns'θjente] bewußt

consecu|ción [kɔnseku'θjɔn] f Erlangung f, Erreichung f; **~encia** [~'kwenθja] f Folge f, Konsequenz f; *a ~ de* als Folge von; *en ~* folglich; **~ente** [~'kwente] konsequent; **~tivo** [~ku'tibo] aufea.-folgend; *tres horas -as* drei Stunden hintereinander

conseguir [kɔnse'gir] (3l *u* 3d) erreichen; bekommen

conse|jero [kɔnsɛ'xero] m Ratgeber m; Berater m; **~ matrimonial** Eheberater m; **~jo** [~'sɛxo] m Rat(schlag) m; *pol* Rat m; **~ de ministros** Ministerrat m; **~ de Europa** Europarat m

consen|so [kɔn'senso] m Zustimmung f, Konsens m; *llegar a un ~* sich einigen; **~timiento** [~ti'mjento] m Einwilligung f, Zustimmung f; **~tir** [~'tir] (3i) gestatten; zulassen

conserje [kɔn'sɛrxe] *su* Pförtner(in f) m; Hausmeister(in f) m; **~ría** [~'ria] f Pförtnerloge f

conserva [kɔn'sɛrba] f Konserve f; **~ción** [~sɛrba'θjɔn] f Konservierung f; *fig* Erhaltung f; **~dor** [~'dɔr] **1.** adj konservativ; **2.** m (*de museo*) Kustos m; *pol* Konservative(r) m; **~nte** [~'bante] m Konservierungsmittel n; **~r** [~'bar] (1a) erhalten, (auf)bewahren; (*alimentos*) konservieren; **~torio** [~ba'torjo] m Konservatorium n

considera|ble [kɔnsiðe'rable] beträchtlich, erheblich; **~ción** [~ra'θjɔn] f Betrachtung f; Überlegung f; (*respeto*) Rücksicht(nahme) f; *de ~* erheblich; *en ~ a* in Anbetracht (*gen*); **~do** [~'raðo] angesehen; rücksichtsvoll; **~r** [~'rar] (1a) bedenken, erwägen; berücksichtigen; **~(se)** (sich) halten für

consigna [kɔn'signa] f Losung f, Weisung f; 🚂 Gepäckaufbewahrung f; **~ automática** Schließfach n

consigo [kɔn'sigo] **1.** *pron* mit sich, bei sich; **2.** *s conseguir*

consiguiente [kɔnsi'gjente] entsprechend (*dat*); *por ~* folglich

consis|tencia [kɔnsis'tenθja] f Konsistenz f; Festigkeit f; **~tente** [~'tente] fest, stark; **~ en** bestehend aus; **~tir** [~'tir] (3a): **~ en** bestehen aus (*dat*)

consola|ción [kɔnsola'θjɔn] f Trost m; **~dor** [~'dɔr] tröstlich; **~r** [~'lar] (1m) trösten

consolida|ción [kɔnsoliða'θjɔn] f Festigung f; Konsolidierung f; **~r** [~'ðar] (1a) festigen, sichern

consomé [kɔnso'me] m Kraftbrühe f, Bouillon f

consonan|cia [kɔnso'nanθja] f Konsonanz f; *en ~ con fig* in Einklang mit; **~te** [~'nante] f Konsonant m

consorcio [kɔn'sɔrθjo] m Konzern m

consorte [kɔn'sɔrte] *su* Ehegatte m, -gattin f

conspicuo

conspicuo [kɔns'pikŭo] hervorragend
conspira|ción [kɔnspira'θĭɔn] *f* Verschwörung *f*; **~dor** [~'dɔr] *m* Verschwörer *m*; **~r** [~'rar] (1a) sich verschwören
consta|ncia [kɔns'tanθĭa] *f* Beständigkeit *f*, Ausdauer *f*; *dejar ~ de et* bestätigen; *et* aus Ausdruck bringen; **~nte** [~'tante] beständig, konstant; **~r** [~'tar] (1a) feststehen; *~ de* bestehen aus; *~ en* verzeichnet sein in; **~tar** [~ta'tar] (1a) feststellen
constelación [kɔnstela'θĭɔn] *f* Sternbild *n*; *fig* Konstellation *f*
consterna|ción [kɔnstɛrna'θĭɔn] *f* Bestürzung *f*; **~r** [~'nar] (1a) bestürzen
constipa|do [kɔnsti'paðo] **1.** *adj* erkältet; **2.** *m* Erkältung *f*; Schnupfen *m*; **~rse** [~'parse] (1a) sich e-n Schnupfen holen; sich erkälten
constitu|ción [kɔnstitu'θĭɔn] *f* Beschaffenheit *f*; ⚕ Konstitution *f*; *pol* Verfassung *f*; **~cional** [~θĭo'nal] verfassungsmäßig; **~ir** [~tu'ir] (3g) bilden; gründen; ⚖ einsetzen
constru|cción [kɔnstrug'θĭɔn] *f* Bau(en *n*) *m*; Bauwesen *n*; (*edificio*) Bau *m*; **~ctor** [~truk'tɔr] *m* Erbauer *m*; Konstrukteur *m*; **~ir** [~tru'ir] (3g) (er)bauen; errichten
consuegros [kɔn'sŭegros] *m/pl* Gegenschwiegereltern *pl*
consuelo [kɔn'sŭelo] *m* Trost *m*
cónsul ['kɔnsul] *su* Konsul(in *f*) *m*
consulado [kɔnsu'laðo] *m* Konsulat *n*
consul|ta [kɔn'sulta] *f* Befragung *f*; Beratung *f*; ⚕ Sprechstunde *f*; Praxis *f*; *obra f de ~* Nachschlagewerk *n*; **~tar** [~'tar] (1a) befragen, zu Rate ziehen; **~torio** [~'tɔrĭo] *m* Beratungsstelle *f*; ⚕ Sprechzimmer *n*; Praxis *f*
consuma|ción [kɔnsuma'θĭɔn] *f* Vollendung *f*; ⚖ Vollziehung *f*; **~r** [~'mar] (1a) vollbringen; ⚖ vollziehen
consumi|ción [kɔnsumi'θĭɔn] *f gastr* Verzehr *m*; Zeche *f*; **~dor** [~'dɔr] *m* Verbraucher *m*; **~r** [~'mir] (3a) verzehren; verbrauchen
consumo [kɔn'sumo] *m* Verbrauch *m*, Konsum *m*
conta|bilidad [kɔntabili'ðað] *f* Buchführung *f*, -haltung *f*; **~ble** [~'table] *m* Buchhalter *m*
contac|tar [kɔntak'tar] (1a) Verbindung (*od* Kontakt) aufnehmen (mit *dat con*); **~to** [~'takto] *m* Berührung *f*; Kontakt *m* (*a ✱*); *ponerse en ~* sich in Verbindung setzen (mit *dat con*)
conta|do [kɔn'taðo]: *al ~* bar; *-as veces* selten; **~dor** [~ta'ðɔr] *m* ⚙ Zähler *m*; **~duría** [~ðu'ria] *f* Rechnungsamt *n*, -stelle *f*
contagi|ar [kɔnta'xĭar] (1b) anstecken (*a fig*); **~o** [~'taxĭo] *m* Ansteckung *f*; **~oso** [~ta'xĭoso] ansteckend
contamina|ción [kɔntamina'θĭɔn] *f* Verunreinigung *f*; Verseuchung *f*; *~ ambiental* Umweltverschmutzung *f*; *~ atmosférica* Luftverschmutzung *f*; **~nte** [~'nante]: *no ~* schadstofffrei; *poco ~* schadstoffarm; **~r** [~'nar] (1a) verseuchen; verschmutzen
contar [kɔn'tar] (1m) **1.** *v/t* zählen; aus-, berechnen; (*narrar*) erzählen; **2.** *v/i* rechnen (*a fig*); *~ con alg* auf j-n zählen, mit j-m rechnen; *~ entre* zählen zu
contempla|ción [kɔntempla'θĭɔn] *f* Betrachtung *f*; *sin -ones* rücksichtslos; **~r** [~'plar] (1a) betrachten
contemporáneo [kɔntempo'raneo] **1.** *adj* zeitgenössisch; **2.** *m* Zeitgenosse *m*
conten|ción [kɔnten'θĭɔn] *f* Mäßigung *f*, Beherrschung *f*; **~cioso** [~'θĭoso] strittig; (*asunto m*) *~* Streitsache *f*; **~edor** [~ne'ðɔr] *m* Container *m*; **~er** [~'nɛr] (2l) enthalten; (*retener*) zurückhalten; **~erse** an sich halten; **~ido** [~'niðo] *m* Inhalt *m*
conten|tar [kɔnten'tar] (1a) zufriedenstellen; **~tarse** sich begnügen (mit *dat de*); **~to** [~'tento] **1.** *adj* zufrieden; **2.** *m* Zufriedenheit *f*
contesta|ción [kɔntesta'θĭɔn] *f* Antwort *f*; Beantwortung *f*; **~dor** [~'dɔr] *m tel* Anrufbeantworter *m*; **~r** [~'tar] (1a) **1.** *v/t* beantworten; **2.** *v/i* antworten (auf *a*)
contexto [kɔn'testo] *m* Zs.-hang *m*
contienda [kɔn'tĭenda] *f* Streit *m*
contigo [kɔn'tigo] mit dir, bei dir
contiguo [kɔn'tigŭo] angrenzend; Neben...
continen|cia [kɔnti'nenθĭa] *f* Enthaltsamkeit *f*; **~tal** [~'tal] kontinental; **~te** [~'nente] **1.** *adj* enthaltsam; **2.** *m* Erdteil *m*, Kontinent *m*
contingente [kɔntiŋ'xente] *m* Kontingent *n*

continu|ación [kɔntinüa'θïɔn] *f* Fortsetzung *f*; **a ~** anschließend; **~ar** [~nu'ar] (1e) **1.** *v/t* fortsetzen; **2.** *v/i* andauern; weitermachen; **~idad** [~nüi'dad] *f* Stetigkeit *f*, Kontinuität *f*; **~o** [~'tinüo] ununterbrochen; dauernd

contor|no [kɔn'tɔrno] *m* Umriß *m*; Kontur *f*; **~s** *m/pl* Umgegend *f*; **~sión** [~tɔr'sïɔn] *f* Verrenkung *f*; **~sionista** [~'nista] *m* Schlangenmensch *m*

contra ['kɔntra] **1.** *prp* gegen (*ac*); **2.** *adv*: **en ~** dagegen

contraataque [kɔntra'take] *m* Gegenangriff *m*

contrabajo ♪ [kɔntra'baxo] *m* Kontrabaß *m*; (*persona*) Kontrabassist *m*

contraban|dista [kɔntraban'dista] *m* Schmuggler *m*; **~do** [~'bando] *m* Schmuggel *m*; (*mercancía*) Schmuggelware *f*; **pasar de ~** durchschmuggeln

contracción [kɔntrag'θïɔn] *f* Zs.-ziehung *f*; Kontraktion *f*

contracep|ción [kɔntraθeb'θïɔn] *f* Empfängnisverhütung *f*; **~tivo** [~'tibo] *m* Verhütungsmittel *n*

contracorriente [kɔntrakɔ'rrïente] *f* Gegenströmung *f*

contractual [kɔntrak'tüal] vertraglich

contra|decir [kɔntrade'θir] (3p) widersprechen; **~dicción** [~dig'θïɔn] *f* Widerspruch *m*; **~dictorio** [~dik'tɔrïo] widersprüchlich

contraer [kɔntra'ɛr] (2p) zs.-ziehen; verkürzen; (*enfermedad*) sich zuziehen; (*deudas*) machen; **~ matrimonio** die Ehe schließen; **~se** sich zs.-ziehen

contraespionaje [kɔntraespïo'naxe] *m* Spionageabwehr *f*

contralto ♪ [kɔn'tralto] *m* Alt *m*

contra|luz [kɔntra'luθ] *f* Gegenlicht (aufnahme *f*) *n*; **~maestre** [~ma'estre] *m* Werkmeister *m*; ⚓ Obermaat *m*; **~orden** [~'ɔrden] *f* Gegenbefehl *m*; *fig* Widerruf *m*; **~partida** [~par'tida] *f fig* Gegenleistung *f*; **~pelo** [~'pelo] *m*: **a ~** gegen den Strich; **~peso** [~'peso] *m* Gegengewicht *n* (*a fig*); **~prestación** [~presta'θïɔn] *f* Gegenleistung *f*; **~producente** [~produ'θente] unzweckmäßig; **~puesto** [~'püesto] gegensätzlich, entgegengesetzt; **~punto** ♪ [~'punto] *m* Kontrapunkt *m*

contra|ria [kɔn'trarïa]: **llevar la ~** widersprechen; **~riar** [~'rïar] (1c) sich entgegenstellen (*dat*); (*disgustar*) (ver)ärgern; **~riedad** [~rïe'dad] *f* (unvorhergesehene) Schwierigkeit *f*; (*disgusto*) Ärger *m*; **~rio** [~'trarïo] **1.** *adj* entgegengesetzt; (*adverso*) feindlich; **al ~, por lo ~** im Gegenteil; **de lo ~** andernfalls, sonst; **2.** *m* Gegner *m*

contra|rrestar [kɔntrarres'tar] (1a) entgegenwirken (*dat*); **~rrevolución** [~rrebolu'θïɔn] *f* Gegenrevolution *f*; **~sentido** [~sen'tido] *m* Widersinn *m*; **~seña** [~'sena] *f* Losungswort *n*, Kennwort *n*

contras|tar [kɔntras'tar] (1a) **1.** *v/t* ⚙ eichen; **2.** *v/i* im Widerspruch stehen (zu *dat con*); **~te** [~'traste] *m* Gegensatz *m*, Kontrast *m*

contrata|ción [kɔntrata'θïɔn] *f* Vertragsabschluß *m*; (*de obreros*) Einstellung *f*; **~nte** [~'tante] *m* Vertragspartner *m*; **~r** [~'tar] (1a) vertraglich abmachen; (*personal*) einstellen; (*artista*) engagieren

contratiempo [kɔntra'tïempo] *m* Unannehmlichkeit *f*; (ärgerlicher) Zwischenfall *m*

contratista [kɔntra'tista] *m*: **~ de obras** Bauunternehmer *m*

contrato [kɔn'trato] *m* Vertrag *m*

contravalor [kɔntraba'lɔr] *m* Gegenwert *m*

contraven|ción [kɔntraben'θïɔn] *f* Übertretung *f*; Zuwiderhandlung *f*; **~ir** [~be'nir] (3s): **~ a** verstoßen gegen (*ac*)

contrayentes [kɔntra'jentes] *m/pl* Eheschließende *pl*

contribu|ción [kɔntribu'θïɔn] *f* Beitrag *m*; (*impuesto*) Steuer *f*, Abgabe *f*; **~ir** [~'ir] (3g) beitragen, beisteuern; **~yente** [~bu'jente] *m* Steuerzahler *m*

contrincante [kɔntriŋ'kante] *m* Mitbewerber *m*; Gegenspieler *m*

control [kɔn'trɔl] *m* Kontrolle *f*; **~ aéreo** Flugsicherung *f*; **~ador** [~trola'dɔr] *m*: **~ aéreo** Fluglotse *m*; **~ar** [~'lar] (1a) kontrollieren, überwachen; **~arse** sich beherrschen

controver|sia [kɔntrɔ'bersïa] *f* Streit *m*, Kontroverse *f*; **~tido** [~bɛr'tido] umstritten

contuma|cia [kɔntu'maθïa] *f* Hartnäckigkeit *f*; **~z** [~'maθ] hartnäckig

contundente [kɔntun'dente] überzeugend, schlagend; **arma *f* ~** Schlagwaffe *f*

contusión [kɔntu'sĩɔn] *f* Quetschung *f*; Prellung *f*
convale|cencia [kɔmbale'θenθĩa] *f* Genesung *f*; **~cer** [~'θer] (2d) genesen; **~ciente** [~'θĩente] *m* Rekonvaleszent *m*
convalida|ción [kɔmbaliđa'θĩɔn] *f* Bestätigung *f*; (*de certificados, etc*) Anerkennung *f*; **~r** [~'đar] (1a) bestätigen; anerkennen
conven|cer [kɔmben'θɛr] (2b) überzeugen; überreden; **~cimiento** [~θi'mĩento] *m* Überzeugung *f*; **~ción** [~'θĩɔn] *f* Abkommen *n*, Konvention *f*; **~cional** [~θĩo'nal] herkömmlich, konventionell
convenien|cia [kɔmbe'nĩenθĩa] *f* Zweckmäßigkeit *f*; Nutzen *m*; **~te** [~'nĩente] zweckmäßig, angebracht
convenio [kɔm'benĩo] *m* Abkommen *n*; **~ *colectivo*** (Mantel-)Tarifvertrag *m*
convenir [kɔmbe'nir] (3s) **1.** *v/t* vereinbaren; **2.** *v/i* passen; (*estar de acuerdo*) übereinstimmen; (*ser oportuno*) angebracht sein
convento [kɔm'bento] *m* Kloster *n*
conver|gencia [kɔmber'xenθĩa] *f* Zs.-laufen *n*; *fig* Übereinstimmung *f*; **~ger** [~'xɛr] (2c), **~gir** [~'xir] (3c) konvergieren, zs.-laufen
conversa|ción [kɔmbersa'θĩɔn] *f* Unterhaltung *f*, Gespräch *n*; **~r** [~'sar] (1a) sich unterhalten
conver|sión [kɔmbɛr'sĩɔn] *f* Umwandlung *f*, *rel* Bekehrung *f*; ✞ Umrechnung *f*; **~so** *rel* [~'berso] *m* Konvertit *m*; **~tible** [~'tible] konvertierbar; **~tir** [~'tir] (3i) um-, verwandeln; ✞ konvertieren; *rel* bekehren; **~tirse** sich verwandeln (in *en*), werden (zu *en*); *rel* übertreten (zu *a*)
convexo [kɔm'bɛgso] konvex
convic|ción [kɔmbig'θĩɔn] *f* Überzeugung *f*; **~to** [~'bikto] überführt
convida|do [kɔmbi'đađo] *m* Gast *m*; **~r** [~'đar] (1a) einladen (zu *a*)
convincente [kɔmbin'θente] überzeugend
conviv|encia [kɔmbi'benθĩa] *f* Zs.-leben *n*; **~ir** [~'bir] (3a) zs.-leben
convoca|ción [kɔmboka'θĩɔn] *f* Einberufung *f*; **~r** [~'kar] (1g) einberufen
convoy [kɔm'bɔi] *m* auto Kolonne *f*; ⚓ Geleitzug *m*; 🚂 Zug *m*
convulsión [kɔmbul'sĩɔn] *f* Krampf *m*
conyugal [kɔnju'gal] ehelich; Ehe...

cónyuge ['kɔnjuxe] *su* Ehegatte *m*
coñac [kɔ'ɲak] *m* Kognak *m*
coopera|ción [koopera'θĩɔn] *f* Mitwirkung *f*; Zs.-arbeit *f*; **~nte** [~'rante] *m* Entwicklungshelfer *m*; **~r** [~'rar] (1a) mitarbeiten; **~tiva** [~ra'tiba] *f* Genossenschaft *f*; **~tivo** [~ra'tibo] Genossenschafts...
coordina|ción [koɔrđina'θĩɔn] *f* Koordinierung *f*; **~r** [~'nar] (1a) koordinieren
copa ['kopa] *f* (Stiel-)Glas *n*; Pokal *m* (*a dep*); ♣ (Baum-)Krone *f*; ♀ *de Europa* Europapokal *m*; **~s** (*naipes*) *etwa*: Herz *n*
copia ['kopĩa] *f* Kopie *f*; *fot* Abzug *m*; **~r** [~'pĩar] (1b) kopieren; (*alumno*) abschreiben
copiloto [kopi'loto] *m* Kopilot *m*
copioso [ko'pĩoso] reichlich
copla ['kopla] *f* Strophe *f*; Lied *n*
copo ['kopo] *m* Flocke *f*; **~ *de nieve*** Schneeflocke *f*
coproducción [koprođug'θĩɔn] *f* Koproduktion *f*
copropietario [kopropĩe'tarĩo] *m* Miteigentümer *m*
coque ['koke] *m* Koks *m*
coque|tear [kokete'ar] (1a) kokettieren; **~to** [~'keto] kokett; **~tón** [~'tɔn] reizend
coraje [ko'raxe] *m* Mut *m*; (*ira*) Wut *f*
coral [ko'ral] **1.** *m* Koralle *f*; ♪ Choral *m*; **2.** *f* Chor *m*
corán [ko'ran] *m* Koran *m*
coraza [ko'raθa] *f* Panzer *m*
cora|zón [kora'θɔn] *m* Herz *n*; **~zonada** [~θo'nađa] *f* Ahnung *f*
corbata [kɔr'bata] *f* Krawatte *f*
corbeta [kɔr'beta] *f* Korvette *f*
corche|a ♪ [kɔr'tʃea] *f* Achtelnote *f*; **~te** [~'tʃete] *m* Haken *m*; *tip* eckige Klammer *f*
corcho ['kɔrtʃo] *m* Kork(en) *m*
corcovado [kɔrko'bađo] bucklig
corda|da [kɔr'đađa] *f* Seilschaft *f*; **~je** ⚓ [~'đaxe] *m* Takelwerk *n*
cordel [kɔr'đɛl] *m* Schnur *f*
cordero [kɔr'đero] *m* Lamm *n*
cordial [kɔr'đĩal] herzlich; **~idad** [~đĩali'đađ] *f* Herzlichkeit *f*
cordillera [kɔrđi'ʎera] *f* Gebirgskette *f*
cordobés [kɔrđo'bes] aus Córdoba
cordón [kɔr'đɔn] *m* Schnur *f*; (*de zapato*) Schnürsenkel *m*; ⚔ Kordon *m*, Sperrkette *f*; **~ *umbilical*** Nabelschnur *f*

cordura [kɔr'dura] f Verstand m; Besonnenheit f
core|ografía [koreogra'fia] f Choreographie f; **~ógrafo** [~'ografo] m Choreograph m
corista [ko'rista] **a)** su Chorsänger(in f) m; **b)** f Revuegirl n
corna|da [kɔr'naða] f taur Verletzung f durch Hornstoß; **~menta** [~'menta] f Gehörn n; Geweih n; **~musa** [~'musa] f Dudelsack m
córnea ['kɔrnea] f (ojo) Hornhaut f
corneja [kɔr'nexa] f Krähe f
córneo ['kɔrneo] Horn...
córner ['kɔrnɛr] m dep Eckball m
corne|ta [kɔr'neta] f ♪ Kornett n; **~zuelo** ⚕ [~'θuelo] m Mutterkorn n
cornisa △ [kɔr'nisa] f Kranzgesims n
corno ♪ ['kɔrno] m: **~ inglés** Englischhorn n
cornudo [kɔr'nuðo] gehörnt (a fig)
coro ['koro] m ♪ Chor m; △ Empore f
coroides anat [ko'rɔiðes] f Aderhaut f
corona [ko'rona] f Krone f; (de flores) Kranz m; **~ción** [korona'θiɔn] f Krönung f (a fig); **~r** [~'nar] (1a) krönen (a fig); fig vollenden; **~rio** ✱ [~'nario] Herzkranz..., Koronar...
coronel [koro'nɛl] m Oberst m
corpora|ción [kɔrpora'θiɔn] f Körperschaft f; **~l** [~'ral] körperlich, Körper...
corpulen|cia [kɔrpu'lenθia] f Beleibtheit f; **~to** [~'lento] korpulent, beleibt
Corpus ['kɔrpus] m: **~ (Christi)** Fronleichnam(sfest) n
corral [kɔ'rral] m Geflügelhof m
correa [kɔ'rrea] f Riemen m, Gurt m; ⚙ Treibriemen m; **~ del ventilador** Keilriemen m
correc|ción [kɔrreg'θiɔn] f Verbesserung f; Korrektur f (a tip); fig Korrektheit f; **~to** [~'rrekto] richtig; korrekt; **~tor** [~'tɔr] m tip Korrektor m
corre|dera [kɔrre'ðera] f ⚙ Schieber m; **~dizo** [~'ðiθo] Schiebe...; **~dor** [~'ðɔr] m (Wett-)Läufer m; Rennfahrer m; ✝ Makler m; (pasillo) Korridor m; **~ aéreo** Luftkorridor m; **~gir** [~'xir] (3c u 3l) (ver)bessern, berichtigen; korrigieren; **~girse** sich bessern
correo [kɔ'rreo] m Post f; (persona) Kurier m; **por ~** mit der Post; **~ aéreo** Luftpost f; **oficina f de ~s** Postamt n
correr [kɔ'rrɛr] (2a) **1.** v/i laufen, rennen; auto schnell fahren; (tiempo) vergehen; (agua) fließen; **~ con los gastos** die Kosten tragen; **2.** v/t (mueble) (ver)rücken; (cerrojo) vorschieben; (cortina) zuziehen; **~se** (beiseite) rücken
correspon|dencia [kɔrrespɔn'denθia] f Briefwechsel m; Korrespondenz f; (cartas) Post f; 🚆 Anschluß m; fig Entsprechung f; **~der** [~'dɛr] (2a) entsprechen (dat a); (favor, etc) erwidern; (pertenecer) zustehen, -kommen (dat a); **~diente** [~'diente] entsprechend; **~sal** [~'sal] su Korrespondent(in f) m; Berichterstatter(in f) m
corretaje [kɔrre'taxe] m Maklergebühr f
corrida [kɔ'rriða] f Lauf m; **~ (de toros)** Stierkampf m
corriente [kɔ'rriente] **1.** adj laufend; fließend; (normal) üblich, gewöhnlich; **2.** f Strom m (a fig u ⚡); fig Strömung f; **~ de aire** Luftzug m; fig **ir contra la ~** gegen den Strom schwimmen; **3.** m laufende(r) Monat m; **estar (tener) al ~** auf dem laufenden sein (halten); **fuera de lo ~** außergewöhnlich
corro ['kɔrro] m Kreis m (von Personen)
corroborar [kɔrrɔbo'rar] (1a) (be)stärken; bekräftigen
corromper [kɔrrɔm'pɛr] (2a) verderben; fig bestechen
corros|ión [kɔrrɔ'siɔn] f Korrosion f; **~ivo** [~'sibo] **1.** adj ätzend; **2.** m Ätzmittel n
corrup|ción [kɔrrub'θiɔn] f fig Bestechung f; Korruption f, Verfall m; **~ de menores** Verführung f Minderjähriger; **~tible** [~'tible] bestechlich; **~to** [kɔ'rrupto] verdorben; korrupt
corsario [kɔr'sario] m Seeräuber m, Korsar m
corsé [kɔr'se] m Korsett n
corso ['kɔrso] **1.** adj korsisch; **2.** m Korse m
corta|césped [kɔrta'θespeð] m Rasenmäher m; **~do** [~'taðo] **1.** adj (leche) geronnen; (turbado) verlegen; **2.** m Kaffee m mit et Milch; **~fiambres** [~'fiambres] m Aufschnittmaschine f; **~frío** [~'frio] m Hartmeißel m; **~nte** [~'tante] schneidend (a fig); **~papeles** [~tapa'peles] m Brieföffner m; **~pisa** [~'pisa] f: **poner ~s** fig Steine in den Weg legen
cortar [kɔr'tar] (1a) schneiden; ab-, aus-,

cortarse 98

zer-, durchschneiden; *(tela)* zuschneiden; *(comunicación)* unterbrechen; *(árbol)* fällen; *(agua, gas, luz, calle)* sperren; *(naipes)* abheben; **~se** sich schneiden; *(leche)* gerinnen; *(turbarse)* verlegen werden
corta|uñas [kɔrta'uɲas] *m* Nagelzange *f*; **~vientos** [~'bientos] *m* Windschutz *m*
corte ['kɔrte] **a)** *m* Schnitt *m*; ✠ Schnittwunde *f*; *(de ropa)* Zuschnitt *m*; *(de luz, etc)* Sperre *f*; **b)** *f* (Königs-)Hof *m*; *Am* Gerichtshof *m*; **~s** *pl* das spanische Parlament
corte|jar [kɔrtɛ'xar] (1a) den Hof machen; **~jo** [~'texo] *m* Zug *m*, Gefolge *n*; **~ fúnebre** Trauerzug *m*
cortés [kɔr'tes] höflich
corte|sana [kɔrte'sana] *f* Kurtisane *f*; **~sano** [~'sano] **1.** *adj* höfisch **2.** *m* Höfling *m*; **~sía** [~'sia] *f* Höflichkeit *f*
corteza [kɔr'teθa] *f* Rinde *f*; *(de pan)* Kruste *f*; *(de fruta)* Schale *f*
cortijo [kɔr'tixo] *m andalusisches* Landgut *n*
cortina [kɔr'tina] *f* Gardine *f*, Vorhang *m*
corto ['kɔrto] kurz; *fig* beschränkt; **~ de vista** kurzsichtig; **a la -a o a la larga** über kurz oder lang; **no quedarse ~** keine Antwort schuldig bleiben; **~circuito** ✠ [~θir'kuito] *m* Kurzschluß *m*; **~(metraje)** [~(me'traxe)] *m* Kurzfilm *m*
corvo ['kɔrbo] krumm, gebogen
corzo ['kɔrθo] *m* Reh *n*
cosa ['kɔsa] *f* Sache *f*, Ding *n*; **~ de** ungefähr; *otra ~* et anderes; *poca ~* wenig; *como si tal ~* als ob nichts geschehen wäre
cosaco [kɔ'sako] *m* Kosak *m*
cosecha [kɔ'setʃa] *f* Ernte *f*; **~dora** [~'ðora] *f* Mähdrescher *m*; **~r** [~'tʃar] (1a) ernten
coser [kɔ'sɛr] (2a) nähen; *ser ~ y cantar* kinderleicht sein
cosméti|ca [kɔz'metika] *f* Kosmetik *f*; **~co** [~'metiko] **1.** *adj* kosmetisch; **2.** *m* Schönheitsmittel *n*
cósmico ['kɔzmiko] kosmisch
cosmo|nauta [kɔzmo'nauta] *m* Kosmonaut *m*; **~polita** [~po'lita] *m* Weltbürger *m*
cosmos ['kɔzmɔs] *m* Kosmos *m*
cosquill|as [kɔs'kiʎas] *f/pl* Kitzeln *n*; *hacer ~* kitzeln; **~oso** [~ki'ʎoso] k..., ..)lig; *fig* empfindlich
costa ['kɔsta] *f* Küste *f*; **~s** Kosten *pl*; *a ~ de* auf Kosten von; *a toda ~* um jeden Preis; **~do** [~'taðo] Seite *f*; Flanke *f*
cos|tar [kɔs'tar] (1m) kosten; *fig* schwerfallen; *fig ~ caro* teuer zu stehen kommen; **~te** ['kɔste] *m* Kosten *pl*; **~ de la vida** Lebenshaltungskosten *pl*; **~tear** [kɔste'ar] (1a) die Kosten tragen
costilla [kɔs'tiʎa] *f* Rippe *f*
costo ['kɔsto] *m* Kosten *pl*; **~so** [~'toso] kostspielig; teuer
costra ['kɔstra] *f* Kruste *f*; ✠ Schorf *m*
costumbre [kɔs'tumbre] *f* Gewohnheit *f*; Sitte *f*; Brauch *m*; *mala ~* Unsitte *f*; *de ~* gewöhnlich, üblich
costu|ra [kɔs'tura] *f* Naht *f*; Nähen *n*; *alta ~* Haute Couture *f*; **~rera** [~'rera] *f* Näherin *f*; **~rero** [~'rero] *m* Nähkasten *m*
cotidiano [koti'ðiano] täglich
cotill|a F [ko'tiʎa] *f* F Klatschbase *f*; **~ear** [~ʎe'ar] (1a) F klatschen
cotiza|ción [kotiθa'θiɔn] *f* Notierung *f*; Kurs *m*; **~r** [~'θar] (1f) **1.** *v/t* ✝ notieren; **2.** *v/i* Beitrag zahlen
coto ['kɔto] *m* eingezäuntes Grundstück *n*; **~ de caza** Jagdrevier *n*
cotorra [ko'tɔrra] *f* F Klatschbase *f*
cox|al ✠ [kɔg'sal] *adj* Hüft...; **~is** ['kɔgsis] *m* Steißbein *n*
coyuntura [kojun'tura] *f* Konjunktur *f*
coz [kɔθ] *f* *(caballo, etc)* Ausschlagen *n*
crac [krak] *m* Börsenkrach *m*
cráneo ['kraneo] *m* Schädel *m*
craso ['kraso] kraß
cráter ['kratɛr] *m* Krater *m*
crea|ción [krea'θiɔn] *f* Schöpfung *f*; Erschaffung *f*; **~dor** [~'ðɔr] **1.** *adj* schöpferisch; **2.** *m* Schöpfer *m*; **~r** [~'ar] (1a) (er)schaffen; *(fundar)* gründen; **~tividad** [~tibi'ðað] *f* Kreativität *f*; **~tivo** [~'tibo] kreativ
cre|cer [kre'θɛr] (2d) wachsen; *(río)* anschwellen; *fig* zunehmen; **~cida** [~'θiða] *f* Hochwasser *n*; **~cido** [~'θiðo] erwachsen; groß; **~ciente** [~'θiente] steigend, wachsend; *(luna)* zunehmend; **~cimiento** [~θi'miento] *m* Wachstum *n*; *fig* Zunahme *f*
credencial [kreðen'θial]: *(cartas) ~es* *f/pl* Beglaubigungsschreiben *n*
credi|bilidad [kreðibili'ðað] *f* Glaub-

würdigkeit *f*; ⁓**ticio** [⁓'tiθĭo] Kredit...
crédito ['kređito] *m* ✝ Kredit *m*; *fig* Ansehen *n*; *a* ⁓ auf Kredit; *dar* ⁓ *a alg* j-m Glauben schenken
credo ['kređo] *m* Kredo *n*, Glaubensbekenntnis *n*
credulidad [kređuli'đađ] *f* Leichtgläubigkeit *f*
crédulo ['kređulo] leichtgläubig
creencia [kre'enθĭa] *f* Glaube *m*
creer [kre'ɛr] (2e) glauben (an *ac* **en**); (*considerar*) halten für; ⁓**se** sich et einbilden; sich halten für
creí|ble [kre'ible] glaubhaft; ⁓**do** [⁓'iđo] eingebildet, eitel
crema ['krema] *f* Creme *f*; (*nata*) Sahne *f*; ⁓ *dental* Zahncreme *f*
cremación [krema'θĭɔn] *f* Verbrennung *f*; Feuerbestattung *f*
cremallera [krema'ʎera] *f* Reißverschluß *m*; (*ferrocarril m de*) ⁓ Zahnradbahn *f*
crematorio [krema'torĭo] *m* Krematorium *n*
crepitar [krepi'tar] (1a) prasseln, knistern
crepúsculo [kre'puskulo] *m* Dämmerung *f*
cresta ['kresta] *f* (*de gallo*) Kamm *m*
cretino [kre'tino] **1.** *adj* dumm; **2.** *m* Schwachkopf *m*, Kretin *m*
creyente [kre'jente] **1.** *adj* gläubig; **2.** *m* Gläubige(r) *m*
cría ['kria] *f* Zucht *f*; (*animal*) Junge(s) *n*
cria|da [kri'ađa] *f* Dienstmädchen *n*; ⁓**do** [⁓'ađo] *m* Diener *m*; ⁓**dor** [⁓a'đɔr] *m* Züchter *m*; ⁓**nza** [⁓'anθa] *f* (Auf-)Zucht *f*; ⁓**r** [⁓'ar] (1c) züchten; (*niño*) aufziehen; ⁓**rse** aufwachsen; ⁓**tura** [⁓a'tura] *f* Kreatur *f*, Geschöpf *n*; (*niño*) Kind *n*
criba ['kriba] *f* Sieb *n*; ⁓**r** [⁓'bar] (1a) sieben
crimen ['krimen] *m* Verbrechen *n*
criminal [krimi'nal] **1.** *adj* verbrecherisch, kriminell; **2.** *m* Verbrecher *m*; ⁓**idad** [⁓nali'đađ] *f* Kriminalität *f*
crío ['krio] *m* F Kind *m*
cripta ['kripta] *f* Gruft *f*, Krypta *f*
crisantemo ✿ [krisan'temo] *m* Chrysantheme *f*
crisis ['krisis] *f* Krise *f*
crisol [kri'sɔl] *m* Schmelztiegel *m* (*a fig*)
crispa|ción [krispa'θĭɔn] *f* Verkrampfung *f*; *fig* Spannung *f*; ⁓**r** [⁓'par] (1a) zs.-krampfen; *fig* in Wut bringen; ⁓ *los nervios* auf die Nerven gehen
cristal [kris'tal] *m* Kristall *n*; (*vidrio*) Glas *n*; Fensterscheibe *f*; ⁓**era** [⁓ta'lera] *f* Glasschrank *m*; ⁓**ería** [⁓le'ria] *f* Glaswaren *f*/*pl*; Gläser *n*/*pl*; ⁓**ero** [⁓'lero] *m* Glaser *m*; ⁓**ino** [⁓'lino] **1.** *adj* kristallklar; **2.** *m* (*del ojo*) Linse *f*; ⁓**izar** [⁓li'θar] (1f) kristallisieren
cristia|ndad [kristĭan'dađ] *f* Christenheit *f*; ⁓**nismo** [⁓'nizmo] *m* Christentum *n*; ⁓**no** [⁓'tĭano] **1.** *adj* christlich; **2.** *m* Christ *m*
criterio [kri'terĭo] *m* Kriterium *n*
crítica ['kritika] *f* Kritik *f*
criticar [kriti'kar] (1g) kritisieren
crítico ['kritiko] **1.** *adj* kritisch; **2.** *m* Kritiker *m*
croar [kro'ar] (1a) quaken
croata [kro'ata] **1.** *adj* kroatisch; **2.** *su* Kroate *m*, Kroatin *f*
crol [krɔl] *m* *dep* Kraulen *n*
cromar [kro'mar] (1a) verchromen
cromo ['kromo] *m* Chrom *n*; (*estampa*) Sammelbild *n*
cromosoma [kromo'soma] *m* Chromosom *n*
cróni|ca ['kronika] *f* Chronik *f*; (Zeitungs-)Bericht *m*; ⁓**co** [⁓ko] chronisch
cronista [kro'nista] *m* Chronist *m*
cron|ológico [krono'lɔxiko] chronologisch; ⁓**ometrar** [⁓me'trar] (1a) die Zeit abnehmen (*od* stoppen); ⁓**ómetro** [⁓'nometro] *m* Stoppuhr *f*
croqueta [kro'keta] *f* Krokette *f*
croquis ['krokis] *m* Skizze *f*
cruce ['kruθe] *m* Kreuzung *f* (*a bio*); ⁓**ro** [⁓'θero] *m* ⌂ Querschiff *n*; ♆ Kreuzer *m*; (*viaje*) Kreuzfahrt *f*; ⁓**ta** [⁓'θeta] *f* Kreuzstich *m*
crucial [kru'θĭal] *fig* entscheidend
crucifi|car [kruθifi'kar] (1g) kreuzigen; ⁓**jo** [⁓'fixo] *m* Kruzifix *n*; ⁓**xión** [⁓fig'θĭɔn] *f* Kreuzigung *f*
crucigrama [kruθi'grama] *m* Kreuzworträtsel *n*
cru|deza [kru'đeθa] *f* Roheit *f*; ⁓**do** ['kruđo] **1.** *adj* roh (*a fig*); *fig* grob; rauh; **2.** *m* Rohöl *n*
cruel [kru'ɛl] grausam; ⁓**dad** [kruɛl'dađ] *f* Grausamkeit *f*
cruento [kru'ento] blutig
cruji|ente [kru'xĭente] *gastr* knusprig; ⁓**r** [⁓'xir] (3a) knistern; knarren

crustáceos [krus'taθeos] *m/pl* Krusten-, Krebstiere *n/pl*

cruz [kruθ] *f* Kreuz *n* (*a fig*); (*de una moneda*) Schriftseite *f*; **~ gamada** Hakenkreuz *n*; ⚕ **Roja** Rotes Kreuz *n*; **~ada** [~'θađa] *f* Kreuzzug *m* (*a fig*); **~ado** [~'θađo] **1.** *adj* (*traje*) zweireihig; **2.** *m* Kreuzfahrer *m*; **~ar** [~'θar] (1f) kreuzen (*a bio*); (*atravesar*) durchqueren; (*calle*) überqueren; (*cartas, palabras*) wechseln; **~arse** sich begegnen

cuaderno [kŭa'đerno] *m* Heft *n*

cuadra ['kŭađra] *f* (Pferde-)Stall *m*; **~do** [~'đrađo] **1.** *adj* quadratisch; **2.** *m* Quadrat *n*; **~ngular** [~đrangu'lar] viereckig

cuadriculado [kŭađriku'lađo] (*papel*) kariert

cuadrilla [kŭa'đriʎa] *f* Gruppe *f*, Trupp *m*; *taur* Mannschaft *f* e-s Toreros

cuadro ['kŭađro] *m* (*pintura*) Bild *n* (*a teat u fig*), Gemälde *n*; ✿ Gartenbeet *n*; ⚡ **~ de distribución** Schalttafel *f*; *auto* **~ de mandos** Armaturenbrett *n*; **~ sinóptico** Übersichtstabelle *f*; **a** *od* **de ~s** kariert

cuádruple ['kŭađruple] vierfach

cua|jada [kŭa'xađa] *f* Dickmilch *f*; **~jar** [~'xar] **1.** *m zo* Labmagen *m*, **2.** (la) *v/t* fest werden; (*nieve*) liegenbleiben; *fig* gelingen, F klappen; **~jarse** gerinnen; **~jo** ['kŭaxo] *m* Lab *n*

cual [kŭal] *pron relat* **el, la, lo ~** der, die, das; welche(r, s); **a ~ más** um die Wette; **por lo ~** weswegen

cuál [kŭal] *pron interr* wer?, welche(r, s)?

cuali|dad [kŭali'đađ] *f* Eigenschaft *f*, Qualität *f*; **~tativo** [~ta'tiβo] qualitativ

cualquier [kŭal'kĭer] irgendein; **~ día** irgendwann; **de ~ modo** irgendwie; **~a** [~'kĭera] irgend jemand; jeder (beliebige)

cuan [kŭan] wie (sehr)

cuando ['kŭando] **1.** *cj* wenn; (*pasado*) als; **2.** *adv*: **de ~ en ~** von Zeit zu Zeit; **~ más, ~ mucho** höchstens; **~ menos** wenigstens; **~ quiera** jederzeit

cuándo ['kŭando] *interr* wann?; **¿para ~?** bis wann?

cuan|tía [kŭan'tia] *f* Summe *f*; Menge *f*; **~tioso** [~'tĭoso] reichlich, bedeutend; **~titativo** [~tita'tiβo] quantitativ

cuanto ['kŭanto] alles, was; soviel wie; **en ~** sobald, sowie; **en ~ a** was ... betrifft; **~ más que** um so mehr als; **~ antes** möglichst bald; **~ antes, mejor** je eher, desto besser; **unos ~s** einige, ein paar

cuánto ['kŭanto] *pron* wieviel; wie viele?; **¿a ~s estamos?** den wievielten haben wir heute?; **¡~ me alegro!** wie ich mich freue!

cuaren|ta [kŭa'renta] vierzig; **~tena** [~'tena] *f* Quarantäne *f*

cuaresma [kŭa'rezma] *f* Fastenzeit *f*

cuarta ['kŭarta] *f* ♪ Quart *f*

cuartel [kŭar'tel] *m* Kaserne *f*; **~ general** Hauptquartier *n*

cuarteto ♪ [kŭar'teto] *m* Quartett *n*

cuarto ['kŭarto] **1.** *adj* vierte(r); **2.** *m* Viertel *n*; (*habitación*) Zimmer *n*; **~ de baño** Badezimmer *n*; **~ de estar** Wohnzimmer *n*; **~ de hora** Viertelstunde *f*

cuarzo *min* ['kŭarθo] *m* Quarz *m*

cuatrillizos [kŭatri'ʎiθos] *m/pl* Vierlinge *m/pl*

cuatro ['kŭatro] vier

cuba ['kuba] *f* Faß *n*

cubano [ku'bano] **1.** *adj* kubanisch; **2.** *m*, **-a** *f* Kubaner(in *f*) *m*

cuberte|ría [kuberte'ria] *f* Besteck *n*; **~ro** [~'tero] *m* Besteckkasten *m*

cubeta [ku'beta] *f* Faß *m*; Zuber *m*; Wanne *f*

cúbico ['kubiko] kubisch; Kubik...

cubier|ta [ku'bĭerta] *f* Hülle *f*; (*de un libro*) Umschlag *m*; *auto* (Reifen-)Decke *f*; ⚓ Deck *n*; **~to** [~to] **1.** *adj* bedeckt; ✝ gedeckt; **2.** *m* Besteck *n*; (*menú*) Gedeck *n*

cubismo [ku'bizmo] *m* Kubismus *m*

cubi|tera [kubi'tera] *f* Eiswürfelbehälter *m*; **~to** [~'bito] *m*: **~ de caldo** Suppenwürfel *m*; **~ de hielo** Eiswürfel *m*

cúbito *anat* ['kubito] *m* Elle *f*

cubo ['kubo] *m* ⋏ Würfel *m*; Kubikzahl *f*; (*vasija*) Eimer *m*, Kübel *m*; ⊕ Nabe *f*; **~ de basura** Mülleimer *m*

cubrir [ku'brir] (3a) be-, zudecken; (*recorrer*) zurücklegen; ✝, *zo* decken; (*informar*) berichten über; (*puesto*) besetzen; *fig* **~ de** überhäufen mit; **~se** den Hut aufsetzen

cucaracha [kuka'ratʃa] *f* Schabe *f*, Kakerlak *m*

cucha|ra [ku'tʃara] *f* (Eß-)Löffel *m*; **~rada** [~'rađa] *f* Eßlöffelvoll *m*; **~rilla** [~'riʎa], **~rita** [~'rita] *f* Tee-, Kaffeelöffel *m*; **~rón** [~'ron] *m* Schöpflöffel *m*

cuchich|ear [kutʃitʃe'ar] (1a) flüstern; **~eo** [~'tʃeo] *m* Getuschel *n*
cuchi|lla [ku'tʃiʎa] *f* Klinge *f*; Schneide *f*; **~llada** [~'ʎaða] *f* Messerstich *m*; **~llo** [~'tʃiʎo] *m* Messer *n*
cuclill|as [ku'kliʎas]: **en ~** in Hockstellung; **~o** [~'kliʎo] *m* Kuckuck *m*
cuco ['kuko] *m* Kuckuck *m*
cucurucho [kuku'rutʃo] *m* Tüte *f*
cuece ['kueθc] *s* **cocer**
cuello ['kueʎo] *m* Hals *m*; *(de camisa, etc)* Kragen *m*; **~ de botella** *a fig* Engpaß *m*
cuen|ca ['kueŋka] *f geo* Becken *n*; **~co** [~'ko] *m* Napf *m*
cuenta ['kuenta] *f* Rechnung *f*; ✝ Konto *n*; **~ atrás** Countdown *m*; **~ corriente** Girokonto *n*, laufendes Konto *n*; **~ de gastos** Spesenrechnung *f*; **por ~ de** auf Rechnung von; **dar ~** Rechenschaft ablegen; **darse ~ de** (be)merken; **echar ~s** abrechnen; **pagar a ~** anzahlen; **tener** (*od* **tomar**) **en ~** berücksichtigen; **~gotas** [~'gotas] *m* Tropfenzähler *m*; **~kilómetros** [~ki'lometros] *m* Kilometerzähler *m*; **~rrevoluciones** [~rrɛbolu'θiones] *m* Drehzahlmesser *m*
cuento ['kuento] *m* Geschichte *f*; Märchen *n*; *fig* Gerede *n*; **dejarse de ~s** zur Sache kommen
cuerda ['kuɛrða] *f* Seil *n*; Schnur *f*; ♪ Saite *f*; *(del reloj)* Feder *f*; **bajo ~** heimlich; **dar ~** *(reloj)* aufziehen; **~s pl vocales** Stimmbänder *n/pl*
cuerdo ['kuɛrðo] klug, vernünftig
cuerno ['kuɛrno] *m* Horn *n* (*a* ♪); *fig* **poner ~s a alg** j-m Hörner aufsetzen
cuero ['kuɛro] *m* Leder *n*; **~ cabelludo** Kopfhaut *f*; **en ~s** splitternackt
cuerpo ['kuɛrpo] *m* Körper *m*; ✕ Korps *n*; **~ de bomberos** Feuerwehr *f*; **~ docente** Lehrkörper *m*; ⚖ **~ del delito** Beweisstück *n*, Corpus delicti *n*; **a ~ de rey** fürstlich; *fig* **tomar ~** Gestalt annehmen
cuervo ['kuɛrbo] *m* Rabe *m*
cuesta ['kuesta] *f* Abhang *m*; Steigung *f*; Gefälle *n*; **~ abajo** bergab; **~ arriba** bergauf; **a ~s** auf dem Rücken
cuestación [kuɛsta'θiɔn] *f* Sammlung *f*
cuestión [kuɛs'tiɔn] *f* Frage *f*
cuestiona|ble [kuɛstio'nable] streitig, zweifelhaft; **~r** [~'nar] (1a) in Frage stellen; **~rio** [~'nario] *m* Fragebogen *m*

cueva ['kueba] *f* Höhle *f*
cuida|do [kui'ðaðo] *m* Sorgfalt *f*; Vorsicht *f*; *(atención)* Pflege *f*; Betreuung *f*; **tener ~** aufpassen; **¡~!** Vorsicht!; **~dor** [~'ðɔr] *m* Pfleger *m*; **~doso** [~'ðoso] sorgfältig; **~r** [~'ðar] (1a) betreuen; pflegen; versorgen; **~ de** sorgen für; **~rse** sich pflegen; sich schonen; **~ de** sich kümmern um
culata [ku'lata] *f* Gewehrkolben *m*; *auto* Zylinderkopf *m*
cule|bra [ku'lebra] *f* Schlange *f*; **~brón** F [~'brɔn] *m TV* Endlos-Serie *f*
culinario [kuli'nario] kulinarisch; Koch...
culmina|ción [kulmina'θiɔn] *f* Höhepunkt *m*, Gipfel *m*; **~nte** [~'nante]: **punto m ~** Höhepunkt *m*; **~r** [~'nar] (1a) **1.** *v/i* gipfeln; **2.** *v/t* vollenden
culo ['kulo] *m* F Hintern *m*
culpa ['kulpa] *f* Schuld *f*; Verschulden *n*; **echar la ~ de a/c a alg** j-m die Schuld an et geben; **tener la ~ de** schuld sein an; **por ~ de** wegen *(gen)*; **~bilidad** [~bili'ðað] *f* Schuld *f*; **~ble** [~'paßle] **1.** *adj* schuldig; **2.** *su* Schuldige(r *m*) *f*; **~r** [~'par] (1a) beschuldigen
culti|var [kulti'bar] (1a) anbauen, bebauen; züchten; *fig* pflegen; **~vo** [~'tißo] *m* Anbau *m*; Züchtung *f*; *fig* Pflege *f*
culto ['kulto] **1.** *adj* gebildet; kultiviert; **2.** *m* Gottesdienst *m*; Kult *m*
cultura [kul'tura] *f* Kultur *f*; Bildung *f*; **~l** [~'ral] kulturell
culturismo [kultu'rizmo] *m* Bodybuilding *n*
cumbre ['kumbre] *f* Gipfel *m* (*a fig*); *pol* Gipfeltreffen *n*
cumpleaños [kumple'aɲos] *m* Geburtstag *m*
cumpli|do [kum'pliðo] *m* Kompliment *n*; **por ~** aus Höflichkeit; **sin ~s** ohne Umstände; **~dor** [~'ðɔr] gewissenhaft, pflichtbewußt; **~mentar** [~men'tar] (1k) begrüßen; beglückwünschen; *(orden, etc)* ausführen; **~miento** [~'miento] *m* Erfüllung *f*; Ausführung *f*
cumplir [kum'plir] (3a) erfüllen; ausführen; *(pena)* verbüßen, absitzen; **~ años** Geburtstag feiern; **~ con su deber** s-e Pflicht tun; **por. ~** aus Höflichkeit; **~se** in Erfüllung gehen
cuna ['kuna] *f* Wiege *f*; Kinderbett *n*; *fig* Abstammung *f*
cuneta [ku'neta] *f* Straßengraben *m*

cuña ['kuɲa] *f* Keil *m*; ~ **publicitaria** Werbespot *m*
cuña|da [ku'ɲaða] *f* Schwägerin *f*; **~do** [ku'ɲaðo] *m* Schwager *m*
cuota ['kŭota] *f* Quote *f*; (Mitglieds-)Beitrag *m*
cupé [ku'pe] *m auto* Coupé *n*
cupo ['kupo] *m* Quote *f*; Kontingent *n*, Anteil *m*
cupón [ku'pɔn] *m* Kupon *m*; Zinsschein *m*
cúpula ['kupula] *f* Kuppel *f*
cura ['kura] **1.** *m* Geistliche(r) *m*; **2.** *f* Kur *f*; ~ **de almas** Seelsorge *f*; ~ **termal** Badekur *f*; ~ **de urgencia** Erste Hilfe *f*; **~ble** [~'rable] heilbar; **~ción** [~'θiɔn] *f* Heilung *f*; **~ndero** [~ran'dero] *m* Kurpfuscher *m*
curar [ku'rar] (1a) **1.** *v/i* genesen, heilen; **2.** *v/t* ⚕ behandeln; heilen; (*carne*) einsalzen, räuchern; (*cuero*) gerben; **~se** genesen, gesund werden; ~ **en salud** vorbeugen, vorbauen
curra|nte [ku'rrante] *m* F Jobber *m*; **~r** [~'rrar] F (1a) jobben
curio|sear [kurĭose'ar] (1a) neugierig sein; F herumschnüffeln; **~sidad** [~oi'dað] *f* Neugier(de) *f*, (*cosa rara*) Kuriosität *f*; **~es** *pl* Sehenswürdigkeiten *f/pl*; **~so** [ku'rĭoso] neugierig; (*raro*) merkwürdig, sonderbar
currícu|lo [ku'rrikulo] *m* Curriculum *n*; **~lum vitae** [~lum bitɛ] *m* Lebenslauf *m*
cursar [kur'sar] (1a) (*estudios*) studieren; (*dar curso*) weiterleiten; (*telegrama*) aufgeben
cursi F ['kursi] kitschig, geschmacklos; **~lería** [kursile'ria] *f* Kitsch *m*; Getue *n*
cursill|ista [kursi'ʎista] *su* Kursteilnehmer(in *f*) *m*; **~o** [~'siʎo] *m* Kurs *m*, Lehrgang *m*
cursivo [kur'sibo] kursiv
curso ['kurso] *m* Lauf *m*; Verlauf *m*; (*cursillo*) Kurs(us) *m*, Lehrgang *m*; (*lección*) Vorlesung *f*; (*año escolar*) Schul-, Studienjahr *n*; ~ **acelerado** Schnellkurs *m*; ~ **a distancia**, ~ **por correspondencia** Fernkurs *m*; **dar ~ a** (amtlich) weiterleiten
cursor [kur'sɔr] *m inform* Cursor *m*
curti|do [kur'tiðo] abgehärtet; gebräunt; **~dor** [~ti'ðɔr] *m* Gerber *m*; **~r** [~'tir] (3a) gerben; *fig* abhärten
cur|va ['kurba] *f* Kurve *f*; ~ **de nivel** Höhenlinie *f*; **~var** [~'bar] (1a) krümmen; beugen; **~vatura** [~'tura] *f* Krümmung *f*; **~vo** ['kurbo] gebogen, krumm
cúspide ['kuspiðe] *f* Spitze *f*; Gipfel *m*
custodia [kus'toðĭa] *f* Aufbewahrung *f*; Bewachung *f*; ⚖ Sorgerecht *n*; *rel* Monstranz *f*; ✝ **derechos** *m/pl* **de ~** Depotgebühren *f/pl*; **~r** [~'ðĭar] (1b) bewachen, hüten
cutáneo [ku'taneo] Haut...
cúter ⚓ ['kutɛr] *m* Kutter *m*
cutis ['kutis] *m* (Gesichts-)Haut *f*
cuyo, -a ['kujo, ~ja] dessen, deren
Ch, ch [tʃe] *f s.u.* **c**

D

D, d [de] *f* D, d *n*
dádiva ['daðiβa] *f* Gabe *f*, Spende *f*
dadivoso [daði'βoso] freigebig
dado ['daðo] **1.** *m* Würfel *m*; **2.** *part de dar*; **3.** *prp* angesichts (*gen*), in Anbetracht (*gen*); **4.** *cj* ~ *que* da, weil
dador *m* ⚥, ✝ [da'ðɔr] Geber *m*
daga ['daga] *f* Dolch *m*
dalia ⚥ ['dalia] *f* Dahlie *f*
dalto|niano [dalto'nĩano] farbenblind; **~nismo** [~'nizmo] *m* Farbenblindheit *f*
dama ['dama] *f* Dame *f*; (*juego m de*) **~s** *f/pl* Damespiel *n*; **~juana** [~'xŭana] *f* Korbflasche *f*; Glasballon *m*
damasco [da'masko] *m* Damast *m*; *Am* Aprikose *f*
damero [da'mero] *m* Damebrett *n*
damnifica|do [damnifi'kaðo] *m* Geschädigte(r) *m*; **~r** [~'kar] (1g) schädigen
dandi ['danði] *m* Dandy *m*
da|nés [da'nes] **1.** *adj* dänisch; **2.** *m*, **~nesa** [~'nesa] *f* Däne *m*, Dänin *f*
dantesco [dan'tesko] dantesk, schauerlich
danza ['danθa] *f* Tanz *m*; **~nte** [~'θante] *m* Tänzer *m*; **~r** [~'θar] (1f) tanzen; **~rín** *m*, **~rina** *f* [~'rin, ~'rina] Tänzer(in *f*) *m*
dañ|ar [da'nar] (1a) schaden (*dat*); schädigen; **~arse** Schaden leiden; **~ino** [~'nino] schädlich; **~o** ['daɲo] *m* Schaden *m*; ~ *material* Sachschaden *m*; *hacer ~* weh tun; verletzen; **~s y perjuicios** *m/pl* Schaden(ersatz) *m*
dar [dar] (1r) **1.** *v/t* geben; her-, abgeben; (*regalar*) schenken; (*recuerdos*) bestellen; (*golpe*) versetzen; (*conferencia*) halten; (*valor*) beimessen; ~ *las cinco* fünf Uhr schlagen; **2.** *v/i* ~ *a* (*ventana*) gehen auf; ~ *con* finden; (*persona*) (zufällig) treffen; *no ~ con el nombre* nicht auf den Namen kommen; ~ *contra* stoßen gegen; ~ *de comer* zu essen geben; ~ *de sí* (*rendir*) einbringen, hergeben; (*tela, etc*) sich dehnen *od* weiten; ~ *por muerto* für tot halten; ~ *que hablar* Anlaß zu Gerede geben; *¡qué más da!* was liegt schon daran!; **~se** (*suceder*) vorkommen; ~ *a* sich widmen (*dat*); (*a un vicio, etc*) sich

ergeben, verfallen (*dat*); ~ *por* sich halten für
dardo ['darðo] *m* Wurfspieß *m*
dársena ['darsena] *f* Hafenbecken *n*
datar [da'tar] (1a) **1.** *v/t* datieren; **2.** *v/i*: ~ *de* zurückgehen auf
dátil ['datil] *m* Dattel *f*
datilera [dati'lera] *f*: (*palmera f*) ~ Dattelpalme *f*
dativo *gram* [da'tiβo] *m* Dativ *m*
dato ['dato] *m* Angabe *f*; **~s** *pl* Daten *n/pl*; **~s personales** Personalien *pl*
de [de] von, aus; ~ *Madrid* aus Madrid; ~ *madera* aus Holz; *un vaso ~ agua* ein Glas Wasser; *el padre ~ mi amigo* der Vater m-s Freundes; *más* (*menos*) ~ mehr (weniger) als; ~ *20 años* zwanzigjährig; ~ *miedo* aus Furcht; ~ *noche* nachts; ~ *niño* als Kind; *trabajar ~ albañil* als Maurer arbeiten
deambular [deambu'lar] (1a) wandeln; schlendern
debajo [de'baxo] unten; darunter; ~ *de* unter
debat|e [de'βate] *m* Debatte *f*; **~ir** [~βa'tir] (3a) besprechen; verhandeln, debattieren über
debe ✝ ['deβe] *m* Soll *n*, Debet *n*
deb|er [de'βɛr] **1.** *m* Pflicht *f*; **~es** *m/pl* Hausaufgaben *f/pl*; **2.** (2a) *v/t.* schulden; *fig* verdanken; **3.** *v/i.* + *inf* müssen; sollen; *no ~* nicht dürfen; **~erse** zurückzuführen sein (auf *ac* *a*); **~idamente** [~βiða'mente] ordnungsgemäß; **~ido** [~'βiðo] gebührend; *como es ~* wie es sich gehört; ~ *a* wegen
débil ['deβil] schwach
debili|dad [deβili'ðað] *f* Schwäche *f* (*a fig*); ~ *mental* Schwachsinn *m*; **~tar** [~'tar] (1a) schwächen; **~tarse** schwach werden
débito ['deβito] *m* Schuld *f*; Soll *n*
debut [de'βut] *m* Debüt *n*; **~ante** [~βu'tante] *su* Debütant(in *f*) *m*; **~ar** [~'tar] (1a) debütieren
década ['dekaða] *f* Dekade *f*
deca|dencia [deka'ðenθia] *f* Verfall *m*; Dekadenz *f*; **~dente** [~'ðente] dekadent; **~er** [~'ɛr] (2o) verfallen; nachlassen; **~ído** [~'iðo] kraftlos; *fig* mutlos;

decaimiento 104

~**imiento** [~kaï'mïento] m Verfall m; fig Niedergeschlagenheit f
decálogo rel [de'kalogo] m die Zehn Gebote n/pl
decano [de'kano] m Dekan m; Älteste(r) m
decapitar [dekapi'tar] (1a) enthaupten
decatlón [deka'tlɔn] m Zehnkampf m
decena [de'θena] f (etwa) zehn; ♪ Dezime f
decencia [de'θenθia] f Anstand m
decenio [de'θenio] m Jahrzehnt n
decente [de'θente] anständig
decepci|ón [deθεb'θiɔn] f Enttäuschung f; ~**onar** [~θio'nar] (1a) enttäuschen
decibelio [deθi'belio] m Dezibel n
decidi|do [deθi'điđo] entschieden; entschlossen (zu **a**); fig energisch; ~**r** [~'đir] (3a) entscheiden; bestimmen; beschließen; ~**rse** sich entscheiden; sich entschließen (zu **a**)
décima ['deθima] f Zehntel n; **tener ~s** leichtes Fieber haben
decimal [deθi'mal] Dezimal...
décimo [de'θimo] **1.** adj zehnt; **2.** m Zehntel n; (de lotería) Zehntellos n
decir [de'θir] **1.** v/t, v/i (3p) sagen; ~ **que sí (no)** ja (nein) sagen; **como quien dice** sozusagen; **querer ~** bedeuten; **es ~** das heißt; **¡no me diga!** was Sie nicht sagen!; **por así ~lo** sozusagen; **¡quién lo diría!** wer hätte das gedacht!; **dicen que** man sagt, es heißt, daß; **¡diga!** tel hallo!; **2.** m Redensart f; **es un ~** das sagt man so
decisi|ón [deθi'siɔn] f Entscheidung f; Entschluß m; ⚖ Beschluß m; fig Entschlossenheit f; ~**vo** [~'siβo] entscheidend
declamar [dekla'mar] (1a) vortragen, deklamieren
declara|ción [deklara'θiɔn] f Erklärung f; Aussage f; ~ **de impuestos** Steuererklärung f; ~ **jurada** eidesstattliche Erklärung f; ⚖ **tomar ~** verhören; ~**r** [~'rar] (1a) erklären; ⚖ aussagen; ✝ deklarieren, angeben; ~**rse** (incendio, etc) ausbrechen
declina|ción [deklina'θiɔn] f gram Deklination f; fig Verfall m; ~**r** [~'nar] (1a) **1.** v/t ablehnen; gram deklinieren; **2.** v/i (día) sich neigen; (salud) sich verschlechtern; (decaer) verfallen
declive [de'kliβe] m Abhang m; **en ~** abschüssig

decomi|sar [dekomi'sar] (1a) (gerichtlich) einziehen; ~**so** [~'miso] m Beschlagnahme f, Einziehung f
decora|ción [dekora'θiɔn] f Dekoration f; ~**do** [~'rađo] m Ausschmückung f; teat Bühnenbild n; ~**s** m/pl (cine) Bauten m/pl; ~**dor** [~'đɔr] m Dekorateur m; teat Bühnenbildner m; ~ **de interiores** Innenarchitekt m; ~**r** [~'rar] (1a) ausschmücken; dekorieren; ~**tivo** [~ra'tiβo] dekorativ
decoro [de'koro] m Anstand m; Würde f; Schicklichkeit f; ~**so** [~ko'roso] anständig; sittsam
decrecer [dekre'θεr] (2d) abnehmen
decrépito [de'krepito] hinfällig, altersschwach; verfallen
decrepitud [dekrepi'tuđ] f Altersschwäche f
decre|tar [dekre'tar] (1a) anordnen, verordnen; ~**to** [~'kreto] m Verordnung f; Erlaß m; ~ **reglamentario** Durchführungsbestimmung f; ~**-ley** m Gesetzesverordnung f
decúbito ⚕ [de'kuβito] m Lage f; ~ **supino** Rückenlage f
dedal [de'đal] m Fingerhut m
dédalo ['deđalo] m Labyrinth n
dedica|ción [deđika'θiɔn] f Widmung f; fig Hingabe f; ~**r** [~'kar] (1g) widmen; ~**toria** [~ka'toria] f Widmung f
dedo ['deđo] m Finger m; (del pie) Zeh m, Zehe f; ~ **anular** Ringfinger m; ~ **del corazón** Mittelfinger m; ~ **gordo** große Zehe f; **a dos ~s de** ganz nah; **no tener dos ~s de frente** kein Kirchenlicht sein
deduc|ción [dedug'θiɔn] f Ableitung f; Folgerung f; ✝ Abzug m; ~**ir** [~đu'θir] (3o) ableiten; folgern; ✝ abziehen
defeca|ción [defeka'θiɔn] f Stuhlgang m; ~**r** [~'kar] (1g) Stuhlgang haben
defec|to [de'fεkto] m Fehler m; (carencia) Mangel m; ~**tuoso** [~'tuoso] fehlerhaft; schadhaft
defen|der [defεn'dεr] (2g) verteidigen; ~**sa** [~'fensa] **a)** f Verteidigung f; ~**s** pl ⚕ Abwehrkräfte f/pl; **legítima ~** Notwehr f; **b)** m dep Verteidiger m; ~**sivo** [~'siβo] verteidigend; Defensiv...; ~**sor** m [~'sɔr] a ⚖ Verteidiger m; ~ **de oficio** Pflichtverteidiger m
deferen|cia [defe'renθia] f Ehrerbietung f; ~**te** [~'rente] ehrerbietig
deficien|cia [defi'θienθia] f Mangel m;

Fehlerhaftigkeit *f*; ~ **mental** Geistesschwäche *f*; **~te** [~te] mangelhaft
déficit ['defiθit] *m* Defizit *n*
deficitario [defiθi'tarĭo] defizitär
defini|ción [defini'θĭɔn] *f* Definition *f*; *de alta* ~ *TV* hochauflösend; **~r** [~'nir] (3a) bestimmen; definieren; **~tivo** [~ni'tiβo] endgültig, definitiv; *en -a* letzten Endes
defoliar [defo'lĭar] (1b) entlauben
deforesta|ción [deforesta'θĭɔn] *f* Abholzung *f*; **~r** [~'tar] (1a) abholzen
defor|mación [deforma'θĭɔn] *f* Entstellung *f*; Verzerrung *f*; ✵ Mißbildung *f*; **~mar** [~'mar] (1a) entstellen; **~me** [~'fɔrme] unförmig; entstellt
defrauda|ción [defraŭða'θĭɔn] *f* Veruntreuung *f*; Unterschlagung *f*; **~dor** *m* [~'ðɔr] Betrüger *m*; **~r** [~'ðar] (1a) hinterziehen; unterschlagen; betrügen; (*decepcionar*) enttäuschen
defunción [defun'θĭɔn] *f* Tod(esfall) *m*
degenera|ción [dexenera'θĭɔn] *f* Entartung *f*; **~r** [~'rar] (1a) entarten; ~ *en* ausarten in
deglución [deglu'θĭɔn] *f* Schlucken *n*
degollar [dego'ʎar] (1n) köpfen; niedermetzeln
degrada|ción [degraða'θĭɔn] *f* Degradierung *f*; Erniedrigung *f*; **~nte** [~'ðante] erniedrigend; entwürdigend; **~r** [~'ðar] (1a) degradieren; (*humillar*) erniedrigen
degusta|ción [degusta'θĭɔn] *f* Kosten *n*; ~ *de vino* Weinprobe *f*; **~r** [~'tar] (1a) kosten, probieren
dehesa [de'esa] *f* (Vieh-)Weide *f*; Koppel *f*
deidad [deï'ðað] *f* Gottheit *f*
deja|dez [dɛxa'ðeθ] *f* Nachlässigkeit *f*; Schlamperei *f*; **~do** [~'xaðo] nachlässig
dejar [dɛ'xar] (1a) lassen; (*permitir*) zulassen; (*ceder*) überlassen; (*omitir*) aus-, weglassen; (*abandonar*) verlassen, im Stich lassen; (*al morir*) hinterlassen, (*empleo*) aufgeben; ~ *atrás* zurücklassen; *fig* übertreffen; ~ *de inf* aufhören zu *inf*; ~ *mucho que desear* viel zu wünschen übriglassen; *no poder* ~ *de inf* nicht umhin können zu *inf*; **~se** sich gehenlassen; ~ *caer fig* plötzlich auftauchen; ~ *llevar* sich hinreißen lassen
deje ['dɛxe] *m* Tonfall *m*; (*sabor*) Nachgeschmack *m*; *fig* Anflug *m*

delantal [dɛlan'tal] *m* Schürze *f*
delante [de'lante] vorn; voran; *de (od por)* ~ von vorn; ~ *de* vor; **~ra** [~'tera] *f* Vorderteil *n*; Vorderseite *f*; *dep* Sturm *m*; *llevar la* ~ e-n Vorsprung haben; *tomar la* ~ überholen; **~ro** [~ro] **1.** *adj* vorder, Vorder...; **2.** *m dep* Stürmer *m*; ~ *centro* Mittelstürmer *m*
dela|tar [dela'tar] (1a) anzeigen, denunzieren; **~tor** [~'tɔr] *m* Denunziant *m*
delco ['dɛlko] *m auto* Zündverteiler *m*
delega|ción [delega'θĭɔn] *f* Abordnung *f*, Delegation *f*; ~ *de Hacienda* Finanzamt *n*; *por* ~ in Vertretung; **~do** [~'gaðo] *m* Beauftragte(r) *m*; Delegierte(r) *m*; **~r** [~'gar] (1h) abordnen; delegieren; (*poder*) übertragen
delei|tar [delɛï'tar] (1a) erfreuen; **~te** [~'lɛïte] *m* Vergnügen *n*; Wonne *f*
deletrear [deletre'ar] (1a) buchstabieren
delfín [dɛl'fin] *m* Delphin *m*
delga|dez [dɛlga'ðeθ] *f* Schlankheit *f*; **~do** [~'gaðo] dünn; schlank
delibera|ción [delibera'θĭɔn] *f* Überlegung *f*; Beratung *f*; **~r** [~'rar] (1a) **1.** *v/t* besprechen; **2.** *v/i* beraten (über *ac sobre*)
delica|deza [delika'ðeθa] *f* Zartheit *f*; *fig* Zartgefühl *m*; Takt *m*; **~do** [~'kaðo] zart; fein; feinfühlig; ✵ schwächlich; kränklich; (*sensible*) empfindlich; (*difícil*) heikel
delici|a [de'liθĭa] *f* Vergnügen *n*; Entzücken *n*; Wonne *f*; *hacer las* **~s** *de alg* j-n entzücken; **~oso** [~'θĭoso] köstlich; entzückend
delimitar [delimi'tar] (1a) abgrenzen, begrenzen
delincuen|cia [deliŋ'kŭenθĭa] *f* Kriminalität *f*; ~ *informática* Computerkriminalität *f*; **~te** [~te] *m* Delinquent *m*
delinea|nte [deline'ante] *m* technischer Zeichner *m*; **~r** [~'ar] (1a) umreißen; *fig* entwerfen
deli|rante [dɛli'rante] *fig* rasend; **~rar** [~'rar] (1a) irrereden, phantasieren; **~rio** [de'lirĭo] *m* ✵ Delirium *n*; *fig* Raserei *f*; ~ *de grandeza* Größenwahn *m*
delito [de'lito] *m* Vergehen *n*; Straftat *f*
delta ['dɛlta] *m* Delta *n*
demacrado [dema'kraðo] abgemagert, ausgezehrt
demago|gia [dema'gɔxĭa] *f* Demagogie *f*; **~go** [~'gogo] *m* Demagoge *m*

demanda

demanda [de'manda] *f* Forderung *f*; Anfrage *f*; ✝ Nachfrage *f* (nach *de*); ⚖ Klage *f*; **en ~ de** auf der Suche nach; **~do** [~'daðo] *m* Beklagte(r) *m*; **~nte** [~'dante] *su* Kläger(in *f*) *m*; **~r** [~'dar] (1a) bitten, fordern; ⚖ verklagen

demarca|ción [demarka'θjɔn] *f* Abgrenzung *f*; Bezirk *m*; **~r** [~'kar] (1g) abgrenzen; abstecken

demás [de'mas]: **lo ~** das übrige; **los ~** die anderen; **por lo ~** im übrigen

demasía [dema'sia] *f* Übermaß *n*; **en ~** im Übermaß, zuviel

demasiado [dema'sĭaðo] zu viel; zuviel; zu (sehr)

demen|cia [de'menθja] *f* Wahnsinn *m*; **~ senil** Altersblödsinn *m*; **~te** [~'mente] **1.** *adj* wahnsinnig; **2.** *m* Wahnsinnige(r) *m*

dem|ocracia [demo'kraθja] *f* Demokratie *f*; **~ócrata** [~'mokrata] *su* Demokrat(in *f*) *m*; **~ocrático** [~'kratiko] demokratisch

demo|grafía [demogra'fia] *f* Bevölkerungslehre *f*, Demographie *f*; **~gráfico** [~'grafiko] demographisch, Bevölkerungs...

demo|ler [demo'ler] (2h) zerstören; abreißen; **~lición** [~li'θjɔn] *f* Zerstörung *f*; Abbruch *m*

demon|íaco [demo'niako] dämonisch, teuflisch; **~io** [de'monjo] *m* Teufel *m*; Dämon *m*

demora [de'mora] *f* Verzögerung *f*; ✝ Verzug *m*; **sin ~** unverzüglich; **~r** [~'rar] (1a) verzögern

demostra|ble [demos'traβle] nachweisbar; **~ción** [~'θjɔn] *f* Vorführung *f*; (*prueba*) Beweis *m*; Nachweis *m*; **~r** [~'trar] (1m) (*probar*) beweisen; (*mostrar*) zeigen, vorführen; **~tivo** [~'tiβo] *gram* demonstrativ

denegar [dene'gar] (1h *u* 1k) verweigern; ablehnen

denigrar [deni'grar] (1a) schlechtmachen, herabsetzen

denodado [deno'ðaðo] mutig

denomina|ción [denomina'θjɔn] *f* Benennung *f*; **~ de origen** Ursprungsbezeichnung *f*; **~dor** [~'ðɔr] *m* ♣ Nenner *m*; **~ común** gemeinsamer Nenner *m* (*a fig*); **~r** [~'nar] (1a) benennen

denotar [deno'tar] (1a) (an)zeigen; hindeuten auf

den|sidad [densi'ðað] *f* Dichte *f*; **~so** ['denso] dicht

den|tadura [denta'ðura] *f* Gebiß *n*; **~ postiza** (künstliches) Gebiß *n*; **~tal** [~'tal] Zahn...; **~tición** [~ti'θjɔn] *f* Zahnen *n*; **~tífrico** [~'tifriko] **1.** *adj*: **agua** *f* **-a** Mundwasser *n*; **2.** *m* Zahnpasta *f*; **~tista** [~'tista] *su* Zahnarzt *m*, -ärztin *f*; **~tón** *zo* [~'tɔn] *m* Zahnbrasse *f*

dentro ['dentro] **1.** *adv* darin, drinnen; **de** (*od por*) **~** von innen; **2.** *prp* **~ de** in (*dat*), innerhalb (*gen*); **~ de un momento** gleich

denuncia [de'nunθja] *f* Anzeige *f*; **~nte** [~'θjante] *m* Denunziant *m*; **~r** [~'θjar] (1b) ⚖ anzeigen; denunzieren

deparar [depa'rar] (1a) bescheren, bieten

departamento [departa'mento] *m* Abteilung *f*; 🚃 Abteil *n*; (*universidad*) Fachbereich *m*

depen|dencia [depen'denθja] *f* Abhängigkeit *f*; △ Nebengebäude *n*; ✝ Zweigstelle *f*; **~der** [~'dɛr] (2a) abhängen (von *dat* **de**); **¡depende!** das kommt darauf an!; **~dienta** [~'dĭenta] *f* Angestellte *f*; Verkäuferin *f*; **~diente** [~'dĭente] **1.** *adj* abhängig; **2.** *m* Angestellte(r) *m*; Verkäufer *m*

depila|r [depi'lar] (1a) enthaaren; **~torio** [~la'torjo] *m* Enthaarungsmittel *n*

deplora|ble [deplo'raβle] bedauerlich; **~r** [~'rar] (1a) bedauern

deportar [depor'tar] (1a) deportieren, verschleppen

depor|te [de'porte] *m* Sport *m*; **~tista** [~'tista] *su* Sportler(in *f*) *m*; **~tivo** [~'tiβo] sportlich; Sport...

deposi|ción [deposi'θjɔn] *f* Amtsenthebung *f*; ⚖ Aussage *f*; **~tante** [~'tante] *m* ⚖ Hinterleger *m*; **~tar** [~'tar] (1a) deponieren, hinterlegen; (*dinero*) einzahlen; (*mercancía*) einlagern

depósito [de'posito] *m* Hinterlegung *f*; ✝ Einlage *f*; (*de mercancías*) Depot *n*; Lager *n*; (Flaschen-)Pfand *n*; **~ de aduana** Zollager *n*; **~ de cadáveres** Leichenhaus *n*; **~ de gasolina** Benzintank *m*

deprava|ción [depraβa'θjɔn] *f* Verderbnis *f*; Sittenlosigkeit *f*; **~do** [~'βaðo] verkommen, verworfen

deprecia|ción [depreθja'θjɔn] *f* (Geld-)Entwertung *f*; **~rse** [~'θjarse] (1b) an Wert verlieren

depresión [depre'sĩɔn] *f* 🞸, ✝ Depression *f*; *geo* Senke *f*, Senkung *f*
deprim|ente [depri'mente] deprimierend; **~ido** [~'midɔ] deprimiert, niedergeschlagen; **~ir** [~'mir] (3a) deprimieren
depura|ción [depura'θĩɔn] *f* Reinigung *f*; *pol* Säuberung *f*; **~dora** [~'dora]: (*estación f*) ~ Kläranlage *f*; **~r** [~'rar] (1a) reinigen; *pol* säubern
derecha [de'retʃa] *f* rechte Hand *f*; *pol* die Rechte; *a la* ~ rechts
derecho [de'retʃo] **1.** *adj* recht; (*erguido*) gerade; aufrecht (*a fig*); **2.** *adv* gerade(aus); **3.** *m* Recht *n*; ~ *de asilo* Asylrecht *n*; ~ *de autor* Urheberrecht *n*; ~ *civil* Zivilrecht *n*; **~s humanos** Menschenrechte *n/pl*; ~ *internacional* Völkerrecht *n*; ~ *penal* Strafrecht *n*; ~ *de la propiedad industrial* Patentrecht *n*; ~ *de la propiedad intelectual* Urheberrecht *n*; *dar* ~ *a* berechtigen zu; *tener* ~ *a* Anspruch haben auf; **4. ~s** *pl* Steuer *f*; Gebühren *f/pl*; **~s de aduana** Zoll *m*; **~s de inscripción** Einschreibegebühr *f*
deriva ⚓ [de'riba] *f*: *ir a la* ~ abgetrieben werden; **~brisas** [~'brisas] *m auto* Ausstellfenster *n*; **~ción** [~'θĩɔn] *f* Ableitung *f*; Abzweigung *f*; **~do** [~'baðo] *m* Nebenprodukt *n*; **~r** [~'bar] (1a) ableiten; abzweigen (*a ✍*)
dermatólog|o [dɛrma'tologo] *m*, **-a** *f* Hautarzt *m*, -ärztin *f*
deroga|ción [deroga'θĩɔn] *f* Aufhebung *f*, Abschaffung *f*; **~r** [~'gar] (1h) aufheben, abschaffen
derra|ma [dɛ'rrama] *f* Umlage *f*; **~mamiento** [~'mĩento] *m* Vergießen *n*; **~mar** [~'mar] (1a) vergießen, verschütten; **~marse** ausfließen; sich ergießen; **~me** [~'rrame] *m* Auslaufen *n*; 🞸 ~ *cerebral* Gehirnblutung *f*
derrapar [dɛrra'par] (1a) *auto* ins Schleudern geraten
derretir [dɛrre'tir] (3l) schmelzen; **~se** schmelzen, zergehen
derri|bar [derri'bar] (1a) umwerfen; (*edificio*) abreißen, abbrechen; ✈ abschießen; *pol* stürzen; **~bo** [de'rribo] *m* Abbruch *m*; ✈ Abschuß *m*
derrocar [dɛrro'kar] (1g) *pol* stürzen
derro|chador *m* [dɛrrotʃa'dor] Verschwender *m*; **~char** [~'tʃar] (1a) verschwenden; **~che** [dɛ'rrotʃe] *m* Verschwendung *f*

derro|ta [dɛ'rrɔta] *f* Niederlage *f*; ⚓ Kurs *m*; **~tar** [~'tar] (1a) schlagen; **~tero** [~'tero] *m* ⚓ Kurs *m*; *fig* Weg *m*, Bahn *f*; **~tista** [~'tista] *m* Defätist *m*
derrumba|miento [dɛrrumba'mĩento] *m* Einsturz *m*; *a fig* Zs.-bruch *m*; **~r** [~'bar] (1a) abstürzen; **~rse** einstürzen
desabrido [desa'briðo] (*insípido*) geschmacklos; (*tiempo*) unfreundlich; *fig* mürrisch
desabrochar [desabro'tʃar] (1a) aufknöpfen, aufmachen
desaca|tar [desaka'tar] (1a) respektlos behandeln; (*ley*) mißachten; **~to** [~'kato] *m* Respektlosigkeit *f*; Mißachtung *f*
desacelerar [desaθele'rar] (1a) verlangsamen
desa|certado [desaθɛr'taðo] falsch; irrig; **~certar** [~'tar] (1k) sich irren; **~cierto** [~'θĩɛrto] *m* Irrtum *m*; Mißgriff *m*
desaconsejar [desakɔnsɛ'xar] (1a) abraten
desacostumbra|do [desakɔstum'braðo] ungewohnt, ungewöhnlich; **~r** [~'brar] (1a): ~ *a alg de a/c* j-m et abgewöhnen
desacreditar [desakreði'tar] (1a) in Verruf bringen
desactivar [desakti'bar] (1a) (*bomba, etc*) entschärfen
desacuerdo [desa'kŭɛrðo] *m* Meinungsverschiedenheit *f*; Unstimmigkeit *f*; *estar en* ~ *con* nicht einverstanden sein mit
desafiar [desafi'ar] (1c) herausfordern; (*afrontar*) trotzen (*dat*)
desafina|do ♪ [desafi'naðo] verstimmt; **~r** [~'nar] (1a) unrein singen *od* spielen
desafío [desa'fio] *m* Herausforderung *f*
desafortunado [desafɔrtu'naðo] unglücklich
desagra|dable [desagra'ðable] unangenehm; peinlich; **~dar** [~'ðar] (1a) mißfallen; **~decido** [~ðe'θiðo] undankbar; **~decimiento** [~ðeθi'mĩento] *m* Undank(barkeit *f*) *m*; **~do** [~'graðo] *m* Mißfallen *n*; **~vio** [~'grabĩo] *m* Genugtuung *f*; Wiedergutmachung *f*
desagüe [de'sagŭe] *m* Abfluß *m*
desaho|gado [desao'gaðo] bequem; geräumig; (*adinerado*) wohlhabend; **~garse** [~'garse] (1h) *fig* sich aussprechen; **~go** [~'ogo] *m* Erleichterung *f*

desahuci|ar [desau'θiar] (1b) (*enfermo*) aufgeben; (*inquilino*) zur Räumung zwingen; **~o** [~'uθio] *m* Zwangsräumung *f*

desai|rar [desai'rar] (1a) kränken; zurückweisen; **~re** [de'saire] *m* Zurücksetzung *f*; Kränkung *f*

desajus|tar [desaxus'tar] (1a) in Unordnung bringen; **~te** [~'xuste] *m* Unordnung *f*

desalar [desa'lar] (1a) entsalzen

desal|entar [desalen'tar] (1k) entmutigen; **~iento** [~'liento] *m* Mutlosigkeit *f*

desali|ñado [desali'ɲaðo] ungepflegt, F schlampig; **~ño** [~'liɲo] *m* Verwahrlosung *f*; F Schlamperei *f*

desalmado [desal'maðo] herzlos; gewissenlos

desaloja|miento [desaloxa'miento] *m* Vertreibung *f*; (*de un edificio*) Räumung *f*; **~r** [~'xar] (1a) vertreiben; (*lugar*) räumen

desamor [desa'mɔr] *m* Lieblosigkeit *f*

desampar|ado [desampa'raðo] hilflos; **~o** [~'paro] *m* Schutzlosigkeit *f*

desangrarse [desaŋ'grarse] (1a) verbluten

des|animado [desani'maðo] mutlos; lustlos; **~animar** [~'mar] (1a) entmutigen; **~animarse** den Mut verlieren; **~ánimo** [de'sanimo] *m* Mutlosigkeit *f*

desapacible [desapa'θible] unangenehm; (*tiempo*) unfreundlich

desapar|ecer [desapare'θer] (2d) verschwinden; **~ecido** [~'θiðo] *m* Vermißte(r) *m*; Verschollene(r) *m*; **~ición** [~ri'θion] *f* Verschwinden *n*

desapercibido [desaperθi'biðo] unvorbereitet; *pasar ~* unbeachtet bleiben

desaprensi|ón [desapren'sion] *f* Rücksichtslosigkeit *f*; **~vo** [~'sibo] rücksichtslos

desaproba|ción [desaproba'θion] *f* Mißbilligung *f*; **~r** [~'bar] (1m) mißbilligen; ablehnen

desaprovecha|do [desaproβe'tʃaðo] ungenutzt; **~r** [~'tʃar] (1a) nicht nutzen; (*ocasión*) versäumen

desar|mar [desar'mar] (1a) entwaffnen (*a fig*); **~me** [de'sarme] *m* Abrüstung *f*

desarrai|gar [desarrai'gar] (1h) entwurzeln; *fig* ausrotten; **~go** [~'rraigo] *m* Entwurzelung *f*; *fig* Ausrottung *f*

desarregl|ado [desarrɛ'glaðo] unordentlich, liederlich; **~o** [~'rrɛglo] *m* Unordnung *f*; Störung *f*

desarroll|ar [desarro'ʎar] (1a) entrollen; *fig* entwickeln; **~arse** sich entwickeln; *fig* sich abspielen; **~o** [~'rrɔʎo] *m* Entwicklung *f*; *ayuda f al ~* Entwicklungshilfe *f*

desarticular [desartiku'lar] (1a) ⚕ ausrenken; *fig* zerschlagen

desaseado [desase'aðo] ungepflegt

desaso|segar [desasose'gar] (1h *u* 1k) beunruhigen; **~siego** [~'siego] *m* Unruhe *f*

desas|trado [desas'traðo] zerlumpt; **~tre** [de'sastre] *m* Katastrophe *f*; Unglück *n*; **~troso** [desas'troso] katastrophal; verheerend

desata|r [desa'tar] (1a) losbinden; lösen; *fig* entfesseln; **~rse** sich lösen; *fig* losbrechen; **~scar** [~tas'kar] (1g) (*tubo*) freimachen

desaten|ción [desaten'θion] *f* Unaufmerksamkeit *f*; (*descortesía*) Unhöflichkeit *f*; **~der** [~'der] (2g) nicht beachten; sich nicht kümmern um

desati|nado [desati'naðo] sinnlos; unsinnig; **~nar** [~'nar] (1a) Unsinn reden; **~no** [~'tino] *m* Torheit *f*

desatornillar [desatɔrni'ʎar] (1a) ab-, losschrauben

desautorizar [desautori'θar] (1f) die Zuständigkeit absprechen (*dat*); (*prohibir*) verbieten

desave|nencia [desaβe'nenθia] *f* Uneinigkeit *f*; Streit *m*; **~nido** [~'niðo] uneinig; **~nirse** [~'nirse] (3s) sich entzweien

desaventajado [desaβenta'xaðo] benachteiligt; nachteilig

desayun|ar(se) [desaju'nar(se)] (1a) frühstücken; **~o** [~'juno] *m* Frühstück *n*

desa|zón [desa'θɔn] *f* Verdruß *m*; Unbehagen *n*; **~zonar** [~θo'nar] (1a) verdrießen; Sorgen machen

desbancar [dezβaŋ'kar] (1g) *fig j-n* verdrängen

desbanda|da [dezβan'daða] *f* wilde Flucht *f*; **~rse** [~'darse] (1a) auseinanderstieben

desbarajuste [dezβara'xuste] *m* Wirrwarr *m*

desbordar [dezβɔr'dar] (1a) überfluten; *fig* übersteigen; **~se** über die Ufer treten; *fig* überquellen

descabe|llado [deskabe'ʎaðo] *fig* unsinnig; **~llar** [~'ʎar] (1a) *tuur* durch Genickstoß töten; **~llo** [~'beʎo] *m* Genickstoß *m*; **~zado** [~be'θaðo] kopflos (*a fig*); **~zar** [~'θar] (1f) köpfen
descafeinado [deskafɛï'naðo] koffeinfrei, entkoffeiniert
descalabro [deska'labro] *m* Schaden *m*; Mißgeschick *n*; Schlappe *f*
descalcifica|dor [deskalθifika'ðɔr] *m* Entkalker *m*; **~r** [~'kar] (1g) entkalken
descalificar [deskalifi'kar] (1g) disqualifizieren
descalzo [des'kalθo] barfuß
descaminado [deskami'naðo] abwegig; irrig; *andar* ~ in die Irre gehen
descampado [deskam'paðo] *m* freies Feld *n*
descansa|do [deskan'saðo] bequem; geruhsam; **~r** [~'sar] (1a) (aus)ruhen; rasten; *¡que descanses!* schlaf gut!
descanso [des'kanso] *m* Ruhe *f*; Erholung *f*; *teat* Pause *f*; *dep* Halbzeit *f*; (*apoyo*) Stütze *f*; *sin* ~ unermüdlich
descapotable [deskapo'table] *m* Kabriolett *n*
descarado [deska'raðo] unverschämt
descar|ga [des'karga] *f* Entladung *f* (*a ⚡*); Ab-, Ausladen *n*, ⚓ Löschen *n*; ⚔ Salve *f*; ⚖ Entlastung *f*; **~gador** [~'ɣaðor] *m* Ablader *m*; ~ *de muelle* Schauermann *m*; **~gar** [~'ɣar] (1h) **1.** *v/t* abladen; ⚓ löschen; ⚡, (*arma*) entladen; (*tiro*) abgeben; ⚖ entlasten; **2.** *v/i* (*tormenta*) losbrechen; **~go** [~'kargo] *m* Entlastung *f* (*a ⚖*)
descaro [des'karo] *m* Unverschämtheit *f*, Frechheit *f*
descarriar [deska'rrïar] (1c) irreführen; **~se** sich verirren, sich verlaufen; *fig* auf die schiefe Bahn geraten
descarrila|miento 🚂 [deskarrila'mïento] *m* Entgleisung *f*; **~r** [~'lar] (1a) entgleisen
descartar [deskar'tar] (1a) ausschließen; **~se** (Karten) ablegen
descastado [deskas'taðo] aus der Art geschlagen; (*niño*) ungeraten
descen|dencia [desθen'denθia] *f* Nachkommenschaft *f*; (*origen*) Abstammung *f*; **~dente** [~'dente] absteigend; fallend; **~der** [~'dɛr] (2g) **1.** *v/i* herab-, hinuntersteigen, heruntergehen; (*del tren, etc*) aussteigen; (*precios, etc*) fal-

len; ~ *de* abstammen von; **2.** *v/t* herunternehmen, -holen, -tragen; **~diente** [~'diente] *m* Nachkomme *m*; **~so** [~'θenso] *m* Heruntersteigen *n*; Abstieg *m*; (*precios*) Fallen *n*; (*esqui*) Abfahrtslauf *m*
descentraliza|ción [desθentraliθa'θïon] *f* Dezentralisierung *f*; **~r** [~'θar] (1f) dezentralisieren
descifrar [desθi'frar] (1a) entziffern; *fig* enträtseln
descodificador [deskodifika'ðor] *m* Decoder *m*
descolgar [deskol'ɣar] (1h *u* 1m) abnehmen; (*perseguidor*) abhängen; **~se** sich herablassen; herabsteigen
descollar [desko'ʎar] (1m) hervorragen
descolonización [deskoloniθa'θïon] *f* Entkolonisierung *f*
descolor|ar [deskolo'rar] (1a) entfärben; **~arse** verblassen; **~ido** [~'riðo] blaß, farblos
descombr|ar [deskom'brar] (1a) Schutt wegräumen; **~o** [~'kombro] *m* Trümmerbeseitigung *f*; Aufräumungsarbeiten *f/pl*
descompo|ner [deskompo'nɛr] (2r) zerlegen; zersetzen (*a* 🜛); (*desordenar*) in Unordnung bringen; **~nerse** sich zersetzen; (*alimentos*) verderben; (*cadáver*) verwesen; *fig* die Fassung verlieren; **~sición** [~si'θïon] *f* Zersetzung *f*, Verfaulen *n*; Verwesung *f*
descompuesto [deskom'pŭesto] (*roto*) kaputt; (*cara*) verstört, verzerrt; (*alimento*) schlecht
descomunal [deskomu'nal] ungeheuer; riesig
desconcerta|do [deskonθɛr'taðo] verwirrt; bestürzt; **~r** [~'tar] (1k) verwirren; bestürzen, verblüffen
desconcierto [deskon'θïɛrto] *m* Verwirrung *f*; (*desorden*) Unordnung *f*
desconcharse [deskon'tʃarse] (1a) abbröckeln; abblättern
desconectar ⚡ [deskonɛk'tar] (1a) ab-, ausschalten
desconfia|do [deskomfi'aðo] mißtrauisch; **~nza** [~'anθa] *f* Mißtrauen *n*; Argwohn *m*; **~r** [~fi'ar] (1c): ~ *de* mißtrauen (*dat*); zweifeln an (*dat*)
descongela|ción [deskoŋxela'θïon] *f* Auf-, Abtauen *n*; **~r** [~'lar] (1a) auf-, abtauen; (*precios*) freigeben

descongestión [deskɔŋxes'ti͝on] f (del tráfico) Entlastung f
descono|cer [deskono'θɛr] (2d) nicht kennen; (ignorar) nicht wissen; **~cido** [~'θiðo] **1.** adj unbekannt; nicht wiederzuerkennen; **2.** m Unbekannte(r) m; **~cimiento** [~θi'miento] m Unkenntnis f
desconsiderado [deskɔnsiðe'raðo] rücksichtslos
descon|solado [deskɔnso'laðo] trostlos; untröstlich; **~suelo** [~'sŭelo] m Trostlosigkeit f; (tiefe) Betrübnis f
descontado [deskɔn'taðo]: dar por ~ als sicher annehmen; por ~ selbstverständlich
descontamina|ción [deskɔntamina'θi͝on] f Entseuchung f; **~r** [~'nar] (1a) entseuchen
descontar [deskɔn'tar] (1m) abziehen
descontento [deskɔn'tento] **1.** adj unzufrieden; **2.** m Unzufriedenheit f
desconvocar [deskɔmbo'kar] (1g) absagen
descorazonar [deskoraθo'nar] (1a) entmutigen; **~se** den Mut verlieren
descorcha|dor [deskɔrtʃa'ðor] m Korkenzieher m; **~r** [~'tʃar] (1a) entkorken
descorrer [deskoˈrrɛr] (2a) (cortina) aufziehen; (cerrojo) zurückschieben
descor|tés [deskɔr'tes] unhöflich; **~tesía** [~te'sia] f Unhöflichkeit f
descoser [desko'sɛr] (2a) auftrennen
descrédito [des'kreðito] m Mißkredit m; Verruf m
descreído [deskre'iðo] ungläubig
descremar [deskre'mar] (1a) entrahmen
descri|bir [deskri'bir] (3a; part descrito) beschreiben (a A); **~pción** [~krib'θi͝on] f Beschreibung f; Schilderung f; **~ptivo** [~krip'tibo] beschreibend; anschaulich
descuartizar [deskŭarti'θar] (1f) zerstückeln
descubierto [desku'biɛrto] unbedeckt; offen; (cielo) wolkenlos; (cheque) ungedeckt; ✝ (cuenta) überzogen
descubri|dor [deskubri'ðor] m Entdecker m; **~miento** [~'miento] m Entdeckung f; **~r** [~'brir] (3a; part **descubierto**) aufdecken; entdecken, finden; **~rse** den Hut abnehmen
descuento [des'kŭento] m Abzug m, Rabatt m, Skonto n; Diskont m

descui|dado [deskŭi'ðaðo] nachlässig; unvorsichtig; **~dar** [~'ðar] (1a) **1.** v/t vernachlässigen; ¡**descuide!** seien Sie unbesorgt!; **2.** v/i u **~darse** nachlässig sein; unvorsichtig sein; **~dero** [~'ðero] m Taschendieb m; **~do** [~'kŭiðo] m Nachlässigkeit f; Unachtsamkeit f; por ~ aus Versehen
desde ['dezðe] **1.** prp (tiempo) seit, von ... an; (lugar) aus, von, von ... aus (dat); ~ **entonces** seitdem; ~ **hace tres días** seit drei Tagen; **2.** adv ~ **luego** selbstverständlich; **3.** cj ~ **que** seitdem
desdecirse [dezðe'θirse] (3p): ~ **de a/c** et widerrufen
desdén [dez'ðen] m Verachtung f
desdeñ|ar [dezðe'ɲar] (1a) verachten; verschmähen; **~oso** [~'ɲoso] verächtlich
desdicha [dez'ðitʃa] f Unglück n; **~do** [~ði'tʃaðo] unglücklich
desdoblar [dezðo'blar] (1a) entfalten, ausbreiten
desea|ble [dese'able] wünschenswert; erwünscht; **~r** [~'ar] (1a) wünschen; mögen
desecar [dese'kar] (1g) (aus)trocknen; trockenlegen
desech|able [dese'tʃable] Wegwerf...; **~ar** [~'tʃar] (1a) wegwerfen; fig verwerfen; **~os** [de'setʃos] m/pl Abfall m
desembalar [desemba'lar] (1a) auspacken
desembaraz|ar [desembara'θar] (1f) frei machen, räumen; **~arse**: ~ **de a/c** sich e-r Sache entledigen; **~o** [~'raθo] m Ungezwungenheit f
desembar|cadero [desembarka'ðero] m Landungsplatz m; **~car** [~'kar] (1g) **1.** v/t (personas) ausschiffen; (cosas) ausladen; **2.** v/i an Land gehen; **~co** [~'barko] m, **~que** [~'barke] m Ausschiffung f; Ausladen n; ⚓ Landung f
desemboca|dura [desemboka'ðura] f Mündung f; **~r** [~'kar] (1g) münden
desembols|ar [desembɔl'sar] (1a) ausgeben; zahlen; **~o** [~'bɔlso] m (Geld-)Ausgabe f; Zahlung f
desembra|gar [desembra'gar] (1h) auto auskuppeln; **~gue** [~'brage] m Auskuppeln n
desembrollar F [desembro'ʎar] (1a) entwirren
desempapelar [desempape'lar] (1a) aus dem Papier wickeln

desempaquetar [desempake'tar] (1a) auspacken

desempate [desem'pate] *m* Stichentscheid *m*

desempe|ñar [desempe'ɲar] (1a) (*prenda*) auslösen; (*cargo*) ausüben; **~ un papel** e-e Rolle spielen (*a fig*); **~ño** [~'peɲo] *m* Ein-, Auslösen *n*; (*de un cargo*) Ausübung *f*

desempleo [desem'pleo] *m* Arbeitslosigkeit *f*

desempolvar [desempɔl'bar] (1a) abstauben

desencadenar [desenkaðe'nar] (1a) entfesseln; **~se** losbrechen, wüten

desencaja|do ✻ verrenkt; *fig* verzerrt; **~rse** [~'xarse] (1a) aus der Fassung geraten

desencan|tar [desenkan'tar] (1a) entzaubern; *fig* enttäuschen; **~to** [~'kanto] *m* Entzauberung *f*; *fig* Ernüchterung *f*; Enttäuschung *f*

desenchufar ⚡ [desentʃu'far] (1a) abstellen, ausschalten

desenfa|dado [desemfa'ðaðo] ungezwungen, ungehemmt; **~do** [~'faðo] *m* Ungezwungenheit *f*

desenfre|nado [desemfre'naðo] zügellos, hemmungslos; **~no** [~'freno] *m* Zügellosigkeit *f*; Ungestüm *n*

desenganchar [desengan'tʃar] (1a) loshaken; ausspannen

desenga|ñar [desenga'ɲar] (1a) enttäuschen; ernüchtern; **~ño** [~'gaɲo] *m* Enttäuschung *f*; Ernüchterung *f*

desenlace [desen'laθe] *m* Lösung *f*; (*final*) Ausgang *m*, Ende *n*

desenmarañar [desenmara'ɲar] (1a) entwirren; aufklären

desenmascarar [desenmaska'rar] (1a) demaskieren, entlarven

desenredar [desenrre'ðar] (1a) entwirren

desenroscar [desenrrɔs'kar] (1g) auf-, abschrauben

desentenderse [desenten'derse] (2g): **~ de** nichts wissen wollen von; sich fernhalten von

desenterrar [desentɛ'rrar] (1k) ausgraben (*a fig*)

desentonar [desento'nar] (1a) *fig* nicht passen (zu *dat con*)

desentrañar [desentra'ɲar] (1a) *fig* ergründen

desentrenado [desɛntre'naðo] aus der Übung gekommen

desentumecerse [desentume'θerse] (2d): **~ las piernas** sich die Beine vertreten

desenvainar [desembai'nar] (1a) (*arma*) zücken

desenvol|tura [desembɔl'tura] *f* Ungezwungenheit *f*; Unbefangenheit *f*; **~ver** [~'ber] (2h; *part* **desenvuelto**) auf-, loswickeln; auspacken; (*tema*) entwickeln

desenvuelto [desem'bŭelto] ungezwungen; zwanglos; keck

deseo [de'seo] *m* Wunsch *m*; Verlangen *n*; Drang *m*; **~so** [dese'oso]: **~ de** begierig nach (*dat*)

desequili|brado [desekili'βraðo] unausgeglichen; **~ mental** geistesgestört; **~brar** [~'brar] (1a) aus dem Gleichgewicht bringen; **~brio** [~'liβrio] *m* gestörtes Gleichgewicht *n*; Ungleichgewicht *n*

deser|ción [desɛr'θĭɔn] *f* Fahnenflucht *f*; **~tar** [~'tar] (1a) fahnenflüchtig werden; überlaufen

desértico [de'sɛrtiko] wüstenartig; Wüsten...

desertización [desɛrtiθa'θĭɔn] *f* Ausbreitung *f* der Wüste; Versteppung *f*

desertor [desɛr'tɔr] *m* Fahnenflüchtige(r) *m*, Deserteur *m*

desespera|ción [desespera'θĭɔn] *f* Verzweiflung *f*; **~do** [desespe'raðo] hoffnungslos; verzweifelt; **~nte** [~'rante] entmutigend; zum Verzweifeln; **~r** [~'rar] (1a) 1. *v/t* zur Verzweiflung bringen; 2. *v/i* verzweifeln (an *dat* **de**); **~rse** verzweifeln

desestabilizar [desestaβili'θar] (1f) *pol* destabilisieren

desestimar [desesti'mar] (1a) verachten; geringschätzen; (*denegar*) ablehnen

desfachatez [desfatʃa'teθ] *f* Unverschämtheit *f*, Frechheit *f*

desfal|car [desfal'kar] (1g) unterschlagen; **~co** [~'falko] *m* Unterschlagung *f*

desfalle|cer [desfaʎe'θer] (2d) schwach werden; (*desmayarse*) in Ohnmacht fallen; **~cimiento** [~θi'mĭento] *m* Schwäche(anfall *m*) *f*; (*desmayo*) Ohnmacht *f*

desfavorable [desfaβo'raβle] ungünstig

desfigurar [desfigu'rar] (1a) entstellen; verzerren

desfi|ladero [desfila'ðero] *m* Hohlweg *m*, Engpaß *m*; **~lar** [~'lar] (1a) vorbeimarschieren, defilieren; **~le** [~'file] *m* Parade *f*; **~ de modelos** Modenschau *f*
desfogarse [desfo'garse] (1h) *fig* sich Luft machen; sich austoben
desgana [dez'gana] *f* Appetitlosigkeit *f*; *fig* Unlust *f*; **a ~** ungern, widerwillig
desgañitarse F [dezgaɲi'tarse] (1a) sich heiser schreien
desgarbado [dezgar'baðo] anmutlos, ungraziös
desgarr|ador [dezgarra'ðɔr] herzzerreißend; **~ar** [~'rrar] (1a) zerreißen; **~o** [~'garrɔ] *m* ⚔ Riß *m*; *fig* Frechheit *f*
desgas|tar [dezgas'tar] (1a) abnutzen, verschleißen; **~te** [~'gaste] *m* Abnutzung *f*; Verschleiß *m*
desglo|sar [dezglo'sar] (1a) aufschlüsseln; **~se** [~'glose] *m* Aufschlüsselung *f*
desgracia [dez'graθia] *f* Unglück *n*; Mißgeschick *n*; **caer en ~** in Ungnade fallen; **por ~** leider; **~s personales** Personenschaden *m*; **~damente** [~ða'mente] unglücklicherweise; leider; **~do** [~'θiaðo] **1.** *adj* unglücklich; **2.** *m* Unglücksmensch *m*; armer Teufel *m*
desgrava|ción ✝ [dezgraba'θiɔn] *f* Steuernachlaß *m*; **~r** [~'bar] (1a) steuerfrei sein
desgreñado [dezgre'ɲaðo] zerzaust, struppig
desgua|ce [dez'gŭaθe] *m* ⚓ Abwracken *n*; Verschrotten *n*; **~zar** [~gŭa'θar] (1f) abwracken; verschrotten
deshabitado [desabi'taðo] unbewohnt
deshabituar [desabitu'ar] (1e): **~ a alg de a/c** j-m et abgewöhnen
deshacer [desa'θɛr] (2s) auseinandernehmen; aufmachen; (*diluir*) auflösen; (*maleta*) auspacken; (*plan*) zunichte machen; **~se** auseinander-, F kaputtgehen; (*nudo, etc*) aufgehen; (*diluirse*) sich auflösen; **~ de a/c** sich e-r Sache entledigen; et loswerden; **~ de alg** sich j-n vom Halse schaffen; **~ por alg** F *fig* sich für j-n umbringen
desharrapado [desarra'paðo] zerlumpt
deshecho [de'setʃo] *s* **deshacer**; *fig* aufgelöst; kaputt
deshelar [dese'lar] (1k) (auf)tauen
desherbar 🌱 [desɛr'bar] (1k) jäten
desheredar [desere'ðar] (1a) enterben
deshidrata|ción ⚕ [desiðrata'θiɔn] *f* Flüssigkeitsverlust *m*; **~r** [~'tar] (1a) Wasser entziehen (*dat*)
deshielo [de'siɛlo] *m* Auftauen *n*; Tauwetter *n* (*a pol*)
deshinchar [desin'tʃar] (1a) die Luft herauslassen; **~se** ⚕ abschwellen; *fig* klein beigeben
deshojar [desɔ'xar] (1a) ab-, entblättern; **~se** die Blätter verlieren
deshollinador [desoʎina'ðɔr] *m* Schornsteinfeger *m*, Kaminkehrer *m*
deshonest|idad [desonesti'ðað] *f* Unehrbarkeit *f*; ⚖ Unzucht *f*; **~o** [~'nesto] unehrlich; (*inmoral*) unanständig; unzüchtig
deshonra [des'ɔnrra] *f* Unehre *f*; Schande *f*; **~r** [~'rrar] (1a) entehren, schänden; Schande machen (*dat*)
deshora [des'ora] *f*: **a ~** zur Unzeit, ungelegen
deshuesar [desŭe'sar] (1a) (*fruta*) entsteinen; (*carne*) entbeinen
desidi|a [de'siðia] *f* Nachlässigkeit *f*; **~oso** [~'ðioso] nachlässig
desierto [de'siɛrto] **1.** *adj* leer, öde; (*calle*) menschenleer; (wie) ausgestorben; **declarar ~** e-n Preis nicht vergeben; **2.** *m* Wüste *f*
desig|nación [designa'θiɔn] *f* Bezeichnung *f*; (*nombramiento*) Ernennung *f*; **~nar** [~'nar] (1a) bezeichnen; (*nombrar*) ernennen; **~nio** [~'signio] *m* Vorhaben *n*; Vorsatz *m*
desigual [desi'gŭal] ungleich(mäßig); (*terreno*) uneben; **~dad** [~'ðað] *f* Ungleichheit *f*; Unebenheit *f*
desilusi|ón [desilu'siɔn] *f* Enttäuschung *f*; **~onar** [~siɔ'nar] (1a) enttäuschen
desinfec|ción [desimfɛg'θiɔn] *f* Desinfektion *f*; **~tante** [~fɛk'tante] *m* Desinfektionsmittel *n*; **~tar** [~'tar] (1a) desinfizieren
desinflar [desim'flar] (1a) die Luft herauslassen aus
desinsectación [desinsɛkta'θiɔn] *f* Insektenvertilgung *f*
desintegra|ción [desintegra'θiɔn] *f* Zerfall *m* (*a fig*); **~rse** [~'grarse] (1a) sich auflösen; zerfallen
desinte|rés [desinte'res] *m* Interesselosigkeit *f*; (*altruismo*) Selbstlosigkeit *f*; **~resado** [~re'saðo] uninteressiert; (*abnegado*) uneigennützig, selbstlos
desintoxi|cación [desintɔgsika'θiɔn] *f*

desolación

Entgiftung *f*; **cura** *f* **de ~** Entziehungskur *f*; **~car** [~'kar] (1g) entgiften
desistir [desis'tir] (3a): **~ de** Abstand nehmen von; verzichten auf (*ac*)
desleal [dezle'al] treulos; unredlich; **~tad** [~leal'tađ] *f* Treulosigkeit *f*; Untreue *f*
desleír [dezle'ir] (3m) auflösen; **~se** zergehen
deslenguado [dezleŋ'ġuađo] unverschämt
deslindar [dezlin'dar] (1a) abgrenzen (*a fig*)
desliz [dez'liθ] *m* Fehltritt *m*; Versehen *n*; F Ausrutscher *m*; **~ar** [~'θar] (1f) **1.** *v/t* gleiten lassen (über *por*); (*palabra*) fallenlassen; **2.** *v/i u* **~arse** (dahin)gleiten, abgleiten; (herunter)rutschen
deslomarse F [dezlo'marse] (1a) sich abrackern
desluci|do [dezlu'θiđo] reiz-, glanzlos; **~r** [~'θir] (3f) den Glanz nehmen (*dat*); *fig* beeinträchtigen; **~rse** den Reiz verlieren
deslumbra|nte [dezlum'brante] blendend; glänzend; **~r** [~'brar] (1a) blenden (*a fig*)
desmad|rarse F [dezma'đrarse] (1a) aus der Rolle fallen; **~re** [~'mađre] *m* Durcheinander *n*
desmán [dez'man] *m* Ausschreitung *f*, Übergriff *m*
desmantela|miento [dezmantela-'mi̯ento] *m* Demontage *f*; **~r** [~'lar] (1a) demontieren; ausräumen
desmaquillarse [dezmaki'ʎarse] (1a) sich abschminken
desmarcarse [dezmar'karse] (1g) sich distanzieren (von *de*)
desma|yado [dezma'ǰađo] ohnmächtig; (*color*) matt; **~yarse** [~'ǰarse] (1a) ohnmächtig werden; **~yo** [~'maǰo] *m* Ohnmacht *f*; *fig* Mutlosigkeit *f*
desmedi|do [dezme'điđo] übermäßig; **~rse** [~'đirse] (3l) das Maß überschreiten
desmejorar [dezmɛxo'rar] (1a) verschlechtern; (*dañar*) beeinträchtigen; **~se** sich verschlimmern
desmelenar [dezmele'nar] (1a) zerzausen
desmembrar [dezmem'brar] (1k) zerstückeln; (ab)trennen
desmenti|do [dezmen'tiđo] *m* Dementi *n*; **~r** [~'tir] (3i) abstreiten; *pol* dementieren; *fig* widersprechen
desmenuzar [dezmenu'θar] (1f) zerkleinern, zerstückeln
desmerecer [dezmerc'θer] (2d) nicht verdienen
desmesurado [dezmesu'rađo] unmäßig, maßlos
desmiga|jar [dezmiga'xar] (1a), **~r** [~'ġar] (1h) zerbröckeln, zerkrümeln
desmilitarizar [dezmilitari'θar] (1f) entmilitarisieren
desmonta|ble [dezmɔn'table] zerlegbar, abnehmbar; **~je** [~'taxe] *m* Demontage *f*, Abbau *m*; **~r** [~'tar] (1a) **1.** *v/t* demontieren, abbauen; **2.** *v/i* absitzen, absteigen
desmonte [dez'mɔnte] *m* Abholzen *n*; **~ completo** Kahlschlag *m*
desmoralizar [dezmorali'θar] (1f) demoralisieren; entmutigen
desmorona|miento [dezmorona-'mi̯ento] *m* Einsturz *m*; *fig* Zerfall *m*; **~rse** [~'narse] (1a) einstürzen; *fig* ver-, zerfallen
desnacionalizar [deznaθi̯onali'θar] (1f) reprivatisieren
desnatar [dezna'tar] (1a) entrahmen
desnaturalizado [deznaturali'θađo] entartet; 🐛 denaturiert
desnivel [dezni'bɛl] *m* Höhenunterschied *m*, Gefälle *n*; *fig* Ungleichheit *f*
desnu|dar [deznu'đar] (1a) ausziehen, entkleiden; *a fig* entblößen; **~darse** sich ausziehen; **~dez** [~'đeθ] *f* Nacktheit *f*, Blöße *f*; **~dismo** [~'đizmo] *m s nudismo*; **~do** [~'nuđo] **1.** *adj* nackt, bloß; *fig* kahl; **2.** *m pint* Akt *m*
desnutri|ción [deznutri'θi̯ɔn] *f* Unterernährung *f*; **~do** [~'triđo] unterernährt
desobe|decer [desobeđe'θer] (2d) nicht gehorchen; **~diencia** [~'đi̯enθi̯a] *f* Ungehorsam *m*; **~diente** [~'đi̯ente] ungehorsam
desocupa|ción [desokupa'θi̯ɔn] *f* Untätigkeit *f*; Arbeitslosigkeit *f*; **~do** [~'pađo] unbeschäftigt; (*vacío*) leer; frei; **~r** [~'par] (1a) räumen, frei machen
desodorante [desođo'rante] **1.** *adj* geruchtilgend; **2.** *m* Deo(dorant) *n*
desoír [deso'ir] (3q) überhören, kein Gehör schenken
desola|ción [desola'θi̯ɔn] *f* Verheerung

desolador

f; *fig* Trostlosigkeit *f*; **~dor** [~'dɔr] trostlos; **~r** [~'lar] (1m) verheeren, verwüsten

desorbitado [desɔrbi'taðo] maßlos

desorden [de'sɔrðen] *m* Unordnung *f*; Durcheinander *n*; **~ado** [~'naðo] unordentlich; **~ar** [~'nar] (1a) in Unordnung bringen

desorganiza|ción [desɔrɣaniθa'θĭɔn] *f* Desorganisation *f*; **~r** [~'θar] (1f) zerrütten; durchea.-bringen

desorientar [desɔrĭen'tar] (1a) irreleiten; *fig* verwirren; **~se** die Richtung verlieren, sich verirren

deso|var [deso'βar] (1a) laichen; **~ve** [de'soβe] *m* Laichen *n*

despabila|do [despaβi'laðo] munter; *fig* aufgeweckt; **~r** [~'lar] (1a) aufmuntern; **~rse** munter werden

despa|char [despa't∫ar] (1a) abfertigen; erledigen; (*enviar*) (ab)senden; (*despedir*) entlassen; (*cliente*) bedienen; **~cho** [~'pat∫o] *m* Abfertigung *f*; Erledigung *f*; (*oficina*) Büro *n*; Arbeitszimmer *n*; (*de venta*) Verkaufsstelle *f*; (*nota*) Depesche *f*; **~ de bebidas** Getränkeausschank *m*; **~ de billetes** Fahrkartenschalter *m*

despacio [des'paθĭo] langsam; *Am* leise

desparpajo [despar'paxo] *m* Zungenfertigkeit *f*; (*desenvoltura*) Forschheit *f*

desparramar [desparra'mar] (1a) zer-, verstreuen; **~se** sich ausbreiten

despavorido [despaβo'riðo] entsetzt

despectivo [despek'tiβo] verächtlich

despecho [des'pet∫o] *m* Erbitterung *f*; **a ~ de alg** j-m zum Trotz

despedazar [despeða'θar] (1f) zerfetzen, zerstückeln

despedi|da [despe'ðiða] *f* Abschied *m*; Verabschiedung *f*; **~r** [~'dir] (3l) verabschieden; (*empleado*) entlassen; kündigen (*dat*); (*olor, etc*) ausströmen; **~rse** sich verabschieden

despe|gar [despe'ɣar] (1h) **1.** *v/t* loslösen; **2.** *v/i* ✈ starten; **~gue** ✈ [~'peɣe] *m* Start *m*; *fig* Aufschwung *m*

despeina|do [despeĭ'naðo] mit zerzausten Haaren; ungekämmt; **~r** [~'nar] (1a) zerzausen

despe|jado [despe'xaðo] (*cielo*) wolkenlos; (*mente*) klar; **~jar** [~'xar] (1a) frei machen; *fig* (auf)klären; **~jarse** (*cielo*) sich aufheitern; **~jo** [~'pexo] *m* Räumung *f*

despenalizar [despenali'θar] (1f) für straffrei erklären, entkriminalisieren

despensa [des'pensa] *f* Speise-, Vorratskammer *f*

despeña|dero [despeɲa'ðero] *m* steiler Abhang *m*; **~r** [~'ɲar] (1a) herab-, hinabstürzen; **~rse** abstürzen

desperdi|ciar [despɛrði'θĭar] (1b) verschwenden, vergeuden; (*ocasión*) versäumen; **~cio** [~'diθĭo] *m* Verschwendung *f*; **~s** *pl* Abfall *m*

desperezarse [despere'θarse] (1f) sich strecken, sich recken

desperfecto [despɛr'fekto] *m* Beschädigung *f*; (*defecto*) Mangel *m*, Fehler *m*

desperta|dor [despɛrta'ðɔr] *m* Wecker *m*; **~r** [~'tar] (1k) **1.** *v/t* wecken; **2.** *v/i u* **~rse** aufwachen

despiadado [despĭa'ðaðo] erbarmungslos

despido [des'piðo] *m* Entlassung *f*, Kündigung *f*

despierto [des'pĭɛrto] wach; munter; *fig* aufgeweckt; **soñar ~** mit offenen Augen träumen

despilfarr|ar [despilfa'rrar] (1a) verschwenden, vergeuden; **~o** [~'farro] *m* Verschwendung *f*, Vergeudung *f*

despis|tado [despis'taðo] zerstreut; **~tar** [~'tar] (1a) ablenken; irreführen; **~tarse** vom Weg abkommen, sich verirren; *fig* den Faden verlieren; **~te** [~'piste] *f* Zerstreutheit *f*

desplante [des'plante] *m* Frechheit *f*; **dar un ~ a alg** j-n abblitzen lassen

desplaza|miento [desplaθa'mĭento] *m* Verschiebung *f*; ⚓ Wasserverdrängung *f*; (*viaje*) Fahrt *f*, Reise *f*; **~r** [~'θar] (1f) verdrängen (*a* ⚓); verschieben; **~rse** reisen, fahren

despl|egar [desple'ɣar] (1h *u* 1k) entfalten; ausbreiten; *fig* aufbieten; **~iegue** [~'plĭeɣe] *m* Entfaltung *f*; **con gran ~ de** mit großem Aufgebot an

desplomarse [desplo'marse] (1a) zu Boden sinken; (*edificio*) einstürzen

desplumar [desplu'mar] (1a) rupfen (*a fig*)

despobla|ción [despoβla'θĭɔn] *f* Entvölkerung *f*; **~r** [~'βlar] (1m) entvölkern

despo|jar [despo'xar] (1a) berauben; **~jarse: ~ de** ablegen; **~jo** [~'poxo] *m*

Beraubung *f*; ~**s** *pl* Schlachtabfälle *m/pl*; (*restos*) Überbleibsel *n/pl*; ~**s mortales** sterbliche Überreste *m/pl*
desposa|da [despo'saða] *f* Braut *f*; ~**do** [~'saðo] *m* Bräutigam *m*; ~**dos** [~'saðos] *m/pl* Brautpaar *n*; ~**r** [~'sar] (1a) trauen
déspota ['despota] *m* Despot *m*
des|pótico [des'potiko] despotisch; ~**potismo** [~'tizmo] *m* Despotismus *m*
desprecia|ble [despre'θĭable] verächtlich; ~**r** [~'θĭar] (1b) verachten; verschmähen; ~**tivo** [~θĭa'tiβo] verächtlich
desprecio [des'preθĭo] *m* Verachtung *f*
despren|der [despren'dɛr] (2a) losmachen; ~**derse** sich lösen, abfallen; ~ **de** sich freimachen von; loswerden; *fig* sich ergeben aus (*dat*); ~**dimiento** [~di'mĭento] *m* Losmachen *n*; Freiwerden *n*; ✱ ~ **de retina** Netzhautablösung *f*; ~ **de tierras** Erdrutsch *m*
despreocupa|ción [despreokupa'θĭon] *f* Sorglosigkeit *f*; ~**do** [~'paðo] sorglos, unbekümmert
despresti|giar [despresti'xĭar] (1b) um sein Ansehen bringen; ~**gio** [~'tixĭo] *m* Prestigeverlust *m*
desprevenido [desprebe'niðo] unvorbereitet; **coger** ~ überraschen, -rumpeln
desproporcl|ón [despropor'θĭon] *f* Mißverhältnis *n*; ~**onado** [~θĭo'naðo] disproportioniert
despropósito [despro'posito] *m* Ungereimtheit *f*; Unsinn *m*
desprovisto [despro'βisto]: ~ **de** ohne
después [des'pŭes] **1.** *adv* nachher, später; danach; **2.** *prp* ~ **de** nach: ~ **de todo** letzten Endes
desquiciar [deski'θĭar] (1b) aus den Angeln heben; *fig* beirren; zerrütten; ~**se** *fig* den Halt verlieren
desqui|tar [deski'tar] (1a) entschädigen; ~**tarse:** ~ **de** sich revanchieren, sich rächen für; ~**te** [~'kite] *m* Vergeltung *f*
desratización [dezrratiθa'θĭon] *f* Rattenvertilgung *f*
destaca|do [desta'kaðo] führend, hervorragend; ~**mento** ⚔ [~ka'mento] *m* Sonderkommando *n*; Abteilung *f*; ~**r** [~'kar] (1g) hervorheben; ⚔ abkommandieren; ~**rse** sich abheben; sich auszeichnen (durch *ac* **por**)
destajo [des'taxo] *m* Akkordarbeit *f*; **a** ~ im Akkord

destapar [desta'par] (1a) aufdecken (*a fig*); öffnen
destartalado [destarta'laðo] baufällig
destello [des'teʎo] *m* Aufleuchten *n*; Funkeln *n*
destemplado [destem'plaðo] unbeherrscht; unfreundlich; ♪ verstimmt
desteñir [deste'ɲir] (3h *u* 3l) entfärben; ~**se** die Farbe verlieren
desternillarse [desterni'ʎarse] (1a): ~ **de risa** sich kranklachen
desterrar [destɛ'rrar] (1k) verbannen (*a fig*)
destetar [deste'tar] (1a) entwöhnen, absetzen, abstillen
destiempo [des'tĭempo]: **a** ~ zur Unzeit, ungelegen
destierro [des'tĭɛrro] *m* Verbannung *f*
destila|ción [destila'θĭon] *f* Destillation *f*; ~**r** [~'lar] (1a) destillieren
destilería [destile'ria] *f* Brennerei *f*
desti|nar [desti'nar] (1a) bestimmen; zuweisen; (*persona*) versetzen; ~**natario** [~na'tarĭo] *m* Empfänger *m*, Adressat *m*; ~**no** [~'tino] *m* Schicksal *n*; (*lugar*) Bestimmung(sort *m*) *f*; Ziel *n*
destitu|ción [destitu'θĭon] *f* Absetzung *f*; ~**ir** [~tu'ir] (3g) absetzen, des Amtes entheben
destornilla|dor [destorniʎa'ðor] *m* Schraubenzieher *m*; ~**r** [~'ʎar] (1a) ab-, auf-, losschrauben
destreza [des'treθa] *f* Geschicklichkeit *f*
destronar [destro'nar] (1f) entthronen
destro|zar [destro'θar] (1f) zerstören; zerbrechen; ⚔ kaputtmachen; ~**zo** [~'troθo] *m* Zerstörung *f*; ~**s** *pl* Schaden *m*
destruc|ción [destruɣ'θĭon] *f* Zerstörung *f*; ~**tivo** [~truk'tiβo] zerstörend; destruktiv; ~**tor** [~'tor] **1.** *adj* zerstörend; **2.** *m* Zerstörer *m* (*a* ⚓)
destruir [destru'ir] (3g) zerstören, vernichten
desuni|ón [desu'nĭon] *f* Trennung *f*; *fig* Uneinigkeit *f*; ~**r** [~'nir] (3a) trennen; *fig* entzweien
desu|sado [desu'saðo] ungebräuchlich; ~**so** [de'suso] *m*: **caer en** ~ außer Gebrauch kommen, veralten
desvalido [dezba'liðo] hilflos; schutzlos; verlassen
desvalijar [dezbali'xar] (1a) ausplündern

desvaloriza|ción [dezbaloriθa'θĭɔn] f Entwertung f, Abwertung f; **~r** [~'θar] (1f) entwerten, abwerten
desván [dez'ban] m Dachboden m
desvanecer [dezbaneˈθεr] (2d) verwischen; zerstreuen (*a fig*); **~se** verdunsten; sich auflösen; ⚔ ohnmächtig werden; *fig* verblassen, verschwinden
desva|riar [dezba'rĭar] (1c) irrereden; ⚔ phantasieren; **~río** [~'rio] m Wahnsinn m; (Fieber-)Phantasien f/pl
desve|lar [dezbe'lar] (1a) wach halten; *fig* enthüllen, aufdecken; **~larse** nicht schlafen können; *fig* wachsam sein; **~lo** [~'belo] m Schlaflosigkeit f; *fig* (Für-)Sorge f
desvencijarse [dezbenθi'xarse] (1a) aus den Fugen (*od* dem Leim) gehen
desven|taja [dezben'taxa] f Nachteil m; **~tajoso** [~'xoso] nachteilig; unvorteilhaft; **~tura** [~'tura] f Unglück n; **~turado** [~'rado] unglücklich
desver|gonzado [dezbεrgon'θado] unverschämt, frech; **~güenza** [~'güenθa] f Unverschämtheit f; Schamlosigkeit f
desvestir [dezbes'tir] (3l) entkleiden, ausziehen
desvia|ción [dezbĭa'θĭɔn] f Abweichung f; *auto* Umleitung f; ⚔ Verkrümmung f; **~r** [~'bĭar] (1c) ablenken; *auto* umleiten; **~rse** abweichen
desvío [dez'bio] m Abweichung f; *auto* Abzweigung f; Umleitung f
deta|llado [deta'ʎado] ausführlich; **~llar** [~'ʎar] (1a) ausführlich beschreiben; einzeln aufführen; **~lle** [~'taʎe] m Einzelheit f, Detail n; *fig* Aufmerksamkeit f; **en ~** im einzelnen; **~llista** [~'ʎista] m Einzelhändler m
detec|ción [deteg'θĭɔn] f Aufspüren n; ⚔ **~ precoz** Früherkennung f; **~tar** [~tεk'tar] (1a) auffinden; entdecken
detective [detεk'tibe] m Detektiv m; **~ privado** Privatdetektiv m
detector [detek'tɔr] m Detektor m; **~ de mentiras** Lügendetektor m
deten|ción [deten'θĭɔn] f Festnahme f, Verhaftung f; *fig* Aufhalten n; Verzögerung f; **~ ilegal** Freiheitsberaubung f; **~er** [~te'nεr] (2l) verhaften, festnehmen; (*parar*) an-, aufhalten; **~erse** stehenbleiben; anhalten; **~ido** [~'nido] **1.** *adj fig* eingehend; **2.** m Häftling m, Verhaftete(r) m; **~imiento** [~ni'mĭento] m: **con ~** ausführlich, eingehend
detergente [detεr'xente] m Wasch-, Reinigungsmittel n
deterio|rar [deterĭo'rar] (1a) beschädigen; verderben; **~rarse** verderben, schlecht werden; (*salud*) sich verschlechtern; **~ro** [~'rĭɔro] m Beschädigung f
determina|ción [determina'θĭɔn] f Bestimmung f; Entschluß m; *fig* Entschlossenheit f; **~do** [~'nado] entschlossen; bestimmt; **~nte** [~'nante] bestimmend; entscheidend; **~r** [~'nar] (1a) bestimmen; festsetzen; **~rse** sich entschließen (*zu dat* **a**)
detes|table [detes'table] abscheulich; **~tar** [~'tar] (1a) verabscheuen; hassen
detona|ción [detona'θĭɔn] f Knall m; Detonation f; **~dor** [~'dɔr] m Zündsatz m; **~r** [~'nar] (1a) detonieren
detractor m [detrak'tɔr] Verleumder m
detrás [de'tras] **1.** *adv* hinten; zurück; **por ~** von hinten; **2.** *prp*: **~ de** hinter; **uno ~ de otro** hintereinander ·
detrimento [detri'mento] m Schaden m; **en ~ de** auf Kosten *gen*; zum Schaden von
deuda ['deuda] f Schuld f (*a fig*)
deudo ['deudo] m Verwandte(r) m
deudor [deu'dɔr] m Schuldner m
devalua|ción [debalŭa'θĭɔn] f Abwertung f; **~r** [~'lŭar] (1e) abwerten
devasta|ción [debasta'θĭɔn] f Verwüstung f; **~dor** [~'dɔr] verheerend; **~r** [~'tar] (1a) verwüsten, verheeren
deven|gar [debeŋ'gar] (1h) einbringen; (*intereses*) abwerfen; **~go** [~'beŋgo] m: **con ~ de interés** verzinslich
devoción [debo'θĭɔn] f Andacht f; Frömmigkeit f; *fig* Verehrung f
devolu|ción [debolu'θĭɔn] f Rückgabe f; (*reembolso*) Rückerstattung f; **~ver** [~bɔl'bεr] (2h; *part* **devuelto**) zurückgeben, -zahlen; (*visita, etc*) erwidern; (*vomitar*) erbrechen
devorar [debo'rar] (1a) verschlingen (*a fig*); (auf)fressen
devoto [de'boto] **1.** *adj* andächtig; fromm; **2.** m Andächtige(r) m
día ['dia] m Tag m; **~ festivo** (*od* **inhábil**) Feiertag m; **~ hábil** (*od* **laborable**) Werktag m; **~ de la Madre** Muttertag m; **al ~** auf dem laufenden; **poner al ~**

auf den neuesten Stand bringen; *el ~ menos pensado* ehe man sich's versieht; *el otro ~* neulich; *en su ~* zu gegebener Zeit; (*pasado*) seinerzeit; *de ~* tagsüber; *hace mal ~* es ist schlechtes Wetter; *un ~ sí y otro no* jeden zweiten Tag; *a los pocos ~s* wenige Tage später; *todos los ~s* täglich, jeden Tag; *¡buenos ~s!* guten Tag!; guten Morgen!

diab|etes [dĩa'betes] *f* Diabetes *m*, Zuckerkrankheit *f*; **~ético** [~'betiko] **1.** *adj* zuckerkrank; **2.** *m* Diabetiker *m*

dia|blo ['dĩablo] *m* Teufel *m*; *mandar al ~* zum Teufel schicken; **~blura** [~'blura] *f* Streich *m*; **~bólico** [~'boliko] teuflisch

diaconisa [dĩako'nisa] *f* Diakonissin *f*

diácono ['dĩakono] *m* Diakon *m*

diadema [dĩa'dema] *f* Diadem *n*

diáfano [dĩa'fano] durchsichtig

diafragma [dĩa'fragma] *m anat* Zwerchfell *n*; *fot* Blende *f*; ♣ Pessar *n*

diagn|osis [dĩag'nosis] *f* Diagnose *f*; **~osticar** [~nosti'kar] (1g) diagnostizieren; **~óstico** [~'nostiko] **1.** *adj* diagnostisch; **2.** *m* Diagnose *f*

diagonal [dĩago'nal] **1.** *adj* diagonal; **2.** *f* Diagonale *f*

diagrama [dĩa'grama] *m* Diagramm *n*

dial ['dĩal] *m tel* Wählscheibe *f*; (*radio*) Skala *f*

dialec|tal [dĩalɛk'tal] mundartlich; **~to** [~'lɛkto] *m* Dialekt *m*

diálisis ♣ ['dĩalisis] *f* Dialyse *f*

diálogo ['dĩalogo] *m* Dialog *m*

diamante [dĩa'mante] *m* Diamant *m*

diametralmente [dĩametral'mente]: *~ opuesto* grundverschieden

diámetro ['dĩametro] *m* Durchmesser *m*

diana ['dĩana] *f* (das Schwarze der) Zielscheibe *f*; ⚔ Wecken *n*; *hacer ~* ins Schwarze treffen

diapasón ♪ [dĩapa'son] *m* Stimmgabel *f*; (*del violín, etc*) Griffbrett *n*

diapositiva *fot* [dĩaposi'tiβa] *f* Dia(positiv) *n*

diario ['dĩarĩo] **1.** *adj* täglich; **2.** *m* Tagebuch *n*; (*periódico*) (Tages-)Zeitung *f*

diarrea ♣ [dĩa'rrɛa] *f* Durchfall *m*

dibu|jante [diβu'xante] *m* Zeichner *m*; **~jar** [~'xar] (1a) zeichnen; **~jarse** sich abzeichnen; **~jo** [di'βuxo] *m* Zeichnen *n*; Zeichnung *f*; (*de tela*) Muster *n*; **~s pl animados** Zeichentrickfilm *m*

diccionario [dikθĩo'narĩo] *m* Wörterbuch *n*; Lexikon *n*

dice ['diθe] *s* **decir**

dicha ['ditʃa] *f* Glück *n*

dicho ['ditʃo] **1.** *part v* **decir**; **2.** *adj* besagt, genannt; *~ y hecho* gesagt, getan; *~ (sea) de paso* nebenbei bemerkt; **3.** *m* Ausdruck *m*; Ausspruch *m*; **~so** [di'tʃoso] glücklich; F verflixt

diciembre [di'θĩembre] *m* Dezember *m*

dicta|do [dik'taðo] *m* Diktat *n*; *al ~* nach Diktat; **~dor** [~'ðor] *m* Diktator *m*; **~dura** [~'ðura] *f* Diktatur *f*

dictam|en [dik'tamen] *m* Meinung *f*; Urteil *n*; **~inar** [~mi'nar] (1a): *~ sobre* begutachten

dictar [dik'tar] (1a) diktieren; (*conferencia*) halten; ⚖ *~ sentencia* das Urteil fällen

didácti|ca [di'ðaktika] *f* Didaktik *f*; **~co** [~ko] didaktisch

dieci|nueve [dĩeθi'nueβe] neunzehn; **~ocho** [~'otʃo] achtzehn; **~séis** [~'sɛis] sechzehn; **~siete** [~'sĩete] siebzehn

diente ['dĩente] *m* Zahn *m* (*a* ⚙); *~ de ajo* Knoblauchzehe *f*; *~ de leche* Milchzahn *m*; ♀ *~ de león* Löwenzahn *m*; *dar ~ con ~* mit den Zähnen klappern; *enseñar los ~s fig* die Zähne zeigen; *hablar entre ~s* in den Bart brummen

diestr|a ['dĩestra] *f* rechte Hand *f*; **~o** [~tro] **1.** *adj* rechte(r, -s); rechtshändig; *fig* geschickt; *a ~ y siniestro* aufs Geratewohl, F drauflos; **2.** *m* Torero *m*

dieta [dĩeta] *f* Ernährungsweise *f*; ♣ Diät *f*; *pol* Landtag *m*; *~s pl* Tagegelder *n/pl*; **~rio** [dĩe'tarĩo] *m* Merkbuch *n*

dietéti|ca [dĩe'tetika] *f* Diätetik *f*; **~co** [~'tetiko]: *productos m/pl ~s* Reformkost *f*

diez [dĩeθ] zehn; **~mar** [dĩeð'mar] (1a) dezimieren (*a fig*)

difama|ción [difama'θĩon] *f* Verleumdung *f*; üble Nachrede *f*; **~dor** [~'ðor] **1.** *adj* verleumderisch; **2.** *m* Verleumder *m*; **~r** [~'mar] (1a) verleumden, in Verruf bringen; **~torio** [~'torĩo] verleumderisch

dife|rencia [dife'renθĩa] *f* Unterschied *m*; ⚕, ✝ *u fig* Differenz *f*; *a ~ de* zum Unterschied von; *~ horaria* Zeitunterschied *m*; **~rencial** [~'θĩal] **1.** *m auto* Differential(getriebe) *n*; **2.** *adj* Differential...; **~renciar(se)** [~'θĩar(se)] (1b)

diferente 118

(sich) unterschieden; **~rente** [~'rɛnte] verschieden; **~rido** [~'riðo]: *TV en* ~ in e-r Aufzeichnung; **~rir** [~'rir] (3i) **1.** *v/t* aufschieben; **2.** *v/i* verschieden sein
difícil [di'fiθil] schwer, schwierig
dificult|ad [difikul'tað] *f* Schwierigkeit *f*; *sin* ~ ohne weiteres; **~ar** [~'tar] (1a) erschweren, behindern; **~oso** [~'toso] schwierig
difteria ✱ [dif'terja] *f* Diphtherie *f*
difundir [difun'dir] (3a) verbreiten; **~se** sich ausbreiten
difunto [di'funto] **1.** *adj* tot, verstorben; **2.** *m* Verstorbene(r) *m*; *día m de (los fieles)* **~s** Allerseelen *n*
difu|sión [difu'sjon] *f* Verbreitung *f*; **~so** [~'fuso] verschwommen; diffus (*a fig*)
digeri|ble [dixe'riβle] verdaulich; **~r** [~'rir] (3i) verdauen (*a fig*)
digesti|ble [dixes'tiβle] verdaulich; **~ón** [~'tjon] *f* Verdauung *f*; **~vo** [~'tiβo] Verdauungs...
digita|ción ♪ [dixita'θjon] *f* Fingersatz *m*; **~l** [~'tal] **1.** *adj* digital, Digital...; **2.** ⚕ *f* Fingerhut *m*
dígito ['dixito] *m* einstellige Zahl *f*; *de dos* **~s** zweistellig
digna|rse [dig'narse] (1a) (*inf*) sich herablassen, geruhen (zu *inf*); **~tario** [~na'tarjo] *m* Würdenträger *m*
dign|idad [digni'ðað] *f* Würde *f*; **~o** ['digno] würdig; ~ *de mención* erwähnenswert
digo ['digo] *s decir*
digresión [digre'sjon] *f* Abschweifung *f*
dije ['dixe] **1.** *s decir*; **2.** *m* (*colgante*) Anhänger *m*
dilapidar [dilapi'ðar] (1a) verschwenden, vergeuden
dilata|ble [dila'taβle] dehnbar; **~ción** [~ta'θjon] *f* Dehnung *f*; **~r** [~'tar] (1a) ausdehnen; (*diferir*) verzögern, hinausziehen
dilema [di'lema] *m* Dilemma *n*
diletan|te [dile'tante] *m* Dilettant *m*; **~tismo** [~'tizmo] *m* Dilettantismus *m*
diligen|cia [dili'xenθja] *f* Fleiß *m*, Eifer *m*; *hist* Postkutsche *f*; **~s** *pl* Schritte *m/pl*, Maßnahmen *f/pl*; ⚖ Ermittlungen *f/pl*; **~te** [~'xente] fleißig
dilucidar [diluθi'ðar] (1a) aufklären
dilu|ción [dilu'θjon] *f* Verdünnung *f*; **~ente** [~'lwente] *m* Verdünnungsmittel *n*; **~ir** [~'ir] (3g) (auf)lösen; verdünnen

dilu|viar [dilu'βjar] (1b) stark regnen, gießen; **~vio** [di'luβjo] *m* Sintflut *f*
dimensión [dimen'sjon] *f* Dimension *f*; *fig* Ausmaß *n*; *dimensiones pl* Abmessungen *f/pl*
diminu|tivo [diminu'tiβo] *m gram* Diminutiv *n*; **~to** [~'nuto] winzig
dimi|sión [dimi'sjon] *f* Rücktritt *m*; **~tir** [~'tir] (3a) zurücktreten
dinámi|ca [di'namika] *f* Dynamik *f*; **~co** [~ko] dynamisch (*a fig*)
dinami|ta [dina'mita] *f* Dynamit *n*; **~tar** [~'tar] (1a) in die Luft sprengen; **~tero** [~mi'tero] *m* Sprengmeister *m*
dínamo ['dinamo] *f* Dynamo *m*
dinastía [dinas'tia] *f* Dynastie *f*
dine|ral [dine'ral] *m* F Heidengeld *n*; **~ro** [~'nero] *m* Geld *n*; ~ *(en) efectivo*, ~ *en metálico* Bargeld *n*; ~ *suelto* Kleingeld *n*
dintel [din'tɛl] *m* Tür-, Fenstersturz *m*
diñarla P [di'ɲarla] (1a) F abkratzen, F krepieren
dio ['djo] *s dar*
diócesis [di'oθesis] *f* Diözese *f*
diodo ['djoðo] *m* Diode *f*
Dios [djos] *m* Gott *m*; *como* ~ *manda* wie es sich gehört; *¡por* ~*!* um Gottes willen!; *a la buena de* ~ aufs Geratewohl
diosa ['djosa] *f* Göttin *f*
diplo|ma [di'ploma] *m* Diplom *n*; **~macia** [diplo'maθja] *f* Diplomatie *f*; **~mado** [~'maðo] diplomiert; Diplom...; **~mático** [~'matiko] **1.** *adj* diplomatisch; **2.** *m* Diplomat *m*
diptongo [dip'toŋgo] *m* Diphthong *m*
diputa|ción [diputa'θjon] *f* Abordnung *f*; **~do** [~'taðo] *m* Abgeordnete(r) *m*
dique ['dike] *m* Damm *m*; Deich *m*; ~ *seco* Trockendock *n*; ~ *flotante* Schwimmdock *n*
direc|ción [direɣ'θjon] *f* Leitung *f*, Führung *f*; Management *n*; (*sentido*) Richtung *f*; (*señas*) Anschrift *f*, Adresse *f*; *teat*, *cine* Regie *f*; *auto* Lenkung *f*; ~ *asistida* Servolenkung *f*; ~ *habitual* Heimatadresse *f*; **~tivo** [direk'tiβo] **1.** *adj* leitend; **2.** *m* Manager *m*; Führungskraft *f*; **~to** [~'rekto] direkt; (*derecho*) gerade; 🚆 durchgehend; *(re)transmitir en* ~ live senden, direkt übertragen; **~tor** [~'tor] **1.** *adj* leitend; **2.** *m* Direktor *m*; Leiter *m*; ~ *de cine* Filmregisseur *m*; ~ *de venta* Vertriebs-

leiter *m*; ~ **de orquesta** Dirigent *m*; **~tora** [~'tora] *f* Leiterin *f*, Direktorin *f*; **~torio** [~'torĭo] *m* Direktorium *n*; Leitung *f*; (*agenda*) Adreßbuch *n*; **~triz** [~'triθ] *f* Richtlinie *f*

diri|gente [diri'xente] *m* Leiter *m*; führende Persönlichkeit *f*; **~gible** [~'xible] *m* Luftschiff *n*; **~gir** [~'xir] (3c) richten (an **a**); (*guiar*) leiten, lenken; ♪ dirigieren; *teat, cine* Regie führen; **~girse** zugehen, -fahren (auf *ac* **a**, **hacia**); sich wenden (an *ac* **a**)

discernir [disθɛr'nir] (3i) unterscheiden

disciplina [disθi'plina] *f* Disziplin *f*, Zucht *f*; ⚉ Fach *n*

discípulo [dis'θipulo] *m* Schüler *m*; *rel* Jünger *m*; *fig* Anhänger *m*

disco ['disko] *m* Scheibe *f*; ♪ Schallplatte *f*; *tel* Wählscheibe *f*; *dep* Diskus *m*; *auto* (Verkehrs-)Ampel *f*; **~ intervertebral** *anat* Bandscheibe *f*; **~ compacto** Compact Disk *f*, CD *f*; **~ duro** *inform* Festplatte *f*; **~ magnético** Magnetplatte *f*; **~ de control** Parkscheibe *f*; **~gráfico** [~'grafiko] Schallplatten...

díscolo ['diskolo] widerspenstig

discor|dancia [diskɔr'danθia] *f* (Meinungs-)Verschiedenheit *f*; **~dante** [~'dante] abweichend; **~dar** [~'dar] (1m) abweichen, nicht übereinstimmen; **~dia** [~'kɔrðia] *f* Zwietracht *f*

discoteca [disko'teka] *f* Diskothek *f*

discreci|ón [diskre'θĭon] *f* Diskretion *f*; **a ~** nach Belieben; **~onal** [~θĭo'nal] beliebig; **parada** *f* **~** Bedarfshaltestelle *f*

discrepa|ncia [diskre'panθia] *f* Diskrepanz *f*; (Meinungs-)Verschiedenheit *f*; **~r** [~'par] (1a) abweichen; anderer Meinung sein

discreto [dis'kreto] diskret; zurückhaltend; (*listo*) klug

discrimina|ción [diskrimina'θĭon] *f* Diskriminierung *f*; **~r** [~'nar] (1a) diskriminieren

disculpa [dis'kulpa] *f* Entschuldigung *f*; **~ble** [~'pable] entschuldbar; **~r** [~'par] (1a) entschuldigen

discurso [dis'kurso] *m* Rede *f*

discu|sión [disku'sĭon] *f* Diskussion *f*; Besprechung *f*; **~tible** [~'tible] strittig; fraglich; **~tido** [~'tiðo] umstritten; **~tir** [~'tir] (3a) diskutieren; besprechen

diseminar [disemi'nar] (1a) ausstreuen; *fig* verbreiten

disentería ✱ [disente'ria] *f* Ruhr *f*

disentir [disen'tir] (3i) anderer Meinung sein (als **de**)

dise|ñador [disepa'ðɔr] *m* Designer *m*; **~ñar** [~'ɲar] (1a) zeichnen, entwerfen; **~ño** [di'seɲo] *m* Entwurf *m*; Zeichnung *f*; Design *n*

disertación [disɛrta'θĭon] *f* Abhandlung *f*; Vortrag *m*

disfraz [dis'fraθ] *m* Verkleidung *f*; (Masken-)Kostüm *n*; **~ar** [~fra'θar] (1f) verkleiden, maskieren; **~arse**: **~ de** sich verkleiden als

disfru|tar [disfru'tar] (1a): **~ (de)** genießen; sich erfreuen (*gen*); **~te** [~'frute] *m* Genuß *m*

disgus|tado [dizgus'taðo] verärgert; verstimmt; **~tar** [~'tar] (1a) *j-m* nicht gefallen, mißfallen; *j-n* verstimmen; **~tarse** sich ärgern; **~to** [~'gusto] *m* Ärger *m*, Verdruß *m*; **a ~** mit Widerwillen

disidente [disi'ðente] *m* Dissident *m*

disimul|ación [disimula'θĭon] *f* Verstellung *f*; **~ar** [~'lar] (1a) **1.** *v/t* verbergen; verheimlichen; **2.** *v/i* sich verstellen; **~o** [~'mulo] *m* Verstellung *f*; **con ~** verstohlen; unauffällig

disipa|ción [disipa'θĭon] *f* Verschwendung *f*; **~r** [~'par] (1a) verschwenden; *fig* zerstreuen; **~rse** (*niebla*) sich auflösen

diskette *inform* [dis'kete] *m* Diskette *f*

dislate [diz'late] *m* Unsinn *m*

dis|lexia [diz'legsĭa] *f* Legasthenie *f*; **~léxico** [~'legsiko] *m* Legastheniker *m*

disloca|ción ✱ [dizloka'θĭon] *f* Aus-, Verrenkung *f*; **~r** [~'kar] (1g) aus-, verrenken

disminu|ción [dizminu'θĭon] *f* Verminderung *f*; Abnahme *f*; Rückgang *m*; **~ física** Körperbehinderung *f*; **~ido** [~'ðo] *m*: **~ (físico)** (Körper-)Behinderte(r) *m*; **~ir** [~'ir] (3g) **1.** *v/t* vermindern, verringern; **2.** *v/i* abnehmen, nachlassen

disolu|ción [disolu'θĭon] *f* Auflösung *f*; *fig* Ausschweifung *f*; **~to** [~'luto] ausschweifend

disolve|nte [disɔl'bente] *m* Lösemittel *n*; **~r** [~'bɛr] (2h; *part* **disuelto**) auflösen

disonancia [diso'nanθia] *f* ♪ Mißklang *m* (*a fig*), Dissonanz *f*

dispar [dis'par] ungleich

dispara|dor [dispara'ðɔr] *m* Abzug *m*;

disparar

fot Auslöser *m*; ~r [~'rar] (1a) **1.** *v/t* schießen; (*tiro*) abgeben; *fot* knipsen; **2.** *v/i* schießen (*tiro*) losgehen; (*precios*) in die Höhe schnellen

dispara|tado [dispara'taðo] unsinnig; **~te** [~'rate] *m* Dummheit *f*; Unsinn *m*

disparidad [dispari'ðað] *f* Ungleichheit *f*; ✝ Gefälle *n*

disparo [dis'paro] *m* Schuß *m*

dispensa [dis'pensa] *f* Dispens *m*, Erlaß *m*; ~r [~'sar] (1a) (*disculpar*) entschuldigen; ~ **de** befreien, dispensieren von; **~rio** ✱ [~'sarĭo] *m* Ambulanz *f*

disper|sar [disper'sar] (1a) zerstreuen; **~sión** [~'sĭon] *f* (Zer-)Streuung *f*; **~so** [~'perso] zerstreut; vereinzelt

disponer [dispo'ner] (2r) **1.** *v/t* (an)ordnen; (*preparar*) vorbereiten, herrichten; **2.** *v/i* verfügen (über *ac de*); **~se** sich anschicken (zu *a*)

disponi|bilidad [disponibili'ðað] *f* Verfügbarkeit *f*; **~ble** [~'nible] verfügbar; ✝ vorrätig

disposi|ción [disposi'θĭon] *f* Anordnung *f*; Verfügung *f*; ~ **a** Bereitschaft zu; ~ **para** Veranlagung für; **estar a (la)** ~ **de alg** j-m zur Verfügung stehen; **~tivo** [~'tibo] *m* Vorrichtung *f*; Gerät *n*; *inform* ~ **de entrada** Eingabegerät *n*

dispuesto [dis'pŭesto] ~ **a** bereit zu

disputa [dis'puta] *f* Disput *m*; *dep* Austragung *f*; ~r [~'tar] (1a) **1.** *v/t* bestreiten; (*juego, etc*) austragen; **2.** *v/i* disputieren; streiten; **~rse:** ~ **a/c** sich um et streiten

disquería *Am* [diske'ria] *f* Schallplattengeschäft *n*

disquete *inform* [dis'kete] *m* Diskette *f*

dista|ncia [dis'tanθĭa] *f* Entfernung *f*; Abstand *m*; **~nciar** [~'θĭar] (1b) entfernen; *fig* entfremden; **~nciarse:** ~ **de** sich distanzieren von; **~nte** [~'tante] entfernt; ~r [~'tar] (1a) entfernt sein; *fig* verschieden sein (von *dat de*)

distensión [disten'sĭon] *f* ✱ Zerrung *f*; *pol* Entspannung *f*

distin|ción [distin'θĭon] *f* Unterscheidung *f*; (*honor*) Auszeichnung *f*; (*elegancia*) Vornehmheit *f*; **a** ~ **de** zum Unterschied von; **~guido** [~tiŋ'giðo] vornehm, distinguiert; **~guir** [~'gir] (3d) unterscheiden; (*honrar*) auszeichnen; **~tivo** [~tin'tibo] *m* Kennzeichen *n*; Abzeichen *n*; **~to** [~'tinto] unterschiedlich; verschieden; (*claro*) deutlich

distorsión [distor'sĭon] *f* Verzerrung *f*; ✱ Verstauchung *f*

distra|cción [distrag'θĭon] *f* Unachtsamkeit *f*, Zerstreutheit *f*; (*diversión*) Ablenkung *f*, Zerstreuung *f*; **por** ~ aus Versehen; **~er** [~'ɛr] (2p) zerstreuen, ablenken; (*divertir*) unterhalten; **~erse** sich ablenken lassen; **~ído** [~tra'iðo] zerstreut; unaufmerksam; (*divertido*) unterhaltsam

distribu|ción [distribu'θĭon] *f* Verteilung *f*; ✝ Vertrieb *m*; **~idor** [~i'ðor] *m* ✝ Auslieferer *m*; ⚡ Verteiler *m*; ~ **automático** Warenautomat *m*; **~idora** [~'ðora] *f* Filmverleih *m*; (**sociedad** *f*) ~ Vertriebsgesellschaft *f*; **~ir** [~'ir] (3g) aus-, verteilen; ✝ vertreiben

distrito [dis'trito] *m* Bezirk *m*, Distrikt *m*; ~ **electoral** Wahlbezirk *m*

disturbio [dis'turbĭo] *m* Störung *f*, Unruhe *f*

disua|dir [disŭa'ðir] (3a): ~ **de** abbringen von, abraten; **~sión** [~'sĭon] *f* Abraten *n*; *pol* Abschreckung *f*

disyuntiva [disjun'tiba] *f* Alternative *f*

diurético [dĭu'retiko] harntreibend

diurno ['dĭurno] täglich, Tages...

diva ['diba] *f* Diva *f*; **caprichos** *m/pl* **de** ~ Starallüren *f/pl*

divaga|ción [dibaga'θĭon] *f* Abschweifung *f*; ~r [~'gar] (1h) abschweifen

diván [di'ban] *m* Diwan *m*

diver|gencia [diber'xenθĭa] *f* Abweichung *f*; Divergenz *f*; *fig* Meinungsverschiedenheit *f*; **~gente** [~'xente] abweichend; **~gir** [~'xir] (3c) abweichen; divergieren; **~sidad** [~si'ðað] *f* Verschiedenheit *f*; Mannigfaltigkeit *f*; **~sión** [~'sĭon] *f* Ablenkung *f*; Vergnügen *n*; **~so** [~'berso] verschieden

diverti|do [diber'tiðo] lustig; unterhaltend; ~r [~'tir] (3i) unterhalten, vergnügen; **~rse** sich (gut) unterhalten; sich amüsieren; **¡que te diviertas!** viel Spaß!

divi|dendo [diði'ðendo] *m* Dividende *f*; ✝ Dividend *m*; **~dir** [~'ðir] (3a) teilen; ✝ dividieren

divi|nidad [diβini'ðað] *f* Gottheit *f*; **~no** [~'bino] göttlich; himmlisch (*a fig*)

divisa [di'bisa] *f* Devise *f*; Wahlspruch *m*; **~s** *pl* ✝ Devisen *f/pl*

divi|sible [dibi'sible] teilbar; **~sión** [~'sion] *f* Teilung *f*; *gram* Trennungsstrich *m*; ✗, ⚕ Division *f*; **~sor** [~'sor] *m* ⚕ Divisor *m*

divo ['dibo] *m* Opern-, Bühnenstar *m*

divorci|ado [dibor'θiaðo] geschieden; **~arse** [~'θiarse] (1b) sich scheiden lassen; **~o** [~'borθio] *m* Scheidung *f*

divulga|ción [dibulga'θion] *f* Bekanntmachung *f*; Verbreitung *f*; **~r** [~'gar] (1h) verbreiten, bekanntmachen

do ♪ [do] *m* C *n*; **~ de pecho** hohes C *n*

dobla|dillo [dobla'diʎo] *m* Kleidersaum *m*; **~je** [~'blaxe] *m* (*cine*) Synchronisation *f*; **actor** *m* (**actriz** *f*) **de ~** Synchronsprecher(in *f*) *m*; **~r** [~'blar] (1a) **1.** *v/t* verdoppeln; (*torcer*) biegen; (*plegar*) falten; (*cine*) synchronisieren; **2.** *v/i* (*campana*) läuten; **~ a la derecha** rechts abbiegen; **~rse** sich fügen

doble ['doble] **1.** *adj* doppelt, Doppel...; **2.** *m* Doppelte *n*; (*persona*) Doppelgänger *m*; (*cine*) Double *n*; **~gar** [~'gar] (1h) biegen; *fig* gefügig machen; **~garse** nachgeben

doblez [do'bleθ] **a)** *m* Falte *f*; **b)** *f fig* Falschheit *f*

doce ['doθe] zwölf; **~na** [~'θena] *f* Dutzend *n*

docen|cia [do'θenθia] *f* Lehrtätigkeit *f*; **~te** [~'θente] lehrend, unterrichtend; **cuerpo** *m* **~** Lehrkörper *m*

dócil ['doθil] folgsam; gelehrig

docto ['dokto] gelehrt

doctor [dok'tor] *m* Doktor *m*; Arzt *m*; **~a** [~'tora] *f* Ärztin *f*; **~ado** [~'raðo] *m* Doktortitel *m*; Promotion *f*; **~arse** s-n Doktor machen, promovieren

doctrina [dok'trina] *f* Lehre *f*, Doktrin *f*

documen|tación [dokumenta'θion] *f* Dokumentation *f*, Unterlagen *f/pl*; (Ausweis-)Papiere *n/pl*; **~ del coche** Wagenpapiere *n/pl*; **~tal** [~'tal] *m* Kulturfilm *m*; **~tar** [~'tar] (1a) beurkunden, belegen; **~to** [~'mento] *m* Dokument *n*; Urkunde *f*; *Esp* **~ nacional de identidad** Personalausweis *m*

dog|ma ['dogma] *m* Dogma *n*; **~mático** [~'matiko] dogmatisch

dogo ['dogo] *m* Dogge *f*

dólar ['dolar] *m* Dollar *m*

dol|encia [do'lenθia] *f* Leiden *n*; **~er** [~'ler] (2h) weh tun, schmerzen; **~erse** bedauern; **~ido** [~'liðo] gekränkt

dolo ⚖ ['dolo] *m* Vorsatz *m*; Arglist *f*

dolor [do'lor] *m* Schmerz *m*; *fig a* Leid *n*; **~es** (*del parto*) Wehen *f/pl*; **~oso** [~'roso] schmerzhaft; *fig* schmerzlich

doma ['doma] *f* Zähmung *f*; **~dor** [~'dor] *m* Dompteur *m*; **~r** [~'mar] (1a) zähmen; bändigen

domesticar [domesti'kar] (1g) zähmen

doméstico [do'mestiko] häuslich, Haus...

domicili|ación ✝ [domiθilia'θion] *f* Domizilierung *f*; Abbuchungsauftrag *m*; **~ado** [~'liaðo] wohnhaft; **~ar** [~'liar] (1b) ✝ domizilieren; **~o** [~'θilio] *m* Wohnort *m*, Wohnsitz *m*

domina|ción [domina'θion] *f* Herrschaft *f*; **~nte** [~'nante] **1.** *adj* (vor)herrschend, dominierend; (*persona*) herrschsüchtig; **2.** *f* ♪ Dominante *f*; **~r** [~'nar] (1a) **1.** *v/t* beherrschen; **2.** *v/i* vorherrschen; **~rse** sich beherrschen

domin|go [do'miŋgo] *m* Sonntag *m*; **♀ de Ramos** Palmsonntag *m*; **~guero** [~'gero] **1.** *adj* sonntäglich; **2.** *m* F Sonntagsfahrer *m*

dominical [domini'kal] sonntäglich, Sonntags...

dominio [do'minio] *m* Herrschaft *f*; **~ de sí mismo** Selbstbeherrschung *f*

dominó [domi'no] *m* Domino(spiel) *n*

don[1] [don] *m* Gabe *f*; **~ de gentes** Gewandtheit *f* im Umgang mit Menschen

don[2] [don] *m* Don (*Titel vor männlichen Vornamen*); Herr *m*

dona|ción [dona'θion] *f* Schenkung *f*; **~ de sangre** Blutspende *f*; **~dor** *m* [~'dor] Spender *m*

donaire [do'naire] *m* Anmut *f*

dona|nte [do'nante] *m* Stifter *m*, Spender *m*; **~ de sangre** Blutspender *m*; **~r** [~'nar] (1a) schenken, stiften; **~tivo** [~'tibo] *m* Gabe *f*, Spende *f*

doncella [don'θeʎa] *f* Jungfrau *f*; (*criada*) Kammerdienerin *f*, Zofe *f*

donde (*interr* **dónde**) ['donde] wo; worin; *Am* bei; (*adonde*) wohin; **de ~** woher; von wo; **en ~** wo; **hacia ~** wohin; **~quiera** [~'kiera] wo auch immer

donoso [do'noso] anmutig

donostiarra [donɔs'tiarra] aus San Sebastián

doña ['doɲa] *f* Frau *f* (*Titel vor weiblichen Vornamen*)

dop|ar(se) [do'par(se)] (1a) (sich) dopen; **~ing** [~'piŋ] *m* Doping *n*

dora|da *zo* [do'raða] *f* Goldbrasse *f*; **~do** [~'raðo] golden; vergoldet; **~r** [~'rar] (1a) vergolden; *gastr* leicht anbraten

dormi|do [dɔr'miðo]: *estar ~* schlafen; *quedarse ~* einschlafen; **~lón** [~'lɔn] *m* Langschläfer *m*; **~r** [~'mir] (3k) schlafen; **~rse** einschlafen; **~torio** [~'torio] *m* Schlafzimmer *n*

dor|sal [dɔr'sal] Rücken...; **~so** [~'so] *m* Rückseite *f*; *al ~* umseitig

dos [dɔs] zwei; *de ~ en ~* zu zweit; *cada ~ por tres* dauernd, ständig; **~cientos** [~'θĭentos] zweihundert

dosificar [dosifi'kar] (1g) dosieren

dosis ['dosis] *f* Dosis *f*

dota|ción [dota'θĭɔn] *f* Ausstattung *f*; ⚓ Mannschaft *f*; ✈ Besatzung *f*; **~r** [~'tar] (1a) ausstatten, -rüsten, versehen (mit *dat de*)

dote ['dote] **a)** *su* Mitgift *f*; Aussteuer *f*; **b)** *f*: **~s** Talent *n*, Begabung *f*

doy [dɔĭ] *s* **dar**

draga ['draga] *f* Bagger *m*; **~minas** [~'minas] *m* Minensuchboot *n*, -räumboot *n*; **~r** [~'gar] (1h) (aus)baggern

dragón [dra'gɔn] *m* Drache *m*

drama ['drama] *m* Drama *n* (*a fig*)

dramático [dra'matiko] dramatisch

drama|tizar [dramati'θar] (1f) dramatisieren (*a fig*); **~turgo** [~'turgo] *m* Dramatiker *m*; Dramaturg *m*

drena|je [dre'naxe] *m* Entwässerung *f*; Dränage *f* (*a* ⚕); **~r** [~'nar] (1a) entwässern

driblar [dri'blar] (1a) dribbeln

dro|ga ['droga] *f* Droge *f*; Rauschgift *n*; **~gadicto** [~'ðikto] **1.** *adj* drogen-, rauschgiftsüchtig; **2.** *m* Drogensüchtige(r) *m*; **~garse** [~'garse] (1h) Drogen nehmen; **~godependencia** [~goðepen'denθĭa] *f* Drogenabhängigkeit *f*; **~guería** [~ge'ria] *f* Drogerie *f*; **~guero** [~'gero] *m*, **~guista** [~'gista] *m* Drogist *m*

dromedario [drome'ðarĭo] *m* Dromedar *n*

ducal [du'kal] herzoglich

dúctil ['duktil] dehnbar; geschmeidig; *fig* gefügig

ducha ['dutʃa] *f* Dusche *f*; **~r(se)** [~'tʃar(se)] (1a) (sich) duschen

ducho ['dutʃo] erfahren; bewandert

du|da ['duða] *f* Zweifel *m*; *sin ~* zweifellos; *poner en ~* in Zweifel ziehen; in Frage stellen; **~dar** [~'ðar] (1a) **1.** *v/i* zweifeln (an *dat de*); **2.** *v/t* bezweifeln; **~doso** [~'ðoso] zweifelhaft; verdächtig

duelo ['dŭelo] *m* Trauer *f*; (*combate*) Duell *n*

duende ['dŭende] *m* Kobold *m*

dueñ|a ['dŭeɲa] *f* Eigentümerin *f*; Herrin *f*; **~o** ['dŭeɲo] *m* Eigentümer *m*; Wirt *m*

duermo ['dŭɛrmo] *s* **dormir**

dul|ce ['dulθe] **1.** *adj* süß; *fig* lieblich; sanft; **2.** *m* Süßigkeit *f*; Süßspeise *f*; **~zón** [~'θɔn] süßlich; **~zura** [~'θura] *f* Süße *f* (*a fig*); Lieblichkeit *f*, Sanftmut *f*

dumping ['dampiŋ] *m* Dumping *n*

duna ['duna] *f* Düne *f*

dúo ♪ ['duo] *m* Duett *n*; Duo *n*

duodeno *anat* [dŭo'ðeno] *m* Zwölffingerdarm *m*

dúplex ['dupleks] *m* Maisonette *f*

dupli|cado [dupli'kaðo] **1.** *adj* (ver)doppelt; *por ~* in zweifacher Ausfertigung; **2.** *m* Duplikat *n*, Zweitschrift *f*; **~car** [~'kar] (1g) verdoppeln

duque ['duke] *m* Herzog *m*; **~sa** [~'kesa] *f* Herzogin *f*

dura|ble [du'rable] dauerhaft; haltbar; **~ción** [~'θĭɔn] *f* Dauer *f*; **~dero** [~'ðero] dauerhaft; langlebig; **~nte** [~'rante] während; **~r** [~'rar] (1a) (an)dauern; halten; **~zno** [~'raðno] *m* Herzpfirsich *m*; *Am* Pfirsich *m*

dureza [du'reθa] *f* Härte *f* (*a fig*)

duro ['duro] **1.** *adj* hart (*a droga*); (*clima*) rauh; (*carne*) zäh; *fig* schwierig; *~ de oído* schwerhörig; **2.** *m* Duro *m*, Fünfpesetenstück *n*

E

E, e [e] *f* E, e *n*
e [e] und (*vor i u hi*)
ebanis|ta [eba'nista] *m* Möbeltischler *m*; **~tería** [~niste'ria] *f* Möbeltischlerei *f*
ébano ['ebano] *m* Ebenholz *n*
ebrio ['ebrĭo] betrunken; *fig* trunken (vor *de*)
ebullición [ebuʎi'θĭɔn] *f* Sieden *n*
echar [e'tʃar] (1a) werfen; wegwerfen; (*expulsar*) hinauswerfen; vertreiben; (*bebida*) eingießen, -schenken; (*carta*) einwerfen; (*humo, etc*) ausströmen, -stoßen; **~ abajo** abreißen; **~ a** *inf* anfangen zu *inf*; **~ a correr** losrennen; **~ de menos** vermissen; **~se** sich hinlegen; **~ encima** herfallen über; **echárselas de** sich aufspielen als
eclesiástico [ekle'sĭastiko] kirchlich
eclip|sar [eklib'sar] (1a) verfinstern; *fig* in den Schatten stellen; **~se** [e'klibse] *m* Verfinsterung *f*, Finsternis *f*
eco|grafía ⚕ [ekogra'fia] *f* Ultraschallaufnahme *f*; **~logía** [~lo'xia] *f* Ökologie *f*; **~lógico** [~'lɔxiko] ökologisch; umweltfreundlich; Umwelt...; **~logismo** [~lo'xismo] *m* Ökobewegung *f*; **~logista** [~lo'xista] **1.** *adj* Öko...; **2.** *su* Umweltschützer(in *f*) *m*
economía [ekono'mia] *f* Wirtschaft *f*; *fig* Sparsamkeit *f*; Ersparnis *f*; **~ de mercado** Marktwirtschaft *f*; **~ sumergida** Schattenwirtschaft *f*
económico [eko'nomiko] wirtschaftlich, Wirtschafts...; (*barato*) billig; (*persona*) sparsam
economi|sta [ekono'mista] *m* Volkswirt(schaftler) *m*; **~zar** [~'θar] (1f) (ein)sparen
ecosistema [ekosis'tema] *m* Ökosystem *n*
ecua|ción ⚕ [ekŭa'θĭɔn] *f* Gleichung *f*; **~dor** [~'dɔr] *m* Äquator *m*; **~toriano** [~to'rĭano] **1.** *adj* ecuadorianisch; **2.** *m* Ecuadorianer *m*
ecuestre [e'kŭestre] Reiter...
ecuménico [eku'meniko] ökumenisch
eczema ⚕ [eg'θema] *m* Ekzem *n*
edad [e'dað] *f* Alter *n*; ♀ *Media* Mittelalter *n*; *la tercera ~* (*personas*) die Senioren; *a la ~ de* im Alter von; *¿qué ~ tienes?* wie alt bist du?

edema ⚕ [e'dema] *m* Ödem *n*
edición [edi'θĭɔn] *f* Ausgabe *f*; Auflage *f*
edicto [e'dikto] *m* Verordnung *f*
edifi|cación [edifika'θĭɔn] *f* Erbauung *f* (*a fig*); Bau *m*; **~cante** [~'kante] erbaulich; **~car** [~'kar] (1g) erbauen (*a fig*); **~cio** [~'fiθĭo] *m* Gebäude *n*, Bau *m*
edi|tar [edi'tar] (1a) herausgeben, -bringen; **~tor** [~'tɔr] *m* Herausgeber *m*; Verleger *m*; **~torial** [~to'rĭal] **1.** *adj* Verlags...; **2.** *m* Leitartikel *m*; **3.** *f* Verlag *m*
edredón [edre'dɔn] *m* Federbett *n*; Daunendecke *f*
educa|ción [eduka'θĭɔn] *f* Erziehung *f*; *profesor m de ~ física* Sportlehrer *m*; **~dor** [~'dɔr] *m* Erzieher *m*; **~r** [~'kar] (1g) erziehen
edulcorante [edulko'rante] *m* Süßstoff *m*
efec|tismo [efɛk'tizmo] *m* Effekthascherei *f*; **~tivo** [~'tibo] wirklich, tatsächlich; *hacer ~* ✝ einlösen; *en ~* in bar; **~to** [e'fekto] *m* Wirkung *f*, Effekt *m*; Ergebnis *n*; *~ secundario* Nebenwirkung *f*; *hacer ~* (*od surtir*) *~* wirken; *en ~* in der Tat; *con ~ retroactivo* rückwirkend; **~s** *pl* Sachen *f/pl*; ✝ Effekten *m/pl*, Wertpapiere *n/pl*; **~tuar** [~'tŭar] (1e) ausführen; unternehmen; **~tuarse** zustande kommen, stattfinden
efeméride [efe'meriðe] *f* wichtiges Ereignis *n od* Datum *n*
efervescente [efɛrbes'θente] aufbrausend (*a fig*)
efi|cacia [efi'kaθĭa] *f* Wirksamkeit *f*; *fig* Tüchtigkeit *f*; **~caz** [~'kaθ] wirksam; (*persona*) tüchtig; **~ciencia** [~'θĭenθĭa] *f* Wirksamkeit *f*; Leistungsfähigkeit *f*; **~ciente** [~'θĭente] wirksam; (*persona*) leistungsfähig; tüchtig; effizient
efigie [e'fixĭe] *f* Bildnis *n*
efímero [e'fimero] kurzlebig
efusivo [efu'sibo] überschwenglich, -strömend
egipcio [ɛ'xibθĭo] **1.** *adj* ägyptisch; **2.** *m*, **-a** *f* Ägypter(in *f*) *m*
egoís|mo [ego'izmo] *m* Egoismus *m*; **~ta** [~'ista] **1.** *adj* egoistisch; **2.** *su* Egoist(in *f*) *m*
egregio [e'grɛxĭo] berühmt, erlaucht

eje ['εxe] *m* Achse *f*; ✪ Welle *f*

ejecu|ción [εxeku'θjon] *f* Ausführung *f*, (*ajusticiamiento*) Hinrichtung *f*; ⚖ Vollstreckung *f*; ♪ Vortrag *m*, Spiel *n*; **~tante** [~'tante] *m* (vortragender) Künstler *m*; **~tar** [~'tar] (1a) ausführen; ⚖ vollstrecken; (*matar*) hinrichten; ♪ spielen; **~tivo** [~'tibo] **1.** *adj* ausübend; *pol* (***poder*** *m*) ~ Exekutive *f*; **2.** *m* Manager *m*, Führungskraft *f*

ejem|plar [εxεm'plar] **1.** *adj* vorbildlich, musterhaft; **2.** *m* Exemplar *n*; Muster *n*; **~plo** [ε'xεmplo] *m* Beispiel *n*; Vorbild *n*; ***por*** ~ zum Beispiel

ejer|cer [εxεr'θεr] (2b) **1.** *v/t* ausüben; (*cargo*) bekleiden; **2.** *v/i* ⚕ praktizieren; ~ ***de*** tätig sein als; **~cicio** [~'θiθjo] *m* Übung *f*; Ausübung *f*; ✝ Geschäfts-, Rechnungsjahr *n*; ***hacer*** ~ sich Bewegung machen; ✗ **~s** *pl* Exerzieren *n*; *rel* **~s *espirituales*** Exerzitien *pl*

ejército [ε'xεrθito] *m* Heer *n*; Armee *f*

el [εl] *art* der

él [εl] *pron* er

elabora|ción [elabora'θjon] *f* Ausarbeitung *f*; Herstellung *f*; **~r** [~'rar] (1a) ausarbeiten; herstellen

elasticidad [elastiθi'dað] *f* Elastizität *f*

elástico [e'lastiko] **1.** *adj* elastisch; dehnbar; **2.** *m* Gummiband *n*

elec|ción [elεg'θjon] *f* Wahl *f*; Auswahl *f*; **~to** [e'lεkto] gewählt; **~tor** *m* [~'tor] Wähler *m*; **~torado** [~to'raðo] *m* Wählerschaft *f*; **~toral** [~'ral] Wahl...

electrici|dad [elεktriθi'dað] *f* Elektrizität *f*; **~sta** [~'θista] *m* Elektriker *m*

eléctrico [e'lεktriko] elektrisch

electr|ificar [elεktrifi'kar] (1g) elektrifizieren; **~izar** [~'θar] (1f) elektrisieren; *fig* begeistern; **~ocardiograma** [~trokarðio'grama] *m* Elektrokardiogramm *n*; **~ocutar** [~ku'tar] (1a) durch elektrischen Strom hinrichten *od* töten; **~ochoque** ⚕ [~'tʃoke] *m* Elektroschock *m*; **~odo** [~'troðo] *m* Elektrode *f*; **~odoméstico** [~ðo'mestiko] *m* Elektrogerät *n*; (*tienda* ***f** **de***) **~s** Elektrogeschäft *n*; **~oencefalograma** [~enθefalo'grama] *m* Elektroenzephalogramm *n*; **~ólisis** [~'trolisis] *f* Elektrolyse *f*; **~ón** [~'tron] *m* Elektron *n*; **~ónica** [~'tronika] *f* Elektronik *f*; **~ónico** [~'troniko] elektronisch; **~otecnia** [~'tεknia] *f* Elektrotechnik *f*

elefante [ele'fante] *m* Elefant *m*

elegan|cia [elε'ganθia] *f* Eleganz *f*; **~te** [~'gante] elegant

elegía [ele'xia] *f* Elegie *f*

elegir [ele'xir] (3c *u* 3l) wählen; (*escoger*) aussuchen, -wählen

elemen|tal [elemen'tal] elementar; Grund...; **~to** [~'mento] *m* Element *n* (*a fig*); ***estar en su*** ~ in s-m Element sein

elenco [e'lεŋko] *m teat* Ensemble *n*; Besetzung *f*

elepé [ele'pe] *m* Langspielplatte *f*, LP *f*

eleva|ción [eleβa'θjon] *f* Anhebung *f*, Erhöhung *f*; *geo* Erhebung *f*; *fig* Höhe *f*; **~do** [~'baðo] hoch (*a fig*); **~r** [~'bar] (1a) (empor)heben; (*precio, etc*) anheben, erhöhen; (*edificio*) errichten; **~rse** sich erheben; ~ ***a*** sich belaufen auf

elimina|ción [elimina'θjon] *f* Beseitigung *f*; Ausscheidung *f* (*a* ⚽); ~ ***de desechos*** Entsorgung *f*; **~r** [~'nar] (1a) beseitigen; ausscheiden; ⚕, *dep* eliminieren; **~toria** [~na'toria] *f* Ausscheidungskampf *m*; Vorrunde *f*

elipse [e'lipse] *f* Ellipse *f*

élite ['elite] *f* Elite *f*

elitista [eli'tista] elitär

elocuen|cia [elo'kuenθia] *f* Beredsamkeit *f*; **~te** [~'kuente] beredt

elogi|ar [elo'xiar] (1b) loben; preisen; **~o** [e'loxio] *m* Lob *n*; **~oso** [~'xioso] lobend, anerkennend

eludir [elu'ðir] (3a) umgehen

ella ['eʎa] *pron* sie; **ello** ['eʎo] *pron* es

emanar [ema'nar] (1a) ausgehen, herrühren (von ***de***)

emancipa|ción [emanθipa'θjon] *f* Befreiung *f*; Emanzipation *f*; **~rse** [~'parse] (1a) sich emanzipieren, sich unabhängig machen (von ***de***)

embadurnar [embaður'nar] (1a) be-, verschmieren

embaja|da [emba'xaða] *f* Botschaft *f*; **~dor** [~'ðor] *m*, **~dora** [~'ðora] *f* Botschafter(in *f*) *m*

embala|je [emba'laxe] *m* Verpackung *f*; **~r** [~'lar] (1a) verpacken

embaldosar [embaldo'sar] (1a) mit Fliesen belegen

embalsamar [embalsa'mar] (1a) einbalsamieren

embalse [em'balse] *m* Stausee *m*

embara|zada [embara'θaða] **1.** *adj* schwanger; **2.** *f* Schwangere *f*; **~zar**

[~'θar] (1f) hindern, hemmen; (*turbar*) verlegen machen; (*mujer*) schwängern; **~zo** [~'raθo] *m* Schwangerschaft *f*; *fig* Hemmung *f*; *interrupción f del ~* Schwangerschaftsunterbrechung *f*

embarca|ción [embarka'θĭon] *f* Wasserfahrzeug *n*, Schiff *n*, Boot *n*; **~dero** [~'dero] *m* ⚓ Ladeplatz *m*; Landungsbrücke *f*; **~r** [~'kar] (1g) einschiffen; verladen; **~rse** sich einschiffen, *a* ✈ an Bord gehen; *fig* sich einlassen (auf *ac en*)

embar|gar [embar'gar] (1h) beschlagnahmen; ⚖ pfänden; **~go** [~'bargo] *m* Beschlagnahme *f*; Embargo *n*; *sin ~* jedoch; trotzdem

embarque [em'barke] *m* Einschiffung *f*, Verschiffung *f*

embarrancar [embarran'kar] (1g) ⚓ stranden; **~se** steckenbleiben

embaucar [embaŭ'kar] (1g) betrügen

embele|sar [embele'sar] (1a) begeistern, entzücken; **~so** [~'leso] *m* Entzücken *n*

embelle|cer [embeʎe'θer] (2d) verschönern; **~cimiento** [~θi'mĭento] *m* Verschönerung *f*

embesti|da [embes'tiđa] *f* Angriff *m*; **~r** [~'tir] (3l) anfallen; angreifen

emblema [em'blema] *m* Emblem *n*

embobar [embo'bar] (1a) verblüffen, erstaunen

embolia ✱ [em'boliã] *f* Embolie *f*

émbolo ⚙ ['embolo] *m* Kolben *m*

embolsar(se) [embol'sar(se)] (1a) (*dinero*) einnehmen, einstecken

emborrachar [emborra'tʃar] (1a) betrunken machen; berauschen; **~se** sich betrinken

emboscada [embos'kađa] *f* Hinterhalt *m*; *fig* Falle *f*

embotella|miento [emboteʎa'mĭento] *m* Verkehrsstockung *f*; **~r** [~'ʎar] (1a) auf Flaschen ziehen, abfüllen

embra|gar [embra'gar] (1h) kuppeln; **~gue** ⚙ [~'brage] *m* Kupplung *f*

embria|gar [embrĭa'gar] (1h) berauschen; *fig a* entzücken; **~garse** sich betrinken; **~guez** [~'geθ] *f* Trunkenheit *f*; Rausch *m* (*a fig*)

embrión [em'brĭon] *m* Embryo *m*

embro|llar [embro'ʎar] (1a) verwirren; **~llo** [em'broʎo] *m* Verwirrung *f*; Durcheinander *n*

embrujar [embru'xar] (1a) be-, verhexen

embrute|cer(se) [embrute'θer(se)] (2d) verrohen; abstumpfen; **~cimiento** [~θi'mĭento] *m* Verrohung *f*; Stumpfsinn *m*

embudo [em'buđo] *m* Trichter *m*

embuste [em'buste] *m* Schwindel *m*; Lüge *f*; **~ro** [~'tero] *m* Schwindler *m*; Lügner *m*

embutido [embu'tiđo] *m* Wurst *f*; **~s** *m/pl* Wurstwaren *f/pl*

emerge|ncia [emɛr'xenθĭa] *f* Auftauchen *n*; (*caso m de*) *~* Notfall *m*; *estado m de ~* Notstand *m*; **~r** [~'xɛr] (2c) auftauchen

emérito [e'merito] emeritiert

emigra|ción [emigra'θĭon] *f* Auswanderung *f*; **~nte** [~'grante] *m* Auswanderer *m*; Emigrant *m*; **~r** [~'grar] (1a) auswandern, emigrieren

eminen|cia [emi'nenθĭa] *f geo* Anhöhe *f*; (*persona*) (bedeutende) Persönlichkeit *f*, Größe *f*; (*título*) Eminenz *f*; **~te** [~'nente] hervorragend

emirato [emi'rato] *m* Emirat *n*

emi|sario [emi'sarĭo] *m* (Send-)Bote *m*; ⚙ Abflußrohr *n*; **~sión** [~'sĭon] *f* ✝ Ausgabe *f*, Emission *f*; (*radio, TV*) Sendung *f*; **~ contaminante** Schadstoffemission *f*; **~sora** [~'sora] *f* Sendestation *f*, Sender *m*; **~tir** [~'tir] (3a) abgeben; ✝ ausgeben; (*radio, TV*) senden; *a fis* ausstrahlen

emo|ción [emo'θĭon] *f* Gemütsbewegung *f*, Emotion *f*; Rührung *f*; (*excitación*) Auf-, Erregung *f*; **~cionante** [~θĭo'nante] ergreifend; (*excitante*) aufregend; **~cionar** [~'nar] (1a) rühren, ergreifen; (*excitar*) er-, aufregen

emolumentos [emolu'mentos] *m/pl* Einkünfte *pl*; Bezüge *m/pl*

emotivo [emo'tibo] erregend

empacar [empa'kar] (1g) ein-, verpakken

empacho [em'patʃo] *m* verdorbener Magen *m*

empadronamiento [empađrona'mĭento] *m* (Eintragung *f* in die) Volkszählungs-, Steuer- *od* Wahlliste *f*

empalagoso [empala'goso] widerlich süß; *fig* süßlich, aufdringlich

empalizada [empali'θađa] *f* Pfahlwerk *n*; Zaun *m*; Palisade *f*

empal|mar [empal'mar] (1a) **1.** *v/t* ver-

empalme

binden, zs:-fügen; anschließen; **2.** *v/i* (*tren, etc*) Anschluß haben (an *ac con*); **~me** [~'palme] *m* Verbindung *f*; Anschluß *m*; 🚇 Knotenpunkt *m*

empana|da [empa'naða] *f* Pastete *f*; **~r** [~'nar] (1a) panieren

empañar [empa'ɲar] (1a) trüben (*a fig*); **~se** (*cristales*) (sich) beschlagen

empapar [empa'par] (1a) durchnässen; (*mojar*) tränken; (*absorber*) aufsaugen

empapela|do [empape'laðo] *m* Tapezierer *m*; **~r** [~ ͏ar] (1a) tapezieren

empaquetar [empake'tar] (1a) ein-, verpacken

emparedado [empare'ðaðo] *m* Sandwich *n*

emparentar [emparen'tar] (1k) sich verschwägern

empas|tar [empas'tar] (1a) (*diente*) füllen, plombieren; **~te** [~'paste] *m* (Zahn-)Plombe *f*, Füllung *f*

empa|tar [empa'tar] (1a) unentschieden enden; **~te** [~'pate] *m* Unentschieden *n*

empedernido [empeðer'niðo] hartherzig; (*fumador, etc*) unverbesserlich; (*soltero*) eingefleischt

empedra|do [empe'ðraðo] *m* (Straßen-)Pflaster *n*; **~r** [~'ðrar] (1k) pflastern

empeine [em'peine] *m* (*del pie*) Rist *m*, Spann *m*

empellón [empe'ʎon] *m* Stoß *m*

empe|ñar [empe'ɲar] (1a) verpfänden; **~ñarse** Schulden machen; **~ en** bestehen auf (*dat*); **~ño** [~'peɲo] *m* Verpfändung *f*; *fig* Bestreben *n*

empeora|miento [empeora'mi̯ento] *m* Verschlechterung *f*; **~r** [~'rar] (1a) **1.** *v/t* verschlimmern; **2.** *v/i* sich verschlimmern; sich verschlechtern

empequeñecer [empekeɲe'θer] (2d) verkleinern; *fig* herabsetzen

empera|dor [empera'ðor] *m* Kaiser *m*; *zo* Schwertfisch *m*; **~triz** [~'triθ] *f* Kaiserin *f*

emperejilarse F [empereχi'larse] (1a) sich herausputzen

empezar [empe'θar] (1f *u* 1k) *v/i u v/t* anfangen, beginnen (zu **a**); **~ por hacer a/c** zunächst et tun

empina|do [empi'naðo] hoch; steil; *fig* hochstehend; **~r** [~'nar] (1a) (steil) aufrichten; F **~ el codo** gern e-n heben

empírico [em'piriko] empirisch

emplasto [em'plasto] *m* Pflaster *n*

emplaza|miento [emplaθa'mi̯ento] *m* Standort *m*; Lage *f*; ⚖ Vorladung *f*; **~r** [~'θar] (1f) aufstellen; ⚖ vorladen

emple|ada [emple'aða] *f* Angestellte *f*; **~ del hogar** Hausangestellte *f*; **~ado** [~'aðo] *m* Angestellte(r) *m*; **~ar** [~'ar] (1a) anwenden; verwenden; (*persona*) anstellen, beschäftigen; **~o** [~'pleo] *m* Anwendung *f*; Verwendung *f*; (*puesto*) Stelle *f*

empobre|cer [empobre'θer] (2d) **1.** *v/t* arm machen; **2.** *v/i u* **~cerse** verarmen; **~cimiento** [~θi'mi̯ento] *m* Verarmung *f*

empoll|ar [empo'ʎar] (1a) **1.** *v/t* aus-, bebrüten; **2.** *v/i* F büffeln; **~ón** [~'ʎon] *m* Streber *m*

emporio [em'porio] *m Am* Kaufhaus *n*

empotrado [empo'traðo] eingebaut; *armario m* **~** Einbauschrank *m*

emprende|dor [emprende'ðor] unternehmungslustig; **~r** [~'ðer] (2a) unternehmen

empresa [em'presa] *f* Unternehmen *n*; Betrieb *m*; **~ de servicios** Dienstleistungsunternehmen *n*; **~rial** [~'ri̯al] Unternehmens...; Betriebs..., betrieblich; **~rio** [~'sari̯o] *m* Unternehmer *m*; ♪, *teat* Impresario *m*

empréstito [em'prestito] *m* Anleihe *f*

empu|jar [empu'xar] (1a) schieben; drücken; stoßen; *fig* (an)treiben; **~je** [~'puxe] *m* Stoß *m*; (*presión*) Druck *m*; *fig* Schwung *m*; **~jón** [~'xon] *m* Stoß *m*; Schub *m*

empuña|dura [empuɲa'ðura] *f* Griff *m*; **~r** [~'ɲar] (1a) ergreifen, packen

emular [emu'lar] (1a) nacheifern (*dat*); wetteifern mit

emulsión [emul'si̯on] *f* Emulsion *f*

en [en] in; an; auf; bei; mit

enagua(s) [e'naɣua(s)] *f(pl)* (Frauen-)Unterrock *m*

enajena|ción [enaxena'θi̯on] *f* Veräußerung *f*; *fig* Verzückung *f*; **~ mental** Irresein *n*, geistige Umnachtung *f*; **~r** [~'nar] (1a) veräußern; *fig* verzücken

enaltecer [enalte'θer] (2d) preisen, verherrlichen

enamo|radizo [enamora'ðiθo] leicht entflammt; **~rado** [~'raðo] verliebt (in *ac* **de**); **~rar** [~'rar] (1a) verliebt machen; **~rarse** sich verlieben (in *ac* **de**)

enano [e'nano] *m* Zwerg *m*
enardecer [enarđe'θɛr] (2d) *fig* entzünden; entflammen; **~se** *fig* sich erhitzen
encabeza|miento [eŋkaβeθa'mi̯ento] *m* Eingangsformel *f*; Briefkopf *m*; **~r** [~'θar] (1f) anführen; (*carta*, *etc*) überschreiben; einleiten
encadenar [eŋkađe'nar] (1a) anketten; fesseln
enca|jar [eŋka'xar] (1a) **1.** *v/t* einfügen; einpassen; (*golpe*, *gol*) einstecken; **2.** *v/i fig* passen (zu *con*); **~je** [~'kaxe] *m* Einfügen *n*; ✝ Kassenbestand *m*; (*tejido*) Spitze *f*; **~ de bolillos** Klöppelspitze *f*
encalar [eŋka'lar] (1a) weißen, tünchen
encallar [eŋka'ʎar] (1a) ⚓ stranden
encaminar [eŋkami'nar] (1a) auf den Weg bringen; **~se** sich aufmachen (nach *a*)
encandilar [eŋkandi'lar] (1a) blenden, bezaubern
encanta|do [eŋkan'tađo] verzaubert, verwunschen; **~ de** entzückt über, begeistert von; (**de conocerle**) es freut mich sehr(, Sie kennenzulernen); **~dor** [~'đor] bezaubernd, entzückend; **~miento** [~'mi̯ento] *m* Entzücken *n*; Bezauberung *f*; **~r** [~'tar] (1a) verzaubern; *fig* begeistern, entzücken
encanto [eŋ'kanto] *m* Zauber *m*, Entzücken *n*; (*atractivo*) Charme *m*
encañonar [eŋkaɲo'nar] (1a): **~ a alg** auf j-n anlegen
encapotarse [eŋkapo'tarse] (1a) (*cielo*) sich beziehen, sich bedecken
encapricharse [eŋkapri'tʃarse] (1a) versessen sein (auf *ac de*, *por*)
encapuchado [eŋkapu'tʃađo] *m* Kapuzenträger *m* (*bei Prozessionen*)
encaramar [eŋkara'mar] (1a) emporheben; **~se** (hinauf)klettern (auf *ac en*)
encarcelar [eŋkarθe'lar] (1a) einsperren, ins Gefängnis sperren
encare|cer [eŋkare'θɛr] (2d) **1.** *v/t* verteuern; (*alabar*) sehr loben; **2.** *v/i u* **~cerse** teurer werden; **~cidamente** [~θiđa'mente] inständig; **~cimiento** [~'mi̯ento] *m* Verteuerung *f*; *fig* Nachdruck *m*; **con ~** eindringlich
encar|gado [eŋkar'gađo] **1.** *adj* beauftragt; **2.** *m* Beauftragte(r) *m*; **~ del curso** Lehrbeauftragte(r) *m*; **~ de negocios** Geschäftsträger *m*; **~gar** [~'gar] (1h) bestellen; **~ alc a alg** j-n mit et beauftragen; **~ de alc** et übernehmen; **~go** [~'kargo] *m* Auftrag *m*; Bestellung *f*; **por ~ de** im Auftrag von
encariñarse [eŋkari'ɲarse] (1a): **~ con alg** *od* **a/c** j-n *od* et liebgewinnen
encar|nación [eŋkarna'θi̯on] *f rel* Fleischwerdung *f*; *fig* Verkörperung *f*; **~nado** [~'nađo] (hoch)rot; **ponerse ~** erröten, rot werden; **~nar** [~'nar] (1a) verkörpern (*a teat*); **~nizado** [~ni'θađo] *fig* erbittert; **~nizamiento** [~θa'mi̯ento] *m* Erbitterung *f*; Blutgier *f*
encarrilar [eŋkarri'lar] (1a) *fig* auf den rechten Weg bringen; F einrenken
encasillar [eŋkasi'ʎar] (1a) *fig* einordnen; festlegen auf
encasquillarse [eŋkaski'ʎarse] (1a) steckenbleiben; (*arma*) Ladehemmung haben
encauza|miento [eŋkauθa'mi̯ento] *m* Flußregulierung *f*; **~r** [~'θar] (1f) eindämmen, *fig* (in e-e Bahn) lenken
encefálico [enθe'faliko] Gehirn...
encéfalo [en'θefalo] *m* Gehirn *n*
encen|dedor [enθende'đor] *m* Anzünder *m*; Feuerzeug *n*; **~der** [~'đɛr] (2g) anzünden; (*luz*, *radio*, *etc*) anmachen; *fig* entflammen, entfachen; **~dido** [~'điđo] **1.** *adj* brennend (*a fig*); **2.** *m auto* Zündung *f*
encera|dora [enθera'đora] *f* Bohnermaschine *f*; **~r** [~'rar] (1a) bohnern; wachsen
encerrar [enθe'rrar] (1k) einschließen (*a fig*), einsperren
encestar [enθes'tar] (1a) *dep* in den Korb treffen
enchapa|do [entʃa'pađo] *m* Furnier *n*; **~r** [~'par] (1a) furnieren
encharcado [entʃar'kađo] sumpfig
enchu|far [entʃu'far] (1a) ⚡ anschließen; ⚙ verbinden; **~fe** [~'tʃufe] *m* ⚡ Anschluß *m*; Steckdose *f*; Stecker *m*; F *fig* gute Beziehung *f*; Pöstchen *n*
encía(s) [en'θia(s)] *f*(/*pl*) Zahnfleisch *n*
enciclo|pedia [enθiklo'peđi̯a] *f* Enzyklopädie *f*; **~pédico** [~'peđiko] enzyklopädisch
enclerro [en'θi̯erro] *m* Einschließen *n*, Einsperren *n*; *taur* Eintreiben *n* der Stiere
encima [en'θima] **1.** *adv* oben; darauf; (*además*) obendrein; **por ~** *fig* obenhin, oberflächlich; **llevar ~** bei sich haben;

encina

2. *prp* ~ *de* auf, über; *estar por* ~ *de alg* j-m überlegen sein; *por* ~ *de todo* vor allem

encina [en'θina] *f* Steineiche *f*

encinta [en'θinta] schwanger

encla|vado [eŋkla'baðo] eingefügt; **~ve** [eŋ'klaβe] *m* Enklave *f*

encofr|ado [eŋko'fraðo] *m* Verschalung *f*; **~ar** [~'frar] (1a) verschalen

encoger [eŋkɔ'xɛr] (2c) **1.** *v/t* einziehen; verkürzen; *fig* einschüchtern; **2.** *v/i (tejido)* einlaufen; **~se** sich zs.-ziehen; *fig* kleinlaut werden; ~ *de hombros* die Achseln zucken

encolar [eŋko'lar] (1a) leimen

encolerizar [eŋkoleri'θar] (1f) erzürnen; **~se** in Zorn geraten

encomendar [eŋkomen'dar] (1k): ~ *a/c a alg* j-n mit et beauftragen; **~se:** ~ *a alg* sich j-m anvertrauen

encomiar [eŋko'miar] (1b) loben, preisen

encon|ado [eŋko'naðo] (1a) erbittert; verbissen; **~o** [~'kono] *m* Groll *m*

encon|trar [eŋkɔn'trar] (1m) treffen; begegnen (*dat*); (*hallar*) finden; **~trarse** sich begegnen, sich treffen; zs.-treffen; (*hallarse*) sich befinden; *me encuentro bien* es geht mir gut; **~tronazo** [~tro'naθo] *m* Zusammenstoß *m*

encopetado [eŋkope'taðo] vornehm; *desp* hochgestochen

encorva|do [eŋkɔr'βaðo] krumm; **~r** [~'βar] (1a) krümmen, biegen

encrespa|do [eŋkres'paðo] kraus; (*olas*) schäumend; **~r** [~'par] (1a) kräuseln; **~rse** (*mar*) schäumen; *fig* aufbrausen

encrucijada [eŋkruθi'xaða] *f* Kreuzweg *m*, Kreuzung *f*; *fig* Scheideweg *m*

encuaderna|ción [eŋkuaðerna'θiɔn] *f* Einbinden *n*; Einband *m*; **~dor** [~'ðɔr] *m* Buchbinder *m*; **~r** [~'nar] (1a) (ein)binden

encu|bierto [eŋku'βiɛrto] versteckt, verblümt; **~bridor** [~βri'ðɔr] *m* Hehler *m*; **~brimiento** [~'miɛnto] *m* Hehlerei *f*; Begünstigung *f*; **~brir** [~'βrir] (3a; *part* *encubierto*) verbergen; verhehlen; (*criminal*) decken

encuentro [eŋ'kuentro] *m* Begegnung *f*; Treffen *n* (*a* ✕, *pol*, *dep*); *salir* (*od ir*) *al* ~ *de alg* j-m entgegengehen

encuesta [eŋ'kuesta] *f* Umfrage *f*; Befragung *f*; ~ *demoscópica* Meinungsumfrage *f*; **~dor** [~'ðɔr] *m* Meinungsbefrager *m*; **~r** [~'tar] (1a) e-e Umfrage veranstalten; befragen

encumbra|do [eŋkum'braðo] hoch(gestellt); **~miento** [~bra'miɛnto] *m* Erhöhung *f*; *fig* Aufstieg *m*; **~r** [~'βrar] (1a) *fig* rühmen; **~rse** sich erheben; *fig* aufsteigen, emporkommen

encurtidos [eŋkur'tiðos] *m/pl* Essiggemüse *n*

endeble [en'deβle] schwächlich; *a fig* schwach

endémico ⚕ [en'demiko] endemisch

endemonia|do [endemo'niaðo] **1.** *adj* besessen; teuflisch; **2.** *m* Besessene(r) *m*

enderezar [endere'θar] (1f) geraderichten, aufrichten; *fig* in Ordnung bringen; **~se** sich aufrichten

endeuda|do [endeu'ðaðo] verschuldet; **~miento** [~'miɛnto] *m* Verschuldung *f*; **~rse** [~'ðarse] (1a) Schulden machen, sich verschulden

endiablado [endia'βlaðo] verteufelt; teuflisch

endibia ♣ [en'diβia] *f* Chicorée *m*, *f*

endilgar F [endil'gar] (1h) *fig* aufhängen, aufhalsen

endomingado [endomiŋ'gaðo] im Sonntagsstaat

endosar [endo'sar] (1a) ✝ indossieren; *fig* F aufbürden, aufhalsen

endri|na ♣ [en'drina] *f* Schlehe *f*; **~no** [~'drino] *m* Schlehdorn *m*

endulzar [endul'θar] (1f) süßen; *fig* versüßen

endure|cer [endure'θɛr] (2d) härten; abhärten; *fig* verhärten; **~cerse** hart werden (*a fig*); **~cimiento** [~θi'miɛnto] *m* Abhärtung *f*; *fig* Verhärtung *f*

enebro ♣ [e'neβro] *m* Wacholder *m*

eneldo ♣ [e'nɛldo] *m* Dill *m*

enema ⚕ [e'nema] *m* Klistier *n*; Einlauf *m*

enemigo [ene'miɣo] **1.** *adj* feindlich; **2.** *m* Feind *m*

enemista|d [enemis'taδ] *f* Feindschaft *f*; **~r** [~'tar] (1a) verfeinden

energía [enɛr'xia] *f* Energie *f*; Tatkraft *f*; ~ *alternativa* Alternativenergie *f*; ~ *nuclear* Kernenergie *f*; ~ *solar* Sonnenenergie *f*

enérgico [e'nɛrxiko] energisch

enero [e'nero] *m* Januar *m*

enervar [enɛr'βar] (1a) entnerven

enésimo [e'nesimo]: *por -a vez* F zum x-ten Male

enfa|dado [emfa'ðaðo] böse (auf *ac con*); **~dar** [~'ðar] (1a) ärgern; **~darse** böse werden; sich ärgern; **~do** [~'faðo] *m* Ärger *m*; **~doso** [~'ðoso] ärgerlich

énfasis ['emfasis] *m* Emphase *f*, Nachdruck *m*; *poner ~ en* Nachdruck legen auf (*ac*)

enfático [em'fatiko] emphatisch, nachdrücklich

enfer|mar [emfɛr'mar] (1a) **1.** *v/t* krank machen; entkräften; **2.** *v/i* erkranken; **~medad** [~me'ðað] *f* Krankheit *f*; **~mera** [~'mera] *f* Krankenschwester *f*; **~mería** [~me'ria] *f* Krankenstation *f*; **~mero** [~'mero] *m* Krankenpfleger *m*; **~mizo** [~'miθo] kränklich; *fig* krankhaft; **~mo** [~'fermo] **1.** *adj* krank; **2.** *m* Kranke(r) *m*; Patient *m*

enfisema ✍ [emfi'sema] *m* Emphysem *n*

enflaquecer [emflake'θɛr] (2d) abmagern

enfo|car [emfo'kar] (1g) *fot* einstellen; (*tema, etc*) untersuchen, beleuchten; **~que** [~'foke] *m* Einstellung *f* (*a fig*)

enfrascarse [emfras'karse] (1g) sich vertiefen (in *ac en*)

enfrenta|miento [emfrenta'mjento] *m fig* Zs.-stoß *m*; **~r** [~'tar] (1a) gegenüberstellen; (*afrontar*) gegenübertreten (*dat*); **~rse** sich gegenüberstehen (*a fig*); *~ con alg* j-m gegenübertreten

enfrente [em'frente] gegenüber

enfria|miento [emfria'mjento] *m* Abkühlung *f* (*a fig*); ✍ Erkältung *f*; **~r** [~fri'ar] (1c) kühlen; abkühlen; **~rse** sich abkühlen (*a fig*)

enfurecer [emfure'θɛr] (2d) wütend machen; **~se** wütend werden

engalanar [eŋgala'nar] (1a) schmücken

engan|char [eŋgan'tʃar] (1a) ein-, festhaken; (*animal*) anspannen; ⚔ anwerben; (*vagón*) koppeln; **~charse** hängenbleiben; ⚔ sich anwerben lassen; **~che** [~'gantʃe] *m* Ankoppeln *n*; ⚔ Anwerbung *f*

enga|ñabobos F [eŋgaɲa'boβos] *m* Bauernfänger *m*; **~ñar** [~'ɲar] (1a) betrügen; täuschen; **~ñarse** sich täuschen; **~ño** [~'gaɲo] *m* Betrug *m*; Täuschung *f*; *llamarse a ~* sich betrogen fühlen; **~ñoso** [~'ɲoso] (be)trügerisch

engas|tar [eŋgas'tar] (1a) einfassen; **~te** [~'gaste] *m* Fassung *f*

engatusar F [eŋgatu'sar] (1a) F einwickeln

engen|drar [eŋxen'drar] (1a) (er)zeugen; hervorbringen; **~dro** [eŋ'xendro] *m* Mißgeburt *f*; *fig* Ausgeburt *f*

englobar [eŋglo'βar] (1a) umfassen; zs.-fassen

engolfarse [eŋgɔl'farse] (1a) sich vertiefen (in *ac en*)

engomar [eŋgo'mar] (1a) gummieren

engor|dar [eŋgɔr'ðar] (1a) **1.** *v/t* dick machen; *zo* mästen; **2.** *v/i* dick werden, zunehmen; **~de** [eŋ'gorðe] *m* Mast *f*

engorro [eŋ'gorro] *m* Belästigung *f*; **~so** [~'rroso] lästig; umständlich

engrana|je [eŋgra'naxe] *m* Getriebe *n*; *a fig* Räderwerk *n*; **~r** [~'nar] (1a) inea.-greifen (*a fig*)

engrande|cer [eŋgrande'θɛr] (2d) vergrößern; *fig* erhöhen; **~cimiento** [~θi'mjento] *m* Vergrößerung *f*; Erhöhung *f*

engra|sar [eŋgra'sar] (1a) einfetten; ⚙ ölen; (ab)schmieren; **~se** [~'grase] *m* (Ab-)Schmieren *n*

engre|ído [eŋgre'iðo] eingebildet; **~imiento** [~i'mjento] *m* Dünkel *m*; Einbildung *f*; **~írse** [~'irse] (3m) eingebildet werden

engrosar [eŋgro'sar] (1m) **1.** *v/t* vermehren; vergrößern; **2.** *v/i* dicker werden

engrudo [eŋ'gruðo] *m* Kleister *m*

engullir [eŋgu'ʎir] (3h) (ver)schlingen

enharinar [enari'nar] (1a) mit Mehl bestreuen

enhebrar [ene'βrar] (1a) einfädeln

enhorabuena [enora'βwena] *f* Glückwunsch *m*; *dar la ~* beglückwünschen; *¡~!* ich gratuliere!; *estar de ~* Glück haben

enig|ma [e'nigma] *m* Rätsel *n*; **~mático** [~'matiko] rätselhaft

enjabonar [enxaβo'nar] (1a) einseifen; F *fig* j-m Honig ums Maul schmieren

enjalbegar [enxalβe'gar] (1h) weißen; tünchen

enjambre [eŋ'xambre] *m* Schwarm *m* (*a fig*)

enjarciar ⚓ [enxar'θjar] (1b) auftakeln

enjaular [enxau̯'lar] (1a) in e-n Käfig sperren; F einlochen

enjua|gar [enxu̯a'gar] (1h) (aus)spülen; **~gue** [~'xu̯age] *m* Spülen *n*

enjugar [eŋxu'gar] (1h) (ab)trocknen; abwischen

enjuicia|miento [eŋxŭiðĭa'mĭento] *m* Einleitung *f* des Gerichtsverfahrens; **ley** *f* **de ~ civil** (**criminal**) Zivil- (Straf-) prozeßordnung *f*; **~r** [~'θĭar] (1b) 🕮 das Verfahren eröffnen; *fig* beurteilen

enjundia [eŋ'xundĭa] *f fig* Gehalt *m*, innerer Wert *m*

enjuto [eŋ'xuto] trocken; *fig* dürr; **a pie ~** trockenen Fußes

enlace [en'laθe] *m* Verbindung *f*; 🕮 Anschluß *m*; (*persona*) Verbindungsmann *m*; **~** (*matrimonial*) Vermählung *f*, Eheschließung *f*

enlazar [enla'θar] (1f) **1.** *v/t* festbinden; (*unir*) verbinden, verknüpfen; *Am* mit dem Lasso (ein)fangen; **2.** *v/i* 🕮 Anschluß haben (an *ac con*)

enloque|cer [enloke'θεr] (2d) **1.** *v/t* verrückt machen; **2.** *v/i* den Verstand verlieren; **~cimiento** [~θi'mĭento] *m* Verrücktheit *f*

enlosa|do [enlo'saðo] *m* Fliesenbelag *m*; **~r** [~'sar] (1a) mit Fliesen (*od* Steinplatten) belegen

enluci|do [enlu'θiðo] *m* (Gips-)Verputz *m*; **~r** [~'θir] (3f) weißen; gipsen

enluta|do [enlu'taðo] in Trauer(kleidung); **~rse** [~'tarse] (1a) Trauer tragen

enmarañar [enmara'ɲar] (1a) verwirren, verwickeln

enmascarar [enmaska'rar] (1a) maskieren; *fig* tarnen

enmasillar [enmasi'ʎar] (1a) verkitten

enmendar [enmen'dar] (1k) (ver)bessern; (*compensar*) (wieder)gutmachen

enmienda [en'mĭenda] *f* Verbesserung *f*; Änderung *f*; *pol* Abänderung(santrag *m*) *f*

enmohecerse [enmoe'θεrse] (2d) (ver)schimmeln

enmoquetar [enmoke'tar] (1a) mit Teppichboden auslegen

enmudecer [enmuðe'θεr] (2d) *v/i* verstummen; schweigen

ennegrecer [ennegre'θεr] (2d) schwärzen; *fig* verdunkeln; **~se** schwarz werden; *fig* sich verfinstern

ennoblecer [ennoble'θεr] (2d) veredeln; adeln (*a fig*)

eno|jadizo [enoxa'ðiθo] reizbar; jähzornig; **~jar** [~'xar] (1a) erzürnen; ärgern; **~jarse** sich ärgern (über *ac de*); **~jo** [e'noxo] *m* Zorn *m*; Ärger *m*; **~joso** [~'xoso] ärgerlich

enorgullecer [enɔrguʎe'θεr] (2d) stolz machen; **~se** stolz sein (auf *ac de*)

enor|me [e'nɔrme] riesig, ungeheuer, enorm; **~midad** [~mi'ðað] *f* Ungeheuerlichkeit *f*

enraizar [enrraï'θar] (1f) Wurzeln schlagen

enrarecido [enrrare'θiðo] (*aire*) dünn; verdorben; *fig* getrübt, gespannt

enre|dadera ⚘ [enrrεða'ðera] *f* Schling-, Kletterpflanze *f*; **~dar** [~'ðar] (1a) verwickeln (*a fig*); **~darse** *fig* sich verstricken (in *ac en*); **~ con alg** sich mit j-m einlassen; **~do** [~'rrεðo] *m* Verwicklung *f*; Verwirrung *f*; (*intriga*) Intrige *f*; (*amorío*) Techtelmechtel *n*

enreja|do [enrrε'xaðo] *m* Gitter(werk) *n*; **~r** [~'xar] (1a) vergittern

enrevesado [enrrεβe'saðo] verzwickt, verworren

enrique|cer [enrrike'θεr] (2d) **1.** *v/t* reich machen; bereichern; 🜿 anreichern; **2.** *v/i u* **~cerse** reich werden; **~cimiento** [~θi'mĭento] *m* Bereicherung *f*; 🜿 Anreicherung *f*

enrojecer [enrrɔxe'θεr] (2d) **1.** *v/t* röten; **2.** *v/i u* **~se** erröten, rot werden

enrolarse [enrrɔ'larse] (1a) sich anwerben lassen; ⚓ anmustern

enrollar [enrrɔ'ʎar] (1a) aufrollen

enroque [en'rrɔke] *m* (*ajedrez*) Rochade *f*

enroscar [enrrɔs'kar] (1g) zs.-rollen; ⚙ fest-, einschrauben

enrostrar *Am* [enrrɔs'trar] (1a) vorwerfen, ins Gesicht sagen

ensaimada [ensaï'maða] *f span* Hefeblätterteiggebäck *n*

ensala|da [ensa'laða] *f* Salat *m*; **~dera** [~'ðera] *f* Salatschüssel *f*; **~dilla** [~'ðiʎa] *f*: **~ rusa** italienischer Salat *m*

ensalzar [ensal'θar] (1f) preisen, rühmen

ensambla|dura ⚙ [ensambla'ðura] *f* Verbindung *f*, Verzapfung *f*; **~r** [~'blar] (1a) zs.-fügen; zs.-bauen, montieren

ensan|char [ensan'tʃar] (1a) erweitern, weiter machen; ausweiten; **~charse** sich ausdehnen; **~che** [en'santʃe] *m* Erweiterung *f*; (*de una ciudad*) Außenbezirk *m*

ensangrentar [ensaŋgren'tar] (1k) mit Blut beflecken

ensaña|miento [ensaɲa'mĭento] *m* Er-

bitterung *f*; Grimm *m*; **~rse** [~'narse] (1a): **~ en alg** s-e Wut an j-m auslassen
ensartar [ensar'tar] (1a) (*perlas*) aufreihen
ensa|yar [ensa'jar] (1a) versuchen; (aus)probieren; ♪, *teat* proben, üben; ◉ testen; **~yista** [~'jista] *m* Essayist *m*; **~yo** [~'sajo] *m* Versuch *m*; Probe *f*; *lit* Essay *m*; **~ general** Generalprobe *f*
enseguida [ense'giða] sofort
ensenada [ense'naða] *f* Bucht *f*
enseña [en'seɲa] *f* Fahne *f*; Feldzeichen *n*; **~nza** [~'naɲθa] *f* Unterricht(swesen *n*) *m*; *a fig* Lehre *f*; **~ primaria** Grundschulwesen *n*; **~ secundaria** höheres Schulwesen *n*; **~ superior** Hochschulwesen *n*; **~ a distancia** Fernunterricht *m*; **~r** [~'nar] (1a) lehren, unterrichten; (*mostrar*) zeigen
enseres [en'seres] *m/pl* Sachen *f/pl*; Geräte *n/pl*
ensillar [ensi'ʎar] (1a) satteln
ensimismarse [ensimiz'marse] (1a) sich in Gedanken versenken; *Am* eingebildet werden
ensoberbecerse [ensoberβe'θerse] (2d) hochmütig werden
ensombrecer [ensombre'θer] (2d) verdüstern, überschatten (*a fig*)
ensordece|dor [ensorðeθe'ðor] (ohren)betäubend; **~r** [~'θer] (2d) **1.** *v/t* betäuben; taub machen; **2.** *v/i* taub werden
ensortijar [ensorti'xar] (1a) kräuseln; ringeln
ensuciar [ensu'θjar] (1b) beschmutzen, verunreinigen; **~se** sich schmutzig machen; P in die Hose (*od* ins Bett) machen
ensueño [en'sweɲo] *m* Traum *m*; Träumerei *f*; **de ~** traumhaft
entabla|do [enta'βlaðo] *m* Bretterboden *m*; Podium *n*; **~r** [~'βlar] (1a) täfeln; (*conversación*) beginnen, anknüpfen
entablillar ✶ [entaβli'ʎar] (1a) schienen
entallado [enta'ʎaðo] auf Taille gearbeitet, tailliert
entarima|do [entari'maðo] *m* Täfelung *f*; Parkett *n*; Podium *n*; **~r** [~'mar] (1a) täfeln; dielen
ente ['ente] *m* Wesen *n*; *pol* Körperschaft *f*
entender [enten'der] (2g) begreifen, verstehen; (*opinar*) meinen; **dar a ~** zu verstehen geben; **hacerse ~** sich verständlich machen; **~ de** et verstehen von; **a mi ~** meiner Meinung nach; **~se** sich verständigen; (*comprenderse*) sich verstehen; **yo me entiendo** ich weiß, was ich sage
entendi|do [enten'diðo] **1.** *adj* sachverständig; beschlagen; **¡~!** einverstanden!; **tengo ~ que** ich habe gehört, daß ...; **2.** *m* Kenner *m*; **~miento** [~'mjento] *m* Verständnis *n*; (*juicio*) Verstand *m*; Einsicht *f*
entera|do [ente'raðo] erfahren; **estar ~** Bescheid wissen (über *ac* **de**); **~mente** [~'mente] ganz; völlig; **~r** [~'rar] (1a) unterrichten, informieren (über *ac* **de**); **~rse: ~ de a/c** sich über et informieren; et erfahren
entereza [ente'reθa] *f* Standhaftigkeit *f*; (Charakter-)Festigkeit *f*
enterne|cer [enterne'θer] (2d) *fig* rühren; **~cerse** gerührt werden; **~cimiento** [~θi'mjento] *m* Rührung *f*
entero [en'tero] **1.** *adj* ganz; *fig* standhaft; (*justo*) redlich; **por ~** gänzlich; voll(ständig); **2.** *m* ganze Zahl *f*; ✝ Punkt *m*
enterra|dor [enterra'ðor] *m* Totengräber *m*; **~miento** [~'mjento] *m* Begräbnis *n*; **~r** [~'rrar] (1k) begraben (*a fig*); vergraben
entibiar [enti'βjar] (1b) abkühlen (*a fig*)
entidad [enti'ðað] *f* Wesenheit *f*; (*asociación*) Vereinigung *f*; Verein *m*; Körperschaft *f*; Firma *f*
entierro [en'tjerro] *m* Begräbnis *n*, Beerdigung *f*
entoldado [entol'daðo] *m* (Tanz-, Fest-, Bier-)Zelt *n*
entomología [entomolo'xia] *f* Insektenkunde *f*, Entomologie *f*
entona|ción [entona'θjon] *f* ♪ Intonation *f*; Tonfall *m*; **~r** [~'nar] (1a) **1.** *v/t* ♪ anstimmen; **2.** *v/i* harmonieren (mit **con**)
entonces [en'tonθes] damals; dann, da; **desde ~** seitdem
entontecer [entonte'θer] (2d) verdummen
entor|nar [entor'nar] (1a) (*puerta*) anlehnen; (*ojos*) halb schließen; **~no** [~'torno] *m* Umgebung *f*, Milieu *n*; Umfeld *n*
entorpe|cer [entorpe'θer] (2d) erschwe-

ren; behindern; **~cimiento** [~θi'miento] m Hemmung f; Behinderung f
entrada [en'traða] f Eingang m; Eintritt m; Einfahrt f; Einreise f; (*billete*) Eintrittskarte f; *gastr* Vorspeise f; ♪ Einsatz m; ✝ Anzahlung f; (*léxico*) Stichwort n; *inform* Eingabe f; *teat* ~ (**en escena**) Auftritt m; **~s** F Geheimratsecken f/pl
entramparse [entram'parse] (1a) sich in Schulden stürzen
entrante [en'trante] m *gastr* Vorspeise f
entraña [en'traɲa] f, *mst* **~s** pl Eingeweide n; *fig* Innere(s) n; Gemüt m; **sin ~s** hartherzig; **~ble** [~'ɲable] innig (geliebt); herzlich
entrar [en'trar] (1a) 1. v/i eintreten, hineingehen, -fahren; ⚓, 🚂 einlaufen; ♪ einsetzen; ~ **en** (**una casa**, *etc*) (ein Haus *etc*) betreten; 2. v/t hineinbringen, -fahren, -stecken; *inform* eingeben
entre ['entre] zwischen; ~ *nosotros* unter uns; ~ *ellos* untereinander; **~abrir** [entrea'brir] (3a; *part* **-abierto**) halb öffnen; **~acto** [~'akto] m Pause f; **~cejo** [~'θexo] m Stirnrunzeln n; **~cortado** [~kor'taðo] (*voz*) stockend; **~dicho** [~'ditʃo] m. poner en ~ *fig* in Zweifel ziehen
entrega [en'treɣa] f Übergabe f; ✝ Lieferung f; ~ **a domicilio** Zustellung f ins Haus; **~r** [~'ɣar] (1h) abliefern, ausliefern; aushändigen, übergeben; **~rse** sich ergeben; sich hingeben; (*criminal*) sich stellen; ~ **a** sich widmen (*dat*)
entre|lazar [entrela'θar] (1f) verflechten; **~més** [~'mes] m Zwischenspiel n; **~meses** [~'meses] m/pl *gastr* Vorspeisen f/pl; **~meter** [~me'tɛr] (2a) einschieben; **~meterse** sich einmischen; **~metido** [~me'tiðo] zudringlich; vorlaut; **~mezclar** [~meθ'klar] (1a) unter-, vermischen
entrena|dor [entrena'ðor] m Trainer m; **~miento** [~'miento] m Training n; Ausbildung f; **~r**(**se**) [~'nar(se)] (1a) trainieren
entrepuente ⚓ [entre'pŭente] m Zwischendeck n
entresuelo △ [entre'sŭelo] m Zwischenstock m; Hochparterre n
entretanto [entre'tanto] 1. *adv* unterdessen; 2. m Zwischenzeit f
entrete|ner [entrete'nɛr] (2l) (*detener*) aufhalten; (*dar largas*) hinhalten; (*divertir*) unterhalten; **~nerse** sich unterhalten, sich vergnügen; (*retrasarse*) sich aufhalten lassen; **~nido** [~'niðo] unterhaltend, vergnüglich; **~nimiento** [~'miento] m Unterhaltung f; Zeitvertreib m
entretiempo [entre'tiempo] m Übergangszeit f; *ropa f de* ~ Übergangskleidung f
entrever [entre'bɛr] (2v) undeutlich sehen; *fig* ahnen
entreverado [entrebe'raðo] (*tocino*) durchwachsen
entrevista [entre'bista] f Interview n; Besprechung f; ~ *personal* Vorstellungsgespräch n; **~dor** [~'ðor] m Interviewer m; **~r** [~'tar] (1a) interviewen; **~rse** zs.-kommen, sich treffen
entristecer [entriste'θɛr] (2d) traurig machen; **~se** traurig werden
entrometido [entrome'tiðo] neugierig; indiskret
entubar ✚ [entu'bar] (1a) intubieren
entuerto [en'tŭerto] m Unrecht n
entumecerse [entume'θerse] (2d) starr werden; (*miembro*) einschlafen
enturbiar [entur'biar] (1b) trüben (*a fig*)
entusi|asmar [entusiaz'mar] (1a) begeistern; **~asmo** [~'siazmo] m Begeisterung f; **~asta** [~'siasta] 1. *adj* begeistert; 2. *su* Enthusiast(in f) m; begeisterte(r) Anhänger(in f) m (*gen de*); **~ástico** [~'siastiko] begeistert, enthusiastisch
enumera|ción [enumera'θion] f Aufzählung f; **~r** [~'rar] (1a) aufzählen
envalentonar [embalento'nar] (1a) ermutigen; **~se** frech werden
envanecer [embane'θɛr] (2d) stolz machen; **~se** sich et einbilden (auf *de*)
enva|sar [emba'sar] (1a) ab-, einfüllen; verpacken; **~se** [~'base] m (Ab-)Füllen n; (*recipiente*) Behälter m; Verpackung f; ~ *no retornable* Einwegflasche f; **~s vacíos** Leergut n
envejecer [embexe'θɛr] (2d) 1. v/t alt machen; 2. v/i u **~se** alt werden, altern
envenena|miento [embenena'miento] m Vergiftung f; **~r** [~'nar] (1a) vergiften (*a fig*)
envergadura [embɛrɣa'ðura] f Spannweite f; *fig* Tragweite f
envés [em'bes] m Rückseite f
envia|do [em'biaðo] m Bote m; ~ *espe-*

cial Sonderberichterstatter *m*; **~r** [~'biar] (1c) (ab)senden, schicken

envidi|a [em'biðia] *f* Neid *m*; **tener ~ de** neidisch sein auf (*ac*); **~able** [~'ðiable] beneidenswert; **~ar** [~'ðiar] (1b): **~ a/c a alg** j-n um et beneiden; **~oso** [~'ðioso] neidisch

envile|cer [embile'θer] (2d) herabwürdigen; **~cerse** sich erniedrigen; **~cimiento** [~θi'miento] *m* Erniedrigung *f*

envío [em'bio] *m* Sendung *f*; Versand *m*

enviudar [embiu'ðar] (1a) verwitwen

envol|torio [embɔl'torio] *m* Bündel *n*; ⚔ Verpackung *f*; **~tura** [~'tura] *f* Hülle *f*; **~ver** [~'bɛr] (2h) einwickeln; einpakken; *fig* hineinziehen (in *ac* **en**)

enyesa|do [enje'saðo] *m* Eingipsen *n*; ⚔ Gipsverband *m*; **~r** [~'sar] (1a) eingipsen

enzarzar(se) [enθar'θar(se)] (1f) (sich) verstricken (in *ac* **en**)

enzima 🔬 [en'θima] *m od f* Enzym *n*

épi|ca ['epika] *f* Epik *f*, epische Dichtung *f*; **~co** [~ko] **1.** *adj* episch; **2.** *m* Epiker *m*

epi|demia [epi'ðemia] *f* Epidemie *f*, Seuche *f*; **~démico** [~'ðemiko] epidemisch

epidermis [epi'ðermis] *f* Oberhaut *f*

Epifanía [epifa'nia] *f* Dreikönigsfest *n*

epi|lepsia ⚔ [epi'lɛbsia] *f* Epilepsie *f*; **~léptico** [~'lɛptiko] **1.** *adj* epileptisch; **2.** *m* Epileptiker *m*

epílogo [e'pilogo] *m* Epilog *m*, Nachwort *n*; *fig* Nachspiel *n*

episcopal [episko'pal] bischöflich

episodio [epi'soðio] *m* Episode *f*

epistaxis ⚔ [epis'tagsis] *f* Nasenbluten *n*

epístola [e'pistola] *f* Brief *m*; Epistel *f*

epitafio [epi'tafio] *m* Grabschrift *f*

época ['epoka] *f* Zeit *f*; Epoche *f*; **hacer ~** Epoche machen

epopeya [epo'peja] *f* Epos *n*

equidad [eki'ðað] *f* Gerechtigkeit *f*

equili|brado [ekili'braðo] ausgeglichen; **~brar** [~'brar] (1a) ins Gleichgewicht bringen; *auto* auswuchten; **~brio** [~'librio] *m* Gleichgewicht *n*; **~brista** [~li'brista] *su* Seiltänzer(in *f*) *m*

equino [e'kino] Pferde-

equinoccio [eki'nɔgθio] *m* Tagundnachtgleiche *f*

equipa|je [eki'paxe] *m* Gepäck *n*; **~ de mano** Handgepäck *n*; **~miento** [~'miento] *m* Ausstattung *f* (*a auto*), Ausrüstung *f*; **~r** [~'par] (1a) ausrüsten; ausstatten

equipara|ble [ekipa'rable] vergleichbar; **~r** [~'rar] (1a) gleichstellen, -setzen

equipo [e'kipo] *m* Ausrüstung *f*; Ausstattung *f*; *a dep* Mannschaft *f*, Team *n*; ⚙ Anlage *f*; **~ de alta fidelidad** Hi-Fi-Anlage *f*; **~ estéreo** (*od* **de sonido**) Stereoanlage *f*; **~ de novia** Brautausstattung *f*; **~ periférico** *inform* Peripheriegeräte *n/pl*

equitación [ekita'θion] *f* Reiten *n*; Reitsport *m*

equitativo [ekita'tibo] gerecht

equivale|nte [ekiba'lente] **1.** *adj* gleichwertig; **2.** *m* Gegenwert *m*, Äquivalent *n*; **~r** [~'lɛr] (2q) gleich(wertig) sein, gleichkommen

equivoca|ción [ekiboka'θion] *f* Irrtum *m*; Mißverständnis *n*; **por ~** aus Versehen; **~do** [~'kaðo]: **estar ~** sich irren; **~r** [~'kar] (1g) verfehlen; **~rse** sich irren; **~ de** et verwechseln

equívoco [e'kiboko] **1.** *adj* doppelsinnig; zweideutig, verdächtig; **2.** *m* Doppelsinn *m*; Zweideutigkeit *f*

era ['era] **1.** *s ser*; **2.** *f* Zeitalter *n*; Ära *f*; ✍ Tenne *f*

erario [e'rario] *m* Staatskasse *f*

erec|ción [erɛg'θion] *f* Errichtung *f*; ⚔ Erektion *f*; **~to** [e'rɛkto] aufrecht

erguir(se) [ɛr'gir(se)] (3n) (sich) aufrichten

erigir [eri'xir] (3c) auf-, errichten

eriza|do [eri'θaðo] borstig; *fig* gespickt (mit **de**), **~rse** [~'θarse] (1f) (*pelo*) sich sträuben

erizo [e'riθo] *m* Igel *m*; **~ de mar**, **~ marino** Seeigel *m*

ermi|ta [ɛr'mita] *f* Einsiedelei *f*; **~taño** [ɛrmi'taɲo] *m* Einsiedler *m*

erosión [ero'sion] *f* ⚔ Hautabschürfung *f*; *geo* Erosion *f*

erótico [e'rotiko] erotisch

erotismo [ero'tizmo] *m* Erotik *f*

erra|dicar [ɛrraði'kar] (1g) ausrotten; **~do** [ɛ'rraðo] irrig; unrichtig; **~nte** [ɛ'rrante] umherirrend; **~r** [ɛ'rrar] (1l) **1.** *v/t* verfehlen; **~ el tiro** vorbeischießen; **2.** *v/i* (sich) irren; (*vagar*) umherirren; **~ta** [ɛ'rrata] *f* Druckfehler *m*

erróneo [ɛ'rrɔneo] irrig, Fehl...

error [ɛ'rrɔr] *m* Irrtum *m*; Fehler *m*; **~ de**

eructar

cálculo Rechenfehler *m*; **~ judicial** Justizirrtum *m*
eruc|tar [eruk'tar] (1a) aufstoßen, rülpsen; **~to** [e'rukto] *m* Rülpser *m*
erudi|ción [eruði'θjon] *f* Gelehrsamkeit *f*; **~to** [~'ðito] 1. *adj* gelehrt; 2. *m* Gelehrte(r) *m*
erupción [erub'θjon] *f geo* Ausbruch *m*; ✱ Ausschlag *m*
es [es] *s* ser
esa ['esa] *s* ese
esbel|tez [ezbɛl'teθ] *f* Schlankheit *f*; **~to** [ez'bɛlto] schlank
esbo|zar [ezbo'θar] (1f) skizzieren; andeuten; **~zo** [~'boθo] *m* Skizze *f*
escabeche [eska'betʃe] *m gastr* Marinade *f*; **en ~** mariniert
escabel [eska'bɛl] *m* Schemel *m*
escabroso [eska'broso] holprig, uneben; *fig* anstößig, schlüpfrig; (*difícil*) heikel
escabullirse [eskabu'ʎirse] (3h) entgleiten; *fig* entwischen
escafandr|a [eska'fandra] *f*, **~o** [~dro] *m* Taucheranzug *m*
escala [es'kala] *f* Skala *f*; (*proporción*) Maßstab *m*; ♪ Tonleiter *f*; ✈ Zwischenlandung *f*; **~ de cuerda** Strickleiter *f*; **hacer ~ (en)** ✈ anlaufen; ✈ Zwischenlanden; **~da** [~'laða] *f* Ersteigen *n*; Klettertour *f*; *pol* Eskalation *f*; **~dor** [~'ðor] *m* Bergsteiger *m*; **~fón** [~'fon] *m* Rang-, Beförderungsliste *f*; **~r** [~'lar] (1a) besteigen, erklettern
escalda|do [eskal'daðo] *fig* gewitzigt; abgebrüht; **~r** [~'dar] (1a) *gastr* abbrühen
escale|ra [eska'lera] *f* Treppe *f*; **~ (de mano)** Leiter *f*; **~ de caracol** Wendeltreppe *f*; **~ de emergencia** Nottreppe *f*; **~ de incendios** Feuerleiter *f*; **~ mecánica** Rolltreppe *f*; **~ telescópica** Ausziehleiter *f*; **~rilla** [~le'riʎa] *f* Trittleiter *f*; ✈ Gangway *f*
escalfar [eskal'far] (1a) *gastr* pochieren
escalinata [eskali'nata] *f* Freitreppe *f*
escalo|friante [eskalofri'ante] schaurig; **~frío** [~'frio] *m* Schüttelfrost *m*; *fig* Schauder *m*
escalón [eska'lon] *m* Stufe (*a fig*); (Leiter-)Sprosse *f*
escalonar [eskalo'nar] (1a) abstufen; staffeln
escalo|pa [eska'lopa] *f*, **~pe** [~'lope] *m* Schnitzel *n*

escalpelo [eskal'pelo] *m* Seziermesser *n*; Skalpell *n*
escama [es'kama] *f* Schuppe *f*; *fig* Argwohn *m*; **~do** [~'maðo] mißtrauisch; **~r** [~'mar] (1a) schuppen; *fig* argwöhnisch machen; **~rse** stutzig werden
escamotear [eskamote'ar] (1a) wegzaubern; verschwinden lassen
escandalizar [eskandali'θar] (1f) Anstoß erregen bei (*dat*), schockieren; **~se** sich entrüsten (über *ac* **de**); Anstoß nehmen (an *dat* **de**)
escándalo [es'kandalo] *m* Skandal *m*; Ärgernis *n*; (*tumulto*) Tumult *m*; **armar un ~** Krach schlagen
escandaloso [eskanda'loso] skandalös; anstößig; empörend
escandinavo [eskandi'naβo] 1. *adj* skandinavisch; 2. *m* Skandinavier *m*
escaño [es'kaɲo] *m pol* Sitz *m*
escapa|da [eska'paða] *f* Ausreißen *n*; *fig* Abstecher *m*; **~r** [~'par] (1a) *v/i u* **~rse** entkommen, entwischen; ausreißen; *fig* entgehen
escaparate [eskapa'rate] *m* Schaufenster *n*
escapatoria [eskapa'toria] *f* Ausflucht *f*; ⊦ Hintertür *f*
escape [es'kape] *m* Entweichen *n*; ⚙ undichte Stelle *f*; (*de gas*) Ausströmen *n*; *auto* Auspuff *m*; *fig* Ausweg *m*
escara|bajo [eskara'baxo] *m* Käfer *m*; **~mujo** [~'muxo] *m* Hagebutte(nstrauch *m*) *f*; **~muza** ⚔ [~'muθa] *f* Scharmützel *n*; *fig* Geplänkel *n*
escarbar [eskar'bar] (1a) (auf)scharren; wühlen, stochern in (*dat*)
escarcha [es'kartʃa] *f* (Rauh-)Reif *m*
escar|dar [eskar'ðar] (1a) jäten; **~dillo** [~'ðiʎo] *m* Jäthacke *f*
escarla|ta [eskar'lata] *f* scharlachrot; **~tina** [~'tina] *f* ✱ Scharlach *m*
escar|mentar [eskarmen'tar] (1k) 1. *v/t* hart bestrafen; 2. *v/i* aus Erfahrung lernen; **~miento** [~'miento] *m* (schlimme) Erfahrung *f*; (abschreckendes) Beispiel *n*
escar|necer [eskarne'θer] (2d) verspotten; **~nio** [~'karnio] *m* Spott *m*
escarola [eska'rola] *f* Endivie *f*
escarpado [eskar'paðo] abschüssig, steil
esca|sear [eskase'ar] (1a) *v/i* selten werden; knapp sein; **~sez** [~'seθ] *f*

Knappheit *f*; Mangel *m*; **~so** [es'kaso] knapp; gering
escatimar [eskati'mar] (1a) sparen mit; ~ *a/c a alg* j-m et vorenthalten; *no ~ esfuerzos* keine Anstrengungen scheuen
escayola [eska'jola] *f* (Fein-)Gips *m*; ✱ Gips(verband) *m*; **~r** [~'lar] (1a) eingipsen
escena [es'θena] *f* Bühne *f*; (*a fig*) Szene *f*, Auftritt *m*; *poner en ~* inszenieren; *entrar en ~* auftreten; **~rio** [~'narĭo] *m* Bühne *f*; *fig* Schauplatz *m*
escenifica|ción [esθenifika'θĭon] *f* Inszenierung *f*; **~r** [~'kar] (1g) inszenieren
escen|ografía [esθenografia] *f* Bühnenbild *n*; **~ógrafo** [~'nografo] *m* Bühnenbildner *m*
esc|epticismo [esθepti'θizmo] *m* Skepsis *f*; **~éptico** [es'θeptiko] **1.** *adj* skeptisch; **2.** *m* Skeptiker *m*
esclsión [esθi'sĭon] *f* Spaltung *f*
esclare|cer [esklare'θer] (2d) erleuchten; *fig* aufklären; **~cimiento** [~θi'mĭento] *m* Aufklärung *f*
escla|va [es'klaba] *f* Sklavin *f*; (*joya*) (glatter) Armreif *m*; **~vitud** [~bi'tuđ] *f* Sklaverei *f*; **~vizar** [~'θar] (1f) versklaven; **~vo** [es'klabo] *m* Sklave *m*
esclerosis [eskle'rosis] *f* Sklerose *f*
esclusa [es'klusa] *f* Schleuse *f*
esco|ba [es'koba] *f* Besen *m*; **~billa** [~'biʎa] *f* (Klo-)Bürste *f*; *auto* Wischerblatt *n*
escocer [esko'θer] (2b *u* h) brennen, stechen
escocés [esko'θes] **1.** *adj* schottisch; **2.** *m* Schotte *m*
escoger [esko'xer] (2c) auswählen; aussuchen
esco|lar [esko'lar] **1.** *adj* Schul...; **2.** *su* Schüler(in *f*) *m*; **~larización** [~riθa'θĭon] *f* Einschulung *f*; ~ *obligatoria* Schulpflicht *f*; **~larizar** [~'θar] (1f) einschulen
escolta [es'kolta] *f* Eskorte *f*; Begleitung *f*; Geleitschutz *m*; **~r** [~'tar] (1a) eskortieren; begleiten
escollo [es'koʎo] *m* Klippe *f* (*a fig*)
escom|brera [eskom'brera] *f* Schuttabladeplatz *m*; **~bros** [~'kombros] *m/pl* Bauschutt *m*; Trümmer *pl*
escon|der [eskon'der] (2a) verstecken; verbergen; **~didas** [~'diđas]: *a ~* im geheimen; **~dite** [~'dite] *m* Versteck *n*;

(*juego*) Versteckspiel *n*; **~drijo** [~'drixo] *m* Versteck *n*
escopeta [esko'peta] *f* Flinte *f*; (Jagd-) Gewehr *n*; ~ *de aire comprimido* Luftgewehr *n*
escoplo [es'koplo] *m* Meißel *m*
escoria [es'korĭa] *f* Schlacke *f*
Escorpi|o [es'korpĭo] *m astr* Skorpion *m*; **~ón** [~'pĭon] *m zo* Skorpion *m*
escorzonera [eskorθo'nera] *f* Schwarzwurzel *f*
esco|tado [esko'tađo] ausgeschnitten, dekolletiert; **~te** [~'kote] *m* Ausschnitt *m*, Dekolleté *n*; (*pagar*) *a ~* anteilmäßig (zahlen)
escotill|a ♆ [esko'tiʎa] *f* Luke *f*; **~ón** [~'ʎon] *m* Falltür *f*; *teat* Versenkung *f*
escozor [esko'θor] *m* Brennen *n*
escri|banía [eskriba'nia] *f* Schreibtischgarnitur *f*; **~bir** [~'bir] (3a; *part escrito*) schreiben; ~ *a máquina* mit der Maschine schreiben, tippen; **~to** [es'krito] **1.** *adj* geschrieben; schriftlich; **2.** *m* Schreiben *n*; Schriftstück *n*; *por ~* schriftlich; **~tor** [es'kritɔr] *m* Schriftsteller *m*; **~torio** [~'torĭo] *m* Schreibtisch *m*; *artículos m/pl de ~* Büroartikel *m/pl*; Schreibwaren *f/pl*; **~tura** [~'tura] *f* (Hand-)Schrift *f*; 🕇 Urkunde *f*; *Sagrada ♀* Heilige Schrift *f*
escroto [es'kroto] *m* Hodensack *m*
escr|úpulo [es'krupulo] *m* Skrupel *m*, Bedenken *n*; *sin ~s* skrupellos; **~upuloso** [~'loso] gewissenhaft, peinlich genau
escru|tador [eskruta'dor] **1.** *adj* forschend; **2.** *m* Stimm(en)zähler *m*; **~tar** [~'tar] (1a) (*votos*) (aus)zählen; *fig* erforschen; **~tinio** [~'tinĭo] *m* Stimm(en)zählung *f*
escua|dra [es'kŭađra] *f* ♈ Zeichendreieck *n*; ⚔ Trupp *m*; ♆ Geschwader *n*; **~drilla** [~'driʎa] *f* Trupp *m*; ♆ Flottille *f*; ✈ Staffel *f*; **~drón** [~'dron] *m* ⚔ Schwadron *f*; ✈ Geschwader *n*
escucha [es'kutʃa] **a)** *m* Horcher *m*; ⚔ Horchposten *m*; **b)** *f* (Ab-)Hören *n*; **~s telefónicas** Abhören *n* v Telefongesprächen; **~r** [~'tʃar] (1a) horchen; an-, zuhören; hören auf (*ac*)
escu|dar [esku'đar] (1a) (be)schützen; **~darse** *fig* sich verschanzen (hinter *dat en*); **~dería** [~đe'ria] *f auto* Rennstall *m*; **~dilla** [~'điʎa] *f* (Suppen-)Napf *m*; **~do** [~'kuđo] *m* Schild *m*

escudriñar [eskuðri'ɲar] (1a) durchsuchen; nachprüfen, -forschen
escuela [es'kŭela] f Schule f; **~ de idiomas** Sprachenschule f
escueto [es'kŭeto] schlicht; einfach
escul|pir [eskul'pir] (3a) meißeln; (be)hauen; schnitzen; **~tor** m [~'tɔr] Bildhauer m; **~tura** [~'tura] f Bildhauerkunst f; (obra) Skulptur f; **~tural** [~'ral] Bildhauer...; fig bildschön
escupi|dera [eskupi'dera] f Spucknapf m; **~r** [~'pir] (3a) (aus)spucken
escurreplatos [eskurre'platos] m Abtropfständer m
escurri|dizo [eskurri'ðiθo] schlüpfrig, glatt; **~r** [~'rrir] (3a) abtropfen lassen; (ropa) auswringen; **~rse** ausrutschen; entgleiten
ese, esa, eso, esos, esas (alleinstehend a **ése, ésa[s], ésos**) ['ese, 'esa, 'eso, 'esos, 'esas] dieser, diese, dies(es); pl diese; **¡eso es!** ganz richtig!; das stimmt!; **eso sí** das allerdings; **a eso de (las dos)** gegen (zwei Uhr)
esencia [e'senθia] f fil Wesen n; a 🌿 Essenz f; **~l** [~'θial] wesentlich; Haupt...; 🌿 ätherisch
esfera [es'fera] f Sphäre f (a fig), Kugel f; (de reloj) Zifferblatt n
esférico [es'feriko] **1.** adj kugelförmig; **2.** F m dep Ball m
esfinge [es'finxe] f Sphinx f
esfínter anat [es'fintɛr] m Schließmuskel m
esforza|do [esfɔr'θaðo] tapfer, mutig; **~r** [~'θar] (1f u 1m) ermutigen; (ver)stärken; **~rse** sich anstrengen, sich bemühen
esfuerzo [es'fŭerθo] m Anstrengung f; Mühe f; ⊙ Beanspruchung f; **hacer un ~** sich anstrengen; **sin ~** mühelos
esfumarse [esfu'marse] (1a) sich auflösen; verschwinden; F fig abhauen
esgri|ma [ez'grima] f Fechten n; **~midor** [~mi'dɔr] m Fechter m; **~mir** [~'mir] (3a) (arma) schwingen; (argumentos) vorbringen
esguince [ez'ginθe] m 🩺 Verstauchung f; Zerrung f
eslabón [ezla'bɔn] m Kettenglied n; fig Bindeglied n
eslavo [ez'labo] **1.** adj slawisch; **2.** m Slawe m
eslogan [ez'logan] m Slogan m
eslora ⚓ [ez'lora] f Kiel-, Schiffslänge f
eslo|vaco [ezlo'bako] **1.** adj slowakisch; **2.** m Slowake m; **~veno** [~'beno] **1.** adj slowenisch; **2.** m Slowene m
esmal|tar [ezmal'tar] (1a) emaillieren; **~te** [ez'malte] m Email n; **~ dental** Zahnschmelz m; **~ para uñas** Nagellack m
esmerado [ezme'raðo] sorgfältig
esmeralda [ezme'ralda] f Smaragd m
esmerarse [ezme'rarse] (1a) sich große Mühe geben
esmerilar [ezmeri'lar] (1a) schmirgeln; (ab)schleifen
esmero [ez'mero] m Sorgfalt f; Gewissenhaftigkeit f; **con ~** sorgfältig
esmirriado [ezmi'rriaðo] ausgemergelt; F mick(e)rig
esmoquin [ez'mokin] m Smoking m
esnifar [ezni'far] (1a) (cocaína) schnupfen, F sniffen
esnob [ez'nɔb] **1.** adj snobistisch; **2.** m Snob m; **~ismo** [~no'bizmo] m Snobismus m
eso ['eso] s ese
esófago anat [e'sofago] m Speiseröhre f
espabila|do [espabi'laðo] aufgeweckt; **~rse** [~'larse] (1a) munter werden; F sich zu helfen wissen
espa|ciador [espaθia'ðɔr] m (máquina de escribir) Leertaste f; **~cial** [~'θial] (Welt-)Raum...; **~cio** [~'paθio] m Raum m; (de tiempo) Zeitraum m; (distancia) Zwischenraum m; TV Sendung f; **~cioso** [~'θioso] weit; geräumig
espada [es'pada] **a)** f Degen m; Schwert n; (naipes) **~s** pl etwa: Pik n; **b)** m taur Matador m
espaguetis [espa'getis] m/pl Spaghetti pl
espal|da [es'palda] f Rücken m; **a ~s de** hinter j-s Rücken; **de ~s a** mit dem Rücken nach; **por la ~** von hinten; fig hinterrücks; **volver las ~s a alg** j-m den Rücken kehren; **~dera** [~'dera] f Sprossenwand f; 🌿 Spalier n; **~dilla** [~'diʎa] f Schulterblatt n
espan|tadizo [espanta'ðiθo] schreckhaft; scheu; **~tajo** [~'taxo] m Vogelscheuche f; fig Schreckgespenst n; **~tapájaros** [~'paxaros] m Vogelscheuche f (a fig); **~tar** [~'tar] (1a) erschrecken; (ahuyentar) verscheuchen; **~tarse** erschrecken; **~to** [es'panto] m Schrek-

ken *m*; Entsetzen *n*; *Am* Gespenst *n*; ~**toso** [~'toso] schrecklich, entsetzlich
español [espa'ɲɔl] **1.** *adj* spanisch; **2.** *m*, **-a** *f* [~'ɲola] Spanier(in *f*) *m*
esparadrapo [espara'ðrapo] *m* Heftpflaster *n*
esparci|miento [esparθi'mi̯ento] *m* Aus-, Verstreuen *n*; *fig* Zerstreuung *f*; Vergnügen *n*; ~**r** [~θir] (3b) ver-, ausstreuen; *fig* verbreiten
espárrago [es'parrago] *m* Spargel *m*
espartano [espar'tano] spartanisch
esparto ⚘ [es'parto] *m* Espartogras *n*
espas|mo [es'pazmo] *m* Krampf *m*; ~**módico** [~'moðiko] krampfartig
especia [es'peθi̯a] *f* Gewürz *n*
especial [espe'θi̯al] besonders, speziell; Sonder...; **en** ~ insbesondere; ~**idad** [~li'ðad] *f* Spezialität *f*; Besonderheit *f*; 🎓 Fachgebiet *n*; ~**ista** [~'lista] *m* Spezialist *m*, Fachmann *m*; ⚔ Facharzt *m*; (*cine*) Stuntman *m*; ~**izarse** [~'θarse] (1f) sich spezialisieren (auf *ac* **en**)
especie [es'peθi̯e] *f* Art *f* (*a biol*); (*rumor*) Gerücht *n*; **en** ~(**s**) in Naturalien
espe|cificar [espeθifi'kar] (1g) genau angeben, spezifizieren; ~**cífico** [~'θifiko] spezifisch
espécimen [es'peθimen] *m* Exemplar *n*; Muster *n*
espec|tacular [espektaku'lar] aufsehenerregend; ~**táculo** [~'takulo] *m* Schauspiel *n* (*a fig*); Darbietung *f*; Vorstellung *f*; *fig* Anblick *m*; ~**tador** *m* [~'dɔr] Zuschauer *m*; ~**tro** [es'pektro] *m* Gespenst *n*; *fis* Spektrum *n*
especula|ción [espekula'θi̯on] *f* Spekulation *f*; ~**dor** [~'dɔr] *m* Spekulant *m*; ~**r** [~'lar] (1a) ⚔ spekulieren
espe|jismo [espe'xizmo] *m* Luftspiegelung *f*; Fata Morgana *f*; ~**jo** [~'pexo] *m* Spiegel *m*; ~ *retrovisor* Rückspiegel *m*
espeleología [espeleolo'xia] *f* Höhlenforschung *f*
espeluznante [espeluð'nante] haarsträubend; grauenhaft
espera [es'pera] *f* Warten *n*; Wartezeit *f*; **en** ~ **de** in Erwartung (*gen*); ~**nza** [~'ranθa] *f* Hoffnung *f*; ~ *de vida* Lebenserwartung *f*; ~**nzador** [~θa'dɔr] vielversprechend; ~**r** [~'rar] (1a) warten (auf *ac*), erwarten; (*desear*) hoffen
esperma [es'perma] *m/f* Sperma *n*

esperpento [espɛr'pento] *m fig* Vogelscheuche *f*
espe|sar [espe'sar] (1a) ein-, verdicken; ~**so** [~'peso] dick(flüssig); *fig* dicht; ~**sor** [~'sɔr] *m* Dicke *f*; Stärke *f*
espetón [espe'tɔn] *m* Bratspieß *m*
espía [es'pia] *su* Spion(in *f*) *m*
espiar [espi'ar] (1c) (aus)spionieren; bespitzeln
espiga [es'piga] *f* Ähre *f*
espigón [espi'gɔn] *m* Wellenbrecher *m*; Mole *f*
espina [es'pina] *f* Dorn *m*; Stachel *m*; (*de pez*) Gräte *f*; ~ *dorsal* Rückgrat *n*; *dar mala* ~ verdächtig vorkommen
espinaca(s) [espi'naka(s)] *f* (*pl*) Spinat *m*
espinazo [espi'naθo] *m* Rückgrat *n*
espinilla [espi'niʎa] *f* Schienbein *n*; ⚔ Mitesser *m*
espino ⚘ [es'pino] *m* Weißdorn *m*; ~**so** [~'noso] dornig; *fig* heikel
espionaje [espi̯o'naxe] *m* Spionage *f*; ~ *industrial* Werkspionage *f*
espiral [espi'ral] **1.** *adj* spiralförmig, Spiral...; **2.** *f* Spirale *f*
espirar [espi'rar] (1a) ausatmen
espiritismo [espiri'tizmo] *m* Spiritismus *m*
espíritu [es'piritu] *m* Geist *m*
espiritu|al [espiri'tu̯al] geistig; *rel* geistlich; ~**oso** [~'tu̯oso]: *bebidas f/pl* **-as** Spirituosen *pl*
espita [es'pita] *f* Faß-, Zapfhahn *m*
espléndido [es'plendiðo] prächtig; herrlich; (*generoso*) freigebig
esplendor [esplen'dɔr] *m* Glanz *m*; Pracht *f*
espliego ⚘ [es'pli̯ego] *m* Lavendel *m*
espole|ar [espole'ar] (1a) anspornen (*a fig*); ~**ta** [~'leta] *f* Zünder *m*
espolvorear [espolβore'ar] (1a) bestäuben, bestreuen
espon|ja [es'pɔŋxa] *f* Schwamm *m*; ~**joso** [~'xoso] porös; locker
esponsales [espɔn'sales] *m/pl* Verlobung *f*
espon|taneidad [espɔntanei̯'ðad] *f* Spontaneität *f*, Natürlichkeit *f*; ~**táneo** [~'taneo] spontan, natürlich
espora ⚘ [es'pora] *f* Spore *f*
esporádico [espo'raðiko] vereinzelt, sporadisch
espo|sa [es'posa] *f* Gemahlin *f*, Gattin *f*, Ehefrau *f*; ~**s** *f/pl* Handschellen *f/pl*;

esposar

~sar [~'sar] (1a) Handschellen anlegen (*dat*); **~so** [~'poso] *m* Gemahl *m*, Gatte *m*, Ehemann *m*; **~s** *m/pl* Eheleute *pl*
espuela [es'pŭela] *f* Sporn *m*
espuma [es'puma] *f* Schaum *m*; ✝ Schaumstoff *m*
espumoso [espu'moso] schaumig
esqueje ⚡ [es'kɛxe] *m* Steckling *m*
esquela [es'kela] *f*: **~ (de defunción)** Todesanzeige *f*
esqueleto [eske'leto] *m* Skelett *n*
esque|ma [es'kema] *m* Schema *n*; **~mático** [~ke'matiko] schematisch
esquí [es'ki] *m* Schi *m*, Ski *m*; (*deporte*) Skisport *m*; **~ acuático** Wasserski *m*; **~ de fondo** Langlaufski *m*; (*deporte*) (Ski-)Langlauf *m*
esquia|dor *m* [eskia'dɔr] Skiläufer *m*; **~r** [~'ar] (1a) Ski laufen
esquil|ar [eski'lar] (1a) (*ovejas*) scheren; **~eo** [~'leo] *m* Schafschur *f*
esquimal [eski'mal] *m* Eskimo *m*
esquina [es'kina] *f* Ecke *f*
esquirla [es'kirla] *f* (Knochen-, Glas-)Splitter *m*
esquirol [eski'rɔl] *m* Streikbrecher *m*
esquisto [es'kisto] *m* Schiefer *m*
esqui|var [eskɪ'bar] (1a) vermeiden; ausweichen; **~vo** [~'kibo] spröde, scheu
esquizofr|enia [eskiθo'frenia] *f* Schizophrenie *f*; **~énico** [~'freniko] schizophren
esta ['esta] *s* **este²**
esta|bilidad [estabili'dad] *f* Beständigkeit *f*, Stabilität *f*; **~bilizar** [~'θar] (1f) stabilisieren; **~ble** [es'table] beständig; fest, stabil
estable|cer [estable'θɛr] (2d) (be)gründen; errichten; ein-, festsetzen; **~cerse** sich niederlassen; **~cimiento** [~θi'mïento] *m* Errichtung *f*; Festsetzung *f*; (*lugar*) Anstalt *f*; Geschäft *n*
establo [es'tablo] *m* Stall *m*
estaca [es'taka] *f* Pfahl *m*, Pflock *m*
esta|ción [esta'θïon] *f* Station *f*; (*del año*) Jahreszeit *f*; 🚆 Bahnhof *m*; **~ de mercancías** Güterbahnhof *m*; **~ meteorológica** Wetterwarte *f*; **~ de servicio** (Groß-)Tankstelle *f*; **~ termal** Badeort *m*; **~cional** [~θïo'nal] jahreszeitlich; saisonbedingt; **~cionamiento** [~na'mïento] *m* Parken *n*; **~ prohibido** Parkverbot *n*; **~cionar** [~'nar] (1a) abstellen, parken; ⚔ stationieren; **~cionario**

[~'nario] stationär; ✝ stagnierend
estadio [es'taðio] *m* Stadion *n*; 🏃 *u fig* Stadium *n*
estadista [esta'ðista] *m* Staatsmann *m*
estadísti|ca [esta'ðistika] *f* Statistik *f*; **~co** [~ko] **1.** *adj* statistisch; **2.** *m* Statistiker *m*
estado [es'taðo] *m* Stand *m*; Zustand *m*; Lage *f*; ⚖ Staat *m*; **~ civil** Familien-, Personenstand *m*; **~ de excepción** Ausnahmezustand *m*; ⚖ **industrial** Industriestaat *m*; ⚖ **Mayor** ⚔ (General-)Stab *m*; **~unidense** [~uni'dense] aus den USA
estafa [es'tafa] *f* Betrug *m*; **~dor** [~'dɔr] Betrüger *m*; Hochstapler *m*; **~r** [~'far] (1a) betrügen; (*dinero*) veruntreuen
estafeta [esta'feta] *f* Stafette *f*; **~ de correos** Postamt *n*
estall|ar [esta'ʎar] (1a) platzen; explodieren; *fig* ausbrechen; **~ido** [~'ʎiðo] *m* Knall *m*; Explosion *f*; *fig* Ausbruch *m*
estam|pa [es'tampa] *f* Bild *n*; (*huella*) Abdruck *m*; *fig* Aussehen *n*; **~pado** [~'paðo] (*tela*) bedruckt; **~par** [~'par] (1a) (be)drucken; ⚙ prägen, stanzen; *fig* aufdrücken; (*firma*) setzen (unter) (*ac*); **~pido** [~'piðo] *m* Knall *m*; Krachen *n*; **~pilla** [~'piʎa] *f Am* Briefmarke *f*
estan|camiento [estaŋka'mïento] *m* Stockung *f*; ✝ Stagnation *f*; **~car** [~'kar] (1g) stauen; *fig* zum Stocken bringen; **~cia** [~'tanθia] *f* Aufenthalt *m*; *Am* Viehgroßfarm *f*; **~co** [~'taŋko] **1.** *adj* wasserdicht; **2.** *m* ✝ Monopol *n*; (*tienda*) Tabakladen *m*
estandariza|ción [estandariθa'θïon] *f* Standardisierung *f*; **~r** [~'θar] (1f) standardisieren
estandarte [estan'darte] *m* Standarte *f*
estanque [es'taŋke] *m* Teich *m*
estanquero [estaŋ'kero] *m* Tabakhändler *m*
estante [es'tante] *m* Bücherbrett *n*, Bord *n*; **~ría** [~'ria] *f* Regal *n*
estaño [es'taɲo] *m* Zinn *n*
estar [es'tar] (1p) sein; sich befinden; stehen; liegen; **¿cómo estás?** wie geht es dir?; **estoy bien (mal)** es geht mir gut (schlecht); **estamos a 3 de enero** wir haben den 3. Januar; **el pan está a veinte pesetas** das Brot kostet zwanzig Peseten; **~ + ger** gerade et tun; **~ de**

arbeiten *od* tätig sein als; ~ *en todo* an alles denken; ~ *por a/c* (*alg*) für et (j-n) sein; ~ *por hacer* noch zu tun sein; *¿estamos?* (ein)verstanden?; *ya estoy* ich bin schon fertig; *¡ya está!* schon erledigt!

estatal [esta'tal] staatlich

estátic|a [es'tatika] *f* Statik *f*; **~o** [~ko] statisch

estatu|a [es'tatŭa] *f* Statue *f*; **~illa** [~'tŭiʎa] *f* Statuette *f*

estatu|ra [esta'tura] *f* Körpergröße *f*, Statur *f*; **~to** [~'tuto] *m* Statut *n*; **~s** *pl* Satzung *f*

este[1] ['este] *m* Osten *m*

este[2], **esta**, **esto**, **estos**, **estas** (*alleinstehend a* **éste**, **ésta[s]**, **éstos**) ['este, 'esta, 'esto, 'estos, 'estas] dieser (hier), diese, dieses, diese; *esta tarde* heute nachmittag; *en ésta* ⚓ am hiesigen Ort, hier; *esto es* nämlich; das heißt; *por esto* deshalb, deswegen

estela [es'tela] *f* ⚓ Kielwasser *n*; *fig* Spur *f*; **~r** [~'lar] Stern...

estenotipia [esteno'tipĭa] *f* Maschinenkurzschrift *f*

estentóreo [esten'toreo]: *voz f -a* Stentorstimme *f*

estepa [es'tepa] *f* Steppe *f*

estera [es'tera] *f* (Fuß-)Matte *f*

estercolero [esterko'lero] *m* Mist-, Dunghaufen *m*

estereo... [estereo...] Stereo...; **~tipado** [~ti'pado] stereotyp

estéril [es'teril] unfruchtbar; 🌿 steril (*a fig*)

esterili|dad [esterili'dad] *f* Unfruchtbarkeit *f*; **~zación** [~θa'θĭon] *f* Sterilisierung *f*; **~zar** [~'θar] (1f) sterilisieren

esterilla [este'riʎa] *f* (kleine) Matte *f*

esterlina [ester'lina]: *libra f* ~ Pfund *n* Sterling

esternón [ester'non] *m* Brustbein *n*

estética [es'tetika] *f* Ästhetik *f*

esteticista [esteti'θista] *f* Kosmetikerin *f*

estético [es'tetiko] ästhetisch

estetoscopio 🌿 [estetos'kopĭo] *m* Hörrohr *n*, Stethoskop *n*

estibador ⚓ [estiba'dɔr] *m* Schauermann *m*

estiércol [es'tĭerkɔl] *m* Dung *m*, Mist *m*

estigma [es'tigma] *m* Stigma *n*

estilarse [esti'larse] (1a) üblich sein

esti|lista [esti'lista] *su* Stilist(in *f*) *m*; **~lizar** [~'θar] (1f) stilisieren; **~lo** [~'tilo] *m* Stil *m*; ✎ Griffel *m*

estilográfica [estilo'grafika]: (*pluma*) ~ *f* Füllfederhalter *m*

estima [es'tima] *f* Schätzung *f*; Achtung *f*; **~ción** [~'θĭon] *f* (Ab-)Schätzung *f*; (*aprecio*) Achtung *f*; **~r** [~'mar] (1a) 1. *v/t* (ab-, ein)schätzen; (*apreciar*) (hoch)achten, schätzen; 2. *v/i* meinen, der Ansicht sein

estimula|nte [estimu'lante] 1. *adj* anregend; 2. *m* Anregungs-, Aufputschmittel *n*; **~r** [~'lar] (1a) anregen; anspornen

estímulo [es'timulo] *m* Reiz *m* (*a* 🌿); *fig* Anreiz *m*

estío [es'tio] *m* Sommer *m*

estipula|ción [estipula'θĭon] *f* Festsetzung *f*; Abmachung *f*; ⚖ Klausel *f*; **~r** [~'lar] (1a) abmachen, vereinbaren

estirar [esti'rar] (1a) ziehen, strecken; recken; (*piel*) straffen

estirpe [es'tirpe] *f* Stamm *m*; Geschlecht *n*; Herkunft *f*

estival [esti'bal] Sommer...

esto ['esto] *s* **este**[2]

estocada [esto'kada] *f* Degenstoß *m*

estofa|do [esto'fado] 1. *adj* geschmort; 2. *m* Schmorbraten *m*; **~r** [~'far] (1a) schmoren, dünsten

estoico [es'toiko] stoisch

estolón 🌿 [esto'lɔn] *m* Ausläufer *m*

estomacal [estoma'kal] 1. *adj* Magen...; 2. *m* Magenbitter *m*

estómago [es'tomago] *m* Magen *m*

estonio [es'tonĭo] 1. *adj* estnisch; 2. *m*, **-a** *f* [~ĭa] Este *m*, Estin *f*

estoque [es'toke] *m* Stoßdegen *m*

estor|bar [estor'bar] (1a) stören, (be)hindern; **~bo** [es'tɔrbo] *m* Störung *f*; Hindernis *n*

estornino *zo* [estɔr'nino] *m* Star *m*

estornu|dar [estornu'dar] (1a) niesen; **~do** [~'nudo] *m* Niesen *n*

estoy [es'tɔĭ] *s* **estar**

estrabismo 🌿 [estra'bizmo] *m* Schielen *n*

estrado [es'trado] *m* Podium *n*

estrafalario [estrafa'larĭo] extravagant, ausgefallen

estrago [es'trago] *m* Verwüstung *f*; (schwerer) Schaden *m*

estragón 🌿 [estra'gɔn] *m* Estragon *m*

estrambótico F [estram'botiko] extravagant, verschroben

estrangulación 140

estrangula|ción [estraŋgulaˈθĩɔn] f Erdrosselung f, Erwürgen n; **~r** [~ˈlar] (1a) erdrosseln, erwürgen
estra|tagema [estrataˈxema] f Kriegslist f; fig List f; **~tegia** [~ˈtexĩa] f Strategie f; **~tégico** [~ˈtɛxiko] strategisch
estrato [esˈtrato] m Schicht f
estre|char [estreˈtʃar] (1a) verengen; (vestido) enger machen; (mano) drücken; **~chez** [~ˈtʃeθ] f Enge f; fig Bedrängnis f, Not f; **~ de miras** Engstirnigkeit f; **~cho** [~ˈtretʃo] **1.** adj eng; schmal; **2.** m Meerenge f
estrella [esˈtreʎa] f Stern m; fig (Film-)Star m; **~ fugaz** Sternschnuppe f; **~ de mar** Seestern m; **~r** [~ˈʎar] (1a) zerschmettern; zertrümmern; **~rse** zerschellen; fig scheitern
estreme|cer [estremeˈθɛr] (2d) erschüttern; **~cerse** schaudern; zs.-fahren; **~cimiento** [~θiˈmiento] m Schauder m
estre|nar [estreˈnar] (1a) teat erst-, uraufführen; **~no** [esˈtreno] m teat Erstaufführung f, Premiere f
estreñimiento ♣ [estreɲiˈmiento] m Verstopfung f
estr|épito [esˈtrepito] m Getöse n, Lärm m; **~epitoso** [~ˈtoso] lärmend, geräuschvoll
estr|és [esˈtres] m Streß m; **~esante** [~treˈsante] stressig; **~esar** [~ˈsar] (1a) stressen
estría [esˈtria] f Rille f; Streifen m
estri|billo [estriˈbiʎo] m Kehrreim m, Refrain m; **~bo** [esˈtribo] m Steigbügel m (a anat); Trittbrett n; **perder los ~s** die Beherrschung verlieren
estribor ⚓ [estriˈbɔr] m Steuerbord n
estricnina [estrigˈnina] f Strychnin n
estricto [esˈtrikto] streng; strikt
estridente [estriˈdente] schrill
estrofa [esˈtrofa] f Strophe f
estrógeno [esˈtroxeno] m Östrogen n
estroncio [esˈtrɔnθio] m Strontium n
estropajo [estroˈpaxo] m Topfkratzer m
estropear [estropeˈar] (1a) beschädigen; kaputtmachen; fig verderben; **~se** kaputtgehen
estructura [estrukˈtura] f (Auf-)Bau m; Struktur f; **~l** [~ˈral] strukturell
estruendo [esˈtrũendo] m Getöse n; **~so** [~ˈdoso] lärmend; tosend
estrujar [estruˈxar] (1a) aus-, zerdrücken; auspressen

estuario [esˈtuarĩo] m (breite) Flußmündung f, Trichtermündung f
estu|cado [cstuˈkaðo] m Stuckarbeit f; **~co** [~ˈtuko] m Stuck m
estuche [esˈtutʃe] m Futteral n, Etui n
estudia|ntado [estuðianˈtaðo] m Studentenschaft f; **~nte** [~ˈðiante] su Student(in f) m; Schüler(in f) m; **~r** [~ˈðiar] (1b) (ein)studieren; lernen; üben
estudio [esˈtuðio] m Studium n; (obra) Studie f; ♪ Etüde f; (local) Atelier n; radio, TV Studio n; **~so** [~ˈðioso] lernbegierig, fleißig
estufa [esˈtufa] f Ofen m
estupe|faciente [estupefaˈθiɛnte] m Rauschgift n; **~facto** [~ˈfakto] sprachlos; bestürzt
estupendo [estuˈpendo] fabelhaft, großartig, F toll
est|upidez [estupiˈdeθ] f Dummheit f; **~úpido** [~ˈtupiðo] **1.** adj dumm; **2.** m Dummkopf m
estupor [estuˈpɔr] m Erstaunen n, Verblüffung f
esturión [estuˈriɔn] m Stör m
etapa [eˈtapa] f Etappe f; fig Phase f; Stufe f
éter [ˈetɛr] m Äther m
eter|nidad [etɛrniˈdað] f Ewigkeit f; **~no** [eˈtɛrno] ewig
éti|ca [ˈetika] f Ethik f; **~co** [~ko] ethisch
etimología [etimoloˈxia] f Etymologie f
etiqueta [etiˈketa] f Etikett n; (ceremonial) Etikette f
étnico [ˈɛtniko] ethnisch, Volks...
etnología [etnoloˈxia] f Völkerkunde f
etología [etoloˈxia] f Verhaltensforschung f, Ethologie f
eucalipto ♀ [eukaˈlipto] m Eukalyptus m
eucaristía [eukarisˈtia] f Eucharistie f
eufemismo [euфеˈmizmo] m Euphemismus m
euf|oria [euˈforia] f Euphorie f; **~órico** [~ˈforiko] euphorisch
eunuco [euˈnuko] m Eunuch m
euro|cheque [cüroˈtʃeke] m Euroscheck m; **~diputado** [~ðipuˈtaðo] m, **-a** f Europaabgeordnete(r m) f; **~peo** [~ˈpeo] **1.** adj europäisch, Europa...; **2.** m, **-a** f [~ˈpea] Europäer(in f) m
euskera [eüsˈkera] **1.** adj baskisch; **2.** m baskische Sprache f
eutanasia [eütaˈnasia] f Euthanasie f
evacua|ción [ebakŭaˈθĩɔn] f Evakuie-

rung *f*; Räumung *f*; ~**dor** [~'dɔr] *m*: ~ **de basuras** Müllschlucker *m*; ~**r** [~'kūar] (1d) räumen

evadir [eba'dir] (3a) vermeiden, umgehen; ~**se** entfliehen

evalua|ción [cbalūa'θīɔn] *f* Schätzung *f*; Bewertung *f*; ~**r** [~'lūar] (1e) (ab)schätzen; aus-, bewerten

evan|gélico [ebaŋ'xeliko] evangelisch; ~**gelio** [~'xelīo] *m* Evangelium *n*

evapora|ción [ebapora'θīɔn] *f* Verdunstung *f*; ~**rse** [~'rarse] (1a) verdampfen, verdunsten; F *fig* verduften, abhauen

evasi|ón [eba'sīɔn] *f* Flucht *f*; ~ **de capitales** ᵛ ¬pitalflucht *f*; ~**va** [~'siba] *f* Ausreda. . ~**vo** [~'sibo] ausweichend

evento [e'bento] *m* Ereignis *n*

eventual [ebcn'tūal] möglich, eventuell; (*ocasional*) gelegentlich

eviden|cia [ebi'denθīa] *f* Offenkundigkeit *f*; ~**te** [~'dente] offensichtlich, klar; **ser** ~ einleuchten

evita|ble [ebi'table] vermeidbar; ~**r** [~'tar] (1a) vermeiden, (*impedir*) verhindern; *j-m* aus dem Weg gehen

evocar [ebo'kar] (1g) heraufbeschwören; wachrufen

evolu|ción [cbolu'θīɔn] *f* Entwicklung *f*; Verlauf *m* (*a ✱*); ~**cionar** [~θīo'nar] (1a) sich (weiter)entwickeln

ex [εks] *vor su* Ex...; ehemalig

exac|titud [εgsakti'tud] *f* Genauigkeit *f*; Richtigkeit *f*; ~**to** [εg'sakto] genau, exakt; richtig

exagera|ción [εgsaxera'θīɔn] *f* Übertreibung *f*; ~**r** [~'rar] (1a) übertreiben

exalta|ción [εgsalta'θīɔn] *f* Lobpreisung *f*; Begeisterung *f*; ~**do** [~'tado] überspannt; exaltiert; ~**r** [~'tar] (1a) preisen; verherrlichen

examen [εg'samen] *m* Examen *n*; Prüfung *f*; Untersuchung *f* (*a ✱*)

examina|dor [εgsamina'dor] *m* Prüfer *m*; ~**r** [~'nar] (1a) prüfen; untersuchen (*a ✱*); ~**rse** e-e Prüfung ablegen (in **de**)

exaspera|ción [εgsaspera'θīɔn] *f* Erbitterung *f*; ~**r** [~'rar] (1a) aufbringen, zur Verzweiflung bringen; ~**rse** außer sich geraten

excarcelar [eskarθe'lar] (1a) aus dem Gefängnis entlassen

excava|ción [eskaba'θīɔn] *f* Ausgrabung *f*; ~**dora** [~'dora] *f* Bagger *m*; ~**r** [~'bar] (1a) ausgraben; ausbaggern

excede|nte [esθe'dente] **1.** *adj* überzählig; ✝ überschüssig; **2.** *m* Überschuß *m*; ~**r** [~'dεr] (2a) übersteigen, übertreffen; ~**rse** zu weit gehen

excelen|cia [esθe'lenθīa] *f* Vortrefflichkeit *f*; ⚥ Exzellenz *f*; **por** ~ schlechthin; ~**te** [~'lente] vortrefflich; ausgezeichnet

ex|centricidad [esθentriθi'dad] *f* Überspanntheit *f*; ~**céntrico** [~'θentriko] überspannt; exzentrisch

excep|ción [esθeb'θīɔn] *f* Ausnahme *f*; **a** (*od* **con**) ~ **de** mit Ausnahme von, ausgenommen; **sin** ~ ausnahmslos; ~**cional** [~θīo'nal] außerordentlich; ~**to** [es'θepto] ausgenommen; ~**tuar** [~tu'ar] (1e) ausnehmen

exce|sivo [esθe'sibo] übermäßig; übertrieben; ~**so** [es'θeso] *m* Übermaß *n*; ~ **de velocidad** Geschwindigkeitsüberschreitung *f*; **en** ~ übermäßig

excita|ble [esθi'table] reizbar; ~**ción** [~'θīɔn] *f* Erregung *f*, Aufregung *f*; ~**nte** [~'tante] an-, er-, aufregend; ~**r** [~'tar] (1a) an-, erregen; reizen; ~**rse** sich aufregen

exclama|ción [esklama'θīɔn] *f* Ausruf *m*; ~**r** [~'mar] (1a) ausrufen

exclu|ir [esklu'ir] (3g) ausschließen; ~**sión** [~'sīɔn] *f* Ausschluß *m*; ~**siva** [~'siba] *f* Alleinvertretung *f*; Exklusivrecht *n*; ~**sivo** [~'sibo] ausschließlich

excomu|lgar [eskomul'gar] (1h) exkommunizieren; ~**nión** [~'nīɔn] *f* Exkommunizierung *f*

excremento(s) [eskre'mento(s)] *m(pl)* Exkremente *n(pl)*; Kot *m*

excur|sión [eskur'sīɔn] *f* Ausflug *m*; ~**sionista** [~sīo'nista] *m* Ausflügler *m*

excusa [es'kusa] *f* Entschuldigung *f*; (*pretexto*) Ausflucht *f*, Ausrede *f*; ~**r** [~'sar] (1a) entschuldigen

exen|ción [εgsen'θīɔn] *f* Befreiung *f*; Freistellung *f*; ~ **fiscal** Steuerfreiheit *f*; ~**to** [εg'sento] frei, befreit; ~ **de impuestos** steuerfrei

exequias [εg'sekīas] *f/pl* Begräbnisfeierlichkeiten *f/pl*

exhaust|ivo [εgsaūs'tibo] erschöpfend (*a fig*); ~**o** [εg'saūsto] erschöpft

exhibi|ción [εgsibi'θīɔn] *f* Ausstellung *f*; Vorführung *f*, Schau *f*; ~**cionismo** [~θīo'nizmo] *m* Exhibitionismus *m*; ~**r** [~'bir] (3a) ausstellen; (*a fig*) zur Schau stellen; (*documento*) vorweisen

exhortación

exhorta|ción [εgsɔrta'θĭɔn] *f* Ermahnung *f*; **~r** [~'tar] (1a) ermahnen; auffordern (zu *a*)
exigen|cia [εgsi'xenθĭa] *f* Forderung *f*; **~te** [~'xente] anspruchsvoll
exigir [εgsi'xir] (3c) (er)fordern; verlangen
exil|(i)arse [εgsi'l(ĭ)arse] (1a) ins Exil gehen; **~io** [~'silĭo] *m* Exil *n*
eximir [εgsi'mir] (3a) befreien (von *de*)
exis|tencia [εgsis'tenθĭa] *f* Dasein *n*; Existenz *f*; ✝ **en ~** vorrätig; **~s** *pl* ✝ Bestände *m/pl*; **~tente** [~'tente] bestehend; vorrätig; **~tir** [~tir] (3a) bestehen; existieren; (*vivir*) leben
éxito ['εgsito] *m* Erfolg *m*
exitoso *bsd Am* [εgsi'toso] erfolgreich
éxodo ['εgsoðo] *m* Auszug *m*; Abwanderung *f*; **~ rural** Landflucht *f*
exorbitante [εgsɔrbi'tante] übermäßig; übertrieben
exorci|smo [εgsɔr'θizmo] *m* Teufelsaustreibung *f*; **~zar** [~θi'θar] (1f) beschwören, austreiben
exótico [εg'sotiko] exotisch
expansi|ón [εspan'sĭɔn] *f* Ausdehnung *f*; Expansion *f*; **~vo** [~'siβo] expansiv; *fig* mitteilsam; **onda** *f* **-a** Druckwelle *f*
expatriarse [εspa'trĭarse] (1b) auswandern
expecta|ción [εspεkta'θĭɔn] *f* Erwartung *f*; **~nte** [~'tante] abwartend; **~tiva** [~ta'tiβa] *f* Erwartung *f*; **~ de vida** Lebenserwartung *f*; **estar a la ~** sich abwartend verhalten
expedición [εspeði'θĭɔn] *f* Beförderung *f*; Versand *m*; (*de un documento*) Ausstellung *f*; (*viaje*) Expedition *f*
expedien|tar [εspeðĭen'tar] (1a): **~ a alg** gegen j-n ein Verfahren einleiten; **~te** [~'ðĭente] *m* Akte *f*; ⚖ Verfahren *n*
expedir [εspe'ðir] (3l) (ab-, ver)senden; (*documento*) ausstellen, ausfertigen
expendedor [εspende'ðɔr] *m*: **~ automático** (Waren-)Automat *m*
expensas [εs'pensas] *f/pl* Kosten *pl*; **a ~ de** auf Kosten (*gen*)
experiencia [εspe'rĭenθĭa] *f* Erfahrung *f*; (*experimento*) Versuch *m*
experimen|tación [εsperimenta'θĭɔn] *f* Erprobung *f*; **~tado** [~'taðo] erfahren; erprobt; **~tal** [~'tal] experimentell, Versuchs...; **~tar** [~'tar] (1a) **1.** *v/t* erproben; *fig* erleben; erfahren; empfinden;
2. *v/i* experimentieren; **~to** [~'mento] *m* Versuch *m*; Experiment *n*
experto [εs'pεrto] **1.** *adj* sachkundig, erfahren; **2.** *m* Fachmann *m*, Experte *m*
expiar [εs'pĭar] (1c) sühnen; (*condena*) abbüßen
expira|ción [εspira'θĭɔn] *f* Ablauf *m*, Erlöschen *n*; **~r** [~'rar] (1a) sterben; (*plazo*) ablaufen
explayarse [εspla'jarse] (1a) sich ausdehnen; *fig* sich aussprechen
explica|ción [εsplika'θĭɔn] *f* Erklärung *f*; **~r** [~'kar] (1g) erklären; **~rse: ~ a/c** sich et erklären können; **~tivo** [~'tiβo] erläuternd
explícito [εs'pliθito] ausdrücklich
explora|ción [εsplora'θĭɔn] *f* Erforschung *f*; ✚ Untersuchung *f*; **~dor** *m* [~'ðɔr] Forscher *m*; Pfadfinder *m*; ⚔ Kundschafter *m*; Aufklärer *m*; **~r** [~'rar] (1a) erforschen; ⚔ auskundschaften; ✚ untersuchen
explosi|ón [εsplo'sĭɔn] *f* Explosion *f*; **hacer ~** explodieren; **~vo** [~'siβo] *m* Sprengkörper *m*, -stoff *m*
explota|ción [εsplota'θĭɔn] *f* Ausbeutung *f* (*a fig*); ⚒ Nutzung *f*; (*empresa*) Betrieb *m*; **~r** [~'tar] (1a) **1.** *v/t* (aus)nutzen; ausbeuten; betreiben, bewirtschaften; ⚒ abbauen; **2.** *v/i* explodieren
expoliar [εspo'lĭar] (1b) ausplündern
exponer [εspo'nεr] (2r) darlegen; (*exhibir*) ausstellen; (*arriesgar*) gefährden; *fot* belichten; **~se** sich *e-r Gefahr etc* aussetzen
exporta|ción [εspɔrta'θĭɔn] *f* Ausfuhr *f*, Export *m*; **~dor** [~'ðɔr] *m* Exporteur *m*; **~r** [~'tar] (1a) ausführen, exportieren
exposición [εsposi'θĭɔn] *f* Ausstellung *f*; *fig* Darlegung *f*; *fot* Belichtung *f*
expósito [εs'posito] *m* Findelkind *n*
expositor [εsposi'tɔr] *m* Aussteller *m*
expre|sar [εspre'sar] (1a) ausdrücken; äußern; **~sión** [~'sĭɔn] *f* Ausdruck *m*; **~sivo** [~'siβo] ausdrucksvoll; **~so** [~'preso] **1.** *adj* ausdrücklich; **2.** *m* 🚂 Schnellzug *m*
exprimi|dor [εsprimi'ðɔr] *m* Fruchtpresse *f*; **~r** [~'mir] (3a) auspressen
expropia|ción [εspropĭa'θĭɔn] *f* Enteignung *f*; **~r** [~'pĭar] (1b) enteignen
expuesto [εs'pŭesto] **1.** *part v* **exponer**;
2. *adj* gefährdet; gefährlich

expul|sado [espul'saðo] *m* Vertriebene(r) *m*; ~**sar** [~'sar] (1a) vertreiben, ausweisen; (*humo*) ausstoßen; ~**sión** [~'sĭɔn] *f* Vertreibung *f*; Ausweisung *f*; Ausstoßung *f*
exquisito [eski'sito] erlesen, vorzüglich; (*comida*) köstlich
extasiarse [esta'sĭarse] (1c) in Verzückung geraten
éxtasis ['estasis] *m* Verzückung *f*, Ekstase *f*
exten|der [esten'der] (2g) ausbreiten; ausdehnen; (*cheque, etc*) ausstellen; ~**sible** [~'sible] ausziehbar; ~**sión** [~'sĭɔn] *f* Ausdehnung *f*, Umfang *m*; Dauer *f*; *tel* Durchwahl *f*; ~**so** [es'tenso] weit; ausgedehnt
extenua|ción [estenŭa'θĭɔn] *f* Entkräftung *f*; ~**r** [~nu'ar] (1e) entkräften; erschöpfen
exterior [este'rĭɔr] 1. *adj* äußerlich, Außen...; 2. *m* Äußere(s) *n*; ~**es** *m/pl* Außenaufnahmen *f/pl*; ~**izar** [~rĭori'θar] (1f) äußern, zum Ausdruck bringen
extermi|nar [estermi'nar] (1a) ausrotten; vernichten; ~**nio** [~'minĭo] *m* Ausrottung *f*, Vernichtung *f*
externo [es'tɛrno] äußerlich
extin|ción [estin'θĭɔn] *f* Löschung *f*; *biol* Aussterben *n*; ~**guir** [estiŋ'gir] (3d) (aus)löschen; ~**guirse** erlöschen (*a fig*); *biol* aussterben; ~**to** [es'tinto] erloschen; ~**tor** [~'tɔr] *m* (*de incendios*) Feuerlöscher *m*
extirpa|ción [estirpa'θĭɔn] *f* Ausrottung *f*; ~**r** [~'par] (1a) ausrotten; ⚔ entfernen
extorsión [estor'sĭɔn] *f* Erpressung *f*
extra ['ɛgstra] 1. *adj* Extra...; Sonder...; 2. *m* Zulage *f*; (*cine*) Statist *m*
extrac|ción [estrag'θĭɔn] *f* Herausziehen *n*; ⚔ Ziehen *n*; ⚒ Förderung *f*; Gewinnung *f*; ~**to** [es'trakto] *m* Auszug *m*; Extrakt *m*; ~ **de cuenta** Kontoauszug *m*; ~**tor** [~'tɔr] *m*: ~ **de humos** Rauchabzug *m*
extradi|ción [estraði'θĭɔn] *f* ⚖ Auslieferung *f*; ~**tar** [~'tar] (1a) ausliefern
extraer [estra'ɛr] (2p) herausziehen; (*muela*) ziehen; (*sangre*) entnehmen; ⚒ fördern
extranjero [estraŋ'xero] 1. *adj* ausländisch; 2. *m* Ausländer *m*; (*país*) Ausland *n*
extra|ñar [estra'ɲar] (1a) wundern, befremden; *bsd Am* vermissen; ~**ñarse** sich wundern, erstaunt sein (über *ac de*); ~**ñeza** [~'ɲeθa] *f* Befremden *n*; Erstaunen *n*; ~**ño** [es'traɲo] fremd; (*raro*) sonderbar, seltsam
extra|ordinario [estraɔrði'narĭo] außergewöhnlich; außerordentlich; Sonder...; ~**rradio** [~'rraðĭo] *m* Außenbezirk *m*; Stadtrand *m*; ~**terrestre** [~tɛ'rrestre] außerirdisch; ~**vagancia** [~ba'ganθĭa] *f* Extravaganz *f*; ~**vagante** [~'gante] extravagant; ~**vertido** [~bɛr'tiðo] extrovertiert; ~**viar** [~bi'ar] (1c) (*perder*) verlegen; ~**viarse** sich verlaufen; (*cosa*) abhanden kommen
extre|mado [estre'maðo] übertrieben; ~**mar** [~'mar] (1a) übertreiben; verschärfen; ~**maunción** *rel* [~maun'θĭɔn] *f* letzte Ölung *f*; ~**meño** [~'meɲo] aus Estremadura; ~**midad** [~mi'ðað] *f* Spitze *f*; Ende *n*; ~**es** *f/pl* Gliedmaßen *pl*; ~**mista** [~'mista] *m* Radikale(r) *m*; Extremist *m*; ~**mo** [es'tremo] 1. *adj* äußerst; extrem; 2. *m* (äußerste) Ende *n*; Extrem *n*; *dep* Außenstürmer *m*
exuberan|cia [ɛgsube'ranθĭa] *f* Überfülle *f*; ~**te** [~'rante] üppig
eyacula|ción [ejakula'θĭɔn] *f* Samenerguß *m*; ~**r** [~'lar] (1a) ejakulieren

F

F, f ['efe] *f* F, f *n*
fa ♪ [fa] *m* F *n*
fábrica ['fabrika] *f* Fabrik *f*
fabrica|ción [fabrika'θĭɔn] *f* Fabrikation *f*, Herstellung *f*; ~ **en serie** Serienherstellung *f*; ~**nte** [~'kante] *m* Fabrikant *m*, Hersteller *m*; ~**r** [~'kar] (1g) herstellen

fabril

fabril [fa'bril] Fabrik...
fábula ['fabula] f Fabel f
fabuloso [fabu'loso] fabelhaft
facción [fag'θĭɔn] f Rotte f; Bande f; **facciones** pl Gesichtszüge m/pl
faceta [fa'θeta] f fig Aspekt m
facha ['fatʃa] **1.** f Aussehen n; **2.** m desp Faschist m; **~da** [fa'tʃaða] f Fassade f
facial [fa'θĭal] Gesichts...
fácil ['faθil] leicht; fig leichtfertig
facili|dad [faθili'ðað] f Leichtigkeit f; Gewandtheit f; **~es** pl Erleichterungen f/pl; **~tar** [~'tar] (1a) erleichtern; (proporcionar) be-, verschaffen
facsímil(e) [fak'simil(e)] m Faksimile n
factible [fak'tible] machbar
factor [fak'tɔr] m Faktor m; **~ de protección solar** Lichtschutzfaktor m; **~ía** [~to'ria] f Fabrik f, Werk n
factura [fak'tura] f Rechnung f; **~ción** [~'θĭɔn] f Berechnung f; 🛄 (Gepäck-)Aufgabe f, Abfertigung f; Umsatz m; **~r** [~'rar] (1a) in Rechnung stellen; (equipaje) aufgeben; ✈ einchecken
faculta|d [fakul'tað] f Fähigkeit f; (poder) Befugnis f; (universidad) Fakultät f; **~r** [~'tar] (1a) ermächtigen (zu para); **~tivo** [~ta'tibo] **1.** adj fakultativ; freiwillig; ⚕ ärztlich; **2.** m Arzt m
faena [fa'ena] f Arbeit f; **hacer una ~ a alg** j-m übel mitspielen; **~r** [fae'nar] (1a) fischen, auf Fang gehen
fagot ♪ [fa'gɔt] m Fagott n
faisán [faĭ'san] m Fasan m
faja ['faxa] f Schärpe f; (corsé) Mieder n; ✱ Leibbinde f; (de terreno) Streifen m; 📬 **bajo ~** unter Streif-, Kreuzband n
fajo ['faxo] m Bündel n
falange [fa'laŋxe] f Fingerglied n
falaz [fa'laθ] (be)trügerisch
falda ['falda] f Rock m; geo Berghang m; **~ pantalón** Hosenrock m; **~ plisada** Plisseerock m
falible [fa'lible] fehlbar
falla ['faʎa] f (Material-)Fehler m; geo Bruch m; Am Versagen n; **~r** [~'ʎar] (1a) versagen; ⚖ das Urteil fällen
falle|cer [faʎe'θer] (2d) sterben; **~cido** [~'θiðo] m Verstorbene(r) m; **~cimiento** [~'mĭento] m Tod m
fallido [fa'ʎiðo] fehlgeschlagen
fallo ['faʎo] m ⚖ Urteil n; (defecto) Fehler m; ⚡, ⚙ Versagen n; **~ humano** menschliches Versagen n

false|ar [false'ar] (1a) verfälschen; **~dad** [~'ðað] f Falschheit f; Fälschung f
falsifica|ción [falsifika'θĭɔn] f (Ver-)Fälschung f; **~dor** m [~'ðɔr] Fälscher m; **~ de moneda** Falschmünzer m; **~r** [~'kar] (1g) fälschen
falso ['falso] falsch; unwahr
falta ['falta] f Fehler m; (carencia) Mangel m (an dat de); (ausencia) Fehlen n; dep Foul n; **a** (od **por**) **~ de** mangels (gen); **sin ~** ganz bestimmt; **echar en ~** vermissen; **hacer ~** nötig sein; **~r** [~'tar] (1a) fehlen; ausbleiben; **~ a** verstoßen gegen (ac); **~ a clase** den Unterricht versäumen; **~ a su palabra** sein Wort brechen
falto ['falto]: **~ de** in Ermangelung (gen); **~ de recursos** mittellos
fama ['fama] f Ruf m; Ruhm m; **de ~ mundial** weltberühmt; **tener mala ~** e-n schlechten Ruf haben
famélico [fa'meliko] ausgehungert
familia [fa'milĭa] f Familie f; **~ numerosa** kinderreiche Familie f; **~r** [fami'lĭar] **1.** adj Familien...; fig vertraut; familiär; **2.** m Familienangehörige(r) m; **~rizar(se)** [~ri'θar(se)] (1f) (sich) vertraut machen (mit dat **con**)
famoso [fa'moso] berühmt
fan [fan] su Fan m
fanático [fa'natiko] **1.** adj fanatisch; **2.** m Fanatiker m; Fan m
fanatismo [fana'tizmo] m Fanatismus m
fanfarr|ón [famfa'rrɔn] **1.** adj prahlerisch; **2.** m Aufschneider m, Angeber m; **~onada** [~farrɔ'naða] f Angeberei f; **~onear** [~ne'ar] (1a) aufschneiden, angeben
fango ['faŋgo] m Schlamm m; **~so** [~'goso] schlammig
fantas|ear [fantase'ar] (1a) phantasieren; **~ía** [~'sia] f Phantasie f; **~ma** [~'tazma] m Gespenst n
fantástico [fan'tastiko] phantastisch
faquir [fa'kir] m Fakir m
farándula [fa'randula] f Komödiantentum n; (mundo m de la) **~** Showbusiness n
fardo ['farðo] m Ballen m
farero [fa'rero] m Leuchtturmwärter m
farfullar [farfu'ʎar] (1a) stammeln
faring|e [fa'riŋxe] f Rachen m; **~itis** ⚕ [~'xitis] f Rachenentzündung f
farma|céutico [farma'θeŭtiko] **1.** adj

pharmazeutisch; **2.** *m* Apotheker *m*; **~cia** [~'maθia] *f* Apotheke *f*; (*ciencia*) Pharmazie *f*

fármaco ['farmako] *m* Arzneimittel *n*

faro ['faro] *m* Leuchtturm *m*; *auto* Scheinwerfer *m*; **~ antiniebla** Nebelscheinwerfer *m*; **~ halógeno** Halogenscheinwerfer *m*; **~l** [fa'rɔl] *m* (Straßen-)Laterne *f*; F Bluff *m*; **~la** [~'rola] *f* Straßenlaterne *f*; **~lero** [~'lero] *m* *fig* Angeber *m*; **~lillo** [~'liʎo] *m* Lampion *m*; **~ rojo** *fig* Schlußlicht *n*

farra *Am* ['farra] *f* lärmendes Fest *n*

farsa ['farsa] *f* Posse *f*; *fig* Farce *f*; **~nte** [~'sante] *m* Schwindler *m*

fascículo [fas'θikulo] *m* Heft *n*

fascina|ción [fasθina'θĭɔn] *f* Faszination *f*, Zauber *m*; **~r** [~'nar] (1a) faszinieren, bezaubern

fascis|mo [fas'θizmo] *m* Faschismus *m*; **~ta** [~'θista] **1.** *adj* faschistisch; **2.** *m* Faschist *m*

fase ['fase] *f* Phase *f*

fastidi|ar [fasti'ðĭar] (1b) ärgern; belästigen; **~o** [~'tiðĭo] *m* Ärger *m*; Überdruß *m*; **~oso** [~'ðĭoso] lästig; ärgerlich

fastuoso [fas'tŭoso] prunkvoll

fatal [fa'tal] verhängnisvoll; **~idad** [~li'ðað] *f* Verhängnis *n*; **~ista** [~'lista] **1.** *adj* fatalistisch; **2.** *m* Fatalist *m*

fatídico [fa'tiðiko] unheilvoll

fati|ga [fa'tiga] *f* Mühe *f*; Strapaze *f*; (*cansancio*) Ermüdung *f*; **~gar** [~'gar] (1h) ermüden, anstrengen; **~garse** müde werden, ermüden; **~goso** [~'goso] ermüdend; anstrengend

fatuo ['fatŭo] eingebildet, eitel

fauna ['faŭna] *f* Tierwelt *f*, Fauna *f*

fauno ['faŭno] *m* Faun *m*

fausto ['faŭsto] *m* Pracht *f*, Pomp *m*

favor [fa'bɔr] *m* Gunst *f*; Gefälligkeit *f*; Gefallen *m*; *a* **~ de** zugunsten *von*; *a mi* **~** zu m-n Gunsten; *por* **~** bitte!; *hacer el* **~ *de*** so freundlich sein (*inf*); **~able** [fabo'raβle] günstig; **~ecedor** [~reθe'ðɔr] *m* vorteilhaft; **~ecer** [~'θer] (2d) begünstigen; (*vestido*) gut stehen; **~itismo** [~ri'tizmo] *m* Günstlingswirtschaft *f*; **~ito** [~'rito] **1.** *adj* Lieblings...; *plato m* **~** Leibgericht *n*; **2.** *m* Günstling *m*; Favorit *m*

faz [faθ] *f* Antlitz *n*

fe [fe] *f* Glaube *m* (an *ac* **en**); (*confianza*) Vertrauen *n* (zu *dat*, in *ac* **en**); **~ de erratas** Druckfehlerverzeichnis *n*

fealdad [feal'dað] *f* Häßlichkeit *f*

febrero [fe'brero] *m* Februar *m*

febril [fe'βril] fieberhaft (*a fig*)

fecal [fe'kal]: *materias f/pl* **~es** Fäkalien *pl*; Kot *m*

fecha ['fetʃa] *f* Datum *n*; **~ *de caducidad*** Haltbarkeitsdatum *n*; **hasta la ~** bis heute; **~r** [~'tʃar] (1a) datieren

fechoría [fetʃo'ria] *f* Missetat *f*

fécula ['fekula] *f* Stärke(mehl *n*) *f*

fecun|dación [fekunda'θĭɔn] *f* Befruchtung *f*; **~dar** [~'dar] (1a) befruchten; **~didad** [~di'ðað] *f* Fruchtbarkeit *f*; **~do** [fe'kundo] fruchtbar (*a fig*)

federa|ción [feðera'θĭɔn] *f* Bund *m*; Verband *m*; **~l** [~'ral] Bundes...; **~lismo** [~'lizmo] *m* Föderalismus *m*

fehaciente [fea'θĭente] glaubhaft

felici|dad [feliθi'ðað] *f* Glück *n*; **¡~es!** herzlichen Glückwunsch!; **~tación** [~ta'θĭɔn] *f* Glückwunsch *m*; **~tar** [~'tar] (1a) beglückwünschen; gratulieren (zu *dat* **por**)

felino [fe'lino] katzenhaft (*a fig*)

feliz [fe'liθ] glücklich

fel|pa ['felpa] *f* Plüsch *m*; **~pudo** [~'puðo] *m* Fußmatte *f*

femenino [feme'nino] **1.** *adj* weiblich; Frauen...; **2.** *m gram* Femininum *n*

femini|dad [femini'ðað] *f* Weiblichkeit *f*; Fraulichkeit *f*; **~smo** [~'nizmo] *m* Feminismus *m*; **~sta** [~'nista] **1.** *adj* feministisch; **2.** *f* Feministin *f*

fémur ['femur] *m* Oberschenkelknochen *m*, Femur *m*

fenicio [fe'niθĭo] **1.** *adj* phönizisch; **2.** *m* Phönizier *m*

fen|omenal [fenome'nal] *fig* großartig, phänomenal; **~ómeno** [fe'nɔmeno] *m* Phänomen *n*, Erscheinung *f*

feo ['feo] häßlich

féretro ['feretro] *m* Sarg *m*

feria ['ferĭa] *f* Jahrmarkt *m*; ✝ Messe *f*; **~ *de muestras*** Mustermesse *f*; **~ *monográfica*** Fachmesse *f*; **~nte** [fe'rĭante] *m* Messebesucher *m*; Schausteller *m*

fermen|tación [fermenta'θĭɔn] *f* Gärung *f*; **~tar** [~'tar] (1a) gären; **~to** [~'mento] *m* Ferment *n*

fero|cidad [feroθi'ðað] *f* Wildheit *f*; **~z** [fe'roθ] wild; grausam

férreo ['fɛrreo] eisern (*a fig*)

ferretería [fɛrrɛte'ria] f Eisenwarenhandlung f
ferro|carril [fɛrroka'rril] m Eisenbahn f; **~viario** [~'bĩarĩo] **1.** adj Eisenbahn...; **2.** m Eisenbahner m
ferry [['fɛrri] m (Auto-)Fähre f
fértil ['fɛrtil] fruchtbar (a fig)
fertili|dad [fɛrtili'ðað] f Fruchtbarkeit f; **~zante** [~'θante] m Düngemittel n; **~zar** [~'θar] (1f) düngen
fer|viente [fɛr'bĩente] inbrünstig; glühend; **~vor** [~'bɔr] m Inbrunst f; fig Feuereifer m; **~voroso** [~bo'roso] inbrünstig; eifrig
fes|tejar [fɛstɛ'xar] (1a) feiern; **~tín** [~'tin] m Festmahl n, Bankett n; **~tival** [~ti'bal] m Festival n; Festspiele n/pl; **~tividad** [~tibi'ðað] f Fest(lichkeit f) n; **~tivo** [~'tibo] festlich, Fest...; fig fröhlich
fetal [fe'tal] adj Fötus..., fetal
fetiche [fe'titʃe] m Fetisch m
fétido ['fetido] stinkend
feto ['feto] m Fötus m
feudal [feṷ'ðal] feudal; Lehns...; **~ismo** [~'lizmo] m Lehnswesen n
fia|ble [fi'aβle] zuverlässig; **~dor** [fia'ðor] m Bürge m
fiambre ['fĩambre] m Aufschnitt m; **~ra** [~'brera] f Picknickdose f; **~ría** Am [~'ria] f Feinkostgeschäft n
fia|nza [fi'anθa] f Bürgschaft f; Kaution f; **bajo ~** gegen Kaution; **~r** [fi'ar] (1c) bürgen für (ac); **~rse:** ~ de alg j-m trauen; sich auf j-n verlassen
fiasco ['fĩasko] m Fiasko n
fibra ['fibra] f Faser f; (de un alimento) Faserstoffe m/pl; ~ **óptica**, ~ **de vidrio** Glasfaser f; ~ **sintética** Kunstfaser f
fic|ción [fig'θĩon] f Fiktion f; **~ticio** [fik'tiθĩo] erdacht, fiktiv; fingiert
fich|a ['fitʃa] f Spielmarke f; tel Münze f; (tarjeta) Karteikarte f; **~ar** [fi'tʃar] (1a) **1.** v/t registrieren, erfassen; dep verpflichten, unter Vertrag nehmen; **2.** v/i dep sich verpflichten (bei por); **~ero** [fi'tʃero] m Kartei f; Karteikasten m; inform Datei f
ficus ⚕ ['fikus] m Gummibaum m
fidedigno [fiðe'ðigno] glaubwürdig
fidelidad [fiðeli'ðað] f Treue f; **alta ~** Hi-Fi f
fideos [fi'ðeos] m/pl (Faden-)Nudeln f/pl
fiduciario [fiðu'θĩarĩo] adj Treuhand...

fiebre ['fĩebre] f Fieber n; ~ **amarilla** Gelbfieber n; ~ **del heno** Heuschnupfen m
fiel ['fĩɛl] **1.** adj treu; getreu; zuverlässig; **2.** m rel Gläubige m
fieltro ['fĩɛltro] m Filz m
fie|ra ['fĩera] f Raubtier n; **~reza** [~'reθa] f Wildheit f; **~ro** ['fĩero] wild, grausam
fiesta ['fĩesta] f Fest n; Feiertag m; ~ **nacional** Nationalfeiertag m; Esp Stierkampf m; **hacer ~** nicht arbeiten
figura [fi'gura] f Figur f; Gestalt f; **~do** [~'raðo] (sinn)bildlich; **sentido** m ~ übertragene Bedeutung f; **~nte** m, **~nta** f [~'rante, ~'ranta] Statist(in f) m; **~r** [~'rar] (1a) **1.** v/t darstellen; **2.** v/i aufgeführt sein, stehen (auf, in dat en); **~rse** sich denken; **¡figúrate!** stell dir (nur) vor!
fija|ción [fixa'θĩon] f Befestigung f; ✝ Festsetzung f; (esquí) Bindung f; **~dor** [~'ðor] m Haarfestiger m; fot Fixiermittel n; **~r** [~'xar] (1a) befestigen; (precio, etc) festsetzen; fot fixieren; **~rse** bemerken; achten (auf ac en)
fijo ['fixo] fest; **idea ~a** fixe Idee f
fila ['fila] f Reihe f; ⚔ Glied n; ~ **india** Gänsemarsch m; ⚔ **llamar a ~s** einberufen, einziehen
filatelia [fila'telĩa] f Philatelie f; **~sta** [~'lista] m Briefmarkensammler m
filete [fi'lete] m gastr Scheibe f Fleisch; (Fisch-)Filet n
filia|ción [filĩa'θĩon] f Abstammung f; pol Mitgliedschaft f; **~l** [fi'lĩal] **1.** adj Kindes...; **2.** f Tochtergesellschaft f
filipino [fili'pino] **1.** adj philippinisch; **2.** m Filipino m
film|(e) [film(e)] m Film m; **~ación** [~ma'θĩon] f Verfilmung f; Filmen n; **~adora** [~'ðora] f Filmkamera f; **~ar** [~'mar] (1a) (ver)filmen; **~oteca** [~'teka] f Filmarchiv n
filo ['filo] m Schneide f; **de dos ~s, de doble ~** zweischneidig
filología [filolo'xia] f Philologie f
filólogo [fi'lologo] m Philologe m
filón [fi'lɔn] m Erzader f; Flöz n; fig Goldgrube f
filosofía [filoso'fia] f Philosophie f
filósofo [fi'losofo] m Philosoph m
filoxera [filɔg'sera] f Reblaus f
filtrar [fil'trar] (1a) filtern; **~se** durchsickern (a fig)

filtro ['filtro] m Filter m
fin [fin] m Ende n; (finalidad) Ziel n; Zweck m; ~ **de semana** Wochenende n; **al** (od **en, por**) ~ endlich; **a** ~ **de** inf um zu inf; **a** ~ (od **con el** ~) **de que** damit; **a** ~**es de mayo** Ende Mai; **al** ~ **y al cabo** letztes Endes
finado m [fi'naðo] Verstorbene(r) m
final [fi'nal] **1.** adj Schluß..., End...; **2.** m Ende n; ♪ Finale n; **3.** f dep Endspiel n, Finale n; ~**ista** [~'lista] m Endspielteilnehmer m; ~**izar** [~'θar] (1f) beenden; ~**mente** [~'mente] endlich
finan|ciación [finanθïa'θĭon] f Finanzierung f; ~**ciar** [~'θĭar] (1b) finanzieren; ~**ciero** [~'θĭero] **1.** adj Finanz...; finanziell; **2.** m Finanzmann m; ~**zas** [fi'nanθas] f/pl Finanzen f/pl
finca ['fiŋka] f Grundstück n; Landgut n; ~ **urbana** Wohnhaus n
fineza [fi'neθa] f Feinheit f
fingi|do [fiŋ'xiðo] verstellt, fingiert; ~**r** [~'xir] (3c) vortäuschen, vorgeben
finlandés [finlan'des] **1.** adj finnisch; **2.** m Finne m
fino ['fino] fein; dünn; fig höflich
finura [fi'nura] f Feinheit f
firma ['firma] f Unterschrift f
firmamento [firma'mento] m Firmament n
firma|nte [fir'mante] m Unterzeichner m; ~**r** [~'mar] (1a) unterzeichnen, -schreiben
firme ['firme] **1.** adj fest; sicher; **2.** m Straßendecke f; ~**za** [~'meθa] f Festigkeit f; fig Standhaftigkeit f
fiscal [fis'kal] **1.** adj Steuer...; **2.** su Staatsanwalt m, -anwältin f; ~**ía** [~'lia] f Staatsanwaltschaft f
fisco ['fisko] m Fiskus m
físi|ca ['fisika] f Physik f; ~**co** [~ko] **1.** adj physikalisch; physisch, körperlich; **2.** m Physiker m; (aspecto) Aussehen n
fisiología [fisĭolɔ'xia] f Physiologie f
fisión [fi'sĭon] f: ~ **nuclear** Kernspaltung f
fisioterapeuta [fisĭotera'peŭta] su Physiotherapeut(in f) m; Heilgymnast(in f)
fisonomía [fisono'mia] f Physiognomie f; Gesichtsausdruck m
fístula ⚕ ['fistula] f Fistel f
fisura [fi'sura] f Spalt m; Fissur f
fito... [fito] in Zssgn Pflanzen..., Phyto...

fláccido ['flagθiðo] schlaff
flaco ['flako] **1.** adj mager, dürr; a fig schwach; **2.** m schwache Seite f; Schwäche f
flagelo [fla'xelo] m Geißel f (a fig)
flagrante [fla'grante]: **en** ~ auf frischer Tat
flamante [fla'mante] (funkel)nagelneu
flamenco [fla'meŋko] **1.** adj flämisch; **2.** m Flame m; zo Flamingo m; Esp Flamenco m
flan [flan] m Pudding m
flanco [flaŋko] m Seite f, Flanke f
flaque|ar [flake'ar] nachgeben; nachlassen; ~**za** [~'keθa] f Magerkeit f; fig Schwäche f
flash [flaʃ] m fot Blitzlicht n; ~ **back** [~'bek] m Rückblende f
flato ['flato] m Blähung f
flau|ta ['flaŭta] f Flöte f; ~ **dulce** Blockflöte f; ~**tín** [~'tin] m Pikkoloflöte f; ~**tista** [~'tista] su Flötist(in f) m
flebitis [fle'bitis] f Venenentzündung f
flecha ['fletʃa] f Pfeil m; ~**zo** [~'tʃaθo] m Pfeilschuß m; F Liebe f auf den ersten Blick
fleco ['fleko] m Franse f
flem|a ['flema] f Phlegma n; ~**ático** [~'matiko] phlegmatisch
flemón ⚕ [fle'mɔn] m Zahngeschwür n
flequillo [fle'kiʎo] m (pelo) Pony m
fletar [fle'tar] (1a) chartern
flexi|ble [flɛgsible] biegsam, flexibel; ~**ón** [~'sĭon] f Biegung f; dep Beuge f; gram Flexion f
flirt [flirt] m Flirt m; ~**ear** [flirte'ar] (1a) flirten; ~**eo** [~'teo] m Flirten n
flojo ['flɔxo] locker; fig schlapp; (débil) schwach
flor [flɔr] f Blume f; Blüte f; **la** ~ **y nata** (**de la sociedad**) die Creme (der Gesellschaft); ~**a** ['flora] f Pflanzenwelt f; Flora f; ~**ación** [~'θĭon] f Blüte(zeit) f; ~**ecer** [~re'θer] (2d) blühen (a fig); ~**eciente** [~re'θĭente] blühend (a fig); ~**ero** [~'rero] m Blumenvase f
florete [flo'rete] m Florett n
florín [flo'rin] m Gulden m
floris|ta [flo'rista] su Blumenhändler(in f) m; ~**tería** [~te'ria] f Blumengeschäft n
flota ['flota] f Flotte f; ~**dor** [~'ðɔr] m Schwimmgürtel m; ⊙ Schwimmer m; ~**r** [~'tar] (1a) schwimmen, treiben; (en el aire) schweben

flote

flote ⚓ ['flote]: *a ~* flott; *mantenerse a ~ fig* sich über Wasser halten; *poner (od sacar) a ~* flottmachen (*a fig*)

fluctua|ción [fluktua'θjon] *f* Schwankung *f*; **~r** [~'ar] (1e) schwanken (*a fig*)

flui|dez [flui'deθ] *f* Flüssigkeit *f* (*a fig*); **~do** [~'iðo] flüssig, fließend (*a fig*); **~r** [~'ir] (3g) fließen.

flujo ['fluxo] *m* Fluß *m*; Fließen *n*; ⚕ Ausfluß *m*

flúor ['fluɔr] *m* Fluor *n*

fluvial [flu'βjal] Fluß...

fobia ['fobja] *f* Phobie *f*

foca ['foka] *f* Robbe *f*, Seehund *m*

foco ['foko] *m* Brennpunkt *m*; ⚡ Scheinwerfer *m*; ✿ *u fig* Herd *m*

fogón [fo'gon] *m* (Küchen-)Herd *m*

fogoso [fo'goso] ungestüm; feurig

foie-gras [foa'gras] *m* Leberpastete *f*

folkl|ore [folk'lore] *m* Folklore *f*; **~órico** [~'loriko] folkloristisch

follaje [fo'ʎaxe] *m* Laubwerk *n*

folle|tín [foʎe'tin] *m* Feuilleton *n*; TV Seifenoper *f*; **~to** [fo'ʎeto] *m* Broschüre *f*; Prospekt *m*

follón [fo'ʎon] *m* Krach *m*; Durcheinander *n*

fomen|tar [fomen'tar] (1a) fördern; **~to** [fo'mento] *m* Förderung *f*

fonda ['fonda] *f* Gasthaus *n*, -hof *m*

fondo ['fondo] *m* Grund *m*, Boden *m*; *fot, pint* Hintergrund *m*; ♥ Fonds *m*; **~s** *pl* Geldmittel *n/pl*; *a ~* gründlich; *en el ~* im Grunde (genommen); *fig tocar ~* den Tiefpunkt erreichen; *sin ~s (cheque)* ungedeckt; *los bajos ~s* Unterwelt *f*

fonéti|ca [fo'netika] *f* Phonetik *f*; **~co** [~'netiko] phonetisch

fontane|ría [fontane'ria] *f* Klempnerei *f*; **~ro** [~'nero] *m* Klempner *m*; Installateur *m*

footing ['futiŋ] *m* Jogging *n*

forastero [foras'tero] **1.** *adj* fremd; auswärtig; **2.** *m* Fremde(r) *m*

forceje|ar [forθexe'ar] (1a) (mitea) ringen; **~o** [~'xeo] *m* Gerangel *n*

fórceps ['forθeps] *m* Geburtszange *f*

forense [fo'rense] **1.** *adj* gerichtlich, Gerichts...; **2.** *m* Gerichtsarzt *m*

forestal [fores'tal] Forst..., Wald...

forja ['forxa] *f* Schmiede *f*; **~r** [~'xar] (1a) schmieden (*a fig*)

forma ['forma] *f* Form *f*; Gestalt *f*; (*modo*) Art *f*, Weise *f*; *de ~ que* so daß; *de todas ~s* jedenfalls; *estar en ~* in Form sein; **~ción** [~'θjon] *f* Bildung *f*, Gestaltung *f*; (*educación*) Ausbildung *f*; **~l** [~'mal] formal; (*persona*) förmlich, formell; (*serio*) zuverlässig; **~lidad** [~li'dað] *f* Formalität *f*; Förmlichkeit *f*; Zuverlässigkeit *f*; **~lizar** [~li'θar] (1f) ordnungsgemäß ausfertigen; offiziell gestalten; **~r** [~'mar] (1a) formen, bilden, gestalten; (*educar*) ausbilden; **~rse** sich bilden, entstehen; **~to** [~'mato] *m* Format *n*

formidable [formi'ðaβle] F riesig, toll

formón [for'mon] *m* Stemmeisen *n*

fórmula [for'mula] *f* Formel *f*

formular [formu'lar] (1a) formulieren; **~io** [~'larjo] *m* Formular *n*; *~ de inscripción* Anmeldeformular *n*

fornicar [forni'kar] (1g) huren

fornido [for'niðo] stark, stämmig

foro ['foro] *m* Forum *n*

forra|do [fo'rraðo] gefüttert (mit *de*); *fig ~ (de dinero)* F betucht; **~je** [~'rraxe] *m* (Vieh-)Futter *n*; **~r** [~'rrar] (1a) (*vestido*) füttern; (*libro*) einschlagen

forro ['forro] *m* Futter *n*; (*de libro*) Umschlag *m*; (*funda*) Überzug *m*

fortale|cer [fortale'θer] (2d) stärken; **~cimiento** [~θi'mjento] *m* Stärkung *f*; **~za** [~leθa] *f* Kraft *f*; Stärke *f*; ⚔ Festung *f*

fortifica|ción [fortifika'θjon] *f* Befestigung *f*; **~r** [~'kar] (1g) stärken; ⚔ befestigen

fortuito [for'tuito] zufällig

fortuna [for'tuna] *f* Schicksal *n*; (*suerte*) Glück *n*; (*dinero*) Vermögen *n*; *por ~* glücklicherweise

forúnculo ✢ [fo'ruŋkulo] *m* Furunkel *m*

forza|do [for'θaðo] *adj* gezwungen; erzwungen; *trabajos m/pl ~s* Zwangsarbeit *f*; **~r** [~'θar] (1f *u* 1m) zwingen (*zu a*); (*puerta*) aufbrechen; (*violar*) vergewaltigen; *fig* forcieren, erzwingen

forzoso [for'θoso] notwendig; Not..., Zwangs...

forzudo [for'θuðo] sehr stark

fosa ['fosa] *f* Grab *n*; *~ común* Massengrab *n*; *~ nasal* Nasenhöhle *f*

fosfato [fos'fato] *m* Phosphat *n*; *sin ~s* phosphatfrei

fósforo ['fosforo] *m* Phosphor *m*; (*cerilla*) Streichholz *n*

fósil ['fosil] *m* Fossil *n*
foso ['foso] *m* Graben *m*; Grube *f*; *teat* Versenkung *f*; ♪ Orchestergraben *m*
foto ['foto] *f* Foto *n*; **~copia** [~'kopia] *f* Fotokopie *f*; **~copiadora** [~'ðora] *f* Fotokopiergerät *m*; **~copiar** [~'pĭar] (1a) fotokopieren; **~génico** [~'xeniko] fotogen; **~grafía** [~gra'fia] *f* Fotografie *f*; **~grafiar** [~fi'ar] (1c) fotografieren; **~gráfico** [~'grafiko] fotografisch
fotó|grafo [fo'tografo] *m* Fotograf *m*; **~metro** [~metro] *m* Belichtungsmesser *m*
frac [frak] *m* Frack *m*
fraca|sado [fraka'saðo] *m* (*persona*) Versager *m*; **~sar** [~'sar] (1a) scheitern; mißlingen; **~so** [~'kaso] *m* Scheitern *n*; Mißerfolg *m*, Fehlschlag *m*
fracci|ón [frag'θĭɔn] *f* ⚻ Bruch *m*; Bruchteil *m*; **~onar** [~θĭo'nar] (1a) zerteilen; (zer)stückeln
fractura [frak'tura] *f* ✣ Bruch *m*; **~r** [~'rar] (1a) (zer)brechen
fragan|cia [fra'ganθia] *f* Duft *m*; **~te** [~'gante] duftend
fragata ⚓ [fra'gata] *f* Fregatte *f*
frágil ['fraxil] zerbrechlich; (*débil*) schwach
fragilidad [fraxili'ðað] *f* Zerbrechlichkeit *f*; *fig* Schwäche *f*
fragmen|tario [fragmen'tarĭo] fragmentarisch, bruchstückhaft; **~to** [~'mento] *m* Fragment *n*, Bruchstück *n*; Scherbe *f*
fragua ['fragŭa] *f* Schmiede *f*; **~r** [~'gŭar] (1i) schmieden (*a fig*)
fraile ['fraĭle] *m* Mönch *m*
frambuesa [fram'bŭesa] *f* Himbeere *f*
francamente [franka'mente] offen (gesagt)
fran|cés [fran'θes] **1.** *adj* französisch; **2.** *m* Franzose *m*; **~cesa** [~'θesa] *f* Französin *f*
franco ['franko] **1.** *adj* frei; *fig* offen(herzig); *hist* fränkisch; **~ de porte** portofrei; **~ de servicio** dienstfrei; **2.** *m* (*moneda*) Franc *m*; Franken *m*
francotirador [frankotira'ðɔr] *m* Freischärler *m*
franela [fra'nela] *f* Flanell *m*
franja ['franxa] *f* Streifen *m*
franque|adora [frankea'ðora] *f* Frankiermaschine *f*; **~ar** [~'ar] (1a) 🖂 frankieren; (*paso*) freigeben; (*pasar*) überschreiten, durchqueren; **sin ~** unfrankiert; **~o** [~'keo] *m* Frankieren *n*; Porto *n*; **~za** [~'keθa] *f* Offenheit *f*
franquicia [fran'kiθia] *f* Zollfreiheit *f*; **~ postal** Portofreiheit *f*
frasco ['frasko] *m* Fläschchen *n*, Flakon *m*, *n*
frase ['frase] *f* Satz *m*; **~ hecha** Redewendung *f*; **~o** ♪ [~'seo] *m* Phrasierung *f*; **~ología** [~lɔ'xia] *f* Phraseologie *f*
fraternal [frater'nal] brüderlich
fraude ['fraŭðe] *m* Betrug *m*; **~ fiscal** Steuerhinterziehung *f*
fraudulento [fraŭðu'lento] betrügerisch
frecuen|cia [fre'kŭenθia] *f* Häufigkeit *f*; ⚡ Frequenz *f*; **con ~** häufig; **~tar** [~'tar] (1a) (häufig) besuchen; **~te** [~'kŭente] häufig
frega|dero [frega'ðero] *m* Spülbecken *n*; **~r** [~'gar] (1h *u* 1k) scheuern; (*platos*) abwaschen, spülen; *Am* belästigen
frei|dora [freĭ'ðora] *f* Fritiertopf *m*; **~duría** [~ðu'ria] *f* (Fisch-)Braterei *f*
freír [fre'ir] (3m; *part* **frito**) braten; (in Fett) ausbacken, fritieren
fréjol ['frexɔl] *m* Bohne *f*
frena|r [fre'nar] (1a) bremsen; **~zo** [~'naθo] *m* plötzliche(s) Bremsen *n*
fren|esí [frene'si] *m* Raserei *f*; **~ético** [~'netiko] rasend, frenetisch
freno ['freno] *m* Bremse *f*; (*de caballo*) Zaum *m*; **~ de alarma** Notbremse *f*; **~ de disco** Scheibenbremse *f*; **~ de mano** Handbremse *f*
frente ['frente] **1. a)** *f* Stirn *f*; **b)** *m* Vorderseite *f*; ✕ Front *f*; **~ frío** Kalt(luft)front *f*; **estar al ~** an der Spitze stehen; **hacer ~ a** die Stirn bieten; (*a un deber, etc*) nachkommen; **ponerse al ~** die Leitung übernehmen; **2.** *adv, prp* **de ~** von vorn; **en ~** gegenüber; **~ a** gegenüber (*dat*)
fresa ['fresa] *f* ❀ Erdbeere *f*; ⚙ Fräse *f*; **~dora** [~'ðora] *f* Fräsmaschine *f*; **~r** [~'sar] (1a) fräsen
fresco ['fresko] **1.** *adj* frisch; kühl; **2.** *m* Frische *f*, Kühle *f*; *pint* Fresko *n*; *Am* Erfrischungsgetränk *n*
fres|cor [fres'kɔr] *m* Kühle *f*; **~cura** [~'kura] *f* Kühle *f*; *fig* Frechheit *f*
fresno ❀ ['frezno] *m* Esche *f*
fresón [fre'sɔn] *m* Gartenerdbeere *f*
freza ['freθa] *f* Laich *m*; Laichzeit *f*; **~r** [fre'θar] (1f) laichen

frialdad [frial'dađ] f Kälte f; fig Gleichgültigkeit f
fricción [frig'θi̯on] f Ab-, Einreibung f; ⊙ u fig Reibung f
frigidez [frixi'đeθ] f Kälte f (a fig); ⚕ Frigidität f
frigorífico [frigo'rifiko] **1.** adj Kühl...; **2.** 'm Kühlschrank m; Am Kühlhaus n
fríjol ['frixol] m Bohne f
frío ['frio] **1.** adj kalt (a fig); **2.** m Kälte f; **coger ~** sich erkälten; **tengo ~** ich friere
friole|ra [frio'lera] f Kleinigkeit f; **~ro** [~'lero] verfroren
friso △ ['friso] m Fries m
frisón [fri'son] **1.** adj friesisch; **2.** m Friese m
frita|da [fri'tađa] f Gebackene(s) n; **~r** Am [~'tar] (1a) s **freír**
fri|to ['frito] s **freír**; **~tura** [~'tura] f Frittüre f
frivolidad [friboli'đađ] f Leichtfertigkeit f, Frivolität f
frívolo ['fribolo] leichtfertig, frivol
frondoso [fron'doso] dicht belaubt
frontal [fron'tal] Stirn...; frontal
fronte|ra [fron'tera] f Grenze f; **~rizo** [~'riθo] angrenzend, Grenz...
frontón [fron'ton] m △ Giebel m; dep Pelotaspielplatz m
frotar [fro'tar] (1a) reiben; frottieren
frotis ⚕ ['frotis] m Abstrich m
fruc|tífero [fruk'tifero] fruchtbringend; fig fruchtbar; **~tuoso** [~'tŭoso] fig nützlich; einträglich
frugal [fru'gal] einfach, frugal; (persona) genügsam
fruición [frui̯'θi̯on] f Genuß m
fruncir [frun'θir] (3b) runzeln; (tela) kräuseln; **~ el ceño** die Stirn runzeln
frustra|ción [frustra'θi̯on] f Frustration f; **~r** [~'trar] (1a) vereiteln; zum Scheitern bringen; (persona) frustrieren; **~rse** scheitern
fru|ta ['fruta] f Obst n; Frucht f; **~tal** [~'tal] m Obstbaum m; **~tería** [~te'ria] f Obstladen m; **~ticultura** [~'tura] f Obstbau m; **~tilla** Am [~'tiʎa] f Erdbeere f
fruto ['fruto] m Frucht f (a fig); fig Gewinn m, Nutzen m
fucsia ♀ ['fugsi̯a] f Fuchsie f
fue ['fŭe] s **ir** u **ser**
fuego ['fŭego] m Feuer n (a fig); **~ fatuo** Irrlicht n; **pegar** (od **prender**) **~ a** in Brand stecken; **~s** pl **artificiales** Feuerwerk n
fuel(oil) [fjul(ɔil)] m Heizöl n
fuelle ['fŭeʎe] m (Blase-)Balg m
fuente ['fŭente] f Quelle f (a fig); Springbrunnen m; (plato) Schüssel f
fuera ['fŭera] **1.** adv außen; draußen; auswärts; **¡~!** raus!; **2.** prp: **~ de** außerhalb; fig außer, ausgenommen; **~ de sí** außer sich; **~borda** [~'bɔrđa] m Außenbordmotor m; (barco) Außenborder m
fuerte ['fŭerte] **1.** adj stark; kräftig; (duro) hart; **2.** adv laut; kräftig; **3.** m fig starke Seite f, Stärke f
fuerza ['fŭerθa] f Kraft f; Stärke f; Gewalt f; Macht f; **~ mayor** höhere Gewalt f; **~s armadas** Streitkräfte f/pl
fuete Am ['fŭete] m Peitsche f
fuga ['fuga] f Flucht f; ♪ Fuge f; ⊙ undichte Stelle f; **~ de capitales** Kapitalflucht f; **darse a la ~** die Flucht ergreifen; **~rse** [~'garse] (1h) fliehen
fugaz [fu'gaθ] fig flüchtig; vergänglich
fugitivo [fuxi'tibo] **1.** adj flüchtig (a fig); **2.** m Flüchtling m
fui ['fŭi] s **ir** u **ser**
ful|gor [ful'gɔr] m Schimmer m; Glanz m; **~gurante** [~gu'rante] blitzend; glänzend; ⚕ (dolor) stechend
fulminante [fulmi'nante] **1.** adj blitzartig; Zünd...; **2.** m Zündstoff m
fuma|dor m [fuma'đɔr] Raucher m; **no ~** Nichtraucher m; **~r** [~'mar] (1a) rauchen; **~ en pipa** Pfeife rauchen
fumigar [fumi'gar] (1h) (aus)räuchern
funámbulo [fu'nambulo] m Seiltänzer m
funci|ón [fun'θi̯on] f Funktion f; Amt n; teat Vorstellung f; **en funciones** amtierend; **~onal** [~θi̯o'nal] funktionell; **~onamiento** [~na'mi̯ento] m Funktionieren n; Gang m (e-r Maschine); Betrieb m; **~onar** [~'nar] (1a) funktionieren, gehen; in Betrieb sein; **no funciona** außer Betrieb; **~onario** [~'nari̯o] m Beamte(r) m
funda ['funda] f Hülle f; Bezug m; ⚕ (Zahn-)Krone f
funda|ción [funda'θi̯on] f Gründung f; Stiftung f; **~dor** [~'đɔr] Gründer m; **~mental** [~men'tal] grundlegend; wesentlich; Grund...; **~mentar** [~'tar] (1a) gründen (auf **en**); **~mento** [~'mento] m Grundlage f; △ mst **~s** pl Fundament

n; *sin* ~ unbegründet; ~**r** [~'dar] (1a) gründen; *fig* stützen (auf *ac* **en**)
fundi|ción [fundi'θĭon] *f* Gießen *n*; Gießerei *f*; ~**r** [~'dir] (3a) schmelzen, gießen; *fig* verschmelzen; ~**rse** schmelzen; ⚡ durchbrennen; *fig* sich zs.-schließen; *Am* sich ruinieren
fúnebre ['funebre] Leichen...; Grab...; Trauer...; traurig; düster
funera|l [fune'ral] *m* Trauerfeier *f*; Trauergottesdienst *m*; ~**ria** [~'rarĭa] *f* Beerdigungsinstitut *n*
funesto [fu'nesto] unheilvoll; verhängnisvoll
funicular [funiku'lar] *m* Drahtseilbahn *f*
furg|ón [fur'gɔn] *m* 🚋 Gepäckwagen *m*; ~**oneta** [~go'neta] *f* Lieferwagen *m*
furi|a ['furĭa] *f* Wut *f*, Raserei *f*; Furie *f*; ~**oso** [~'rĭoso] wütend; rasend
furor [fu'rɔr] *m* Raserei *f*; Wut *f*; *hacer* ~ Furore machen
furtivo [fur'tiβo] heimlich, verstohlen
fusa ♪ ['fusa] *f* Zweiunddreißigstelnote *f*
fuselaje ✈ [fuse'laxe] *m* Rumpf *m*
fusible ⚡ [fu'siβle] *f* Sicherung *f*
fusil [fu'sil] *m* Gewehr *n*; ~**amiento** [~la'mĭento] *m* Erschießung *f*; ~**ar** [~'lar] (1a) erschießen
fusi|ón [fu'sĭon] *f* Schmelzen *n*; *fig* Verschmelzung *f*, Zs.-schluß *m*; ✝ Fusion *f*; ~**onar** [~sĭo'nar] (1a) ✝ fusionieren, sich zs.-schließen
fustigar [fusti'gar] (1h) peitschen
fútbol ['futβɔl] *m* Fußball *m*; ~ *sala* Hallenfußball *m*
futbo|lín [futβo'lin] *m* Tischfußball *m*; ~**lista** [~'lista] *f* Fußballspieler *m*
fútil ['futil] nichtig; belanglos
futuro [fu'turo] **1.** *adj* zukünftig; **2.** *m* Zukunft *f*; *gram* Futur *n*; *en el* ~ in Zukunft, künftig

G

G, g [xe] *f* G, g *n*
gabardina [gaβar'đina] *f* Regenmantel *m*
gabarra ⚓ [ga'βarra] *f* Last-, Frachtkahn *m*
gabinete [gaβi'nete] *m* Kabinett *n* (*a pol*)
gacela [ga'θela] *f* Gazelle *f*
gaceta [ga'θeta] *f* Zeitung *f*
gaditano [gaði'tano] aus Cádiz
gafas ['gafas] *f/pl* Brille *f*; ~ *de concha* Hornbrille *f*; ~ *de sol* Sonnenbrille *f*
gafe F ['gafe] *m* Unglücksbringer *m*
gait|a ♪ ['gaita] *f* Dudelsack *m*; ~**ero** [~'tero] *m* Dudelsackpfeifer *m*
gala ['gala] *f* Festkleidung *f*; (*función f de*) ~ Galavorstellung *f*; *de* ~ in Gala; Gala...; *hacer* ~ *de* renommieren mit
galante [ga'lante] galant; ~**ría** [~'ria] *f* Höflichkeit *f*; Galanterie *f*
galar|dón [galar'đɔn] *m* Auszeichnung *f*, Preis *m*; ~**donar** [~đo'nar] (1a) auszeichnen
galaxia [ga'laksĭa] *f* Milchstraße *f*
galera [ga'lera] *f* ⚓ Galeere *f*; *zo* Heuschreckenkrebs *m*; ~**da** *tip* [~'rađa] *f* Korrekturfahne *f*
galería [gale'ria] *f* Galerie *f*; ⚒ Stollen *m*
galgo ['galgo] *m* Windhund *m*
galicismo [gali'θizmo] *m* Gallizismus *m*
gallardo [ga'ʎarđo] stattlich; (*valiente*) kühn, F schneidig
gallego [ga'ʎego] **1.** *adj* galicisch; **2.** *m* Galicier *m*
galleta [ga'ʎeta] *f* Keks *m*
galli|na [ga'ʎina] **a)** *f* Huhn *n*, Henne *f*; ~ *ciega* (*juego*) Blindekuh *f*; **b)** *m* F Memme *f*; ~**nero** [~'nero] *m* Hühnerstall *m*; *teat* Olymp *m*
gallo ['gaʎo] *m* Hahn *m*; (*pez*) Flügelbutt *m*; ♪ F Kickser *m*
galo ['galo] **1.** *adj hist* gallisch; *fig* französisch; **2.** *m* Gallier *m*
galón [ga'lɔn] *m* Tresse *f*; Litze *f*
galo|par [galo'par] (1a) galoppieren; ~**pe** [~'lope] *m* Galopp *m*
galvanizar [galβani'θar] (1f) galvanisieren

gama

gama ['gama] f ♪ Tonleiter f; fig Palette f, Skala f
gamba ['gamba] f Garnele f
gamberr|ada [gambɛ'rrada] f Halbstarkenstreich m; ~o [~'bɛrrɔ] m Halbstarke(r) m, Rowdy m
gamo ['gamo] m Damhirsch m
gamuza [ga'muθa] f Gemse f; (trapo) Fensterleder n
gana ['gana] f Verlangen n, Lust f; (apetito) Appetit m; **de buena ~** gern; **de mala ~** ungern; **no me da la ~** ich habe keine Lust; **quedarse con las ~s** leer ausgehen; **tener ~s de** Lust haben zu
gana|dería [ganaðe'ria] f Viehzucht f; ~**dero** [~'ðero] m Viehzüchter m; ~**do** [~'naðo] m Vieh n; ~ **mayor** Großvieh n; ~ **menor** Kleinvieh n
gana|dor [gana'ðɔr] **1.** adj siegreich; **2.** m Gewinner m; ~**ncia** [~'nanθia] f Gewinn m; Ertrag m; Verdienst m; ~**r** [~'nar] (1a) gewinnen; (sueldo) verdienen
ganchillo [gan'tʃiʎo] m Häkelnadel f; (labor) Häkelarbeit f; **hacer ~** häkeln
gancho ['gantʃo] m Haken m
gandul [gan'dul] **1.** adj faul; **2.** m Faulenzer m; ~**ear** [~le'ar] (1a) bummeln, faulenzen
ganga ['gaŋga] f Gelegenheitskauf m, gutes Geschäft n
ganglio ['gaŋglio] m Nervenknoten m; Lymphknoten m
gangrena ☤ [gaŋ'grena] f Brand m
gángster ['gaŋster] m Gangster m
ganso ['ganso] m Gans f
ganzúa [gan'θua] f Dietrich m, Nachschlüssel m
garaba|tear [garaβate'ar] (1a) kritzeln; ~**tos** [~'βatos] m/pl Gekritzel n
garaje [ga'raxe] m Garage f; ~ **subterráneo** Tiefgarage f
garan|te [ga'rante] m Bürge m; ~**tía** [~'tia] f Garantie f; **sin ~** ohne Gewähr; ~**tizar** [~ti'θar] (1f) garantieren
garbanzo [gar'banθo] m Kichererbse f
garbo ['garβo] m Anmut f; Grazie f
gardenia ♣ [gar'ðenia] f Gardenie f
garfio ['garfio] m Haken m; Steigeisen n
gargan|ta [gar'ganta] f Kehle f; (externa) Hals m; geo Schlucht f; ~**tilla** [~'tiʎa] f Halskette f, -band n
gárgara ['gargara] f Gurgeln n; **hacer ~s** gurgeln
gárgola ['gargola] f Wasserspeier m

gari|ta [ga'rita] f ⚔ Schilderhaus n; 🚆 Bahnwärterhaus n; ~**to** [~to] m Spielhölle f
garlopa [gar'lopa] f Schlichthobel m
garra ['garra] f Klaue f; Kralle f
garrafa [ga'rrafa] f Karaffe f; Korbflasche f
garrapata [garra'pata] f Zecke f
garrote [ga'rrɔte] m Knüppel m, Stock m
garza ['garθa] f Reiher m
gas [gas] m Gas n; ~ **de escape** Abgas n; ~ **hilarante** Lachgas n; ~ **lacrimógeno** Tränengas n; ~ **natural** Erdgas n; ~ **propelente** Treibgas n
gasa ['gasa] f Gaze f; ✠ Verbandsmull m
gaseo|sa [gase'osa] f Brause(limonade) f; ~**so** [~'oso] gashaltig, gasförmig
gasoducto [gaso'ðukto] m Erd-, Ferngasleitung f
gasoil [ga'sɔil] m, **gasóleo** [ga'soleo] m Dieselöl n
gasoli|na [gaso'lina] f (Auto-)Benzin n; ~ **normal** Normal(benzin) n; **echar ~** tanken; ~**nera** [~'nera] f Tankstelle f; ⚓ Motorboot n
gasómetro [ga'someˌtro] m Gasbehälter m, Gasometer m
gasta|do [gas'tado] abgenutzt; (persona) verbraucht; fig abgedroschen; ~**dor** [~'ðɔr] **1.** adj verschwenderisch; **2.** ⚔ m Pionier m; ~**r** [~'tar] (1a) ausgeben (für **en**); (desgastar) verbrauchen, abnutzen; (usar) benutzen; (gafas, etc) tragen; ~ **bromas** Späße machen; ~**rse** sich abnutzen
gasto ['gasto] m Ausgabe f; (consumo) Verbrauch m; ~**s** pl Auslagen f/pl; (Un-)Kosten pl; ~**s de almacenaje** Lagerhaltungskosten pl
gástrico ['gastriko] Magen...
gastritis [gas'tritis] f Magenschleimhautentzündung f, Gastritis f
gas|tronomía [gastrono'mia] f Gastronomie f; ~**tronómico** [~'nomiko] gastronomisch; ~**trónomo** [~'tronomo] m Gastronom m; Feinschmecker m
gata ['gata] f Katze f; **a ~s** auf allen vieren
gatear [gate'ar] (1a) klettern; (niño) krabbeln
gatillo [ga'tiʎo] m (de un arma) Abzug m; **apretar el ~** abdrücken
gato ['gato] m Katze f; Kater m; auto

Wagenheber *m*; ~ **montés** Wildkatze *f*; **dar ~ por liebre** F übers Ohr hauen; F *fig* **cuatro ~s** nur ein paar Mann
gavilán *zo* [gabi'lan] *m* Sperber *m*
gavilla ✔ [ga'biʎa] *f* Garbe *f*
gaviota [ga'biota] *f* Möwe *f*
gay [gai] **1.** *adj* homosexuell, schwul; **2.** *m* Homo(sexueller) *m*
gazapo [ga'θapo] *m* junges Kaninchen *n*; *fig* Schnitzer *m*
gazmoñería [gaðmoɲe'ria] *f* Scheinheiligkeit *f*; Heuchelei *f*
gaznate [gaθ'nate] *m* Kehle *f*
gazpacho [gaθ'patʃo] *m* kalte Suppe aus Tomaten, Paprika, Brot, Öl, Essig etc
gel [xel] *m* Gel *n*
gelatin|a [xela'tina] *f* Gelatine *f*; **~oso** [~'noso] gallertartig
gélido [ˈxelido] eisig, eiskalt
gema [ˈxema] *f* Edelstein *m*
gemelo [xe'melo] **1.** *adj* Zwillings...; **2.** **~s** *m/pl* Zwillinge *m/pl*; (*anteojos*) Fernglas *n*; Opernglas *n*; (*botones*) Manschettenknöpfe *m/pl*
gemido [xe'miðo] *m* Wimmern *n*; Ächzen *n*; Stöhnen *n*
Géminis *astr* ['xeminis] *m* Zwillinge *pl*
gemir [xe'mir] (3l) ächzen; wimmern; stöhnen
gen *biol* [xen] *m* Gen *n*
genciana ⚘ [xen'θiana] *f* Enzian *m*
genealogía [xenealo'xia] *f* Genealogie *f*; Abstammung *f*
genera|ción [xenera'θion] *f* Generation *f*; *biol* (Er-)Zeugung *f*; **~dor** [~'dor] *m* ⚡ Generator *m*
general [xene'ral] **1.** *adj* allgemein; General...; **en** (*od* **por lo**) **~** im allgemeinen; **2.** *m* General *m*; **~idad** [~li'dad] *f* Allgemeinheit *f*; **~izar** [~'θar] (1f) verallgemeinern; **~mente** [~ral'mente] im allgemeinen, meistens
generar [xene'rar] (1a) erzeugen
genérico [xe'neriko] **1.** *adj* allgemein; Gattungs...; **2.** *m*: **~s** *pl* (*cine*) Vorspann *m*
género ['xenero] *m* Gattung *f* (*a lit, biol*); Geschlecht *n*; *gram* Genus *n*; ✝ Ware *f*; **~s de punto** Trikotagen *f/pl*
genero|sidad [xenerosi'dad] *f* Großzügigkeit *f*; Freigebigkeit *f*; **~so** [~'roso] großzügig
génesis ['xenesis] *f* Entstehung *f*

genéti|ca [xe'netika] *f* Genetik *f*; **~co** [~'netiko] genetisch; Gen...
genial [xe'nial] genial; **~idad** [~li'dad] *f* Genialität *f*
genio ['xenio] *m* Geistes-, Gemütsart *f*; Wesen *n*; Geist *m*; Genie *n*; **de buen ~** gutmütig; **de mal ~** jähzornig; **tener mal ~** e-n schlechten Charakter haben
genital [xeni'tal] Geschlechts..., genital; **~es** *m/pl* Genitalien *pl*
genitivo *gram* [xeni'tiβo] *m* Genitiv *m*
genocidio [xeno'θiðio] *m* Völkermord *m*
gente ['xente] *f* Leute *pl*; **la ~ guapa** Schickeria *f*
gentil [xen'til] hübsch; (*amable*) nett, liebenswürdig; **~eza** [~'leθa] *f* Liebenswürdigkeit *f*; **~hombre** [~'ombre] *m* Edelmann *m*
gen|tío [xen'tio] *m* Menschenmenge *f*; **~tuza** [~'tuθa] *f* Gesindel *n*, Pack *n*
genuflexión [xenufleg'sion] *f* Kniefall *m*, -beuge *f*
genuino [xe'nuino] echt, unverfälscht
geogr|afía [xeogra'fia] *f* Erdkunde *f*, Geographie *f*; **~áfico** [~'grafiko] geographisch
ge|ología [xeolo'xia] *f* Geologie *f*; **~ólogo** [~'ologo] *m* Geologe *m*
geometría [xeome'tria] *f* Geometrie *f*
geranio ⚘ [xe'ranio] *m* Geranie *f*
geren|cia [xe'renθia] *f* Geschäftsführung *f*; Management *n*; **~te** [xe'rente] *m* Geschäftsführer *m*
geri|atría [xeria'tria] *f* Geriatrie *f*, Altersheilkunde *f*; **~átrico** [~'riatriko] *m*: (*centro m*) **~** Altenpflegeheim *n*
germ|ánico [xer'maniko] germanisch; *fig* deutsch; **~anista** [~'ista] *su* Germanist(in *f*) *m*; **~ano** [~'mano] **1.** *adj* germanisch; **2.** *m* Germane *m*; **~anofederal** [~fede'ral] bundesdeutsch
ger|men ['xermen] *m* Keim *m* (*a fig*); **~minar** [~'nar] (1a) keimen
gerundio *gram* [xe'rundio] *m* Gerundium *n*
gesta ['xesta] *f* Heldentat *f*; **cantar *m* de ~** Heldenepos *n*
gestación [xesta'θion] *f* Schwangerschaft *f*; *zo* Trächtigkeit *f*
gesticula|ción [xestikula'θion] *f* Gestikulieren *n*; **~r** [~'lar] (1a) gestikulieren
gesti|ón [xes'tion] *f* Geschäftsführung *f*; (*de una cosa*) Betreibung *f*; **hacer ges-**

gestionar 154

tiones Schritte unternehmen; **~onar** [~tǐo'nar] (1a) betreiben

gesto ['xesto] *m* Miene *f*; *(ademán)* Geste *f*, Gebärde *f*

gestor [xes'tɔr] *m* Inhaber *m* e-r → **~ía** [~to'ria] *f Esp* Agentur *f* zur Erledigung amtlicher Formalitäten

giba ['xiba] *f* Höcker *m*, Buckel *m*

gigante [xi'gante] **1.** *adj* riesig; **2.** *m* Riese *m*; **~sco** [~'tesko] riesenhaft, gigantisch

gilipollas P [xili'poʎas] *m* F Blödmann *m*, F Flasche *f*

gimna|sia [xim'nasia] *f* Turnen *n*, Gymnastik *f*; **hacer ~** turnen; **~sio** [~'nasio] *m* Turnhalle *f*; Fitneß-Center *n*; **~sta** [~'nasta] *su* Turner(in *f*) *m*

gimo ['ximo] *s* **gemir**

ginebra [xi'nebra] *f* Gin *m*

gine|cología [xinekoloˈxia] *f* Gynäkologie *f*; **~cólogo, -a,** [~'kɔlogo, -a] *m/f* Frauenarzt *m*, -ärztin *f*

gira ['xira] *f* Rundreise *f*; *teat*, ♪ Tournee *f*

girar [xi'rar] (1a) **1.** *v/i* sich drehen, *a fig* kreisen; *(torcer)* (ab)biegen; **2.** *v/t* drehen; *(dinero)* überweisen

girasol [xira'sɔl] *m* Sonnenblume *f*

giratorio [xira'torio] Kreis...; Dreh...

giro ['xiro] *m* Drehung *f*, *(a fig)* Wendung *f*; *(frase)* Redewendung *f*; ✈ Überweisung *f*; **~ postal** Postanweisung *f*

gitano [xi'tano] **1.** *adj* zigeunerhaft; **2.** *m* Zigeuner *m*

glacial [gla'θial] eiskalt, eisig *(a fig)*; **época** *f* **~** Eiszeit *f*

glaciar [gla'θiar] *m* Gletscher *m*

gladíolo [gla'diolo] *m* Gladiole *f*

glándula ['glandula] *f* Drüse *f*

glandular [glandu'lar] Drüsen...

glaucoma ⚕ [glaŭ'koma] *m* grüner Star *m*, Glaukom *n*

glicerina [gliθe'rina] *f* Glyzerin *n*

global [glo'bal] Pauschal..., global; **~mente** [~'mente] im ganzen genommen

globo ['globo] *m* Kugel *f*; Globus *m*; *(juguete)* Luftballon *m*; ✈ **~ aerostático** Ballon *m*; **~ del ojo** Augapfel *m*; **~sonda** Versuchsballon *m (a fig)*

glóbulo [globulo] *m*: **~ sanguíneo** Blutkörperchen *n*

glori|a ['gloria] *f* Ruhm *m*; *fig* Wonne *f*; **estar en la ~** überglücklich sein; **~ficar** [~rifi'kar] (1g) verherrlichen; rühmen; **~oso** [~'rǐoso] glorreich, ruhmreich

glosa ['glosa] *f* Glosse *f*; **~ (marginal)** Randbemerkung *f*; **~r** [~'sar] (1a) glossieren, kommentieren; **~rio** [~'sario] *m* Glossar *n*

glo|tón [glo'tɔn] **1.** *adj* gefräßig; **2.** *m* Vielfraß *m*; **~tonería** [~tone'ria] *f* Gefräßigkeit *f*

glucosa [glu'kosa] *f* Traubenzucker *m*

glúteo *anat* ['gluteo] *m* Gesäß...

gnomo ['gnomo] *m* Gnom *m*

goberna|ción [goβerna'θiɔn] *f* Regieren *n*; Statthalterschaft *f*; **~dor** [~'dɔr] *m* Statthalter *m*; Gouverneur *m*; **~nte** [~'nante]: **los ~s** die Regierenden *m/pl*; **~r** [~'nar] (1k) regieren; leiten; ♣ steuern

gobierno [go'βǐerno] *m* Regierung *f*; **~ de la casa** Haushaltung *f*

goce ['goθe] *m* Genuß *m*; Vergnügen *n*

godo ['godo] **1.** *adj* gotisch; **2.** *m* Gote *m*

gol [gɔl] *m dep* Tor *n*; **~eador** [~lea'dɔr] *m* Torschütze *m*

golf [gɔlf] *m* Golf *n*; **~ista** [~'fista] *su* Golfspieler(in *f*) *m*, Golfer(in *f*) *m*

golfo ['golfo] *m geo* Golf *m*; *(pilluelo)* Straßenjunge *m*; Strolch *m*

golondrina [golon'drina] *f* Schwalbe *f*

golo|sina [golo'sina] *f* Süßigkeit *f*; Leckerbissen *m*; **~so** [~'loso] naschhaft

golpe ['golpe] *m* Stoß *m*; Schlag *m*; Hieb *m*; **~ bajo** *(boxeo, fig)* Tiefschlag *m*; **~ de Estado** Staatsstreich *m*, Putsch *m*; **~ franco** *dep* Freistoß *m*; **~ de gracia** Gnadenstoß *m*; **no dar ~** faulenzen; **~ar** [~'ar] (1a) schlagen; klopfen

golpista [gɔl'pista] *m* Putschist *m*

goma ['goma] *f* Gummi *n*, *m*; **~ (de borrar)** Radiergummi *m*; **~ espuma** Schaumgummi *m*

góndola ['gɔndola] *f* Gondel *f*

gong [gɔŋ] *m* Gong *m*

gonorrea ⚕ [gono'rrea] *f* Tripper *m*

gor|do ['gordo] **1.** *adj* dick; fett; **2.** *m* große(s) Los *n*, Haupttreffer *m*; **~dura** [~'dura] *f* Korpulenz *f*

gorila [go'rila] *m* Gorilla *m*; *fig* Leibwächter *m*

gorr|a ['gorra] *f* Mütze *f*; Kappe *f*; *fig* **de ~** auf Kosten anderer; **~ear** F [gorre'ar] (1a) schmarotzen

gorrino [go'rrino] *m* Schwein *n (a fig)*

gorrión [gɔ'rrĩɔn] *m* Sperling *m*, Spatz *m*
gorro ['gɔrrɔ] *m* Mütze *f*
gorrón [gɔ'rrɔn] *m* F Schnorrer *m*
gota ['gota] *f* Tropfen *m*; ⚕ Gicht *f*; ~ **fría** *met* Kaltlufttropfen *m*; ⚕ ~ **a** ~ *m* F Tropf *m*
gote|ar [gote'ar] (1a) tröpfeln (*a fig*); tropfen; **~ra** [~'tera] *f* undichte Stelle (im Dach)
gótico ['gotiko] gotisch; (*estilo m*) ~ Gotik *f*
goza|da [go'θaða] *f* Hochgenuß *m*; **~r** [~'θar] (1f): ~ **de** genießen; sich erfreuen (*gen*)
gozo ['goθo] *m* Freude *f*; Vergnügen *n*; **~so** [~'θoso] fröhlich, freudig
graba|ción [graba'θĩɔn] *f* Aufnahme *f*; Aufzeichnung *f*; **~do** [~'baðo] *m* Illustration *f*, Abbildung *f*; (*arte*) Stich *m*; Graphik *f*; **~dor** [~'ðɔr] *m* Graveur *m*; **~dora** [~'ðora] *f* Tonbandgerät *n*; **~r** [~'bar] (1a) (ein)gravieren; ♪ aufnehmen; *fig* einprägen
gracia ['graθia] *f* Grazie *f*; Anmut *f*; Witz *m*; *rel* Gnade *f*; **hacer ~ a alg** j-m gefallen; (*divertir*) j-n amüsieren; *¡~s!* danke!; **~s** *prp* dank (*gen*); **dar las ~s a alg** sich bei j-m bedanken
gracioso [gra'θioso] **1.** *adj* graziös, anmutig; (*divertido*) witzig; **2.** *m* Witzbold *m*; *teat* komische Person
grada ['graða] *f* Stufe *f*; *teat* Stufensitz *m*; ⚒ Egge *f*; **~s** *pl* Freitreppe *f*
gradería [graðe'ria] *f* (ansteigende) Sitzreihen *f/pl*
grado ['graðo] *m* Grad *m*; Rang *m*; **de buen ~** gern, gutwillig; **de mal ~** ungern, widerwillig; **en alto ~** in hohem Maße
gradua|ción [graðua'θĩɔn] *f* Gradeinteilung *f*; ⚙ Einstellung *f*; ⚔ Dienstgrad *m*; (*de un vino, etc*) Alkoholgehalt *m*; **~l** [~'ðŭal] abgestuft, allmählich; **~r** [~'ðuar] (1e) graduieren; abstufen; **~rse** e-n akademischen Titel erwerben
gráfi|ca ['grafika] *f s* **gráfico 2.**; **~co** [~ko] **1.** *adj* graphisch; **2.** *m* graphische Darstellung *f*; Diagramm *n*
grafista [gra'fista] *m* Graphiker *m*
grafito [gra'fito] *m* Graphit *m*
gra|fología [grafolɔ'xia] *f* Graphologie *f*; **~fólogo** [~'fologo] *m* Graphologe *m*
gragea [gra'xea] *f* Dragee *n*
grajo ['graxo] *m* Saatkrähe *f*

grama ⚘ ['grama] *f* Quecke *f*
gramática [gra'matika] *f* Grammatik *f*; **~ parda** Bauernschläue *f*
gramo ['gramo] *m* Gramm *n*
gran [gran] *s* **grande**
grana|da [gra'naða] *f* ⚘ Granatapfel *m*; ⚔ Granate *f*; **~dino** [~'ðino] aus Granada
granate [gra'nate] **1.** *m min* Granat *m*; **2.** *adj* granatfarben
grande ['grande] (*vor su sg* **gran**) groß; **pasarlo en ~** sich großartig amüsieren; **vivir a lo ~** auf großem Fuß leben; **~za** [~'deθa] *f* Größe *f*
grandi|locuente [grandilo'kŭente] geschwollen, hochtrabend; **~oso** [~'ðioso] großartig; herrlich
granel [gra'nel]: **a ~** ✦ unverpackt, lose
granero [gra'nero] *m* Kornkammer *f* (*a fig*); Getreidespeicher *m*
granito [gra'nito] *m* Granit *m*
grani|zado [grani'θaðo] *m* Eisgetränk *n*; **~zar** [~'θar] (1f) hageln; **~zo** [~'niθo] *m* Hagel *m*
granja ['granxa] *f* Bauernhof *m*; Farm *f*; (*local*) Milchbar *f*; **~ marina** Fischzuchtanstalt *f*
granjero [gran'xero] *m* Farmer *m*, Landwirt *m*
grano ['grano] *m* Korn *n*; (*de café*) Bohne *f*; ⚕ Pickel *m*; **ir al ~** zur Sache kommen
granuja [gra'nuxa] *m* Gauner *m*
granula|do [granu'laðo], **~r** [~'lar] körnig
grapa ['grapa] *f* (Heft-)Klammer *f*; **~dora** [~'ðora] *f* Heftmaschine *f*
gra|sa ['grasa] *f* Fett *n*; **~siento** [~'sĩento] fettig; schmierig; **~so** ['graso] fett
gratifica|ción [gratifika'θĩɔn] *f* Gratifikation *f*; **~ navideña** Weihnachtsgeld *n*; **~nte** [~'kante] erfreulich, angenehm; **~r** [~'kar] (1g) belohnen; *fig* erfreuen
gratinar [grati'nar] (1a) überbacken, gratinieren
gratis ['gratis] unentgeltlich, gratis
gratitud [grati'tuð] *f* Dankbarkeit *f*
grato ['grato] angenehm
gratui|dad [gratŭi'ðað] *f* Kostenlosigkeit *f*; **~ de la enseñanza** Schulgeldfreiheit *f*; **~to** [~'tŭito] unentgeltlich, kostenlos; *fig* grundlos
grava ['graba] *f* Kies *m*; Schotter *m*; **~r** [~'bar] (1a) belasten; besteuern

grave ['grabe] schwer; (*serio*) ernst; ♪ tief; *estar* ~ schwer krank sein; ~**dad** [~'ðað] f Schwere f; Ernst m; *herido de* ~ schwerverletzt

gravidez [graβi'ðeθ] f Schwangerschaft f

gravilla [gra'βiʎa] f Kies m; Rollsplitt m

gravitación [graβita'θjon] f Schwerkraft f

graznar [graθ'nar] (1a) krächzen

gremio ['gremjo] m Innung f; *hist* Zunft f

greña ['greɲa] f: *andar a la* ~ sich in den Haaren liegen; raufen

gres [gres] *r* Steingut n

griego ['grieɣ᪄ , 1. *adj* griechisch; 2. *m*, -*a* f Grieche *m*, Griechin *f*

grieta ['grieta] f Spalte f; Riß m

grifo ['grifo] m Wasserhahn m

grillo *zo* ['griʎo] m Grille f

gringo *Am* ['gringo] m Yankee m

gripe 🞿 ['gripe] f Grippe f

gris [gris] grau (*a fig*)

grisú [gri'su] m Grubengas n

gri|tar [gri'tar] (1a) schreien; rufen; ~**terío** [~te'rio] m Geschrei n; ~**to** ['grito] m Schrei m; Ruf m; *dar* ~*s* schreien

grosella [gro'seʎa] f Johannisbeere f; ~ *espinosa* Stachelbeere f

gro|sería [grose'ria] f Grobheit f; ~**sero** [~'sero] 1. *adj* grob; flegelhaft; 2. *m* Grobian *m*; Flegel *m*; ~**sor** [~'sor] *m* Dicke f, Stärke f

grotesco [gro'tesko] grotesk

grúa ['grua] f Kran m; *auto* Abschleppwagen m

grueso ['grueso] 1. *adj* dick; groß; *mar* f -*a* schwere See f; 2. *m* Dicke f, Stärke f; ✕ Gros n

grulla ['gruʎa] f Kranich m

grumete [gru'mete] m Schiffsjunge m

grumo ['grumo] m Klumpen m; ~**so** [~'moso] klumpig

gru|ñido [gru'ɲiðo] m Grunzen n; *fig* Murren n; ~**ñir** [~'ɲir] (3h) grunzen; *fig* murren

grupa ['grupa] f Kruppe f

grupo ['grupo] m Gruppe f; ~ *de destino* Zielgruppe f; ~ *electrógeno* Stromaggregat n; ~ *parlamentario* Fraktion f; ~ *de presión* Interessengruppe f; Lobby f; ~ *sanguíneo* Blutgruppe f

gruta ['gruta] f Grotte f; Höhle f

guadaña [gua'ðaɲa] f Sense f

guante ['guante] m Handschuh m; ~**ra** [~'tera] f *auto* Handschuhfach n

guapo ['guapo] hübsch; schick

guarda ['guarða] a) *su* Wächter(in f) m, Aufseher(in f) m; ~ *forestal* Förster m; ~ *jurado* amtlich bestellter Wächter m; b) f Wache f; Aufsicht f; 🞿🞿 *derecho m de* ~ Sorgerecht n; ~**barrera** 🞿🞿 [~ba'rrera] m Schrankenwärter m; ~**barros** [~'barros] m *auto* Kotflügel m; ~**bosque** [~'bɔske] m Forstaufseher m; ~**costas** [~'kɔstas] m Küstenwachschiff n; ~**espaldas** [~es'paldas] m Leibwächter m; ~**fango** *Am* [~'faŋgo] m Kotflügel m; ~**gujas** 🞿🞿 [~'guxas] m Weichensteller m; ~**meta** [~'meta] m Torwart m; ~**muebles** [~'muebles] m Möbellager n; ~**polvo** [~'pɔlbo] m (Arbeits-)Kittel m

guardar [guar'ðar] (1a) aufbewahren, verwahren; behalten; (*vigilar*) bewachen; ~ *cama* das Bett hüten; ~ *silencio* schweigen; ~*se* sich hüten (vor *de*)

guarda|rropa [guarða'rropa] m Garderobe f; (*armario*) Kleiderschrank m; *encargada f del* ~ Garderobenfrau f; ~**vía** 🞿🞿 [~'bia] m Streckenwärter m

guardería [guarðe'ria] f: ~ *infantil* Kinderkrippe f

guardia ['guarðja] a) f Wache f; ~ *civil Esp etwa*: Landpolizei f; ~ *urbana* Stadtpolizei f; *de* ~ diensttuend, vom Dienst; *estar de* ~ Wache stehen; 🞿 (Bereitschafts-, Nacht-)Dienst haben; b) *m* Polizist *m*, Schutzmann *m*; ~ *civil* Landpolizist m; ~ *marina* Seekadett m

guardián [guar'ðjan] m Wächter m

guarecer [guare'θer] (2d) schützen (vor *dat de*); ~*se* Schutz suchen (vor *de*)

guarida [gua'riða] f Höhle f; Bau m; *fig* Schlupfwinkel m

guarismo [gua'rizmo] m Ziffer f

guar|necer [guarne'θer] (2d) garnieren (*a gastr*), besetzen (mit *de*); ~**nición** [~ni'θjon] f Besatz m; ✕ Garnison f; *gastr* Beilage f

guarr|a ['guarra] f Sau f (*a fig*), ~**o** [~rro] 1. *adj* dreckig; 2. m Schwein n (*a fig*)

guas|a ['guasa] f Scherz m; *de* ~ im Scherz; ~**ón** [~'son] m Spaßvogel m

guatemalteco [guatemal'teko] 1. *adj* guatemaltekisch; 2. *m*, -*a* f Guatemalteke *m*, Guatemaltekin *f*

guateque [gua'teke] m Party f

guberna|mental [guβernamen'tal], **~tivo** [~'tiβo] Regierungs...
gubia ['guβia] f Hohlmeißel m
guedeja [ge'dɛxa] f Haarsträhne f; Mähne f
guepardo zo [ge'pardo] m Gepard m
guerr|a ['gɛrra] f Krieg m; **~ civil** Bürgerkrieg m; **~ fría** kalter Krieg m; **~ mundial** Weltkrieg m; **dar ~** Ärger (od Mühe) machen; **~ear** [gɛrrɛ'ar] (1a) Krieg führen; **~ero** [~'rrero] **1.** adj kriegerisch; **2.** m Krieger m; **~illa** [~'rriʎa] f Guerilla f; **~illero** [~'ʎero] m Freischärler m
guía ['gia] **a)** su (Fremden-)Führer(in f); Reiseleiter(in f) m; **~ escolar** (**de tráfico**) Schülerlotse m; **b)** f Reiseführer m (libro); fig Richtschnur f; **~ de ferrocarriles** Kursbuch n; **~ telefónica** Telefonbuch n
guiar [gi'ar] (1c) führen; leiten; auto lenken; **~se** sich richten (nach dat por)
guija ['gixa] f, **~rro** [~'xarro] m Kieselstein m
guillotina [giʎo'tina] f Guillotine f; ⚙ Papierschneidemaschine f
guinda ['ginda] f Sauerkirsche f
guindilla [gin'diʎa] f scharfe Pfefferschote f
guiña|po [gi'ɲapo] m Lumpen m, Fetzen m; **~r** [~'ɲar] (1a) blinzeln; **~ los ojos** mit den Augen zwinkern
guiño ['giɲo] m Zwinkern n, Blinzeln n

guiñol [gi'ɲɔl] m Kasperletheater n
guión [gi'ɔn] m (cine) Drehbuch n; gram Binde-, Trennungstrich m
guionista [gio'nista] su Drehbuchautor(in f) m
guirnalda [gir'nalda] f Girlande f
guisa ['gisa] f: **a ~** als; **de esta ~** auf diese Weise; **de tal ~** derart
guisado [gi'saðo] m Schmorgericht n
guisante [gi'sante] m Erbse f
gui|sar [gi'sar] (1a) kochen; **~so** ['giso] m Gericht n
guitarr|a [gi'tarra] f Gitarre f; **~ista** [~'rrista] su Gitarrist(in f) m
gula ['gula] f Völlerei f; Gefräßigkeit f
gusano [gu'sano] m Wurm m; **~ de seda** Seidenraupe f
gus|tar [gus'tar] (1a) **1.** v/t kosten, probieren; **2.** v/i gefallen; (comida) schmecken; **me gustaría** inf ich möchte (od würde) gern inf; **me gusta leer** ich lese gern; **cuando guste** wann Sie wollen!; **~tazo** [~'taθo] m Riesenfreude f; **~tillo** [~'tiʎo] m Nach-, Beigeschmack m; **~to** ['gusto] m Geschmack m; (placer) Vergnügen n; Gefallen n (an dat por); **de buen ~** geschmackvoll; **de mal ~** geschmacklos; **con mucho ~** sehr gern; **tomar ~ a** Gefallen finden an (dat); **~tosamente** [~tosa'mente] gern; **~toso** [~'toso] schmackhaft; fig bereitwillig
gutural [gutu'ral] Kehl..., guttural

H

H, h ['atʃe] f H, h n
ha [a] s haber
haba [aβa] f dicke Bohne f; Saubohne f
haber [a'βer] **1.** (2k) vb auxiliar haben, sein; **~ de** inf müssen, sollen; **no ~ de** inf nicht sollen; nicht dürfen; **hay** es gibt; **hay que** inf man muß; **qué ~?** F was gibt's?; wie geht's?; **no hay que** inf man darf nicht; man braucht nicht zu; **no hay de qué** nichts zu danken; **no hay más que** inf man braucht nur zu; **no hay como** es geht nichts über (ac); **2.** m Haben n; Guthaben n; **~es** pl Vermögen n
habichuela [aβi'tʃuela] f Bohne f
hábil ['aβil] geschickt, fähig
habili|dad [aβili'dað] f Geschicklichkeit f, Fähigkeit f; **~tación** [~ta'θiɔn] f Befähigung f; Ermächtigung f; (de un edificio) Einrichtung f; **~tar** [~'tar] (1a) befähigen; ermächtigen; (preparar) ein-, herrichten
habita|ble [aβi'taβle] bewohnbar; **~ción** [~'θiɔn] f Zimmer n; **~ doble** (**indivi**-

habitante

dual) Doppel- (Einzel-)zimmer *n*; **~nte** [~'tante] *m* Bewohner *m*; Einwohner *m*; **~r** [~'tar] (1a) **1.** *v/t* bewohnen; **2.** *v/i* wohnen

hábito ['aβito] *m* Gewohnheit *f*; *rel* Ordenskleid *n*

habitu|ación [aβitŭa'θĭon] *f* Gewöhnung *f*; **~al** [~'tŭal] gewöhnlich; *cliente m* ~ Stammgast *m*; **~ar(se)** [~'tŭar(se)] (1e) (sich) gewöhnen (an *ac* **a**)

habla ['aβla] *f* Sprache *f*; Sprechweise *f*; *ponerse al* ~ *con alg* sich mit j-m in Verbindung setzen; **~durías** [~ðu'rias] *f/pl* Gerede *n*, Klatsch *m*

hablar [a'βlar] (1a) sprechen, reden; *¡ni ~!* kommt nicht in Frage !; **~se:** *no* ~ nicht mitea sprechen *od* verkehren

habón ⚕ [a'βon] *m* Quaddel *f*

hacen|dado [aθen'daðo] *m* Gutsbesitzer *m*; **~dero** [~'dero] *m Am* Farmer *m*; **~doso** [~'doso] arbeitsam

hacer [a'θɛr] (2s) machen, tun; veranlassen; (*maleta*) packen; (*pastel*) backen; (*pregunta*) stellen; (*papel*) spielen; ~ *bien* (*mal*) richtig (falsch) handeln; ~ *de* arbeiten *od* fungieren als; ~ *como que* so tun, als ob; ~ *que subj* veranlassen, bewirken, daß; *no* ~ *más que inf* nichts anderes tun als; *hace calor* (*frío*) es ist warm (kalt); *hace tres días* vor drei Tagen; *¡qué le vamos a ~!* was will man da machen !; **~se** werden; ~ *viejo* alt werden; ~ *de noche* Nacht werden; ~ *el sordo* (*tonto*) sich taub (dumm) stellen; ~ *con a/c* sich etwas verschaffen *od* aneignen

hacia ['aθĭa] nach, zu; ~ *aquí* hierher; ~ *las cuatro* gegen vier Uhr

hacienda [a'θĭenda] *f Am* Landgut *n*; Farm *f*; ~ (*pública*) Finanzwesen *n*, -verwaltung *f*

hacinar [aθi'nar] (1a) aufhäufen; *fig* zs.-pferchen

hacha ['atʃa] *f* Axt *f*; Beil *n*; **~zo** [a'tʃaθo] *m* Axthieb *m*

hachís [a'tʃis] *m* Haschisch *n*

hada ['aða] *f* Fee *f*

hado ['aðo] *m* Schicksal *n*

hago ['ago] *s* **hacer**

hala|gar [ala'gar] (1h) schmeicheln; **~go** [a'lago] *m* Schmeichelei *f*; **~güeño** [~'gŭeɲo] schmeichelhaft

halcón [al'kɔn] *m* Falke *m*

hálito ['alito] *m* Hauch *m*; Atem *m*

halitosis ⚕ [ali'tosis] *f* Mundgeruch *m*

hall [xɔl] *m* (Hotel-)Halle *f*

hallar [a'ʎar] (1a) finden; (an)treffen; **~se** sich befinden

hallazgo [a'ʎaðgo] *m* Fund *m*

halterofilia [altero'filĭa] *f* Gewichtheben *n*

hamaca [a'maka] *f* Hängematte *f*; (*asiento*) Liegestuhl *m*; *Am* Schaukel *f*

ham|bre ['ambre] *f* Hunger *m* (*a fig*); *pasar* ~ hungern; **~briento** [~'brĭento] hungrig; *fig* begierig (nach *de*)

hambur|gués [ambur'ges] *m* Hamburger *m*; **~guesa** [~'gesa] *f* Hamburgerin *f*; *gastr* Frikadelle *f*, Hamburger *m*

hampa ['ampa] *f* Unterwelt *f*

hámster *zo* ['amster] *m* Hamster *m*

hangar [aŋ'gar] *m* (Flugzeug-)Halle *f*

hara|gán [ara'gan] *m* Faulenzer *m*; **~ganear** [~gane'ar] (1a) faulenzen; **~piento** [~'pĭento] zerlumpt; **~po** [a'rapo] *m* Lumpen *m*, Fetzen *m*

hardware *inform* ['ha(r)dwea] *m* Hardware *f*

harén [a'ren] *m* Harem *m*

hari|na [a'rina] *f* Mehl *n*; **~noso** [~'noso] mehlig

har|tar [ar'tar] (1a) sättigen; **~tarse** sich satt essen; *fig*: ~ *de a/c* et satt haben; **~to** ['arto] **1.** *adj* (über)satt; *fig* überdrüssig; *estar* ~ *de a/c* et satt haben; **2.** *adv* allzu; sattsam

hasta ['asta] **1.** *prp* bis; ~ *ahora* bisher, bis jetzt; *¡~ luego!* bis nachher!, bis gleich!; ~ *que* bis; **2.** *adv* sogar, selbst

hastiar [asti'ar] (1c) langweilen; **~se:** ~ *de* überdrüssig werden (*gen*)

hastío [as'tio] *m* Überdruß *m*

hato ['ato] *m* (Kleider-)Bündel *n*; (*rebaño*) Herde *f*

hay [aĭ] *s* **haber**

hay|a ['aja] *f* Buche *f*; **~uco** [a'juko] *m* Buchecker *f*

haz [aθ] *f* Garbe *f*; Bündel *n*; ☉, ⚡ Strahl *m*

hazaña [a'θaɲa] *f* Heldentat *f*

hazmerreír [aðmɛrre'ir] *m* Witzfigur *f*; *fig* Gespött *n*

he [e] *s* **haber**

hebilla [e'βiʎa] *f* Schnalle *f*

hebra ['eβra] *f* Faden *m*; Faser *f*

hebreo [e'βreo] **1.** *adj* hebräisch; **2.** *m* Hebräer *m*

hecatombe [eka'tɔmbe] *f* Hekatombe *f*; *fig* Blutbad *n*

hechi|cera [etʃi'θera] f Hexe f, Zauberin f; **~cería** [~'ria] f Zauberei f; **~cero** [~'θero] m Hexenmeister m, Zauberer m; **~zar** [~'θar] (1f) verzaubern; fig bezaubern; **~zo** [e'tʃiθo] m Zauber m (a fig)

hecho ['etʃo] **1.** part v hacer; ¡bien ~! recht so!; muy ~ (carne) gut durchgebraten; ~ para (wie) geschaffen für; **2.** m Tat f; Tatsache f; de ~ de facto

hechura [e'tʃura] f Anfertigung f; Machart f; (dinero) Macherlohn m

hectárea [ek'tarea] f Hektar n od m

hectolitro [ɛkto'litro] m Hektoliter m od n

hediondo [e'ðiondo] stinkig; ekelhaft

hedor [e'ðɔr] m Gestank m

hegemonía [exemo'nia] f Vorherrschaft f, Hegemonie f

hela|da [e'laða] f Frost m; **~dera** [~'ðera] f Am Kühlschrank m; **~dería** [~ðe'ria] f Eisdiele f; **~do** [e'laðo] **1.** adj gefroren; fig eiskalt; **2.** m (Speise-)Eis n; **~dora** [~'ðora] f Eismaschine f; **~r** [e'lar] (1k) gefrieren lassen; fig erstarren lassen; hiela, está helando es friert; **~rse** er-, gefrieren; (lago, etc) zufrieren; (carretera) vereisen

helecho ♣ [e'letʃo] m Farn m

hélice ['eliθe] f (Schiffs-)Schraube f; ✈ Propeller m

heli|cóptero [eli'kɔptero] m Hubschrauber m; **~puerto** [~pu̯erto] m Hubschrauberlandeplatz m

helvético [el'betiko] helvetisch, schweizerisch

hematoma ✚ [ema'toma] m Bluterguß m

hembra ['embra] f zo Weibchen n; F Weib n, Frau f

hemi|ciclo [emi'θiklo] m Halbkreis m; **~sferio** [emis'ferɪo] m Halbkugel f

hemof|ilia ✚ [emo'filɪa] f Bluterkrankheit f; **~ílico** [~'filiko] m Bluter m

hemorr|agia ✚ [ɛmɔ'rraxɪa] f Blutung f; **~oides** ✚ [~'rrɔiðes] f/pl Hämorrhoiden f/pl

hend|er [en'dɛr] (2g) spalten; **~idura** [~di'ðura] f Spalt m; Schlitz m

heno ['eno] m Heu n

hep|ático [e'patiko] Leber...; **~atitis** [~'titis] f Leberentzündung f, Hepatitis f

heráldica [e'raldika] f Wappenkunde f

herbicida [ɛrbi'θiða] m Unkrautvernichtungsmittel n, Herbizid n

herboristería [ɛrboriste'ria] f Kräuterladen m

here|dar [ere'ðar] (1a) erben (von de); **~dero** [~'ðero] m, **-a** f [~'ðera] Erbe m, Erbin f; **~ditario** [~ði'tarɪo] erblich; Erb...

here|je [e'rɛxe] su Ketzer(in f) m; **~jía** [ere'xia] f Ketzerei f

herencia [e'renθɪa] f Erbschaft f; Erbe n

heri|da [e'riða] f Wunde f; Verletzung f; fig Kränkung f; **~do** [e'riðo] m Verwundete(r) m; Verletzte(r) m; **~r** [e'rir] (3i) verwunden; verletzen (a fig)

herman|a [ɛr'mana] f Schwester f; **~amiento** [~mɪento] m: ~ de ciudades Städtepartnerschaft f; **~ar** [~'nar] (1a) verbrüdern; vereinen; **~astro** m, **-a** f [~'nastro, ~'nastra] Stiefbruder m, -schwester f; **~dad** [ɛrman'dað] f Brüderschaft f; Brüderlichkeit f; **~o** [ɛr'mano] m Bruder m; **~s** pl Geschwister pl; ✝ Gebrüder pl

hermético [ɛr'metiko] hermetisch; fig verschlossen

hermo|so [ɛr'moso] schön; **~sura** [~'sura] f Schönheit f

hernia ✚ ['ɛrnɪa] f Bruch m; ~ discal Bandscheibenvorfall m; ~ inguinal Leistenbruch m

héroe ['eroe] m Held m

hero|ico [ɛ'rɔiko] heldenhaft, heroisch; **~ína** [ero'ina] f Heldin f; 🕭 Heroin n; **~inómano** [~i'nomano] **1.** adj heroinsüchtig; **2.** m Heroinsüchtige(r) m; **~ísmo** [~'izmo] m Heldentum n

herpes ✚ ['ɛrpes] m Herpes m

herra|dura [ɛrra'ðura] f Hufeisen n; curva f en ~ Haarnadelkurve f; **~mienta** [~'mɪenta] f Werkzeug n; **~r** [ɛ'rrar] (1k) beschlagen

herre|ría [ɛrrɛ'ria] f Schmiede f; **~ro** [ɛ'rrɛro] m Schmied m

herrumbre [ɛ'rrumbre] f Rost m

hervi|dero [ɛrbi'ðero] m fig Gewimmel n; **~r** [~'bir] (3i) sieden, kochen; fig wimmeln (von de)

heterogéneo [etero'xeneo] heterogen

híbrido ['ibriðo] hybrid

hice ['iθe] s hacer

hidratante [iðra'tante]: crema f ~ Feuchtigkeitscreme f

hidráuli|ca [i'ðra'lika] f Hydraulik f; **~co** [~ko] hydraulisch

hidr|oavión [iðroa'bɪon] m Wasserflug-

hidrocarburos 160

zeug n; **~ocarburos** [~kar'buros] m/pl Kohlenwasserstoffe m/pl; **~ocultivo** [~kul'tibo] m Hydrokultur f; **~ofobia** [~'fobĭa] f Wasserscheu f; **~ógeno** [i'drɔxeno] m Wasserstoff m

hiedra ['jedra] f Efeu m

hiel [jɛl] f Galle f; fig Bitterkeit f

hielo ['jelo] m Eis n; Frost m; *romper el ~ fig* das Eis brechen

hiena ['jena] f Hyäne f

hierba ['jɛrba] f Gras n; Kraut n; *mala ~* Unkraut n; **~buena** ♀ [~'bŭena] f Minze f

hierro ['jɛrrɔ] m Eisen n; *~ forjado* Schmiedeeisen n; *~ fundido* Gußeisen n; *quitar ~ a a/c* e-r Sache die Spitze nehmen

hígado ['igado] m Leber f

higiene [i'xĭene] f Hygiene f

higiénico [i'xĭeniko] hygienisch

higo ['igo] m Feige f; *~ chumbo* Kaktusfeige f

higuera [i'gera] f Feigenbaum m

hij|a ['ixa] f Tochter f; **~astro** m, **-a** f [i'xastro, ~tra] Stiefsohn m, -tochter f; **~o** ['ixo] m Sohn m; *~ predilecto* Ehrenbürger m; *~ único* Einzelkind n; *~s pl* Kinder n/pl

hila|ndería [ilande'ria] f Spinnerei f; **~r** [i'lar] (1a) spinnen

hilaridad [ilari'dað] f Heiterkeit f

hilera [i'lera] f Reihe f

hilo ['ilo] m Faden m; Garn n; ⊛ (feiner) Draht m; *~ de coser* Nähgarn n; *pender de un ~* an e-m (seidenen) Faden hängen

hilvanar [ilba'nar] (1a) heften

himno ['imno] m Hymne f

hincapié [iŋka'pĭe]: *hacer ~* Nachdruck legen (auf *ac en*)

hincar [iŋ'kar] (1g) einschlagen; *~se: ~ de rodillas* niederknien

hincha ['intʃa] **a)** f Abneigung f; F *tener ~ a alg* j-n nicht riechen können; **b)** m Fan m; **~do** [in'tʃaðo] geschwollen; *a fig* aufgeblasen; **~r** [in'tʃar] (1a) aufblasen, -pumpen; *fig* aufbauschen; **~rse** anschwellen (a ✱); *fig* sich aufblähen; **~zón** [intʃa'θon] f ✱ Schwellung f

hinojo ♀ [i'nɔxo] m Fenchel m

hiper|mercado [ipɛrmɛr'kaðo] m großer Supermarkt m; **~sensible** [~sen'sible] überempfindlich; **~tensión** ✱ [~ten'sĭon] f Bluthochdruck m

hipi|ca ['ipika] f Reitsport m; **~co** ['ipiko] Pferde...; Reit...

hipismo [i'pizmo] m Pferdesport m

hipno|sis [ib'nosis] f Hypnose f; **~tizar** [~ti'θar] (1f) hypnotisieren

hipo ['ipo] m Schluckauf m

hipocresía [ipokre'sia] f Heuchelei f; Scheinheiligkeit f

hipócrita [i'pokrita] **1.** *adj* heuchlerisch; **2.** *su* Heuchler(in f) m

hipódromo [i'poðromo] m (Pferde-)Rennbahn f

hipófisis [i'pofisis] f Hypophyse f

hipopótamo [ipo'potamo] m Nilpferd n

hipoteca [ipo'teka] f Hypothek f; **~r** [~te'kar] (1g) mit e-r Hypothek belasten

hipótesis [i'potesis] f Hypothese f, Annahme f

hirsuto [ir'suto] struppig, borstig

hirviente [ir'bĭente] kochend

his|pánico [is'paniko] (hi)spanisch; **~panista** [~'nista] *su* Hispanist(in f) m

his|teria [is'terĭa] f Hysterie f; **~térico** [is'teriko] hysterisch

historia [is'torĭa] f Geschichte f; *pasar a la ~* in die Geschichte eingehen; **~dor** [~'ðor] m Historiker m; **~l** [~'rĭal] m Werdegang m; *~ médico* Krankengeschichte f

histórico [is'toriko] geschichtlich, historisch

hito ['ito] m Grenzstein m; *fig* Markstein m; *mirar de ~ en ~* scharf ansehen

hizo ['iθo] *s* hacer

hocico [o'θiko] m Schnauze f

hockey ['xɔke] m Hockey n; *~ sobre hielo* Eishockey n; *~ sobre patines* Rollschuhhockey n

hogar [o'gar] m Herd m; Feuerstelle f; *fig* Heim n; **~eño** [oga'reɲo] häuslich

hoguera [o'gera] f Scheiterhaufen m; Lagerfeuer n

hoja ['ɔxa] f Blatt n (a ♀); *(de ventana)* Flügel m; *~ de afeitar* Rasierklinge f

hojalata [ɔxa'lata] f Blech n

hojaldre [ɔ'xaldre] m Blätterteig m

hojarasca [ɔxa'raska] f dürres Laub n

hojear [ɔxe'ar] (1a) durchblättern

¡hola! ['ola] hallo!

holan|dés [olan'des] **1.** *adj* holländisch; **2.** *m*, **~desa** [~'desa] f Holländer(in f) m

holga|do [ɔl'gaðo] *(vestido)* weit, bequem; *(espacio)* geräumig; *fig* sorgenfrei; **~nza** [ɔl'ganθa] f Müßiggang m; **~r** [ɔl'gar] (1h *u* 1m) müßig sein; *(sobrar)* überflüssig sein; sich erübrigen; ~**zán** [ɔlga'θan] *m* Faulenzer *m*; ~**zanear** [~ne'ar] (1a) faulenzen

holocausto [olo'kausto] *m* (Brand-)Opfer *n*; *fig* Holocaust *m*

hollín [o'ʎin] *m* Ruß *m*

hombre ['ɔmbre] *m* Mann *m*; Mensch *m*; ~ *de Estado* Staatsmann *m*; ~ *de negocios* Geschäftsmann *m*; ~**ra** [ɔm'brera] *f* Schulterpolster *n*; (*tirante*) Träger *m*; Achselstück *n*

hombría [ɔm'bria] *f* Mannhaftigkeit *f*; ~ *de bien* Rechtschaffenheit *f*

hombro ['ɔmbro] *m* Schulter *f*

homenaje [ome'naxe] *m*; Ehrung *f*; *en* ~ *de* zu Ehren von; ~**ado** [~'aðo] *m* Jubilar *m*; Gefeierte(r) *m*; ~**ar** [~-'ar] (1a) ehren, feiern

homeopatía [omeopa'tia] *f* Homöopathie *f*

homici|da [omi'θiða] *m* Totschläger *m*; ~**dio** [~'θiðio] *m* Totschlag *m*, Tötung *f*

homogéneo [omo'xeneo] gleichartig, homogen

homólogo [o'mologo] **1.** *adj* homolog; **2.** *m* Amtskollege *m*

homónimo [o'monimo] **1.** *adj* gleichlautend; **2.** *m* Namensvetter *m*; *gram* Homonym *n*

homosexual [omosɛg'sŭal] **1.** *adj* homosexuell; **2.** *m* Homosexuelle(r) *m*; ~**idad** [~sŭali'ðað] *f* Homosexualität *f*

hon|da ['ɔnda] *f* Schleuder *f*; ~**do** ['ɔndo] **1.** *adj* tief; **2.** *m* Tiefe *f*; ~**dura** [~'dura] *f* Tiefe *f*

hones|tidad [onesti'ðað] *f* Ehrlichkeit *f*; Anständigkeit *f*; ~**to** [o'nesto] ehrlich; anständig

hongo ['ɔŋgo] *m* Pilz *m*; (*sombrero*) Melone *f*

honor [o'nɔr] *m* Ehre *f*; *en* ~ *de* zu Ehren gen; ~**able** [ono'raβle] ehrenwert; rühmlich; ~**ario** [~'rario] Ehren...; ~**arios** [~'rarios] *m/pl* Honorar *n*; ~**ífico** [~'rifiko] ehrenvoll; Ehren...

honra ['ɔnrra] *f* Ehre *f*; Ehrgefühl *n*; (*prestigio*) Ansehen *n*; ~**dez** [~'ðeθ] *f* Ehrbarkeit *f*; Rechtschaffenheit *f*; ~**do** [ɔn'rraðo] ehrlich; rechtschaffen, anständig; ~**r** [ɔn'rrar] (1a) ehren

honroso [ɔn'rroso] ehrenvoll

hora ['ora] *f* Stunde *f*; Zeit *f*; ~ *de cierre* Polizeistunde *f*; (*de los comercios*) Ladenschlußzeit *f*; ~ *local* Ortszeit *f*; *a última* ~ im letzten Augenblick; *dar la* ~ (*reloj*) schlagen; *pedir* ~ sich e-n Termin geben lassen; *¿qué* ~ *es?* wieviel Uhr (*od* wie spät) ist es?; *a altas* ~*s de la noche* spät in der Nacht; *a primera* ~ *de la tarde* am frühen Nachmittag; ~*s de oficina* Geschäftsstunden *f/pl*; ~*s extra*(*ordinarias*) Überstunden *f/pl*; ~*s punta* Stoßzeit *f*

horadar [ora'ðar] (1a) durchbohren; durchlöchern

horario [o'rario] *m* Stunden-, Zeitplan *m*; 🚆 Fahrplan *m*; ~ *flexible* gleitende Arbeitszeit *f*, Gleitzeit *f*; ~ *de verano* Sommerfahrplan *m*

horca ['ɔrka] *f* Galgen *m*; ~**jadas** [~'xaðas]: *a* ~ rittlings

horchata [ɔr'tʃata] *f* Erdmandelmilch *f*

horda ['ɔrða] *f* Horde *f*

horizon|tal [oriθɔn'tal] horizontal, waagerecht; ~**te** [~'θɔnte] *m* Horizont *m*

horma ['ɔrma] *f* Form *f*; Schuhspanner *m*; Leisten *m*

hormi|ga [ɔr'miga] *f* Ameise *f*; ~**gón** [~'gɔn] *m* Beton *m*; ~ *armado* Stahlbeton *m*; ~**gonera** [~go'nera] *f* Betonmischmaschine *f*

hormigu|ear [ɔrmige'ar] (1a) kribbeln; *fig* wimmeln; ~**ero** [~'gero] *m* Ameisenhaufen *m*; *fig* Gewimmel *n*

hormona [ɔr'mona] *f* Hormon *n*

hor|nacina [ɔrna'θina] *f* Mauernische *f*; ~**nillo** [ɔr'niʎo] *m* Kocher *m*; Kochplatte *f*; ~**no** ['ɔrno] *m* (Back-, Brat-)Ofen *m*; *alto* ~ Hochofen *m*

horóscopo [o'rɔskopo] *m* Horoskop *n*

horquilla [ɔr'kiʎa] *f* Haarnadel *f*; 🌾, ⚙ Gabel *f*

horrendo [ɔ'rrendo] grausig

horri|ble [ɔrriβle] schrecklich; grauenvoll; ~**pilante** [~pi'lante] haarsträubend; schauerlich

horror [ɔ'rrɔr] *m* Schrecken *m*; Schauder *m*; (*aversión*) Abscheu *m* (vor *dat* **a**); *tener* ~ *a* verabscheuen; ~**izar** [ɔrrɔri-'θar] (1 f) mit Entsetzen erfüllen; ~**oso** [~'roso] entsetzlich

hortaliza [ɔrta'liθa] *f* Gemüse *n*

hortelano [ɔrte'lano] *m* Gemüsegärtner *m*

hortensia 🌷 [ɔr'tensia] Hortensie *f*

hortícola [ɔr'tikola] Garten(bau)...

horticultura [ɔrtikul'tura] *f* Gartenbau *m*

hospeda|je [ɔspe'ðaxe] *m* Beherbergung

hospedar

f; ~r [~'ðar] (1a) beherbergen; ~rse logieren; absteigen
hospital [ɔspi'tal] m Krankenhaus n; ~ario [~ta'larĭo] gastfreundlich; ~idad [~li'ðað] f Gastfreundschaft f; ~ización [~θa'θĭɔn] f Einweisung f in ein Krankenhaus; ~izar [~'θar] (1f) in ein Krankenhaus einweisen
hostal [ɔs'tal] m Hotel n
hoste|lería [ɔstele'rĭa] f Hotel- u Gaststättengewerbe n; ~lero [~'lero] m Gastwirt m; ~ría [~'rĭa] f Gasthaus n
hostia ['ɔstĭa] f Hostie f
hostigar [ɔsti'gar] (1h) züchtigen; fig belästigen; reizen
hostil [ɔs'til] feindlich, feindselig; ~idad [~li'ðað] f Feindseligkeit f
hotel [ɔ'tɛl] m Hotel n; ~ de cinco estrellas Fünfsternehotel n; ~ero [ote'lero] m Hotelbesitzer m
hoy [ɔĭ] heute; de ~ heutig; de ~ en adelante von heute an; ~ por ~ einstweilen; ~ (en) día heutzutage; ~ mismo noch heute
hoy|o ['ojo] m Grube f; Grab n; ~uelo [o'jŭelo] m Grübchen n
hoz [ɔθ] f Sichel f
hucha ['utʃa] f Sparbüchse f
hueco ['ŭeko] 1. adj hohl; fig eitel; 2. m Lücke f; Hohlraum m; ~grabado [~gra'baðo] m Tiefdruck m
huel|ga ['ŭɛlga] f Streik m; ~ de advertencia Warnstreik m; ~ de brazos caídos Sitzstreik m; ~ de celo Bummelstreik m; ~ general Generalstreik m; ~ de hambre Hungerstreik m; estar en ~ streiken; ~guista [~'gista] m Streikende(r) m
huella ['ŭeʎa] f Spur f; ~s pl digitales (od dactilares) Fingerabdrücke m/pl
huelo ['ŭelo] s oler
huérfano ['ŭerfano] 1. adj verwaist; 2. m, -a f [~na] Waise f; ~ de padre y madre Vollwaise f
huer|ta ['ŭerta] f Obst- u Gemüseland n; ~to ['ŭerto] m Obst- u Gemüsegarten m
hueso ['ŭeso] m Knochen m; (de fruta) Stein m
huésped ['ŭespeð] m Gast m
huesudo [ŭe'suðo] (stark)knochig
hue|vas ['ŭebas] f/pl Rogen m; ~vera ['ŭe'bera] f Eierbecher m; ~vo ['ŭebo] m Ei n; ~ duro hartgekochtes Ei n; ~ pasado por agua weiches Ei n; ~ frito Spiegelei n; ~s revueltos Rühreier n/pl
hui|da [u'iða] f Flucht f; ~dizo [ui'ðiθo] flüchtig; (tímido) scheu; ~r [u'ir] (3g) 1. v/t (ver)meiden; aus dem Weg gehen (dat); 2. v/i fliehen; (tiempo) verfliegen
hule ['ule] m Wachstuch n
hulla ['uʎa] f Steinkohle f
huma|nidad [umani'ðað] f Menschheit f; Menschlichkeit f; ~es pl humanistische Bildung f; ~nista [~'nista] m Humanist m; ~nitario [~ni'tarĭo] menschenfreundlich; ~nizar [~'θar] (1f) humanisieren; ~no [u'mano] menschlich; human
humareda [uma'reða] f Rauchwolke f
humear [ume'ar] (1a) rauchen; dampfen
hume|dad [ume'ðað] f Feuchtigkeit f; ~decer [~ðe'θɛr] (2d) be-, anfeuchten
húmedo ['umeðo] feucht
húmero ['umero] m Oberarmknochen m
humil|dad [umil'dað] f Demut f; ~de [u'milde] demütig; bescheiden
humilla|ción [umiʎa'θĭɔn] f Demütigung f; Erniedrigung f; ~r [~'ʎar] (1a) demütigen; erniedrigen
humo ['umo] m Rauch m; echar ~ rauchen, qualmen; tener muchos ~s eingebildet sein
humor [u'mɔr] m Laune f; Humor m; estar de buen (mal) ~ guter (schlechter) Laune sein; ~ado [~'raðo]: bien (mal) ~ gut (schlecht) gelaunt; ~ismo [~'rizmo] m Humor m; ~ista [~'rista] m Humorist m; ~ístico [~'ristiko] humoristisch
humus ['umus] m Humus m
hundi|do [un'diðo] eingefallen; (ojos) tiefliegend; ~miento [~'mĭento] m Versenken n; Einsturz m; a fig Untergang m; ~r [~'dir] (3a) versenken; zerstören; fig vernichten; ~rse versinken, a fig untergehen
húngaro ['uŋgaro] 1. adj ungarisch; 2. m, -a f [~ra] Ungar(in f) m
huracán [ura'kan] m Orkan m
huraño [u'raɲo] mürrisch; menschenscheu
hurgar [ur'gar] (1h) stochern, wühlen in
hur|tadillas [urta'ðiʎas]: a ~ verstohlen; ~tar [ur'tar] (1a) stehlen; ~to ['urto] m Diebstahl m
husmear [uzme'ar] (1a) wittern; fig herumschnüffeln
huso ['uso] m Spindel f
huyo ['ujo] s huir

I

I, i [i] f I, i n
ibérico [i'beriko] iberisch
Ibero [i'bero] m Iberer m; **~americano** [iberoameri'kano] iberoamerikanisch
ibicenco [ibi'θenko] aus Ibiza
iceberg [iθe'bɛr] m Eisberg m
icono [i'kono] m Ikone f
ictericia ⚕ [ikte'riθia] f Gelbsucht f
ida ['iða] f Hinweg m, -fahrt f, -reise f; **~ y vuelta** Hin- u Rückfahrt f
idea [i'ðea] f Idee f; **no tener (ni) ~** keine Ahnung haben; **~l** [iðe'al] **1.** adj ideal; **2.** m Ideal n; **~lismo** [~'lizmo] m Idealismus m; **~lista** [~'lista] **1.** adj idealistisch; **2.** m Idealist m; **~lizar** [~li'θar] (1f) idealisieren; **~r** [iðe'ar] (1a) ersinnen, (sich) ausdenken
ídem [iðen] desgleichen, ebenso
idéntico [i'ðentiko] identisch
identi|dad [iðenti'ðað] f Identität f; **~ficación** [~fika'θion] f Identifizierung f; **~ficar** [~fi'kar] (1g) identifizieren; **~ficarse** sich ausweisen
ideol|ogía [iðeolɔ'xia] f Ideologie f; **~ógico** [~'lɔxiko] ideologisch
idilio [i'ðilio] m Idyll n
idioma [i'ðioma] m Sprache f
idiosincrasia [iðiosiŋ'krasia] f Eigenart f
idio|ta [i'ðiota] **1.** adj blöd(sinnig); idiotisch; **2.** su Idiot m; **~tez** [~'teθ] f Blödsinn m; Idiotie f
ido ['iðo] s **ir**; fig verrückt
idola|trar [iðola'trar] (1a) vergöttern; **~tría** [~'tria] f Vergötterung f
ídolo ['iðolo] m Idol n
idoneidad [iðonei'ðað] f Tauglichkeit f; Eignung f; Fähigkeit f
idóneo [i'ðoneo] tauglich; geeignet
iglesia [i'glesia] f Kirche f
ignomini|a [igno'minia] f Schmach f, Schande f; **~oso** [~mi'nioso] schmachvoll, schändlich
ignora|ncia [igno'ranθia] f Unwissenheit f; Unkenntnis f; **~nte** [~'rante] unwissend; **~r** [~'rar] (1a) nicht wissen (od kennen); **no ~** sehr wohl wissen
igual [i'gŭal] gleich; gleichbleibend, -förmig, -mäßig; **(al) ~ que** genauso wie; **es ~** das ist egal; **me da ~** das ist mir gleich; **sin ~** unvergleichlich; **~ar** [~'lar] (1a) gleichmachen; gleichstellen; (terreno) planieren; **~dad** [igŭal'dað] f Gleichheit f; **~ de derechos** Gleichberechtigung f; **~ de oportunidades** Chancengleichheit f; **~mente** [~'mente] gleichfalls, ebenfalls
iguana zo [i'gŭana] f Leguan m
ilegal [ile'gal] ungesetzlich, illegal; **~idad** [~gali'ðað] f Illegalität f, Gesetzwidrigkeit f
ilegible [ile'xible] unleserlich
ilegítimo [ile'xitimo] ungesetzlich; (hijo) unehelich
íleo ⚕ ['ileo] m Darmverschluß m
ileso [i'leso] unverletzt
ilícito [i'liθito] unerlaubt
ilimitado [ilimi'taðo] unbeschränkt
ilocalizable [ilokali'θable] unauffindbar
ilógico [i'lɔxiko] unlogisch
ilumina|ción [ilumina'θion] f Beleuchtung f; **~dor** [~'dor] m teat Beleuchter m; **~r** [~'nar] (1a) beleuchten
ilu|sión [ilu'sion] f Illusion f; (alegría) (Vor-)Freude f; **~sionista** [~sio'nista] m Zauberkünstler m; **~so** [i'luso] leichtgläubig; naiv; **~sorio** [~'sorio] trügerisch; illusorisch
ilus|tración [ilustra'θion] f Illustration f, Abbildung f; (cultura) Bildung f; hist Aufklärung f; **~trado** [~'traðo] gebildet; (libro) illustriert; **~trar** [~'trar] (1a) erläutern; (instruir) bilden; (libro, etc) illustrieren, bebildern; **~tre** [i'lustre] berühmt; erlaucht
imagen [i'maxen] f Bild n; **~ (pública)** Image n
imagina|ble [imaxi'nable] denkbar, vorstellbar; **~ción** [~na'θion] f Phantasie f; **~r** [~'nar] (1a) (sich) ausdenken, ersinnen; **~rse** sich vorstellen; **~rio** [~'nario] erdacht, imaginär; **~tivo** [~'tiβo] einfallsreich
imán [i'man] m Magnet m
imbatido [imba'tiðo] ungeschlagen, unbesiegt
im|bécil [im'beθil] **1.** adj blöd(sinnig); **2.** m Dummkopf m, F Blödmann m; **~becilidad** [~θili'ðað] f Blödsinn m

imberbe [imˈbɛrbe] bartlos
imborrable [imbɔˈrrable] unauslöschlich
imbuir [imbuˈir] (3g) einflößen
imita|ción [imitaˈθiɔn] f Nachahmung f; **~r** [~ˈtar] (1a) nachahmen, imitieren
impacien|cia [impaˈθienθia] f Ungeduld f; **~tar** [~θienˈtar] (1a) ungeduldig machen; **~tarse** ungeduldig werden; **~te** [~ˈθiente] ungeduldig
impacto [imˈpakto] m Einschlag m; fig (Aus-)Wirkung f; **~ ambiental** (od **ecológico**) Umweltbelastung f
impar [imˈpar] ungerade
imparable [impaˈrable] unaufhaltsam
imparcia|l [imparˈθial] unparteiisch; **~lidad** [~liˈdad] f Unparteilichkeit f
impartir [imparˈtir] (3a) (clases) erteilen, geben
impasi|bilidad [impasibiliˈdad] f Gleichmut m; **~ble** [~ˈsible] gefühllos; gleichmütig
impávido [imˈpabido] unerschrocken
impecable [impeˈkable] tadellos; einwandfrei
impedi|do [impeˈdido] gelähmt; **~mento** [~diˈmento] m Hindernis n; **~r** [~ˈdir] (31) (be-, ver)hindern
impenetrable [impeneˈtrable] undurchdringlich; fig unerforschlich
impensado [impenˈsado] unerwartet, unvermutet
impera|r [impeˈrar] (1a) herrschen; **~tivo** [~raˈtibo] **1.** adj gebieterisch; zwingend; **2.** m gram Imperativ m; fig Gebot n
imperceptible [imperθepˈtible] unmerklich; nicht wahrnehmbar
imperdible [imperˈdible] m Sicherheitsnadel f
imperdonable [imperdoˈnable] unverzeihlich
imperecedero [impereθeˈdero] unvergänglich
imperfec|ción [imperfegˈθion] f Unvollkommenheit f; **~to** [~ˈfekto] **1.** adj unvollkommen; **2.** m gram Imperfekt n
imperial [impeˈrial] kaiserlich; **~ismo** [~ˈlizmo] m Imperialismus m
impericia [impeˈriθia] f Unerfahrenheit f
imperio [imˈperio] m Kaiserreich n, Reich n; **~so** [~ˈrioso] gebieterisch; dringend

impermea|bilidad [impermeabiliˈdad] f Undurchlässigkeit f; **~bilizar** [~ˈθar] (1f) imprägnieren; **~ble** [~ˈable] **1.** adj undurchlässig; wasserdicht; **2.** m Regenmantel m
impersonal [impersoˈnal] unpersönlich
impertérrito [imperˈterrito] unerschrocken; unerschütterlich
impertinen|cia [impertiˈnenθia] f Ungehörigkeit f; Frechheit f; **~te** [~ˈnente] ungehörig; unverschämt
imperturbable [imperturˈbable] unerschütterlich
ímpetu [ˈimpetu] m Heftigkeit f; Ungestüm n; Schwung m
impetuo|sidad [impetuosiˈdad] f Ungestüm n; **~so** [~ˈtuoso] heftig; ungestüm
impío [imˈpio] gottlos; fig herzlos
implacable [implaˈkable] unerbittlich
implantar [implanˈtar] (1a) einpflanzen; fig einführen
implicar [impliˈkar] (1g) verwickeln, hineinziehen (in ac **en**); (incluir) mit sich bringen; voraussetzen
implícito [imˈpliθito] mit einbegriffen; implizit
implorar [imploˈrar] (1a) anflehen
impon|ente [impoˈnente] imposant, eindrucksvoll; **~er** [~ˈner] (2r) **1.** v/t auferlegen; aufdrängen; (nombre) geben; (dinero) einzahlen; **2.** v/i Eindruck machen, imponieren; **~erse** sich durchsetzen; **~ible** [~ˈnible] besteuerbar
impopular [impopuˈlar] unbeliebt
importa|ción [importaˈθion] f Einfuhr f; Import m; **~dor** [~ˈdor] m Importeur m; **~ncia** [~ˈtanθia] f Wichtigkeit f, Bedeutung f; **dar ~ a** Wert legen auf; **darse ~** sich wichtig machen; **~nte** [~ˈtante] wichtig, bedeutend; **~r** [~ˈtar] (1a) **1.** v/i wichtig sein; **no importa** das macht nichts; **2.** v/t einführen, importieren; (valer) betragen
importe [imˈporte] m Betrag m
importu|nar [importuˈnar] (1a) belästigen; **~no** [~ˈtuno] lästig; ungelegen
imposi|bilidad [imposibiliˈdad] f Unmöglichkeit f; **~bilitar** [~ˈtar] (1a) unmöglich machen; **~ble** [~ˈsible] unmöglich
imposición [imposiˈθion] f Auferlegung f; Besteuerung f; ✝ Einlage f; **doble ~** Doppelbesteuerung f
impostor [imposˈtor] m Betrüger m

impoten|cia [impo'tenθia] *f* Unvermögen *n*; ⚕ Impotenz *f*; **~te** [~'tente] machtlos; unfähig; impotent
impracticable [imprakti'kaƀle] unausführbar; (*camino*) unbefahrbar
imprecar [impre'kar] (1g) verwünschen, verfluchen
impreciso [impre'θiso] ungenau
impregnar [impreg'nar] (1a) imprägnieren; durchtränken
imprenta [im'prenta] *f* (Buch-)Druckerei *f*; Druck *m*
imprescindible [impresθin'diƀle] unentbehrlich; umgänglich
impre|sión [impre'sión] *f* Abdruck *m*; *tip* Druck *m*; *fig* Eindruck *m*; **~sionable** [~sio'naƀle] leicht zu beeindrucken; **~sionante** [~'nante] eindrucksvoll; **~sionar** [~'nar] (1a) beeindrucken; *fot* belichten; **~sionismo** [~'nizmo] *m* Impressionismus *m*; **~so** [~'preso] **1.** *s imprimir*; **2.** *m* Formular *n*; ✍ Drucksache *f*; **~sor** [~'sɔr] *m* (Buch-)Drucker *m*; **~sora** [~'sora] *f inform* Drucker *m*
imprevis|ible [impreƀi'siƀle] unvorhersehbar; **~to** [~'ƀisto] unvorhergesehen
imprimir [impri'mir] (3a; *part* **impreso**) (ab)drucken; *fig* einprägen
improbable [impro'ƀaƀle] unwahrscheinlich
ímprobo ['improƀo] mühselig
improcedente [improθe'dente] unzulässig; (*inadecuado*) unangebracht
improductivo [improduk'tiƀo] unergiebig; unproduktiv
impro|perio [impro'perio] *m* Beschimpfung *f*, Schmähung *f*; **~pio** [im'propio] unschicklich, unpassend
improvisa|ción [improƀisa'θiɔn] *f* Improvisation *f*; **~r** [~'sar] (1a) improvisieren
improviso [impro'ƀiso]: *al* (*od de*) **~** unvermutet
impruden|cia [impru'denθia] *f* Unvorsichtigkeit *f*; 🚗 Fahrlässigkeit *f*; **~te** [~'dente] unvorsichtig; unvernünftig
impúdico [im'puđiko] unzüchtig
impuesto [im'pŭesto] **1.** *part u imponer*; **2.** *m* Steuer *f*; **~** *sobre bienes inmuebles* Grundsteuer *f*; **~** *de sociedades* Körperschaftssteuer *f*; **~** *sobre el patrimonio* Vermögenssteuer *f*; **~** *sobre la renta* Einkommensteuer *f*; **~** *sobre la renta del capital* Kapitalertragssteuer

f; **~** *sobre el valor añadido* Mehrwertsteuer *f*; **~** *sobre el volumen de negocios* Umsatzsteuer *f*
impugnar [impug'nar] (1a) anfechten
impul|sar [impul'sar] (1a) antreiben; **~sivo** [~'siƀo] impulsiv; **~so** [~'pulso] *m* Antrieb *m*; Impuls *m*
impu|ne [im'pune] straflos; **~nidad** [impuni'đađ] *f* Straflosigkeit *f*
impu|reza [impu'reθa] *f* Unreinheit *f*; **~s** *pl* Verschmutzung *f*; **~ro** [~'puro] unrein (*a fig*)
imputa|ción [imputa'θiɔn] *f* Beschuldigung *f*; **~r** [~'tar] (1a) zuschreiben
inacaba|ble [inaka'ƀaƀle] endlos; **~do** [~'ƀađo] unvollendet
inaccesible [inagθe'siƀle] unzugänglich (*a fig*); unerreichbar
inaceptable [inaθep'taƀle] unannehmbar
inacti|vidad [inaktiƀi'đađ] *f* Untätigkeit *f*; **~vo** [~'tiƀo] untätig
inadecuado [inađe'kŭađo] unangemessen; ungeeignet
inadmisible [inađmi'siƀle] unzulässig
inadver|tencia [inađƀer'tenθia] *f* Unachtsamkeit *f*; **~tido** [~'tiđo] unachtsam; *pasar* **~** nicht bemerkt werden
inagotable [inago'taƀle] unerschöpflich
inaguantable [inagŭan'taƀle] unerträglich
inalámbrico ⚡ [ina'lambriko] drahtlos
inalienable [inalie'naƀle] unveräußerlich
inalterable [inalte'raƀle] unveränderlich
inani|ción [inani'θiɔn] *f* Entkräftung *f*; **~mado** [~'mađo] leblos
inapelable [inape'laƀle] unwiderruflich
inapeten|cia [inape'tenθia] *f* Appetitlosigkeit *f*; **~te** [~'tente] appetitlos
inaplazable [inapla'θaƀle] unaufschiebbar
inapreciable [inapre'θiaƀle] unschätzbar (*a fig*); geringfügig
inarrugable [inarru'gaƀle] knitterfrei
inasequible [inase'kiƀle] unerreichbar; (*precio*) unerschwinglich
inaudi|ble [inaŭ'điƀle] unhörbar; **~to** [~'đito] unerhört
inaugura|ción [inaŭgura'θiɔn] *f* Einweihung *f*; Eröffnung *f*; **~r** [~'rar] (1a) einweihen; eröffnen
incalculable [iŋkalku'laƀle] unberechenbar; unermeßlich

incalificable [iŋkalifi'kable] unqualifizierbar; *fig* schmählich
incansable [iŋkan'sable] unermüdlich
incapa|cidad [iŋkapaθi'ðað] *f* Unfähigkeit *f*; **~citar** [~θi'tar] (1a) unfähig machen; ⚖ entmündigen; **~z** [~'paθ] unfähig (zu *de*)
incau|tarse [iŋkaü'tarse] (1a): **~ de** beschlagnahmen; **~to** [iŋ'kaüto] unbedacht; leichtgläubig
incendi|ar [inθen'diar] (1b) anzünden; in Brand stecken; **~arse** in Brand geraten; **~ario** [~'diario] *m* Brandstifter *m*; **~dio** [in'θendio] *m* Feuer(sbrunst *f*) *n*; Brand *m*; **~ forestal** Waldbrand *m*; **~ provocado** Brandstiftung *f*
incentivo [inθen'tibo] *m* Anreiz *m*, Ansporn *m*
incertidumbre [inθerti'ðumbre] *f* Ungewißheit *f*
incesante [inθe'sante] unablässig
incesto [in'θesto] *m* Inzest *m*
inciden|cia [inθi'ðenθia] *f* Auswirkung *f*; **~te** [~'ðente] *m* Zwischenfall *m*
incidir [inθi'ðir] (3a): **~ en** verfallen in; *fig* sich auswirken auf
incienso [in'θienso] *m* Weihrauch *m*
incierto [in'θierto] ungewiß; unsicher
incinera|ción [inθinera'θion] *f* Einäscherung *f*; **~ de basuras** Müllverbrennung *f*; **~r** [~'rar] (1a) einäschern
incipiente [inθi'piente] beginnend
inci|sión [inθi'sion] *f* Einschnitt *m*; **~sivo** [~'sibo] schneidend (*a fig*); (*diente m*) **~** Schneidezahn *m*; **~so** [in'θiso] *adj*: **herida** *f* **-a** Schnittwunde *f*
incita|ción [inθita'θion] *f* Anstiftung *f*; **~r** [~'tar] (1a) an treiben; aufhetzen
inclemencia [iŋkle'menθia] *f* (*clima*) Rauheit *f*, Unfreundlichkeit *f*
inclina|ción [iŋklina'θion] *f* Verneigung *f*, Verbeugung *f*; *fig* Neigung *f*; **~r** [~'nar] (1a) neigen, beugen; **~rse** sich neigen; sich (ver)beugen; **~ a** neigen zu
inclu|ir [iŋklu'ir] (3g) einschließen; aufnehmen; beilegen; **~sión** [~'sion] *f* Einfügung *f*, Aufnahme *f*; **~sive** [~'sibe] einschließlich; **~so** [iŋ'kluso] sogar
incógni|ta [iŋ'kɔgnita] *f* A *u fig* Unbekannte *f*; **~to** [iŋ'kɔgnito] unbekannt; *de* **~** inkognito
incoheren|cia [iŋkoe'renθia] *f* Zs.-hanglosigkeit *f*; **~te** [~'rente] unzs.-hängend

incoloro [iŋko'loro] farblos
incólume [iŋ'kolume] unversehrt
incombustible [iŋkombus'tible] unverbrennbar, feuerfest
incomo|dar [iŋkomo'ðar] (1a) belästigen; **~darse** sich ärgern (über *por*); **~didad** [~ði'ðað] *f* Unbequemlichkeit *f*
incómodo [iŋ'komoðo] unbequem
incomparable [iŋkompa'rable] unvergleichlich
incomparecencia ⚖ [iŋkompare-'θenθia] *f* Nichterscheinen *n*
incompatible [iŋkompa'tible] unverträglich, unvereinbar
incompeten|cia [iŋkompete'nθia] *f* Unfähigkeit *f*; ⚖ Unzuständigkeit *f*; **~te** [~'tente] unfähig; unzuständig
incompleto [iŋkom'pleto] unvollständig
incomprensi|ble [iŋkompren'sible] unverständlich, unbegreiflich; **~vo** [~'sibo] verständnislos
incomunicado [iŋkomuni'kaðo] *v der Außenwelt* abgeschnitten; ⚖ in Einzelhaft
inconcebible [iŋkonθe'bible] unfaßlich, unbegreiflich
inconciliable [iŋkonθi'liable] unversöhnlich; unvereinbar
incondicional [iŋkondiθio'nal] bedingungslos
inconfundible [iŋkomfun'dible] unverwechselbar
incongruente [iŋkon'grüente] zs.-hanglos
inconscien|cia [iŋkons'θienθia] *f* Bewußtlosigkeit *f*; *fig* Leichtfertigkeit *f*; **~te** [~'θiente] unbewußt; ✱ bewußtlos; *fig* leichtfertig
inconsecuen|cia [iŋkonse'küenθia] *f* Inkonsequenz *f*; **~te** [~'küente] inkonsequent
inconsiderado [iŋkonsiðe'raðo] unbedacht; rücksichtslos
inconsistente [iŋkonsis'tente] unbeständig; haltlos
inconsolable [iŋkonso'lable] untröstlich
inconstante [iŋkons'tante] unbeständig; wankelmütig
incontenible [iŋkonte'nible] unbezähmbar; unaufhaltsam
incontestable [iŋkontes'table] unbestreitbar
incontinen|cia [iŋkonti'nenθia] *f* Hem-

indigente

mungslosigkeit *f*; ♂ ~ (*nocturna*) Bettnässen *n*; ~**te** [~'nente] hemmungslos
incontrolable [iŋkɔntro'laβle] unkontrollierbar
inconvenien|cia [iŋkɔmbe'nĭenθĭa] *f* Unschicklichkeit *f*; ~**te** [~'nĭente] **1.** *adj* unschicklich; unangebracht; **2.** *m* Hindernis *n*; Nachteil *m*; **no tengo** ~ ich habe nichts dagegen
incordiar [iŋkɔr'ðĭar] (1b) belästigen, stören
incorpora|ción [iŋkɔrpora'θĭɔn] *f* Aufnahme *f*; Eingliederung *f*; ~**r** [~'rar] (1a) einfügen; aufnehmen; ~**rse** sich aufrichten; sich anschließen (an *ac a*)
incorrec|ción [iŋkɔrrɛg'θĭɔn] *f* Unrichtigkeit *f*; *fig* Unhöflichkeit *f*; ~**to** [~'rrɛkto] unrichtig; *fig* unhöflich
incorregible [iŋkɔrrɛ'xiβle] unverbesserlich
incorruptible [iŋkɔrrup'tiβle] unverderblich; *fig* unbestechlich
incrédulo [iŋ'kreðulo] ungläubig
increíble [iŋkre'iβle] unglaublich
incremen|tar [iŋkremen'tar] (1a) vergrößern; (*precio*) erhöhen; ~**to** [~'mento] *m* Zuwachs *m*, Zunahme *f*; Erhöhung *f*
increpar [iŋkre'par] (1a) beschimpfen
incrimina|ción [iŋkrimina'θĭɔn] *f* Beschuldigung *f*; ~**r** [~'nar] (1a) beschuldigen
incruento [iŋ'krŭento] unblutig
incrustar [iŋkrus'tar] (1a) einlegen; ~**se** verkrusten
incuba|ción [iŋkuβa'θĭɔn] *f* Ausbrütung *f*; ♂ (*período m de*) ~ Inkubationszeit *f*; ~**dora** [~'ðora] *f* Brutapparat *m*, -kasten *m*; ~**r** [~'βar] (1a) ausbrüten (*a fig*)
incuestionable [iŋkŭestĭo'naβle] unbestreitbar
inculcar [iŋkul'kar] (1g) einschärfen, F eintrichtern
inculpa|do [iŋkul'paðo] *m* Beschuldigte(r) *m*; ~**r** [~'par] (1a) beschuldigen
inculto [iŋ'kulto] ungebildet; ✗ unbebaut
incum|bencia [iŋkum'benθĭa] *f* Obliegenheit *f*; *no es* (*asunto*) *de mi* ~ damit habe ich nichts zu tun; ~**bir** [~'βir] (3a) obliegen
incumpli|miento [iŋkumpli'mĭento] *m* Nichterfüllung *f*; ~**r** [~'plir] (3a) nicht erfüllen, nicht halten
incurable [iŋku'raβle] unheilbar
incur|rir [iŋku'rrir] (3a) verfallen, geraten (in *ac en*); ~**sión** ✗ [iŋkur'sĭɔn] *f* Einfall *m*
indaga|ción [indaga'θĭɔn] *f* Nachforschung *f*; ~**r** [~'gar] (1h) nachforschen; untersuchen
indebido [inde'βiðo] ungebührlich
indecente [inde'θente] unanständig
indecible [inde'θiβle] unsagbar
indeci|sión [indeθi'sĭɔn] *f* Unentschlossenheit *f*; ~**so** [~'θiso] unentschlossen
indefectible [indefɛk'tiβle] unausbleiblich; unfehlbar
indefenso [inde'fenso] wehrlos
indefini|ble [indefi'niβle] unbestimmbar; ~**damente** [~ða'mente] auf unbestimmte Zeit; ~**do** [~'niðo] unbestimmt
indeformable [indefor'maβle] formbeständig
indeleble [inde'leβle] unauslöschlich
indem|ne [in'demne] schadlos; heil; ~**nización** [~niθa'θĭɔn] *f* Entschädigung *f*; ~**nizar** [~'θar] (1f) entschädigen
indepen|dencia [indepen'denθĭa] *f* Unabhängigkeit *f*; ~**diente** [~'dĭente] unabhängig; selbständig; ~**dizarse** [~di'θarse] (1f) sich selbständig machen
indescriptible [indeskrip'tiβle] unbeschreiblich
indeseable [indese'aβle] unerwünscht
indestructible [indestruk'tiβle] unzerstörbar
indeterminado [indetɛrmi'naðo] unbestimmt
indica|ción [indika'θĭɔn] *f* Hinweis *m*; Angabe *f*; *inform* Anzeige *f*; ~**do** [~'kaðo] zweckmäßig; ~**dor** [~'ðɔr] *m* Anzeiger *m*; Zeiger *m*; ~**r** [~'kar] (1g) anzeigen; angeben; hinweisen auf (*ac*); ~**tivo** [~'tiβo] *m gram* Indikativ *m*; *tel* (Länder-)Kennzahl *f*, Vorwahl *f*
índice ['indiθe] *m* (Inhalts-)Verzeichnis *n*; Register *n*; ♱ *u rel* Index *m*; *anat* (*dedo m*) ~ Zeigefinger *m*
indicio [in'diθĭo] *m* Anzeichen *n*; ⚖ Indiz *n*
indiferen|cia [indife'renθĭa] *f* Gleichgültigkeit *f*; ~**te** [~'rente] gleichgültig; teilnahmslos
indígena [in'dixena] **1.** *adj* eingeboren; einheimisch; **2.** *su* Eingeborene(r *m*) *f*
indigen|cia [indi'xenθĭa] *f* Armut *f*, Bedürftigkeit, *f*; ~**te** [~'xente] arm, bedürftig

indiges|tión [indixes'tĩon] f Verdauungsstörung f; **~to** [~'xesto] unverdaulich

indig|nación [indigna'θĩon] f Entrüstung f; Empörung f; **~nar** [~'nar] (1a) empören; **~narse** sich entrüsten; **~no** [in'digno] unwürdig (*gen de*); schändlich

indio ['indĩo] **1.** *adj* indisch; (*de América*) indianisch; **2.** m Inder m; Indianer m; F *hacer el ~* sich albern benehmen

indirec|ta [indi'rɛkta] f Anspielung f; **~to** [~to] indirekt

indisciplina [indisθi'plina] f Disziplinlosigkeit f; **~do** [~'naðo] f zuchtlos, undiszipliniert

indiscre|ción [indiskre'θĩon] f Indiskretion f; Taktlosigkeit f; **~to** [~'kreto] taktlos, indiskret

indiscutible [indisku'tible] indiskutabel; unbestreitbar

indisoluble [indiso'luble] unauflöslich

indispensable [indispen'sable] unerläßlich; unentbehrlich

indis|posición [indisposi'θĩon] f Unwohlsein n; **~puesto** [~pŭesto] unpäßlich; indisponiert

indistint|amente [indistinta'mente] ohne Unterschied; **~o** [~'tinto] undeutlich

individu|al [indibi'ðŭal] individuell; Einzel...; **~alista** [~ðŭa'lista] m Individualist m; **~o** [~'biðŭo] m Individuum n (*a desp*)

indivi|sible [indibi'sible] unteilbar; **~so** [~'biso] ungeteilt

indocumentado [indokumen'taðo] ohne Ausweispapiere

índole ['indole] f Beschaffenheit f; Art f; *de esta ~* derartig

indolen|cia [indo'lenθĩa] f Trägheit f; **~te** [~'lente] träge; lässig

indomable [indo'mable] unbezwinglich; un(be)zähmbar

indómito [in'domito] ungebärdig

inducir [indu'θir] (3o) verleiten (zu *a*); (*deducir*) folgern (aus *de*)

indudable [indu'ðable] zweifellos

indulgen|cia [indul'xenθĩa] f Nachsicht f; **~te** [~'xente] nachsichtig; milde

indul|tar [indul'tar] (1a) begnadigen; **~to** [~'dulto] m Begnadigung f

indumentaria [indumen'tarĩa] f Kleidung f

Industria [in'dustrĩa] f Industrie f; **~ pesada** Schwerindustrie f; **~l** [~'trĩal] **1.** *adj* industriell; **2.** m Industrielle(r) m; **~lización** [~liθa'θĩon] f Industrialisierung f; **~lizar** [~li'θar] (1f) industrialisieren

inédito [i'neðito] unveröffentlicht

inefable [ine'fable] unaussprechlich, unsäglich

ineficalcia [inefi'kaθĩa] f Unwirksamkeit f; **~z** [~'kaθ] unwirksam

ineludible [inelu'ðible] unumgänglich

inenarrable [inena'rrable] unbeschreiblich

inencogible [ineŋko'xible] (*tejido*) nicht einlaufend

inepto [i'nepto] untüchtig, unfähig

inequívoco [ine'kiboko] eindeutig

inercia [i'nɛrθĩa] f Trägheit f (*a fis*)

inerme [i'nɛrme] unbewaffnet; *fig* wehrlos

inescrutable [ineskru'table] unerforschlich, unergründlich

inesperado [inespe'raðo] unerwartet; unverhofft

inestable [ines'table] unbeständig

inestimable [inesti'mable] unschätzbar

inevitable [inebi'table] unvermeidlich, unausbleiblich

inexac|titud [inɛgsakti'tuð] f Ungenauigkeit f; **~to** [~'sakto] ungenau, unrichtig

inexcusable [inesku'sable] unentschuldbar, unverzeihlich

inexorable [inɛgso'rable] unerbittlich

inexper|iencia [inespe'rĩenθĩa] f Unerfahrenheit f; **~to** [~'pɛrto] unerfahren

inexplicable [inespli'kable] unerklärlich, unbegreiflich

inexpresivo [inespre'sibo] ausdruckslos

inextricable [inestri'kable] unentwirrbar

infalible [imfa'lible] unfehlbar (*a rel*)

infam|e [im'fame] schändlich, gemein; infam; **~ia** [~'famĩa] f Schändlichkeit f; Schande f

infan|cia [im'fanθĩa] f Kindheit f; **~ta** [~'fanta] f *Esp* Infantin f; **~te** [~'fante] m Kind n; *Esp* Infant m; ✕ Infanterist m; **~tería** ✕ [~'ria] f Infanterie f; **~til** [~'til] kindlich, Kinder...; *desp* kindisch

infarto ⚕ [im'farto] m Infarkt m; **~ de miocardio** Herzinfarkt m

infatigable [imfati'gable] unermüdlich

infausto [im'faŭsto] unglücklich

infec|ción [imfeg'θĭɔn] *f* Infektion *f*; **~cioso** [~'θĭoso] ansteckend; **~tar** [~fɛk'tar] (1a) anstecken, infizieren
infeli|cidad [imfeliθi'ḋaḋ] *f* Unglück *n*; **~z** [~'liθ] unglücklich
inferior [imfɛ'rĭɔr] unterc(r, -s); *fig* unterlegen; (*calidad*) minderwertig; **~idad** [~rĭori'ḋaḋ] *f* Unterlegenheit *f*; Minderwertigkeit *f*
infernal [imfɛr'nal] höllisch
infestar [imfes'tar] (1a) verseuchen; (*invadir*) befallen
infidelidad [imfiḋeli'ḋaḋ] *f* Untreue *f*
infiel [im'fĭɛl] **1.** *adj* untreu; *rel* ungläubig; **2.** *m* Ungläubige(r) *m*
infiernillo [imfĭɛr'niʎo] *m* Spirituskocher *m* ·
infierno [im'fĭɛrno] *m* Hölle *f*
infiltra|ción [imfiltra'θĭɔn] *f* Einsickern *n*; *pol* Einschleusung *f*; **~r** [~'trar] (1a) infiltrieren; **~rse** einsickern; *pol* **~ en** unterwandern
ínfimo ['imfimo] unterst, niedrigst
infini|dad [imfini'ḋaḋ] *f* Unendlichkeit *f*; *fig* Unmenge *f*; **~tivo** [~'tibo] *m* Infinitiv *m*; **~to** [~'nito] **1.** *adj* unendlich; (*numeroso*) zahllos; **2.** *m* Unendlichkeit *f*
inflación [imfla'θĭɔn] *f* Inflation *f*
inflama|ble [imfla'mable] entzündbar; feuergefährlich; **~ción** [~'θĭɔn] *f* Entzündung *f* (*a* 💉); **~r(se)** [~'mar(se)] (1a) (sich) entzünden
inflar [im'flar] (1a) aufblasen, aufpumpen; **~se** *fig* sich aufblasen
inflexible [imflɛg'sible] unbiegsam; *fig* unbeugsam; unerbittlich
infligir [imfli'xir] (3c) auferlegen; (*derrota*) bereiten
influ|encia [imflu'enθĭa] *f* Einfluß *m*; **~ir** [~'ir] (3g) beeinflussen; **~jo** [~'fluxo] *m* Einfluß *m*; **~yente** [~'jente] einflußreich
informa|ción [imfɔrma'θĭɔn] *f* Auskunft *f*, Information *f*; (*noticia*) Nachricht *f*; **~ viaria** Verkehrsfunk *m*; **~dor** [~'dɔr] *m* Informant *m*; Reporter *m*; **~l** [~'mal] zwanglos; (*persona*) unzuverlässig; **~lidad** [~li'ḋaḋ] *f* Unzuverlässigkeit *f*; **~r** [~'mar] (1a) informieren, benachrichtigen; **~rse** sich erkundigen (nach **de**), sich informieren
informáti|ca [imfɔr'matika] *f* Informatik *f*; **~co** [~'matiko] *m* Informatiker *m*
infor|mativo [imfɔrma'tibo] **1.** *adj* informativ. Informations...; **2.** *m* Nachrichtensendung *f*; **~me** [~'fɔrme] **1.** *adj* formlos; unförmig; **2.** *m* Bericht *m*; ⚖ Plädoyer *n*; **~s** *pl* Referenzen *f/pl*
infortu|nado [imfɔrtu'naḋo] unglücklich; **~nio** [~'tunĭo] *m* Unglück *n*
infracción ⚖ [imfrag'θĭɔn] *f* strafbare Handlung *f*; Verstoß *m*
infraestructura [imfraestruk'tura] *f* Infrastruktur *f*; ⚙ Unterbau *m*
in fraganti ⚖ [imfra'ganti] auf frischer Tat, in flagranti
infrahumano [imfrau'mano] menschenunwürdig
infranqueable [imfranke'able] unpassierbar; *fig* unüberwindlich
infrarrojo [imfra'rrɔxɔ] infrarot
infringir ⚖ [imfriŋ'xir] (3c) verstoßen gegen
infructuoso [imfruk'tŭoso] nutzlos, zwecklos
infun|dado [imfun'daḋo] unbegründet; **~dir** [~'dir] (3a) einflößen
infusión [imfu'sĭɔn] *f* (Kräuter-)Tee *m*
ingeni|ar [iŋxe'nĭar] (1b) ersinnen; **~ería** [~e'ria] *f*: **~ genética** Gentechnik *f*; **~ero** [~'nĭero] *m* Ingenieur *m*; **~ agrónomo** Diplomlandwirt *m*; **~ de sonido** Toningenieur *m*; **~o** [iŋ'xenĭo] *m* Geist *m*; Genie *n*; ⚙ Vorrichtung *f*; *Am* Zuckerfabrik *f*; **~oso** [~'nĭoso] sinnreich; erfinderisch; (*persona*) geistreich
ingente [iŋ'xɛnte] ungeheuer groß
ingenu|idad [iŋxenŭi'ḋaḋ] *f* Naivität *f*; Unbefangenheit *f*; **~o** [iŋ'xenŭo] treuherzig; naiv
ingerir [iŋxe'rir] (3i) zu sich nehmen; 💉 einnehmen
ingle *anat* ['iŋgle] *f* Leiste *f*
ingl|és [iŋ'gles] **1.** *adj* englisch; **2.** *m*, **~esa** [~'glesa] *f* Engländer(in *f*) *m*
ingra|titud [iŋgrati'tud] *f* Undankbarkeit *f*; **~to** [iŋ'grato] undankbar (*a fig*)
ingravidez [iŋgrabi'ḋeθ] *f* Schwerelosigkeit *f*
ingre|diente [iŋgre'dĭente] *m* Bestandteil *m*; *gastr* Zutat *f*; **~sar** [~'sar] (1a) **1.** *v/i* eintreten; 💉 eingeliefert werden; **2.** *v/t* einzahlen; **~so** [iŋ'greso] *m* Eintritt *m*; 💉 Einlieferung *f*; ✝ Einzahlung *f*; (**examen** *m* **de**) **~** Aufnahmeprüfung *f*; **~s** *m/pl* Einkommen *n*; **~s brutos** Bruttoeinkommen *n*
inhábil [i'nabil] unfähig; untauglich

inhabitable

inhabita|ble [inabi'taβle] unbewohnbar; **~do** [~'taðo] unbewohnt
inhalar [ina'lar] (1a) inhalieren, einatmen
inherente [ine'rente] innewohnend; (eng) verknüpft mit
inhibi|ción [inibi'θjɔn] f Verbot n; psic Hemmung f; **~r** [~'bir] (3a) untersagen; psic hemmen
inhospitalario [inɔspita'larjo] ungastlich; unwirtlich
inhuma|ción [inuma'θjɔn] f Beerdigung f; **~no** [~'mano] unmenschlich
inici|al [ini'θjal] **1.** adj anfänglich, Anfangs...; **2.** f Anfangsbuchstabe m; **~ar** [~'θjar] (1b) beginnen; (enseñar) einführen (in **en**); **~ativa** [~'tiβa] f Initiative f; **~o** [~'niθjo] m Beginn m, Anfang m
iguala|ble [iniɣua'laβle] unvergleichlich; **~do** [~'laðo] unerreicht
inimaginable [inimaxi'naβle] unvorstellbar
inimitable [inimi'taβle] unnachahmlich
ininteligible [ininteli'xiβle] unverständlich
ininterrumpido [ininterrum'piðo] ununterbrochen
inje|rencia [iŋxe'renθja] f Einmischung f; **~rirse** [~'rirse] (3i) sich einmischen (in ac **en**)
injer|tar [iŋxer'tar] (1a) ⚘ pfropfen; ⚘ verpflanzen; **~to** [iŋ'xerto] m ⚘ Pfropfreis n; ⚘ Verpflanzung f
injuria [iŋ'xurja] f Beleidigung f; Beschimpfung f; **~r** [~'rjar] (1b) beleidigen; beschimpfen
injus|ticia [iŋxus'tiθja] f Ungerechtigkeit f; Unrecht n; **~tificado** [~tifi'kaðo] ungerechtfertigt, unberechtigt; **~to** [iŋ'xusto] ungerecht
inmaculado [inmaku'laðo] unbefleckt (a rel); makellos
inmadu|rez [inmaðu'reθ] f Unreife f (a fig); **~ro** [~'ðuro] unreif
inmedia|tamente [inmeðjata'mente] sofort; **~to** [~'ðjato] unmittelbar; sofortig
inmejorable [inmexo'raβle] unübertrefflich, vorzüglich
inmenso [in'menso] unermeßlich
inmerecido [inmere'θiðo] unverdient
inmersión [inmer'sjɔn] f Eintauchen n
inmigra|ción [inmigra'θjɔn] f Einwanderung f; **~nte** [~'grante] m Einwanderer m; **~r** [~'grar] (1a) einwandern

inminente [inmi'nente] nahe bevorstehend
inmiscuirse [inmisku'irse] (3g) sich einmischen
inmobiliario [inmobi'ljarjo] Immobilien...
inmoderado [inmode'raðo] unmäßig; maßlos
inmodesto [inmo'ðesto] unbescheiden
inmoral [inmo'ral] unmoralisch
inmortal [inmor'tal] unsterblich; **~idad** [~tali'ðað] f Unsterblichkeit f; **~izar** [~'θar] (1f) unsterblich machen; verewigen
inmotivado [inmoti'βaðo] grundlos, unmotiviert
inmóvil [in'moβil] unbeweglich
inmueble [in'mueβle] m Gebäude n; **~s** pl Immobilien pl
inmun|dicia [inmun'diθja] f Schmutz m; Unrat m; **~do** [in'mundo] schmutzig; fig unrein
inmu|ne [in'mune] immun; **~nidad** [~ni'ðað] f Immunität f; **~nizar** [~'θar] (1f) immunisieren
inmutable [inmu'taβle] unveränderlich; fig unerschütterlich
innato [in'nato] angeboren
innecesario [inneθe'sarjo] unnötig
innegable [inne'gaβle] unleugbar
innovación [innoβa'θjɔn] f Neuerung f
innumerable [innume'raβle] unzählig, zahllos
inocen|cia [ino'θenθja] f Unschuld f; **~te** [~'θente] unschuldig; fig naiv
inocuo [i'nokuo] unschädlich
inodoro [ino'ðoro] **1.** adj geruchlos; **2.** m WC n
inofensivo [inofen'siβo] harmlos; unschädlich
inolvidable [inɔlβi'ðaβle] unvergeßlich
inoperante [inope'rante] wirkungslos
inopinado [inopi'naðo] unerwartet
inoportuno [inopɔr'tuno] ungelegen; unpassend
inorgánico 🜚 [inɔr'ganiko] anorganisch
inoxidable [inɔgsi'ðaβle] rostfrei, nichtrostend
inquebrantable [iŋkeβran'taβle] fig unverbrüchlich
inquie|tar [iŋkie'tar] (1a) beunruhigen; **~to** [iŋ'kieto] unruhig; **~tud** [~'tuð] f Unruhe f; Beunruhigung f

inquilino [iŋki'lino] *m* Mieter *m*
inquisi|ción [iŋkisi'θi̯on] *f* Nachforschung *f*; *hist* ♀ Inquisition *f*; **~dor** [~'dor] **1.** *adj* forschend; **2.** *m* Inquisitor *m*
insaciable [insa'θi̯able] unersättlich
insalubre [insa'lubre] ungesund
insano [in'sano] ungesund
insatisfecho [insatis'fetʃo] unzufrieden
inscri|bir [inskri'bir] (3a; *part* **inscrito**) einschreiben, eintragen; **~birse** sich anmelden; **~pción** [~krib'θi̯on] *f* Inschrift *f*; Anmeldung *f*
insec|ticida [insɛkti'θiða] *m* Insektizid *n*; **~to** [in'sɛkto] *m* Insekt *n*
insegu|ridad [inseguri'ðað] *f* Unsicherheit *f*; **~ro** [~'guro] unsicher
insensa|tez [insensa'teθ] *f* Unsinn *m*; Verrücktheit *f*; **~to** [~'sato] unsinnig; unvernünftig
insensible [insen'sible] unempfindlich, gefühllos (gegen **a**)
inseparable [insepa'rable] untrennbar; unzertrennlich
insertar [insɛr'tar] (1a) einschalten; einfügen; (*anuncio*) aufgeben
inservible [insɛr'bible] unbrauchbar
insidioso [insi'ði̯oso] hinterlistig; heimtückisch
insign|e [in'signe] berühmt; **~ia** [~niа] *f* Abzeichen *n*
insignificante [insignifi'kante] geringfügig, unbedeutend
insinua|ción [insinua'θi̯on] *f* Anspielung *f*, Andeutung *f*; **~r** [~'ar] (1e) andeuten; **~rse** sich einschmeicheln
insípido [in'sipiðo] fade, geschmacklos (*a fig*)
insist|encia [insis'tenθi̯a] *f* Beharrlichkeit *f*; Nachdruck *m*; **~ir** [~'tir] (3a) dringen, bestehen (*auf dat* **en**)
insobornable [insobor'nable] unbestechlich
insociable [inso'θi̯able] ungesellig
insolación [insola'θi̯on] *f* Sonnenstich *m*
insolen|cia [inso'lenθi̯a] *f* Unverschämtheit *f*; **~te** [~'lente] unverschämt, frech
insólito [in'solito] ungewöhnlich
insoluble [inso'luble] unlöslich
insolven|cia [insol'benθi̯a] *f* Zahlungsunfähigkeit *f*, Insolvenz *f*; **~te** [~'bente] zahlungsunfähig, insolvent
insom|ne [in'somne] schlaflos; **~nio** [~ni̯o] *m* Schlaflosigkeit *f*

insondable [inson'dable] unergründlich
insono|rización [insonoriθa'θi̯on] *f* Schalldämmung *f*; **~rizar** [~'θar] (1f) schalldicht machen; **~ro** [~'noro] schalldicht
insoportable [insopor'table] unerträglich; unausstehlich
insospechado [insospe'tʃaðo] unvermutet
insostenible [insoste'nible] unhaltbar
inspec|ción [inspeg'θi̯on] *f* Besichtigung *f*; Kontrolle *f*, Inspektion *f*; **~cionar** [~θi̯o'nar] (1a) besichtigen; kontrollieren; **~tor** [~pɛk'tor] *m* Aufseher *m*; Inspektor *m*; **~ tributario** Steuerprüfer *m*
inspira|ción [inspira'θi̯on] *f* Einatmung *f*; *fig* Inspiration *f*, Eingebung *f*; **~r** [~'rar] (1a) einatmen; *fig* einflößen; (*sugerir*) anregen, inspirieren
instala|ción [instala'θi̯on] *f* Einrichtung *f*; Installation *f*; ⚙ Anlage *f*; **-ones sanitarias** Sanitäranlagen *f/pl*; **~dor** [~'dor] *m* Installateur *m*; Monteur *m*; **~r** [~'lar] (1a) einrichten, aufstellen, installieren; **~rse** sich niederlassen
instan|cia [ins'tanθi̯a] *f* Gesuch *n*; Eingabe *f*; ⚖ Instanz *f*; **~tánea** [~'tanea] *f* *fot* Schnappschuß *m*; **~táneo** [~'taneo] augenblicklich; Instant...; **~te** [~'tante] *m* Augenblick *m*, Moment *m*; **al ~** sofort; **en un ~** im Nu
instar [ins'tar] (1a) **1.** *v/t* dringend bitten, drängen; **2.** *v/i* dringend sein
instiga|ción [instiga'θi̯on] *f* Anstiftung *f*; **~r** [~'gar] (1h) anstiften (*zu* **a**)
instin|tivo [instin'tibo] instinktiv; **~to** [~'tinto] *m* Instinkt *m*
institu|ción [institu'θi̯on] *f* Einrichtung *f*, Institution *f*; Anstalt *f*; **~ir** [~'ir] (3g) gründen; einsetzen; **~to** [~'tuto] *m* Institut *n*; **~ de belleza** Kosmetiksalon *m*; *Esp* ♀ (**de Enseñanza Media**) Gymnasium *n*; **~triz** [~'triθ] *f* Erzieherin *f*
instru|cción [instrug'θi̯on] *f* Schulung *f*; Ausbildung *f* (*a* ⚔); (*cultura*) Bildung *f*; *inform* Befehl *m*; **-ones** *pl* Anweisung *f*; Vorschrift *f*; **-ones de uso** (*od* **de servicio**) Bedienungsanleitung *f*; **~ctivo** [~truk'tibo] lehrreich; **~ctor** [~'tor] *m* ⚔ Ausbilder *m*; **~ido** [~'iðo] gebildet; **~ir** [~'ir] (3g) ausbilden, schulen; unterweisen
instrumen|tación ♪ [instrumenta'θi̯on] *f* Instrumentierung *f*; **~tar** [~'tar] (1a) in-

instrumentista

strumentieren; **~tista** ♪ [~'tista] *m* Instrumentalist *m*; **~to** [~'mento] *m* Instrument *n*; ✪ Werkzeug *n*; ♪ **~ de arco** (**de cuerda, de percusión, de viento**) Streich- (Saiten-, Schlag-, Blas-)instrument *n*

insubordina|ción [insubɔrdina'θĭɔn] *f* Gehorsamsverweigerung *f*; **~rse** [~'narse] (1a) den Gehorsam verweigern

insuficien|cia [insufi'θĭenθĭa] *f* Unzulänglichkeit *f*; **~te** [~'θĭente] unzulänglich; (*nota*) ungenügend

insufrible [insu'frible] unerträglich

insular [insu'lar] Insel...

insulina [insu'lina] *f* Insulin *n*

insulso [in'sulso] geschmacklos, fade (*a fig*)

insul|tar [insul'tar] (1a) beleidigen; **~to** [~'sulto] *m* Beleidigung *f*

insuperable [insupe'rable] unüberwindlich; *fig* unübertrefflich

insurrección [insurreɣ'θĭɔn] *f* Aufstand *f*

insustituible [insustitu'ible] unersetzlich

intacto [in'takto] unberührt; unversehrt, intakt

intachable [inta'tʃable] tadellos, einwandfrei

intangible [intaŋ'xible] unantastbar

integra|l [inte'ɣral] vollständig; ⋏ Integral...; **~nte** [~'ɣrante] **1.** *adj* wesentlich; **2.** *su* Mitglied *n*; **~r** [~'ɣrar] (1a) bilden; ⋏, *pol* integrieren

integridad [inteɣri'ðað] *f* Vollständigkeit *f*; *fig* Redlichkeit *f*

íntegro ['inteɣro] vollständig; *fig* rechtschaffen, redlich

intelec|to [inte'lɛkto] *m* Intellekt *m*; **~tual** [~'tŭal] **1.** *adj* intellektuell; **2.** *su* Intellektuelle(r *m*) *f*

inteligen|cia [inteli'xenθĭa] *f* Intelligenz *f*; **~te** [~'xente] intelligent; klug

inteligible [inteli'xible] verständlich

intemperie [intem'perĭe] *f*: **a la ~** bei Wind und Wetter; im Freien

intempestivo [intempes'tiβo] ungelegen

intemporal [intempo'ral] zeitlos

intenci|ón [inten'θĭɔn] *f* Absicht *f*; **segunda ~** Hintergedanke *m*; **sin ~** unabsichtlich; **~onado** [~θĭo'naðo] vorsätzlich, absichtlich; **~onal** [~θĭo'nal] absichtlich

inten|sidad [intensi'ðað] *f* Stärke *f*; Intensität *f*; **~ del sonido** Lautstärke *f*; **~sificar** [~fi'kar] (1g) verstärken; intensivieren; **~so** [in'tenso] intensiv; heftig; stark

inten|tar [inten'tar] (1a) versuchen; **~to** [in'tento] *m* Versuch *m*; **~tona** [~'tona] *f*: **~** (**golpista**) Putschversuch *m*

interacción [interaɣ'θĭɔn] *f* Wechselwirkung *f*

intercalar [interka'lar] (1a) einfügen, einschieben

intercam|biable [interkam'bĭable] austauschbar; **~bio** [~'kambĭo] *m* Austausch *m*

interceder [interθe'ðɛr] (2a) sich verwenden (für *ac por*)

interceptar [interθep'tar] (1a) abfangen; *tel* abhören

intercesión [interθe'sĭɔn] *f* Vermittlung *f*; Fürsprache *f*

interés [inte'res] *m* Interesse *n*; ✝ Zins(en) *m(pl)*; *fig* Eigennutz *m*; **-eses acreedores** Habenzinsen *m/pl*

interesa|do [intere'saðo] **1.** *adj* beteiligt; interessiert (an *dat* **en**); *desp* eigennützig; **2.** *m* Interessent *m*; **~nte** [~'sante] interessant; **~r** [~'sar] (1a) interessieren; (*afectar*) betreffen; in Mitleidenschaft ziehen; **~rse** sich interessieren (für *ac* **por**)

interfaz *inform* [inter'faθ] *m u f* Schnittstelle *f*

interferencia [interfe'renθĭa] *f* ⚡ Interferenz *f*, Überlagerung *f*

interfono [inter'fono] *m* (Gegen-)Sprechanlage *f*

interino [inte'rino] einstweilig

interior [inte'rĭor] **1.** *adj* innere(r, -s); Innen...; **2.** *m* das Innere *n*; Inland *n*; **~es** *m/pl* (*cine*) Innenaufnahmen *f/pl*; **~idades** [~rĭori'ðaðes] *f/pl* private Angelegenheiten *f/pl*; Intimsphäre *f*

interjección *gram* [interxeɣ'θĭɔn] *f* Interjektion *f*

interlocutor [interloku'tɔr] *m* Gesprächspartner *m*

interme|diario [interme'ðĭarĭo] **1.** *adj* Zwischen..., Mittel...; **2.** *m* Vermittler *m*; ✝ Zwischenhändler *m*; **~dio** [~'meðĭo] **1.** *adj* Zwischen...; **2.** *m* Zwischenzeit *f*; *teat* Pause *f*

intermi|nable [intermi'nable] endlos; **~tente** [~'tente] **1.** *adj* intermittierend; **luz** *f* **~** Blinklicht *n*; **2.** *m auto* Blinker *m*

internacional [internaθĭo'nal] international

intern|ado [intɛr'nado] *m* Internat *n*; (*persona*) Internierte(r) *m*; **~ar** [~'nar] (1a) internieren; ⚔ einweisen; **~arse** eindringen (in *ac* **en**); **~ista** ⚔ [~'nista] *su* Internist(in *f*) *m*

interno [in'tɛrno] **1.** *adj* innere(r, -s); innerlich; **2.** *m* Internatsschüler *m*

interpela|ción [intɛrpela'θion] *f pol* Anfrage *f*; **~r** [~'lar] (1a) anfragen; interpellieren

interplanetario [intɛrplane'tarĭo] Weltraum...

interponer [intɛrpo'nɛr] (2r) einschieben; dazwischenstellen

interpreta|ción [intɛrpreta'θion] *f* Interpretation *f* (*a* ♪); Auslegung *f*, Deutung *f*; (*traducción*) Dolmetschen *n*; *teat* Spiel *n*; **~r** ['tar] (1a) interpretieren (*a* ♪); auslegen; (*traducir*) dolmetschen; *teat* darstellen, spielen

intérprete [in'tɛrprete] *su* Dolmetscher(in *f*) *m*; Interpret(in *f*) *m* (*a* ♪); *teat* Darsteller(in *f*) *m*

interroga|ción [intɛrroga'θion] *f* Frage *f*; (**signo** *m* **de**) **~** Fragezeichen *n*; **~nte** [~'gante] *m* Intrigant *m*; **~r** [~'gar] (1h) 1. *v/t* neugierig machen; **2.** *v/i* intrigieren
chen *n*; **~r** [~'gar] (1h) befragen; ⚖ verhören; **~torio** ⚖ [~'torĭo] *m* Verhör *n*

interru|mpir [intɛrrum'pir] (3a) unterbrechen; **~pción** [~rrup'θion] *f* Unterbrechung *f*; **~ptor** [~rrup'tor] *m* ⚡ Schalter *m*

intervalo [intɛr'balo] *m* Zwischenzeit *f*; (*espacio*) Zwischenraum *m*; Abstand *m*; ♪ Intervall *n*

interven|ción [intɛrben'θion] *f* Eingreifen *n*; *pol* Intervention *f*; ⚔ Eingriff *m*; **~ir** [~be'nir] (3s) **1.** *v/i* vermitteln; (*participar*) teilnehmen (an *dat* **en**); eingreifen; **2.** *v/t* ⚔ operieren; *tel* abhören; **~tor** [~ben'tor] *m* Kontrolleur *m*; Inspektor *m*

interviú [intɛr'bĭu] *f* Interview *n*

intesti|nal [intɛsti'nal] Darm...; **~no** [~'tino] **1.** *adj* innere(r, -s); **2.** *m* Darm *m*; **~ delgado** Dünndarm *m*; **~ grueso** Dickdarm *m*; **~s** *pl* Eingeweide *n/pl*

intimar [inti'mar] (1a) **1.** *v/t* auffordern; **2.** *v/i* (enge) Freundschaft schließen (mit *dat* **con**)

intimi|dad [intimi'dad] *f* Intimität *f*; Vertrautheit *f*; **en la ~** im engsten Kreis; **~dar** [~'dar] (1a) einschüchtern

íntimo ['intimo] innerst; intim; vertraut

intolera|ble [intole'rable] unerträglich; **~ncia** [~'ranθia] *f* Intoleranz *f*; **~nte** [~'rante] unduldsam, intolerant

intoxica|ción [intɔgsika'θion] *f* Vergiftung *f*; **~r** [~'kar] (1g) vergiften

intranqui|lidad [intraŋkili'dad] *f* Unruhe *f*; **~lizar** [~'θar] (1f) beunruhigen; **~lo** [~'kilo] unruhig; ängstlich

intransferible [intransfe'rible] nicht übertragbar

intransi|gencia [intransi'xenθia] *f* Unnachgiebigkeit *f*; **~gente** [~'xente] unnachgiebig; **~table** [~'table] unwegsam; nicht befahrbar; **~tivo** *gram* [~'tibo] intransitiv

intrascendente [intrasθen'dente] unwichtig, unwesentlich

intravenoso ⚔ [intrabe'noso] intravenös

intr|epidez [intrepi'deθ] *f* Unerschrockenheit *f*; **~épido** [in'trepido] unerschrocken, verwegen

intriga [in'triga] *f* Intrige *f*; **~nte** [~'gante] *m* Intrigant *m*; **~r** [~'gar] (1h) **1.** *v/t* neugierig machen; **2.** *v/i* intrigieren

intrincado [intriŋ'kado] unwegsam; *fig* verwickelt, verworren

intrínseco [in'trinseko] inner(lich), eigentlich

introdu|cción [introdug'θion] *f* Einführung *f*; Einleitung *f*; **~cir** [~du'θir] (3o) einführen; *inform* eingeben; **~cirse** eindringen

intromisión [intromi'sion] *f* Einmischung *f*

introvertido [introbɛr'tido] introvertiert

intruso [in'truso] *m* Eindringling *m*; Störenfried *m*

intui|ción [intŭi'θion] *f* Intuition *f*; **~r** [intu'ir] (3g) intuitiv erkennen; **~tivo** [intŭi'tibo] intuitiv

inunda|ción [inunda'θion] *f* Überschwemmung *f*; **~r** [~'dar] (1a) überschwemmen; überfluten (*a fig*)

inusitado [inusi'tado] ungebräuchlich, ungewöhnlich

inútil [i'nutil] **1.** *adj* unnütz; zwecklos; ⚔ untauglich; **2.** *m* Taugenichts *m*

inutili|dad [inutili'dad] *f* Nutz-, Zwecklosigkeit *f*; **~zar** [~'θar] (1f) unbrauchbar machen; (*sello*) entwerten

invadir [imba'dir] (3a) überfallen; einfallen in (*ac*); (*plaga*) befallen

invalidar 174

invali|dar [imbali'ðar] (1a) ungültig machen; **~dez** [~'ðeθ] f Ungültigkeit f; ⚕ Invalidität f
inválido [im'baliðo] **1.** adj ungültig; ⚕ invalide; **2.** m Invalide m
invariable [imba'rĭable] unveränderlich
inva|sión [imba'sĭon] f Invasion f; **~sor** [~'sor] m Eindringling m
invencible [imben'θible] unbesiegbar; fig unüberwindlich
invención [imben'θĭon] f Erfindung f
invendible [imben'dible] unverkäuflich
inven|tar [imben'tar] (1a) erfinden; **~tario** [~'tarĭo] m Inventur f, Bestandsaufnahme f; (lista) Inventar n; **~tiva** [~'tiba] f Erfindungsgabe f; **~tivo** [~'tibo] erfinderisch; **~to** [im'bento] m Erfindung f; **~tor** [~'tor] m Erfinder m
inverna|dero [imbɛrna'ðero] m Treibhaus n; **efecto** m **~** Treibhauseffekt m; **~l** [~'nal] winterlich; **~r** [~'nar] (1k) überwintern
inverosímil [imbero'simil] unwahrscheinlich
inver|sión [imbɛr'sĭon] f Umkehrung f; ✝ Anlage f, Investition f; **~so** [~'bɛrso] umgekehrt; entgegengesetzt; **a la ~a** umgekehrt; **~sor** [~'sor] m ✝ Anleger m, Investor m
inverti|do [imbɛr'tiðo] umgekehrt; (persona) homosexuell; **~r** [~'tir] (3i) umkehren, umdrehen; ✝ anlegen, investieren; (tiempo) aufwenden (für **en**)
investiga|ción [imbestiga'θĭon] f Forschung f; ⚖ Ermittlungen f/pl, Untersuchung f; **~dor** [~'dor] m Forscher m; **~ privado** Privatdetektiv m; **~r** [~'gar] (1h) (er)forschen; untersuchen
inveterado [imbete'raðo] eingewurzelt; eingefleischt
inviable [im'bĭable] undurchführbar
invicto [im'bikto] unbesiegt
invidente [imbi'ðente] blind
invierno [im'bĭɛrno] m Winter m
inviolable [imbĭo'lable] unverletzlich
invisible [imbi'sible] unsichtbar
invita|ción [imbita'θĭon] f Einladung f; Aufforderung f; **~do** [~'taðo] m Gast m; **~r** [~'tar] (1a) einladen; auffordern (zu **a**)
involuntario [imbolun'tarĭo] unfreiwillig; unabsichtlich
invulnerable [imbulne'rable] unverwundbar

inyec|ción [injɛg'θĭon] f Injektion f, Spritze f; **a** auto Einspritzung f; **~tar** [~jɛk'tar] (1a) (ein)spritzen
ir [ir] (3t) gehen; fahren; reisen; (vestido) stehen, passen; **~ a** inf sich anschicken zu inf; **voy a comer** ich gehe jetzt essen; **~ en coche (tren)** mit dem Auto (Zug) fahren; **~ en avión** fliegen; **~ para viejo** alt werden; **~ por** (F **a por**) a/c et holen; **a eso voy** darauf will ich hinaus; **¡(ya) voy!** ich komme (schon)!; **¡qué va!** ach was!; **¡vamos!** gehen wir!; **¡vaya!** na so was!; **~se** (weg)gehen; wegfahren; abreisen; **¡vámonos!** los, gehen wir!
ira ['ira] f Zorn m; Wut f; **~cundo** [~'kundo] jähzornig
ira|ní [ira'ni] **1.** adj iranisch; **2.** su Iraner(in f) m; **~kí** [~'ki] **1.** adj irakisch; **2.** su Iraker(in f) m
iris ['iris] m anat Iris f, Regenbogenhaut f; **arco** m **~** Regenbogen m
irlan|dés [irlan'des] **1.** adj irisch; **2.** m, **~desa** [~'desa] f Ire m, Irin f
ironía [iro'nia] f Ironie f
irónico [i'roniko] ironisch
irradia|ción [irraðĭa'θĭon] f Aus-, Bestrahlung f; **~r** [~.'ðĭar] (1b) ausstrahlen (a fig); ⚕ bestrahlen
irreal [irrɛ'al] unwirklich, irreal; **~izable** [~ali'θable] unausführbar
irre|conciliable [irrɛkonθi'lĭable] unversöhnlich; **~cuperable** [~kupe'rable] unwiederbringlich; **~flexivo** [~flɛg-'sibo] unüberlegt; **~futable** [~fu'table] unwiderleglich; unumstößlich
irregular [irrɛgu'lar] unregelmäßig; **~idad** [~ri'ðað] f Unregelmäßigkeit f
irre|levante [irrɛle'bante] irrelevant, unerheblich; **~mediable** [~me'ðĭable] unabänderlich; **~parable** [~pa'rable] nicht wiedergutzumachen(d); unersetzlich; **~prochable** [~pro'tʃable] untadelig; **~sistible** [~sis'tible] unwiderstehlich; **~spetuoso** [~pe'tŭoso] respektlos; **~sponsable** [~pon'sable] unverantwortlich; verantwortungslos; **~vocable** [~bo'kable] unwiderruflich
irriga|ción [irriga'θĭon] f ✿ Bewässerung f; ⚕ Spülung f; **~r** [~'gar] (1h) ✿ spülen; Am bewässern
irrisorio [irri'sorĭo] lächerlich, lachhaft; **precio** m **~** Spottpreis m
irrita|ble [irri'table] reizbar; **~ción** [~ta'θĭon] f Reizung f (a ⚕); Gereiztheit

f; ~r [~'tar] (1a) reizen (*a* 💫); ~rse sich aufregen
irrompible [irrɔm'pible] unzerbrechlich
irru|mpir [irrum'pir] (3a) eindringen, einfallen; **~pción** [irruβ'θiɔn] *f* Einfall *m*; Einbruch *m*
isla ['izla] *f* Insel *f*
islam [iz'lam] *m* Islam *m*
islan|dés [izlan'des] 1. *adj* isländisch; 2. *m*, **~desa** [~'desa] *f* Isländer(in *f*) *m*
isleño [iz'leɲo] 1. *adj* Insel...; 2. *m* Inselbewohner *m*

israelí [izrrae'li] 1. *adj* israelisch; 2. *m* Israeli *m*
istmo ['istmo] *m* Landenge *f*
italiano [ita'liano] 1. *adj* italienisch; 2. *m*, **-a** [~na] *f* Italiener(in *f*) *m*
itinerario [intine'rarĭo] *m* Reiseplan *m*, -route *f*; Wanderweg *m*
izar [i'θar] (1f) hissen
izquier|da [iθ'kĭɛrđa] *f* linke Hand *f*; *pol* Linke *f*; *a la* (*od por la*) **~** links; **~dista** [~'đista] *m pol* Linke(r) *m*; **~do** [iθ'kĭɛrđo] linke(r, -s)

J

J, j ['xota] *f* J, *j n*
jabalí [xaba'li] *m* Wildschwein *n*
jabalina [xaba'lina] *f dep* Speer *m*
jabón [xa'βɔn] *m* Seife *f*
jabonera [xaβo'nera] *f* Seifenschale *f*
jacinto 💐 [xa'θinto] *m* Hyazinthe *f*
jacta|ncia [xak'tanθia] *f* Prahlerei *f*; **~rse** [~'tarse] (1a) prahlen (mit *dat de*)
jadear [xađe'ar] (1a) keuchen
jaguar [xa'ğŭar] *m* Jaguar *m*
jalea [xa'lea] *f* Gelee *n*
jale|ar [xale'ar] (1a) anfeuern; **~o** [~'leo] *m* Krach *m*; F Rummel *m*; Durcheinander *n*; *armar* **~** F Radau machen
jalón [xa'lɔn] *m* Meßstange *f*
jalonar [xalo'nar] (1a) abstecken
jamás [xa'mas] nie(mals); je(mals)
jamelgo [xa'melgo] *m* Klepper *m*
jamón [xa'mɔn] *m* Schinken *m*; **~** *dulce* gekochter Schinken *m*; **~** *serrano* roher Schinken *m*
japon|és [xapo'nes] 1. *adj* japanisch; 2. *m*, **~esa** [~'nesa] *f* Japaner(in *f*) *m*
jaque ['xake] *m* Schach *n*; **~** *mate* schachmatt; *fig tener en* **~** in Schach halten
jaqueca [xa'keka] *f* Migräne *f*
jarabe [xa'raβe] *m* Sirup *m*
jarcia ⚓ ['xarθia] *f* Takelwerk *n*
jardín [xar'din] *m* Garten *m*; **~** *de infancia* Kindergarten *m*
jardine|ra [xarđi'nera] *f* Gärtnerin *f*; (*macetero*) Blumenkasten *m*; **~ría**

[~'ria] *f* Gärtnerei *f*; Gartenarbeit *f*; **~ro** [~'nero] *m* Gärtner *m*
jarr|a ['xarra] *f* Krug *m*; **~o** ['xarrɔ] *m* Krug *m*, Kanne *f*; *fig un* **~** *de agua fría* e-e kalte Dusche
jauja ['xaŭxa] *f* Schlaraffenland *n*
jaula ['xaŭla] *f* Käfig *m*; ⛏ Förderkorb *m*
jauría [xaŭ'ria] *f* Meute *f*
jazmín 💐 [xaθ'min] *m* Jasmin *m*
jefa ['xefa] *f* Chefin *f*; **~tura** [~'tura] *f* Behörde *f*; **~** *de policía* Polizeipräsidium *n*
jefe ['xefe] *m* Chef *m*; Leiter *m*; **~** *de estación* 🚉 Stationsvorsteher *m*; **~** *de taller* Werkmeister *m*; **~** *de tren* 🚉 Zugführer *m*; **~** *de tribu* Häuptling *m*
jengibre [xeŋ'xiβre] *m* Ingwer *m*
jeque ['xeke] *m* Scheich *m*
jerarquía [xerar'kia] *f* Hierarchie *f*; Rang(ordnung *f*) *m*
jerez [xe're θ] *m* Sherry *m*
jerga ['xεrga] *f* Jargon *m*
jerigonza [xeri'gɔnθa] *f* Jargon *m*; Kauderwelsch *n*
jerin|ga [xe'riŋga] *f*, **~guilla** [~'giʎa] *f* 💉 Spritze *f*
jeroglífico [xero'glifiko] *m* Hieroglyphe *f*; *fig* Bilderrätsel *n*
jersey [xɛr'se] *m* Pullover *m*
Jesu|cristo [xesu'kristo] *m* Jesus Christus *m*; ⛪ita [~'ita] *m* Jesuit *m*
jibia ['xiβia] *f* Tintenfisch *m*

jilguero

jilguero [xil'gero] m Stieglitz m, Distelfink m
jinete [xi'nete] m Reiter m
jirafa [xi'rafa] f Giraffe f
jirón [xi'rɔn] m Fetzen m
jocoso [xo'koso] spaßig; lustig
joder V [xo'ðɛr] (2a) 1. v/i koitieren, V ficken; 2. v/t ärgern; (j-m) et vermasseln
joint-venture [dʒɔint 'venʃə] f Joint-venture n
jolgorio [xɔl'gorio] m F Rummel m
jordano [xor'ðano] jordanisch; 2. m, -a f Jordanier(in f) m
jornada [xɔr'naða] f (Arbeits-)Tag m; (camino) Tagesreise f; ~(s) f(pl) Tagung f; ~ intensiva durchgehende Arbeitszeit f; ~ reducida Kurzarbeit f
jornal [xɔr'nal] m Tagelohn m; ~ero [~'lero] m Tagelöhner m
joroba [xo'roβa] f Buckel m; ~do [~'βaðo] buck(e)lig
joven ['xoβen] 1. adj jung; 2. su junger Mann m; junges Mädchen n; **los jóvenes** die Jugendlichen pl
jovial [xo'βial] heiter; fröhlich; ~idad [~li'ðað] f Heiterkeit f
joya ['xoja] f Juwel n, Schmuckstück n; fig Perle f; ~s pl Schmuck m
joyería [xoje'ria] f Juwelierladen m; ~ro [~'jero] m Juwelier m; (estuche) Schmuckkasten m
juanete [xŭa'nete] m ⚕ Ballen m; ⚓ Bram-, Toppsegel n
jubilación [xuβila'θion] f Pensionierung f; Ruhestand m; (dinero) Rente f; Pension f; ~do [~'laðo] 1. adj im Ruhestand; pensioniert; 2. m Rentner m; ~r [~'lar] (1a) in den Ruhestand versetzen; pensionieren; ~rse in Pension (od Rente) gehen
júbilo ['xuβilo] m Jubel m; Freude f
judería [xuðe'ria] f Judenviertel n
judía [xu'ðia] f **a)** Jüdin f; **b)** ⚘ Bohne f
judicatura [xuðika'tura] f Richteramt n; Gerichtsbarkeit f; ~cial [~'θial] richterlich; gerichtlich; **por vía ~** auf dem Rechtswege
judío [xu'ðio] 1. adj jüdisch; 2. m Jude m
judo ['xuðo] m dep Judo n
juego ['xŭego] 1. s jugar; 2. m Spiel n; (conjunto) Satz m, Garnitur f; ~s olímpicos Olympische Spiele n/pl; ~ de café Kaffeeservice n; ~ de cama Garni-

tur f Bettwäsche; ~ **de manos** Taschenspielertrick m; ~ **de niños** fig Kinderspiel n; **estar en ~** auf dem Spiel stehen; **fuera de ~** dep abseits; **hacer ~** zs.-passen; passen (zu dat con)
juerga ['xŭerga] f lärmendes Vergnügen n; Rummel m
jueves ['xŭeβes] m Donnerstag m; ♀ **Santo** Gründonnerstag m; **no es cosa del otro ~** das ist nichts Besonderes
juez ['xŭeθ] su Richter(in f) m; dep ~ **de línea** Linienrichter m
jugada [xu'gaða] f Zug m; fig übler Streich m; ~**dor** [~'ðor] Spieler m; ~**r** [~'gar] (1o) 1. v/i spielen; ~ **al fútbol** Fußball spielen; ~ **al millón** flippern; 2. v/t (carta) ausspielen; ~**rse** et verspielen; aufs Spiel setzen; ~ **la vida** sein Leben riskieren
jugo ['xugo] m Saft m; ~**so** [~'goso] saftig
juguete [xu'gete] m Spielzeug n; ~**tería** [~'ria] f Spielwarenhandlung f; ~**tón** [~'tɔn] verspielt
juicio ['xŭiθio] m Urteil(svermögen) n, Verstand m; (opinión) Meinung f; ⚖ Prozeß m; **el ~ final** das Jüngste Gericht; **a mi ~** m-s Erachtens; **estar en su ~** bei Verstand sein; ~**so** [~'θioso] vernünftig
julio ['xulio] m Juli m
Jumbo ['xumbo] m Jumbo-Jet m
junco ['xuŋko] m ⚘ Binse f
jungla ['xuŋgla] f Dschungel m
junio ['xunio] m Juni m
junta ['xunta] f Versammlung f; ⚙ Dichtung f; ~ **directiva** Vorstand m; ~ **militar** Militärjunta f; ~**mente** [~'mente] zusammen; ~**r** [~'tar] (1a) zs.-bringen, -stellen, -fügen; ~**rse** sich zs.-tun
junto ['xunto] vereint; ~**s** zusammen; ~ **a** bei, neben (dat)
juntura [xun'tura] f ⚙ Gelenk n; Fuge f
jura ['xura] f Eid m; ~ **de la bandera** Fahneneid m; ~**do** [~'raðo] 1. adj beeidigt; 2. m Jury f; ⚖ Schwurgericht n; (persona) Geschworene(r) m; ~**mentar** [~men'tar] (1a) vereidigen; ~**mento** [~'mento] m Eid m; Schwur m; **bajo ~** unter Eid; ~**r** [~'rar] (1a) 1. v/t schwören; ~ **el cargo** den Amtseid leisten; 2. v/i fluchen
jurídico [xu'riðiko] juristisch, rechtlich, Rechts...

juris|dicción [xurizdig'θi̯ɔn] *f* Gerichtsbarkeit *f;* Rechtsprechung *f;* **~ta** [~'rista] *su* Jurist(in *f*) *m*
justi|cia [xus'tiθi̯a] *f* Gerechtigkeit *f;* Justiz *f;* **~ciero** [~ti'θi̯ero] gerechtigkeitsliebend
justifica|ción [xustifika'θi̯ɔn] *f* Rechtfertigung *f;* **~nte** [~'kante] *m* Beleg *m;* **~r** [~'kar] (1g) rechtfertigen; belegen
justo ['xusto] gerecht; (*preciso*) richtig; genau; (*ajustado*) eng; knapp
juven|il [xube'nil] jugendlich; **~tud** [xuben'tud] *f* Jugend *f*
juzga|do [xuð'gado] *m* Gericht *n;* **~r** [~'gar] (1h) richten; (*opinar*) (be)urteilen; halten für

K

K, k [ka] *f* K. k *n*
karate [ka'rate] *m* Karate *n;* **~ca** [~'teka] *m* Karatekämpfer *m*
keroseno [kero'seno] *m* Kerosin *n*
kilo(gramo) [kilo('gramo)] *m* Kilo (-gramm) *n*
kilometraje [kilome'traxe] *m* Kilometerstand *m;* (*dinero*) Kilometergeld *n*
kilómetro [ki'lometro] *m* Kilometer *m*
kilovatio [kilo'bati̯o] *m* Kilowatt *n*
kiosco ['ki̯ɔsko] *m* Kiosk *m*
kiwi ♀ ['kibi] *f* Kiwi *f*

L

L, l ['ele] *f* L, l *n*
la [la] *f* die; ♪ A *n;* **~ bemol** As *n*
laberinto [labe'rinto] *m* Labyrinth *n*
labia ['labi̯a] *f* Zungenfertigkeit *f*
labio ['labi̯o] *m* Lippe *f*
labor [la'bɔr] *f* Arbeit *f;* (*costura*) Handarbeit *f;* **~able** [labo'rable]: *día m* **~** Werktag *m;* **~al** [~'ral] Arbeits...; **~atorio** [~ra'tori̯o] *m* Labor(atorium) *n;* **~ de idiomas** Sprachlabor *n;* **~ioso** [~'ri̯oso] arbeitsam, fleißig; (*penoso*) mühsam
labra|dor [labra'dɔr] *m* Landmann *m,* Bauer *m;* **~dora** [~'dora] *f* Bäuerin *f;* **~nza** [la'branθa] *f* Feldarbeit *f; casa f* **de ~** Bauernhof *m;* **~r** [la'brar] (1a) bearbeiten; (*campo*) bestellen
laca ['laka] *f* Lack *m;* (*para el pelo*) Haarspray *m;* **~ de uñas** Nagellack *m*
lacayo [la'kajo] *m* Lakai *m*
lacio ['laθi̯o] welk; schlaff; (*pelo*) glatt
lacónico [la'koniko] lakonisch
lac|ra ['lakra] *f* Gebrechen *n;* Defekt *m;* **~rar** [la'krar] (1a) versiegeln; **~re** ['lakre] *m* Siegellack *m*
lacrimógeno [lakri'mɔxeno] rührselig; *gas m* **~** Tränengas *n*
lactan|cia [lak'tanθi̯a] *f* Stillperiode *f;* **~te** [~'tante] *m* Säugling *m*
lácteo ['lakteo] milchig; Milch...; *vía f* **-a** Milchstraße *f*
ladera [la'dera] *f* Bergabhang *m*
ladilla [la'diʎa] *f* Filzlaus *f*
lado ['lado] *m* Seite *f; hacerse a un ~* zur Seite treten; *al ~* nebenan, daneben; *al ~ de* neben; *al otro ~ de* jenseits; *de ~* seitlich, von der Seite; *por otro ~* andererseits; *dejar a un ~* beiseite lassen
ladrar [la'drar] (1a) bellen
ladrillo [la'driʎo] *m* Ziegelstein *m*
ladrón [la'drɔn] *m* Dieb *m*
lagar [la'gar] *m* Weinkelter *f*
lagar|tija [lagar'tixa] *f* Mauereidechse; **~to** [la'garto] *m* Eidechse *f*

lago

lago ['lago] *m* See *m*
lágrima ['lagrima] *f* Träne *f*
lagrimear ✱ [lagrime'ar] (1a) tränen
laguna [la'guna] *f* Lagune *f*; *fig* Lücke *f*
laico ['laĭko] **1.** *adj* laienhaft; weltlich; **2.** *m rel* Laie *m*
lamen|table [lamen'table] kläglich; bedauerlich; **~tación** [~ta'θĭɔn] *f* Gejammer *n*; **~tar** [~'tar] (1a) beklagen; (*sentir*) bedauern; **~to** [la'mento] *m* Wehklagen *n*
lamer [la'mɛr] (2a) (ab)lecken
lámina ['lamina] *f* dünne Platte *f*; Blech *n*; Folie *f*; ⚙ Lamelle *f*; (*estampa*) (Bild-)Tafel *f*
lamina|do [lami'naðo] *m* Walzen *n*; **~dora** [~'dora] *f* Walzwerk *n*; **~r** [~'nar] (1a) (aus)walzen
lámpara ['lampara] *f* Lampe *f*; **~ de cabecera** Nachttischlampe *f*; **~ colgante** Hängelampe *f*; **~ de pie** Stehlampe *f*
lamprea *zo* [lam'prea] *f* Neunauge *n*
lana ['lana] *f* Wolle *f*
lance ['lanθe] *m* Vorfall *m*; **de ~** antiquarisch
lancha ['lantʃa] *f* Boot *n*; **~ motora** Motorboot *n*; **~ neumática** Schlauchboot *n*; **~ rápida** Schnellboot *n*
langos|ta [laŋ'gɔsta] *f* Languste *f*; (*insecto*) (Wander-)Heuschrecke *f*; **~tino** [~'tino] *m* Kaisergranat *m*
languidez [laŋgi'ðeθ] *f* Mattigkeit *f*; ✝ Flaute *f*
lánguido ['laŋgiðo] schlaff; matt
lanza ['lanθa] *f* Lanze *f*; *fig* **romper una ~ por** e-e Lanze brechen für; **~dera** ⚙ [~'ðera] *f* Weberschiffchen *n*; **servicio** *m* **de ~** Pendelverkehr *m*; **~llamas** [~'ʎamas] *m* Flammenwerfer *m*; **~miento** [~'mĭento] *m* Werfen *n*; ✕ Abschuß *m*, -wurf *m*; (Raketen-)Start *m*; ✝ Einführung *f*; **~ de disco** Diskuswerfen *n*; **~ de martillo** Hammerwerfen *n*; **~ de peso** Kugelstoßen *n*; **~r** [~'θar] (1f) werfen, schleudern; (*bombas*) abwerfen; (*cohete*) starten; (*grito*) ausstoßen; (*moda*) einführen; ✝ auf den Markt bringen; **~rse** sich stürzen; (*decidirse*) es wagen; **~ en paracaídas** mit dem Fallschirm abspringen
lapa ♆ ['lapa] *f* Klette *f* (*a fig*)
lápida ['lapiða] *f* Gedenkstein *m*; **~ (funeraria)** Grabstein *m*

lapidar [lapi'ðar] (1a) steinigen; **~io** [~'ðarĭo] lapidar
lápiz ['lapiθ] *m* Bleistift *m*; **~ de cejas** Augenbrauenstift *m*; **~ de color** Farbstift *m*; **~ de labios** Lippenstift *m*
lapón [la'pɔn] **1.** *adj* lappländisch; **2.** *m* Lappe *m*
lapso ['lapso] *m* Zeitraum *m*
larga ['larga] *f*: **dar ~s a** auf die lange Bank schieben; **~r** [~'gar] (1h) losmachen, -lassen; **~rse** F abhauen
largo ['largo] **1.** *adj* lang; *fig* langwierig; **pasar de ~** vorbeigehen, -fahren; *fig* unbeachtet lassen; **a la -a** auf die Dauer; **a lo ~** der Länge nach; **a lo ~ de** entlang; im Laufe von; **2.** *m* Länge *f*; **~metraje** [~me'traxe] *m* Spielfilm *m*
larin|ge [la'rinxe] *m* Kehlkopf *m*; **~gitis** [~'xitis] *f* Kehlkopfentzündung *f*
larva ['larba] *f* Larve *f*
lascivo [las'θibo] geil; schlüpfrig
láser ['laser] *m*: **rayo** *m* **~** Laserstrahl *m*
la|situd [lasi'tuð] *f* Mattigkeit *f*; Schlaffheit *f*; **~so** ['laso] matt, schlaff
lástima ['lastima] *f* Mitleid *n*; **dar ~** leid tun; **es una ~** es ist schade; **¡qué ~!** wie schade!
lastimar [lasti'mar] (1a) verletzen
lastre ['lastre] *m* Ballast *m*
lata ['lata] *f* Blech *n*; (*caja*) Dose *f*, Büchse *f*; F **dar la ~** F anöden; **es una ~** das ist stinklangweilig
latente [la'tente] latent; schleichend
lateral [late'ral] seitlich; Seiten...
latido [la'tiðo] *m* ✱ Klopfen *n*; (*del corazón*) Schlagen *n*
latifundio [lati'fundĭo] *m* Großgrundbesitz *m*
latigazo [lati'gaθo] *m* Peitschenhieb *m*
látigo ['latigo] *m* Peitsche *f*
latín [la'tin] *m* Latein *n*
latino [la'tino] lateinisch
latir [la'tir] (3a) klopfen, schlagen
latitud [lati'tuð] *f geo* Breite *f*
latón [la'tɔn] *m* Messing *n*
laucha *Am* ['laŭtʃa] *f* Maus *f*
laúd ♪ [la'uð] *m* Laute *f*
laudable [laŭ'ðable] lobenswert
laudo [laŭ'ðo] *m* Schiedsspruch *m*
laureado [laŭre'aðo] preisgekrönt
laurel [laŭ'rel] *m* Lorbeer *m*; **dormirse sobre** (*od* **en**) **los ~** auf s-n Lorbeeren ausruhen
lava ['laba] *f* Lava *f*

lava|ble [la'baßle] waschbar; **~bo** [~'baßo] m Waschbecken n; (cuarto) Waschraum m; (retrete) Toilette f; **~da** Am [~'baða] f Waschen n; **~dero** [~'ðero] m Waschplatz m; **~do** [~'baðo] m Waschen n; **~ de cerebro** Gehirnwäsche f; **~ en seco** chemische Reinigung f; **~dora** [~'ðora] f Waschmaschine f

lavanda ♀ [la'banda] f Lavendel m

lava|ndería [laßande'ria] f Wäscherei f; Waschsalon m; **~parabrisas** [~para'ßrisas] m auto Scheibenwaschanlage f; **~platos** [~'platos] m Geschirrspülmaschine f; (persona) Tellerwäscher m; **~r** [~'ßar] (1a) waschen; (platos) spülen; (dientes) putzen; **~ en seco** chemisch reinigen; **~se las manos** fig s-e Hände in Unschuld waschen; **~tiva** [~'tißa] f ⚕ Klistier n; **~torio** [~'torjo] m Am Waschbecken n; **~vajillas** [~'ßaxiʎas] m Geschirrspülmaschine f

laxante ⚕ [lag'sante] m Abführmittel n

lazarillo [laθa'riʎo] m Blindenführer m

lazo ['laθo] m Schleife f; (cuerda) Lasso n; (trampa) Schlinge f; (corbata) Fliege f; (vínculo) Band n

le [le] **1.** (dat) ihm, ihr; Ihnen; **2.** (ac) ihn; Sie

leal [le'al] treu, loyal; **~tad** [~'tað] f Treue f, Loyalität f

lebrel [le'ßrɛl] m Windhund m

lección [leg'θjon] f Lektion f; (Unterrichts-)Stunde f; fig Lehre f

leche ['letʃe] f Milch f; **~ condensada** Kondensmilch f; **~ descremada** (od **desnatada**) entrahmte Milch f; **~ entera** Vollmilch f; **~ en polvo** Milchpulver n; **~ semidescremada** (od **semidesnatada**) fettarme Milch f; **~ra** [le'tʃera] f Milchfrau f; (vasija) Milchkanne f; **~ría** [~'ria] f Milchgeschäft n; Molkerei f; **~ro** [le'tʃero] **1.** adj Milch...; **2.** m Milchmann m

lecho ['letʃo] m Bett n; (de río) Flußbett n

lechón [le'tʃon] m Spanferkel n

lechuga ♀ [le'tʃuɣa] f Kopfsalat m

lechuza [le'tʃuθa] f (Schleier-)Eule f

lec|tor m [lɛk'tor] Leser m; (profesor) Lektor m; **~tura** [~'tura] f Lesen n; Lektüre f

leer [le'ɛr] (2e) lesen; vorlesen

lega|ción [leɣa'θjon] f Gesandtschaft f; **~do** [~'ɣaðo] m Vermächtnis n

legajo [le'ɣaxo] m Aktenbündel n

legal [le'ɣal] legal, gesetzlich; **~idad** [~li'ðað] f Gesetzlichkeit f, Legalität f; **~ización** [~θa'θjon] f Legalisierung f; Beglaubigung f; **~izar** [~'θar] (1f) legalisieren; (documento) beglaubigen

legar [le'ɣar] (1h) vermachen

legendario [lɛxɛn'darjo] sagenhaft, legendär

legible [lɛ'xißle] leserlich

legión [lɛ'xjon] f Legion f (a fig); ⚔ **Extranjera** Fremdenlegion f

legisla|ción [lɛxizla'θjon] f Gesetzgebung f; **~dor** [~'ðor] m Gesetzgeber m; **~r** [~'lar] (1a) Gesetze erlassen; **~tivo** [~la'tißo] gesetzgebend; **(poder m) ~** gesetzgebende Gewalt f, Legislative f; **~tura** [~'tura] f Legislaturperiode f

legítima ⚖ [lɛ'xitima] f Pflichtteil m od n

legitima|ción [lɛxitima'θjon] f Legitimation f; **~r** [~'mar] (1a) legitimieren, für rechtmäßig (niño: ehelich) erklären; **~rse** sich ausweisen

legítimo [lɛ'xitimo] rechtmäßig, legitim; (auténtico) echt

lego ['leɣo] **1.** adj weltlich; fig unwissend; **2.** m Laie m (a fig)

legrado ⚕ [le'ɣraðo] m Ausschabung f

legua ['leɣwa] f Meile f

legumbre ♀ [le'ɣumbre] f Hülsenfrucht f; (hortaliza) Gemüse n

leído [le'iðo] belesen

leja|nía [lɛxa'nia] f Ferne f; **~no** [le'xano] entfernt, fern

lejía [lɛ'xia] f (Bleich-)Lauge f

lejos ['lɛxos] fern; weit weg; **a lo ~** in der Ferne; **de(sde) ~** von weitem; **~ de** weit entfernt von (a fig)

lelo ['lelo] dumm, blöd

lema ['lema] m Motto n

lencería [lɛnθe'ria] f Weißwaren f/pl; (tienda) Wäschegeschäft n

lengua ['leŋgwa] f Zunge f; (idioma) Sprache f; **~ materna** Muttersprache f; **no morderse la ~** kein Blatt vor den Mund nehmen; **lo tengo en (la punta de) la ~** es liegt mir auf der Zunge; **~do** [~'ɣwaðo] zo m Seezunge f; **~je** [~'ɣwaxe] m Sprache f; Ausdrucksweise f; **~ de programación** Programmiersprache f

lengüeta [leŋ'ɣweta] f ⚙, ♪ Zunge f

lente ['lente] m opt Linse f; **~s** pl Brille f; **~s de contacto** Kontaktlinsen f/pl

lente|ja ♀ [len'texa] f Linse f; **~juela** [~te'xwela] f Paillette f

lentillas

lentillas [len'tiʎas] *f/pl* Kontaktlinsen *f/pl*
len|titud [lenti'tud] *f* Langsamkeit *f*; **~to** ['lento] langsam
leñ|a ['leɲa] *f* Brennholz *n*; **echar ~ al fuego** *fig* Öl ins Feuer gießen; **~ador** [~'dɔr] *m* Holzfäller *m*; **~o** ['leɲo] *m* Holzscheit *n*; (Holz-)Kloben *m*
Leo *astr* ['leo] *m* Löwe *m*
león [le'ɔn] *m* Löwe *m*; *Am* Puma *m*; **~ marino** Seelöwe *m*
leo|na [le'ona] *f* Löwin *f*; **~pardo** [~'parðo] *m* Leopard *m*; **~tardos** [~'tarðos] *m/pl* Strumpfhose *f*
lepra ✽ ['lepra] *f* Aussatz *m*, Lepra *f*
leproso [le'proso] *f* aussätzig
lerdo ['lɛrðo] schwerfällig; plump
les [les] (*dat*) ihnen; (*ac*) sie
lesbiana [lez'bĭana] Lesbierin *f*
lesi|ón [le'sĭon] *f* Verletzung *f*; **~onar** [lesĭo'nar] (1a) verletzen
letal [le'tal] tödlich
letanía [leta'nia] *f* Litanei *f*
letárgico [le'tarxiko] lethargisch (*a fig*)
letargo [le'targo] *m* Lethargie *f*
letón [le'tɔn] **1.** *adj* lettisch; **2.** *m*, **-ona** *f* [~ona] Lette *m*, Lettin *f*
letra ['letra] *f* Buchstabe *m*; (*escritura*) (Hand-)Schrift *f*; ♪ Text *m*; ✝ Wechsel *m*; *la ~ pequeña fig* das Kleingedruckte; **a(l pie de) la ~** wörtlich; **~s** *pl* Geisteswissenschaften *f/pl*; **~do** [le'traðo] **1.** *adj* gelehrt; **2.** *m* Rechtsanwalt *m*
letrero [le'trero] *m* Schild *n*; Etikett *n*
letrina [le'trina] *f* Latrine *f*
letrista ♪ [le'trista] *m* Texter *m*
leucemia ✽ [leu'θemĭa] *f* Leukämie *f*
levadura [leba'ðura] *f* Hefe *f*; **~ en polvo** Backpulver *n*
levanta|miento [lebanta'mĭento] *m* Heben *n*; ✗ Erhebung *f*, Aufstand *m*; **~ de pesos** Gewichtheben *n*; **~r** [~'tar] (1a) (er)heben; aufrichten; (*edificar*) errichten; (*desmontar*) abbauen; (*pena, etc*) aufheben; (*tropas*) ausheben; (*polvo*) aufwirbeln (*a fig*); **~ el vuelo** davonfliegen; **~ la mesa** (den Tisch) abdecken; **~ los ojos** aufblicken; **~ la voz** die Stimme erheben; **~rse** sich erheben (*a fig*), aufstehen; (*viento*) aufkommen
levante [le'bante] *m* Osten; (*viento*) Ostwind *m*
leve ['lebe] leicht; gering(fügig); **~dad** [~'ðad] *f* Leichtigkeit *f*

léxico ['leksiko] *m* Wortschatz *m*; (*diccionario*) Lexikon *n*
ley [lei] *f* Gesetz *n*; (*de un metal*) Feingehalt *m*; **oro** *m* (**plata** *f*) **de ~** Feingold *n* (-silber *n*)
leyenda [le'jenda] *f* Legende *f*; (*inscripción*) Beschriftung *f*
liar [li'ar] (1c) binden; einwickeln; (*cigarrillo*) drehen; *fig* verwickeln; **~se** sich einlassen (mit *dat* **con**)
libanés [liba'nes] **1.** *adj* libanesisch; **2.** *m* Libanese *m*
libelo [li'belula] *f* Libelle *f*
libera|ción [libera'θĭon] *f* Befreiung *f*; Freilassung *f*; **~l** [~'ral] freigebig; (*profesión*) frei; *pol* liberal; **~lidad** [~li'ðað] *f* Freigebigkeit *f*; **~lismo** [~'lizmo] *m* Liberalismus *m*; **~lización** [~liθa'θĭon] *f* Liberalisierung *f*; **~lizar** [~li'θar] (1f) liberalisieren; **~r** ['rar] (1a) befreien
liber|tad [liber'tad] *f* Freiheit *f*; 🏛 **~ condicional** Entlassung *f* auf Bewährung; **~tador** [~ta'ðɔr] *m* Befreier *m*; **~tar** [~'tar] (1a) befreien; **~tinaje** [~ti'naxe] *m* Zügellosigkeit *f*; Ausschweifung *f*; **~tino** [~'tino] *m* Wüstling *m*
libra ['libra] *f* Pfund *n*; **~ esterlina** Pfund *n* Sterling; *astr* ♎ Waage *f*
librar [li'brar] (1a) **1.** *v/t* befreien; retten; (*cheque, etc*) ausstellen; (*batalla*) liefern; **2.** *v/i* freihaben
libre ['libre] frei (von **de**)
librea [li'brea] *f* Livree *f*
librecambio [libre'kambĭo] Freihandel *m*
libre|ría [libre'ria] *f* Buchhandlung *f*; (*mueble*) Bücherregal *m*, -schrank *m*; **~ de lance** (*od* **de ocasión**) Antiquariat *n*; **~ro** [li'brero] *m* Buchhändler *m*; *Am* Bücherregal *n*
libre|ta [li'breta] *f* Notizbuch *n*; **~ de ahorros** Sparbuch *f*; **~to** [~'breto] *m* Libretto *n*, Textbuch *n*
libro [libro] *m* Buch *n*; **~ de bolsillo** Taschenbuch *n*; **~ de cabecera** Bettlektüre *f*; **~ de cocina** Kochbuch *n*; **~ de cuentos** Märchenbuch *n*; **~ de reclamaciones** Beschwerdebuch *n*; **~ de texto** Schulbuch *n*
licencia [li'θenθĭa] *f* Erlaubnis *f*, Genehmigung *f*; Lizenz *f*; **~ de armas** Waffenschein *m*; **~ de caza** Jagdschein *m*; **~ de pesca** Angelschein *m*; **~do** [~'θĭaðo] *m* Lizentiat *m*; **~r** [~'θĭar] (1b) ✗ entlas-

sen; **~rse** *etwa*: sein Staatsexamen ablegen; **~tura** [~'tura] *f etwa*: Staatsexamen *n*
licencioso [liθen'θi̯oso] ausschweifend; liederlich
licita|ción [liθita'θi̯ɔn] *f* Ausschreibung *f*; *Am* Versteigerung *f*; **~r** [~'tar] (1a) bieten; ausschreiben; *Am* versteigern
lícito ['liθito] erlaubt, zulässig
licor [li'kɔr] *m* Likör *m*
licuadora [likṷa'ðora] *f* Entsafter *m*
lid *lit* [lið] *f* Kampf *m*, Streit *m*
líder ['liðɛr] *m* Führer *m*; **~** (*en el mercado*) (Markt-)Führer *m*
lidera|to, ~zgo [liðe'rato, ~'raðɣo] *m* Führung *f*; Führungsrolle *f*
lidia ['liði̯a] *f* (Stier-)Kampf *m*; **~r** [li'ði̯ar] (1b) kämpfen
liebre ['li̯ebre] *f* Hase *m*; ***levantar la ~*** *fig* den Stein ins Rollen bringen
lienzo ['li̯enθo] *m* Leinwand *f*; (*cuadro*) (Öl-)Gemälde *n*
liga ['liga] *f* Bund *m*; *pol, dep* Liga *f*; (*de medias*) Strumpfband *n*; Sockenhalter *m*; **~dura** [~'ðura] *f* ♣ Abbinden *n*; **~ de trompas** Tubenligatur *f*; **~mento** [~'mento] *m anat* Band *n*; **~r** [li'gar] (1h) (ver)binden; **~ con** *alg* F mit j-m anbändeln
lige|reza [lixe'reθa] *f* Leichtigkeit *f*; *fig* Leichtsinn *m*; **~ro** [li'xero] leicht; (*rápido*) flink; *fig* leichtsinnig, -fertig; ***a la -a*** obenhin, leichthin
lignito [lig'nito] *m* Braunkohle *f*
ligue F ['lige] *m* (Liebes-)Verhältnis *n*
lija ['lixa] *f*: ***papel m de ~*** Schmirgelpapier *n*; **~r** [~'xar] (1a) (ab)schmirgeln
lila ['lila] **1.** *adj* lila; **2.** *f* ♣ Flieder *m*
lima ['lima] *f* Feile *f*; ♣ Limette *f*; **~ de uñas** Nagelfeile *f*; **~r** [li'mar] (1a) feilen; *fig* ausfeilen
limita|ción [limita'θi̯ɔn] *f* Begrenzung *f*; Beschränkung *f*; **~ de velocidad** Geschwindigkeitsbeschränkung *f*; Tempolimit *n*; **~r** [~'tar] (1a) **1.** *v/t* begrenzen; (*reducir*) be-, einschränken; **2.** *v/i*: **~ con** grenzen an (*ac*)
límite ['limite] *m* Grenze *f*; ✝ Limit *n*
limítrofe [li'mitrofe] angrenzend
limo ['limo] *m* Schlamm *m*
limón [li'mɔn] *m* Zitrone *f*
limo|nada [limo'naða] *f* Zitronenlimonade *f*; **~nero** [~'nero] *m* Zitronenbaum *m*

limosna [li'mɔzna] *f* Almosen *n*
limpia|barros [limpi̯a'barrɔs] *m* Fußabstreifer *m*; **~botas** [~'botas] *m* Schuhputzer *m*; **~cristales** [~kris'tales] *m* Fensterputzmittel *n*; **~parabrisas** [~para'brisas] *m* Scheibenwischer *m*; **~ trasero** Heckscheibenwischer *m*; **~r** [~'pi̯ar] (1b) reinigen, säubern, putzen; **~uñas** [~'uɲas] *m* Nagelreiniger *m*
lim|pieza [lim'pi̯eθa] *f* Reinheit *f*; Sauberkeit *f*; (*acción*) Putzen *n*, Reinigen *n*; **~ pública** Straßenreinigung *f*; **~pio** ['limpi̯o] sauber; *a fig* rein; ***poner en ~*** ins reine schreiben
linaje [li'naxe] *m* Abstammung *f*
linaza [li'naθa] *f* Leinsamen *m*
lince ['linθe] *m* Luchs *m* (*a fig*)
linchar [lin't͡ʃar] (1a) lynchen
lin|dante [lin'dante] angrenzend; **~dar** [~'dar] (1a) angrenzen (an *ac* **con**)
lin|deza [lin'deθa] *f* Nettigkeit *f* (*a iron*); **~do** ['lindo] hübsch, nett; *Am* schön; ***de lo ~*** gründlich, gehörig
línea ['linea] *f* Linie *f*; (*fila*) Reihe *f*; (*renglón*) Zeile *f*; *tel* Leitung *f*; **~ aérea** Fluglinie *f*; **~ directa** Luftlinie *f*; **~ de meta** *dep* Ziellinie *f*; (*fútbol*) Torlinie *f*; ***entre ~s*** zwischen den Zeilen
linf|a ['limfa] *f* Lymphe *f*; **~ático** [~'fatiko] Lymph...
lingote [liŋ'gote] *m* (Metall-)Barren *m*; **~ de oro** Goldbarren *m*
lingual [liŋ'gṷal] Zungen...
lingü|ista [liŋ'gṷista] *m* Linguist *m*; **~ística** [~'gṷistika] *f* Sprachwissenschaft *f*, Linguistik *f*; **~ístico** [~'gṷistiko] sprachlich, linguistisch
lino ['lino] *m* Leinen *n*; ♣ Flachs *m*
linterna [lin'tɛrna] *f* Laterne *f*; **~ (de bolsillo)** Taschenlampe *f*
lío ['lio] *m* Bündel *n*; *fig* Durcheinander *n*; **~ (*amoroso*)** Liebesverhältnis *n*; ***hacerse un ~*** durcheinanderkommen; ***meterse en ~s*** in Schwierigkeiten geraten
lipotimia ♣ [lipo'timi̯a] *f* Ohnmachtsanfall *m*
liquen ♣ ['liken] *m* Flechte *f*
liqui|dación [likiða'θi̯ɔn] *f* ✝ Abrechnung *f*; Liquidation *f*; (*rebajas*) Ausverkauf *m*; **~ de negocio** Geschäftsaufgabe *f*; **~ total** Räumungsverkauf *m*; **~dar** [~'ðar] (1a) abrechnen; (*cuenta*) begleichen; (*negocio*) liquidieren (*a fig ma-*

liquidez

tar); fig erledigen, regeln; **~dez** [~'deθ] *f* ✝ Liquidität *f*
líquido [li'kiðo] **1.** *adj* flüssig; ✝ Netto..., Rein...; **2.** *m* Flüssigkeit *f*
lira ['lira] *f* ♪ Leier *f*; *(moneda)* Lira *f*
líri|ca ['lirika] *f* Lyrik *f*; **~co** ['liriko] lyrisch
lirio ['lirĭo] *m* Schwertlilie *f*
lirón [li'rɔn] *m* Siebenschläfer *m*; ***dormir como un ~*** wie ein Murmeltier schlafen
lisia|do [li'sĭaðo] **1.** *adj* verkrüppelt; **2.** *m* Krüppel *m*; **~r** [li'sĭar] (1b) verletzen
liso ['liso] eben, glatt; *(color)* uni, einfarbig
lison|ja [li'sɔŋxa] *f* Schmeichelei *f*; **~jear** [~xe'ar] (1a) *j-m* schmeicheln
lista ['lista] *f* Liste *f*; **~ de correos** postlagernd; **~ de espera** Warteliste *f*; **~ de precios** Preisliste *f*; ***pasar ~*** aufrufen; **~do** [~'taðo] **1.** *adj* gestreift; **2.** *inform* **~** *(del ordenador)* (Computer-)Ausdruck *m*
listín [lis'tin] *m* Telefonbuch *n*
listo ['listo] fertig, bereit; *(inteligente)* schlau, klug
listón [lis'tɔn] *m* Leiste *f*; Latte *f*
litera [li'tera] *f* Sänfte *f*; ⚓ Koje *f*; *(cama)* Etagenbett *n*; 🚋 Liegewagen(platz) *m*
literal [lite'ral] buchstäblich, wörtlich
litera|rio [lite'rarĭo] literarisch; **~tura** [~'tura] *f* Literatur *f*
liti|gante [liti'gante] **1.** *adj* ⚖ streitend; **2.** *m* Prozeßpartei *f*; **~gio** [li'tixĭo] *m* (Rechts-)Streit *m*
litografía [litogra'fia] *f* Lithographie *f*
litoral [lito'ral] **1.** *adj* Küsten...; **2.** *m* Küstengebiet *n*, -streifen *m*
litro ['litro] *m* Liter *m od n*
lituano [li'tŭano] **1.** *adj* litauisch; **2.** *m*, **-a** *f* [~na] Litauer(in *f*) *m*
liturgia [li'turxĭa] *f* Liturgie *f*
liviano [li'bĭano] leicht *(a fig)*
lividez [libi'ðeθ] *f* Totenblässe *f*
lívido ['libiðo] (toten)bleich
living ['libiŋ] *m* Wohnzimmer *n*
llaga ['ʎaga] *f* (offene) Wunde *f*; Geschwür *n*; *fig* ***poner el dedo en la ~*** den wunden Punkt berühren
llama ['ʎama] *f* Flamme *f*; *zo* Lama *n*
llama|da [ʎa'maða] *f* Ruf *m*; *tel* Anruf *m*; **~miento** [~'mĭento] *m* Aufruf *m*; **~ a filas** ⚔ Einberufung *f*; **~ al orden** Ordnungsruf *m*; **~r** [~'mar] (1a) **1.** *v/t* rufen; nennen; aufrufen; *tel* anrufen; **2.** *v/i* klingeln, läuten; klopfen; **~rse** heißen

llamativo [ʎama'tibo] auffällig
llano ['ʎano] **1.** *adj* eben; *fig* einfach, schlicht; **2.** *m* Ebene *f*, Flachland *n*
llanta ['ʎanta] *f* Felge *f*; *Am* Reifen *m*
llantén 🌿 [ʎan'ten] *m* Wegerich *m*
llanto ['ʎanto] *m* Weinen *n*
llanura [ʎa'nura] *f* Ebene *f*
llave ['ʎabe] *f* Schlüssel *m*; ♪ Klappe *f*; *(grifo)* Hahn *m*; *dep* Griff *m*; **~ de contacto** *auto* Zündschlüssel *m*; **~ inglesa** Schraubenschlüssel *m*; **~ maestra** Hauptschlüssel *m*; **~ en mano** schlüsselfertig; **~ro** [ʎa'bero] *m* Schlüsselring *m*, -tasche *f*
llega|da [ʎe'gaða] *f* Ankunft *f*; **~r** [~'gar] (1h) (an)kommen; *(alcanzar)* reichen (*bis* **a**, **hasta**); **~ a viejo** alt werden; **~ a comprender** dahinterkommen; **~ a saber** (durch Zufall) erfahren; **~ lejos** es weit bringen
llenar [ʎe'nar] (1a) füllen (mit **de**); *(formulario, etc)* ausfüllen; *fig* erfüllen
lleno ['ʎeno] **1.** *adj* voll; *(persona)* füllig; ***de ~*** völlig; **2.** *m* Überfülle *f*; **~ (total)** *teat* volles Haus *n*
llevadero [ʎeba'ðero] erträglich
llevar [ʎe'bar] (1a) bringen; *(camino)* führen; *(transportar)* mitnehmen, bringen; *(ropa)* tragen, anhaben; *(dirigir)* leiten, führen; *(dinero, etc)* bei sich haben; **~ a cabo** durchführen, ausführen; **~ consigo** bei sich haben; *fig* mit sich bringen; **~ las de perder** den kürzeren ziehen; ***ya llevo ocho días aquí*** ich bin schon seit acht Tagen hier; ***me lleva dos años*** er ist zwei Jahre älter als ich; **~se** mitnehmen; **~ bien (mal)** sich gut (schlecht) vertragen
llorar [ʎo'rar] (1a) **1.** *v/i* weinen; **2.** *v/t* beklagen; beweinen
llor|iquear [ʎorike'ar] (1a) wimmern; **~o** [ʎoro] *m* Weinen *n*; **~ón** [~'rɔn] **1.** *adj* weinerlich; **2.** *m* F Heulsuse *f*; **~oso** [~'roso] verweint
llov|er [ʎo'ber] (2h) regnen; **~izna** [~'biðna] *f* Sprühregen *m*; **~iznar** [~'nar] (1a) nieseln
llueve ['ʎŭebe] *s llover*
lluvi|a ['ʎubĭa] *f* Regen *m*; **~ ácida** saurer Regen; **~oso** [~'bĭoso] regnerisch
lo [lo] **1.** *art* das; **~ bueno** das Gute; **2.** *pron* es; ihn; **~ que** (das) was
loa ['loa] *f* Lob *n*; **~ble** [lo'able] löblich;

~r [lo'ar] (1a) loben
lob|a ['loba] f Wölfin f; **~o** ['lobo] m Wolf m; **~ de mar** fig alter Seebär m
lóbrego ['lobrego] düster, finster
lóbulo ⚜, ⚘ ['lobulo] m Lappen m; **~ (de la oreja)** Ohrläppchen n
local [lo'kal] **1.** adj örtlich, Orts...; **2.** m Lokal n; Raum m; **~idad** [~li'ðað] f Örtlichkeit f; teat Eintrittskarte f; **~izar** [~'θar] (1f) lokalisieren; finden
loción [lo'θĭon] f Lotion f; **~ capilar (facial)** Haar- (Gesichts-)wasser n
loco ['loko] **1.** adj verrückt; **2.** m Verrückte(r) m
locomo|ción [lokomo'θĭon] f Fortbewegung f; **~tora** [~'tora] f Lokomotive f
locu|az [lo'kŭaθ] geschwätzig; **~ción** [loku'θĭon] f Redewendung f; **~ra** [~'kura] f Verrücktheit f; Wahnsinn m; **~tor** [~'tor] m Ansager m, Sprecher m; **~torio** [~'torĭo] m Sprechzimmer n; tel Fernsprechzelle f
lodo ['loðo] m Schlamm m
logia ['loxĭa] f Freimaurerloge f
lógi|ca ['loxika] f Logik f; **~co** ['loxiko] logisch
logística [lo'xistika] f Logistik f
logra|do [lo'graðo] (gut) gelungen; **~r** [~'grar] (1a) erreichen; es schaffen
logro ['logro] m Gewinn m; (éxito) Gelingen n, Erfolg m
lombarda [lom'barða] f Rotkohl m
lombriz [lom'briθ] f Wurm m; **~ (de tierra)** Regenwurm m
lomo ['lomo] m Lende f (a gastr); zo Rücken m; fig Buchrücken m
lona ['lona] f Segeltuch n; Zeltplane f
loncha ['lontʃa] f gastr Scheibe f
longaniza [loŋga'niθa] f Art Hartwurst f
longe|vidad [loŋxebi'ðað] f Langlebigkeit f; **~vo** [~'xebo] langlebig
longitud [loŋxi'tuð] f Länge f; **~inal** [~tuði'nal] Längen..., Längs...
lonja ['loŋxa] f Schnitte f, Scheibe f; ✝ (Waren-)Börse f
loro ['loro] m Papagei m
los [los] pl **1.** art die; **2.** pron ac sie
losa ['losa] f Steinplatte f
lote ['lote] m Anteil m; ✝ Posten m
lote|ría [lote'ria] f Lotterie f; Lotto n; **~ro** [~'tero] m Lotterieeinnehmer m
loza ['loθa] f Steingut n; Tonware(n) f (pl); **de ~** irden
loza|nía [loθa'nia] f Üppigkeit f; **~no** [~'θano] üppig; fig frisch
lubina zo [lu'bina] f Wolfsbarsch m
lubrica|ción [lubrika'θĭon] f Abschmieren n; **~nte** [~'kante] m Schmieröl n; **~r** [~'kar] (1g) schmieren
lucero [lu'θero] m (Abend-, Morgen-)Stern m
lucha ['lutʃa] f Kampf m; dep Ringkampf m; **~ antidroga** Rauschgiftbekämpfung f; **~ libre** Freistilringen n; **~dor** [~'ðor] m Kämpfer m; Ringer m; **~r** [lu'tʃar] (1a) kämpfen; ringen
luci|dez [luθi'ðeθ] f Klarheit f; **~do** [~'θiðo] prächtig, glanzvoll
lúcido ['luθiðo] licht, klar
luciente [lu'θĭente] strahlend
luciérnaga [lu'θĭernaga] f Glühwürmchen n
lucio zo ['luθĭo] m Hecht m; **~perca** zo [~'perka] f Zander m
lucir [lu'θir] (3f) **1.** v/i leuchten, glänzen; **2.** v/t zur Schau stellen, tragen; **~se** sich hervortun, glänzend abschneiden; iron sich blamieren
lucr|ativo [lukra'tibo] einträglich, lukrativ; **~o** ['lukro] m Gewinn m; Nutzen m; **sin ánimo de ~** gemeinnützig
luego ['lŭego] nachher; dann; (consecuencia) demnach, also; **hasta ~** bis nachher; **desde ~** selbstverständlich
lugar [lu'gar] m Ort m, Stelle f; **~ común** Gemeinplatz m; **dar ~ a** Anlaß geben zu; **fuera de ~** unangebracht, fehl am Platz; **tener ~** stattfinden; **en ~ de** statt; **en primer ~** erstens
lúgubre ['lugubre] traurig; düster
lujo ['luxo] m Luxus m; **de ~** Luxus...; **~so** [lu'xoso] luxuriös
lujuri|a [lu'xurĭa] f Unzucht f, Geilheit f; **~oso** [~'rĭoso] unzüchtig, lüstern
lumba|go ⚜ [lum'bago] m Hexenschuß m; **~r** [~'bar] Lenden...
lumbre ['lumbre] f (Herd-)Feuer n; (luz) Licht n; **~ra** [~'brera] f fig Leuchte f
lumino|so [lumi'noso] leuchtend, a fig glänzend; Licht...; **~tecnia** [~no-'teɣnĭa] f Beleuchtungstechnik f
luna ['luna] f Mond m; (vidrio) Schaufensterscheibe f; Spiegelglas n; **~ de miel** Flitterwochen f/pl; **~ nueva** Neumond m; **~ llena** Vollmond m; **~ trasera** Heckfenster n, -scheibe f; **estar en la ~** nicht bei der Sache sein
lunar [lu'nar] **1.** adj Mond...; **2.** m Mut-

termal n; fig Schönheitsfehler m; **de ~es** (tela) gepunktet
lunes ['lunes] m Montag m; **el ~** am Montag
luneta [lu'neta] f: **~ trasera** auto Heckscheibe f
lupa ['lupa] f Lupe f
lúpulo ♣ ['lupulo] m Hopfen m
luso ['luso] portugiesisch
lus|trar [lus'trar] (1a) blank putzen; polieren; **~tre** ['lustre] m Glanz m
luto ['luto] m Trauer f; (ropa) Trauerkleidung f; **estar de ~ por alg** um j-n trauern
luxación ✱ [lugsa'θĭɔn] f Verrenkung f

luxembur|gués [lugsembur'ges] **1.** adj luxemburgisch; **2.** m, **~guesa** [~'gesa] f Luxemburger(in f) m
luz [luθ] f Licht n; **~ antiniebla trasera** Nebelschlußleuchte f; **~ intermitente de alarma** Warnblinkanlage f; **~ de carretera** Fernlicht n; **~ de cruce** Abblendlicht n; **~ de marcha atrás** Rückfahrscheinwerfer m; **~ verde** a fig grünes Licht n; **a todas luces** in jeder Hinsicht; **dar la ~** Licht machen; **dar a ~** zur Welt bringen; **sacar a la ~** (obra) veröffentlichen; **salir a la ~** erscheinen

Ll, ll ['eʎe] f s.u. l

M

M, m ['eme] f M. m n
macabro [ma'kabro] schaurig; makaber; **danza f -a** Totentanz m
macarrones [maka'rrɔnes] m/pl Makkaroni pl
macedonia [maθe'donĭa] f: **~ (de frutas)** Obstsalat m; **~ (de verduras)** Mischgemüse n
macerar [maθe'rar] (1a) einweichen; gastr einlegen
macet|a [ma'θeta] f Blumentopf m; **~ero** [~'tero] m Blumenständer m
macha|car [matʃa'kar] (1g) **1.** v/t zerstoßen; zerquetschen; fig F eintrichtern; **2.** v/i aufdringlich sein; **~conería** [~kone'ria] f Aufdringlichkeit f
machete [ma'tʃete] m Buschmesser n
mach|ismo [ma'tʃizmo] m (übertriebener) Männlichkeitskult m; **~ista** [~'tʃista] m F Chauvi m; **~o** ['matʃo] **1.** m zo Männchen n; **2.** adj kräftig; männlich; Am tapfer
macilento [maθi'lento] abgezehrt
macizo [ma'θiθo] **1.** adj massiv; **2.** m geo Massiv n; ♣ Blumenbeet n
macrobiótico [makro'bĭotiko] makrobiotisch
macuto [ma'kuto] m Tornister m; (mochila) Rucksack m
madeja [ma'ðexa] f (Haar-)Strähne f;

(de lana) Strang m
made|ra [ma'ðera] f Holz n; fig **tener ~ de** das Zeug haben zu; **~ro** [~'ðero] m (Stück) Holz n; Balken m
madona [ma'ðona] f Madonnenbild n
madra|stra [ma'ðrastra] f Stiefmutter f; **~za** [~'ðraθa] f (allzu) nachsichtige Mutter f
madre ['maðre] f Mutter f; **~ política** Schwiegermutter f; **~ soltera** alleinerziehende Mutter f; **salirse de ~** (río) über die Ufer treten; **~perla** [~'pɛrla] f Perlmutt(er f) n; **~selva** ♣ [~'sɛlba] f Geißblatt n
madriguera [maðri'gera] f (Kaninchen-)Bau m; fig Schlupfwinkel m
madrileño [maðri'leɲo] **1.** adj aus Madrid; **2.** m, **-a** f [~'leɲa] Madrider(in f) m
madrina [ma'ðrina] f Taufpatin f, Patentante f; (de boda) Trauzeugin f
madroño ♣ [ma'ðroɲo] m Erdbeerbaum m
madruga|da [maðru'gaða] f Morgenfrühe f; **de ~** sehr früh; **~dor** [~'ðor] m Frühaufsteher m; **~r** [~'gar] (1h) früh aufstehen
madu|rar [maðu'rar] (1a) **1.** v/t zur Reife bringen; fig reiflich überlegen; **2.** v/i reifen; **~rez** [~'reθ] f Reife f (a fig); **~ro** [~'duro] reif (a fig)

maes|tra [ma'estra] *f* (Grundschul-)Lehrerin *f;* Meisterin *f;* ~ *de párvulos* Kindergärtnerin *f;* **~tría** [~'tria] *f* Meisterschaft *f;* **~tro** [~'estro] **1.** *adj* Meister...; **2.** *m* (Grundschul-)Lehrer *m;* Meister *m;* ~ *de obras* Bauleiter *m*
mafia ['mafia] *f* Mafia *f (a fig)*
magia ['maxia] *f* Zauberei *f;* Magie *f*
mágico ['maxiko] magisch; *(a fig)* zauberhaft
magisterio [maxis'terio] *m* Lehramt *n;* Lehrerschaft *f*
magistra|do [maxis'traðo] *m* Richter *m;* **~l** [~'tral] meisterhaft; Meister...
magn|animidad [magnanimi'ðað] *f* Edelmut *m;* **~ánimo** [~'nanimo] großmütig
magnate [mag'nate] *m* Magnat *m*
magnesio [mag'nesio] *m* Magnesium *n*
magn|ético [mag'netiko] magnetisch; **~etismo** [~'tizmo] *m* Magnetismus *m;* **~etizar** [~ti'θar] (1f) magnetisieren; *fig* begeistern
magne|tofón [magneto'fɔn], **~tófono** [~'tofono] *m* Tonbandgerät *n;* **~toscopio** [~tɔs'kopio] *m* Videorecorder *m*
magn|ificencia [magnifi'θenθia] *f* Pracht *f;* Pomp *m;* **~ífico** [~'nifiko] prächtig; herrlich; **~itud** [magni'tuð] *f* Größe *f*
magnolia ♀ [mag'nolia] *f* Magnolie *f*
mago ['mago] *m* Magier *m;* Zauberer *m; los Reyes Magos* die Heiligen Drei Könige
magro ['magro] mager
magulla|dura [maguʎa'ðura] *f* Quetschung *f (a* ✱*);* **~r** [~'ʎar] (1a) (zer-)quetschen
maíz [ma'iθ] *m* Mais *m*
majade|ría [maxaðe'ria] *f* Albernheit *f;* **~ro** [~'ðero] *m* Trottel *m,* Depp *m*
majareta F [maxa'reta] verrückt
majes|tad [maxes'tað] *f* Majestät *f;* **~tuoso** [~'tüoso] majestätisch
majo ['maxo] hübsch, fesch; *(simpático)* nett, sympathisch
mal [mal] **1.** *adj (vor m/sg) s malo;* **2.** *adv* schlecht; ~ *que bien* recht und schlecht; *¡menos ~!* zum Glück!; *de ~ en peor* immer schlechter *(od* schlimmer*); tomar a ~* übelnehmen; **3.** *m* Übel *n;* ✱ Leiden *n;* ~ *de mar* Seekrankheit *f; el ~ menor* das kleinere Übel

malabarista [malaba'rista] *m* Jongleur *m*
malaconsejado [malakɔnse'xaðo] schlecht beraten
malacostumbrado [malakɔstum'braðo] verwöhnt
malagueño [mala'geno] aus Málaga
malaria ✱ [ma'laria] *f* Malaria *f*
malayo [ma'lajo] **1.** *adj* malaiisch; **2.** *m* Malaie *m*
malbaratar [malbara'tar] (1a) verschwenden; *(vender)* verschleudern
malcriado [malkri'aðo] schlecht erzogen; ungezogen
maldad [mal'dað] *f* Bosheit *f;* Schlechtigkeit *f*
mal|decir [malde'θir] (3p) **1.** *v/t* verfluchen; **2.** *v/i* lästern, fluchen (über *de*); **~dición** [~di'θiɔn] *f* Fluch *m;* **~dito** [~'dito] verflucht, verdammt; *¡-a sea!* verdammt noch mal!
maleante [male'ante] *m* Bösewicht *m,* Übeltäter *m*
malecón [male'kɔn] *m* Damm *m;* Mole *f*
maledicencia [maleði'θenθia] *f* Verleumdung *f*
maleficio [male'fiθio] *m* Unheil *n;* Verwünschung *f*
maléfico [ma'lefiko] schädlich; unheilvoll, verderblich
malentendido [malenten'diðo] *m* Mißverständnis *n*
malestar [males'tar] *m* Unwohlsein *n;* Unbehagen *n*
male|ta [ma'leta] *f* Koffer *m;* **~tero** [~'tero] *m* Gepäckträger *m; auto* Kofferraum *m;* **~tín** [~'tin] *m* Handkoffer *m;* ~ *ejecutivo Am* Aktenkoffer *m*
malévolo [ma'lebolo] böswillig
maleza [ma'leθa] *f* Unkraut *n;* Gestrüpp *n*
malgache [mal'gatʃe] aus Madagaskar, madagassisch
malgastar [malgas'tar] (1a) verschwenden
mal|hablado [mala'blaðo] unflätig redend; **~hechor** [~e'tʃɔr] *m* Übeltäter *m;* **~herir** [~e'rir] (3i) schwer verwunden; **~humorado** [~umo'raðo] schlechtgelaunt
malici|a [ma'liθia] *f* Bosheit *f;* Tücke *f; (astucia)* Verschmitztheit *f;* **~oso** [~'θioso] boshaft; tückisch; *(astuto)* gerissen
malign|idad [maligni'ðað] *f* Bösartig-

maligno

keit f (a ✱); **~o** [~'ligno] böse; bösartig (a ✱)
malintencionado [malintenθĭo'naðo] übelgesinnt; heimtückisch
malla ['maʎa] f Masche f; **~s** pl Trikot n
mallorquín [maʎɔr'kin] **1.** adj mallorkinisch; **2.** m Mallorkiner m
malo ['malo] schlecht; schlimm; ✱ krank; (niño) unartig; **por las -as** mit Gewalt; **ponerse ~** krank werden
malogra|do [malo'graðo] (zu) früh verstorben; **~r** [~'grar] (1a) verderben; F verpfuschen; **~rse** mißlingen; scheitern; verderben
maloliente [malo'lĭente] übelriechend
malparado [malpa'raðo] übel zugerichtet; **quedar** (od **salir**) **~** schlecht wegkommen
malpensado [malpen'saðo]: **ser ~** immer gleich das Schlechte(re) annehmen od denken
malsano [mal'sano] ungesund
malsonante [malso'nante] (palabra) anstößig
malta ['malta] f Malz n
maltratar [maltra'tar] (1a) mißhandeln
maltrecho [mal'tretʃo] übel zugerichtet
malva ♀ ['malba] f Malve f
malvado [mal'baðo] **1.** adj böse, verrucht; **2.** m Bösewicht m
malvavisco ♀ [malba'bisko] m Eibisch m
malvender [malben'dɛr] (2a) verschleudern
malversa|ción [malbersa'θĭon] f: **~** (**de fondos**) Veruntreuung f; **~r** [~'sar] (1a) veruntreuen
mamá [ma'ma] f Mama f, Mutti f
mama ['mama] f (weibliche) Brust f; **~r** [~'mar] (1a) saugen; **dar de ~** stillen
mamarracho F [mama'rratʃo] m F Schmarren m
mamífero [ma'mifero] m Säugetier n
mamografía ✱ [mamogra'fia] f Mammographie f
mamotreto F [mamo'treto] m F (libro) Schinken m, Wälzer m; bsd Am ungefüges Möbel n
mampara [mam'para] f Wandschirm m
mampostería [mampɔste'ria] f Mauerwerk n
maná [ma'na] m Manna n
manada [ma'naða] f Herde f; Rudel n

mana|ntial [manan'tĭal] m Quelle f; **~r** [~'nar] (1a) quellen; fließen
manazas [ma'naθas] m ungeschickter Mensch
mancebo [man'θebo] m Jüngling m; (Apotheken-)Gehilfe m
mancha ['mantʃa] f Fleck m (a fig); **~r** [~'tʃar] (1a) beflecken (a fig); beschmutzen
manchego [man'tʃego] aus der Mancha
mancilla [man'θiʎa] f Makel m; **~r** [~θi'ʎar] fig beflecken
manco ['manko] einarmig; **no ser ~** nicht ungeschickt sein
mancomunidad [maŋkomuni'ðað] f Gemeinschaft f; (Zweck-)Verband m
manda|do [man'daðo] m Auftrag m; Befehl m; **~más** F [~'mas] m F Boß m; **~miento** [~'mĭento] m Befehl m; Gebot n (a rel); **~nte** [~'dante] m Auftraggeber m; ⚖ Mandant m; **~r** [~'dar] (1a) **1.** v/t befehlen, anordnen; (enviar) senden, schicken; ✕ (an)führen; **~ hacer** machen lassen; **2.** v/i befehlen; **¿mande?** wie bitte?
mandarina [manda'rina] f Mandarine f
manda|tario [manda'tarĭo] m Beauftragte(r) m; **~to** [~'dato] m Befehl m; Auftrag m; pol Mandat n
mandíbula [man'dibula] f Kiefer m; Kinnlade f
mandil [man'dil] m Schürze f
mando ['mando] m Herrschaft f; ✕ Befehl(sgewalt f) m, Kommando n; ⚙ Steuerung f; **~ a distancia** Fernbedienung f
mandolina [mando'lina] f Mandoline f
mandón [man'dɔn] herrisch
manecilla [mane'θiʎa] f Uhrzeiger m
mane|jable [manɛ'xable] handlich; **~jar** [~'xar] (1a) handhaben; bedienen; (dirigir) führen, leiten; Am auto fahren; **~jo** [~'nɛxo] m Handhabung f; Bedienung f
manera [ma'nera] f Art f, Weise f; **de ~ que** so daß; **de ninguna ~** keineswegs; **no hay ~ de** inf es ist nicht möglich zu inf; **hacer de ~ que** es so einrichten, daß; **de mala ~** gemein; übel; **en gran ~** in hohem Maße; **de todas ~s** jedenfalls; immerhin; **~s** pl Manieren f/pl
manga ['maŋga] f Ärmel m; ⚓ (Schiffs-)Breite f; dep Durchgang m; **~ de riego** (Garten-)Schlauch m; **en ~s**

de camisa in Hemdsärmeln; **sin ~s** ärmellos
manganeso [maŋgaˈneso] *m* Mangan *n*
manga|nte P [maŋˈgante] *m* Gauner *m*; **~r** P [~ˈgar] (1h) F klauen
mango [ˈmaŋgo] *m* Stiel *m*; Griff *m*; ✱ Mango *f*
manguera [maŋˈgera] *f* (Wasser-)Schlauch *m*
manguito [maŋˈgito] *m* Muff *m*; ⊙ Muffe *f*
maní [maˈni] *m Am* Erdnuß *f*
manía [maˈnia] *f* Manie *f*; **~ persecutoria** Verfolgungswahn *m*; **tener ~ a alg** j-n nicht leiden können
maniatar [manĭaˈtar] (1a) *j-m* die Hände binden
mani|ático [maˈnĭatiko] manisch; verrückt, wahnsinnig; **~comio** [maniˈkomĭo] *m* Irrenhaus *n*
manicura [maniˈkura] *f* Maniküre *f* (*a persona*)
manido [maˈniðo] *fig* abgegriffen
manifesta|ción [manifestaˈθĭon] *f* Erklärung *f*; Äußerung *f*; *pol* Demonstration *f*; **~nte** [~ˈtante] *m* Demonstrant *m*; **~r** [~ˈtar] (1k) zeigen; (*declarar*) äußern; **~rse** *pol* demonstrieren
manifiesto [maniˈfĭesto] **1.** *adj* offenkundig, deutlich; **poner de ~** bekunden; **2.** *m* Manifest *n*
manija [maˈnixa] *f* Griff *m*
manillar [maniˈʎar] *m* Lenkstange *f*
maniobra [maˈnĭobra] *f* Manöver *n* (*a fig*); **~s** *pl* Ränke *pl*; **~r** [~ˈbrar] (1a) manövrieren (*a fig*)
manipula|ción [manipulaˈθĭon] *f* Handhabung *f*; *a fig* Manipulation *f*; **~r** [~ˈlar] (1a) handhaben; *a fig* manipulieren
maniquí [maniˈki] **a)** *m* Modell-, Schneiderpuppe *f*; **b)** *su* Mannequin *m*
manirroto [maniˈrroto] verschwenderisch
manivela [maniˈbela] *f* Kurbel *f*
manjar [maŋˈxar] *m* Speise *f*
mano [ˈmano] *f* Hand *f*; *zo* Vorderfuß *m*, -pfote *f*; **~ de obra** Arbeitskräfte *f/pl*; **~ de pintura** Anstrich *m*; **a ~ armada** mit Waffengewalt; **bajo ~** unterderhand, heimlich; **de segunda ~** aus zweiter Hand, gebraucht; **echar una ~ a alg** j-m helfen; **hecho a ~** handgemacht;

llegar a las ~s handgemein werden; **pedir la ~ de alg** um j-s Hand anhalten; **tener a ~** zur Hand haben
manojo [maˈnɔxo] *m* Bündel *n*; **~ de llaves** Schlüsselbund *m od n*
manopla [maˈnopla] *f* Fausthandschuh *m*
manosea|do [manoseˈaðo] abgegriffen; **~r** [~ˈar] (1a) betasten; F befummeln
mansedumbre [manseˈðumbre] *f* Sanftmut *f*
mansión [manˈsĭon] *f* Herrensitz *m*; herrschaftliches Haus *n*
manso [ˈmanso] sanft; mild; (*animal*) zahm; (*agua*) still
manta [ˈmanta] *f* Decke *f*; F **a ~** in Hülle und Fülle
manteca [manˈteka] *f* Schmalz *n*; *bsd Am* Butter *f*; **~do** [~ˈkaðo] *m Art* Schmalzgebäck *n*
mantel [manˈtɛl] *m* Tischtuch *n*; **~ individual** Platzdeckchen *n*, Set *n*; **~ería** [~teleˈria] *f* Tischwäsche *f*
mante|ner [manteˈnɛr] (2l) halten; (*conservar*) er-, behalten, aufrechterhalten; (*alimentar*) unterhalten; ⊙ warten; **~nerse** sich halten; sich behaupten; (*subsistir*) leben (von *de*); **~nimiento** [~niˈmĭento] *m* Erhaltung *f*; Aufrechterhaltung *f*; (*sustento*) Unterhalt *m*; ⊙ Wartung *f*
mante|quera [manteˈkera] *f* Butterdose *f*; **~quilla** [~ˈkiʎa] *f* Butter *f*
mantill|a [manˈtiʎa] *f* Mantille *f*; (*para bebés*) Einschlagtuch *n*; **~o** [~ˈtiʎo] *m* Humuserde *f*
man|to [ˈmanto] *m* Umhang *m*; **~tón** [~ˈtɔn] *m* Schultertuch *n*
manual [maˈnŭal] **1.** *adj* manuell, Hand...; **2.** *m* Handbuch *n*; **~idades** [~liˈðaðes] *f/pl* Handarbeiten *f/pl*; Werken *n*
manufactura [manufakˈtura] *f* Manufaktur *f*; **~r** [~ˈrar] (1a) fabrizieren, fertigen
manuscrito [manusˈkrito] **1.** *adj* handschriftlich; **2.** *m* Manuskript *n*
manutención [manutenˈθĭon] *f* Unterhalt *m*; Verpflegung *f*
manza|na [manˈθana] *f* Apfel *m*; △ Häuserblock *m*; **~ de la discordia** Zankapfel *m*; **~nilla** [~ˈniʎa] *f* Kamille *f*; (*infusión*) Kamillentee *m*; **~no** [~ˈθano] *m* Apfelbaum *m*

maña ['maɲa] *f* Geschicklichkeit *f*; ***darse*** ~ sich geschickt anstellen
mañana [ma'ɲana] **1.** *f* Morgen *m*; Vormittag *m*; ***esta*** ~ heute morgen; ***por la*** ~ morgens; ~ ***por la*** ~ morgen früh; **2.** *adv* morgen; ***pasado*** ~ übermorgen
maño F ['maɲo] *m* Aragonier *m*; ~**so** [ma'ɲoso] geschickt
mapa ['mapa] *m* Landkarte *f*; ~**mundi** [~'mundi] *m* Weltkarte *f*
maqueta △ [ma'keta] *f* Modell *n*
maquilla|dor [makiʎa'dor] *m* Maskenbildner *m*; ~**je** [~'ʎaxe] *m* Make-up *n*; ~**r(se)** [~'ʎar(se)] (sich) schminken; F (*balance, etc*) frisieren
máquina ['makina] *f* Maschine *f*; 🚂 Lokomotive *f*; ~ ***de afeitar*** Rasierapparat *m*; ~ ***de coser*** Nähmaschine *f*; ~ ***de escribir (portátil)*** (Reise-)Schreibmaschine *f*; ~ ***fotográfica*** Fotoapparat *m*; ~ ***herramienta*** Werkzeugmaschine *f*; *a* ~ maschinell; *a toda* ~ mit Volldampf (*a fig*)
maquina|ción [makina'θion] *f* Intrige *f*; -**ciones** *pl* Machenschaften *f/pl*; ~**l** [~'nal] *fig* mechanisch; ~**r** [~'nar] (1a) aushecken
maqui|naria [maki'naria] *f* Maschinenpark *m*; Maschinerie *f* (*a fig*); ~**nista** [~'nista] *m* Maschinist *m*; 🚂 Lokomotivführer *m*
mar [mar] *m u f* Meer *n*, See *f*; ~ ***de fondo*** Dünung *f*; ***en alta*** ~ auf hoher See; *fig la* ~ *de* e-e Unmenge *f* (von); *a* ~**es** in Strömen; reichlich
maraca ♪ [ma'raka] *f* Rumbakugel *f*
maraña [ma'raɲa] *f* Gestrüpp *n*; *fig* Wirrwarr *m*
marat(h)ón [mara'tɔn] *m u f* Marathonlauf *m*
maravill|a [mara'biʎa] *f* Wunder *n*; ~**ar** [~'ʎar] (1a) (ver)wundern; ~**arse** sich wundern, staunen (über *ac de*); ~**oso** [~'ʎoso] wunderbar
marbete [mar'bete] *m* Aufklebezettel *m*
marca ['marka] *f* Marke *f*; Warenzeichen *n*; *dep* Rekord *m*; ~**do** [~'kaðo] deutlich; ausgeprägt; ~**dor** [~'dor] *m dep* Ergebnistafel *f*; ~**pasos** 🕆 [~'pasos] *m* Herzschrittmacher *m*; ~**r** [~'kar] (lg) kennzeichnen; markieren; *dep* decken; (*gol*) schießen; (*pelo*) einlegen; *tel* wählen

marcha ['martʃa] *f* Marsch *m*; Abreise *f*; *auto* Gang *m*; *dep* Gehen *n*; ***dar*** ~ ***atrás*** rückwärts fahren; *fig* e-n Rückzieher machen; *a toda* ~ mit Vollgas; ***sobre la*** ~ nebenbei; ***poner en*** ~ in Gang setzen; ~**dor** [~'dor] *m dep* Geher *m*; ~**nte** [~'tʃante] *m* (Kunst-)Händler *m*; *Am* Kunde *m*; ~**r** [~'tʃar] (1a) marschieren; gehen (*a fig*); ⚙ funktionieren; ~**rse** (weg)gehen; abreisen
marchi|tarse [martʃi'tarse] (1a) verwelken; ~**to** [~'tʃito] welk, verwelkt (*a fig*)
marcia|l [mar'θial] martialisch, kriegerisch; ***ley*** *f* ~ Standrecht *n*; ~**no** [~'θiano] *m* Marsmensch *m*
marco ['marko] *m* Rahmen *m* (*a fig*); (*moneda*) Mark *f*
mare|a [ma'rea] *f* Gezeiten *pl*; ~ ***alta*** Flut *f*; ~ ***baja*** Ebbe *f*; ~**ar** [~'ar] (1a) schwindlig machen; *fig* auf die Nerven gehen (*dat*); ~**arse** seekrank *od* schwindlig werden; ***me mareo*** mir wird schlecht; ~**jada** [~'xaða] *f* hoher Seegang *m*; ~**jadilla** [~'ðiʎa] *f* leichter Seegang *m*; ~**moto** [~'moto] *m* Seebeben *n*; ~**o** [~'reo] *m* Seekrankheit *f*; Schwindel *m*; Übelkeit *f*
marfil [mar'fil] *m* Elfenbein *n*
marga ['marga] *f* Mergel *m*
margarina [marga'rina] *f* Margarine *f*
margarita [marga'rita] *f* Margerite *f*; Gänseblümchen *n*; ⚙ Typenrad *n*
margen ['marxɛn] *m* Rand *m*; 🕆 Spanne *f*; *fig* Spielraum *m*; ***mantenerse al*** ~ sich heraushalten
margina|do [marxi'naðo] *m*: ~**s** *pl* (***sociales***) (soziale) Randgruppen *f/pl*; ~**l** [~'nal] *fig* Rand...
mari|ca 🕆 [ma'rika] *m*, ~**cón** P [~'kɔn] *m* Schwule(r) *m*
marido [ma'riðo] *m* Ehemann *m*
marihuana [mari'xuana] *f* Marihuana *n*
mari|na [ma'rina] *f* Marine *f*; ~ ***mercante*** Handelsmarine *f*; ~**nar** [~'nar] (1a) *gastr* marinieren; ~**nero** [~'nero] **1.** *adj* See...; Meeres...; **2.** *m* Seemann *m*
mariposa [mari'posa] *f* Schmetterling *m*; *dep* Schmetterlingsstil *m*
mariquita [mari'kita] **a)** *f* Marienkäfer *m*; **b)** *m* F weibischer Mann *m*
mariscal [maris'kal] *m* Marschall *m*
mariscos [ma'riskos] *m/pl* Meeresfrüchte *f/pl*

marisma [ma'rizma] *f* sumpfiges Küstengebiet *n*
marital [mari'tal] ehelich
marítimo [ma'ritimo] Meer...; See...
marketing ['marketiŋ] *m* Marketing *n*
marmita [mar'mita] *f* Kochtopf *m*
mármol ['marmɔl] *m* Marmor *m*
marmota [mar'mota] *f* Murmeltier *n*
maroma [ma'roma] *f* Seil *n*; Trosse *f*
marqu|és [mar'kes] *m* Marquis *m*; **~esa** [~'kesa] *f* Marquise *f*; **~esina** [~'sina] *f* Schutzdach *n*; Markise *f*
marquetería [markete'ria] *f* Einlegearbeit *f*; Intarsie *f*
marra|na [ma'rrana] *f* Sau *f* (*a fig*); **~no** [~'rrano] **1.** *adj* schweinisch; schmutzig; **2.** Schwein *n* (*a fig*)
marras F ['marras]: **de ~** der (die, das) bewußte
marrón [ma'rrɔn] braun
marro|quí [marrɔ'ki] **1.** *adj* marokkanisch; **2.** *m* Marokkaner *m*; **~quinería** [~kine'ria] *f* (feine) Lederwaren *f/pl*
marsopa *zo* [mar'sopa] *f* Tümmler *m*
marta ['marta] *f* Marder *m*
Marte *astr* ['marte] *m* Mars *m*
martes ['martes] *m* Dienstag *m*
marti|llar [marti'ʎar] (1a) hämmern; **~llo** [~'tiʎo] *m* Hammer *m*; **~ neumático** Preßlufthammer *m*
mártir ['martir] *su* Märtyrer(in *f*) *m*
martiri|o [mar'tirio] *m* Martyrium *n* (*a fig*); **~zar** [~ri'θar] (1f) martern, quälen
marzo ['marθo] *m* März *m*
mas [mas] aber, jedoch
más [mas] **1.** *adv* mehr; & plus; **~ bien** eher; **a lo ~** höchstens; **a cual ~** um die Wette; **~ o menos** mehr oder weniger, ungefähr; **por ~ que** wie sehr auch; **sin ~ ni ~** mir nichts, dir nichts; **tanto ~ cuanto que** um so mehr als; **estar de ~** überflüssig sein; **2.** *comparativo*: **~ grande** größer; **~ lejos** weiter (entfernt); **el ~ grande** der größte
masa ['masa] *f* Masse *f*; *gastr* Teig *m*
masacre [ma'sakre] *f* Massaker *n*
masa|je [ma'saxe] *m* Massage *f*; **dar (un) ~** massieren; **~jista** [~'xista] *su* Masseur(in *f*) *m*
mascar [mas'kar] (1g) kauen
máscara ['maskara] *f* Maske *f*; **~ antigás** Gasmaske *f*
masca|rada [maska'raða] *f* Maskerade *f*; **~rilla** [~'riʎa] *f* (*cosmética*) Gesichtsmaske *f*; **~rón** [~'rɔn] *m*: **~ de proa** ⚓ Galionsfigur *f*
mascota [mas'kota] *f* Maskottchen *n*
masculino [masku'lino] männlich
mascullar [masku'ʎar] (1a) murmeln
masifica|ción [masifika'θiɔn] *f* Vermassung *f*; **~r** ['kar] (1g) vermassen
masilla [ma'siʎa] *f* (Glaser-)Kitt *m*
masivo [ma'sibo] massiv, Massen...
masón [ma'sɔn] *m* Freimaurer *m*
masonería [masone'ria] *f* Freimaurerei *f*
masticar [masti'kar] (1g) kauen
mástil ['mastil] *m* ⚓ Mast *m*; ♪ Griffbrett *n*
mastín [mas'tin] *m* großer Hirtenhund *m*
masturba|ción [masturba'θiɔn] *f* Masturbation *f*; **~rse** [~'barse] (1a) masturbieren, onanieren
mata ['mata] *f* Strauch *m*, Busch *m*
mata|dero [mata'ðero] *m* Schlachthof *m*; **~dor** [~'ðɔr] *m* *taur* Matador *m*; **~nza** [~'tanθa] *f* Schlachtung *f*; *fig* Gemetzel *n*; **~r** [~'tar] (1a) töten; (*animal*) schlachten; (*tiempo*) totschlagen; (*hambre*) stillen; **~ a tiros** erschießen; **~rse** ums Leben kommen
matasellos [mata'seʎos] *m* Poststempel *m*
mate ['mate] **1.** *adj* matt, glanzlos; **2.** *m* (*ajedrez*) Matt *n*; (*infusión*) Mate(tee) *m*
matemáti|cas [mate'matikas] *f/pl* Mathematik *f*; **~co** [~ko] **1.** *adj* mathematisch; **2.** *m* Mathematiker *m*
materia [ma'teria] *f* Materie *f*, Stoff *m*; (*asignatura*) Fach *n*; **~ prima** Rohstoff *m*; **~l** [~'rial] **1.** *adj* materiell; sachlich; **2.** *m* Material *n*; **~lista** [~ria'lista] *m* Materialist *m*; **~lizar** [~li'θar] (1f) materialisieren; verwirklichen
mater|nal [mater'nal] mütterlich; Mutter...; **~nidad** [~ni'ðað] *f* Mutterschaft *f*; (**casa** *f* **de**) **~** Entbindungsanstalt *f*; **~no** [~'tɛrno] *s* **maternal**
matinal [mati'nal] morgendlich
matiz [ma'tiθ] *m* Farbton *m*; *fig* Nuance *f*; **~ar** [~'θar] (1f) (ab)tönen; *fig* nuancieren
matón [ma'tɔn] *m* Raufbold *m*
matorral [matɔ'rral] *m* Gebüsch *n*; Gestrüpp *n*

matrícula [ma'trikula] f Register n; auto Kennzeichen n; (escuela) Einschreibung f; Immatrikulation f
matricular [matriku'lar] (1a) immatrikulieren, einschreiben; auto zulassen
matrimo|nial [matrimo'nĩal] ehelich, Ehe...; **~nio** [~'monĩo] m Heirat f; Ehe f; (pareja) Ehepaar n; **~ civil** standesamtliche Trauung
matriz [ma'triθ] f anat Gebärmutter f; tip Matrize f
matrona [ma'trona] f Matrone f; (comadrona) Hebamme f
matutino [matu'tino] Morgen...; (**periódico** m) **~** Morgenzeitung f
maullar [mau'ʎar] (1a) miauen
mausoleo [mauso'leo] m Mausoleum n
maxilar [magsi'lar] **1.** adj Kiefer...; **2.** m Kiefer(knochen) m
máxi|ma ['magsima] f Grundsatz m, Maxime f; **~me** [~me] vor allem; umso mehr; **~mo** [~mo] **1.** adj größte(r), Höchst...; **como ~** höchstens; **2.** m Maximum n; das Äußerste n
mayo ['majo] m Mai m
mayonesa [majo'nesa] f Mayonnaise f
mayor [ma'jor] **1.** comparativo: größer; höher; älter; (adulto) erwachsen; Haupt...; Ober...; **~ de edad** volljährig; ♪ **modo** m **~** Dur n; **al por ~** ✝ en gros; **2.** superlativo: **el ~** der größte; der älteste; **3.** m Erwachsene(r) m; ⚔ Major m
mayor|al [majo'ral] m ✒ Vorarbeiter m; **~domo** [~'domo] m (Guts-)Verwalter m; (criado) Butler m; **~ía** [~'ria] f Mehrheit f; **~ de edad** Volljährigkeit f; **~ista** [~'rista] m Großhändler m
mayúscul|a [ma'juskula] f Großbuchstabe m; **~o** [~lo] riesig
maza ['maθa] f Keule f
mazapán [maθa'pan] m Marzipan n
mazmorra [maδ'mɔrra] f (unterirdischer) Kerker m, Verlies n
mazorca [ma'θɔrka] f Maiskolben m
me [me] mir; mich
mear P [me'ar] (1a) F pinkeln
mecáni|ca [me'kanika] f Mechanik f; **~ de precisión** Feinmechanik f; **~co** [~ko] **1.** adj mechanisch; maschinell; **2.** m Mechaniker m
mecani|smo [meka'nizmo] m Mechanismus m; Vorrichtung f; **~zación** [~θa'θĩon] f Mechanisierung f

meca|nógrafa [meka'nografa] f Schreibkraft f; **~nografía** [~gra'fia] f Maschineschreiben n; **~nografiar** [~fi'ar] (1c) mit der Maschine schreiben
mecedora [meθe'δora] f Schaukelstuhl m
mecenas [me'θenas] m Mäzen m
mecer [me'θɛr] (2b) wiegen; schaukeln
mech|a ['metʃa] f Docht m; (de arma) Zündschnur f; (de pelo) Haarsträhne f; **~ar** [~'tʃar] (1a) gastr spicken; **~era** F [~'tʃera] f Ladendiebin f; **~ero** [~'tʃero] m Feuerzeug n; **~ón** [~'tʃon] m (Haar-)Strähne f
meda|lla [me'δaʎa] f Medaille f; **~llón** [me'δaʎon] m Medaillon n
media ['meδia] f Strumpf m; (promedio) Durchschnitt m; **~ corta** Kniestrumpf m; **~ción** [~'θĩon] f Vermittlung f; **~do** [~'δaδo]: **a ~s de junio** Mitte Juni; **~dor** [~'δor] m Vermittler m; **~nía** [~'nia] f Mittelmäßigkeit f; **~no** [~'δiano] mittelgroß; fig mittelmäßig; **~noche** [~'notʃe] f Mitternacht f; **~nte** [~'δiante] mittels (gen); **Dios ~** so Gott will; **~r** [~'δiar] (1b) vermitteln
medicamento [meδika'mento] m Medikament n
medicina [meδi'θina] f Medizin f; (medicamento) Arznei f; **~ general** Allgemeinmedizin f
medición [meδi'θĩon] f (Ver-)Messung f
médico ['meδiko] **1.** adj ärztlich; **2.** m Arzt m; **~ de cabecera** Hausarzt m; **~ (de medicina) general** praktischer Arzt m; **~ forense** Gerichtsarzt m; **~ jefe** Chefarzt m; **~ de urgencia** Notarzt m
medi|da [me'δiδa] f Maß n; fig Maßnahme f; **a ~** nach Maß, Maß...; **a ~ que** in dem Maße wie; **en gran ~** in hohem Maße; **tomar la ~** Maß nehmen; **tomar ~s** Maßnahmen ergreifen
medie|val [meδie'βal] mittelalterlich; **~vo** [me'δiebo] m Mittelalter n
medio ['meδio] **1.** adj halb; Mittel...; Durchschnitts...; **las dos y -a** halb drei; **2.** m Mitte f; (ambiente) Milieu n; (método) Mittel n; (fútbol) Mittelfeldspieler m; **por ~ de** mittels (gen); **~s** pl Geldmittel n/pl; **~ de transporte** (**colectivo**) (Massen-)Verkehrsmittel n; **~s informativos** Medien n/pl; **~s de co-**

municación social (*od de masas*) Massenmedien n/pl; **3.** *adv* halb; **a ~ hacer** halbfertig; **en ~ de** inmitten (*gen*); **a -as** zur Hälfte; **quitar de en ~** aus dem Weg räumen; **~ambiental** [~ambĭen'tal] Umwelt...

mediocridad [medĭokri'ðað] f Mittelmäßigkeit f

mediodía [medĭo'ðia] m Mittag m; **a ~** mittags

medir [me'ðir] (3l) messen

medita|bundo [medita'bundo] nachdenklich; **~ción** [~'θĭon] f Meditation f; **~r** [~'tar] (1a) nachdenken über (*ac*); meditieren

mediterráneo [meditɛ'rraneo] Mittelmeer...

médium ['medĭun] *su* Medium n

medrar [me'ðrar] (1a) gedeihen; *fig* vorwärtskommen

médula ['medula] f Mark n; *fig* Kern m; **~ espinal** Rückenmark n; **~ ósea** Knochenmark n

meg|afonía [megafo'nia] f Verstärkeranlage f; **~áfono** [~'gafono] m Megaphon n

megalomanía [megaloma'nia] f Größenwahn m

mejicano [mexi'kano] **1.** *adj* mexikanisch; **2.** *m*, **-a** f Mexikaner(in f) m

mejilla [mɛ'xiʎa] f Wange f, Backe f

mejillón [mɛxi'ʎɔn] m Miesmuschel f

mejor [mɛ'xɔr] besser; **lo ~** das Beste; **a lo ~** vielleicht, womöglich; **lo ~ posible** so gut wie möglich; **está ~** es geht ihm besser; **~a** [mɛ'xora] f, **~amiento** [~'mĭento] m (Ver-)Besserung f

mejorana ♣ [mɛxo'rana] f Majoran m

mejo|rar [mɛxo'rar] (1a) **1.** *v/t* (ver)bessern; steigern; **2.** *v/i* sich bessern, besser werden; **¡que se mejore!** gute Besserung!; **~ría** [~'ria] f ✱ Besserung f

melan|colía [melaŋko'lia] f Melancholie f; **~cólico** [~'koliko] schwermütig; melancholisch

mele|na [me'lena] f Mähne f; **media ~** halblange Haare n/pl; **~nudo** [~'nuðo] langhaarig

mella ['meʎa] f Scharte f; **hacer ~** Eindruck machen (auf *ac* **en**)

mellizo [me'ʎiθo] **1.** *adj* Zwillings...; **2.** m Zwilling m

meloco|tón [meloko'tɔn] m Pfirsich m; **~tonero** [~to'nero] m Pfirsichbaum m

melodía [melo'ðia] f Melodie f

melódico [me'loðiko] melodisch

melodioso [melo'ðĭoso] melodiös

melodrama [melo'ðrama] m Melodram(a) n

melómano [me'lomano] m Musikliebhaber m

melón [me'lɔn] m Melone f

meloso [me'loso] honigsüß (*a fig*), F schmalzig; (*carne*) zart

membrana [mem'brana] f Häutchen n; Membran(e) f

membrete [mem'brete] m Briefkopf m

membrillo [mem'briʎo] m Quitte f

memo ['memo] dumm; blöd(e)

memo|rable [memo'raßle] denkwürdig; **~rándum** [~'randun] m Memorandum n; **~ria** [~'morĭa] f Gedächtnis n; (*recuerdo*) Erinnerung f; *inform* Speicher m; **de ~** auswendig; **hacer ~** nachdenken; **~s** pl Memoiren pl; **~rizar** [~ri'θar] (1f) memorieren; auswendiglernen; *inform* speichern

menaje [me'naxe] m Hausrat m

menci|ón [men'θĭon] f Erwähnung f; **~onar** [~θĭo'nar] (1a) erwähnen

mendi|cidad [mendiθi'ðað] f Bettelei f; **~gar** [~'gar] (1h) betteln; **~go** m [~'ðigo] Bettler m

menear [mene'ar] (1a) schwenken; schütteln; **~ la cola** mit dem Schwanz wedeln

menester [menes'tɛr] m Notwendigkeit f; **ser ~** nötig sein; **~es** pl Obliegenheiten f/pl; **~oso** [~te'roso] bedürftig

menestra [me'nestra] f Gemüseeintopf m

mengua|nte [meŋ'gŭante] abnehmend; **~r** [~'gŭar] (1i) **1.** *v/i* abnehmen; **2.** *v/t* schmälern

meningitis ✱ [meniŋ'xitis] f Hirnhautentzündung f

menopausia [meno'paŭsĭa] f Wechseljahre n/pl

menor [me'nɔr] **1.** *adj* kleiner; (*más joven*) jünger; *fig* geringer; ♪ **modo** m **~** Moll n; **~ de edad** minderjährig; **el ~** der kleinste; der jüngste; ✝ **al por ~** im Detail, Einzel...; **2.** *su* Minderjährige(r m) f

menos ['menos] *adv* weniger; ♣ minus; **a ~ que** falls nicht; **al ~, por lo ~** wenigstens; **eso es lo de ~** darauf kommt es

menoscabo

nicht an; ~ **mal** zum Glück; **~cabo** [~'kaβo] *m* Verminderung *f*; Schaden *m*; **~preciar** [~preˈθĩar] (1b) geringschätzen; verachten; **~precio** [~ˈpreθĩo] *m* Geringschätzung *f*; Verachtung *f*

mensaje [menˈsaxe] *m* Botschaft *f*; **~ro** [~ˈxero] *m* Bote *m*

menstruación [menstrũaˈθĩɔn] *f* Menstruation *f*, Regel *f*

mensual [menˈsũal] monatlich; **~idad** [~liˈdað] *f* Monatsgeld *n*; (*plazo*) Monatsrate *f*

menta ♣ [ˈmenta] *f* Minze *f*

men|tal [menˈtal] geistig; Geistes...; **~talidad** [~liˈdað] *f* Mentalität *f*; **~tar** [~ˈtar] (1k) erwähnen; **~te** [ˈmente] *f* Geist *m*; Verstand *m*

mentir [menˈtir] (3i) lügen; **~a** [~ˈtira] *f* Lüge *f*; ¡*parece* ~! unglaublich!; **~oso** [~tiˈroso] **1.** *adj* verlogen; **2.** *m* Lügner *m*

mentís [menˈtis] *m* Dementi *n*; *dar un* ~ *a* dementieren

mentón [menˈtɔn] *m* Kinn *n*

menú [meˈnu] *m* Menü *n*; Speisekarte *f*

menude|ar [menuðeˈar] (1a) oft vorkommen; **~ncia** [~ˈðenθĩa] *f* Kleinigkeit *f*

menu|dillos [menuˈðiʎos] *m/pl* (Geflügel-)Innereien *f/pl*; **~do** [~ˈnuðo] klein, winzig; *fig* geringfügig; *a* ~ oft

meñique [meˈɲike] *m* (*dedo m*) ~ kleiner Finger *m*

meollo [meˈoʎo] *m* Mark *n*; *fig* Kern *m*

merca|dería [mɛrkaðeˈria] *f Am* Ware *f*; **~do** [~ˈkaðo] *m* Markt *m*; ⚥ *Común* Gemeinsamer Markt *m*; ~ *único* (europäischer) Binnenmarkt *m*; **~ncía** [~kanˈθia] *f* Ware *f*

merced [mɛrˈθeð] *f* Gnade *f*; Gunst *f*; *estar a* ~ *de alg* j-m ausgeliefert sein

mercenario [mɛrθeˈnarĩo] *m* Söldner *m*

mercería [mɛrθeˈria] *f* Kurzwaren(geschäft *n*) *f/pl*

mercurio [mɛrˈkurĩo] *m* Quecksilber *n*

mere|cer [mereˈθɛr] (2d) verdienen; **~cido** [~ˈθiðo] **1.** *adj* verdient; **2.** *m* verdiente Strafe *f*

meren|dar [merenˈdar] (1k) vespern; **~dero** [~ˈdero] *m* Ausflugs-, Gartenlokal *n*

merengue [meˈreŋge] *m* Baiser *n*

meridi|ano [meriˈðĩano] *m* Meridian *m*; **~onal** [~ðĩoˈnal] **1.** *adj* südlich; **2.** *su* Südländer(in *f*) *m*

merienda [meˈrĩenda] *f* Vesperbrot *n*; Picknick *n*

mérito [ˈmerito] *m* Verdienst *n*

meritorio [meriˈtorĩo] verdienstvoll

merluza [mɛrˈluθa] *f* Seehecht *m*

merma [ˈmɛrma] *f* Verringerung *f*; Abnahme *f*; **~r** [~ˈmar] (1a) **1.** *v/i* abnehmen; **2.** *v/t* verringern; *fig* herabsetzen

mermelada [mɛrmeˈlaða] *f* Marmelade *f*

mero [ˈmero] **1.** *adj* rein; bloß; **2.** *m* Zackenbarsch *m*

merodear [meroðeˈar] (1a) sich herumtreiben

mes [mes] *m* Monat *m*

mesa [ˈmesa] *f* Tisch *m*; ~ *de centro* Couchtisch *m*; ~ *redonda fig* Gesprächsrunde *f*

meseta [meˈseta] *f* Hochebene *f*

mesita [meˈsita] *f*: ~ *de noche* Nachttisch *m*

mesón [meˈsɔn] *m* Gaststätte *f*

mestizo [mesˈtiθo] *m* Mestize *m*

mesura [meˈsura] *f* Gemessenheit *f*; Mäßigung *f*; **~do** [ˈraðo] gemessen; gesetzt

meta [ˈmeta] *f* Ziel *n*; (*fútbol*) Tor *n*; **~bolismo** [~boˈlizmo] *m* Stoffwechsel *m*

metáfora [meˈtafora] *f* Metapher *f*

metal [meˈtal] *m* Metall *n*; ♪ Blech *n*; ~ *precioso* Edelmetall *n*

metálico [meˈtaliko] metallisch (*a fig*); *en* ~ bar

metal|urgia [metaˈlurxĩa] *f* Hüttenkunde *f*, Metallurgie *f*; **~úrgico** [~ˈlurxiko] **1.** *adj* Metall...; **2.** *m* Metallarbeiter *m*

metamorfosis [metamɔrˈfosis] *f* Umwandlung *f*, Metamorphose *f*

metano [meˈtano] *m* Methan *n*

metástasis ✱ [meˈtastasis] *f* Metastase *f*

meteo|rito [meteoˈrito] *m* Meteorit *m*; **~rología** [~roloˈxia] *f* Meteorologie *f*; **~rológico** [~ˈlɔxiko] Wetter...; **~rólogo** [~ˈrologo] *m* Meteorologe *m*

meter [meˈtɛr] (2a) stecken (in *ac en*); (hinein)legen, -stecken, -tun; **~se** sich einmischen (in *ac en*); sich einlassen (auf *ac en*); ~ *con alg* sich mit j-m anlegen

meticulo|sidad [metikuloʃiˈðað] *f* Gewissenhaftigkeit *f*; *desp* Pedanterie *f*; **~so** [~ˈloso] gewissenhaft; (peinlich) genau

metódico [me'toðiko] methodisch
método ['metoðo] *m* Methode *f*
metrall|a [me'traʎa] *f* Splitter *m*; **~eta** [~'ʎeta] *f* Maschinenpistole *f*
métrico ['metriko] metrisch
metro ['metro] *m* Meter *m od n*; (*tren*) U-Bahn *f*, Metro *f*; **~** (*plegable*) Zollstock *m*
metrópoli [me'tropoli] *f* Hauptstadt *f*, Metropole *f*
mezcla ['meθkla] *f* Mischung *f*; **~r** [~'klar] (1a) (ver)mischen; **~rse** sich einmischen (in *ac* **en**)
mezqui|ndad [meθkin'dað] *f* Kleinlichkeit *f*; Knauserei *f*; **~no** [~'kino] kleinlich; (*avaro*) knauserig
mezquita [meθ'kita] *f* Moschee *f*
mi ♪ [mi] *m* E *n*; **~ bemol** Es *n*
mi, mis [mi, mis] mein(e)
mí [mi] (*nach prp*) mir; mich
micción [mig'θïɔn] *f* Harnen *n*
microbio [mi'krobïo] *m* Mikrobe *f*
micro|bús [mikro'bus] *m* Kleinbus *m*; **~chip** [~'tʃip] *m* Mikrochip *m*; **~ficha** [~'fitʃa] *f* Mikrofiche *m*, *n*; **~film** [~'film] *m* Mikrofilm *m*
micrófono [mi'krofono] *m* Mikrophon *n*
micro|onda [mikro'ɔndə] *f* Mikrowelle *f*; (*horno n*) **~s** *m* Mikrowellenherd *m*; **~ordenador** [~ɔrðena'dɔr] *m* Mikrocomputer *m*; **~procesador** [~proθesa'ðɔr] *m* Mikroprozessor *m*
microscopio [mikrɔs'kopïo] *m* Mikroskop *n*; **~ electrónico** Elektronenmikroskop *n*
mide ['miðe] *s* **medir**
miedo ['mïeðo] *m* Furcht *f*, Angst *f* (vor **a**); F **de ~** toll; **~so** [~'ðoso] furchtsam
miel [mïɛl] *f* Honig *m*
miembro ['mïembro] *m* Glied *n*; (*socio*) Mitglied *n*; **~** (*viril*) Penis *m*
miente ['mïente] *s* **mentir**
mientras ['mïentras] während; **~ que** (*contraste*) während; **~** (*tanto*) unterdessen, inzwischen
miércoles ['mïɛrkoles] *m* Mittwoch *m*; **~ de ceniza** Aschermittwoch *m*
mierda V ['mïɛrða] **1.** *f* Scheiße *f*; **2.** *m* Scheißkerl *m*
miga ['miga] *f* Brotkrume *f*; (*migaja*) Krümel *m*; *fig* Gehalt *m*; **hacer buenas** (**malas**) **~s** gut (schlecht) miteanauskommen

migra|ción [migra'θïɔn] *f* Wanderung *f*; **~ña** [~'graɲa] *f* Migräne *f*; **~torio** [~'torïo]: **ave** *f* **-a** Zugvogel *m*
mijo ♀ ['mixo] *m* Hirse *f*
mil [mil] tausend
milagro [mi'lagro] *m* Wunder *n*; **de ~** wie durch ein Wunder; **~so** [~'groso] wunderbar
milenario [mile'narïo] **1.** *adj* tausendjährig; **2.** *m* Jahrtausendfeier *f*
milenio [mi'lenïo] *m* Jahrtausend *n*
mili F ['mili] *f* Wehrdienst *m*; **~cia** [~'liθïa] *f* Miliz *f*
milímetro [mi'limetro] *m* Millimeter *m od n*
milita|nte [mili'tante] **1.** *adj* militant; **2.** *m* Aktivist *m*; **~r** [~'tar] **1.** *adj* militärisch; Militär..., **2.** *m* (Berufs-)Soldat *m*, Militär *m*; **3.** *v/i* (1a) ⚔ dienen; *pol* aktiv sein
milla ['miʎa] *f* Meile *f*
millar [mi'ʎar] *m* Tausend *n*
mill|ón [mi'ʎɔn] *m* Million *f*; **~onario** [miʎo'narïo] *m* Millionär *m*
mimar [mi'mar] (1a) verwöhnen
mimbre ♀ ['mimbre] *m* Korbweide *f*; **sillón** *m* **de ~** Korbsessel *m*
mimeógrafo *Am* [mime'ografo] *m* Vervielfältigungsapparat *m*
mímica ['mimika] *f* Mimik *f*
mimo ['mimo] *m* Liebkosung *f*; Verhätschelung *f*; *teat* (Panto-)Mime *m*; **~sa** ♀ [~'mosa] *f* Mimose *f*
mina ['mina] *f* ⚔ Bergwerk *n*; Mine *f* (*a* ⚔); *fig* Goldgrube *f*; **~r** [~'nar] (1a) verminen; *fig* untergraben
mineral [mine'ral] **1.** *adj* Mineral...; **2.** *m* Mineral *n*, Erz *n*
mine|ría ⚔ [mine'ria] *f* Bergbau *m*; **~ro** [~'nero] *m* Bergmann *m*
miniatura [minïa'tura] *f* Miniatur *f*
mini|falda [mini'falda] *f* Minirock *m*; **~golf** [~'golf] *m* Minigolf *n*; **~mizar** [~mi'θar] (1f) bagatellisieren
mínimo *f* ['minimo] **1.** *adj* kleinste(r, -s); Mindest...; **como ~** mindestens; **2.** *m* Minimum *n*
minio ['minïo] *m* Mennige *f*
ministerio [minis'terïo] *m* Ministerium *n*; **~ de Asuntos Exteriores** Außenministerium *n*; **~ de Hacienda** Finanzministerium *n*; **~ del Interior** Innenministerium *n*
ministro, -a [mi'nistro, ~a] *m*, *f* Mini-

minoría

ster(in *f*) *m*; ~ *del Interior* Innenminister(in *f*) *m*; *primer* ~ Premierminister *m*
minoría [mino'ria] *f* Minderheit *f*; ~ *de edad* Minderjährigkeit *f*
minucio|sidad [minuθiosi'ðað] *f* (peinliche) Genauigkeit *f*; **~so** [~'θioso] eingehend, (peinlich) genau
minué ♪ [minu'e] *m* Menuett *n*
minúscul|a [mi'nuskula] *f* Kleinbuchstabe *m*; **~o** [~lo] winzig
minusválido [minuz'baliðo] **1.** *adj* (körper)behindert; **2.** *m* Behinderte(r) *m*
minu|ta [mi'nuta] *f* Gebührenrechnung *f*; *gastr* Speisekarte *f*; **~to** [~'nuto] *m* Minute *f*
mío, mía ['mio, mia] mein, meine; *los* **~s** m-e Angehörigen
mio|pe ['miope] kurzsichtig; **~pía** [mio'pia] *f* Kurzsichtigkeit *f*
mira ['mira] *f* Visier *n*; *con* **~s** *a* im Hinblick auf; **~da** [~'raða] *f* Blick *m*; *echar una* ~ e-n Blick werfen (auf *a*); **~do** [~'raðo]: *bien* ~ gern gesehen; *fig* genaugenommen; **~dor** [~'ðor] *m* Aussichtspunkt *m*; **~miento** [~'miento] *m* Rücksicht *f*; *sin* **~s** rücksichtslos; **~r** [~'rar] (1a) **1.** *v/t* ansehen, anschauen; (*observar*) beobachten; betrachten; **2.** *v/i* sehen, schauen; (*considerar*) überlegen, zusehen; ~ *por* sorgen für
mirilla [mi'riʎa] *f* Guckloch *n*
mirlo ['mirlo] *m* Amsel *f*
mirón [mi'ron] *m* Zaungast *m*; Voyeur *m*
mirra ♀ ['mirra] *f* Myrrhe *f*
mirto ♀ ['mirto] *m* Myrte *f*
misa ['misa] *f* Messe *f*; ~ *del gallo* Christmette *f*; **~l** [mi'sal] *m* Meßbuch *n*
miser|able [mise'raβle] elend; (*avaro*) knauserig; **~ía** [~'seria] *f* Elend *n*; Not *f*; *fig* Hungerlohn *m*
misericordia [miseri'korðia] *f* Barmherzigkeit *f*; Erbarmen *n*
misil [mi'sil] *m* Rakete *f*
misi|ón [mi'sion] *f* Mission *f*; *fig* Sendung *f*, Auftrag *m*; **~onero** [misio'nero] *m* Missionar *m*
mismo ['mizmo] selbst; (*semejante*) gleich; *el* ~ derselbe, der gleiche; *hoy* ~ noch heute; *aquí* ~ genau hier; *lo* ~ *que* ebenso wie; *da lo* ~ das ist egal
misterio [mis'terio] *m* Geheimnis *n*; **~so** [~'rioso] geheimnisvoll
místi|ca ['mistika] *f* Mystik *f*; **~co** [~ko] mystisch

mitad [mi'tað] *f* Hälfte *f*; ~ *y* ~ halb und halb; *a* ~ *del camino* auf halbem Wege
mítico ['mitiko] mythisch
mitigar [miti'gar] (1h) mildern; lindern; beschwichtigen
mitin ['mitin] *m pol* Meeting *n*
mito ['mito] *m* Mythos *m*; **~logía** [~lo'xia] *f* Mythologie *f*
mix|to ['misto] gemischt; **~tura** [~'tura] *f* Mixtur *f*; Mischung *f*
mobiliario [mobi'liario] *m* Mobiliar *n*
mocedad [moθe'ðað] *f* Jugendzeit *f*
mochila [mo'tʃila] *f* Rucksack *m*
moción [mo'θion] *f pol* Antrag *m*; ~ *de censura* Mißtrauensantrag *m*
moco ['moko] *m* Nasenschleim *m*
moda ['moða] *f* Mode *f*; *de* ~ modern; modisch; *fuera* (*od pasado*) *de* ~ unmodern
modal|es [mo'ðales] *m/pl* Manieren *f/pl*; **~idad** [~li'ðað] *f* Modalität *f*
mode|lar [moðe'lar] (1a) formen; modellieren; **~lo** [~'ðelo] **1.** *m* Modell *n*; Vorbild *n*; **2.** *f* (*persona*) Modell *n*; Mannequin *n*
modera|ción [moðera'θion] *f* Mäßigung *f*; **~do** [~'raðo] gemäßigt; mäßig; **~dor** [~'ðor] *m*, **-a** [~'ðora] *f TV, etc* Moderator(in *f*) *m*; **~r** [~'rar] (1a) mäßigen; *TV, etc* moderieren
moder|nismo [moðer'nizmo] *m* Jugendstil *m*; **~nizar** [~ni'θar] (1f) modernisieren; **~no** [~'ðerno] modern
modes|tia [mo'ðestia] *f* Bescheidenheit *f*; **~to** [~to] bescheiden
módico ['moðiko] mäßig, gering
modifica|ción [moðifika'θion] *f* (Ab-)Änderung *f*; **~r** [~'kar] (1g) (ab-, ver-)ändern
modis|ta [mo'ðista] *f* Modistin *f*; Damenschneiderin *f*; **~to** [~'ðisto] *m* Modeschöpfer *m*
modo ['moðo] *m* Art *f*, Weise *f*; *gram* Modus *m*; ♪ Tonart *f*; ~ *de empleo* Gebrauchsanweisung *f*; *a* ~ *de* (in der Art) wie; *de* ~ *que* so daß; also; *de otro* ~ sonst; *de ningún* ~ keineswegs; *de tal* ~ derart, so; *en cierto* ~ gewissermaßen; *de todos* **~s** auf alle Fälle
módulo ['moðulo] *m* Modul *n*
mofa ['mofa] *f* Spott *m*; **~rse** [~'farse] (1a): ~ *de* sich lustig machen über (*ac*)

moho ['moo] *m* Schimmel *m*; **~so** [mo'oso] schimm(e)lig
moja|do [mɔ'xaðo] naß; feucht; **~r** [~'xar] (1a) anfeuchten; naß machen
mojigato [mɔxi'gato] scheinheilig, bigott
mojón [mɔ'xɔn] *m* Grenzstein *m*
molar [mo'lar]: (*diente m*) ~ Backenzahn *m*
molde ['mɔlde] *m* Form *f*; **~ado** [~'aðo] *m* (*peluquería*) Formwelle *f*; **~ar** [~'ar] (1a) formen; modellieren
moldura [mɔl'dura] *f* (Profil-, Zier-)Leiste *f*
molécula [mo'lekula] *f* Molekül *n*
moler [mo'lɛr] (2h) mahlen
moles|tar [moles'tar] (1a) belästigen; stören; **~tarse** sich bemühen; **~tia** [~'lestia] *f* Belästigung *f*; Mühe *f*; **~s** *pl* ✱ Beschwerden *pl*; **~to** [~'lesto] lästig; unbequem; (*enfadado*) ärgerlich
moli|nero [moli'nero] *m* Müller *m*; **~nillo** [~'niʎo] *m*: ~ **de café** Kaffeemühle *f*; **~no** [~'lino] *m* Mühle *f*; ~ **de viento** Windmühle *f*
molleja [mo'ʎexa] *f gastr* Bries *n*
molusco [mo'lusko] *m* Weichtier *n*
momen|táneo [momen'taneo] augenblicklich; **~to** [~'mento] *m* Augenblick *m*, Moment *m*; **a cada** ~ ständig; **al** ~ sofort; **por el** ~, **de** ~ zur Zeit, momentan
momia ['momia] *f* Mumie *f*
mona ['mona] *f* Äffin *f*; F Rausch *m*; ~ **de Pascua** Osterkuchen *m*; **dormir la** ~ s-n Rausch ausschlafen
monaguillo [mona'giʎo] *m* Ministrant *m*, Meßdiener *m*
monar|ca [mo'narka] *m* Monarch *m*; **~quía** [~'kia] *f* Monarchie *f*
monasterio [monas'terio] *m* Kloster *n*
monda|dientes [mɔnda'ðientes] *m* Zahnstocher *m*; **~duras** [~'ðuras] *f/pl* (Obst-, Kartoffel-)Schalen *f/pl*; **~r** [~'dar] (1a) schälen
mone|da [mo'neða] *f* Währung *f*; (*pieza*) Münze *f*; Geldstück *n*; **~dero** [~'ðero] *m* Portemonnaie *n*, Geldbeutel *m*; **~tario** [~'tario] Währungs...
monitor [moni'tɔr] *m* (Sport-, Tennis-, Ski-, *etc*)Lehrer *m*; *TV* Monitor *m*
mon|ja ['mɔnxa] *f* Nonne *f*; **~je** [~xe] *m* Mönch *m*
mono ['mono] **1.** *m zo* Affe *m*; (*prenda*) Overall *m*; Latzhose *f*; **2.** *adj* hübsch; niedlich; nett
monóculo [mo'nokulo] *m* Monokel *n*
mon|ogamia [mono'gamia] *f* Monogamie *f*; **~ógamo** [~'nogamo] monogam
monólogo [mo'nologo] *m* Monolog *m*
monopatín [monopa'tin] *m* Skateboard *n*
monopoli|o [mono'polio] *m* Monopol *n*; **~zar** [~li'θar] (1f) monopolisieren
mon|otonía [monoto'nia] *f* Eintönigkeit *f*, Monotonie *f*; **~ótono** [~'notono] eintönig, monoton
monseñor [monse'ɲɔr] *m* Monsignore *m*
monstruo ['mɔnstruo] *m* Ungeheuer *n*; Monstrum *n*; Scheusal *n*; **~sidad** [~si'ðað] *f* Ungeheuerlichkeit *f*; **~so** [~'truoso] ungeheuer(lich); scheußlich; (*enorme*) riesig
monta ['mɔnta] *f*: **de poca** ~ unbedeutend; **~cargas** [~'kargas] *m* Lastenaufzug *m*; **~do** [~'taðo] beritten; **~dor** [~'ðɔr] *m* Monteur *m*; (*cine*) Schnittmeister *m*, Cutter *m*; **~je** [~'taxe] *m* Einbau *m*; Montage *f*; (*cine*) Schnitt *m*; *teat* Inszenierung *f*; F *fig* Show *f*
montañ|a [mɔn'taɲa] *f* Gebirge *n*; Berg *m*; ~ **rusa** Achterbahn *f*; **~ismo** [~'ɲizmo] *m* Bergsteigen *n*, Bergsport *m*; **~oso** [~'ɲoso] bergig; gebirgig
montar [mɔn'tar] (1a) ⊙ aufstellen, montieren; (*caballo*) reiten; (*casa*) einrichten; (*negocio*) aufziehen; (*obra*) inszenieren; (*nata, clara*) schlagen
monte ['mɔnte] *m* Berg *m*; (*bosque*) Wald *m*; ~ **de piedad** Leih-, Pfandhaus *n*; **~ra** [~'tera] *f* Stierkämpfermütze *f*; **~ría** [~'ria] *f* Hochjagd *f*
montón [mɔn'tɔn] *m* Haufen *m* (*a fig*)
montura [mɔn'tura] *f* Reittier *n*; (*de gafas*) Fassung *f*
monumen|tal [monumen'tal] monumental; gewaltig; **~to** [~'mento] *m* Denkmal *n*
monzón [mɔn'θɔn] *m* Monsun *m*
moño ['moɲo] *m* Haarknoten *m*
moqueta [mo'keta] *f* Teppichboden *m*
mora ['mora] *f* Maurin *f*; ✿ Maulbeere *f*; Brombeere *f*
morada [mo'raða] *f* Wohnung *f*; (*estancia*) Aufenthalt *m*
morado [mo'raðo] dunkelviolett; F **las pasé -as** es ist mir übel ergangen

moral

moral [mo'ral] **1.** *adj* moralisch; sittlich; **2. a)** *f* Moral *f*; **b)** *m* Maulbeerbaum *m*; **~eja** [~'lexa] *f* Moral *f e-r Fabel;* **~idad** [~li'dad] *f* Sittlichkeit *f;* Moral *f*
moratoria ✝ [mora'toria] *f* Aufschub *m;* Stundung *f*
morboso [mɔr'boso] krankhaft
morcilla [mɔr'θiʎa] *f* Blutwurst *f*
mor|dacidad [mɔrdaθi'dad] *f* Bissigkeit *f;* **~daz** [~'daθ] bissig; **~daza** [~'daθa] *f* Knebel *m;* **~dedura** [~dc'dura] *f* Biß *m;* **~der** [~'dɛr] (2h) beißen; **~ el polvo** ins Gras beißen; **~disco** [~'disko] *m* Biß *m;* (*trozo*) Bissen *m*
more|na [mo'rena] *f geo* Moräne *f; zo* Muräne *f;* **~no** [~no] (dunkel)braun; dunkelhaarig, -häutig
morera [mo'rera] *f* (weißer) Maulbeerbaum *m*
moretón [morc'tɔn] *m* blauer Fleck *m*
morfin|a [mɔr'fina] *f* Morphium *n;* **~ómano** [~'nomano] *m* Morphinist *m*
morir [mo'rir] (3k; *part* **muerto**) sterben (an *de*); umkommen; **~(se) de hambre** verhungern; **~se** sterben; *fig* **~ de** vergehen vor; **~ de risa** sich totlachen
moro ['moro] **1.** *adj* maurisch; **2.** *m* Maure *m*
moroso [mo'roso] langsam; ✝ säumig
morral [mɔ'rral] *m* Futterbeutel *m;* Jagdtasche *f;* Brotbeutel *m*
morriña [mɔ'rriɲa] *f* Heimweh *n*
morro ['mɔrrɔ] *m* Schnauze *f,* Maul *n* (*a fig*); **estar de ~(s)** schmollen
morsa *zo* ['mɔrsa] *f* Walroß *m*
morta|ja [mɔr'taxa] *f* Leichentuch *n;* Am Zigarettenpapier *n;* **~l** [~'tal] sterblich; tödlich (*a fig*); **~lidad** [~tali'dad] *f* Sterblichkeit *f;* **~ndad** [~tan'dad] *f* Massensterben *n*
mortero [mɔr'tero] *m* Mörser *m* (*a* ⚔); △ Mörtel *m*
mortífero [mɔr'tifero] tödlich
mortifica|ción [mɔrtifika'θiɔn] *f* Kasteiung *f; fig* Demütigung *f;* **~r** [~'kar] (1g) kasteien; *fig* demütigen
mortuorio [mɔr'tuorio] Leichen...; Sterbe...; Toten...
morueco [mo'rueko] *m* Widder *m*
mosaico [mo'saiko] *m* Mosaik *n*
mosca ['mɔska] *f* Fliege *f;* F **soltar** (*od* **aflojar**) **la ~** Geld herausrücken; F **por sí las ~s** für alle Fälle
moscarda [mɔs'karda] *f* Schmeißfliege *f*

moscatel [mɔska'tɛl] *m* Muskateller (-wein) *m*
mosquearse [mɔske'arse] (1a) F einschnappen
mosquetero ⚔ [mɔske'tero] *m* Musketier *m*
mosqui|tero [mɔski'tero] *m* Moskitonetz *n;* **~to** [~'kito] *m* (Stech-)Mücke *f*
mostaza [mɔs'taθa] *f* Senf *m*
mosto ['mɔsto] *m* Most *m*
mostra|dor [mɔstra'dɔr] *m* Ladentisch *m;* Theke *f;* **~r** [~'trar] (1m) zeigen
mote ['mote] *m* Spitzname *m*
motear [mote'ar] (1a) tüpfeln
motel [mo'tɛl] *m* Motel *n*
motín [mo'tin] *m* Meuterei *f*
moti|var [moti'bar] (1a) verursachen; (*explicar*) motivieren, begründen; **~vo** [~'tibo] *m* Grund *m,* Anlaß *m,* Motiv *n;* **con ~ de** anläßlich (*gen*)
moto F ['moto] *f* Motorrad *n;* **~ de agua** (*od* **acuática**) Wassermotorrad *n;* **~ci-cleta** [~θi'kleta] *f* Motorrad *n;* **~ciclismo** [~'klizmo] *m* Motorradsport *m;* **~ciclista** [~'klista] *m* Motorradfahrer *m;* **~cross** [~'krɔs] *m* Moto-Cross *n*
motor [mo'tɔr] *m* Motor *m;* **~ de dos** (**cuatro**) **tiempos** Zwei- (Vier-)taktmotor *m;* **~a** [~'tora] *f* Motorboot *n;* **~ismo** [~'rizmo] *m* Motorsport *m;* **~ista** [~'rista] *m* Motorradfahrer *m;* **~izar** [~ri'θar] (1f) motorisieren
motosierra [moto'sierra] *f* Motorsäge *f*
motriz [mo'triθ]: **fuerza ~** Triebkraft *f*
move|dizo [mobe'diθo] beweglich; **~r** [~'bɛr] (2h) bewegen, antreiben (*a fig*)
movible [mo'bible] beweglich
móvil ['mobil] **1.** *adj* beweglich; **2.** *m* Beweggrund *m,* Motiv *n;* (*arte*) Mobile *n*
movili|dad [mobili'dad] *f* Beweglichkeit *f;* **~zación** [~θa'θiɔn] *f* Mobilmachung *f;* **~zar** ~'θar] (1f) mobil machen; *fig* mobilisieren
movimiento [mobi'miento] *m* Bewegung *f; fig* Betrieb *m;* ♪ Satz *m;* **~ pacifista** Friedensbewegung *f*
moza ['moθa] *f* Mädchen *n;* (*criada*) Magd *f*
mozo ['moθo] **1.** *adj* jung; **2.** *m* junger Mann *m;* Bursche *m;* (*sirviente*) Kellner *m;* Diener *m;* ⚔ erfaßter Wehrpflichtige(r) *m;* **~** (**de estación**) Gepäckträger *m*

muca|ma *Am reg* [mu'kama] *f* Dienstmädchen *n*; **~mo** [~mo] *m* Diener *m*
muchach|a [mu'tʃatʃa] *f* Mädchen *n*; (*criada*) Dienstmädchen *n*; **~o** [~'tʃatʃo] *m* Junge *m*
muchedumbre [mutʃe'đumbre] *f* (Menschen-)Menge *f*
mucho ['mutʃo] **1.** *adj* viel; **2.** *adv* sehr, viel; lange; oft; (*ni*) *con* **~** bei weitem (nicht); *como* **~** höchstens; *por* **~** *que subj* so sehr auch; *ni* **~** *menos* überhaupt nicht, keineswegs
muco|sa [mu'kosa] *f* Schleimhaut *f*; **~sidad** [~si'đađ] *f* Schleim *m*
muda ['muđa] *f* Wäsche *f* zum Wechseln; *zo* Mauser *f*; (*de la voz*) Stimmbruch *m*; **~nza** [~'đanθa] *f* (*de casa*) Umzug *m*; **~r** [~'đar] (1a) ändern; wechseln; *zo* sich mausern; **~rse** sich umziehen; **~** (*de casa*) umziehen
mudo ['muđo] stumm
mueble ['mŭeble] **1.** *adj* beweglich; **2.** *m* Möbel *n*; **~** *bar* Hausbar *f*
mueca ['mŭeka] *f* Grimasse *f*
muela ['mŭela] *f* Mühlstein *m*; (*diente*) Backenzahn *m*; **~** *del juicio* Weisheitszahn *m*
muelle ['mŭeʎe] **1.** *adj* weich; **2.** *m* Sprungfeder *f*; ⚓ Mole *f*; Kai *m*
muerdo ['mŭerđo] *s* **morder**
muero ['mŭero] *s* **morir**
muerte ['mŭerte] *f* Tod *m*; *de mala* **~** elend, erbärmlich; *dar* **~** *a* töten
muerto ['mŭerto] **1.** *adj* tot; gestorben; **2.** *m*, **-a** *f* [~ta] Tote(r) *m*, Tote *f*
muesca ['mŭeska] *f* Kerbe *f*
muestra ['mŭestra] *f* (Waren-)Probe *f*; (*modelo*) Muster *n*; *fig* Beweis *m*; **~rio** [~'trario] *m* Musterbuch *n*, -kollektion *f*
muestro ['mŭestro] *s* **mostrar**
muevo ['mŭebo] *s* **mover**
mugir [mu'xir] (3c) (*vaca*) muhen; *fig* brüllen
mugr|e ['mugre] *f* Schmutz *m*; **~iento** [~'grĭento] schmierig
muguete [mu'gete] *m* ♀ Maiglöckchen *n*; ✱ Soor *m*
mujer [mu'xɛr] *f* Frau *f*; **~** *de faenas* Putzfrau *f*; **~** *de negocios* Geschäftsfrau *f*; **~iego** [muxe'rĭego] *m* Schürzenjäger *m*, Weiberheld *m*
mula ['mula] *f* Maultier *n*
mulato [mu'lato] *m* Mulatte *m*

muleta [mu'leta] *f* Krücke *f*; *taur* Muleta *f*
mulo ['mulo] *m* Maulesel *m*
multa ['multa] *f* Geldstrafe *f*; Strafzettel *m*; **~r** [~'tar] (1a) mit e-r Geldstrafe belegen
multi|color [multiko'lɔr] vielfarbig; **~copiar** [~'pĭar] (1b) vervielfältigen; **~copista** [~'pista] *f* Vervielfältigungsapparat *m*; **~cultural** [~kultu'ral] multikulturell; **~lateral** [~late'ral] multilateral; **~millonario** [~miʎo'nario] *m* Multimillionär *m*; **~nacional** [~naθĭo'nal] *f* multinationaler Konzern *m*, F Multi *m*
múltiple ['multiple] vielfältig; *de* **~** *uso* Mehrzweck...
multipli|cación [multiplika'θĭɔn] *f* ℀ Multiplikation *f*; *biol* Vermehrung *f* (*a fig*); **~car** [~'kar] (1g) multiplizieren; vermehren
multitud [multi'tuđ] *f* Menge *f*; **~inario** [~tuđi'nario] Massen...
multiuso [multi'uso] Mehrzweck...
munda|nal [munda'nal], **~no** [~'dano] weltlich, Welt...
mundial [mun'dĭal] **1.** *adj* Welt...; **2.** *m* Weltmeisterschaft *f*
mundo ['mundo] *m* Welt *f*; *el otro* **~** das Jenseits; *nada del otro* **~** nichts Besonderes; *todo el* **~** jedermann, alle (Welt)
munición [muni'θĭɔn] *f* Munition *f*
munici|pal [muniθi'pal] städtisch; Stadt..., Gemeinde...; **~pio** [~'θipĭo] *m* Gemeinde *f*
muñe|ca [mu'ɲeka] *f* Puppe *f*; *anat* Handgelenk *n*; **~co** [~'ɲeko] *m* Puppe *f*; *fig* Marionette *f*
muñón [mu'ɲɔn] *m* ✱ Stumpf *m*
mural [mu'ral] **1.** *adj* Mauer...; Wand...; **2.** *m* Wandbild *n*; **~la** [~'raʎa] *f* (Stadt-)Mauer *f*
murciélago [mur'θĭelago] *m* Fledermaus *f*
murmu|llo [mur'muʎo] *m* Gemurmel *n*; Säuseln *n*; **~ración** [~ra'θĭɔn] *f* Gerede *n*; **~rar** [~'rar] (1a) murmeln; murren; (*viento*, *etc*) säuseln; (*cotillear*) lästern, F klatschen
muro ['muro] *m* Mauer *f*; Wand *f*
musa ['musa] *f* Muse *f* (*a fig*)
muscula|r [musku'lar] Muskel...; **~tura** [~la'tura] *f* Muskulatur *f*
músculo ['muskulo] *m* Muskel *m*

musculoso [musku'loso] muskulös
muselina [muse'lina] *f* Musselin *m*
museo [mu'seo] *m* Museum *n*
musgo ᛫ ['muzgo] *m* Moos *n*
música ['musika] *f* Musik *f*; *(partitura)* Noten *f/pl*; **~ de fondo** Untermalungsmusik *f*; **~ folk** Folkmusik *f*; **~ ligera** Unterhaltungsmusik *f*; **~ de cámara** Kammermusik *f*; **poner en ~** vertonen
musica|l [musi'kal] **1.** *adj* musikalisch, Musik...; **2.** *m* Musical *n*; **~r** [~'kar] (1g) vertonen
músico ['musiko] *m* Musiker *m*
music|ología [musikolo'xia] *f* Musikwissenschaft *f*; **~ólogo** [~'kologo] *m* Musikwissenschaftler *m*
musitar [musi'tar] (1a) murmeln

muslo ['muzlo] *m* Oberschenkel *m*; *gastr* Schenkel *m*
musulmán [musul'man] **1.** *adj* mohammedanisch; **2.** *m* Mohammedaner *m*, Moslem *m*
mutación [muta'θĭɔn] *f* Veränderung *f*; *biol* Mutation *f*
mutila|ción [muti'laθĭɔn] *f* Verstümmelung *f*; **~do** [~'laðo] *m* Krüppel *m*; **~ de guerra** Kriegsversehrte(r) *m*; **~r** [~'lar] (1a) verstümmeln
mutismo [mu'tizmo] *m* Stummheit *f*; Schweigen *n*
mutualidad [mutŭali'ðað] *f* Gegenseitigkeit *f*; *(asociación)* Versicherung *f* auf Gegenseitigkeit
mutuo ['mutŭo] gegenseitig
muy [mŭi] sehr

N

N, n [ˈene] *f* N, n *n*
nabo ['nabo] *m* weiße Rübe *f*
nácar ['nakar] *m* Perlmutt(er *f*) *n*
nacer [na'θɛr] (2d) geboren werden; *(día)* anbrechen; *(río)* entspringen (*a fig*); *fig* entstehen
naci|ente [na'θĭente] entstehend, werdend; *(sol)* aufgehend; **~miento** [naθi'mĭento] *m* Geburt *f*; *fig* Herkunft *f*, Ursprung *m*; *(de Navidad)* (Weihnachts-)Krippe *f*
nación [na'θĭɔn] *f* Nation *f*
nacional [naθĭo'nal] national, National...; **~idad** [~nali'ðað] *f* Nationalität *f*; Staatsangehörigkeit *f*; **~ismo** [~'lizmo] *m* Nationalismus *m*; **~izar** [~'θar] (1f) verstaatlichen
nada ['naða] **1.** *f* Nichts *n*; **2.** *adv* nichts; **~ mal** gar nicht schlecht; **~ más** weiter nichts; **como si ~** als ob nichts (dabei) wäre; **¡de ~!** bitte sehr!, keine Ursache!; **~ más que ~** vor allem; **¡pues ~!** also gut!; **no es ~** das ist nicht schlimm
nada|dor [naða'ðɔr] *f* Schwimmer *m*; **~r** [~'ðar] (1a) schwimmen
nadería [naðe'ria] *f* Lappalie *f*
nadie ['naðĭe] niemand

nado ['naðo] *m*: **a ~** schwimmend; **pasar a ~** durchschwimmen
naipe ['naĭpe] *m* Spielkarte *f*
nalga ['nalga] *f* Hinterbacke *f*; **~s** *pl* Gesäß *n*, F Hintern *m*
nana ['nana] *f* Wiegenlied *n*
naran|ja [na'ranxa] **1.** *f* Apfelsine *f*, Orange *f*; F **media ~** F bessere Hälfte *f*; **2.** *adj* orange(farben); **~jada** [~'xaða] *f* Orangeade *f*; **~jo** [na'ranxo] *m* Orangenbaum *m*
narciso ᛫ [nar'θiso] *m* Narzisse *f*
narcótico [nar'kotiko] **1.** *adj* betäubend; **2.** *m* Betäubungsmittel *n*
narco|tizar [narkoti'θar] (1f) betäuben; **~traficante** [~trafi'kante] *m* Drogenhändler *m*; **~tráfico** [~'trafiko] *m* Drogenhandel *m*
nariz [na'riθ] *f* Nase *f*; F **estar hasta las narices** F die Nase voll haben; **meter las narices en a/c** s-e Nase in et stecken
narra|ción [narra'θĭɔn] *f* Erzählung *f*; **~dor** *m* [~'ðor] Erzähler *m*; **~r** [na'rrar] (1a) erzählen
nasal [na'sal] Nasen..., nasal
nata ['nata] *f* Rahm *m*, Sahne *f*; **~ montada** Schlagsahne *f*

natación [nata'θĭɔn] f Schwimmen n
natal [na'tal] Geburts...; Heimat...;
~**idad** [~li'dađ] f Geburtenziffer f; *control m de* ~ Geburtenregelung f
natillas [na'tiʎas] f/pl Cremespeise f
nativo [na'tibo] **1.** *adj* gebürtig (aus *de*); **2.** *m* Einheimische(r) m; Eingeborene(r) m
nato ['nato] geboren
natural [natu'ral] **1.** *adj* natürlich; Natur...; *(hijo)* unehelich; *ser* ~ *de* stammen aus; *es* ~ das ist verständlich; **2.** *m* Naturell n; ~**eza** [~ra'leθa] f Natur f; ~ *muerta* Stilleben n; ~**idad** [~li'dađ] f Natürlichkeit f; ~**ismo** [~'lizmo] m Naturalismus m; ~**ista** [~'lista] m Naturalist m; *(científico)* Naturforscher m; ~**izar** [~li'θar] (1f) naturalisieren, einbürgern; ~**mente** [~'mente] natürlich, selbstverständlich
naturis|mo [natu'rizmo] m natürliche Lebensweise f; ~**ta** [~'rista] m Naturist m; *médico m* ~ Naturarzt m
naturopatía [naturopa'tia] f Naturheilkunde f
naufra|gar [nauˈfra'gar] (1h) Schiffbruch erleiden; *fig* scheitern; ~**gio** [~'fraxĭo] m Schiffbruch m
náufrago ['naufrago] **1.** *adj* schiffbrüchig; **2.** *m* Schiffbrüchige(r) m
nauseabundo [nausea'bundo] Übelkeit erregend, ekelerregend
náuseas ['nauseas] f/pl Übelkeit f; *fig* Ekel m
náuti|ca ['nautika] f Nautik f; *dep* Wassersport m; ~**co** [~ko] nautisch; *club m* ~ Jachtclub m
navaja [na'baxa] f Taschenmesser n; ~ *de afeitar* Rasiermesser n; ~**zo** [~'xaθo] m Messerstich m
naval [na'bal] See..., Schiffs...
nave ['nabe] f Schiff n (*a* ⛪); ~ *(industrial)* Fabrik-, Werkhalle f; ~ *espacial* Raumschiff n; ~**gable** [~'gable] schiffbar; ~**gación** [~ga'θĭɔn] f Schiffahrt f; ~**gante** [~'gante] m Seefahrer m; ~**gar** [~'gar] (1h) ⚓ (zur See) fahren; ✈ fliegen
navi|dad [nabi'dađ] f Weihnacht(en n) f; ~**deño** [~'đeɲo] weihnachtlich, Weihnachts...
navío [na'bio] m Schiff n
neblina [ne'blina] f Dunst m
nebuloso [nebu'loso] neb(e)lig, dunstig; *fig* nebelhaft

necedad [neθe'đađ] f Dummheit f
nece|sario [neθe'sarĭo] notwendig, nötig; erforderlich; ~**ser** [~'sɛr] m Necessaire n; ~**sidad** [~si'đađ] f Notwendigkeit f; *de primera* ~ lebensnotwendig; ~**sitado** [~'tađo] bedürftig; notleidend; ~**sitar** [~'tar] (1a) (*a* ~ *de*) benötigen; brauchen
necio ['neθĭo] dumm, albern
necrología [nekrolɔ'xia] f Nachruf m
néctar ['nɛktar] m Nektar m
nectarina ♀ [nɛkta'rina] f Nektarine f
neerlandés [neerlan'des] **1.** *adj* niederländisch; **2.** *m* Niederländer m
nefasto [ne'fasto] unheilvoll
nefr|ítico [ne'fritiko] Nieren...; ~**itis** [~'fritis] f Nierenentzündung f
nega|ción [nega'θĭɔn] f Verneinung f; *(rechazo)* Ablehnung f; ~**r** [~'gar] (1h *u* 1k) verneinen; leugnen; *(denegar)* verweigern, abschlagen; ~**rse** sich weigern (zu *a*), ~**tiva** [~'tiba] f Weigerung f, Absage f; ~**tivo** [~'tibo] **1.** *adj* negativ; **2.** *m fot* Negativ n
negligen|cia [negli'xenθia] f Nachlässigkeit f; ⚖ Fahrlässigkeit f; ~**te** [~'xente] nachlässig
negocia|ción [negoθia'θĭɔn] f Verhandlung f; ~**do** [~'θĭađo] m Amt n; Geschäftsstelle f; ~**nte** [~'θĭante] *su* Geschäftsmann m, -frau f; ~**r** [~'θĭar] (1b) **1.** *v/t* aushandeln; **2.** *v/i* verhandeln; ✝ handeln, Handel treiben (mit *en*)
negocio [ne'goθĭo] m Geschäft n; Handel m; *(tienda)* Laden m; *hombre m de* ~**s** Geschäftsmann m
neg|ra ['negra] f Negerin f; *Am* Liebling m; ♪ Viertelnote f; ~**rero** [~'grero] m Sklavenhändler m; *fig* Leuteschinder m; ~**ro** ['negro] **1.** *adj* schwarz; F *verse* ~ *para hacer a/c* große Mühe haben, et zu tun; **2.** *m* Neger m; *fig* Ghostwriter m; *Am* Liebling m
ne|na ['nena] f kleines Mädchen n; ~**ne** ['nene] m F kleines Kind n
nenúfar [ne'nufar] m Seerose f
neo... [neo] *in Zssgn* Neu...; Neo...
neófito [ne'ofito] m/fig Neuling m
neologismo [neolɔ'xizmo] m Neuwort n, Neologismus m
neón [ne'ɔn] m Neon n
neoyorquino [neojɔr'kino] aus New York
neozelandés [neoθelan'des] **1.** *adj* neuseeländisch; **2.** *m* Neuseeländer m

nepotismo [nepo'tizmo] *m* Vetternwirtschaft *f*
nervio ['nɛrbi̯o] *m* Nerv *m*; △ Rippe *f*; *fig* Kraft *f*; *fig* **tener ~s** nervös sein; Lampenfieber haben; **~sismo** [~'sizmo] *m* Nervosität *f*; **~so** [~'bi̯oso] Nerven...; *fig* nervös
neto ['neto] rein; ✝ Netto...
neumático [neṷ'matiko] **1.** *adj* Luft...; **2.** *m auto* Reifen *m*
neumonía [neṷmo'nia] *f* Lungenentzündung *f*
neur|algia [neṷ'ralxi̯a] *f* Neuralgie *f*; **~ólogo** [~'rologo] *m* Nervenarzt *m*, Neurologe *m*; **~osis** [~'rosis] *f* Neurose *f*; **~ótico** [~'rotiko] neurotisch
neutral [neṷ'tral] neutral; **~idad** [~li'dað] *f* Neutralität *f*; **~izar** [~'θar] (1f) neutralisieren
neutr|o ['neṷtro] neutral; *gram* sächlich; **~ón** [neṷ'trɔn] *m* Neutron *n*
neva|da [ne'baða] *f* Schneefall *m*; **~r** [~'bar] (1k) schneien
nevera [ne'bera] *f* Kühlschrank *m*; **~ portátil** Kühlbox *f*
nexo ['nɛgso] *m* Verbindung *f*; Zusammenhang *m*
ni [ni] auch nicht; **~ ... ~** weder ... noch
nicaragüense [nikara'güense] **1.** *adj* nicaraguanisch; **2.** *m* Nicaraguaner *m*
nicho ['nitʃo] *m* Nische *f*
nicotina [niko'tina] *f* Nikotin *n*
nidificar [niðifi'kar] (1g) nisten
nido ['niðo] *m* Nest *n* (*a fig*)
niebla ['ni̯ebla] *f* Nebel *m*
niego ['ni̯ego] *s* **negar**
nieto *m*, **-a** *f* ['ni̯eto, ~ta] Enkel(in *f*) *m*; **~s** *pl* Enkelkinder *n/pl*
nieva ['ni̯eba] *s* **nevar**
nieve ['ni̯ebe] *f* Schnee *m*
nimbo ['nimbo] *m* Heiligenschein *m*, Nimbus
ninfa ['nimfa] *f* Nymphe *f*
nin|gún [niŋ'gun], **~guno** [~'guno] kein; (*nadie*) niemand
niñ|a ['niɲa] *f* Kind *n*, Mädchen *n*; F **~ bien** höhere Tochter *f*; **~ del ojo** *anat* Pupille *f*; *fig* Augapfel *m*; **~era** [ni'ɲera] *f* Kindermädchen *n*; **~ez** [ni'ɲeθ] *f* Kindheit *f*; **~o** ['niɲo] *m* Kind *n*
nip|ón [ni'pɔn] **1.** *adj* japanisch; **2.** *m*, **~ona** *f* [ni'pona] Japaner(in *f*) *m*
níquel ['nikɛl] *m* Nickel *n*
níspero ✿ ['nispero] *m* Mispel *f*

nitidez [niti'ðeθ] *f* Reinheit *f*; *fot, TV* Schärfe *f*
nítido ['nitiðo] rein; *fot* scharf
nitrato [ni'trato] *m* Nitrat *n*
nitrógeno [ni'trɔxeno] *m* Stickstoff *m*
nivel [ni'bɛl] *m* Niveau *n*; ⊕ Wasserwaage *f*; *fig* Ebene *f*; **~ del mar** Meeresspiegel *m*; **~ de ruido**, **~ sonoro** Geräuschpegel *m*; **~ de vida** Lebensstandard *m*; **~adora** ⊕ [~'ðora] *f* Planierraupe *f*; **~ar** [~'lar] (1a) ebnen, planieren; *a fig* nivellieren
no [no] nicht; nein; **~ del todo** nicht ganz; **~ ya** nicht nur; **ya ~** nicht mehr; **~ más** *Am* nur; **~ más que** nur (noch); **~ por eso** nichtsdestoweniger; **¡a que ~!** etwa nicht?; **un ~ sé qué** ein gewisses Etwas
noble ['noble] **1.** *adj* ad(e)lig; *fig* edel(mütig); **2.** *m* Ad(e)lige(r) *m*; **~za** [~'bleθa] *f* Adel *m*; *fig* Edelmut *m*
noche ['notʃe] *f* Nacht *f*; (*tarde*) Abend *m*; **de ~**, **por la ~** nachts; **de la ~ a la mañana** von heute auf morgen; **hacer ~** übernachten (**en**); **¡buenas ~s!** guten Abend!; gute Nacht!; **2buena** [~'bu̯ena] *f* Weihnachtsabend *m*, Heilige(r) Abend *m*; **2vieja** [~'bi̯exa] *f* Silvesterabend *m*
noción [no'θi̯ɔn] *f* Begriff *m*; Idee *f*; **-ones** *pl* Grundkenntnisse *f/pl*
nocivo [no'θibo] schädlich
noctámbulo [nɔk'tambulo] *m* Nachtwandler *m*; F Nachtschwärmer *m*
nocturno [nɔk'turno] **1.** *adj* nächtlich, Nacht...; **2.** *m* ♪ Notturno *n*
nodriza [no'ðriθa] *f* Amme *f*
nódulo ✲ ['noðulo] *m* Knötchen *n*
nogal [no'gal] *m* Nußbaum *m*
nómada ['nomaða] *m* Nomade *m*
nombra|miento [nɔmbra'mi̯ento] *m* Ernennung *f*; **~r** [~'brar] (er)nennen
nombre ['nɔmbre] *m* Name *m*; *gram* Hauptwort *n*; **~ (de pila)** Vorname *m*; **~ de guerra** Deckname *m*
nomeolvides ✿ [nomeɔl'biðes] *f* Vergißmeinnicht *n*
nómina ['nomina] *f* Gehaltsliste *f*; (*sueldo*) Gehalt *n*; Gehaltsabrechnung *f*
nomina|ción [nomina'θi̯ɔn] *f pol* Nominierung *f*; **~l** [~'nal] namentlich; **~tivo** [~na'tibo] *m gram* Nominativ *m*
noquear [nɔke'ar] (1a) k.o. schlagen
nor(d)este [nɔr'(ð)este] *m* Nordost *m*

nórdico ['norðiko] nordisch
noria [no'ria] f Schöpfrad n; (de feria) Riesenrad n
norma ['norma] f Regel f; Norm f; **~l** [~'mal] normal; **~lidad** [~li'ðað] f Normalität f; **volver a la ~** sich normalisieren; **~lizar** [~li'θar] (1f) normalisieren; ✪ normen
noroeste [noro'este] m Nordwest m
norte ['norte] m Norden m; **al ~ de** nördlich von; **~americano** [~ameri'kano] nordamerikanisch
noruego [no'ruego] **1.** adj norwegisch; **2.** m, **-a** f [~ga] Norweger(in f) m
nos [nos] uns; **~otros** [no'sotros] wir; (nach prp) uns
nost|algia [nos'talxia] f Heimweh n; Nostalgie f; **~álgico** [~'talxiko] sehnsüchtig; wehmütig
nota ['nota] f Notiz f; (cuenta) Rechnung f; ♪ u fig Note f; **tomar ~ de** zur Kenntnis nehmen; (apuntar) notieren; **~ble** [~'table] bemerkenswert; beträchtlich; **~r** [~'tar] (1a) (be)merken
notar|ía [nota'ria] f Notariat n; **~ial** [~'rial] notariell; **~io** [~'tario] m Notar m
noticia [no'tiθia] f Nachricht f; **~rio** [~'θiario] m (radio) Nachrichten f/pl
notifica|ción [notifika'θion] f (amtliche) Benachrichtigung f; **~r** [~'kar] (1g) mitteilen
notorio [no'torio] offenkundig
novato [no'bato] m Neuling m
novecientos [nobe'θientos] neunhundert
novedad [nobe'ðað] f Neuheit f; (noticia) Neuigkeit f
nove|la [no'βela] f Roman m; **~ corta** Novelle f; **~ policíaca** Kriminalroman m; **~lista** [~'lista] m Romanschriftsteller m
noven|o [no'βeno] neunte(r, -s); **~ta** [no'βenta] neunzig
novia ['nobia] f Braut f; Verlobte f; (festa) Freundin f; **~zgo** [no'biaðgo] m Verlobungs-, Brautzeit f
novicio [no'biθio] m Novize m; fig Neuling m
noviembre [no'biembre] m November m
novill|a [no'βiʎa] f Färse f; **~ada** [~'ʎaða] f Stierkampf m mit Jungstieren; **~ero** [~'ʎero] m Stierkämpfer m bei e-r novillada; **~o** [~'βiʎo] m Jungstier m; F **hacer ~s** (die Schule) schwänzen

novio ['nobio] m Bräutigam m; Verlobte m; (fester) Freund m; **los ~s** das Brautpaar
nube ['nube] f Wolke f; fig Schwarm m; **estar por las ~s** unerschwinglich sein
nubla|do [nu'blaðo] bewölkt; **~r** [~'blar] (1a) trüben; **~rse** sich bewölken
nubo|sidad [nubosi'ðað] f Bewölkung f; **~so** [~'boso] wolkig
nuca ['nuka] f Nacken m; Genick n
nuclear [nukle'ar] Kern...
núcleo ['nukleo] m Kern m (a fig)
nudillo [nu'ðiʎo] m (Finger-)Knöchel m
nudis|mo [nu'ðizmo] m Freikörperkultur f, FKK f; **~ta** [~'ðista] su Nudist(in f) m; **playa** f **~** FKK-Strand m
nudo ['nuðo] m Knoten m (a ♣); **~ de comunicaciones** Verkehrsknotenpunkt m; **~so** [~'ðoso] knotig
nuera ['nuera] f Schwiegertochter f
nuestro ['nuestro] unser
nueva ['nueβa] f Neuigkeit f; **~mente** [~'mente] von neuem, nochmals
nueve ['nueβe] neun
nuevo ['nueβo] neu; **de ~** von neuem, nochmals
nuez ['nueθ] f Walnuß f; anat Adamsapfel m; **~ moscada** Muskatnuß f
nul|idad [nuli'ðað] f Nichtigkeit f; ⚖ Ungültigkeit f; fig Null f, Niete f; **~o** ['nulo] nichtig; ungültig
numera|ción [numera'θion] f Numerierung f; **~dor** ['dor] m & Zähler m; **~r** [~'rar] (1a) numerieren
número ['numero] m Zahl f; Nummer f; fig Anzahl f; **~ de la cuenta** Kontonummer f; **~ personal** Geheimnummer f; **sin ~** unzählig; **~ de teléfono** Telefonnummer f
numeroso [nume'roso] zahlreich
numismática [numiz'matika] f Münzkunde f
nunca ['nuŋka] nie, niemals; **~ jamás** nie und nimmer; **~ más** nie wieder, nie mehr; **más que ~** mehr denn je
nuncio ['nunθio] m Nuntius m
nupcia|l [nub'θial] Hochzeits...; Braut...; **~s** ['nubθias] f/pl Hochzeit f; **en segundas ~** in zweiter Ehe
nutria ['nutria] f Fischotter m
nutri|ción [nutri'θion] f Ernährung f; **~do** [~'triðo] fig zahlreich; **~r(se)** [~'trir(se)] (3a) (sich) ernähren; **~tivo** [~tri'tiβo] nahrhaft

Ñ

Ñ, ñ ['eɲe] f das spanische ñ
ñame ['ɲame] m Jamswurzel f
ñandú zo [ɲan'du] m Nandu m
ñoño ['ɲoɲo] albern; zimperlich
ñu zo [ɲu] m Gnu n

O

O, o [o] f O, o n
o [o] oder; ~ ... ~ entweder ... oder; ~ **sea** das heißt
oasis [o'asis] m Oase f (a fig)
obceca|ción [obθeka'θi̯on] f Verblendung f; **~do** [~'kaðo] verblendet
obe|decer [obeðe'θer] (2d) gehorchen; ~ **a** zurückzuführen sein auf; **~diencia** [~'ði̯enθi̯a] f Gehorsam m; **~diente** [~'ði̯ente] gehorsam
obelisco [obe'lisko] m Obelisk m
obertura ♩ [obɛr'tura] f Ouvertüre f
obe|sidad [obesi'ðað] f Fettleibigkeit f; **~so** [o'beso] fett(leibig)
obispo [o'bispo] m Bischof m
obje|ción [obxe'θi̯on] f Einwand m; ~ **de conciencia** Wehrdienstverweigerung f; **~tar** [~'tar] (1a) einwenden; **~tividad** [~tibi'ðað] f Sachlichkeit f; **~tivo** [~'tibo] 1. adj objektiv, sachlich; 2. m Ziel n, Zweck m; opt Objektiv n; **~to** [ob'xeto] m Objekt n; Gegenstand m; (fin) Zweck m; ~ **de conciencia** Wehrdienstverweigerer m
oblea [o'blea] f Oblate f
oblicuo [o'blikŭo] schräg
obliga|ción [obliga'θi̯on] f Pflicht f; Verpflichtung f; ✝ Obligation f; **~do** [~'gaðo] verpflichtet (zu a); **~r** [~'gar] (1h) zwingen; verpflichten (zu a); **~torio** [~ga'tori̯o] verbindlich, obligatorisch
obo|e ♩ [o'boe] m Oboe f; (persona) = **~ísta** [obo'ista] m Oboist m
obra ['obra] f Werk n; Arbeit f; (edificio) Bauwerk n; ~ **de arte** Kunstwerk n; ~ **maestra** Meisterwerk n; ~ **de teatro** Theaterstück n; **~s** pl Bauarbeiten f/pl; **~s completas** gesammelte Werke n/pl; **~r** [o'brar] (1a) handeln, vorgehen; (tener efecto) wirken
obrero [o'brero] 1. adj Arbeiter...; 2. m Arbeiter m; ~ **especializado** Facharbeiter m
obsce|nidad [obsθeni'ðað] f Obszönität f; Zote f; **~no** [~'θeno] unanständig, obszön
obsequi|ar [obse'ki̯ar] (1b) beschenken (mit con); (agasajar) bewirten; ehren; **~o** [ob'seki̯o] m Geschenk n, Aufmerksamkeit f
observa|ción [obsɛrba'θi̯on] f Beobachtung f; (comentario) Bemerkung f; **~dor** [~'ðor] m Beobachter m; **~ncia** [~'banθi̯a] f Befolgung f; Einhaltung f; **~r** [~'bar] (1a) beobachten; (ley, regla) befolgen; (advertir) bemerken; **~torio** [~'tori̯o] m Observatorium n
obsesión [obse'si̯on] f Besessenheit f
obsoleto [obso'leto] veraltet
obst|aculizar [obstakuli'θar] (1f) behindern; **~áculo** [~'takulo] m Hindernis n
obstante [obs'tante]: **no** ~ prp trotz; adv trotzdem
obstetricia [obste'triθi̯a] f Geburtshilfe f
obstina|ción [obstina'θi̯on] f Hartnäckigkeit f; Eigensinn m; **~do** [~'naðo] hartnäckig; eigensinnig; **~rse** [~'narse] (1a) sich versteifen (auf en)
obstru|cción [obstruɣ'θi̯on] f Verstopfung f; **~ir** [~tru'ir] (3g) verstopfen; versperren
obten|ción [obten'θi̯on] f Erlangung f; 🦌 Gewinnung f; **~er** [~'ner] (2l) erlangen, bekommen; 🦌 gewinnen
obturador [obtura'ðor] m fot Verschluß m

obtuso [ɔb'tuso] stumpf; *fig* schwer von Begriff
obvio ['ɔbbi̯o] einleuchtend; *es ~* es liegt auf der Hand
oca ['oka] *f* Gans *f*
ocasi|ón [oka'si̯ɔn] *f* Gelegenheit *f*; *de ~* Gelegenheits...; *con ~ de* anläßlich (*gen*); *en ocasiones* gelegentlich; *~onal* [okasi̯o'nal] gelegentlich; *~onar* [~'nar] (1a) verursachen
ocaso [o'kaso] *m astr u fig* Untergang *m*
occiden|tal [ɔgθiđen'tal] abendländisch; westlich, West...; *~te* [~'đente] *m* Abendland *n*; Westen *m*
océano [o'θeano] *m* Ozean *m*
ochenta [o'tʃenta] achtzig
ocho ['otʃo] acht; *~cientos* [~'θi̯entos] achthundert.
ocio ['oθi̯o] *m* Muße *f*; (*tiempo libre*) Freizeit *f*; *~sidad* [~si'đađ] *f* Müßiggang *m*; *~so* [o'θi̯oso] müßig
ocre ['okre] ockerfarben
octa|naje [ɔkta'naxe] *m* Oktanzahl *f*; *~no* [~'tano] *m* Oktan *n*
octa|va [ɔk'taβa] *f ♪* Oktave *f*; *~villa* [~'βiʎa] *f* Flugblatt *n*
octavo [ɔktaβo] 1. *adj* achte(r, -s); 2. *m* Achtel *n*
octeto *♪* [ɔk'teto] *m* Oktett *n*
octogenario [ɔktɔxe'nari̯o] achtzigjährig
octubre [ɔk'tuβre] *m* Oktober *m*
ocu|lar [oku'lar] 1. *adj* Augen...; 2. *m* Okular *n*; *~lista* [~'lista] *su* Augenarzt *m*, -ärztin *f*
ocul|tar [okul'tar] (1a) verbergen; verheimlichen; *~to* [o'kulto] verborgen
ocupa F [o'kupa] *m* Hausbesetzer *m*; *~ción* [~'θi̯ɔn] *f* Besetzung *f* (*a* ⚔); (*empleo*) Beschäftigung *f*; ⚔ Besatzung *f*; *~nte* [~'pante] *m auto* Insasse *m*, Fahrgast *m*; *~r* [~'par] (1a) besetzen (*a* ⚔); beschäftigen; (*espacio*) einnehmen; (*cargo*) bekleiden; (*casa*) bewohnen; *ocupado* besetzt; *~rse* sich beschäftigen (mit *dat de*); sich kümmern (um *ac de*)
ocurr|encia [oku'rrenθi̯a] *f* Einfall *m*; *~ente* [~'rrente] witzig; *~ir* [~'rrir] (3a) passieren, geschehen; *¿qué ocurre?* was ist los?; *~irse: se me ocurrió* mir fiel ein...
oda ['ođa] *f* Ode *f*
odiar [o'điar] (1b) hassen
odio ['ođi̯o] *m* Haß *m*; *~so* [o'đi̯oso] verhaßt; (*persona*) gehässig, gemein
odisea [ođi'sea] *f* Odyssee *f* (*a fig*)
odont|ología [ođɔntolɔ'xia] *f* Zahnmedizin *f*; *~ólogo* [~'tologo] *m* Zahnarzt *m*
oeste [o'este] *m* Westen *m*
ofen|der [ofen'dɛr] (2a) beleidigen, kränken; *~derse* beleidigt (*od* gekränkt) sein; *~sa* [o'fensa] *f* Beleidigung *f*; Kränkung *f*; *~siva* [ofen'siβa] *f* Offensive *f*
oferta [o'fɛrta] *f* Angebot *n*; *~r ✝* [~'tar] (1a) anbieten
oficial [ofi'θi̯al] 1. *adj* offiziell, amtlich; 2. *m* Geselle *m*; ⚔ Offizier *m*
oficin|a [ofi'θina] *f* Büro *n*; Amt *n*; *~ de objetos perdidos* Fundbüro *n*; *~ de turismo* Fremdenverkehrsamt *n*; *~ista* [~'nista] *su* Büroangestellte(r *m*) *f*
oficio [o'fiθi̯o] *m* Beruf *m*; Handwerk *n*; *rel* Gottesdienst *m*; *de ~* von Amts wegen; *~so* [~'θi̯oso] halbamtlich, offiziös
ofimática [ofi'matika] *f* Bürokommunikation *f*
ofre|cer [ofre'θɛr] (2d) (an)bieten; *¿qué se le ofrece?* Sie wünschen?; *~cimiento* [~θi'mi̯ento] *m* Angebot *n*
oftalm|ología [ɔftalmɔlɔ'xia] *f* Augenheilkunde *f*; *~ólogo* [~'mologo] *m* Augenarzt *m*
ofusca|ción [ofuska'θi̯ɔn] *f fig* Verblendung *f*; *~r* [~'kar] (1g) (ver)blenden
ogro ['ogro] *m* Menschenfresser *m*
oída [o'iđa] *f*: *de ~s* vom Hörensagen
oído [o'iđo] *m* Gehör(sinn *m*) *n*; (*órgano*) Ohr *n*
oigo ['ɔigo] *s oír*
oír [o'ir] (3q) hören; *¡oye!* hör mal!
ojal [ɔ'xal] *m* Knopfloch *n*
ojalá [ɔxa'la]: *¡~!* hoffentlich!; *~ venga pronto* hoffentlich kommt er bald
ojeada [ɔxe'ađa] *f* Blick *m*; *echar una ~* e-n Blick werfen (auf *ac a, sobre*)
ojiva [ɔ'xiβa] *f* △ Spitzbogen *m*; ⚔ Sprengkopf *m*
ojo ['ɔxo] *m* Auge *n*; *~ de la aguja* Nadelöhr *n*; *~ de buey* ⚓ Bullauge *n*; *a ~* nach Augenmaß; *¡~!* Achtung!, Vorsicht!
ola ['ola] *f* Welle *f* (*a fig*)
¡olé! [o'le] bravo!
óleo ['oleo] *m* Öl *n*; *pint* Ölgemälde *n*
oleoducto [oleo'đukto] *m* Ölleitung *f*, Pipeline *f*

oler

oler [o'lɛr] (2i) riechen (nach *a*)
olfato [ɔl'fato] *m* Geruchssinn *m*; *fig* Gespür *n*
olimpíada [olim'piaða] *f* Olympiade *f*
olímpico [o'limpiko] olympisch (*a fig*); **juegos** *m/pl* **~s** Olympische Spiele *n/pl*
oli|va [o'liβa] *f* Olive *f*; **~vo** [oli'βo] *m* Öl-, Olivenbaum *m*
olla ['oʎa] *f* (Koch-)Topf *m*; **~ a presión** Dampf-, Schnellkochtopf *m*
olmo ['ɔlmo] *m* Ulme *f*; **pedir peras al ~** Unmögliches verlangen
olor [o'lɔr] *m* Geruch *m*; **~oso** [olo'roso] wohlriechend
olvi|dadizo [ɔlβiða'ðiθo] vergeßlich; **~dar** [~'ðar] (1a) vergessen; **~do** [ɔl'βiðo] *m* Vergessenheit *f*
ombligo [ɔm'bligo] *m* Nabel *m*
omi|sión [omi'sĭɔn] *f* Auslassung *f*; ⚕ Unterlassung *f*; **~tir** [omi'tir] (3a) unterlassen; übergehen; auslassen
omnipoten|cia [ɔmnipo'tenθĭa] *f* Allmacht *f*; **~te** [~'tente] allmächtig
omnívoro [ɔm'niβoro] **1.** *adj* allesfressend; **2.** *m* Allesfresser *m*
omóplato *anat* [o'moplato] *m* Schulterblatt *n*
once [ˈɔnθe] **1.** elf; **2.** *m dep* Elf *f*
oncología 🐟 [ɔnkolo'xia] *f* Onkologie *f*
ond|a ['ɔnda] *f* Welle *f*; **~ corta (larga, media, ultracorta)** Kurz- (Lang-, Mittel-, Ultrakurz-)welle *f*; **~ear** [~de'ar] (1a) flattern, wehen
ondula|ción [ɔndula'θĭɔn] *f* Wellenbewegung *f*; **~do** [~'laðo] gewellt
oneroso [one'roso] kostspielig
onomástico [ono'mastiko] *m* Namenstag *m*
opaco [o'pako] undurchsichtig
ópalo *min* ['opalo] *m* Opal *m*
opci|ón [ɔb'θĭɔn] *f* Wahl *f*; Option *f*; **~onal** [~θĭo'nal] wahlweise
ópera ['opera] *f* Oper *f*
opera|ble [ope'raβle] operierbar; **~ción** [~'θĭɔn] *f* Operation *f* (*a* ⚔ *u* 🐟); **~ retorno** *Esp* Rückreiseverkehr *m*; **~r** (1a) operieren; **~rse** 🐟 sich operieren lassen
operativo [opera'tiβo] wirksam; *inform* **sistema** *m* **~** Betriebssystem *n*
opereta 🎵 [ope'reta] *f* Operette *f*
opin|ar [opi'nar] (1a) meinen, glauben; **~ión** [~'nĭɔn] *f* Meinung *f*
opio ['opĭo] *m* Opium *n*

opone|nte [opo'nente] *su* Gegner(in *f*) *m*; **~r** [~'nɛr] (2r) entgegensetzen, -stellen; (*resistencia*) leisten; **~rse** sich widersetzen
oportu|nidad [opɔrtuni'ðað] *f* Gelegenheit *f*; Chance *f*; **~nista** [~'nista] *m* Opportunist *m*; **~no** [~'tuno] gelegen; angebracht; günstig
oposición [oposi'θĭɔn] *f* Widerstand *m*; *pol* Opposition *f*; **oposiciones** *pl Esp* Auswahlprüfung *f für Staatsstellen*
opre|sión [opre'sĭɔn] *f* Unterdrückung *f*; **~sor** [~'sɔr] *m* Unterdrücker *m*
oprimir [opri'mir] (3a) (be-, unter-)drücken
optar [ɔp'tar] (1a) optieren, sich entscheiden (für *por*)
ópti|ca ['ɔptika] *f* Optik *f*; **~co** [~ko] **1.** *adj* optisch; **2.** *su* Optiker(in *f*) *m*
optimis|mo [opti'mizmo] *m* Optimismus *m*; **~ta** [~'mista] **1.** *adj* optimistisch; **2.** *su* Optimist(in *f*) *m*
óptimo ['ɔptimo] optimal
opuesto [o'pŭesto] entgegengesetzt; (*en frente*) gegenüberliegend
opulen|cia [opu'lenθĭa] *f* Üppigkeit *f*; Überfluß *m*; **~to** [~'lento] üppig
ora ['ora]: **~ ... ~** bald ... bald
oración [ora'θĭɔn] *f* Gebet *n*; *gram* Satz *m*
oráculo [o'rakulo] *m* Orakel *n*
orador [ora'ðɔr] *m* Redner *m*
oral [o'ral] mündlich; 🐟 oral
orangután [oraŋgu'tan] *m* Orang-Utan *m*
orar [o'rar] (1a) beten
oratorio 🎵 [ora'torĭo] *m* Oratorium *n*
órbita ['ɔrβita] *f astr* Umlaufbahn *f*; *anat* Augenhöhle *f*
orden ['ɔrðen] **a)** *m* Ordnung *f*; Reihenfolge *f*; **~ del día** Tagesordnung *f*; **b)** *f* Befehl *m*; ✝ Auftrag *m*; *rel, hist* Orden *m*; **por ~ de** im Auftrag von; **~ación** [~na'θĭɔn] *f rel* Priesterweihe *f*; **~ado** [~'naðo] ordentlich; **~ador** [~'ðɔr] *m* Computer *m*; **~ de a bordo** *auto* Bordcomputer *m*; **~ personal** Personal Computer *m*, PC *m*; **~anza** [~'nanθa] **a)** *f* Anordnung *f*; Verordnung *f*; **b)** *m* Amtsbote; ⚔ Ordonnanz *f*; **~ar** [~'nar] (1a) ordnen, aufräumen; (*mandar*) anordnen, befehlen; (*sacerdote*) weihen
ordeñar [ɔrðe'ɲar] (1a) melken

ordinario [ɔrđi'narĭo] gewöhnlich; (*vulgar*) ordinär
orégano ♣ [o'reġano] *m* Oregano *m*
oreja [o'rɛxa] *f* Ohr *n*
orfan|ato [ɔrfa'nato] *m* Waisenhaus *n*; **~dad** [~'dađ] *f* Verwaisung *f*; (*pensión f de*) **~** Waisenrente *f*
orfebre [ɔr'febre] *m* Goldschmied *m*; **~ría** [~bre'ria] *f* Goldschmiedekunst *f*
organero [ɔrga'nero] *m* Orgelbauer *m*
orgánico [ɔr'ġaniko] organisch
organigrama [ɔrġani'grama] *m* Organisationsschema *n*
organillo [ɔrġa'niʎo] *m* Drehorgel *f*; Leierkasten *m*
organis|mo [ɔrġa'nizmo] *m* Organismus *m*; **~ta** [~'nista] *su* Organist(in *f*) *m*
organiza|ción [ɔrġaniθa'θĭon] *f* Organisation *f*; **~dor** [~'đɔr] *m* Organisator *m*; Veranstalter *m*; **~r** [~'θar] (1f) organisieren; veranstalten
órgano ['ɔrġano] *m* ♪ Orgel *f*; *anat u fig* Organ *n*
orgasmo [ɔrġazmo] *m* Orgasmus *m*
orgía [ɔr'xia] *f* Orgie *f*
orgullo [ɔr'ġuʎo] *m* Stolz *m*; Hochmut *m*; **~so** [~'ʎoso] stolz (auf **de**); hochmütig
orien|tación [ɔrĭenta'θĭon] *f* Orientierung *f*; **~ profesional** Berufsberatung *f*; **~tal** [~'tal] orientalisch; östlich; Ost...; **~tar** [~'tar] (1a) orientieren; beraten; **~tarse** sich zurechtfinden; **~te** [o'rĭente] *m* Osten *m*; Orient *m*
orificio [ori'fiθĭo] *f* Öffnung *f*, Loch *n*
origen [o'rixen] *m* Ursprung *m*; Herkunft; *fig* Ursache *f*
origina|l [orixi'nal] **1.** *adj* ursprünglich, Original...; originell; **2.** *m* Original *n*; **~lidad** [~nali'đađ] *f* Ursprünglichkeit *f*; Originalität *f*; **~r** [~'nar] (1a) verursachen; **~rio** [~'narĭo] ursprünglich; (*nativo*) stammend (aus **de**)
orilla [o'riʎa] *f* Rand *m*; Ufer *n*
orín [o'rin] *m* Rost *m*
orina [o'rina] *f* Urin *m*; **~l** [ori'nal] *m* Nachttopf *m*; **~r** [~'nar] (1a) urinieren
oriundo [o'rĭundo] stammend, gebürtig (aus **de**)
orla ['ɔrla] *f* Borte *f*; Rand *m*
ornamen|tar [ɔrnamen'tar] (1a) verzieren; **~to** [~'mento] *m* Verzierung *f*, Ornament *n*; **~s** *pl* Priestergewänder *n/pl*
orna|r [ɔr'nar] (1a) schmücken; **~to** [ɔr'nato] *m* Schmuck *m*

ornitología [ɔrnitolɔ'xia] *f* Vogelkunde *f*
oro [oro] *m* Gold *n*; **prometer el ~ y el moro** das Blaue vom Himmel versprechen; **~s** *pl* (*naipes*) *etwa*: Karo *n*
orondo [o'rɔndo] dick; *fig* eingebildet
oropel [oro'pɛl] *m* Flittergold *n*
orquesta [ɔr'kesta] *f* Orchester *n*
orquídea ♣ [ɔr'kidea] *f* Orchidee *f*
ortiga ♣ [ɔr'tiġa] *f* Brennessel *f*
orto|doncia ⚕ [ɔrto'đɔnθĭa] *f* Kieferorthopädie *f*; **~doxo** [~'đɔġso] orthodox; **~grafía** [~ġra'fia] *f* Rechtschreibung *f*; **~pedia** [~'peđĭa] *f* Orthopädie *f*; **~pédico** [~'peđiko] orthopädisch
oruga [o'ruġa] *f* Raupe *f*
orujo [o'ruxo] *m* Trester *pl*
orza ['ɔrθa] *f* Steintopf *m*
orzuelo ⚕ [ɔr'θuelo] *m* Gerstenkorn *n*
os [ɔs] euch
osa [o'sa] *f* Bärin *f*; ♀ **Mayor** (**Menor**) *astr* Großer (Kleiner) Bär
osa|día [osa'đia] *f* Kühnheit *f*, Wagemut *m*; **~do** [o'sađo] kühn
osar [o'sar] (1a) wagen
oscila|ción [ɔsθila'θĭon] *f* Schwingung *f*; *a fig* Schwankung *f*; **~r** [~'lar] (1a) schwingen; schwanken
oscu|recer [ɔskure'θɛr] (2d) **1.** *v/t* verdunkeln; **2.** *v/i* dunkel werden; **~ridad** [~ri'đađ] *f* Dunkelheit *f*, *a fig* Dunkel *n*; **~ro** [ɔs'kuro] dunkel (*a fig y color*)
óseo ['oseo] knöchern; Knochen...
oso [oso] *m* Bär *m*
osten|sible [ɔsten'sible] offensichtlich; deutlich; **~tación** [~ta'θĭon] *f* (Zur-)Schaustellung *f*; **hacer ~ de** sich brüsten mit; **~tar** [~'tar] (1a) zur Schau stellen; (*cargo, título*) innehaben
ostra ['ɔstra] *f* Auster *f*
otitis ⚕ [o'titis] *f* Ohrenentzündung *f*; **~ media** Mittelohrentzündung *f*
otoñ|al [oto'nal] herbstlich; **~o** [o'tono] *m* Herbst *m*
otorga|miento [otɔrġa'mĭento] *m* Bewilligung *f*; Erteilung *f*; Gewährung *f*; **~r** [~'ġar] (1h) bewilligen; gewähren
otorrinolaringólogo [otɔrrinolarin'ġologo] *m* Hals-Nasen-Ohrenarzt *m*
otro ['otro] **1.** *adj* andere(r, s); **2.** *pron* ein anderer; noch ein; **el ~ día** neulich; **al ~ día** am nächsten Tag
ova|ción [oba'θĭon] *f* Ovation *f*; **~cionar** [~θĭo'nar] (1a) *j-m* zujubeln

oval

oval [o'bal], **~ado** [~'laðo] oval
ovario *anat* [o'barjo] *m* Eierstock *m*
oveja [o'bexa] *f* Schaf *n*; **~ negra** *fig* schwarzes Schaf *n*
ovillo [o'biʎo] *m* Knäuel *n*
ovino [o'bino] Schaf...
ovulación [obula'θjon] *f* Eisprung *m*
óvulo ['obulo] *m* Eizelle *f*

oxidar [ɔgsi'ðar] (1a) oxidieren; **~se** rosten
óxido ['ɔgsiðo] *m* Oxid *n*
oxígeno [ɔg'sixeno] *m* Sauerstoff *m*
oyente [o'jente] *su* Hörer(in *f*) *m*; Gasthörer(in *f*) *m*
ozono [o'θono] *m* Ozon *n*; *agujero m (en la capa) de ~* Ozonloch *n*

P

P, p [pe] *f* P, p *n*
pabellón [pabe'ʎɔn] *m* Pavillon *m*; ⚓ Flagge *f*; **~ (de la oreja)** Ohrmuschel *f*
pacer [pa'θer] (2d) weiden
pacien|cia [pa'θjenθja] *f* Geduld *f*; **~te** [~te] **1.** *adj* geduldig; **2.** *su* Patient(in *f*) *m*
pacifica|ción [paθifika'θjɔn] *f* Befriedung *f*; **~r** [~'kar] (1g) befrieden; *fig* besänftigen
pa|cífico [pa'θifiko] friedfertig; friedlich; **~cifista** [~θi'fista] *m* Pazifist *m*
pacotilla [pako'tiʎa] *f* Schund *m*; *de ~* minderwertig, Schund...
pac|tar [pak'tar] (1a) **1.** *v/t* vereinbaren; **2.** *v/i* paktieren; **~to** ['pakto] *m* Vertrag *m*; Pakt *m*
pade|cer [paðe'θer] (2d) **1.** *v/t* erleiden, erdulden; **2.** *v/i* leiden; **~cimiento** [~θi'mjento] *m* Leiden *n*
padra|stro [pa'ðrastro] *m* Stiefvater *m*; *fig* Rabenvater *m*; **~zo** F [~'ðraθo] *m* herzensguter Vater
padre ['paðre] *m* Vater *m*; *rel* Pater *m*; **~ espiritual** Beichtvater *m*; **~s** *pl* Eltern *pl*; **~nuestro** [~'nwestro] *m* Vaterunser *n*
padrino [pa'ðrino] *m* Taufpate *m*; **~ (de boda)** Trauzeuge *m*
padrón [pa'ðrɔn] *m* Einwohnerverzeichnis *n*
paella [pa'eʎa] *f* Paella *f* (*typisches Reisgericht*)
paga ['paga] *f* Zahlung *f*; Lohn *m*; ⚔ Sold *m*; **~ y señal** Anzahlung *f*; **~dero** [~'ðero] zahlbar; **~duría** [~ðu'ria] *f* Zahlstelle *f*
paga|na [pa'gana] *f* Heidin *f*; **~no** [~'gano] **1.** *adj* heidnisch; **2.** *m* Heide *m*

pagar [pa'gar] (1h) zahlen; bezahlen
pagaré [paga're] *m* Schuldschein *m*
página ['paxina] *f* Seite *f*
pago [pago] *m* (Be-)Zahlung *f*; **~ al contado** Barzahlung *f*; **~ anticipado** Vorauszahlung *f*; **~ a cuenta** Akontozahlung *f*; **~ a plazos** Ratenzahlung *f*; **~ suplementario** Nachzahlung *f*
país [pa'is] *m* Land *n*; **~ de origen** Herkunftsland *n*; **~ en (vías de) desarrollo** Entwicklungsland *n*; **~ exportador** Exportland *n*; **~ miembro** Mitgliedsland *n*
paisa|je [pai'saxe] *m* Landschaft *f*; **~jista** [~'xista] *m* Landschaftsmaler *m*; **~no** [~'sano] *m* Zivilist *m*; (*del mismo país*) Landsmann *m*; *de ~* in Zivil
paja ['paxa] *f* Stroh *n*; (*para beber*) Strohhalm *m*; *hombre m de ~* *fig* Strohmann *m*; **~r** [~'xar] *m* Scheune *f*
pajarita [paxa'rita] *f* (*corbata*) Fliege *f*
pájaro ['paxaro] *m* Vogel *m*; *fig* Schlaukopf *m*; **~ bobo** Pinguin *m*
paje ['paxe] *m* Page *m*
pakistaní [pakista'ni] **1.** *adj* pakistanisch; **2.** *m* Pakistaner *m*
pala ['pala] *f* Schaufel *f*; (*raqueta*) Schläger *m*
palabr|a [pa'labra] *f* Wort *n* (*a fig*); *bajo ~* auf Ehrenwort; *coger a alg la ~* j-n beim Wort nehmen; *tomar la ~* das Wort ergreifen; **~ería** [~bre'ria] *f* leeres Gerede *n*; **~ota** [~'brota] *f* derber Ausdruck *m*; Schimpfwort *n*
palacio [pa'laθjo] *m* Palast *m*, Schloß *n*; **~ de Justicia** Justizpalast *m*
paladar [pala'ðar] *m* Gaumen *m*; *fig* Geschmack *m*

palanca [pa'laŋka] f Hebel m
palanqueta [palaŋ'keta] f Brecheisen n, -stange f
palatino [pala'tino] Palast..., Hof...; anat Gaumen...
palco ['palko] m teat Loge f
palestino [pales'tino] **1.** adj palästin(ens)isch; **2.** m Palästinenser m
paleta [pa'leta] **a)** f pint Palette f; ⚙ Schaufel f; (de albañil) Kelle f; **b)** m reg Maurer m
paletilla [pale'tiʎa] f Schulterblatt n
palia|r [pa'lĭar] (1b) lindern; fig abhelfen (dat), beheben; **~tivo** [~'tibo] m Linderungsmittel n; fig Notbehelf m
palide|cer [palide'θer] (2d) erbleichen, erblassen; **~z** [~'deθ] f Blässe f
pálido ['paliðo] bleich, blaß
palillo [pa'liʎo] m Zahnstocher m; ♪ Trommelstock m; **~s** pl Eßstäbchen n/pl
paliza [pa'liθa] f Tracht f Prügel; fig harte Arbeit f; **~da** [~'θaða] f Pfahlwerk n, Palisade f
palma ['palma] f Palme f; (hoja) Palm(en)zweig m; (de la mano) Handteller m, -fläche f; **llevarse la ~** den Sieg erringen; **~da** [~'maða] f Schlag m (mit der flachen Hand); **dar ~s** in die Hände klatschen; **~rés** [~'res] m Siegerliste f; **~rio** [~'marĭo] offenkundig
palmera [pal'mera] f Palme f; (gastr pasta) Schweinsohr n
palmito [pal'mito] m Palmenherz n
palmo ['palmo] m Spanne f, Handbreit f
palo ['palo] m Stock m; Stab m; (mango) Stiel m; ⚓ Mast m; (naipes) Farbe f; **~ de golf** Golfschläger m; **~s** pl Stockhiebe m/pl, Prügel pl
palo|ma [pa'loma] f Taube f; **~ mensajera** Brieftaube f; **~mitas** [~'mitas] f/pl Puffmais m, Popcorn n
palosanto ⚘ [palo'santo] m Kakifrucht f
palpa|ble [pal'paßle] tastbar, fühlbar; fig deutlich; **~r** [~'par] (1a) betasten, befühlen
palpita|ción [palpita'θĭon] f Herzklopfen n; **~nte** [~'tante] fig brennend; **~r** [~'tar] (1a) schlagen, klopfen
paludismo ⚘ [palu'ðizmo] m Malaria f
palustre [pa'lustre] Sumpf...
pamela [pa'mela] f Florentiner Hut m
pampa ['pampa] f Pampa f
pan [pan] m Brot n; **~ francés** Am Brötchen n; **~ integral** Vollkornbrot n; **~ de molde** Kastenbrot n; **~ rallado** Paniermehl n; **~ tostado** Toastbrot n
pana ['pana] f Kord(samt) m
panacea [pana'θea] f Allheilmittel n
panade|ría [panaðe'ria] f Bäckerei f; **~ro** [~'ðero] m Bäcker m
panadizo ⚘ [pana'ðiθo] m Nagelbettentzündung f
panal [pa'nal] m Wabe f
panameño [pana'meɲo] **1.** adj panamaisch; **2.** m Panamaer m
pancarta [paŋ'karta] f Plakat n; Transparent n, Spruchband n
páncreas ['paŋkreas] m Bauchspeicheldrüse f, Pankreas n
pande|reta [pande'reta] f, **~ro** [~'ðero] m Tamburin n
pandilla F [pan'diʎa] f Bande f, Clique f
panecillo [pane'θiʎo] m Brötchen n
panel [pa'nel] m Tafel f; ⚙ Paneel n
panera [pa'nera] f Brotkorb m
panfleto [pam'fleto] m Pamphlet n
pánico ['paniko] m Panik f
pano|cha [pa'notʃa] f, **~ja** [pa'nɔxa] f Maiskolben m
pano|rama [pano'rama] m Panorama n; Rundblick m; **~rámico** [~'ramiko]: **vista** f **-a** Rundblick m; Aussicht f
pantalla [pan'taʎa] f Lampenschirm m; TV, inform Bildschirm m; (cine) Leinwand f; **~** (**anti**)**sónica** (od **acústica**) Lärmschutzwand f; **~ panorámica** Breitwand f; **pequeña ~** fig Fernsehen n
pantalón [panta'lɔn] m Hose f; **~ de peto** Latzhose f; **~ de pinzas** Bundfaltenhose f; **llevar los pantalones** F fig die Hosen anhaben
pantano [pan'tano] m Sumpf m; (embalse) Stausee m
pantera [pan'tera] f Panther m
pantomi|ma [panto'mima] f Pantomime f; **~mo** [~'mimo] m Pantomime m
pantorrilla [panto'rriʎa] f Wade f
panty ['panti] m Strumpfhose f
pan|za [panθa] f Bauch m, Wanst m; **~zudo** [~'θuðo] dickbäuchig
pañal [pa'ɲal] m Windel f; fig **estar aún en ~es** noch in den Kinderschuhen stecken
paño ['paɲo] m Tuch n; Stoff m
pañuelo [pa'ɲŭelo] m Taschentuch n; (de cabeza) Kopftuch n; (de cuello)

papa

Halstuch *n*; *el mundo es un* ~ die Welt ist ein Dorf
papa ['papa] **1.** *m* Papst *m*; **2.** *f Am* Kartoffel *f*
papá [pa'pa] *m* Papa *m*; F ~*s pl* Eltern *pl*
papada [pa'paða] *f* Doppelkinn *n*
papagayo [papa'gajo] *m* Papagei *m*
papal [pa'pal] päpstlich
papaya ♀ [pa'paja] *f* Papaya *f*
papel [pa'pɛl] *m* Papier *n*; (*hoja*) Zettel *m*; *teat u fig* Rolle *f*; ~ *carbón* Kohlepapier *n*; ~ *de cartas* Briefpapier *n*; ~ *continuo* Endlospapier *n*; ~ *de embalar* Packpapier *n*; ~ *higiénico* Toilettenpapier *n*; ~ *de música* (*od* ***pautado***) Notenpapier *n*; ~ *pintado* Tapete *f*; ~ *secante* Löschpapier *n*; *hacer buen* (*mal*) ~ e-e gute (schlechte) Figur machen; *ser* ~ *mojado* nichts wert sein; ~**eo** [~'leo] *m* Papierkram *m*; -krieg *m*; ~**era** [~'lera] *f* Papierkorb *m*; ~**ería** [~'ria] *f* Schreibwarenhandlung *f*; ~**eta** [~'leta] *f* Zettel *m*
paperas ✱ [pa'peras] *f/pl* Mumps *m*
papilla [pa'piʎa] *f* Brei *m*
paquebote [pake'bote] *m* Passagierdampfer *m*
paquete [pa'kete] *m* Paket *n* (*a* ✆ *u fig*); F (*moto*) Beifahrer *m*; ✆ *pequeño* ~ Päckchen *n*
par [par] **1.** *adj* (*número*) gerade; *a la* ~ gleichzeitig; ✝ *al pari*; *de* ~ *en* ~ sperrangelweit (offen); *sin* ~ unvergleichlich; **2.** *m* Paar *n*; *un* ~ *de* zwei
para ['para] **1.** (*dirección*) nach; *salir* ~ abreisen nach; **2.** (*tiempo*) für; bis; ~ *siempre* für immer; ~ *Pascua* zu Ostern; **3.** (*finalidad*) ~ (*inf*) um zu (*inf*); ~ *ti* für dich; ~ *eso* dafür, dazu; ~ *que* (*subj*) damit; *¿* ~ *qué?* wozu?
parabién [para'bien] *m* Glückwunsch *m*
parábola [pa'rabola] *f* ⊕ *u fig* Parabel *f*; *rel* Gleichnis *n*
para|brisas [para'brisas] *m* Windschutzscheibe *f*; ~**caídas** [~ka'iðas] *m* Fallschirm *m*; ~**caidista** [~kai'ðista] *m* Fallschirmspringer *m*; ~**choques** [~'tʃokes] *m auto* Stoßstange *f*
parada [pa'raða] *f* Anhalten *n*; Stilllegung *f*; Aufenthalt *m*; (*de autobús, etc*) Haltestelle *f*; ⚔ Parade *f*; ~ *de taxis* Taxistand *m*
paradero [para'ðero] *m* Verbleib *m*; Aufenthaltsort *m*

paradisíaco [paraði'siako] paradiesisch
parado [pa'raðo] **1.** *adj* stillstehend; (*persona*) arbeitslos; *Am* aufrecht; **2.** *m* Arbeitslose(r) *m*
para|doja [para'ðoxa] *f* Paradox *n*; ~**dójico** [~'ðoxiko] paradox
parador [para'ðor] *m Esp* staatliches Hotel *n*
parafina [para'fina] *f* Paraffin *n*
par|afrasear [parafrase'ar] (1a) umschreiben; ~**áfrasis** [~'rafrasis] *f* Umschreibung *f*
paraguas [pa'raguas] *m* Regenschirm *m*
paraguayo [para'guajo] **1.** *adj* paraguayisch; **2.** *m* Paraguayer *m*
paragüero [para'guero] *m* Schirmständer *m*
paraíso [para'iso] *m* Paradies *n*
paraje [pa'raxe] *m* Gegend *f*
parale|la [para'lela] *f* ⊕ Parallele *f*; *dep* ~*s pl* Barren *m*; ~**lo** [~'lelo] **1.** *adj* parallel; **2.** *m* Vergleich *m*, Parallele *f*; *geo* Breitengrad *m*
parálisis [pa'ralisis] *f* Lähmung *f*
para|lítico [para'litiko] **1.** *adj* gelähmt; **2.** *m* Gelähmte(r) *m*; ~**lización** [~liθa'θjon] *f* Lähmung *f* (*a fig*); ~**lizar** [~li'θar] (1f) lähmen (*a fig*)
parámetro [pa'rametro] *m* Parameter *m*; *fig* Faktor *m*
parangón [paraŋ'gon] *m* Vergleich *m*; *sin* ~ ohnegleichen
paraninfo [para'ninfo] *m* Aula *f*
parapente [para'pente] *m* Gleitschirmfliegen *n*, Paragliding *n*
parape|tarse [parape'tarse] (1a) sich verschanzen; ~**to** [~'peto] *m* Brüstung *f*
parapléjico ✱ [para'plexiko] querschnitt(s)gelähmt
parar [pa'rar] (1a) **1.** *v/t* anhalten, stoppen; ⚙ abstellen, abschalten; **2.** *v/i* halten; (*cesar*) aufhören (zu *de*); *ir a* ~ *a* auf *et* hinauswollen; F (*irgendwo*) landen; *sin* ~ unaufhörlich; ~**se** stehenbleiben; *Am* aufstehen
pararrayos [para'rrajos] *m* Blitzableiter *m*
parásito [pa'rasito] *m* Schmarotzer *m*, Parasit *m* (*a fig*); ~*s pl* (*radio*) Störgeräusche *n/pl*
parasol [para'sol] *m* Sonnenschirm *m*; *auto, fot* Sonnenblende *f*
parcela [par'θela] *f* Parzelle *f*
parche ['partʃe] *m* Flicken *m*; (*de ojo*)

Augenklappe *f; fig* Notbehelf *m*
parcial [par'θial] teilweise; Teil...; *fig* parteiisch; **~idad** [~li'dad] *f* Parteilichkeit *f*
parco ['parko] spärlich, karg; **~ en palabras** wortkarg
pardo ['pardo] (grau)braun
pare|cer [pare'θεr] (2d) **1.** *v/i* scheinen; aussehen wie; *me parece bien* das finde ich richtig; *a lo que parece* anscheinend; *¿qué te parece?* was meinst du (dazu)?; **~se** sich gleichen; **~se a alg** j-m ähnlich sein; **2.** *m* Meinung *f*, Ansicht *f*; *(apariencia)* Aussehen *n*; *al ~* anscheinend; **~cido** [~'θiðo] **1.** *adj* ähnlich; **2.** *m* Ähnlichkeit *f*
pared [pa'reð] *f* Wand *f*; Mauer *f*
pareja [pa'rεxa] *f* Paar *n*; (Tanz-, *etc*) Partner *m*
parente|la [paren'tela] *f* Verwandtschaft *f*; **~sco** [~'tesko] *m* Verwandtschaft(sverhältnis *n*) *f*
paréntesis [pa'rentesis] *m* Klammer *f*; *fig* Unterbrechung *f*, Pause *f*; *entre ~* in Klammern; *fig* nebenbei bemerkt
paridad [pari'ðað] *f* Gleichheit *f*; ✝ Parität *f*
pariente [pa'riente] **1.** *adj* verwandt; **2.** *su* Verwandte(r *m*) *f*
parir [pa'rir] (3a) gebären; *(animal)* werfen
parisiense [pari'siense] **1.** *adj* aus Paris; **2.** *su* Pariser(in *f*) *m*
parking ['parkiŋ] *m* Parkplatz *m*, -haus *n*
parlamen|tar [parlamen'tar] (1a) verhandeln; **~tario** [~'tario] **1.** *adj* parlamentarisch; **2.** *m* Parlamentarier *m*; **~to** [~'mento] *m* Parlament *n*; ♀ *Europeo* Europa-Parlament *n*
parné P [par'ne] *m* F Zaster *m*
paro ['paro] *m* Stillstand *m*; *(desempleo)* Arbeitslosigkeit *f*; *~ (laboral)* Streik *m*; ✱ *~ cardíaco* Herzstillstand *m*; *en ~* arbeitslos
parodia [pa'roðia] *f* Parodie *f*; **~r** [~'ðiar] (1b) parodieren
parpade|ar [parpaðe'ar] (1a) blinzeln; **~o** [~'ðeo] *m* Blinzeln *n*
párpado ['parpaðo] *m* Augenlid *n*
parque ['parke] *m* Park *m*; *~ infantil* Kinderspielplatz *m*; *~ nacional* Nationalpark *m*; *~ natural* Naturschutzpark *m*; *~ tecnológico* Technologiepark *m*
parqué, parquet [par'ke, ~'kεt] *m* Parkett *n*

parquímetro [par'kimetro] *m* Parkuhr *f*
parra ['parra] *f* Weinranke *f*; *hoja f de ~* *fig* Feigenblatt *n*
párrafo ['parrafo] *m* Paragraph *m*; *tip* Absatz *m*
parranda F [pa'rranda] *f*: *andar (od irse) de ~* bummeln gehen
parrilla [pa'rriʎa] *f* Rost *m*; Grill *m*; Grillrestaurant *n*; *a la ~* gegrillt; **~da** [~'ʎaða] *f* Grillplatte *f*
párroco ['parroko] *m* Pfarrer *m*
parroquia [pa'rrokia] *f* Pfarrei *f*, Gemeinde *f*; ✝ Kundschaft *f*; **~no** [~'kiano] *m* Pfarrkind *n*; ✝ (Stamm-)Kunde *m*
parte ['parte] **a)** *m* Bericht *m*; *dar ~ a alg* j-n benachrichtigen; **b)** *f* Teil *m*; *(cantidad)* Anteil *m*; ⚖ Seite *f*, Partei *f*; ♪, *teat* Part *m*; *~ del león* Löwenanteil *m*; *~ integrante* Bestandteil *m*; *estar de ~ de alg* auf j-s Seite stehen; *formar ~ de* gehören zu; *tomar ~ en* teilnehmen an; *de ~ de* (im Namen) von; *por mi ~* meinerseits; *en ~* zum Teil, teilweise; *en ninguna ~* nirgends; *en otra ~* anderswo; *la mayor ~ de* die meisten; *por otra ~* andererseits; *en todas ~s* überall
partera [par'tera] *f* Hebamme *f*
parterre [par'tεrre] *m* Blumenbeet *n*
partición [parti'θion] *f* Teilung *f*
participa|ción [partiθipa'θion] *f* Teilnahme *f*; ✝ Beteiligung *f*, Anteil *m*; *(anuncio)* Anzeige *f*; **~nte** [~'pante] *su* Teilnehmer(in *f*) *m*; **~r** [~'par] (1a) **1.** *v/t* mitteilen; **2.** *v/i* teilnehmen, beteiligt sein (an *dat en*)
participio *gram* [parti'θipio] *m* Partizip *n*
partícula [par'tikula] *f* Teilchen *n*, Partikel *f*
particular [partiku'lar] **1.** *adj* besonders; *(privado)* Privat...; *en ~* im besonderen; **2.** *m* Privatperson *f*; *sin otro ~* nichts weiter; *sobre el ~* darüber, hierzu; **~idad** [~lari'dad] *f* Besonderheit *f*, Eigentümlichkeit *f*
parti|da [par'tiða] *f* Abreise *f*, Abfahrt *f*; *(juego)* Partie *f*; ✝ Posten *m*; *~ de nacimiento (defunción, matrimonio)* Geburts- (Sterbe-, Heirats-)urkunde *f*; **~dario** [~'ðario] *m* Anhänger *m*; *ser ~ de* dafür sein, daß; **~do** [~'tido] *m pol* Partei *f*; *dep* Spiel *n*; *sacar ~ de* Nutzen ziehen aus; *tomar ~* Partei ergreifen
partir [par'tir] (3a) **1.** *v/t* teilen; *(romper)*

partitura

zerbrechen; (*nueces*) knacken; **2.** *v/i* abreisen; ~ *de fig* ausgehen von; *a* ~ *de hoy* von heute an
partitura ♪ [parti'tura] *f* Partitur *f*
parto ['parto] *m* Geburt *f*
parturienta [partu'rienta] *f* Wöchnerin *f*
parvulario [parbu'larĭo] *m* Kindergarten *m*; Vorschule *f*
párvulo ['parbulo] *m* Kleinkind *n*
pasa ['pasa] *f* Rosine *f*; ~ *de Corinto* Korinthe *f*
pasable [pa'sable] passabel
pasa|da [pa'saða] *f* Durchgang *m*; *de* ~ beiläufig; *mala* ~ übler Streich *m*; **~dero** [~'ðero] erträglich; **~dizo** [~'diθo] *m* enger Gang *m*; Steg *m*
pasado [pa'saðo] **1.** *adj* vergangen; (*comida*) verdorben; ~ *de moda* veraltet; **2.** *m* Vergangenheit *f*
pasador [pasa'ðɔr] *m* Spange *f*; ⚙ Riegel *m*; (*colador*) Sieb *n*
pasaje [pa'saxe] *m* Durchgang *m*; (*fragmento*) Passage *f*, Stelle *f*; ⚓, ✈ Passagiere *m/pl*; ~ *de avión* Flugschein *m*; **~ro** [~'xero] **1.** *adj* vorübergehend; **2.** *m* Reisende(r) *m*; Fahrgast *m*, Passagier *m*; *Am* Hotelgast *m*
pasa|mano(s) [pasa'mano(s)] *m* Geländer *n*; **~montañas** [~mɔn'tanas] *m* Klappmütze *f*
pasante [pa'sante] *m* Praktikant *m*
pasaporte [pasa'pɔrte] *m* Reisepaß *m*
pasar [pa'sar] (1a) **1.** *v/t* über-, durchqueren; *a fig* überschreiten; *auto* überholen; (*dar*) (über)geben, reichen; *gastr* passieren, (durch)sieben; (*soportar*) erdulden, durchmachen; (*tiempo*) verbringen; (*examen*) ablegen; ~ *a máquina* abtippen; *lo* bien sich gut amüsieren; **2.** *v/i* vorbei-, vorübergehen, -fahren; (*tiempo*) vergehen; (*en el juego*) passen; (*suceder*) geschehen, passieren; ~ *a* übergehen auf, zu; ~ *de todo* F auf alles pfeifen; ~ *por* gehen (*od* kommen) durch; *fig* gelten als; *dejar* ~ durchlassen; *fig* durchgehen lassen; *poder* ~ *sin a/c* et entbehren können; *puede* ~ das geht (gerade noch); *¡pase!* herein!; *¿qué pasa?* was ist los?; *¿qué te pasa?* was ist mit dir (los?); **~se** (*al enemigo*) überlaufen; *fig* zu weit gehen; (*comida*) schlecht werden; ~ *de listo* überschlau sein (wollen)

pasarela [pasa'rela] *f* Laufsteg *m*; ⚓ Gangway *f*, Landungssteg *m*
pasatiempo [pasa'tĭempo] *m* Zeitvertreib *m*
Pascua ['paskŭa] *f* Ostern *n*; ~ (*de Navidad*) Weihnachten *n*; *¡felices* ~*s!* fröhliche Weihnachten!; frohes Fest!
pase ['pase] *m* Passierschein *m*; Freikarte *f*; (*fútbol*) Paß *m*; ~ *de modelos* Modenschau *f*
pase|ante [pase'ante] *m* Spaziergänger *m*; **~ar** [~'ar] (1a) **1.** *v/t* spazierenführen; **2.** *v/i u* **~arse** spazierengehen; **~o** [pa'seo] *m* Spaziergang *m*; (*avenida*) Promenade *f*; ~ *marítimo* Uferpromenade *f*; *dar un* ~ e-n Spaziergang machen; F *mandar a* ~ schroff abweisen
pasillo [pa'siʎo] *m* Flur *m*, Gang *m*; ~ *aéreo* Flugschneise *f*
pasión [pa'sĭɔn] *f* Leidenschaft *f*; *a rel* Passion *f*
pasi|vidad [pasibi'ðað] *f* Passivität *f*; **~vo** [pa'sibo] **1.** *adj* passiv; **2.** *m gram* Passiv *n*; ✝ Soll *n*
pas|mar [paz'mar] (1a) verblüffen; **~marse** starr sein, (er)staunen; **~mo** ['pazmo] *m* Verblüffung *f*
paso ['paso] *m* Schritt *m* (*a fig*); (*huella*) (Fuß-)Spur *f*; (*acción*) Durchgang *m*; Durchreise *f*, -zug *m*; (*cruce*) Übergang *m*; *geo* (Berg-)Paß *m*; ~ *a nivel* (schienengleicher) Bahnübergang *m*; ~ (*de contador*) *tel* (Gebühren-)Einheit *f*; ~ *elevado* Überführung *f*; ~ *ligero* Laufschritt *m*; ~ *de peatones* Fußgängerüberweg *m*; ~ *inferior od subterráneo* Unterführung *f*; ~ *en falso* Fehltritt *m*; *a cada* ~ auf Schritt u Tritt; *a dos* ~*s* ganz in der Nähe; *de* ~ beiläufig, nebenbei; *salir al* ~ *a alg* j-m entgegentreten
pasota F [pa'sota] *m* F Null-Bock-Typ *m*; Aussteiger *m*
pasta ['pasta] *f* Paste *f*; *gastr* Teig *m*; P (*dinero*) F Zaster *m*; ~*s pl* Gebäck *n*; ~*s* (*alimenticias*) Nudeln *f/pl*, Teigwaren *f/pl*; ~*s de té* Teegebäck *n*
pastel [pas'tɛl] *m* Kuchen *m*; Pastete *f*; *color m* ~ Pastellfarbe *f*; (*pintura f al*) ~ Pastell *n*; **~ería** [~tele'ria] *f* Konditorei *f*; **~ero** [~'lero] *m* Konditor *m*
paste(u)rizar [paste(ŭ)ri'θar] (1f) pasteurisieren
pastilla [pas'tiʎa] *f* Pastille *f*; (*de chocolate*) Tafel *f*; (*de jabón*) Stück *n*

pasto ['pasto] *m* Weide *f*; (*alimento*) Futter *n*; **ser ~ de las llamas** ein Raub der Flammen werden; **~r** [~'tɔr] *m* Hirt *m*, Schäfer *m*; *rel* Pastor *m*; **~ alemán** *zo* deutscher Schäferhund *m*

pata ['pata] *f* Pfote *f*, Tatze *f*, Pranke *f*; F Bein *n*; *fig* **~ de gallo** Krähenfüße *n*; F **estirar la ~** F abkratzen; F **meter la ~** sich blamieren; F **mala ~** Pech; **a cuatro ~s** auf allen vieren; **~da** [~'taða] *f* Fußtritt *m*; **~lear** [~le'ar] (1a) strampeln; trampeln

patata [pa'tata] *f* Kartoffel *f*; **~s** *pl* **fritas** Pommes frites *pl*; Chips *pl*

paté [pa'te] *m* (Leber-)Pastete *f*

patear F [pate'ar] (1a) **1.** *v/t* mit Füßen treten; **2.** *v/i* trampeln

paten|tar [paten'tar] (1a) patentieren; **~te** [~'tente] **1.** *adj* offen; klar; **2.** *f* Patent *n*

pater|nal [patɛr'nal] väterlich; Vater...; **~nidad** [~ni'dad] *f* Vaterschaft *f*; **~no** [~'tɛrno] väterlich; Vater...

pat|ético [pa'tetiko] pathetisch; **~etismo** [~'tizmo] *m* Pathos *n*

patíbulo [pa'tiβulo] *m* Galgen *m*; Schafott *n*

patillas [pa'tiʎas] *f/pl* Backenbart *m*, F Koteletten *pl*

patín [pa'tin] *m* Schlittschuh *m*; **~ (acuático)** Tretboot *n*; **~ (de ruedas)** Rollschuh *m*

patina|dor *m* [patina'ðɔr] Schlittschuh- *od* Rollschuhläufer *m*; **~je** [~'naxe] *m* Schlittschuhlaufen *n*; **~ artístico** Eiskunstlauf *m*; **~ (sobre ruedas)** Rollschuhlaufen *n*; **~ de velocidad** Eisschnellauf *m*; **~r** [~'nar] (1a) Schlittschuh *od* Rollschuh laufen; *auto* schleudern; **~zo** [~'naθo] *m*: **dar un ~** *auto* ins Schleudern geraten; *fig* sich blamieren

patinete [pati'nete] *m* (Kinder-)Roller *m*

patio ['patio] *m* (Innen-)Hof *m*; **~ (de recreo)** Schulhof *m*; **~ de butacas** *teat* Parkett *n*, Parterre *n*

pato ['pato] *m* Ente *f*; F **pagar el ~** et ausbaden müssen

pato|logía [patolɔ'xia] *f* Pathologie *f*; **~lógico** [~'lɔxiko] krankhaft; pathologisch

patoso F [pa'toso] ungeschickt

patraña [pa'traɲa] *f* Schwindel *m*, Lüge(ngeschichte) *f*

patria ['patria] *f* Vaterland *n*; F **~ chica** Heimat *f*

patriarca [pa'triarka] *m* Patriarch *m*; **~l** [~'kal] patriarchalisch (*a fig*)

patri|monio [patri'monio] *m* Erbe *n*; Vermögen *n*; **~ota** [~'triota] *su* Patriot (-in *f*) *m*; **~otismo** [~'tizmo] *m* Patriotismus *m*

patrocin|ador [patroθina'ðɔr] *m* Sponsor *m*, Förderer *m*; **~ar** [~'nar] (1a) fördern, sponsern; **~io** [~'θinio] *m* Schirmherrschaft *f*; Förderung *f*

patrón [pa'trɔn] *m* *rel* Schutzheilige(r) *m*; *bsd Am* Arbeitgeber *m*, Chef *m*; (*dueño*) (Haus-)Wirt *m*; ♃ Schiffsführer *m*; (*de costura*) (Schnitt-)Muster *m*

patro|na [pa'trona] *f* Arbeitgeberin *f*, Chefin *f*; *rel* Schutzheilige *f*; (*dueña*) Hauswirtin *f*; **~nal** [patro'nal] **1.** *adj* Arbeitgeber...; **fiesta** *f* **~** Patronatsfest *n*; **2.** *f* Arbeitgeberverband *m*; **~nato** [~'nato] *m* Patronat *n*; **~no** [~'trono] *m* *Esp* Arbeitgeber *m*

patrull|a [pa'truʎa] *f* Patrouille *f*; Streife *f*; **~ar** [~'ʎar] (1a) patrouillieren; **~ero** ♃ [~'ʎero] *m* Patrouillenboot *m*

paulatino [pau̯la'tino] allmählich

pausa ['pau̯sa] *f* Pause *f*; **~do** [~'saðo] ruhig; langsam

pauta ['pau̯ta] *f* *fig* Regel *f*, Norm *f*

pava ['paβa] *f* Truthenne *f*, Pute *f*

pavimen|tar [paβimen'tar] (1a) pflastern; **~to** [~'mento] *m* Bodenbelag *m*; Straßenpflaster *n*

pavo ['paβo] *m* Truthahn *m*, Puter *m*; **~ real** Pfau *m*

pavonearse [paβone'arse] (1a) sich brüsten

pavor [pa'βɔr] *m* Schreck *m*, Entsetzen *n*; **~oso** [paβo'roso] schrecklich, entsetzlich

payaso [pa'jaso] *m* Clown *m*

payés [pa'jes] *m* Bauer *m* aus Katalonien *od* von den Balearen

paz [paθ] *f* Friede(n) *m*; *fig* Ruhe *f*; **dejar en ~** in Ruhe lassen; **quedar en ~** quitt sein; **hacer las paces** sich versöhnen

peaje [pe'axe] *m* Autobahngebühr *f*

peatón [pea'tɔn] *m* Fußgänger *m*

peca ['peka] *f* Sommersprosse *f*

peca|do [pe'kaðo] *m* Sünde *f*; **~ mortal** Todsünde *f*; **~dor** [~'ðɔr] *m* Sünder *m*; **~r** [~'kar] (1g) sündigen

pecera [pe'θera] *f* Goldfischglas *n*

pecho

pecho ['petʃo] m Brust f, Busen m; *dar el ~ stillen; tomar a/c a ~* sich et zu Herzen nehmen
pechuga [pe'tʃuga] f Bruststück n *des Geflügels*; F Busen m
pecoso [pe'koso] sommersprossig
pectoral [pɛkto'ral] Brust...
pecuario [pɛ'kŭarĭo] Vieh...
peculiar [peku'lĭar] eigen(tümlich); **~idad** [~ri'dađ] f Eigentümlichkeit f; Besonderheit f
pecuniario [peku'nĭarĭo] Geld...
peda|gogía [peđagɔ'xia] f Pädagogik f; **~gógico** [~'gɔxiko] pädagogisch
pedal [pe'đal] m Pedal n; *~ de freno* Bremspedal n; **~ear** [~le'ar] (1a) radeln
pedante [pe'đante] **1.** *adj* pedantisch; **2.** m Pedant m; **~ría** [~'ria] f Pedanterie f
pedazo [pe'đaθo] m Stück n; *hacer ~s* F kaputtmachen
pedestal [pedes'tal] m Sockel m
pedia|tra [pe'điatra] *su* Kinderarzt m, -ärztin f; **-tría** [~'tria] f Kinderheilkunde f
pedicura [peđi'kura] f Fußpflege f; (*persona*) Fußpflegerin f
pedi|do [pe'điđo] m Auftrag m, Bestellung f; **~r** [~'dir] (3l) (er)bitten; (*exigir*) fordern; verlangen; ✝, *gastr* bestellen; *~ a/c a alg* j-n um et bitten
pedo V ['peđo] m Furz m
pedrisco [pe'drisko] m Hagel(schlag) m
pega ['pega] f fig Schwierigkeit f; *poner ~s* et auszusetzen haben; *tener una ~* e-n Haken haben; **~dizo** [~'điθo] klebrig; ♪ leicht ins Ohr gehend; **~joso** [~'xoso] klebrig; *fig* aufdringlich; **~mento** [~'mento] m Klebstoff m
pegar [pe'gar] (1h) **1.** *v/t* (an)kleben; (*golpear*) schlagen, (ver)prügeln; (*golpe*) versetzen; (*grito*) ausstoßen; (*tiro*) abgeben; ✽ anstecken mit; *no ~ ojo* kein Auge zutun; **2.** *v/i* haften, kleben; *~ con* passen zu; *~se* festkleben; (*comida*) anbrennen; ♪ *~ (al oído)* ins Ohr gehen; *~ un tiro* sich erschießen
pegatina [pega'tina] f Aufkleber m
peina|do [peĩ'nađo] m Frisur f; **~dor** [~'đɔr] m Frisiermantel m; **~r** [~'nar] (1a) kämmen
peine ['pɛine] m Kamm m; **~ta** [peĩ'neta] f Einsteckkamm m
pela F ['pela] f Pesete f; **~dilla** [~'điʎa] f Zuckermandel f; **~do** [~'lađo] geschoren; **~duras** [~'đuras] f/pl (Obst-)Schalen f/pl; **~je** [~'laxe] m Fell n
pelar [pe'lar] (1a) schälen; *fig* rupfen
peldaño [pel'đaɲo] m Stufe f; (*de escalera*) Sprosse f
pelea [pe'lea] f Kampf m; Streit m; **~r** [~'ar] kämpfen; raufen; **~rse** sich streiten, sich zanken
pelele [pe'lele] m Strampelhose f
pelete|ría [pelete'ria] f Pelzwaren f/pl; (*tienda*) Pelzgeschäft n; **~ro** [~'tero] m Kürschner m, Pelzhändler m
peliagudo [pelia'guđo] *fig* heikel
pelícano [pe'likano] m Pelikan m
película [pe'likula] f Häutchen n; (*cine*) Film m; *~ del Oeste* Wildwestfilm m; *~ en color* Farbfilm m; *~ muda* Stummfilm m; *~ policíaca* Kriminalfilm m; *~ sonora* Tonfilm m; F *de ~* traumhaft
peligr|ar [peli'grar] (1a) in Gefahr sein; **~o** [~'ligro] m Gefahr f; *correr ~* Gefahr laufen; *poner en ~* gefährden; **~oso** [~'groso] gefährlich
pelirrojo [peli'rroxo] rothaarig
pellejo [pe'ʎexo] m Fell n (*a fig*); *salvar el ~* mit heiler Haut davonkommen
pelliz|car [peʎiθ'kar] (1g) kneifen; **~co** [pe'ʎiθko] m Kneifen n; *fig* Bissen m; (*de sal, etc*) Prise f
pelo ['pelo] m Haar n; *no tener un ~ de tonto fig* nicht auf den Kopf gefallen sein; *no tener ~s en la lengua fig* nicht auf den Mund gefallen sein; *por un ~* um ein Haar; *por los ~s* gerade noch; *tomar el ~ a alg fig* j-n auf den Arm nehmen; *los ~s se le ponen de punta fig* die Haar stehen ihm zu Berge; *fig con ~s y señales* haargenau
pelo|ta [pe'lota] f Ball m; *~* (*vasca*) Pelotaspiel n; P *en ~(s)* splitternackt; **~tari** [~'tari] m Pelotaspieler m; **~tilla** F [~'tiʎa] f: *hacer la ~ a alg* j-m um den Bart gehen; **~tón** [~'tɔn] m ⚔ Trupp m; *dep* Feld n; *~ de ejecución* Erschießungskommando n
peluca [pe'luka] f Perücke f
peluche [pe'lutʃe] m Plüsch m
peludo [pe'luđo] (stark) behaart
peluqu|era [pelu'kera] f Friseuse f; **~ería** [~'ria] f Friseursalon m; *~ de caballeros* Herrenfriseur m; *~ de señoras* Damenfriseur m; **~ero** [~'kero] m Friseur m; **~ín** [~'kin] m Haarteil n, Toupet n

pelusa [pe'lusa] *f* Flaum *m*; Fussel *f*
pelvis *anat* ['pelbis] *f* Becken *n*
pena ['pena] *f* Strafe *f*; *fig* Kummer *m*, Leid *n*; *(dificultad)* Mühe *f*; ~ **capital** *(od* **de muerte)** Todesstrafe *f*; **vale** *(od* **merece)** *la* ~ es lohnt sich; *dar* ~ leid tun; *sin* ~ *ni gloria* sang- u klanglos; *¡qué* ~*!* wie schade!; *a duras* ~*s* mit knapper Not
penal [pe'nal] **1.** *adj* Straf...; **2.** *m* Strafanstalt *f*; ~**ización** [~liθa'θi̯on] *f* Bestrafung *f*; *dep* Strafpunkt *m*; ~**izar** [~'θar] (1f) bestrafen
penalty [pe'nalti] *m dep* Strafstoß *m*, Elfmeter *m*
penar [pe'nar] (1a) (be)strafen
pendenci|a [pen'denθi̯a] *f* Zank *m*; ~**ero** [~'θi̯ero] streitsüchtig
pen|der [pen'dɛr] (2a) hängen; ~**diente** [~'di̯ente] **1.** *adj* hängend; *fig* unerledigt; 𝇍 schwebend, anhängig; ~ *de solución* ungelöst; **2. a)** *m* Ohrring *m*; **b)** *f* Abhang *m*; Gefälle *n*
péndulo ['pendulo] *m* Pendel *n*
pene *anat* ['pene] *m* Penis *m*
penetra|ción [penetra'θi̯on] *f* Eindringen *n*; Durchdringung *f*; *fig* Scharfsinn *m*; ~**nte** [~'trante] durchdringend; *(olor)* penetrant; *fig* scharf(sinnig); ~**r** [~'trar] (1a) 1. *v/t* durchdringen; **2.** *v/i* eindringen (in **en**)
penicilina [peniθi'lina] *f* Penicillin *n*
península [pe'ninsula] *f* Halbinsel *f*
penitencia [peni'tenθi̯a] *f* Buße *f*; ~**rio** [~'θi̯ari̯o] Straf...; *centro* **de** ~ Strafanstalt *f*
penitente [peni'tente] *su* Büßer(in *f*) *m*
penoso [pe'noso] schmerzlich; *(trabajoso)* beschwerlich
pensa|dor [pensa'ðɔr] *m* Denker *m*; ~**miento** [~'mi̯ento] *m* Gedanke *m*; Denken *n*; ♣ Stiefmütterchen *n*; ~**r** [~'sar] (1k) **1.** *v/t* denken; aus-, überdenken; *(proyectar)* vorhaben, zu tun gedenken; **2.** *v/i* denken (an *ac* **en**); *(opinar)* meinen; *sin* ~*(lo)* unvermutet; ~**tivo** [~'tibo] nachdenklich
pensi|ón [pen'si̯on] *f* Rente *f*; *(hotel)* Pension *f*; ~ *alimenticia* Unterhalt(srente *f*) *m*; ~ *completa* Vollpension *f*; *media* ~ Halbpension *f*; ~**onista** [~si̯o'nista] *m* Rentner *m*
pen|tágono [pen'tagono] *m* Fünfeck *n*; ~**tagrama** [~ta'grama] *m* ♪ Liniensystem *n*; ♣**tecostés** [~tekos'tes] *m* Pfingsten *n*
penúltimo [pe'nultimo] vorletzte(r, -s)
penumbra [pe'numbra] *f* Halbschatten *m*; Halbdunkel *n*
penuria [pe'nuri̯a] *f* Mangel *m*, Not *f*
peña ['pena] *f* Fels *m*; *(grupo)* Freundeskreis *m*; Stammtisch(runde *f*) *m*; ~**sco** [pe'nasko] *m* Felsblock *m*
peñón [pe'nɔn] *m* Felskuppe *f*
peón [pe'ɔn] *m* Hilfsarbeiter *m*; *(ajedrez)* Bauer *m*; *Am* Landarbeiter *m*; ~ *caminero* Straßenwärter *m*
peonía ♣ [peo'nia] *f* Pfingstrose *f*
peonza [pe'ɔnθa] *f* Kreisel *m*
peor [pe'ɔr] *comparativo:* schlechter; schlimmer; *tanto* ~ um so schlimmer
pepi|nillo [pepi'niʎo] *m* Essiggurke *f*; ~**no** [pe'pino] *m* Gurke *f*
pepita [pe'pita] *f* Obstkern *m*
peque|ñez [peke'neθ] *f* Kleinheit *f*; ~**ño** [pe'keno] klein; *fig* gering; *desde* ~ von klein auf; ~**ñoburgués** [~bur'ges] klein-, spießbürgerlich
pera ['pera] *f* Birne *f*; ~**l** [pe'ral] *m* Birnbaum *m*
perca *zo* ['pɛrka] *f* Barsch *m*
percance [pɛr'kanθe] *m* Zwischenfall *m*; Mißgeschick *m*
percatarse [pɛrka'tarse] (1a): ~ *de* wahrnehmen, bemerken
percebe *zo* [pɛr'θebe] *m* Entenmuschel *f*
percep|ción [pɛrθɛb'θi̯on] *f* Wahrnehmung *f*; *(de dinero)* Bezug *m*; *(de impuestos, etc)* Erhebung *f*; ~**tible** [~θɛp'tible] wahrnehmbar
perch|a ['pɛrtʃa] *f* Stange *f*; *(colgador)* Kleiderbügel *m*; ~**ero** [~'tʃero] *m* Garderobe(nständer *m*) *f*
percibir [pɛrθi'bir] (3a) wahrnehmen; *(sueldo, etc)* beziehen
percusión [pɛrku'si̯on] *f* ♪ Schlaginstrumente *n/pl*
perde|dor [pɛrðe'ðɔr] *m* Verlierer *m*; ~**r** [~'ðɛr] (2g) verlieren; *(tren, ocasión, etc)* verpassen, versäumen; *fig* zugrunde richten, verderben; *echar a* ~ ruinieren; zunichte machen; *echarse a* ~ *(alimentos)* verderben; ~ *de vista* aus den Augen verlieren; ~**rse** verlorengehen; *(extraviarse)* sich verirren; *fig* zugrunde gehen; verderben
perdición [pɛrði'θi̯on] *f* Verderben *n*

pérdida ['pɛrðiða] f Verlust m; **no tener ~** nicht zu verfehlen sein
perdigón [pɛrði'gɔn] m junges Rebhuhn n; **perdigones** pl Schrot m, n
perdiz [pɛr'ðiθ] f Rebhuhn n
perdón [pɛr'ðɔn] m Verzeihung f; Vergebung f; **pedir ~** um Verzeihung bitten
perdona|ble [pɛrðo'naβle] verzeihlich; **~r** [~'nar] (1a) verzeihen; vergeben; (*deuda, etc*) erlassen; (*vida*) schenken
perdura|ble [pɛrðu'raβle] dauerhaft; **~r** [~'rar] (1a) dauern, anhalten
perece|dero [pereθe'ðero] vergänglich; (*alimentos*) (leicht) verderblich; **~r** [~'θɛr] (2d) umkommen, sterben
peregri|nación [peregrina'θiɔn] f Wallfahrt f, Pilgerfahrt f; **~nar** [~'nar] (1a) pilgern; **~no** [~'grino] m Pilger m
perejil ♀ [pere'xil] m Petersilie f
perentorio [peren'torio] dringlich; unaufschiebbar
pere|za [pe'reθa] f Faulheit f; Trägheit f; **~zoso** [~'θoso] **1.** adj faul, träge; **2.** m F Faulpelz m, a zo Faultier n
perfec|ción [pɛrfɛg'θiɔn] f Vollendung f; Vollkommenheit f; **a la ~** perfekt; **~cionamiento** [~θiona'miento] m Vervollkommnung f; **~cionar** [~θio'nar] (1a) vervollkommnen; (*mejorar*) verbessern; **~to** [~'fɛkto] **1.** adj vollkommen, perfekt; **2.** m gram Perfekt n
perfidia [pɛr'fiðia] f Treulosigkeit f; Niedertracht f
pérfido ['pɛrfiðo] treulos; heimtückisch
perfil [pɛr'fil] m Profil n (a ⚙); Umriß m; **~ado** [~'laðo] profiliert (a fig); (*cara*) scharf geschnitten; **~ar** [~'lar] (1a) umreißen; **~arse** sich abzeichnen
perfora|ción [pɛrfora'θiɔn] f Bohren n; Bohrloch n; a ⚕ Durchbruch m; **~dor** [~'ðɔr] m Locher m; **~dora** [~'ðora] f Bohrmaschine f; **~r** [~'rar] (1a) (durch)bohren; lochen
perfum|ar [pɛrfu'mar] (1a) parfümieren; **~e** [~'fume] m Parfüm n; fig Duft m; **~ería** [~'ria] f Parfümerie f
pergamino [pɛrga'mino] m Pergament n
pericia [pe'riθia] f Erfahrung f; Sachkenntnis f
periferia [peri'feria] f Peripherie f; Stadtrand m
perifollo ♀ [peri'foʎo] m Kerbel m
perímetro [pe'rimetro] m Umfang m

periódico [pe'riɔðiko] **1.** adj periodisch; **2.** m Zeitung f
perio|dismo [perio'ðizmo] m Journalismus m; **~dista** [~'ðista] su Journalist(in f) m; **~dístico** [~'ðistiko] journalistisch
período [pe'rioðo], **periodo** [~'rioðo] m Periode f (a ♂); Zeitraum m
peripecia [peri'peθia] f Wechselfall m; Zwischenfall m
peripuesto F [peri'pŭesto] geschniegelt
peri|quete F [peri'kete]: **en un ~** im Nu; **~quito** [~'kito] m Wellensittich m
periscopio [peris'kopio] m Sehrohr n, Periskop n
peri|taje [peri'taxe] m Gutachten n; **~to** [~'rito] **1.** adj erfahren; sachkundig; **2.** m Sachverständige(r) m; Gutachter m
peritoneo [perito'neo] m Bauchfell n; **~nitis** [~'nitis] f Bauchfellentzündung f
perju|dicar [pɛrxuði'kar] (1g) schaden (*dat*), schädigen; **~dicial** [~'ðiθial] schädlich; **~icio** [~'xŭiθio] m Schaden m; Nachteil m; **sin ~ de** unbeschadet (*gen*)
perju|rar [pɛrxu'rar] (1a) e-n Meineid schwören; **~rio** [~'xurio] m Meineid m
perla ['pɛrla] f Perle f (a fig); **~ cultivada** Zuchtperle f; F **de ~s** wie gerufen
permane|cer [pɛrmane'θɛr] (2d) bleiben; fortdauern; **~ncia** [~'nɛnθia] f Fortdauer f; Verweilen n; (*estancia*) Aufenthalt m; **~nte** [~'nɛnte] **1.** adj bleibend; (*constante*) ständig; **2.** f Dauerwelle f
permeable [pɛrme'aβle] durchlässig
permi|sible [pɛrmi'siβle] zulässig; **~sivo** [~'siβo] permissiv; **~so** [~'miso] m Erlaubnis f; Genehmigung f; ✕ Urlaub m; **~ de circulación** Kraftfahrzeug-, Kfz.-Schein m; **~ de conducir** Führerschein m; **~ de residencia** Aufenthaltsgenehmigung f; **con ~** mit Verlaub; **estar con** (*od* **de**) **~** auf Urlaub sein; **~tir** [~'tir] (3a) erlauben, gestatten; zulassen
permuta [pɛr'muta] f Tausch m
pernicioso [pɛrni'θioso] schädlich
perno ['pɛrno] m Bolzen m
pernoctar [pɛrnɔk'tar] (1a) übernachten
pero ['pero] aber; jedoch
perogrullada F [perogru'ʎaða] f Binsenwahrheit f
peroné [pero'ne] m Wadenbein n
perpendicular [pɛrpɛndiku'lar] lot-, senkrecht

perpetrar ₘₐ [pɛrpe'trar] (1a) begehen
perpetuar [pɛrpe'tŭar] (1e) verewigen; **~idad** [~tŭi'dað] f Fortdauer f; **a ~** auf Lebenszeit; lebenslänglich; **~o** [~'petŭo] fortdauernd; ₘₐ lebenslänglich; fig ewig
perplejidad [pɛrplɛxi'dað] f Bestürzung f; **~jo** [~'plɛxo] verblüfft, perplex
perra ['pɛrra] f Hündin f; **~era** [pɛ'rrera] f Hundezwinger m; **~o** ['pɛrro] m Hund m; **~ de aguas, ~ de lanas** Pudel m; **~ faldero** Schoßhund m; **~ caliente** Hot Dog m
persa ['pɛrsa] 1. adj persisch; 2. su Perser(in f) m
persecución [pɛrseku'θĭɔn] f Verfolgung f; **~guidor** [~gi'ðɔr] m Verfolger m; **~guir** [~'gir] (3l u 3d) verfolgen
perseverancia [pɛrsebe'ranθĭa] f Beharrlichkeit f; Ausdauer f; **~nte** [~'rante] beharrlich; **~r** [~'rar] (1a) ausharren; **~ en** beharren auf (dat)
persiana [pɛr'sĭana] f Jalousie f; **~ (enrollable)** Rolladen m
persignarse [pɛrsiɡ'narse] (1a) sich bekreuzigen
persistencia [pɛrsis'tenθĭa] f Andauern n, Fortbestand m; **~tente** [~'tente] andauernd; **~tir** [~'tir] (3a) andauern, anhalten
persona [pɛr'sona] f Person f; **en ~** persönlich; **~je** [~'naxe] m Persönlichkeit f; teat, lit Person f; **~l** [~'nal] 1. adj persönlich; 2. m Personal n; P Leute pl; **✓ de tierra** Bodenpersonal n; **~lidad** [~li'dað] f Persönlichkeit f; **~rse** [~'narse] (1a) persönlich erscheinen
personificar [pɛrsonifi'kar] (1g) personifizieren, verkörpern
perspectiva [pɛrspɛk'tiba] f Perspektive f; fig Aussicht f
perspicacia [pɛrspi'kaθĭa] f Scharfblick m; **~z** [~'kaθ] scharfsinnig
persuadir [pɛrsŭa'ðir] (3a) überreden; (convencer) überzeugen; **~sión** [~'sĭɔn] f Überredung f; Überzeugung f; **~sivo** [~'sibo] überzeugend
pertenecer [pɛrtene'θɛr] (2d) gehören (zu dat a); **~ciente** [~'θĭente] zugehörig (dat a); **~ncia** [~'nenθĭa] f Zugehörigkeit f; **~s** pl Eigentum n
pértiga ['pɛrtiɣa] f Stange f; **~go** [~ɣo] m Deichsel f
pertinacia [pɛrti'naθĭa] f Hartnäckigkeit f; **~z** [~'naθ] hartnäckig

pertinente [pɛrti'nente] einschlägig; sachgemäß; (oportuno) treffend, passend
pertrechar [pɛrtre'tʃar] (1a) ausrüsten; herrichten; **~chos** [~'tretʃos] m/pl Geräte n/pl
perturbación [pɛrturba'θĭɔn] f Störung f; pol Unruhe f; **~do** [~'baðo]: **~ (mental)** geistesgestört; **~dor** [~'ðɔr] 1. adj störend; verwirrend; 2. m Ruhestörer m; **~r** [~'bar] (1a) stören; verwirren; (inquietar) beunruhigen
peruano [peru'ano] 1. adj peruanisch; 2. m, **-a** f Peruaner(in f) m
perversidad [pɛrbɛrsi'dað] f Verderbtheit f; Perversität f; **~sión** [~'sĭɔn] f Entartung f; Perversion f; **~so** [~'bɛrso] verderbt; pervers; **~tir** [~'tir] (3i) verderben; **~tirse** (sittlich) verkommen
pesa ['pesa] f Gewicht(stein m) n; dep Hantel f; **~bebés** [~be'bes] m Säuglingswaage f; **~cartas** [~'kartas] m Briefwaage f; **~dez** [~'deθ] f Schwere f; fig Schwerfälligkeit f; Beschwerlichkeit f; **~dilla** [~'ðiʎa] f Alpdruck m, -traum m; **~do** [pe'saðo] schwer; (molesto) lästig; (aburrido) langweilig; (persona) aufdringlich; **~dumbre** [~'ðumbre] f Kummer m
pésame ['pesame] m Beileid n; **dar el ~** sein Beileid aussprechen
pesar [pe'sar] (1a) 1. v/t (ab)wiegen; fig abwägen; 2. v/i wiegen; fig leid tun; **a ~ de** trotz; **a ~ de todo** trotz allem; 3. m Leid n; Kummer m; Bedauern n
pesca ['peska] f Fischfang m; Fischerei f; **~ submarina** Unterwasserjagd f; **~dería** [~ðe'ria] f Fischgeschäft n; **~dero** m [~'ðero] Fischhändler m; **~dilla** [~'ðiʎa] f junger Seehecht m; **~do** [~'kaðo] m gastr Fisch m; **~dor** [~'ðɔr] m Fischer m; **~ (de caña)** Angler m; **~nte** [~'kante] m Kutschbock m; **~r** [~'kar] (1g) fischen; fig F erwischen; **~ con caña** angeln; fig **~ en río revuelto** im trüben fischen
pescuezo [pes'kŭeθo] m Genick n, Nakken m
pese ['pese]: **~ a** trotz; **~ a que** obwohl
pesebre [pe'sebre] m Krippe f
peseta [pe'seta] f Pesete f
pesimismo [pesi'mizmo] m Pessimismus m; **~ta** [~'mista] 1. adj pessimistisch; 2. su Pessimist(in f) m

pésimo ['pesimo] sehr schlecht
peso ['peso] *m* Gewicht *n (a fig); fig* Last *f*; *(balanza)* Waage *f*; **~ pesado** *(boxeo)* Schwergewicht *n*; **~ pluma** Federgewicht *n*; *fig* **de ~** (ge)wichtig
pesquero [pes'kero] **1.** *adj* Fisch...; Fischer..., Fischerei...; **2.** *m* Fischdampfer *m*
pesquisa [pes'kisa] *f* Nachforschung *f*; Fahndung *f*
pestañ|a [pes'taɲa] *f* Wimper *f*; **~ear** [~taɲe'ar] (1a) blinzeln; **sin ~** ohne mit der Wimper zu zucken
peste ['peste] *f* ✵ Pest *f*; *fig* Gestank *m*: **echar ~s** schimpfen (auf **contra**)
pesticida [pesti'θiða] *m* Schädlingsbekämpfungsmittel *n*, Pestizid *n*
pestilen|cia [pesti'lenθia] *f* Gestank *m*; **~te** [~'lente] stinkend
pestillo [pes'tiʎo] *m* Riegel *m*
petaca [pe'taka] *f* Tabaksbeutel *m*
pétalo ['petalo] *m* Blütenblatt *n*
petardo [pe'tarðo] *m* Feuerwerkskörper *m*
petici|ón [peti'θĭon] *f* Bitte *f*; Gesuch *n*; **a ~ de** auf Wunsch *(gen)*; **~onario** [~θĭo'nario] *m* Bittsteller *m*
petimetre [peti'metre] *m* Geck *m*
petirrojo [peti'rroxo] *m* Rotkehlchen *n*
peto ['peto] *m* Brustlatz *m*
pétreo ['petreo] Stein..., steinern
petrificar [petrifi'kar] (1g) versteinern *(a fig)*
petróleo [pe'troleo] *m* Erdöl *n*
petro|lero [petro'lero] **1.** *adj* Erdöl...; **2.** *m* ⚓ (Öl-)Tanker *m*; **~química** [~'kimika] *f* Petrochemie *f*
petulan|cia [petu'lanθia] *f* Anmaßung *f*; **~te** [~'lante] anmaßend; dreist
peyorativo [pejora'tiβo] pejorativ, abwertend
pez [peθ] **1.** *m* Fisch *m*; **~ espada** Schwertfisch *m*; F *fig* **~ gordo** F hohes Tier; **2.** *f* Pech *n*
pezón [pe'θon] *m* Brustwarze *f*
pezuña [pe'θuɲa] *f* Klaue *f*
piadoso [pĭa'ðoso] barmherzig; *(devoto)* fromm
pia|nista [pĭa'nista] *su* Pianist(in *f*) *m*; **~no** ['pĭano] *m* Klavier *n*; **~ de cola** Flügel *m*
piar [pi'ar] (1c) piep(s)en
pica ['pika] *f* Spieß *m*; **~dero** [~'ðero] *m* Reitbahn *f*; **~dillo** [pika'ðiʎo] *m* gastr Haschee *n*; **~do** [pi'kaðo] *(diente)* faul; *(fruta)* angefault; *(mar)* kabbelig; *fig* pikiert; **~dor** [~'ðor] *m* taur Picador *m*; ✵ Hauer *m*; **~dora** [~'ðora] *f* Allesschneider *m*; **~ de carne** Fleischwolf *m*; **~dura** [~'ðura] *f* Insektenstich *m*
picante [pi'kante] scharf, *(a fig)* pikant
pica|pedrero [pikape'ðrero] *m* Steinmetz *m*; **~pleitos** F [~'pleitos] *m* Winkeladvokat *m*; **~porte** [~'porte] *m* Türklinke *f*, -klopfer *m*
picar [pi'kar] (1g) **1.** *v/t* stechen; *(serpiente)* beißen; *(ave)* picken; *(piedra)* behauen; *(carne, etc)* hacken; *fig* reizen; **2.** *v/i* brennen; jucken; *(sol)* stechen; *(pez)* anbeißen; **~ muy alto** hoch hinauswollen; **~se** *(comida)* schlecht werden; *(mar)* unruhig werden; F *fig* einschnappen; **~día** [~'dia] *f* Schlauheit *f*; Gerissenheit *f*; **~esco** [~'resko]: **novela** *f* **-a** Schelmenroman *m*
pícaro ['pikaro] **1.** *adj* spitzbübisch; durchtrieben; **2.** *m* Schelm *m* *(a lit)*, Schlingel *m*, F Lausbub *m*
pichi ['pitʃi] *m* Trägerrock *m*
pichón [pi'tʃon] *m* junge Taube *f*
pico ['piko] *m* Schnabel *m*; *(de una vasija)* Tülle *f*; *(punta)* Spitze *f*; *(herramienta)* Spitzhacke *f*; *geo* Bergspitze *f*; *zo* Specht *m*; **cien pesetas y ~** et über 100 Peseten; **a las tres y ~** kurz nach 3 Uhr
picor [pi'kor] *m* Jucken *n*; Brennen *n*
picota [pi'kota] *f* Schandpfahl *m*; *fig* **poner en la ~** an den Pranger stellen
picotear [pikote'ar] (1a) picken
pictograma [pikto'grama] *m* Piktogramm *n*
pictórico [pik'toriko] malerisch; Mal...
pido ['piðo] *s* **pedir**
pie [pĭe] *m* Fuß *m*; **~ plano** Platt-, Senkfuß *m*; **~ valgo** Knickfuß *m*; **a ~** zu Fuß; **a ~s juntillas** mit beiden Füßen zugleich; *fig* felsenfest; **de ~** stehend; **en ~ de guerra** auf Kriegsfuß; **de ~s a cabeza** von Kopf bis Fuß; **estar de ~** stehen; **no tener ni ~s ni cabeza** weder Hand noch Fuß haben; **ponerse de ~** aufstehen; F **poner ~s en polvorosa** sich aus dem Staub machen; **seguir en ~** weiterhin bestehen
piedad [pĭe'ðað] *f* Frömmigkeit *f*; *(compasión)* Mitleid *n*; Erbarmen *n*
piedra ['pĭeðra] *f* Stein *m*; **~ de escándalo** Stein *m* des Anstoßes; **~ filosofal**

Stein *m* der Weisen; **~ preciosa** Edelstein *m*; **~ de toque** Prüfstein *m*; **colocar** (*od* **poner**) **la primera ~** den Grundstein legen
piel [pi̯ɛl] *f* Haut *f*; *zo* Fell *n*; Pelz *m*; ❦ Schale *f*; (*cuero*) Leder *n*
pienso ['pi̯enso] **1.** *s* **pensar; 2.** *m* Viehfutter *n*
pierdo ['pi̯ɛrdo] *s* **perder**
pierna ['pi̯ɛrna] *f* Bein *n*; *gastr* Keule *f*; **~ de ternera** Kalbshaxe *f*
pieza ['pi̯eθa] *f* Stück *n* (*a teat*; ♪); (*habitación*) Zimmer *n*; (*de juego*) Stein *m*, Figur *f*; **~ de repuesto** (*od* **de recambio**) Ersatzteil *n*
pífano ♪ ['pifano] *m* Querpfeife *f*
pifia ['pifi̯a] *f fig* Schnitzer *m*
pigmeo [pig'meo] *m* Pygmäe *m*
pignorar [pigno'rar] (1a) verpfänden
pijama [pi'xama] *m* Pyjama *m*, Schlafanzug *m*
pila ['pila] *f* (Spül-)Becken *n*; (*montón*) Stapel *m*; ⚡ Batterie *f*; **~ bautismal** Taufbecken *n*; **~ botón** Knopfbatterie *f*
pilar [pi'lar] *m* Pfeiler *m*; *fig* Stütze *f*
píldora ['pildora] *f* Pille *f*; **~ (anticonceptiva)** (Antibaby-)Pille *f*; **dorar la ~** *fig* die Pille versüßen
pileta [pi'leta] *f Am* Schwimmbassin *n*
pilla|je [pi'ʎaxe] *m* Raub *m*; Plünderung *f*; **~r** [pi'ʎar] (1a) plündern; F erwischen
pill|o [pi'ʎo] **1.** *adj* schlau; durchtrieben; **2.** *m* Spitzbube *m*; **~uelo** [pi'ʎu̯elo] *m* Schlingel *m*; F Lausbub *m*
pilo|tar [pilo'tar] (1a) ✈, *auto* lenken; **~to** [~'loto] **1.** *m* Pilot *m*; (*de carreras*) Rennfahrer *m*; ⚡ Kontrollampe *f*; **~ antiniebla trasero** *auto* Nebelschlußleuchte *f*; **~ automático** ✈ Autopilot *m*; **~ de pruebas** Testpilot *m*; **2.** *adj* Pilot...; *programa m* **~** Pilotprogramm *n*
piltrafa [pil'trafa] *f fig* Wrack *n*
pimentón [pimen'tɔn] *m* Paprika(pulver *n*) *m*
pimien|ta [pi'mi̯enta] *f* Pfeffer *m*; **~to** [~to] *m* Paprikaschote *f*
pimpante F [pim'pante] forsch; (*elegante*) flott
pinacoteca [pinako'teka] *f* Pinakothek *f*
pinar [pi'nar] *m* Pinien-, Kiefernwald *m*
pincel [pin'θel] *m* Pinsel *m*
pincha|r [pin'tʃar] (1a) **1.** *v/t* stechen; 🩺 e-e Spritze geben; *fig* aufstacheln; F (*teléfono*) anzapfen; **2.** *v/i auto* e-n Platten haben; **~rse** F fixen; **~zo** [~'tʃaθo] *m* Einstich *m*; Stichwunde *f*; *auto* Reifenpanne *f*; *fig* Stichelei *f*
pinche ['pintʃe] *m* Küchenjunge *m*
pinchito [pin'tʃito] *m gastr* Spießchen *n*
pincho F ['pintʃo] *m* Stachel *m*
pingüino [piŋ'gu̯ino] *m* Pinguin *m*
pinitos [pi'nitos] *m/pl fig* erste Versuche *m/pl*
pino ['pino] *m* Pinie *f*; Kiefer *f*
pinta ['pinta] *f* F Aussehen *n*; **tener buena ~** gut aussehen; **~da** [pin'taða] *f* Wandschmiererei *f*; *zo* Perlhuhn *n*; **~r** [~'tar] (1a) malen; (an)streichen; *fig* schildern; F **no ~ nada** nichts zu sagen haben; **~rse** sich schminken
pintor [pin'tɔr] *m* Maler *m*; **~ (de brocha gorda)** Anstreicher *m*; **~esco** [~to'resko] malerisch
pintura [pin'tura] *f* Anstrich *m*; (*arte*) Malerei *f*; (*cuadro*) Gemälde *n*; (*material*) Farbe *f*
pinza ['pinθa] *f* (Wäsche-)Klammer *f*; *zo* Schere *f*; (*costura*) Abnäher *m*; **~s** *pl* Zange *f*; Pinzette *f*
pinzón *zo* [pin'θɔn] *m* Fink *m*
piña ['piɲa] *f* Tannen-, Kiefern-, Pinienzapfen *m*; *fig* Gruppe *f*; **~ (tropical)** Ananas *f*
piñón [pi'ɲɔn] *m* Pinienkern *m*; ⚙ kleines Zahnrad *n*
pío ['pio] *adj* fromm; F **no decir ni ~** keinen Piep sagen
piojo ['pi̯ɔxo] *m* Laus *f*
piolet [pi̯o'lɛt] *m* Eispickel *m*
pionero [pi̯o'nero] *m* Pionier *m* (*a fig*)
pipa ['pipa] *f* (Tabaks-)Pfeife *f*; ❦ Kern *m*; **~s** *pl* Sonnenblumenkerne *m/pl*
pipeta [pi'peta] *f* Pipette *f*
pipí F [pi'pi] *m*: **hacer ~** Pipi machen
pique ['pike] *m*: ⚓ **echar a ~** versenken; *fig* zugrunde richten; **irse a ~** untergehen
piqué [pi'ke] *m* (*tejido*) Pikee *m*
piqueta [pi'keta] *f* Spitzhacke *f*; Pickel *m*
piquete [pi'kete] *m* Pfahl *m*; (Zelt-)Hering *m*; ⚔ Trupp *m*; (*de huelga*) Streikposten *m*
pira ['pira] *f* Scheiterhaufen *m*
pira|gua ⚓ [pi'raɣu̯a] *f* Kanu *n*; Paddelboot *n*; **~güismo** [~'ɣu̯izmo] *m* Kanusport *m*
pirámide [pi'ramiðe] *f* Pyramide *f*

pirata

pira|ta [pi'rata] *m* Seeräuber *m*, Pirat *m*; ~ **aéreo** Luftpirat *m*; **edición** *f* ~ Raubdruck *m*; **~tería** [~te'ria] *f* Piraterie *f*
pirenaico [pire'naiko] pyrenäisch, Pyrenäen...
pirómano [pi'romano] *m* Pyromane *m*
piropo [pi'ropo] *m* Schmeichelei *f*, Kompliment *n*
piro|tecnia [piro'tɛgnia] *f* Pyrotechnik *f*, Feuerwerkerei *f*; **~técnico** [~'tɛgniko] *m* Feuerwerker *m*
pirueta [pi'ruɛta] *f* Pirouette *f*
pis F ['pis] *m*: **hacer ~** Pipi machen
pisa|da [pi'saða] *f* Fußspur *f*; Fußstapfe *f*; **~papeles** [~pa'peles] *m* Briefbeschwerer *m*; **~r** [pi'sar] (1a) treten (auf *ac*); betreten
pisci|cultura [pisθikul'tura] *f* Fischzucht *f*; **~factoría** [~fakto'ria] *f* Fischzuchtanstalt *f*
piscina [pis'θina] *f* Schwimmbecken *n*, -bad *n*; **~ cubierta** Hallenbad *n*
Piscis *astr* ['pisθis] *m* Fische *m/pl*
piscolabis F [pisko'laβis] *m* Imbiß *m*; Am Aperitif *m*
piso ['piso] *m* (Fuß-)Boden *m*; (*planta*) Stock(werk *n*) *m*; (*vivienda*) Wohnung *f*; **~ franco** konspirative Wohnung *f*
pisotear [pisote'ar] (1a) zertreten; *fig* mit Füßen treten
pista ['pista] *f* Spur *f*, Fährte *f*; *dep* Bahn *f*, Piste *f*; ✈ Rollfeld *n*; **~ de aterrizaje** ✈ Landebahn *f*; **~ de baile** Tanzfläche *f*; **~ de circo** Manege *f*; **~ de despegue** ✈ Startbahn *f*; **~ de tenis** Tennisplatz *m*; **seguir la ~ a alg** j-m nachspüren
pistacho [pis'tatʃo] *m* Pistazie *f*
pistilo ♀ [pis'tilo] *m* Stempel *m*
pisto|la [pis'tola] *f* Pistole *f*; **~lero** [~'lero] *m* Pistolenschütze *m*; Bandit *m*; **~letazo** [~'taθo] *m* Pistolenschuß *m*
pistón [pis'tɔn] *m* Kolben *m*; Ventil *m*
pita ♀ ['pita] *f* Agave *f*
pita|da [pi'taða] *f* Pfiff *m*; *desp* Auspfeifen *n*; **~r** [~'tar] (1a) **1.** *v/t* auspfeifen; **2.** *v/i* pfeifen; F klappen; *Am* rauchen; **salir pitando** F abhauen
pitido [pi'tiðo] *m* Pfiff *m*
piti|llera [piti'ʎera] *f* Zigarettenetui *n*; **~llo** F [pi'tiʎo] *m* Zigarette *f*
pito ['pito] *m* (Triller-)Pfeife *f*; V Penis *m*
pitón [pi'tɔn] *m* zo Pythonschlange *f*
pitonisa [pito'nisa] *f* Wahrsagerin *f*
pitorro [pi'torro] *m* Tülle *f*

pizarra [pi'θarra] *f* Schiefer *m*; (*tablero*) (Schiefer-)Tafel *f*
pizca ['piθka] *f* Bißchen *n*; *gastr* Prise *f*; **ni ~** F keine Spur
placa ['plaka] *f* Platte *f*; (*letrero*) Schild *n*; (*chapa*) Plakette *f*; **~ de matrícula** *auto* Nummernschild *n*
placen|ta *anat* [pla'θenta] *f* Plazenta *f*, Mutterkuchen *m*; **~tero** [~'tero] behaglich, gemütlich
placer [pla'θɛr] **1.** *v/i* (2x) gefallen; **2.** *m* Lust *f*; Vergnügen *n*; Freude *f*
plácido ['plaθiðo] ruhig; gemütlich
plafón [pla'fɔn] *m* Deckenlampe *f*
plaga ['plaga] *f* Plage *f*; ✔ Schädling *m*; **~do** [~'gaðo] verseucht; **~ de** wimmelnd von
plagi|ar [pla'xiar] (1b) plagiieren, abschreiben; **~o** ['plaxio] *m* Plagiat *n*
plaguicida [plagi'θiða] *m* Pflanzenschutzmittel *n*
plan [plan] *m* Plan *m*; **en ~ de** als; F **a todo ~** ganz groß
plana ['plana] *f* (Blatt-)Seite *f*; **~ mayor** ⚔ Stab *m*; *fig* Mitarbeiterstab *m*; **en primera ~** auf der Titelseite
plancha ['plantʃa] *f* Platte *f*; (*utensilio*) Bügeleisen *n*; F Blamage *f*; **~ de vapor** Dampfbügeleisen *n*; F **tirarse una ~** sich blamieren; **no precisa ~** bügelfrei; **~do** [~'tʃaðo] *m* Bügeln *n*; **~dora** [~tʃa'ðora] *f* Büglerin *f*; **~ eléctrica** Heimbügler *m*; **~r** [~'tʃar] (1a) bügeln
plane|ador [planea'ðor] *m* Segelflugzeug *n*; **~ar** [~'ar] (1a) **1.** *v/t* planen; **2.** *v/i* ✈ gleiten
planeta [pla'neta] *m* Planet *m*; **~rio** [~'tario] *m* Planetarium *n*
planicie [pla'niθie] *f* Ebene *f*
planifica|ción [planifika'θiɔn] *f* Planung *f*; **~ familiar** Familienplanung *f*; **~r** [~'kar] (1g) planen
plano ['plano] **1.** *adj* eben; flach; **de ~** geradeheraus; **2.** *m* Fläche *f*; Ebene *f* (*a* ℝ); △ Grundriß *m*; (*de la ciudad*) Stadtplan *m*; **primer ~** Vordergrund *m*; *fot* Nahaufnahme *f*; **segundo ~** Hintergrund *m* (*a fig*)
planta ['planta] *f* ♀ Pflanze *f*; (*del pie*) Fußsohle *f*; △ Stock(werk *n*) *m*; ⚙ Anlage *f*; **~ baja** Erdgeschoß *n*; **edificio** *m* **de nueva ~** Neubau *m*; **~ recicladora** Wiederaufbereitungsanlage *f*; **~ción** [~'θiɔn] *f* Pflanzung *f*; Plantage *f*; **~r**

[~'tar] (1a) (be)pflanzen; **~ en la calle** *fig* auf die Straße setzen; **~rse** F *fig* sich aufpflanzen
plante|amiento [plantea'mjento] *m* (Frage-, Problem-)Stellung *f*; **~ar** [~'ar] (1a) (*problema, cuestión*) aufwerfen
plantilla [plan'tiʎa] *f* Einlegesohle *f*; ✿ Schablone *f*; (*personal*) Belegschaft *f*
plantón [plan'tɔn] *m*: F **dar un ~ a alg** j-n versetzen
plasma ['plazma] *m* Plasma *n*; **~r** [~'mar] (1a) formen, gestalten; **~rse** s-n Niederschlag finden (in *dat* **en**)
plasticidad [plastiθi'ðað] *f* Plastizität *f*; *fig* Bildhaftigkeit *f*
plástico ['plastiko] **1.** *adj* plastisch (*a fig*); **artes** *f/pl* **-as** bildende Künste *f/pl*; **2.** *m* Kunststoff *m*, Plastik *n*
plata ['plata] *f* Silber *n*; *Am* Geld *n*
plataforma [plata'fɔrma] *f* Plattform *f*; **~ de lanzamiento** Abschußrampe *f*; **~ petrolera** (*od* **de sondeo**) Bohrinsel *f*
plátano ['platano] *m* (*árbol*) Platane *f*; (*fruta*) Banane *f*
platea *teat* [pla'tea] *f* Parkett *n*
plate|ado [plate'aðo] versilbert; **~ría** [~'ria] *f* Silberzeug *n*; **~ro** [~'tero] *m* Silberschmied *m*
platicar [plati'kar] (1g) plaudern
platillo [pla'tiʎo] *m* Untertasse *f*; (*de la balanza*) Waagschale *f*; **~ volante**, *Am* **volador** fliegende Untertasse *f*; ♪ **~s** *pl* Becken *n/pl*
platin|a [pla'tina] *f*: **~** (**a cassettes**) Kassettendeck *n*; **~o** [~'tino] *m* Platin *n*
plato ['plato] *m* Teller *m*; *gastr* Gericht *n*; Gang *m*; **~ combinado** Tellergericht *n*; **~ del día** Tagesgericht *n*; **~ preparado, ~ precocinado** Fertiggericht *n*
plató [pla'to] *m* Filmkulisse *f*
platónico [pla'toniko] platonisch
plausible [plaŭ'sible] einleuchtend, plausibel
playa ['plaja] *f* Strand *m*
playero [pla'jero] Strand...
plaza ['plaθa] *f* Platz *m*; (*mercado*) Markt(platz) *m*; **~ de toros** Stierkampfarena *f*
plazo ['plaθo] *m* Frist *f*; (*pago*) Rate *f*; **a corto** (**largo, medio**) **~** kurz- (lang-, mittel)fristig; **a ~s** auf Raten; **~ de entrega** Lieferfrist *f*; **~ de vencimiento** Laufzeit *f*
pleamar [plea'mar] *f* Flut *f*

plebe ['pleβe] *f* Plebs *m*; **~yo** [ple'βejo] plebejisch; gemein
plebiscito [pleβis'θito] *m* Volksabstimmung *f*, -entscheid *m*
plega|ble [ple'ɣaβle] (zs.-)klappbar, Klapp...; **~r** [~'ɣar] (1h *u* 1k) (zs.-)falten; ✿ falzen; **poner** (**un**) **~** e-n Prozeß anstrengen (gegen **a**)
plegaria [ple'ɣarja] *f* (Bitt-)Gebet *n*
plei|tear [plɛite'ar] (1a) prozessieren; **~to** ['plɛito] *m* Prozeß *m*, (Rechts-)Streit *m*; **poner** (**un**) **~** e-n Prozeß anstrengen (gegen **a**)
pleni|lunio [pleni'lunjo] *m* Vollmond *m*; **~potenciario** [~poten'θjarjo] *m* Bevollmächtigte(r) *m*
plenitud [pleni'tuð] *f* Fülle *f*; Vollkraft *f*
pleno ['pleno] **1.** *adj* voll; **~ empleo** *m* Vollbeschäftigung *f*; **en ~ día** am hellichten Tag; **en ~ invierno** mitten im Winter; **2.** *m* Vollversammlung *f*; Plenum *n*
pletórico [ple'toriko] strotzend (von *dat* **de**)
pleu|ra *anat* ['pleŭra] *f* Brustfell *n*; **~resía** [~re'sia] *f* Brustfellentzündung *f*
pliego ['pljeɣo] **1.** *s* **plegar**; **2.** *m* (*papel*) Bogen *m*
pliegue ['pljeɣe] *m* Falte *f*
plinto ['plinto] *m* *dep* Kasten *m*
plom|ada [plo'maða] *f* Lot *n*; Senkblei *n*; **~ero** [~'mero] *m* *Am* Klempner *m*
plomo ['plomo] *m* Blei *n*; ⚡ Sicherung *f*; **con pies de ~** vorsichtig; **con ~** verbleit; **sin ~** bleifrei, unverbleit
pluma ['pluma] *f* Feder *f*; **~je** [~'maxe] *m* Gefieder *n*
plumero [plu'mero] *m* Staubwedel *m*; (*plumier*) Federkasten *m*
plumier [plu'mjer] *m* Federkasten *m*
plural [plu'ral] *m* Plural *m*
pluripartidismo [pluriparti'ðizmo] *m* Mehrparteiensystem *n*
plus [plus] *m* Zulage *f*; **~marca** [pluz'marka] *f* *dep* Rekord *m*; **~valía** [~βa'lia] *f* Mehrwert *m*; Wertzuwachs *m*
plutonio [plu'tonjo] *m* Plutonium *n*
pobla|ción [poβla'θjɔn] *f* Bevölkerung *f*; (*poblado*) Ortschaft *f*; **~ activa** erwerbstätige Bevölkerung *f*; **~do** [po'βlaðo] **1.** *adj* bevölkert, (dicht)bewohnt; **2.** *m* Ortschaft *f*; **~dor** [~'ðɔr] *m* Siedler *m*; **~r** [~'βlar] (1m) bevölkern; besiedeln; ✿ bepflanzen (mit **de**)

pobre

pobre ['pobre] **1.** *adj* arm; *fig* ärmlich, armselig; **2.** *su* Arme(r *m*) *f*; **~za** [~'breθa] *f* Armut *f*
pocilga [po'θilga] *f* Schweinestall *m* (*a fig*)
pócima ['poθima] *f* Arzneitrank *m*
poco ['poko] wenig; *un* **~** (*de*) ein bißchen, etwas; **~ a** allmählich, nach und nach; *dentro de* **~** in Kürze, bald; *hace* **~** vor kurzem; *por* **~** beinahe, fast; *por si fuera* **~** und obendrein
podar ✍ [po'dar] (1a) beschneiden
poder [po'dɛr] **1.** (2t) können; dürfen; **~ a alg** j-m überlegen sein; *no* **~ con** nicht fertig werden mit; F nicht ausstehen können; *no* **~ más** nicht mehr können; *no* **~ menos de** *inf* nicht umhin können zu *inf*; *a más no* **~** aus Leibeskräften, F was das Zeug hält; *puede ser* vielleicht; *¿se puede?* darf man eintreten?; **2.** *m* Macht *f*; *bsd pol* Gewalt *f*; (*capacidad*) Fähigkeit *f*; Kraft *f*; ⚕ Vollmacht *f*
pode|río [pode'rio] *m* Macht *f*; **~roso** [~'roso] mächtig
podio ['podio] *m* Podium *n*
podólogo ✍ [po'dologo] *m* Facharzt *m* für Fußleiden
podr|edumbre [podre'dumbre] *f* Fäulnis *f*; **~ido** [po'drido] faul, verfault; *a fig* verdorben
poe|ma [po'ema] *m* Dichtung *f*; **~sía** [poe'sia] *f* Gedicht *n*; *a fig* Poesie *f*; **~ta** [po'eta] *m* Dichter *m*
poético [po'etiko] poetisch, dichterisch
poetisa [poe'tisa] *f* Dichterin *f*
polaco [po'lako] **1.** *adj* polnisch; **2.** *m*, **-a** [~ka] *f* Pole *m*, Polin *f*
polar [po'lar] Polar...; Pol...; **~izar** [~ri'θar] (1f) polarisieren
polea ⚙ [po'lea] *f* Riemenscheibe *f*; Laufrad *n*
polémi|ca [po'lemika] *f* Polemik *f*; **~co** [~'lemiko] polemisch
polen ♀ ['polen] *m* Blütenstaub *m*, Pollen *m*
poli|cía [poli'θia] **1.** *f* Polizei *f*; **2.** *su* Polizist(in *f*) *m*; **~cíaco** [~'θiako] Polizei...; Kriminal...; **~cial** [~'θial] polizeilich, Polizei...
poli|clínica [poli'klinika] *f* Poliklinik *f*; **~cromo** [~'kromo] vielfarbig, bunt; **~deportivo** [~depor'tibo] *m* Sportanlage *f*; **~facético** [~fa'θetiko] vielseitig;

~fónico [~'foniko] polyphon; **~gamia** [~'gamia] *f* Polygamie *f*; **~gloto** [~'gloto] vielsprachig, polyglott
polilla [po'liʎa] *f* Motte *f*
polio(mielitis) ✍ ['polio(mie'litis)] *f* Kinderlähmung *f*
pólipo ['polipo] *m* Polyp *m* (✍ *u zo*)
politécnico [poli'tɛgniko] polytechnisch
políti|ca [po'litika] *f* Politik *f*; **~co** [~'litiko] **1.** *adj* politisch; (*parentesco*) Schwieger...; **2.** *m* Politiker *m*
póliza ['poliθa] *f* Steuermarke *f*; **~ de seguro** Versicherungspolice *f*
polizón [poli'θon] *m* blinder Passagier *m*
pollería [poʎe'ria] *f* Geflügelhandlung *f*
pollo ['poʎo] *m* junges Huhn *n*; *gastr* Hähnchen *n*
polluelo [po'ʎuelo] *m* Küken *n*
polo ['polo] *m geo*, ⚡, *fig* Pol *m*; *dep* Polo *n*; (*helado*) Eis *n* am Stiel; (*camisa*) Polohemd *n*
polonesa [polo'nesa] *f* Polonaise *f*
poltrona [pol'trona] *f* Lehnstuhl *m*
polución [polu'θion] *f* Verschmutzung *f*
polvareda [polba'reda] *f* Staubwolke *f*; *levantar una* **~** Staub aufwirbeln (*a fig*)
polvera [pol'bera] *f* Puderdose *f*
polvo ['polbo] *m* Staub *m*; Pulver *n*; **~s** *pl* Puder *m*
pólvora ['polbora] *f* Schießpulver *n*
polvo|riento [polbo'riento] staubig; **~rín** [~'rin] *m fig* Pulverfaß *n*
pomada [po'mada] *f* Salbe *f*
pomelo [po'melo] *m* Grapefruit *f*
pómez ['pomeθ]: (*piedra f*) **~** Bimsstein *m*
pomo ['pomo] *m* Türknauf *m*
pomp|a ['pompa] *f* Pracht *f*, Pomp *m*; **~ de jabón** Seifenblase *f*; **~s** *pl fúnebres* Beerdigungsinstitut *n*; **~oso** [~'poso] pomphaft, pompös
pómulo ['pomulo] *m* Backenknochen *m*
ponche ['pontʃe] *m* Punsch *m*
poncho *Am* ['pontʃo] *m* Poncho *m*
pondera|do [ponde'rado] überlegt; ausgewogen; **~r** [~'rar] (1a) abwägen
ponen|cia [po'nenθia] *f* Referat *n*; **~te** [~'nente] *m* Referent *m*
poner [po'nɛr] (2r) setzen; stellen; legen; (*nombre*) geben; (*cara*) machen; (*mesa*) decken; (*ropa*) anziehen; *tel* verbinden (mit *con*); (*radio, etc*) anmachen; (*cine, teat*) bringen; **~** + *adj* machen, *p ej* **~** *furioso* wütend machen; *pongamos*

que (*subj*) nehmen wir an, daß; **~se** (*ropa*) anziehen; (*sombrero, gafas*) aufsetzen; (*sol*) untergehen; **~** + *adj* werden, *p ej* **~ pálido** blaß werden; **~ a** (*inf*) anfangen zu (*inf*)
poney ['poni] *m* Pony *n*
pongo ['pɔŋgo] *s* **poner**
pontifi|cado [pɔntifi'kaðo] *m* Pontifikat *n*; **~cal** [~'kal] päpstlich; bischöflich
popa ⚓ ['popa] *f* Heck *n*
popula|cho [popu'latʃo] *m* Pöbel *m*; **~r** [~'lar] volkstümlich, Volks...; populär; **~ridad** [~lari'ðað] *f* Popularität *f*; Beliebtheit *f*; **~rizar** [~lari'θar] (1f) populär machen
populoso [popu'loso] volkreich
póquer ['pokɛr] *m* Poker *n*
poquito [po'kito] *m*: **un ~** ein bißchen
por [pɔr] (*causa*) wegen, durch; (*pasivo*) durch, von; (*precio*) für; **~ Navidad** zu Weihnachten; **~ un año** für ein Jahr; ... **~ hora** ... pro Stunde; (*lugar*) **~ Toledo** über *bzw* durch Toledo; **~ dos ~ dos** zwei mal zwei; **~ mí** meinetwegen; **¿~ qué?** warum?; **~ lo que, ~ lo cual** weswegen, weshalb; **~ difícil que sea** so schwierig es auch sein mag
porcelana [pɔrθe'lana] *f* Porzellan *n*
porcentaje [pɔrθen'taxe] *m* Prozentsatz *m*
porche ['pɔrtʃe] *m* Säulengang *m*; Vorhalle *f*
porcino [pɔr'θino] Schweine...
porción [pɔr'θiɔn] *f* Portion *f*; (*parte*) Teil *m*
pordiosero *m* [pɔrðio'sero] Bettler *m*
porfia|do [pɔrfi'aðo] hartnäckig; **~r** [~'ar] (1c) beharren (auf **en**)
pormenor [pɔrme'nɔr] *m* Einzelheit *f*; **~izar** [~nori'θar] (1f) genau beschreiben
porno ['pɔrno] Porno...; **~grafía** [~gra'fia] *f* Pornographie *f*; **~gráfico** [~'grafiko] pornographisch
poro ['poro] *m* Pore *f*; **~so** [~'roso] porös
poroto *Am* [po'roto] *m* Bohne *f*
porque ['pɔrke] weil
porqué [pɔr'ke] *m* Ursache *f*, Grund *m*
porquería [pɔrke'ria] *f* Schweinerei *f*; (*suciedad*) Dreck *m* (*a fig*)
porra ['pɔrra] *f* (Gummi-)Knüppel *m*
porrillo F [pɔ'rriʎo]: **a ~** in Hülle und Fülle
porro F ['pɔrro] *m* Joint *m*

porrón [pɔ'rrɔn] *m* Trinkgefäß aus Glas mit langer Tülle
portaaviones [pɔrtaa'bĭones] *m* Flugzeugträger *m*
porta|da [pɔr'taða] *f* Portal *n*; *tip* Titelblatt *n*; **~dor** [~ta'ðɔr] *m* Träger *m* (*a* 🎵); **~** Inhaber *m*; Überbringer *m*
porta|equipajes [pɔrtaeki'paxes] *m auto* Gepäckträger *m*; **~esquís** [~es'kis] *m auto* Skiträger *m*; **~estandarte** [~estan'darte] *m* Fahnenträger *m*; **~folios** [~'folios] *m* Aktenkoffer *m*; **~fotos** [~'fotos] *m* Fotorahmen *m*
portal [pɔr'tal] *m* Portal *n*; Hauseingang *m*
porta|minas [pɔrta'minas] *m* Drehbleistift *m*; **~monedas** [~mo'neðas] *m* Geldbörse *f*, Portemonnaie *n*; **~objeto(s)** [~ɔb'xeto(s)] *m* Objektträger *m*
portarse [pɔr'tarse] (1a) sich benehmen
portátil [pɔr'tatil] tragbar; Reise..., Hand...
portaviones [pɔrta'bĭones] *m* Flugzeugträger *m*
portavoz [pɔrta'boθ] *su* Sprachrohr *n* (*a fig*); Sprecher(in *f*) *m*
portazo [pɔr'taθo] *m*: **dar un ~** die Tür zuschlagen
porte ['pɔrte] *m* 🎵 Porto *n*; ✝ Fracht *f*; *fig* Haltung *f*; 🎵 **a ~ debido** unfrei
portento [pɔr'tento] *m* Wunder *n*; **~so** [~'toso] wunderbar
porteño [pɔr'teɲo] aus Buenos Aires
porte|ra [pɔr'tera] *f* Pförtnerin *f*; Hausmeisterin *f*; **~ría** [~'ria] *f* Pförtnerloge *f*; *dep* Tor *n*; **~ro** [~'tero] *m* Pförtner *m*; Hausmeister *m*; *dep* Torwart *m*; **~ electrónico** automatischer Türöffner *m* (mit Sprechanlage)
pórtico ['pɔrtiko] *m* Säulengang *m*
portorriqueño [pɔrtɔrri'keɲo] aus Puerto Rico
portuario [pɔr'tŭario] Hafen...
portu|gués [pɔrtu'ges] **1.** *adj* portugiesisch; **2.** *m*, **~guesa** [~'gesa] *f* Portugiese *m*, Portugiesin *f*
porvenir [pɔrbe'nir] *m* Zukunft *f*
pos [pɔs]: **en ~ de alg** hinter j-m her
posada [po'saða] *f* Gasthaus *n*
posaderas [posa'ðeras] *f/pl* Gesäß *n*
posar [po'sar] (1a) Modell stehen, posieren; **~se** (*ave, etc*) sich setzen; ✈ aufsetzen
posdata [pɔz'data] *f* Nachschrift *f*

pose

pose ['pɔse] *f* Pose *f*
pose|edor [pose'ðɔr] *m* Besitzer *m*, Inhaber *m*; **~er** [~'ɛr] (2e) besitzen; **~ído** [~'iðo] besessen; **~sión** [~'sjɔn] *f* Besitz *m*; **tomar ~ de** Besitz ergreifen von; (*cargo*) antreten; **~sivo** [~'siβo] besitzergreifend; *gram* **pronombre** *m* ~ Possessivpronomen *n*; **~so** [~'seso] *m* Besessene(r) *m*
posguerra [pɔz'gɛrra] *f* Nachkriegszeit *f*
posibili|dad [posiβili'ðað] *f* Möglichkeit *f*; **~tar** [~'tar] (1a) ermöglichen
posible [po'siβle] möglich; *hacer (todo) lo* ~ sein möglichstes tun
posición [posi'θjɔn] *f* Stellung *f*; Position *f*
positivo [posi'tiβo] **1.** *adj* positiv; **2.** *m fot* Positiv *n*
poso ['poso] *m* Bodensatz *m*
posponer [pɔspo'nɛr] (2r) hintansetzen
postal [pɔs'tal] **1.** *adj* Post...; **2.** (*tarjeta f*) ~ Postkarte *f*
poste ['pɔste] *m* Pfosten *m*; Pfeiler *m*; Mast *m*
póster ['pɔstɛr] *m* Poster *n*, *m*
postergar [pɔstɛr'gar] (1a) zurücksetzen, -stellen; übergehen
posteri|dad [pɔsteri'ðað] *f* Nachwelt *f*; **~or** [~'rjɔr] spätere(r, -s); hintere(r, -s); **~oridad** [~rjori'ðað] *f*: *con* ~ nachträglich
postguerra [pɔz'gɛrra] *s* **posguerra**
postigo [pɔs'tiɣo] *m* Fensterladen *m*
postizo [pɔs'tiθo] **1.** *adj* falsch, künstlich; **2.** *m* Haarteil *n*, Toupet *n*
postor [pɔs'tɔr] *m* Bieter *m*; *al mejor* ~ meistbietend
postra|ción [pɔstra'θjɔn] *f* Kniefall *m*; *fig* Niedergeschlagenheit *f*; **~r** [~'trar] (1a) niederwerfen; **~rse** niederknien
postre ['pɔstre] *m* Nachtisch *m*; *a la* ~ zu guter Letzt
postrero [pɔs'trero] letzte(r, -s)
postulado [pɔstu'laðo] *m* Postulat *n*; Forderung *f*
póstumo ['pɔstumo] post(h)um; (*obra*) nachgelassen
postura [pɔs'tura] *f* Stellung *f*; Haltung *f*; (*subasta*) Gebot *n*; *fig* Einstellung *f*
potable [po'taβle] trinkbar
potaje [po'taxe] *m* Gemüseeintopf *m*, -suppe *f*
potasio [po'tasjo] *m* Kalium *n*
pote ['pote] *m* Topf *m*

potencia [po'tenθja] *f* Macht *f*; ⊛ Stärke *f*, Kraft *f*; Leistung *f*; *biol* Potenz *f*; **en** ~ potentiell; *gran* ~ Großmacht *f*; **~l** [~'θjal] **1.** *adj* möglich; potentiell; **2.** *m* Potential *n*
potente [po'tente] stark; *biol* potent
potestad [potes'tað] *f*: *patria* ~ elterliche Gewalt *f*
potro ['potro] *m* Fohlen *n*; *dep* Bock *m*
pozo ['poθo] *m* Brunnen *m*; ⚒ Schacht *m*; ~ **negro** Abortgrube *f*; *fig* ~ *sin fondo* Faß *n* ohne Boden
práctica ['praktika] *f* Übung *f*; Praxis *f*; **~s** *pl* Praktikum *n*; *poner en* ~ verwirklichen
practica|ble [prakti'kaβle] ausführbar; (*camino*) befahrbar; **~nte** [~'kante] *m etwa*: Arztgehilfe *m*; **~r** [~'kar] (1g) ausüben, betreiben, praktizieren; *dep* treiben
práctico ['praktiko] **1.** *adj* praktisch; **2.** *m* Praktiker *m*; ⚓ Lotse *m*
pra|dera [pra'ðera] *f* Wiese *f*; *Am* Prärie *f*; **~do** ['praðo] *m* Wiese *f*
pragmático [praɣ'matiko] pragmatisch
preámbulo [pre'ambulo] *m* Präambel *f*, Einleitung *f*; *sin* **~s** ohne Umschweife
preaviso [prea'βiso] *m* Vorankündigung *f*; *sin* ~ fristlos
prebenda [pre'βenda] *f* Pfründe *f*
precario [pre'karjo] prekär; heikel
precaución [prekau̯'θjɔn] *f* Vorsicht *f*; *por* ~ vorsorglich; *tomar precauciones* Vorsichtsmaßnahmen treffen
precav|er [preka'βɛr] (2a) vorbeugen (*dat*); **~erse** sich schützen (gegen *de*); **~ido** [~'βiðo] vorsichtig
precede|ncia [preθe'ðenθja] *f* Vorrang *m*; Vortritt *m*; **~nte** [~'ðente] **1.** *adj* vorhergehend; **2.** *m* Präzedenzfall *m*; **~r** [~'ðɛr] (2a) vorhergehen, vorangehen
precepto [pre'θepto] *m* Gebot *n*
preciarse [pre'θjarse] (1b): ~ *de* sich rühmen (*gen*)
precin|tar [preθin'tar] (1a) versiegeln; plombieren; **~to** [~'θinto] *m* Verschluß *m*; (Zoll-)Plombe *f*
precio ['preθjo] *m* Preis *m*; ~ *al contado* Barzahlungspreis *m*; ~ *al por mayor* Großhandelspreis *m*; ~ *de compra* Einkaufspreis *m*; ~ *de coste* Selbstkostenpreis *m*; ~ *de lanzamiento* Einführungspreis *m*; ~ *de venta al público* Ladenpreis *m*; *a buen* ~ preiswert; *no*

tener ~ unbezahlbar sein; **~sidad** [~si'ðað] f Kostbarkeit f; **~so** [~'θĭoso] kostbar, wertvoll; (*bonito*) reizend

precipi|cio [preθi'pĭθĭo] m Abgrund m; **~tación** [~pita'θĭɔn] f Übereilung f, Hast f; *met* Niederschlag m; **~tado** [~'taðo] **1.** *adj* übereilt, hastig; **2.** *m* 🐞 Niederschlag m; **~tar** [~'tar] (1a) hinabstürzen; *fig* übereilen; **~tarse** (sich) stürzen; *fig* sich überstürzen

preci|samente [preθisa'mente] genau; gerade; **~sar** [~'sar] (1a) genau angeben, präzisieren; (*necesitar*) brauchen; **~sión** [~'sĭɔn] f Genauigkeit f; Präzision f; **~so** [~'θiso] nötig, notwendig; (*exacto*) genau; präzis(e)

precocidad [prekoθi'ðað] f Frühreife f

preconcebido [prekɔnθe'biðo] vorbedacht; ***idea** f **-a*** vorgefaßte Meinung f

precoz [pre'kɔθ] frühreif; Früh...

precursor [prekur'sɔr] m Vorläufer m, Vorbote m

prede|cesor [preðeθe'sɔr] m Vorgänger m; **~cir** [~'θir] (3p) voraussagen

predestinar [preðesti'nar] (1a) vorherbestimmen

predica|do *gram* [preði'kaðo] m Prädikat n; **~dor** [~'ðɔr] m Prediger m; **~r** [~'kar] (1g) predigen

predicción [preðig'θĭɔn] f Vorhersage f

predilec|ción [preðileg'θĭɔn] f Vorliebe f; **~to** [~'lɛkto] Lieblings...; bevorzugt

predis|posición [preðispɔsi'θĭɔn] f Anlage f; 🌡 Anfälligkeit f; **~puesto** [~'pŭesto] voreingenommen (gegen *contra*); 🌡 anfällig (für **a**)

predomin|ante [preðɔmi'nante] vorherrschend; **~ar** [~'nar] (1a) vorherrschen, überwiegen; **~io** [~'minĭo] m Vorherrschaft f; Übergewicht n

preescolar [preesko'lar] Vorschul...

prefabricado [prefabri'kaðo] vorgefertigt, Fertig...

prefacio [pre'faθĭo] m Vorwort n

prefe|rencia [prefe'renθĭa] f Vorzug m; Vorliebe f; **~ (de paso)** Vorfahrt f; **de ~** vornehmlich; **~rente** [~'rente] bevorrechtigt; bevorzugt; **~rible** [~'rible] vorzuziehen; **~rido** [~'riðo] Lieblings...; **~rir** [~'rir] (3i) vorziehen

prefijo [pre'fixo] *m gram* Vorsilbe f, Präfix n; *tel* Vorwahl f

pre|gón [pre'gɔn] m öffentliches Ausrufen n; (*discurso*) Fest-, Eröffnungsrede f; **~gonar** [~go'nar] (1a) öffentlich ausrufen; *fig* ausposaunen

pregunta [pre'gunta] f Frage f; **~r** [~'tar] (1a) fragen (nach *dat por*)

prehistórico [preis'tɔriko] vorgeschichtlich, prähistorisch

prejubilación [prexubila'θĭɔn] f Vorruhestand m

prejuicio [prɛ'xŭiθĭo] m Vorurteil n; ***sin ~ de*** unbeschadet (*gen*)

prelado [pre'laðo] m Prälat m

preliminar [prelimi'nar] einleitend, Vor...

preludio [pre'luðĭo] m ♪ Vorspiel n (*a fig*), Präludium n; *fig* Einleitung f

prematuro [prema'turo] **1.** *adj* verfrüht; vorzeitig; **2.** *m* Frühgeburt f

premedita|ción [premeðita'θĭɔn] f Vorbedacht m; **con ~** vorsätzlich; **~r** [~'tar] (1a) vorher überlegen

premi|ar [pre'mĭar] (1b) belohnen; mit e-m Preis auszeichnen; **~o** ['premĭo] m Preis m; (*recompensa*) Belohnung f, Prämie f; (*loteria*) Gewinn m

premonición [premoni'θĭɔn] f Vorgefühl n, Vorahnung f

premura [pre'mura] f Dringlichkeit f; Eile f; **~ de tiempo** Zeitdruck m

prenda ['prenda] f Pfand n; (*ropa*) Kleidungsstück n; **no soltar ~** sehr verschwiegen sein

prendedor [prende'ðɔr] m Brosche f

prender [pren'dɛr] (2a; *part a* **preso**) **1.** *v/t* festnehmen; (*sujetar*) befestigen; **2.** *v/i* Feuer fangen; ✗ Wurzel fassen

prensa ['prensa] f Presse f; **~ del corazón** (*od amarilla*) F Regenbogenpresse f; **en ~** im Druck; **~r** [~'sar] (1a) pressen; (*uva*) keltern

preña|do [pre'naðo] schwanger; (*animal*) trächtig; **~r** [~'nar] (1a) schwängern

preñez [pre'neθ] f Schwangerschaft f; *zo* Trächtigkeit f

preocupa|ción [preokupa'θĭɔn] f Besorgnis f, Sorge f; **~do** [~'paðo] besorgt; **~r** [~'par] (1a) Sorgen machen; **~rse** sich Sorgen machen (um *por*); **~ de** sich kümmern um; ***¡no se preocupe!*** seien Sie unbesorgt!

prepara|ción [prepara'θĭɔn] f Vorbereitung f; **~do** [~'raðo] m Präparat n; **~r** [~'rar] (1a) vorbereiten; (*comida*) zubereiten; **~tivos** [~ra'tiβos] m/pl Vorbe-

preparatorio 224

reitungen *f/pl*; **~torio** [~ra'torĭo] vorbereitend
preponderar [preponde'rar] (1a) überwiegen; vorherrschen
preposición *gram* [preposi'θĭɔn] *f* Präposition *f*
prepoten|cia [prepo'tenθĭa] *f* Vorherrschen *n*; Übermacht *f*; **~te** [~'tente] übermächtig
prepucio *anat* [pre'puθĭo] *m* Vorhaut *f*
presa ['presa] *f* Beute *f*; (*de agua*) Staudamm *m*, Talsperre *f*
presag|iar [presa'xĭar] (1b) vorher-, voraussagen; **~io** [~'saxĭo] *m* Vorbedeutung *f*; Vorzeichen *n*
presbicia [prez'biθĭa] *f* Alters(weit)sichtigkeit *f*
présbita ['prezbita] weitsichtig
prescin|dible [presθin'dible] entbehrlich; **~dir** [~'dir] (3a): ~ *de* absehen von; verzichten auf
prescri|bir [preskri'bir] (3a; *part prescrito*) 1. *v/t* vorschreiben; ⚕ verschreiben; 2. *v/i* ⚖ verjähren; **~pción** [~krib'θĭɔn] *f* Vorschrift *f*; ⚖ Verjährung *f*; ⚕ Verordnung *f*
presencia [pre'senθĭa] *f* Gegenwart *f*; Anwesenheit *f*; *de buena* ~ gutaussehend; **~r** [~'θĭar] (1b) beiwohnen (*dat*), dabeisein bei (*dat*)
presenta|ción [presenta'θĭɔn] *f* Vorstellung *f*; Präsentierung *f*; (*aspecto*) Aufmachung *f*; **~dor** [~'dɔr] *m* TV, *etc* Ansager *m*; **~r** [~'tar] (1a) vorstellen; (*mostrar*) bieten; auf-, vorweisen; **~rse** erscheinen; auftreten
presente [pre'sente] 1. *adj* gegenwärtig; anwesend; 2. *m* Gegenwart *f*; *gram* Präsens *n*
presen|timiento [presenti'mĭento] *m* Vorgefühl *n*, Ahnung *f*; **~tir** [~'tir] (3i) ahnen
preserva|ción [preserba'θĭɔn] *f* Bewahrung *f*; Schutz *m*; **~r** [~'bar] (1a) bewahren, schützen (vor *de*); **~tivo** [~ba'tibo] *m* Präservativ *n*
presiden|cia [presi'denθĭa] *f* Präsidentschaft *f*; Vorsitz *m*; **~ta** [~'denta] *f* Präsidentin *f*; **~te** [~'dente] *m* Vorsitzende(r) *m*; Präsident *m*; ~ *del Consejo* Ministerpräsident *m*; ~ *de la junta directiva* Vorstandsvorsitzende(r) *m*
presi|diario [presi'dĭarĭo] *m* Sträfling *m*; **~dio** [~'sidĭo] *m* Zuchthaus *n*
presidir [presi'dir] (3a) den Vorsitz führen bei (*dat*); vorstehen (*dat*)
presi|ón [pre'sĭɔn] *f* Druck *m*; ~ *sanguínea* Blutdruck *m*; ~ *de los neumáticos* Reifendruck *m*; **~onar** [~sĭo'nar] (1a) drücken; *fig* unter Druck setzen
preso ['preso] 1. *part v prender*; 2. *m* Häftling *m*; ~ *preventivo* Untersuchungshäftling *m*
prestación [presta'θĭɔn] *f* Leistung *f*; ~ *social* Sozialleistung *f*
préstamo ['prestamo] *m* Darlehen *n*
prestar [pres'tar] (1a) (aus-, ver)leihen; (*servicio, ayuda*) leisten; **~se** sich anbieten; sich hergeben (zu *a*)
presteza [pres'teθa] *f* Schnelligkeit *f*
prestidigitador [prestidixita'dɔr] *m* Zauberer *m*, Taschenspieler *m*
prestigio [pres'tixĭo] *m* Ansehen *n*, Prestige *n*; **~so** [~'xĭoso] angesehen
presumi|ble [presu'mible] vermutlich; **~do** [~'mido] eingebildet; **~r** [~'mir] (3a) 1. *v/t* vermuten, annehmen; 2. *v/i* angeben (mit *dat de*)
presun|ción [presun'θĭɔn] *f* Vermutung *f*; (*engreimiento*) Überheblichkeit *f*, Dünkel *m*; **~to** [~'sunto] vermeintlich; angeblich; **~tuoso** [~'tŭoso] eingebildet, überheblich
presu|poner [presupo'ner] (2r) voraussetzen; **~puesto** [~'pŭesto] *m* Kostenvoranschlag *m*; ✝ Haushalt *m*, Budget *n*
presuroso [presu'roso] eilig
preten|cioso [preten'θĭoso] anmaßend; angeberisch; **~der** [~'der] (2a) fordern, beanspruchen; (*afirmar*) vorgeben, behaupten; (*intentar*) versuchen; **~diente** [~'dĭente] *m* Bewerber *m*; **~sión** [~'sĭɔn] *f* Anspruch *m*; *Am* Dünkel *m*; **~sioso** *Am* [~'sĭoso] dünkelhaft, eingebildet
pretex|tar [pretes'tar] (1a) vorgeben, vorschützen; **~to** [~'testo] *m* Vorwand *m*; Ausrede *f*
prevaricación [prebarika'θĭɔn] *f* Amts-, Pflichtverletzung *f*
preven|ción [preben'θĭɔn] *f* Vorkehrung *f*; a ⚕ Vorbeugung *f*, Verhütung *f*; **~ido** [~be'nido] vorbereitet; (*cauto*) vorsichtig; **~ir** [~'nir] (3s) verhüten; vorbeugen (*dat*); (*avisar*) warnen
prever [pre'ber] (2v) voraussehen
previo ['prebĭo] vorhergehend
previs|ible [prebi'sible] voraussehbar;

~ión [~'sĭɔn] f Voraussicht f; **~ del tiempo** Wettervorhersage f; **~or** [~'sɔr] vorsichtig; **~to** [~'bisto] vor(aus)gesehen; **tener ~** vorsehen, vorhaben

prieto ['prĭeto] eng; knapp; *Am* dunkel

prima ['prima] f Kusine f; ✝ Prämie f

prima|cía [prima'θia] f Vorrang m; **~r** [~'mar] (1a) vorherrschen, überwiegen

primario [pri'marĭo] primär

primavera [prima'bera] f Frühling m; ♀ Primel f, Schlüsselblume f; **~l** [~'ral] Frühlings..., frühlingshaft

primero [pri'mero] **1.** *adj* erste(r, -s); **de -a** erstklassig; **a ~s de enero** Anfang Januar; **2.** *adv* zuerst

primitivo [primi'tibo] ursprünglich; primitiv

primo ['primo] m Vetter m; **~génito** [~'xenito] m Erstgeborene(r) m

primordial [primɔr'dĭal] grundlegend, wesentlich

primoroso [primo'roso] vorzüglich; vortrefflich

prímula ♀ ['primula] f Primel f

prin|cesa [prin'θesa] f Fürstin f; Prinzessin f; **~cipado** [~θi'pado] m Fürstentum m

principal [prinθi'pal] **1.** *adj* Haupt..., hauptsächlich; **lo ~** die Hauptsache f; **2.** *m* erster Stock m

príncipe ['prinθipe] m Fürst m; Prinz m; **~ azul** *fig* Märchenprinz m; **~ heredero** Erb-, Kronprinz m

princi|piante [prinθi'pĭante] m Anfänger m; **~pio** [~'θipĭo] m Anfang m; *(concepto)* Grundsatz m, Prinzip n; **~ activo** Wirkstoff m; **al ~** anfangs; **en ~** grundsätzlich, im Prinzip; **a ~s de mayo** Anfang Mai

pringoso [prin'goso] fettig; schmierig

priori|dad [prĭori'dad] f Vorrang m, Priorität f; *auto* Vorfahrt f; **~tario** [~'tarĭo] vorrangig

prisa ['prisa] f Eile f; **a toda ~** in aller Eile; **darse ~** sich beeilen; **correr ~** eilig sein; **tener ~** es eilig haben

prisi|ón [pri'sĭɔn] f Gefängnis n; **~ incomunicado** Einzelhaft f; **~ preventiva** Untersuchungshaft f; **~onero** [~sĭo'nero] m Gefangene(r) m; **caer ~** in Gefangenschaft geraten

prismáticos [priz'matikos] m/pl Feldstecher m; Fernglas n

priva|ción [priba'θĭɔn] f Beraubung f; Entzug m; *(carencia)* Entbehrung f; **~do** [~'bado] privat, Privat...; **~r** [~'bar] (1a) berauben; entziehen; **~rse: ~ de a/c** auf et verzichten; **~tizar** [~ti'θar] (1f) privatisieren

privile|giar [pribile'xĭar] (1b) bevorzugen; privilegieren; **~gio** [~'lexĭo] m Vorrecht n, Privileg n

pro [pro] m: **en ~ de** zum Nutzen von; **el ~ y el contra** das Für und Wider

proa ⚓ ['proa] f Bug m

proba|bilidad [probabili'dad] f Wahrscheinlichkeit f; **~ble** [~'bable] wahrscheinlich

proba|do [pro'bado] erprobt, bewährt; **~dor** [~'dɔr] m Anproberaum m; **~r** [~'bar] (1m) **1.** *v/t* erproben, ausprobieren; *(a comida)* probieren; *(ropa)* *(mst ~se)* anprobieren; *(demostrar)* beweisen; **2.** *v/i* (gut) bekommen

probeta [pro'beta] f Reagenzglas n

proble|ma [pro'blema] m Problem n; ℟ Aufgabe f; **~mática** [~'matika] f Problematik f; **~mático** [~'matiko] problematisch

probo ['probo] rechtschaffen

procaz [pro'kaθ] unverschämt, frech

proce|dencia [proθe'denθĭa] f Herkunft f; **~dente** [~'dente] (her)stammend, kommend (aus *de*); *(oportuno)* angebracht; **~der** [~'dɛr] **1.** (2a) (her)kommen, stammen (aus *de*); *(actuar)* vorgehen; *(ser oportuno)* angebracht sein; **~ a** übergehen zu; **2.** m Verhalten n; Vorgehen n; **~dimiento** [~di'mĭento] m Verfahren n (*a* ⚖ *u* ⚙)

procesa|do [proθe'sado] m Angeklagte(r) m; **~dor** [~'dɔr] m *inform* Prozessor m; **~ de textos** Textverarbeitungssystem n; **~miento** [~'mĭento] m Gerichtsverfahren n; gerichtliche Verfolgung f; **~r** [~'sar] (1a) gerichtlich verfolgen

procesión [proθe'sĭɔn] f Prozession f

proceso [pro'θeso] m Prozeß m; **~ de datos** *(textos)* Daten- (Text-)verarbeitung f

proclama|ción [proklama'θĭɔn] f Proklamation f, Verkündigung f; **~r** [~'mar] (1a) ausrufen, proklamieren

procre|ación [prokrea'θĭɔn] f Fortpflanzung f; **~ar** [~'ar] (1a) zeugen, fortpflanzen

procura|dor [prokura'dɔr] m *(nicht plä-*

dierender) Anwalt *m*; ~**r** [~'rar] (1a) besorgen, verschaffen; ~ *inf* versuchen zu

prodigalidad [proðiɣali'ðað] *f* Verschwendung *f*; Überfluß *m*

prodigio [pro'ðixĭo] *m* Wunder *n*; *niño m* ~ Wunderkind *n*; ~**so** [~ði'xĭoso] wunderbar

pródigo ['proðiɣo] verschwenderisch; *el hijo* ~ der verlorene Sohn

produc|ción [produɣ'θĭon] *f* Erzeugung *f*, Produktion *f*, Herstellung *f*; ~**ir** [~'θir] (3o) erzeugen, herstellen, produzieren; (*causar*) hervorrufen; ~**irse** sich ereignen, eintreten; ~**tividad** [~ʤuktiβi'ðað] *f* Produktivität *f*; ~**tivo** [~'tiβo] produktiv; ~**to** [~'ðukto] *m* Produkt *n*, Erzeugnis *n*; ~ *nacional bruto* Bruttosozialprodukt *n*; ~**tor** [~'tɔr] 1. *adj* erzeugend; 2. *m* Erzeuger *m*; Hersteller *m*; (*a cine*) Produzent *m*

proeza [pro'eθa] *f* Heldentat *f*

profa|nación [profana'θĭon] *f* Entweihung *f*; Schändung *f*; ~**nar** [~'nar] (1a) entweihen; schänden; ~**no** [~'fano] 1. *adj* profan; weltlich; 2. *m* Laie *m*

profe|cía [profe'θia] *f* Prophezeiung *f*; ~**rir** [~'rir] (3i) aussprechen; (*grito*, *etc*) ausstoßen; ~**sar** [~'sar] (1a) (*profesión*) ausüben; *rel* bekennen; ~**sión** [~'sĭon] *f* Beruf *m*; ~**sional** [~sĭo'nal] 1. *adj* berufsmäßig, Berufs...; 2. *su* Fachmann *m*, Fachfrau *f*; *dep* F Profi *m*; ~ *liberal* Freiberufler *m*; ~**sor** *m* [~fe'sɔr] Lehrer *m*; ~ *universitario* (Universitäts-)Dozent *m*; ~**sorado** [~so'raðo] *m* Lehramt *n*; (*profesores*) Lehrerschaft *f*, Lehrkörper *m*

profe|ta [pro'feta] *m*, ~**tisa** [~'tisa] *f* Prophet(in *f*) *m*; ~**tizar** [~'θar] (1f) prophezeien

profético [pro'fetiko] prophetisch

profiláctico ✱ [profi'laktiko] vorbeugend, prophylaktisch

prófugo ['profuɣo] 1. *adj* flüchtig; 2. *m* ⚔ Fahnenflüchtige(r) *m*

profun|didad [profundi'ðað] *f* Tiefe *f*; ~**dizar** [~'θar] (1f) vertiefen; *fig* auf den Grund gehen (*dat*); ~**do** [~'fundo] tief

profu|sión [profu'sĭon] *f* Übermaß *n*; Überfluß *m*; ~**so** [~'fuso] verschwenderisch; reichlich

progenitor [prɔxeni'tɔr] *m* Erzeuger *m*; ~**es** *pl* Eltern *pl*

programa [pro'ɣrama] *m* Programm *n*; ~ *de estudios* Lehrplan *m*; ~**ción** [~'θĭon] *f* Programmierung *f*; ~**dor** [~'dɔr] *m* Programmierer *m*; ~**r** [~'mar] (1a) planen; *inform* programmieren

progre|sar [proɣre'sar] (1a) Fortschritte machen; fortschreiten; ~**sivo** [~'siβo] progressiv; fortschreitend; ~**so** [~'ɣreso] *m* Fortschritt *m*

prohibi|ción [proiβi'θĭon] *f* Verbot *n*; ~**r** [~'bir] (3a) verbieten; ~**tivo** [~βi'tiβo] prohibitiv; (*precio*) unerschwinglich

prohombre [pro'ɔmbre] *m* Prominente(r) *m*

prójimo ['proximo] *m* Nächste(r) *m*, Mitmensch *m*

prole ['prole] *f* Nachkommenschaft *f*; ~**tariado** [~ta'rĭaðo] *m* Proletariat *n*; ~**tario** [~'tarĭo] 1. *adj* proletarisch; 2. *m* Proletarier *m*

prolifera|ción [prolifera'θĭon] *f* ✱ Wucherung *f*; *fig* Zunahme *f*; ~**r** [~'rar] (1a) sich vermehren

prolífico [pro'lifiko] fruchtbar

prolijo [pro'lixo] weitschweifig

prólogo ['prologo] *m* Vorwort *n*, Prolog *m*

prolonga|ción [prolɔŋɡa'θĭon] *f* Verlängerung *f*; ~**do** [~'ɡaðo] ausgedehnt, lang(e dauernd); ~**r** [~'ɡar] (1h) verlängern; ~**rse** lange dauern

promedio [pro'meðĭo] *m* Durchschnitt *m*; *en* ~ durchschnittlich

prome|sa [pro'mesa] *f* Versprechen *n*; ~**tedor** [~te'ðɔr] vielversprechend; ~**ter** [~'tɛr] (2a) versprechen; ~**terse** sich verloben; ~**tida** [~'tiða] *f* Verlobte *f*, Braut *f*; ~**tido** [~'tiðo] *m* Verlobte(r) *m*, Bräutigam *m*

prominen|cia [promi'nenθĭa] *f* (Boden-)Erhebung *f*; ✱ Auswuchs *m*; ~**te** [~'nente] vorstehend, vorspringend; (*ilustre*) prominent

promo|ción [promo'θĭon] *f* Beförderung *f*; *fig* Förderung *f*; ~**cionar** [~θĭo'nar] (1a) fördern; ~**tor** [~'tɔr] *m* Förderer *m*, Promotor *m*

promulgar [promul'ɡar] (1h) verkünden; *fig* verbreiten

pronombre *gram* [pro'nɔmbre] *m* Fürwort *n*, Pronomen *n*

pro|nosticar [pronɔsti'kar] (1g) vorhersagen; ~**nóstico** [~'nɔstiko] *m* Vorhersage *f*; ✱ Prognose *f*; ~ *del tiempo* Wettervorhersage *f*

pron|titud [prɔnti'tuđ] f Schnelligkeit f; **~to** ['prɔnto] **1.** adj schnell; **de ~** plötzlich; **por lo ~** vorläufig; **2.** adv bald; (temprano) früh; **¡hasta ~!** bis bald!

pronuncia|ción [pronunθia'θiɔn] f Aussprache f; **~do** [~'θiađo] deutlich, betont; **~r** [~'θiar] (1b) aussprechen; (discurso) halten; **~rse** sich äußern; ⚔ sich erheben

propaga|ción [propaga'θiɔn] f Ver-, Ausbreitung f; **~nda** [~'ganda] f Propaganda f, Werbung f; **~r** [~'gar] (1h) verbreiten; biol fortpflanzen

propalar [propa'lar] (1a) verbreiten; F ausposaunen

propasarse [propa'sarse] (1a) zu weit gehen

propen|sión [propen'siɔn] f Neigung f; Hang m; **~so** [~'penso] geneigt (zu **a**); **ser ~ a** neigen zu; ⚕ anfällig sein für

propiamente [propia'mente] eigentlich

propicio [pro'piθio] günstig

propie|dad [propie'đađ] f Eigentum n; Besitz m; (cualidad) Eigenschaft f; **~tario** m [~'tario] Eigentümer m; Besitzer m

propina [pro'pina] f Trinkgeld n; **~r** [~'nar] (1a) (paliza, etc) verpassen

propio ['propio] eigen; (mismo) selbst; **~ de** bezeichnend für

proponer [propo'nɛr] (2r) vorschlagen; **~se** sich vornehmen

propor|ción [propɔr'θiɔn] f Verhältnis n; Proportion f; **en ~ a** im Verhältnis zu; **~cional** [~θio'nal] verhältnismäßig; proportional; **~cionar** [~'nar] (1a) verschaffen, besorgen

proposición [proposi'θiɔn] f Vorschlag m; Antrag m

propósito [pro'posito] m Absicht f; Vorsatz m; **a ~** übrigens; (adecuado) gelegen, erwünscht; beiläufig gesagt; **de ~** absichtlich; **fuera de ~** ungelegen

propuesta [pro'pŭesta] f Vorschlag m

propugnar [propug'nar] (1a) eintreten für, verfechten

propuls|ar [propul'sar] (1a) antreiben; fig fördern; **~ión** [~'siɔn] f Antrieb m; **~ a reacción** Düsenantrieb m

prorra|ta [prɔ'rrata] f: **a ~** anteilmäßig; **~tear** [~te'ar] (1a) anteilmäßig verteilen

prórroga ['prɔrroga] f Verlängerung f; Aufschub m

prorrogar [prɔrro'gar] (1h) verlängern; aufschieben

prorrumpir [prɔrrumʃ'pir] (3a) ausbrechen (in **ac en**)

prosa ['prosa] f Prosa f; **~ico** [~'saĭko] prosaisch; banal

proscribir [prɔskri'bir] (3a; part **proscrito**) ächten; (prohibir) verbieten

proseguir [prose'gir] (3d u 3l) **1.** v/t fortsetzen; **2.** v/i weitermachen

prospección ⚒ [prɔspɛg'θiɔn] f Schürfen n

prospecto [prɔs'pɛkto] m Prospekt m

prospe|rar [prospe'rar] (1a) gedeihen, florieren; Erfolg haben; **~ridad** [~ri'đađ] f Gedeihen n; Wohlstand m

próspero ['prɔspero] blühend; erfolgreich

próstata anat ['prɔstata] f Prostata f

prostíbulo [prɔs'tibulo] m Bordell n

prostitu|ción [prɔstitu'θiɔn] f Prostitution f; **~ir(se)** [~'ir(se)] (3g) (sich) prostituieren; **~ta** [~'tuta] f Prostituierte f

protagoni|sta [protago'nista] su Held(in f) m; Hauptdarsteller(in f) m, -person f; **~zar** [~ni'θar] (1f) die Hauptrolle spielen

protec|ción [protɛg'θiɔn] f Schutz m; **~tor** [~tɛk'tɔr] **1.** adj schützend; Schutz...; **2.** m (Be-)Schützer m

prote|ger [protɛ'xɛr] (2c) (be)schützen (vor **de**); **~gido** [~'xiđo] m Schützling m

proteína [prote'ina] f Protein n

protésico [pro'tesiko] m: **~ dental** Zahntechniker m

prótesis ['protesis] f Prothese f

protesta [pro'testa] f Protest m; **~nte** [~'tante] **1.** adj protestantisch; **2.** su Protestant(in f) m; **~ntismo** [~'tizmo] m Protestantismus m; **~r** [~'tar] (1a) protestieren; ✝ (letra) zu Protest gehen lassen

protocolo [proto'kolo] m Protokoll n

prototipo [proto'tipo] m Prototyp m

provecho [pro'betʃo] m Vorteil m, Nutzen m; ✝ Profit m; **¡buen ~!** guten Appetit!; **sacar ~ de** Nutzen ziehen aus; **~so** [~'tʃoso] nützlich; einträglich

provee|dor [probee'đɔr] m Lieferant m; **~r** [~'ɛr] (2e; part **provisto**) beliefern, versehen (mit **de**); **~rse** sich versorgen (mit **de**)

provenir [probe'nir] (3s) (her)kommen, stammen (von, aus **de**)

prover|bial [probɛr'bĭal] sprichwörtlich; **~bio** [~'bɛrbĭo] m Sprichwort n

providencia [probi'ðenθĭa] f Vorsehung f
provincia [pro'binθĭa] f Provinz f; ~l [~'θĭal] Provinz...; ~no [~'θĭano] **1.** adj Provinz..., provinziell (a desp); **2.** m Provinzler m
provi|sión [probi'sĭɔn] f Vorrat m; ✝ ~ **de fondos** Deckung f; **provisiones** pl Proviant m; **~sional** [~sĭo'nal], **~sorio** Am [~'sorĭo] vorläufig, provisorisch
provisto [pro'bisto] s **proveer**
provoca|ción [proboka'θĭɔn] f Herausforderung f, Provokation f; **~dor** [~'ðɔr] s **~tivo**; **~r** [~'kar] (1g) herausfordern, provozieren; (causar) verursachen, bewirken; **~tivo** [~ka'tibo] herausfordernd, provozierend
proxeneta [prɔgse'neta] m Zuhälter m
próximamente [prɔgsima'mente] demnächst
proximidad [prɔgsimi'ðað] f Nähe f
próximo ['prɔgsimo] nahe; nächste(r, -s)
proyec|ción [projeg'θĭɔn] f Projektion f; **~tar** [~jɛk'tar] (1a) projizieren; (película) vorführen; (planear) planen; **~til** [~'til] m Geschoß n; **~to** [~'jɛkto] m Entwurf m; Projekt n, Plan m; **en ~** geplant; **~tor** [~'tɔr] m Projektor m
pruden|cia [pru'ðenθĭa] f Klugheit f; (cautela) Vorsicht f; **~cial** [~'θĭal] klug, vernünftig; (plazo, etc) angemessen; **~te** [~'ðente] klug, vernünftig; (cauto) vorsichtig
prueba ['prŭeba] f Beweis m, Nachweis m; (ensayo) Probe f, Versuch m; tip Abzug m; **a (título de) ~** auf Probe, probeweise; **a ~ de agua** wasserdicht; **a ~ de bala (de bomba)** kugel- (bomben-) sicher; **a ~ de fuego** feuerfest; **poner a ~** auf die Probe stellen
pruebo ['prŭebo] s **probar**
prurito [pru'rito] m ✱ Hautjucken n, Juckreiz m; fig Kitzel m
prusiano [pru'sĭano] **1.** adj preußisch; **2.** m Preuße m
psic|oanálisis [psikoa'nalisis] f Psychoanalyse f; **~ología** [~lo'xĭa] f Psychologie f; **~ológico** [~'lɔxiko] psychologisch; **~ólogo** [~'kologo] m Psychologe m; **~ópata** [~'kopata] su Psychopath(in f) m; **~osis** [~'kosis] f Psychose f
psiquia|tra [psi'kĭatra] su Psychiater(in f) m; **~tría** [~'tria] f Psychiatrie f
psíquico ['psikiko] psychisch, seelisch

púa ['pŭa] f Stachel m; (de peine) Zinke f, Zahn m; ♪ Plektron m
pubertad [puβer'tað] f Pubertät f
publi|cación [publika'θĭɔn] f Veröffentlichung f; Herausgabe f; **~car** [~'kar] (1g) veröffentlichen, herausgeben; **~cidad** [~θi'ðað] f Öffentlichkeit f; ✝ Werbung f, Reklame f; **~ luminosa** Neon-, Lichtreklame f; **~cista** [~'θista] m Publizist m; **~citario** [~θi'tarĭo] Werbe...
público ['publiko] **1.** adj öffentlich; **en ~** öffentlich; **hacer ~** bekanntmachen; **2.** m Publikum n
puchero [pu'tʃero] m Kochtopf m; gastr Eintopf(gericht n) m
pucho Am ['putʃo] m Zigarettenstummel m
pude ['puðe] s **poder**
púdico ['puðiko] schamhaft
pudiente [pu'ðĭente] wohlhabend
pudín [pu'ðin] m Pudding m
pudo ['puðo] s **poder**
pudor [pu'ðɔr] m Scham(haftigkeit) f; **~oso** [~ðo'roso] schamhaft
pudrirse [pu'ðrirse] (3a) (ver)faulen
pueblo ['pŭeblo] m Volk n; (poblado) Dorf n
puedo ['pŭeðo] s **poder**
puente ['pŭente] m Brücke f (a ✈); ⚓ Deck n; ♪ Steg m; **~ aéreo** Luftbrücke f; **~ colgante** Hängebrücke f; **~ levadizo** Zugbrücke f; **hacer ~** an e-m Werktag zwischen zwei Feiertagen nicht arbeiten
puerco ['pŭerko] **1.** adj schweinisch; schmutzig; **2.** m Schwein n (a fig); **~ espín** Stachelschwein n
pueri|cultor|tora [pŭerikul'tora] f Säuglingspflegerin f; **~tura** [~'tura] f Säuglings-, Kinderpflege f
pueril [pŭe'ril] kindisch
puerro ¾ ['pŭerrɔ] m Lauch m, Porree m
puerta ['pŭerta] f Tür f; Tor n; **~ de servicio** Hintertür f; **a ~ cerrada** unter Ausschluß der Öffentlichkeit
puerto ['pŭerto] m Hafen m; (de montaña) (Berg-)Paß m; **~ de destino** Zielhafen m; **~ fluvial** Binnenhafen m; **~rriqueño** [~rri'keɲo] **1.** adj aus Puerto Rico; **2.** m Puertoricaner m
pues [pŭes] cj da; denn; also; **¡~ bien!** also gut!; **~** sí freilich, doch
puesta ['pŭesta] f Einsatz m; astr Untergang m; **~ en escena** teat Inszenierung

f; **~ en marcha** ⊙ Inbetriebnahme *f*; *auto* Anlassen *n*; **~ en práctica** Verwirklichung *f*

puesto ['pŭesto] **1.** *s* poner; **2.** *m* (*lugar*) Platz *m*; (*empleo*) Stelle *f*, Posten *m*; (*de venta*) (Verkaufs-)Stand *m*; **~ de socorro** Unfallstation *f*; **~ de trabajo** Arbeitsplatz *m*; **3.** *cj* **~ que** weil, da (ja)

púgil ['puxil] *m* Boxer *m*

pugilato [puxi'lato] *m* Boxkampf *m*

pugna ['pugna] *f* Kampf *m*, Streit *m*; **~r** [~'nar] (1a) kämpfen

puja|nte [pu'xante] ✝ aufstrebend; **~r** [~'xar] (1a) höher bieten

pull|critud [pulkri'tuð] *f* Sauberkeit *f*; Sorgfalt *f*; **~cro** ['pulkro] sauber; sorgfältig

pulga ['pulga] *f* Floh *m*; **~da** [~'gaða] *f* (*medida*) Zoll *m*

pulgar [pul'gar] *m* Daumen *m*

pulgón [pul'gɔn] *m* Blattlaus *f*

puli|do [pu'liðo] poliert, blank; **~mentar** [~men'tar] (1a) polieren; **~mento** [~'mento] *m* Politur *f*; **~r** [~'lir] (3a) polieren; *fig* ausfeilen

pulla ['puʎa] *f* Stichelei *f*

pulm|ón [pul'mɔn] *m* Lunge *f*; **~onar** [~mo'nar] Lungen...; **~onía** [~'nia] *f* Lungenentzündung *f*

pulpa ['pulpa] *f* Fruchtfleisch *n*

púlpito ['pulpito] *m* Kanzel *f*

pulpo ['pulpo] *m* Polyp *m*

pul|sación [pulsa'θjɔn] *f* Pulsschlag *m*; (*piano, máquina de escribir*) Anschlag *m*; **~sador** [~'dɔr] *m* ⊙ Knopf *m*; **~sar** [~'sar] (1a) **1.** *v/t* (*botón, tecla*) drücken; **2.** ⍊ pulsieren, schlagen; **~sera** [~'sera] *f* Armband *n*; **~so** ['pulso] *m* Puls(schlag) *m*; *fig* Kraftprobe *f*; ✝ **tomar el ~** den Puls fühlen

pulular [pulu'lar] (1a) wimmeln

pulveriza|dor [pulberiθa'dɔr] *m* Zerstäuber *m*; **~r** [~'θar] (1f) zerstäuben

puna *Am* ['puna] *f* Höhenkrankheit *f*

punción ✝ [pun'θjɔn] *f* Punktion *f*

pundonor [pundo'nɔr] *m* Ehrgefühl *n*

puni|ble [pu'niβle] strafbar; **~ción** [~'θjɔn] *f* Bestrafung *f*

punta ['punta] *f* Spitze *f*; (*extremo*) Ende *n*; *fig* Spur *f*; *Am* Anzahl *f*; **a ~ de pistola** mit vorgehaltener Pistole; **~ en blanco** F piekfein; **sacar ~ a** anspitzen; **~da** [~'taða] *f* (Nadel-)Stich *m*

puntal [pun'tal] *m* Stützbalken *m*; *fig* Stütze *f*

puntapié [punta'pie] *m* Fußtritt *m*

punte|ría [punte'ria] *f* Zielen *n*; **tener buena ~** ein guter Schütze sein; **~ro** [~'tero] Spitzen...

puntiagudo [puntia'guðo] scharf, spitz

puntill|a [pun'tiʎa] *f* (*encaje*) Spitze *f*; *taur* Genickstoß *m*; **de ~s** auf Zehenspitzen; **~oso** [~'ʎoso] (über)empfindlich

punto ['punto] *m* Punkt *m* (*a fig*); (*puntada*) Stich *m*; **~ de partida** Ausgangspunkt *m*; **~ de vista** Gesichts-, Standpunkt *m*; **~ muerto** *auto* Leerlauf *m*; **~ y coma** Semikolon *n*; **a ~** bereit; **estar a ~** fertig sein; *gastr* gar sein; **a ~ de nieve** (*clara*) steifgeschlagen; **estar a ~ de** *inf* im Begriff sein zu; **hacer ~** stricken; **hasta cierto ~** bis zu e-m gewissen Grade; **hasta qué ~** inwieweit; **a las tres en ~** Punkt drei Uhr; **géneros** *m/pl* **de ~** Strick-, Wirkwaren *f/pl*; **dos ~s** Doppelpunkt *m*

puntua|ción [puntŭa'θjɔn] *f* Zeichensetzung *f*; *dep* Punktwertung *f*; **~l** [~'tŭal] pünktlich; (*medidas, etc*) gezielt; **~lidad** [~li'ðað] *f* Pünktlichkeit *f*; **~lizar** [~'θar] (1f) klarstellen

punzante [pun'θante] (*dolor*) stechend; **herida** *f* **~** Stichwunde *f*

puñado [pu'naðo] *m* Handvoll *f* (*a fig*)

puñal [pu'nal] *m* Dolch *m*; **~ada** [~'laða] *f* Dolchstich *m*, -stoß *m*

puñetazo [puɲe'taθo] *m* Faustschlag *m*

puño ['puɲo] *m* Faust *f*; (*de camisa*) Manschette *f*; (*de bastón, etc*) Griff *m*; **de (su) ~ y letra** eigenhändig

pupi|la [pu'pila] *f* Pupille *f*; **~laje** [~'laxe] *m* *auto* (laufende) Wartung *f*; **~lo** [~'pilo] *m* Mündel *n*; Zögling *m*

pupitre [pu'pitre] *m* Pult *n*

puré [pu're] *m* Püree *n*

pureza [pu'reθa] *f* Reinheit *f*

purga ['purga] *f* *pol* Säuberung *f*; **~nte** [~'gante] *m* Abführmittel *n*; **~r** [~'gar] (1h) ✝ abführen; *pol* säubern; **~torio** [~'torio] *m* Fegefeuer *n*

purificar [purifi'kar] (1g) reinigen

puritano [puri'tano] **1.** *adj* puritanisch; **2.** *m* Puritaner *m*

puro ['puro] **1.** *adj* rein; (*casto*) keusch; (*mero*) bloß, lauter; **2.** *m* Zigarre *f*

púrpura ['purpura] *f* Purpur *m*

purpúreo [pur'pureo] purpurfarben
purulento [puru'lento] eiternd
pus [pus] *m* Eiter *m*
puse ['puse] *s* **poner**
pusilánime [pusi'lanime] kleinmütig; verzagt

pústula ✻ ['pustula] *f* Pustel *f*
puta P ['puta] *f* Hure *f*, Nutte *f*
putre|facción [putrefag'θɪɔn] *f* Fäulnis *f*; Verwesung *f*; **~facto** [~'fakto] verfault, verwest
pútrido ['putriđo] verfault; faulig

Q

Q, q [ku] *f* Q, q *n*
que [ke] **1.** *pron rel* welche(r, -s); der, die, das; *el (la, lo)* **~** der- (die-, das)jenige, welcher (welche, welches); **2.** *cj* daß; *comparativo* als; *¡~ entre!* er soll eintreten!; *¡~ usted descanse!* schlafen Sie gut!; **~ sí** bestimmt; ja (doch)!; **~ no** bestimmt nicht; nein (doch)!; *eso sí* **~ *no*** das bestimmt nicht; *yo* **~** *tú* ich an deiner Stelle; *¡a* **~** *no!* wetten, daß nicht!
qué [ke] *pron interr* welche(r, -s)?; was?; *¡~!* welch!, was für ein!; *¡~ guapo!* wie hübsch!; *¡~ va!* ach was!; *¡y ~!* na und?; *¿a mí ~?* was geht mich das an?; *un no sé* **~** ein gewisses Etwas; *el* **~** *dirán* das Gerede (der Leute)
quebra|dero [kebra'dero] *m*: **~(s)** *de cabeza* Kopfzerbrechen *n*; **~do** [~'brado] *m* ⚕ Bruch *m*
quebranta|huesos *zo* [kebranta'ŭesos] *m* Bart-, Lämmergeier *m*; **~r** [~'tar] (1a) zerbrechen, zerschlagen; *(ley, etc)* brechen; *fig* zerrütten; **~rse** zerbrechen
quebrar [ke'brar] (1k) **1.** *v/t* (zer)brechen; **2.** *v/i* Bankrott machen; **~se** zerbrechen
quedar [ke'đar] (1a) bleiben; *(sobrar)* übrigbleiben; **~ bien (mal)** gut (schlecht) abschneiden *od* ausfallen; *(vestido)* gut (schlecht) stehen; **~ bien con alg** e-n guten Eindruck bei j-m machen; **~ en** verabreden; **~ por hacer** noch zu tun sein; *por mí que no quede* an mir soll's nicht liegen; *queda mucho* es fehlt noch viel; *¿en qué quedamos?* wie wollen wir nun verbleiben?; **~se** bleiben; **~ con a/c** et behalten; *(comprar)* et nehmen; **~ ciego**

blind werden; **~ sin dinero** kein Geld mehr haben; **~ sin comer** nichts zu essen bekommen
quedo ['keđo] ruhig; still; leise
quehacer [kea'θɛr] *m* Arbeit *f*; Aufgabe *f*; **~es** *pl* Beschäftigung *f*
quej|a ['kexa] *f* Klage *f*; Beschwerde *f*; **~arse** [kɛ'xarse] (1a) sich beklagen *od* beschweren (bei *a*; über *de*); **~ido** [kɛ'xiđo] *m* Jammern *n*; **~umbroso** [kɛxum'broso] jämmerlich; wehleidig
quema ['kema] *f* Verbrennung *f*; **~dura** ✻ [~'đura] *f* Brandwunde *f*, Verbrennung *f*; **~ de sol** Sonnenbrand *m*; **~r** [ke'mar] (1a) **1.** *v/t* verbrennen; versengen; **2.** *v/i* brennen; brennend heiß sein; **~rse** sich verbrennen; *(comida)* anbrennen; *(casa, etc)* abbrennen; **~rropa** [kema'rropa]: *a* **~** aus nächster Nähe
quepo ['kepo] *s* **caber**
queque *Am* ['keke] *m* Kuchen *m*
querella [ke'reʎa] *f* Streit *m*; ⚖ Strafantrag *m*; **~rse** [~'ʎarse] (1a) ⚖ klagen; Strafantrag stellen (gegen *contra*)
querer [ke'rɛr] (2u) wollen; mögen; *(amar)* lieben; **~ decir** bedeuten, heißen; *sin* **~** unabsichtlich; *sea como quiera* wie dem auch sei; *como quiera que* da, weil
queri|da [ke'riđa] *f* Geliebte *f*; **~do** [~'riđo] **1.** *adj* geliebt; lieb; **2.** *m* Geliebte(r) *m*
queroseno [kero'seno] *m* Kerosin *n*
queso ['keso] *m* Käse *m*; **~ de bola** Edamer Käse *m*; **~ para untar** Streichkäse *m*; F *darla con* **~** *j-n* anschmieren
quicio ['kiθio] *m* Türangel *f*; *sacar a alg de* **~** F j-n aus dem Häuschen bringen

quiebra ✝ ['kiebra] f Bankrott m, Konkurs m
quien [kien] pron rel wer; welche(r, -s); der, die, das; *hay* ~ manch einer; einige
quién [kien] pron interr wer?
quienquiera [kieŋ'kiera] irgendwer; wer auch immer
quiero ['kiero] s querer
quie|to ['kieto] ruhig; *~tud* [kie'tuđ] f Ruhe f
quijada [ki'xađa] f Kiefer m; Kinnbakken m, -lade f
quilate [ki'late] m Karat n
quilla ⚓ ['kiʎa] f Kiel m
quimera [ki'mera] f Hirngespinst n
quími|ca ['kimika] f Chemie f; *~co* [~ko] 1. adj chemisch; *producto* m ~ Chemikalie f; 2. m Chemiker m
quimioterapia [kimiote'rapia] f Chemotherapie f
quina ['kina] f Chinarinde f
quincalla [kiŋ'kaʎa] f Eisen-, Blechwaren f/pl
quince [ˈkinθe] fünfzehn; *dentro de ~ días* in vierzehn Tagen; *~na* [~'θena] f vierzehn Tage m/pl
quiniela [ki'niela] f Totoschein m; *~s* pl Toto m
quinientos [ki'nientos] fünfhundert
quinina [ki'nina] f Chinin n
quinta ['kinta] f Landhaus n; ✕ Jahrgang m; ♪ Quint(e) f
quintaesencia [kintae'senθia] f Quintessenz f

quintal [kin'tal] m: ~ *métrico* Doppelzentner m
quinteto ♪ [kin'teto] m Quintett n
quintillizos [kinti'ʎiθos] m/pl Fünflinge m/pl
quinto ['kinto] 1. adj fünfte(r, -s); 2. m Rekrut m
quíntuplo ['kintuplo] fünffach
quiosco ['kiɔsko] m Kiosk m
quirófano [ki'rofano] m Operationssaal m
quiromancia [kiro'manθia] f Chiromantie f, Handlesekunst f
quirúrgico [ki'rurxiko] chirurgisch
quise ['kise] s querer
quisquilloso [kiski'ʎoso] kleinlich; (*susceptible*) empfindlich
quiste ✱ ['kiste] m Zyste f
quita|esmalte [kitaez'malte] m Nagellackentferner m; *~manchas* [~'mantʃas] m Fleckenentferner m; *~nieves* [~'nieβes] m Schneepflug m
quitar [ki'tar] (1a) (weg)nehmen; entfernen; (*mesa*) abdecken; ~ *el polvo* Staub wischen; *~se* (*ropa*) ausziehen; (*sombrero*) abnehmen; ~ *a alg. de encima* F sich j-n vom Halse schaffen; *se me quitó un peso de encima* mir fiel ein Stein vom Herzen
quitasol [kita'sɔl] m Sonnenschirm m
quizá(s) [ki'θa(s)] vielleicht
quórum ['korun] m Quorum n; *alcanzar el ~* beschlußfähig sein

R

R, r ['ere] f R, r n
rabanito [rraba'nito] m Radieschen n
rábano ✱ ['rrabano] m Rettich m; ~ *picante* Meerrettich m
rabia ['rrabia] f Wut f; ✱ Tollwut f; *dar ~* wütend machen; *~r* [~'biar] (1b) wüten, toben
rabino [rra'bino] m Rabbiner m
rabioso [rra'bioso] wütend; ✱ tollwütig
rabo ['rrabo] m Schwanz m
rach|a ['rratʃa] f Windstoß m, Bö f; *buena (mala)* ~ Glücks- (Pech-)strähne f; *~eado* [~tʃe'ađo] (*viento*) böig
racial [rra'θial] Rassen...
racimo [rra'θimo] m Büschel n; (*de uvas*) Traube f
ración [rra'θiɔn] f Ration f; Portion f
raciona|l [rraθio'nal] vernünftig, rational; rationell; *~miento* [~'miento] m Rationierung f; *~r* [~'nar] (1a) rationieren
rada ['rrađa] f Reede f

radar [rra'ðar] *m* Radar *m od n*
radia|ción [rraðia'θi̯ɔn] *f* Strahlung *f*; **~ctividad** [~ktibi'ðað] *f* Radioaktivität *f*; **~ctivo** [~'tibo] radioaktiv; **~dor** [~'ðɔr] *m* Heizkörper *m*; *auto* Kühler *m*; **~nte** [~'di̯ante] strahlend (*a fig*); **~r** [~'ðīar] (1b) ausstrahlen; (*radio*) senden
radica|l [rraði'kal] **1.** *adj* gründlich; *a pol* radikal; ✓ Wurzel...; **2.** *m pol* Radikale(r) *m*; *gram* Stamm *m*; **~lismo** [~'lizmo] *m* Radikalismus *m*; **~r** [~'kar] (1g) wurzeln; **~ en** beruhen auf (*dat*)
radio ['rraði̯o] **a)** *m* ♠ Radius *m*; ⊕, *anat* Speiche *f*; ♣ Radium *n*; *fig* Umkreis *m*; **b)** *f* Radio *n*; Rundfunk *m*; **~aficionado** [~afiθi̯o'naðo] *m* Funkamateur *m*; **~cassette** [~ka'sɛt] *m* Radiorecorder *m*; **~difusión** [~difu'si̯ɔn] *f* Rundfunk *m*; **~escucha** [~es'kutʃa] *su* Rundfunkhörer(in *f*) *m*; **~fónico** [~'foniko] Rundfunk..., Radio...; **~grafía** [~gra'fia] *f* Röntgenbild *n*; **~grafiar** [~gra'fi̯ar] (1b) röntgen, durchleuchten; **~grama** [~'grama] *m* Funkspruch *m*; **~logía** ✗ [~lɔ'xia] *f* Röntgenologie *f*; **~novela** [~no'bela] *f* Hörspiel *n*; **~patrulla** [~pa'truʎa] *f* Funkstreife *f*; **~scopia** ✗ [~dios'kopia] *f* Durchleuchtung *f*; **~taxi** [~ðio'taksi] *m* Funktaxi *n*; **~teléfono** [~te'lefono] *m* Funksprechgerät *n*; **~telegrafista** [~telegra'fista] *m* Funker *m*; **~terapia** [~te'rapia] *f* Strahlentherapie *f*; **~yente** [~'jente] *su* Rundfunkhörer(in *f*) *m*
ráfaga ['rrafaga] *f* Windstoß *m*; ✗ (Geschoß-)Garbe *f*
rafia ['rrafia] *f* Bast *m*
raído [rra'iðo] abgeschabt; abgetragen
raíl [rra'il] *m* Eisenbahnschiene *f*
raíz [rra'iθ] *f* Wurzel *f* (*a fig*); **~ cuadrada** ♠ Quadratwurzel *f*; **a ~ de** auf Grund von; **echar raíces** Wurzeln schlagen (*a fig*)
ralentí *auto* [rralen'ti] *m* Leerlauf *m*
ralla|dor [rraʎa'ðɔr] *m* Reibe *f*; **~r** [~'ʎar] (1a) reiben
rally(e) ['rrali] *m* Rallye *f*
ralo ['rralo] spärlich; dünn
rama ['rrama] *f* Ast *m*; Zweig *m* (*a fig*); **andarse por las ~s** sich verzetteln; **~je** [~'maxe] *m* Geäst *n*; **~l** [~'mal] *m* 🚉 Nebenstrecke *f*
rambla ['rrambla] *f* ausgetrocknetes Flußbett; *reg* Promenade *f*

ramera [rra'mera] *f* Dirne *f*
ramifi|cación [rramifika'θi̯ɔn] *f* Verzweigung *f*; **~carse** [~'karse] (1g) sich verzweigen
ramo ['rramo] *m* Zweig *m* (*a fig*); ✝ Branche *f*; **~ (de flores)** (Blumen-)Strauß *m*
rampa ['rrampa] *f* Rampe *f*; (*cuesta*) Steigung *f*
ramplón [rram'plɔn] schäbig; geschmacklos
rana ['rrana] *f* Frosch *m*; **salir ~** mißraten; **hombre** *m* **~** Froschmann *m*
rancho ['rrantʃo] *m* ✗ Verpflegung *f*; *Am* Viehfarm *f*, Ranch *f*
rancio ['rranθi̯o] ranzig; (*viejo*) alt
rango ['rrango] *m* Rang *m*
ranura [rra'nura] *f* Nut(e) *f*, Rille *f*; (*para monedas*) Schlitz *m*
rapapolvo F [rrapa'pɔlbo] *m* Rüffel *m*
rapar [rra'par] (1a) abrasieren; ganz kurz schneiden
rapaz [rra'paθ] **1.** *adj* raubgierig; (**ave** *f*) **~** Raubvogel *m*; **2.** *m* Junge *m*
rape ['rrape] *m* (*pez*) Seeteufel *m*
rapé [rra'pe] *m* Schnupftabak *m*
rapidez [rrapi'ðeθ] *f* Schnelligkeit *f*
rápido ['rrapiðo] **1.** *adj* schnell; **2.** *m* Eilzug *m*; (*de río*) Stromschnelle *f*
rapiña [rra'piɲa] *f* Raub *m*
raposa [rra'posa] *f* Fuchs *m*
rap|tar [rrap'tar] (1a) entführen; **~to** ['rrapto] *m* Entführung *f*; Raub *m*
raqueta [rra'keta] *f* (Tennis-)Schläger *m*
raqu|ítico [rra'kitiko] rachitisch; *fig* verkümmert; **~itismo** [~'tizmo] *m* Rachitis *f*
rareza [rra'reθa] *f* Seltenheit *f*; *fig* Seltsamkeit *f*
raro ['rraro] selten; (*extraño*) seltsam, sonderbar
ras [rras] *m*: **a ~ de** dicht über
rasante [rra'sante] rasant, flach; **vuelo** *m* **~** Tiefflug *m*
rasca|cielos [rraska'θi̯elos] *m* Wolkenkratzer *m*; **~r(se)** [rras'kar(se)] (1g) (sich) kratzen
ras|gado [rraz'gaðo] geschlitzt; (*ojos*) mandelförmig; **~gar** [~'gar] (1h) zerreißen; (auf)schlitzen; **~go** ['rrazgo] *m* Strich *m*; *fig* (Wesens-, Charakter-)Zug *m*; **~s** *pl* Gesichtszüge *m/pl*; **a grandes ~s** in großen Zügen; **~gón** [~'gɔn] *m* Riß *m*

rasguñ|ar [rrazgu'ɲar] (1a) (zer)kratzen; schrammen; **~o** [~'guɲo] *m* Kratzer *m*, Schramme *f*; ✱ Kratzwunde *f*
raso ['rraso] **1.** *adj* flach; (*liso*) glatt; (*cielo*) wolkenlos; **soldado** *m* **~** Gemeine(r) *m*; **2.** *m* Satin *m*; **al ~** im Freien
raspa ['rraspa] *f* Gräte *f*; **~do** ✱ [~'paðo] *m* Auskratzung *f*; **~r** [~'par] (1a) ab-, auskratzen; ausradieren
rastre|ar [rrastre'ar] (1a) nachspüren; (*terreno*) durchkämmen; **~ro** [~'trero] schleppend; kriechend; *fig* niederträchtig; **perro** *m* **~** Spürhund *m*
rastri|llar [rrastri'ʎar] (1a) harken; eggen; **~llo** [~'triʎo] *m* Rechen *m*, Harke *f*
rastro ['rrastro] *m* Spur *f*; ✗ Rechen *m*, Harke *f*; ⚥ Trödelmarkt *m*; **sin dejar ~ spurlos; ~jo** [~'troxo] *m* Stoppeln *f/pl*; (*campo*) Stoppelfeld *n*
rasurar [rrasu'rar] (1a) rasieren
rata ['rrata] *f* Ratte *f*
rate|ar [rrate'ar] (1a) F klauen; **~ro** [~'tero] *m* Taschendieb *m*
raticida [rrati'θiða] *m* Rattengift *n*
ratifica|ción [rratifika'θjon] *f* Ratifizierung *f*; **~r** [~'kar] (1g) bestätigen; *pol* ratifizieren
rato ['rrato] *m* Weile *f*; Augenblick *m*; **a ~s** hin u wieder; **a cada ~** ständig; **al poco ~** kurz darauf; **hay para ~** das kann noch (länger) dauern; **pasar el ~** sich die Zeit vertreiben
rat|ón [rra'ton] *m a inform* Maus *f*; **~onera** [~to'nera] *f* Mausefalle *f*
raudo [ˈrrauðo] schnell, ungestüm
raya ['rraja] *f* Strich *m*, Linie *f*; (*del pelo*) Scheitel *m*; (*guión*) Gedankenstrich *m*; *zo* Rochen *m*; **~ (del pantalón)** Bügelfalte *f*; **a ~s** gestreift; **tener a ~** in Schach halten; **pasar de (la) ~** zu weit gehen; **~do** [rra'jaðo] gestreift; **~r** [~'jar] (1a) **1.** *v/t* schraffieren; lin(i)ieren; **2.** *v/i a fig* grenzen (an **en**)
rayo ['rrajo] *m* Strahl *m*; (*relámpago*) Blitz *m*; **~s X** Röntgenstrahlen *m/pl*
raza ['rraθa] *f* Rasse *f*
razón [rra'θon] *f* Vernunft *f*; Verstand *m*; (*motivo*) Grund *m*; (*derecho*) Recht *n*; **dar la ~** recht geben; **entrar en ~** zur Vernunft kommen; **perder la ~** den Verstand verlieren; **(no) tener ~** (un)recht haben
razona|ble [rraθo'naβle] vernünftig; (*precio*) angemessen; **~miento** [~'mien-

to] *m* Gedankengang *m*; Überlegung *f*
re ♪ [rre] *m* D *n*
rea ['rrea] *f* Angeklagte *f*
reacci|ón [rreag'θjon] *f* Reaktion *f*; **~ en cadena** Kettenreaktion *f*; **~onar** [~θio'nar] (1a) reagieren (auf *ac* **a**); **~onario** [~'narjo] reaktionär
reacio [rre'aθio] widerspenstig; **~ a** abgeneigt (*dat*)
reac|tivar [rreakti'βar] (1a) reaktivieren; *bsd* ✙ ankurbeln; **~tor** [~'tor] *m* Reaktor *m*; ✈ Düsenflugzeug *n*
reagrupar [rreagru'par] (1a) umgruppieren
reaju|star [rreaxus'tar] (1a) angleichen; **~ste** [~'xuste] *m* Angleichung *f*; **~ ministerial** *pol* Kabinettsumbildung *f*
real [rre'al] wirklich, tatsächlich, real; (*del rey*) königlich
realeza [rrea'leθa] *f* Königtum *n*
reali|dad [rreali'dad] *f* Wirklichkeit *f*, Realität *f*; **en ~** in Wirklichkeit; eigentlich; **~smo** [~'lizmo] *m* Realismus *m*; **~sta** [~'lista] **1.** *adj* realistisch; **2.** *m* Realist *m*; **~zable** [~li'θaβle] ausführbar; **~zación** [~θa'θjon] *f* Verwirklichung *f*; Durchführung *f*; **~zador** [~'dor] *m* Regisseur *m*; **~zar** [~'θar] (1f) verwirklichen, ausführen; *Am* ausverkaufen; **~zarse** sich verwirklichen, wahr werden
realquilar [rrealki'lar] (1a) untervermieten
realzar [rreal'θar] (1f) hervorheben
reanimar [rreani'mar] (1a) wiederbeleben; **~se** wieder aufleben
reanudar [rreanu'ðar] (1a) wiederaufnehmen
reaparecer [rreapare'θer] (2d) wieder erscheinen
reapertura [rreaper'tura] *f* Wiedereröffnung *f*; ⚖ Wiederaufnahme *f* (des Verfahrens)
rearme [rre'arme] *m* (Wieder-)Aufrüstung *f*; Nachrüstung *f*
rebaja [rre'βaxa] *f* Rabatt *m*; Ermäßigung *f*; **~s** *pl* Schlußverkauf *m*; **~r** [~'xar] (1a) (*precio*) herabsetzen; *fig* erniedrigen; **~rse** sich erniedrigen
rebanada [rreβa'naða] *f* (Brot-)Scheibe *f*
rebaño [rre'βaɲo] *m* Herde *f* (*a fig*)
rebasar [rreβa'sar] (1a) überschreiten (*a fig*)

rebatible

rebati|ble [rrɛba'tible] widerlegbar; **~r** [~'tir] (3a) widerlegen
rebato [rrɛ'bato] *m* Sturmläuten *n*; **tocar a ~** Sturm läuten
rebeca [rrɛ'beka] *f* Strickjacke *f*
rebeco [rrɛ'beko] *m* Gemse *f*
rebel|arse [rrɛbe'larse] (1a) sich empören, rebellieren; **~de** [~'bɛlde] **1.** *adj* rebellisch, widerspenstig; ♣ hartnäckig; **2.** *m* Rebell *m*; **~día** [~'dia] *f* Rebellion *f*; Widerspenstigkeit *f*; ⚖ Nichterscheinen *n des Angeklagten*; **en ~** ⚖ in Abwesenheit; **~ión** [rrɛbe'lion] *f* Rebellion *f*, Aufstand *m*
rebosar [rrɛbo'sar] (1a) überlaufen; **~ de** strotzen vor
rebo|tar [rrɛbo'tar] (1a) **1.** *v/t* zurückschlagen; **2.** *v/i* auf-, abprallen; **~te** [~'bote] *m* Rückprall *m*; **de ~** als Folge
rebozar [rrɛbo'θar] (1f) *gastr* panieren
rebuscado [rrɛbus'kaðo] gekünstelt
rebuznar [rrɛbuð'nar] (1a) (*asno*) schreien, iahen
recabar [rrɛka'bar] (1a) ansuchen um, ersuchen
reca|dero [rrɛka'ðero] *m* Bote(ngänger) *m*; **~do** [~'kaðo] *m* Bestellung *f*; Nachricht *f*; Besorgung *f*; **dejar un ~** e-e Nachricht hinterlassen
recaída [rrɛka'iða] *f* Rückfall *m*
recal|car [rrɛkal'kar] (1g) betonen; **~citrante** [~θi'trante] störrisch, verstockt
recalentar [rrɛkalen'tar] (1k) überhitzen; (*comida*) aufwärmen
recam|biar [rrɛkam'biar] (1b) austauschen; auswechseln; **~bio** [~'kambio] *m* Umtausch *m*; Ersatz *m*; **de ~** Ersatz...; (*pieza f de*) **~** Ersatzteil *n*
recapacitar [rrɛkapaθi'tar] (1a) überdenken; genau überlegen
recapitular [rrɛkapitu'lar] (1a) kurz wiederholen, zs.-fassen
recar|gar [rrɛkar'gar] (1h) überladen (*a fig*), überlasten; (*precio*) aufschlagen; **~go** [~'kargo] *m* Aufschlag *m*
reca|tado [rrɛka'taðo] zurückhaltend; **~to** [~'kato] *m* Zurückhaltung *f*; (*pudor*) Sittsamkeit *f*
recauchutar [rrɛkautʃu'tar] (1a) (*neumático*) runderneuern
recau|dación [rrɛkauða'θion] *f* Erhebung *f*; Einnahme *f*; **~dar** [~'ðar] (1a) (*impuestos*) erheben; (*dinero*) einnehmen; **~do** [~'kauðo] *m*: **a buen ~** wohlverwahrt
rece|lar [rrɛθe'lar] (1a) argwöhnen; **~ de** mißtrauen (*dat*); **~lo** [~'θelo] *m* Argwohn *m*; Mißtrauen *n*; **~loso** [~'loso] argwöhnisch; mißtrauisch
recep|ción [rrɛθeb'θion] *f* Empfang *m*; Aufnahme *f*; Rezeption *f*; **~cionista** [~θio'nista] *su* Empfangschef *m*, -dame *f*; **~tación** ⚖ [~θepta'θion] *f* Hehlerei *f*; **~tor** [~'tor] *m* Empfänger *m* (*a radio*)
recesión [rrɛθe'sion] *f* Rezession *f*
receta [rrɛ'θeta] *f* Rezept *n* (*a* ♣); **con ~ médica** rezeptpflichtig; **sin ~ médica** rezeptfrei; **~r** [~θe'tar] (1a) ♣ verschreiben
recha|zar [rrɛtʃa'θar] (1f) ab-, zurückweisen; ablehnen; **~zo** [~'tʃaθo] *m* Zurückweisung *f*; Ablehnung *f*
rechinar [rrɛtʃi'nar] (1a) quietschen, knarren; knirschen
rechistar F [rrɛtʃis'tar] (1a): **sin ~** ohne Widerspruch
recibi|da *Am* [rrɛθi'biða] *f* Empfang *m*, Aufnahme *f*; **~dor** [~'ðor] *m* Empfangszimmer *n*; Diele *f*; **~miento** [~'miento] *m* Empfang *m*; **~r** [~'bir] (3a) empfangen, erhalten; (*acoger*) aufnehmen
recibo [rrɛ'θibo] *m* Empfang *m*; (*documento*) Quittung *f*
recicla|je [rrɛθi'klaxe] *m* Recycling *n*; **~r** [~'klar] (1a) wiederverwerten, -aufbereiten
recién [rrɛ'θien] neu..., frisch...; *Am* soeben; kürzlich; **~ nacido** neugeboren; **~ pintado** frisch gestrichen
reciente [rrɛ'θiente] jüngst; frisch, neu; **de ~ publicación** soeben erschienen; **~mente** [~'mente] kürzlich; neulich
recinto [rrɛ'θinto] *m* Bereich *m*, Gebiet *n*; **~ ferial** Messegelände *n*
recio ['rrɛθio] stark, kräftig
recipiente [rrɛθi'piente] *m* Gefäß *n*; Behälter *m*
recíproco [rrɛ'θiproko] gegenseitig
reci|tal [rrɛθi'tal] *m* (Solo-)Konzert *n*; **~ poético** Dichterlesung *f*; **~tar** [~'tar] (1a) vortragen, rezitieren
reclama|ción [rrɛklama'θion] *f* Reklamation *f*, Beanstandung *f*; **~r** [~'mar] (1a) **1.** *v/t* reklamieren, beanstanden; (*exigir*) (zurück)fordern; **2.** *v/i* Einspruch erheben; sich beschweren
reclamo [rrɛ'klamo] *m* Lockvogel *m*;

Lockruf *m*; *Am* Reklamation *f*; **~ publicitario** Reklame *f*
reclinar [rrɛkli'nar] (1a) (an-, zurück)lehnen; **~se** sich (an)lehnen
reclu|ir [rrɛklu'ir] (3g) einschließen, -sperren; **~sión** [~'sion] *f* ☨ Haft *f*; **~so** [~'kluso] *m* Häftling *m*; Sträfling *m*
recluta [rrɛ'kluta] *m* Rekrut *m*; **~miento** [~'miento] *m* ⚔ Aushebung *f*; **~r** [~'tar] (1a) ⚔ rekrutieren; (*trabajadores*) anwerben
recobrar [rrɛko'brar] (1a) wiederbekommen, -erlangen; **~se** sich erholen (von *de*)
recodo [rrɛ'koðo] *m* Biegung *f*
recoge|dor [rrɛkoxe'ðor] *m* Kehrschaufel *f*; **~pelotas** [~pe'lotas] *m* Balljunge *m*; **~r** [rrɛko'xɛr] (2c) aufheben; (*reunir*) sammeln; (*guardar*) weg-, aufräumen; (*acoger*) aufnehmen; (*ir a*) ~ abholen
recogi|da [rrɛko'xiða] *f* Sammeln *n*, Abholen *n*; ⚙ Leerung *f*; **~ de la basura** Müllabfuhr *f*; **~miento** [~'miento] *m* Zurückgezogenheit *f*
recolec|ción [rrɛkolɛg'θion] *f* Sammlung *f*; ✶ Ernte *f*; **~tar** [~lɛk'tar] (1a) sammeln; ✶ ernten
recomenda|ble [rrɛkomen'daβle] empfehlenswert; **~ción** [~'θion] *f* Empfehlung *f*; **~r** [~'dar] (1k) empfehlen
recompensa [rrɛkom'pensa] *f* Belohnung *f*; **en ~ de** zum Lohn für; **~r** [~'sar] (1a) belohnen; entschädigen
reconcilia|ción [rrɛkonθilia'θion] *f* Versöhnung *f*; **~r(se)** [~'liar(se)] (1b) (sich) versöhnen
reconfortar [rrɛkomfor'tar] (1a) stärken; trösten
recono|cer [rrɛkono'θɛr] (2d) (wieder)erkennen; ⚕ untersuchen; (*terreno*) erkunden; (*admitir*) anerkennen (als *por*); (*confesar*) zugeben; **~cido** [~'θiðo] dankbar (für *por*); **~cimiento** [~θi'miento] *m* Anerkennung *f*; ⚕ Untersuchung *f*; (*gratitud*) Dankbarkeit *f*; ⚔ Aufklärung *f*
reconquista [rrɛkon'kista] *f* Wiedereroberung *f*; **~r** [~'tar] (1a) zurückerobern
reconstru|cción [rrɛkonstrug'θion] *f* Wiederaufbau *m*; **~ir** [~'ir] (3g) wiederaufbauen; *fig* rekonstruieren
recopila|ción [rrɛkopila'θion] *f* Zs.-stellung *f*; **~r** [~'lar] (1a) zs.-stellen, zs.-tragen

récord ['rrɛkor] *m* Rekord *m*
recordar [rrɛkor'ðar] (1m) sich erinnern an (*ac*); **~ a/c a alg** j-n an et (*ac*) erinnern
recorr|er [rrɛko'rrɛr] (2a) durchlaufen, -fahren; bereisen; (*texto*) überfliegen; (*trayecto*) zurücklegen; **~ido** [~'rriðo] *m* Strecke *f*
recor|tar [rrɛkor'tar] (1a) beschneiden, ausschneiden; **~tarse** sich abzeichnen; **~te** [~'korte] *m* Ausschnitt *m*
recostar(se) [rrɛkos'tar(se)] (1m) (sich) an-, zurücklehnen
recre|ar [rrɛkre'ar] (1a) ergötzen, erquicken; **~ativo** [~a'tiβo] unterhaltend; Vergnügungs...; **salón** *m* **~** Spielhalle *f*; **~o** [~'kreo] *m* Erholung *f*, Entspannung *f*; (Schul-)Pause *f*
recrimina|ción [rrɛkrimina'θion] *f* An-, Beschuldigung *f*; **~r** [~'nar] (1a) Vorwürfe machen; beschuldigen
recrude|cer(se) [rrɛkruðe'θɛr(se)] (2d) (sich) verschlimmern, (sich) verschlechtern; **~cimiento** [~θi'miento] *m* Verschlimmerung *f*; Verschärfung *f*
recta ['rrɛkta] *f* Gerade *f*; **~ final** *dep* Zielgerade *f*; *fig* Endrunde *f*
rec|tangular [rrɛktaŋgu'lar] rechteckig; ⊿ rechtwinklig; **~tángulo** [~'taŋgulo] *m* Rechteck *n*
recti|ficar [rrɛktifi'kar] (1g) berichtigen, verbessern; (*río, etc*) begradigen; **~tud** [~'tuð] *f* Richtigkeit *f*; *fig* Rechtschaffenheit *f*
recto ['rrɛkto] **1.** *adj* gerade; *fig* redlich; **2.** *m* Mastdarm *m*
rector [rrɛk'tor] *m* Rektor *m*
recubrir [rrɛku'brir] (3a; *part* **recubierto**) überziehen (mit *de*)
recuento [rrɛ'kuento] *m* Zählung *f*; (*de votos*) Auszählung *f*
recuerdo [rrɛ'kuerðo] *m* Erinnerung *f*; (*objeto*) Andenken *n*, Souvenir *n*; **dar ~s** Grüße ausrichten
recupera|ción [rrɛkupera'θion] *f* Wiedererlangung *f*; Rückgewinnung *f*; ⚕ Genesung *f*; **curso** *m* **de ~** Nachholkurs *m*; **~r** [~'rar] (1a) wiedererlangen; (*tiempo*) nach-, aufholen; **~rse** sich erholen
recurrir [rrɛku'rrir] (3a) sich wenden (an *ac* **a**); greifen (zu *dat* **a**); ☨ Berufung einlegen
recurso [rrɛ'kurso] *m* Zuflucht *f*; *fig*

recusar 236

Ausweg *m*; ⚖ ~ *de apelación* Berufung *f*; **~s** *pl* (Geld-)Mittel *n/pl*; *sin* **~s** mittellos

recusar [rrɛku'sar] (1a) verwerfen; ⚖ ablehnen

red [rreð] *f* Netz *n* (*a fig*); *fig caer en la* ~ ins Garn gehen

redac|ción [rreðag'θĭon] *f* Abfassung *f*; Redaktion *f*; (*escolar*) Aufsatz *m*; **~tar** [~ðak'tar] (1a) ver-, abfassen, redigieren; **~tor** [~'tor] *m* Verfasser *m*; Redakteur *m*

redada [rrɛ'ðaða] *f* Fischzug *m*; (*de policía*) Razzia *f*

redil [rrɛ'ðil] *m* Pferch *m*; Hürde *f*

redimir [rrɛði'mir] (3a) *rel* erlösen

rédito ['rreðito] *m* Rendite *f*

redob|lar [rreðo'blar] (1a) **1.** *v/t* verdoppeln; **2.** *v/i* ♪ Trommelwirbel schlagen; **~le** [~'ðoble] *m* Trommelwirbel *m*

redomado [rreðo'maðo] gerissen

redon|da [rrɛ'ðonda] *f* ♪ ganze Note *f*; *a la* ~ rundherum; im Umkreis; **~dear** [~de'ar] (1a) abrunden; **~do** [~'ðondo] rund; *fig* glatt; eindeutig; *en* ~ rundherum; *fig* rundweg

redu|cción [rreðug'θĭon] *f* Verminderung *f*; Herabsetzung *f*; ✚ Einrenkung *f*; **~cido** [~'θiðo] klein; gering; **~cir** ['θir] (3o) vermindern; herabsetzen; ein-, beschränken, reduzieren; ✗ niederwerfen; ✚ einrenken, einrichten; **~cirse** sich einschränken; sich beschränken (auf *ac* **a**)

redun|dancia [rreðun'danθĭa] *f* Überfluß *m*; *lit* Redundanz *f*; **~dante** [~'dante] weitschweifig; überflüssig; **~dar** [~'dar] (1a) sich auswirken, gereichen (zu *dat* **en**)

reduplicar [rreðupli'kar] (1g) verdoppeln; verstärken

reeducar [rreɛdu'kar] (1g) umschulen

reele|cción [rreɛleg'θĭon] *f* Wiederwahl *f*; **~gir** [~'xir] (3c *u* 3l) wiederwählen

reembol|sar [rreembol'sar] (1a) zurückzahlen; erstatten; **~so** [~'bolso] Rückzahlung *f*; *contra* ~ gegen Nachnahme

reempla|zar [rreempla'θar] (1f) ersetzen; vertreten; **~zo** [~'plaθo] *m* Ersatz *m*

reestructura|ción [rreestruktura'θĭon] *f* Umstrukturierung *f*; **~r** [~'rar] (1a) umstrukturieren

reexpedir [rreespe'ðir] (3l) nachsenden

referencia [rrɛfe'renθĭa] *f* Hinweis *m*, Verweis *m*; ✝ Bezug *m*; **~s** *pl* Referenzen *f/pl*; *con* ~ **a** mit Bezug auf (*ac*)

referéndum [rrɛfe'rendun] *m* Volksabstimmung *f*, Referendum *n*

refer|ente [rrɛfe'rente]: ~ **a** bezüglich (*gen*), mit Bezug auf (*ac*); **~ir** [~'rir] (3i) erzählen, berichten; **~irse** sich beziehen (auf *ac* **a**)

refina|do [rrɛfi'naðo] raffiniert (*a fig*); **~miento** [~'mĭento] *m* Verfeinerung *f*; *fig* Raffinement *n*; **~r** [~'nar] (1a) verfeinern; ⚙ raffinieren

refinería ⚙ [rrɛfine'ria] *f* Raffinerie *f*

refle|jar [rrɛfle'xar] (1a) (wider)spiegeln; (*a fig*) reflektieren; **~jo** [~'flexo] **1.** *adj* Reflex...; **2.** *m* Reflex *m*; **~xión** [~flɛg'sĭon] *f* Spiegelung *f*, Reflexion *f*; *fig* Überlegung *f*; **~xionar** [~sĭo'nar] (1a) überlegen, nachdenken; **~xivo** [~'sibo] nachdenklich; *gram* reflexiv

reflujo [rrɛ'fluxo] *m* Rückfluß *m*

refocilarse [rrefoθi'larse] (1a) sich weiden (an *dat* **en**)

reforesta|ción *bsd Am* [rrɛforesta'θĭon] *f* Aufforstung *f*; **~r** [~'tar] (1a) (wieder)aufforsten

reforma [rrɛ'forma] *f* Reform *f*; *rel* Reformation *f*; **~s** *pl* Umbau *m*; **~r** [~'mar] (1a) umgestalten; reformieren; 🏠 umbauen; **~rse** sich bessern; **~torio** [~ma-'torĭo] *m* Erziehungsanstalt *f*

reformismo [rrɛfor'mizmo] *m* Reformpolitik *f*

reforzar [rrɛfor'θar] (1f *u* 1m) verstärken

refrac|ción *fis* [rrɛfrag'θĭon] *f* Brechung *f*; **~tar** [~frak'tar] (1a) (*rayos*) brechen; **~tario** [~'tarĭo] widerspenstig; ⚙ feuerfest

refrán [rrɛ'fran] *m* Sprichwort *n*

refranero [rrɛfra'nero] *m* Sprichwörtersammlung *f*

refregar [rrɛfre'gar] (1h *u* 1k) reiben, scheuern

refrendar [rrɛfren'dar] (1a) gegenzeichnen; *fig* bestätigen

refres|cante [rrɛfres'kante] erfrischend; **~car** [~'kar] (1g) **1.** *v/t* erfrischen; (ab)kühlen; **2.** *v/i* sich abkühlen; **~co** [~'fresko] *m* Erfrischung(sgetränk *n*) *f*

refrige|ración [rrɛfrixera'θĭon] *f* Kühlung *f*; **~rar** [~'rar] (1a) (ab)kühlen; **~rio** [~'xerĭo] *m* Imbiß *m*

refuerzo [rrɛ'fu̯ɛrθo] *m* Verstärkung *f*
refu|giado [rrɛfu'xi̯aðo] *m* Flüchtling *m*; **~giarse** [~'xi̯arse] (1b) (sich) flüchten; **~gio** [~'fuxi̯o] *m* Zuflucht *f*; (*casa*) Schutzhütte *f*; (*tráfico*) Verkehrsinsel *f*; ~ (*anti*)*atómico* Atombunker *m*
refun|dición [rrɛfundi'θi̯ɔn] *f* Neubearbeitung *f*; **~dir** [~'dir] (3a) neu bearbeiten; umarbeiten
refunfuñar [rrɛfumfu'ɲar] (1a) brummen; murren
refutar [rrefu'tar] (1a) widerlegen
rega|dera [rrɛga'ðera] *f* Gießkanne *f*; **~dío** [~'ði̯o] *m* Bewässerungsland *n*
regala|do [rrɛga'laðo] geschenkt (*a fig*); (*vida*) bequem; **~r** [~'lar] (1a) schenken; (*deleitar*) beschenken; bewirten
regaliz [rrɛga'liθ] *m* Lakritze *f*
regalo [rrɛ'galo] *m* Geschenk *n*
regaña|dientes [rrɛgaɲa'ði̯entes]: *a* ~ zähneknirschend; **~r** [~'ɲar] (1a) ausschimpfen
regar [rrɛ'gar] (1h *u* 1k) bewässern; (be)gießen; (*calle*) sprengen
regata [rrɛ'gata] *f* Regatta *f*
regat|ear [rrɛgate'ar] (1a) feilschen; *dep* dribbeln; **~eo** [~'teo] *m* Feilschen *n*; *dep* Dribbeln *n*
regazo [rrɛ'gaθo] *m* Schoß *m* (*a fig*)
regenerar [rrɛxene'rar] (1a) regenerieren; erneuern
regen|tar [rrɛxen'tar] (1a) verwalten; leiten; **~te** [~'xente] *su* Verwalter(in *f*) *m*; *pol* Regent(in *f*) *m*
régimen ['rrɛximen] *m pol* Regime *n*; 🍽 Diät *f*
regimiento ⚔ [rrɛxi'mi̯ento] *m* Regiment *n*
regio ['rrɛxi̯o] königlich; *fig* prächtig
regi|ón [rrɛ'xi̯ɔn] *f* Region *f*, Gegend *f*; Gebiet *n*; **~onal** [~xi̯o'nal] regional
regir [rrɛ'xir] (3l *u* 3c) **1.** *v/t* regieren; leiten; **2.** *v/i* gültig sein
regis|trar [rrɛxis'trar] (1a) durchsuchen; (*anotar*) registrieren, eintragen; (*grabar*) aufnehmen; **~trarse** zu verzeichnen sein; **~tro** [~'xistro] *m* Verzeichnis *n*; Register *n* (*a* ♪); (*policial*) Durchsuchung *f*; ⚙ Klappe *f*; Schieber *m*; ~ *civil* Standesamt *n*; ~ *domiciliario* Haussuchung *f*; ~ *de la propiedad* Grundbuch *n*
regla ['rrɛgla] *f* Regel *f* (*a* 🍽); Norm *f*; (*utensilio*) Lineal *n*; *en* ~ in Ordnung; *por* ~ *general* im allgemeinen

reglamen|tación [rrɛglamenta'θi̯ɔn] *f* Regelung *f*; Ordnung *f*; **~tar** [~'tar] (1a) regeln; **~tario** [~'tari̯o] vorschriftsmäßig; **~to** [~'mento] *m* Vorschrift *f*; (Haus-, Betriebs-)Ordnung *f*
regoci|jar [rrɛgoθi'xar] (1a) erfreuen; **~jo** [~'θixo] *m* Freude *f*; Jubel *m*
regodearse F [rrɛgoðe'arse] (1a) sich weiden (an *dat en*)
regre|sar [rrɛgre'sar] (1a) zurückkehren; **~so** [~'greso] *m* Rückkehr *f*
reguero [rrɛ'gero] *m* Rinnsal *n*; *fig* ~ *de pólvora* Lauffeuer *m*
regula|ble [rrɛgu'laßle] regulierbar; **~ción** [~'θi̯ɔn] *f* Regulierung *f*; Regelung *f*; **~r** [~'lar] **1.** *adj* regelmäßig; geordnet; (*normal*) normal, regulär; (*mediano*) (mittel)mäßig; **2.** *v/t* (1a) regeln, ordnen; ⚙ einstellen, regulieren; **~ridad** [~ri'ðað] *f* Regelmäßigkeit *f*; **~rizar** [~'θar] (1f) regeln, ordnen
regusto [rrɛ'gusto] *m* Nachgeschmack *m* (*a fig*)
rehabilita|ción [rreaßilita'θi̯ɔn] *f* Rehabilitation *f* (*a* ⚖); 🏛 Renovierung *f*; **~r** [~'tar] (1a) rehabilitieren
rehén [rrɛ'en] *m* Geisel *f*; *toma f de rehenes* Geiselnahme *f*
rehogar [rreo'gar] (1h) schmoren, dünsten
rehuir [rreu'ir] (3g) vermeiden; aus dem Weg gehen (*dat*)
rehusar [rreu'sar] (1a) ablehnen
reimpresión [rreimpre'si̯ɔn] *f tip* Nachdruck *m*
reina ['rreina] *f* Königin *f*; (*ajedrez*) Dame *f*; **~do** [~'naðo] *m* Regierung(szeit) *f*; **~nte** [~'nante] regierend; *a fig* herrschend; **~r** [~'nar] (1a) regieren; *a fig* herrschen
reinci|dente ⚖ [rreinθi'ðente] rückfällig; **~dir** [~'dir] (3a) rückfällig werden
reincorporar [rreiŋkorpo'rar] (1a) wiedereingliedern; **~se** zurückkehren (an, in, auf *ac* **a**)
reino ['rreino] *m* Königreich *n*; *fig* Reich *n*
reinte|grar [rreinte'grar] (1a) wiedereinsetzen; (*devolver*) zurückerstatten; **~grarse** zurückkehren (an, in *ac* **a**); **~gro** [~'tegro] *m* Rückkehr *f*; (*devolución*) Rückzahlung *f*
reír [rrɛ'ir] (3m) lachen; **~se** lachen; ~ *de* sich lustig machen über (*ac*)

reiterar [rrɛite'rar] (1a) wiederholen
reivindica|ción [rrɛĩbindika'θĩon] f Forderung f; **~r** [~'kar] (1g) fordern, beanspruchen
rej|a ['rrɛxa] f Gitter n; ✧ Pflugschar f; **~illa** [~'xiʎa] f Gitter n; 🎒 Gepäcknetz n
rejoneador [rrɛxonea'dɔr] m Stierkämpfer m zu Pferd
rejuvene|cer [rrɛxuβene'θɛr] (2d) verjüngen; **~cimiento** [~θi'mĩento] m Verjüngung f
relaci|ón [rrɛla'θĩon] f Beziehung f; Verhältnis n; (*informe*) Bericht m; (*lista*) Aufstellung f, Verzeichnis n; **-ones económicas** Wirtschaftsbeziehungen f/pl; **-ones públicas** Öffentlichkeitsarbeit f; **~onar** [~θĩo'nar] (1a) in Verbindung bringen (mit *dat con*)
relaja|ción [rrɛlaxa'θĩon] f Entspannung f; **~r** [~'xar] (1a) entspannen (*a fig*); (auf)lockern; **~rse** erschlaffen; sich entspannen
relamer [rrɛla'mɛr] (2a) ablecken; **~se** sich die Lippen lecken
relámpago [rrɛ'lampaɡo] m Blitz m
relampaguear [rrɛlampaɡe'ar] (1a) (auf)blitzen; wetterleuchten
relatar [rrɛla'tar] (1a) erzählen, schildern
relati|vidad [rrɛlatiβi'daθ] f Relativität f; **~vo** [~'tiβo] relativ (*a gram*); **~ a** bezüglich (*gen*)
relato [rrɛ'lato] m Erzählung f; Bericht m; **~r** [~'tɔr] m Am Berichterstatter m
relegar [rrɛle'ɡar] (1h) verweisen, verbannen
rele|vante [rrɛle'βante] bedeutend; hervorragend; **~var** [~'βar] (1a) befreien (von *de*); (*destituir*) entlassen; (*sustituir*) ablösen; **~vo** [rrɛ'leβo] m Ablösung f; **carrera de ~s** Staffellauf m
rellano [rrɛ'ʎano] m Treppenabsatz m
rellenar [rrɛʎe'nar] (1a) füllen (*a gastr*); (*impreso*) ausfüllen; **~no** [~'ʎeno] **1.** *adj* voll, gefüllt; **2.** m Füllung f (*a gastr*)
relieve [rrɛ'lĩeβe] m Relief n; **poner de ~** hervorheben
religi|ón [rrɛli'xĩon] f Religion f; **~osa** [~'xĩosa] f Nonne f; **~osidad** [~si'daθ] f Frömmigkeit f; **~oso** [~'xĩoso] **1.** *adj* religiös; fromm; **2.** m Mönch m
relinchar [rrɛlin'tʃar] (1a) wiehern
reliquia [rrɛ'likĩa] f Reliquie f
reloj [rrɛ'lɔx] m Uhr f; **~ de arena** Sanduhr f; **~ digital** Digitaluhr f; **~ de pulsera** Armbanduhr f; **~ de sol** Sonnenuhr f; **~ería** [~lɔxe'ria] f Uhrengeschäft n; **~ero** [~'xero] m Uhrmacher m
reluc|iente [rrɛlu'θĩente] glänzend; **~ir** [~'θir] (3f) glänzen, strahlen
remache [rrɛ'matʃe] m Niete f
remanente [rrɛma'nente] m Überrest m; ✝ Restbetrag m
remar [rrɛ'mar] (1a) rudern
rema|tar [rrɛma'tar] (1a) abschließen, vollenden; *Am* versteigern; **~te** [~'mate] m Abschluß m; (*fútbol*) Schuß m aufs Tor; ✝ Ausverkauf m; *Am* Versteigerung f; **de ~** völlig
remedar [rrɛme'ðar] (1a) nachahmen
reme|diar [rrɛme'ðĩar] (1b) abhelfen (*dat*); *fig* ändern; (ver)hindern; **~dio** [~'meðĩo] m Abhilfe f; ⚕ Heilmittel n; **no hay más ~ que** es bleibt nichts anderes übrig als
remendar [rrɛmen'dar] (1k) flicken
remero [rrɛ'mero] m Ruderer m
remesa [rrɛ'mesa] f Sendung f
remiendo [rrɛ'mĩendo] m Flicken m
remil|gado [rrɛmil'ɡaðo] zimperlich; geziert; **~go** [~'milɡo] m Ziererei f; Getue n
reminiscencia [rrɛminis'θenθĩa] f Erinnerung f; Anklang m
remi|sión [rrɛmi'sĩon] f Nachlassen n; *rel* Vergebung f; (*envío*) Übersendung f; **~te** [~'mite] m Absender m; **~tente** [~'tente] *su* Absender(in f) m; **~tir** [~'tir] (3a) **1.** *v/t* verweisen (*auf ac a*); (*enviar*) (über)senden; **2.** *v/i* nachlassen; **~tirse** sich berufen (auf *ac a*)
remo ['rrɛmo] m Ruder n; (*deporte*) Rudern n
remodelar [rrɛmoðe'lar] (1a) umgestalten
remo|jar [rrɛmo'xar] (1a) einweichen; **~jo** [~'moxo] m Einweichen n; **poner en ~** einweichen
remolacha [rrɛmo'latʃa] f Rübe f; **~ azucarera** Zuckerrübe f; **~ roja** rote Bete f
remol|cador ⚓ [rrɛmɔlka'ðɔr] m Schlepper m; **~car** [~'kar] (1g) ⚓ schleppen; *auto* abschleppen
remolino [rrɛmo'lino] m Wirbel m (*a fig*)
remolque [rrɛ'mɔlke] m Abschleppen n; *auto* Anhänger m; **llevar a ~** (ab)schleppen

remontarse [rrɛmɔn'tarsɛ] (1a) *fig* zurückgehen (auf *ac* **a**)

remordimiento [rrɛmɔrdi'mi̯ɛnto] *m* Gewissensbiß *m*

remoto [rrɛ'moto] entlegen; (weit) entfernt

remover [rrɛmo'bɛr] (2h) umrühren; (*quitar*) entfernen; *fig* aufwühlen

remplazar [rrɛmpla'θar] (1f) *s* **reemplazar**

remunera|ción [rrɛmunera'θi̯ɔn] *f* Bezahlung *f*; Vergütung *f*; **~r** [~'rar] (1a) vergüten; (*recompensar*) belohnen

rena|cer [rrɛna'θɛr] (2d) *fig* wiederaufleben; **~cimiento** [~θi'mi̯ɛnto] *m* Wiedergeburt *f*; ♀ Renaissance *f*

renacuajo [rrɛna'ku̯axo] *m* Kaulquappe *f*

renal [rrɛ'nal] Nieren...

rencilla [rren'θiʎa] *f* Streiterei *f*

rencor [rreŋ'kɔr] *m* Groll *m*; **guardar ~ a alg** j-m et nachtragen; **~oso** [~ko'roso] nachtragend

rendi|ción [rrɛndi'θi̯ɔn] *f* Bezwingung *f*; Übergabe *f*; **~ de cuentas** Abrechnung *f*; **~do** [~'diðo] erschöpft; (*sumiso*) ergeben; **~ja** [~'dixa] *f* Spalt *m*; **~miento** [~di'mi̯ɛnto] *m* Leistung(sfähigkeit) *f*; ✝ Ertrag *m*; **~r** [~'dir] (3l) **1.** *v/t* (*vencer*) bezwingen; ✕ übergeben; (*beneficio*) abwerfen, einbringen; **2.** *v/i* sich rentieren; **~rse** sich ergeben

renega|do [rrɛne'gaðo] **1.** *adj* abtrünnig; **2.** *m* Renegat *m*; **~r** [~'gar] (1h *u* 1k) ableugnen

renglón [rreŋ'glɔn] *m* Zeile *f*; ✝ Posten *m*; **a ~ seguido** gleich danach

renitente [rrɛni'tɛnte] widerspenstig, renitent

reno ['rrɛno] *m* Ren(tier) *n*

renom|brado [rrɛnɔm'braðo] berühmt; **~bre** [~'nɔmbre] *m* Ruhm *m*, Ruf *m*

renova|ción [rrɛnoba'θi̯ɔn] *f* Erneuerung *f*; Renovierung *f*; **~r** [~'bar] (1m) erneuern; renovieren

renquear [rrɛŋke'ar] (1a) hinken

renta ['rrɛnta] *f* Rente *f*, Ertrag *m*; (*ingresos*) Einkommen *n*; (*alquiler*) Miete *f*; **de ~ fija** festverzinslich; **~ per cápita** Pro-Kopf-Einkommen *n*; **~bilidad** [~bili'ðað] *f* Rentabilität *f*; **~ble** [~'table] rentabel; lohnend; **~r** [~'tar] (1a) einbringen

renuncia [rrɛ'nunθi̯a] *f* Verzicht *m*; **~r** [~'θi̯ar] (1b) verzichten (auf *ac* **a**)

reñi|do [rrɛ'ɲiðo] zerstritten; (*combate*) erbittert; **estar ~ con** F verkracht sein mit; *fig* unvereinbar sein mit; **~r** [rre'ɲir] (3h *u* 3l) **1.** *v/t* ausschimpfen; **2.** *v/i* sich zanken, sich streiten

reo ['rreo] *m* Angeklagte(r) *m*

reojo [rre'ɔxo]: **mirar de ~** verstohlen ansehen

reorganizar [rreɔrgani'θar] (1f) neugestalten; umorganisieren

reorientación [rreori̯ɛnta'θi̯ɔn] *f* Umstellung *f*; Neuorientierung *f*

repara|ble [rrɛpa'rable] ersetzbar; wiedergutzumachen(d); **~ción** [~'θi̯ɔn] *f* Reparatur *f*; *fig* Wiedergutmachung *f*; **~r** [~'rar] (1a) ausbessern, reparieren; (*daño*) (wieder)gutmachen; **~ en a/c** et. bemerken; **no ~ en gastos** keine Kosten scheuen

reparo [rrɛ'paro] *m* Bedenken *n*; Einwand *m*; **poner ~s a** Einwände erheben gegen (*ac*)

repar|tición [rreparti'θi̯ɔn] *f* Verteilung *f*; **~tida** *Am* [~'tiða] *f s* **reparto**; **~tidor** [~ti'ðɔr] *m* Verteiler *m*; (*de periódicos*) Austräger *m*; **~tir** [~'tir] (3a) ver-, austeilen; (*correo*) zustellen, austragen; (*beneficio*) ausschütten; **~to** [~'parto] *m* Verteilung *f*; ✝ Ausschüttung *f*; ✉ Zustellung *f*; *teat* Besetzung *f*

repa|sar [rrɛpa'sar] (1a) durchsehen; (*lección*) wiederholen; ⚙ überprüfen; **~so** [rrɛ'paso] *m* Durchsicht *f*; ⚙ Überprüfung *f*

repatriar [rrɛpa'tri̯ar] (1b) repatriieren; **~se** heimkehren

repele|nte [rrɛpe'lɛnte] **1.** *adj* abstoßend (*a fig*); **2.** *m* Insektenschutzmittel *n*; **~r** [~'lɛr] (2a) abweisen; *fig* abstoßen

repen|te [rrɛ'pɛnte] *m*: **de ~** plötzlich; **~tino** [~'tino] plötzlich

repercu|sión [rrɛpɛrku'si̯ɔn] *f* Widerhall *m* (*a fig*); Rückwirkung *f*; **~tir** [~'tir] (3a) widerhallen; *fig* sich auswirken (auf *ac* **en**)

repertorio [rrɛpɛr'tori̯o] *m* Verzeichnis *n*; *teat* Repertoire *n*

repe|tición [rrɛpeti'θi̯ɔn] *f* Wiederholung *f*; **~tir** [~'tir] (3l) wiederholen

repi|car [rrɛpi'kar] (1g) (*campanas*) läuten; **~que** [~'pike] *m* Glockenläuten *n*

repisa [rrɛ'pisa] *f* Konsole *f*

replegarse [rreple'garse] (1h *u* 1k) ✕ sich zurückziehen

repleto [rrɛ'pleto] (bis oben hin) voll
réplica ['rrɛplika] *f* Erwiderung *f*; *(copia)* Replik *f*, Nachbildung *f*
replicar [rrɛpli'kar] (1g) erwidern
repliegue [rrɛ'pli̯eɡe] *m* Falte *f*; Knick *m*; ⚔ Rückzug *m*
repobla|ción [rrɛpobla'θi̯ɔn] *f* Wiederbevölkerung *f*; ~ *forestal* Wiederaufforstung *f*; **~r** [~'blar] (1m) wiederbevölkern; wiederaufforsten
repollo [rrɛ'poʎo] *m* (Weiß-)Kohl *m*; ~ *morado Am* Rotkohl *m*
reponer [rrɛpo'nɛr] (2r) ersetzen; *(replicar)* antworten; *teat* wiederaufführen; **~se** sich (wieder) erholen
repor|taje [rrɛpor'taxe] *m* Reportage *f*; **~gráfico** Bildbericht *m*; **~tero** [~'tero] *m* Reporter *m*; ~ *gráfico* Bildberichterstatter *m*
repo|sacabezas [rrɛposaka'bɛθas] *m auto* Kopfstütze *f*; **~sado** [~'sado] ruhig, gelassen; **~sar** [~'sar] (1a) ruhen; sich ausruhen; **~sera** *Am* [~'sera] *f* Liege *f*
reposición [rrɛposi'θi̯ɔn] *f* Wiedereinsetzung *f*; *(cine)* Wiederaufführung *f*; *teat* Neuinszenierung *f*
reposo [rrɛ'poso] *m* Ruhe *f*
repostar [rrɛpos'tar] (1a) *(gasolina)* auf-, nachtanken
repostería [rrɛpostɛ'ria] *f* Konditoreiwaren *f/pl*
repren|der [rrɛpren'dɛr] (2a) tadeln; vorwerfen; **~sión** [~'si̯ɔn] *f* Tadel *m*, Rüge *f*
represa [rrɛ'presa] *f Am* Staudamm *m*
represalia [rrɛpre'sali̯a] *f* Vergeltung(smaßnahme) *f*, Repressalie *f*
represar [rrɛpre'sar] (1a) stauen
representa|ción [rrɛpresenta'θi̯ɔn] *f* Darstellung *f*; *teat* Aufführung *f*; ✝ Vertretung *f*; ~ *proporcional* Verhältniswahlrecht *n*; **~nte** [~'tante] *m* Vertreter *m*; *teat* Darsteller *m*; **~r** [~'tar] (1a) vertreten; *(significar)* bedeuten; *a teat* darstellen; *(obra)* aufführen; **~tivo** [~ta'tibo] repräsentativ
represi|ón [rrɛpre'si̯ɔn] *f* Unterdrückung *f*; *psic* Verdrängung *f*; **~vo** [~'sibo] repressiv
repri|menda [rrɛpri'menda] *f* Verweis *m*; **~mir** [~'mir] (3a) unterdrücken; *psic* verdrängen
reproba|ble [rrɛpro'baβle] verwerflich; **~ción** [~'θi̯ɔn] *f* Mißbilligung *f*; **~r** [~'bar] (1m) mißbilligen
repro|chable [rrɛpro'tʃaβle] tadelnswert; **~char** [~'tʃar] (1a) vorwerfen; **~che** [~'protʃe] *m* Vorwurf *m*; Tadel *m*; *sin* ~ tadellos
reprodu|cción [rrɛproduɣ'θi̯ɔn] *f* Reproduktion *f*; Wiedergabe *f*; *biol* Fortpflanzung *f*; **~cir** [~'θir] (3o) nachbilden, reproduzieren; wiedergeben; **~cirse** sich fortpflanzen
reptil [rrɛp'til] *m* Reptil *n*
república [rrɛ'publika] *f* Republik *f*; ~ *federal* Bundesrepublik *f*
republicano [rrɛpubli'kano] **1.** *adj* republikanisch; **2.** *m* Republikaner *m*
repu|diar [rrɛpu'di̯ar] (1b) ablehnen; *(mujer)* verstoßen; *(herencia)* ausschlagen; **~dio** [~'puði̯o] *m* Verstoßung *f*; Ablehnung *f*
repuesto [rrɛ'pu̯esto] *m* Vorrat *m*; ⚙ Ersatzteil *n*; *de* ~ Ersatz..., Reserve...
repugna|ncia [rrɛpuɣ'nanθi̯a] *f* Widerwille *m*, Ekel *m*; **~nte** [~'nante] abstoßend, widerlich; **~r** [~'nar] (1a) abstoßen, anekeln
repul|sa [rrɛ'pulsa] *f* Ablehnung *f*; **~sión** [~'si̯ɔn] *f* Abneigung *f*, Widerwille *m*; **~sivo** [~'sibo] abstoßend
reputa|ción [rrɛputa'θi̯ɔn] *f* Ruf *m*; Name *m*; **~do** [~'tado] angesehen; berühmt
reque|rimiento [rrɛkeri'mi̯ento] *m* Aufforderung *f*; Bitte *f*; **~rir** [~'rir] (3i) auffordern; bitten; *(necesitar)* erfordern
requesón [rrɛke'sɔn] *m* Quark *m*
réquiem ['rrɛki̯en] *m* Requiem *n*
requisa [rrɛ'kisa] *f* Inspektion *f*; ⚔ Requisition *f*; **~r** [~'sar] (1a) ⚔ requirieren; *Am* durchsuchen
requisito [rrɛki'sito] *m* Erfordernis *n*; Formalität *f*
res [rres] *f* Stück *n* Vieh; *Am* Rind *n*
resabio [rrɛ'saβi̯o] *m* Nachgeschmack *m*
resaca [rrɛ'saka] *f* Dünung *f*; Sog *m*; F Kater *m*
resaltar [rrɛsal'tar] (1a) hervor-, herausragen *(a fig)*; *(hacer)* ~ hervorheben
resarcir [rrɛsar'θir] (3b) entschädigen (für *de*); **~se** sich schadlos halten (für *de*)
resba|ladizo [rrɛzβala'ðiθo] rutschig; **~lar** [~'lar] (1a) ausrutschen; *auto* schleudern; **~lón** [~'lɔn] *m fig* Ausrutscher *m*

resca|tar [rreska'tar] (1a) loskaufen; auslösen; *fig* retten, bergen; **~te** [~'kate] *m* Rettung *f*, Bergung *f*; (*dinero*) Lösegeld *n*

resci|ndir [rresθin'dir] (3a) (*contrato*) aufheben, kündigen; **~sión** [~θi'sĭɔn] *f* Aufhebung *f*, Kündigung *f*

resenti|do [rresen'tiðo] nachtragend; **~miento** [~'mĭento] *m* Groll *m*; Ressentiment *n*; **~rse** [~'tirse] (3i): ~ **de** (noch) spüren; die Nachwirkungen spüren

reseña [rre'seɲa] *f* Beschreibung *f*; *lit* Rezension *f*; **~r** [~'ɲar] (1a) beschreiben; *lit* besprechen, rezensieren

reserva [rre'serβa] *f* Reserve *f* (*a* ⚔); (*de plaza, etc*) Reservierung *f*; Buchung *f*; *fig* Zurückhaltung *f*; (*zona*) Reservat *n*; ~ (**biológica**) Naturschutzgebiet *n*; **sin ~s** vorbehaltlos; **~do** [~'baðo] reserviert (*a fig*); zurückhaltend; **~r** [~'bar] (1a) reservieren; buchen; (*guardar*) aufsparen; **~rse** sich *et* vorbehalten

resfria|do [rresfri'aðo] *m* Erkältung *f*; Schnupfen *m*; **~rse** [~'arse] (1c) sich erkälten; *fig* sich abkühlen

resfrío *Am* [rres'frio] *m* Erkältung *f*

resguar|dar [rrezɡŭar'dar] (1a) bewahren, schützen (vor *de*); **~do** [~'ɡŭarðo] *m* Schutz *m*; (*documento*) Beleg *m*, Schein *m*

resi|dencia [rresi'ðenθĭa] *f* Wohnsitz *m*; Residenz *f*; ~ **de ancianos** Altersheim *n*; ~ **de estudiantes** Studentenheim *n*; **~dencial** [~'θĭal] Wohn...; **~dente** [~'ðente] **1.** *adj* wohnhaft; **2.** *m* Bewohner *m*; ✝ Deviseninländer *m*; **~dir** [~'ðir] (3a) wohnen; residieren; ~ **en** *fig* liegen in; **~duo** [~'siðŭo] *m* Rest *m*; Rückstand *m*; **~s** *pl* Abfall *m*; **~s radiactivos** Atommüll *m*

resigna|ción [rresiɣna'θĭɔn] *f* Resignation *f*; **~rse** [~'narse] (1a) sich abfinden (mit *con*); resignieren

resina [rre'sina] *f* Harz *n*

resis|tencia [rresis'tenθĭa] *f* Widerstand *m* (*a* ⚡); Widerstandskraft *f*; **~tente** [~'tente] widerstandsfähig; ⊙ haltbar; beständig (gegen **a**); **~tir** [~'tir] (3a) **1.** *v/i* widerstehen (*dat*); **2.** *v/t* ertragen, aushalten; **~tirse** sich sträuben (gegen *ac* **a**)

resolu|ción [rresolu'θĭɔn] *f* (Auf-)Lösung *f*; (*decisión*) Entscheidung *f*, Beschluß *m*; *fig* Entschlossenheit *f*; **~to** [~'luto] entschlossen

resolver [rresɔl'ber] (2h; *part* **resuelto**) (auf)lösen; (*decidir*) beschließen; **~se** sich entschließen (zu **a**)

resona|ncia [rreso'nanθĭa] *f* Resonanz *f*; *fig* Anklang *m*, Echo *n*; **~r** [~'nar] (1m) widerhallen (*a fig*)

resoplar [rreso'plar] (1a) schnauben

resorte [rre'sɔrte] *m* Sprungfeder *f*; *fig* Triebfeder *f*; Mittel *n*

respal|dar [rrespal'dar] (1a) unterstützen; **~darse** sich anlehnen; **~do** [~'palðo] *m* Rückenlehne *f*; *fig* Rückendeckung *f*, Unterstützung *f*

respec|tar [rrespek'tar] (1a) angehen; **por lo que respecta a ...** was ... betrifft; **~tivo** [~'tiβo] betreffend; jeweilig; **~to** [~'pekto] *m*: (**con**) ~ **a** hinsichtlich (*gen*); **a este ~** in dieser Hinsicht

respe|table [rrespe'taβle] achtbar; ansehnlich; **~tar** [~'tar] (1a) achten, respektieren; **~to** [~'peto] *m* Achtung *f*; Respekt *m*; **~tuoso** [~'tŭoso] respektvoll

respi|ración [rrespira'θĭɔn] *f* Atmung *f*; **~rar** [~'rar] (1a) atmen; *fig* aufatmen; **~ratorio** [~'torĭo] Atmungs...; Atem...; **~ro** [~'piro] *m fig* Atem-, Verschnaufpause *f*

resplan|decer [rresplande'θer] (2d) glänzen, strahlen; **~dor** [~'dɔr] *m* Glanz *m*; Schein *m*

respon|der [rrespɔn'der] (2a) antworten, erwidern; ~ **a** antworten auf (*ac*), beantworten; (*corresponder*) entsprechen (*dat*); ✱ reagieren auf (*ac*); ~ **de** verantwortlich sein für; haften für; **~dón** F [~'dɔn] F schnippisch

responsa|bilidad [rresponsaβili'ðað] *f* Verantwortlichkeit *f*; Verantwortung *f* (für **de**); Haftung *f*; **~s civil** Haftpflicht *f*; **~bilizarse** [~'θarse] (1f) die Verantwortung übernehmen (für *ac* **de**); **~ble** [~'saβle] verantwortlich (für **de**); haftbar

respuesta [rres'pŭesta] *f* Antwort *f*; **en ~ a** in Beantwortung (*gen*)

resquemor [rreske'mɔr] *m* Groll *m*

resta ⚔ ['rresta] *f* Subtrahieren *n*

restable|cer [rrestaβle'θer] (2d) wiederherstellen; **~cerse** sich erholen, genesen; **~cimiento** [~θi'mĭento] *m* Wiederherstellung *f*; ✱ Genesung *f*

resta|nte [rres'tante] **1.** *adj* restlich; **2.** *m* Überrest *m*; **~r** [~'tar] (1a) **1.** *v/t* subtrahieren, abziehen; **2.** *v/i* übrigbleiben

restauración

restaura|ción [rrestau̯ra'θi̯ɔn] f Wiederherstellung f; Restaurierung f; ~**nte** [~'rante] m Restaurant n; ~ **de autoservicio** Selbstbedienungsrestaurant n; ~**r** [~'rar] (1a) wiederherstellen; restaurieren

restitu|ción [rrestitu'θi̯ɔn] f Rückerstattung f; ~**ir** [~tu'ir] (3g) zurückerstatten, -geben

resto ['rresto] m Rest m; **los** ~**s mortales** die sterbliche Hülle f

restregar [rrestre'gar] (1h u 1k) reiben, scheuern

restricción [rrestrig'θi̯ɔn] f Einschränkung f; -**ones** pl **a la importación** Importbeschränkungen f/pl

restringir [rrestriŋ'xir] (3c) ein-, beschränken

resucitar [rresuθi'tar] (1a) **1.** v/t wiedererwecken; **2.** v/i (wieder) auferstehen

resuelto [rrɛ'su̯elto] **1.** part v **resolver**; **2.** adj entschlossen; beherzt

resulta|do [rresul'tado] m Ergebnis n, Resultat n; ~**r** [~'tar] (1a) sich ergeben; sich herausstellen (als)

resu|men [rrɛ'sumen] m Zs.-fassung f; ~**mir** [~su'mir] (3a) zs.-fassen

resu|rgir [rresur'xir] (3c) wiedererscheinen; ~**rrección** [~surrɛg'θi̯ɔn] f Auferstehung f

retablo [rrɛ'taβlo] m Altarbild n

retaguardia ⚔ [rreta'gu̯arði̯a] f Nachhut f

retal [rrɛ'tal] m Stoffrest m

retama ♣ [rrɛ'tama] f Ginster m

retar [rrɛ'tar] (1a) herausfordern

retar|dar [rretar'dar] (1a) verzögern; aufschieben; ~**darse** sich verspäten; ~**do** [~'tarðo] m Aufschub m; Verzögerung f

retén [rrɛ'ten] m Brandwache f

reten|ción [rrɛten'θi̯ɔn] f Zurückbehaltung f; Einbehaltung f; -**ones** pl (Verkehrs-)Stau m; ~**er** [~te'nɛr] (2l) zurück(be)halten; einbehalten

retina [rrɛ'tina] f Netzhaut f

retira|da [rrɛti'raða] f Rückzug m (a ⚔); Entzug m; ~**do** [~'raðo] (alejado); (vida) zurückgezogen; ~**r** [~'rar] (1a) zurückziehen; (quitar) wegnehmen; (dinero) abheben

retiro [rrɛ'tiro] m Ruhestand m; (pensión) Ruhegeld n; fig Zurückgezogenheit f; ⚔ Abschied m

reto ['rrɛto] m Herausforderung f

retocar [rrɛto'kar] (1g) überarbeiten; fot retuschieren

retoño [rrɛ'toɲo] m ♣ Schößling m, Sproß m; fig Sprößling m

retoque [rrɛ'toke] m Überarbeitung f; fot Retusche f

retorcer [rrɛtɔr'θɛr] (2b u 2h) verdrehen (a fig); (ropa) (aus)wringen; ~**se** sich krümmen, sich winden

retóri|ca [rrɛ'torika] f Rhetorik f; ~**co** [~'toriko] rhetorisch

retor|nar [rrɛtɔr'nar] (1a) **1.** v/t zurückgeben; **2.** v/i zurückkehren; ~**no** [~'tɔrno] m Rückkehr f; (devolución) Rückgabe f

retozar [rrɛto'θar] (1f) hüpfen; (herum)tollen

retracta|ción [rrɛtrakta'θi̯ɔn] f Widerruf m; ~**r** [~'tar] (1a) widerrufen; ~**rse** (sein Wort) zurücknehmen

retra|er [rrɛtra'ɛr] (2p) zurückziehen; (devolver) wiederbringen; ~**erse** sich zurückziehen; ~**ído** [~'iðo] zurückgezogen; fig zurückhaltend

retransmi|sión [rrɛtranzmi'si̯ɔn] f Übertragung f; ~ **en diferido** Aufzeichnung f; ~ **en directo** Direktübertragung f, Live-Sendung f; ~**tir** [~'tir] (3a) übertragen

retra|sado [rrɛtra'saðo] zurückgeblieben (a ⚕); ~**sar** [~'sar] (1a) verzögern; aufschieben; (reloj) zurückstellen; ~**sarse** sich verzögern; (reloj) nachgehen; 🚂, etc sich verspäten; ~**so** [~'traso] m Verzögerung f; 🚂 Verspätung f

retra|tar [rrɛtra'tar] (1a) porträtieren; fot aufnehmen; fig schildern; ~**to** [~'trato] m Porträt n; ~**robot** Phantombild n

retre|ta ⚔ [rrɛ'trɛta] f Zapfenstreich m; ~**te** [~'trɛte] m Klosett n

retribu|ción [rrɛtriβu'θi̯ɔn] f Vergütung f; Entlohnung f; ~**ir** [~'ir] (3g) vergüten; bezahlen

retro|activo [rrɛtroak'tiβo] rückwirkend; ~**ceder** [~θe'ðɛr] (2a) zurückweichen; ~**ceso** [~'θeso] m Zurückweichen n; fig Rückschritt m; Rückschlag m

retrógrado [rrɛ'trɔgraðo] fig rückständig, rückschrittlich

retro|spectiva [rrɛtrɔspɛk'tiβa] f Rückschau f, Retrospektive f; ~**spectivo** [~'tiβo] rückblickend, -schauend; ~**visor** [~βi'sɔr] m Rückspiegel m

retumbar [rrɛtum'bar] (1a) dröhnen
reuma(tismo) ♂ ['rrɛuma('tizmo)] *m* Rheuma(tismus *m*) *n*; ~ **articular** Gelenkrheumatismus *m*
reunifi|cación [rrɛunifika'θi̯ɔn] *f pol* Wiedervereinigung *f*; **~car** [~'kar] (1g) wiedervereinigen
reuni|ón [rrɛu'ni̯ɔn] *f* Versammlung *f*; Sitzung *f*; **~r** [~'nir] (3a) sammeln, zs.-tragen; (*personas*) versammeln; **~rse** sich treffen, zs.-kommen
revaloriza|ción [rrɛbaloriθa'θi̯ɔn] *f* Aufwertung *f*; **~r** [~'θar] (1f) aufwerten
revaluar [rrɛba'lŭar] (1e) aufwerten
revancha [rrɛ'bantʃa] *f* Revanche *f*
revela|ción [rrɛbela'θi̯ɔn] *f* Enthüllung *f*; **~do** *fot* [~'laðo] *m* Entwickeln *n*; **~dor** [~'dɔr] 1. *adj* aufschlußreich; 2. *m fot* Entwickler *m*; **~r** [~'lar] (1a) enthüllen; *fot* entwickeln
reven|der [rrɛben'dɛr] (2a) weiterverkaufen; **~ta** [~'benta] *f* Weiterverkauf *m*
reventar [rrɛben'tar] (1k) 1. *v/i* platzen (*a fig* vor **de**), bersten; 2. *v/t* zum Platzen bringen; kaputtmachen; (*molestar*) rasend machen; **~se** zerplatzen
reventón [rrɛben'tɔn] *m auto* Reifenpanne *f*
reveren|cia [rrɛbe'rɛnθi̯a] *f* Ehrfurcht *f*; (*inclinación*) Verbeugung *f*; **~do** [~'rendo] *rel* ehrwürdig; **~te** [~'rente] ehrerbietig, respektvoll
rever|sible [rrɛbɛr'sible] umkehrbar; (*ropa*) beidseitig tragbar; **~so** [~'bɛrso] *m* Rückseite *f*; Kehrseite *f* (*a fig*)
revés [rrɛ'bes] *m* Rückseite *f*; *fig* Mißgeschick *n*; (*tenis*) Rückhand(schlag *m*) *f*; **al ~** umgekehrt
revesti|miento [rrɛbesti'mi̯ento] *m* ⊙ Verkleidung *f*; Belag *m*; Überzug *m*; **~r** [~'tir] (3l) verkleiden; belegen; überziehen (mit **de**)
revi|sar [rrɛbi'sar] (1a) nach-, durchsehen; nachprüfen; ⊙ überholen; **~sión** [~'si̯ɔn] *f* Überprüfung *f*; Revision *f*; *auto* Inspektion *f*; ⊙ Überholung *f*; **~sor** [~'sɔr] *m* Kontrolleur *m*; 🚆 Schaffner *m*; **~sta** [~'bista] *f* Zeitschrift *f*; *teat* Revue *f*; ✕ (Truppen)Besichtigung *f*; **pasar ~ a** ✕ besichtigen; (die Front) abschreiten; **~stero** [~'tero] *m* Zeitungsständer *m*
revoca|ble [rrɛbo'kable] widerruflich; **~ción** [~ka'θi̯ɔn] *f* Widerruf *m*; Aufhebung *f*; **~r** [~'kar] (1g) widerrufen, aufheben; (*pared*) tünchen
revolcar [rrɛbɔl'kar] (1g *u* 1m) zu Fall bringen; **~se** sich (herum)wälzen
revol|tijo [rrɛbɔl'tixo] *m* Wirrwarr *m*; **~toso** [~'toso] aufsässig; (*niño*) ungezogen
revolu|ción [rrɛbolu'θi̯ɔn] *f* Revolution *f*; *astr* Umlauf *m*; ⊙ Umdrehung *f*; **~cionar** [~θi̯o'nar] (1a) revolutionieren; **~cionario** [~θi̯o'nari̯o] 1. *adj* revolutionär; 2. *m* Revolutionär *m*
revólver [rrɛ'bɔlbɛr] *m* Revolver *m*
revolver [rrɛbɔl'bɛr] (2h; *part* **revuelto**) umrühren; umwühlen; (*desordenar*) durchea.-bringen; *fig* aufwühlen
revoque [rrɛ'boke] *m* Verputz *m*
revuelo [rrɛ'bŭelo] *m* Durcheinander *n*; Aufruhr *m*
revuel|ta [rrɛ'bŭelta] *f* Aufruhr *m*, Revolte *f*; **~to** [rrɛ'bŭelto] 1. *part v* **revolver**; 2. *adj* unruhig; (*desordenado*) durcheinander; (*mar*) aufgewühlt
rey [rrɛi̯] *m* König *m* (*a ajedrez*)
reyerta [rrɛ'i̯ɛrta] *f* Streit *m*, Zank *m*
rezaga|do [rrɛθa'gaðo] *m* Nachzügler *m*; **~rse** [~'garse] (1h) zurückbleiben
re|zar [rrɛ'θar] (1f) beten; (*texto*) lauten; **~zo** ['rrɛθo] *m* Beten *n*; Gebet *n*
rezumarse [rrɛθu'marse] (1a) durchsickern (*a fig*)
ría ['rria] *f* fjordähnliche Flußmündung *f*
ria|chuelo [rria'tʃŭelo] *m* Flüßchen *n*; Bach *m*; **~da** [rri'aða] *f* Hochwasser *n*
ribera [rri'bera] *f* Ufer *n*
ribete [rri'bete] *m* Saum *m*; Besatz *m*; *fig* **~s** *pl* Anzeichen *n/pl*; Anflug *m*
ricino ♀ [rri'θino] *m* Rizinus *m*
rico ['rriko] 1. *adj* reich (an **en**); (*comida*) köstlich, F lecker; (*niño*) niedlich; 2. *m* Reiche(r) *m*; *nuevo* **~** Neureiche(r) *m*
ridicu|lez [rriðiku'leθ] *f* Lächerlichkeit *f*; **~lizar** [~li'θar] (1f) lächerlich machen
ridículo [rri'ðikulo] lächerlich; *hacer el* **~** sich lächerlich machen, sich blamieren; *poner en* **~** lächerlich machen
ríe ['rrie] *s* **reír**
riego ['rri̯ego] *m* Bewässerung *f*; **~ sanguíneo** Durchblutung *f*
riel [rri̯el] *m* (Gardinen-)Stange *f*; 🚆 Schiene *f*
rienda ['rri̯enda] *f* Zügel *m* (*a fig*); *dar* **~ suelta** freien Lauf lassen

riesgo ['rrjezgo] *m* Risiko *n*; Gefahr *f*; **a ~ de** auf die Gefahr hin, zu; **correr (el) ~** Gefahr laufen; **~so** *Am* [rrjez'goso] riskant

rifa ['rrifa] *f* Verlosung *f*, Tombola *f*; **~r** [rri'far] (1a) verlosen

rifle ['rrifle] *m* Büchse *f*, Gewehr *n*

rigidez [rrixi'deθ] *f* Starrheit *f*; *fig* Strenge *f*

rígido ['rrixiðo] starr; *fig* streng

rigor [rri'gor] *m* Strenge *f*, Härte *f*; **en ~** strenggenommen; **ser de ~** unerläßlich (*od* Vorschrift) sein

riguro|sidad [rrigurosi'ðað] *f* Strenge *f*; **~so** [~'roso] streng; rigoros; unerbittlich

rima ['rrima] *f* Reim *m*; **~s** *f/pl* Verse *m/pl*; **~r** [rri'mar] (1a) reimen; sich reimen (auf *ac con*)

rimbombante [rrimbom'bante] hochtönend; bombastisch

rímel ['rrimεl] *m* Wimperntusche *f*

rin|cón [rriŋ'kon] *m* Winkel *m*, Ecke *f*; **~conera** [~ko'nera] *f* Ecktisch *m*; Eckschrank *m*

ring [rriŋ] *m* (Box-)Ring *m*

rinoceronte [rrinoθe'ronte] *m* Nashorn *n*

riña ['rriɲa] *f* Zank *m*, Streit *m*

riñón [rri'ɲon] *m* Niere *f*; **costar un ~** ein Heidengeld kosten

río ['rrio] **1.** *m* Fluß *m*, Strom *m*; **2.** *s reír*

ripio ['rripio] *m fig* Flickwort *n*; **no perder ~** sich nichts entgehen lassen

riqueza [rri'keθa] *f* Reichtum *m*; **~s del subsuelo** Bodenschätze *m/pl*

risa ['rrisa] *f* Lachen *n*; **dar ~** zum Lachen sein; **tomar a ~** nicht ernst nehmen

risotada [rriso'taða] *f* schallendes Gelächter *n*

ristra ['rristra] *f* Schnur *f* mit Knoblauch, Zwiebeln usw

risueño [rri'sweɲo] lachend; heiter

rítmico ['rriðmiko] rhythmisch

ritmo ['rriðmo] *m* Rhythmus *m*

rito ['rrito] *m* Ritus *m*

ritual [rri'twal] **1.** *adj* rituell; **2.** *m* Ritual *n*

rival [rri'bal] *su* Rivale *m*, Rivalin *f*; **~idad** [~bali'ðað] *f* Rivalität *f*; **~izar** [~'θar] (1f) wetteifern, rivalisieren

riza|do [rri'θaðo] lockig; kraus; **~r** [~'θar] (1f) kräuseln

rizo ['rriθo] *m* Locke *f*; (*tela*) Frottee *n*, *m*

robar [rro'bar] (1a) stehlen; (be)rauben

roble ❦ ['rroble] *m* Eiche *f*

roblón ⚙ [rro'blon] *m* Niet *m*

robo ['rrobo] *m* Raub *m*; Diebstahl *m*; **~ con fractura** Einbruch(diebstahl) *m*; **~ con homicidio** Raubmord *m*

robot ['rrobot] *m* Roboter *m*

robótica [rro'botika] *f* Robotik *f*

robus|tecer [rrobuste'θer] (2d) stärken; **~tez** [~'teθ] *f* Kraft *f*; Stärke *f*; **~to** [~'busto] stark, robust

roca ['rroka] *f* Fels(en) *m*

roce ['rroθe] *m* Reibung *f*; *fig* Reiberei *f*

rociar [rro'θiar] (1c) besprengen

rocín [rro'θin] *m* Gaul *m*, Klepper *m*

rocío [rro'θio] *m* Tau *m*

rococó [rroko'ko] *m* Rokoko *n*

rocoso [rro'koso] felsig

rodaballo *zo* [rroða'baʎo] *m* Steinbutt *m*

rodada [rro'ðaða] *f* Radspur *f*, Wagenspur *f*

roda|ja [rro'ðaxa] *f* Scheibe *f*; **~je** [~'ðaxe] *m* (*cine*) Drehen *n*, Dreharbeiten *f/pl*; *auto* Einfahren *n*; **en ~** wird eingefahren

rodamiento ⚙ [rroða'mjento] *m* Lager *n*; **~ de bolas** Kugellager *n*

rodapié △ [rroða'pje] *m* Fußleiste *f*

rodar [rro'ðar] (1m) **1.** *v/i* rollen; (*caer*) herunterrollen; (*dar vueltas*) sich drehen; **2.** *v/t* (*cine*) drehen; *auto* einfahren

rode|ar [rroðe'ar] (1a) umgeben (mit *de*); umringen; **~o** [~'ðeo] *m* Umweg *m*; *fig* Ausflucht *f*; *Am* Rodeo *m od n*; **sin ~s** ohne Umschweife

rodi|lla [rro'ðiʎa] *f* Knie *n*; **de ~s** kniend; **hincarse** (*od* **ponerse**) **de ~s** niederknien; **~llera** [~ði'ʎera] *f* Knieschützer *m*; **~llo** [~'ðiʎo] *m* Rolle *f*; Walze *f*; *gastr* Nudelholz *n*

rododendro ❦ [rroðo'ðendro] *m* Rhododendron *m*

Rodríguez F [rro'ðrigeθ]: **estar de ~** Strohwitwer sein

roe|dor [rroe'ðor] *m* Nagetier *n*; **~r** [~'εr] (2za) (ab)nagen; nagen an (*a fig*)

roga|r [rro'gar] (1h u 1m) bitten; **hacerse** (**de**) **~** sich bitten lassen; **~tiva** [~ga'tiba] *f* Bittgebet *n*

ro|jizo [rro'xiθo] rötlich; **~jo** ['rroxo] rot

rol [rrol] *m* Rolle *f*

rollizo [rro'ʎiθo] rundlich; stramm

rollo ['rroʎo] *m* Rolle *f*; *fot* Rollfilm *m*; F **es un ~** das ist stinklangweilig

romance [rrɔ'manθe] *m* Romanze *f (a fig)*
románico [rrɔ'maniko] **1.** *m* Romanik *f*; **2.** *adj* romanisch
romanista [rrɔma'nista] *m* Romanist *m*
romano [rrɔ'mano] *m* römisch
rom|anticismo [rrɔmanti'θizmo] *m* Romantik *f*; **~ántico** [~'mantiko] romantisch
rombo ['rrɔmbo] *m* Rhombus *m*, Raute *f*
rome|ría [rrɔme'ria] *f* Wallfahrt *f*; **~ro** [~'mero] *m* Pilger *m*; ♣ Rosmarin *m*
romo ['rrɔmo] stumpf
rompe|cabezas [rrɔmpeka'beθas] *m* Puzzle *n*; **~hielos** ⚓ [~'ĭelos] *m* Eisbrecher *m*; **~huelgas** *Am* [~'ŭelgas] *m* Streikbrecher *m*; **~olas** [~'olas] *m* Wellenbrecher *m*
romper [rrɔm'per] (2a; *part roto*) **1.** *v/t* (zer)brechen, F kaputtmachen; zerreißen; abbrechen *(a fig)*; **2.** *v/i*: **~a** (plötzlich) anfangen zu; **~ con alg** mit j-m brechen; **~se** zerbrechen, F kaputtgehen
ron [rrɔn] *m* Rum *m*
roncar [rrɔŋ'kar] (1g) schnarchen
ronco ['rrɔŋko] heiser, rauh
ronda ['rrɔnda] *f* Runde *f*; *(patrulla)* Streife *f*; **~r** [~'dar] (1a) die Runde machen; bummeln; **~ las mil pesetas** etwa tausend Peseten betragen
ron|quera [rrɔŋ'kera] *f* Heiserkeit *f*; **~quido** [~'kiđo] *m* Schnarchen *n*
ronronear [rrɔnrrɔne'ar] (1a) schnurren
roñ|a ['rrɔɲa] *f* Räude *f*, Krätze *f*; **~oso** [rrɔ'ɲoso] räudig; *fig* knauserig
ropa ['rrɔpa] *f* Kleidung *f*; **~ de cama** Bettwäsche *f*; **~ interior** Unterwäsche *f*; **~vejero** [~be'xero] *m* Trödler *m*
ropero [rrɔ'pero] *m* Kleiderschrank *m*
rorro F ['rrɔrrɔ] *m* Baby *n*
ros ⚔ [rrɔs] *m* Käppi *n*
rosa ['rrɔsa] **1.** *adj* rosa; **2.** *f* Rose *f*; *verlo todo de color de* **~** alles in rosigem Licht sehen; **~do** [rrɔ'sađo] **1.** *adj* rosenrot; **2.** *m* Rosé(wein) *m*
rosal [rrɔ'sal] *m* Rosenstrauch *m*
rosario [rrɔ'sarĭo] *m* Rosenkranz *m*
rosbif [rrɔz'bif] *m* Roastbeef *n*
rosca ['rrɔska] *f* ⚙ Gewinde *n*; *gastr* Kranz *m*; *pasarse de* **~** *fig* zu weit gehen
rosetón △ [rrɔse'tɔn] *m* Rosette *f*
rosquilla [rrɔs'kiʎa] *f* Brezel *f*

rostro ['rrɔstro] *m* Gesicht *n*, Antlitz *n*
rota|ción [rrɔta'θĭɔn] *f* Drehung *f*; Umdrehung *f*; **~ de cultivos** ✍ Fruchtwechsel *m*; **~torio** [~'torĭo] rotierend
roto ['rrɔto] **1.** *s romper*; **2.** *adj* zerbrochen, F kaputt
rótula ['rrɔtula] *f* Kniescheibe *f*
rotula|dor [rrɔtula'đɔr] *m* Filzstift *m*; **~r** [~'lar] (1a) beschriften
rótulo ['rrɔtulo] *m* Aufschrift *f*; *(letrero)* Schild *n*
rotun|damente [rrɔtunda'mente] rundweg, -heraus; **~do** [~'tundo] entschieden, kategorisch
rotura [rrɔ'tura] *f* (Zer-)Brechen *n*; Bruch *m*; *a* ✍ Riß *m*
roturar ✍ [rrɔtu'rar] (1a) urbar machen; roden
roya ♣ ['rrɔja] *f* Rost *m*
roza|dura [rrɔθa'đura] *f* Schramme *f*, Kratzer *m*; **~r** [~'θar] (1f) streifen; (leicht) berühren
rubéola ✚ [rru'beola] *f* Röteln *pl*
rubí [rru'bi] *m* Rubin *m*
rubi|a ['rrubĭa] *f* Blondine *f*; **~o** ['rrubĭo] blond; *fig* hell
rublo ['rrublo] *m* Rubel *m*
rubor [rru'bɔr] *m* (Scham-)Röte *f*; Scham(gefühl *n*) *f*; **~izarse** [~bori'θarse] (1f) (scham)rot werden, erröten
rúbrica ['rrubrika] *f* Schnörkel *m am Namenszug*; *fig* Überschrift *f*
rubricar [rrubri'kar] (1g) abzeichnen
ruda ♣ ['rruđa] *f* Raute *f*
rudeza [rru'đeθa] *f* Rauheit *f*; Derbheit *f*; Schroffheit *f*
rudimen|tario [rruđimen'tarĭo] rudimentär; **~to** [~'mento] *m* Rudiment *n*; **~s** *pl* Grundbegriffe *m/pl*
rudo ['rruđo] roh; plump; *(duro)* rauh; hart
rueca ['rrŭeka] *f* Spinnrocken *m*
rue|da ['rrŭeđa] *f* Rad *n*; **~ de prensa** Pressekonferenz *f*; **~do** [~đo] *m taur* Arena *f*
ruego ['rrŭego] **1.** *s rogar*; **2.** *m* Bitte *f*
rufián [rru'fĭan] *m* Zuhälter *m*; *fig* Gauner *m*
rugby ['rrugbi] *m* Rugby *n*
rugi|do [rru'xiđo] *m* Brüllen *n*; **~r** [~'xir] (3c) brüllen; toben
rugo|sidad [rrugosi'đa(đ)] *f* Runzel *f*; *fig* Unebenheit *f*; **~so** [~'goso] runz(e)lig

ruibarbo ⚕ [rrŭi'barbo] *m* Rhabarber *m*
ruido ['rrŭiđo] *m* Lärm *m*; Geräusch *n*; **~ de fondo** Geräuschkulisse *f*; **~so** [~'đoso] lärmend, geräuschvoll; *fig* aufsehenerregend
ruin [rrŭin] niederträchtig; (*avaro*) schäbig
ruin|a ['rrŭina] *f* Ruine *f* (*a fig*); ✞ Ruin *m*; **amenazar ~** einzustürzen drohen; **~oso** [~'noso] baufällig; ✞ ruinös
ruiseñor [rrŭise'ɲɔr] *m* Nachtigall *f*
ruleta [rru'leta] *f* Roulett *n*
rulo ['rrulo] *m* Lockenwickler *m*
rumano [rru'mano] **1.** *adj* rumänisch; **2.** *m* Rumäne *m*
rumbo ['rrumbo] *m* Kurs *m*; *fig* Weg *m*; Richtung *f*; (*esplendor*) Prunk *m*, Pracht *f*; (*generosidad*) Freigebigkeit *f*; **~so** [~'boso] prächtig, prunkhaft; (*generoso*) freigebig
rumia|nte [rru'mĭante] *m* Wiederkäuer *m*; **~r** [~'mĭar] (1b) wiederkäuen
rumor [rru'mɔr] *m* Gerücht *n*; **~ear** [~more'ar] (1a) munkeln
rupestre [rru'pestre]: **pintura *f* ~** Höhlenmalerei *f*
ruptura [rrup'tura] *f* (Ab-)Bruch *m*
rural [rru'ral] ländlich; Land...
ruso ['rruso] **1.** *adj* russisch; **2.** *m*, **-a** *f* [~sa] Russe *m*, Russin *f*
rústico ['rrustiko] ländlich, Land...; rustikal; **en -a** (*libro*) broschiert
ruta ['rruta] *f* Weg *m*; Route *f*
rutilante [rruti'lante] glänzend, schimmernd
rutina [rru'tina] *f* Routine *f*; **~rio** [~'narĭo] routine-, gewohnheitsmäßig

S

S, s ['ese] *f* S. s *n*
sábado ['sabađo] *m* Sonnabend *m*, Samstag *m*; ♀ **Santo** (*od* **de Gloria**) Kar-, Ostersamstag *m*
sábana ['sabana] *f* Bettuch *n*; **~ ajustable** Spannbettuch *n*
sabana [sa'bana] *f* Savanne *f*
sabandija [saban'dixa] *f* Gewürm *n*
sabañón [saba'ɲɔn] *m* Frostbeule *f*
sabelotodo [sabelo'tođo] *m* Besserwisser *m*
saber [sa'ber] (2n) **1.** *v/t* wissen; können; (*tener noticia*) erfahren; **hacer ~** mitteilen; **¡qué sé yo!** keine Ahnung!; **no que yo sepa** nicht daß ich wüßte; **a ~** nämlich; **2.** *v/i* schmecken (nach **a**); **me sabe mal** es ist mir unangenehm; **3.** *m* Wissen *n*; Können *n*
sabi|do [sa'biđo] bekannt; **~duría** [~đu'ria] *f* Weisheit *f*; Wissen *n*; **~endas** [sa'bĭendas]: **a ~** wissentlich; **~hondo** F [~'ɔndo] *m* Besserwisser *m*
sabio ['sabĭo] **1.** *adj* weise; gelehrt; **2.** *m* Weise(r) *m*, Gelehrte(r) *m*
sab|lazo [sa'blaθo] *m* Säbelhieb *m*; F **dar un ~ a alg** F j-n anpumpen; **~le** ['sable] *m* Säbel *m*
sabor [sa'bɔr] *m* Geschmack *m*; **~ear** [sabore'ar] (1a) genießen
sabot|aje [sabo'taxe] *m* Sabotage *f*; **~ear** [~te'ar] (1a) sabotieren
sabroso [sa'broso] schmackhaft; *Am* herrlich
sabueso [sa'bŭeso] *m* Spürhund *m*; *fig* Schnüffler *m*
saca ['saka] *f* Post-, Geldsack *m*; **~corchos** [~'kɔrtʃos] *m* Korkenzieher *m*; **~puntas** [~'puntas] *m* Bleistiftanspitzer *m*
sacar [sa'kar] (1g) herausziehen, -nehmen, -holen; entnehmen; (*libro, etc*) herausbringen; (*lengua*) herausstrecken; (*muela*) ziehen; (*billete*) lösen; (*foto*) machen; **~ adelante** vorantreiben; durchbringen; **~ a bailar** zum Tanz auffordern; **~ en claro** klarstellen; **~ de paseo** spazierenführen
sacarina [saka'rina] *f* Sa(c)charin *n*, Süßstoff *m*
sacerdo|te [saθer'đote] *m* Priester *m*; **~tisa** [~đo'tisa] *f* Priesterin *f*

saci|ar [saˈθĩar] (1b) sättigen; *fig* befriedigen; **~edad** [saθieˈdađ] *f* Sättigung *f*; *hasta la ~* bis zum Überdruß

saco [ˈsako] *m* Sack *m*; *Am* Sakko *m*; *~ de dormir* Schlafsack *m*; *no echar a/c en ~ roto* et beherzigen

sacramento [sakraˈmento] *m* Sakrament *n*

sacrifica|do [sakrifiˈkađo] aufopfernd; **~r** [~ˈkar] (1g) opfern; (*res*) schlachten; **~rse** sich aufopfern (für *ac por*)

sacri|ficio [sakriˈfiθio] *m* Opfer *n*; **~legio** [~ˈlɛxio] *m* Sakrileg *n*; Frevel *m*

sacrílego [saˈkrilego] gotteslästerlich; frevelhaft

sacris|tán [sakrisˈtan] *m* Küster *m*; **~tía** [~ˈtia] *f* Sakristei *f*

sacro [ˈsakro] heilig

sacudi|da [sakuˈđiđa] *f* Erschütterung *f*; Stoß *m*; **~dor** [~ˈđor] *m* Teppichklopfer *m*; **~r** [~ˈđir] (3a) schütteln, rütteln; erschüttern; (*alfombra*) (aus)klopfen

sádico [ˈsađiko] **1.** *adj* sadistisch; **2.** *m* Sadist *m*

sadismo [saˈđizmo] *m* Sadismus *m*

saeta [saˈeta] *f* Pfeil *m*

safari [saˈfari] *m* Safari *f*

saga [ˈsaga] *f* Sage *f*

saga|cidad [sagaθiˈđađ] *f* Scharfsinn *m*; Spürsinn *m*; **~z** [saˈgaθ] schlau; scharfsinnig

Sagitario *astr* [saxiˈtario] *m* Schütze *m*

sagra|do [saˈgrađo] heilig; **~rio** [saˈgrario] *m* Tabernakel *n*

sagú [saˈgu] *m* Sago *m*

sainete [saĩˈnete] *m* Schwank *m*

sajón [saˈxɔn] **1.** *adj* sächsisch; **2.** *m* Sachse *m*

sal [sal] *f* Salz *n*; *fig* Mutterwitz *m*; *~ común* Kochsalz *n*

sala [ˈsala] *f* Saal *m*; ⚖ Kammer *f*; *~ de espera* Wartesaal *m*, -zimmer *n*; *~ de estar* Wohnzimmer *n*; *~ de fiestas* Vergnügungslokal *n*

salado [saˈlađo] salzig; *fig* witzig; geistreich

salaman|dra [salaˈmandra] *f* Salamander *m*; **~quesa** [~maŋˈkesa] *f* (Mauer-) Gecko *m*

salar [saˈlar] (1a) salzen

sala|rial [salaˈrial] Lohn...; **~rio** [~ˈlario] *m* Lohn *m*; *~ base* Grundlohn *m*; *~ mínimo* Mindestlohn *m*

salazón [salaˈθɔn] *f* Einsalzen *n*

salchi|cha [salˈtʃitʃa] *f* Würstchen *n*; **~chón** [~tʃiˈtʃɔn] *m* Hartwurst *f*

sal|dar [salˈdar] (1a) ✝ begleichen; (*vender*) ausverkaufen; *fig* beilegen; **~do** [ˈsaldo] *m* ✝ Saldo *m*; (*venta*) Ausverkauf *m*; *~ acreedor* (*deudor*) Haben- (Soll-)Saldo *m*

salero [saˈlero] *m* Salzstreuer *m*; *fig* Anmut *f*; **~so** F [~ˈroso] anmutig; charmant; witzig

salida [saˈliđa] *f* Ausgang *m*; Ausfahrt *f*; (*partida*) Abfahrt *f*; ✈ Abflug *m*; *dep* Start *m*; ✝ Absatz *m*; (*ocurrencia*) (witziger) Einfall *m*; *~ del sol* Sonnenaufgang *m*; *~ de emergencia* Notausgang *m*; *~ de tono* ungehörige Bemerkung *f*

saliente [saˈliente] **1.** *adj* vorspringend; *fig* hervorstechend; *pol* ausscheidend; **2.** *m* Vorsprung *m*

sali|na [saˈlina] *f* Salzbergwerk *n*, Saline *f*; **~nidad** [~liniˈđađ] *f* Salzgehalt *m*; **~no** [~ˈlino] salzig

salir [saˈlir] (3r) ausgehen; hinausgehen; weggehen; abreisen; abfahren; *astr* aufgehen; (*libro*) erscheinen; *~ adelante* vorwärtskommen; *~ bien* (*mal*) gut (schlecht) ablaufen *od* geraten; *~ caro* teuer zu stehen kommen; *~ ileso* unverletzt bleiben; *~ a alg* j-m ähneln; *~ con alg* F mit j-m gehen; *~ perdiendo* den kürzeren ziehen; *a lo que salga* auf gut Glück; **~se** (*líquido*) auslaufen; *~ de* abweichen von (*dat*); *~ con la suya* s-n Kopf durchsetzen

saliva [saˈliβa] *f* Speichel *m*

salmo [ˈsalmo] *m* Psalm *m*

salmón [salˈmɔn] *m* Lachs *m*

salmonelas [salmoˈnelas] *f/pl* Salmonellen *f/pl*

salmonete *zo* [salmoˈnete] *m* Rotbarbe *f*

salmuera [salˈmüera] *f* Salzlake *f*

salobre [saˈlobre] salzig; *agua f ~* Brackwasser *n*

salón [saˈlɔn] *m* Saal *m*; Salon *m*; (*sala de estar*) Wohnzimmer *n*; *~ de actos* Festsaal *m*; Aula *f*; *~ de baile* Ballsaal *m*; *~ de belleza* Kosmetiksalon *m*

salpica|dero [salpikaˈđero] *m auto* Instrumentenbrett *n*; **~dura** [~ˈđura] *f* Spritzer *m*; **~r** [~ˈkar] (1g) bespritzen

salpimentar [salpimenˈtar] (1k) mit Salz u Pfeffer würzen

sal|sa [ˈsalsa] *f* Soße *f*; *fig* Würze *f*; **~sera** [~ˈsera] *f* Soßenschüssel *f*

saltamontes [salta'mɔntes] *m* Heuschrecke *f*

saltar [sal'tar] (1a) **1.** *v/i* springen, hüpfen; *(romperse)* zerspringen; ~ *a la vista fig* ins Auge springen; **2.** *v/t* überspringen *(a fig)*; *(hacer)* ~ (in die Luft) sprengen; **~se** *fig* überspringen

saltea|dor [saltea'dɔr] *m* Straßenräuber *m*; **~r** [~'ar] (1a) überfallen; *gastr* (an)braten

saltimbanqui [saltim'baŋki] *m* Gaukler *m*

salto ['salto] *m* Sprung *m*; ~ *de agua* Wasserfall *m*; ~ *de altura* Hochsprung *m*; ~ *de caballo* Rösselsprung *m*; ~ *de longitud* Weitsprung *m*; ~ *con pértiga* Stabhochsprung *m*; ~ *triple* Dreisprung *m*

saltón [sal'ton] hervorstehend; *ojos m/pl saltones* Glotzaugen *n/pl*

salubre [sa'luβre] gesund

salud [sa'luð] *f* Gesundheit *f*; *¡(a su)* ~*!* auf Ihr Wohl!, prost!; **~able** [~'ðaβle] heilsam; gesund; **~ador** [~ða'ðɔr] *m* Quacksalber *m*

salu|dar [salu'dar] (1a) (be)grüßen; **~do** [~'luðo] *m* Gruß *m*; Begrüßung *f*; **~tación** [~ta'θĭɔn] *f* Begrüßung *f*

salva ⚔ ['salβa] *f* Salve *f*; **~s de ordenanza** Salutschüsse *m/pl*

salva|ción [salβa'θĭɔn] *f* Rettung *f*; *ejército m de* ~ Heilsarmee *f*; **~do** [~'βaðo] *m* Kleie *f*; **~dor** [~'ðɔr] **1.** *adj* rettend; **2.** *m* Retter *m*; *rel* Heiland *m*; **~guardar** [~ğŭar'ðar] (1a) bewahren; schützen; **~guardia** [~'ğŭarðĭa] *f* Geleitbrief *m*; *fig* Schutz *m*

salvaje [sal'βaxe] wild; *fig* roh, brutal

salva|manteles [salβaman'teles] *m* Untersetzer *m*; **~mento** [~'mento] *m* Rettung *f*; Bergung *f*

salvar [sal'βar] (1a) retten; bergen; *(distancia)* zurücklegen; *(obstáculo, etc)* überwinden

salvavidas [salβa'βiðas] *m* Rettungsring *m*; *(chaleco m)* ~ Schwimmweste *f*

salvia ⚘ ['salβĭa] *f* Salbei *m od f*

salvo ['salβo] **1.** *adj* unbeschädigt, heil; *a* ~ in Sicherheit; **2.** *adv, prp* außer; ~ *que* es sei denn (,daß); **~conducto** [~kɔn'dukto] *m* Passierschein *m*

San [san] *vor Namen:* heilig

sana|r [sa'nar] (1a) **1.** *v/t* heilen; **2.** *v/i* gesund werden; **~torio** [~'torĭo] *m* Sanatorium *n*

sanci|ón [san'θĭɔn] *f* Bestätigung *f*; Genehmigung *f*; ⚖ Strafe *f*; **~onar** [~θĭo'nar] (1a) bestätigen; ⚖ bestrafen

sandalia [san'dalĭa] *f* Sandale *f*

sandez [san'deθ] *f* Dummheit *f*

sandía ⚘ [san'dia] *f* Wassermelone *f*

sandwich ['sanbitʃ] *m* Sandwich *n*

sane|amiento [sanea'mĭento] *m* Sanierung *f*; **~ar** [~'ar] (1a) sanieren

san|grar [saŋ'grar] (1a) **1.** *v/t* zur Ader lassen; **2.** *v/i* bluten; **~gre** [~'saŋgre] *f* Blut *n*; *a* ~ *fría* kaltblütig; *echar* ~ bluten; *pura* ~ Vollblut *n*; **~gría** [~'gria] *f* Aderlaß *m (a fig)*; *(bebida)* Rotweinbowle *f*; **~griento** [~'grĭento] blutig; **~guijuela** [~ɡi'xŭela] *f* Blutegel *m*; **~guina** [~'gina] *f*: *(naranja f)* ~ Blutorange *f*; **~guinario** [~ɡi'narĭo] blutdürstig, grausam; **~guíneo** [~'ginĕo] Blut...; **~guinolento** [~ɡino'lento] blutbefleckt; blutig

sani|dad [sani'ða(ð)] *f* Gesundheit *f*; Gesundheitswesen *n*; **~tario** [~'tarĭo] **1.** *adj* gesundheitlich, Gesundheits...; sanitär; **2.** *m* ⚔ Sanitäter *m*; **~s** *pl* sanitäre Einrichtungen *f/pl*

sano ['sano] gesund; ~ *y salvo* wohlbehalten

santa ['santa] *f* Heilige *f*

santiamén F [santĭa'men] *m*: *en un* ~ im Nu

santidad [santi'ðað] *f* Heiligkeit *f*

santificar [santifi'kar] (1g) heiligen

santiguarse [santi'ğŭarse] (1i) sich bekreuzigen

santo ['santo] **1.** *adj* heilig; **2.** *m* Heilige(r) *m*; *(fiesta)* Namenstag *m*; ~ *y seña* Losungswort *n*; *¿a* ~ *de qué?* wieso?; *Todos los* **~s** Allerheiligen *n*

santuario [san'tŭarĭo] *m* Heiligtum *n*

saña ['saɲa] *f* (blinde) Wut *f*

sapo ['sapo] *m* Kröte *f*

saque ['sake] *m (fútbol)* Anstoß *m*; *(tenis)* Aufschlag *m*; ~ *de esquina* Eckstoß *m*; **~ar** [~'ar] (1a) plündern; **~o** [~'keo] *m* Plünderung *f*

sarampión ✚ [saram'pĭɔn] *m* Masern *pl*

sar|casmo [sar'kazmo] *m* Sarkasmus *m*; **~cástico** [~'kastiko] sarkastisch

sarcófago [sar'kofaɡo] *m* Sarkophag *m*

sardina [sar'ðina] *f* Sardine *f*

sardónico [sar'ðoniko] sardonisch

sargento [sar'xento] *m* Unteroffizier *m*

sarmiento [sar'mĭento] *m* Weinrebe *f*; Rebholz *n*
sarna ⚕ ['sarna] *f* Krätze *f*
sarro ['sarrɔ] *m* Zahnstein *m*
sartén [sar'ten] *f* Pfanne *f*; F *tener la ~ por el mango* das Heft in der Hand haben
sastr|a ['sastra] *f* Schneiderin *f*; **~e** ['sastre] *m* Schneider *m*; **~ería** [~'ria] *f* Schneiderei *f*
satánico [sa'taniko] teuflisch
satélite [sa'telite] *m* Satellit *m*; *~ de comunicaciones* Nachrichtensatellit *m*; *~ meteorológico* Wettersatellit *m*
satén [sa'ten] *m* Satin *m*
sátira ['satira] *f* Satire *f*
sat|írico [sa'tiriko] satirisch; **~irizar** [~'θar] (1f) verspotten
satis|facción [satisfag'θĭon] *f* Genugtuung *f*; (*contento*) Befriedigung *f*, Zufriedenheit *f*; **~facer** [~fa'θer] (2s) zufriedenstellen; befriedigen; (*pagar*) bezahlen; **~factorio** [~fak'torĭo] befriedigend, zufriedenstellend; **~fecho** [~'fetʃo] zufrieden; befriedigt; *darse por ~* sich zufriedengeben
satura|ción [satura'θĭon] *f* Sättigung *f*; **~r** [~'rar] (1a) sättigen
sauce ⚕ ['sauθe] *m* Weide *f*; *~ llorón* Trauerweide *f*
saúco [sa'uko] *m* Holunder *m*
sauna ['sauna] *f* Sauna *f*
savia ['saβĭa] *f* Pflanzensaft *m*
saxofón [sagso'fɔn] *m*, **saxófono** [~'sofono] *m* Saxophon *n*
saz|ón [sa'θɔn] *f* Reife *f*; *a la ~* damals; **~onar** [saθo'nar] (1a) *gastr* würzen
scooter ['skutɛr] *m* Motorroller *m*
se [se] sich; *~ dice* man sagt
sé [se] *s saber*
sebo ['seβo] *m* Talg *m*
seca|dor [seka'ðɔr] *m* ⚙ Trockner *m*; Trockenhaube *f*; *~ (de mano)* Fön *m*; **~dora** [~'ðora] *f* (Wäsche-)Trockner *m*; **~no** [se'kano] *m* unbewässertes Land *n*
secar [se'kar] (1g) trocknen; abtrocknen; *~se* (ver-, aus)trocknen
secci|ón [sɛg'θĭon] *f* Einschnitt *m* (*a* ⚕); (*parte*) Abschnitt *m*; ⚕ Querschnitt *m*; ✝ Abteilung *f*; **~onar** [~θĭo'nar] (1a) durchtrennen, -schneiden
seco ['seko] trocken; *fig* kurz angebunden; *parar en ~* plötzlich anhalten
secre|ción [sekre'θĭon] *f* Absonderung *f*; Sekret *n*; **~tar** [~'tar] (1a) absondern
secreta|ría [sekre'taria] *f* Sekretärin *f*; *~ de dirección* Chefsekretärin *f*; **~ría** [~'ria] *f*, **~riado** [~'rĭaðo] *m* Sekretariat *n*; **~rio** [~'tarĭo] *m* Sekretär *m*
secre|ter [sekre'ter] *m* (*mueble*) Sekretär *m*; **~to** [se'kreto] **1.** *adj* geheim, heimlich; Geheim...; **2.** *m* Geheimnis *n*; *~ a voces* offenes Geheimnis *n*; *en ~* insgeheim, heimlich
secta ['sɛkta] *f* Sekte *f*
sector [sɛk'tɔr] *m* Sektor *m* (*a fig*)
secuela [se'kŭela] *f* Folge *f* (*a* ⚕)
secuencia [se'kŭenθĭa] *f* Sequenz *f*
secuest|rador [sekŭestra'ðɔr] *m* Entführer *m*; *~ aéreo* Flugzeugentführer *m*; **~rar** [~'trar] (1a) entführen; ⚖ beschlagnahmen; **~ro** [se'kŭestro] *m* Entführung *f*; ⚖ Beschlagnahme *f*
secular [seku'lar] hundertjährig; *rel* weltlich
secundar [sekun'dar] (1a) unterstützen; **~io** [~'darĭo] zweitrangig, sekundär
sed [seð] *f* Durst *m*; *fig* Gier *f*, Drang *m*
seda ['seða] *f* Seide *f*; *fig como una ~* wie am Schnürchen
sedal [se'ðal] *m* Angelschnur *f*
sedante [se'ðante] *m* Beruhigungsmittel *n*
sede ['seðe] *f* Sitz *m*; *la Santa* ⚕ der Heilige Stuhl; **~ntario** [seðen'tarĭo] seßhaft
sediento [se'ðĭento] durstig
sedimento [seði'mento] *m* Bodensatz *m*; Ablagerung *f*
sedoso [se'ðoso] seidig
seduc|ción [seðug'θĭon] *f* Verführung *f*; **~ir** [~'θir] (3o) verführen; *fig* verlocken; **~tor** [~ðuk'tɔr] **1.** *adj* verführerisch; **2.** *m* Verführer *m*
sega|dora [sega'ðora] *f* Mähmaschine *f*; **~-trilladora** *f* Mähdrescher *m*; **~r** [se'gar] (1h *u* 1k) mähen; *fig* zerstören
seglar [se'glar] **1.** *adj* weltlich; **2.** *m* Laie *m*
segmento [sɛg'mento] *m* Segment *n*
segui|da [se'gĭða]: *en ~* sofort; **~do** [se'gĭðo] hinter-, nacheinander; **~dor** [segi'ðɔr] *m* Anhänger *m*; **~miento** [~'mĭento] *m* Verfolgung *f*
seguir [se'gir] (3l *u* 3d) **1.** *v/t* folgen (*dat*); befolgen; **2.** *v/i* fortfahren, weitermachen; andauern; (noch) bleiben; *~ haciendo a/c* et weiter *bzw* immer noch tun

según [se'gun] **1.** *prp* nach (*dat*), gemäß (*dat*); ~ **él** nach s-r Meinung; **2.** *adv* je nachdem; ~ **y como** je nachdem
segun|dero [segun'dero] *m* Sekundenzeiger *m*; **~do** [se'gundo] **1.** *adj* zweite(r); **2.** *m* Sekunde *f*
segu|ridad [seguri'ðað] *f* Sicherheit *f*; **2 Social** Sozialversicherung *f*; **~ro** [se'guro] **1.** *adj* sicher, gewiß; **2.** *adv* bestimmt; **3.** *m* Versicherung *f*; Sicherung *f*; **a todo riesgo** (Voll-)Kaskoversicherung *f*; ~ **de equipajes** Reisegepäckversicherung *f*; ~ **de ocupantes** Insassenversicherung *f*; **ir sobre** ~ ganz sichergehen
seis [sɛis] sechs; **~cientos** [sɛis'θientos] sechshundert
seísmo [se'izmo] *m* Erdbeben *n*
selec|ción [selɛgˈθion] *f* Auswahl *f*; *dep* ~ **nacional** Nationalmannschaft *f*; **~cionar** [~θio'nar] (1a) auswählen; **~to** [se'lɛkto] ausgewählt; *fig* erlesen
sellar [se'ʎar] (1a) (ver)siegeln; stempeln; *fig* besiegeln
sello ['seʎo] *m* Siegel *n*; (*de goma*) Stempel *m* (*a fig*); ❦ Briefmarke *f*
selva ['sɛlba] *f* Wald *m*; ~ **virgen** Urwald *m*
semáforo [se'maforo] *m* Verkehrsampel *f*; 🚦 Signal *n*; ~ **para peatones** Fußgängerampel *f*
semana [se'mana] *f* Woche *f*; ~ **inglesa** Fünftagewoche *f*; **2 Santa** Karwoche *f*; **entre** ~ wochentags; **~l** [~'nal] wöchentlich; **~rio** [~'narjo] *m* Wochenschrift *f*
semblante [sem'blante] *m* Gesicht *n*; *fig* Aspekt *m*
sembra|do [sem'braðo] *m* Saatfeld *n*; **~dora** [~'ðora] *f* Drill-, Sämaschine *f*; **~r** [~'brar] (1k) (aus)säen; *fig* verbreiten
semejan|te [semɛ'xante] ähnlich; (*tal*) solch, so ein; **~za** [~'xanθa] *f* Ähnlichkeit *f*
semen *biol* ['semen] *m* Samen *m*; **~tal** [semen'tal] *m* Zuchttier *n*; (*caballo*) Hengst *m*
semes|tral [semes'tral] halbjährlich; halbjährig; **~tre** [~'mestre] *m* Semester *n*, Halbjahr *n*
semi|circular [semiθirku'lar] halbkreisförmig; **~círculo** [~'θirkulo] *m* Halbkreis *m*; **~conductor** ⚡ [~kondukˈtor] *m* Halbleiter *m*; **~corchea** ♫ [~korˈtʃea] *f* Sechzehntelnote *f*; **~final** [~fi'nal] *f dep* Halbfinale *n*
semill|a 🌱 [se'miʎa] *f* Samen *m*; **~ero** [~'ʎero] *m* Pflanzschule *f*; *fig* Brutstätte *f*
seminari|o [semi'narjo] *m* Seminar *n*; **~sta** [~na'rista] *m* Seminarist *m*
sémola ['semola] *f* Grieß *m*
sempiterno [sempi'tɛrno] ewig
senado [se'naðo] *m* Senat *m*; **~r** [~'ðor] *m* Senator *m*
senci|llez [senθi'ʎeθ] *f* Einfachheit *f*; Schlichtheit *f*; **~llo** [~'θiʎo] einfach; schlicht
sen|da ['senda] *f*, **~dero** [~'dero] *m* Fußweg *m*, Pfad *m*
sen|dos ['sendos], **~das** ['sendas] je ein
senectud [senɛk'tuð] *f* Greisenalter *n*
senil [se'nil] greisenhaft, senil
seno ['seno] *m* Busen *m*; ⚕ Sinus *m*; *fig* Schoß *m*; *anat* ~ **frontal** Stirnhöhle *f*
sensaci|ón [sensa'θion] *f* Empfindung *f*; Gefühl *n*; *fig* Sensation *f*; **causar** ~ Aufsehen erregen; **~onal** [~θio'nal] aufsehenerregend, sensationell; **~onalista** [~'lista] sensationslüstern; **prensa** *f* ~ Skandalpresse *f*
sensa|tez [sensa'teθ] *f* Besonnenheit *f*; **~to** [~'sato] vernünftig
sensi|bilidad [sensibili'ðað] *f* Empfindlichkeit *f*; Empfindsamkeit *f*; **~ble** [~'sible] empfindlich (gegen **a**); *a fig* fühlbar
sensual [sen'sŭal] sinnlich; **~idad** [~li'ðað] *f* Sinnlichkeit *f*
senta|da [sen'taða] *f* Sitzblockade *f*; **~do** [~'taðo] sitzend; **estar** ~ sitzen; **~r** [~'tar] (1k) **1.** *v/t* setzen; **2.** *v/i* ~ **bien** (**mal**) gut (schlecht) bekommen; (*vestido*) gut (schlecht) stehen; **~rse** sich setzen
sentencia [sen'tenθia] *f* ⚖ Urteil *n*; (*dicho*) Ausspruch *m*
senti|do [sen'tiðo] **1.** *adj* tiefempfunden; innig; **2.** *m* Sinn *m*; Bedeutung *f*; (*dirección*) Richtung *f*; ~ **común** gesunde(r) Menschenverstand *m*; ~ **del deber** Pflichtgefühl *n*; ~ **de giro obligatorio** Kreisverkehr *m*; ~ **del humor** Sinn *m* für Humor; **perder el** ~ das Bewußtsein verlieren; **~mental** [~men'tal] gefühlvoll, sentimental; **~miento** [~'miento] *m* Gefühl *n*, Empfindung *f*
sentir [sen'tir] (3i) *v/t* fühlen; empfin-

den; spüren; (*lamentar*) bedauern; **lo siento** es tut mir leid; **~se** sich fühlen
seña ['seɲa] *f* Zeichen *n*; **~s** *pl* Anschrift *f*, Adresse *f*; **~s personales** Personenbeschreibung *f*; **hacer ~s** winken
señal [se'ɲal] *f* Zeichen *n*; Signal *n*; ✝ Anzahlung *f*; **~ de prioridad** (*od preferencia*) Vorfahrtsschild *n*; **~ de prohibición** Verbotsschild *n*; **~ de tráfico** Verkehrszeichen *n*; **en ~ de** zum Zeichen *gen*; **~ado** [~'laðo] *fig* bedeutsam; **~ar** [~'lar] (1a) kennzeichnen; (*indicar*) anzeigen; aufweisen; zeigen auf; (*fijar*) festsetzen; **~izar** [~li'θar] (1f) be-, ausschildern
señor [se'ɲɔr] *m* Herr *m*; (*dueño*) Besitzer *m*; **~a** [se'ɲora] *f* Frau *f*; (*dama*) Dame *f*; **~ial** [~'rial] herrschaftlich; **~ita** [~'rita] *f* Fräulein *n*; junge Dame *f*; **~ito** [~'rito] *m* junger Herr *m*
señuelo [se'ɲuelo] *m* Lockvogel *m*
separa|ción [separa'θion] *f* Trennung *f*; **~ de bienes** Gütertrennung *f*; **~do** [~'raðo] getrennt, einzeln; **por ~** ✍ mit getrennter Post; **~r** [~'rar] (1a) trennen; (*del cargo*) entlassen; **~rse** sich trennen; **~ta** [~'rata] *f* Sonderdruck *m*; **~tista** [~'tista] *m* Separatist *m*
sepelio [se'pelio] *m* Begräbnis *n*
sepia ['sepia] *f* Tintenfisch *m*
septentrional [septentrio'nal] nördlich, Nord...
septicemia ✠ [septi'θemia] *f* Blutvergiftung *f*
septiembre [se'tiembre] *m* September *m*
séptimo ['septimo] siebente(r, -s)
sepul|cro [se'pulkro] *m* Grab(stätte *f*) *n*; **~tar** [~'tar] (1a) begraben (*a fig*); **~tura** [~'tura] *f* Bestattung *f*; (*tumba*) Grab *n*; **~turero** [~'rero] *m* Totengräber *m*
sequedad [seke'ðað] *f* Trockenheit *f*; *fig* Unfreundlichkeit *f*
sequía [se'kia] *f* Dürre *f*
séquito ['sekito] *m* Gefolge *n*
ser [sɛr] 1. *v/i* (2w) sein; (*pasivo*) werden; **~ de** (*pertenecer*) gehören (zu) (*dat*); **de no ~ así** andernfalls; **a no ~ que** falls nicht; **o sea** das heißt; **¡eso es!** (das) stimmt!; gut so!; **¿a cómo es?** was kostet es?; **sea lo que sea** wie dem auch sei; 2. *m* Sein *n*; Wesen *n*
serbio ['sɛrbio] serbisch
sere|nar(se) [sere'nar(se)] (1a) (sich) beruhigen; **~nata** ♪ [~'nata] *f* Serenade *f*; **~nidad** [~ni'ðað] *f* Gelassenheit *f*; **~no** [se'reno] 1. *m* Nachtwächter *m*; 2. *adj* gelassen; (*tiempo*) heiter
serial [se'rial] 1. *adj* seriell; 2. *m* TV, radio Serie *f*; Sendereihe *f*
serie ['serie] *f* Serie *f*; Reihe *f*; **de ~** serienmäßig; **en ~** Serien...; **fuera de ~** außergewöhnlich
ser|iedad [serie'ðað] *f* Ernst *m*; (*formalidad*) Zuverlässigkeit *f*; **~io** ['serio] ernst; (*formal*) seriös, zuverlässig; **en ~** im Ernst; **tomar en ~** ernst nehmen
sermón [sɛr'mɔn] *m* Predigt *f*; F Standpauke *f*
sero|negativo [seronega'tiβo] HIV-negativ; **~positivo** [~posi'tiβo] HIV-positiv
serpen|tear [sɛrpente'ar] (1a) sich schlängeln; **~tina** [~'tina] *f* Serpentine *f*; (*papel*) Luft-, Papierschlange *f*
serpiente [sɛr'piente] *f* Schlange *f*
serra|nía [sɛrra'nia] *f* Bergland *n*; **~no** [sɛ'rrano] 1. *adj* Berg...; 2. *m* Gebirgsbewohner *m*
serr|ar [sɛ'rrar] (1k) sägen; **~ín** [sɛ'rrin] *m* Sägemehl *n*; **~ucho** ⊙ [sɛ'rrutʃo] *m* Fuchsschwanz *m*
servi|ble [sɛr'biβle] brauchbar; **~cial** [~bi'θial] hilfsbereit, gefällig; **~cio** [~'biθio] *m* Dienst *m*; *gastr etc* Bedienung *f*, Service *m*; **~ de averías** Pannendienst *m*; **~ discrecional** Sonderfahrt *f*; **~s** *pl* Toilette *f*; **~ militar** Wehrdienst *m*; **~ pos(t)venta** Kundendienst *m*; **~ sustitutorio** (Wehr-)Ersatzdienst *m*; **fuera de ~** ⊙ außer Betrieb; **~dor** [~'ðɔr] *m* Diener *m*; **~dumbre** [~'ðumbre] *f* Dienerschaft *f*, Gesinde *n*; *fig* Knechtschaft *f*; **~l** [~'bil] knechtisch; unterwürfig
serville|ta [sɛrbi'ʎeta] *f* Serviette *f*; **~tero** [~'tero] *m* Serviettenring *m*
servir [sɛr'bir] (3l) 1. *v/t* bedienen; (*comida*) auftragen, servieren; 2. *v/i* dienen (*a* ✗); **~ de** dienen als; **~ para** taugen zu (*dat*); **~se** sich bedienen, zugreifen
sésamo ⚘ ['sesamo] *m* Sesam *m*
sesenta [se'senta] sechzig
sesión [se'sion] *f* Sitzung *f*; (*cine*) Vorstellung *f*
seso ['seso] *m* Gehirn *n*; *fig* Verstand *m*; **~s** *pl gastr* Hirn *n*
seta ⚘ ['seta] *f* Pilz *m*

setecientos [sete'θĩentos] siebenhundert

setenta [se'tenta] siebzig

setiembre [se'tĩembre] m September m

seto ['seto] m Zaun m; ~ *vivo* Hecke f

seudo... ['seŭdo] Pseudo...

seudónimo [seŭ'đonimo] m Pseudonym n

seve|ridad [seberi'dad] f Strenge f; **~ro** [se'bero] streng; (*serio*) ernst

sexo ['segso] m Geschlecht n; (*sexualidad*) Sex m

sexto ['sesto] **1.** *adj* sechste(r, -s); **2.** m Sechstel n

sexual [seg'sŭal] sexuell; Geschlechts...; **~idad** [~li'dađ] f Sexualität f

shock [ʃɔk] m Schock m; ~ *cultural* Kulturschock m

si [si] **1.** *cj* wenn; ob; ~ *no* falls nicht; sonst; *como* ~ als ob; **2.** m ♪ H n; ~ *bemol* B n

sí [si] **1.** *pron* sich; *por* ~ *solo* von selbst; *seguro de* ~ *mismo* selbstsicher; **2.** *adv* ja; **3.** m Ja(wort) n

sico... *s* **psico...**

sida ✱ ['siđa] m Aids n

sidecar [siđe'kar] m Beiwagen m

sideral [siđe'ral] Stern(en)...

siderurgia [siđe'rurxĩa] f Eisen- u Stahlindustrie f

sidra ['siđra] f Apfelwein m

siembra ['sĩembra] f Saat f

siempre ['sĩempre] immer; *de* ~ von jeher; *lo de* ~ immer wieder dasselbe; ~ *que* sofern; (*cada vez*) immer wenn

sien [sĩen] f Schläfe f

siento ['sĩento] s **sentar** u **sentir**

sierra ['sĩerra] f Säge f; *geo* Bergkette f; ~ *circular* Kreissäge f

siervo ['sĩerbo] m Leibeigene(r) m

siesta ['sĩesta] f Mittagsruhe f, Siesta f

siete ['sĩete] sieben

sífilis ✱ ['sifilis] f Syphilis f

sifón [si'fɔn] m Siphon m

sigla ['sigla] f Sigel n; Abkürzung f

siglo ['siglo] m Jahrhundert n

signa|r [sig'nar] (1a) unterzeichnen; **~rse** sich bekreuzigen; **~tario** [~na'tarĩo] m Unterzeichner m

significa|ción [signifika'θĩɔn] f, **~do** [~'kađo] m Bedeutung f; Sinn m; **~r** [~'kar] (1g) bedeuten; **~tivo** [~'tibo] bezeichnend; bedeutsam

signo ['signo] m Zeichen n

siguiente [si'gĩente] folgend; ¡*el* ~! der nächste, bitte!

sílaba ['silaba] f Silbe f

silb|ar [sil'bar] (1a) pfeifen; **~ato** [~'bato] m Pfeife f; **~ido** [~'biđo] m Pfiff m

silenci|ador [silenθĩa'dɔr] m Schalldämpfer m; *auto* Auspufftopf m; **~ar** [~'θĩar] (1b) verschweigen; **~o** [si'lenθĩo] m Schweigen n; *fig* Ruhe f, Stille f; **~oso** [~'θĩoso] still, schweigsam

silicio ✱ [si'liθĩo] m Silizium n

silicona ✱ [sili'kona] f Silikon n

silla ['siʎa] f Stuhl m; ~ (*de montar*) Sattel m; **~r** [si'ʎar] f Quaderstein m

sillín [si'ʎin] m Fahrradsattel m

sillón [si'ʎɔn] m Sessel m; ~ *de ruedas* Rollstuhl m

silo ['silo] m Silo m

silueta [si'lŭeta] f Silhouette f

silvestre [sil'bestre] wild

silvicultura [silbikul'tura] f Forstwirtschaft f

simbólico [sim'boliko] symbolisch

símbolo ['simbolo] m Symbol n

sim|etría [sime'trĩa] f Symmetrie f; **~étrico** [si'metriko] symmetrisch

simiente [si'mĩente] f Samen m

simi|lar [simi'lar] ähnlich; (*análogo*) gleichartig; **~litud** [~li'tuđ] f Ähnlichkeit f

sim|patía [simpa'tĩa] f Sympathie f; **~pático** [~'patiko] sympathisch, nett

sim|ple ['simple] einfach; (*mero*) bloß; (*ingenuo*) einfältig; **~pleza** [~'pleθa] f Einfalt f; **~plicidad** [~pliθi'đađ] f Einfachheit f; **~plificar** [~fi'kar] (1g) vereinfachen

simposio [sim'posĩo] m Symposium n

simula|ción [simula'θĩɔn] f Vortäuschung f; **~cro** [~'lakro] m Trugbild n; ~ *de* Schein..., vorgetäuscht; **~r** [~'lar] (1a) vortäuschen; simulieren

simultáneo [simul'taneo] gleichzeitig, Simultan...

sin [sin] ohne; ~ *más* ohne weiteres; ~ *que* ohne daß

sinagoga [sina'goga] f Synagoge f

since|rarse [sinθe'rarse] (1a) sich aussprechen; **~ridad** [~ri'đađ] f Aufrichtigkeit f; **~ro** [~'θero] aufrichtig, ehrlich

sincronizar [sinkroni'θar] (1f) synchronisieren

sindica|l [sindi'kal] Gewerkschafts...;

~lista [~ka'lista] *su* Gewerkschaftler(in *f*) *m*; **~to** [~'kato] *m* Gewerkschaft *f*
síndico ['sindiko] *m* Justitiar *m*
síndrome ['sindrome] *m* Syndrom *n*
sinfín [sim'fin] *m* Unmenge *f*
sinf|onía ♪ [simfo'nia] *f* Symphonie *f*; **~ónico** [~'foniko] symphonisch
singular [siŋgu'lar] **1.** *adj* einzeln; *fig* einzig(artig); außergewöhnlich; **2.** *m gram* Singular *m*; **~idad** [~ri'dað] *f* Eigenart *f*
sinies|trado [sinies'traðo] verunglückt; be-, geschädigt; **~tro** [si'niestro] **1.** *adj fig* unheilvoll; unheimlich; **2.** *m* Unglück(sfall *m*) *n*, Schadensfall *m*
sinnúmero [sin'numero] *m* Unzahl *f*
sino ['sino] **1.** *m* Schicksal *n*; **2.** *prp* außer; **3.** *cj* sondern; *no sólo ... ~ también* nicht nur ... sondern auch
sinónimo [si'nonimo] *m* Synonym *n*
sintaxis [sin'taɡsis] *f* Syntax *f*
síntesis ['sintesis] *f* Synthese *f*
sintético [sin'tetiko] synthetisch
síntoma ['sintoma] *m* Symptom *n*
sintomático [sinto'matiko] symptomatisch; bezeichnend
sintoniza|dor [sintoniθa'ðɔr] *m* Tuner *m*; **~r** [~'θar] (1f) *(emisora)* einstellen
sinuoso [si'nŭoso] gewunden
sinusitis ✱ [sinu'sitis] *f*: ~ *(frontal)* Stirnhöhlenentzündung *f*
sinvergüenza [simbɛr'ɡŭenθa] *m* unverschämter Kerl *m*
siquiera [si'kiera] **1.** *cj* auch wenn; **2.** *adv* wenigstens; *ni ~* nicht einmal
sirena [si'rena] *f* Sirene *f*
sirio ['sirio] **1.** *adj* syrisch; **2.** *m* **-a** *f* Syrer(in *f*) *m*
sirve ['sirβe] *s* **servir**
sirvien|ta [sir'βienta] *f* Dienstmädchen *n*; **~te** [~'βiente] *m* Diener *m*
sisar [si'sar] (1a) F Schmu machen
sisear [sise'ar] (1a) auszischen
sismógrafo [siz'moɡrafo] *m* Seismograph *m*
siste|ma [sis'tema] *m* System *n*; *~ monetario* Währungssystem *n*; *inform ~ operativo* Betriebssystem *n*; *~ social* Gesellschaftssystem *n*; **~mático** [~'matiko] systematisch
sitiar [si'tiar] (1b) belagern
sitio ['sitio] *m* Platz *m*; Ort *m*; Stelle *f*; ✕ Belagerung *f*
situa|ción [sitŭa'θiɔn] *f* Lage *f*; Situation *f*; **~do** [si'tŭaðo] gelegen; *bien ~* gutsituiert; *estar ~* liegen; **~r** [si'tŭar] (1e) legen; stellen; **~rse** *(acción)* sich abspielen; *dep* sich plazieren
slalom ['slalɔm] *m* Slalom *m*
smog [smoɡ] *m* Smog *m*
sobaco [so'βako] *m* Achselhöhle *f*
soba|do [so'βaðo] abgegriffen; abgedroschen; **~r** [so'βar] (1a) F befummeln
sobera|nía [soβera'nia] *f* Souveränität *f*; **~no** [~'rano] **1.** *adj* souverän; *fig* erhaben; **2.** *m* Souverän *m*, Herrscher *m*
sober|bia [so'βerβia] *f* Stolz *m*, Hochmut *m*; **~bio** [~βio] stolz, hochmütig; *fig* prächtig
sobor|nar [soβɔr'nar] (1a) bestechen; **~no** [~'βorno] *m* Bestechung *f*; **~s** *pl* Bestechungsgelder *n/pl*, Schmiergelder *n/pl*
sobra ['sobra] *f*: *de ~* im Überfluß; *saber de ~* nur allzu gut wissen; **~s** *pl* (Speise-)Reste *m/pl*, Überbleibsel *n/pl*; **~nte** [so'βrante] **1.** *adj* übrig(bleibend); **2.** *m* Überrest *m*; *(excedente)* Überschuß *m*; **~r** [so'βrar] (1a) übrigbleiben, übrig sein; *a fig* überflüssig sein
sobre ['sobre] **1.** *m* Briefumschlag *m*; **2.** *prp* auf; *(encima de)* über; *~ todo* vor allem; *~ las tres* gegen drei Uhr
sobre|alimentación [soβrealimenta'θiɔn] *f* Überernährung *f*; **~calentar** [~kalen'tar] (1k) überhitzen; **~capacidad** [~kapaθi'ðað] *f* Überkapazität *f*; **~cargar** [~kar'ɡar] (1h) überladen, -lasten; **~cogedor** [~koxe'ðɔr] erschreckend; **~cogerse** [~ko'xerse] (2c) zs.-fahren, erschrecken; **~cubierta** [~ku'βierta] *f* Schutzumschlag *m*; **~dosis** [~'ðosis] *f* Überdosis *f*; **~estimar** [~esti'mar] (1a) überschätzen; **~exponer** [~espo'ner] (2r) *fot* überbelichten; **~humano** [~u'mano] übermenschlich; **~impresión** [~impre'siɔn] *f* TV Einblenden *n*; **~llevar** [~ʎe'βar] ertragen; **~manera** [~ma'nera] außerordentlich; **~mesa** [~'mesa] *f*: *de ~* nach Tisch; Tisch...; **~natural** [~natu'ral] übernatürlich; **~nombre** [~'nɔmbre] *m* Beiname *m*
sobrentenderse [soβrenten'dɛrse] (2g) sich von selbst verstehen
sobre|pasar [soβrepa'sar] (1a) übertreffen, übersteigen; **~peso** [~'peso] *m* Übergewicht *n*; **~ponerse** [~po'nɛrse]

(2r): ~ **a** sich hinwegsetzen über; **~precio** [~'preθĭo] *m* Aufpreis *m*; **~producción** [~produg'θĭɔn] *f* Überproduktion *f*; **~saliente** [~sa'lĭente] hervorragend; (*nota*) sehr gut; **~salir** [~sa'lir] (3r) heraus-, hervorragen; **~saltar(se)** [~sal'tar(se)] (1a) erschrecken; **~salto** [~'salto] *m* jäher Schrecken *m*; **~tasa** [~'tasa] *f* Aufschlag *m*, Zuschlag *m*; **~todo** [~'toðo] *m bsd Am* Mantel *m*; **~valorar** [~balo'rar] (1a) überbewerten; **~venir** [~be'nir] (3s) plötzlich geschehen *od* eintreten; **~vivir** [~bi'bir] (3a) überleben; **~volar** [~bo'lar] (1m) überfliegen

sobriedad [sobrĭe'ðað] *f* Genügsamkeit *f*; Nüchternheit *f*

sobri|na [so'brina] *f* Nichte *f*; **~no** [~'brino] *m* Neffe *m*

sobrio ['sobrĭo] mäßig; nüchtern

socarrón [soka'rrɔn] schlau; verschmitzt

socavón [soka'bɔn] *m* Erdeinsturz *m*

socia|ble [so'θĭable] gesellig; umgänglich; **~l** [so'θĭal] gesellschaftlich; sozial; **~lismo** [soθĭa'lizmo] *m* Sozialismus *m*; **~lista** [~'lista] **1.** *adj* sozialistisch; **2.** *su* Sozialist(in *f*) *m*

sociedad [soθĭe'ðað] *f* Gesellschaft *f*; (*asociación*) Verein *m*; **~ anónima** Aktiengesellschaft *f*; **~ del bienestar** Wohlstandsgesellschaft *f*; **~ de consumo** Konsumgesellschaft *f*; **~ del despilfarro** Wegwerfgesellschaft *f*

socio *m* ['soθĭo] Mitglied *n*; ✝ Teilhaber *m*; Gesellschafter *m*

soci|ología [soθĭolɔ'xia] *f* Soziologie *f*; **~ólogo** [so'θĭologo] *m* Soziologe *m*

socorr|er [sokɔ'rrɛr] (2a) unterstützen; helfen (*dat*); **~ismo** [~'rrizmo] *m* Erste Hilfe *f*; Rettungswesen *n*; **~ista** [~'rrista] *su* (Lebens-)Retter(in *f*) *m*; Helfer(in *f*) *m*; **~o** [so'kɔrrɔ] *m* Hilfe *f*; Beistand *m*

soda ['soða] *f* Soda(wasser) *n*

sodio ['soðĭo] *m* Natrium *n*

soez [so'eθ] gemein; obszön

sofá [so'fa] *m* Sofa *n*; **~-cama** Bett-, Schlafcouch *f*

sofisticado [sofisti'kaðo] affektiert; raffiniert

sofo|cante [sofo'kante] erstickend; **~car** [~'kar] (1g) ersticken; *fig* beschämen; **~co** [so'foko] *m* Erstickungsanfall *m*; Atemnot *f*; *fig* Verdruß *m*

software ['softwea] *m* Software *f*

soga ['soga] *f* Seil *n*; Strick *m*

soja ♀ ['sɔxa] *f* Soja(bohne) *f*

sol [sɔl] *m* Sonne *f*; ♪ G *n*; **tomar el ~** sich sonnen

solamente [sola'mente] nur; erst

solapa [so'lapa] *f* Klappe *f*, Revers *n od m*; **~do** [~'paðo] hinterhältig

solar [so'lar] **1.** *m* Baugelände *n*, Bauplatz *m*; **2.** *adj* Sonnen...

solari|o, ~um [so'larĭo, ~'larĭun] *m* Solarium *n*

solda|da ⚔ [sɔl'daða] *f* Wehrsold *m*; **~do** [~'daðo] *m* Soldat *m*

solda|dor [sɔlda'ðɔr] *m* Lötkolben *m*; (*persona*) Schweißer *m*; **~dura** [~'ðura] *f* Löten *n*; Schweißen *n*; **~r** [~'dar] (1m) schweißen; löten

soleado [sole'aðo] sonnig

soledad [sole'ðað] *f* Einsamkeit *f*

solem|ne [so'lemne] feierlich; **~nidad** [~ni'ðað] *f* Feierlichkeit *f*

soler [so'lɛr] (2h) pflegen (zu)

solfeo [sɔl'feo] *m* Musiklehre *f*

solicita|ción [soliθita'θĭɔn] *f* Gesuch *n*; Bewerbung *f*; **~do** [~'taðo] begehrt; umworben; **~nte** [~'tante] *m* Antragsteller *m*; **~r** [~'tar] (1a) beantragen; (*empleo, etc*) sich bewerben um

solícito [so'liθito] eifrig; hilfsbereit

solicitud [soliθi'tuð] *f* Gesuch *n*; Antrag *m*; *fig* Sorgfalt *f*; Eifer *m*

solidari|dad [soliðari'ðað] *f* Solidarität *f*; **~o** [~'ðarĭo] solidarisch; **~zarse** [~ðari'θarse] (1f) sich solidarisch erklären (mit *dat con*)

solidez [soli'ðeθ] *f* Festigkeit *f*; Solidität *f*; *fig* Zuverlässigkeit *f*

sólido ['soliðo] fest; haltbar; solide

solista ♪ [so'lista] *su* Solist(in *f*) *m*

solita|ria [soli'tarĭa] *f* Bandwurm *m*; **~rio** [~'tarĭo] **1.** *adj* einsam; **2.** *m* Einzelgänger *m*; (*joya*) Solitär *m*; **hacer ~s** Patiencen legen

soliviantar [solibĭan'tar] (1a) aufreizen, -hetzen; empören

solla *zo* ['soʎa] *f* Scholle *f*

sollo|zar [soʎo'θar] (1f) schluchzen; **~zo** [so'ʎoθo] *m* Schluchzen *n*

solo ['solo] **1.** *adj* allein; (*único*) einzig; **a solas** (ganz) allein; **2.** *m* ♪ Solo *n*

sólo ['solo] nur; erst

solomillo [solo'miʎo] *m* Filet *n*

solsticio [sɔls'tiθĭo] *m* Sonnenwende *f*

soltar [sɔl'tar] (1m) losmachen; loslas-

sen; (*preso*) freilassen; (*palabra*) ausstoßen; ~se sich lösen, aufgehen; *fig* aus sich herausgehen
solte|ra [sɔl'tera] *f* Junggesellin *f*; ~**ro** [~'tero] **1.** *adj* ledig, unverheiratet; **2.** *m* Junggeselle *m*; ~**rona** [~'rona] *f* alte Jungfer *f*
soltura [sɔl'tura] *f* Gewandtheit *f*
solu|ble [so'luβle] löslich; ~**ción** [~'θiɔn] *f* Lösung *f* (*a fig*); ~**cionar** [~θio'nar] (1a) lösen
solven|cia [sɔl'benθia] *f* Zahlungsfähigkeit *f*; ~**te** [~'bente] zahlungsfähig, solvent
sombra ['sɔmbra] *f* Schatten *m*; ~ **de ojos** Lidschatten *m*; F **estar a la** ~ im Kittchen sitzen
sombrero [sɔm'brero] *m* Hut *m*; ~ **de copa** Zylinder *m*
som|brilla [sɔm'briʎa] *f* Sonnenschirm *m*; ~**brío** [~'brio] schattig; *fig* düster
somero [so'mero] oberflächlich
someter [some'tɛr] (2a) unterwerfen; (*exponer*) vorlegen, unterbreiten; ~**se** sich fügen; ~ **a** sich unterziehen (*dat*)
somier [so'miɛr] *m* Sprungfedermatratze *f*
som|nífero [sɔm'nifero] *m* Schlafmittel *n*; ~**nolencia** [~no'lenθia] *f* Schläfrigkeit *f*
son [sɔn] *m* Klang *m*; **en** ~ **de paz** in friedlicher Absicht
sonado [so'naðo] aufsehenerregend; F (*loco*) verrückt
sonajero [sona'xero] *m* (Kinder-)Rassel *f*
sonámbulo [so'nambulo] **1.** *adj* mondsüchtig; **2.** *m* Schlaf-, Nachtwandler *m*
sonar [so'nar] (1m) klingen; (er)tönen; (*timbre*) klingeln, läuten; **me suena** das kommt mir bekannt vor; ~**se** sich die Nase putzen
sonata ♪ [so'nata] *f* Sonate *f*
sond|a ['sɔnda] *f* Sonde *f* (*a* ⚕); ⚓ Lot *n*; ~**(e)ar** [~'dar, ~de'ar] (1a) sondieren (*a fig*); ⚓ loten; ~**eo** [~'deo] *m* Sondierung *f*; Lotung *f*; ~ (**de opinión**) Umfrage *f*; Meinungsforschung *f*
soneto [so'neto] *m* Sonett *n*
sonido [so'niðo] *m* Ton *m*, Laut *m*; Klang *m*; Schall *m*
sono|ridad [sonori'ðað] *f* Klangfülle *f*; ~**ro** [so'noro] klangvoll; wohlklingend
son|reír [sɔnrre'ir] (3m) lächeln; ~**riente** [~'rriente] lächelnd; ~**risa** [~'rrisa] *f* Lächeln *n*
sonro|jarse [sɔnrrɔ'xarse] (1a) erröten; ~**jo** [~'rrɔxo] *m* Schamröte *f*; Erröten *n*
sonsacar [sɔnsa'kar] (1g) entlocken; *fig j-n* ausholen
soña|dor [soɲa'ðɔr] **1.** *adj* träumerisch; verträumt; **2.** *m* Träumer *m*; ~**r** [so'ɲar] (1m) träumen (von *dat* **con**)
soñoliento [soɲo'liento] schläfrig
sopa ['sopa] *f* Suppe *f*
sopapo F [so'papo] *m* Ohrfeige *f*
sope|ra [so'pera] *f* Suppenschüssel *f*; ~**ro** [~ro] Suppen...
sopesar [sope'sar] (1a) *fig* abwägen
sopetón [sope'tɔn]: **de** ~ unversehens; plötzlich
sop|lar [so'plar] (1a) **1.** *v/i* blasen, pusten; (*viento*) wehen; **2.** *v/t* vorsagen; (*delatar*) F verpfeifen; (*quitar*) F klauen; ~**lete** ⊚ [so'plete] *m* Gebläse *n*; (Schweiß-)Brenner *m*; ~**lo** ['soplo] *m* Hauch *m*; *fig* Wink *m*; **en un** ~ im Nu; ~**lón** [so'plɔn] *m* F Petzer *m*
sopor [so'pɔr] *m* Benommenheit *f*; ~**ífero** [sopo'rifero] einschläfernd
sopor|table [sopɔr'table] erträglich; ~**tar** [~'tar] (1a) stützen, tragen; *fig* ertragen; ~**te** [so'pɔrte] *m* Stütze *f* (*a fig*); ⊚ Träger *m*; Ständer *m*
soprano ♪ [so'prano] **a)** *m* Sopran *m*; **b)** *f* Sopranistin *f*
sorb|er [sɔr'βɛr] (2a) schlürfen; *fig* auf-, einsaugen; ~**ete** [~'bete] *m* Sorbett *n*; Fruchteis *n*; ~**o** ['sɔrbo] *m* Schluck *m*
sordera [sɔr'ðera] *f* Taubheit *f*
sordidez [sɔrði'ðeθ] *f* Schmutz *m*; *fig* Schäbigkeit *f*
sórdido [sɔrðiðo] schmutzig; (*avaro*) geizig
sordo ['sɔrðo] taub; schwerhörig; *fig* dumpf; ~**mudo** [~'muðo] *m* taubstumm
sorna ['sɔrna] *f* hämischer Tonfall *m*; Ironie *f*; **con** ~ hämisch
soroche *Am* [sɔ'rotʃe] *m* Höhenkrankheit *f*
sorpre|ndente [sɔrpren'dente] überraschend; erstaunlich; ~**nder** [~'dɛr] (2a) überraschen; ~**sa** [~'presa] *f* Überraschung *f*; ~**sivo** *Am* [~pre'sibo] überraschend
sor|tear [sɔrte'ar] (1a) aus-, verlosen; *fig* ausweichen, aus dem Wege gehen (*dat*);

~teo [~'teo] *m* Verlosung *f*, Auslosung *f*; (*lotería*) Ziehung *f*

sortija [sɔr'tixa] *f* (Finger-)Ring *m*; (*rizo*) Locke *f*

sortilegio [sɔrti'lɛxi̯o] *m* Zauberei *f*, Hexerei *f*

sosa ['sosa] *f* Soda *f od n*; Natron *n*

sose|gado [sose'ɡaðo] ruhig; gelassen; **~gar** [~'ɡar] (1h u 1k) beruhigen

sosia(s) ['sosi̯a(s)] *m* Doppelgänger *m*

sosiego [so'si̯eɡo] *m* Ruhe *f*; Gelassenheit *f*

soso ['soso] fade (*a fig*)

sospech|a [sɔs'petʃa] *f* Verdacht *m*; Argwohn *m*; **~ar** [~pe'tʃar] (1a) vermuten; argwöhnen; **~ de alg** j-n verdächtigen; **~oso** [~pe'tʃoso] verdächtig

sostén [sɔs'ten] *m* Stütze *f* (*a fig*); (*prenda*) Büstenhalter *m*

soste|ner [sɔstɛ'nɛr] (2l) (unter)stützen; (unter)halten; (*afirmar*) behaupten; **~nerse** sich halten; **~nido** ♪ [~'niðo] **1.** *adj* erhöht; *fa* **~** Fis *n*; **2.** *m* Kreuz *n*

sota ['sota] *f* (*naipe*) Bube *m*

sotana [so'tana] *f* Soutane *f*

sótano ['sotano] *m* Keller(geschoß *n*) *m*

sotavento ⚓ [sota'bento] *m* Lee(seite) *f*

soterrar [sotɛ'rrar] (1k) vergraben

soto ['soto] *m* Gehölz *n*, Wäldchen *n*

soviético *hist* [so'bi̯etiko] sowjetisch

soy [sɔi̯] *s* ser

soya *Am* ['soja] *f* Sojabohne *f*

stand [stand] *m* (Messe-)Stand *m*

stock [stɔk] *m* Lagerbestand *m*; *tener en* **~** auf Lager haben

su, sus [su, sus] sein(e); ihr(e); Ihr(e)

sua|ve ['su̯aβe] weich; sanft; mild; **~vidad** [~βi'ðað] *f* Weichheit *f*; Sanftheit *f*; Milde *f*; **~vizante** [~'θante] *m* Weichspüler *m*; **~vizar** [~βi'θar] (1f) *fig* mildern

subarrendar [suβarren'dar] (1k) unterverpachten

subasta [su'βasta] *f* Versteigerung *f*, Auktion *f*; **~r** [~'tar] (1a) versteigern

subcampeón [suβkampe'ɔn] *m dep* Vizemeister *m*

subconsciente [suβkɔns'θi̯ente] **1.** *adj* unterbewußt; **2.** *m* Unterbewußtsein *n*

subcutáneo ✱ [suβku'tane̯o] subkutan

subdesarrollado [suβðesarrɔ'ʎaðo] unterentwickelt

subdirector [suβðirɛk'tɔr] *m* stellvertretender Direktor *m*

súbdito ['suβðito] *m* Untergebene(r) *m*; Staatsangehörige(r) *m*

subdivi|dir [suβðiβi'ðir] (3a) unterteilen; **~sión** [~'si̯ɔn] *f* Unterabteilung *f*; Unterteilung *f*

subestimar [suβesti'mar] (1a) unterschätzen

subi|da [su'βiða] *f* (An-)Steigen *n*; Aufstieg *m*; **~ de precios** Preissteigerung *f*; **~do** [~'βiðo] (*precio*) hoch; (*color*) kräftig, intensiv

subinquilino *m*, **-a** *f* [suβiŋki'lino, ~'lina] Untermieter(in *f*) *m*

subir [su'βir] (3a) **1.** *v/t* hinauftragen, -bringen, -fahren; (*precio*) erhöhen; **2.** *v/i* (an)steigen; hinaufgehen, -fahren, -steigen; (*a un vehículo*) einsteigen; (*suma*) sich belaufen (auf *ac* **a**)

súbito ['suβito] plötzlich

subjetivo [suβxe'tiβo] subjektiv

subjuntivo *gram* [suβxun'tiβo] *m* Konjunktiv *m*

subleva|ción [suβleβa'θi̯ɔn] *f* Aufstand *m*; **~r** [~'βar] (1a) aufwiegeln; empören; **~rse** sich erheben

sublime [su'βlime] erhaben

submari|nismo [suβmari'nizmo] *m* Unterwassersport *m*; **~nista** [~'nista] *m* Sporttaucher *m*; **~no** [~'rino] **1.** *adj* unterseeisch; **2.** *m* Unterseeboot *m*

subnormal [suβnɔr'mal] (geistig) zurückgeblieben

suboficial ⚔ [suβofi'θi̯al] *m* Unteroffizier *m*

subordina|do [suβɔrði'naðo] **1.** *adj* untergeordnet; **2.** *m* Untergebene(r) *m*; **~r** [~'nar] (1a) unterordnen

subproducto [suβpro'ðukto] *m* Nebenprodukt *n*

subrayar [suβrra'jar] (1a) unterstreichen; *fig a* hervorheben

subsanar [suβsa'nar] (1a) wiedergutmachen; beheben

subscr.. [suskr..] *s* **suscr...**

subsecretario [suβsekre'tari̯o] *m pol* Staatssekretär *m*

subsidio [suβ'siði̯o] *m* Beihilfe *f*; Zuschuß *m*; **~ de paro** Arbeitslosengeld *n*; **~ por hijos** Kindergeld *n*

subsist|encia [suβsis'tenθi̯a] *f* Lebensunterhalt *m*; (*permanencia*) Fortbestand *m*; **~ir** [~'tir] (3a) (fort)bestehen, anhalten; (*vivir*) leben

subst... [sust...] *s* **sust...**

sub|suelo [suβ'su̯elo] *m* Untergrund *m*; **~teniente** [~te'ni̯ente] *m* Leutnant *m*; **~terfugio** [~tɛrfuxi̯o] *m* Ausflucht *f*; Vorwand *m*; **~terráneo** [~tɛ'rraneo] **1.** *adj* unterirdisch; **2.** *m Am* Untergrundbahn *f*; **~título** [~'titulo] *m* Untertitel *m*; **~tropical** [~tropi'kal] subtropisch; **~urbano** [~ur'bano] vorstädtisch; Vorort...; **~urbio** [su'βurβi̯o] *m* Vorort *m*; Vorstadt *f*

subvenci|ón [subβen'θi̯on] *f* Subvention *f*; Zuschuß *m*; **~onar** [~θi̯o'nar] (1a) subventionieren

subversi|ón [subβɛr'si̯on] *f* Umsturz *m*; **~vo** [~'siβo] subversiv

sub|yacente [subja'θente] darunterliegend; **~yugar** [~ju'ɣar] (1h) unterjochen; bezwingen

sucedáneo [suθe'danko] *m* Ersatz(produkt *n*) *m*

suce|der [suθe'ðɛr] (2a) folgen (auf *ac* **a**); (*ocurrir*) geschehen; zustoßen; *¿qué sucede?* was ist los?; **~sión** [~'si̯on] *f* Folge *f*; **~** (*al trono*) Thronfolge *f*; **~sivo** [~'siβo] folgend; *en lo* **~** von nun an, künftig; **~so** [su'θeso] *m* Ereignis *n*; Vorfall *m*; **~sor** [suθe'sor] *m* Nachfolger *m*

suciedad [suθi̯e'ðað] *f* Schmutz *m*

sucinto [su'θinto] kurz, knapp

sucio ['suθi̯o] schmutzig; dreckig

suculento [suku'lento] saftig; nahrhaft

sucumbir [sukum'bir] (3a) unterliegen; erliegen

sucursal [sukur'sal] *f* Zweigstelle *f*, Filiale *f*

sudamericano [suðameri'kano] südamerikanisch

sudar [su'ðar] (1a) schwitzen

sud|este [su'ðeste] *m* Südosten *m*; **~oeste** [suðo'este] *m* Südwesten *m*

sudor [su'ðor] *m* Schweiß *m*; **~oso** [~'roso] verschwitzt

sue|ca ['su̯eka] *f* Schwedin *f*; **~co** ['su̯eko] **1.** *adj* schwedisch; **2.** *m* Schwede *m*; F *hacerse el* **~** sich dumm stellen

sueg|ra ['su̯eɣra] *f* Schwiegermutter *f*; **~ro** ['su̯eɣro] *m* Schwiegervater *m*; **~s** *pl* Schwiegereltern *pl*

suela ['su̯ela] *f* (Schuh-)Sohle *f*

sueldo ['su̯eldo] *m* Gehalt *n*

suelo ['su̯elo] **1.** *s soler*; **2.** *m* Boden *m*; Fußboden *m*

suelto ['su̯elto] **1.** *adj* lose; frei; (*pelo*) offen; (*separado*) einzeln; **2.** *m* Kleingeld *n*

sueño ['su̯eɲo] **1.** *s soñar*; **2.** *m* Schlaf *m*; Traum *m*; *tener* **~** müde sein

suero ['su̯ero] *m* Serum *n*

suerte ['su̯ɛrte] *f* Schicksal *n*; Los *n*; (*fortuna*) Glück *n*; *mala* **~** Pech *n*; *de* **~** *que* so daß; *por* **~** zum Glück; *toda* **~** *de* jede Art von; **~ro** *Am* [~'tero] *m* Glückspilz *m*

suéter ['su̯eter] *m* Pullover *m*

suficiente [sufi'θi̯ente] genügend, ausreichend

sufijo *gram* [su'fixo] *m* Suffix *n*

sufra|gar [sufra'ɣar] (1h) (*gastos*) bestreiten; **~gio** [su'fraxi̯o] *m* Wahlrecht *n*; (*voto*) Stimme *f*

sufri|do [su'friðo] geduldig; **~miento** [~'mi̯ento] *m* Leiden *n*; **~r** [~'frir] (3a) leiden; (*tolerar*) dulden, ertragen

suge|rencia [suxe'renθi̯a] *f* Anregung *f*; Vorschlag *m*; **~rir** [~'rir] (3i) anregen, vorschlagen; nahelegen; **~stión** [suxes'ti̯on] *f* Beeinflussung *f*, Suggestion *f*; **~stionar** [~ti̯o'nar] (1a) suggerieren

suici|da [su̯i'θiða] *su* Selbstmörder(in *f*) *m*; **~darse** [~'ðarse] (1a) Selbstmord begehen; **~dio** [~'θiði̯o] *m* Selbstmord *m*

suizo ['su̯iθo] **1.** *adj* schweizerisch; **2.** *m*, **-a** *f* [~θa] Schweizer(in *f*) *m*

sujeta|dor [suxeta'ðor] *m* Büstenhalter *m*; **~r** [~'tar] (1a) unterwerfen; (*fijar*) befestigen; festhalten

sujeto [su'xeto] **1.** *adj* befestigt; **~** *a* unterworfen; **2.** *m* (*tema*) Stoff *m*, Gegenstand *m*; (*persona*) Person *f*; *gram* Subjekt *n*

sulfamida [sulfa'miða] *f* Sulfonamid *n*

sultán [sul'tan] *m* Sultan *m*

suma ['suma] *f* Summe *f*; Betrag *m*; ⅋ Addition *f*; *en* **~** kurz (und gut); **~mente** [~'mente] höchst, äußerst; **~r** [su'mar] (1a) zs.-zählen, addieren; betragen; **~rse** sich anschließen (*dat a*); **~rio** [~'ri̯o] **1.** *adj* zs.-gefaßt; summarisch; **2.** *m* Zs.-fassung *f*; ⚖ Ermittlungsverfahren *n*

sumergi|ble [sumɛr'xiβle] *m* Unterseeboot *n*; **~r** [~'xir] (3c) ein-, untertauchen; **~rse** tauchen; versinken; *fig* sich versenken (in *ac en*)

sumidero [sumi'ðero] *m* Abfluß *m*; Gully *m*

suministrador

suminis|trador [suministra'ðɔr] m Lieferant m; **~trar** [~'trar] (1a) liefern; **~tro** [~'nistro] m Lieferung f
sumi|sión [sumi'sĭɔn] f Unterwerfung f; fig Ergebenheit f; **~so** [~'miso] unterwürfig; gehorsam
sumo ['sumo] höchste(r, -s); äußerste(r, -s); *a lo ~* höchstens
suntuoso [sun'tŭoso] prächtig; prunkvoll
supeditar [supeði'tar] (1a) abhängig machen (von *dat* **a**)
super|able [supe'raβle] überwindbar; **~ar** [~'rar] (1a) übertreffen; überwinden
superávit [supe'raβit] m Überschuß m
superchería [supertʃe'ria] f Betrug m
superdotado [superðo'taðo] hochbegabt
superfi|cial [superfi'θĭal] oberflächlich (*a fig*); **~cialidad** [~θĭali'ðað] f Oberflächlichkeit f; **~cie** [~'fiθĭe] f Oberfläche f; Fläche f
superfluo [su'perflŭo] überflüssig
superior [supe'rĭɔr] **1.** *adj* höher; höchst; Ober...; *fig* überlegen; *ser ~ a* übertreffen (*ac*); **2.** m Vorgesetzte(r) m; **~idad** [~rĭori'ðað] f Überlegenheit f
super|lativo [superla'tiβo] *gram* m Superlativ m; **~mercado** [~mer'kaðo] m Supermarkt m; **~numerario** [~nume'rarĭo] überzählig; außerplanmäßig; **~sónico** [~'soniko] Überschall...
supersti|ción [supersti'θĭɔn] f Aberglaube m; **~cioso** [~'θĭoso] abergläubisch
supervisar [superβi'sar] (1a) überwachen
supervi|vencia [superβi'βenθĭa] f Überleben n; **~viente** [~'βĭente] **1.** *adj* überlebend; **2.** m Überlebende(r) m
suplemen|tario [suplemen'tarĭo] zusätzlich; **~to** [~'mento] m Ergänzung f; (*de periódico*) Beilage f; 💰 Zuschlag m; *~ por horas extra* Überstundenzuschlag m
suplen|cia [su'plenθĭa] f Stellvertretung f; **~te** [~'plente] m Stellvertreter m
supletorio [suple'torĭo] zusätzlich; (*teléfono* m) ~ Nebenapparat m
suplicar [supli'kar] (1g) bitten, flehen
suplicio [su'pliθĭo] m Folter f; *fig* Qual f
supo ['supo] *s* **saber**
supo|ner [supo'ner] (2r) voraussetzen; annehmen, vermuten; (*significar*) bedeuten; **~sición** [~si'θĭɔn] f Vermutung f; **~sitorio** 💊 [~si'torĭo] m Zäpfchen n
supranacional [supranaθĭo'nal] übernational
supre|macía [suprema'θia] f Überlegenheit f; **~mo** [su'premo] oberste(r, -s); höchste(r, -s)
supresión [supre'sĭɔn] f Abschaffung f; Aufhebung f; Streichung f
suprimir [supri'mir] (3a) abschaffen; aufheben; streichen
supuesto [su'pŭesto] **1.** *adj* vermeintlich; angeblich; *~ que* vorausgesetzt, daß; *por ~* selbstverständlich; **2.** m Annahme f
supurar [supu'rar] (1a) eitern
sur [sur] m Süden m
sur|car [sur'kar] (1g) furchen; *fig* durchqueren; **~co** ['surko] m Furche f; (*disco*) Rille f
surf(ing) ['surf(iŋ)] m Surfen n; *~ a vela* Windsurfen n; *practicar el ~* surfen; **~ista** [~'fista] *su* Surfer(in f) m
surgir [sur'xir] (3c) *fig* auftauchen, erscheinen
surti|do [sur'tiðo] **1.** *adj* ✝ sortiert; gemischt; **2.** m Sortiment n; Auswahl f; **~dor** [~'ðɔr] m Springbrunnen m; *~ (de gasolina)* Zapfsäule f; **~r** [~'tir] (3a) versorgen, beliefern; *~ efecto* wirken; **~rse** sich eindecken (mit *dat* **de**)
suscepti|bilidad [susθeptiβili'ðað] f Empfindlichkeit f; **~ble** [~'tiβle] empfindlich
suscitar [susθi'tar] (1a) hervorrufen
suscri|bir [suskri'βir] (3a; *part* **suscrito**) unterschreiben; ✝ zeichnen; *~se a a/c et* abonnieren; **~pción** [~'θĭɔn] f Abonnement n f ✝ Zeichnung f; **~ptor** [~krip'tɔr] m Abonnent m
suspen|der [suspen'der] (2a) aufhängen; (*obras etc*) einstellen; (*del cargo*) suspendieren; (*estudiante*) durchfallen lassen; (*sesión*) aufheben; **~se** [~'pense] m Spannung f; **~sión** [~'sĭɔn] f Aufhängen n; *fig* Einstellung f; Unterbrechung f; ⚙ Federung f; *~ de pagos* Zahlungseinstellung f; **~so** [~'penso] **1.** *adj* (*estudiante*) durchgefallen; *en ~* in der Schwebe; *tener en ~* auf die Folter spannen; **2.** m (*nota*) nicht bestanden
suspi|cacia [suspi'kaθĭa] f Mißtrauen n; **~caz** [~'kaθ] argwöhnisch; mißtrauisch
suspi|rar [suspi'rar] (1a) seufzen; *~ por et* ersehnen; **~ro** [~'piro] m Seufzer m

sustanci|a [sus'tanθĭa] *f* Substanz *f*; Stoff *m*; ~**al** [~'θĭal] wesentlich; ~**oso** [~'θĭoso] nahrhaft; gehaltvoll

sustantivo [sustan'tibo] *m* Hauptwort *n*, Substantiv *n*

susten|tar [susten'tar] (1a) stützen, tragen; *(mantener)* unterhalten; ~**to** [~'tento] *m* Lebensunterhalt *m*

sustitu|ción [sustitu'θĭɔn] *f* (Stell-)Vertretung *f*; Ersetzung *f*; Ersatz *m*; ~**ir** [~tu'ir] (3g) ersetzen; ~**to** [~'tuto] *m* (Stell-)Vertreter *m*

susto ['susto] *m* Schreck(en) *m*

sustra|cción [sustrag'θĭɔn] *f* Entwendung *f*; ♣ Subtraktion *f*; ~**er** [~'ɛr] (2p) entwenden; ♣ subtrahieren; ~**erse** sich entziehen

susurr|ar [susu'rrar] (1a) flüstern; *fig* murmeln, säuseln; ~**o** [su'surrɔ] *m* Flüstern *n*; Säuseln *n*, Murmeln *n*

sutil [su'til] dünn, fein; *(agudo)* scharfsinnig; ~**eza** [~ti'leθa] *f* Feinheit *f*; Scharfsinn *m*; Spitzfindigkeit *f*

sutura ♣ [su'tura] *f* Naht *f*

suyo, suya ['sujo, 'suja] sein(e); ihr(e); Ihr(e); *hacer* ~ sich zu eigen machen; *ir a lo* ~ auf s-n Vorteil bedacht sein

T

T, t [te] *f* T, t *n*

tabaco [ta'bako] *m* Tabak *m*

tábano *zo* ['tabano] *m* Bremse *f*

taberna [ta'bɛrna] *f* Schenke *f*, Taverne *f*

tabique [ta'bike] *m* Zwischen-, Trennwand *f*; *anat* Scheidewand *f*

tabla ['tabla] *f* Brett *n*; Platte *f*; Tafel *f*; *(lista)* Tabelle *f*; ~ *de materias* Inhaltsverzeichnis *n*; ~ *de multiplicar* Einmaleins *n*; ~ *de planchar* Bügelbrett *n*; ~ *de salvación fig* letzte Rettung *f*; ~ *de surf* Surfbrett *n*; *hacer* ~ *rasa* reinen Tisch machen; ~**s** *pl* Bühne *f*, *fig* Bretter *n/pl*; *(ajedrez)* Remis *n*; ~**do** [ta'blaðo] *m* Gerüst *n*; Podium *n*

table|ro [ta'blero] *m* Tafel *f*; Platte *f*; *(de juego)* Spielbrett *n*; ~ *de mandos* Schalttafel *f*; *auto* Armaturenbrett *n*; ~**ta** [ta'bleta] *f (de chocolate)* Tafel *f*; ♣ Tablette *f*

tablón [ta'blɔn] *m*: ~ *de anuncios* Schwarze(s) Brett *n*, Anschlagbrett *n*

tabú [ta'bu] *m* Tabu *n*

taburete [taβu'rete] *m* Schemel *m*, Hokker *m*

tacaño [ta'kaɲo] knauserig

tacha ['tatʃa] *f* Fehler *m*; Makel *m*; ~**r** [ta'tʃar] (1a) tadeln; *(borrar)* ausstreichen

tácito ['taθito] stillschweigend

taciturno [taθi'turno] schweigsam

taco ['tako] *m* ❂ Dübel *m*; *(billar)* Stock *m*; *(bloc)* (Abreiß-)Block *m*; *(de queso, etc)* Würfel *m*; *(palabrota)* Schimpfwort *n*; *Am* (Schuh-)Absatz *m*

tacógrafo *auto* [ta'koɣrafo] *m* Fahrtenschreiber *m*

tacón [ta'kɔn] *m* (Schuh-)Absatz *m*

táctic|a ['taktika] *f* Taktik *f*; ~**o** ['taktiko] taktisch

tacto ['takto] *m* Tastsinn *m*; *fig* Takt *m*; *falta f de* ~ Taktlosigkeit *f*

tafetán [tafe'tan] *m* Taft *m*

tafilete [tafi'lete] *m* Saffian(leder *n*) *m*

tahona [ta'ona] *f* Bäckerei *f*

tahúr [ta'ur] *m* (Gewohnheits-)Spieler *m*; Falschspieler *m*

taimado [taï'maðo] schlau; *F* gerieben

taja|da [ta'xaða] *f* Schnitte *f*, Scheibe *f*; ~**nte** [~'xante] *fig* scharf, schneidend, kategorisch

tal [tal] **1.** *pron* solche(r, -s); derartige(r, -s); *un* ~ ein gewisser; **2.** *adv* so, derart; ~ *como* genauso wie; ~ *vez* vielleicht; *¿qué* ~? wie geht's?; ~ *cual* so wie; **3.** *cj con* ~ *que subj* vorausgesetzt, daß

tala ['tala] *f* Fällen *n*; Abholzen *n*

tala|dradora [talaðra'ðora] *f* Bohrmaschine *f*; ~**drar** [~'drar] (1a) (durch-)bohren; ~**dro** [ta'laðro] *m* Bohrer *m*

talante [ta'lante] *m* Art *f*, Wesen *n*; *de buen (mal)* ~ gut- (schlecht-)gelaunt

talar [ta'lar] (1a) (*árbol*) fällen
talco ['talko] *m* Talk *m*
talento [ta'lento] *m* Talent *n*; Begabung *f*
talismán [taliz'man] *m* Talisman *m*
talla ['taʎa] *f* Wuchs *m*; Gestalt *f*; (*de vestido, etc*) Größe *f*; (*de diamantes*) Schliff *m*; (*escultura*) Schnitzerei *f*; ⚒ Musterung *f*; **~r** [ta'ʎar] (1a) (*madera*) schnitzen; (*piedra*) meißeln; (*diamantes*) schleifen; ⚒ mustern
tallarín [taʎa'rin] *m* Bandnudel *f*
talle ['taʎe] *m* Taille *f*; (*figura*) Figur *f*
taller [ta'ʎer] *m* Werkstatt *f*; Atelier *n*; **~ concesionario** Vertragswerkstatt *f*; **~ de reparación** Reparaturwerkstatt *f*
tallo ♀ ['taʎo] *m* Stengel *m*; Stiel *m*
talón [ta'lon] *m* Ferse *f*; ✝ Abschnitt *m*; Schein *m*; F Scheck *m*; **~ de entrega** Lieferschein *m*
talonario [talo'narĵo] *m*: **~ de cheques** Scheckheft *n*; **~ de recibos** Quittungsblock *m*
talud [ta'luð] *m* Böschung *f*
tamaño [ta'maɲo] **1.** *adj* so groß; derartig; **2.** *m* Größe *f*; Format *n*
tambalearse [tambale'arse] (1a) hin und her schwanken, taumeln
también [tam'bjen] auch
tambor [tam'bor] *m* Trommel *f* (*a* ☉); (*persona*) Trommler *m*; (*de bordar*) Stickrahmen *m*; **~il** [~bo'ril] *m* Handtrommel *f*; **~ilear** [~rile'ar] (1a) trommeln (*a fig*)
tamiz [ta'miθ] *m* (feines) Sieb *n*; **~ar** [tami'θar] (1f) sieben
tampoco [tam'poko] auch nicht
tampón [tam'pon] *m* Stempelkissen *n*; ✝ Tampon *m*
tan [tan] so, so sehr; **~ siquiera** wenigstens; **~ sólo** nur
tanda ['tanda] *f* Reihe *f*, Serie *f*; (*turno*) Schicht *f*; *Am* (Serien-)Vorstellung *f*
tanga ['taŋga] *m* Tanga *m*
tang|ente ♀ [taŋ'xente] *f* Tangente *f*; **salirse por la ~** F sich drücken; **~ible** [~'xible] greifbar (*a fig*)
tango ['taŋgo] *m* Tango *m*
tanque ['taŋke] *m* Tank *m*; ⚒ Panzer *m*
tante|ar [tante'ar] (1a) *fig* sondieren; **~o** [tan'teo] *m* *dep* Spielstand *m*
tanto ['tanto] **1.** *adj u pron* so viel; so groß; **~s** *pl* einige, etliche; **a ~s del mes** den soundsovielten des Monats; **otro ~** noch einmal soviel; dasselbe; **2.** *adv* so, so sehr; ebenso(viel, -sehr); derart; so lange; **~ más** (**menos**) um so mehr (weniger); **~ mejor** um so besser; **no es** (*od* **hay**) **para ~** es ist nicht so schlimm; **estar al ~** auf dem laufenden sein; **por** (**lo**) **~** daher; **¡y ~!** und ob!; **3.** *cj* **en ~ que** während; **~ ... como ...** sowohl ... als auch ...; **4.** *m* (bestimmte) Menge *f* *od* Summe *f*; *dep* Punkt *m*; Tor *n*; **~ por ciento** Prozentsatz *m*
tapa ['tapa] *f* Deckel *m*; *gastr* **~s** *pl* Appetithappen *m/pl*; **~cubos** [~'kubos] *m auto* Radkappe *f*; **~dera** [~'ðera] *f* (Topf-)Deckel *m*; *fig* Deckmantel *m*; **~dillo** [~'ðiʎo] : **de ~** heimlich; **~do** *Am* [ta'paðo] *m* (Damen-)Mantel *m*; **~r** [ta'par] (1a) zudecken; (*agujero*) stopfen; (*ocultar*) verhüllen, verdecken
tapete [ta'pete] *m* Tischdecke *f*; **poner sobre el ~** *fig* aufs Tapet bringen
tapia ['tapja] *f* Lehmwand *f*; Mauer *f*; **~r** [ta'pjar] (1b) zumauern
tapice|ría [tapiθe'ria] *f* Wandbehang *m*; Tapisserie *f*; (*tienda*) Polsterei *f*; **~ro** [~'θero] *m* Polsterer *m*
tapioca [ta'pjoka] *f* Tapioka *f*
tapiz [ta'piθ] *m* (Wand-)Teppich *m*; **~ar** [tapi'θar] (1f) beziehen; polstern
tapón [ta'pon] *m* Korken *m*, Pfropfen *m*, Stöpsel *m*; **~ de rosca** Schraubverschluß *m*
taponar [tapo'nar] (1a) verkorken; ✝ tamponieren
tapujo [ta'puxo] *m*: **sin ~s** klipp u klar
taqu|igrafía [takigra'fia] *f* Stenographie *f*; **~igrafiar** [~fi'ar] (1c) stenographieren; **~ígrafo** [ta'kigrafo] *m* Stenograph *m*
taquilla [ta'kiʎa] *f* (Karten-)Schalter *m*
taquimecanógrafa [takimeka'nografa] *f* Stenotypistin *f*
taquímetro [ta'kimetro] *m* *auto* Tacho(meter) *m*
tara ['tara] *f* ✝ Tara *f*, Leergewicht *n*; *fig* Mangel *m*; **~do** [ta'raðo] fehlerhaft
tarántula *zo* [ta'rantula] *f* Tarantel *f*
tararear [tarare'ar] (1a) trällern
tard|anza [tar'ðanθa] *f* Verzögerung *f*; Verspätung *f*; **~ar** [~'ðar] (1a) zögern; lange ausbleiben; (lange) dauern *od* brauchen; **a más ~** spätestens; **sin ~** unverzüglich
tarde ['tarðe] **1.** *adv* spät, zu spät; **de ~ en ~** von Zeit zu Zeit; **2.** *f* Nachmittag

m; *früher* Abend *m*; *¡buenas ~s!* guten Tag!; guten Abend!
tardío [tar'dio] spät; Spät...
tardo ['tarðo] langsam; schwerfällig
tarea [ta'rea] *f* Arbeit *f*; Aufgabe *f*
tarifa [ta'rifa] *f* Tarif *m*; Gebühr *f*; *tel ~ urbana* Ortstarif *m*
tarima [ta'rima] *f* Podium *n*
tarjeta [tar'xeta] *f* Karte *f*; *~ de crédito* Kreditkarte *f*; *~ dorada* 👥 Seniorenpaß *m*; *~ de embarque* ✈ Bordkarte *f*; *~ eurocheque* Euroscheckkarte *f*; *~ Interrail* Interrail-Karte *f*; *~ multiviaje* Streifenkarte *f*; *~ perforada* Lochkarte *f*; *~ postal* Postkarte *f*; *~ de respuesta* Rückantwortkarte *f*; *~ de teléfono* Telefonkarte *f*; *~ de visita* Visitenkarte *f*
tarro ['tarrɔ] *m* Topf *m*, Tiegel *m*
tarso *anat* ['tarso] *m* Fußwurzel *f*
tarta ['tarta] *f* Torte *f*
tartamu|dear [tartamuðe'ar] (1a) stottern; *~do* [~'muðo] *m* Stotterer *m*
tártaro 🍷 ['tartaro] *m* Weinstein *m*
tartera [tar'tera] *f* Tortenform *f*
tarugo [ta'ruɡo] *m* Pflock *m*, Dübel *m*, Zapfen *m*
tasa ['tasa] *f* Gebühr *f*, Taxe *f*; *~ de inflación* Inflationsrate *f*; *~ción* [~'θiɔn] *f* Schätzung *f*, Taxierung *f*; *~r* [ta'sar] (1a) schätzen, taxieren
tasca F ['taska] *f* Kneipe *f*
tatara|buelo *m*, **-a** *f* [tatara'bŭelo, ~'bŭela] Ururgroßvater *m*, -mutter *f*; *~nieto* [~'nĭeto] *m* Ururenkel *m*
tatua|je [ta'tŭaxe] *m* Tätowierung *f*; *~r* [~'tŭar] (1d) tätowieren
taurino [taŭ'rino] Stier(kampf)...
Tauro *astr* ['taŭro] *m* Stier *m*; **♀maquia** [~'makĭa] *f* Stierkampfkunst *f*
taxi ['taɡsi] *m* Taxi *n*; *~ aéreo* Lufttaxi *n*
taxímetro [taɡ'simetro] *m* Fahrpreisanzeiger *m*
taxista [taɡ'sista] *su* Taxifahrer(in *f*) *m*
taza ['taθa] *f* Tasse *f*
tazón [ta'θon] *m* große Tasse *f*
te [te] dir, dich
té [te] *m* Tee *m*
tea ['tea] *f* Fackel *f*; Kienspan *m*
tea|tral [tea'tral] Theater...; *fig* theatralisch; *~tro* [te'atro] *m* Theater *n*; *fig* Schauplatz *m*; *~ al aire libre* Freilichtbühne *f*
tebeo [te'beo] *m* Comic-Heft *n*
teca ['teka] *f* Teakholz *n*

techo ['tetʃo] *m* Dach *n*; (*interior*) Zimmerdecke *f*; *fig* Obergrenze *f*; *~ solar auto* Sonnendach *n*
tecla ['tekla] *f* Taste *f*; *~do* [te'klaðo] *m* Tastatur *f*
teclear [tekle'ar] (1a) die Tasten anschlagen; F klimpern
técni|ca ['teɡnika] *f* Technik *f*; *~co* ['teɡniko] **1.** *adj* technisch; **2.** *m* Techniker *m*
tecnología [teɡnɔlɔ'xia] *f* Technologie *f*; *alta ~*, *~ punta* Spitzentechnologie *f*, High-Tech *n*
tedio ['teðĭo] *m* Langeweile *f*; Überdruß *m*
teja ['texa] *f* Dachziegel *m*; *~do* [tɛ'xaðo] *m* Dach *m*
tejano [tɛ'xano] *m* Texaner *m*; *~s pl* Jeans *pl*
teje|dor *m* [tɛxe'ðɔr] Weber *m*; *~maneje* F [~ma'nexe] *m* Intrigenspiel *n*; *~r* [tɛ'xɛr] (2a) weben; *Am* stricken
tejido [tɛ'xiðo] *m* Gewebe *n* (*a anat*); *~s pl* Textilien *pl*
tejo 🌳 ['texo] *m* Taxus *m*, Eibe *f*
tejón *zo* [tɛ'xɔn] *m* Dachs *m*
tela ['tela] *f* Stoff *m*; Gewebe *n*; (*lienzo*) Leinwand *f*; *~ metálica* Maschendraht *m*; *poner en ~ de juicio* anzweifeln
telar [te'lar] *m* Webstuhl *m*; *teat* Schnürboden *m*
telaraña [tela'raɲa] *f* Spinnwebe *f*
tele|arrastre [telea'rrastre] *m* Schlepplift *m*; *~cabina* [~ka'bina] *f* Kabinenlift *m*; *~comunicaciones* [~komuni-ka'θĭones] *f/pl* Fernmeldewesen *n*; *~copiadora* [~kopĭa'ðora] *f* Fernkopierer *m*; *~diario* *TV* [~'ðĭarĭo] *m* Tagesschau *f*; *~dirigido* [~ðiri'xiðo] ferngelenkt, -gesteuert; *~férico* [~'feriko] *m* Drahtseilbahn *f*; *~film(e)* [~'film(e)] *m* Fernsehfilm *m*
tele|fonear [telefone'ar] (1a) telefonieren; *~fonema* *Am* [~fo'nema] *m* Telefongespräch *n*; *~fónico* [~'foniko] telefonisch; *~fonista* [~fo'nista] *su* Telefonist(in *f*) *m*
teléfono [te'lefono] *m* Telefon *n*; *~ público* Münzfernsprecher *m*; *~ de tarjeta* Kartentelefon *n*; *~ de teclado* Tastentelefon *n*
telegr|afía [telegra'fia] *f* Telegrafie *f*; *~afiar* [~'fĭar] (1c) telegrafieren; *~áfico* [~'grafiko] telegrafisch; *~afista* [~gra'fista] *su* Telegrafist(in *f*) *m*

telégrafo [te'legrafo] *m* Telegraf *m*
telegrama [tele'grama] *m* Telegramm *n*
tele|novela [teleno'bela] *f* Fernsehspiel(serie *f*) *n*; **~objetivo** [~obxe'tibo] *m* Teleobjektiv *n*; **~patía** [~pa'tia] *f* Telepathie *f*, Gedankenübertragung *f*
teles|cópico [teles'kopiko] ausziehbar; **~copio** [~'kopio] *m* Teleskop *n*
tele|silla [tele'siʎa] *f* Sessellift *m*; **~spectador** [~spekta'dɔr] *m* Fernsehzuschauer *m*; **~squí** [~s'ki] *m* Schilift *m*; **~texto** [~'testo] *m* Videotext *m*; **~tipo** [~'tipo] *m* Fernschreiber *m*; **~vidente** [~bi'ðente] *m* Fernsehzuschauer *m*; **~visar** [~'sar] (1a) *im Fernsehen* senden, übertragen; **~visión** [~'sjɔn] *f* Fernsehen *n*; **~ por cable** Kabelfernsehen *n*; **~ en color** Farbfernsehen *n*; **~ vía satélite** Satellitenfernsehen *n*; **~visivo** [~'sibo] *m* Fernseh...; **~visor** [~'sɔr] *m* Fernsehgerät *n*; **~ en color** Farbfernseher *m*
télex ['teleɡs] *m* Telex *n*, Fernschreiben *n*
telón [te'lɔn] *m teat* Vorhang *m*; **~ de fondo** *fig* Hintergrund *m*
tema ['tema] *m* Thema *n*
temática [te'matika] *f* Thematik *f*
tembl|ar [tɐm'blar] (1k) zittern, **~or** [~'blɔr] *m* Zittern *n*; **~ de tierra** Erdbeben *n*; **~oroso** [~blo'roso] zitt(e)rig
temer [te'mɛr] (2a) fürchten; **~ario** [teme'rario] verwegen, tollkühn; **~idad** [~ri'ðað] *f* Verwegenheit *f*, Tollkühnheit *f*; **~oso** [~'roso] furchtsam, ängstlich
temible [te'mible] furchterregend
temor [te'mɔr] *m* Furcht *f*, Angst *f*
tempera|mento [tempera'mento] *m* Temperament *n*; **~tura** [~ra'tura] *f* Temperatur *f*
tempes|tad [tempes'tað] *f* Sturm *m*; Unwetter *n*; **~tuoso** [~'tuoso] stürmisch
templa|do [tem'plaðo] maßvoll, gemäßigt; *(agua)* lauwarm; *(clima)* mild; **~nza** [~'planθa] *f* Mäßigung *f*; *(del clima)* Milde *f*; **~r** [~'plar] (1a) mäßigen; temperieren; ⚙ härten
templo ['templo] *m* Tempel *m*; Kirche *f*
tempo|rada [tempo'raða] *f* Zeitraum *m*; Jahreszeit *f*; Saison *f*; *teat* Spielzeit *f*; **~ alta** Hoch-, Hauptsaison *f*; **~ baja** Vor- *od* Nachsaison *f*; **~ral** [~'ral] **1.** *adj* zeitweilig; *rel* weltlich; **2.** *m* Sturm *m*; Unwetter *n*; *anat* Schläfenbein *n*

temporero [tempo'rero]: *(trabajador m)* **~** Saisonarbeiter *m*
temprano [tem'prano] frühzeitig; Früh...; *adv* (zu) früh
tenacidad [tenaθi'ðað] *f* Zähigkeit *f*; Hartnäckigkeit *f*
tenaz [te'naθ] zäh; hartnäckig
tenazas [te'naθas] *f/pl* Zange *f*
tenca *zo* ['teŋka] *f* Schleie *f*
tenden|cia [ten'denθia] *f* Neigung *f*; Tendenz *f*; Trend *m*; **~cioso** [~den'θioso] tendenziös
tender [ten'dɛr] (2g) **1.** *v/t* ausbreiten; *(cuerda)* spannen; *(cable)* verlegen; *(ropa)* aufhängen; **2.** *v/i* neigen (zu **a**); **~se** sich hinlegen, sich ausstrecken
tende|rete [tende'rete] *m* Verkaufsstand *m*; **~ro** [~'dero] *m* Ladeninhaber *m*
tendido [ten'diðo] *m taur* Sperrsitz *m*; ⚡ Verlegung *f v Leitungen*; Leitung *f*
tendón *anat* [ten'dɔn] *m* Sehne *f*
tenebroso [tene'broso] finster; düster *(a fig)*
tenedor [tene'ðɔr] *m* Gabel *f*; ✝ Inhaber *m*
tenencia [te'nenθia] *f* Besitz *m*; **~ (ilícita) de armas** (unerlaubter) Waffenbesitz *m*
tener [te'nɛr] (2l) haben, besitzen; *(sostener)* (fest)halten; **~ puesto** *(vestido, etc)* anhaben; **~ 10 años** 10 Jahre alt sein; **~ a bien** *inf* so freundlich sein, zu; **~ por** halten für; **~ que** müssen; **no ~ que** nicht brauchen; **(no) ~ que ver con** (nichts) zu tun haben mit *(dat)*; **~se** sich festhalten; **~ por** sich halten für
tenería [tene'ria] *f* Gerberei *f*
tengo ['teŋgo] *s* **tener**
tenia ['tenia] *f* Bandwurm *m*
teniente [te'niente] *m* ⚔ Oberleutnant *m*; **~ de alcalde** zweiter Bürgermeister *m*; **~ coronel** Oberstleutnant *m*; **~ general** Generalleutnant *m*
tenis ['tenis] *m* Tennis *n*; **~ de mesa** Tischtennis *n*; **~ta**]te'nista] *su* Tennisspieler(in *f*) *m*
tenor [te'nɔr] *m* Wortlaut *m*, Tenor *m*; ♪ Tenor *m*; **a ~ de** laut, gemäß
ten|sar [ten'sar] (1a) spannen, straffen; **~sión** [~'sjɔn] *f* Spannung *f (a ⚡ u fig)*; ⚕ **~ (arterial)** Blutdruck *m*; **~so** ['tenso] gespannt *(a fig)*
tentación [tenta'θiɔn] *f* Versuchung *f*
tentáculo *zo* [ten'takulo] *m* Fangarm *m*

tenta|dor [tɛntaˈdɔr] verführerisch, verlockend; **~r** [~ˈtar] (1k) betasten; (*atraer*) (ver)locken; versuchen; **~tiva** [~taˈtiβa] *f* Versuch *m*
tentempié F [tɛntɛmˈpi̯e] *m* Imbiß *m*
tenue [ˈtenu̯e] dünn; schwach
teñir [teˈɲir] (3h *u* 3l) färben; *fig* tönen
teología [teolɔˈxia] *f* Theologie *f*
teológico [teoˈlɔxiko] theologisch
teólogo [teˈologo] *m* Theologe *m*
teorema [teoˈrema] *m* Lehrsatz *m*
teoría [teoˈria] *f* Theorie *f*
teórico [teˈoriko] theoretisch
tera|péutico [teraˈpeu̯tiko] therapeutisch; **~pia** [teˈrapi̯a] *f* Therapie *f*
tercer [tɛrˈθer] *s tercero*; **~a ♪** [~ˈθera] *f* Terz *f*; **~mundista** [~munˈdista] der Dritten Welt; **~o** [~ˈθero] dritte(r, -s); *el Tercer Mundo* die Dritte Welt
terceto ♪ [tɛrˈθeto] *m* Terzett *n*
ter|ciar [tɛrˈθi̯ar] (1b) (*mediar*) vermitteln; (*intervenir*) eingreifen; **~ciario** [~ˈθi̯ari̯o] tertiär; **~cio** [ˈtɛrθi̯o] *m* Drittel *n*
terciopelo [tɛrθi̯oˈpelo] *m* Samt *m*
terco [ˈtɛrko] starrköpfig; zäh
tergiversa|ción [tɛrxiβɛrsaˈθi̯on] *f* (Wort-)Verdrehung *f*; **~r** [~ˈsar] (1a) verdrehen
terma|l [tɛrˈmal] Thermal...; **~s** [ˈtɛrmas] *f/pl* Thermalquellen *f/pl*
térmico [ˈtɛrmiko] thermisch, Wärme...
termina|ción [tɛrminaˈθi̯on] *f* Beendigung *f*; *gram* Endung *f*; **~l** [~ˈnal] **1.** *adj* End..., Schluß...; **2.** *m inform* Terminal *n*; **3.** *f* Endstation *f*; ✈ Terminal *n*; **~ de autobuses** Busbahnhof *m*; **~nte** [~ˈnante] entscheidend; kategorisch; **~r** [~ˈnar] (1a) **1.** *v/t* beenden; abschließen; **2.** *v/i* zu Ende gehen, enden; **~rse** zu Ende sein
término [ˈtermino] *m* Ende *n*, Schluß *m*; (*plazo*) Frist *f*; Termin *m*; (*palabra*) Ausdruck *m*; **por ~ medio** im Durchschnitt; **~ municipal** Gemeindegebiet *n*; **~ técnico** Fachausdruck *m*; **en último** letzten Endes; notfalls
terminología [tɛrminolɔˈxia] *f* Terminologie *f*
termo [ˈtɛrmo] *m* Thermosflasche *f*
termómetro [tɛrˈmometro] *m* Thermometer *n*; **~ clínico** Fieberthermometer *n*
termostato [tɛrmɔsˈtato] *m* Thermostat *m*

terne|ra [tɛrˈnera] *f* Kalbfleisch *n*; *zo* (Kuh-)Kalb *n*; **~ro** [~ˈnero] *m* (Stier-)Kalb *n*
terno [ˈtɛrno] *m* dreiteiliger (Herren-)Anzug *m*
ternura [tɛrˈnura] *f* Zartheit *f*; Zärtlichkeit *f*
terquedad [tɛrkeˈdad] *f* Hartnäckigkeit *f*; Eigensinn *m*
terrado [tɛˈrrado] *m* flaches Dach *n*; (Dach-)Terrasse *f*
terraplén [tɛrraˈplen] *m* (Bahn-, Straßen-)Damm *m*
terrateniente [tɛrrateˈni̯ente] *m* (Groß-)Grundbesitzer *m*
terraza [tɛˈrraθa] *f* Terrasse *f*
terremoto [tɛrreˈmoto] *m* Erdbeben *n*
terre|nal [tɛrreˈnal] irdisch; **~no** [tɛˈrreno] *m* Boden *m*; Gelände *n*; Grundstück *n*; *fig* Bereich *m*, Gebiet *n*
terrestre [tɛˈrrestre] Erd...; Land...; irdisch
terrible [tɛˈrrible] schrecklich; furchtbar
territo|rial [tɛrritoˈri̯al] Gebiets...; **~rio** [~ˈtori̯o] *m* Gebiet *n*
terrón [tɛˈrron] *m* Erdklumpen *m*; (*de azúcar*) Stück *n*
terror [tɛˈrrɔr] *m* Schrecken *m*; Entsetzen *n*; Terror *m*; **~ífico** [tɛrrɔˈrifiko] schreckenerregend; **~ismo** [~ˈrizmo] *m* Terrorismus *m*; **~ista** [~ˈrista] *su* Terrorist(in *f*) *m*
terso [ˈtɛrso] glatt; (*estilo*) flüssig
tertulia [tɛrˈtuli̯a] *f* Gesellschaft *f*; Stammtisch *m*
tesina [teˈsina] *f* Diplomarbeit *f*
tesis [ˈtesis] *f* These *f*; **~ doctoral** Doktorarbeit *f*
tesitura [tesiˈtura] *f* ♪ Stimmlage *f*
tesón [teˈsɔn] *m* Beharrlichkeit *f*
teso|rería [tesoreˈria] *f* Schatzamt *n*; **~rero** [~ˈrero] *m* Schatzmeister *m*; Kassenwart *m*; **~ro** [teˈsoro] *m* Schatz *m*; **~ (público)** Staatskasse *f*
test [tɛst] *m* Test *m*
testaferro [testaˈfɛrro] *m fig* Strohmann *m*
testamen|tario [testamenˈtari̯o] testamentarisch, Testaments...; **~to** [~ˈmento] *m* Testament *n*; **Antiguo ♀, Nuevo ♀** Altes, Neues Testament *n*
testaru|dez [testaruˈdeθ] *f* Starrköpfigkeit *f*; **~do** [~ˈrudo] starrköpfig
testículo [tesˈtikulo] *m* Hoden *m*

testificar

testi|ficar [testifi'kar] (1g) bezeugen, bekunden; ~**go** [~'tiɣo] *su* Zeuge *m*, Zeugin *f*; *dep* (Staffel-)Stab *m*; ~ **de cargo** Belastungszeuge *m*; ~ **ocular** (*od presencial*) Augenzeuge *m*; ~**moniar** [~timo'niar] (1b) bezeugen; aussagen; ~**monio** [~'monio] *m* Zeugnis *n*; Zeugenaussage *f*
teta ['teta] *f* Zitze *f*; P Brust *f*
tétanos ⚕ ['tetanos] *m* Wundstarrkrampf *m*, Tetanus *m*
tetera [te'tera] *f* Teekanne *f*
tétrico ['tetriko] trübselig; finster
textil [tes'til] **1.** *adj* Textil...; **2.** ~**es** *m/pl* Textilien *pl*
tex|to ['testo] *m* Text *m*; ~**tual** [tes'tŭal] wörtlich
textura [tes'tura] *f* Gewebe *n*; ⚙ Textur *f*; *fig* Struktur *f*
tez [teθ] *f* Gesichtsfarbe *f*, Teint *m*
ti [ti] dir, dich
tía ['tia] *f* Tante *f*; *desp* Weib(sbild) *n*; ~ **abuela** Großtante *f*
tibia *anat* ['tiβia] *f* Schienbein *n*
tibio ['tiβio] lau(warm); *fig* lau
tiburón [tibu'rɔn] *m* Hai(fisch) *m*
tic ⚕ [tik] *m* Tick *m*
ticket [ti'ket] *m* Kassenzettel *m*, Bon *m*
tiempo ['tiempo] *m* Zeit *f*; *met* Wetter *n*; ~ **libre** Freizeit *f*; **primer** ~ *dep* erste Halbzeit *f*; **a** ~ rechtzeitig; **a su** ~ zu gegebener Zeit; **antes de** ~ vorzeitig; **con** ~ früh genug, rechtzeitig; **de un** ~ **a esta parte** seit einiger Zeit; **desde hace mucho** ~ seit langem; **hace buen** (**mal**) ~ es ist gutes (schlechtes) Wetter
tienda ['tienda] *f* Laden *m*, Geschäft *n*; ~ **de campaña** Zelt *n*; **ir de** ~**s** e-n Einkaufsbummel machen
tierno ['tierno] zart, weich; *fig* zärtlich
tierra ['tierra] *f* Erde *f*; Land *n*; (*suelo*) Boden *m*; (*patria*) Heimat *f*; ~ **firme** Festland *n*; **echar por** ~ zunichte machen; **echar** ~ **a a/c** et vertuschen; **tomar** ~ ✈ landen
tieso ['tieso] steif, starr
tiesto ['tiesto] *m* Blumentopf *m*
tifón [ti'fɔn] *m* Taifun *m*
tifus ⚕ ['tifus] *m* Typhus *m*
tigre ['tigre] *m* Tiger *m*; *Am* Jaguar *m*; ~**sa** [ti'gresa] *f* Tigerin *f*
tije|ra [ti'xera] *f* (*mst pl* ~**s**) Schere *f*; **de** ~ Klapp...; ~**reta** *zo* [~'reta] *f* Ohrwurm *m*

tila ['tila] *f* Lindenblütentee *m*
til|dar [til'dar] (1a) bezeichnen (als **de**); ~**de** ['tilde] *m od f gram* Tilde *f*
tilo ♣ ['tilo] *m* Linde *f*
tima|dor [tima'dɔr] *m* Schwindler *m*; ~**r** [ti'mar] (1a) F übers Ohr hauen; neppen
timbal [tim'bal] *m* ♪ Kesselpauke *f*; ~**ero** [~ba'lero] *m* Paukenschläger *m*
tim|brar [tim'brar] (1a) stempeln; ~**bre** ['timbre] *m* Stempel *m*; Stempelmarke *f*; *Am* Briefmarke *f*; (*campanilla*) Klingel *f*; ♪ Klangfarbe *f*, Timbre *n*; **tocar el** ~ klingeln, läuten
timidez [timi'deθ] *f* Schüchternheit *f*
tímido ['timiðo] schüchtern, scheu
timo ['timo] *m* Schwindel *m*; Betrug *m*
timón [ti'mɔn] *m* ⚓, ✈ *u fig* Steuer *n*, Ruder *n*
timonel ⚓ [timo'nɛl] *m* Steuermann *m*
tímpano ['timpano] *m* △ Giebelfeld *n*; *anat* Trommelfell *n*
tina ['tina] *f* Bottich *m*; Wanne *f*; ~**ja** [ti'naxa] *f* großer Tonkrug *m*
tinerfeño [tiner'feɲo] aus Teneriffa
tinglado [tiŋ'glaðo] *m* (Bretter-)Schuppen *m*; *fig* Intrige *f*; Klüngel *m*
tinieblas [ti'nieblas] *f/pl* Finsternis *f*
tino ['tino] *m* Geschick *n*; Treffsicherheit *f*; *fig* Fingerspitzengefühl *n*
tinta ['tinta] *f* Tinte *f*; ~ **china** Tusche *f*; **de buena** ~ aus sicherer Quelle
tinte ['tinte] *m* Färben *n*; (*colorante*) Farbstoff *m*; F (chemische) Reinigung *f*; ~**ro** [~'tero] *m* Tintenfaß *n*
tintinear [tintine'ar] (1a) klirren; bimmeln
tinto ['tinto] gefärbt; (**vino** ~) Rotwein *m*; ~**rería** [~re'ria] *f* Färberei *f*; chemische Reinigung *f*
tintura [tin'tura] *f* Tinktur *f*
tiña ⚕ ['tiɲa] *f* Grind *m*
tío ['tio] *m* Onkel *m*; F Kerl *m*; ~ **abuelo** Großonkel *m*
tiovivo [tio'biβo] *m* Karussell *n*
típico ['tipiko] typisch (für **de**)
tipo ['tipo] *m* Typ *m* (*a* F *fig*); Art *f*; ~ **de cambio** Wechselkurs *m*; ~ **de descuento** Diskontsatz *m*; ~ **impositivo** Steuersatz *m*; ~ **de interés** Zinssatz *m*; **tener buen** ~ e-e gute Figur haben; ~**grafía** [~gra'fia] *f* Buchdruckerkunst *f*; ~**gráfico** [~'grafiko] typographisch
tipógrafo [ti'pografo] *m* Buchdrucker *m*

tira ['tira] f Streifen m; **~chinas** [~'tʃinas] m (Stein-)Schleuder f
tira|da [ti'raða] f Wurf m; tip Auflage f; **de una ~** in e-m Zug; **~do** [ti'raðo] fig spottbillig; **~dor** [~'ðɔr] m Schütze m; ☉ Griff m; **~je** Am [ti'raxe] m tip Auflage f; **~líneas** [~'lineas] m Reißfeder f
tiranía [tira'nia] f Tyrannei f
tiránico [ti'raniko] tyrannisch
tira|nizar [tirani'θar] (1f) tyrannisieren; **~no** [ti'rano] m Tyrann m
tirante [ti'rante] 1. adj gespannt (a fig); straff; 2. m Träger m; **~s** pl Hosenträger m/pl; **~z** [~'teθ] f Spannung f (a fig)
tirar [ti'rar] (1a) 1. v/t werfen; weg-, umwerfen; (casa) abreißen; (disparar) abfeuern; (línea) ziehen; (dinero) verschleudern; tip drucken; abziehen; 2. v/i ziehen; (disparar) schießen; **~ a la derecha** nach rechts einbiegen; **~ a** neigen zu; **a todo ~** höchstens; **ir tirando** sich durchschlagen; **~se** sich stürzen
tiritar [tiri'tar] (1a) frösteln, zittern
tiro ['tiro] m Wurf m; (disparo) Schuß m; **~ con arco** Bogenschießen n; **~ al blanco** Scheibenschießen n; **~ al plato** Tontaubenschießen n; **~ de pichón** Taubenschießen n; **de ~s largos** F piekfein
tiroides [ti'roiðes] f Schilddrüse f
tirón [ti'rɔn] m Zug m, Ruck m; **de un ~** auf einmal
tiroteo [tiro'teo] m Schießerei f
tisana [ti'sana] f Kräutertee m
títere [ti'tere] m Marionette f; a fig Hampelmann m; (teatro m de) **~s** pl Kasperletheater n; **no dejar ~ con cabeza** alles kurz u klein schlagen
titiritero [titiri'tero] m Puppenspieler m
titubear [titube'ar] (1a) schwanken; fig zögern
titula|do [titu'laðo] m Inhaber m e-s (akademischen) Titels; **~r** [~'lar] 1. (1a) betiteln; 2. m Inhaber m; tip Schlagzeile f; auto Fahrzeughalter m
título ['titulo] m Titel m; ✝ Wertpapier n; **a ~ de** (in der Eigenschaft) als; **~s** pl **de crédito** (cine) Vorspann m
tiza [ti'θa] f Kreide f
toall|a [to'aʎa] f Handtuch n; fig **tirar la ~** das Handtuch werfen; **~ero** [toa'ʎero] m Handtuchhalter m
tobera [to'bera] f Düse f
tobillo [to'biʎo] m Fußknöchel m
tobogán [toβo'gan] m Rutschbahn f

toca ['toka] f Haube f; **~discos** [~'diskos] m Plattenspieler m; **~do** [to'kaðo] m Frisur f; Kopfputz m; **~dor** [~'ðɔr] m Toiletten-, Frisiertisch m
tocante [to'kante]: (**en lo**) **~ a** was ... anbetrifft; bezüglich (gen)
tocar [to'kar] (1g) 1. v/t berühren (a fig), anfassen; ♪ spielen; 2. v/i gebühren, zukommen; (concernir) betreffen; **me toca a mí** ich bin an der Reihe
tocayo m, **-a** f [to'kajo, ~ja] Namensvetter m, -schwester f
tocino [to'θino] m Speck m
tocólogo ⚕ [to'kologo] m Geburtshelfer m
tocón [to'kɔn] m Baumstumpf m
todavía [toða'βia] noch (immer)
todo ['toðo] 1. adj ganze(r, -s); jeder; alles; **~s** pl alle; **~ cuanto** alles was; **~s los días** jeden Tag; 2. adv ganz, völlig; **ante ~**, **sobre ~** vor allem; **con ~** jedoch, trotzdem; **del ~** ganz u gar; **no del ~** nicht ganz; 3. m Ganze(s) n
todopoderoso [toðopoðe'roso] allmächtig; **rel el** ☧ der Allmächtige
toga ['toga] f Toga f; Robe f
toldo ['toldo] m Sonnendach n
tolera|ble [tole'raβle] erträglich; **~ncia** [~'ranθia] f Toleranz f; **~nte** [~'rante] tolerant; **~r** [~'rar] (1a) dulden, tolerieren; (aguantar) er-, vertragen
toma ['toma] f Nehmen n; ⚔ Einnahme f; **~ de corriente** Stromanschluß m; **~ del poder** Machtergreifung f; **~ de posesión** Besitznahme f, Amtsantritt m; **~ de posición** Stellungnahme f; **~ de tierra** ⚡ Erdung f; ✈ Landung f; **~dura** [~'ðura] f F: **~ de pelo** Neckerei f; (timo) Schwindel m; **~r** [to'mar] (1a) nehmen; annehmen; einnehmen (a ⚔); (café, etc) trinken; **~ por** halten für
tomate [to'mate] m Tomate f; **ponerse como un ~** puterrot werden
tomavistas [toma'βistas] m Filmkamera f
tomillo ⚘ [to'miʎo] m Thymian m
tomo ['tomo] m Band m
tona|da [to'naða] f Lied n, Weise f; **~lidad** [~li'ðað] f ♪ Tonart f
tonel [to'nel] m Tonne f; Faß n; **~ada** [tone'laða] f Tonne f; **~aje** ⚓ [~'laxe] m Tonnage f; **~ero** [~'lero] m Böttcher m
tongo ['tɔngo] m dep Schiebung f
tóni|ca [to'nika] f ♪ Tonika f; gastr To-

nikwasser *n*; ⁓**co** ['toniko] **1.** *adj* ♪ tonisch; ✚ stärkend; **2.** *m* ✱ Tonikum *n*
tono ['tono] *m* Ton *m* (*a fig*); Tonart *f*; **a ⁓** (dazu) passend; **de buen** (**mal**) **⁓** (un)schicklich; **darse ⁓** sich wichtig machen
ton|tear [tonte'ar] (1a) (herum)albern; flirten; **⁓tería** [⁓'ria] *f* Dummheit *f*, Albernheit *f*; *fig* Lappalie *f*; **⁓to** ['tonto] **1.** *adj* dumm; albern; **2.** *m* Dummkopf *m*; **hacer el ⁓** sich albern benehmen; **hacerse el ⁓** sich dumm stellen
topacio [to'paθio] *m* Topas *m*
topar [to'par] (1a) zs.-stoßen; **⁓ con** stoßen auf (*ac*)
tope ['tope] *m* Spitze *f*; 🚂 Puffer *m*; Prellbock *m*; ⚙ Anschlag(stift) *m*; **a ⁓, hasta los ⁓s** bis obenhin voll
tópico ['topiko] **1.** *adj* ✚ äußerlich, örtlich; **2.** *m* Gemeinplatz *m*
topo ['topo] *m* Maulwurf *m*
topografía [topogra'fia] *f* Topographie *f*
topónimo [to'ponimo] *m* Ortsname *m*
toque ['toke] *m* Berührung *f*; ♪ Tusch *m*; Signal *n*; *fig* Note *f*, Touch *m*; **⁓ de queda** Sperrstunde *f*; ✕ Zapfenstreich *m*; *fig* **dar el último ⁓ a** den letzten Schliff geben
tórax ['toraɡs] *m* Brustkorb *m*
torbellino [torbe'ʎino] *m* Wirbel *m*; Strudel *m*; Wirbelwind *m* (*a fig*)
torce|dura [torθe'ðura] *f* Krümmung *f*; ✚ Zerrung *f*; **⁓r** [tor'θer] (2b *u* 2h) drehen; krümmen; verbiegen; (*ropa*) (aus)wringen; (*palabras, etc*) verdrehen; **⁓ a la derecha** rechts abbiegen; **⁓rse** sich verbiegen; *fig* F schiefgehen; **⁓ el pie** sich den Fuß verstauchen
torcido [tor'θiðo] krumm; schief
tordo ['torðo] *m* Drossel *f*
tore|ar [tore'ar] (1a) mit Stieren kämpfen; **⁓o** [to'reo] *m* Stierkampf *m*; **⁓ro** [to'rero] *m* Stierkämpfer *m*, Torero *m*
toril [to'ril] *m* Stierzwinger *m*
tormen|ta [tor'menta] *f* Gewitter *n*; *a fig* Sturm *m*; **⁓to** [⁓'mento] *m* Folter *f*; *fig* Qual *f*; **⁓toso** [⁓'toso] stürmisch
tornear ⚙ [torne'ar] (1a) drechseln; drehen
torneo [tor'neo] *m* Turnier *n*
tornero [tor'nero] *m* Drechsler *m*; Dreher *m*
tornillo [tor'niʎo] *m* Schraube *f*

torniquete [torni'kete] *m* Drehkreuz *n*; ✚ Aderpresse *f*
torno ⚙ ['torno] *m* Drehbank *f*; Töpferscheibe *f*; **en ⁓ a** über; um ... herum
toro ['toro] *m* Stier *m*, Bulle *m*; **⁓ de lidia** Kampfstier *m*; **⁓s** *pl* Stierkampf *m*
toronja [to'ronxa] *f* Pomeranze *f*, Bitterorange *f*; *bsd Am* Grapefruit *f*
torpe ['torpe] ungeschickt; schwerfällig
torpe|dear [torpeðe'ar] (1a) torpedieren (*a fig*); **⁓dero** ⚓ [⁓'ðero] *m* Torpedoboot *n*; **⁓do** [⁓'peðo] *m zo* Zitterrochen *m*; ⚓ Torpedo *m*
torpeza [tor'peθa] *f* Ungeschicklichkeit *f*; Schwerfälligkeit *f*
torre ['torre] *f* Turm *m* (*tb ajedrez*); *reg* Villa *f*; **⁓ de comunicaciones** Funk- (und Fernseh)turm *m*; **⁓ de control** ✈ Kontrollturm *m*
torrefac|ción [torrefag'θion] *f* Rösten *n*; **⁓to** [⁓'fakto] geröstet
torren|cial [torren'θial] : **lluvia** *f* **⁓** strömender Regen *m*; **⁓te** [to'rrente] *m* Sturzbach *m*; *fig* Flut *f*, Strom *m*
tórrido ['torriðo] heiß
torsión [tor'sion] *f* Drehung *f*
torta ['torta] *f* Kuchen *m*; Fladen *m*; F Ohrfeige *f*
tortícolis ✚ [tor'tikolis] *m* steifer Hals *m*
tortilla [tor'tiʎa] *f* Omelett *n*; *Am* Maisfladen *m*; **⁓ española** Kartoffelomelett *n*
tórtola ['tortola] *f* Turteltaube *f*
tortuga [tor'tuga] *f* Schildkröte *f*; **a paso de ⁓** im Schneckentempo
tortuoso [tor'tŭoso] gewunden; krumm
tortura [tor'tura] *f* Folter *f*; *fig* Qual *f*; **⁓r** [⁓'rar] (1a) foltern, quälen (*a fig*)
tos [tos] *f* Husten *m*; **⁓ ferina** Keuchhusten *m*
tosco ['tosko] unbearbeitet, roh; *fig* ungehobelt
toser [to'sɛr] (2a) husten
tosta|da [tos'taða] *f* Toast *m*; **⁓do** [⁓'taðo] geröstet; (*persona*) braun(gebrannt); **⁓dor** [⁓'ðor] *m* Toaster *m*; **⁓r** [⁓'tar] (1m) rösten; bräunen
tostón [tos'ton] *m* gebratenes Spanferkel *n*; F *fig* Schinken *m*
total [to'tal] **1.** *adj* ganz, völlig, total; Gesamt...; **en ⁓** insgesamt; **2.** *adv* alles in allem; kurz (u gut); **3.** *m* Gesamtsumme *f*; **⁓idad** [⁓li'ðað] *f* Gesamtheit *f*; **⁓izar** [⁓'θar] (1f) zs.-zählen; insgesamt betragen

touroperador [turopera'dɔr] *m* Reiseveranstalter *m*
tóxico ['tɔgsiko] **1.** *adj* giftig; **2.** *m* Gift *n*
toxicómano [tɔgsi'komano] **1.** *adj* rauschgiftsüchtig; **2.** *m* Süchtige(r) *m*
tozudo [to'θuđo] dickköpfig
traba ['traba] *f* Band *n*, Fessel *f*; *fig* Hindernis *n*
traba|jador [trabaxa'dɔr] **1.** *adj* arbeitsam, fleißig; **2.** *m* Arbeiter *m*; ~ **eventual** Gelegenheitsarbeiter *m*; ~ **extranjero** Gast-, Fremdarbeiter *m*; ~ **semicualificado** angelernter Arbeiter *m*; **~jar** [~'xar] (1a) **1.** *v/i* arbeiten; **2.** *v/t* verarbeiten; **~jo** [~'baxo] *m* Arbeit *f*; *fig* Mühe *f*; ~ **a destajo** Akkordarbeit *f*; ~ **a domicilio** Heimarbeit *f*; ~ **en equipo** Teamarbeit *f*; **~s** *pl* **forzados** Zwangsarbeit *f*; ~ **temporal** Zeitarbeit *f*; ~ **por turnos** Schichtarbeit *f*; **~joso** [~'xoso] mühsam
traba|lenguas [traba'leŋgŭas] *m* Zungenbrecher *m*; **~r** [tra'bar] (1a) verbinden; *fig* anknüpfen
tracción [trag'θĭɔn] *f* Ziehen *n*, Zug *m*; ✪ Zugkraft *f*; Antrieb *m*; ~ **delantera (trasera)** Vorder- (Hinter)radantrieb *m*
tracoma ✱ [tra'koma] *m* Trachom *n*
tractor [trak'tɔr] *m* Traktor *m*; **~ista** [~to'rista] *su* Traktorfahrer(in *f*) *m*
tradi|ción [traði'θĭɔn] *f* Tradition *f*, Überlieferung *f*; **~cional** [~θĭo'nal] überliefert, traditionell
traduc|ción [traðug'θĭɔn] *f* Übersetzung *f*; **~ir** [~đu'θir] (3o) übersetzen; **~tor** [~đuk'tɔr] *m*, **~tora** [~'tora] *f* Übersetzer(in *f*) *m*
traer [tra'ɛr] (2p) (her)bringen; mitbringen; *fig* mit sich bringen; ~ **entre manos** vorhaben
trafica|nte *desp* [trafi'kante] *m* Händler *m*; ~ **de drogas** Drogenhändler *m*; **~r** [~'kar] (1g) handeln (mit *en*)
tráfico ['trafiko] *m* Verkehr *m*; ✝ Handel *m*; ~ **aéreo** Flugverkehr *m*; ~ **de drogas** Drogenhandel *m*; ~ **de influencias** Vetternwirtschaft *f*, F Filz *m*; ~ **pesado** Schwerverkehr *m*; ~ **rodado** Fahrverkehr *m*
traga|luz [traga'luθ] *m* Dachfenster *n*; Luke *f*; Oberlicht *n*; **~perras** F [~'perras] *su* Spielautomat *m*
tragar [tra'gar] (1h) (ver)schlucken; (ver)schlingen; **no poder** ~ **a alg** j-n nicht ausstehen können
tragedia [tra'xeðĭa] *f* Tragödie *f* (*a fig*)
trágico ['traxiko] tragisch
tragicomedia [traxiko'međĭa] *f* Tragikomödie *f*
trago ['trago] *m* Schluck *m*; **pasar un mal** ~ Schweres durchmachen
tragón F [tra'gɔn] gefräßig
trai|ción [trai'θĭɔn] *f* Verrat *m*; **alta** ~ Hochverrat *m*; **~cionar** [~θĭo'nar] (1a) verraten; **~cionero** [~θĭo'nero] verräterisch; **~dor** [~'dɔr] **1.** *adj* verräterisch; treulos; **2.** *m* Verräter *m*
traigo ['traĭgo] *s* **traer**
trailer ['traĭler] *m* (Film-)Vorschau *f*; *auto* Sattelschlepper *m*
traje ['traxe] *m* Anzug *m*; Kleid *n*; ~ **de baño** Badeanzug *m*; ~ **(de) chaqueta** Damenkostüm *m*; ~ **de etiqueta** Gesellschaftsanzug *m*; ~ **hecho** Konfektionsanzug *m*; ~ **de luces** Stierkämpfertracht *f*; ~ **de noche** Abendkleid *n*; **~pantalón** Hosenanzug *m*; ~ **regional** Tracht *f*; ~ **sastre** Kostüm *n*
trajín [tra'xin] *m fig* Betrieb *m*, Hektik *f*
trajinar [traxi'nar] (1a) sehr beschäftigt sein; herumwirtschaften
trajo ['traxo] *s* **traer**
trama ['trama] *f fig* Komplott *n*; **~r** [tra'mar] (1a) *fig* anzetteln
tramita|ción [tramita'θĭɔn] *f* (amtliche) Erledigung *f*; Formalitäten *f/pl*; **en** ~ in Bearbeitung; **~r** [~'tar] (1a) (amtlich) erledigen; betreiben; bearbeiten
trámite ['tramite] *m* Dienstweg *m*; Formalität *f*
tramo ['tramo] *m* Strecke *f*; Abschnitt *m*
tramo|ya [tra'moja] *f teat* Bühnenmaschinerie *f*; **~yista** [~'jista] *m teat* Maschinist *m*; Kulissenschieber *m*
trampa ['trampa] *f* Falle *f* (*a fig*); (*puerta*) Falltür *f*; F **hacer ~s** mogeln
trampolín [trampo'lin] *m* Sprungbrett *n* (*a fig*); (*esquí*) Sprungschanze *f*
tramposo [tram'poso] **1.** *adj* betrügerisch; **2.** *m* Betrüger *m*, Schwindler *m*
tranca ['traŋka] *f* Sperrbalken *m*; **a ~s y barrancas** mit Ach u Krach
trance ['tranθe] *m* kritischer Augenblick *m*; (*hipnosis, etc*) Trance *f*; **a todo** ~ auf jeden Fall, unbedingt
tranqui|lidad [traŋkili'dađ] *f* Ruhe *f*; Stille *f*; Gelassenheit *f*; **~lizante** [~'θante] *m* Beruhigungsmittel *n*; **~lizar**

tranquilo

[~'θar] (1f) beruhigen; **~lo** [~'kilo] ruhig; still; gelassen
trans... [trans] s a **tras...**; **~acción** [~sag'θĭɔn] f ✝ Geschäft n; **~atlántico** [~sat'lantiko] **1.** adj überseeisch; **2.** m Überseedampfer m; **~bordador** [tranzborða'ðɔr] m ⚓ Fähre f; **~ espacial** Raumfähre f; **~bordo** [~'borðo] m Umsteigen n; **hacer ~** umsteigen; **~cripción** [~krib'θĭɔn] f Ab-, Umschrift f; **~currir** [~ku'rrir] (3a) verstreichen, vergehen; **~curso** [~'kurso] m Verlauf m; **~eúnte** [~se'unte] m Passant m; Durchreisende(r) m
transfer|encia [transfe'renθĭa] f Übertragung f; ✝ Überweisung f; **~ de tecnología** Technologietransfer m; **~ible** [~'rible] übertragbar; **~ir** [~'rir] (3i) übertragen; ✝ überweisen
transforma|ción [transforma'θĭɔn] f Umbildung f; Verwandlung f; **~dor** ⚡ [~'ðɔr] m Transformator m; **~r** [~'mar] (1a) verwandeln; ändern
transfronterizo [transfronte'riθo] grenzüberschreitend
tránsfuga ['transfuga] m Überläufer m; ⚔ Deserteur m
transfusión [transfu'sĭɔn] f; ⚕ **~ de sangre** Blutübertragung f
transgre|dir ⚖ [tranzgre'ðir] übertreten, verstoßen gegen; **~sión** [~'sĭɔn] f Übertretung f
transición [transi'θĭɔn] f Übergang m; **de ~** Übergangs...
transi|gente [transi'xente] nachgiebig; versöhnlich; **~gir** [~'xir] (3c) nachgeben
transi|stor [transis'tɔr] m Transistor m; **~table** [~'table] gangbar, befahrbar; **~tar** [~'tar] (1a) durchgehen, -reisen; verkehren; **~tivo** [~'tibo] gram transitiv
tránsito ['transito] m Verkehr m; Transit m; **de ~** auf der Durchreise
transitorio [transi'torĭo] vorübergehend; Übergangs...
transmi|sible [transmi'sible] übertragbar; **~sión** [~'sĭɔn] f Übertragung f (a ⚙); **~ en directo** Live-Sendung f, Direktübertragung f; **~tir** [~'tir] (3a) übertragen; senden
transparen|cia [transpa'renθĭa] f Durchsichtigkeit f; **~te** [~'rente] durchsichtig
transpira|ción [transpira'θĭɔn] f Ausdünstung f; Schwitzen n; **~r** [~'rar] (1a) schwitzen
transpor|tar [transpor'tar] (1a) befördern, transportieren; ♪ transponieren; **~te** [~'porte] m Transport m; Beförderung f; **~s públicos** öffentliche Verkehrsmittel n/pl; **~tista** [~'tista] m Transportunternehmer m, Spediteur m
transversal [tranzber'sal] quer, Quer...
tranvía [tram'bia] m Straßenbahn f
trape|cio [tra'peθĭo] m Trapez n; **~cista** [~'θista] su Trapezkünstler(in f) m
trapero [tra'pero] m Lumpensammler m
trapiche|ar [trapitʃe'ar] (1a) schachern; **~os** [~'tʃeos] m/pl Schliche m/pl, Kniffe m/pl
trapo ['trapo] m Lappen m; (Staub-, Wisch-)Tuch n; F **poner a alg como un ~** j-n herunterputzen
tráquea anat ['trakea] f Luftröhre f
traqueotomía ⚕ [trakeoto'mia] f Luftröhrenschnitt m
traquetear [trakete'ar] (1a) rütteln, schütteln
tras [tras] (después) nach; (detrás) hinter; **uno ~ otro** hintereinander; **andar ~ a/c** hinter et (dat) her sein
trás... [tras] s a **trans...**
trascend|encia [trasθen'denθĭa] f Bedeutung f; Tragweite f; **~ental** [~'tal] bedeutend; weitreichend; **~er** [~'dɛr] (2g) (noticia) durchsickern; **~ a** sich auswirken auf (ac)
trasegar [trase'gar] (1h u 1k) (líquido) umfüllen
trasero [tra'sero] **1.** adj hintere(r, -s); Hinter..., Rück...; **2.** m F Hintern m
trasfondo [tras'fɔndo] m fig Hintergrund m
trashumante ⚘ [trasu'mante] Wander...
trasla|dar [trazla'ðar] (1a) (mueble) verrücken; (persona) versetzen; (cadáver, etc) überführen; (fecha) verschieben, verlegen; **~darse** sich begeben (nach a); umziehen; **~do** [~'laðo] m Versetzung f; Verlegung f; Umzug m; (turismo) Transfer m
trasnocha|do [trazno'tʃaðo] fig veraltet, überholt; **~dor** [~'ðɔr] m Nachtschwärmer m; **~r** [~'tʃar] (1a) sich die Nacht um die Ohren schlagen
traspapelar [traspape'lar] (1a) verlegen; **~se** abhanden kommen

traspa|sar [traspa'sar] (1a) überschreiten (*a fig*); (*atravesar*) durchbohren; ⚔ übertragen; **~so** [~'paso] *m* Überschreitung *f*; ⚔ Übertragung *f*; Abtretung *f*; (*precio*) Abstandssumme *f*
traspié [tras'pĭe] *m* Stolpern *n*; **dar un ~** e-n Fehltritt tun (*a fig*)
trasplan|tar [trasplan'tar] (1a) verpflanzen; 🌱 *a* transplantieren; **~te** [~'plante] *m* Verpflanzung *f*; Transplantation *f*
traste ['traste] *m* ♪ Bund *m*; F **dar al ~ con a/c** et kaputtmachen
traste|ría [traste'ria] *f* Trödelladen *m*; **~ro** [~'tero]: (*cuarto m*) **~** Rumpelkammer *f*; Abstellraum *m*
trastienda [tras'tĭenda] *f* Raum *m* hinter dem Laden
trasto ['trasto] *m* (altes) Möbelstück *n*; *fig* Nichtsnutz *m*; **~s** *pl* Zeug *n*, Kram *m*; **~s viejos** altes Gerümpel *n*
trastor|nar [trastor'nar] (1a) umstürzen; durchea.-bringen; (*perturbar*) verwirren; **~narse** verrückt werden; **~no** [~'torno] *m* Störung *f* (*a* 🌱); **~ circulatorio** Kreislaufstörung *f*
trasvasar [traz'basar] (1a) umfüllen
trata ['trata] *f* Sklavenhandel *m*; **~ de blancas** Mädchenhandel *m*; **~ble** [tra'table] umgänglich; **~do** [~'tado] *m* Abhandlung *f*; ✝, *pol* Vertrag *m*; **~miento** [~'mĭento] *m* Behandlung *f* (*a* 🌱); (*título*) Anrede *f*; **~ de datos** (*textos*) Daten- (Text)verarbeitung *f*; **~nte** [~'tante] *m* Händler *m*
tratar [tra'tar] (1a) 1. *v/t* behandeln (*a* 🌱); 2. *v/i*: **~ con alg** mit j-m verkehren; **~ de** handeln von (*dat*); **~ de** (*inf*) versuchen zu (*inf*); **~ en** handeln mit (*dat*); **~se** sich handeln (um *ac de*)
trato ['trato] *m* Behandlung *f*; ✝ Abmachung *f*, Vertrag *m*; *fig* Umgang *m*; **malos ~s** Mißhandlung *f*; **¡~ hecho!** abgemacht!
trauma *psic* ['traŭma] *m* Trauma *n*; **~tismo** 🌱 [~'tizmo] *m* Trauma *n*, Verletzung *f*; **~tología** [~tolɔ'xia] *f* Unfallheilkunde *f*
través [tra'bes] *m*: **a ~ de** (quer) über; *a fig* durch; **de ~** schräg
travesaño [trabe'saɲo] *m* Querbalken *m*
travesía [trabe'sia] *f* Querstraße *f*; (*viaje*) Überfahrt *f*
travestí [trabes'ti] *m* Transvestit *m*

travesura [trabe'sura] *f* Streich *m*
travie|sa 🚂 [tra'bĭesa] *f* Schwelle *f*; **~so** [~'bĭeso] (*niño*) mutwillig, ausgelassen
trayecto [tra'jɛkto] *m* Strecke *f*; Weg *m*; **~ de tránsito** Transitstrecke *f*; **~ria** [~'torĭa] *f* Flug-, Geschoßbahn *f*; *fig* (Lebens-)Weg *m*, Bahn *f*
traza ['traθa] *f* Plan *m*; Trasse *f*; **~do** [tra'θado] *m* Entwurf *m*; Aufriß *m*; Verlauf *m*; **~r** [~'θar] (1f) entwerfen; (*línea, etc*) ziehen; *fig* umreißen
trazo ['traθo] *m* Strich *m*; Schriftzug *m*
trébol ♣ ['trebɔl] *m* Klee *m*
trece ['treθe] dreizehn; F **mantenerse en sus ~** hartnäckig bei s-r Meinung bleiben
trecho ['tretʃo] *m* Strecke *f*; Stück *n*; **a ~s** streckenweise; zeitweise
tregua ['treɡŭa] *f* Waffenruhe *f*; *fig* Pause *f*; **sin ~** unablässig
treinta ['treĭnta] dreißig
trekking ['trekiŋ] *m* Trekking *n*
tremendo [tre'mendo] fürchterlich, schrecklich, furchtbar; F riesig, toll
trementina [tremen'tina] *f* Terpentin *n*
tren [tren] *m* 🚂 Zug *m*; **~ de aterrizaje** ✈ Fahrgestell *n*; **~ directo** Schnellzug *m*; **~ de laminación** ⚙ Walzstraße *f*; **~ de mercancías** Güterzug *m*; **~ de pasajeros** Personenzug *m*, Reisezug *m*; **~ de vida** Lebensweise *f*
trenca ['treŋka] *f* Dufflecoat *m*
trenza ['trenθa] *f* Zopf *m*; **~r** [~'θar] (1f) flechten
trepador [trepa'dɔr] 1. *adj* kletternd, Kletter...; 2. *m* Kletterer *m*; *fig* Karrieremacher *m*
trepanar 🌱 [trepa'nar] (1a) trepanieren
trepar [tre'par] (1a) klettern
trepidar [trepi'dar] (1a) beben, zittern
tres [tres] drei; **~cientos** [~'θĭentos] dreihundert
tresillo [tre'siʎo] *m* Couchgarnitur *f*; ♪ Triole *f*
treta ['treta] *f* List *f*; Kniff *m*
triangular [trĭaŋɡu'lar] dreieckig
triángulo ['trĭaŋɡulo] *m* Dreieck *n*; ♪ Triangel *m*
tribal [tri'bal] Stammes...
tribu ['tribu] *f* Stamm *m*
tribulación [tribula'θĭɔn] *f* Drangsal *f*; Leid *n*
tribuna [tri'buna] *f* Tribüne *f*
tribunal [tribu'nal] *m* Gericht(shof *m*) *n*;

tributar

Prüfungsausschuß *m*; ~ *de cuentas* Rechnungshof *m*; ~ *de menores* Jugendgericht *n*

tribu|tar [tribu'tar] (1a) (Steuer) zahlen; *fig* zollen; **~tario** [~'tarĭo] Steuer...; steuerpflichtig; **~to** [tri'buto] *m* Steuer *f*, Abgabe *f*; *fig* Tribut *m*

tri|ciclo [tri'θiklo] *m* Dreirad *n*; **~color** [~ko'lɔr] dreifarbig; **~cotar** [~'tar] (1a) stricken; **~cotosa** [~'tosa] *f* Strickmaschine *f*

trienio [tri'enĭo] *m* Zeitraum *m* von drei Jahren

trigésimo [tri'xesimo] dreißigste(r, -s)

trigo ['trigo] *m* Weizen *m*; ~ *sarraceno* Buchweizen *m*

trigonometría ♃ [trigonome'tria] *f* Trigonometrie *f*

trilla|do [tri'ʎaðo] *fig* abgedroschen; **~dora** [~ʎa'ðora] *f* Dreschmaschine *f*; **~r** [tri'ʎar] (1a) dreschen

trillizos [tri'ʎiθos] *m/pl* Drillinge *m/pl*

trimestr|al [trimes'tral] vierteljährlich; **~e** [~'mestre] *m* Vierteljahr *n*, Quartal *n*

trinca ['triŋka] *f* Dreiergruppe *f*

trinch|ar [trin'tʃar] (1a) tranchieren; **~era** [~'tʃera] *f* Schützengraben *m*; (*gabardina*) Trenchcoat *m*; **~ero** [~'tʃero] *m* Anrichte *f*

trineo [tri'neo] *m* Schlitten *m*

trinidad *rel* [trini'ðað] *f* Dreifaltigkeit *f*

trino ['trino] *m* Triller *m*

trinquete [triŋ'kete] *m* ⚓ Fockmast *m*; ⚙ Sperrklinke *f*

trío ['trio] *m* Trio *n*

tripa ['tripa] *f* Darm *m*; F Bauch *m*; *hacer de ~s corazón* sich ein Herz fassen

triple ['triple] **1.** *adj* dreifach; **2.** *m* das Dreifache *n*

triplica|do [tripli'kaðo]: *por* ~ in dreifacher Ausfertigung; **~r** [~'kar] (1g) verdreifachen

trípode ['tripoðe] *m* Stativ *n*

tríptico ['triptiko] *m* Triptychon *n*

tripula|ción [tripula'θĭon] *f* ⚓, ✈ Besatzung *f*; **~nte** [~'lante] *m* Besatzungsmitglied *n*; **~r** [~'lar] (1a) bemannen

triqui|na [tri'kina] *f* Trichine *f*; **~nosis** ✱ [~ki'nosis] *f* Trichinose *f*

triste ['triste] traurig; betrübt; **~za** [~'teθa] *f* Traurigkeit *f*

triturar [tritu'rar] (1a) zerkleinern, zermahlen

triun|fador [trĭumfa'ðɔr] **1.** *adj* triumphierend; siegreich; **2.** *m* Sieger *m*; **~fal** [~'fal] Triumph...; **~far** [~'far] (1a) triumphieren; *dep* siegen; **~fo** [~'trĭumfo] *m* Triumph *m*; *dep* Sieg *m*; (*naipes*) Trumpf *m*

trivial [tri'bĭal] trivial, banal; **~idad** [~li'ðað] *f* Plattheit *f*; Gemeinplatz *m*

triza ['triθa] *f*: *hacer ~s* F kaputtmachen; *hecho ~s* F kaputt

trocar [tro'kar] (1g *u* 1m) (ein-, ver)tauschen (gegen *por*)

trocha ['trotʃa] *f* Pfad *m*; *Am* 🚞 Spurweite *f*

trofeo [tro'feo] *m* Trophäe *f*

troglodita [troglo'ðita] *m* Höhlenbewohner *m*

tromba ['trɔmba] *f* Wasserhose *f*

trombón ♪ [trɔm'bon] *m* Posaune *f*; (*persona*) Posaunist *m*

trombosis ✱ [trɔm'bosis] *f* Thrombose *f*

trompa ['trɔmpa] *f* ♪ (Wald-)Horn *n*; *zo* Rüssel *m*; F *fig* Rausch *m*; **~zo** [~'paθo] *m* Stoß *m*; Zusammenstoß *m*

trompe|ta ♪ [trɔm'peta] **a)** *f* Trompete *f*; **b)** *m* = **~tista** [~'tista] *m* Trompeter *m*

trompicar [trɔmpi'kar] (1g) straucheln

tronar [tro'nar] (1m) donnern; *fig* wettern

troncho ['trontʃo] *m* Strunk *m*

tronco ['trɔŋko] *m* Baumstamm *m*; *anat* Rumpf *m*

trono ['trono] *m* Thron *m*

tropa ['tropa] *f* ⚔ Truppe *f*; *fig* Trupp *m*

tropel [tro'pel] *m* (Menschen-)Menge *f*, Haufen *m*; *en* ~ haufenweise

trope|zar [trope'θar] (1f *u* 1k) stolpern; ~ *con* stoßen an, auf (*ac*); **~zón** [~'θɔn] *m*: *dar un* ~ stolpern

tropical [tropi'kal] tropisch, Tropen...

trópico *geo* ['tropiko] *m* Wendekreis *m*; **~s** *pl* Tropen *pl*

tropiezo [tro'pĭeθo] *m* Hindernis *n*; Schwierigkeit *f*; *fig* Entgleisung *f*

trota|mundos [trota'mundos] *m* Globetrotter *m*; **~r** [~'tar] (1a) traben, trotten (*a fig*)

trote ['trote] *m* Trab *m*; *al* ~ im Trab

trotón *zo* [tro'tɔn] *m* Traber *m*

trozo ['troθo] *m* Stück *n*

trucha ['trutʃa] *f* Forelle *f*; ~ *asalmonada* Lachsforelle *f*

truco ['truko] *m* Trick *m*

truculento [truku'lento] schaurig; blutrünstig

trueno ['trueno] *m* Donner *m*
trueque ['trueke] *m* Tausch *m*
trufa ❦ ['trufa] *f* Trüffel *f*; **~do** [~'faðo] getrüffelt
truhán [tru'an] *m* Gauner *m*
truncar [truŋ'kar] (1g) abschneiden; *fig* zunichte machen
tú [tu] du; *tratar de* **~** duzen
tu, tus [tu, tus] dein(e)
tubérculo ❦ [tu'bɛrkulo] *m* Knolle *f*
tuberculo|sis ✶ [tuberku'losis] *f* Tuberkulose *f*; **~so** [~'loso] tuberkulös
tubería [tube'ria] *f* (Rohr-)Leitung *f*
tubo ['tubo] *m* Röhre *f*, Rohr *n*; Tube *f*; *(flexible)* Schlauch *m*; **~ de ensayo** Reagenzglas *n*; **~ de escape** *auto* Auspuffrohr *n*; **~ fluorescente** Leuchtstoffröhre *f*
tuerca ⚙ ['tuɛrka] *f* Schraubenmutter *f*
tuerto ['tuɛrto] einäugig
tuétano ['tuetano] *m* (Knochen-)Mark *n*
tufo ['tufo] *m* Gestank *m*, F Mief *m*
tugurio [tu'gurio] *m* F Bruchbude *f*, Loch *n*
tul [tul] *m* Tüll *m*
tulipán ❦ [tuli'pan] *m* Tulpe *f*
tullido [tu'ʎiðo] **1.** *adj* gelähmt; **2.** *m* Krüppel *m*
tumba ['tumba] *f* Grab(stätte *f*) *n*
tum|bar [tum'bar] (1a) umwerfen; **~barse** sich hinlegen; **~bo** ['tumbo] *m*: *dar* **~s** taumeln; **~bona** [~'bona] *f* Liege(stuhl *m*) *f*
tumor ✶ [tu'mɔr] *m* Geschwulst *f*, Tumor *m*
tumult|o [tu'multo] *m* Aufruhr *m*, Tumult *m*; **~uoso** [~'tuoso] stürmisch; lärmend
tuna ['tuna] *f* ❦ Feigenkaktus *m*; ♪ Studentenkapelle *f*; **~nte** [tu'nante] *m* Spitzbube *m*, Gauner *m*
tunda ['tunda] *f* Tracht *f* Prügel
tunecino [tune'θino] **1.** *adj* tunesisch; **2.** *m* Tunesier *m*
túnel ['tunɛl] *m* Tunnel *m*; **~ aerodinámico** *(od del viento)* Windkanal *m*; **~ de lavado** *auto* Waschstraße *f*
tungsteno [tuŋgs'teno] *m* Wolfram *n*

túnica ['tunika] *f* Tunika *f*
tuntún [tun'tun]: *al (buen)* **~** aufs Geratewohl
tupido [tu'piðo] dicht
turba ['turba] *f* Torf *m*; *fig* Haufen *m*, (Menschen-)Menge *f*
turbación [turba'θĩɔn] *f* Störung *f*; *fig* Bestürzung *f*
turbante [tur'bante] *m* Turban *m*
turbar [tur'bar] (1a) stören; *fig* bestürzen; **~se** in Aufregung *bzw* Verlegenheit geraten; sich beunruhigen
turbina [tur'bina] *f* Turbine *f*
turbio ['turbio] trübe; *fig* unsauber
turbo... [turbo] Turbo...; **~propulsor** [~propul'sɔr] *m* Turboproptriebwerk *n*
turbulen|cia [turbu'lenθia] *f* Turbulenz *f*; Unruhe *f*; Verwirrung *f*; **~to** [~'lento] ungestüm, wild, turbulent
turco ['turko] **1.** *adj* türkisch; **2.** *m*, **-a** [~ka] *f* Türke *m*, Türkin *f*
turis|mo [tu'rizmo] *m* Tourismus *m*, Fremdenverkehr *m*; *auto* Personenwagen *m*; **~ de mochila** Rucksacktourismus *m*; **~ta** [tu'rista] *su* Tourist(in *f*)
turístico [tu'ristiko] touristisch, Touristen..., Fremdenverkehrs...
turnarse [tur'narse] (1a) sich abwechseln, sich ablösen
turno ['turno] *m* Reihe(nfolge) *f*; *(de trabajo)* Schicht *f*; *estar de* **~** Dienst haben; *por* **~(s)** abwechselnd; *es mi* **~** ich bin an der Reihe
turón *zo* [tu'rɔn] *m* Iltis *m*
turquesa [tur'kesa] *f* Türkis *m*
turrón [tu'rrɔn] *m span* Süßigkeit zu Weihnachten
tutear [tute'ar] (1a) duzen
tutela [tu'tela] *f* Vormundschaft *f*; *fig* Schutz *m*; *poner bajo* **~** entmündigen
tuteo [tu'teo] *m* Duzen *n*
tutor [tu'tɔr] *m* Tutor *m*; ⚖ Vormund *m*; ✿ Stützpfahl *m*; **~ía** [tuto'ria] *f* Vormundschaft *f*
tuya ❦ ['tuja] *f* Lebensbaum *m*, Thuja *f*
tuyo, tuya ['tujo, 'tuja] dein(e)

U

U, u [u] *f* U, u *n*
u [u] (*vor* **o** *od* **ho**) oder
ubi|cación [ubika'θi̯on] *f Am* Unterbringung *f*; *bsd Am* Lage *f*, Standort *m*; **~cado** [~'kaðo] gelegen; *estar* **~** liegen; **~car** *Am* [~'kar] (1g) unterbringen; **~carse** *Am* sich befinden; **~cuo** [u'biku̯o] allgegenwärtig
ubre ['ubre] *f* Euter *n*
ufa|narse [ufa'narse] (1a) sich brüsten, sich rühmen; **~no** [u'fano] eingebildet
ujier [u'xi̯er] *m* Gerichtsdiener *m*
úlcera ['ulθera] *f* Geschwür *n*
ulterior [ulte'ri̯or] weiter, ferner; später
últimamente ['ultima'mente] in letzter Zeit
ulti|mar [ulti'mar] (1a) beenden, abschließen; *Am* töten; **~mátum** [~'matun] *m* Ultimatum *n*
último ['ultimo] letzte(r, -s); *por* **~** zuletzt; schließlich
ultra... [ultra] *in Zssgn* ultra...
ultra|derechismo [ultraðere'tʃizmo] *m* Rechtsextremismus *m*; **~izquierdismo** [~iθki̯er'ðizmo] *m* Linksextremismus *m*
ultra|jar [ultra'xar] (1a) beleidigen; **~je** [ul'traxe] *m* Beleidigung *f*
ultramar [ultra'mar] *m* Übersee *f*; *de* **~** überseeisch
ultramarino [ultrama'rino] **1.** *adj* überseeisch; **2. ~s** *m/pl* Kolonialwaren *f/pl*
ultranza [ul'tranθa]: *a* **~** aufs äußerste
ultra|sonido [ultraso'niðo] *m* Ultraschall *m*; **~violeta** [~bi̯o'leta] ultraviolett
ulular [ulu'lar] (1a) heulen
umbilical [umbili'kal] Nabel...
umbral [um'bral] *m* Türschwelle *f*; *fig* Schwelle *f*
umbr|ío [um'brio], **~oso** [~'broso] schattig
un, una [un, 'una] ein(e)
unánime [u'nanime] einmütig; einstimmig
unanimidad [unanimi'ðað] *f* Einmütigkeit *f*, Einstimmigkeit *f*; *por* **~** einstimmig
unción [un'θi̯on] *f* Salbung *f*
undécimo [un'deθimo] elfte(r, -s)
ungir [uŋ'xir] (3c) salben

ungüento [uŋ'gu̯ento] *m* Salbe *f*
úni|camente ['unikamente] nur, lediglich; **~co** ['uniko] einzig; *fig* einzigartig, einmalig
unicornio [uni'kornio] *m* Einhorn *n*
uni|dad [uni'ðað] *f* Einheit *f*; ✝ Stück *n*; ✱ **~** *de cuidados intensivos* (*od de vigilancia intensiva*) Intensivstation *f*; *inform* **~** *de disco* Diskettenlaufwerk *n*; **~do** [u'niðo] vereinigt; verbunden
unifamiliar [unifami'li̯ar] Einfamilien...
unifi|cación [unifika'θi̯on] *f* Vereinheitlichung *f*; Vereinigung *f*; **~car** [~'kar] (1g) vereinen; vereinheitlichen
unifor|mar [unifor'mar] (1a) vereinheitlichen; **~me** [~'forme] **1.** *adj* gleichförmig; gleichmäßig; einheitlich; **2.** *m* Uniform *f*; **~midad** [~mi'ðað] *f* Gleichförmigkeit *f*; Gleichmäßigkeit *f*
unilateral [unilate'ral] einseitig
unión [u'ni̯on] *f* Vereinigung *f*; Einigkeit *f*; Verbindung *f*; *Unión Europea* Europäische Union
unir [u'nir] (3a) vereinigen; verbinden; zs.-fügen; **~se** sich zs.-schließen; **~** *a* sich anschließen an *ac*
unísono [u'nisono]: *al* **~** einstimmig (*a fig*)
univer|sal [uniber'sal] allgemein; universal; weltweit; **~sidad** [~si'ðað] *f* Universität *f*; **~** *a distancia* Fernuniversität *f*; **~sitario** [~si'tari̯o] **1.** *adj* Universitäts...; **2.** *m* Akademiker *m*; Student *m*; **~so** [~'berso] *m* Weltall *n*
uno ['uno] **1.** *pron* eine(r, -s); jemand, man; (*número*) eins; **~** *por* **~** einer nach dem andern; *a una* gemeinsam; gleichzeitig; **~s** *pl* einige; *unas cien pesetas* etwa hundert Peseten; **2.** *m* Eins *f*
untar [un'tar] (1a) (ein)schmieren; (*pan*) bestreichen; *fig* bestechen, F schmieren
uña ['uɲa] *f anat* Nagel *m*; *zo* Huf *m*; Klaue *f*; *ser* **~** *y carne* ein Herz u e-e Seele sein
uranio [u'rani̯o] *m* Uran *n*
urba|nidad [urbani'ðað] *f* Höflichkeit *f*; **~nismo** [~'nizmo] *m* Städtebau *m*; Stadtplanung *f*; **~nización** [~θa'θi̯on] *f* Bebauung *f*; (*casas*) (Villen-, Häuser-)Kolonie *f*; *plan m de* **~** Be-

bauungsplan m; ~nizar [~'θar] (1f) (terreno) erschließen, bebauen; ~no [ur'bano] städtisch; Stadt...; (guardia m) ~ Stadtpolizist m
urbe ['urbe] f Groß-, Weltstadt f
urdir [ur'ðir] (3a) anzetteln (a fig)
urea [u'rea] f Harnstoff m
uréter anat [u'retɛr] m Harnleiter m
uretra anat [u'retra] f Harnröhre f
urgen|cia [ur'xenθĩa] f Dringlichkeit f; ⚕ Notfall m; **de ~** Not...; Eil...; **~te** [~te] dringend; eilig
urgir [ur'xir] (3c) dringend sein
urinario [uri'narĩo] **1.** adj Harn...; **2.** m Pissoir n
urna ['urna] f Urne f; **~ electoral** Wahlurne f
urogallo zo [uro'gaʎo] m Auerhahn m
urólogo ⚕ [u'rologo] m Urologe m
urraca [u'rraka] f Elster f
urticaria ⚕ [urti'karĩa] f Nesselfieber n
uruguayo [uru'ğŭajo] **1.** adj uruguayisch; **2.** m Uruguayer m
usado [u'saðo] gebraucht; abgenutzt
usanza [u'sanθa] f Brauch m, Sitte f
usar [u'sar] (1a) gebrauchen, benutzen; (ropa) tragen; **~ de** Gebrauch machen von (dat); **~se** gebräuchlich sein
uso ['uso] m Gebrauch m, Benutzung f;

Verwendung f; (usanza) Brauch m, Sitte f
usted [us'teð] Sie; **tratar de ~** siezen
usual [u'sŭal] gebräuchlich, üblich
usuario [u'sŭarĩo] m Benutzer m
usufructo [usu'frukto] m Nießbrauch m, Nutznießung f
usu|ra [u'sura] f Wucher m; **~rero** [~'rero] m Wucherer m
usurpa|ción [usurpa'θĩon] f Usurpation f; **~r** [~'par] (1a) usurpieren
utensilio [uten'silĩo] m Gerät n; **~s** pl Handwerkszeug n; Utensilien pl
útero anat ['utero] m Uterus m, Gebärmutter f
útil ['util] **1.** adj nützlich; tauglich; **2. ~es** m/pl Gerät n, Werkzeug n
utili|dad [utili'ðað] f Nutzen m; **de ~ pública** gemeinnützig; **~zable** [~'θable] brauchbar, verwendbar; **~zación** [~θa'θĩon] f Benutzung f; Verwendung f; Verwertung f; **~zar** [~'θar] (1f) benutzen; ver-, anwenden; verwerten
utillaje [uti'ʎaxe] m Geräte n/pl; Ausrüstung f
utopía [uto'pia] f Utopie f
utópico [u'topiko] utopisch
uva ['uba] f Traube f

V

V, v ['ube] f V, v n
va [ba] s ir
vaca ['baka] f Kuh f; (carne) Rindfleisch n; **~ lechera** Milchkuh f; **las ~s flacas** (gordas) die mageren (fetten) Jahre n/pl
vaca|ciones [baka'θĩones] f/pl Ferien pl; Urlaub m; **~nte** [~'kante] **1.** adj unbesetzt, frei; **2.** f offene Stelle f; **cubrir una ~** e-e Stelle besetzen
vacia|do [ba'θĩaðo] m Entleerung f; (en molde) Abguß m; **~r** [ba'θĩar] (1c) (aus)leeren; (aus)räumen
vacila|ción [baθila'θĩon] f Schwanken n; Unentschlossenheit f; **~nte** [~'lante] schwankend; **~r** [~'lar] (1a) schwanken; zaudern

vacío [ba'θio] **1.** adj leer; fig nichtssagend; hohl; **2.** m Leere f; (hueco) Lücke f; fis Vakuum n; **dejar un ~** fig e-e Lücke reißen
vacuna [ba'kuna] f Impfstoff m; **~ción** [~'θĩon] Impfung f; **~ preventiva** Schutzimpfung f; **~r** [~'nar] (1a) impfen
vacuno [ba'kuno] **1.** adj Rind(er)...; **2.** m Rind n
vacuo ['bakŭo] fig leer
vado ['baðo] m Furt f; **~ permanente** Halteverbot n vor Ausfahrten
vagabun|dear [bagabunde'ar] (1a) umherstreichen, vagabundieren; **~do** [~'bundo] **1.** adj vagabundierend; (pe-

vaga|ncia [ba'ganθia] f Landstreicherleben n; (pereza) Faulheit f; **~r** [~'gar] (1h) umherstreifen; faulenzen
vagina anat [ba'xina] f Scheide f
vago ['bago] **1.** adj faul; fig unbestimmt, vage; **2.** m Faulpelz m
vagón [ba'gɔn] m (Eisenbahn-)Wagen m, Waggon m; **~ cistc** ·a Tankwagen m; **~ directo** Kurswa₅ ·n m; **~ frigorífico** Kühlwagen m; **~ de mercancías** Güterwagen m; **~ restaurante** Speisewagen m
vagoneta [bago'neta] f Lore f
vaho ['bao] m Dampf m, Dunst m
vaina ['baina] f (Degen-, Messer-)Scheide f; ♀ Hülse f, Schote f
vainica [bai'nika] f Hohlsaum m
vainilla [bai'niʎa] f Vanille f
vaivén [bai'ben] m Hin und Her n; Auf und Ab n
vajilla [ba'xiʎa] f Geschirr n
vale ['bale] m Gutschein m; **~dero** [~'ðero] gültig
valen|cia ⚛ [ba'lenθia] f Valenz f, Wertigkeit f; **~tía** [~'tia] f Mut m, Tapferkeit f
valer [ba'lɛr] (2q) **1.** v/t (costar) kosten; fig einbringen; **2.** v/i wert sein; (ser válido) gelten, gültig sein; (ser útil) nützen, taugen; **más vale ...** es ist besser ...; **¡vale!** in Ordnung!; **~se:** **~ de a/c** sich e-r Sache bedienen; zurückgreifen auf et (ac)
valeriana ♀ [bale'riana] f Baldrian m
valía [ba'lia] f Wert m
validez [bali'ðeθ] f Gültigkeit f
válido ['baliðo] gültig
valiente [ba'liente] tapfer, mutig
valija [ba'lixa] f Handkoffer m; **~ diplomática** Diplomatengepäck n
valioso [ba'lioso] wertvoll
valla ['baʎa] f Zaun m; f; dep Hürde f; **~ protectora** Leitplanke f; **~ publicitaria** Reklametafel f; **~do** [ba'ʎaðo] m Zaun m; Einzäunung f; **~r** [ba'ʎar] (1a) einzäunen
valle ['baʎe] m Tal n
valor [ba'lɔr] m Wert m; (coraje) Mut m; **~ cívico** Zivilcourage f; **~es** pl ✝ Wertpapiere n/pl, Effekten pl; **~ación** [baloraθiɔn] f Bewertung f; Schätzung f; **~ar** [~'rar] (1a) schätzen; bewerten
vals [bals] m Walzer m
válvula ['balβula] f Ventil n; Klappe f (a anat)
vampiro [bam'piro] m Vampir m
vanagloriarse [banaglo'riarse] (1b) prahlen (mit dat de)
vandalismo [banda'lizmo] m Vandalismus m
vándalo ['bandalo] m Vandale m (a fig)
vanguardia [baŋ'gŭardia] f ⚔ Vorhut f; fig Avantgarde f
vani|dad [bani'ðað] f Eitelkeit f; **~doso** [~'ðoso] eitel, eingebildet
vano ['bano] eitel; nichtig; (inútil) vergeblich, unnütz; **en ~** vergebens
vapor [ba'pɔr] m Dampf m; Dunst m; ⚓ Dampfer m; **al ~** gastr gedämpft, gedünstet; **~ización** [baporiθa'θiɔn] f Verdunstung f; **~izador** [~'ðɔr] m Zerstäuber m; **~izar** [~'θar] (1f) zerstäuben; **~izarse** verdunsten; **~oso** [~'roso] fig leicht, duftig
vapulear F [bapule'ar] (1a) durchprügeln; F fertigmachen
vaquero [ba'kero] m Rinderhirt m; Am Cowboy m; **~s** pl Jeans pl
vara ['bara] f Stab m; Stange f
varia|ble [ba'riaβle] veränderlich, unbeständig; **~ción** [~'θiɔn] f Veränderung f, Wechsel m; ♪ Variation f; **~do** [~'riaðo] verschieden(artig); abwechslungsreich; **~nte** [~'riante] f Variante f, Abwandlung f; **~r** [~'riar] (1c) **1.** v/t (ab-, ver)ändern; variieren; **2.** v/i wechseln; sich ändern
varicela ✚ [bari'θela] f Windpocken f/pl
varices ✚ [ba'riθes] f/pl Krampfadern f/pl
variedad [barie'ðað] f Vielfalt f; ✿ Sorte f; **~es** pl Varieté n
varilla [ba'riʎa] f Gerte f; (dünne) Stange f; (Brillen-)Bügel m
vario ['bario] verschieden; **~s** pl mehrere; **~pinto** F [~'pinto] bunt
varita [ba'rita] f kleiner Stab m; **~ mágica** Zauberstab m
var|ón [ba'rɔn] m männliche(s) Wesen n, Mann m; **~onil** [baro'nil] männlich
vasallo [ba'saʎo] m Vasall m
vas|co ['basko] **1.** adj baskisch; **2.** m, **-a** [~ka] f Baske m, Baskin f; **~cuence** [~'kŭenθe] m baskische Sprache f
vascular anat [basku'lar] Gefäß...

vasija [ba'sixa] *f* Gefäß *n*
vaso ['baso] *m* Glas *n*; *anat* Gefäß *n*
vástago ['bastago] *m* ⚥ Schößling *m*; *fig* Sprößling *m*; ⚙ ~ *del émbolo* Kolbenstange *f*
vasto ['basto] weit; ausgedehnt
vatici|nar [batiθi'nar] (1a) wahrsagen, prophezeien; **~nio** [~'θinĭo] *m* Prophezeiung *f*, Voraussage *f*
vatio ⚡ ['batĭo] *m* Watt *n*
vaya ['baja] *s ir*
vea ['bea] *s ver*
vecin|al [beθi'nal] nachbarlich; **~dad** [beθin'dad] *f* Nachbarschaft *f*; *(alrededores)* Umgebung *f*; **~darío** [~'darĭo] *m* Einwohnerschaft *f*
vecino [be'θino] **1.** *adj* benachbart; **2.** *m* Nachbar *m*; *(habitante)* Einwohner *m*
veda ['beda] *f* Schonzeit *f*; **~do** [be'dado] *m* Gehege *n*; **~r** [be'dar] (1a) verbieten
vega ['bega] *f* Aue *f*; fruchtbare Ebene *f*
vegeta|ción [bexeta'θĭon] *f* Pflanzenwuchs *m*, Vegetation *f*; **~l** [~'tal] **1.** *adj* pflanzlich, Pflanzen...; **2.** *m* Pflanze *f*; **~r** [~'tar] (1a) *fig* vegetieren, **~riano** [~ta'rĭano] **1.** *adj* vegetarisch; **2.** *m* Vegetarier *m*
vehemen|cia [bee'menθĭa] *f* Heftigkeit *f*; Ungestüm *n*; **~te** [~'mente] heftig; ungestüm
vehículo [be'ikulo] *m* Fahrzeug *n*; *fig* Träger *m*; ~ *todo terreno* Geländefahrzeug *n*
veinte ['beĭnte] zwanzig
veja|ción [bexa'θĭon] *f* Belästigung *f*; Schikane *f*; **~r** [be'xar] (1a) schikanieren; drangsalieren; **~torio** [~'torĭo] demütigend; schikanös
vejez [be'xeθ] *f* (hohes) Alter *n*
vejiga *anat* [be'xiga] *f* Blase *f*
vela ['bela] *f* Kerze *f*; ⚓ Segel *n*; *dep* Segeln *n*; *en* ~ schlaflos, wach(end)
vela|da [be'lada] *f* Abendveranstaltung *f*; Abendgesellschaft *f*; **~dor** [~'dor] *m* rundes Tischchen *n*; **~r** [be'lar] (1a) **1.** *v/t* bewachen, wachen bei *(dat)*; *(cubrir con un velo)* verschleiern *(a fig)*; **2.** *v/i* wachen (über *ac por*); **~torio** [~'torĭo] *m* Totenwache *f*
veleid|ad [beleĭ'dad] *f* Anwandlung *f*; Laune *f*; **~oso** [~'doso] wankelmütig; launisch
velero [be'lero] *m* Segelschiff *n*
veleta [be'leta] *f* Wetterfahne *f*

vell|o ['beʎo] *m* Flaum *m*; (Körper-)Haar *n*; **~udo** [be'ʎudo] haarig; zottig
velo ['belo] *m* Schleier *m*
velo|cidad [beloθi'dad] *f* Geschwindigkeit *f*; *auto* Gang *m*; ~ *de crucero* ⚓, ✈ Reisegeschwindigkeit *f*; ~ *máxima* Höchstgeschwindigkeit *f*; **~címetro** [~'θimetro] *m* Geschwindigkeitsmesser *m*; **~cista** [~'θista] *m dep* Sprinter *m*
velódromo [be'lodromo] *m* Radrennbahn *f*
velomotor [belomo'tor] *m* Mofa *n*
veloz [be'loθ] schnell
vena ['bena] *f* Vene *f*; *a fig* Ader *f*
venado [be'nado] *m* Hirsch *m*; Rotwild *n*
venal [be'nal] käuflich; *fig* bestechlich; **~idad** [~li'dad] *f* Bestechlichkeit *f*
vencedero ✝ [benθe'dero] fällig
vencedor [benθe'dor] **1.** *adj* siegreich; **2.** *m* Sieger *m*
venc|er [ben'θer] (2b) **1.** *v/t* besiegen; *fig* überwinden; **2.** *v/i* siegen; ✝ *(plazo, etc)* ablaufen; *(pago)* fällig sein; **~imiento** [~θi'mĭento] ✝ *m* Verfall(stag) *m*; Fälligkeit *f*
venda ['benda] *f* Binde *f*; **~je** [ben'daxe] *m* Verband *m*; **~r** [~'dar] (1a) verbinden
vendaval [benda'bal] *m* Sturm *m*
vende|dor [bende'dor] *m* Verkäufer *m*; **~r** [~'der] (2a) verkaufen
vendimia [ben'dimĭa] *f* Weinlese *f*; **~dor** [~dimĭa'dor] *m* Weinleser *m*; **~r** [~'mĭar] (1b) Weinlese halten
veneno [be'neno] *m* Gift *n* *(a fig)*; **~so** [~'noso] giftig
venera|ble [bene'rable] ehrwürdig; **~ción** [~'θĭon] *f* Verehrung *f*; **~r** [~'rar] (1a) verehren
venéreo ⚕ [be'nereo]: *enfermedad f -a* Geschlechtskrankheit *f*
venezolano [beneθo'lano] **1.** *adj* venezolanisch; **2.** *m* Venezolaner *m*
venga ['benga] *s venir*
venga|dor [benga'dor] *m* Rächer *m*; **~nza** [~'ganθa] *f* Rache *f*; **~r** [~'gar] (1h) rächen; **~rse** sich rächen (an *dat de*; für *ac por*); **~tivo** [~'tibo] rachsüchtig
vengo ['bengo] *s venir*
venia ['benĭa] *f* Erlaubnis *f*; **~l** [be'nĭal] verzeihlich; *(pecado)* läßlich
veni|da [be'nida] *f* Ankunft *f*; **~dero** [~'dero] kommend, (zu)künftig

venir [be'nir] (3s) kommen; *fig* herrühren, (ab)stammen (von *de*); **~ bien** (*mal*) gut (schlecht) passen; **~ a menos** *fig* herunterkommen; *el año que viene* nächstes Jahr; *viene a ser lo mismo* das läuft auf dasselbe hinaus; **~ por** (F *a por*) (ab)holen; *¡venga!* los!; *¿a qué viene eso?* was soll das?; **~se: ~ abajo** einstürzen; *fig* fehlschlagen

venoso [be'noso] venös, Venen...

venta ['benta] *f* Verkauf *m*, Absatz *m*; **~ anticipada** Vorverkauf *m*; **~ por correspondencia** Versandhandel *m*; **en ~** zu verkaufen; **~ja** [~'taxa] *f* Vorteil *m*; **~ fiscal** Steuervergünstigung *f*; *llevar ~ a alg* c-n Vorsprung vor j-m haben; **~joso** [~'xoso] vorteilhaft

venta|na [ben'tana] *f* Fenster *n*; **~nilla** [~'niʎa] *f* Schalter *m*; ✈, *auto* Fenster *n*

ventila|ción [bentila'θjɔn] *f* Lüftung *f*; **~dor** [~'dɔr] *m* Ventilator *m*; **~r** [~'lar] (1a) lüften; *a fig* ventilieren

ventisca [ben'tiska] *f* Schneesturm *m*

vento|sa [ben'tosa] *f* Saugnapf *m* (*a zo*); **~sidad** [~si'daδ] *f* Blähung *f*; **~so** [~'toso] windig

ventral *anat* [ben'tral] Bauch...

ventrílocuo [ben'trilokwo] *m* Bauchredner *m*

ventu|ra [ben'tura] *f* Glück *n*; **~roso** [~'roso] glücklich

ver [bɛr] (2v) *v/t* sehen; *hacer ~* zeigen; *ir* (*od venir*) *a ~* besuchen; *no poder ~ a alg* j-n nicht riechen können; (*no*) *tener* (*nada*) *que ~ con* (nichts) zu tun haben mit; *volver a ~* wiedersehen; *vamos a ~* (wir wollen) mal sehen; *¡a ~!* mal sehen!; zeig mal!

vera ['bera] *f* Rand *m*; Ufer *n*

veracidad [beraθi'daδ] *f* Wahrhaftigkeit *f*

vera|neante [berane'ante] *m* Sommerfrischler *m*; **~near** [~'ar] (1a) den Sommer(urlaub) verbringen; **~neo** [~'neo] *m* Sommerfrische *f*; **~niego** [~'njeɣo] sommerlich, Sommer...; **~nillo** [~'niʎo] *m* Nachsommer *m*; **~ de San Martín** Altweibersommer *m*; **~no** [be'rano] *m* Sommer *m*

veras ['beras] *f/pl*: *de ~* im Ernst; wirklich

veraz [be'raθ] wahrheitsliebend; wahrhaft

verbal [bɛr'bal] mündlich; *gram* verbal, Verb...

verbena [bɛr'bena] *f* Volksfest *n*; ♀ Eisenkraut *n*

verbo ['bɛrbo] *m* Verb *n*; **~rrea** [~'rrea] *f* Geschwätzigkeit *f*; **~sidad** [~si'daδ] *f* Wortschwall *m*

verdad [bɛr'daδ] *f* Wahrheit *f*; *a decir ~* eigentlich; offen gesagt; *de ~* im Ernst; wirklich; *¿~?* nicht wahr?; *es ~* das stimmt; **~ero** [~δa'δero] wahr; wahrhaftig; wirklich

verde ['bɛrde] **1.** *adj* grün; (*fruta*) unreif; (*chiste*) unanständig; F *viejo m ~* alter Lustgreis *m*; **2.** *m* Grün *n*; *los ~s pol* die Grünen; **~ar** [~δe'ar] (1a) grünen; **~rón** *zo* [~'rɔn] *m* Grünfink *m*

verdo|r [bɛr'δɔr] *m* (frisches) Grün *n*; **~so** [~'δoso] grünlich

verdugo [bɛr'δuɣo] *m* Henker *m*

verdu|lero *m* [bɛrðu'lero] Gemüsehändler *m*; **~ra** [~'δura] *f* Gemüse *n*

vereda [be'reδa] *f* Fußweg *m*; *Am* Geh-, Bürgersteig *m*

veredicto [bere'δikto], *m* ⚖ Spruch *m* der Geschworenen; *fig* Urteil *n*

vergel [bɛr'xɛl] *m* Ziergarten *m*

vergonzoso [bɛrɣɔn'θoso] schändlich, beschämend; (*tímido*) schamhaft; schüchtern

vergüenza [bɛr'ɣweɲθa] *f* Scham *f*; (*infamia*) Schande *f*; *me da ~* ich schäme mich; *tener ~* sich schämen

verídico [be'riδiko] wahr; wahrheitsgetreu

verifica|ción [berifika'θjɔn] *f* (Über-, Nach-)Prüfung *f*, Kontrolle *f*; **~r** [~'kar] (1g) nach-, überprüfen; **~rse** sich bewahrheiten; (*tener lugar*) stattfinden

verja ['bɛrxa] *f* Gitter *n*

vermut [bɛr'mut] *m* Wermut *m*

vernáculo [bɛr'nakulo]: *lengua f -a* Landessprache *f*

verosímil [bero'simil] wahrscheinlich; glaubhaft

verraco [be'rrako] *m* Eber *m*

verruga [bɛ'rruɣa] *f* Warze *f*

versado [bɛr'saδo] bewandert, beschlagen (in *en*)

versar [bɛr'sar] (1a) handeln (von *dat sobre*)

vers|átil [bɛr'satil] vielseitig; (*voluble*) wankelmütig; **~atilidad** [~satili'daδ] *f* Vielseitigkeit *f*; Wankelmut *m*

versículo [bɛr'sikulo] *m* Bibelvers

versión [bɛr'sĩon] *f* Version *f*, Fassung *f*
verso ['bɛrso] *m* Vers *m*
vértebra *anat* ['bɛrtebra] *f* Wirbel *m*
vertebral [bɛrte'bral] Wirbel...
vertedero [bɛrte'ðero] *m*: **~** (*de basura*) Müllabladeplatz *m*, Mülldeponie *f*
verter [bɛr'tɛr] (2g) (ein-, aus-, ver)gießen; (ver)schütten; auskippen
vertical [bɛrti'kal] senkrecht
vertiente [bɛr'tĩente] *f* Abhang *m*; Gefälle *n*; *fig* Seite *f*, Aspekt *m*
vertiginoso [bɛrtixi'noso] schwindelerregend (*a fig*); *fig* atemberaubend
vértigo ✱ ['bɛrtigo] *m* Schwindel *m*
vesícula [be'sikula] *f* Bläschen *n*; **~ biliar** Gallenblase *f*
vespertino [bɛspɛr'tino] Abend...; (*periódico m*) **~** Abendzeitung *f*
vestíbulo [bes'tibulo] *m* Vorhalle *f*; Diele *f*; *teat* Foyer *n*
vesti|do [bes'tiðo] *m* Kleid *n*; *Am* Anzug *m*; **~dura** [~'ðura] *f* Kleidung *f*; **rasgarse las ~s** *fig* sich entrüsten
vestigio [bes'tixĩo] *m* Spur *f*
vesti|menta [besti'menta] *f* Kleidung *f*; **~r** [~'tir] (3l) **1.** *v/t* anziehen, (be)kleiden; (*llevar*) anhaben, tragen; **2.** *v/i* sich kleiden; **~rse** sich ankleiden, -ziehen
vestuario [bes'twarĩo] *m* Kleidung *f*, Garderobe *f*; *dep* Umkleideraum *m*
veta ['beta] *f* Maserung *f*; ⚒ Gang *m*, Ader *f*
vetar *pol* [be'tar] (1a) sein Veto einlegen gegen
veterano [bete'rano] **1.** *adj* altgedient; **2.** *m* Veteran *m*
veterina|ria [beteri'narĩa] *f* Tierheilkunde *f*; **~rio** [~'narĩo] *m* Tierarzt *m*
veto ['beto] *m* Einspruch *m*, Veto *n*
vetusto [be'tusto] uralt
vez [beθ] *f* Mal *n*; (*turno*) Reihe(nfolge) *f*; **a la ~** gleichzeitig; **a su ~** seinerseits; **cada ~ que** jedesmal wenn; **de una ~** auf einmal; **de ~ en cuando** ab und zu; **en ~ de** statt, anstelle von; **érase una ~** es war einmal; **otra ~** ein andermal; nochmal; **rara ~** selten; **tal ~** vielleicht; **a veces** zuweilen, manchmal; **muchas veces** oft; **tantas veces** so oft; **varias veces** mehrmals
vía ['bia] **1.** *f* Weg *m* (*a anat u fig*); Bahn *f*; Straße *f*; Gleis *n*; **~ de agua** ⚓ Leck *n*; **~ estrecha** 🚆 Schmalspur *f*; **~ lenta** *auto* Kriechspur *f*; **por ~ de** mittels, durch; **por ~ aérea** mit Luftpost; auf dem Luftweg; **2.** *prp* über, via
viable ['biable] lebensfähig; *fig* durchführbar
viaducto [bia'ðukto] *m* Viadukt *m*
via|jante [bia'xante] *m* (Geschäfts-)Reisende(r) *m*; **~jar** [~'xar] (1a) reisen; fahren; **~ por autostop** trampen; **~je** [bi'axe] *m* Reise *f*; Fahrt *f*; **~ colectivo** Gesellschaftsreise *f*, Gruppenreise *f*; **estar de ~** verreist sein; **irse** (*od* **salir**) **de ~** verreisen; **~jero** [bia'xero] *m* Reisende(r) *m*; Fahrgast *m*
vial [bi'al] Straßen...
viandante [bian'dante] *m* Wanderer *m*; Fußgänger *m*
viario ['biarĩo] Straßen...
víbora ['bibora] *f* Viper *f*; Kreuzotter *f*; *Am* Schlange *f*
vibra|ción [bibra'θĩon] *f* Schwingung *f*; Vibration *f*; **~dor** [~'ðor] *m* Vibrator *m*; **~r** [bi'brar] (1a) schwingen, vibrieren
vicario [bi'karĩo] *m* Vikar *m*
vice... [biθe...] Vize...
viceversa [biθe'bɛrsa] umgekehrt
vici|ado [bi'θĩaðo] verdorben; (*aire*) schlecht; **~ar** [bi'θĩar] (1b) verderben
vicio ['biθĩo] *m* Laster *n*; Fehler *m*; schlechte Angewohnheit *f*; **~so** [bi'θĩoso] fehlerhaft; lasterhaft
vicisitud [biθisi'tuð] *f* Wechselfall *m*
víctima ['biktima] *f* Opfer *n*
victori|a [bik'torĩa] *f* Sieg *m*; **~oso** [~'rĩoso] siegreich
vid [bið] *f* Weinstock *m*, Rebe *f*
vida ['biða] *f* Leben *n*; **de por ~** auf Lebenszeit; **en ~** bei Lebzeiten; **en mi ~** noch nie (in m-m Leben); **ganarse la ~** s-n Lebensunterhalt verdienen; **salir con ~** mit dem Leben davonkommen
vidente [bi'ðente] *su* (Hell-)Seher(in *f*) *m*
vídeo ['biðeo] *m* Video *n*, Videorecorder *m*
video|cámara [biðeo'kamara] *f* Videokamera *f*; **~cassette** [~ka'sɛt] *f* Videokassette *f*; **~film(e)** [~'film(e)] *m* Videofilm *m*; **~teca** [~'teka] *f* Videothek *f*; **~teléfono** [~te'lefono] *m* Bildtelefon *n*; **~tex** [~'tɛks] *m* Bildschirmtext *m*
vidri|era [bi'ðrĩera] *f* Glasfenster *n*; *Am* Schaufenster *n*; **~ería** [biðrĩe'rĩa] *f* Glaserei *f*; **~ero** [bi'ðrĩero] *m* Glaser *m*; **~o** ['biðrĩo] *m* Glas *n*; Glas-, Fensterscheibe *f*; **~oso** [bi'ðrĩoso] glasig

viejo ['bjexo] 1. *adj* alt; abgenutzt; 2. *m*, -a *f* ['bjexa] Alte(r) *m*, Alte *f*
vienés [bje'nes] 1. *adj* wienerisch; 2. *m* Wiener *m*
viento ['bjento] *m* Wind *m*; *hace* ~ es ist windig
vientre ['bjentre] *m* Bauch *m*; Leib *m*; *bajo* ~ Unterleib *m*
viernes ['bjɛrnes] *m* Freitag *m*; ♀ *Santo* Karfreitag *m*
viga ['biga] *f* Balken *m*; Träger *m*
vigen|cia [bi'xenθja] *f* Gültigkeit *f*; **~te** [~te] gültig
vigésimo [bi'xesimo] zwanzigste(r, -s)
vigila|ncia [bixi'lanθja] *f* Wachsamkeit *f*; Be-, Überwachung *f*; **~nte** [~'lante] 1. *adj* wachsam; 2. *m* Wächter *m*; Aufseher *m*; ~ *nocturno* Nachtwächter *m*; **~r** [~'lar] (1a) (be)wachen; überwachen
vigilia [bi'xilja] *f* Nachtwache *f*; *rel* Abstinenz *f*
vigor [bi'gor] *m* Kraft *f*; ⚖ Gültigkeit *f*; *entrar en* ~ in Kraft treten; **~oso** [~'roso] kräftig, stark
vil [bil] niederträchtig, gemein; **~eza** [bi'leθa] *f* Gemeinheit *f*
villa ['biʎa] *f* Kleinstadt *f*; *reg* Villa *f*
villancico [biʎan'θiko] *m* span Weihnachtslied *n*
vilo ['bilo]: *en* ~ in der Schwebe (*a fig*); *fig estar en* ~ in Ungewißheit schweben; *tener a alg en* ~ j-n auf die Folter spannen
vinagre [bi'nagre] *m* Essig *m*; **~ras** [~'greras] *f/pl* Essig- und Ölgestell *n*
vinate|ría [binate'ria] *f* Weinhandlung *f*; **~ro** ['tero] *m* Weinhändler *m*
vincu|lación [biŋkula'θjon] *f* Verknüpfung *f*; Bindung *f*; **~lar** [~'lar] (1a) (ver)binden; (ver)knüpfen
vínculo ['biŋkulo] *m* Bindung *f*, Band *n*
vinícola [bi'nikola] Weinbau...
vine ['bine], **vino** ['bino] *s venir*
vino ['bino] *m* Wein *m*; ~ *blanco* Weißwein *m*; ~ *espumoso* Schaumwein *m*; ~ *de postre* Dessertwein *m*; ~ *tinto* Rotwein *m*
viñ|a ['biɲa] *f*, **~edo** [bi'ɲeðo] *m* Weinberg *m*
vio ['bjo] *s ver*
viola ♪ ['bjola] *f* Bratsche *f*, Viola *f*
violáceo [bjo'laθeo] violett
viola|ción [bjola'θjon] *f* Vergewaltigung *f*; ⚖ Verletzung *f*; **~r** [~'lar] (1a) vergewaltigen; (*ley, etc*) verletzen
violen|cia [bjo'lenθja] *f* Gewalt *f*; Heftigkeit *f*; **~to** [~'lento] heftig; gewaltsam; (*embarazoso*) peinlich, unangenehm; *estar* ~ sich gehemmt fühlen
violeta ♀ [bjo'leta] *f* Veilchen *n*
viol|ín [bjo'lin] *m* Geige *f*; **~inista** [~li'nista] *su* Geiger(in *f*) *m*
violon|celista [bjolonθe'lista] *su* Cellist(in *f*) *m*; **~celo** [~'θelo], **~chelo** [~'tʃelo] *m* Cello *n*
vira|je [bi'raxe] *m* Kurve *f*, Wendung *f*; **~r** [~'rar] (1a) drehen, wenden
vir|gen ['birxen] 1. *adj* jungfräulich, unberührt; 2. *f* Jungfrau *f*; **~ginidad** [~xini'ðað] *f* Jungfräulichkeit *f*
Virgo *astr* ['birgo] *f* Jungfrau *f*
viril [bi'ril] männlich; mannhaft; **~idad** [birili'ðað] *f* Männlichkeit *f*
virrey [bi'rrɛi] *m* Vizekönig *m*
virtual [bir'tual] virtuell; möglich
virtud [bir'tuð] *f* Tugend *f*; (*facultad*) Fähigkeit *f*; *en* ~ *de* auf Grund (*gen*)
virtuo|sismo [birtuo'sizmo] *m* Virtuosität *f*; **~so** [~'tuoso] 1. *adj* tugendhaft; ♪ virtuos; 2. *m* Virtuose *m*
viruela ✱ [bi'ruela] *f* Pocken *f/pl*
virulen|cia [biru'lenθja] *f* ✱ Virulenz *f*; *fig* Boshaftigkeit *f*; **~to** [~'lento] ✱ virulent, bösartig; *fig* boshaft
virus ✱ ['birus] *m* Virus *m*, *n*
viruta [bi'ruta] *f* Span *m*
visa *Am* ['bisa] *f*, **~do** [bi'saðo] *m* Visum *n*
víscera ['bisθera] *f* Eingeweide *n*
visceral [bisθe'ral] Eingeweide...; *fig* tief(sitzend)
viscoso [bis'koso] klebrig; zäh(flüssig)
visera [bi'sera] *f* Mützenschirm *m*; *hist* Visier *n*
visib|ilidad [bisibili'ðað] *f* Sicht *f*; **~le** [bi'sible] sichtbar
visigodo [bisi'goðo] *m* Westgote *m*
visillo [bi'siʎo] *m* Scheibengardine *f*
visión [bi'sjon] *f* Sehen *n*; Sehvermögen *n*; (*aparición*) Vision *f*; Erscheinung *f*; *fig* Ansicht *f*
visita [bi'sita] *f* Besuch *m*; Besichtigung *f*; ✱ Visite *f*; ~ *de cumplido* Anstandsbesuch *m*; **~nte** [~'tante] *su* Besucher(in *f*) *m*; **~r** [~'tar] (1a) besuchen; besichtigen; ✱ untersuchen
vislumbrar [bizlum'brar] (1a) *undeutlich* sehen; *fig* ahnen

visón [bi'sɔn] *m* Nerz *m*
visor *fot* [bi'sɔr] *m* Sucher *m*
víspera ['bispera] *f* Vorabend *m*; **en ~s de** am Vorabend von; kurz vor
vista ['bista] *f* Gesichtssinn *m*; Sehvermögen *n*; (*mirada*) Blick *m*, Anblick *m*; Ansicht *f*; Aussicht *f*; ⚖ (Gerichts-)Verhandlung *f*; *a primera ~* auf den ersten Blick; *con ~s a* im Hinblick auf; *de ~* vom Sehen; *en ~ de* in Anbetracht (*gen*); *estar a la ~* auf der Hand liegen; *hasta la ~* auf Wiedersehen; *hacer la ~ gorda fig* ein Auge zudrücken; **~zo** [bis'taθo] *m*: *echar un ~ a* e-n (flüchtigen) Blick werfen auf (*ac*)
visto ['bisto] **1.** *adj* gesehen; *está ~ que* es ist offensichtlich, daß; *~ que* in Anbetracht, daß; *bien* (*mal*) *~* (un)beliebt; *por lo ~* offenbar; **2.** *m*: *~ bueno* Sicht-, Genehmigungsvermerk *m*; *dar el ~ bueno* genehmigen, gutheißen; **~so** [bis'toso] auffällig; prächtig
visual [bi'sŭal] Seh...; visuell
vital [bi'tal] Lebens...; *fig* lebenswichtig; (*persona*) vital; **~icio** [~'liθĭo] lebenslänglich; **~idad** [~li'dað] *f* Lebensfähigkeit *f*; *fig* Vitalität *f*
vitamina [bita'mina] *f* Vitamin *n*
vitícola [bi'tikola] Weinbau...
viticul|tor [bitikul'tɔr] *m* Winzer *m*; **~tura** [~'tura] *f* Weinbau *m*
vítores ['bitores] *m/pl* Hochrufe *m/pl*
vítreo ['bitreo] gläsern, Glas...
vitrina [bi'trina] *f* Glasschrank *m*; Vitrine *f*; *Am* Schaufenster *n*
vitrocerámica [bitroθe'ramika] *f* Glaskeramik *f*
viu|da ['bĭuda] *f* Witwe *f*; **~dez** [bĭu'deθ] *f* Witwen-, Witwerstand *m*; **~do** ['bĭudo] **1.** *adj* verwitwet; **2.** *m* Witwer *m*; *quedarse ~* verwitwén
viva ['biba] **1.** *¡~!* hurra!, hoch!; es lebe ...! **2.** *m* Hoch *n*, Hochruf *m*
vivacidad [biba0i'dað] *f* Lebhaftigkeit *f*
vivaracho [biba'ratʃo] sehr lebhaft; lebenslustig
vivaz [bi'baθ] lebhaft; ⚘ ausdauernd
vivencia [bi'benθĭa] *f* Erlebnis *n*
víveres ['biberes] *m/pl* Lebensmittel *pl*, Proviant *m*
vivero [bi'bero] *m* Baumschule *f*; (*de peces*) Fischteich *m*
viveza [bi'beθa] *f* Lebhaftigkeit *f*
vivienda [bi'bĭenda] *f* Wohnung *f*

viviente [bi'bĭente] lebend, lebendig
vivir [bi'bir] (3a) **1.** *v/t* erleben; verleben; **2.** *v/i* leben; wohnen; *~ al día* in den Tag hinein leben
vivo ['biβo] lebendig, lebhaft; (*listo*) schlau, clever
vizcaíno [biθka'ino] biskayisch
voca|blo [bo'kaβlo] *m* Wort *n*; Vokabel *f*; **~bulario** [~βu'larĭo] *m* Vokabular *n*, Wortschatz *m*
vocación [boka'θĭɔn] *f* Berufung *f*
vocal [bo'kal] **1.** *adj* Stimm..., Vokal...; **2. a)** *m* Beisitzer *m*; **b)** *f* Vokal *m*
voce|ar [boθe'ar] (1a) **1.** *v/t* (*mercancía*) ausrufen; F ausposaunen; **2.** *v/i* schreien; **~río** [~'rio] *m* Geschrei *n*; **~ro** *bsd Am* [~'θero] *m* Sprecher *m*
vociferar [boθife'rar] (1a) schreien, zetern
voladura [bola'dura] *f* Sprengung *f*
volante [bo'lante] **1.** *adj* fliegend; **2.** *m auto* Lenkrad *n*; (*del vestido*) Volant *m*
volar [bo'lar] **1.** *v/i* fliegen; *fig* eilen; verfliegen; **2.** *v/t* (in die Luft) sprengen
volatería [bolate'ria] *f* Geflügel *n*
volátil [bo'latil] 🐾 flüchtig; *fig* flatterhaft
volatilizar(se) [bolatili'θar(se)] (1f) (sich) verflüchtigen (*a fig*)
volcán [bɔl'kan] *m* Vulkan *m*; **~ico** [~'kaniko] vulkanisch
volcar [bɔl'kar] (1g *u* 1m) **1.** *v/t* umwerfen; **2.** *v/i* umkippen; *~se fig* sein Bestes tun
voleibol [bɔlei'bɔl] *m* Volleyball *m*
volquete [bɔl'kete] *m* Kippwagen *m*
voltaje ⚡ [bɔl'taxe] *m* Spannung *f*
volte|ar [bɔlte'ar] (1a) herumdrehen; umkehren; *Am* umwerfen; **~reta** [~'reta] *f* Purzelbaum *m*; Luftsprung *m*
voltio ⚡ ['bɔltĭo] *m* Volt *n*
volub|ilidad [bolubili'dað] *f* Unbeständigkeit *f*; **~le** [~'luble] unbeständig
volum|en [bo'lumen] *m* Umfang *m*; Volumen *n*; *tip* Band *m*; ♪ Lautstärke *f*; *~ de ventas* ✞ Umsatz *m*; **~inoso** [~mi'noso] umfangreich
volunta|d [bolun'tað] *f* Wille *m*; *a ~* nach Belieben; *última ~* letzte(r) Wille *m*; **~rio** [~'tarĭo] **1.** *adj* freiwillig; **2.** *m* Freiwillige(r) *m*; **~rioso** [~'rĭoso] zielstrebig; (*obstinado*) eigenwillig
voluptuo|sidad [boluptŭosi'dað] *f* Wollust *f*; **~so** [~'tŭoso] wollüstig, sinnlich

volver

volver [bɔl'bɛr] (2h; *part* **vuelto**) **1.** *v/t* drehen, (um)wenden, umkehren; ~ *loco* verrückt machen; **2.** *v/i* umkehren; zurückkommen, -kehren, -fahren, -gehen; ~ *a hacer a/c* et wieder tun; ~ *en sí* wieder zu sich kommen; ~ *sobre a/c* auf et zurückkommen; **~se** sich umdrehen; *con adj*: werden, *p ej* ~ *pálido* blaß werden

vomitar [bomi'tar] (1a) (er)brechen, sich übergeben; *fig* ausspeien

vómito ['bomito] *m* (Er-)Brechen *n*

vora|cidad [boraθi'dad] *f* Gefräßigkeit *f*; **~z** [bo'raθ] gefräßig; *fig* gierig

vos [bos] *Am* du; **~otros** [bo'sotros] ihr; *dat, ac* euch

vota|ción [bota'θjɔn] *f* Abstimmung *f*; **~nte** [~'tante] *m* Stimmberechtigte(r) *m*; **~r** [bo'tar] (1a) (ab)stimmen; wählen

voto ['boto] *m* Gelübde *n*; *pol* Stimme *f*; ~ *de censura* Mißtrauensvotum *n*

voy [bɔi] *s* **ir**

voz [boθ] *f* Stimme *f*; (*palabra*) Wort *n*; ⚔ ~ *de mando* Kommando *n*; *a* ~ *en cuello* (*od en grito*) aus vollem Halse; *a media* ~ halblaut; *en* ~ *alta* (*baja*) laut (leise), *corre la* ~ es geht das Gerücht, *llevar la* ~ *cantante* *fig* den Ton angeben; *dar voces* laut rufen, schreien

vuelco ['bŭelko] **1.** *s* **volcar**; **2.** *m*: *dar un* ~ umstürzen

vuelo ['bŭelo] *m* Flug *m*; (*de la falda*) Weite *f*; ~ *acrobático* Kunstflug *m*; ~ *internacional* Ausland(s)flug *m*; ~ *nacional* Inland(s)flug *m*; ~ *nocturno* Nachtflug *m*; ~ *regular* Linienflug *m*; ~ *sin escala* Nonstopflug *m*; ~ *sin motor* Segelflug *m*; ~ *en picado* Sturzflug *m*

vuelta ['bŭelta] *f* (Um-)Drehung *f*; (*regreso*) Rückkehr *f*; Rückfahrt *f*; (*dinero*) Wechselgeld *n*; *dep* Tour *f*; Runde *f*; ~ *al mundo* Weltreise *f* *a la* ~ *de la esquina* gleich um die Ecke; *a* ~ *de correo* postwendend; *dar la* ~ umwenden, umkehren; *dar media* ~ kehrtmachen; *dar una* ~ e-n kleinen Spaziergang machen; *estar de* ~ zurück sein

vuelto ['bŭelto] **1.** *s* **volver**; **2.** *m Am* Wechselgeld *n*

vuelvo ['bŭelbo] *s* **volver**

vuestro, -a ['bŭestro, ~tra] euer

vulcanizar [bulkani'θar] (1f) vulkanisieren

vulgar [bul'gar] vulgär, gewöhnlich; **~idad** [~gari'dad] Vulgarität *f*, Gewöhnlichkeit *f*; **~izar** [~'θar] (1f) allgemein verbreiten; **~mente** [~gar'mente] gemeinhin

vulgo ['bulgo] *m* gemeines Volk *n*, Pöbel *m*

vulne|rable [bulne'rable] verwundbar, verletzlich; **~rar** [~'rar] (1a) verletzen (*a fig*)

W

W, w [doble'ube] *f* W, w *n*
water ['batɛr] *m* Klo(sett) *n*, WC *n*
waterpolo [batɛr'polo] *m* Wasserball *m*
western ['bestɛrn] *m* Wildwestfilm *m*
whisky ['gŭiski] *m* Whisky *m*
wolframio [bɔl'framjo] *m* Wolfram *n*

X

X, x ['ekis] f X, x n; **rayos** m/pl ~ Röntgenstrahlen m/pl
xen|ofobia [kseno'foβĭa] f Fremdenfeindlichkeit f; **~ófobo** [kse'nofoβo] fremdenfeindlich
xilófono ♪ [ksi'lofono] m Xylophon n
xilografía [ksilogra'fia] f Holzschneidekunst f

Y

Y, y [i'grĭega] f Y, y n
y [i] und
ya [ja] schon; (*ahora*) jetzt; gleich; **~ lo creo** das will ich meinen!; **~ no** nicht mehr; **~ que** da (ja); ¡~! ach so!; ~ ... ~ ... bald ... bald ...
yacer [ja'θεr] (2y) liegen; (*muerto*) begraben sein; *aquí yace* hier ruht
yacimiento ⚒ [jaθi'mĭento] m Fundort m, Lager n; Vorkommen n
yanqui ['janki] m Yankee m
yapa *Am* ['japa] f Zugabe f
yate ['jate] m Jacht f
yegua ['jeğŭa] f Stute f
yema ['jema] f Eigelb n, Dotter m, n; ⚘ Knospe f; **~ del dedo** Fingerkuppe f
yermo ['jεrmo] 1. *adj* öde, wüst; 2. m Ödland n
yerno ['jεrno] m Schwiegersohn m
yerro ['jεrro] 1. *s errar*; 2. m Irrtum m
yesca ['jeska] f Zunder m
yesero [je'sero] m Stukkateur m
yeso ['jeso] m Gips m
yo [jo] ich
yodo ['joδo] m Jod n
yoga ['joğa] m Joga n, Yoga n
yogur(t) [jo'gur] m Joghurt m
yuca ⚘ ['juka] f Yucca f
yugo ['jugo] m Joch n (*a fig*)
yugoslavo [jugos'laβo] 1. *adj* jugoslawisch; 2. m, **-a** [~βa] f Jugoslawe m, -slawin f
yunque ['juŋke] m Amboß m (*a anat*)
yunta ['junta] f Gespann n
yuppie *od* **yuppy** ['jupi] m Yuppie m
yute ['jute] m Jute f
yuxta|poner [justapo'nεr] (2r) nebenea-stellen; **~posición** [~posi'θĭɔn] f Nebenea-stellung f
yuyo *Am* ['jujo] m Unkraut m

Z

Z, z ['θeta] f Z, z n
zafarse [θa'farse] (1a) sich drücken (vor *de*)
zafarrancho ⚓ [θafa'rrantʃo] m Klarmachen n, Klarschiff n; *fig* Streit m, F Krach m; ¡~ *de combate!* klar zum Gefecht!
zafio ['θafĭo] grob; derb
zafiro [θa'firo] m Saphir m
zafra ['θafra] f Zucker(rohr)ernte f
zaga ['θaga] f: **a la ~** hintenan; *ir a la ~* zurückbleiben; *no quedarse a la ~ a alg* j-m nicht nachstehen
zagal [θa'gal] m Hirtenjunge m; Bursche m; **~a** [θa'gala] f Hirtenmädchen n; junges Mädchen n

zaguán [θa'ġuan] *m* Diele *f*, Flur *m*
zaherir [θae'rir] (3i) F herunterputzen, abkanzeln
zahorí [θao'ri] *m* (Wünschel-)Rutengänger *m*
zalame|ría [θalame'ria] *f* Schmeichelei *f*; **~ro** [~'mero] **1.** *adj* schmeichlerisch; **2.** *m* Schmeichler *m*
zambo ['θambo] krumm-, X-beinig
zambomba ♪ [θam'bomba] *f* Reibtrommel *f*
zambra ['θambra] *f* Volksfest *n* der Zigeuner; *fig* Trubel *m*; F Rummel *m*
zambulli|da [θambu'ʎiða] *f* Untertauchen *n*; Kopfsprung *m*; **~rse** [~'ʎirse] (3h) (unter)tauchen; ins Wasser springen
zampar(se) [θam'par(se)] (1a) (hinunter)schlingen, F verdrücken
zanahoria [θana'orja] *f* Mohrrübe *f*
zanca|da [θaŋ'kaða] *f* langer Schritt *m*; **~dilla** [~ka'ðiʎa] *f* Beinstellen *n*; **echar la ~ a alg** j-m ein Bein stellen (*a fig*)
zanco ['θaŋko] *m* Stelze *f*
zancudo [θaŋ'kuðo] **1.** *adj* stelzbeinig; **2.** *m Am* Stechmücke *f*
zanganear [θaŋgane'ar] (1a) herumlungern
zángano ['θaŋgano] *m zo* Drohne *f*, *fig* Faulenzer *m*
zanja ['θaŋxa] *f* Graben *m*; **~r** [~'xar] (1a) (*fosa*) ausheben; *fig* beseitigen; beilegen
zapa|dor ✕ [θapa'ðor] *m* Pionier *m*; **~llo** [θa'paʎo] *m Am* Kürbis *m*; **~pico** [~'piko] *m* Picke *f*
zapa|ta ⚙ [θa'pata] *f* Hemmschuh *m*; Bremsklotz *m*; **~teado** [~te'aðo] *m andalusischer* Tanz *m*; **~tería** [~'ria] *f* Schuhmacherwerkstatt *f*; (*tienda*) Schuhgeschäft *n*; **~tero** [~'tero] *m* Schuhmacher *m*; **~tilla** [~'tiʎa] *f* Pantoffel *m*, Hausschuh *m*; *dep* Turnschuh *m*; **~to** [θa'pato] *m* Schuh *m*
zar [θar] *m* Zar *m*
zarabanda [θara'banda] *f* ♪ Sarabande *f*
zarandear [θarande'ar] (1a) sieben; *fig* schütteln
zarcillo [θar'θiʎo] *m* ❦ Ranke *f*
zarina [θa'rina] *f* Zarin *f*
zarpa ['θarpa] *f* Tatze *f*, Pranke *f*
zar|par ⚓ [θar'par] (1a) die Anker lichten; auslaufen; **~pazo** [~'paθo] *m* Prankenhieb *m*
zarza ['θarθa] *f* Brombeerstrauch *m*; **~mora** ❦ [~θa'mora] *f* Brombeere *f*
zarzuela [θar'θuela] *f* spanisches Singspiel *n*
zigzag [θig'θag] *m* Zickzack *m*; **~uear** [~θage'ar] (1a) im Zickzack gehen (*od* fahren)
zinc [θiŋk] *m* Zink *n*
zócalo ['θokalo] *m* Sockel *m*; Fußleiste *f*
zodíaco *astr* [θo'ðjako] *m* Tierkreis *m*
zona ['θona] *f* Zone *f*; **~ ajardinada** (*od* **verde**) Grünzone *f*; **~ azul** Kurzparkzone *f*; **~ peatonal** Fußgängerzone *f*; **~ de librecambio** Freihandelszone *f*; **~ de recreo** Erholungsgebiet *n*; **~ residencial** Wohngebiet *n*
zonzo *bsd Am* ['θonθo] geschmacklos; reizlos; dumm
zoo [θoo] *m* Zoo *m*; **~logía** [~lo'xia] *f* Zoologie *f*; **~lógico** [~'loxiko] zoologisch; **parque** *m* **~** Zoo *m*, Tierpark *m*
zoólogo [θo'ologo] *m* Zoologe *m*
zopenco [θo'peŋko] *m* Trottel *m*
zoquete [θo'kete] *m* Holzklötzchen *n*; *fig* Dummkopf *m*
zorr|a ['θorra] *f* Füchsin *f*; P Dirne *f*; **~o** [θorro] **1.** *adj* listig, gerissen; **2.** *m* Fuchs *m*; *fig* schlauer Fuchs *m*
zorzal *zo* [θor'θal] *m* Drossel *f*
zozobra [θo'θobra] *f* ⚓ Kentern *n*; *fig* Aufregung *f*; Angst *f*; **~r** [~'brar] (1a) ⚓ kentern; *fig* scheitern
zueco ['θueko] *m* Holzschuh *m*
zulo ['θulo] *m* Waffenversteck *n*
zum|bar [θum'bar] (1a) **1.** *v/i* summen; (*motor*) brummen; **me zumban los oídos** es saust mir in den Ohren; **2.** *v/t* verprügeln; **~bido** [θum'biðo] *m* Summen *n*; ✱ Ohrensausen *n*
zumo ['θumo] *m* (Frucht-)Saft *m*
zurci|do [θur'θiðo] *m* Stopfen *n*; Flicken *n*; **~r** [~'θir] (3b) flicken; stopfen
zurdo ['θurðo] **1.** *adj* linkshändig; **2.** *m* Linkshänder *m*
zurra ['θurra] *f* Tracht *f* Prügel; **~r** [θu'rrar] (1a) *fig* verprügeln
zurrón [θu'rron] *m* Hirtentasche *f*
zutano [θu'tano] *m* ein gewisser Herr X; **fulano y ~** Herr X und Herr Y

Wörterverzeichnis Deutsch-Spanisch

A

A, a [ɑː] *n* (-; -) A, a *f*; *von A bis Z* de pe a pa, de cabo a rabo

Aal [ɑːl] *m* (-[e]s; -e) anguila *f*

Aas [ɑːs] *n* (-es; *sin pl*) carroña *f*; F *fig* (*pl* Äser) mal bicho *m*

ab [ap] **1.** *zeitlich*: a partir de, desde; ~ *und zu* de vez en cuando; **2.** *örtlich*: desde, de; ~ *Werk* puesto en fábrica

'ab-ändern (*sep*, *-ge-*, *h*) modificar, cambiar

'Ab-art *f* (-; -en) variedad *f*

'Abbau *m* (-[e]s; *sin pl*) ⚒ explotación *f*; ⚙ desmontaje *m*; *Preise, Personal*: reducción *f*; **♀en** (*sep*, *-ge-*, *h*) ⚒ explotar; ⚙ desmontar; *Preise, Personal*: reducir

'ab|beißen (*irr*, *sep*, *-ge-*, *h*, → *beißen*) arrancar con los dientes; mordisquear; **~berufen** (*irr*, *sep*, *h*, → *berufen*) llamar, retirar; **~bestellen** (*sep*, *h*) anular; *Zeitung*: dar de baja; **~biegen** (*irr*, *sep*, *-ge-*, *sn*, → *biegen*): *nach links* ~ girar *od* torcer a la izquierda

'Abbildung *f* (-; -en) ilustración *f*

'ab|binden (*irr*, *sep*, *-ge-*, *h*, → *binden*) ⚕ ligar; **~blasen** (*irr*, *sep*, *-ge-*, *h*, → *blasen*) *fig* F anular, desconvocar

'abblend|en (*sep*, *-ge-*, *h*) *auto* bajar las luces; **♀licht** *n* luz *f* corta *od* de cruce

'abbrechen (*irr*, *sep*, *-ge-*, → *brechen*) **1.** *v/t* (h) romper (*a fig Beziehungen usw*); *Gebäude*: derribar; *Zelt*: levantar; (*unterbrechen*) interrumpir; **2.** *v/i* (sn) romperse

'ab|bremsen (*sep*, *-ge-*, h): (*scharf*) ~ frenar (en seco); **~brennen** (*irr*, *sep*, *-ge-*, → *brennen*) **1.** *v/t* (h) quemar; **2.** *v/i* (sn) quemarse; **~bringen** (*irr*, *sep*, *-ge-*, h, → *bringen*) *vom Weg*: apartar; desviar (*a fig*); *vom Vorhaben*: disuadir; **~bröckeln** (*sep*, *-ge-*, sn) *Verputz, Glasur etc*: desconcharse

'Abbruch *m* (-[e]s; *sin pl*) derribo *m*, demolición *f*; *der Beziehungen*: ruptura *f*

'ab|buchen (*sep*, *-ge-*, h) ✝ cargar en cuenta; **~bürsten** (*sep*, *-ge-*, h) *Kleidung*: cepillar; *Staub*: quitar

Abc [abeːˈtseː] *n* (-; -) abecé *m*, alfabeto *m*

'abdank|en (*sep*, *-ge-*, h) abdicar; **♀ung** *f* (-; -en) abdicación *f*

'ab|decken (*sep*, *-ge-*, h) descubrir; destapar; *Tisch*: quitar; (*bedecken*) cubrir, tapar; **~dichten** (*sep*, *-ge-*, h) tapar; ⚓ calafatear; **~drehen** (*sep*, *-ge-*, h) **1.** *v/t Gas, Wasser*: cerrar; ⚡ apagar; **2.** *v/i* ⚓, ✈ cambiar de rumbo

'Abdruck *m* (-[e]s; *sin pl*) impresión *f*; (*pl* -e) reproducción *f*; (*pl* ⸚e) (*Finger♀*) huella *f*

'abdrücken (*sep*, *-ge-*, h) *Waffe*: disparar

'Abend [ɑːbənt] *m* (-s; -e) (*früher*) tarde *f*; (*später*) noche *f*; (*Veranstaltung*) velada *f*; *am* ~ por la noche *bzw* tarde; *zu* ~ *essen* cenar; **~brot**, **~essen** *n* cena *f*; **~kasse** *f* taquilla *f*; **~kleid** *n* traje *m* de noche; **~kurs** *m* curso *m* de noche, clases *f/pl* nocturnas; **~mahl** *n rel* comunión *f*; *Bibel*: Cena *f*; **♀s** [ˈ-bənts] por la tarde *bzw* noche; **~veranstaltung** *f* velada *f*

'Abenteu|er [ˈɑːbəntɔyər] *n* (-s; -) aventura *f*; **♀erlich** aventurero; **~rer** *m* [ˈ---rər] (-s; -), **~rerin** *f* (-; -nen) aventurero *m*, -a *f*

'aber [ˈɑːbər] *cj* pero; ~ *sicher!* ¡claro que sí!, *bsd Am* ¡cómo no!

'Aber|glaube *m* (-ns; *sin pl*) superstición *f*; **♀gläubisch** [ˈ--glɔybiʃ] supersticioso

'ab-erkennen [ˈapˀ-] (*irr*, *sep*, h, → *erkennen*): *j-m et* ~ privar a alg de a/c

'abermals [ˈɑːbərmɑːls] de nuevo, otra vez

'abfahren [ˈap-] (*irr*, *sep*, *-ge-*, → *fahren*) **1.** *v/t* (h) *Strecke*: recorrer; *Reifen*: gastar; **2.** *v/i* (sn) salir, partir (*nach* para); ⚓ zarpar (*nach* para)

'Abfahrt *f* (-; -en) salida *f*, partida *f* (*nach* para); *Schi*: descenso *m*; **♀(s)bereit** listo para salir; **'~lauf** *m Schi*: (carrera *f* de) descenso *m*; **'~zeit** *f* hora *f* de salida

'Abfall *m* (-[e]s; ⸚e) desechos *m/pl*; (*Müll*) basura *f*; **~eimer** *m* cubo *m* de la basu-

abfallen 284

ra; ⒉**en** (*irr, sep,* -ge-, sn, → *fallen*) caer; *Gelände*: ir en declive
'**abfällig** desfavorable; despectivo
'**ab|fangen** (*irr, sep,* -ge-, h, → *fangen*) *Brief usw*: interceptar; ⚐ enderezar; ⌐**färben** (*sep,* -ge-, h) desteñir
'**abfass|en** (*sep,* -ge-, h) redactar; ⒉**ung** *f* (-; -en) redacción *f*
'**abfertig|en** (*sep,* -ge-, h) despachar; *Gepäck*: facturar; ⒉**ung** *f* (-; -en) despacho *m*; facturación *f*
'**abfeuern** (*sep,* -ge-, h) disparar
'**abfind|en** (*irr, sep,* -ge-, h, → *finden*) compensar, indemnizar; *sich mit et* ⌐ conformarse con a/c; ⒉**ung** *f* (-; -en) indemnización *f*
'**ab|flauen** ['-flauən] (*sep,* -ge-, sn) *Wind*: amainar; ⌐**fliegen** (*irr, sep,* -ge-, sn, → *fliegen*) ⚐ despegar; *j*: partir en avión
'**Abflug** ⚐ *m* (-[e]s; ⸚e) despegue *m*; *j-s*: salida *f* (en avión); ⌐**halle** *f* sala *f* de embarque; ⌐**(s)zeit** *f* hora *f* de salida
'**Abfluß** *m* (-sses; ⸚sse) salida *f*; desagüe *m*; ⌐**rohr** *n* tubo *m* de desagüe
Abfuhr ['apfu:r] *f* (-; -en) *Müll*: recogida *f*; *fig* desaire *m*, desplante *m*
'**abführ|en** (*sep,* -ge-, h) *Geld*: pagar; ⌐ purgar; *Verbrecher*: llevar detenido; ⒉**mittel** *n* laxante *m*, purgante *m*
'**Abgabe** *f* (-; -n) entrega *f*; (*Steuer*) impuesto *m*; *Fußball*: pase *m*
'**Abgang** *m* (-s; *sin pl*) salida *f*; (*pl* ⸚e) teat mutis *m*; ⌐**szeugnis** *n* certificado *m* od diploma *m* de fin de estudios
'**Abgas** *n* (-es; -e) gas *m* de escape; ⒉**arm** de bajo nivel contaminante; ⌐**katalysator** *m* catalizador *m* de gases de escape
'**abgeben** (*irr, sep,* -ge-, h, → *geben*) entregar; *Gepäck*: consignar; *Schuß*: disparar; *Stimme*: emitir; *Fußball*: pasar; *sich* ⌐ *mit* ocuparse en od de
abge|brannt ['apgəbrant] F *fig*: ⌐ *sn* estar sin blanca; ⌐**droschen** ['--drɔʃən] *fig* trillado; ⌐**härtet** ['--hɛrtət] endurecido; aguerrido
'**abgehen** (*irr, sep,* -ge-, sn, → *gehen*) salir; ⚓ zarpar; (*sich lösen*) desprenderse; *Knopf*: caerse; *fig* ⌐ *von* desistir de
'**abge|kartet** ['apgəkartət]: ⌐**e Sache** *f* golpe *m* tramado; ⌐**laufen** *Paß usw* caducado; ⌐**legen** apartado, aislado; ⌐**macht** ['--maxt]: ⌐**!** ¡de acuerdo!

'**Abgeordnete** ['-gə⁊ɔrdnətə] *m/f* (-n; -n) diputado *m*, -a *f*
'**Abgesandte** *m/f* (-n; -n) enviado *m*, -a *f*, delegado *m*, -a *f*
'**abgeschieden** ['-gəʃi:dən] solitario, aislado
'**abgesehen**: ⌐ *von* prescindiendo de, abstracción hecha de; *davon* ⌐ aparte de eso
'**abge|spannt** cansado, fatigado; ⌐**tragen** gastado; ⌐**wöhnen** desacostumbrar, deshabituar (*j-m et* a alg de a/c); *sich* (*dat*) *das Rauchen* ⌐ dejar de fumar
'**Ab|gott** *m* (-[e]s; ⸚er) ídolo *m*; ⒉**göttisch** ['-gœtiʃ]: ⌐ *lieben* idolatrar
'**abgrenzen** (*sep,* -ge-, h) delimitar; deslindar
'**Abgrund** *m* (-[e]s; ⸚e) abismo *m* (*a fig*), precipicio *m*
'**ab|hacken** (*sep,* -ge-, h) cortar (a hachazos); ⌐**haken** (*sep,* -ge-, h) *in e-r Liste*: marcar, puntear; ⌐**halten** (*irr, sep,* -ge-, h, → *halten*) (*hindern*) impedir; estorbar; *Sitzung*: celebrar
'**abhandeln** (*sep,* -ge-, h) *Thema*: tratar; *vom Preis* ⌐ regatear el precio
ab'handen [ap'handən]: ⌐ *kommen* perderse, extraviarse
'**Abhandlung** *f* (-; -en) tratado *m*; disertación *f*
'**Abhang** *m* (-[e]s; ⸚e) cuesta *f*, pendiente *f*; declive *m*
'**abhäng|en** 1. *v/t* (*sep,* -ge-, h) descolgar (*a fig Verfolger*); desenganchar; 2. *v/i* (*irr, sep,* -ge-, h, → *hängen*) depender (*von* de); ⌐**ig** dependiente (*von* de); ⒉**igkeit** *f* (-; *sin pl*) dependencia *f*
'**ab|härten** (*sep,* -ge-, h): (*sich*) ⌐ (*gegen*) curtir(se) (contra); ⌐**hauen** *v/i* (*sep,* -ge-, sn) F largarse
'**abheb|en** (*irr, sep,* -ge-, h, → *heben*) 1. *v/t* levantar; *Karten*: cortar; *Geld*: retirar; *tel* descolgar; *fig sich* ⌐ destacarse (*von* de); 2. *v/i* ⚐ despegar; ⒉**ung** *f* (-; -en) *Geld*: retirada *f*
'**ab|heften** (*sep,* -ge-, h) archivar; ⌐**heilen** (*sep,* -ge-, sn) cicatrizarse; ⌐**helfen** (*irr, sep,* -ge-, h, → *helfen*) (*dat*) remediar (*ac*), poner remedio a; ⌐**hetzen** (*sep,* -ge-, h): *sich* ⌐ ajetrearse
'**Abhilfe** *f* (-; *sin pl*) remedio *m*; ⌐ *schaffen* poner remedio (*für ac* a)
'**abholen** (*sep,* -ge-, h) (ir a) buscar;

recoger; ~*lassen* enviar por; ~*holzen* (*sep*, -ge-, h) talar; desforestar; ~*horchen* (*sep*, -ge-, h) ✱ auscultar; ~*hören* (*sep*, -ge-, h) escuchar; *tel* intervenir
Abitu|r [abi'tu:r] *n* (-s; *sin pl*) bachillerato *m*; ~'**rient** [--tu'rjɛnt] *m* (-en; -en), ~'**rientin** *f* (-; -nen) bachiller *m*, *f*
'**ab|kanzeln** (*sep*, -ge-, h) F sermonear; ~*kaufen* (*sep*, -ge-, h) comprar (*j-m et* a/c a alg); F *fig* creer; ~*kehren* (*sep*, -ge-, h) (*fegen*) barrer; *sich* ~ apartarse
'**ab|klingen** (*irr*, *sep*, -ge-, sn, → *klingen*) *Ton*: ir extinguiéndose; *Schmerz*: ir disminuyendo; ~*klopfen* (*sep*, -ge-, h) ✱ percutir; ~*kochen* (*sep*, -ge-, h) v/t hervir; ~*kommen* (*irr*, *sep*, -ge-, sn, → *kommen*): *vom Thema* ~ apartarse de; *vom Weg* ~ perderse, extraviarse; *von e-r Absicht* ~ abandonar
'**Abkommen** *n* (-s; -) convenio *m*, arreglo *m*
'**abkratzen** (*sep*, -ge-) **1.** v/t (h) raspar, rascar; **2.** v/i (sn) F *fig* diñarla
'**abkühl|en** (*sep*, -ge-, h) refrigerar; *sich* ~ refrescarse; *fig* enfriarse; 2*ung* *f* (-; *sin pl*) enfriamiento *m*; refrigeración *f*
'**abkürz|en** (*sep*, -ge-, h) acortar (*a* *Weg*); *Wort*: abreviar; 2*ung* *f* (-; -en) abreviatura *f*; (*Weg*) atajo *m*
'**abladen** (*irr*, *sep*, -ge-, h, → *laden*) descargar
'**Ablage** *f* (-; -n) *für Kleider*: guardarropa *m*; *v Akten*: archivo *m*
'**Ablagerung** *f* (-; -en) *geol* sedimento *m*
'**ablassen** (*irr*, *sep*, -ge-, h, → *lassen*) **1.** v/t *Wasser*, *Dampf*: dejar escapar; *vom Preis*: rebajar; **2.** v/i desistir (*von* de), renunciar (a)
'**Ablauf** *m* (-[e]s; ⁼e) salida *f*; desagüe *m*; (*Verlauf*) desarrollo *m*; (*sin pl*) (*Frist usw*) expiración *f*; *nach* ~ *e-s Jahres* al cabo de un año; 2*en* (*irr*, *sep*, -ge-, → *laufen*) **1.** v/i correr, salir; *Frist*, *Vertrag*: caducar; expirar; *Handlung*: desarrollarse; *gut* ~ salir bien; *schlecht* ~ acabar mal; **2.** v/t (h) *Schuhe*: gastar
'**ablecken** (*sep*, -ge-, h) lamer, chupar(se)
'**ableg|en** (*sep*, -ge-, h) deponer; *Kleider*: quitarse; *Briefe*: archivar; *Fehler*: corregir; *Eid*: prestar; *Prüfung*: hacer, pasar; 2*er* 2 ['le:gər] *m* (-s; -) vástago *m*
'**ablehn|en** (*sep*, -ge-, h) rechazar, rehusar; *Einladung*: declinar; 2*ung* *f* (-; -en) negativa *f*

'**ableiten** (*sep*, -ge-, h) desviar (*a Fluß*); *fig* deducir, derivar
'**ablenk|en** (*sep*, -ge-, h) apartar, desviar; *fig* distraer; 2*ung* *f* (-; -en) distracción *f*
'**ab|lesen** (*irr*, *sep*, -ge-, h, → *lesen*) leer (*aus*, *von* en); *Zähler usw*: efectuar la lectura (de); ~*liefern* (*sep*, -ge-, h) entregar
'**ablös|en** (*sep*, -ge-, h) desprender; despegar; *sich* ~ turnarse; 2*ung* *f* (-; -en) desprendimiento *m*; ✕ relevo *m*
'**abmach|en** (*sep*, -ge-, h) (*losmachen*) quitar; (*vereinbaren*) convenir, acordar; 2*ung* *f* (-; -en) acuerdo *m*, convenio *m*; *e-e* ~ *treffen* llegar a un acuerdo
'**abmager|n** (*sep*, -ge-, sn) adelgazar; 2*ungskur* *f* cura *f* de adelgazamiento
'**abmeld|en** (*sep*, -ge-, h): (*sich*) ~ dar(se) de baja; 2*ung* *f* (-; -en) baja *f*
'**abmess|en** (*irr*, *sep*, -ge-, h, → *messen*) medir; 2*ungen* *f/pl* dimensiones *f/pl*
'**ab|montieren** (*sep*, h) desmontar; ~*mühen* (*sep*, -ge-, h): *sich* ~ afanarse, ajetrearse; ~*nagen* (*sep*, -ge-, h) roer
Abnahme ['na:mə] *f* (-; -n) ✝ compra *f*; ✱ amputación *f*; (*Verminderung*) disminución *f*; *bei* ~ *von* tomando una partida de
'**abnehm|bar** ['-ne:mba:r] desmontable; amovible; ~*en* (*irr*, *sep*, -ge-, h, → *nehmen*) **1.** v/t quitar; *Hut*: quitarse; *tel* descolgar; ✱ amputar; *Ware*: comprar; **2.** v/i disminuir; *Mond*: menguar; *an Gewicht*: adelgazar; *Tage*: acortarse; 2*er* *m* (-s; -) comprador *m*
'**Abneigung** *f* (-; -en) antipatía *f*, aversión *f* (*gegen* a)
'**abnutzen** (*sep*, -ge-, h) (des)gastar
Abonn|ement [abɔnə'mã] *n* (-s; -s) abono *m*; suscripción *f*; ~*ent* [--'nɛnt] *m* abonado *m*, suscriptor *m*; 2'*ieren* (h) abonarse, suscribirse (*et* a a/c)
Ab-ordnung [ap-] *f* (-; -en) delegación *f*
'**abpacken** (*sep*, -ge-, h) empaquetar, envasar
'**ab|pfeifen** (*irr*, *sep*, -ge-, h, → *pfeifen*) *Spiel*: dar la pitada final; ~*pflücken* (*sep*, -ge-, h) (re)coger; ~*prallen* (*sep*, -ge-, sn) rebotar; ~*quälen* (*sep*, -ge-, h): *sich* ~ bregar; ~*raten* (*irr*, *sep*, -ge-, h, → *raten*) *j-m* (*v*) *et* ~ desaconsejar a/c a alg; ~*räumen* (*sep*, -ge-, h) quitar

abrechnen

(*den Tisch* la mesa); *Schutt*: des(es)combrar
'**abrechn|en** (*sep*, -ge-, h) *v/i* pasar cuentas; *fig mit j-m* ~ ajustar las cuentas a alg; **2ung** *f* (-; -en) (*Konto*2) liquidación *f*; *fig* ajuste *m* de cuentas; **2ungszeitraum** *m* periodo *m* de liquidación
'**abreiben** (*irr, sep,* -ge-, h, → *reiben*) frotar; ⚕ friccionar
'**Abreise** *f* (-; -n) salida *f*, partida *f*; **2n** (*sep*, -ge-, sn) salir, partir (*nach* para); **~tag** *m* fecha *f* de salida
'**abreißen** (*irr, sep,* -ge-, → *reißen*) **1.** *v/t* (h) arrancar; △ derribar, demoler; **2.** *v/i* (sn) romperse
'**ab|richten** (*sep*, -ge-, h) *Tier*: amaestrar, adiestrar; **~riegeln** ['-ri:gəln] (*sep*, -ge-, h) echar el cerrojo a; *durch Polizei*: acordonar
'**Abriß** *m* (-sses; -sse) *v Gebäuden*: derribo *m*; (*Buch*) compendio *m*
'**Abruf** *m* (-[e]s; *sin pl*) llamamiento *m*; *auf* ~ a demanda
'**abrunden** (*sep*, -ge-, h) redondear (*a fig*)
abrupt [-'rupt] abrupto
'**abrüst|en** (*sep*, -ge-, h) desarmar; **2ung** *f* (-; *sin pl*) desarme *m*
'**Absage** ['-za:gə] *f* (-; -n) negativa *f*; **2n** (*sep*, -ge-, h) *Veranstaltung*: suspender, desconvocar
'**absägen** (*sep*, -ge-, h) (a)serrar
'**Absatz** *m* (-es; ⸚e) (*Schuh*) tacón *m*; *Text*: párrafo *m*; ✝ venta *f*; **~förderung** *f* promoción *f* de ventas; **~gebiet** *n* mercado *m*, zona *f* de venta
'**abschaff|en** (*sep*, -ge-, h) suprimir, abolir; **2ung** *f* (-; *sin pl*) supresión *f*, abolición *f*
'**ab|schalten** (*sep*, -ge-, h) ⚡ desconectar; *Maschine*: parar; F *fig* relajarse; **~schätzen** (*sep*, -ge-, h) *Wert*: (e)valuar
Abscheu *m* (-s; *sin pl*) horror *m* (*vor dat* de); asco *m* (de); **2lich** [-'ʃɔʏlɪç] abominable, horrible
'**ab|schicken** (*sep*, -ge-, h) enviar, expedir; **~schieben** (*irr, sep,* -ge-, h, → *schieben*) apartar; *Ausländer*: expulsar
'**Abschied** ['-ʃiːt] *m* (-[e]s; -e) despedida *f*; ~ *nehmen* despedirse (*von* de)
'**abschießen** (*irr, sep,* -ge-, h, → *schießen*) disparar; *Rakete, Pfeil*: lanzar; *Flugzeug, Panzer*: derribar

'**Abschlag** *m* (-[e]s; ⸚e) descuento *m*, rebaja *f*; **2en** (*irr, sep,* -ge-, h, → *schlagen*) cortar; *Angriff*: rechazar; *Bitte*: rehusar, (de)negar
'**Abschlagszahlung** *f* pago *m* a cuenta *bzw* a plazos
'**abschleifen** (*irr, sep,* -ge-, h, → *schleifen*) pulir, rebajar
'**Abschlepp|dienst** *m* servicio *m* de grúa; **2en** (*sep*, -ge-, h) remolcar; **~wagen** *m* grúa *f*
'**abschließen** (*irr, sep,* -ge-, h, → *schließen*) **1.** *v/t* (*beenden*) concluir, terminar; *Tür*: cerrar con llave; *Vertrag*: concluir; **2.** *v/i* terminarse; **~d** definitivo; final; *adv* en conclusión
'**Abschluß** *m* (-sses; ⸚sse) fin *m*; ✝ transacción *f*; *Vertrag*: conclusión *f*; **~prüfung** *f* examen *m* final
'**abschneiden** (*irr, sep,* -ge-, h, → *schneiden*) cortar (*a fig*); *gut* ~ salir airoso
'**Abschnitt** *m* (-[e]s; -e) sección *f*; ✚ segmento *m*; *tip* párrafo *m*; pasaje *m*; (*Kontroll*2) talón *m*; (*Zeit*) periodo *m*
'**ab|schrauben** (*sep*, -ge-, h) destornillar; **~schrecken** (*sep*, -ge-, h) intimidar, escarmentar; *pol* disuadir; *gastr* pasar por agua fría
'**abschreib|en** (*irr, sep,* -ge-, h, → *schreiben*) copiar (*von* de); ✝ amortizar; **2ung** ✝ *f* (-; -en) amortización *f*
'**Abschrift** *f* (-; -en) copia *f*
'**Abschürfung** *f* (-; -en) excoriación *f*
'**Abschuß** *m* (-sses; ⸚sse) disparo *m*; ✈ derribo *m*; *Rakete*: lanzamiento *m*
abschüssig ['-ʃʏsɪç] en declive, escarpado
'**ab|schwächen** (*sep*, -ge-, h) *Stoß, Schall*: amortiguar; *fig* atenuar, suavizar; **~schweifen** (*sep*, -ge-, sn) apartarse (*von* de); **~schwellen** (*irr, sep,* -ge-, sn, → *schwellen*) deshincharse
'**abseh|bar** ['-zeːbaːr]: *in* **~er** *Zeit* dentro de poco, en breve; **~en** (*irr, sep,* -ge-, h, → *sehen*) prever, ver; *es abgesehen haben auf* (*ac*) poner la vista en; *von et* ~ prescindir de a/c
abseits ['-zaɪts] aparte; apartado; *dep* fuera de juego
'**absend|en** (*irr, sep,* -ge-, h, → *senden*) mandar, enviar; remitir; **2er** *m* (-s; -) remitente *m*, expedidor *m*; ✉ *an* ~ *zurück* devuelto al remitente

'**absetz|bar** ['-zɛtsbɑːr] ✝ *von der Steuer*: deducible; **~en** (*sep*, -ge-, h) **1.** *v/t* poner en el suelo; depositar; *j-n*: dejar (*am Bahnhof* en la estación); *Beamten*: destituir; ✝ *Waren*: dar salida a, colocar; *Betrag*: deducir

'**Absicht** *f* (-; -en) intención *f*, propósito *m*; **♀lich** intencionado; *adv* adrede, de propósito

'**absitzen** (*irr*, *sep*, -ge-, h, → *sitzen*): *e-e Strafe* ~ cumplir (una) condena

absolut [-zo'luːt] absoluto; ~ *nicht* (no) ... en absoluto

absonder|lich [-'zɔndərliç] raro, extraño; '**~n** (*sep*, -ge-, h) separar, apartar; aislar; ✻ secretar; **♀ung** *f* (-; -en) separación *f*; ✻ secreción *f*

abspenstig ['-ʃpɛnstiç]: ~ *machen* quitar; sonsacar

'**absperr|en** (*sep*, -ge-, h) cerrar (con llave); *Wasser, Gas*, ✦: cortar; *Straße*: cerrar; **♀ung** *f* (-; -en) cierre *m*; corte *m*

'**abspielen** (*sep*, -ge-, h) ♪ tocar; *Ball*: pasar; *sich* ~ suceder, ocurrir

'**Absprache** *f* (-; -n) acuerdo *m*, convenio *m*

'**ab|sprechen** (*irr*, *sep*, -ge-, h, → *sprechen*) *Recht, Verdienst usw*: negar; (*verabreden*) concertar; **~springen** (*irr*, *sep*, -ge-, h, → *springen*) saltar; *Knopf usw*: desprenderse; *fig* retirarse

'**Absprung** *m* (-[e]s; ⸚e) salto *m*

'**abspülen** (*sep*, -ge-, h) lavar; *Geschirr*: fregar

'**abstamm|en** (*sep*, h) descender (*von* de); **♀ung** *f* (-; *sin pl*) descendencia *f*, origen *m*

'**Abstand** *m* (-[e]s; ⸚e) *a fig* distancia *f* (*halten* guardar); intervalo *m*; *fig mit* ~ con mucho

'**abstatten** ['-ʃtatən] (*sep*, -ge-, h) *Besuch*: hacer; *s-n Dank* ~ *für* dar las gracias por

'**abstauben** (*sep*, -ge-, h) quitar el polvo (a), desempolvar; F *fig* birlar

'**abstech|en** (*irr*, *sep*, -ge-, h, → *stechen*): ~ *von* contrastar con; **♀er** *m* (-s; -): *e-n* ~ *machen nach* dar una vuelta por

'**abstehend** *Ohr*: separado

'**absteige|n** (*irr*, *sep*, -ge-, sn, → *steigen*) bajar, descender; *v Pferd, Fahrzeug*: apearse; *im Hotel*: hospedarse

'**abstell|en** (*sep*, -ge-, h) dejar (*a Wagen*), depositar; *Radio, TV*: apagar; *Maschine*: parar; *Wasser, Gas*: cerrar, cortar; *Mißstand*: suprimir; **♀gleis** *n* apartadero *m*; **♀raum** *m* trastero *m*

'**abstempeln** (*sep*, -ge-, h) timbrar; *Marken*: matasellar

Abstieg ['-ʃtiːk] *m* (-[e]s; -e) bajada *f*, descenso *m* (*a dep*); *fig* decadencia *f*

'**abstimm|en** (*sep*, -ge-, h) **1.** *v/t* (*aufeinander*) armonizar; **2.** *v/i* ~ *über* (*ac*) votar (*ac*); **♀ung** *f* (-; -en) votación *f*

Abstinenzler [-sti'nɛntslər] *m* (-s; -) abstemio *m*

'**abstoß|en** (*irr*, *sep*, -ge-, h, → *stoßen*) repeler; *fig* repugnar; **~end** repugnante

abstrakt [-'ʃtrakt] abstracto

'**abstreiten** (*irr*, *sep*, -ge-, h, → *streiten*) desmentir, negar

'**Abstrich** *m* (-[e]s; -e) ✻ frotis *m*

'**abstuf|en** ['-ʃtuːfən] (*sep*, -ge-, h) graduar; matizar; **♀ung** *f* (-; -en) graduación *f*; matización *f*

'**Ab|sturz** *m* (-es; ⸚e); caída *f*; **♀stürzen** (*sep*, -ge-, sn) caer(se); ✈ *a* estrellarse; *im Gebirge*: despeñarse; *inform* colgarse

'**absuchen** (*sep*, -ge-, h) registrar; *Gelände*: batir

absurd [-'zurt] absurdo

Abszeß [aps'tsɛs] *m* (-sses; -sse) absceso *m*

Abt [apt] *m* (-[e]s; ⸚e) abad *m*

'**abtauen** *v/t* (*sep*, -ge-, h) descongelar

Abtei [-'taɪ] *f* (-; -en) abadía *f*

Abteil 🚆 [-'taɪl] *n* (-[e]s; -e) compartim(i)ento *m*; '**~ung** *f* (-; -en) **a)** separación *f*; división *f*; **b)** [-'taɪluŋ] sección *f*; departamento *m*; **~ungsleiter(in** *f*) *m* jefe *m*, -a *f* de departamento

'**abtippen** F (*sep*, -ge-, h) pasar a máquina

Äbtissin [ɛp'tisin] *f* (-; -nen) abadesa *f*

'**abtransportieren** ['ap-] (*sep*, h) transportar

'**abtreib|en** (*irr*, *sep*, -ge-, → *treiben*) **1.** *v/t* (h) ✻ abortar; **2.** *v/i* (sn) ⚓, ✈ desviarse, ir a la deriva; **♀ung** ✻ *f* (-; -en) aborto *m* (provocado)

'**abtrennen** (*sep*, -ge-, h) separar; *Genähtes*: descoser

'**abtret|en** (*irr*, *sep*, -ge-, → *treten*) **1.** *v/t* (h) ceder; *Füße*: limpiarse; **2.** *v/i* (sn) retirarse; **♀er** *m* (-s; -) felpudo *m*; **♀ung** *f* (-; -en) cesión *f*

abtrocknen

'**ab|trocknen** (sep, -ge-, h) enjugar, secar; **~tropfen** (sep, -ge-, sn) escurrir(se)
'**ab|-urteilen** (sep, -ge-, h) juzgar; **~wägen** (wog ab, abgewogen, h) ponderar; *Worte*: medir; **~warten** (sep, -ge-, h) esperar, aguardar
abwärts ['-vɛrts] (hacia *od* cuesta) abajo
'**abwasch|bar** lavable; **~en** (irr, sep, -ge-, h, → **waschen**) lavar; *Geschirr*: fregar
'**Abwasser** n (-s; ¨) (*mst pl*) aguas f/pl residuales
'**abwechs|eln** (sep, -ge-, h) variar; *regelmäßig*: alternar; *sich* **~** turnarse; **~elnd** *adv* por turno; **2lung** f (-; -en) variedad f; cambio m; *zur* **~** para variar; **~lungsreich** variado
'**Abwehr** f (-; *sin pl*) defensa f (*a dep*); **2en** (sep, -ge-, h) rechazar; *Schlag*: parar
'**abweich|en** (irr, sep, -ge-, sn, → **weichen**) apartarse, desviarse; (*anders sein*) diferir; **~end** diferente; **2ung** f (-; -en) desviación f; divergencia f; *fig* discrepancia f
'**ab|weisen** (irr, sep, -ge-, h, → **weisen**) rechazar; **~wenden** (irr, sep, -ge-, h, → **wenden**) apartar; *fig* evitar, prevenir; **~werfen** (irr, sep, -ge-, h, → **werfen**) lanzar; *Reiter*: derribar; *Gewinn*: producir, arrojar; *Zinsen*: devengar
'**abwert|en** (sep, -ge-, h) devaluar (*a Währung*); **2ung** f (-; -en) devaluación f
'**abwesen|d** ['-ve:zənt] ausente; **2heit** f (-; -en) ausencia f
'**ab|wickeln** (sep, -ge-, h) *Garn*: devanar; *fig* realizar; *fig sich* **~** desarrollarse; **~wiegen** (irr, sep, -ge-, h, → **wiegen**) pesar; **~wischen** (sep, -ge-, h) limpiar; *Nasses*: enjugar, secar
'**Abwurf** m (-[e]s; ¨e) lanzamiento m
'**abwürgen** (sep, -ge-, h) *Motor*: estrangular
'**abzählen** (sep, -ge-, h) contar
'**abzahl|en** (sep, -ge-, h) pagar a plazos; *Schuld*: saldar, liquidar; **2ung** f (-; -en) pago m a plazos; *auf* **~** a plazos
'**Abzeichen** n (-s; -) distintivo m
'**ab|zeichnen** (sep, -ge-, h) copiar, dibujar; *Schriftstück*: rubricar; *fig sich* **~** perfilarse; vislumbrarse; **~ziehen** (irr, sep, -ge-, h, → **ziehen**) 1. v/t (h) quitar (*das Bett* las sábanas); *tip* tirar; ⚕ restar, sustraer; ✝ deducir; *vom Lohn*: retener; *Truppen*: retirar; 2. v/i (sn) irse, marcharse; *Rauch*: salir
'**Abzug** m (-[e]s; ¨e) *fot* copia f; *tip* prueba f; *am Gewehr*: gatillo m; ✝ deducción f; v *Preis*: descuento m; v *Lohn*: retención f; (*sin pl*) ⚔ retirada f
abzüglich ['-tsy:klɪç] menos
'**Abzweigung** ['-tsvaiɡʊŋ] f (-; -en) bifurcación f
ach! [ax] ¡ah!: **~ so!** ¡(ah,) ya!
Achse ['aksə] f (-; -n) eje m; (*Welle*) árbol m
Achsel ['-səl] f (-; -n) hombro m; *mit den* **~n zucken** encogerse de hombros; '**~höhle** f sobaco m, axila f
acht [axt] 1. ocho; *in* **~ Tagen** dentro de ocho días; 2. 2 f (-; -en) ocho m
Acht [axt] f: *sich in* 2 *nehmen* tener cuidado; *außer* 2 *lassen* descuidar
'**achte** octavo; *am* (*od den*) **~n März** el ocho de marzo
'**Acht-eck** n (-[e]s; -e) octágono m
'**Achtel** ['axtəl] n (-s; -) octavo m; **~finale** n *dep* octavos m/pl de final
achten ['-tən] (ge-, h) 1. v/t estimar, apreciar; respetar; 2. v/i **~ auf** (*ac*) fijarse en
achtens ['-təns] en octavo lugar
'**Achter** ['-tər] ⚓ m (-s; -) bote m de a ocho; **~bahn** f montaña f rusa
'**acht|geben** (irr, sep, -ge-, h, → **geben**) tener cuidado; **~ auf** (*ac*) cuidar de; **~hundert** ochocientos; **~los** descuidado; 2'**stundentag** m jornada f de ocho horas
Achtung ['axtʊŋ] f (-; *sin pl*) estima(ción) f; **~ vor** (*dat*) respeto m a; **~!** ¡cuidado!, *a* ⚔ ¡atención!: *alle* **~!** F ¡chapó!
achtzehn ['axtse:n] dieciocho
achtzig ['-sɪç] ochenta; *in den* **~er Jahren** en los años ochenta
ächzen ['ɛçtsən] (ge-, h) gemir
'**Acker** ['akər] m (-s; ¨) campo m; **~bau** m (-[e]s; *sin pl*) agricultura f
addieren [a'di:rən] (h) sumar, adicionar
'**Adel** ['a:dəl] m (-s; *sin pl*) nobleza f
Ader ['a:dər] f (-; -n) vena f (*a fig u* ⚒)̃, arteria f
Adjektiv ['atjɛkti:f] n (-s; -e) adjetivo m
Adler ['a:dlər] m (-s; -) águila f
adlig ['a:dlɪç] noble
Admiral [atmi'ra:l] m (-s; -e) almirante m
adopt|ieren [adɔp'ti:rən] (h) adoptar;

algerisch

ϟion [--'tsjo:n] f (-; -en) adopción f;
ϟivkind [--'ti:fkint] n hijo m adoptivo
Adreßbuch [a'drɛsbu:x] n guía f comercial, Am directorio m
A'dress|e [a'drɛsə] f (-; -n) dirección f, señas f/pl; **~en-änderung** f cambio m de señas; **~enliste** f relación f de direcciones; ϟ'**ieren** (h) dirigir (**an** ac a); poner las señas; **~'iermaschine** f máquina f para imprimir direcciones
Advent [at'vɛnt] m (-[e]s; raro -e) Adviento m
Adverb [-'vɛrp] n (-s; -bien) adverbio m
Affäre [a'fɛ:rə] f (-; -n) asunto m
Affe ['afə] m (-n; -n) mono m
affektiert [afɛk'ti:rt] afectado
Afrika|ner [afri'ka:nər] m (-s; -), **~nerin** f (-; -nen), ϟ**nisch** africano m, -a f
After ['aftər] m (-s; -) ano m
Agave ϟ [a'ga:və] f (-; -n) agave m/f, pita f
Agent [a'gɛnt] m (-n; -n), **~in** f (-; -nen) agente su; representante su; **~ur** [--'tu:r] f (-; -en) agencia f
aggressiv [agrɛ'si:f] agresivo
A'grar|land [a'gra:rlant] n país m agrícola; **~markt** m mercado m agrícola; **~politik** f política f agraria
Ägypt|er [ɛ'gyptər] m (-s; -), **~erin** f (-; -nen), ϟ**isch** egipcio m, -a f
ähneln ['ɛ:nəln] (ge-, h) parecerse a, (a)semejarse a
ahnen [a:nən] (ge-, h) sospechar; (Vorgefühl haben) presentir
'**Ahnen** m/pl antepasados m/pl
'**ähnlich** ['ɛ:nliç] parecido, semejante; **j-m ~ sehen** parecerse a alg; iron **das sieht ihm ~!** es una de las suyas; ϟ**keit** f (-; -en) parecido m, semejanza f
'**Ahnung** ['a:nuŋ] f (-; -en) presentimiento m; (Vorstellung) idea f; F **keine ~!** no tengo idea; ϟ**slos** desprevenido
Ahorn ϟ ['a:hɔrn] m (-s; -e) arce m
Ähre ['ɛ:rə] f (-; -n) espiga f
'**Aids** ['ɛɪdz] n (-; sin pl) SIDA m, sida m; ϟ**krank** enfermo de sida; **~test** m prueba f del sida
'**Air|bag** ['ɛ:rbɛg] m (-s; -s) auto bolsa f de aire; **~bus** m aerobús m, airbus m
Akadem|ie [akade'mi:] f (-; -en) academia f; **~iker** [--'de:mikər] m (-s; -), **~ikerin** f (-; -nen) universitario m, -a f; ϟ**isch** [--'mif] académico; universitario

akklimatisieren [aklimati'zi:rən] (h) a fig aclimatar
Ak'kord [a'kɔrt] m (-[e]s; -e) ♪ acorde m; **im ~ arbeiten** trabajar a destajo; **~arbeit** f trabajo m a destajo
Akkordeon [-'-deɔn] n (-s; -s) acordeon m
Akkordlohn [-'-tlo:n] m salario m a destajo
Akku F ['aku] m (-s; -s), **~mulator** [--mu'la:tɔr] m (-s; -en [---la'to:rən]) acumulador m
Akkusativ ['--zati:f] m (-s; -e) acusativo m
Akne ['aknə] f (-; sin pl) acné m
Akrobat [akro'ba:t] m (-en; -en), **~in** f (-; -nen) acróbata su
Akt [akt] m (-[e]s; -e) acto m (a teat); Malerei: desnudo m; '**~e** f (-; -) expediente m; acta f; **zu den ~n legen** archivar (a fig)
'**Akten|deckel** m carpeta f; **~koffer** m portafolios m, attaché m; **~mappe, ~tasche** f cartera f; **~notiz** f apunte m; **~ordner** m clasificador m; **~schrank** m archivador m, clasificador m; **~zeichen** n referencia f
'**Aktie** ['aktsjə] f (-; -n) acción f; **~ngesellschaft** f sociedad f anónima; **~nmarkt** m mercado m de acciones; **~nmehrheit** f mayoría f de acciones
Aktion [ak'tsjo:n] f (-; -en) acción f; Werbeϟ usw: campaña f; **~är** [-jo'nɛ:r] m (-s; -e), **~ärin** f (-; -nen) accionista su
aktiv [ak'ti:f] activo; ϟ**ität** [-tivi'tɛ:t] f (-; -en) actividad f
aktuell [aktu'ɛl] actual, de actualidad
akustisch [a'kustiʃ] acústico
akut [a'ku:t] agudo (a ✻)
Akzent [ak'tsɛnt] m (-[e]s; -e) acento m
akzept|abel [-tsɛp'ta:bəl] aceptable; **~ieren** (h) aceptar
A'larm [a'larm] m (-[e]s; -e) alarma f, alerta f; **blinder ~** falsa alarma f; a fig **~ schlagen** dar la (voz de) alarma; **~anlage** f sistema m od dispositivo m de alarma; ϟ**ieren** (h) alarmar (a fig)
Alaun [a'laʊn] m (-s; sin pl) alumbre m
albern ['albərn] necio, tonto
Album ['-bum] n (-s; Alben) álbum m
Alge ['-gə] f (-; -n) alga f
Algebra ['-gebra:] f (-; sin pl) álgebra f
Algeri|er [-'ge:rjər] m (-s; -), **~erin** f (-; -nen), ϟ**sch** argelino m, -a f

Alibi ['ɑ:libi] *n* (-s; -s) coartada *f*
'Alkohol ['-koho:l] *m* (-[e]s; -e) alcohol *m*; frei sin alcohol; gehalt *m* graduación *f* alcohólica; iker [--'ho:likər] *m* (-s; -), ikerin *f* (-; -nen) alcohólico *m*, -a *f*; isch [--'ho:liʃ] alcohólico; spiegel *m* alcoholemia *f*; test *m* prueba *f* de alcoholemia
all [al] **1.** todo (-a); e *pl* todos (-as), todo el mundo; e Länder todos los países; *vor* em sobre todo; e drei Jahre cada tres años; es todo; es, was (todo) cuanto; todo lo que; **2.** *n* (-s; *sin pl*) universo *m*
'alle F acabado; werden acabarse
Allee [a'le:] *f* (-; -n) avenida *f*, paseo *m*
al'lein [a'laɪn] **1.** *adj* solo; der Gedanke la sola idea; **2.** *adv* sólo, solamente; stehend solo; (*ledig*) soltero; *Gebäude*: aislado
allenfalls ['alən'fals] a lo más
aller... ['alər...]: *in Zssgn mit Superlativ*: el más ... (de todos); 'beste el mejor de todos; dings ['--'dɪŋs] en efecto; (*einschränkend*) sin embargo; ! ¡ya lo creo!; *Am* ¿cómo no?
Allerg|ie [alɛr'gi:] *f* (-; -n) alergia *f*; isch [-'-giʃ] alérgico (*gegen* a)
aller|hand ['alər'hant] toda clase de; *das ist* ! ¡esto es el colmo!; heiligen [--'haɪligən] *n* (-; *sin pl*) Todos los Santos; 'höchstens a lo sumo; 'lei toda clase de; 'seelen *n* (-; *sin pl*) día *m* de los (Fieles) Difuntos; seits ['--'zaɪts] por todas partes
alles *s* all
alle|samt ['alə'zamt] todos juntos; s**kleber** *m* (-s; -) pegamento *m* universal, F pegalotodo *m*; 'zeit siempre
allge'mein general; *im* en por lo (*od* en) general; arzt *m* médico *m* de medicina general; befinden *n* estado *m* general; bildung *f* cultura *f* general; gültig universal; heit *f* (-; *sin pl*) generalidad *f*; público *m* (en general); verständlich comprensible para todos
Alli|anz [ali'ants] *f* (-; -en) alianza *f*; ierte [--'i:rtə] *m* (-n; -n) aliado *m*
all|'jährlich anual; *adv* todos los años; mählich [-'mɛ:liç] paulatino; 'rad-antrieb *m* tracción *f* sobre las cuatro ruedas; 'tag *m fig* vida *f* cotidiana; 'täglich diario, cotidiano; *fig* corriente; 'zu, 'zusehr, 'zuviel demasiado

Alm [alm] *f* (-; -en) pasto *m* alpino
Almosen ['-mo:zən] *n* (-s; -) limosna *f*
Alpdruck ['alpdruk] *m* (-[e]s; *sin pl*) pesadilla *f*
alpin [-'pi:n] alpino, alpestre
als [als] *zeitlich*: cuando; *nach Komparativ*: que; *vor Zahlen*: de; **nichts** nada más que; **ob** como si; **Ausländer** como extranjero; *schon* **Kind** ya de niño
also ['alzo:] *cj* por tanto, por consiguiente; *gut!* pues bien!
alt [alt] **1.** *adj* viejo; (*antik, ehemalig*) antiguo; (*gebraucht*) usado; *wie* *bist du?* ¿qué edad *od* cuántos años tienes?; *ich bin 20 Jahre* tengo 20 años (de edad); *gleich* *sn* tener la misma edad; **2.** ♩ *m* (-s; *sin pl*) contralto *m*
Al'tar [al'ta:r] *m* (-[e]s; -̈e) altar *m*; bild *n* retablo *m*
'Alte ['altə] *m/f* (-n; -n) anciano *m*, -a *f*, viejo *m*, -a *f*; nheim *n* residencia *f* de ancianos *od* para la tercera edad
'Alter *n* (-s; *sin pl*) edad *f*; (*Greisen*) vejez *f*; *im* *von* a la edad de
älter ['ɛltər] más viejo; *Person*: mayor; *ein* *er Herr* un señor de (cierta) edad; *sn als* tener más años que
alterna'tiv [altɛrna'ti:f] alternativo; e [---'-və] *f* (-; -n) alternativa *f*, opción *f*; energie *f* energía *f* alternativa
'Alters|heim ['altərshaɪm] *n* asilo *m od* residencia *f* de ancianos; rente *f* pensión *f* de vejez; versicherung *f* seguro *m* de vejez; versorgung *f* pensiones *f/pl* de vejez
'Alter|tum ['--tu:m] *n* (-s; *sin pl*) antigüedad *f*; tümer ['--ty:mər] *n/pl* antigüedades *f/pl*; tümlich antiguo, arcaico
'alt|modisch ['altmo:diʃ] pasado de moda; anticuado; papier *n* papel *m* viejo; stadt *f* casco *m* antiguo; stadt-sanierung *f* saneamiento *m* del casco antiguo
Alu|folie [alu'fo:ljə] *f* hoja *f* de aluminio; minium [--'mi:njum] *n* (-s; *sin pl*) aluminio *m*
am [am] = **an dem**
Amateur [ama'tø:r] *m* (-s; -e) aficionado *m*; *bsd dep*: amateur *m*
ambulan|t [-bu'lant] ⚕ ambulatorio; ✝

ambulante; � [--'lants] f (-; -en) (Klinik) ambulatorio m, dispensario m
'**Ameise** ['aːmaɪzə] f (-; -n) hormiga f; ~**nhaufen** m hormiguero m
Amerika|ner [ameriˈkɑːner] m (-s; -), ~**nerin** f (-; -nen), 2**nisch** americano m, -a f
Amnestie [amnɛsˈtiː] f (-; -n) amnistía f
Ampel ['ampəl] f (-; -n) (Verkehrs2) semáforo m, disco m
Ampere [-ˈpɛːr] n (-s; -) amperio m
Amphitheater [amˈfiːteɑːtər] n anfiteatro m
Ampulle [-ˈpʊlə] f (-; -n) ampolla f
Ampu|tation [-putaˈtsjoːn] f (-; -en) amputación f; 2**ˈtieren** (h) amputar
Amsel ['ɑmzəl] f (-; -n) mirlo m
Amt [amt] n (-[e]s; ¨er) oficina f; (Posten) cargo m; (Tätigkeit) función f; (Aufgabe) misión f; (Behörde) servicio m; negociado m; 2**ˈieren** (h) actuar (als de); 2**ˈierend** en funciones; '2**lich** oficial
'**Amts|-arzt** m médico m oficial; ~**gericht** n juzgado m de primera instancia; ~**zeit** f duración f del cargo
amüs|ant [amyˈzant] divertido; ~**ˈieren** (h) (sich) ~ divertir(se)
an [an] prp **a)** örtlich: **am Tisch** a la mesa; ~ **der Wand** en la pared; ~ **der Straße** junto a la carretera; **am Tajo** a orillas del od sobre el Tajo; ~ **e-m Ort** en un sitio; **b)** zeitlich: **am Tage** de día; **am Abend** por la noche; **am nächsten Montag** el lunes que viene; **am 5. April** el cinco de abril; **am folgenden Tag** al día siguiente
Analphabet [anʔalfaˈbeːt] m (-en; -en) analfabeto m
Analyse [anaˈlyːzə] f (-; -n) análisis m
Ananas ['ananas] f (-; -[se]) piña f (de América); **pl** ananá(s) m
Anarchie [anarˈçiː] f (-; -n) anarquía f
Anatomie [anatoˈmiː] f (-; sin pl) anatomía f
'**Anbau** m (-[e]s; sin pl) ✍ cultivo m; (pl -ten) △ anexo m; 2**en** (sep, -ge-, h) ✍ cultivar; △ añadir; ampliar; ~**möbel** n/pl muebles m/pl por elementos
'**anbehalten** (irr, sep, h, → **behalten**) Kleid usw: dejar puesto
anˈbei adjunto
'**anbeißen** (irr, sep, -ge-, h, → **beißen**) v/t morder (en)

'**anbelangen: was ... anbelangt** en cuanto a ...
'**anbeten** (sep, -ge-, h) adorar
'**Anbetracht: in** ~ (gen) en consideración a, teniendo en cuenta
'**an|bieten** (irr, sep, -ge-, h, → **bieten**) ofrecer; 2**bieter** m (-s; -) oferente m; ~**binden** (irr, sep, -ge-, h, → **binden**) atar (**an** ac a)
'**Anblick** m (-[e]s; -e) vista f; (Aussehen) aspecto m; 2**en** (sep, -ge-, h) mirar
'**an|brechen** (irr, sep, -ge-, → **brechen**) **1.** v/t (h) empezar; **2.** v/i (sn) empezar; Tag: despuntar; Nacht: entrar; ~**brennen** (irr, sep, -ge-, sn, → **brennen**) v/i Speisen: quemarse; pegarse; **angebrannt riechen** oler a quemado; ~**bringen** (irr, sep, -ge-, h, → **bringen**) traer; (befestigen) fijar, colocar
'**Anbruch** m (-[e]s; sin pl) comienzo m; **bei ~ des Tages** al amanecer; **bei ~ der Nacht** al anochecer.
An|dacht ['-daxt] f (-; sin pl) recogimiento m; (pl -en) (Gottesdienst) oficio m divino; 2**dächtig** ['-dɛçtɪç] devoto; fig atento
Andalus|ier [-daˈluːzjər] m (-s; -), ~**ierin** f (-; -nen), 2**isch** andaluz(a f) m
'**andauern** (sep, -ge-, h) continuar, persistir; ~**d** continuo, permanente
'**Andenken** n (-s; -) memoria f; recuerdo m; **zum ~ an** (ac) en recuerdo de
'**ander** ['-dər] otro; ~**e** otros; **et ~es** otra cosa; **et ganz ~es** algo muy distinto; **nichts ~es als** nada más que; **alles ~e** todo lo demás; **alles ~e als** todo menos que; **unter ~em** entre otras cosas; ~**erseits** ['--rərzaɪts] por otra parte
ändern ['ɛndərn] (ge-, h) cambiar, modificar; **s-e Meinung ~** cambiar de parecer; **sich ~** cambiar
andernfalls ['andərnfals] de lo contrario
'**anders** ['-dərs] de otro modo, de otra manera; **jemand ~** otra persona; ~**wo** en otra parte; ~**wohin** a otra parte
anderthalb ['-dərthalp] uno y medio; ~ **Meter** un metro y medio
Änderung ['ɛndərʊŋ] f (-; -en) cambio m, modificación f
'**andeut|en** ['andɔʏtən] (sep, -ge-, h) indicar; dar a entender; 2**ung** f (-; -en) indicación f; alusión f
'**Andrang** m (-[e]s; sin pl) afluencia f

'**andrehen** (sep, -ge-, h) Gas, Heizung: abrir; **das Licht ~** dar la luz

aneignen ['-ʔaɪɡnən] (sep, -ge-, h): **sich** (dat) **~** apropiarse; Kenntnisse: adquirir

an-ein'ander uno a/bzw con otro; **~geraten** (irr, sep, sn, → **geraten**) tener un altercado (**mit** con)

an-erkannt ['--kant] reconocido; fig renombrado

'**an-erkenn|en** (irr, sep, h, → **erkennen**) reconocer, admitir; (loben) elogiar; **~end** elogioso; ♀**ung** f (-; sin pl) reconocimiento m

'**anfahren** (irr, sep, -ge-, → **fahren**) 1. v/t (h) Fußgänger: atropellar; fig increpar; 2. v/i (sn) auto arrancar

'**Anfall** ✱ m (-[e]s; ⸚e) acceso m, ataque m; ♀**en** (irr, sep, -ge-, h, → **fallen**) v/t atacar, acometer

'**anfällig** ✱ propenso (**für** a)

'**Anfang** m (-[e]s; ⸚e) principio m, comienzo m; **~ Januar** a principios de enero; **von ~ an** desde un principio; ♀**en** (irr, sep, -ge-, h, → **fangen**) empezar, comenzar (**zu** inf a)

'**Anfänger** ['-fɛŋər] m (-s; -), **~in** f (-; -nen) principiante su

'**anfangs** ['-faŋs] al principio

'**an|fassen** (sep, -ge-, h) (berühren) tocar; **mit ~** echar una mano; **~fechten** (irr, sep, -ge-, h, → **fechten**) ⚖ impugnar; **~fertigen** (sep, -ge-, h) hacer, fabricar, elaborar; **~feuchten** ['-fɔʏçtən] (sep, -ge-, h) humedecer, mojar; **~feuern** (sep, -ge-, h) fig alentar, animar; **~fliegen** (irr, sep, -ge-, h, → **fliegen**) ✈ hacer escala en

'**Anflug** m (-[e]s; ⸚e) ✈ vuelo m de aproximación; fig dejo m

'**anforder|n** (sep, -ge-, h) pedir (**von** j-m a); exigir; ♀**ung** f (-; -en) demanda f; exigencia f

'**Anfrage** f (-; -n) pregunta f; pol interpelación f; ♀**n** (sep, -ge-, h) preguntar (**bei** a); pedir informes (a)

'**an|freunden** ['-frɔʏndən] (sep, -ge-, h): **sich ~ mit** hacerse amigo de; **~fügen** (sep, -ge-, h) juntar, añadir

'**anführ|en** dirigir; Liste: encabezar; (erwähnen) mencionar; Gründe: alegar; Zitat: citar; (täuschen) F tomar el pelo a; ♀**er** m jefe m; bsd pol, dep líder m; ♀**ungszeichen** n/pl comillas f/pl

'**Angabe** f (-; -n) indicación f; información f; (Anweisung) instrucción f; F (Prahlerei) fanfarronada f; **~n** pl datos m/pl; **nach amtlichen ~n** según datos oficiales

'**angeb|en** (irr, sep, -ge-, h, → **geben**) 1. v/t indicar; (aussagen) declarar; Namen, Ton: dar; 2. v/i F (prahlen) fanfarronear; ♀**er** m (-s; -) F fanfarrón m, farolero m; **~lich** ['-geːplɪç] supuesto, presunto; adv según dicen

'**angeboren** [-gəboːrən] innato; ✱ congénito

'**Angebot** n (-[e]s; -e) a ↑ oferta f

ange|bracht ['--braxt] oportuno, conveniente; **~heitert** ['--haɪtərt] achispado, F piripi

'**angehen** (irr, sep, -ge-, h) v/t (betreffen) referirse a; **was ... angeht** en cuanto a; **das geht mich nichts an** eso no me importa nada

'**angehör|en** (sep, h) (dat) pertenecer a, ser de; ♀**ige** ['---rɪɡə] m (-n; -n) miembro m; (Verwandte) familiar m; **m-e ~n** los míos, mi familia

Angeklagte ['-gəklaːktə] m/f (-n; -n) acusado m, -a f

Angel ['aŋəl] f (-; -n) caña f (de pescar); (Tür♀) gozne m, quicio m

Angelegenheit ['angəleːgənhaɪt] f (-; -en) asunto m

angelernt ['angəlɛrnt]: **~er Arbeiter** m trabajador m semicalificado

'**Angel|haken** ['aŋəlhaːkən] m anzuelo m; ♀**n** (ge-, h) pescar (con caña); **~rute** f caña f de pescar; **~schnur** f sedal m

'**ange|messen** ['angə-] adecuado; Preis: razonable; **~nehm** agradable, grato; j: simpático; **~nommen** ['--nɔmən]: **~, daß** supuesto que (subj)

'**angesehen** respetado; ✝ acreditado

'**angesichts** (gen) en vista de, delante de

Angestellte ['--ʃtɛltə] m/f (-n; -n) empleado m, -a f; **~nversicherung** f seguro m de empleados

'**ange|wiesen** ['--viːzən]: **~ sn auf** (ac) depender de; **~wöhnen** (sep, -ge-, h) acostumbrar (j-m et a alg a a/c); **sich** (dat) **et ~** acostumbrarse a a/c; ♀**wohnheit** f (-; -en) costumbre f; **schlechte ~** vicio m

Angina [aŋˈɡiːna] f (-; -nen) angina(s) f(pl); **~ pectoris** angina f de pecho

'**angleichen** ['an-] (irr, sep, -ge-, h, → **gleichen**) adaptar, ajustar

Angler ['aŋlər] *m* (-s; -), **~in** *f* (-; -nen) pescador(a *f*) *m* de caña
'**angreif|en** ['an-] (*irr, sep,* -ge-, h, → *greifen*) atacar (*a fig*); 2**er** *m* (-s; -), 2**erin** *f* (-; -nen) agresor(a *f*) *m*
'**angrenzen** (*sep,* -ge-, h): **~ an** (*ac*) lindar con
'**Angriff** *m* (-[e]s; -e) ataque *m* (*a fig*); *in* **~** *nehmen* acometer, abordar
Angst [aŋst] *f* (-; ⁻e) miedo *m* (*vor* a)
'**ängstig|en** ['ɛŋstigən] (ge-, h): (**sich**) **~** inquietar(se); **~lich** ['-liç] miedoso; (*beunruhigt*) inquieto; (*scheu*) tímido
'**an|gucken** ['an-] (*sep,* -ge-, h) mirar; **~haben** (*irr, sep,* -ge-, h, → *haben*) *Kleidung*: llevar (puesto)
'**anhalt|en** (*irr, sep,* -ge-, h, → *halten*) **1.** *v/t* parar, detener; *Atem*: contener; **2.** *v/i* parar(se); (*dauern*) durar; 2**er** *m* (-s; -), '2**erin** *f* (-; -nen) autostopista *su*; *per* **~** *fahren* viajar por *od* hacer autostop; 2**s-punkt** *m* punto *m* de referencia
'**Anhang** *m* (-[e]s; ⁻e) apéndice *m*; (*sin pl*) *fig* partidarios *m/pl*; *ohne* **~** sin familia
'**anhäng|en** (*sep,* -ge-, h) *v/t* colgar (*an ac* de, en); *Wagen*: enganchar; 2**er** *m* (-s; -) *pol* partidario *m*; *dep* aficionado *m*; (*Wagen*) remolque *m*; (*Schmuck*) colgante *m*; *am Koffer usw*: etiqueta *f*; 2**erin** *f* (-; -nen) partidaria *f*; aficionada *f*; 2**erkupplung** *f* enganche *m* para remolque; **~lich** fiel; afecto (a)
'**an|häufen** (*sep,* -ge-, h) acumular, amontonar; **~heften** (*sep,* -ge-, h) fijar, pegar (*an ac* en); sujetar (a)
'**Anhieb** *m*: *auf* **~** de golpe
'**Anhöhe** *f* (-; -n) colina *f*, cerro *m*
'**anhören** (*sep,* -ge-, h) escuchar; *sich gut* **~** sonar bien
animieren [--'miːrən] (h) animar, estimular
A'nis [a'niːs] *m* (-[es]; -e) anís *m*
'**Ankauf** *m* (-[e]s; ⁻e) compra *f*
'**Anker** ['aŋkər] *m* (-s; -) ⚓ ancla *f*; *Uhr*: áncora *f*; *vor* **~** *gehen,* **~** *werfen* echar anclas; *vor* **~** *liegen* estar anclado *od* surto; 2**n** (*ge-*, h) anclar, fondear; **~platz** *m* fondeadero *m*
'**Anklage** ['an-] *f* (-; -n) acusación *f*; 2**n** (*sep,* -ge-, h) acusar (*wegen* de)
'**anklammern** (*sep,* -ge-, h): *sich* **~** *an* (*ac*) agarrarse a; *a fig* aferrarse a
'**Anklang** *m*: **~** *finden* hallar buena acogida, ser bien acogido

'**an|kleben** (*sep,* -ge-, h) pegar, fijar; **~kleiden** (*sep,* -ge-, h): (**sich**) **~** vestir(se); '**~klopfen** (*sep,* -ge-, h) llamar (a la puerta); '**~knüpfen** (*sep,* -ge-, h) **1.** *v/t* anudar; *Gespräch*: entablar; *Beziehungen* **~** entrar en relaciones (*zu j-m* con alg); **2.** *v/i* **~** *an* (*ac*) partir de
'**ankommen** (*irr, sep,* -ge-, sn, → *kommen*) llegar (*in dat* a); *das kommt darauf an* depende; *darauf kommt es nicht an* eso es lo de menos
'**ankündig|en** (*sep,* -ge-, h) anunciar; 2**ung** *f* (-; -en) anuncio *m*, aviso *m*
'**Ankunft** ['-kunft] *f* (-; *sin pl*) llegada *f*; **~s-tag** *m* fecha *f* de llegada
'**an|kurbeln** (*sep,* -ge-, h) *Wirtschaft*: relanzar, reactivar; **~lächeln** (*sep,* -ge-, h) sonreír a
'**Anlage** *f* (-; -n) (*Anordnung*) disposición *f*; (*Geld*) inversión *f*; ⚙ instalación *f*; △ construcción *f*; (*Park*) jardín *m* público; (*Ferien*2) complejo *m* turístico; (*Talent*) disposición *f*; talento *m*; (*Beilage*) anexo *m*; *in der* **~** adjunto; **~berater** ✝ *m* asesor *m* de inversión; **~kapital** *n* capital *m* invertido *bzw* fijo
Anlaß ['-las] *m* (-sses; ⁻sse) motivo *m*; (*Gelegenheit*) ocasión *f*; **~** *geben zu* dar lugar para
'**anlass|en** (*irr, sep,* -ge-, h, → *lassen*) *Kleider*: dejar puesto; *Licht*: no apagar; *auto* arrancar; 2**er** *m* (-s; -) arranque *m*
anläßlich ['-lɛsliç] (*gen*) con motivo *od* ocasión de
'**Anlauf** *m* (-[e]s; ⁻e) arranque *m*; *dep* (*e-n*) **~** *nehmen* tomar impulso; 2**en** (*irr, sep,* -ge-, → *laufen*) **1.** *v/t* (h) ⚓ hacer escala en; **2.** *v/i* (sn) *Maschine*: ponerse en marcha (*a fig*); *Glas*: empañarse
'**anlege|n** (*sep,* -ge-, h) **1.** *v/t* poner, colocar (*an ac* contra); *Gewehr*: apuntar; *Kapital*: invertir; 🗡 aplicar; **2.** *v/i* ⚓ atracar; 2**platz** *m*, 2**stelle** *f* ⚓ embarcadero *m*; 2**r** ✝ *m* (-s; -) inversor *m*
'**anlehnen** (*sep,* -ge-, h) adosar (*an ac* a), arrimar (a), apoyar (contra); *Tür*: entornar
Anleihe ['-laɪə] *f* (-; -n) empréstito *m*
'**anleit|en** (*sep,* -ge-, h) guiar, instruir; 2**ung** *f* (-; -en) instrucciones *f/pl*
'**Anlieg|en** *n* (-s; -) deseo *m*, ruego *m*; petición *f*; 2**end** *Kleid*: ceñido, ajustado; *Brief*: adjunto; **~er** *m* (-s; -) vecino *m*

'an|locken (sep, -ge-, h) atraer; ~lügen (irr, sep, -ge-, h, → lügen): j-n ~ mentir a alg; ~machen (sep, -ge-, h) fijar; Feuer, Licht: encender; Salat: aderezar

'anmaß|en ['-mɑːsən] (sep, -ge-, h): sich (dat) et ~ arrogarse; ~end presuntuoso, arrogante; 2ung f (-; -en) presunción f, arrogancia f

Anmeld|eformular ['-mɛldə-] n formulario m de inscripción; 2en (sep, -ge-, h) avisar, anunciar; auto matricular; beim Zoll: declarar; sich ~ inscribirse; polizeilich: darse de alta; beim Arzt: pedir hora; ~ung f (-; -en) aviso m; inscripción f; alta f

'anmerk|en (sep, -ge-, h): man merkt es ihm an se le nota; sich (dat) nichts ~ lassen disimular; 2ung f (-; -en) nota f

'Anmut f (-; sin pl) gracia f; 2ig gracioso

'an|nageln (sep, -ge-, h) clavar; ~nähen (sep, -ge-, h) coser

'annähernd adv aproximadamente; 2ung f (-; -en) acercamiento m

Annahme f (-; sin pl) aceptación f; Kind, Antrag usw: adopción f; (pl -n) (Vermutung) suposición f

'annehm|bar ['aneːmbɑːr] aceptable; ~en (irr, sep, -ge-, h, → nehmen) aceptar, recibir; (zulassen) admitir; (vermuten) suponer; sich e-r Sache ~ encargarse de a/c; 2lichkeit f (-; -en) comodidad f

Annonc|e [a'nõsə] f (-; -n) anuncio m; 2'ieren (h) poner un anuncio

annullieren [anu'liːrən] (h) anular

anonym [ano'nyːm] anónimo

Anorak ['--rak] m (-s; -s) anorak m

'an-ordn|en (sep, -ge-, h) disponer; (befehlen) ordenar; 2ung f (-; -en) disposición f (treffen tomar); (Befehl) orden f

'anpass|en (sep, -ge-, h) ajustar; sich ~ adaptarse (an ac a); 2ung f (-; -en) adaptación f; ~ungsfähig adaptable

'Anpfiff m (-[e]s; -e) dep pitada f inicial; F fig bronca f

'an|pflanzen (sep, -ge-, h) plantar; cultivar; ~preisen (irr, sep, -ge-, h, → preisen) elogiar, alabar

'Anprob|e f (-; -n) prueba f, ensayo m; 2ieren (sep, h) probarse

'an|pumpen (sep, -ge-, h) F dar un sablazo a; ~rechnen (sep, -ge-, h) cargar en cuenta; hoch ~ agradecer mucho

'Anrecht n (-[e]s; -e) derecho m (auf ac a)

'Anrede f (-; -n) tratamiento m; 2n (sep, -ge-, h) dirigir la palabra a; mit Sie ~ tratar de usted; mit du ~ tutear

'anreg|en (sep, -ge-, h) animar; a ✱ estimular; (vorschlagen) sugerir; Appetit: abrir; ~end excitante; a ✱ estimulante; 2ung f (-; -en) estímulo m; sugerencia f

'Anreiz m (-es; -e) estímulo m, incentivo m

'Anrichte ['-riçtə] f (-; -n) aparador m; 2n (sep, -ge-, h) Speisen: aderezar; Schaden usw: ocasionar, causar

'Anruf m (-[e]s; -e) llamada f; ~be-antworter m (-s; -) contestador m automático (de llamadas); 2en (irr, sep, -ge-, h, → rufen) llamar

'anrühren (sep, -ge-, h) tocar; Farbe usw: mezclar; Teig: amasar

'Ansage ['-zɑːgə] f (-; -n) TV usw: presentación f; 2n (sep, -ge-, h) avisar, anunciar; ~r m (-s; -), ~rin f (-; -nen) Radio: locutor(a f) m; TV presentador(a f) m

'Ansammlung f (-; -en) reunión f; aglomeración f (a v Menschen)

'ansässig ['-zɛsiç] domiciliado (in dat en)

'anschaff|en (sep, -ge-, h) adquirir, comprar; 2ung f (-; -en) adquisición f

'anschalten (sep, -ge-, h) Licht: encender; Gerät: conectar

'anschau|en (sep, -ge-, h) mirar; contemplar; ~lich expresivo; 2ung f (-; -en) (Meinung) opinión f; modo m de ver

'Anschein m (-[e]s; sin pl) apariencia f; 2end adv por lo visto, al parecer

'Anschlag m (-[e]s; ⁓e) ⊙ tope m; ♪ u Schreibmaschine: pulsación f; (Plakat) letrero m, cartel m; (Mord2) atentado m (auf ac a); ~brett n tablón m de anuncios; cartelera f; 2en (irr, sep, -ge-, → schlagen) 1. v/t (h) fijar (a Plakat). 2. v/i (h u sn) dar (an ac contra); Hund (h): ladrar; (wirken) surtir efecto; ~säule f columna f anunciadora; ~tafel f tablón m de anuncios

'anschließen (irr, sep, -ge-, h, → schließen) unir; ⚡ conectar, enchufar (an ac a, con); sich ~ an (ac) unirse, adherirse a; ~d siguiente; adv a continuación

'Anschluß m (-sses; ⁓sse) ⊙ conexión f (a ⚡); tel comunicación f; Gas, Wasser: acometida f; 🚆, ✈ enlace m, corres-

pondencia *f*; **~ suchen (finden)** buscar (encontrar) compañía; **~flug** *m* vuelo *m* de enlace; **~zug** *m* tren *m* de enlace
'**an|schnallen** (*sep*, -ge-, h) sujetar, atar; *auto*, ✈ **sich ~** abrocharse el cinturón; **⌗gurt** *m* cinturón *m* (de seguridad); **⌗pflicht** *f* uso *m* obligatorio del cinturón de seguridad
'**an|schnauzen** (*sep*, -ge-, h) F echar una bronca a; **~schneiden** (*irr, sep*, -ge-, h, → *schneiden*) empezar; *fig* abordar
Anschovis [-'ʃoːvis] *f* (-; -) anchoa *f*
'**an|schrauben** (*sep*, -ge-, h) atornillar; **~schreiben** (*irr, sep*, -ge-, h, → *schreiben*) *j-n*: escribir a; **~ lassen** comprar fiado; **~schreien** (*irr, sep*, -ge-, h, → *schreien*): *j-n* **~** gritar a alg
'**Anschrift** *f* (-; -en) dirección *f*, señas *f*/*pl*
'**anschwellen** (*irr, sep*, -ge-, sn, → *schwellen*) ✈ hincharse
'**ansehen 1.** *v*/*t* (*irr, sep*, -ge-, h, → *sehen*) mirar; **~ für** *od* **als** (*ac*) considerar como; *man sieht es ihm an* se le ve en la cara; **2.** **⌗** *n* (-s; *sin pl*) *fig* reputación *f*, prestigio *m*
ansehnlich ['-zeːnlɪç] de buena presencia, vistoso; considerable
'**an|seilen** ['-zaɪlən] (*sep*, -ge-, h): *sich* **~** encordarse; **~setzen** (*sep*, -ge-, h) juntar, unir; *Termin*: señalar, fijar; *Fett* **~** echar carnes
'**Ansicht** *f* (-; -en) vista *f*; (*Meinung*) parecer *m*, opinión *f*; ♱ **zur ~** como muestra; **~skarte** *f* postal *f* (ilustrada)
'**ansiedeln** (*sep*, -ge-, h) (*sich*) **~** asentar(se), establecer(se)
'**anspann|en** (*sep*, -ge-, h) *Pferd*: enganchar; *s-e Kräfte* **~** hacer un esfuerzo; **⌗ung** *f* (-; -en) tensión *f*
'**anspiel|en** (*sep*, -ge-, h) *dep* hacer el saque; *fig* **~ auf** (*ac*) aludir a; **⌗ung** *f* (-; -en) alusión *f*
'**Ansporn** *m* (-[e]s; *sin pl*) estímulo *m*
'**Ansprache** *f* (-; -n) alocución *f*
'**ansprechen** (*irr, sep*, -ge-, h, → *sprechen*) dirigir la palabra a; **~d** simpático, agradable
'**anspringen** *v*/*i* (*irr, sep*, -ge-, sn, → *springen*) *Motor*: arrancar
'**Anspruch** *m* (-[e]s; ⁃e) (*Recht*) derecho *m* (**auf** *a*); pretensión *f* (*a*); **~ erheben auf** (*ac*) reclamar (*a*/*c*); reivindicar; *in* **~** *nehmen* recurrir a; **⌗slos** modesto, sin pretensiones; **⌗svoll** exigente

Anstalt ['ʃtalt] *f* (-; -en) establecimiento *m*; institución *f*, instituto *m*
'**An|stand** *m* (-[e]s; *sin pl*) decencia *f*, decoro *m*; **⌗ständig** decente, decoroso
'**anstandshalber** ['-halbər] para guardar el decoro
'**anstarren** (*sep*, -ge-, h) mirar fijamente
anstatt [-'ʃtat] (*gen*, *zu inf*) en vez de
'**ansteck|en** (*sep*, -ge-, h) *v*/*t* prender; *Ring*: ponerse; *Zigarette*: encender; ✽ contagiar; **~end** contagioso; **⌗ung** ✽ *f* (-; -en) contagio *m*, infección *f*
'**anstehen** (*irr, sep*, -ge-, h *u* sn, → *stehen*) (*Schlange stehen*) hacer cola
'**ansteigen** (*irr, sep*, -ge-, sn, → *steigen*) subir; *fig a* aumentar
an'stelle (*gen*) en lugar de, en vez de
'**anstell|en** (*sep*, -ge-, h) *Radio usw*: poner; *Personal*: emplear; *sich* (*hinten*) **~** hacer cola; *sich* (*un*)*geschickt* **~** darse buena (mala) maña; **⌗ung** *f* (-; -en) empleo *m*, colocación *f*
Anstieg ['-ʃtiːk] *m* (-[e]s; -e) subida *f* (*a fig*)
'**anstift|en** (*sep*, -ge-, h) *j-n*: instigar (**zu** *ac* a); **⌗ung** *f* (-; -en) instigación *f*
'**anstimmen** (*sep*, -ge-, h) *Lied*: entonar
'**Anstoß** *m* (-es; ⁃e) (*Antrieb*) impulso *m*; *dep* saque *m* inicial; **~ erregen** causar escándalo; **~ nehmen** escandalizarse (**an** *dat* de, con); **⌗en** (*irr, sep*, -ge-, sn, → *stoßen*) *v*/*i* tropezar (**an** *ac* con), chocar (contra); *auf j-n* **~** brindar por alg
anstößig ['-ʃtøːsɪç] chocante, escandaloso
'**anstreichen** (*irr, sep*, -ge-, h, → *streichen*) pintar; *Stelle*: marcar
'**anstreng|en** (*sep*, -ge-, h) cansar; *sich* **~** esforzarse; **~end** fatigoso, penoso; **⌗ung** *f* (-; -en) esfuerzo *m*
'**Anstrich** *m* (-[e]s; -e) (capa *f* de) pintura *f*
'**Ansturm** *m* (-[e]s; ⁃e) *fig* afluencia *f*
'**Anteil** *m* (-[e]s; -e) parte *f*; *fig* interés *m*; **~nahme** ['-naːmə] *f* (-; *sin pl*) interés *m*; simpatía *f*
Antenne [-'tɛnə] *f* (-; -n) antena *f*
Anti... ['anti...]: *in Zssgn* anti...; **~'baby-pille** *f* píldora *f* (anticonceptiva); **~biotikum** [--bi'oːtikʊm] *n* (-s; -tika) antibiótico *m*; **~blo'ckiersystem** *n* *auto* sistema *m* antibloqueo (de frenos)
an'tik [-'tiːk] antiguo; **⌗e** *f* (-; *sin pl*) edad *f* antigua, antigüedad *f*
Anti|lope [-ti'loːpə] *f* (-; -n) antílope *m*;

Antipathie 296

~pathie [--pa'ti:] f (-; sin pl) antipatía f
Anti|quariat [--kvar'ja:t] n (-[e]s; -e) librería f de lance od de ocasión; **~quitätengeschäft** [--kvi'tɛ:tən-] n tienda f de antigüedades
Antisemitismus [--zemi'tismus] m (-; sin pl) antisemitismo m
'**Antrag** ['-tra:k] m (-[e]s; ⁻e) (Gesuch) solicitud f; instancia f; **~sformular** n modelo m de instancia; **~steller** ['--ʃtɛlər] m (-s; -) solicitante m
'**an|treffen** (irr, sep, -ge-, h, → **treffen**) encontrar; **~treiben** (irr, sep, -ge-, h, → **treiben**) ⚙ accionar; ⚓ , ✈ propulsar; fig estimular; **~treten** (irr, sep, -ge-, h, → **treten**) Reise: emprender; Arbeit: empezar
'**Antrieb** m (-[e]s; -e) ⚙ accionamiento m; impulso m (a fig); ✈, ⚓ propulsión f; **aus eigenem ~** espontáneamente
'**Antritt** m: **vor ~ der Reise** antes de emprender el viaje
'**antun** (irr, sep, -ge-, h, → **tun**) Gewalt, Ehre: hacer; **sich** (dat) **et ~** atentar contra la propia vida
'**Antwort** ['antvɔrt] f (-; -en) contestación f, respuesta f; **~en** (ge-, h) contestar, responder (auf ac a), **~(post)karte** f tarjeta f postal-respuesta
'**an|vertrauen** (sep, h) confiar; **sich j-m ~** confiarse a alg; **~wachsen** (irr, sep, -ge-, sn, → **wachsen**) fig crecer
'**Anwalt** ['-valt] m (-[e]s; ⁻e) abogado m
'**anwärmen** (sep, -ge-, h) calentar
'**Anwärter** m (-s; -) aspirante m, candidato m (auf ac a)
'**anweis|en** (irr, sep, -ge-, h, → **weisen**) ordenar; (anleiten) instruir; Geld: consignar, girar; Platz: indicar; **ℒung** f (-; -en) instrucciones f/pl; (Geld) giro m
'**anwend|en** ['-vɛndən] (irr, sep, -ge-, h, → **wenden**) emplear, utilizar; aplicar (auf ac a); **ℒersoftware** f software m aplicativo od de usuario; **ℒung** f (-; -en) empleo m; aplicación f
'**anwesen|d** presente; **~ sein bei** asistir a; **ℒheit** f (-; sin pl) presencia f
anwidern ['-vi:dərn] (sep, -ge-, h) repugnar
'**Anzahl** f (-; sin pl) número m, cantidad f; **ℒen** (sep, -ge-, h) pagar a cuenta; **~ung** f (-; -en) pago m a cuenta
'**Anzeichen** n (-s; -) señal f; (Vorzeichen) presagio m; ☤ síntoma m

'**Anzeige** ['-tsaɪɡə] f (-; -n) ⚔ aviso m; (Zeitungsℒ) anuncio m; ⚖ denuncia f; **ℒn** (sep, -ge-, h) indicar; (ankündigen) anunciar; avisar; ⚖ denunciar
'**anzieh|en** (irr, sep, -ge-, h, → **ziehen**) v/t atraer (a fig); Kleidung: ponerse; Schraube, Bremse: apretar; **sich ~** vestirse; **~end** atrayente, atractivo; **ℒung** f (-; sin pl) atracción f (a fig)
'**Anzug** m (-[e]s; ⁻e) traje m; conjunto m
anzüglich ['-tsy:klɪç] picante
'**anzünd|en** (sep, -ge-, h) encender; Haus: incendiar; **ℒer** m (-s; -) encendedor m
apathisch [a'pa:tɪʃ] apático
Aperitif [aperi'ti:f] m (-s; -s) aperitivo m
'**Apfel** ['apfəl] m (-s; ⁻) manzana f; **~baum** m manzano m; **~mus** n puré m de manzana; **~sine** [--'zi:nə] f (-; -n) naranja f; **~'sinenbaum** m naranjo m; **~wein** m sidra f
Apostel [a'pɔstəl] m (-s; -) apóstol m
Apo'theke [apo'te:kə] f (-; -n) farmacia f; **~r** m (-s; -), **~rin** f (-; -nen) farmacéutico m, -a f
Apparat [apa'ra:t] m (-[e]s; -e) aparato m; fot máquina f; tel teléfono m; **bleiben Sie am ~!** ¡no cuelgue!
Appartement [apart(ə)'mã:] n (-s; -s) apartamento m; estudio m
Appell [a'pɛl] m ⚔ llamada f; fig llamamiento m
Appe'tit [apə'ti:t] m (-[e]s; -e) apetito m; **guten ~!** ¡que aproveche!; **ℒlich** apetitoso; **~losigkeit** f falta f de apetito
Applaus [a'plaʊs] m (-es; sin pl) aplauso m
Apri'kose [apri'ko:zə] f (-; -n) albaricoque m, Am damasco m
A'pril [a'prɪl] m (-[s]; raro -e) abril m
Aquädukt [akvɛ'dʊkt] m (-[e]s; -e) acueducto m
Aquarell [akva'rɛl] n (-s; -e) acuarela f
Aquarium [a'kva:rjʊm] n (-s; -rien) acuario m
Äquator [ɛ'kva:tɔr] m (-s; sin pl) ecuador m
Ar [a:r] n (-[e]s; -e, después de números inv) área f
Ära ['ɛ:ra] f (-; Ären) era f
Arab|er ['arabər] m (-s; -), **~erin** f (-; -nen), **ℒisch** [a'ra:bɪʃ] árabe su
'**Arbeit** ['arbaɪt] f (-; -en) trabajo m; (Werk) obra f; (Aufgabe) tarea f; **ℒen**

Aspekt

(ge-, h) trabajar; *Maschine*: funcionar, marchar
'**Arbeiter** *m* (-s; -), '~**in** *f* (-; -nen) trabajador(a *f*) *m*; obrero *m*, -a *f*; ~... *in Zssgn mst* obrero
'**Arbeit|geber** *m* patrono *m*; ~**geber-anteil** *m* cuota *f* patronal; ~**geberverband** *m* (asociación *f*) patronal *f*; ~**nehmer** ['--ne:mər] *m* (-s; -) empleado *m*; ~**nehmer-anteil** *m* cuota *f* del empleado
'**Arbeits|-amt** *n* oficina *f* de empleo; ~**bedingungen** *f/pl* condiciones *f/pl* de trabajo; ~**beschaffung** *f* creación *f* de empleo; ~**erlaubnis** *f* permiso *m* de trabajo; ⚡**fähig** capaz de trabajar; ~**kampf** *m* lucha *f* laboral; ~**kräfte** ['--krɛftə] *f/pl* mano *f* de obra; ⚡**los** sin trabajo, parado, en paro; ~**losengeld** *n* (-[e]s; -er) subsidio *m* de paro *od* de desempleo; ~**losenversicherung** *f* seguro *m* contra el paro; ~**losigkeit** *f* paro *m* (forzoso), desempleo *m*; ~**platz** *m* puesto *m* de trabajo; (*Stelle*) empleo *m*; (*Ort*) lugar *m* de trabajo; ~**tag** *m* jornada *f* laboral; ~**teilung** *f* división *f* del trabajo; ⚡**unfähig** incapaz para el trabajo; inválido; ~**unfall** *m* accidente *m* de trabajo; ~**zeit** *f* horas *f/pl* de trabajo, jornada *f* laboral; ~**zeitverkürzung** *f* reducción *f* del horario laboral
Archäologie [arçɛolo'giː] *f* (-; *sin pl*) arqueología *f*
Architekt [-çi'tɛkt] *m* (-en; -en), ~**in** *f* (-; -nen) arquitecto *m*, -a *f*; ~**ur** [---'tuːr] *f* (-; -en) arquitectura *f*
Archiv [-'çiːf] *n* (-s; -e) archivo *m*
Arena [a'reːna] *f* (-; -nen) arena *f*; *taur* plaza *f* de toros
arg [ark] malo; grave; (*sehr*) muy
Argentin|ier [argɛn'tiːnjər] *m* (-s; -), ~**ierin** *f* (-; -nen), ⚡**isch** argentino *m*, -a *f*
'**Ärger** ['ɛrgər] *m* (-s; *sin pl*) disgusto *m*; (*Unmut*) enfado *m*, enojo *m*; ⚡**lich** *et*: enojoso; *j*: enfadado (*über ac* por); ⚡**n** (ge-, h) enfadar, disgustar; *sich* ~ enfadarse; ~**nis** *n* (-ses; -se) escándalo *m*
'**arg|listig** ['arklistiç] malicioso; ⚖ doloso; ~**los** ingenuo
Argument [-gu'mɛnt] *n* (-[e]s; -e) argumento *m*
Arg|wohn ['arkvoːn] *m* (-s; *sin pl*) sospecha *f*; recelo *m*; ⚡**wöhnisch** ['-vøːniʃ] receloso, suspicaz

Arie ['aːrjə] *f* (-; -n) aria *f*
arktisch ['arktiʃ] ártico
arm [arm] pobre (**an** *dat* en)
Arm [arm] *m* (-[e]s; -e) brazo *m*; F *fig j-n* **auf den** ~ **nehmen** tomar el pelo a
Armaturenbrett [arma'tuːrənbrɛt] *n* tablero *m* de instrumentos, cuadro *m* de mandos
'**Arm|band** ['armbant] *n* (-[e]s; ⸚er) pulsera *f*; ~**band-uhr** *f* reloj *m* de pulsera; ~**binde** *f* brazalete *m*; ⚕ cabestrillo *m*
Armee [ar'meː] *f* (-; -n) ejército *m*
Ärmel ['ɛrməl] *m* (-s; -) manga *f*
Armleuchter ['arm-] *m* candelabro *m*; P *fig* gilipollas *m* P
ärmlich ['ɛrmliç] *s* **armselig**
'**Arm|reif** ['armraɪf] *m* brazalete *m*; ⚡**selig** pobre, miserable, mísero
Armut ['armuːt] *f* (-; *sin pl*) pobreza *f*
Aroma [a'roːma] *n* (-s; -men) aroma *m*
Arrest [a'rɛst] *m* (-[e]s; -e) arresto *m*
arrogant [aro'gant] arrogante
Arsch [arʃ] V *m* (-[e]s; ⸚e) P culo *m*; '~**loch** V *fig n* P mierda *m*
Art [aːrt] *f* (-; -en) (*Weise*) manera *f*; (*Gattung*) clase *f*, categoría *f*; *a biol* especie *f*; (*Eigen*⚡) índole *f*
Ar'terie [ar'teːrjə] *f* (-; -n) arteria *f*; ~**nverkalkung** *f* arteriosclerosis *f*
artig ['aːrtiç] *Kind*: formal, bueno
Artikel [ar'tiːkəl] *m* (-s; -) artículo *m*
Artillerie [-tilə'riː] *f* (-; -n) artillería *f*
Artischocke ⚕ [-ti'ʃɔkə] *f* (-; -n) alcachofa *f*
Artist [-'tist] *m* (-en; -en), ~**in** *f* (-; -nen) artista *su* de circo, acróbata *su*
Arznei [arts'naɪ] *f* (-; -en), ~**mittel** *n* medicamento *m*, fármaco *m*
Arzt [artst] *m* (-es; ⸚e) médico *m*
Arzthelferin ['artsthɛlfərin] *f* auxiliar *f* de médico
'**Ärzt|in** ['ɛrtstin] *f* (-; -nen) médica *f*; ⚡**lich** médico, facultativo
As [as] *n* (-ses; -se) *Karten u fig* as *m*
Asbest [-'bɛst] *m* (-[e]s; -e) amianto *m*
'**Asche** ['aʃə] *f* (-; -n) ceniza *f*; ~**nbecher** *m* cenicero *m*
Aschermittwoch [aʃər'mitvɔx] *m* miércoles *m* de ceniza
Asiat [az'jaːt] *m* (-en; -en), ~**in** *f* (-; -nen), ⚡**isch** asiático *m*, -a *f*
asozial ['azotsjaːl] antisocial
Aspekt [as'pɛkt] *m* (-[e]s; -e) aspecto *m*

Asphalt

Asphal|t [-'falt] *m* (-[e]s; -e) asfalto *m*; ℒ'**tieren** (h) asfaltar
Aspirin [aspi'ri:n] *Wz n* (-s; *sin pl*) aspirina *f* (*Wz*)
Assisten|t [asis'tɛnt] *m* (-en; -en), ~**tin** *f* (-; -nen) asistente *su*, ayudante *su*; ~**z-arzt** [--'-sʔartst] *m* médico *m* ayudante
Ast [ast] *m* (-[e]s; ⸚e) rama *f*
Aster ⚥ ['astər] *f* (-; -n) aster *m*
Asthma ['astma] *n* (-s; *sin pl*) asma *f*
Astro|logie [astrolo'gi:] *f* (-; *sin pl*) astrología *f*; ~**naut** [--'naʊt] *m* (-en; -en) astronauta *m*; ~**nomie** [--no'mi:] *f* (-; *sin pl*) astronomía *f*
A'syl [a'zy:l] *n* (-s; *sin pl*) asilo *m*; ~**ant** [-zy'lant] *m* (-en; -en) asilado *m*; ~**antrag** *m* petición *f* de asilo; ~**bewerber** *m* solicitante *m* de asilo
Atelier [atəl'je:] *n* (-s; -s) taller *m*; *Malerei, Film*: estudio *m*
'**Atem** ['ɑ:təm] *m* (-s; *sin pl*) aliento *m*; respiración *f*; *außer* ~ sin aliento; ~**beschwerden** *f/pl* molestias *f/pl* respiratorias; ℒ**los** sin aliento; ~**pause** *f fig* respiro *m*; ~**zug** *m* inspiración *f*
Atheist [ate'ist] *m* (-en; -en), ~**in** *f* (-; -nen), ℒ**isch** ateo *m*, -a *f*
Äther ['ɛ:tər] *m* (-s; *sin pl*) éter *m*
Athlet [at'le:t] *m* (-en; -en), ~**in** *f* (-; -nen) atleta *su*
Atlas ['-las] *m* **a)** (*Landkarte*) (-[ses]; At'lanten, -se) atlas *m*; **b)** (*Stoff*) (-[ses]; -se) raso *m*; satén *m*
atmen ['ɑ:tmən] (ge-, h) respirar
Atmosphäre [atmɔs'fɛ:rə] *f* (-; -n) atmósfera *f*; *fig* ambiente *m*
Atmung ['ɑ:tmʊŋ] *f* (-; *sin pl*) respiración *f*
A'tom [a'to:m] *n* (-s; -e) átomo *m*; ℒ**ar** [ato'mɑ:r] atómico; ~**bombe** *f* bomba *f* atómica; ~**energie** *f* energía *f* atómica; ~**kraftgegner** *m/pl* antinucleares *m/pl*; ~**kraftwerk** *n* central *f* atómica *od* nuclear
Attaché [ata'ʃe:] *m* (-s; -s) agregado *m*
'**Atten|tat** ['atəntɑ:t] *n* (-[e]s; -e) atentado *m*; ~**täter** *m* autor *m* de un atentado
Attest [a'tɛst] *n* (-[e]s; -e) certificado *m*
attraktiv [atrak'ti:f] atractivo
Attrappe [a'trapə] *f* (-; -n) objeto *m* simulado *od* F de pega
au! [aʊ] *int* ¡ay!
Aubergine [obɛr'ʒi:nə] *f* (-; -n) berenjena *f*
auch [aʊx] también; ~ *nicht* tampoco; *oder* ~ o sea; *sowohl ... als* ~ tanto ... como; ~ *wenn* aun cuando
Audienz [aʊ'djɛnts] *f* (-; -en) audiencia *f*
audiovisuell [aʊdjovizu'ɛl] audiovisual
auf [aʊf] **1.** *prp* sobre; en, encima de; ~ *dem Tisch* sobre la mesa; ~ *dem Boden* en el suelo; ~ *dem Land* en el campo; ~ *der Straße* en la calle; ~ *dieser Seite* por *od* de este lado; ~ *Besuch* de visita; ~ *deutsch* en alemán; **2.** *adv* (*offen*) abierto; (*aufgestanden*) levantado
'**auf|arbeiten** (*sep*, -ge-, h) (*beenden*) terminar; (*erneuern*) renovar; ~**atmen** (*sep*, -ge-, h) respirar (*a fig*)
'**Aufbau** *m* (-[e]s; *sin pl*) construcción *f*; ⚙ montaje *m*; (*Gliederung*) estructura *f*; organización *f*; ⚓ *pl* ~**ten** superestructura *f*; ℒ**en** (*sep*, -ge-, h) construir; ⚙ montar; *fig* organizar
'**auf|bauschen** (*sep*, -ge-, h) hinchar (*a fig*); ~**begehren** (*sep*, h) protestar, rebelarse (*gegen* contra); ~**bessern** (*sep*, -ge-, h) *Gehalt*: aumentar
'**aufbewahr|en** (*sep*, h) guardar, conservar; *für später*: reservar; ℒ**ung** *f* (-; *sin pl*) conservación *f*, (*Gepäck*) consigna *f*
'**auf|bieten** (*irr, sep*, -ge-, h, → **bieten**) *fig* movilizar; *Mittel*: poner en juego; *alle Kräfte* ~ emplearse a fondo; ~**blasen** (*irr, sep*, -ge-, h, → **blasen**) inflar, hinchar; ~**bleiben** (*irr, sep*, -ge-, sn, → **bleiben**) quedar abierto; *nachts*: no acostarse, velar; ~**blenden** (*sep*, -ge-, h) *auto* poner las luces de carretera; ~**blicken** (*sep*, -ge-, h) alzar la vista; ~**blühen** (*sep*, -ge-, sn) abrirse; *fig* florecer; prosperar; ~**brauchen** (*sep*, -ge-, h) apurar; agotar; ~**brechen** (*irr, sep*, -ge-, → **brechen**) **1.** *v/t* (h) abrir, romper; *gewaltsam*: forzar; **2.** *v/i* (sn) abrirse; (*fortgehen*) marcharse (*nach* para); ~**bringen** (*irr, sep*, -ge-, h, → **bringen**) *Geld*: reunir; *Gerücht*: inventar; *Mode usw*: lanzar; *fig* irritar, enojar
'**Aufbruch** *m* (-[e]s; ⸚e) salida *f*, marcha *f*
'**auf|brühen** (*sep*, -ge-, h) *Tee*: hacer; ~**decken** (*sep*, -ge-, h) destapar; *fig* descubrir, desvelar; ~**drängen** (*sep*, -ge-, h): *sich j-m* ~ importunar a alg; ~**drehen** (*sep*, -ge-, h) *Hahn*: abrir
'**aufdringlich** importuno, pesado
aufein'ander [-'ʔaɪn'ʔandər] uno(s)

sobre otro(s); *zeitlich*: uno tras otro; **folgen** (*sep*, -ge-, sn) seguirse, sucederse; **folgend** sucesivo; **prallen** (*sep*, -ge-, sn), **stoßen** (*irr, sep*, -ge-, sn, → **stoßen**) entrechocarse; chocar (*a fig*)

'**Aufenthalt** ['auf'ɛnthalt] *m* (-[e]s; -e) estancia *f*; 🚏 parada *f*; **sgenehmigung** *f* permiso *m* de residencia; **s-ort** *m* paradero *m*

'**auf-erlegen** (*sep*, h) imponer

'**auf-ersteh|en** (*irr, sep*, sn, → **erstehen**) resucitar; **ʒung** *f* (-; *sin pl*) resurrección *f*

'**auf-essen** (*irr, sep*, -ge-, h, → **essen**): *alles ~* comérselo todo

'**auffahr|en** *v/i* (*ir, sep*, -ge-, sn, → **fahren**) chocar (*auf ac* con); **ʒt** *f* (-; -en) (*Rampe*) rampa *f*; (*Autobahn*) acceso *m*; **ʒ-unfall** *m* accidente *m* por alcance

'**auffallen** (*irr, sep*, -ge-, sn, → **fallen**) *fig* llamar la atención; **d**, '**auffällig** vistoso, llamativo

'**auffangen** (*irr, sep*, -ge-, h, → **fangen**) coger (al vuelo); *Funkspruch*: captar

'**auffass|en** (*sep*, -ge-, h) comprender, interpretar; *~ als* considerar como; **ʒung** *f* (-; -en) concepción *f*; interpretación *f*; modo *m* de ver

'**auffinden** (*irr, sep*, -ge-, h, → **finden**) hallar, encontrar

'**aufforder|n** (*sep*, -ge-, h) invitar (*zu* a); *amtlich*: requerir; *zum Tanz ~* sacar a bailar; **ʒung** *f* (-; -en) invitación *f*; requerimiento *m*

aufforst|en ['-fɔrstən] (*sep*, -ge-, h) repoblar; '**ʒung** *f* (-; -en) repoblación *f* forestal

'**auf|fressen** (*irr, sep*, -ge-, h, → **fressen**) devorar; F comerse; **frischen** ['-friʃən] (*sep*, -ge-, h) refrescar (*a fig*)

'**aufführ|en** (*sep*, -ge-, h) (*nennen*) citar, mencionar; *teat* representar; ♪ ejecutar; *sich ~* conducirse, portarse; *aufgeführt sn in e-r Liste*: figurar; **ʒung** *f* (-; -en) representación *f*; ♪ ejecución *f*

'**Aufgabe** *f* **a)** (-; -n) tarea *f*, función *f*; **b)** (-; *sin pl*) *Gepäck*: facturación *f*; ✉ envío *m*; (*Verzicht*) abandono *m*, renuncia *f*

'**aufgabeln** (*sep*, -ge-, h) F *fig* pescar

'**Aufgang** *m* (-[e]s; ⸗e) (*Treppe*) escalera *f*; (*sin pl*) *astr* salida *f*

'**aufgeben** (*irr, sep*, -ge-, h, → **geben**) *Brief*: echar al correo; *Telegramm, Annonce*: poner; *Gepäck*: facturar; *Rätsel*: (pro)poner; (*verzichten*) renunciar a; *Plan*: abandonar (*a v/i dep*); *v/i* resignarse; *die Hoffnung ~* desesperar

'**Aufgebot** *n* (-[e]s; -e) (*Ehe~*) amonestaciones *f/pl*

'**aufgehen** (*irr, sep*, -ge-, sn, → **gehen**) abrirse; *astr* salir; *Vorhang*: levantarse; *Knoten*: deshacerse; *Naht*: descoserse

aufge|kratzt F ['-gəkratst] muy alegre; **legt** ['--le:kt]: *~ sn zu* estar de humor para; *gut* (*schlecht*) *~* de buen (mal) humor; **regt** ['--re:kt] agitado, excitado; **schlossen** ['--ʃlɔsən] *fig* abierto (*für* a); **weckt** ['--vɛkt] *fig* (d)espabilado

'**aufgießen** (*irr, sep*, -ge-, h, → **gießen**) *Tee*: hacer, preparar

auf'grund: *~* (*von*) por razón de, a raíz de

'**Aufguß** *m* (-sses; ⸗sse) infusión *f*

'**aufhaben** (*irr, sep*, -ge-, h, → **haben**) *Hut*: tener puesto; *Geschäft*: tener abierto

aufhalten (*irr, sep*, -ge-, h, → **halten**) dejar *od* tener abierto; (*stoppen*) parar, detener; (*verzögern*) retardar; *sich ~* permanecer

'**aufhäng|en** (*sep*, -ge-, h) colgar (*an dat* de *od* en); *Wäsche*: tender; **ʒung** *f* (-; -en) ⚙ suspensión *f*

'**auf|heben** (*irr, sep*, -ge-, h, → **heben**) levantar (*a fig Tafel, Sitzung, Belagerung*); *vom Boden*: recoger; (*abschaffen*) abolir; (*aufbewahren*) guardar, conservar; *viel ʒs machen von* hacer mucho ruido por; **heitern** ['-haɪtərn] (*sep*, -ge-, h) animar; *sich ~* despejarse; **hellen** ['-hɛlən] (*sep*, -ge-, h): *sich ~* aclararse; *Himmel*: despejarse; **hetzen** (*sep*, -ge-, h) incitar, instigar (*zu* a); **holen** (*sep*, -ge-, h) ganar terreno; *Zeit*: recuperar; **hören** (*sep*, -ge-, h) terminar, acabar; *~ zu* cesar de, dejar de; **kaufen** (*sep*, -ge-, h) acaparar; **klaren** (*sep*, -ge-, h) *Wetter*: despejarse

'**aufklär|en** (*sep*, -ge-, h) aclarar, esclarecer; *j-n*: abrir los ojos (a); **ʒung** *f* (-; -en) aclaración *f*, esclarecimiento *m*

'**aufklebe|n** (*sep*, -ge-, h) pegar (*auf ac* en); **ʒr** *m* (-s; -) pegatina *f*

'**auf|knöpfen** (*sep*, -ge-, h) desabotonar, desabrochar; **kochen** (*sep*, -ge-, h)

aufkommen

hervir; **~kommen** (*irr, sep*, -ge-, *sn*, → *kommen*) levantarse (*a Wind usw*); *Mode, Brauch*: introducirse; **~ für Kosten**: sufragar, *Schäden*: resarcir; **~laden** (*irr, sep*, -ge-, h, → *laden*) cargar (*a ⚡*)

'**Auflage** *f* (-; -n) *tip* edición *f*; (*Bedingung*) condición *f*

'**auflassen** (*irr, sep*, -ge-, h, → *lassen*) *Tür*: dejar abierto; *Hut*: dejar puesto

'**Auflauf** *m* (-[e]s; ⸚e) agolpamiento *m*, tumulto *m*; *gastr* soufflé *m*

'**auflegen** (*sep*, -ge-, h) poner, colocar; *tel* colgar; *Buch*: editar

'**auflehn|en** (*sep*, -ge-, h): **sich ~** rebelarse, sublevarse (**gegen** contra); **♀ung** *f* (-; -en) rebelión *f*, sublevación *f*

'**aufleuchten** (*sep*, -ge-, h) resplandecer, iluminarse

'**auflös|en** (*sep*, -ge-, h) deshacer, desatar; *Versammlung, Ehe, 🦌*: disolver; *in Wasser*: deslcír, diluir; *Geschäft*: liquidar; **sich ~** descomponerse; **♀ung** *f* (-; -en) solución *f*; disolución *f*; descomposición *f*

'**aufmach|en** (*sep*, -ge-, h) abrir; **sich ~ nach** ponerse en camino hacia; **♀ung** *f* (-; -en) presentación *f*

'**aufmerksam** ['-mɛrkzɑːm] atento (**auf** a); **j-n auf et ~ machen** llamar la atención de alg sobre a/c; **♀keit** *f* (-; -en) atención *f*

aufmuntern ['-muntərn] (*sep*, -ge-, h) animar, estimular

'**Aufnahme** ['-nɑːmə] *f* (-; -en) acogida *f*; (*Zulassung*) admisión *f*; *e-s Kredits*: obtención *f*; *fot* foto *f*, vista *f*; (*Ton♀*) grabación *f*; (*Film♀*) toma *f*; **~prüfung** *f* examen *m* de ingreso

'**aufnehmen** (*irr, sep*, -ge-, h, → *nehmen*) (*aufheben*) recoger; *als Gast*: acoger, recibir; (*zulassen*) admitir; *in Listen, Wörterbücher*: incluir; *fot* fotografiar; *Ton*: grabar; *Gelder*: tomar prestado; *Protokoll*: levantar; *Arbeit*: comenzar; *Verbindung*: establecer

'**aufpassen** (*sep*, -ge-, h) prestar atención (**auf** a); tener cuidado (con); **auf j-n ~** cuidar de alg; **paß auf!** ¡cuidado!

'**Aufprall** ['-pral] *m* (-[e]s; *sin pl*) choque *m*; (*Einschlag*) impacto *m*; **♀en** (*sep*, -ge-, *sn*) chocar (**auf** *ac* contra)

'**aufpumpen** (*sep*, -ge-, h) inflar

'**aufputsch|en** (*sep*, -ge-, h) amotinar;

sich ~ tomar estimulantes; **♀mittel** *n* estimulante *m*, excitante *m*

'**aufraffen** (*sep*, -ge-, h) *fig*: **sich ~** hacer un esfuerzo

'**aufräumen** (*sep*, -ge-, h) ordenar, arreglar

'**aufrecht** derecho, *a fig* recto; (*stehend*) en pie; **~erhalten** (*irr, sep*, h, → *erhalten*) sostener, mantener

'**aufreg|en** (*sep*, -ge-, h) agitar, excitar; **sich ~** excitarse (**über** *ac* por); **~end** excitante; (*trösten*) alentar; **♀ung** *f* (-; -en) agitación *f*, excitación *f*

'**aufreibend** agotador

'**aufreißen** (*irr, sep*, -ge-, h, → *reißen*) *v/t Tür*: abrir bruscamente; *Pflaster, Straße*: levantar

'**aufrichten** (*sep*, -ge-, h) poner derecho; levantar; (*trösten*) alentar

'**aufrichtig** sincero, franco; **♀keit** *f* (-; *sin pl*) sinceridad *f*

'**Aufruf** *m* (-[e]s; -e) proclamación *f*; llamamiento *m*; **✓** llamada *f*

'**Auf|ruhr** *m* (-s; *sin pl*) alboroto *m*, revuelta *f*; **~rührer** *m* (-s; -) rebelde *m*

'**aufrunden** (*sep*, -ge-, h) redondear

'**aufrüst|en** (*sep*, -ge-, h) rearmar; **♀ung** *f* (-, -en) rearme *m*

aufsässig ['-zɛsɪç] rebelde, levantisco

'**Aufsatz** *m* (-es; ⸚e) (*Zeitungs♀*) artículo *m*; *lit* ensayo *m*

'**aufschieben** (*irr, sep*, -ge-, h, → *schieben*) *fig* aplazar

'**Aufschlag** *m* (-[e]s; ⸚e) choque *m*, impacto *m*; *Ball*: rebote *m*; *Tennis*: servicio *m*; (*Zuschlag*) recargo *m*, suplemento *m*; **♀en** (*irr, sep*, -ge-, → *schlagen*) **1.** *v/t* (h) (*öffnen*) abrir; *Zelt, Bett*: armar; **2.** *v/i* (sn) chocar (**auf** *ac* contra), caer (en); (h) *Tennis*: servir; *Preis*: subir

'**auf|schließen** *v/t* (*irr, sep*, -ge-, h, → *schließen*) abrir (con llave); **~schlußreich** instructivo

'**auf|schneiden** (*irr, sep*, -ge-, h, → *schneiden*) **1.** *v/t* cortar; **2.** *v/i* fanfarronear; **♀schnitt** *gastr m* fiambres *m/pl*

'**aufschrecken** (*sep*, -ge-) **1.** *v/t* (h) asustar; **2.** *v/i* (sn) sobresaltarse

'**aufschreiben** (*irr, sep*, -ge-, h, → *schreiben*) apuntar, anotar

'**Aufschrift** *f* (-; -en) inscripción *f*

'**Aufschub** *m* (-[e]s; ⸚e) aplazamiento *m*; ✝ demora *f*, prórroga *f*

'Aufschwung m (-[e]s; sin pl) fig auge m
'Aufseh|en n: ~ **erregen** hacer sensación; **2en-erregend** sensacional, espectacular; **~er** m (-s; -) vigilante m; Museum: celador m
'aufsetzen (sep, -ge-, h) **1.** v/t poner (a Miene); Hut usw: ponerse; Text: redactar; **sich ~** incorporarse; **2.** v/i ✈ tomar tierra, posarse
'Aufsicht f (-; sin pl) vigilancia f
'auf|sitzen (irr, sep, -ge-, sn, → **sitzen**) Reiter: montar (a caballo); **~spannen** (sep, -ge-, h) tender; Schirm: abrir; **~sperren** (sep, -ge-, h) abrir (**weit** de par en par); **~spielen** (sep, -ge-, h): **sich ~** F darse tono; **sich ~ als** echárselas de; **~spießen** (sep, -ge-, h) espetar; (durchbohren) atravesar con; taur coger; **~springen** (irr, sep, -ge-, sn, → **springen**) j: levantarse de pronto; Tür: abrirse de golpe; Haut: agrietarse; **~spüren** (sep, -ge-, h) dar con la pista de; (finden) descubrir, localizar
'Auf|stand m (-[e]s; ⁓e) sublevación f, insurrección f; **2ständisch** ['-ʃtɛndɪʃ] sedicioso; **die ~en** los insurrectos
'auf|stecken (sep, -ge-, h) Haar: sujetar con horquillas; F (aufgeben) abandonar; **~stehen** (irr, sep, -ge-, sn, → **stehen**) levantarse; Tür: estar abierto
'aufsteige|n (irr, sep, -ge-, sn, → **steigen**) a fig subir, a dep u fig ascender; ✈ tomar altura; Reiter usw: montar; **2r** m (-s; -) fig trepador m
'aufstell|en colocar, poner; ⚙ montar, instalar; Mannschaft: formar; Liste, Rechnung: hacer; Rekord: establecer; Kandidaten: designar; **2ung** f (-; -en) (Liste) lista f; relación f
Aufstieg ['-ʃtiːk] m (-[e]s; -e) subida f, ascensión f; beruflich: ascenso m (a dep)
'auf|stoßen (irr, sep, -ge-, h, → **stoßen**) **1.** v/t abrir (de un empujón); **2.** v/i (rülpsen) eructar; **~stützen** (sep, -ge-, h): (**sich**) apoyar(se) (**auf** ac en); **~suchen** (sep, -ge-, h) j-n: ir a ver, visitar; **~tanken** (sep, -ge-, h) echar gasolina; **~tauchen** (sep, -ge-, sn) emerger; fig surgir; **~tauen** (sep, -ge-) **1.** v/t (h) Tiefkühlkost: descongelar; **2.** v/i (sn) derretirse; Flüsse: deshelarse
'aufteilen (sep, -ge-, h) repartir
'Auftrag ['-traːk] m (-[e]s; ⁓e) encargo m; ✝ orden f, pedido m; (Aufgabe) cometido m, misión f; **im ~** por poder, por orden (de); **im ~ von** de parte de; **2en** (irr, sep, -ge-, h, → **tragen**) Speisen: servir; Farbe: aplicar; **j-m et ~** encargar a/c a alg; **~geber** m ✝ cliente m, comitente m; **~sbestätigung** f confirmación f del pedido
'auf|treiben (irr, sep, -ge-, → **treiben**) F (beschaffen) conseguir; **~trennen** (sep, -ge-, h) deshacer; Naht: descoser
'auftreten 1. v/i (irr, sep, -ge-, sn, → **treten**) sentar el pie; teat entrar en escena; (spielen) actuar; (vorkommen) producirse; (sich benehmen) (com)portarse; **~ als** hacer de; **2. 2** n (-s; sin pl) aparición f; (Benehmen) comportamiento m
'Auftritt m (-[e]s; -e) teat u fig escena f; des Schauspielers: entrada f (en escena)
'auf|wachen (sep, -ge-, sn) despertar(se); **~wachsen** (irr, sep, -ge-, sn, → **wachsen**) criarse
'Aufwand ['-vant] m (-[e]s; sin pl) an Geld: dispendio m; (Prunk) boato m, lujo m
'aufwärmen (sep, -ge-, h) recalentar; fig desenterrar; **sich ~** calentarse
aufwärts ['-vɛrts] (hacia) arriba
'auf|wecken (sep, -ge-, h) despertar; **~weichen** (sep, -ge-, h) v/t reblandecer; **~weisen** (irr, sep, -ge-, h, → **weisen**) mostrar
'aufwend|en (irr, sep, -ge-, h, → **wenden**) emplear, Geld: a gastar; **~ig** costoso; lujoso; **2ungen** f/pl gastos m/pl
'aufwert|en (sep, -ge-, h) revalorizar; **2ung** f (-; -en) revalorización f
'aufwickeln (sep, -ge-, h) arollar, enrollar; Garn: devanar; (auswickeln) desenrollar; Haar: poner los rulos a
Aufwiegler ['-viːɡlər] m (-s; -) agitador m, alborotador m
'auf|wirbeln (sep, -ge-, h) Staub: levantar; **~wischen** (sep, -ge-, h) limpiar
'aufzähl|en (sep, -ge-, h) enumerar; im einzelnen: detallar; **2ung** f (-; -en) enumeración f
'aufzeichn|en (sep, -ge-, h) dibujar; (notieren) apuntar; TV grabar; **2ung** f (-; -en) apunte m, nota f; TV usw: grabación f; **in e-r ~** en diferido
'aufzieh|en (irr, sep, -ge-, → **ziehen**) **1.** v/t (h) Vorhang: descorrer; Schublade: abrir; Uhr: dar cuerda a; Kind: criar; F

Aufzug 302

(*foppen*) tomar el pelo a; **2.** *v/i* (sn) *Gewitter*: amenazar; *Wache*: relevarse
'**Aufzug** *m* (-[e]s; ⸚e) (*Fahrstuhl*) ascensor *m*; *teat* acto *m*; *desp Kleidung*: atavío *m*, atuendo *m*
'**aufzwingen** (*irr*, *sep*, -ge-, h, → *zwingen*) imponer
Augapfel ['aʊkʔapfəl] *m* globo *m* del ojo
Auge ['aʊgə] *n* (-s; -n) ojo *m*; (*Würfel*) punto *m*; (*Sehkraft*) vista *f*; *kein* ~ *zutun* no pegar (el) ojo; *mit bloßem* ~ a simple vista; *unter vier* ~*n* a solas; *ins* ~ *fallen* saltar a la vista
'**Augen**|-**arzt** *m*, ~**ärztin** *f* oculista *su*, oftalmólogo *m*, -a *f*; ~**blick** *m* momento *m*, instante *m*; *im* ~ de momento; *jeden* ~ de un momento a otro; ⸗**blicklich** momentáneo; *adv* en seguida; (*vorläufig*) de momento; ~**braue** *f* ceja *f*; ~**brauenstift** *m* lápiz *m* de cejas; ~**klinik** *f* clínica *f* oftalmológica; ~**licht** *n* vista *f*; ~**lid** *n* párpado *m*; ~**maß** *n*: *nach* ~ a ojo (de buen cubero); ~**wimper** *f* pestaña *f*; ~**zeuge** *m* testigo *m* presencial *od* ocular
August [-'gʊst] *m* (-; *raro* -e) agosto *m*
Auktion [aʊk'tsjoːn] *f* (-; -en) subasta *f*; ~**ator** [-jo'naːtɔr] *m* (-s, -en [--na'toːrən]) subastador *m*
Aula ['aʊla] *f* (-; Aulen) salón *m* de actos; *Universität*: paraninfo *m*
Au-pair-Mädchen [o'pɛːr-] *n* chica *f* au pair
aus [aʊs] **1.** *prp* (*dat*) **a)** *örtlich*, *zeitlich*, *Stoff*: de; ~ *Berlin* de Berlín; ~ *Gold* de oro; ~ *dem Fenster* por la ventana; ~ *e-m Glas trinken* beber en un vaso; **b)** *Ursache*: por; ~ *Furcht* por miedo; ~ *diesem Grunde* por esta razón; **2.** *adv* acabado, terminado; *Licht*: apagado; *alles ist* ~ todo se acabó; **3.** ⸗ *dep n* (-; -) fuera *m* (de juego)
'**aus-arbeit**|**en** (*sep*, -ge-, h) elaborar; ⸗**ung** *f* (-; -en) elaboración *f*
'**aus-arten** (*sep*, -ge-, sn) degenerar (*in ac* en); '~**atmen** (*sep*, -ge-, h) espirar
'**Ausbau** *m* (-[e]s; *sin pl*) ampliación *f* (*a fig*); ⸗**en** (*sep*, -ge-, h) ampliar; *fig* desarrollar; intensificar; ⊙ desmontar
'**ausbessern** (*sep*, -ge-, h) reparar, arreglar; *Kleidung*: remendar
'**ausbeut**|**en** ['-bɔʏtən] (*sep*, -ge-, h) explotar (*a j-n*); ⸗**er** *m* (-s; -) explotador *m*; '⸗**ung** *f* (-; *sin pl*) explotación *f*

'**ausbild**|**en** (*sep*, -ge-, h) formar, instruir; ⸗**ung** *f* (-; -en) formación *f*, instrucción *f*
'**ausbleiben** (*irr*, *sep*, -ge-, sn, → *bleiben*) no venir; faltar
'**Ausblick** *m* (-[e]s; -e) vista *f*
'**ausbrechen** (*irr*, *sep*, -ge, sn, → *brechen*) evadirse; *Krieg*: estallar; *Brand*, *Krankheit*: declararse; *Vulkan*: entrar en erupción; *in Tränen* ~ romper a llorar
'**aus**|**breiten** ['-braɪtən] (*sep*, -ge-, h) extender; *fig* difundir, propagar; ~**brennen** (*irr*, *sep*, -ge-, → *brennen*) **1.** *v/t* (h) ⚕ cauterizar; **2.** *v/i* (sn) quemarse
'**Ausbruch** *m* (-[e]s; ⸚e) (*Vulkan*) erupción *f*; ⚖ evasión *f*; ⚕ aparición *f*
'**aus**|**brüten** (*sep*, -ge-, h) incubar, empollar (*a fig*); ~**bürgern** ['-byrgərn] (*sep*, -ge-, h) desnaturalizar; ~**bürsten** (*sep*, -ge-, h) cepillar
'**Ausdauer** *f* (-; *sin pl*) perseverancia *f*, constancia *f*; ⸗**nd** perseverante, constante
'**ausdehn**|**en** (*sep*, -ge-, h) extender; *zeitlich*: alargar; ⸗**ung** *f* (-; -en) extensión *f*; expansión *f*; (*Größe*) dimensión *f*
'**aus**|**denken** (*irr*, *sep*, ge-, h, → *denken*) *sich* (*dat*) ~ imaginarse, figurarse; ~**drehen** (*sep*, -ge-, h) *Licht*: apagar
'**Ausdruck** *m* (-[e]s; *sin pl*) expresión *f*; (*pl* ⸚e) (*Wort*) término *m*; *zum* ~ *bringen* expresar
'**ausdrück**|**en** (*sep*, -ge-, h) exprimir; *Zigarette*: apagar; *fig* expresar; ~**lich** expreso; *adv* expresamente
'**ausdrucks**|**los** inexpresivo; ⸗**voll** expresivo; ⸗**weise** *f* manera *f* de expresarse; estilo *m*
aus-ein'ander separado; ~**fallen** (*irr*, *sep*, -ge-, sn, → *fallen*) caer en pedazos; *a fig* desmoronarse; ~**gehen** (*irr*, *sep*, -ge-, sn, → *gehen*) separarse; *Menge*: dispersarse; *Meinungen*: discrepar; ~**nehmen** (*irr*, *sep*, -ge-, h, → *nehmen*) deshacer; desmontar; ~**setzen** (*sep*, -ge-, h) *fig* explicar, exponer; *sich* ~ *mit* enfrentarse con; ⸗**setzung** *f* (-; -en) (*Streit*) disputa *f*, discusión *f*
'**Ausfahrt** *f* (-; -en) *a Autobahn*: salida *f*; ~ *freihalten etwa*: vado permanente
'**Ausfall** *m* (-[e]s; ⸚e) (*Haar*⸗) caída *f*; (*Verlust*) pérdida *f*; ⊙ avería *f*; ⸗**en** (*irr*, *sep*, -ge-, sn, → *fallen*) *Haar*: caerse;

Auslandsgespräch

Ergebnis: resultar, salir; (*wegfallen*) no tener lugar, suspenderse; ℒend agresivo; ~straße *f* carretera *f* de salida

'ausfertig|en (*sep*, -ge-, h) extender, redactar; ℒung *f* (-; -en) extensión *f*, redacción *f*; *in doppelter ~* por duplicado

'aus|findig: ~ *machen* descubrir, localizar, dar con; ~fließen (*irr, sep*, -ge-, sn, → *fließen*) salir, derramarse

'Ausflüchte *f/pl*: ~ *machen* buscar subterfugios

'Ausflug *m* (-[e]s; ⸚e) excursión *f*

'ausfragen (*sep*, -ge-, h) interrogar

Ausfuhr ['-fuːr] *f* (-; -en) exportación *f*

'ausführen (*sep*, -ge-, h) ejecutar, realizar; *Auftrag*: cumplir; ✝ exportar; (*darlegen*) exponer, explicar

'Ausfuhrgenehmigung *f* permiso *m* de exportación

'ausführ|lich ['-fyːrlɪç] detallado; *adv* con todo detalle; ℒung *f* (-; -en) ejecución *f*, realización *f*; (*Modell*) versión *f*; ~en *pl* declaraciones *f/pl*

'Ausfuhrzoll *m* derecho *m* de exportación

'ausfüllen (*sep*, -ge-, h) llenar (*a fig*); *Formular*: rellenar

'Ausgabe *f* (-; -n) distribución *f*, reparto *m*; (*Geld*) gasto *m*; (*Aktien*) emisión *f*; (*Buch*) edición *f*

'Ausgang *m* (-[e]s; ⸚e) salida *f*; (*sin pl*) (*Ergebnis*) resultado *m*; *fig* desenlace *m*; ~s-punkt *m* punto *m* de partida

'ausgeben (*irr, sep*, -ge-, h, → *geben*) distribuir; *Geld*: gastar; *Aktien*: emitir; *Fahrkarten*: expender; *sich ~ für* hacerse pasar por

'ausge|bucht ['-gəbuːxt] completo; ~dehnt ['-gədeːnt] extenso; ~fallen raro, excéntrico; ~glichen ['--glɪçən] equilibrado (*a fig*)

'ausgehen (*irr, sep*, -ge-, sn, → *gehen*) salir; *Ware*: agotarse; *Feuer, Licht*: apagarse; *Haare*: caerse; *Geld, Geduld*: acabarse; *gut* (*schlecht*) ~ acabar bien (mal); *leer* ~ quedarse con las ganas; ~ *von* partir de

ausge|lassen ['-gə-] travieso, retozón; ~nommen ['--nɔmən] (*ac*) excepto, menos; ~rechnet ['--rɛçnət] *adv* precisamente; ~schlossen ['--ʃlɔsən] excluido; ~! ¡imposible!; ~sucht ['--zuːxt] selecto; exquisito; ~zeichnet ['--tsaɪçnət] excelente; F estupendo

ausgiebig ['-giːbɪç] abundante; *adv* ampliamente

'ausgießen (*irr, sep*, -ge-, h, → *gießen*) verter; (*leeren*) vaciar

'Ausgleich *m* (-[e]s; *raro* -e) compensación *f*; *dep* empate *m*; ℒen (*irr, sep*, -ge-, h, → *gleichen*) compensar; *dep* empatar

'ausgleiten (*irr, sep*, -ge-, sn, → *gleiten*) resbalar

'ausgrab|en (*irr, sep*, -ge-, h, → *graben*) desenterrar (*a fig*); ℒung *f* (-; -en) excavación *f*

'Ausguß *m* (-sses; ⸚sse) *Küche*: pila *f*

'aushalten (*irr, sep*, -ge-, h, → *halten*) resistir; (*ertragen*) aguantar, soportar

aushändigen ['-hɛndɪgən] (*sep*, -ge-, h) entregar

'Aushang *m* (-[c]s; ⸚e) cartel *m*

'ausharren (*sep*, -ge-, h) perseverar

'aushelfen (*irr, sep*, -ge-, h, → *helfen*) (*dat*) ayudar; sacar de apuros

'Aushilf|e *f* (-; -n) **a)** ayuda *f*; **b)** = ~skraft *f* auxiliar *su*; sustituto *m*

'aus|horchen (*sep*, -ge-, h) sondear; ~kehren (*sep*, -ge-, h) barrer; ~kennen (*irr, sep*, -ge-, h, → *kennen*): *sich ~ in* (*dat*) estar familiarizado con, conocer (*a/c*) (a fondo); ~klammern (*sep*, -ge-, h) *fig* dejar a un lado; ~klopfen (*sep*, -ge-, h) sacudir

'auskommen (*irr, sep*, -ge-, sn, → *kommen*): *mit j-m* ~ entenderse con alg; *gut mit j-m* ~ llevarse bien con alg; *mit et* ~ tener bastante de a/c; ~ *ohne* pasarse sin

'auskosten (*sep*, -ge-, h) saborear.

auskundschaften ['-kʊntʃaftən] (*sep*, -ge-, h) explorar; *fig* espiar

Auskunft ['-kʊnft] *f* (-; ⸚e) informe *m* (*erteilen* dar); (*a Schalter*) información *f*; ~sbüro *n* agencia *f* de informes

'aus|kuppeln (*sep*, -ge-, h) *v/t u v/i* ⊙ desembragar; ~lachen (*sep*, -ge-, h) reírse de; ~laden (*irr, sep*, -ge-, h, → *laden*) descargar; ⚓ desembarcar

'Auslage *f* (-; -n) (*Waren*ℒ) escaparate *m*; *pl* ~n (*Geld*) gastos *m/pl*

'Ausland *n* (-[e]s; *sin pl*) extranjero *m*

'Ausländ|er ['-lɛndər] *m* (-s; -), ~erin *f* (-; -nen), ℒisch extranjero *m*, -a *f*

'Auslands|-aufenthalt *m* estancia *f* en el extranjero; ~auftrag *m* pedido *m* del extranjero; ~gespräch *n* tel conferen-

Auslandskrankenschein 304

cia *f* internacional; **~krankenschein** *m* volante *m* del seguro para el extranjero; **~markt** *m* mercado *m* exterior; **~porto** *n* tarifa *f* internacional

'**auslassen** (*irr*, *sep*, -ge-, h, → *lassen*) omitir; *Fett*: derretir; *fig Ärger usw*: descargar (*an dat* en, sobre)

'**aus|laufen** (*irr*, *sep*, -ge-, sn, → *laufen*) *Flüssigkeit*: derramarse; ⚓ salir, zarpar; (*enden*) acabar (*in ac* en); *Vertrag usw*: expirar; **~leeren** (*sep*, -ge-, h) vaciar; *Glas*: apurar

'**ausleg|en** (*sep*, -ge-, h) revestir, cubrir (*mit* de); *Geld*: adelantar; (*deuten*) interpretar; **2eware** *f* moqueta *f*; **2ung** *f* (-; -en) interpretación *f*

'**aus|leihen** (*irr*, *sep*, -ge-, h, → *leihen*) prestar; *sich* (*dat*) ~ tomar prestado; **~lernen** (*sep*, -ge-, h) terminar el aprendizaje; *man lernt nie aus* siempre se aprende algo nuevo

'**Auslese** *f* (-; -n) selección *f*; *fig* élite *f*

'**ausliefer|n** (*sep*, -ge-, h) entregar; ⚖ extraditar; **2ung** *f* (-; -en) entrega *f*; ⚖ extradición *f*

'**auslosen** (*sep*, -ge-, h) sortear

'**auslös|en** (*sep*, -ge-, h) *Pfand*: desempeñar; *fig* desencadenar; **2er** *m* (-s;) *fot* disparador *m*

'**ausmachen** (*sep*, -ge-, h) *Licht, Radio, TV*: apagar; (*vereinbaren*) convenir; (*bedeuten*) importar

'**Ausmaß** *n* (-es; -e) dimensión *f*

'**ausmessen** (*irr*, *sep*, -ge-, h, → *messen*) medir

Ausnahme ['-nɑːmə] *f* (-; -n) excepción *f*; *mit* ~ *von* a excepción de, excepto

ausnahmsweise excepcionalmente

'**ausnehmen** (*irr*, *sep*, -ge-, h, → *nehmen*) *Tier*: destripar; (*ausschließen*) exceptuar

'**aus|nutzen** (*sep*, -ge-, h) aprovechar, aprovecharse de; (*mißbrauchen*) explotar; **~packen** (*sep*, -ge-, h) desembalar; *Koffer*: deshacer; F *fig* desembuchar; **~pfeifen** (*irr*, *sep*, -ge-, h, → *pfeifen*) silbar, abuchear; **~plaudern** (*sep*, -ge-, h) propalar; **~plündern** (*sep*, -ge-, h) desvalijar; **~probieren** (*sep*, h) probar, ensayar

'**Auspuff** *auto m* (-s; -e) escape *m*; **~gas** *n* gas *m* de escape; **~rohr** *n* tubo *m* de escape; **~topf** *m* silenciador *m*

'**aus|pumpen** (*sep*, -ge-, h) achicar; ⚕ *Magen*: lavar; **~radieren** (*sep*, h) borrar; **~rauben** (*sep*, -ge-, h) robar, desvalijar; **~räumen** (*sep*, -ge-, h) vaciar; *Zimmer*: desamueblar; **~rechnen** (*sep*, -ge-, h) calcular

'**Ausrede** *f* (-; -n) excusa *f*; pretexto *m*; **2n** (*sep*, -ge-, h) 1. *v/t*: *j-m et* ~ disuadir a alg de a/c; 2. *v/i* acabar de hablar; ~ *lassen* dejar hablar

'**ausreichen** (*sep*, -ge-, h) bastar, ser suficiente; **~d** suficiente

'**Ausreise** *f* (-; -n) salida *f*; **~erlaubnis** *f* permiso *m* de salida; **2n** (*sep*, -ge-, sn) salir; **~visum** *n* visado *m* de salida

'**aus|reißen** (*irr*, *sep*, -ge-, → *reißen*) 1. *v/t* (h) arrancar; 2. *v/i* (sn) desgarrarse; F *fig* escaparse; **~renken** ['-rɛŋkən] (*sep*, -ge-, h) dislocar; **~richten** (*sep*, -ge-, h) alinear; (*erreichen*) conseguir; *Fest usw*: organizar; (*bestellen*) dar un recado; *e-n Gruß* ~ dar recuerdos

'**ausrott|en** ['-rɔtən] (*sep*, -ge-, h) *fig* exterminar; **2ung** *f* (-; -en) exterminio *m*

'**ausrücken** (*sep*, -ge-, sn) F (*davonlaufen*) escaparse

'**Ausruf** *m* (-[e]s; -e) exclamación *f*; **2en** (*irr*, *sep*, -ge-, h, → *rufen*) exclamar; (*verkünden*) proclamar; **~ezeichen** *n* (signo *m* de) admiración *f*; **~ung** *f* (-; -en) proclamación *f*

'**ausruhen** (*sep*, -ge-, h) (*a sich*) descansar

'**ausrüst|en** (*sep*, -ge-, h) equipar; *fig* proveer (*mit* de); **2ung** *f* (-; -en) equipo *m*

'**ausrutschen** (*sep*, -ge-, sn) resbalar

'**Aussage** ['-zɑːgə] *f* (-; -n) declaración *f* (*a* ⚖); **2n** (*sep*, -ge-, h) afirmar, *a* ⚖ declarar

'**Aussatz** ⚕ *m* (-es; *sin pl*) lepra *f*

'**ausschalten** (*sep*, -ge-, h) ⚡ desconectar; *Licht, Radio*: apagar; *fig* eliminar

Ausschank ['-ʃaŋk] *m* (-[e]s; *sin pl*) despacho *m* de bebidas

'**ausscheid|en** (*irr*, *sep* -ge-, → *scheiden*) 1. *v/t* (h) eliminar; *Physiologie*: excretar; 2. *v/i* (sn) retirarse (*aus* de); darse de baja (*aus* de); *dep* ser eliminado; **2ung** *f* (-; -en) *Physiologie*: excreción *f*; **2ungskampf** *m*, **2ungsspiel** *n* eliminatoria *f*

'**aus|schiffen** (*sep*, -ge-, h) desembarcar; **~schimpfen** (*sep*, -ge-, h) reñir, regañar; **~schlafen** (*irr*, *sep*, -ge-, h, →

schlafen) (*a sich*) dormir a su gusto
'**Ausschlag** *m* (-[e]s; ⸚e) ⚕ erupción *f*; *fis* desviación *f*; **den ~ geben** ser decisivo; ⚿en (*irr, sep*, -ge-, h, → *schlagen*) **1.** *v/t Auge, Zähne*: saltar; (*ablehnen*) rehusar, rechazar; **2.** *v/i* ⚕ brotar, retoñar; *Pferd*: cocear, dar coces; *fis* oscilar; ⚿**gebend** decisivo
'**ausschließ|en** (*irr, sep*, -ge-, h, → *schließen*) excluir; **~lich** exclusivo; *adv* exclusivamente
'**Ausschluß** *m* (-sses; ⸚sse) exclusión *f*
'**aus|schneiden** (*irr, sep*, -ge-, h, → *schneiden*) (re)cortar; *Bäume*: podar; ⚿**schnitt** *m* (-[e]s; -e) recorte *m* (*a Zeitungs*⚿); *Kleid*: escote *m*
'**ausschreib|en** (*irr, sep*, -ge-, h, → *schreiben*) escribir en letra(s); ✝ (*ausstellen*) extender; *Aufträge*: sacar a concurso; ⚿**ung** *f* (-; -en) concurso-subasta *m*
'**Ausschreitungen** *f/pl* excesos *m/pl*
'**Ausschuß** *m* (-sses; ⸚sse) comité *m*, comisión *f*; ⊚ (*sin pl*) desecho *m*; **~ware** *f* pacotilla *f*
'**aus|schütteln** (*sep*, -ge-, h) sacudir; **~schütten** (*sep*, -ge-, h) verter; vaciar; ✝ *Dividende*: repartir; *j-m sein Herz ~* desahogarse con alg
ausschweifend ['-ʃvaɪfənt] licencioso, libertino; *Phantasie*: exuberante
'**aussehen 1.** *v/i* (*irr, sep*, -ge-, h, → *sehen*) tener cara (**wie** de); parecerse (**wie** a); *gut* (*schlecht*) *~* tener buena (mala) cara; **2.** ⚿*n* (-s; *sin pl*) aspecto *m*; apariencia *f*
'**außen** ['aʊsən] (a)fuera; *von ~* de (*od* por) fuera; *nach ~* hacia fuera; ⚿-**aufnahmen** *f/pl* exteriores *m/pl*; ⚿**bordmotor** *m* (motor *m*) fueraborda *m*; ⚿**dienst(leiter** *m*) *m* (jefe *m* del) servicio *m* exterior
'**Außenhandel** *m* comercio *m* exterior; **~sdefizit** *n* déficit *m* del comercio exterior; **~s-überschuß** *m* excedente *m* del comercio exterior
'**Außen|minister** *m* ministro *m* de Asuntos Exteriores; **~politik** *f* política *f* exterior; **~seite** *f* exterior *m*; **~seiter** ['--zaɪtər] *m* (-s; -) solitario *m*; *dep* outsider *m*; **~spiegel** *auto m* retrovisor *m* exterior; **~stürmer** *m dep* (delantero *m*) extremo *m*
'**außer** ['aʊsər] **1.** *prp* (*dat*) fuera de; (*nebhen*) además de; (*ausgenommen*) excepto, menos; *fig ~ sich sn* estar fuera de sí; **2.** *cj ~ daß* excepto que; *~ wenn* a menos que, a no ser que (*subj*); **~dem** además
äußere ['ɔysərə] **1.** *adj* exterior; **2.** ⚿ *n* (-n; *sin pl*) exterior *m*
'**außer|ehelich** ['aʊsər?-] extraconyugal; *Kind*: ilegítimo, natural; **~gewöhnlich** extraordinario, excepcional; **~halb 1.** *prp* (*gen*) fuera de; **2.** *adv* fuera, al exterior; **~irdisch** extraterrestre
äußerlich ['ɔysərliç] exterior; *a* ⚕ externo; *adv* por fuera
äußern ['-sərn] (ge-, h) expresar; *sich ~* expresarse, manifestarse
außerordentlich ['aʊsər?ɔrdəntliç] extraordinario
äußerst ['ɔysərst] *adj* extremo; *Preis*: último; *adv* sumamente
außerstande [aʊsərˈʃtandə]: *~ sein zu* ser incapaz de
Äußerung ['ɔysəruŋ] *f* (-; -en) expresión *f*; manifestación *f*, declaración *f*
'**aussetzen** ['aʊs-] (*sep*, -ge-, h) **1.** *v/t* exponer (*e-r Gefahr usw*. a); *Belohnung*: ofrecer; *et auszusetzen haben an* (*dat*) poner reparos a; **2.** *v/i* ⊚ pararse
'**Aussicht** *f* (-; *sin pl*) vista *f*; (*pl* -en) *fig* probabilidad *f*; perspectiva *f* (*mst pl*) (**auf** *ac* de); ⚿**slos** inútil; **~s-punkt** *m* mirador *m*; ⚿**sreich** prometedor
aussöhn|en ['-zø:nən] (*sep*, -ge-, h) reconciliar; ⚿**ung** *f* (-; -en) reconciliación *f*
'**aus|sortieren** (*sep*, h) separar; (*auswählen*) seleccionar; **~spannen** (*sep*, -ge-, h) *v/i fig* descansar
'**aussperr|en** (*sep*, -ge-, h) *j-n*: cerrar la puerta a; ⚿**ung** *f* (-; -en) cierre *m* patronal, lock-out *m*
'**aus|spielen** (*sep*, -ge-, h) **1.** *v/t* jugar (*a fig* **gegeneinander** el uno contra el otro); **2.** *v/i* ser mano, salir; **~spionieren** (*sep*, -ge-, h) espiar
'**Aussprache** *f* (-; -n) pronunciación *f*; (*Gespräch*) discusión *f*, debate *m*
'**aussprechen** (*irr, sep*, -ge-, h, → *sprechen*) pronunciar; *Gedanken*: expresar; *sich mit j-m ~* explicarse con alg; *sich ~ für* declararse en favor de
'**Ausspruch** *m* (-[e]s; ⸚e) dicho *m*
'**aus|spucken** (*sep*, -ge-, h) escupir;

ausspülen 306

~**spülen** (sep, -ge-, h) enjuagar (a Mund); Wäsche: aclarar
'**Ausstand** m (-[e]s; ⁃e) huelga f; **in den ~ treten** declararse en huelga
'**ausstatt|en** ['-ʃtatən] (sep, -ge-, h) equipar (**mit** de); **⚥ung** f (-; -en) equipo m; teat, Film: decoración f, decorado m; auto equipamiento m
'**aus|stehen** (irr, sep, -ge-, h, → **stehen**) v/t sufrir, soportar; **j-n nicht ~ können** no poder aguantar a alg; ~**steigen** (irr, sep, -ge-, sn, → **steigen**) bajar, apearse; ♣ desembarcar; fig retirarse; **⚥steiger** m etwa: pasota m
'**ausstell|en** (sep, -ge-, h) exponer, exhibir; Schriftstück, Scheck: extender; ✝ Wechsel: librar, girar (**auf** ac contra); **⚥er** m (-s; -) expositor m; ✝ librador m; girador m; **⚥ung** f (-; -en) exposición f; **⚥ungsgelände** n recinto m ferial; **⚥ungsraum** m sala f de exposiciones
'**aussterben** (irr, sep, -ge-, sn, → **sterben**) a zo desaparecer
'**Ausstieg** ['-ʃtiːk] m (-[e]s; -e) salida f
'**aus|stopfen** (sep, -ge-, h) rellenar (**mit** de); Tier: disecar; ~**stoßen** (irr, sep, -ge-, h, → **stoßen**) Schrei: lanzar, dar; j-n: expulsar, excluir; ~**strahlen** (sep, -ge-, h) irradiar (a fig); Radio, TV: emitir; ~**strecken** (sep, -ge-, h) extender, estirar; ~**streichen** (irr, sep, -ge-, h, → **streichen**) tachar, borrar; ~**strömen** (sep, -ge-, sn) v/i salir, derramarse; Gas: escaparse; ~**suchen** (sep, -ge-, h) escoger
'**Austausch** m (-[e]s; sin pl) intercambio m; ⚙ recambio m; **⚥bar** (inter)cambiable; **⚥en** (sep, -ge-, h) (inter)cambiar; ⚙ recambiar; ~**student** m estudiante m de intercambio
'**austeilen** (sep, -ge-, h) distribuir, repartir
'**Auster** ['austər] f (-; -n) ostra f
'**austrag|en** (irr, sep, -ge-, h, → **tragen**) a Briefe: repartir; dep disputar; **⚥ung** f (-; -en) dep disputa f
'**Austral|ier** [-'traːljər] m (-s; -), ~**ierin** f (-; -nen), **⚥isch** australiano m, -a f
'**aus|treiben** (irr, sep, -ge-, h, → **treiben**) expulsar; ~**treten** (irr, sep, -ge-, sn, → **treten**) Gas usw: escaparse, salir; j: darse de baja; retirarse (**aus** de); (Toilette) ir al lavabo; ~**trinken** (irr, sep, -ge-, h, → **trinken**) beberlo todo; Glas: apurar

'**Austritt** m (-[e]s; -e) salida f; retirada f, baja f; Gas usw: escape m
'**aus|trocknen** (sep, -ge-, h, v/i sn) (de)secar(se); ~**üben** (sep, -ge-, h) ejercer; Amt: desempeñar; dep usw: practicar
'**Ausverkauf** m (-[e]s; ⁃e) venta f total, liquidación f; **⚥t** agotado
'**Auswahl** f (-; sin pl) selección f (**a dep**), elección f (**treffen** hacer)
'**auswählen** (sep, -ge-, h) escoger
'**Auswander|er** m (-s; -) emigrante m; **⚥n** (sep, -ge-, sn) emigrar; ~**ung** f (-; -en) emigración f
'**auswärt|ig** ['-vɛrtiç] de fuera; forastero; pol exterior; ~**s** ['-vɛrts] fuera
'**auswechseln** (sep, -ge-, h) cambiar; ⚙ recambiar
'**Ausweg** m (-[e]s; -e) salida f (a fig); **⚥los** sin salida
'**ausweich|en** (irr, sep, -ge-, sn, → **weichen**) (dat) Schlag: esquivar (ac); fig eludir (ac); ~**end** evasivo
'**Ausweis** ['-vais] m (-es; -e) carnet m, carné m; (Personal⚥) documento m de identidad; **⚥en** ['--zən] (irr, sep, -ge-, h, → **weisen**) expulsar; **sich ~** identificarse; ~**papiere** n/pl documentación f; ~**ung** f (-; -en) expulsión f
'**auswendig** de memoria
'**aus|werfen** (irr, sep, -ge-, h, → **werfen**) arrojar; Angel: lanzar; Anker: echar; ~**werten** (sep, -ge-, h) aprovechar, utilizar; Daten: evaluar
'**auswirk|en** (sep, -ge-, h): **sich ~** repercutir (**auf** ac en); **⚥ung** f (-; -en) repercusión f, efecto m
'**aus|wischen** (sep, -ge-, h) limpiar; Schrift: borrar; ~**wuchten** (sep, -ge-, h) Rad: equilibrar; ~**zahlen** (sep, -ge-, h) pagar; ~**zählen** (sep, -ge-, h) contar; Stimmen: escrutar; **⚥zahlung** f (-; -en) pago m
'**auszeichn|en** (sep, -ge-, h) a Waren: marcar; j-n: condecorar; **sich ~** distinguirse; **⚥ung** f (-; -en) distinción f; condecoración f
'**auszieh|bar** ['-tsiːbaːr] extensible; ~**en** (irr, sep, -ge-, → **ziehen**) **1.** v/t (h) sacar; Kind: desnudar; Kleid: quitarse; (verlängern) extender; **sich ~** desnudarse. **2.** v/i (sn) mudarse (de casa); marchar(se)
Auszubildende ['-tsubildəndə] m/f (-n; -n) aprendiz(a f) m

'**Auszug** m (-[e]s; ⁻e) *Buch, Konto*: extracto m; (*Wohnung*) mudanza f
Autarkie [autar'ki:] f (-; -n) autarquía f
authentisch [-'tɛntiʃ] auténtico
'**Auto** ['auto] n (-s; -s) auto(móvil) m, coche m; **~bahn** f autopista f; **~bahn-auffahrt** f entrada f a la autopista; **~bahn-ausfahrt** f salida f de la autopista; **~bahndreieck** n cruce m de autopistas; **~bahngebühr** f peaje m; **~bahnzubringer** m (vía f de) acceso m a la autopista); **~biogra'phie** f autobiografía f; **~bus** m autobús m; (*Reisebus*) autocar m; **~fähre** f transbordador m; **~fahrer(in** f) m automovilista su; **~'gramm** n (-s; -e) autógrafo m; **~karte** f mapa m de carreteras; **~kino** n autocine m; **~mat** [--'mɑ:t] m (-en; -en) *für Waren*: expendedora f automática; **~matik** [--'mɑ:tik] f (-; ✪ -en) automatismo m; *auto* cambio m automático; **~mation** [--ma'tsjo:n] f (-; *sin pl*) automatización f; ℒ**'matisch** automático; **~mechaniker** m mecánico m de automóviles; **~mo'bilklub** m Automóvil Club m; ℒ**nom** [--'no:m] autónomo; **~nomie** [--no'mi:] f (-; -n) autonomía f
Autor ['-tɔr] m (-s; -en [-'to:rən]), **~in** [-'to:rin] f (-; -nen) autor(a f) m
'**Auto|radio** n autorradio f; **~reisezug** m autotrén m, autoexpreso m; **~rennen** n carrera f de automóviles
autoritä|r [--ri'tɛ:r] autoritario; ℒ**t** [---'tɛ:t] f (-; *sin pl*; *j*: -en) autoridad f
'**Auto|schalter** m *Bank*: autobanco m; **~schlüssel** m llave f del coche; **~skooter** ['--sku:tər] m (-s; -) auto m choque, **~vermietung** f alquiler m de coches; **~waschanlage** f tren m *od* túnel m de lavado
Avocado [avo'kɑ:do] f (-; -s) aguacate m
Axt [akst] f (-; Äxte) hacha f

B

B, b [be:] n (-; -) B, b f; ♪ si m bemol; **B-Dur** si m bemol mayor; **b-Moll** si m bemol menor
Baby ['be:bi] n (-s; -s) nene m, bebé m; **~sitter** ['--sitər] m (-s; -) F canguro su
Bach [bax] m (-[e]s; ⁻e) arroyo m, riachuelo m
Backbord ['bak-] ⚓ n (-s; *sin pl*) babor m
Backe ['bakə] f (-; -n) mejilla f
backen ['-kən] (buk, backte, gebacken, h) cocer; *in der Pfanne*: freír; *Kuchen*: hacer
'**Backen|bart** m patillas f/pl.; **~knochen** m pómulo m; **~zahn** m muela f
Bäcker ['bɛkər] m (-s; -) panadero m; **~ei** [--'raɪ] f (-; -en) panadería f
'**Back|huhn** ['bak-] n pollo m asado; **~ofen** m horno m; **~pflaume** f ciruela f pasa; **~pulver** n levadura f en polvo; **~stein** m ladrillo m
Bad [bɑ:t] n (-[e]s; ⁻er) baño m (*a fot*); (*Ort*) balneario m
'**Bade|-anzug** ['bɑ:də-] m traje m de baño, bañador m; **~gast** m bañista m; **~gel** ['--ge:l] n (-s; -e) gel m de baño; **~hose** f bañador m; **~kappe** f gorro m de baño; **~mantel** m albornoz m; **~meister** m bañero m; ℒ**n** (ge-, h) v/t bañar; v/i bañarse; **~ort** m balneario m; **~strand** m playa f; **~tuch** n (-[e]s; ⁻er) toalla f de baño; **~wanne** f bañera f; **~zimmer** n (cuarto m de) baño m
Bagatelle [baga'tɛlə] f (-; -n) bagatela f
Bagger ['bagər] m (-s; -) excavadora f
Bahn [bɑ:n] f (-; -en) camino m, vía f; *Geschoß*: trayectoria f; *dep* pista f; 🚆 ferrocarril m; *mit der ~* en tren; '**~anschluß** m enlace m ferroviario; '**~be-amte** m ferroviario; '**~damm** m terraplén m; 'ℒ**en** (ge-, h) (*ebnen*) allanar, aplanar; *sich e-n Weg ~* abrirse paso; '**~fahrt** f viaje m en tren; '**~hof** m estación f; '**~linie** f línea f férrea; '**~polizei** f policía f de ferrocarriles; '**~steig** m andén m; '**~übergang** m paso m a nivel (*beschrankt* con barrera; *unbeschrankt* sin barrera)
Bahre [bɑ:rə] f (-; -n) camilla f

Baiser

Baiser [bɛ'zeː] *n* (-s; -s) merengue *m*
Baisse ['bɛːs(ə)] *f* (-; -n) baja *f*
Bakterie [bak'teːrjə] *f* (-; -n) bacteria *f*
balancieren [balã'siːrən] (h) balancear
bald [balt] pronto, dentro de poco; ~ **darauf** poco después; **so ~ wie möglich** cuanto antes, lo más pronto posible
Baldrian ['baldriaːn] *m* (-s; -e) valeriana *f*
balg|en ['balgən] (ge-, h): *sich ~* pelearse; ⸸**e'rei** *f* (-; -en) pelea *f*
Balken ['-kən] *m* (-s; -) viga *f*, madero *m*
Balkon [-'kɔn, -'koːn] *m* (-s; -s, -e) balcón *m*
Ball [bal] *m* (-[e]s; ⸚e) **a)** pelota *f*; (*Fuß*⸸) balón *m*; ~ **spielen** jugar a la pelota; **b)** (*Tanz*) baile *m*
Ballast ['-last] *m* (-[e]s; -e) lastre *m*
Ballett [-'lɛt] *n* (-[e]s; -e) ballet *m*
Ballon [ba'lõ] *m* (-s; -s) globo *m*
'**Ballungs|gebiet** ['baluŋsgəbiːt] *n*, ~**raum** *m* aglomeración *f* urbana
Balt|e ['-tə] *m* (-n; -n), ~**in** *f* (-; -nen), ⸸**isch** báltico *m*, -a *f*
Bambus ['bambus] *m* (-[ses]; -se) bambú *m*
banal [ba'naːl] trivial, banal
Banane [-'naːnə] *f* (-; -n) plátano *m*, *Am* banana *f*
Band [bant] **a)** *m* (-[e]s; ⸚e) tomo *m*, volumen *m*; **b)** *n* (-[e]s; ⸚er) cinta *f*; *anat* ligamento *m*; **auf ~ aufnehmen** grabar en cinta; **c)** *n* (-[e]s; -e) *fig* vínculo *m*, lazo *m*; **d)** ♪ [bɛnt] *f* (-; -s) conjunto *m*
Bandage [-'daːʒə] *f* (-; -n) vendaje *m*
Bande ['-də] *f* (-; -n) *a desp* banda *f*, pandilla *f*, cuadrilla *f*
bändigen ['bɛndigən] (ge-, h) domar; *fig* refrenar
Bandit [ban'diːt] *m* (-en; -en) bandido *m*, bandolero *m*
'**Band|maß** ['bantmaːs] *n* cinta *f* métrica; ~**scheibe** *anat f* disco *m* intervertebral; ~**wurm** *m* tenia *f*, solitaria *f*
bang(e) [baŋ(ə)] inquieto; *mir ist ~* tengo miedo (*vor dat* a)
Bank [baŋk] *f* **a)** (-; ⸚e) banco *m*; *ohne Lehne:* banqueta *f*; **b)** ✝ (-; -en) banco *m*; (*Spiel*) banca *f*; '~**be-amte** *m* empleado *m* de banco
Bankett [-'kɛt] *n* (-[e]s; -e) banquete *m*, festín *m*
'**Bank|halter** *m* banquero *m*; ~**ier** [-'jeː] *m* (-s; -s) banquero *m*; ~**konto** *n* cuenta *f* bancaria; ~**leitzahl** *f* clave *f* bancaria; ~**note** *f* billete *m* de banco; ~**omat** [-o'maːt] *m* (-en; -en) cajero *m* automático; ⸸**rott** [-'rɔt] en quiebra; ~'**rott** *m* (-[e]s; -e) bancarrota *f*, quiebra *f*; ~ **machen** quebrar; ~**verbindung** *f* (*Konto*) cuenta *f* bancaria

bar [baːr]: ~**es Geld** dinero *m* contante; **gegen ~, in ~** al contado; en efectivo, en metálico
Bar *f* (-; -s) bar *m* (americano); (*Theke*) barra *f*
Bär [bɛːr] *m* (-en; -en) oso *m*
Baracke [ba'rakə] *f* (-; -n) barraca *f*
Bardame ['baːr-] camarera *f* de bar
'**bar|fuß** ['baːrfuːs] descalzo; ⸸**geld** *n* (-[e]s; *sin pl*) dinero *m* (en) efectivo; ~**geldlos** por cheque, a través de cuentas
Bariton ♪ ['baːritɔn] *m* (-s; -e) barítono *m*
Barkasse ⚓ [bar'kasə] *f* (-; -n) lancha *f*
Barkeeper ['baːrkiːpər] *m* (-s; -) barman *m*
barm'herzig [barm'hɛrtsiç] misericordioso, caritativo; ⸸**keit** *f* (-; *sin pl*) misericordia *f*
Barmittel ['baːrmitəl] *n/pl* fondos *m/pl* líquidos
'**Barmixer** *m* (-s; -) barman *m*
ba'rock [ba'rɔk] ⸸ *n*, *m* (-[s]; *sin pl*) barroco (*m*); ⸸**stil** *m* (estilo *m*) barroco *m*; *in Spanien:* estilo *m* churrigueresco
Barometer [-ro'meːtər] *n* (-s; -) barómetro *m*
Ba'ron [-'roːn] *m* (-s; -e) barón *m*; ~**in** *f* (-; -nen) baronesa *f*
Barren ['-rən] *m* (-s; -) (*Gold*⸸) barra *f*; (*Turn*⸸) (barras) paralelas *f/pl*
Barriere [-ri'jeːrə] *f* (-; -n) barrera *f*
Barrikade [-ri'kaːdə] *f* (-; -n) barricada *f*
Barsch [barʃ] *zo m* (-[e]s; -e) perca *f*
barsch brusco, seco
Barscheck ['baːr-] *m* cheque *m* no cruzado
Bart [baːrt] *m* (-[e]s; ⸚e) barba *f*
'**Barzahlung** ['baːr-] *f* pago *m* al contado; ~**s-preis** *m* precio *m* al contado
Basar [ba'zaːr] *m* (-s; -e) bazar *m*
Base ['baːzə] *f* (-; -n) 🝞 base *f*
Baseball ['beːsbɔːl] *m* (-s; *sin pl*) béisbol *m*
basieren [ba'ziːrən] (h) basarse (*auf dat* en)
Basilika [-'ziliːkaː] *f* (-; -ken) basílica *f*

Basis ['bɑːzis] f (-; -sen) base f (a fig)
'Bask|e ['baskə] m (-; -) vasco m; **~enmütze** f boina f; **~in** f (-; -nen) vasca f; **2isch** vasco; *Provinzen:* vascongado; *das* 2e el vascuence, el euskera
Baß ♩ [bas] m (-sses; ⁻sse) bajo m; '**~geige** f contrabajo m
Bast [bast] m (-[e]s; -e) ♣ líber m; rafia f
'basteln ['-təln] (ge-, h) dedicarse al bricolaje; 2 n (-s; *sin pl*) bricolaje m
Batist [-'tist] m (-[e]s; -e) batista f
Batterie [-tə'riː] f (-; -n) ✕, ⚡ batería f; ⚡ *kleine:* pila f
Bau [baʊ] m (-[e]s; *sin pl*) construcción f; (*pl* -ten) (*Gebäude*) edificio m; (*Bauarbeiten*) obras f/pl; '**~arbeiten** f/pl obras f/pl; '**~arbeiter** m obrero m de la construcción; '**~art** f estilo m; ⚙ tipo m
Bauch [baʊx] m (-[e]s; ⁻e) vientre m; '**~fell-entzündung** f peritonitis f; '**~höhle** f cavidad f abdominal; '**~schmerzen** m/pl dolor m de vientre; '**~speicheldrüse** f páncreas m; '**~tanz** m danza f de vientre
bauen ['baʊən] (ge-, h) construir; △ edificar; ✓ cultivar
Bauer ['-ər]: **1.** m (-n; -n) campesino m; *Schach:* peón m; **2.** n (-s; -) jaula f
'Bäuer|in ['bɔʏərin] f (-; -nen) campesina f; 2**lich** campesino, rústico
'Bauern|haus ['baʊərn-] n casa f de campo; **~hof** m finca f, granja f
'bau|fällig ruinoso; **~** sn amenazar ruina; 2**firma** f empresa f constructora; 2**genehmigung** f permiso m de construcción; 2**gerüst** n andamio m, andamiaje m; 2**gewerbe** n (ramo m de la) construcción; 2**kunst** f arquitectura f
Baum [baʊm] m (-[e]s; ⁻e) árbol m
Baumeister ['-maistər] m aparejador m, arquitecto m
baumeln ['-məln] (ge-, h) bambolear(se)
'Baum|stamm m tronco m (de árbol); **~wolle** f algodón m
'Bauplatz ['baʊplats] m solar m
Bausch [baʊʃ] m (-[e]s; ⁻e) *Watte:* tampón m
'Bau|sparkasse f caja f de ahorros para la construcción; **~stelle** f obras f/pl; **~stil** m estilo m (arquitectónico); **~unternehmer** m contratista m (de obras); **~werk** n edificio m, construcción f
Bay|er ['baɪər] m (-n; -n), **~erin** f (-; -nen), 2**risch** bávaro m, -a f

Bazillus [ba'tsilus] m (-; -len) bacilo m
be·'absichtig|en [bə'ʔapziçtigən] (h) tener la intención (**zu** de), proponerse (*inf*); **~t** intencionado, intencional
be-'acht|en [bə'ʔaxtən] (h) fijarse en; (*berücksichtigen*) tener en cuenta; (*befolgen*) observar; **nicht ~** no hacer caso de; **~lich** considerable; 2**ung** f (-; *sin pl*) atención f, consideración f; observancia f
Beamt|e [-'ʔamtə] m (-n; -n), **~in** f (-; -nen) funcionario m, -a f
beanspruchen [-'ʔanʃpruxən] (h) pretender, exigir; *Zeit:* requerir
be'anstand|en [-'ʔanʃtandən] (h) protestar, reclamar (*et* contra a/c); 2**ung** f (-; -en) objeción f; reclamación f
beantragen [-'ʔantraːgən] (h) solicitar, pedir
be-'antwort|en (h) contestar (a), responder a; 2**ung** f: **in ~** (*gen*) en contestación a
be-'arbeit|en (h) trabajar; ⚙ labrar; *Buch:* refundir; *teat, Film usw.:* adaptar; 2**ung** f (-; -en) ⚙ labrado m; *Buch:* refundición f; *teat usw.:* adaptación f; 2**ungsgebühr** f cuota f de gestión
Be-'atmung f (-; -en): (*künstliche*) **~** respiración f artificial
beaufsichtigen [-'ʔaʊfziçtigən] (h) vigilar, inspeccionar
beauftrag|en [-'ʔaʊftraːgən] (h): **j-n mit et ~** encargar a/c a alg; 2**te** [-'-traːktə] m/f (-n; -n) encargado m, -a f
be'bauen (h) △ edificar; (*erschließen*) urbanizar; ✓ cultivar
beben ['beːbən] (ge-, h) temblar
Becher ['bɛçər] m (-s; -) vaso m
Becken ['bɛkən] n (-s; -) pila f; (*Wasch*2) lavabo m; *geo* cuenca f; *anat* pelvis f; (*Schwimm*2) piscina f
be·'danken [bə-] (h): **sich bei j-m für et ~** dar las gracias a alg por a/c
Be'darf [-'darf] m (-[e]s; *sin pl*) necesidades f/pl (**an** *dat* de); **bei ~** si es necesario; **~shaltestelle** f parada f discrecional
be'dauer|lich [-'daʊərliç] deplorable; **~n** (h) sentir; *j-n:* compadecer; 2**n** n (-s; *sin pl*) sentimiento m; **zu m-m (großen) ~** (muy) a pesar mío; **~nswert** j: digno de lástima; *et:* lamentable
be'deck|en (h) cubrir (**mit** de, con); tapar; **~t** a *Himmel:* cubierto
be'denk|en (bedachte, bedacht, h) con-

Bedenken 310

siderar, pensar en; tener en cuenta; 2en n/pl dudas f/pl, escrúpulos m/pl; ~enlos sin escrúpulos; ~lich grave; (gewagt) arriesgado

be'deut|en (h) significar, querer decir; *das hat nichts zu ~* no tiene importancia; ~end importante, considerable; j: eminente; 2ung f (-; -en) (*Sinn*) sentido m, significado m; (sin pl) (*Wichtigkeit*) importancia f; ~ungslos insignificante

be'dien|en (h) servir; ⚓ atender; ⚙ manejar; *sich ~* servirse (*gen* de) (*a bei Tisch*); 2ung f (-; sin pl) servicio m; ⚙ manejo m; (pl -en) (*Kellnerin*) camarera f; 2ungs-anleitung f instrucciones f/pl para el uso

Be'dingung [-'diŋuŋ] f (-; -en) condición f (*stellen* poner); *unter der ~, daß* a condición de que (*subj*); 2slos incondicional; *adv* sin reservas

be'droh|en (h) amenazar (*mit* con); ~lich amenazador; crítico

be'drück|en (h) oprimir, agobiar; ~end opresivo, vejatorio; deprimente

be'dürfen [bə'dyrfən] (bedurfte, bedurft, h) necesitar (*e-r Sache* a/c), hacer falta (a/c a alg)

Be'dürf|nis n (-ses; -se) necesidad f; 2tig necesitado, menesteroso

Beefsteak ['biːfsteːk] n (-s; -s) bistec m, bisté m

be-'eilen [bə'ʔaɪlən] (h): *sich ~* darse prisa; apresurarse (*zu* a)

be-'ein|drucken [-'ʔaɪndrʊkən] (h) impresionar; ~flussen [-'flʊsən] (h) influir (en); influenciar; ~trächtigen (h) perjudicar, mermar

be-'enden (h) acabar, terminar

be-'erben (h): *j-n ~* ser heredero de alg

be-'erdig|en [-'ʔeːrdɪɡən] (h) enterrar; 2ung f (-; -en) entierro m; 2ungs-institut n funeraria f

Beere ['beːrə] f (-; -n) baya f

Beet [beːt] n (-[e]s; -e) bancal m; (*Blumen*2) cuadro m, macizo m

befähig|en [bə'fɛːɪɡən] (h) habilitar, capacitar (*zu* para); ~t [-'-ɪçt] habilitado, capaz (*zu, für* para)

be'fahr|bar [-'faːrbaːr] transitable; ~en (befuhr, befahren, h) circular por

be'fallen (befiel, befallen, h) acometer (*a Schlaf*); ⚕ afectar

be'fangen (*scheu*) tímido; (*voreinge-*nommen) parcial; 2heit f (-; sin pl) timidez f; parcialidad f

be'fassen (h): *sich ~ mit* ocuparse de

Be'fehl [-'feːl] m (-[e]s; -e) orden f; (~sgewalt) mando m (*führen* tener, *über* ac de); 2en (befahl, befohlen, h) mandar, ordenar; ~shaber [-'-haːbər] m (-s; -) jefe m; comandante m

be'festigen (h) fijar, sujetar

befeuchten [-'fɔʏçtən] (h) humedecer, mojar

be'find|en 1. v/refl (befand, befunden, h): *sich ~* hallarse, encontrarse; (*sich fühlen*) sentirse, estar; 2. 2 n (-s; sin pl) (estado m de) salud f

be'folgen (h) seguir; *Befehl, Gesetz*: cumplir; *Vorschrift*: observar

be'förder|n (h) ⚓ transportar; *im Rang*: promover, ascender; 2ung f (-; -en) transporte m; promoción f, ascenso m

be'frag|en (h) preguntar (*wegen* por); consultar; ⚖ interrogar; 2ung f (-; -en) consulta f; (*Umfrage*) encuesta f

be'frei|en [-'fraɪən] (h) liberar; *v Pflichten usw*: dispensar, eximir; *sich ~* deshacerse (*von* de); 2er m (-s; -) libertador m; ~t exento (*von* de); 2ung f (-; on) liberación f; oxonción f

befreunden [-'frɔʏndən] (h): *sich ~ mit j-m*: trabar amistad con; *et*: familiarizarse con; *befreundet sn mit* ser amigo de

be'fried|en [-'friːdən] (h) pacificar; ~igen [-'-dɪɡən] (h) satisfacer, contentar; ~igend satisfactorio; ~igt [-'-dɪçt] satisfecho, contento; 2igung f (-; sin pl) satisfacción f

be'fristet a plazo fijo

be'frucht|en (h) fecundar (*a fig*); 2ung f (-; -en) fecundación f

Be'fug|nis [-'fuːknɪs] f (-; -se) competencia f, autorización f; 2t autorizado (*zu* para)

Be'fund m (-[e]s; -e) a ⚕ resultado m

be'fürcht|en (h) recelar, temer; 2ung f (-; -en) recelo m, temor m

befürworten [-'fyːrvɔrtən] (h) abogar por

begab|t [-'ɡaːpt] talentoso; ~ *für* dotado para; 2ung [-'-bʊŋ] f (-; -en) talento m, dotes f/pl (*für* para)

be'geben (begab, begeben, h): *sich ~* ir, dirigirse (*nach* a); 2heit f (-; -en) suceso m, acontecimiento m

be'gegn|en [-'ge:gnən] (sn) encontrar (*j-m* a alg); ℒ**ung** *f* (-; -en) encuentro *m*
be'gehen (beging, begangen, h) *Fest*: celebrar; *Fehler, Verbrechen*: cometer
be'gehr|en [-'ge:rən] (h) desear, codiciar; *sehr begehrt* muy solicitado; **~enswert** deseable, apetecible
be'geister|n [-'gaıstərn] (h): (*sich*) **~** entusiasmar(se), apasionar(se) (*für* por); **~t** entusiasmado (*von* con); ℒ**ung** *f* (-; *sin pl*) entusiasmo *m*
begierig [-'gi:riç] ávido, ansioso (*nach* de)
be'gießen (begoß, begossen, h) 🖋 regar; F (*feiern*) remojar
Be'ginn [-'gin] *m* (-[e]s; *sin pl*) comienzo *m*, principio *m*; *bei* **~** al comienzo; ℒ**en** (begann, begonnen, h) empezar, comenzar (*mit* con; *zu* a)
be'glaubig|en [-'glaʊbigən] (h) certificar, atestar; 🖋 *Unterschrift, Urkunde*: legalizar; ℒ**ung** *f* (-; -en) legalización *f*; ℒ**ungsschreiben** *n* (cartas *f/pl*) credenciales *f/pl*
be'gleichen (beglich, beglichen, h) arreglar, pagar
be'gleit|en (h) acompañar (*a* ♪); ℒ**er** *m* (-s; -), ℒ**erin** *f* (-; -nen) acompañante *su*; (*Gefährte*) compañero *m*, -a *f*; ℒ**papiere** *n/pl* documentación *f* (anexa); ℒ**schreiben** *n* carta *f* adjunta; ℒ**ung** *f* (-; -en) acompañamiento *m* (*a* ♪); *in* **~** *von* en compañía de, acompañado de
beglückwünschen [bə'glʏk-] (h) felicitar, dar la enhorabuena (*zu* por)
be'gnadig|en [-'gna:digən] (h) indultar; ℒ**ung** *f* (-; -en) indulto *m*
begnügen [-'gny:gən] (h): *sich* **~** *mit* contentarse con
be|'graben (begrub, begraben, h) enterrar (*a fig*); ℒ'**gräbnis** [-'grɛ:pnis] *n* (-ses; -se) entierro *m*
be'greif|en (begriff, begriffen, h) comprender, entender; **~lich** comprensible
be'grenz|en (h) limitar; reducir (*auf ac* a); ℒ**ung** *f* (-; -en) limitación *f*
Be'griff *m* (-[e]s; -e) concepto *m*, idea *f*; *im* **~** *sn zu* estar a punto de
be'gründ|en (h) fundar; *fig* motivar (*mit* por); ℒ**ung** *f* (-; -en) fundación *f*; motivación *f*
be'grüß|en (h) saludar; *fig* celebrar; ℒ**ung** *f* (-; -en) salutación *f*; (*Willkommen*) bienvenida *f*

be'günstig|en [-'gynstigən] (h) favorecer; ℒ**ung** *f* (-; -en) protección *f*
be'gut-achten (h) dictaminar sobre; (*prüfen*) examinar
begütert [-'gy:tərt] acaudalado
behag|en [-'hɑ:gən] (h) gustar, agradar; **~lich** [-'hɑ:kliç]: *sich* **~** *fühlen* sentirse a sus anchas
behalten (behielt, behalten, h) guardar; quedarse con; *im Gedächtnis*: retener
Behälter [-'hɛltər] *m* (-s; -) recipiente *m*
be'hand|eln (h) tratar (*a* 🩺); ℒ**lung** *f* (-; -en) tratamiento *m* (*a* 🩺)
be'harr|en (h) perseverar, persistir (*auf dat* en); **~lich** perseverante, tenaz
be'haupt|en [-'haʊptən] (h) afirmar; *sich* **~** mantenerse; ℒ**ung** *f* (-; -en) afirmación *f*
be'helf|en (behalf, beholfen, h): *sich* **~** arreglarse; **~smäßig** provisional, improvisado
beherbergen [-'hɛrbɛrgən] (h) hospedar, alojar
be'herrsch|en (h) dominar (*a fig*); *sich* **~** dominarse, contenerse; ℒ**ung** *f* (-; *sin pl*) dominación *f*
be'herz|igen [-'hɛrtsgən] (h) tomar a pecho; **~t** [-'hɛrtst] valiente, arrojado
behilflich [-'hilfliç]: *j-m bei et* **~** *sn* ayudar a alg en a/c
be'hinder|n (h) estorbar; *a Verkehr*: obstaculizar; ℒ**te** *m/f* (-n; -n) impedido *m*, -a *f*, minusválido *m*, -a *f*; **~tengerecht** apto para minusválidos
Behörde [-'hø:rdə] *f* (-; -n) autoridad *f*, administración *f*
be'hüten (h) guardar, preservar (*vor dat* de)
behutsam [-'hu:tzɑ:m] cauteloso; (*sorgsam*) cuidadoso
bei [baı] (*dat*): **a)** *örtlich*: junto a, cerca de; **~** *j-m* en casa de; **~m** *Bäcker* en la panadería; **~** *sich haben* llevar consigo; **~** *Calderón* en Calderón; **b)** *zeitlich*: durante; **~m** *Essen* durante *od* en la comida; **~** *Nacht* de noche; **~** *m-r Ankunft* a mi llegada; **c)** (*Umstände*) **~** *der Arbeit sn* estar trabajando; **~** *diesem Wetter* con este tiempo
'beibringen (*irr, sep*, -ge-, h, → *bringen*) *Niederlage*: infligir; (*lehren*) enseñar
'Beicht|e ['baıçtə] *f* (-; -n) confesión *f*; ℒ**en** (ge-, h) **1.** *v/t* confesar; **2.** *v/i* confesarse; **~stuhl** *m* confes(i)onario *m*

beide ['-də] *pl* ambos, los dos; ~**s** las dos cosas; *keiner von* ~*n* ni uno ni otro; **wir** ~ nosotros dos

beiderseits ['-dərzaɪts] a ambos lados de; recíprocamente

bei-ein'ander juntos (-as)

'**Beifahrer(in** *f*) *m* acompañante *su*

'**Beifall** *m* (-[e]s; *sin pl*) aplauso *m*; *j-m* ~ *spenden* aplaudir a alg; ~ *finden fig* tener gran aceptación (*bei* entre)

'**beifügen** (*sep*, -ge-, h) añadir; *e-m Schreiben*: acompañar, incluir

'**Beigeschmack** *m* gustillo *m*, saborcillo *m*; *fig* deje *m*

'**Beihilfe** *f* ayuda *f*, subsidio *m*; ⚖ complicidad *f*

Beil ['baɪl] *n* (-[e]s; -e) hacha *f*

'**Beilage** *f* suplemento *m*; *zum Brief*: anexo *m*; *gastr* guarnición *f*

'**beiläufig** *adv* de paso

'**beilegen** (*sep*, -ge-, h) *e-m Brief*: acompañar, adjuntar; *Streit*: dirimir, zanjar

'**Beileid** *n* (-[e]s; *sin pl*): *sein* ~ *aussprechen* dar el pésame

'**beiliegend** adjunto

'**beim** [baɪm] = *bei dem*

'**beimessen** (*irr, sep*, -ge-, h, → *messen*) atribuir; *Wert* ~ dar importancia

Bein [baɪn] *n* (-[e]s; -e) pierna *f*; (*Tier*2, *Tisch*2) pata *f*; (*Knochen*) hueso *m*

'**beinah(e)** casi; *bei vb*: por poco

'**Beinbruch** *m* fractura *f* de (la) pierna

be'inhalten [bə'ʔɪnhaltən] (h) contener

beipflichten ['baɪpflɪçtən] (*sep*, -ge-, h) (*dat*) aprobar (*ac*); *j-m* ~ adherirse a la opinión de alg

bei'sammen [baɪ'zamən] juntos, reunidos; 2**sein** *n* (-s; *sin pl*) reunión *f*; *geselliges*: tertulia *f*

'**Beisein** *n*: *im* ~ *von* en presencia de

bei'seite aparte; ~ *lassen* dejar a un lado

'**beisetz|en** (*sep*, -ge-, h) sepultar, dar sepultura a; 2**ung** *f* (-; -en) sepelio *m*

'**Beispiel** *n* (-[e]s; -e) ejemplo *m* (*zum* por); 2**haft** ejemplar; 2**sweise** por ejemplo

'**beißen** ['-sən] (biß, gebissen, h) morder; *Insekten, Rauch*: picar

'**Bei|stand** *m* (-[e]s; *sin pl*) ayuda *f*, asistencia *f*; 2**stehen** (*irr, sep*, -ge-, h, → *stehen*): *j-m* ~ ayudar *od* asistir a alg

'**beisteuern** (*sep*, -ge-, h) contribuir (**zu** a)

'**Beitrag** ['-traːk] *m* (-[e]s; ⁻e) contribución *f*; (*Mitglieds*2) cuota *f*; 2**en** (*irr, sep*, -ge-, h, → *tragen*) contribuir (**zu** a)

'**bei|treten** (*irr, sep*, -ge-, sn, → *treten*) *e-m Verein*: ingresar en; *e-r Partei*: afiliarse a; 2**tritt** *m* (-[e]s; -e) afiliación *f* (**zu** a); ingreso *m* (en)

'**Beiwagen** *m Motorrad*: sidecar *m*

Beize ['-tsə] *f* (-; -n) *für Holz*: barniz *m*; *gastr* adobo *m*

beizeiten [-'tsaɪtən] a tiempo

be'jahen [bə'jɑːən] (h) *Frage*: responder afirmativamente a; ~**d** afirmativo

bejahrt [-'jɑːrt] entrado en años

be'kämpfen (h) luchar contra

be'kannt [-'kant] conocido (**bei** de); sabido (de); ~ *sn mit* conocer (*ac*); *mit j-m* ~ *machen* presentar a alg; 2**e** *m/f* (-n; -n) conocido *m*, -a *f*; 2**gabe** *f* (-; *sin pl*), 2**machung** [-'-maxʊŋ] *f* (-; -en) publicación *f*; (*Mitteilung*) aviso *m*; *amtlich*: bando *m*; ~**machen** (*sep*, -ge-, h) dar a conocer, publicar; ~**lich** como es sabido; 2**schaft** *f* (-; *sin pl*) conocimiento *m*; *j-s* ~ *machen* conocer a alg

be'kehr|en (h) convertir (**zu** a); 2**ung** *f* (-; -en) conversión *f*

be'kenn|en (bekannte, bekannt, h) confesar; *sich schuldig* ~ reconocerse culpable; *sich* ~ *zu* declararse partidario de; 2**tnis** *n* (-ses; -se) confesión *f*; *des Glaubens*: profesión *f*

be'klag|en (h) lamentar; *sich* ~ quejarse (*über ac* de, *bei j-m* a); ~**enswert** deplorable; 2**te** [-'klɑːktə] *m/f* (-n; -n) ⚖ demandado *m*, -a *f*

be'kleckern (h) manchar

be'kleid|en (h) vestir; *Amt*: desempeñar; 2**ung** (-; -en) vestidos *m/pl*

Be'klemmung *f* (-; -en) opresión *f*, congoja *f*

be'kommen (bekam, bekommen) **1.** *v/t* (h) recibir; (*erlangen*) obtener, conseguir; *Krankheit*: contraer; *Schreck*: llevarse; *wieviel* ~ *Sie?* ¿cuánto le debo?; **2.** *v/i* (sn): *gut* (*schlecht*) ~ probar *od* sentar bien (mal)

be|'kräftigen (h) corroborar, confirmar; ~**'kümmern** (h) afligir; ~**kunden** [-'kʊndən] (h) manifestar; ~**'laden** (belud, beladen, h): ~ *mit* cargar de

Belag [-'lɑːk] *m* (-[e]s; ⁻e) (*Zahn*2) sarro *m*; (*Brot*2) fiambre *m*

be'lager|n (h) sitiar; *fig* asediar; 2**ung** *f* (-; -en) sitio *m*

Be'lang|e [-'laŋə] m/pl intereses m/pl; **⚲los** insignificante, irrelevante
be'lasten (h) cargar (*mit* de); *mit Abgaben*: gravar (con); *j-s Konto mit et* ⚲ cargar a/c en cuenta a alg
be'lästig|en [-'lɛstigən] (h) importunar, molestar; **⚲ung** f (-; -en) molestia f
Belastung [-'lastuŋ] f carga f (*a* ⚙ *u fig*); *Konto*: adeudo m; ⚖ gravamen m
be'laufen (belief, belaufen, h): *sich* ⚲ *auf* (*ac*) ascender a, importar (*ac*)
be'leb|en (h) (re)animar; **⚲t** [-'leːpt] animado; *Ort*: concurrido
Be'leg [-'leːk] m (-[e]s; -e) justificante m, comprobante m; **⚲en** [-'leːgən] (h) cubrir (*mit* con, de); *Sitz*: reservar; *Vorlesung*: matricularse para; (*beweisen*) probar; **⚲schaft** [-'leːkʃaft] f (-; -en) personal m; **⚲t** [-'leːkt] *Platz*: ocupado; *Zunge*: sucio; **⚲es Brot** bocadillo m; sandwich m
be'lehr|en (h) instruir; **⚲ung** f (-; -en) instrucción f
be'leidig|en [-'laɪdigən] (h) ofender, insultar; **⚲end** ofensivo, insultante; **⚲ung** f (-; -en) ofensa f, insulto m
be'lesen leído
be'leucht|en (h) alumbrar, iluminar; **⚲ung** f (-; -en) alumbrado m; iluminación f
Belg|ier ['bɛlgjər] m (-s; -), **⚲ierin** f (-; -nen), **⚲isch** belga *su*
be'licht|en (h) [bə'liçtən] *fot* exponer; **⚲ung** f (-; -en) exposición f; **⚲ungsmesser** m fotómetro m
Be'lieb|en n: *nach* ⚲ a discreción; **⚲ig** cualquiera; **⚲t** [-'liːpt] j: popular; *et*: en boga; **⚲theit** f (-; *sin pl*) popularidad f
be'liefern (h) proveer, abastecer (*mit* de)
bellen ['bɛlən] (ge-, h) ladrar
be'lohn|en [bə'-] (h) recompensar; **⚲ung** f (-; -en) recompensa f
be'lügen (belog, belogen, h) mentir (*j-n* a alg)
be'lustig|end [-'lustigənt] divertido; **⚲ung** f (-; -en) diversión f
be|mächtigen [-'mɛçtigən] (h): *sich e-r Sache* (*gen*) ⚲ apoderarse de a/c; **⚲'malen** (h) pintar (*blau* de azul); **⚲mängeln** [-'mɛŋəln] (h) criticar, censurar
be'merk|bar: *sich* ⚲ *machen* hacerse sentir, manifestarse; **⚲en** (h) notar, darse cuenta de; (*sagen*) observar, decir; **⚲enswert** notable; **⚲ung** f (-; -en) observación f

be'mitleiden [-'mitlaɪdən] (h): *ich bemitleide ihn* me da lástima; **⚲swert** digno de compasión
be'müh|en (h): *sich* ⚲ esforzarse (*um* por), procurar (*inf*); ⚲ *Sie sich nicht!* ¡no se moleste!; **⚲ung** f (-; -en) esfuerzo m (*um* por); **⚲en** pl gestiones f/pl
benachbart [-'naxbaːrt] vecino
be'nachrichtig|en [-'naːxriçtigən] (h) avisar, informar, enterar; **⚲ung** f (-; -en) información f, aviso m
benachteiligen [-'-tailigən] (h) perjudicar
benehmen [bə'neːmən] **1.** v/refl (benahm, benommen, h): *sich* ⚲ conducirse, (com)portarse; **2.** ⚲ n (-s; *sin pl*) conducta f, comportamiento m
be'neiden (h): *j-n um et* ⚲ envidiar a/c a alg; **⚲swert** envidiable
Bengel ['bɛŋəl] m (-s; -) rapaz m
benommen [bə'nɔmən] aturdido, atontado
be'nötigen (h) necesitar
be'nutz|en (h) usar, utilizar, *a Gelegenheit*: aprovechar; **⚲er** m (-s; -) usuario m; **⚲ung** f (-; *sin pl*) empleo m, uso m
Ben'zin [bɛn'tsiːn] n (-s; -e) *auto* gasolina f; 🜚 bencina f; **⚲kanister** m bidón m de gasolina; **⚲tank** m depósito m de gasolina; **⚲uhr** f indicador m de gasolina
be-'obacht|en [bə'ʔoːbaxtən] (h) observar; **⚲er** f (-s; -) observador m; **⚲ung** f (-; -en) observación f
be'pflanzen (h) plantar (*mit* de).
be'quem [-'kveːm] cómodo, confortable; j: perezoso; **⚲lichkeit** f (-; *sin pl*) comodidad f; (*Trägheit*) pereza f
be'rat|en (beriet, beraten, h) **1.** v/t aconsejar; **2.** v/i deliberar; **⚲er** m (-s; -) consejero m; **⚲ung** f (-; -en) deliberación f; *a* ⚕ consulta f
be'rauben (h) robar (*j-n e-r Sache* a/c a alg); *fig* privar (de)
be'rechn|en (h) calcular; 🕈 cargar (en cuenta); **⚲ung** f (-; -en) cálculo m; (*sin pl*) *fig* egoísmo m
be'rechtig|en [-'rɛçtigən] (h) autorizar, habilitar (*zu* para); **⚲t** autorizado; *Sache*: fundado; **⚲ung** f (-; *sin pl*) autorización f; derecho m
beredt [-'reːt] elocuente

Bereich

Be'reich m (-[e]s; -e) ámbito m; fig esfera f
bereichern [-'raiçərn] (h): (sich) ~ enriquecer(se) (**an** dat con)
Be'reifung f (-; -en) neumáticos m/pl
be'reisen (h) viajar por, recorrer
be'reit [-'raɪt] dispuesto (**zu** a); (fertig) listo; **sich ~ machen** prepararse, disponerse (**zu** a); **~en** (h) Essen: preparar; Freude, Schmerz usw: causar, dar; **~halten** (irr, sep, -ge-, h, → **halten**) tener preparado; **~s** ya; **2schaft** f (-; sin pl) disposición f (**zu** a); **2schaftsdienst** m guardia f; **~stellen** (sep, -ge-, h) preparar; poner a disposición; **~willig** gustoso
be'reuen (h) arrepentirse de
Berg [bɛrk] m (-[e]s; -e) montaña f; **2'-ab** cuesta abajo; **2'-auf** cuesta arriba; **'~bahn** f ferrocarril m de montaña; **'~bau** m (-[e]s; sin pl) industria f minera
bergen ['bɛrgən] (barg, geborgen, h) salvar, rescatar
'Berg|führer ['bɛrk-] m guía m (de montaña); **2ig** ['-giç] montañoso; **~kette** f sierra f; **~mann** m (-[e]s; -leute) minero m; **~rutsch** m desprendimiento m de tierras; **~spitze** f pico m; **~steigen** n alpinismo m, montañismo m; **~steiger** m (-s; -), **~steigerin** f (-; -nen) alpinista su, montañero m, -a f; **~ung** ['-guŋ] f salvamento m, rescate m; **~wacht** f servicio m de salvamento en la montaña; **~wandern** n excursión f a la montaña; **~werk** n mina f
Be'richt [bə'riçt] m (-[e]s; -e) relación f, informe m; (Zeitungs2) crónica f; (Erzählung) relato m; **2en** (h) informar (**über** ac de, sobre); (erzählen) relatar; **~erstatter** [-'-ˀɛrʃtatər] m (-s; -) reportero m; auswärtiger: corresponsal m; **2igen** [-'-tigən] (h) rectificar, corregir; **~igung** f (-; -en) rectificación f
Berliner [bɛr'liːnər] m (-s; -), **~in** f (-; -nen) berlinés m, -esa f
Bernstein ['bɛrnʃtaɪn] m (-[e]s; sin pl) ámbar m
berüchtigt [bə'ryçtiçt] de mala fama
be'rücksichtig|en [-'rykziçtigən] (h) considerar, tener en cuenta; **2ung** f (-; sin pl) consideración f
Be'ruf [-'ruːf] m (-[e]s; -e) profesión f, oficio m; **von ~** de profesión; **2en** (berief, berufen, h) nombrar (**zu** para); **sich ~ auf** (ac) referirse a; **2lich** profesional; **~s-ausbildung** f formación f profesional; **~sberatung** f orientación f profesional; activo; **~ung** f (-; -en) vocación f; (Ernennung) nombramiento m (**zu** para); ⚖ apelación f; **~ einlegen** apelar (**gegen** de)
be'ruhen (h): **~ auf** (dat) basarse en
be'ruhig|en [-'ruːigən] (h): (sich) ~ calmar(se), tranquilizar(se); **~end** tranquilizador; **2ung** f (-; sin pl) calma f; **2ungsmittel** ⚕ n calmante m, sedante m
be'rühmt [-'ryːmt] famoso, célebre; **2heit** f (-; sin pl) renombre m
be'rühr|en (h) tocar (a fig); Gemüt: afectar; **2ung** f (-; -en) tacto m; a fig contacto m
be'sagen (h) (querer) decir, significar
besänftigen [-'zɛnftigən] (h) apaciguar, calmar
Be'satz m (-es; ¨e) guarnición f; **~ung** f (-; -en) ⚓, ✈ tripulación f
be'saufen P (besoff, besoffen, h): **sich ~** F coger una trompa od una mona
be'schädig|en (h) deteriorar (a ⚓), estropear, ⚓, ✈ averiar; **2ung** f (h) deterioro m, desperfecto m
be'schaffen (h) proporcionar, procurar, facilitar; **2heit** f (-; sin pl) condición f, estado m; índole f
be'schäftig|en [-'ʃɛftigən] (h) dar trabajo a; fig preocupar; **sich ~** ocuparse (**mit** de, en); **2ung** f (-; -en) ocupación f; empleo m
be'schäm|end vergonzoso; humillante; **~t** avergonzado; **2ung** f (-; sin pl) vergüenza f, confusión f
Be'scheid [-'ʃaɪt] m (-[e]s; -e) respuesta f; **j-m ~ geben** informar a alg; **~ wissen über** (ac) estar enterado de
be'scheiden modesto; **2heit** f (-; sin pl) modestia f
be'scheinig|en [-'ʃaɪnigən] (h) certificar; **2ung** f (-; -en) certificado m
be'schenken (h) obsequiar
Be'scherung [-'ʃeːruŋ] f (-; -en) reparto m de regalos; **schöne ~!** ¡estamos listos!
be|'schieß|en (beschoß, beschossen, h) hacer fuego od tirar sobre; **~'schimpfen** (h) insultar, injuriar
Be'schlag m: **in ~ nehmen, mit ~ bele-**

gen incautarse de; *fig* acaparar (*a j-n*); ⁀en **1.** (beschlug, beschlagen, h) **a)** *v/t Pferd*: herrar; **b)** *v/i u sich* ⁀ *Glas*: empañarse; **2.** *adj* entendido, versado; ⁀**nahme** [-'-kna:mə] *f* (-; -n) embargo *m*, confiscación *f*; ⁀**nahmen** (h) confiscar, embargar

be'schleunig|en [-'ʃlɔynigən] (h) acelerar; ⁀**ung** *f* (-; -en) aceleración *f*

be'schließen (beschloß, beschlossen, h) concluir, terminar; (*entscheiden*) resolver, decidir

Be'schluß *m* (-sses; ⁀sse) resolución *f*, decisión *f*; acuerdo *m* (*fassen* tomar)

be|'schmieren (h) untar; (*besudeln*) embadurnar; ⁀**'schmutzen** (h) ensuciar, manchar; ⁀**'schönigen** [-'ʃø:nigən] (h) cohonestar, colorear

be'schränk|en [-'ʃrɛŋkən] (h) limitar (*auf ac* a); restringir, reducir; ⁀**t** limitado; (*eng*) estrecho; *j*: de pocos alcances; ⁀**ung** *f* (-; -en) limitación *f*, restricción *f*

be'schreib|en (beschrieb, beschrieben, h) describir; ⁀**ung** *f* (-; -en) descripción *f*

be'schuldig|en [-'ʃuldigən] (h) culpar (*gen* de); inculpar; ⁀**ung** *f* (-; -en) inculpación *f*

be'schütz|en (h) proteger (**vor** *dat* de, contra); ⁀**er** *m* (-s; -) protector *m*

Be'schwer|de [-'ʃvɛːrdə] *f* (-; -n) ✝ queja *f*, reclamación *f*; ⚚ ⁀**n** *pl* dolores *m/pl*; molestias *f/pl*; ⁀**en** (h): *sich* ⁀ *über* quejarse de (*bei j-m* a alg)

be|'schwichtigen [-'ʃviçtigən] (h) calmar, apaciguar; ⁀**'schwindeln** (h) engañar; mentir (*j-n* a alg)

beschwipst [-'ʃvipst] F achispado

be'schwören (beschwor, beschworen, h) afirmar bajo juramento, jurar; *Geister*: conjurar

be'seitigen [-'zaitigən] (h) eliminar (*a j-n*); *Hindernis*: allanar

Besen ['beːzən] *m* (-s; -) escoba *f*

besessen [bə'zɛsən] obsesionado (**von** con), poseso

be'setz|en (h) *Stelle*: cubrir; ⚔, *Platz*: ocupar; ⁀**t** ocupado; *Bus usw*: completo; *tel* ⁀ *sn* estar comunicando; ⁀**tzeichen** *n tel* señal *f* de ocupado; ⁀**ung** *f* (-; -en) ocupación *f*; *teat* reparto *m*

be'sichtig|en [-'ziçtigən] (h) visitar; inspeccionar; ⁀**ung** *f* (-; -en) visita *f*

be'siede|ln (h) poblar; colonizar; ⁀**lt: dicht** ⁀ densamente poblado

be'siegen (h) vencer

be'sinn|en [-'zinən] (besann, besonnen, h): *sich* ⁀ acordarse (*auf ac* de); *sich anders* ⁀ cambiar de parecer; ⁀**ung** *f* (-; *sin pl*) conocimiento *m*, sentido *m*; *wieder zur* ⁀ *kommen* volver en sí

Be'sitz [-'zits] *m* (-[e]s; *sin pl*) posesión *f*; ⁀**en** (besaß, besessen, h) poseer; ⁀**er** *m* (-s; -), ⁀**erin** *f* (-; -nen) poseedor(a *f*) *m*; dueño *m*, -a *f*; (*Eigentümer*) propietario *m*, -a *f*

besoffen P [-'zɔfən] borracho

besohlen [⁀'zoːlən] (h) poner suelas a

Besoldung [-'zɔldʊŋ] *f* (-; -en) sueldo *m*

be'sonder [-'zɔndər] particular, especial; ⁀**heit** *f* (-; -en) particularidad *f*; ⁀**s** especialmente, sobre todo

be'sonnen [-'zɔnən] prudente

be'sorg|en (h) (*verschaffen*) procurar; (*kaufen*) comprar; (*erledigen*) hacer; ⁀**nis** [⁀'zɔrknis] *f* (-; -se) preocupación *f*; ⁀**nis-erregend** alarmante; ⁀**t** preocupado (*um* por); ⁀**ung** *f* (-; -en) recado *m*

be'sprech|en (besprach, besprochen, h) discutir; *sich mit j-m* ⁀ conferenciar con alg (*über ac* sobre); ⁀**ung** *f* (-; -en) entrevista *f*, conferencia *f*; (*Buch*⁀) reseña *f*

be'spritzen (h) rociar; *mit Schmutz*: salpicar

'besser ['bɛsər] (*Komparativ v* gut) mejor; *um so* ⁀ tanto mejor; ⁀ *werden* mejorar; *es wäre* ⁀ más valdría (*inf*); ⁀**n** (ge-, h): *sich* ⁀ mejorar(se); ⁀**ung** *f* (-; *sin pl*) mejora *f*; ⚚ mejoría *f*; *gute* ⁀**!** ¡que se mejore!

best [bɛst] (*Superlativ v* gut) mejor; *am* ⁀**en, das** ⁀**e** lo mejor; *der erste* ⁀**e** el primero que llegue; *zu Ihrem* ⁀**en** para su bien

Be'stand [bə'ʃtant] *m* (-[e]s; *sin pl*) (*Dauer*) duración *f*; (*pl* ⁀e) ✝ existencias *f/pl*; *von* ⁀ durable

be'ständig estable (*a Wetter*), constante; (*andauernd*) continuo

Be'standteil *m* componente *m*, parte *f* integrante, elemento *m*

be'stätig|en [-'ʃtɛːtigən] (h) confirmar; ⁀**ung** *f* (-; -en) confirmación *f*

be'statt|en [-'ʃtatən] (h) sepultar, inhumar; ungs-institut *n* funeraria *f*, pompas *f/pl* fúnebres

be'stech|en (bestach, bestochen, h) sobornar, corromper; lich corruptible; ung *f* (-; -en) soborno *m*; corrupción *f*; ungsgelder *n/pl* sobornos *m/pl*

Besteck [-'ʃtɛk] *n* (-[e]s; -e) cubierto *m*

be'stehen (bestand, bestanden, h) **1.** *v/t Kampf*: sostener; *Examen*: aprobar; **2.** *v/i* existir; *auf* (*dat*) insistir en; *in* (*dat*) consistir en; *aus* constar de, componerse de

be'stehlen (bestahl, bestohlen, h) robar

be'steigen (bestieg, bestiegen, h) subir a, *Berg a*: escalar; *Pferd*: montar a

be'stell|en (h) ⚕ encargar, pedir (*bei j-m* a alg); *Zimmer*: reservar; *Grüße*: dar; *j-n* hacer venir a alg; *j-m et* dar un recado a alg; er *m* (-s; -) comprador *m*; formular *n*, schein *m*, zettel *m* formulario *m od* nota *f od* hoja *f* de pedido; ung *f* (-; -en) ⚕ pedido *m*

bestenfalls ['bɛstənfals] en el mejor de los casos

be'steuer|n [bə'-] (h) gravar con impuestos; ung *f* (-; sin *pl*) imposición *f*

be'stimm|en (h) determinar, (*entscheiden*) decidir; (*festsetzen*) fijar; (*aussehen*) destinar, designar; (*anordnen*) disponer; t determinado; (*sicher*) cierto, seguro; (*energisch*) categórico, terminante; *adv* seguramente; ung *f* (-; -en) destino *m*; (*Vorschrift*) prescripción *f*; ungs-ort *m* lugar *m* de destino

be'straf|en (h) castigar; ung *f* (-; -en) castigo *m*; pena *f*

be'strahl|en (h) ⚚ irradiar; ung ⚚ *f* (-; -en) irradiación *f*; radioterapia *f*

be|'streichen (bestrich, bestrichen, h) pintar; *Brot*: untar; 'streiken (h) hacer huelga contra (*una empresa*); 'streiten (bestritt, bestritten, h) negar; (*anfechten*) impugnar; *Kosten*: cubrir; 'streuen (h) espolvorear (*mit* de); 'stürmen (h) *fig* asediar

be'stürz|t [-'ʃtyrtst] consternado, perplejo; ung *f* (-; sin *pl*) consternación *f*

Be'such [-'zuːx] *m* (-[e]s; -e) visita *f*; en (h) visitar; *j-n*: a ir a ver; *Schule*: ir a; *Versammlung*: asistir a; er *m* (-s; -), erin *f* (-; -nen) visitante *su*; szeit *f* horas *f/pl* de visita

be'tätig|en (h) ⚙ accionar; *sich* actuar (*als* de); ung *f* (-; -en) actividad *f*; actuación *f*

be'täub|en [-'tɔybən] (h) ⚚ anestesiar, narcotizar; *fig* aturdir; ung *f* (-; -en) anestesia *f*; ungsmittel *n* narcótico *m*

Bete ⚘ ['beːtə] *f* (-; -n): *rote* remolacha *f* roja

be'teilig|en [bə'taɪligən] (h) hacer participar (*an dat* en); *sich* *an* (*dat*) tomar parte en, participar en; te [-'-liçtə] *m/f* (-n; -n) interesado *m*, -a *f*; ung *f* (-; -en) participación *f*

beten ['beːtən] (ge-, h) orar, rezar

beteuern [bə'tɔyərn] (h) aseverar

Beton [be'tõ] *m* (-s; -s) hormigón *m*

be'ton|en [bə'toːnən] (h) acentuar, *fig a* subrayar; ung *f* (-; -en) acento *m* (*a fig*); acentuación *f*

Be'tracht [-'traxt] *m*: *in* *ziehen* tomar en consideración; *in* *kommen* venir al caso; en (h) contemplar; *fig* considerar (*als* como)

beträchtlich [-'trɛçtliç] considerable

Be'trag [-'traːk] *m* (-[e]s; e) importe *m*, cantidad *f*; en [-'-gən] **1.** *v/t* (betrug, betragen, h) ascender a, elevarse a; *sich* (com)portarse; **2.** *n* (-s; sin *pl*) comportamiento *m*, conducta *f*

Be'treff [-'trɛf] *m im Brief*: asunto *m*, objeto *m*; s (*gen*) respecto a, en cuanto a; en (betraf, betroffen, h) concernir, afectar; *was mich betrifft* en cuanto a mí; end respectivo, en cuestión

be'treiben (betrieb, betrieben, h) (*ausüben*) practicar, ejercer

be'treten **1.** *v/t* (betrat, betreten, h) *Raum*: entrar en; **2.** *adj* confuso

be'treu|en [-'trɔyən] (h) atender a; cuidar (a, de); er *m* (-s; -) *a dep* cuidador *m*; ung *f* (-; sin *pl*) cuidado *m*

Be'trieb [-'triːp] *m* (-[e]s; -e) empresa *f*; (sin *pl*) ⚙ funcionamiento *m*, marcha *f*; servicio *m*; *fig* F jaleo *m*; *in* *sn* funcionar; *außer* fuera de servicio; no funciona; *in* *setzen* poner en marcha; lich: e *Mitbestimmung f* cogestión *f* empresarial

Be'triebs|-ausgaben *f/pl* gastos *m/pl* de producción; gewinn *m* beneficios *m/pl* empresariales; kapital *n* capital *m* de explotación; leitung *f* dirección *f* (de la empresa); rat *m* comité *m* de empresa; system *n inform* sistema *m* operativo

be'trinken (betrank, betrunken, h): *sich* ~ emborracharse, embriagarse
betroffen [-'trɔfən] *fig* confuso
be'trübt [-'try:pt] afligido, triste
Betrug [-'tru:k] *m* (-[e]s; *sin pl*) estafa *f*, engaño *m*; 🕁 fraude *m*
be'trüg|en (betrog, betrogen, h) engañar; *im Spiel*: hacer trampas; ♀**er** *m* (-s; -), ♀**erin** *f* (-; -nen) estafador(a *f*) *m*
be'trunken borracho
Bett [bɛt] *n* (-[e]s; -en) cama *f*; (*Fluß*♀) cauce *m*; *zu* ~ *gehen* irse a la cama; *das* ~ *hüten* guardar cama; **'~couch** *f* sofá-cama *m*; **'~decke** *f* manta *f*; (*Überdecke*) colcha *f*
betteln ['-təln] (ge-, h) mendigar
'bett|lägerig ['-lɛːgəriç]: ~ *sn* guardar cama; ♀**laken** *n* sábana *f*
Bettler ['-lər] *m* (-s; -), **~in** *f* (-; -nen) mendigo *m*, -a *f*
'Bett|ruhe *f* reposo *m* en cama; **~(t)uch** *n* sábana *f*; **~vorleger** *m* alfombrilla *f*, pie *m* de cama; **~wäsche** *f* ropa *f* de cama
betucht [bə'tu:xt] F forrado de dinero
beugen ['bɔygən] (ge-, h) doblar; *fig* doblegar; *sich* ~ *fig* rendirse
Beule ['-lə] *f* (-; -n) bollo *m*, abolladura *f*; 🗲 chichón *m*
be-'unruhig|en [bə-'ʔunru:igən] (h) inquietar, preocupar
be-'urlauben [-'ʔu:rlaʊbən] (h) dar permiso a; *vom Amt*: suspender
be-'urteil|en (h) juzgar (de); ♀**ung** *f* (-; -en) juicio *m*, dictamen *m*
Beute ['bɔytə] *f* (-; *sin pl*) botín *m*; presa *f* (*a fig*)
Beutel ['-təl] *m* (-s; -) bolsa *f*
be'völker|n [bə'fœlkərn] (h) poblar; ♀**ung** *f* (-; -en) población *f*
be'vollmächtig|en [-'fɔlmɛçtigən] (h) apoderar, autorizar; ♀**te** [-'--tiçtə] *m/f* (-n; -n) apoderado *m*, -a *f*; 🕁 mandatario *m*
be'vor antes (de) que (*subj*); antes de (*inf*); **~stehen** (*irr, sep*, -ge-, h, → *stehen*) estar próximo; **~zugen** [-'tsu:gən] (h) preferir (*vor dat* a)
be'wach|en (h) vigilar; **~t** vigilado; ♀**ung** *f* (-; *sin pl*) vigilancia *f*
be'waffn|en [-'vafnən] (h) armar; ♀**ung** *f* (-; *sin pl*) armamento *m*
be'wahren (h) guardar; (*erhalten*) conservar; ~ *vor* (*dat*) preservar de

be'währ|en (h): *sich* ~ dar buen resultado; *j*: acreditarse; **~t** probado, acreditado; ♀**ung** *f*: 🕁 *mit* ~ condicional
bewältigen [-'vɛltigən] (h) dominar; superar; *Arbeit*: llevar a cabo
bewandert [-'vandərt] versado, entendido (*in dat* en)
be'wässer|n [-'vɛsərn] (h) regar; ♀**ung** *f* (-; -en) riego *m*
be'weg|en [-'ve:gən] *v*/*t* **a)** (h) mover; *Gemüt*: conmover; **b)** (bewog, bewogen, h) (*veranlassen*) inducir, determinar; ♀**grund** [-'ve:kgrunt] *m* móvil *m*; **~lich** [-'ve:kliç] móvil; *Fest*: movible; *fig* ágil; **~t** *See*: agitado; (*gerührt*) emocionado; ♀**ung** [-'-guŋ] *f* (-; -en) movimiento *m* (*a pol*); (*sin pl*) *fig* emoción *f*; **~ungslos** inmóvil
Be'weis [-'vaɪs] *m* (-es; -e) prueba *f* (**für** de); ♀**en** [-'-zən] (bewies, bewiesen, h) probar, demostrar; (*feststellen*) comprobar
be'werb|en (bewarb, beworben, h): *sich* ~ *um* solicitar (*ac*); ♀**er** *m* (-s; -), ♀**erin** *f* (-; -nen) candidato *m*, -a *f*; solicitante *su*, aspirante *su*; ♀**ung** *f* (-; -en) solicitud *f* (*um* de); ♀**ungsgespräch** *n* entrevista *f* personal; ♀**ungsschreiben** *n* solicitud *f* (de empleo)
bewerkstelligen [-'vɛrkʃtɛligən] (h) realizar, conseguir
be'wert|en (h) valorar; ♀**ung** *f* (-; -en) valoración *f*
be'willig|en [-'viligən] (h) conceder, otorgar; ♀**ung** *f* (-; -en) concesión *f*
be'wirken (h) causar, originar; (*erreichen*) conseguir
be'wirt|en [-'virtən] (h) obsequiar; **~schaften** (h) explotar; *Waren*: racionar; ♀**ung** *f* (-; -en) agasajo *m*
be'wohn|en (h) habitar; ♀**er** *m* (-s; -), ♀**erin** *f* (-; -nen) habitante *su*; *e-s Hauses*: vecino *m*, -a *f*
be'wölk|en [-'vœlkən] (h): *sich* ~ nublarse; **~t** nublado, nuboso; ♀**ung** *f* (-; *sin pl*) nubosidad *f*
be'wunder|n [-'vundərn] (h) admirar; **~nswert** admirable; ♀**ung** *f* (-; *sin pl*) admiración *f*
be'wußt [-'vʊst] consciente; (*bekannt*) consabido, en cuestión; **~los** sin conocimiento; ~ *werden* desmayarse; ♀**losigkeit** *f* (-; *sin pl*) desmayo *m*; ♀**sein** *n* (-s; *sin pl*) conciencia *f*; 🗲 conocimiento *m*

be'zahl|en (h) pagar; **2ung** *f* (-; *sin pl*) pago *m*
be'zaubernd encantador
be'zeichn|en (h) marcar, señalar; (*bestimmen*) designar; **~ als** calificar de; **~end** significativo; **~ für** característico de; **2ung** *f* (-; -en) denominación *f*, nombre *m*
be'zeugen (h) atestiguar, dar fe de
bezichtigen [-'tsiçtigən] (h) (*gen*) inculpar de
be'zieh|en (bezog, bezogen, h) **1.** *v/t Wohnung*: instalarse en, ocupar; *Gehalt*: cobrar, percibir; *Zeitung*: estar suscrito a; *Waren*: comprar (**aus** en, **von** a); *Bett*: poner ropa a; **2.** *v/refl Himmel*: encapotarse; **sich ~ auf** (*ac*) referirse a; **2er** *m* (-s; -), **2erin** *f* (-; -nen) comprador(a *f*) *m*; suscriptor(a *f*) *m*; **2ung** *f* (-; -en) relación *f*; (*Hinsicht*) respecto *m*; **in jeder ~** por todos conceptos; **in ~ stehen zu** estar relacionado con; **~ungsweise** o sea, o bien
Bezirk [-'tsirk] *m* (-[e]s; -e) *m* distrito *m*
Be|zug [-'tsu:k] *m* (-[e]s; ⸚e) (*Überzug*) funda *f*; *fig* referencia *f*; (*sin pl*) (*Waren2*) compra *f*; *e-r Zeitung*: suscripción *f* a, **Bezüge** *pl* (*Gehalt*) emolumentos *m/pl*; **in 2 auf** (*ac*) respecto a *od* de; **2züglich** [-'tsy:kliç] (*gen*) referente a, relativo a; **~zugnahme** [-'tsu:kna:mə] *f*: **unter ~ auf** (*ac*) con referencia a
be'zweifeln (h) dudar (**et** de a/c)
Bibel ['bi:bəl] *f* (-; -n) Biblia *f*
Biber ['-bər] *m* (-s; -) castor *m*
Bibliothe|k [biblio'te:k] *f* (-; -en) biblioteca *f*; **~kar** [--te'ka:r] *m* (-s; -e), **~karin** *f* (-; -nen) bibliotecario *m*, -a *f*
biblisch ['bi:bliʃ] bíblico
bieg|en ['-gən] (bog, gebogen) **1.** *v/t* (h) torcer, doblar; (*krümmen*) encorvar; **2.** *v/i* (sn): **um die Ecke ~** doblar la esquina; **~sam** ['bi:kza:m] flexible; **2ung** ['-guŋ] *f* (-; -en) recodo *m*, revuelta *f*
'Biene ['-nə] *f* (-; -n) abeja *f*; **~nkorb, ~stock** *m* colmena *f*
Bier [bi:r] *n* (-[e]s; -e) cerveza *f* (**helles** rubia; **dunkles** negra; **vom Faß** de barril); **'~brauerei** *f*, **'~lokal** *n* cervecería *f*; **'~garten** *m* cervecería *f* al aire libre
bieten ['bi:tən] (bot, geboten, h) ofrecer; *Versteigerung*: licitar, (*höher ~*) pujar; **sich ~** presentarse; **sich** (*dat*) **et nicht ~ lassen** no tolerar a/c
Bikini [bi'ki:ni] *m* (-s; -s) bikini *m*
Bilanz [-'lants] *f* (-; -en) balance *m*; (*Handels2*) balanza *f*
bilateral [-latə'ra:l] bilateral
Bild [bilt] (-[e]s; -er) imagen *f*; (*Gemälde*) cuadro *m*, pintura *f*; *Buch*: ilustración *f*; **im ~e sn** estar enterado *od* al corriente; **2en** ['-dən] (ge-, h) formar; *geistig*: instruir; **'2end** *Kunst*: plástico, gráfico
'Bilder|buch ['-dərbu:x] *n* libro *m* de estampas; **~galerie** *f* galería *f* de pintura
'Bild|hauer ['bilthauər] *m* (-s, -), **~hauerin** *f* (-; -nen) escultor(a *f*) *m*; **2lich** plástico; *Sinn*: figurado; **~nis** *n* (-ses; -se) retrato *m*; **~platte** *f* videodisco *m*; **~plattenspieler** *m* videotocadiscos *m*; **~röhre** *f TV* tubo *m* de imagen; **~schirm** *m* pantalla *f*; **am ~ arbeiten** trabajar con pantalla; **~schirmtext** *m* videotex *m*; **~ung** ['-duŋ] *f* (-; -en) formación *f*; (*sin pl*) *geistige*: cultura *f*; (*Aus2*) formación *f*, instrucción *f*
'Billard ['biljart] *n* (-s; -e) billar *m*; **~stock** *m* taco *m*
'billig ['biliç] barato, económico; **~en** ['--gən] (ge-, h) aprobar; **2flug** *m* vuelo *m* barato; **2lohnland** *n* país *m* de bajo nivel salarial
Bimsstein ['bimsʃtaın] *m* piedra *f* pómez
'Binde ['-də] *f* (-; -n) ⚕ venda *f*; (*Damen2*) compresa *f*; **~haut-entzündung** *f* conjuntivitis *f*; **2n** (band, gebunden, h) atar; ligar (*a* ♪); *Buch*: encuadernar; *Krawatte*: anudar; **2nd** *fig* obligatorio; **~strich** *m* guión *m*
Bindfaden ['bintfa:dən] *m* cordel *m*
Bindung ['-duŋ] *f* (-; -en) (*Ski*) fijación *f*; *fig* obligación *f*, compromiso *m* (**eingehen** contraer)
'binnen ['-ən] (*dat*, *a gen*) dentro de; **~ kurzem** dentro de poco; **2hafen** *m* puerto *m* interior *bzw* fluvial; **2markt** *m* mercado *m* interior; *EG*: mercado *m* único
Bio|graphie [biogra'fi:] *f* (-; -n) biografía *f*; **~logie** [--lo'gi:] *f* (-; *sin pl*) biología *f*; **2logisch** [--'lo:giʃ] biológico; **~ abbaubar** biodegradable; **~top** [--to:p] *n* (-s; -e) biotopo *m*
Birke ['birkə] *f* (-; -n) abedul *m*
Birn|baum ['birnbaum] *m* peral *m*; **~e** (-; -n) pera *f*; ⚡ bombilla *f*
bis [bis] **1.** *prp* **~** (**zu, nach**) hasta; **von ...**

~ de ... a, desde ... hasta; **zwei ~ drei Tage** dos o tres días; ~ **auf** (ac) (außer) excepto, menos, salvo; **2.** cj hasta que
Bischof ['biʃɔf] m (-s; ˮe) obispo m
bischöflich ['-ʃøːfliç] episcopal
bisher [bis'heːr] hasta ahora, hasta la fecha
Biskuit [-'kvit] n, m (-s; -s) bizcocho m
Bison ['biːzɔn] m (-s; -s) bisonte m
Biß [bis] m (-sses; -sse) mordedura f (a ♪); **₂chen** ['-çən]: **ein ~** un poco
'**Biss|en** ['bisən] m (-s; -) bocado m; **₂ig** mordedor; fig mordaz
Bißwunde f mordedura f
Bistum ['bistuːm] n (-s; ˮer) obispado m
bisweilen [-'vailən] a veces
'**Bitte** ['bitə] **1.** f (-; -n) ruego m; **ich habe e-e ~ an Sie** quisiera pedirle un favor; **2. ₂** adv por favor; **nach Dank:** de nada; **wie ~?** ¿cómo dice(s)?; **₂n** (bat, gebeten, h) pedir (**j-n um et** a/c a alg); ~ **zu** (inf) od **daß** rogar que (subj)
'**bitter** ['bitər] amargo, agrio (beide a fig), **Kälte:** intenso; **₂keit** f (-; sin pl) fig amargura f
Bitt|gesuch ['bit--] n, **~schrift** f solicitud f, súplica f
Blähungen ['blɛːuŋən] f/pl flatos m/pl
Blam|age [bla'maːʒə] f (-; -n) vergüenza f; **₂'ieren** (h): **sich ~** F tirarse una plancha
blank [blaŋk] reluciente; brillante; F fig **~ sn** estar sin blanca; **₂oscheck** ['-kɔ-] m cheque m en blanco
Bläschen ♪ ['blɛːsçən] n (-s; -) vesícula f
'**Blase** ['blaːzə] f (-; -n) (Wasser₂, Luft₂) burbuja f; (Harn₂) vejiga f; (Haut₂) ampolla f; **~balg** m fuelle m; **₂n** (blies, geblasen, h) soplar; ♪ tocar; **~n-entzündung** f cistitis f
Blasinstrument ['blaːsʔ-] n instrumento m de viento
blaß [blas] pálido; **~ werden** palidecer
Blatt [blat] n (-[e]s, ˮer) hoja f; (Zeitung) periódico m
'**blätter|n** ['blɛtərn] (ge-, h) hojear (**in dat** a/c); **₂teig** m hojaldre m
blau [blau] adj azul (a **Blut**); F (betrunken) borracho; **~er Fleck** cardenal m; **~äugig** ['-ʔɔygiç] de ojos azules; fig cándido; '**₂beere** ♣ f arándano m; '**₂helm** m casco m azul
bläulich ['blɔyliç] azulado

blaumachen F ['blaumaxən] (sep, -ge-, h) hacer fiesta
Blech [blɛç] n (-[e]s; -e) chapa f; lámina f; (Weiß₂) hojalata f; '**~büchse**, '**~dose** f lata f; **₂en** F (ge-, h) pagar, F aflojar la mosca; '**~schaden** m daños m/pl en la carrocería
Blei [blai] n (-[e]s; sin pl) plomo m
'**Bleibe** ['-bə] F f (-; raro -n) alojamiento m; **₂n** (blieb, geblieben, sn) quedar(se); (weiterhin **~**) seguir, continuar; (aus**~**) tardar (**lange** mucho); **es bleibt dabei** quedamos en lo convenido; **₂nd** permanente, duradero; **₂nlassen** (irr, sep, sin -ge-, h, → **lassen**) dejar; guardarse de (inf)
bleich [blaiç] pálido; '**~en** (ge-, h) blanquear
'**blei|frei** sin plomo; **₂stift** m lápiz m; **₂stiftspitzer** m sacapuntas m
'**Blend|e** ['blɛndə] f (-; -n) fot diafragma m; **₂en** (ge-, h) cegar; fig deslumbrar; **₂end** deslumbrante
Blick [blik] m (-[e]s; -e) mirada f; flüchtiger: ojeada f, vistazo m; (Aussicht) vista f; **auf den ersten ~** a primera vista; **e-n ~ werfen auf** echar una mirada a; '**₂en** (ge-, h) mirar (**auf** ac a); **sich ~ lassen** dejarse ver
blind [blint] ciego (a fig); **Glas:** opaco; **Alarm:** falso; **~er Passagier** polizón m; '**₂darm** m intestino m ciego; '**₂darm-entzündung** f apendicitis f; **₂heit** f (-; sin pl) ceguedad f (a fig), ceguera f; **~lings** ['-liŋs] a ciegas
'**blink|en** ['bliŋkən] (ge-, h) centellear; hacer señales luminosas; **₂er** m (-s; -) auto intermitente m; **₂feuer**, **₂licht**, n luz f intermitente
blinzeln ['blintsəln] (ge-, h) parpadear; guiñar
Blitz [blits] m (-es; -e) relámpago m; einschlagender: rayo m; '**~ableiter** ['-ʔaplaitər] m (-s; -) pararrayos m; '**₂en** (ge-, h) relampaguear; fig brillar; **auto geblitzt werden** caer en un control de radar; '**~licht** fot n flash m; '**~schlag** m rayo m
Block [blɔk] m (-[e]s; -s, ˮe) bloque m (a pol); (Häuser₂) manzana f; (Schreib₂) bloc m; '**~ade** [-'kaːdə] f (-; -n) bloqueo m; '**~flöte** f flauta f dulce; **₂'ieren** (h) bloquear
'**blöd|(e)** ['bløːt, '-də] estúpido, tonto,

Blödsinn

bobo; 2**sinn** m (-s; sin pl) tontería f; ~**sinnig** idiota
blöken ['bløːkən] (ge-, h) *Schaf*: balar
blond ['blɔnt] rubio; 2**ine** [-'diːnə] f (-; -n) rubia f
bloß [bloːs] **1.** *adj* desnudo; (*nichts als*) mero, solo; *mit ~em Auge* a simple vista; **2.** *adv* (tan) sólo, solamente
Blöße ['bløːsə] f (-; -n) desnudez f; *sich e-e ~ geben* descubrir su punto flaco
bloßstellen ['bloːs-] (*sep*, -ge-, h) *fig* comprometer
Blouson [bluˈzɔ̃] n (-s; -s) cazadora f
Bluff [bluf, blœf] m (-s; -s) bluff m
blühen ['blyːən] (ge-, h) florecer (*a fig*)
Blume ['bluːmə] f (-; -n) flor f; *Wein*: buqué m
'**Blumen|geschäft** n floristería f; ~**händler(in** f) m florista su; ~**kohl** m coliflor f; ~**strauß** m ramo m de flores; ~**topf** m maceta f, tiesto m; ~**vase** f florero m
Bluse ['-zə] f (-; -n) blusa f
Blut [bluːt] n (-[e]s; sin pl) sangre f; '~**alkohol** m alcoholemia f; '~**bank** f (-; -en) banco m de sangre; '~**bild** n cuadro m hemático; '~**druck** m tensión f arterial; *den ~ messen* tomar la tensión
Blüte ['blyːtə] f (-; -n) flor f (*a fig*); (sin pl) *fig* prosperidad f
'**Blut|egel** ['bluːtˀeːgəl] m sanguijuela f; 2**en** (ge-, h) echar sangre, *a fig* sangrar; ~**erguß** m hematoma m; ~**gefäß** n vaso m sanguíneo; ~**gerinnsel** n coágulo m; ~**gruppe** f grupo m sanguíneo; 2**ig** sangriento (*a fig*); ~**kreislauf** m circulación f sanguínea; ~**orange** f naranja f sanguínea; ~**probe** f análisis m de sangre; ~**spender(in** f) m donante *su* de sangre; 2**stillend** ['-ʃtilənt] hemostático; ~**übertragung** f transfusión f de sangre; ~**ung** f (-; -en) hemorragia f; ~**vergiftung** f septicemia f; ~**wurst** f morcilla f
Bö [bøː] f (-; -en) ráfaga f, racha f
Bob [bɔp] m (-s; -s) bob(sleigh) m
Bock [bɔk] m (-[e]s; ⸚e) macho m; (*Ziegen*2) macho m cabrío; ⊚ caballete m; (*Turngerät*) potro m; F *fig e-n ~ schießen* meter la pata; '2**ig** terco, obstinado, cabezón; ~**wurst** f salchicha f
'**Boden** ['boːdən] m (-s; ⸚) suelo m; tierra f; *e-s Gefäßes*: fondo m; (*Dach*2) desván m; ~**personal** ✈ n personal m de tierra; ~**reform** f reforma f agraria, ~**schätze** m/pl riquezas f/pl del subsuelo; ~**turnen** n ejercicios m/pl en el suelo
Bodybuilding ['bɔdibildiŋ] n (-s; sin pl) culturismo m
'**Bogen** ['boːgən] m (-s; -) arco m (*a* ♪); (*Biegung*) curva f; (*Papier*2) hoja f, pliego m; ~**gang** m (-[e]s; ⸚e) arcada f; ~**schießen** n tiro m con arco
Bohle ['boːlə] f (-; -n) tablón m
Bohne ['boːnə] f (-; -n) judía f, alubia f; *grüne ~n* judías f/pl verdes; *dicke ~* haba f
bohnern ['-nərn] (ge-, h) encerar
'**bohr|en** ['-rən] (ge-, h) taladrar, horadar; *Brunnen, Schacht*: perforar; 2**er** m (-s; -) taladro m, barrena f; ⚙ torno m; 2**insel** f plataforma f petrolera; 2**maschine** f taladradora f; 2**turm** m torre f *od* castillete m de sondeo; 2**ung** f (-; -en) perforación f; sondeo m
Boiler ['bɔylər] m (-s; -) termo(sifón) m, calentador m de agua
Boje ['boːjə] f (-; -n) boya f, baliza f
Bolivian|er [boliviˈɑːnər] m (-s; -), ~**erin** f (-; -nen), 2**isch** *adj* boliviano m, -a f
Bolzen ⊚ ['bɔltsən] m (-s; -) perno m
bombardieren [bɔmbarˈdiːrən] (h) bombardear (*a fig*)
Bombe ['-bə] f (-; -n) bomba f; ~**n-anschlag** m atentado m con bomba; ~**r** m (-s; -) bombardero m
Bon [bɔ̃] m (-s; -s) vale m, bono m; (*Kassenzettel*) ticket m
Bonbon [-'bɔ̃] m u n (-s; -s) caramelo m
Bonus ['boːnus] m (-[ses]; -se, Boni) gratificación f
Boot [boːt] n (-[e]s; -e) bote m, barca f; '~**sfahrt** f paseo m en barca; '~**sverleih** m alquiler m de botes
Bord [bɔrt]: **a)** *m* ⚓ *an ~* a bordo; *an ~ gehen* subir a bordo, embarcarse; *über ~ werfen* echar por la borda (*a fig*); **b)** *n* (-[e]s; -e) anaquel m; estante m; '~**computer** m *auto* ordenador m de a bordo *od* de viaje
Bordell [-'dɛl] n (-s; -e) burdel m
Bordkarte ['bɔrt-] ✈ f tarjeta f de embarque
borgen ['bɔrgən] (ge-, h) (*ausleihen*) prestar; (*entleihen*) tomar prestado
Borke ['-kə] f (-; -n) corteza f
Borsalbe ['boːrzalbə] f ungüento m bórico

Börse ['bœrzə] f (-; -n) bolsa f; (Geld≙) monedero m; (Waren≙) lonja f
'**Börsen|bericht** m información f bursátil; **~makler** m corredor m de bolsa
Borste ['bɔrstə] f (-: -n) cerda f
Borte ['-tə] f (-; -n) ribete m; (Tresse) galón m
'**bösartig** ['bøːsʔɑːrtiç] maligno (a ✱); **≙keit** f (-; sin pl) malignidad f
Böschung ['bœʃuŋ] f (-; -en) repecho m; steile: talud m
böse ['bøːzə] malo; (ärgerlich) disgustado, enfadado (auf ac con)
'**bos|haft** ['boːshaft] malicioso; **≙heit** f (-; sin pl) maldad f, malicia f
böswillig ['bøːsvilic] malévolo
Bo'tan|ik [boˈtaːnik] f (-; sin pl) botánica f; **≙isch** botánico
Bote ['boːtə] m (-n; -n) mensajero m; für Gänge: recadero m
'**Botschaft** ['-ʃaft] f (-; -en) mensaje m; pol embajada f; **~er** m (-s; -), **~erin** f (-; -nen) embajador(a f) m
Bouillon [bulˈjɔ̃] f (-; -s) caldo m, consomé m
Boule'vard [buləˈvaːr] m (-s; -s) avenida f; **~presse** f prensa f amarilla
Boutique [buˈtiːk] f (-; -en) boutique f
Bowle [boːlə] f (-; -n) ponche m; (Gefäß) ponchera f
Box [bɔks] f (-; -en) box m; **≙en** (ge-, h) boxear; '**~en** n (-s; sin pl) boxeo m; '**~er** m (-s; -) boxeador m; '**~kampf** m boxeo m
Boy [bɔy] m (-s; -s) Hotel: botones m
Boykott [-ˈkɔt] m (-[e]s; -s) boicot(eo) m; **≙ieren** (h) boicotear
'**Branche** ['brɑ̃ʃə] f (-; -n) ramo m; **~nverzeichnis** n índice m comercial
Brand [brant] m (-[e]s; ⁓e) incendio m; ✱ gangrena f; **in ~ geraten** inflamarse, incendiarse; **in ~ stecken** pegar fuego a; '**~blase** f ampolla f; '**~gefahr** f peligro m de incendio; '**~salbe** f pomada f para quemaduras; '**~schaden** m daño m causado por un incendio; '**~stiftung** f incendio m provocado; **~ung** ['-duŋ] f (-; sin pl) oleaje m; **~wunde** f quemadura f
Branntwein ['brant-] m aguardiente m
Brasilian|er [braziˈljaːnər] m (-s;-), **~erin** f (-; -nen), **≙isch** brasileño m, -a f
'**brat|en** ['brɑːtən] (briet, gebraten, h) asar; in der Pfanne: freír; **≙en** m (-s; -) asado m; **≙fisch** m pescado m frito; **≙huhn** n pollo m asado; **≙kartoffeln** f/pl patatas f/pl doradas; **≙ofen** m horno m; **≙pfanne** f sartén f; **≙rost** m parrilla f
Bratsche ♪ ['-ʃə] f (-; -n) viola f
'**Brat|spieß** m asador m; **~wurst** f salchicha f (frita)
Brauch [braux] m (-[e]s; ⁓e) costumbre f, uso m; **≙bar** et: utilizable, útil; j: apto, útil (**zu**, **für** para); '**≙en** (ge-, h) necesitar; Zeit: tardar; **man braucht nur zu** (inf) no hay más que (inf); '**~tum** n (-s; sin pl) costumbres f/pl
Braue ['brauə] f (-; -n) ceja f
Brauerei [--ˈraɪ] f (-; -en) cervecería f
braun [braun] marrón, pardo; Haut: moreno; Haar: castaño
'**Bräune** ['brɔynə] f (-; sin pl) (Sonnen≙) bronceado m; **≙n** (ge-, h) gastr dorar; tostar; Haut: broncear
'**braun|gebrannt** ['braunɡəbrant] bronceado; **≙kohle** f lignito m
'**Brause** ['brauzə] f (-; -n) ducha f; (Gießkannen≙) roseta f; **~(limonade)** f gaseosa f; **≙n** (ge-, h) Wind: soplar; Sturm, Meer: bramar
Braut [braut] f (-; ⁓e) novia f
Bräutigam ['brɔytigam] m (-s; -e) novio m
'**Brautpaar** ['braut-] n novios m/pl
brav [brɑːf] (ehrenhaft) honrado; (artig) bueno, formal
bravo! ['-voː] ¡bravo!, ¡olé!
'**Brech|durchfall** ['brɛç-] ✱ m colerina f; **≙en** (brach, gebrochen) **1.** v/t (h) romper (a fig Schweigen, Blockade), quebrar; ✱ fracturar; Widerstand: vencer; Wort, Vertrag: faltar a; Gesetz, Frieden: violar; Rekord: superar; **2.** v/i (sn) romperse, quebrarse; (h) (er⁓) vomitar; **mit j-m ~** romper con alg; **~mittel** n vomitivo m; **~reiz** m náuseas f/pl
Brei [braɪ] m (-[e]s; -e) (Kinder≙) papilla f; v Erbsen, Kartoffeln: puré m
breit [braɪt] ancho; **drei Meter ~** tres metros de ancho; **≙e** f (-; -n) anchura f, ancho m; geo latitud f; '**≙engrad** m grado m de latitud; '**≙wand** f pantalla f panorámica
'**Brems|belag** ['brɛms-] m forro m de(l) freno; **~e** ['-zə] f (-; -n) freno m; zo tábano m; **≙en** (ge-, h) frenar (a fig); **~licht** ['-sliçt] n luz f de frenado; **~pe-**

Bremspedal

dal *n* pedal *m* de freno; **~spur** *f* huella *f* de frenado; **~weg** *m* distancia *f* de frenado

'**brenn|bar** ['brɛnbɑːr] combustible, inflamable; **~en** (brannte, gebrannt, h) **1.** *v*/*t Branntwein*: destilar; *Ziegel*: cocer; **2.** *v*/*i* arder, quemar; *Licht*: estar encendido; *Sonne*: abrasar; ✱ escocer; **⁀e'rei** *f* destilería *f*; **⁀holz** *n* leña *f*; **⁀(n)essel** *f* ortiga *f*; **⁀punkt** *m* foco *m*; **⁀spiritus** *m* alcohol *m* de quemar; **⁀stoff** *m* combustible *m*

Brett [brɛt] *n* (-[e]s; -er) tabla *f*; *dickes*: tablón *m*; (*Spiel*⁀) tablero *m*; *Schwarzes* ~ tablón *m* de anuncios

Brezel ['breːtsəl] *f* (-; -n) rosquilla *f*

Brief [briːf] *m* (-[e]s; -e) carta *f*; '**~bogen** *m* pliego *m*; '**~bombe** *f* carta-bomba *f*; '**~freund** *m* amigo *m* por correspondencia; '**~geheimnis** *n* secreto *m* postal; '**~kasten** *m* buzón *m*; '**~kastenfirma** *f* empresa *f* ficticia *od* fantasma; '**~kopf** *m* membrete *m*; (*Anrede*) encabezamiento *m*; '**⁀lich** por escrito *od* carta; '**~marke** *f* sello *m* (postal), *Am* estampilla *f*; '**~markensammler** *m* filatelista *m*; '**~öffner** *m* abrecartas *m*; '**~papier** *n* papel *m* de cartas; '**~porto** *n* franqueo *m*; '**~tasche** *f* cartera *f*; '**~telegramm** *n* telegrama-carta *m*; '**~träger** *m* cartero *m*; '**~umschlag** *m* sobre *m*; '**~wahl** *f* voto *m* por correo; '**~wechsel** *m* correspondencia *f*

Brikett [bri'kɛt] *n* (-s; -s) briqueta *f*

Brillant [bril'jant] *m* (-en; -en), **⁀** *adj* brillante (*m*)

Brille ['brilə] *f* (-; -n) gafas *f*/*pl*; **~nfassung** *f*, **~ngestell** *n* montura *f*

bringen ['brɪŋən] (brachte, gebracht, h) (*her*~) traer; (*fort*~) llevar; (*begleiten*) acompañar; *Opfer*: hacer; *Glück*, *Unglück*: traer; *Film usw*: echar, dar; *fig mit sich* ~ llevar consigo; *es zu et* ~ abrirse camino, hacer carrera; *zum Lachen* (*Schweigen, Sprechen*) ~ hacer reír (callar, hablar)

Brise ['briːzə] *f* (-; -n) brisa *f*

Brit|e ['britə] *m* (-; -), **~in** *f* (-; -nen), **⁀isch** británico *m*, -a *f*

Brocken ['brɔkən] *m* (-s; -) pedazo *m*

Brokkoli ['brɔkoli] *pl* brécoles *m*/*pl*

Brokat [bro'kɑːt] *m* (-[e]s; -e) brocado *m*

Brom ✱ [broːm] *n* (-s; *sin pl*) bromo *m*

'**Brombeer|e** ✱ ['brɔmbeːrə] *f* (zarza)mora *f*; **~strauch** *m* zarza *f*

Bronch|ien ['brɔnçiən] *f*/*pl* bronquios *m*/*pl*; **~itis** [-'çiːtis] *f* (-; -tiden [-çi'tiːdən]) bronquitis *f*

Bronze ['brɔ̃səː] *f* (-; -n) bronce *m*

Brosch|e ['brɔʃə] *f* (-; -n) broche *m*; **~üre** [-'ʃyːrə] *f* (-; -n) folleto *m*

Brot [broːt] *n* (-[e]s; -e) pan *m*

Brötchen ['brøːtçən] *n* (-s; -) panecillo *m*

'**Brot|korb** ['broːt-] *m* panera *f*; **~schneidemaschine** *f* máquina *f* de cortar pan; **~schnitte** *f* rebanada *f* (de pan)

Bruch [brux] *m* (-[e]s; ⸚e) rotura *f*, *fig* ruptura *f*; ✱ fractura *f*, (*Leisten*⁀ *usw*) hernia *f*; ♃ quebrado *m*, fracción *f*; '**~band** *n* (-[e]s; ⸚er) braguero *m*; '**~bude** F *f* chabola *f*, cuchitril *m*

'**Bruch|rechnung** ['bruxrɛçnuŋ] *f* cálculo *m* de fracciones; **~stück** *n* fragmento *m*; **~teil** *m* fracción *f*; **~zahl** *f* número *m* quebrado

Brücke ['brykə] *f* (-; -n) puente *m* (*a Zahn*⁀)

Bruder ['bruːdər] *m* (-s; ⸚) hermano *m* (*a rel*)

brüderlich ['bryːdərlɪç] fraternal

'**Brüh|e** ['bryːə] *f* (; -n) caldo *m*; **~würfel** *m* cubito *m* de caldo

brüllen ['brylən] (ge-, h) bramar (*a Stier*); *Rind*: mugir; *j*: vociferar

'**brumm|en** ['brumən] (ge-, h) gruñir, rezongar; (*summen*) zumbar; **~ig** gruñón, regañón, rezongón

brünett [bry'nɛt] moreno

Brunft [brunft] *f* (-; ⸚e) brama *f*

'**Brunnen** ['brunən] *m*(-s; -) pozo *m*; (*Quelle*) fuente *f*; **~kresse** ✱ *f* berro *m*

Brunst [brunst] *f* (-; ⸚e) celo *m*

brüsk [brysk] brusco

Brust [brust] *f* (-; ⸚e) pecho *m*; (*Geflügel*⁀) pechuga *f*; '**~bein** *n* esternón *m*; '**~bild** *n* retrato *m* de medio cuerpo

brüsten ['brystən] (ge-, h): *sich* ~ pavonearse, jactarse (*mit* de)

'**Brust|fell** ['brustfɛl] *n* pleura *f*; **~fell-entzündung** *f* pleuresía *f*; **~korb** *m* tórax *m*; **~krebs** *m* cáncer *m* de mama; **~schwimmen** *n* braza *f*

Brüstung ['brystuŋ] *f* (-; -en) parapeto *m*, baranda *f*

'**Brust|warze** ['brustvartsə] *f* pezón *m*; **~weite** *f* perímetro *m* torácico

Brut ['bru:t] *f* (-; -en) cría *f*; (*sin pl*) (*Brüten*) incubación *f*; *fig desp* engendro *m*

brutal [bru'tɑ:l] brutal

brüten ['bry:tən] *v/t u v/i* (ge-, h) empollar, incubar

Brutkasten ['bru:t-] *m* incubadora *f*

'**brutto** ['bruto] bruto; ≈**einkommen** *n* ingresos *m/pl* brutos; ≈**sozialprodukt** *n* producto *m* nacional bruto

Bub ['bu:p] *m* (-en; -en) muchacho *m*; ~**e** ['-bə] *m* (-n; -n) (*Karte*) sota *f*

Buch [bu:x] *n* (-[e]s; ⁓er) libro *m*; '~**binder** *m* (-s; -) encuadernador *m*; ~**drucke'rei** *f* (taller *m* de) imprenta *f*

Buche ['bu:xə] *f* (-; -n) haya *f*

'**buchen** (ge-, h) ✝ (a)sentar, contabilizar; *Flug, Hotel usw*: reservar

'**Bücher|brett** ['by:çər-] *n* estantería *f*; ~**ei** [--'raɪ] *f* (-; -en) biblioteca *f*; ~**regal** *n* estantería *f*, librería *f*; ~**schrank** *m* armario *m* para libros

'**Buch|führung** ['bu:x-] *f* teneduría *f* de libros; ~**halter** *m* (-s; -), ~**halterin** *f* (-; -nen) contable *su*; ~**haltung** *f* contabilidad *f*; ~**handel** *m* comercio *m* de libros; ~**händler(in** *f*) *m* librero *m*, -a *f*; ~**handlung** *f* librería *f*; ~**prüfer** *m* revisor *m* de cuentas

Büchse ['byksə] *f* (-; -n) caja *f*, bote *m*; (*Blech*≈) lata *f*; (*Gewehr*) rifle *m*; ~**nfleisch** *n* carne *f* en conserva; ~**nmilch** *f* leche *f* condensada; ~**n-öffner** *m* abrelatas *m*

Buch|stabe ['bu:xʃta:bə] *m* (-s; -) letra *f*, carácter *m*; *großer* ~ mayúscula *f*; *kleiner* ~ minúscula *f*; ≈**stabieren** [-ʃta-'bi:rən] (h) deletrear

Bucht [buxt] *f* (-; -en) bahía *f*, ensenada *f*; *kleine*: abra *f*, cala *f*

'**Buchung** ['bu:xuŋ] *f* (-; -en) ✝ asiento *m*; *Reise usw*: reserva *f*; ~**sbestätigung** *f* confirmación *f* de la reserva; ~**smaschine** *f* contabilizadora *f*

Buckel ['bukəl] *m* (-s; -) joroba *f*, giba *f*

bück|en ['bykən] (ge-, h): *sich* ~ bajarse, agacharse; ≈**ling** ['-lɪŋ] *m gastr* (-s; -e) arenque *m* ahumado

Bude ['bu:də] *f* (-; -n) puesto *m*, caseta *f*; F (*Zimmer*) cuarto *m*

Budget [by'dʒe:] *n* (-s; -s) presupuesto *m*

Büfett [by'fe:] *n* (-s; -s) (*Möbel*) aparador *m*; (*Schanktisch*) mostrador *m*; *kaltes* ~ bu(f)fet *m* frío

'**Büff|el** ['byfəl] *m* (-s; -) *zo* búfalo *m*; ≈**eln** F (ge-, h) empollar

Bug ⚓ [bu:k] *m* (-[e]s; *raro* -e) proa *f*

'**Bügel** ['by:gəl] *m* (-s; -) (*Kleider*≈) colgador *m*, percha *f*; (*Brillen*≈) varilla *f*; ~**brett** *n* tabla *f* de planchar; ~**eisen** *n* plancha *f*; ~**falte** *f* raya *f* (del pantalón); ≈**frei** no necesita plancha; ≈**n** (ge-, h) planchar

Bühne ['by:nə] *f* (-; -n) escenario *m*, escena *f*; *fig* teatro *m*

Bühnen|bild *n* escenografía *f*, decorado *m*; ~**bildner** *m* (-s; -) escenógrafo *m*

Bulgar|e [bul'gɑ:rə] *m* (-n; -n), ~**in** *f* (-; -nen), ≈**isch** búlgaro *m*, -a *f*

'**Bull|auge** ⚓ ['bul?-] *n* portilla *f*; ojo *m* de buey; ~**e** ['-lə] *m* (-n; -n) *zo* toro *m*; F *desp* polizonte *m*, P bofia *m*

'**Bummel** F ['buməl] *m* (-s; -) paseíto *m*; *e-n* ~ *machen* dar un garbeo; ≈**n** (ge-, h) (*trödeln*) remolonear, ser lento; (sn) ~ *gehen* irse de juerga; (*durch die Straßen*) ~ callejear; ~**streik** *m* huelga *f* de celo; ~**zug** 🚂 *m* tren *m* botijo

bumsen ['-zən] (ge-, h) *vulgär*: joder

Bund [bunt] *m*: **a)** *m* (-[e]s; ⁓e) unión *f*; *pol* alianza *f*; (con)federación *f*; (*Hosen*≈) pretina *f*; **b)** *n* (-[e]s; -e) haz *m*; (*Schlüssel*) manojo *m*

'**Bündel** ['byndəl] *n* (-s; -) lío *m*; (*Kleider*≈) hato *m*; (*Banknoten*) fajo *m*

'**Bundes|bank** ['bundəs-] *f* (-; *sin pl*) Banco *m* Federal; ~**kanzler** *m* canciller *m* federal; ~**liga** *f dep* primera división *f*; ~**republik** *f* República *f* Federal; ~**staat** *m* Estado *m* federal; ~**wehr** *f* fuerzas *f/pl* armadas de la República Federal

Bündnis ['byntnɪs] *n* (-ses; -se) alianza *f*

Bungalow ['buŋgaloː] *m* (-s; -s) bungalow *m*, chalet *m*

bunt [bunt] en *od* de colores, multicolor; ≈**stift** *m* lápiz *m* de color

Burg [burk] *f* (-; -en) castillo *m*

'**Bürge** ['byrgə] *m* (-n; -n) fiador *m*, garante *m*; ≈**n** (ge-, h) responder (*für j-n* por; *für et* de); garantizar (*ac*)

'**Bürger** ['byrgər] *m* (-s; -), ~**in** *f* (-; -nen) (*Staats*≈) ciudadano *m*, -a *f*; *pol* burgués *m*, -esa *f*; ~**initiative** *f* iniciativa *f* ciudadana; ~**krieg** *m* guerra *f* civil; ≈**lich** civil (*a* ⚖), cívico, *pol* burgués; ~**e Küche** cocina *f* casera; ~**meister(in**

Bürgersteig

f) *m* alcalde(sa *f*) *m*; ~**steig** *m* acera *f*; ~**tum** *n* (-s; *sin pl*) burguesía *f*
Bürgschaft ['byrkʃaft] *f* (-; -en) fianza *f*, caución *f* (*leisten* dar, prestar); garantía *f*
Bü'ro [by'roː] *n* (-s; -s) oficina *f*; despacho *m*; ~**angestellte** *m/f* (-n; -n) oficinista *su*; ~**arbeit** *f* trabajo *m* de oficina; ~**bedarf** *m* material *m* de oficina; ~**klammer** *f* sujetapapeles *m*, clip *m*
Bürokrat [-ro'krɑːt] *m* (-en; -en) burócrata *m*; ~**ie** [--krɑ'tiː] *f* (-; -en) burocracia *f*; 2**isch** [--'krɑːtiʃ] burocrático
Bursche ['burʃə] *m* (-n; -n) mozo *m*
'**Bürste** ['byrstə] *f* (-; -n) cepillo *m*; 2**n** (ge-, h) cepillar
Bus [bus] *m* (-ses; -se) autobús *m*; (*Reise*2) autocar *m*; (*Überland*2) coche *m* de línea; '~**bahnhof** *m* terminal *f* de autobuses
Busch [buʃ] *m* (-[e]s; ⸚e) mata *f*, arbusto *m*
Büschel ['byʃəl] *n* (-s; -) mechón *m*; *Gras usw*: manojo *m*

Buschmesser ['buʃ-] *n* machete *m*
'**Busen** ['buːzən] *m* (-s; -) pecho *m*; *fig* seno *m*; ~**freund** *m* amigo *m* íntimo
'**Bus**|**fahrer(in** *f*) ['bus-] *m* conductor(a *f*) *m* de(l) autobús; ~**haltestelle** *f* parada *f* de autobuses
Buße ['buːsə] *f* (-; -n) penitencia *f*; (*Geld*2) multa *f*
büßen ['byːsən] (ge-, h) expiar (*für et* a/c); *fig* pagar
'**Buß**|**geld** ['buːs-] *n* multa *f*; ~ **u Bettag** *m* día *m* de oración y penitencia
Büste ['bystə] *f* (-; -n) busto *m*; ~**nhalter** *m* sujetador *m*
Busverbindung ['bus-] *f* servicio *m* de autobuses
'**Butter** ['butər] *f* (-; *sin pl*) mantequilla *f*, *Am* manteca *f*; ~**brot** *n* pan *m* con mantequilla; ~**brotpapier** *n* papel *m* parafinado; ~**dose** *f* mantequera *f*; ~**milch** *f* sucro *m* de manteca
Byte ['baɪt] *n* (-[s]; -[s]) byte *m*

C

C, c [tseː] *n* (-; -) C, c *f*; ♪ do *m*; **C-Dur** do *m* mayor; **c-Moll** do *m* menor.
Café [ka'feː] *n* (-s; -s) café *m*
Cafeteria *f* [kafetə'riːa] *f* (-; -s, -rien) cafetería *f*
'**camp**|**en** ['kɛmpən] (ge-, h) acampar, hacer camping; 2**er** *m* (-s; -) campista *m*; 2**ing** ['-piŋ] *n* (-s; *sin pl*) camping *m*; 2**ingbus** *m* autocaravana *f*; 2**ingplatz** *m* (terreno *m* de) camping *m*
Cape [keːp] *n* (-s; -s) capa *f*
Cello ['tʃɛlo] *n* (-s; -s, -li) violonc(h)elo *m*
Celsius ['tsɛlzjus]: *Grad* ~ grado(s) *m* (*pl*) centígrado(s)
Champagner [ʃam'panjər] *m* (-s; -) champaña *m*, champán *m*
Champignon ['-pinjõ] *m* (-s; -s) champiñón *m*
'**Chance** ['ʃɑ̃sə] *f* (-; -n) posibilidad *f*, oportunidad *f*; ~**ngleichheit** *f* igualdad *f* de oportunidades

Chao|**s** ['kɑːɔs] *n* (-; *sin pl*) caos *m*; 2**tisch** [ka'oːtiʃ] caótico
Charakter [ka'raktər] *m* (-s; -tere [--'teːrə]) carácter *m*; 2'**istisch** característico (*für* de)
charm|**ant** [ʃar'mant] encantador; 2**e** [ʃarm] *m* (-[e]s; *sin pl*) encanto *m*, atractivo *m*
'**Charter** ['tʃartər] *m* (-s; -s) fletamento *m*; ~**flug** *m* vuelo *m* chárter; ~**gesellschaft** *f* compañía *f* chárter; ~**maschine** *f* avión *m* chárter; 2**n** (ge-, h) fletar
Chauffeur [ʃo'føːr] *m* (-s; -e) conductor *m*, chófer *m*
Chef [ʃɛf] *m* (-s; -s) jefe *m*; '~**arzt** médico *m* jefe; ~**in** *f* (-; -nen) jefa *f*; ~**redakteur** *m* redactor *m* jefe; ~**sekretärin** *f* secretaria *f* de dirección
Che'mie [çe'miː] *f* (-; *sin pl*) química *f*; ~**faser** *f* fibra *f* sintética
Chem|**ikalien** [-mi'kɑːljən] *f/pl* productos *m/pl* químicos; ~**iker** ['çeːmikər] *m*

(-s; -), **~ikerin** f (-; -nen), **2isch** químico m, -a f

Chicorée ['ʃikore:] f (-; sin pl) endibia f

Chiffr|e ['ʃifər, 'ʃifrə] f (-; -n) cifra f; **2ieren** [-'fri:rən] (h) cifrar

Chilen|e [tʃi'le:nə] m (-n; -n), **~in** f (-n; -nen), **2isch** chileno m, -a f

Chines|e [çi'ne:zə] m (-n; -n), **~in** f (-; -nen), **2isch** chino m, -a f

Chinin 🕭 [-'ni:n] n (-s; sin pl) quinina f

Chip ['tʃip] m (-s; -s) inform: chip m; gastr **~s** pl patatas f/pl fritas

Chirurg [çi'rurk] m (-en; -en) cirujano m; **~ie** [--'gi:] f (-; sin pl) cirugía f; **~in** [-'rurgin] f (-; -nen) cirujana f; **2isch** [-'-giʃ] quirúrgico

Chlor 🕭 [klo:r] n (-s; sin pl) cloro m

Cholera 🕭 ['koləra] f (-; sin pl) cólera m

Cholesterin 🕭 [-lɛstə'ri:n] n (-s; sin pl) colesterol m

Chor [ko:r] m (-[e]s; ⁿe) coro m; **~eographie** ['koreogra'fi:] f (-; -n) coreografía f

Christ [krist] m (-en; -en) cristiano m; **'~baum** m árbol m de Navidad; **'~enheit** f (-; sin pl) cristiandad f; **'~entum** n (-s; sin pl) cristianismo m; **'~fest** n (fiesta f de) Navidad f; **'~in** f (-; -nen) cristiana f; **'~kind** n Niño m Jesús; **2lich** cristiano; **~us** ['-tus] m (-ti; sin pl) Cristo m. Jesucristo m

Chrom 🕭 [kro:m] n (-s; sin pl) cromo m

Chromosom [kromo'zo:m] n (-s; -e) cromosoma m

'Chron|ik ['kro:nik] f (-; -en) crónica f; **2isch** crónico; **2ologisch** [krono'lo:giʃ] cronológico

circa ['tsirka] s **zirka**

'Clique ['klikə] f (-; -n) pandilla f; camarilla f; **~nwirtschaft** f pandillaje m, nepotismo m

Clown [klaun] m (-s; -s) payaso m

Cocktail ['kɔkte:l] m (-s; -s) cóctel m, combinado m

Code [ko:d] m (-s; -s) código m; clave f

Comic ['kɔmik] m (-s; -s) cómic m

Com'puter [-'pju:tər] m (-s; -) computadora f, ordenador m; **~-ausdruck** m listado m del ordenador; **2gesteuert** [-'--gəʃtɔʏərt] con control por ordenador; **2gestützt** [-'--gəʃtʏtst] asistido por computador(a); **2i'sieren** (h) computerizar; **~kriminalität** f delincuencia f informática; **~spiel** n juego m electrónico; **~steuerung** f control m por ordenador

Con'tainer [kɔn'te:nər] m (-s; -) contenedor m; **~schiff** n buque m portacontenedores

Copyright [kɔpi'rait] n (-s; -s) copyright m

Cord [kɔrt] m (-s; sin pl) pana f

Couch [kautʃ] f (-; -es, -en) sofá m

Coupé [ku'pe:] n (-s; -s) auto cupé m

Coupon [-'põ] m (-s; -s) cupón m

Cousin [ku'zɛ̃] m (-s; -s) primo m; **~e** [-'zi:nə] f (-; -n) prima f

Cowboy ['kaubɔʏ] m (-s; -s) vaquero m

Creme [krɛ:m] f (-; -s) crema f; fig **die ~** la flor y nata

Croupier [kru'pje:] m (-s; -s) cr(o)upier m

D

D, d [de:] n (-; -) D, d f; ♪ re m; **D-Dur** re m mayor; **d-Moll** re m menor

da [da:] **1.** adv **a)** örtlich: (dort) ahí, allí; (hier) aquí; **nichts ~!** ¡nada de eso!; **b)** zeitlich: entonces; **von ~ an** desde entonces; **2.** cj (weil) porque; **~ (ja)** como, puesto que, ya que

da'bei [da'bai] (nahe) cerca, junto; (außerdem) además; (doch) sin embargo; con todo eso; **~ sn zu** (inf) estar a punto de; estar (ger); **er bleibt ~** insiste en ello; **~sein** (irr, sep, -ge-, sn, → **sein**) asistir (**bei** a), participar (en)

dableiben ['da:blaibən] (irr, sep, -ge-, sn, → **bleiben**) quedarse

Dach [dax] n (-[e]s; ⁿer) tejado m; techo m; **'~boden** m desván m; **~decker** ['-dɛkər] m (-s; -) tejador m; **'~gepäck-**

Dachgepäckträger 326

träger *m auto* baca *f*; '**~geschoß** *n* ático *m*; '**~gesellschaft** *f* holding *m*; '**~pappe** *f* cartón *m* piedra; '**~rinne** *f* canalón *m*; '**~verband** *m* organización *f* central; '**~ziegel** *m* teja *f*
Dackel ['dakəl] *m* (-s; -) (perro *m*) pachón *m*
dadurch [da'durç, 'dɑːdurç] así, de es(t)e modo; **~, daß** debido a que
dafür [da'fyːr, 'dɑːfyr] por es(t)o; (*Tausch*) en cambio; (*Belohnung*) en recompensa; (*Zweck*) para eso; **~ sn** estar a *od* en favor de; *ich kann nichts ~* no es culpa mía
dagegen [da'geːgən] contra eso; (*Vergleich*) comparado con eso; **~ sn** estar en contra; *nichts ~ haben* no tener inconveniente
daheim [-'haim] en casa
daher ['dɑːheːr, da'heːr] **1.** *adv* de allí; de ahí; **2.** *cj* por eso, por lo tanto
dahin ['dɑːhin, da'hin] (hacia) allí; *bis ~* hasta allí; *zeitlich*: hasta entonces
da'hinter detrás
damals ['dɑːmɑːls] (en aquel) entonces
Dame ['dɑːmə] *f* (-; -n) señora *f*; *Schach*: reina *f*; *Brettspiel*: dama *f*; *Spielkarte*: caballo *m*; *junge ~* señorita *f*, **~ spielen** jugar a las damas
'**Damen|bekleidung** *f* ropa *f* de señoras; **~binde** *f* compresa *f*; **~doppel** (**~einzel**) *n Tennis*: doble *m* (individual *m*) femenino; **~friseur** *m* peluquero *m* para señoras; **~mode** *f* moda *f* femenina; **~moden** *f/pl* modas *f/pl* para señoras; **~toilette** *f* servicio *m* de señoras
damit [da'mit] **1.** *adv* (*a* 'dɑːmit) con eso; **2.** *cj* para que (*subj*)
dämlich F ['dɛːmliç] imbécil, tonto
Damm [dam] *m* (-[e]s; ⁓e) dique *m*; (*Erd⁓*) terraplén *m*
Dämmerung ['dɛmərun] *f* (-; *sin pl*) crepúsculo *m*; *in der ~* entre dos luces
Dampf [dampf] *m* (-[e]s; ⁓e) vapor *m*; (*Dunst*) vaho *m*; **⁓en** (ge-, h) echar humo
dämpfen ['dɛmpfən] (ge-, h) *Stimme*: bajar; ⊙ amortiguar (*a Stoß, Schall usw*)
'**Dampf|er** ['dampfər] *m* (-s; -) vapor *m*; **~erfahrt** *f* viaje *m* en barco (de vapor); **~kessel** *m* caldera *f*; **~kochtopf** *m* olla *f* exprés *od* de vapor; **~maschine** *f* máquina *f* de vapor; **~schiff** *n* vapor *m*
danach [da'nɑːx, 'dɑːnɑːx] *zeitlich*: después (de esto), luego
Däne ['dɛːnə] *m* (-n; -n) danés *m*
da'neben [da'neːbən] junto, cerca, al lado; (*außerdem*) además; **~gehen** (*irr, sep*, -ge-, sn, → *gehen*) F fracasar, fallar
'**Dän|in** ['dɛːnin] *f* (-; -nen) danesa *f*; **⁓isch** danés
Dank [daŋk] **1.** *m* (-[e]s; *sin pl*) gracias *f/pl*; agradecimiento *m*; *vielen ~!* ¡muchas gracias!; **2.** **⁓** *prp* (*dat od gen*) gracias a; '**⁓bar** agradecido; **⁓en** (ge-, h): *j-m für et ~* dar las gracias a alg por a/c, agradecer a/c a alg; *danke (sehr)!* ¡(muchas) gracias!; '**~schreiben** *n* carta *f* de agradecimiento
dann [dan] luego, después; (*daraufhin*) entonces; **~ und wann** de vez en cuando
daran [da'ran, 'dɑːran] en ello; *dicht (od nahe) ~* muy cerca; *nahe ~ sn, zu (inf)* estar a punto de (*inf*); *ich bin dran* es mi turno, me toca a mí
darauf [da'rauf, 'dɑːrauf] **1.** *zeitlich*: después (de esto), luego; *ein Jahr ~* un año después; *am Tage ~* al día siguiente; **2.** *örtlich*: encima; **~hin** ['--'hin] a lo cual, en vista de ello; (*dann*) entonces
daraus [da'raus, 'dɑːraus] de ahí, de eso
Darbietungen ['dɑːrbituŋən] *f/pl* programa *m*
darin [da'rin, 'dɑːrin] en eso; dentro
'**darleg|en** ['dɑːrleːgen] (*sep*, -ge-, h) exponer, explicar; **⁓ung** *f* (-; -en) explicación *f*, exposición *f*
'**Darlehen** ['-leːən] *n* (-s; -) préstamo *m*; **~summe** *f* importe *m* del préstamo
Darm [darm] *m* (-[e]s; ⁓e) intestino *m*
'**darstell|en** ['dɑːr-] (*sep*, -ge-, h) representar; *teat a* interpretar; (*beschreiben*) describir; **⁓er** *m* (-s; -) *teat* actor *m*, intérprete *m*; **⁓erin** *f* (-; -nen) actriz *f*, intérprete *f*; **⁓ung** *f* (-; -en) representación *f*; *teat a* interpretación *f*; (*Beschreibung*) descripción *f*
darüber [da'ryːbər, 'dɑːryːbər] sobre eso; *örtlich*: encima
darum [da'rum, 'dɑːrum] *cj* por es(t)o
darunter [da'runtər] (por) debajo; (*weiter unten*) más abajo; (*dazwischen*) entre ellos
das [das] es(t)o, ello, aquello; **~ alles** todo es(t)o; **~, was** lo que

dasein ['dɑːzaɪn] (*irr, sep*, -ge-, sn, → **sein**) estar presente, haber venido; (*vorhanden sn*) existir
daß [das] que; **so ~** de modo que
Datei [da'taɪ] *f* (-; -en) fichero *m* de datos
'**Daten** ['dɑːtən] *pl* datos *m/pl*; **~bank** *f* (-; -en) banco *m* de datos; **~material** *n* datos *m/pl*; **~schutz** *m* protección *f* de datos; **~träger** *m* portador *m* de datos; **~typist** *m* (-en; -en), **~typistin** *f* (-; -nen) perforista *su*; **~verarbeitung** *f* proceso *m* (*od* tratamiento *m*) de datos (**elektronische** electrónico)
datieren [da'tiːrən] (h) fechar; datar (*von* de)
Dativ ['dɑːtiːf] *m* (-s; -e) dativo *m*
'**Dattel** ['datəl] *f* (-; -n) dátil *m*; **~palme** *f* palmera *f* datilera
'**Datum** ['dɑːtum] *n* (-s; *pl* Daten) fecha *f*; **~s-angabe** *f* indicación *f* de la fecha; **~(s)stempel** *m* fechador *m*
'**Dauer** ['daʊər] *f* (-; *sin pl*) duración *f*; (*Fort~*) continuidad *f*; **auf die ~** a la larga; **~arbeitslosigkeit** *f* paro *m* permanente; **~auftrag** *m* orden *f* permanente; **~haft** duradero; *Stoff*: resistente; **~karte** *f* abono *m*; pase *m*; **~n** (ge-, h) durar; *lange ~* tardar mucho; **~nd** continuo, permanente; **~welle** *f* permanente *f*
'**Daumen** ['-mən] *m* (-s; -) pulgar *m*; *fig* **j-m den ~ halten** desear suerte a alg, hacer votos por alg
'**Daune** ['daʊnə] *f* (-; -n) plumón *m*; **~ndecke** *f* edredón *m*
da'von [da'fɔn] de ello, de esto; **~kommen** (*irr, sep*, -ge-, sn, → **kommen**) escapar; *mit dem Leben ~* salir con vida; **~laufen** (*irr, sep*, -ge-, sn, → **laufen**) echar a correr, huir
davor [-'foːr] delante
da'zu [-'tsuː] a esto; (*Zweck*) para esto, con este fin; (**noch**) **~** además; **nicht ~ kommen** no tener tiempo (para ello); **~gehören** (*sep*, h): **~ zu** formar parte de; **~kommen** (*irr, sep*, -ge-, sn, → **kommen**) *et*: sobrevenir; (**noch**) **~** añadirse
dazwischen [-'tsvɪʃən] entre (*od* en medio de) ellos *bzw* esto; de por medio
Debatte [de'batə] *f* (-; -n) debate *m*, discusión *f*
Deck ⚓ [dɛk] *n* (-s; -s) cubierta *f*
Decke ['dɛkə] *f* (-; -n) cubierta *f*; *wollene*: manta *f*; (*Bett~*) colcha *f*; (*Tisch~*) mantel *m*; (*Zimmer~*) techo *m*
Deckel ['-kəl] *m* (-s; -) tapa *f*, tapadera *f*
'**deck|en** ['-kən] (ge-, h) cubrir (a ✝, ⚔, *zo*); *Tisch*: poner; *dep* marcar; **~ung** *f* (-; *sin pl*) cobertura *f*, provisión *f* de fondos; *dep* marcaje *m*
Decoder [di'koʊdər] *m* (-s; -) *TV* descodificador *m*
defekt [de'fɛkt] **1.** *adj* defectuoso; (*beschädigt*) deteriorado; **2. ♀** *m* (-[e]s; -e) defecto *m*; desperfecto *m*
Defensive [-fɛn'ziːvə] *f* (-; *sin pl*) defensiva *f*
defin|ieren [-fi'niːrən] (h) definir; **♀ition** [--ni'tsjoːn] *f* (-; -en) definición *f*
Defizit ['deːfitsit] *n* (-s; -e) déficit *m*
Degen ['deːɡən] *m* (-s; -) espada *f*
degradieren [deɡra'diːrən] (h) degradar
dehn|en ['deːnən] (ge-, h) dilatar, extender; **♀ung** *f* (-; -en) dilatación *f*, extensión *f*
Deich [daɪç] *m* (-[e]s; -e) dique *m*
dein [daɪn] tu; **der ~e** (el) tuyo; **~erseits** ['-nərzaɪts] por tu parte; **~esgleichen** ['-nəsɡlaɪçən] tu(s) igual(es); **~etwegen** por ti; (*negativ*) por tu culpa
Dekan [de'kɑːn] *m* (-s; -e) decano *m*
Deklination [-klina'tsjoːn] *f* (-; -en) declinación *f*
Dekor|ateur [-kora'tøːr] *m* (-s; -e) decorador *m*; **~ation** [---'tsjoːn] *f* (-; -en) decoración *f*; *teat* decorado *m*
Dele|gation [-leɡa'tsjoːn] *f* (-; -en) delegación *f*; **~'gierte** *m/f* (-n; -n) delegado *m*, -a *f*
Delika'tesse [delika'tɛsə] *f* (-; -n) (*Speise*) manjar *m* *od* plato *m* exquisito; **~ngeschäft** *n* tienda *f* de comestibles finos
Delikt [-'lɪkt] *n* (-s; -e) delito *m*
Delphin [dɛl'fiːn] *m* (-s; -e) delfín *m*
Delta ['-ta] *n* (-s; -s) delta *m*
Dementi [de'mɛnti] *n* (-s; -s) mentís *m*
'**dem|entsprechend** ['deːmʔɛnt'ʃprɛçənt] conforme a eso; en consecuencia; **~nach** según eso; **~nächst** dentro de poco
Demokrat [demo'krɑːt] *m* (-en; -en) demócrata *m*; **~ie** [--krɑ'tiː] *f* (-; -n) democracia *f*; **♀isch** [--'krɑːtɪʃ] democrático; (*Person*) demócrata
demolieren [--'liːrən] (h) demoler
Demonstr|ant [-mɔn'strant] *m* (-en; -en)

manifestante *m*; **~ation** [--stra'tsjo:n] *f* (-; -en) demonstración *f*; *pol* manifestación *f*; **2'ieren** (h) demostrar; *pol* manifestarse

'**demütig** ['de:myrtiç] humilde; **~en** ['---gən] (ge-, h) humillar; **2ung** *f* (-; -en) humillación *f*

'**denk|bar** ['dɛŋkbaːr] imaginable; **~en** (dachte, gedacht, h) pensar (*an ac* en); **sich et ~** figurarse, imaginarse; **ich denke nicht daran!** ¡ni pensarlo!: **~ Sie nur!** ¡imagínese!

'**Denkmal** *n* (-[e]s; -̈er) monumento *m*; **~(s)schutz** *m* (-es; *sin pl*): **unter ~ stellen** declarar monumento nacional

'**denk|würdig** memorable; **2zettel** *m* (-s; -) lección *f*

den|n [dɛn] pues, porque; **mehr ~ je** más que nunca; **~noch** ['-nɔx] sin embargo, no obstante, a pesar de todo

Denunz|iant [denun'tsjant] *m* (-en; -en) delator *m*, denunciante *m*; **2'ieren** (h) delatar, denunciar

Deo ['deo] *n* (-s; -s), **Deodorant** [deʔodo'rant] *n* (-s; -s, -e) desodorante *m*

Depo'nie [-po'ni:] *f* (-; -en) vertedero *m* (de basuras)

Dopot ['poɪ] *n* (ɒ; ɒ) depósito *m*

Depres|sion [-prɛ'sjoːn] *f* (-; -en) depresión *f* (*a* ✝); **~siv** [--'siːf] depresivo

der, die, das [deːr, diː, das] **1.** *Artikel*: el, la, lo; **2.** *Relativpronomen*: que, quien; el (la) que, el (la) cual

derartig ['deːrʔaːrtiç] tal, semejante

derb [dɛrp] (*grob*) rudo, grosero

deren ['deːrən] cuyo (-a); del cual, de la cual

der'gleichen tal, semejante

der-, die-, dasjenige ['deːr-, 'diː-, 'dasjeːnigə] el, la, lo que

dermaßen ['-maːsən] tanto; *vor adj u adv*: tan

der-, die-, dasselbe [deːr-, diː-, 'daszɛlbə] el mismo, la misma, lo mismo (**wie** que)

Desert|eur [dezɛr'tøːr] *m* (-s; -e) desertor *m*; **2'ieren** (sn) desertar

des|gleichen [dɛs'glaiçən] igualmente, asimismo; '**~halb** por eso

De'sign [di'zain] *n* (-s; -s) diseño *m*; **~er** *m* (-s; -), **~erin** *f* (-; -nen) diseñador(a *f*) *m*

Desinfektion [dɛsʔinfɛk'tsjoːn] *f* (-; -en) desinfección *f*; **~smittel** *n* desinfectante *m*

desinfi'zieren (h) desinfectar

Desktop publishing ['dɛsktɔp 'pabliʃiŋ] *n* (-; *sin pl*) desktop publishing *m*

dessen ['dɛsən] *s* **deren**; **~'ungeachtet** no obstante

Dessert [dɛ'sɛːr] *n* (-s; -s) postre *m*

destillieren [dɛsti'liːrən] (h) destilar

desto ['-to] tanto; **~ besser!** ¡(tanto) mejor!

deswegen ['-veːgən] por eso

Detail [de'taj] *n* (-s; -s) detalle *m*, pormenor *m*

Detektiv [dɛtɛk'tiːf] *m* (-s; -e) detective *m*

'**deut|en** ['dɔytən] (ge-, h) **1.** *v/t* interpretar; **2.** *v/i* **~ auf** (*ac*) indicar, señalar; **~lich** distinto, claro; **2lichkeit** *f* (-; *sin pl*) claridad *f*

deutsch [dɔytʃ] alemán (**auf** en); '**2e** *m/f* (-n; -n) alemán *m*, -ana *f*

Deutung ['-tuŋ] *f* (-; -en) interpretación *f*

De'visen [de'viːzən] *pl* divisas *f/pl*; **~kontrolle** *f* control *m* de divisas; **~kurs** *m* cotización *f* de moneda extranjera

Dezember [-'tsɛmbər] *m* (-[s]; *raro* -) diciembre *m*

dezent [-'tsɛnt] decoroso; *Farbe, Kleid*: discreto

Dia ['diːa] *n* (-s; -s) diapositiva *f*

Diabet|es ✱ [dia'beːtɛs] *m* (-; *sin pl*) diabetes *f*; **~iker** [--'-tikər] *m* (-s; -) diabético *m*

Diagnose [--'gnoːzə] *f* (-; -n) diagnóstico *m*

diagonal, **2e** *f* [--goˈnaːl(ə)] (-; -n) diagonal (*f*)

Diagramm [--'gramm] *n* (-s; -e) diagrama *m*

Dialekt [--'lɛkt] *m* (-[e]s; -e) dialecto *m*

Dialog [--'loːk] *m* (-s; -e) diálogo *m*

Diamant [--'mant] *m* (-n; -n) diamante *m*

Diapositiv [--pozi'tiːf] *n* (-s; -e) diapositiva *f*

Diät [di'ɛːt] *f* (-; -en) dieta *f*, régimen *m* (**halten** observar); **~en** *pl* dietas *f/pl*

dich [diç] te; *betont*: (a) ti

dicht [diçt] denso; *Gebüsch, Haar, Gewebe*: tupido, espeso; (*undurchlässig*) impermeable; **~ bei, ~ an** (muy) cerca de; '**~en** (ge-, h) *v/i* hacer versos; '**2er** *m* (-s; -) poeta *m*, '**2erin** *f* (-; -nen) poetisa *f*; '**2ung** *f* (-; -en) poesía *f*; ⊙ junta *f*

dick [dik] grueso; (*beleibt*) gordo; (*geschwollen*) hinchado; **~ werden** *Person*:

engordar; '⁓flüssig espeso; '⁓kopf m, ⁓köpfig ['kœpfiç] cabezudo (m)
die [di:] s der
Dieb [di:p] m (-[e]s; -e) ladrón m; ⁓in ['-bin] f (-; -nen) ladrona f; ⁓stahl ['di:ʃtɑ:l] m (-[e]s; ⁻e) robo m, hurto m; '⁓stahlversicherung f seguro m contra el robo
Diele ['-lə] f (-; -n) (*Vorraum*) vestíbulo m, zaguán m
dien|en ['-nən] (ge-, h) servir (*als* de; *zu* para); er m (-s; -) criado m
Dienst [di:nst] m (-es; -e) servicio m; *außer* ⁓ (*Abk* **a D**) jubilado, ⚔ retirado; ⁓ *haben* estar de servicio; *j-m e-n (schlechten)* ⁓ *erweisen* hacer un favor (un flaco servicio) a alg
Dienstag ['-tɑ:k] m (-s; -e) martes m
'Dienst|alter ['di:nstʔ-] n antigüedad f; bereit *Apotheke*: de guardia; ⁓boten m/pl servidumbre f; frei libre (de servicio); ⁓grad ⚔ m grado m
'Dienstleistung f (prestación f de) servicio m; ⁓sgewerbe n sector m de servicio; ⁓s-unternehmen n empresa f de servicios
'dienst|lich oficial, de oficio; mädchen n criada f; reise f viaje m oficial; stelle f delegación f, negociado m; stunden f/pl horas f/pl de servicio; vorschrift f reglamento m (de servicio); wagen m coche m oficial; weg m vía f od trámite m oficial
dies s dieser; '⁓bezüglich correspondiente; *adv* (con) respecto a es(t)o
'Diesel|motor ['di:zəlmo:tɔr] m (motor m) diesel m; ⁓öl n gasoil m, gasóleo m
dieser, diese, die(se)s ['di:zər, '-zə, '-(zə)s] este, -a; *su* éste, -a, esto; ese, -a; *su* ése, -a, eso
dies|jährig ['di:sjɛ:riç] de este año; ⁓mal ['-mɑ:l] esta vez; ⁓seits ['-zaits] de este lado
Dietrich ['di:triç] m (-s; -e) ganzúa f
Differen'tial *auto* [difərɛn'tsjɑ:l] n (-s; -e), ⁓getriebe n diferencial m
Differenz [--'rɛnts] f (-; -en) diferencia f (*a Streit*)
digi'tal [-gi'tɑ:l] digital; -anzeige f indicador m digital; rechner m calculadora f digital; -uhr f reloj m digital
Diktat [dik'tɑ:t] n (-[e]s; -e) dictado m (*nach* al); ⁓or [-'-tɔr] m (-s; -en [-tɑ'to:rən]) dictador m; ⁓ur [-tɑ'tu:r] f (-; -en) dictadura f
diktieren [-'ti:rən] (h) dictar
Dill ♀ [dil] m (-[e]s; -e) eneldo m
'DIN|-Format ['di:n-] n formato m DIN; ⁓-Norm f norma f DIN
Ding [diŋ] n (-[e]s; -e, F -er) cosa f; objeto m; *vor allen* ⁓*en* ante todo; '⁓sda F m/f (-; *sin pl*) F fulano m, -a f
Diözese [diø'tse:zə] f (-; -n) diócesis f
Diphtherie [difte'ri:] f (-; *sin pl*) difteria f
Diplom [di'plo:m] n (-[e]s; -e) diploma m
Diplomat [-plo'mɑ:t] m (-en; -en), isch diplomático (m); ⁓ie [--mɑ'ti:] f (-; *sin pl*) diplomacia f
dir [di:r] te; *betont*: a ti; *mit* ⁓ contigo
di'rekt [di'rɛkt] directo; flug m vuelo m directo; ion [--'tsjo:n] f (-; -en) dirección f, ✝ a gerencia f; or [-'-tɔr] m (-s; -en [--'to:rən]), orin [--'to:rin] f (-; -nen) director(a f) m; ✝ gerente su; -übertragung f Radio, TV: (re)transmisión f en directo; verkauf m venta f directa; werbung f publicidad f directa
Dirig|ent [-ri'gɛnt] m (-en; -en) director m de orquesta; ieren (h) dirigir
Dirne ['dirnə] f (-; -n) prostituta f
Dis'kette [dis'kɛtə] f (-; -n) disquete m; ⁓nlaufwerk n unidad f de disco
Diskjockey ['diskdʒɔki] m (-s; -s) disc-jockey m, F pinchadiscos m
Disko ['disko] f (-; -s) disco f
Dis'kont [-'kɔnt] m (-s; -e) descuento m; ⁓satz m tipo m de descuento
Diskothek [-ko'te:k] f (-; -en) discoteca f
diskret [-'kre:t] discreto
diskrimi'nier|en [-krimi'ni:rən] (h) discriminar; ung f (-; -en) discriminación f
Diskussion [-ku'sjo:n] f (-; -en) discusión f
'Diskuswerfen n (-s; *sin pl*) lanzamiento m de disco
diskutieren [-ku'ti:rən] (h) discutir
disqualifizieren [-kvalifi'tsi:rən] (h) descalificar
Distanz [-'tants] f (-; -en) distancia f
Distel ['-təl] f (-; -n) cardo m
Disziplin [-tsi'pli:n] f (-; *sin pl*) disciplina f; (*pl* -en) (*Fach*) asignatura f
Divi|dende ✝ [divi'dɛndə] f (-; -n) dividendo m; dieren [--'di:rən] (h) dividir

(*durch* por); ~**sion** [--'zjoːn] *f* (-; -en) división *f*
D-Mark ['deːmark] *f* marco *m* alemán
doch [dɔx] pues; (*indessen*) sin embargo; (*bejahend*) sí; *ja* ~ que sí
Dock ⚓ [dɔk] (-s; -s) dársena *f*; dique *m*
Dogge ['dɔgə] *f* (-; -n) dogo *m*
'**Doktor** ['dɔktɔr] *m* (-s; -en [-'toːrən]) doctor *m*
Dokument [doku'mɛnt] *n* (-[e]s; -e) documento *m*; ~**arfilm** [---'taːrfilm] *m* documental *m*
Dolch [dɔlç] *m* (-[e]s; -e) puñal *m*
Dollar ['-lar] *m* (-s; -s) dólar *m*
'**dolmetsch|en** ['-mɛtʃən] (ge-, h) interpretar; ~**er** *m* (-s; -), 2**erin** *f* (-; -nen) intérprete *su*
Dom [doːm] *m* (-s; -e) catedral *f*
Domäne [do'mɛːnə] *f* (-; -n) *fig* dominio *m*
Domino ['doːmino] *n* (-s; -s) dominó *m*
'**Donner** ['dɔnər] *m* (-s; -) trueno *m*; 2**n** (ge-, h) tronar; ~**s-tag** *m* jueves *m*; ~**wetter** *n* ¡caramba!
doof F [doːf] tonto, imbécil
dopen ['doːpən] (ge-, h) dopar
'**Doppel** ['dɔpəl] *n* (-s; -) doble *m* (*a dep*); duplicado *m*; ~**besteuerung** *f* doble imposición *f*; ~**besteuerungs-abkommen** *n* convenio *m* para evitar la doble imposición; ~**bett** *n* cama *f* de matrimonio; ~**punkt** *m* dos puntos *m/pl*; 2**t** doble; por duplicado; *das* 2**e** el doble; ~**zentner** *m* quintal *m* métrico; ~**zimmer** *n* habitación *f* doble
Dorf [dɔrf] *n* (-[e]s; ⁎er) pueblo *m*, aldea *f*
Dorn [dɔrn] *m* (-[e]s; -en) espina *f*; (*pl* -e) ❀ espiga *f*
Dörrobst ['dœrʔoːpst] fruta *f* pasa *od* seca
Dorsch [dɔrʃ] *m* (-es; -e) bacalao *m*
dort [dɔrt] allí, allá; ahí; '~**hin** (hacia) allí, allá
'**Dose** ['doːzə] *f* (-; -n) caja *f*; (*Konserven*2) lata *f*; ~**n-öffner** *m* abrelatas *m*
Dosis ['doːzis] *f* (-; -sen) dosis *f*, toma *f*
Dotter ['dɔtər] *m u n* (-s; -) yema *f* (de huevo)
Dozent [do'tsɛnt] *m* (-en; -en), ~**in** *f* (-; -nen) profesor(a *f*) *m*
'**Drache** [draxə] *m* (-ns; -n) dragón *m*; ~**n** *m* (-s; -) (*Papier*2) cometa *f*; ~**nfliegen** *n* vuelo *m* en ala-delta
Dragée [dra'ʒeː] *n* (-s; -s) gragea *f*

Draht [draːt] *m* (-[e]s; ⁎e) alambre *m*; *dünner*: hilo *m*; '~**bürste** *f* cepillo *m* metálico; '~**seilbahn** *f* teleférico *m*
Drama ['draːma] *n* (-s; -men) drama *m* (*a fig*); ~**tiker** [dra'maːtikər] *m* (-s; -) autor *m* dramático, dramaturgo *m*; 2**tisch** [-'maːtiʃ] dramático
dran F [dran] *s daran*
Drang [draŋ] *m* (-[e]s; *sin pl*) (*Trieb*) afán *m*, sed *f* (*nach* de)
'**dräng|eln** F ['drɛŋəln] (ge-, h) apretujar; ~**en** (ge-, h) **1.** *v/t* empujar; *fig* atosigar; *zur Eile*: meter prisa; *sich* ~ agolparse; **2.** *v/i Zeit*: apremiar; *et*: correr prisa
drauf F [drauf] *s darauf*; 2**gänger** ['-gɛnər] *m* (-s; -) hombre *m* de rompe y rasga
draußen ['drausən] (a)fuera; (*im Freien*) al aire libre
drechseln ['drɛksəln] (ge-, h) tornear
Dreck F [drɛk] *m* (-[e]s; *sin pl*) (*Schlamm*) barro *m*; (*Schmutz*) suciedad *f*; *fig* porquería *f*; '2**ig** sucio
'**Dreh|-arbeiten** ['dreː-] *f/pl Film*: rodaje *m*; ~**bank** *f* (-; ⁎e) torno *m*; 2**bar** giratorio; ~**buch** *n Film*: guión *m*; 2**en** (ge-, h) volver, dar vueltas a; *Zigarette*: liar, *Film*: rodar; *im Kreis*: hacer girar; *sich* ~ girar (*um* sobre); *Unterhaltung*: versar sobre; ~**kreuz** *n* torniquete *m* ~**orgel** *f* organillo *m*; ~**tür** *f* puerta *f* giratoria; ~**ung** *f* (-; -en) vuelta *f*; rotación *f*; ~**zahl** *f* número *m* de revoluciones; ~**zahlmesser** *m* (-s; -) cuentarrevoluciones *m*
drei [drai] **1.** tres; **2.** 2 *f* (-; -en) tres *m*; '2**bettzimmer** *n* habitación *f* de tres camas; 2**eck** ['-ʔɛk] *n* (-[e]s; -e) triángulo *m*; '~**eckig** triangular; ~**erlei** ['-ərlai] de tres clases; ~**fach** ['-fax] triple; '~**farbig** tricolor; '~**hundert** trescientos; ~**jährig** ['-jɛːriç] de tres años, trienal; 2'**königstag** *m* (fiesta *f* de los) Reyes *m/pl*; ~**mal** ['-maːl] tres veces
'**Drei|rad** *n* triciclo *m*; 2**sprachig** ['-ʃpraːxiç] trilingüe; 2**spurig** ['-ʃpuːriç] de tres carriles
'**dreißig** ['-siç] treinta; ~**ste** trigésimo
dreist [draist] atrevido, F fresco
dreistellig ['-ʃtɛliç] de tres dígitos
Drei'sternehotel *n* hotel *m* de tres estrellas
'**drei|stöckig** ['-ʃtœkiç] de tres pisos;

~**tägig** ['-tɛgiç] de tres días; ~'**viertel** tres cuartos; ~**zehn** trece; ~**zehnte** décimo tercero
'**dresch|en** (drosch, gedroschen, h) trillar; ℛ**maschine** f trilladora f
dress|ieren [drɛ'siːrən] (h) amaestrar, adiestrar; ℛ**ur** [-'suːr] f (-; -en) amaestramiento m, adiestramiento m
dribbeln ['dribəln] (ge-, h) dep regatear, driblar
Drilling ['driliŋ] m (-s; -e) trillizo m
drin F [drin] s darin
'**dringen** ['driŋən] (drang, gedrungen) **a)** (sn): ~ **aus** salir de; ~ **durch** (in ac) penetrar por (en); ~ **bis** llegar hasta; **b)** (h): ~ **auf** (ac) insistir en; ~**d** urgente; *Verdacht*: fundado
drinnen ['drinən] (por) dentro
dritt [drit]: **zu** ~ entre los tres; **zu** ~ **sn** ser tres; '~**e** tercero; ℛ **Welt** f Tercer Mundo m; '℞**el** n (-s; -) tercio m; '~**ens** tercero, en tercer lugar
'**Droge** ['droːgə] (-; -n) droga f (*weiche* blanda; *harte* dura); ~**nberatungsstelle** f centro m de asistencia a los drogadictos; ~**nhandel** m narcotráfico m; ~**nhändler** m narcotraficante m; ~**nkonsum** m consumo m de drogas; ~**nsüchtige** su (-n; -n) drogadicto m, -a f; ~**rie** [droɡəˈriː] f (-; -n) droguería f
drohen ['droːən] (ge-, h) amenazar
dröhnen ['drøːnən] (ge-, h) retumbar, resonar
Drohung ['droːuŋ] f (-; -en) amenaza f
drollig ['drɔliç] gracioso; chusco
drosseln ['drɔsəln] (ge-, h) *fig* frenar, reducir
drüben ['dryːbən] al otro lado
Druck [druk] m (-[e]s) **a)** (*pl* ⸚e) presión f (*a fig*); **b)** (*pl* -e) *tip* imprenta f; (*Bild*) estampa f
drucken ['drukən] (ge-, h) imprimir
'**drücken** ['drykən] (ge-, h) apretar (*a Schuh usw*); *Knopf, Taste*: pulsar; *Hand*: estrechar; (*schieben*) empujar; **sich** ~ zafarse (*vor* de); escurrir el bulto; ~**d** abrumador (*a fig*); *Hitze*: sofocante
Drucker ['drukər] m (-s; -) impresor m; (*Computer*) impresora f
Drücker ['drykər] m (-s; -) (*Tür*ℛ) picaporte m
Druck|erei [drukəˈraɪ] f (-; -en) imprenta f; '~**fehler** m errata f; '~**knopf** m botón m automático; ⚙ botón m, pulsador m; '~**luft** f aire m comprimido; '~**sache** ✉ f impreso m; '~**schrift** f: *in* ~ en letra de molde
drum F [drum] s darum
'**drunt|en** ['druntən] (allá) abajo; ~**er: es geht alles ~ und drüber** todo está patas arriba
Drüse ['dryːzə] f (-; -n) glándula f
Dschungel ['dʒuŋəl] m (-s; -) jungla f
du [duː] tú
Dübel ['dyːbəl] m (-s; -) tarugo m; taco m
ducken ['dukən] (ge-, h): **sich** ~ acurrucarse, agazaparse; *fig* doblegarse
Dudelsack ['duːdəlzak] m gaita f
Duft [duft] m (-[e]s; ⸚e) olor m; (*Wohlgeruch*) perfume m; 'ℛ**en** (ge-, h) oler bien; ~ **nach** oler a
dulden ['duldən] (ge-, h) (*ertragen*) aguantar; (*gestatten*) tolerar
dumm [dum] tonto, estúpido; 'ℛ**heit** (-; *sin pl*) tontería f, estupidez f; (*Handlung*) (*pl* -en) bobada f, tontería f; '℞**kopf** m imbécil m
dumpf [dumpf] *Stimme, Schmerz*: sordo; *Luft*: pesado
'**Dumping** ✇ ['dampiŋ] n (-s; *sin pl*) dumping m; ~**preis** m precio m de dumping
Düne ['dyːnə] f (-; -n) duna f
'**dünge|n** ['dyŋən] (ge-, h) abonar, fertilizar; estercolar; ℛ**r** m (-s; -) abono m, fertilizante m; (*Mist*) estiércol m
dunkel ['duŋkəl] oscuro (*a fig u in Zssgn mit Farben*); *Teint*: moreno; (*finster*) tenebroso; ~ **werden** oscurecer
Dünkel ['dyŋkəl] m (-s; *sin pl*) presunción f
'**Dunkel|heit** ['duŋkəl-] f (-; *sin pl*) oscuridad f; ~**kammer** f cámara f oscura; ℛ**rot** rojo oscuro
dünn [dyn] delgado; *Kaffee*: flojo; *Luft*: enrarecido; (*fein*) fino, débil; '~**besiedelt** poco poblado
Dunst [dunst] m (-[e]s; *sin pl*) vapor m; (*pl* ⸚e) vaho m
dünsten ['dynstən] (ge-, h) estofar
dunstig ['dunstiç] brumoso
Duplikat [dupliˈkaːt] n (-[e]s; -e) duplicado m; copia f
Dur ♪ [duːr] n (-; *sin pl*) modo m mayor
durch [durç] **1.** *prp* (*ac*) por; (*quer* ~) a través de; (*mittels*) mediante; **2.** *adv* ~ **und** ~ de parte a parte; a fondo; *die*

ganze Nacht ~ (*durante*) toda la noche; '~**arbeiten** (*sep*, *-ge-*, h) **1.** *v/t* estudiar (a fondo); **2.** *v/i* trabajar sin descanso; '~'**aus** del todo; a todo trance; ~ *nicht* de ningún modo; ~ *nicht leicht* nada fácil; '~**blättern** (*sep*, *-ge-*, h) hojear; ♀'**blutung** *f* (-; *sin pl*) riego *m* sanguíneo; ~'**bohren** (h) traspasar, atravesar; '~**braten**: *gut durchgebraten* bien hecho; ~'**brechen** (durchbrach, durchbrochen, h) romper; atravesar; *fig* infringir; '~**brennen** (*irr*, *sep*, *-ge-*, sn, → *brennen*) *Sicherung*: fundirse; *fig* fugarse, escaparse; '~**drehen** (*sep*, *-ge-*, h) **1.** *v/t Fleisch*: picar; **2.** *v/i* F perder los nervios; ~'**dringen** (durchdrang, durchdrungen, h) penetrar; ~**dringend** penetrante

durch-ein-ˈander 1. *adv* mezclado(s), revuelto(s); *fig* confuso; **2.** ♀ *n* (-s; *sin pl*) confusión *f*; jaleo *m*, F follón *m*, caos *m*; ~**bringen** (*sep*, *-ge-*, h, → *bringen*) desordenar; *fig* confundir

'**durch|fahren** (*irr*, *sep*, *-ge-*, sn, → *fahren*) pasar por; (*nicht halten*) no parar; ♀**fahrt** *f* paso *m*; travesía *f*; ♀**fall** *m* ♣ diarrea *f*; *fig* fracaso *m*; '~**fallen** (*irr*, *sep*, *ge-*, sn, ›*fallen*) fracasar; *Examen*: *ich bin durchgefallen* me han suspendido; '~**finden** (*irr*, *sep*, *-ge-*, h, →*finden*): (*sich*) ~ orientarse; ~**führbar** [-ˈfyːrbaːr] realizable; '~**führen** (*sep*, *-ge-*, h) *fig* llevar a cabo, realizar; ♀**führung** *f* (-; -en) realización *f*; ♀**gang** *m* (-[e]s; ⁀e) paso *m*; '~**gehen** (*irr*, *sep*, *-ge-*, →*gehen*) **1.** *v/i* (sn) pasar (*durch* por); *Pferd*: desbocarse; *fig et* ~ *lassen* F hacer la vista gorda; **2.** *v/t* (h *u* sn) repasar; '~**gehend** 🚂 directo; ~ *geöffnet* abierto a mediodía; ~*e Arbeitszeit* jornada *f* intensiva; ~'**greifen** (*irr*, *sep*, *-ge-*, h, →*greifen*) *fig* tomar medidas eficaces; '~**halten** (*irr*, *sep*, *-ge-*, h, →*halten*) no cejar, mantenerse firme; '~**kommen** (*irr*, *sep*, *-ge-*, sn, →*kommen*) (lograr) pasar; *fig* salir airoso (de); ♣ curarse; *Examen*: aprobar; (*auskommen*) defenderse; ~'**kreuzen** (h) *fig* desbaratar, contrariar; '~**lassen** (*irr*, *sep*, *-ge-*, h, →*lassen*) dejar pasar; '~**lässig** permeable; '~**laufen** (*irr*, *sep*, *-ge-*, sn, →*laufen*) *Wasser*: pasar; ~'**laufen** (durchlief, durchlaufen, h) recorrer; ♀**lauf-erhitzer** *m* (-s; -) calentador *m* continuo; '~**lesen** (*irr*, *sep*, *-ge-*, h, →*lesen*) recorrer, leer; ~'**leuchten** (h) ♣ examinar con rayos X; ♀'**leuchtung** ♣ *f* (-; -en) radioscopia *f*; ~**löchern** [-ˈlœçərn] (h) agujerear; ♀**messer** *m* (-s; -) diámetro *m*; ~**näßt** [-ˈnɛst] mojado, calado; ~**queren** [-ˈkveːrən] (h) atravesar; '~**rechnen** (*sep*, *-ge-*, h, calcular; ♀**reise** *f*: *auf der* ~ de paso, de tránsito; ♀**reisende** *m* transeúnte *m*; ♀**reisevisum** *n* visado *m* de tránsito; '~**reißen** (*irr*, *sep*, *-ge-*, → *reißen*) **1.** *v/t* (h) rasgar, romper; **2.** *v/i* (sn) rasgarse, romperse; ♀**sage** *f* (-; -n) mensaje *m* personal; ~'**schauen** (h) *fig* calar las intenciones de; ♀**schlag** *m* (-[e]s; ⁀e) ♣ copia *f*; '~**schlagen** (*irr*, *sep*, *-ge-*, h, →*schlagen*) *v/t* cortar, partir; *sich* ~ *fig* defenderse; '~**schlagend** eficaz; *Erfolg*: completo, rotundo; ♀**schlagpapier** *n* papel *m* de copia; '~**schneiden** (*irr*, *sep*, *-ge-*, h, →*schneiden*) cortar, partir en dos

'**Durchschnitt** *m* (-[e]s; -e) promedio *m*, término *m* medio (*im* por); ♀**lich** medio; (*mittelmäßig*) regular, mediocre; *adv* por término medio, ~**s-einkommen** *n* ingresos *m/pl* medios; ~**s-temperatur** *f* temperatura *f* media

'**durch|sehen** (*irr*, *sep*, *-ge-*, h, →*sehen*) **1.** *v/i* mirar (*durch* por); **2.** *v/t* examinar, revisar; '~**setzen** (*sep*, *-ge-*,h) conseguir; *Willen*: imponer; *sich* ~ imponerse; ♀**sicht** *f* revisión *f*, repaso *m*; '~**sichtig** transparente; '~**sickern** (*sep*, *-ge-*, sn) *a fig* filtrarse, rezumar; ~'**sprechen** (*irr*, *sep*, *-ge-*, h, →*sprechen*) discutir punto por punto; '~**streichen** (*irr*, *sep*, *-ge-*, h, →*streichen*) tachar, borrar; ~'**suchen** (h) registrar; *j-n*: cachear; ♀**suchung** *f* (-; -en) registro *m*; cacheo *m*; ~**trieben** [-ˈtriːbən] taimado; ~'**wachsen** *Speck*: entreverado; ♀**wahl(nummer** *f*) *tel f* (-; *sin pl*) extensión *f*; '~**wählen** (*sep*, *-ge-*, h) *tel* marcar directamente; ~**weg** [ˈvɛk] sin excepción; ~'**wühlen** (h) revolver; '~**zählen** (*sep*, *-ge-*, h) recontar; '~**ziehen** (*irr*, *sep*, *-ge-*, →*ziehen*) **1.** *v/t* (h) hacer pasar (*durch* por); **2.** *v/i* (sn) pasar (*durch* por); ♀**zug** *m* (-[e]s; *sin pl*) (*Luft*) corriente *f* de aire

dürfen [ˈdyrfən] (durfte, gedurft, h)

poder; **darf ich?** ¿puedo?, ¿me permite?; **nicht** ~ no deber

dürftig ['-tiç] escaso; (*ärmlich*) pobre; mezquino

dürr [dyr] árido; *Holz*: seco; *j*: flaco; '2**e** *f* (-; -n) aridez *f*; sequía *f*

Durst [durst] *m* (-es; *sin pl*) sed *f* (**nach** de); '2**ig**: ~ **sn** tener sed

'**Dusche** ['duːʃə, 'duʃə] *f* (-; -n) ducha *f*; 2**n** (ge-, h) ducharse, tomar una ducha

'**Düse** ⊕ ['dyːzə] *f* (-; -n) tobera *f*; ~**n-antrieb** *m* propulsión *f* a reacción *od* a chorro; ~**nflugzeug** *n* avión *m* a reacción

düster ['dyːstər] tenebroso; *fig* sombrío

'**Dutzend** ['dutsənt] *n* (-s; -e) docena *f*; 2**weise** por docenas

duzen ['duːtsən] (ge-, h) tutear

Dy|**na**|**mik** [dyˈnɑːmik] *f* (-; *sin pl*) *fig* dinamismo *m*; 2**misch** dinámico; ~**mit** [-naˈmiːt] *n* (-s; *sin pl*) dinamita *f*; ~**mo** [-ˈnɑːmo] *m* (-s; -s) dínamo *f*

D-Zug ['deːtsuːk] *m* tren *m* directo, rápido *m*

E

E, e [eː] *n* (-; -) E, e *f*; ♪ mi *m*; **E-Dur** mi *m* mayor; **e-Moll** mi *m* menor

Ebbe ['ɛbə] *f* (-; -n) marea *f* baja

'**eben** ['eːbən] **1.** *adj* plano; *bsd Boden*: llano; **zu** ~**er Erde** en el piso bajo; **2.** *adv* precisamente, justamente; **er ist** ~ **angekommen** acaba de llegar; 2**e** *f* (-; -n) llanura *f*; ⚔ plano *m*; *fig* nivel *m*; ~**falls** igualmente, también; ~**so** lo mismo (**wie** que); ~ **groß wie** tan grande como; ~**soviel** tanto (**wie** como); ~**sowenig** tan poco (**wie** como)

ebnen ['eːbnən] (ge-, h) allanar (*a fig*), aplanar

Echo ['ɛço] *n* (-s; -s) eco *m* (*a fig*)

echt [ɛçt] auténtico; verdadero; *Haar*: natural

'**Eck**|**ball** ['ɛkbal] *m dep* córner *m*, saque *m* de esquina; ~**e** *f* (-; -n) *innen*: rincón *m*; *außen*: esquina *f*; **gleich um die** ~ a la vuelta de la esquina; 2**ig** angular, anguloso; ~**lohn** *m* salario *m* de referencia; ~**zahn** *m* colmillo *m*

Economyklasse [iˈkɔnəmiklasə] *f* clase *f* económica

'**edel** ['eːdəl] noble; *Metall*: precioso; 2**metall** *n* metal *m* precioso; 2**stahl** *m* acero *m* inoxidable; 2**stein** *m* piedra *f* preciosa

Efeu ['eːfɔʏ] *m* (-s; *sin pl*) yedra *f*

Effekt [ɛˈfɛkt] *m* (-[e]s; -e) efecto *m*

effizien|**t** [ɛfiˈtsjɛnt] eficiente; 2**z** [--ˈtsjɛnts] *f* (-; -en) eficiencia *f*

EG-... [eːgeː] comunitario, de la CE(E)

egal [eˈgɑːl] igual; **das ist mir** ~ me da igual *od* lo mismo

Egel *zo* ['eːgəl] *m* (-s; -) sanguijuela *f*

Egge ['ɛgə] *f* (-; -n) rastra *f*, grada *f*

Ego|**ismus** [egoˈʔismus] *m* (-; *sin pl*) egoísmo *m*; ~'**ist** *m* (-en; -en), ~'**istin** *f* (-; -nen), 2'**istisch** egoísta *su*

ehe ['eːə] antes de que (*subj*)

'**Ehe** ['eːə] *f* (-; -n) matrimonio *m*; ~**bruch** *m* adulterio *m*; ~**frau** *f* esposa *f*, mujer *f*; ~**leute** *pl* esposos *m*/*pl*; 👫 cónyuges *m*/*pl*; 2**lich** conyugal, matrimonial; *Kind*: legítimo

ehemalig ['--mɑːliç] antiguo

'**Ehe**|**mann** *m* marido *m*, esposo *m*; ~**paar** *n* matrimonio *m*

eher ['eːər] antes (**als** que); más temprano; (*lieber*) más bien; **je** ~, **desto besser** cuanto antes mejor

'**Ehe**|**ring** *m* anillo *m* de boda, alianza *f*; ~**scheidung** *f* divorcio *m*; ~**schließung** *f* casamiento *m*

ehrbar ['eːrbɑːr] honrado, honesto

'**Ehre** ['eːrə] *f* (-; -n) honor *m*, honra *f*; (*Ruf*) reputación *f*; **zu** ~**n von** en honor de; 2**n** (ge-, h) honrar, respetar; **sehr geehrter Herr X, ...** estimado señor (X): ...

'**Ehren**|**amt** *n* cargo *m* honorífico; 2**-amtlich** a título honorífico; ~**bürger** *m* ciudadano *m* de honor; ~**gast** *m* huésped *m od* invitado *m* de honor;

ehrenhaft   334

haft honorable, decoroso; ~**mitglied** *n* miembro *m* honorario; ~**rechte** *n/pl*: *bürgerliche* ~*e* derechos *m/pl* civiles *od* cívicos; ~**sache** *f* cuestión *f* de honor; **voll** honroso, honorífico; ~**wort** *n* (-[e]s; *sin pl*) palabra *f* de honor (*auf* bajo)

'**ehr|erbietig** ['eːrˀɛrbiːtɪç] respetuoso, reverente; **furcht** *f* respeto *m*, veneración *f*; ~**fürchtig** ['-fʏrçtɪç] respetuoso; **gefühl** *n* (-[e]s; *sin pl*) pundonor *m*; **geiz** *m* ambición *f*; ~**geizig** ambicioso; ~**lich** honrado; (*aufrichtig*) sincero; ~ *gesagt* a decir verdad; **lichkeit** *f* (-; *sin pl*) honradez *f*; **ung** *f* (-; -en) homenaje *m*; ~**würdig** venerable; respetable; *Geistlicher*: reverendo

Ei [aɪ] *n* (-[e]s; -er) huevo *m* (*weiches* pasado por agua; *hartes* duro)

'**Eich|e** ['aɪçə] *f* (-; -n) roble *m*; (*Stein*) encina *f*; ~**el** *f* (-; -n) bellota *f*; **en** (ge-, h) *Maße, Gewichte*: contrastar; ~**hörnchen** *n* ardilla *f*

Eid [aɪt] *m* (-[e]s; -e) juramento *m*; *e-n* ~ *leisten* prestar juramento

Eidechse ['-dɛksə] *f* (-; -n) lagarto *m*; *kleine*: lagartija *f*

eidesstattlich ['-dəsʃtatlɪç]: ~*e Erklärung f* declaración *f* jurada

Eidgenosse ['aɪtgənɔsə] *m* confederado *m*

Eidotter ['aɪdɔtər] *m* yema *f*

'**Eier|becher** ['-ərbɛçər] *m* huevera *f*; ~**kuchen** *m* tortilla *f*; ~**likör** *m* licor *m* de huevos; ~**schale** *f* cáscara *f* (de huevo); ~**stock** *m anat* ovario *m*

'**Eifer** ['-fər] *m* (-s; *sin pl*) celo *m*, empeño *m*; (*Streben*) afán *m*; ~**sucht** *f* (-; *sin pl*) celos *m/pl*; **süchtig** celoso (*auf* de)

eifrig ['-frɪç] solícito; celoso; aplicado; *adv* con empeño *od* ahínco

Eigelb ['-gɛlp] *n* (-s; -) yema *f*

'**eigen** ['-gən] propio; (*eigentümlich*) particular, peculiar; *auf* ~*e Rechnung* ✞ por cuenta propia; -**art** *f* (-; -en) particularidad *f*; ~**artig** particular; (*seltsam*) raro; **bedarf** *m* necesidades *f/pl* personales; **finanzierung** *f* autofinanciación *f*; ~**händig** ['--hɛndɪç]: ~ (*geschrieben*) (escrito) de mi *usw* puño y letra; ~ *übergeben* entregar en propia mano; **heim** *n* casa *f* propia; **heit** *f* (-; -en) particularidad *f*; singularidad *f*; **kapital** *n* capital *m* propio; ~**mächtig** arbitrario; **name** *m* nombre *m* propio; ~**nützig** ['--nʏtsɪç] interesado, egoísta; **schaft** *f* (-; -en) propiedad *f*; *j-s*: cualidad *f*; *in s-r* ~ *als* en su calidad de; ~**sinnig** obstinado, terco; ~**tlich** ['--tlɪç] **1.** *adj* verdadero; **2.** *adv* en el fondo, a decir verdad; **tum** *n* (-s; *sin pl*) propiedad *f*; **tümer** ['--tyːmər] *m* (-s; -), **tümerin** *f* (-; -nen) propietario *m*, -a *f*; ~**tümlich** ['--tyːmlɪç] (*seltsam*) raro; **tumswohnung** *f* piso *m* de propiedad; ~**willig** voluntarioso; peculiar

'**eign|en** ['aɪɡnən] (ge-, h): *sich* ~ *zu od für* ser apropiado *od* adecuado para; **ung** *f* (-; *sin pl*) aptitud *f*; **ungs-test** *m* test *m od* prueba *f* de aptitud

'**Eil|bote** ['aɪlboːtə] *m*: *durch* ~*n* por expreso; ~**brief** *m* carta *f* urgente; ~*e f* (-; *sin pl*) prisa *f* (*oft pl*); *es hat keine* ~ no corre prisa; *ich bin in* ~ tengo prisa; **en** ['-lən] (ge-, sn) correr; (h) *Sache*: urgir, correr prisa; *sich* ~ darse prisa; *eilt!* ¡urgente!; ~**gut** *n*: *als* ~ por gran velocidad; **ig** apresurado; (*dringlich*) urgente; *es* ~ *haben* tener prisa; ~**zug** *m* rápido *m*

Eimer ['-mər] *m* (-s; -) cubo *m*

ein [aɪn] un(o), -a; *es ist* ~ *Uhr* es la una, *der* ~*e oder andere* uno que otro; ~ *und derselbe* el mismo

einander [aɪ'nandər] uno(s) a otro(s)

'**ein-arbeit|en** (*sep*, -ge-, h): *sich* ~ *in* (*ac*) iniciarse en, familiarizarse con; **ung** *f* (-; -en) iniciación *f*

Einäscherung ['-ˀɛʃəruŋ] *f* (-; -en) incineración *f*, cremación *f*

'**ein-atmen** (*sep*, -ge-, h) inspirar, aspirar

'**Einbahnstraße** *f* calle *f* de dirección única

'**Ein|band** *m* (-[e]s; e) encuadernación *f*; **bändig** ['-bɛndɪç] de *od* en un tomo

'**einbau|en** (*sep*, -ge-, h) montar, instalar; *in die Wand*: empotrar; **küche** *f* cocina *f* funcional; **schrank** *m* armario *m* empotrado

'**einberuf|en** (*irr*, *sep*, h, → *berufen*) convocar; ⚔ llamar a filas; **ung** *f* (-; -en) convocación *f*; ⚔ llamamiento *m* a filas

'**Einbettzimmer** *n* habitación *f* individual

'**einbeziehen** (*irr*, *sep*, h, → *beziehen*) incluir

'**einbiegen** (*irr, sep*, -ge-, sn, → *biegen*) torcer (*nach* a)

'**einbild|en** (*sep*, -ge-, h): *sich* (*dat*) ~ imaginarse, figurarse; *sich et* ~ *auf* (*ac*) presumir de; ℒ**ung** *f* (-; *sin pl*) imaginación *f*; ilusión *f*; (*Dünkel*) presunción *f*

'**einbrech|en** (*irr, sep*, -ge-, sn, → *brechen*) *v/i Dieb*: cometer un robo con fractura; ~ *in* (*ac*) escalar (*ac*); ℒ**er** *m* (-s; -) ladrón *m*, desvalijador *m* de pisos

'**einbringen** (*irr, sep*, -ge-, h, → *bringen*) *Ernte*: recoger; *Nutzen*: rendir, producir; *Antrag*: presentar

'**Einbruch** *m* (-[e]s; ⸚e) robo *m* con fractura; *bei* ~ *der Nacht* al anochecer

'**einbürger|n** ['-byrgərn] (*sep*, -ge-, h) naturalizar; *sich* ~ *fig* generalizarse; ℒ**ung** *f* (-; -en) naturalización *f*

'**Ein|buße** *f* (-; -n) pérdida *f*; ℒ**büßen** (*sep*, -ge-, h) perder

'**ein|checken** ['-tʃɛkən] (*sep*, -ge-, h) facturar; ~**cremen** (*sep*, -ge-, h) poner(se) crema

'**ein|dämm|en** ['-dɛmən] (*sep*, -ge-, h) contener (*a fig*); ~**decken** (*sep*, -ge-, h): *sich* ~ *mit* aprovisionarse de

eindeutig ['-dɔytiç] inequívoco, claro

'**eindring|en** (*irr, sep*, -ge-, sn, → *dringen*) penetrar (*in ac* en, *a fig*); ⚔ invadir (*ac*); ~**lich** insistente; *adv* encarecidamente; ℒ**ling** ['-drɪŋlɪŋ] *m* (-s; -e) intruso *m*

'**Ein|druck** *m* (-[e]s; ⸚e) impresión *f*; ℒ**drücken** (*sep*, -ge-, h) (*zerbrechen*) romper; *Tür*: forzar; ℒ**drucksvoll** ['-druksfɔl] impresionante

einengen ['-ʔɛŋən] (*sep*, -ge-, h) estrechar; *fig* coartar; limitar

einer ['aɪnər] **1.** uno, alguno; **2.** ℒ *m* (-s; -) ⚓ unidad *f*; ⚘ esquife *m*; ~**lei** ['--'laɪ]: *das ist* ~ es lo mismo, es igual; 'ℒ**'lei** *n* (-s; *sin pl*) monotonía *f*, uniformidad *f*; ~**seits** ['--'zaɪts] por un lado, por una parte

einfach ['-fax] sencillo, simple; *fig* modesto; ~*e Fahrt f* 🚆 ida *f*

'**einfahr|en** (*irr, sep*, -ge-, → *fahren*) **1.** *v/t* (h) rodar (*a fig*); **2.** *v/i* (sn): ~ *in* (*ac*) entrar en; ⚒ bajar a; ℒ**t** *f* (-; -en) entrada *f*; (*Tor*) puerta *f* cochera

'**Einfall** *m* (-[e]s; ⸚e) ⚔ invasión *f*; *fig* idea *f*; ℒ**en** (*irr, sep*, -ge-, sn, → *fallen*) (*einstürzen*) derrumbarse; ⚔ invadir (*in*

ac); *es fällt mir ein* se me ocurre; *was fällt Ihnen ein!* ¡cómo se atreve!

einfältig ['-fɛltɪç] ingenuo, simple

'**Einfamilienhaus** *n* casa *f* unifamiliar

'**einfarbig** unicolor; *Kleidung*: liso

'**ein|fetten** (*sep*, -ge-, h) engrasar, untar; ~**finden** (*irr, sep*, -ge-, h, → *finden*): *sich* ~ acudir, personarse; ~**flößen** (*sep*, -ge-, h) *Arznei*: administrar; *Furcht*: infundir

'**Einflugschneise** *f* corredor *m* de entrada

'**Einfluß** *m* (-sses; ⸚sse) influencia *f*, influjo *m* (*auf ac* en, sobre); ℒ**reich** influyente

einförmig ['-fœrmɪç] uniforme; *fig* monótono

'**ein|frieren** (*irr, sep*, -ge-, h, → *frieren*) *v/t* congelar (*a fig*); ~**fügen** (*sep*, -ge-, h) insertar

'**Einfuhr** ['-fuːr] *f* (-; -en) importación *f*; *Zoll*: *a* entrada *f*; ~**beschränkungen** *f/pl* restricciones *f/pl* a la importación

'**einführen** (*sep*, -ge-, h) introducir; ✝ importar; *Mode, neue Artikel*: lanzar; *j-n*: iniciar (*in ac* en); *in ein Amt*: instalar

'**Einfuhr|genehmigung** ['aɪnfuːr-] *f* permiso *m* de importación; ~**land** *n* país *m* importador

'**Einführung** *f* (-; -en) introducción *f*; ~**s-angebot** *n* oferta *f* de lanzamiento; ~**s-preis** *m* precio *m* de lanzamiento

'**Einfuhrzoll** ['-fuːr-] *m* derecho *m* de entrada

'**einfüllen** (*sep*, -ge-, h) envasar; *in Flaschen*: embotellar

'**Eingabe** *f* (-; -n) solicitud *f*; *Computer*: entrada *f*; ~**gerät** *n* dispositivo *m* de entrada

'**Eingang** *m* (-[e]s; ⸚e) entrada *f* (*a v Waren*); *v Geld*: ingreso *m*; ~**sbestätigung** *f* acuse *m* de recibo; ~**sdatum** *n* fecha *f* de entrada; ~**sstempel** *m* sello *m* de entrada

'**eingeben** (*irr, sep*, -ge-, h, → *geben*) *Arznei*: dar; *fig* inspirar; *inform* introducir

'**eingebildet** imaginario; *j*: presumido

'**Eingeborene** *m/f* (-n; -n) indígena *su*

Eingebung ['-geːbʊŋ] *f* (-; -en) inspiración *f*

'**eingehen** (*irr, sep*, -ge-, → *gehen*) **1.** *v/t* (h, sn) *Ehe, Verpflichtung*: contraer;

eingehend 336

Wette: hacer; **2.** *v/i* (sn) *Briefe*: llegar; *Gelder*: ingresar (en caja); ⚇, *Tier*: morirse; *Stoff*: encogerse; **~ auf** (*ac*) consentir en; aceptar (*ac*); **~d** *fig* detallado; *adv* a fondo

'**ein|geschrieben** ✆ certificado, *Am* registrado; ⚆**geweide** ['--vaɪdə] *n/pl* vísceras *f/pl*; tripas *f/pl*; **~gewöhnen** (*sep*, h): **sich ~** acostumbrarse

'**ein|gießen** (*irr, sep*, -ge-, h, → *gießen*) echar, verter; **~gipsen** (*sep*, -ge-, h) enyesar; **~gleisig** 🚆 ['-glaɪzɪç] de vía única; **~gliedern** (*sep*, -ge-, h) incorporar (*in ac* a), integrar (en); **~graben** (*irr, sep*, -ge-, h, → *graben*) enterrar; **~greifen** (*irr, sep*, -ge-, h, → *greifen*) intervenir (*in ac* en); ⚆**griff** *m* (-[e]s; -e) intervención *f*; ⚕ *a* operación *f*; **~halten** (*irr, sep*, -ge-, h, → *halten*) *v/t* (*beachten*) cumplir (con); observar, respetar; *Richtung*: seguir

einhändig ['-hɛndɪç] manco

'**einhängen** (*sep*, -ge-, h) colgar (*a tel*)

'**einheimisch** del país, nacional; *zo*, ⚇ indígena; ⚆**e** *m/f* (-n; -n) indígena *su*

'**Einheit** ['-haɪt] *f* (-; -en) unidad *f*; *tel* paso *m*; (*sin pl*) (*Ganzes*) conjunto *m*; ⚆**lich** uniforme; **~s-preis** *m* precio *m* único

'**ein|holen** (*sep*, -ge-, h) **1.** *v/t* (*erreichen*) alcanzar; *Zeit*: recuperar; *Auskunft*: tomar; *Erlaubnis*: pedir; **2.** *v/i*: **~** (*gehen*) ir de compras; **~hüllen** (*sep*, -ge-, h) envolver

'**einig** ['aɪnɪç] acorde, conforme; (*geeint*) unido; **sich ~ sn** (*werden*) estar (ponerse) de acuerdo; **~e** ['--gə] *pl* algunos, unos; **~en** ['--gən] (ge-, h) unir; **sich ~** ponerse de acuerdo (*über ac* sobre); **~ermaßen** [--gər'mɑːsən] en cierto modo; (*leidlich*) F regular; **~es** algo; ⚆**keit** *f* (-; *sin pl*) conformidad *f*; (*Eintracht*) concordia *f*; ⚆**ung** ['--guŋ] *f* (-; -en) acuerdo *m*

einjährig ['-jɛːrɪç] de un año; ⚇ anual

'**Einkauf** *m* (-[e]s; **~e**) compra *f*; *Einkäufe machen* hacer compras; ⚆**en** (*sep*, -ge-, h) comprar; **~ gehen** ir de compras

'**Einkaufs|bummel** F *m*: *e-n ~ machen* ir de tiendas; **~preis** *m* precio *m* de compra; **~wagen** *m* carrito *m* de compras; **~zentrum** *n* centro *m* comercial

'**ein|kehren** (*sep*, -ge-, sn) entrar (en un restaurante, *etc*); **~klammern** (*sep*, -ge-, h) poner entre paréntesis

'**Einklang** *m* (-[e]s; *sin pl*) acorde *m*; *in ~ bringen* concertar, armonizar

'**ein|kleiden** (*sep*, -ge-, h) vestir; **~klemmen** (*sep*, -ge-, h) apretar, coger (*in ac* entre); *eingeklemmter Bruch* hernia *f* estrangulada

'**Einkommen** *n* (-s; -) ingresos *m/pl*, renta *f*; **~steuer** *f* impuesto *m* sobre la renta

Einkünfte ['-kynftə] *pl* ingresos *m/pl*

'**einlad|en** (*irr, sep*, -ge-, h → *laden*) *et*: cargar; *j-n*: invitar (**zu** a); *zum Essen*: a convidar; ⚆**ung** *f* (-; -en) invitación *f*

'**Einlage** *f* (-; -n) *im Brief*: anexo *m*; (*Kapital*) aportación *f*; (*Bank*⚆) imposición *f*; (*Schuh*⚆) plantilla *f* ortopédica

'**Ein|laß** ['-las] *m* (-sses; **~sse**) entrada *f*, admisión *f*; ⚆**lassen** (*irr, sep*, -ge-, h, → *lassen*) dejar entrar; **sich ~ auf** (*ac*) meterse en, embarcarse en

'**Einlauf** *m* (-[e]s; **~e**) lavativa *f*, enema *m*; ⚆**en** (*irr, sep*, -ge-, sn, → *laufen*) entrar, llegar; *Stoff*: encogerse

'**einleben** (*sep*, -ge-, h): **sich ~** aclimatarse

'**einlege|n** (*sep*, -ge-, h) poner, meter (*in ac* en); (*in Essig*) **~** poner en vinagre; ⚆**sohle** *f* plantilla *f*

'**einleit|en** (*sep*, -ge-, h) iniciar; *Verhandlungen*: a entablar; **~end** preliminar; ⚆**ung** *f* (-; -en) introducción *f*

'**einliefer|n** (*sep*, -ge-, h) ⚕ hospitalizar, ingresar (en el hospital); ⚆**ung** *f* (-; -en) ⚕ hospitalización *f*

'**einlösen** (*sep*, -ge-, h) *Scheck*: cobrar; *Pfand*: rescatar; *Versprechen*: cumplir

'**einmal** una vez; (*künftig*) un día; *auf ~* de una vez; (*plötzlich*) de repente; *noch ~* otra vez; *nicht ~* ni siquiera; **~ig** único (*a fig*)

'**Einmarsch** *m* entrada *f*

'**einmieten** (*sep*, -ge-, h): **sich ~** alquilar una habitación

'**einmisch|en** (*sep*, -ge-, h): **sich ~** mezclarse (*in ac* en), intervenir (en); ⚆**ung** *f* (-; -en) intervención *f*

'**ein|münden** (*sep*, -ge-, sn) desembocar (*a Straße*); **~mütig** ['-myːtɪç] unánime

'**Ein|nahme** ['-nɑːmə] *f* (-; -n) ⚔ toma *f*; ✝ ingreso *m*; *a v Steuern*: recaudación *f*; ⚆**nehmen** (*irr, sep*, -ge-, h, → *nehmen*) tomar (*a* ⚔ *u* ⚕); *Stelle, Platz*:

Einsetzung

ocupar; *Geld*: recibir, cobrar; *a Steuern*: recaudar; *fig* prevenir *(für* a favor de)

'**Ein-öde** *f* (-; -n) desierto *m*, soledad *f*

'**ein|-ordnen** *(sep, -ge-, h)* clasificar; *auto sich rechts* ~ tomar la fila de la derecha; **~packen** *(sep, -ge-, h)* empaquetar, embalar; **~parken** *(sep, -ge-, h)* aparcar; **~pflanzen** *(sep, -ge-, h)* plantar; *fig* implantar

'**ein|prägen** *(sep, -ge-, h)* estampar; grabar *(a fig)*; *sich (dat) et* ~ grabarse a/c en la memoria; **~programmieren** *(sep, h)* programar; **~quartieren** ['-kvarti:rən] *(sep, h)* alojar; ⚔ *a* acantonar; **~rahmen** *(sep, -ge-, h)* encuadrar *(a fig)*, poner un marco a; **~räumen** *(sep, -ge-, h)* colocar (en su sitio); *(zugestehen)* conceder; *(zugeben)* admitir; **~reden** *(sep, -ge-, h)* hacer creer *(j-m et* a/c a alg); **~reiben** *(irr, sep, -ge-, h, →reiben)* frotar, friccionar; **~reichen** *(sep, -ge-, h)* presentar

einreihig ['-raıiç] de una (sola) fila

'**Einreise** *f* (-; -n) entrada *f*; ⚯**n** *(sep, -ge-, sn)* entrar; **~visum** *n* visado *m (Am* visa *f)* de entrada

'**ein|reißen** *(irr, sep, -ge-, →reißen)* **1.** *v/t* (h) rasgar; *Mauer*: derribar; **2.** *v/i* (sn) *fig* extenderse, arraigarse; **~renken** ['-rɛŋkən] *(sep, -ge-, h)* ⚕ reducir; *fig* arreglar

'**einricht|en** *(sep, -ge-, h)* arreglar; organizar; disponer; *(ausstatten)* equipar; ⚯**ung** *f* (-; -en) institución *f*; *(Wohnungs*⚯*)* mobiliario *m*; ⚙ dispositivo *m*

eins [aıns] **1.** uno; *um* ~ a la una; **2.** ⚯ *f* (-; -en) uno *m*; *(Note)* sobresaliente *m*

'**einsam** ['-zɑːm] solitario, solo; aislado; ⚯**keit** *f* (-; *sin pl)* soledad *f*

'**Einsatz** *m* (-es; -e) *Spiel* ~ puesta *f*; *(Verwendung)* empleo *m*; *unter* ~ *des Lebens* arriesgando la vida

'**einschalt|en** *(sep, -ge-, h)* insertar; ⚡ conectar; *Licht*: dar; *Radio*: poner; ⚙ poner en marcha; *j-n*: acudir a; *auto den ersten Gang* ~ poner la primera; ⚯**quote** *f* TV índice *m* de audiencia

'**ein|schätzen** *(sep, -ge-, h)* tasar *(a Steuer)*; evaluar, valorar; **~schenken** *(sep, -ge-, h)* echar (de beber); **~schicken** *(sep, -ge-, h)* enviar; **~schieben** *(irr, sep, -ge-, h, → schieben)* interponer, intercalar

'**einschiff|en** *(sep, -ge-, h)*: *(sich)* ~ embarcar(se) *(nach* para); ⚯**ung** *f* (-; -en) embarque *m*; *j-s*: embarco *m*

'**ein|schlafen** *(irr, sep, -ge-, sn, → schlafen) a Glied*: dormirse; **~schläfern** ['-ʃlɛːfərn] *(sep, -ge-, h)* adormecer

'**Einschlag** *m* (-[e]s; -e) *Blitz*: caída *f*; *Kugel*: impacto *m*; ⚯**en** *(irr, sep, -ge-, h, →schlagen)* **1.** *v/t Tür*: derribar; *Nagel*: clavar; *Paket*: envolver; *Laufbahn, Weg*: seguir; **2.** *v/i Blitz*: caer; *Geschoß*: hacer impacto

einschlägig ['-ʃlɛːgıç] pertinente; *Geschäft*: del ramo

'**einschleichen** *(irr, sep, -ge-, h, → schleichen)*: *sich* ~ colarse; *Fehler*: deslizarse

'**einschließ|en** *(irr, sep, -ge-, h, → schließen)* encerrar; *fig* comprender; **~lich** *(gen)* incluso, inclusive

'**einschnappen** *(sep, -ge-, sn)* cerrarse de golpe; *fig* picarse, amoscarse

'**ein|schneidend** *fig* radical; ⚯**schnitt** *m* (-[e]s; -e) incisión *f (a* ⚘*)*; corte *m*; *fig* momento *m* crucial

'**einschränk|en** ['-ʃrɛŋkən] *(sep, -ge-, h)* reducir, limitar; restringir; *sich* ~ reducir los gastos; **~end** restrictivo; ⚯**ung** *f* (-; -en) reducción *f*, limitación *f*; restricción *f*

'**Einschreib|ebrief** *m*, **~en** *n* (-s-; -) carta *f* certificada; ⚯**en** *(irr, sep, -ge-, h, → schreiben)* inscribir *(in* a: en); ✉ certificar, *Am* registrar; *sich* ~ inscribirse; *Universität, Kurs*: matricularse; **~ung** *f* (-; -en) inscripción *f*; matrícula *f*

'**ein|schreiten** *(irr, sep, -ge-, sn, → schreiten)* intervenir; **~schüchtern** *(sep, -ge-, h)* intimidar, amedrentar; **~sehen** *(sep, -ge-, h, → sehen) (begreifen)* comprender; *Irrtum*: reconocer

einseitig ['-zaıtıç] unilateral; *(parteiisch)* parcial

'**einsend|en** *(irr, sep, -ge-, h, → senden)* remitir, enviar; ⚯**er** *m* (-s; -) remitente *m*; ⚯**eschluß** *m* cierre *m* de admisión; ⚯**ung** *f* (-; -en) envío *m*

'**einsetz|en** *(sep, -ge-, h)* **1.** *v/t* poner, colocar; *Leben*: arriesgar; *Anzeige*: insertar; *in ein Amt*: instalar; *Ausschuß*: constituir; *(anwenden)* emplear; *sich* ~ *für* abogar por, interceder a favor de; **2.** *v/i* empezar; ⚯**ung** *f* (-; *sin pl)* coloca-

8 Wörterbuch Spanisch

ción f; institución f; instalación f
'**Einsicht** f (-; sin pl) (Prüfung) examen m; (pl -en) (Verständnis) comprensión f; ~ **nehmen** in (ac) examinar (ac); **zur** ~ **kommen** entrar en razón; ⩽**ig** razonable; comprensivo
'**Einsiedler** m (-s; -) ermitaño m
'**einspar|en** (sep, -ge-, h) economizar, ahorrar; ⩽**ung** f (-; -en) economía f, ahorro m (**an** dat de)
'**ein|sperren** (sep, -ge-, h) encerrar; in ein Gefängnis: encarcelar; ~**spielen** (sep, -ge-, h) ♪ (aufnehmen) grabar; Film: dar en taquilla; **gut aufea eingespielt sn** formar un buen equipo; ~**springen** (irr, sep, -ge-, sn, → **springen**): **für j-n** ~ sustituir a alg
'**einspritz|en** (sep, -ge-, h) ✱ inyectar; ⩽**motor** m motor m de inyección; ⩽**ung** f (-; -en) inyección f
'**Einspruch** m (-[e]s, ⸚e) reclamación f; protesta f; pol veto m; ~ **erheben** protestar
einst [aɪnst] (zukünftig) algún día; (früher) en otros tiempos
'**Einstand** m (-[e]s; sin pl) Tennis: igualdad f
'**ein|stecken** (sep, -ge-, h) Geld: embolsar; Brief: echar; Hieb usw: encajar; ~**steigen** (irr, sep, -ge-, sn, → **steigen**) subir (**in** ac a); ~**!** ¡viajeros, al tren!
'**einstell|en** (sep, -ge-, h) Arbeiter: contratar; (aufhören) parar, cesar; suspender (a Zahlung usw); ⚙ regular, ajustar; Vergaser usw: poner a punto; fot enfocar; Rekord: igualar; **sich** ~ **auf** (ac) prepararse, adaptarse a; ⩽**ung** f (-; -en) ⚙ ajuste m, regulación f; fot enfoque m; (Ende) suspensión f; v Arbeitern: contratación f; fig actitud f; ⩽**ungsgespräch** n entrevista f personal
Einstieg ['-ʃtiːk] m (-[e]s, -e) entrada f
'**einstimmig** fig unánime; adv por unanimidad
'**einstufen** (sep, -ge-, h) clasificar
'**Ein|sturz** m (-es, ⸚e) hundimiento m; ⩽**stürzen** (sep, -ge-, sn) hundirse, derrumbarse
einstweilen ['aɪnstvaɪlən] por de pronto
eintägig ['aɪntɛːɡɪç] de un día
'**ein|tauchen** (sep, -ge-, h) v/t mojar; sumergir; ~**tauschen** (sep, -ge-, h) trocar, cambiar (**gegen** por)

'**einteil|en** (sep, -ge-, h) dividir (**in** ac en); clasificar; Zeit: disponer; ~**ig** de una pieza; ⩽**ung** f (-; -en) división f; clasificación f; disposición f
eintönig ['-tøːnɪç] monótono
'**Eintopf(gericht** n) m (-[e]s; ⸚e) plato m único; puchero m
'**Ein|tracht** f (-; sin pl) concordia f, armonía f; ⩽**trächtig** adv en armonía
Ein|trag ['-traːk] m (-[e]s; ⸚e) s **Eintragung**; ⩽**tragen** ['--ɡən] (irr, sep, -ge-, h, → **tragen**) inscribir, registrar; fig ocasionar; **sich** ~ inscribirse; ⩽**träglich** ['-trɛːklɪç] lucrativo; ~**tragung** ['-traːɡʊŋ] f (-; -en) inscripción f
'**ein|treffen** (irr, sep, -ge-, sn, → **treffen**) llegar; (geschehen) realizarse, cumplirse; ~**treten** (irr, sep, -ge-, sn, → **treten**) entrar; fig ingresar (**in** ac en); (geschehen) suceder; ~ **für** abogar por
'**Eintritt** m (-[e]s; -e) entrada f (a fig); in Verein usw: ingreso m; ~**skarte** f entrada f, localidad f, Am boleto m; ~**s-preis** m precio m de entrada
'**ein|trocknen** (sep, -ge-, h) secarse; ~**üben** (sep, -ge-, h) estudiar; teat ensayar
'**Einver|nehmen** n (-; sin pl) acuerdo m; **im** ~ **mit** de acuerdo con; ⩽**standen** conforme, de acuerdo (**mit** con); ~**ständnis** n (-ses; sin pl) acuerdo m; consentimiento m
'**Einwand** m (-[e]s; ⸚e) objeción f
'**Einwander|er** m (-s; -), ~**in** f (-; -nen) inmigrante su; ⩽**n** (sep, -ge-, sn) inmigrar; ~**ung** f (-; -en) inmigración f
einwandfrei ['-vantfraɪ] intachable, impecable
'**einwechseln** (sep, -ge-, h) cambiar
'**Einwegflasche** f envase m no retornable
'**einweih|en** (sep, -ge-, h) inaugurar; j-n: iniciar (**in** ac en); ⩽**ung** f (-; -en) inauguración f
'**ein|weisen** (irr, sep, -ge-, h, → **weisen**) ins Krankenhaus: ingresar, internar; (anleiten) iniciar (**in** ac en); ~**wenden** (irr, sep, -ge-, h, → **wenden**) objetar (**gegen** a); ~**werfen** (irr, sep, -ge-, h, → **werfen**) Fenster: romper; Brief: echar; fig Bemerkung: deslizar; ~**wickeln** (sep, -ge-, h) envolver
'**einwillig|en** ['-vilɪɡən] (sep, -ge-, h)

consentir (*in ac* en); 2ung *f* (-; -en) consentimiento *m*

'**einwirken** (*sep*, -ge-, h) actuar, influir (*auf ac* en, sobre)

Einwohner ['-vo:nər] *m* (-s; -), ~**in** *f* (-; -nen) habitante *su*; *e-r Ortschaft*: vecino *m*, -a *f*; ~'**melde-amt** *n* oficina *f* de empadronamiento

'**Einwurf** *m* (-[e]s; ⸗e) %/ (boca *f* del) buzón *m*; *für Münzen*: ranura *f*; *dep* saque *m* de banda

'**Einzahl** *f* (-; *sin pl*) *gram* singular *m*; 2**en** (*sep*, -ge-, h) pagar, ingresar; ~**ung** *f* (-; -en) pago *m*, ingreso *m*; ~**ungsbeleg** *m* resguardo *m* de ingreso

Einzäunung ['-tsɔynuŋ] *f* (-; -en) cerca *f*, vallado *m*

'**Einzel** ['-tsəl] *n* (-s; -) *Tennis*: individual *m*; ~**bett** *n* cama *f* individual; ~**handel** *m* comercio *m* al por menor; ~**handelsgeschäft** *n* tienda *f* de venta al por menor; ~**händler** *m* detallista *m*; ~**heit** *f* detalle *m*, pormenor *m*; 2**n** singular; (*besonder*) particular; (*lose*) suelto; (*abseits*) aislado; *im* ~*en* en detalle; *ins* ~*e gehen* entrar en detalles; *jeder* ~*e* cada uno; ~**zimmer** *n* habitación *f* individual; ~**zimmerzuschlag** *m* suplemento *m* por habitación individual

'**einziehen** (*irr*, *sep*, -ge-, →*ziehen*) **1.** *v/t* (h) *Steuern*: recaudar; *Geld*: cobrar; ⚖ confiscar; ✕ llamar a filas; ✓ *Fahrgestell*: replegar; **2.** *v/i* (sn) entrar; *Wohnung*: instalarse

einzig ['-tsiç] solo, único; ~ *u allein* (única y) exclusivamente; ~**artig** singular; único

'**Einzug** *m* (-[e]s; ⸗e) entrada *f* (*in ac* en); *Wohnung*: instalación *f* (en); ~**sbereich** *m* área *f* de influencia; perímetro *m*

Eis [aɪs] *n* (-es; *sin pl*) hielo *m*; (*Speise*2) helado *m*; ~ *am Stiel* polo *m*; '~**bahn** *f* pista *f* de hielo; '~**becher** *m* copa *f* de helado; '~**berg** *m* iceberg *m*; '~**creme** *f* helado *m*; '~**diele** *f* heladería *f*

Eisen ['aɪzən] *n* (-s; *sin pl*) hierro *m*

'**Eisenbahn** *f* ferrocarril *m*; ~**beamte**, ~**er** *m* (-s; -) ferroviario *m*; ~**fähre** *f* transbordador *m*; ~**knotenpunkt** *m* nudo *m* ferroviario; ~**schiene** *f* carril *m*, rail *m*; ~**wagen** *m* coche *m*, vagón *m*

'**eisen|haltig** ['--haltiç] ferruginoso; 2**waren(handlung** *f*) *f/pl* ferretería *f*

eisern ['-zərn] de hierro; férreo (*a fig*); ~**er Vorhang** *teat* telón *m* metálico; *pol* telón *m* de acero

'**eis|gekühlt** ['aɪsɡəky:lt] helado; 2**hockey** *n* hockey *m* sobre hielo; ~**ig** ['aɪziç] glacial (*a fig*); 2**kaffee** *m* café *m* con helado; blanco y negro *m*; ~**kalt** helado; glacial (*a fig*); 2**(kunst)lauf** *m* patinaje *m* (artístico) sobre hielo; ~**laufen** (*irr*, *sep*, -ge-, sn, →*laufen*) patinar sobre hielo; 2**läufer(in** *f*) *m* patinador(a *f*) *m*; 2**pickel** *m* piolet *m*; 2**revue** *f* revista *f* sobre hielo; 2**würfel** *m* cubito *m* de hielo; 2**zeit** *f* período *m* glacial

'**eitel** ['aɪtəl] vanidoso; 2**keit** *f* (-; *raro* -en) vanidad *f*

Eiter ['-tər] *m* (-s; *sin pl*) pus *m*; 2**n** (ge-, h) supurar

Eiweiß ['-vaɪs] *n* (-es; -e) clara *f* (del huevo); 🌴 proteína *f*

'**Ekel** ['e:kəl] **1.** *m* (-s; *sin pl*) asco *m*; (*Widerwille*) repugnancia *f* (*vor dat* a, de); **2.** F *n* (-s; -) tío *m* asqueroso; 2**haft**, 2**ig** asqueroso; 2**n** (ge-, h) *j-n*: dar asco a; *sich* ~ *vor* tener asco de

Ekzem 𝒮 [ɛk'tse:m] *n* (-s; -e) eczema *m*

elastisch [e'lastiʃ] elástico

Elefant [ele'fant] *m* (-en; -en) elefante *m*

elegant [--'ɡant] elegante

Elektri|ker [e'lɛktrikər] *m* (-s; -) electricista *m*; 2**sch** [-'-triʃ] eléctrico; ~**zität** [---tsi'tɛːt] *f* (-; *sin pl*) electricidad *f*; ~**zi'tätswerk** *n* central *f* eléctrica

E'lektro|gerät [-'-tro-] *n* (aparato *m*) electrodoméstico *m*; ~**geschäft** *n* (tienda *f* de) electrodomésticos *m/pl*; ~**herd** *m* cocina *f* eléctrica

Elek'tron [--'troːn] *n* (-s; -en) electrón *m*; ~**enblitz(gerät** *n*) *m* fot flash *m* electrónico; ~**ik** [--'-nik] *f* (-; *sin pl*) electrónica *f*; 2**isch** electrónico

Elektro'techni|k [--tro'tɛçnik] *f* electrotecnia *f*; 2**sch** electrotécnico

Element [ele'mɛnt] *n* (-[e]s; -e) elemento *m*; 2**ar** [---'taːr] elemental

Elend [e:lɛnt] **1.** *n* (-s; *sin pl*) miseria *f*; (*Unglück*) desgracia *f*; **2.** 2 *adj* mísero, miserable; desgraciado

elf [ɛlf], 2 *f* (-; -en) once (*m*) (*a dep*); '2**enbein** *n* (-s; *sin pl*) marfil *m*; 2'**meter** *m dep* penalty *m*; '~**te** undécimo

Elite [e'liːtə] *f* (-; -n) lo más selecto, crema *f*, élite *f*

Ell(en)bogen ['ɛl(ən)-] *m* (-s; -) codo *m*

Ellipse [ɛ'lipsə] f (-; -n) elipse f
Elsäss|er ['ɛlzɛsər] m (-s; -), **~in** f (-; -nen), **2isch** alsaciano m, -a f
'**Eltern** ['-tərn] pl padres m/pl; **~haus** n casa f paterna; **2los** huérfano
Email [e'ma:j] n (-s; -s) esmalte m
Emanzipation [emantsipa'tsjo:n] f (-; -en) emancipación f
Embargo [ɛm'bargo] m (-s; -s) embargo m
Emis'sion [emi'sjo:n] f (-; -en) emisión f; **~swerte** m/pl valores m/pl de emisión
Emp'fang [ɛm'pfaŋ] m (-[e]s; **~**e) recepción f; (sin pl) ✝ recibo m; (Aufnahme) acogida f; **den ~ bestätigen** acusar recibo; **2en** (empfing, empfangen, h) recibir; acoger
Emp'fäng|er [-'pfɛŋər] m (-s; -), **~erin** f (-; -nen) ☏ destinatario m, -a f; m Radio: receptor m; **2lich** susceptible, sensible (**für** a); **2nisverhütend**: **~es Mittel** anticonceptivo m, contraceptivo m
Emp'fangs|bestätigung [-'pfaŋs-] f acuse m de recibo; **~chef** m jefe m de recepción, recepcionista m; **~dame** f recepcionista f
empfehl|en [-'pfe:lən] (empfahl, empfohlen, h) recomendar; **~enswert** recomendable; **2ung** f (-; -en) recomendación f; **2ungsschreiben** n carta f de recomendación
empfind|en [-'pfindən] (empfand, empfunden, h) sentir, experimentar; **~lich** [-'pfintliç] sensible (**gegen** a); (leicht gekränkt) susceptible; **2ung** f (-; -en) (Sinne) sensación f; (Gemüt) sentimiento m
empor [-'po:r] (hacia) arriba
Empore [-'po:rə] f (-; -n) (Kirche) coro m (alto)
empörend [-'pø:rənt] escandaloso
Em'porkömmling [-'po:rkœmliŋ] m (-s; -e) advenedizo m, arribista m
em'pör|t [-'pø:rt] escandalizado; **2ung** f (-; sin pl) indignación f
emsig ['-ziç] asiduo
'**End|e** ['ɛndə] n (-s; -n) örtlich: extremo m, final m; zeitlich: fin m, final m, término m; **am ~** al final; por fin; **am ~ des Monats** a fines del mes; **letzten ~s** al fin y al cabo; **zu ~ gehen** tocar a su fin; **2en** (ge-, h) acabar(se), terminar (-se); Frist: expirar; **2gültig** ['ɛntgyltiç] definitivo

Endivie ♣ [-'di:vjə] f (-; -n) escarola f
'**End|lagerung** ['ɛnt-] f almacenamiento m final; **2lich** adv finalmente, en fin, por fin; **2los** infinito; interminable; **~spiel** n final f; **~station** f (estación f) terminal f od final f; **~ung** ['-duŋ] f (-; -en) desinencia f, terminación f
Ener'gie [enɛr'gi:] f (-; -en) energía f (a fig); **~quelle** f fuente f de energía; **~versorgung** f abastecimiento m energético
energisch [-'-giʃ] enérgico
eng [ɛŋ] estrecho; angosto; Freundschaft: íntimo; Kleid: ceñido; **~er machen** estrechar; **~'anliegend** ajustado, ceñido; '**2e** f (-; sin pl) estrechez f; **in die ~ treiben** poner entre la espada y la pared
Engel ['-əl] m (-s; -) ángel m
'**Engländer** ['-lɛndər] m (-s; -) inglés m; ⚙ llave f inglesa; **~in** f (-; -nen) inglesa f
englisch ['-liʃ] inglés
'**Engpaß** m desfiladero m; fig cuello m de botella
Enkel ['ɛŋkəl] m (-s; -), **~in** f (-; -nen) nieto m, -a f
enorm [e'nɔrm] enorme
Ensemble [ã'sãblə] n (ɛ; ɛ) conjunto m (a ♪ u Mode); teat compañía f
entartet [ɛnt'ʔa:rtət] degenerado
ent'behr|en [-'be:rən] (h) (nicht haben) carecer de; (vermissen) echar de menos; **~ können** poder prescindir de; **~lich** superfluo
Ent'bindung f (-; -en) ⚘ alumbramiento m, parto m; **~sheim** n casa f de maternidad
entblößen [-'blø:sən] (h) desnudar, descubrir
ent'deck|en (h) descubrir; **2er** m (-s; -) descubridor m; **2ung** f (-; -en) descubrimiento m
Ente ['ɛntə] f (-; -n) pato m, ánade m; fig bulo m
ent-'eign|en [ɛnt'aignən] (h) expropiar; **2ung** f (-; -en) expropiación f
ent|-'erben (h) desheredar; **~'fallen** (entfiel, entfallen, sn) caer; Name: olvidarse; (wegfallen) quedar suprimido; Anteil: tocar (**auf** ac a); **~'falten** (h) desplegar (a fig); fig **sich ~** desarrollarse
ent'fern|en [-'fɛrnən] (h) alejar, apartar; (beseitigen) quitar; **~t** alejado, aparta-

Entschuldigung

do; *a Verwandte*: lejano; **10 km ~ von** a diez kilómetros de; ℒung *f* (-; -en) distancia *f*; alejamiento *m*; *fig* eliminación *f*; ℒ**ungsmesser** *m* (-s; -) telémetro *m*
ent|'fesseln (h) desencadenar; **~'fliehen** (entfloh, entflohen, sn) huir, fugarse
ent'führ|en (h) secuestrar; *Mädchen*: raptar; ℒ**er** *m* (-s; -) secuestrador *m*; raptor *m*; ℒung *f* (-; -en) secuestro *m*; rapto *m*
ent'gegen (*dat*) al encuentro de, hacia; *fig* en contra de, contrario a; **~gehen** (*irr, sep,* -ge-, sn, →**gehen**) (*dat*) ir al encuentro de; **~gesetzt** opuesto, contrario (a); ℒ**kommen** *n* (-s; *sin pl*) complacencia *f*; **~nehmen** (*irr, sep,* -ge-, h, →**nehmen**) recibir, aceptar; **~stellen** (*sep,* -ge-, h) oponer; **~treten** (*irr, sep,* -ge-, sn, →**treten**) (*dat*) *fig* hacer frente a; oponerse a
ent'gegn|en [-'ge:gnən] (h) replicar; ℒung *f* (-; -en) réplica *f*
ent'gehen (entging, entgangen, sn) (*dat*) escapar de; *sich et (nicht) ~ lassen* (no) perderse a/c
Entgelt [-'gɛlt] *n* (-[e]s; -e) remuneración *f*
ent'gleis|en [-'glaɪzən] (sn) descarrilar; ℒung *f* (-; -en) descarrilamiento *m*; *fig* desliz *m*, plancha *f*
ent'halt|en (enthielt, enthalten, h) contener; encerrar; *fig* comprender; *sich ~* (*gen*) abstenerse de; **~sam** abstemio; ℒung *f* (-; -en) *pol* abstención *f*
ent|'härten (h) *Wasser*: ablandar; **~heben** (enthob, enthoben, h) dispensar (*gen* de); *des Amtes*: relevar (*gen* de)
ent'hüll|en (h) descubrir; *fig* revelar; ℒung *f* (-; -en) revelación *f*
ent|'kalken (h) descalcificar; **~'kleiden** (h) desnudar; **~koffeiniert** [-kɔfeiˈniːrt] descafeinado; **~'kommen** (entkam, entkommen, sn) escaparse; **~'korken** (h) descorchar, destapar; **~kräften** [-'krɛftən] (h) debilitar, extenuar
ent'lad|en (entlud, entladen, h) descargar (*a ⚡*); ℒung *f* (-; -en) descarga *f*
ent'lang a lo largo de
entlarven [-'larfən] (h) desenmascarar
ent'lass|en (entließ, entlassen, h) despedir; *Beamte*: separar (del cargo), destituir; ✠ dar de alta; *aus dem Gefängnis ~* poner en libertad; ℒung *f* (-; -en) despido *m*; *Beamte*: separación *f*; ✠ alta *f*

ent'last|en (h) descargar; *Verkehr*: descongestionar; ℒung *f* (-; -en) descarga *f*; descongestión *f*
ent|'laufen (entlief, entlaufen, sn) evadirse, escaparse; **~ledigen** [-'leːdigən] (h): *sich ~* deshacerse, desembarazarse (*gen* de); **~'legen** remoto, alejado; **~'leihen** (entlich, entliehen, h) tomar prestado; **~locken** (h) sonsacar, arrancar
entmündig|en [-'myndigən] (h) poner bajo tutela; ℒung *f* (-; -en) interdicción *f* civil
entmutig|en [-'muːtigən] (h) desalentar, desanimar; ℒung *f* (-; -en) desaliento *m*, desánimo *m*
ent|'nehmen (entnahm, entnommen, h) tomar, sacar; *Geld*: retirar; *fig* concluir (*aus* de); **~rahmt** [-'raːmt] desnatado; **~'rätseln** (h) descifrar; **~'reißen** (entriß, entrissen, h) arrebatar, arrancar; **~'richten** (h) satisfacer, pagar; **~'rinnen** (entrann, entronnen, sn) escaparse (*dat* de)
ent'rüst|en (h): *sich ~* indignarse; ℒung *f* (-; *sin pl*) indignación *f*
Entsafter [-'zaftər] *m* (-s; -) licuadora *f*
ent'sagen (h) (*dat*) renunciar a, desistir de
ent'schädig|en (h) indemnizar; compensar; ℒung *f* (-; -en) indemnización *f*; compensación *f*
ent'schärfen (h) *Bombe usw*: desactivar; *fig* quitar hierro a
ent'scheid|en (entschied, entschieden, h) decidir (*über ac* de, sobre); *sich ~ für* decidirse por; **~end** decisivo; ℒung *f* (-; -en) decisión *f* (*treffen* tomar)
entschieden [-'ʃiːdən] decidido; enérgico; firme
ent'schließen (entschloß, entschlossen, h): *sich ~* decidirse, resolverse (*zu* a)
entschlossen [-'ʃlɔsən] resuelto, decidido; ℒ**heit** *f* (-; *sin pl*) resolución *f*, firmeza *f*
Ent'schluß *m* (-sses; -sse) resolución *f*, decisión *f* (*fassen* tomar)
ent'schuldig|en [-'ʃuldigən] (h) disculpar, excusar; perdonar; *sich ~* disculparse, excusarse; *~ Sie!* ¡perdone!; ℒung *f* (-; -en) disculpa *f*, excusa *f*; *~!* ¡perdón!; *j-n um ~ bitten* pedir perdón a alg

ent'setz|en (h): (*sich*) ~ horrorizar(se), espantar(se) (*über ac* de); 2**en** *n* (-s; *sin pl*) horror *m*, espanto *m*; **~lich** horrible, espantoso, *a* F *fig* terrible

ent'sinnen (entsann, entsonnen, h): *sich* ~ (*gen*) acordarse de

Entsorgung [-'zɔrgʊŋ] *f* (-; -en) eliminación *f* de desechos

ent'spann|en (h): *fig sich* ~ relajarse; 2**ung** *f* (-; -en) relajación *f*; *pol* distensión *f*

ent'sprech|en (entsprach, entsprochen, h) (*dat*) corresponder a; *e-r Erwartung*: responder a; **~end** correspondiente; 2**ung** *f* (-; -en) correspondencia *f*; equivalente *m*

ent'springen (entsprang, entsprungen, sn) *Fluß*: nacer; *fig* proceder (*aus* de)

ent'steh|en (entstand, entstanden, sn) nacer, originarse; 2**ung** *f* (-; -en) nacimiento *m*; origen *m*

ent'stellen (h) desfigurar

ent'täusch|en (h) desengañar, desilusionar; decepcionar; 2**ung** *f* (-; -en) desengaño *m*, desilusión *f*; decepción *f*

ent'waffn|en (h) desarmar (*a fig*); 2**ung** *f* (-; -en) desarme *m*

Ent'warnung *f* (-; -en) fin *m* de alarma

ent'wässern (h) desaguar, drenar

'entweder: ~ ... *oder* o ... o...; sea ... o sea ...

ent|'weichen (entwich, entwichen, sn) escapar(se); **~'wenden** (h) hurtar, robar; **~'werfen** (entwarf, entworfen, h) bosquejar, esbozar; *Plan*: trazar

ent'wert|en (h) depreciar; *Briefmarken*: matasellar, inutilizar; *Fahrschein*: cancelar; 2**er** *m* (-s; -) cancelador *m* de billetes; 2**ung** *f* (-;-en) depreciación *f*

ent'wick|eln (h) desarrollar (*a fig*); *fot* revelar; *sich* ~ desarrollarse; 2**lung** *f* (-; -en) desarrollo *m*; evolución *f*; 2**lungshelfer** *m* cooperante *m*; 2**lungshilfe** *f* ayuda *f* al desarrollo; 2**lungsland** *n* país *m* en vías de desarrollo; 2**lungspolitik** *f* política *f* de desarrollo

ent|wirren [-'vɪrən] (h) desenredar, desenmarañar; **~'wischen** F (sn) escaparse; **~wöhnen** [-'vø:nən] (h) *Kind*: destetar; *Süchtige*: desintoxicar

ent'würdigend degradante; humillante

Ent'wurf *m* (-[e]s; ⁀e) bosquejo *m*, esbozo *m*; (*Plan*) plan *m*, proyecto *m*

ent'wurzeln (h) desarraigar

ent'zieh|en (entzog, entzogen, h) retirar; *j-m et* ~ privar a alg de a/c; *sich* ~ sustraerse a; 2**ung** *f* (-; -en) privación *f*; 2**ungskur** *f* cura *f* de desintoxicación

entziffern [-'tsɪfərn] (h) descifrar

ent'zücken 1. *v/t* (h) encantar; **2.** 2 *n* (-s; *sin pl*) encanto *m*; **~d** encantador

Ent'zug *m* (-[e]s; *sin pl*) retirada *f*; **~s-erscheinungen** *f/pl* síndrome *m* de abstinencia, F mono *m*

ent'zünd|en (h) encender; inflamar (*a 💉 u fig*); 2**ung** 💉 *f* (-; -en) inflamación *f*

ent'zwei [-'tsvaɪ] roto; **~gehen** (*irr, sep*, -ge-, sn, →**gehen**) romperse

Enzian ♀ ['ɛntsjɑːn] *m* (-s; -e) genciana *f*

Epi|demie [epide'miː] *f* (-; -n) epidemia *f*; **~sode** [--'zoːdə] *f* (-; -n) episodio *m*

Epoche [e'pɔxə] *f* (-; -n) época *f*

Epos ['eːpɔs] *n* (-; Epen) epopeya *f*

er [eːr] él

Erachten [ɛr'ʔaxtən] *n*: *m-s* ~*s* a mi parecer

erbarmen [ɛr'barmən] **1.** *v/t* (h): *sich* ~ (*gen*) compadecerse de; **2.** 2 *n* (-s; *sin pl*) lástima *f*, compasión *f*

erbärmlich [-'bɛrmlɪç] deplorable; miserable

erbarmungslos [-'barmʊŋsloːs] despiadado; *adv* sin piedad

er'bau|en (h) construir, levantar; *fig* (*sich*) ~ edificar(se) (*an dat* con); 2**er** *m* (-s; -) constructor *m*; **~lich** edificante; 2**ung** *f* (-; *sin pl*) construcción *f*; edificación *f* (*a fig*)

'Erbe ['ɛrbə] **a)** *m* (-n; -n) heredero *m*; **b)** *n* (-s; *sin pl*) herencia *f*; 2**n** (ge-, h) heredar

erbeuten [-'bɔʏtən] (h) apresar

erbieten [ɛr'biːtən] (erbot, erboten, h): *sich* ~ *zu* ofrecerse a

Erbin ['-bɪn] *f* (-; -nen) heredera *f*

er'bitten (erbat, erbeten, h) pedir, solicitar

erbittert [-'bɪtərt] irritado, exasperado; *Kampf*: encarnizado

erblich ['ɛrplɪç] hereditario

er'blicken (h) ver, divisar

er'blind|en [-'blɪndən] (sn) perder la vista, quedar(se) ciego; 2**ung** *f* (-; -en) pérdida *f* de la vista

erbrechen [ɛr'brɛçən] **1.** *v/t* (erbrach, erbrochen, h) 💉 (*a sich* ~) vomitar; **2.** 2 *n* (-s; *sin pl*) 💉 vómito *m*

'Erbschaft ['ɛrpʃaft] *f* (-; -en) herencia *f*;

~ssteuer f impuesto m sobre sucesiones

Erbse ['-sə] f (-; -n) guisante m, Am arveja f

'Erb|sünde f pecado m original; **~teil** n cuota f hereditaria

'Erd|ball ['e:rt-] m globo m terráqueo; **~beben** n terremoto m, temblor m de tierra; seísmo m; **~beere** f fresa f; (Garten⚡) fresón m; Am frutilla f; **~boden** m (-s; sin pl) suelo m, tierra f; **dem ~ gleichmachen** arrasar

'Erde ['e:rdə] f (-; raro -n) tierra f; (Boden) suelo m; ⚡**n** (ge-, h) ⚡ poner od conectar a tierra

erdenklich [ɛr'dɛŋkliç] imaginable

'Erd|gas ['e:rtga:s] n gas m natural; **~geschoß** n piso m bajo, planta f baja; **~halbkugel** f hemisferio m

erdicht|en [ɛr'diçtən] (h) imaginar, fingir, inventar; **~et** ficticio, fingido

erdig ['e:rdiç] terroso, térreo; Geschmack: a tierra

'Erd|karte ['e:rt-] f mapamundi m; **~kugel** f globo m; **~kunde** f geografía f; **~mandel** ⚡ f chufa f; **~nuß** f cacahuete m, Am maní m

'Erd-öl n petróleo m; **~gesellschaft** f compañía f petrolera; **~industrie** f industria f petrolífera

erdrosseln [ɛr'drɔsəln] (h) estrangular

er'drücken (h) aplastar (a fig); **~d** aplastante (a Mehrheit); Beweis: contundente

'Erd|rutsch ['e:rtrutʃ] m (-[e]s; -e) corrimiento m od desprendimiento m de tierras; **~teil** m continente m

erdulden [ɛr'duldən] (h) sufrir; soportar

Erdung ⚡ ['e:rduŋ] f (-; -en) toma f de tierra

er-'eig|nen [ɛr'ʔaignən] (h): **sich ~** suceder, acontecer, ocurrir; ⚡**nis** n (-ses; -se) suceso m, acontecimiento m

er'fahr|en 1. v/t (erfuhr, erfahren, h) saber, enterarse de; (erleben) experimentar; **2.** adj experimentado, versado; ⚡**ung** f (-; -en) experiencia f (**aus** por)

er'fassen (h) coger, Am agarrar; Daten usw: fichar; Text: capturar; fig comprender

er'find|en (erfand, erfunden, h) inventar; ⚡**er** m (-s; -) inventor m; **~erisch** inventivo, ingenioso; ⚡**ung** f (-; -en) invento m; invención f

Er'folg [-'fɔlk] m (-[e]s; -e) éxito m; resultado m; ⚡**en** [-'-gən] (sn) suceder, tener lugar; efectuarse; verificarse; ⚡**los** sin éxito; ⚡**reich** eficaz; feliz; adv con éxito

er'forder|lich [-'fɔrdərliç] preciso, necesario; **~n** (h) requerir, exigir, necesitar; ⚡**nis** n (-ses; -se) necesidad f; requisito m

er'forsch|en (h) explorar; (untersuchen) investigar; ⚡**ung** f (-; -en) exploración f; investigación f

er'freu|en (h) alegrar, regocijar; **sich ~** (gen) bzw **sich ~ an** (dat) gozar, disfrutar de; **~lich** agradable

er'frieren (erfror, erfroren, sn) morir de frío

erfrisch|en [-'friʃən] (h): (**sich**) **~** refrescar(se); ⚡**ung** f (-; -en) refresco m

er'füll|en (h) llenar (**mit** de; a fig); Pflicht usw: cumplir (con); Bitte usw: corresponder a; **sich ~** cumplirse; ⚡**ung** f (-; -en) cumplimiento m, realización f

er'gänz|en [-'gɛntsən] (h) completar; **~end** complementario; ⚡**ung** f (-; -en) complemento m

er'geb|en 1. v/t (ergab, ergeben, h) a ⚡ dar (por resultado); **sich ~** resultar (**aus** de); ⚡ rendirse; **2.** adj adicto; devoto; leal; ⚡**nis** [-'ge:pnis] n (-ses; -se) resultado m; fig fruto m; **~nislos** sin resultado

er'gehen (erging, ergangen, sn): **über sich ~ lassen** soportar (con paciencia); **wie ist es Ihnen ergangen?** ¿cómo le ha ido?

ergiebig [-'gi:biç] productivo, lucrativo

er'gießen (ergoß, ergossen, h): **sich ~** derramarse; Fluß: desembocar (**in** ac en)

er'greifen (ergriff, ergriffen, h) coger, Am agarrar; Maßnahmen, Wort: tomar; Gelegenheit: aprovechar; Gemüt: conmover, emocionar

ergriffen [-'grifən] conmovido

er'gründen (h) (ermitteln) averiguar

er'haben fig sublime; **~ über** (ac) superior a; (por) encima de

Er'halt m (-[e]s; sin pl) recibo m, recepción f; ⚡**en** (erhielt, erhalten, h) (bewahren) conservar; mantener; (bekommen) recibir

erhältlich [-'hɛltliç] en venta (**bei** en)

er'hängen (h): (**sich**) **~** ahorcar(se)

er'heb|en (erhob, erhoben, h) levantar

(*a Stimme*), alzar; *fig* elevar; *Steuern*: recaudar; **sich ~** levantarse; *pol* sublevarse; **~lich** [-'hɛ:plɪç] considerable; **♀ung** [-'-buŋ] *f* (-; -en) (*Aufstand*) insurrección *f*; (*Umfrage*) encuesta *f*
erhellen [-'hɛlən] (h) iluminar
erhitzen [-'hɪtsən] (h) calentar
er'höh|en [-'hø:ən] (h) (*steigern*) aumentar (*um* en); **♀ung** *f* (-; -en) aumento *m*, subida *f*
er'holen (h): **sich ~** reposar, descansar; ♣, ✝ recuperarse
Erholung [-'ho:luŋ] *f* (-; *sin pl*) reposo *m*, descanso *m*; ♣, ✝ recuperación *f*; **~s-urlaub** *m* vacaciones *f/pl* de reposo
er'inner|n [-'ʔɪnərn] (h): **j-n an et** (*ac*) **~** recordar a/c a alg; **sich ~ an** (*ac*) acordarse de, recordar (*ac*); **♀ung** *f* (-; -en) recuerdo *m*; (*Gedächtnis*) memoria *f*; **zur ~ an** en recuerdo *od* memoria de
erkält|en [-'kɛltən] (h): **sich ~** resfriarse, constiparse; **♀ung** *f* (-; -en) resfriado *m*, constipado *m*
er'kenn|en (erkannte, erkannt, h) reconocer (**an** *dat*, **als** por); (*wahrnehmen*) percibir, distinguir; **sich zu ~ geben** darse a conocer; **~tlich** [-'kɛntlɪç]: **sich ~ zeigen** mostrarse reconocido (**für** por); **♀tnis** *f* (-; -se) conocimiento *m*
Erker ['ɛrkər] *m* (-s; -) mirador *m*
er'klär|en (h) explicar; (*äußern*) declarar; **~lich** explicable; **♀ung** *f* (-; -en) explicación *f*; declaración *f* (**abgeben** hacer)
er'klingen (erklang, erklungen, sn) (re)sonar
er'krank|en (sn) caer enfermo, enfermar; **♀ung** *f* (-; -en) enfermedad *f*
er'kund|en [-'kundən] (h) explorar; **~igen** [-'-dɪgən] (h): **sich ~** informarse (**nach** *dat*, **über** *ac* de, sobre); **♀igung** *f* (-; -en) información *f*; informe *m* (**einziehen** tomar)
erlangen [-'laŋən] (h) obtener, conseguir, lograr
Erlaß [-'las] *m* (-sses; -sse) decreto *m*; *Schuld, Strafe*: remisión *f*
er'lassen (erließ, erlassen, h) *Gesetz*: promulgar; **j-m et ~** dispensar a alg de a/c
erlaub|en [-'laubən] (h) permitir; **♀nis** [-'laupnɪs] *f* (-; *sin pl*) permiso *m*
er'läuter|n (h) explicar; **♀ung** *f* (-; -en) explicación *f*

er'leb|en (h) ver, presenciar; (*erfahren*) experimentar; **♀nis** [-'le:pnɪs] *n* (-ses; -se) aventura *f*; experiencia *f*
er'ledig|en [-'le:dɪgən] (h) terminar, arreglar; *Arbeit*: despachar; *Auftrag*: ejecutar; **~t** F *fig* (*erschöpft*) F hecho polvo; **♀ung** *f* (-; *sin pl*) despacho *m*; arreglo *m*; ejecución *f*
er'leichter|n [-'laɪçtərn] (h) *Schmerz usw*: aliviar; (*vereinfachen*) facilitar; **♀ung** *f* (-; -en) alivio *m*; **~en** *pl* facilidades *f/pl*
er|'leiden (erlitt, erlitten, h) sufrir, experimentar; **~'lernen** (h) aprender; **~'logen** [-'lo:gən] falso, inventado
Erlös [-'lø:s] *m* (-es; -e) producto *m*
er'löschen (erlosch, erloschen, sn) apagarse; ⚖ expirar, extinguirse
er'lös|en salvar; *rel a* redimir; *fig* librar (**von** *de*); **♀ung** *f* (-; *sin pl*) liberación *f*; *rel* redención *f*, salvación *f*
er'mächtig|en [-'mɛçtɪgən] (h) autorizar (**zu** para); **♀ung** *f* (-; -en) autorización *f*, poder *m*
er'mahn|en (h) exhortar, amonestar; **♀ung** *f* (-; -en) exhortación *f*, amonestación *f*
er'mäßig|en (h) reducir, rebajar; **♀ung** *f* (-; -en) reducción *f*, rebaja *f*
Er'messen *n* (-s; *sin pl*) juicio *m*, criterio *m*; **nach freiem ~** a discreción
er'mitt|eln [-'mɪtəln] (h) averiguar, indagar; **♀lung** *f* (-; -en) indagación *f*; pesquisa *f* (**anstellen** hacer)
er|möglichen [-'mø:klɪçən] (h) hacer posible, facilitar; **~'morden** (h) asesinar; **~müden** [-'my:dən] *v/t* (h) (*v/i* [sn]) cansar(se), fatigar(se); **~muntern** [-'muntərn] (h) animar
er'mutig|en [-'mu:tɪgən] (h) alentar, animar; **♀ung** *f* (-; -en) animación *f*
er'nähr|en (h) nutrir, alimentar; **♀ung** *f* (-; *sin pl*) nutrición *f*, alimentación *f*
er'nenn|en (ernannte, ernannt, h) nombrar (**zum General** general); **♀ung** *f* (-; -en) nombramiento *m*
er'neu|ern [-'nɔyərn] (h) renovar, restaurar; (*wiederholen*) reiterar; **♀erung** *f* (-; -en) renovación *f*; **~t** de nuevo
erniedrigen [-'ni:drɪgən] (h) envilecer, humillar
Ernst [ɛrnst] **1.** *m* (-es; *sin pl*) seriedad *f*; gravedad *f*; **im ~** en serio, de veras; **das ist mein ~** hablo en serio; **2. ♀** *adj* serio;

grave; ~ **nehmen** tomar en serio; '♀**haft**, '♀**lich** serio; grave
'**Ernte** ['ɛrntə] f (-; -n) cosecha f; recolección f; ♀**n** (ge-, h) cosechar (a fig)
ernüchtern [ɛr'nyçtərn] (h) desembriagar; fig desilusionar
Er'ober|er [-'ʔoːbərər] m (-s; -) conquistador m; ♀**n** (h) conquistar (a fig); **~ung** f (-; -en) conquista f
er-'öffn|en (h) abrir; feierlich: inaugurar; ♀**ung** f (-; -en) apertura f; inauguración f
er'örter|n [-'ʔœrtərn] (h) discutir; ♀**ung** f (-; -en) discusión f
E'rot|ik [e'roːtik] f (-; sin pl) erotismo m; ♀**isch** erótico
er'press|en [ɛr'-] (h) hacer chantaje (a), extorsionar; ♀**er** m (-s; -), ♀**erin** f (-; -nen) chantajista su; ♀**ung** f (-; -en) chantaje m, extorsión f
er'proben (h) probar, ensayar
er'raten (erriet, erraten, h) adivinar, acertar
er'reg|en (h) excitar; irritar; ♀**er** ⚕ m (-s; -) agente m patógeno; **~t** [-'-kt] excitado; Debatte: acalorado; ♀**ung** [-'-guŋ] f (-; -en) excitación f; irritación f
er'reich|bar [-'raɪçbɑːr] asequible; al alcance (**für** de); **~en** (h) alcanzar; fig conseguir, lograr; Ort: llegar a
er|'richten (h) erigir, levantar; (gründen) establecer, fundar; **~'ringen** (errang, errungen, h) conseguir; ganar; **~'röten** (sn) ruborizarse
Errungenschaft [-'ruŋənʃaft] f (-; -en) fig progreso m, avance m
Er'satz m (-es; sin pl) sustitución f (**als ... für** en ... de); re(e)mplazo m; (Entschädigung) compensación f; (Produkt) sucedáneo m; **~dienst** ⚔ m servicio m sustitutorio; **~reifen** m neumático m de repuesto; **~teil** n (pieza f de) recambio m, repuesto m
er'schein|en (erschien, erschienen, sn) parecer; aparecer; presentarse; ⚖ comparecer; Buch: publicarse; ♀**ung** f (-; -en) aparición f (a Geist); fenómeno m; (Aussehen) aspecto m
er|'schießen (erschoß, erschossen, h) fusilar; **~'schlagen** (erschlug, erschlagen, h) matar a golpes
er'schließ|en (erschloß, erschlossen, h) Märkte: abrir; Gelände: urbanizar; ♀**ung** f (-; -en) urbanización f; ♀**ungskosten** pl gastos m/pl de urbanización
er'schöpf|en (h) agotar (a fig); ♀**ung** f (-; sin pl) agotamiento m
er|'schrecken 1. v/t (h) asustar; **2.** v/i (erschrak, erschrocken, sn) asustarse (**über** ac de), espantarse; **~schrocken** [-'ʃrɔkən] asustado
er'schütter|n [-'ʃytərn] (h) sacudir; fig conmover; ♀**ung** f (-; -en) sacudida f; conmoción f (a fig)
erschweren [-'ʃveːrən] (h) dificultar
erschwinglich [-'ʃviŋliç] Preis: razonable
er|'sehen (ersah, ersehen, h) ver (**aus** de); **~'setzen** (h) re(e)mplazar, sustituir; Schaden: reparar
er'sichtlich evidente, manifiesto
er'spar|en (h) ahorrar (a fig); economizar; ♀**nis** f (-; -se) ahorro m, economía f (**an** dat de)
erst [eːrst] **1.** adj **~e** primer(o); **~e(r) Klasse** (de) primera clase; **am ~en Mai** el primero de mayo; **fürs ~e** de momento; **2.** adv (zuerst) primero; (vorher) antes; **~ morgen** sólo mañana
er'starr|en [ɛr'-] (sn) ponerse rígido; ⚕ entumecerse; **~t vor Kälte**: transido
er'statt|en [-'ʃtatən] (h) Kosten: re(e)mbolsar; Anzeige **~** presentar una denuncia; ♀**ung** f (-; -en) re(e)mbolso m
Erstaufführung ['eːrstʔ-] f estreno m
er'staun|en [ɛr'-] v/t (h) (v/i [sn]) asombrar(se), admirar(se) (**über** ac de); ♀**en** n (-s; sin pl) asombro m, sorpresa f; **~lich** asombroso, sorprendente
erste ['eːrst] s erst
erstechen [ɛr'-] (erstach, erstochen, h) acuchillar, apuñalar
erstens ['eːrstəns] primero, en primer lugar
erstick|en [ɛr'ʃtikən] v/t (h) (v/i [sn]) ahogar(se); asfixiar(se); fig sofocar (-se) (**an** dat de)
erstklassig ['eːrstklasiç] de primera categoría od calidad
er'streben [ɛr'ʃtreːbən] (h) aspirar a; **~swert** deseable
er'strecken (h): **sich ~** extenderse (**auf, über** ac por, sobre)
Er'suchen n (-s; -) ruego m, petición f; **auf ~ von** a petición de
er|'tappen (h) coger, sorprender; **~'tönen** (sn) (re)sonar

Ertrag

Ertrag [-'trɑːk] m (-[e]s; ⸚e) rendimiento m; ⸾**en** [-'-gən] (ertrug, ertragen, h) soportar, sufrir, aguantar
erträglich [-'trɛːkliç] soportable
er|'tränken (h): (*sich*) ⸺ ahogar(se); ⸺'**trinken** (ertrank, ertrunken, sn) ahogarse
erübrigen [-'ʔyːbrigən] (h) ahorrar; *sich* ⸺ no ser necesario; *es erübrigt sich zu sagen* huelga decir
er'wachen (sn) despertar(se)
er'wachsen *adj* adulto, mayor; ⸾**e** m/f (-n; -n) adulto m, -a f
Erwägung [-'vɛːguŋ] f (-; -en) consideración f; *in* ⸺ *ziehen* tomar en consideración
er'wähn|en (h) mencionar; ⸾**ung** f (-; -en) mención f
er'wärmen (h) calentar
er'wart|en (h) esperar; contar con; ⸾**ung** f (-; -en) espera f
er'wecken (h) despertar (*a fig*)
er'weisen (erwies, erwiesen, h) probar; *Ehre*: rendir; *Dienst*: hacer; *sich* ⸺ *als* resultar
er'weiter|n [-'vaɪtərn] (h) ensanchar; *fig* ampliar, extender; ⸾**ung** f (-; -en) ensanche m; extensión f
Er'werb [-'vɛrp] m (-[e]s; -e) adquisición f; ⸾**en** [-'-bən] (erwarb, erworben, h) adquirir; *a fig* ganar; ⸾**slos** [-'vɛrpsloːs] parado; ⸾**s-tätig** asalariado; ⸺**e Bevölkerung** población f activa
er'wider|n [-'viːdərn] (h) replicar (*auf ac* a); *Besuch, Gruß*: devolver; ⸾**ung** f (-; -en) réplica f
er'wischen (h) atrapar, coger
erwünscht [-'vynʃt] deseado; oportuno
er'würgen (h) estrangular
Erz [ɛrts] n (-es; -e) mineral m
er'zähl|en [ɛr'tsɛːlən] (h) contar; ⸾**ung** f (-; -en) narración f; *lit* cuento m
'**Erz|bischof** ['ɛrtsbiʃɔf] m arzobispo m; ⸺**bistum** n arzobispado m
er'zeug|en (h) (*herstellen*) producir; (*hervorrufen*) provocar; ⸾**er** m (-s; -) ✝ productor m; ⸾**erland** n país m productor; ⸾**erpreis** m precio m al productor; ⸾**nis** [-'tsɔyknɪs] n (-ses; -se) producto m; ⸾**ung** [-'-guŋ] ✝ f (-; sin pl) producción f
er'zieh|en [ɛr'tsiːən] (erzog, erzogen, h) educar; ⸾**er** m (-s; -), ⸾**erin** f (-; -nen) pedagogo m, -a f; educador(a f) m
Er'ziehung f (-; sin pl) educación f
er'zielen (h) obtener, conseguir
er'zürnen (h) irritar, enojar
er'zwingen (erzwang, erzwungen, h) obtener por la fuerza
es [ɛs] le, la, lo; *betont*: e(s)to; ello; *ich weiß* ⸺ lo sé; *oft unübersetzt*: ⸺ *scheint* parece; ⸺ *schneit* está nevando; *so ist* ⸺ así es; *ich bin* ⸺ soy yo; ⸺ *gibt* hay
Esel ['eːzəl] m (-s; -) asno m, burro m (*a fig*)
Eskimo ['ɛskimo] m (-s; -s) esquimal m
Espresso [-'preso] m (-[s]; -s) (café m) exprés m
Essay ['ɛseː] m (-s; -s) ensayo m
'**eß|bar** ['ɛsbɑːr] comestible; ⸾**besteck** n cubierto m
'**essen** ['ɛsən] **1.** v/t, v/i (aß, gegessen, h) comer; *zu Mittag* ⸺ comer, almorzar; *zu Abend* ⸺ cenar; **2.** ⸾ n (-s; -) comida f; ⸾**smarke** f ficha f para comida; ⸾**szeit** f hora f de comer
'**Essig** ['ɛsiç] m (-s; -e) vinagre m; ⸺**gurke** f pepinillo m en vinagre
'**Eß|löffel** ['ɛslœfəl] m cuchara f; ⸺**stäbchen** n/pl palillos m/pl; ⸺**tisch** m mesa f de comedor; ⸺**waren** f/pl comestibles m/pl; ⸺**zimmer** n comedor m
Est|e ['ɛstə] (-n; -n), ⸺**in** (-; -nen), ⸾**nisch** ['-niʃ] estoniano m, -a f
Estragon ❦ ['ɛstragɔn] m (-s; sin pl) estragón m
E'tage [e'tɑːʒə] f (-; -n) piso m; ⸺**nbett** n litera f
Etappe [-'tapə] f (-; -n) etapa f
Etat [-'tɑː] m (-s; -s) presupuesto m
Eti'kett [eti'kɛt] n (-[e]s; -e[n], -s) rótulo m, etiqueta f; ⸺**e** f (-; sin pl) etiqueta f
etliche ['ɛtliçə] pl algunos; unos
Etui [e'tviː] n (-s; -s) estuche m
'**etwa** ['ɛtva] aproximadamente; ⸺ *dreißig* unos treinta; ⸺**ig** eventual
etwas ['-vas] algo; un poco (de)
euch [ɔyç] (a) vosotros (-as); *unbetont*: os
euer ['ɔyər] vuestro (-a)
Eule ['-lə] f (-; -n) lechuza f
euretwegen ['-rət-] por vosotros
Euro... ['ɔyro] euro...
Euro'pä|er [--'pɛːər] m (-s; -), ⸺**erin** f (-; -nen) europeo m, -a f; ⸾**isch** europeo; ⸾**e Union** f Unión f Europea
Eu'ropa|parlament [ɔy'roːpa-] n Parlamento m Europeo; ⸺**pokal** m Copa f

de Europa; ~rat m Consejo m de Europa
'Euroscheck(karte f) m (tarjeta f) eurocheque m
Euter ['-tər] n (-s; -) ubre f
evangel|isch [evaŋ'ge:liʃ] protestante; ℒium [--'ge:ljum] n (-s; -lien) evangelio m
eventuell [eventu'ɛl] eventual
'ewig ['e:viç] eterno, perpetuo; ℒkeit f (-; raro -en) eternidad f
exakt [ɛ'ksakt] exacto
Examen [ɛ'ksa:mən] n (-s; -, -ina) examen m; *ein* ~ *ablegen* pasar un examen, examinarse
Exekutive [ɛkseku'ti:və] f (-; -n) (poder m) ejecutivo m
Exemplar [ɛksɛm'plɑ:r] n (-s; -e) ejemplar m
Exil [ɛ'ksi:l] n (-s; -e) destierro m, exilio m; *ins* ~ *gehen* exiliarse
Exi'stenz [ɛksis'tɛnts] f (-; -en) existencia f; ~minimum n mínimo m vital
existieren [--'ti:rən] (h) existir
exotisch [ɛ'kso:tiʃ] exótico

Expansion [ɛkspan'zjo:n] f (-; -en) expansión f
Expedition [-pedi'tsjo:n] f (-; -en) expedición f
Experiment [--ri'mɛnt] n (-[e]s; -e) experimento m
Experte [-'pɛrtə] m (-n; -n) perito m, experto m
explo|dieren [-plo'di:rən] (sn) estallar, explosionar; ℒsion [--'zjo:n] f (-; -en) explosión f
Ex'port [-'pɔrt] m (-[e]s; -e) exportación f; ~eur [--'tø:r] m (-s; -e) exportador m; ℒieren [--'ti:rən] (h) exportar; ~land n país m exportador; ~überschuß m excedente m de exportación
'extra ['-tra] extra; por separado, aparte; (*absichtlich*) expresamente; ℒblatt n edición f especial
Extrakt [-'trakt] m (-[e]s; -e) extracto m
extrem [-'tre:m], ℒ n (-s; -e) extremo (m); ℒist [-tre'mist] m (-en; -en), ℒistin f (-; -nen) extremista *su*
exzentrisch [-'tsɛntriʃ] excéntrico
Exzeß [-'tsɛs] m (-sses; -sse) exceso m

F

F, f [ɛf] n (-; -) F, f f; ♪ fa m; *F-Dur* fa m mayor; *f-Moll* fa m menor
'Fabel ['fɑ:bəl] f (-; -n) fábula f; ℒhaft excelente, f estupendo
Fa'brik [fa'bri:k] f (-; -en) fábrica f; factoría f; ~ant [-bri'kant] m (-en; -en) fabricante m; ~arbeiter(in f) m trabajador(a f) m fabril *o* de fábrica; ~at [--'kɑ:t] n (-[e]s; -e) producto m; ~ation [--ka'tsjo:n] f (-; -en) fabricación f
Fach [fax] n (-[e]s; ⁻er) compartim(i)ento m; *im Schrank:* casilla f; (*Lehr*ℒ) asignatura f, disciplina f; (*Branche*) ramo m; '~arbeiter(in f) m trabajador(a f) m especializado (-a); '~arbeitermangel m falta f de trabajadores especializados; '~arzt m, '~ärztin f especialista *su*; '~ausdruck m (-[e]s; ⁻e) término m técnico
Fächer ['fɛçər] m (-s; -) abanico m

'Fach|frau ['fax-] f especialista f, profesional f; ~gebiet n especialidad f; ~geschäft n establecimiento m especializado *od* del ramo; ~kräfte f/pl personal m cualificado; ~mann m (-[e]s; -leute) profesional m, especialista m; ~messe f feria f monográfica
'Fackel ['fakəl] f (-; -n) antorcha f; ~zug m desfile m de antorchas
fad(e) [fɑ:t, '-də] soso, insípido (*a fig*)
'Faden ['-dən] m (-s; ⁻) hilo m (*a fig*); ~nudeln f/pl fideos m/pl
'fähig ['fɛ:iç] capáz (*zu* de); apto (*zu* para); ℒkeit f (-; -en) capacidad f; aptitud f
'fahnd|en ['fɑ:ndən] (h): *nach j-m* ~ buscar a alg; ℒung f (-; -en) búsqueda f
Fahne ['fɑ:nə] f (-; -n) bandera f
'Fahr|ausweis ['fɑ:r°-] m billete m, *Am*

Fahrbahn 348

boleto *m*; ~**bahn** *f* calzada *f*; ~**bereitschaft** *f* parque *m* móvil
Fähre ['fɛːrə] *f* (-; -n) transbordador *m*, ferry(-boat) *m*
'**fahr|en** ['faːrən] (fuhr, gefahren) **1.** *v/t* (h) *auto* conducir; *Last*: acarrear; transportar; *j-n*: llevar; **2.** *v/i* (sn) ir (*mit en*), viajar (en); (*ab*~) salir; *rechts* ~ circular por la derecha; ~ *durch* atravesar (*ac*), pasar por; 2**er** *m* (-s; -), 2**erin** *f* (-; -nen) conductor(a *f*) *m*; 2**erflucht** *f* fuga *f* del conductor (después de un accidente); 2-**erlaubnis** *f* permiso *m* de conducir; 2**gast** *m* viajero *m*; pasajero *m*; *Taxi*: cliente *m*; 2**gemeinschaft** *f* viaje *m* compartido; 2**gestell** *n* chasis *m*; ✈ tren *m* de aterrizaje
'**Fahrkarte** *f* billete *m*, *Am* boleto *m*; ~**n-automat** *m* máquina *f* expendedora de billetes, ~**nschalter** *m* despacho *m* de billetes, *Am* boletería *f*
'**fahrlässig** negligente; imprudente
'**Fahr|lehrer** *m* profesor *m* de autoescuela; ~**plan** *m* horario *m*; 2**planmäßig** regular; ~**preis** *m* precio *m* del viaje; ~**prüfung** *f* examen *m* de conducción; ~**rad** *n* bicicleta *f*, F bici *f*; ~**radverleih** *m* alquiler *m* de bicicletas, ~**radweg** *m* carril-bici *m*; ~**schein** *m* billete *m*, *Am* boleto *m*; ~**schule** *f* autoescuela *f*; ~**spur** *f* carril *m*; ~**stuhl** *m* ascensor *m*
Fahrt [faːrt] *f* (-; -en) viaje *m*; recorrido *m*; (*Ausflug*) excursión *f*
Fährte ['fɛːrtə] *f* (-; -n) rastro *m*, huella *f*, pista *f*
'**Fahr|tenschreiber** ['faːrtən-] *m* tacógrafo *m*; ~**trichtung** *f* dirección *f*; ~**werk** *n* ✈ tren *m* de aterrizaje; ~**zeug** *n* vehículo *m*; ~**zeughalter** *m* titular *m* del vehículo
fair [fɛːr] leal, correcto; *dep* limpio
Faksimile [fak'ziːmilə] *n* (-s; -s) facsímil(e) *m*
Faktor ['faktɔr] *m* (-s; -en [-'toːrən]) factor *m*
Fakultät [fakul'tɛːt] *f* (-; -en) facultad *f*
Falke ['falkə] *m* (-n; -n) halcón *m* (*a fig*)
Fall [fal] *m* (-[e]s; *sin pl*) caída *f* (*a fig*); (*pl* ~e) (*Angelegenheit*) caso *m*; *auf jeden* ~ en todo caso; *auf keinen* ~ de ningún modo; *für alle Fälle* por si acaso
Falle ['falə] *f* (-; -n) trampa *f* (*a fig*)

fallen ['falən] (fiel, gefallen, sn) caer; (*stürzen*) caerse; (*sinken*) bajar
fällen ['fɛlən] (ge-, h) *Baum*: cortar, talar; *Urteil*: dictar
'**fällig** ['fɛliç] vencedero, pagadero; ~ *werden* vencer; 2**keit** *f* (-; -en) vencimiento *m*
falls [fals] (en) caso (de) que (*subj*); si
'**Fallschirm** *m* paracaídas *m*; ~**springer(in** *f*) *m* paracaidista *su*
falsch [falʃ] falso (*a fig*); *Haar, Zähne*: postizo; (*künstlich*) artificial; (*unehrlich*) pérfido, alevoso; *adv* mal; ~ *gehen Uhr* andar mal
'**fälsch|en** ['fɛlʃən] (ge-, h) falsear; falsificar; 2**er** *m* (-s; -) falsificador *m*
'**Falsch|geld** ['falʃgɛlt] *n* moneda *f* falsa; ~**heit** *f* (-; *sin pl*) falsedad *f*
fälschlich ['fɛlʃliç] *adv* por error
Fälschung ['fɛlʃuŋ] *f* (-; -en) falsificación *f*; imitación *f*
Faltboot ['faltboːt] *n* bote *m* plegable
'**Falte** ['faltə] *f* (-; -n) pliegue *m* (*werfen* hacer); (*Runzel*) arruga *f*; 2**n** (ge-, h) plegar, doblar; *Hände*: juntar; ~**nrock** *m* falda *f* plisada
Falter ['-tər] *m* (-s; -) *zo* mariposa *f*
faltig ['-tiç] plisado; *Haut*: arrugado
familiär [famil'jɛːr] familiar
Familie [-'miːljə] *f* (-; -n) familia *f*
Fa'milien|betrieb *m* empresa *f* familiar; ~**mitglied** *n* miembro *m* de la familia, familiar *m*; ~**name** *m* apellido *m*; ~**stand** *m* (-[e]s; *sin pl*) estado *m* civil
Fan [fɛn] *m* (-s; -s) fan *m*; *bsd dep* hincha *m*, forofo *m*
Fanat|iker [fa'naːtikər] *m* (-s; -), ~**ikerin** *f* (-; -nen), 2**isch** fanático *m*, -a *f*
Fang [faŋ] *m* (-[e]s; *sin pl*) (*Fangen*) captura *f*; (*Gefangenes*) presa *f*; (*Fisch*2) pesca *f*; '2**en** (fing, gefangen, h) coger, *Am* agarrar; *Dieb*: capturar, prender
'**Farb|band** ['farpbant] *n* cinta *f*; ~**e** ['-bə] *f* (-; -n) color *m*; (*Anstrich*2) pintura *f*; (*Färbung*) colorido *m*; *Kartenspiel*: palo *m*; 2-**echt** de color sólido
färben ['fɛrbən] (ge-, h) teñir (*blau* de azul); colorar, colorear
'**farben|blind** ['farbənblint] daltoniano; ~**froh** vistoso, variopinto
'**Farb|fernsehen** *n* televisión *f* en color; ~**fernseher** *m* televisor *m* en color; ~**film** *m* película *f* en color; ~**foto** *n* foto *f* en color; 2**ig** ['-biç] de color; colorea-

do; ⁀los incoloro; ⁀stift *m* lápiz *m* de color; ⁀stoff *m* colorante *m*
Färbung ['fɛrbuŋ] *f* (-; -en) coloración *f*, tinte *m*
Farn [farn] *m* (-[e]s; -e) helecho *m*
Fasan [fa'zɑːn] *m* (-[e]s; -e[n]) faisán *m*
Fasching ['-ʃiŋ] *m* (-s; raro -e, -s) carnaval *m*
Fa'schis|mus [-'ʃismus] *m* (-; *sin pl*) fascismo *m*; ⁀t *m* (-en; -en), ⁀tin *f* (-; -nen), ⁀tisch fascista *su*, F facha *m*
Faser ['-zər] *f* (-; -n) fibra *f*
Faß ['fas] *n* (Fasses; Fässer) tonel *m*; barril *m*
Fassade [fa'sɑːdə] *f* (-; -n) fachada *f*
'Faßbier *n* cerveza *f* de barril
fassen ['fasən] (ge-, h) coger (**an** *dat* de, por), *Am* agarrar; *Plan*: concebir; *fig* (*verstehen*) comprender; *der Saal faßt 300 Personen* en la sala caben 300 personas; *sich kurz* ⁀ ser breve
'Fassung ['fasuŋ] *f* (-; -en) ⚡ portalámpara *m*; (*Wortlaut*) versión *f*; (*sin pl seelische*: serenidad *f*; *aus der* ⁀ *bringen* (*geraten*) desconcertar(se); ⁀slos desconcertado; ⁀svermögen *n* capacidad *f*, cabida *f*; *fig* comprensión *f*
fast [fast] casi; cerca de
'fasten ['-tən] **1.** *v/i* (ge-, h) ayunar; **2.** ⁀n (-s; *sin pl*) ayuno *m*; ⁀zeit *f* cuaresma *f*
'Fast|nacht *f* (martes *m* de) carnaval *m*; ⁀tag *m* día *m* de ayuno
fatal [fa'tɑːl] fatal
fauchen ['fauxən] (ge-, h) bufar
faul [faul] (*verfault*) podrido; (*träge*) perezoso, vago; *fig* dudoso; '⁀en (ge-, sn) pudrirse, corromperse
'faulenz|en ['-lɛntsən] (h) holgazanear; ⁀er *m* (-s; -) holgazán *m*
'Faul|heit ['-haɪt] *f* (-; *sin pl*) pereza *f*; ⁀pelz F *m* perezoso *m*, holgazán *m*, gandul *m*
Faust [faust] *f* (-; ⁀e) puño *m*; *auf eigene* ⁀ por su (propia) cuenta; '⁀handschuh *m* manopla *f*; '⁀schlag *m* puñetazo *m*
Fazit ['fɑːtsit] *n* (-s; -s) resultado *m*
Februar ['feːbruar] *m* (-[s]; *raro* -e) febrero *m*
'fecht|en ['fɛxtən] (focht, gefochten, h) esgrimir; ⁀en *n* (-s; *sin pl*) esgrima *f*; ⁀er *m* (-s; -), ⁀erin *f* (-; -nen) esgrimidor(a *f*) *m*
'Feder ['feːdər] *f* (-; -n) pluma *f*; ⚙ resorte *m*, muelle *m*; ⁀ball *m* volante *m*; *Spiel*: badminton *m*; ⁀bett *n* edredón *m*; ⁀gewicht *n dep* peso *m* pluma; ⁀halter *m* portaplumas *m*; ⁀n (ge-, h) ⚙ ser elástico; ⁀nd ⚙ elástico; ⁀ung ⚙ *f* (-; -en) suspensión *f*; ⁀zeichnung *f* dibujo *m* a la pluma
Fee [feː] *f* (-; -n) hada *f*
'Fege|feuer ['feːgəfɔyər] *n* purgatorio *m*; ⁀n (ge-, h) barrer
fehl [feːl]: ⁀ *am Platz sn* estar fuera de lugar; '⁀betrag *m* déficit *m*
fehlen ['-lən] **1.** *v/i* (ge-, h) hacer falta; (*abwesend sein*) estar ausente; *was fehlt Ihnen?* ¿qué le pasa?; *es fehlt uns an* (*dat*) nos (hace) falta *a/c*; *das fehlte* (*gerade*) *noch!* ¡sólo faltaba eso!; *du fehlst mir sehr* te echo mucho de menos; **2.** ⁀n (-s; *sin pl*) falta *f*; ausencia *f*
'Fehler ['-lər] *m* (-s; -) falta *f*, error *m*; defecto *m*; *moralischer*: vicio *m*; ⁀frei, ⁀los sin defecto; sin falta; correcto; ⁀haft defectuoso; incorrecto
'Fehl|geburt *f* aborto *m* (espontáneo); ⁀schlag *m* fallo *m*, fracaso *m*; ⁀schlagen (*irr*, *sep*, -ge-, sn, → *schlagen*) fallar, fracasar; frustrarse; ⁀tritt *m* paso *m* en falso; *fig* desliz *m*; ⁀zündung ⚙ *f* encendido *m* defectuoso
'Feier ['faɪər] *f* (-; -n) celebración *f*; (*Fest*) fiesta *f*; festividad *f*, ceremonia *f*; ⁀abend *m* fin *m* del trabajo; ⁀ *machen* terminar el trabajo; ⁀lich solemne; ⁀n (ge-, h) **1.** *v/t* celebrar; **2.** *v/i* hacer fiesta; ⁀tag *m* día *m* festivo, (día *m* de) fiesta *f*
feig(e) [faɪk, '-gə] cobarde
'Feige ⚘ ['-gə] *f* (-; -n) higo *m*; ⁀nbaum *m* higuera *f*
'Feig|heit ['faɪkhaɪt] *f* (-; *sin pl*) cobardía *f*; ⁀ling [-liŋ] *m* (-s; -e) cobarde *m*
'Feile ['-lə] *f* (-; -n) lima *f*; ⁀n (ge-, h) limar (*a fig*)
feilschen ['-ʃən] *v/i* (ge-, h) regatear (*um et* *a/c*)
fein [faɪn] fino (*a fig*); (*dünn*) delgado; sutil; (*zart*) delicado
Feind [faɪnt] *m* (-[e]s, -e), ⁀in *f* (-; -nen) enemigo *m*, -a *f*; ⁀lich enemigo; '⁀schaft *f* enemistad *f*; '⁀selig hostil
'fein|fühlig ['-fyːliç] sensible, delicado; ⁀gefühl *n* delicadeza *f*; ⁀kostgeschäft *n* tienda *f* de comestibles finos; ⁀mechanik *f* mecánica *f* de precisión;

Feinschmecker

2schmecker ['-ʃmɛkər] m (-s; -) gastrónomo m; 2waschmittel n detergente m para ropa delicada

Feld [fɛlt] n (-es; -er) campo m (a fig); Schach: casilla f; dep pelotón m; fig dominio m; ~bett n catre m; ~webel ['-ve:bəl] m (-s; -) sargento m primero; '~weg m camino m vecinal; '~zug m campaña f

Felge ['fɛlgə] f (-; -n) llanta f

Fell [fɛl] n (-[e]s; -e) piel f; pellejo m; fig **ein dickes ~ haben** tener buenas espaldas

Fels [fɛls] m (-en; -en), ~**en** [-zən] m (-s; -) roca f; (Block) peña f; ~**enküste** f acantilado m; 2ig rocoso

femi'n|in [femi'niːn] femenino; 2**istin** f (-; -nen), ~**istisch** feminista (f)

Fenchel ♀ ['fɛnçəl] m (-s; sin pl) hinojo m

Fenster ['fɛnstər] n (-s; -) ventana f; e-s Wagens: ventanilla f; ~**brett** n alféizar m; ~**glas** n vidrio m (común); ~**laden** m contraventana f; postigo m; ~**leder** n gamuza f; ~**platz** m asiento m de ventanilla; ~**rahmen** m bastidor m; ~**scheibe** f cristal m, vidrio m

Ferien ['feːrjən] pl vacaciones f/pl; ~**arbeit** f trabajo m durante las vacaciones; ~**dorf** n pueblo m de vacaciones; ~**haus** n casa f de vacaciones bzw de verano; ~**kurs** m cursillo m de vacaciones; ~**ort** m lugar m de vacaciones bzw de verano; ~**wohnung** f apartamento m de vacaciones

Ferkel ['fɛrkəl] n (-s; -) cochinillo m, lechón m

fern [fɛrn] lejano, distante; adv lejos; **der** 2**e Osten** el Extremo Oriente

'**Fern|-amt** ✆ n central f interurbana; ~**bedienung** f mando m a distancia

'**Fern|e** f (-; raro -n) lejanía f; **aus der ~** de lejos; **in der ~** a lo lejos; 2**er** además; ~**fahrer** m camionero m de grandes rutas; ~**gespräch** ✆ n conferencia f interurbana; 2**gesteuert** teledirigido; ~**glas** n gemelos m/pl, prismáticos m/pl; ~**heizung** f calefacción f a distancia; ~**licht** auto n (-[e]s; sin pl) luz f de carretera; ~**meldetechnik** f técnica f de telecomunicaciones; ~**rohr** n telescopio m; ~**schnellzug** m tren m expreso de largo recorrido; ~**schreiben** n télex m; ~**schreiber** m teletipo m

'**Fernseh...** ['-zeː...]: in Zssgn oft televisi-

vo; ~**en** n (-s; sin pl) televisión f, F tele f; **im ~ übertragen** televisar; 2**en** (irr, sep, -ge-, h, → **sehen**) mirar od ver la televisión; ~**er** (-s; -) m televisor m; ~**film** m telefilm m; ~**gerät** n televisor m; ~**sendung** f emisión f televisiva; ~**spiel** n telenovela f; ~**zuschauer(in** f) m telespectador(a f) m, televidente su

'**Fernsicht** f vista f (panorámica)

'**Fernsprech...** ['-ʃprɛç...]: in Zssgn oft telefónico; s a **Telefon**; ~**amt** n central f telefónica; ~**auftragsdienst** m servicio m de encargos

'**Fern|steuerung** f mando m a distancia, control m remoto; ~**verkehr** m transporte m a gran distancia; ~**verkehrsstraße** f vía f interurbana; ~**zug** m tren m de largo recorrido

Ferse ['fɛrzə] f (-; -n) talón m

'**fertig** ['-tiç] acabado, hecho; (bereit) dispuesto, listo; F (erschöpft) hecho polvo; ~**!** ¡ya está!; **mit et ~ sn** haber terminado a/c; ~**bringen** (irr, sep, -ge-, h, → **bringen**) lograr (hacer), conseguir; 2**gericht** n plato m precocinado; 2**haus** n casa f prefabricada; 2**keit** f (-; -en) destreza f, habilidad f; ~**machen** (sep, -ge-, h) terminar, acabar; **sich ~** prepararse, disponerse; 2**produkt** n producto m acabado; 2**ung** ['--guŋ] f (-; sin pl) fabricación f

Fessel ['fɛsəl] f (-; -n) traba f (a fig); 2**n** (ge-, h) atar, encadenar; fig cautivar, fascinar; 2**nd** cautivador, fascinante

fest [fɛst] firme (a fig); sólido; fijo (a Preis); Schlaf: profundo

Fest n (-[e]s; -e) fiesta f; **frohes ~!** ¡felices Pascuas!; '~**beleuchtung** f iluminación f; '~**essen** n banquete m; '~**geld** n depósito m a plazo fijo; '2**halten** (irr, sep, -ge-, h, → **halten**) **1.** v/t retener; **sich ~ an** (dat) agarrarse a; **2.** v/i perseverar (**an** dat en)

'**festig|en** ['-igən] (ge-, h) consolidar; fig estabilizar; 2**er** m (-s; -) (Haar2) fijapelo m; 2**keit** ['-içkaɪt] f (-; sin pl) solidez f; estabilidad f; fig firmeza f

'**Fest|land** n (-[e]s; sin pl) tierra f firme, continente m; 2**legen** (sep, -ge-, h) fijar; **sich ~** comprometerse (**auf** ac a)

'**festlich** ['-liç] de fiesta; solemne; 2**keit** f (-; -en) fiesta f, festividad f

'**fest|machen** (sep, -ge-, h) sujetar; ⚓ amarrar; fig concretar; 2**nahme** ['nɑːmə] f (-; -n) detención f; ~**nehmen** (*irr, sep*, -ge-, h, → *nehmen*) detener; ℒ**preis** ✝ m precio m fijo; ℒ**saal** m salón m de fiestas; ~**setzen** (*sep*, -ge-, h) fijar; *vertraglich*: estipular; ℒ**spiele** n/pl festival m; ~**stehen** (*irr, sep*, -ge-, h, → *stehen*) *fig* ser seguro; ~**stellen** (*sep*, -ge-, h) *fig* averiguar, comprobar, constatar; ℒ**stellung** f (-; -en) averiguación f, comprobación f, constatación f; ℒ**tag** m (día m de) fiesta f

Festung ['fɛstʊŋ] f (-; -en) fortaleza f

'**fest|verzinslich** de renta fija; ℒ**zug** m desfile m

fett [fɛt] **1.** *adj* graso; *j*: gordo; *tip* en negrita; **2.** ℒ n (-[e]s; -e) grasa f; '~**arm** pobre en grasa(s); '~**ig** grasiento

feucht [fɔyçt] húmedo; '℀**biotop** n biotopo m húmedo; '℀**igkeit** f (-; *sin pl*) humedad f

'**Feuer** ['fɔyər] n (-s; -) fuego m (*a* ⚔ *u fig*); (*Brand*) incendio m; *fig* ardor m; ~**fangen** inflamarse; *fig* entusiasmarse; ~**bestattung** f cremación f, incineración f; ℒ**fest** refractario; ℒ**gefährlich** inflamable; ~**leiter** f escalera f de incendios; ~**löscher** m extintor m (de incendios); ~**melder** m avisador m de incendios; ℒ**n** (ge-, h) hacer fuego m (⚔); ~**wehr** f (-; -en) (cuerpo m de) bomberos m/pl; ~**wehrmann** m bombero m; ~**werk** n fuegos m/pl artificiales; ~**zeug** n encendedor m, mechero m

feurig ['fɔyriç] ardiente; *fig* fogoso, impetuoso; *Wein*: generoso

Fichte ['fiçtə] f (-; -n) abeto m rojo

'**Fieber** ['fiːbər] n (-s; -) fiebre f; ℒ**haft**, ℒ**ig** febril (*a fig*); ~**mittel** n febrífugo m; ℒ**n** (ge-, h) tener fiebre; ~**thermometer** n termómetro m clínico

Figur [fi'guːr] f (-; -en) figura f; *Schach*: pieza f; *e-e gute ~ haben* tener buen tipo

figürlich [-'gyːrliç] figurado

Filet [-'leː] n (-s; -s) (*Fisch*ℒ) filete m; (*Lende*) lomo m; ~**steak** n bistec m de solomillo

Filiale [fil'jɑːlə] f (-; -n) sucursal f

Film [film] m (-[e]s; -e) película f, film(e) m; *fot* carrete m; '~**atelier** n estudio m cinematográfico; 'ℒ**en** (ge-, h) rodar, filmar; '~**festspiele** n/pl festival m cinematográfico; '~**kamera** f tomavistas m; '~**schauspieler(in** f) m actor m (actriz f) de cine; '~**star** m estrella f de cine; '~**verleih** m (*Firma*) (casa f) distribuidora f

'**Filter** ['filtər] m *u* n (-s; -) filtro m; ℒ**n** (ge-, h) filtrar; ~**papier** n papel m (de) filtro; ~**zigarette** f cigarrillo m de filtro

Filz [filts] m (-es; -e) fieltro m; 'ℒ**en** (ge-, h) F *fig* registrar, cachear; '~**stift** m rotulador m

Final|e [fi'nɑːlə] n (-s; -) ♪ final m; *dep* final f; ~**ist** [-na'list] m (-en; -en), ~**istin** f (-; -nen) finalista *su*

Fi'nanz|amt [-'nants?amt] n Delegación f de Hacienda; ~**en** f/pl finanzas f/pl; ℒ**iell** [--'tsjɛl] financiero; ℒ**ieren** [--'tsiːrən] (h) financiar; ~**ierung** [--'tsiːrʊŋ] f (-; -en) financiación f, financiamiento m; ~**minister(ium** n) m ministro m (ministerio m) de Hacienda

'**find|en** (fand, gefunden, h) hallar, encontrar; *~ Sie nicht?* ¿no le parece?; ℒ**erlohn** m gratificación f

'**Finger** ['fiŋər] m (-s; -) dedo m; *kleine(r)* ~ meñique m; ~**abdruck** m (-[e]s; ⸚e) huella f dactilar; ~**hut** m dedal m; ⚕ digital f; ~**nagel** m uña f

Fink [fiŋk] m (-en; -en) pinzón m

Finn|e ['finə] m (-n; -n), ~**in** f (-; -nen), ℒ**isch** finlandés m, -csa f

'**finster** ['-stər] oscuro; *fig* sombrío; ℒ**nis** f (-; -se) oscuridad f; tinieblas f/pl

'**Firm|a** ['firma] f (-; -men) casa f, empresa f; ~**enname** m razón f social

Firmung *rel* ['-mʊŋ] f (-; -en) confirmación f

Firnis ['-nis] m (-ses; -se) barniz m

Fisch [fiʃ] m (-[e]s; -e) pez m; *als Speise*: pescado m; 'ℒ**en** (ge-, h) pescar

'**Fischer** ['-ʃər] m (-s; -) pescador m; ~**boot** n barco m pesquero; ~**dorf** n pueblo m de pescadores; ~**ei** [--'raɪ] f (-; *sin pl*) pesca f; ~'**eihafen** m puerto m pesquero

'**Fisch|fang** m (-[e]s; *sin pl*) pesca f; ~**gericht** n plato m de pescado; ~**geschäft** n pescadería f; ~**händler(in** f) m pescadero m, -a f; ~**markt** m mercado m de pescado; ~**suppe** f sopa f de pescado; ~**zucht** f piscicultura f

Fistel ['fistəl] f (-; -n) ✷ fístula f

fit [fit] en buena forma; 'ℒ**neß-Center** ['-nɛs-sɛntər] n (-s; -) gimnasio m; 'ℒ**neß-Raum** m sala f de gimnasia

fix [fiks] ✝ fijo; F ligero, rápido; ~ *und fertig* listo; ~*e Idee* idea *f* fija; '~**en** F (ge-, h) pincharse; '2**er** F *m* (-s; -) yonqui *m*

fixieren [-'ksi:rən] (h) fijar; (*scharf ansehen*) mirar fijamente

FKK [ɛfkɑ:'kɑ:] *f* (-; *sin pl*) (des)nudismo *m*; ~**Camp** [--'-kɛmp] *n* (-s; -s) campamento *m* nudista; ~**Strand** *m* playa *f* nudista; ~**Urlaub** *m* vacaciones *f/pl* en una playa nudista

flach [flax] (*eben*) llano (*a Teller*); plano; (*seicht*) poco profundo; *fig* trivial

Fläche ['flɛçə] *f* (-; -n) superficie *f*

Flachland ['flax-] *n* (-[e]s; *sin pl*) llanura *f*

Flachs ♀ [flaks] *m* (-es; *sin pl*) lino *m*

flackern ['flakərn] (ge-, h) vacilar, titilar; *Feuer*: flamear

Fladen ['flɑ:dən] *m* (-s; -) torta *f*

Flagge ['flagə] *f* (-; -n) bandera *f*; ⚓ pabellón *m*

Flak [flak] *f* (-; -[s]) defensa *f* antiaérea

Flakon [fla'kɔ̃] *m* (-s; -s) frasquito *m*

Flame ['flɑ:mə] *m* (-n; -n), **Flämin** ['flɛ:min] *f* (-; -nen) flamenco *m*, -a *f*

flämisch ['flɛ:miʃ] flamenco

Flamme ['flamə] *f* (-; -n) llama *f*

Flanell [fla'nɛl] *m* (ɛ; ə) franola *f*

Flanke ['flaŋkə] *f* (-; -n) flanco *m* (*a* ✗); *Fußball*: centro *m*

Fläschchen ['flɛʃçən] *n* (-s; -) frasco *m*

'**Flasche** ['flaʃə] *f* (-; -n) botella *f*; (*Säuglings*2) biberón *m*; F *fig* berzotas *m*; ~**nbier** *n* cerveza *f* embotellada; ~**n-öffner** *m* abridor *m*; ~**npfand** *n* depósito *m*; ~**nwein** *m* vino *m* embotellado

flattern ['flatərn] (ge-, h *u* sn) *Vogel*: aletear; (h) *Fahne*: ondear

flau [flaʊ] flojo (*a* ✝)

Flaum [flaʊm] *m* (-[e]s; *sin pl*) vello *m*; *Vögel*: plumón *m*; ♀ pelusilla *f*

Flaute ['-tə] *f* (-; -n) ⚓ calma *f* (chicha); ✝ estancamiento *m*

'**Flecht|e** ['flɛçtə] *f* (-; -n) (*Haar*) trenza *f*; 🌿 herpe(s) *m*; ♀ liquen *m*; 2**en** (flocht, geflochten, h) trenzar

Fleck [flɛk] *m* (-[e]s; -en) mancha *f*; (*Stelle*) sitio *m*, punto *m*; '~**en-entferner** *m* (-s; -) quitamanchas *m*; '~**fieber** *n* tifus *m* exantemático; '2**ig** manchado; '~**typhus** *m* → **Fleckfieber**

Fledermaus ['fle:dər-] *f* murciélago *m*

Flegel ['-gəl] *m* (-s; -) *fig* bruto *m*, mal educado *m*

flehen ['fle:ən] (ge-, h) suplicar, implorar (*um et ac*)

Fleisch [flaɪʃ] *n* (-[e]s; *sin pl*) carne *f*; '~**brühe** *f* caldo *m*, consomé *m*; '~**er** *m* (-s; -) carnicero *m*; '~**klößchen** *n* albóndiga *f*; 2**los** *Kost*: vegetariano, sin carne; '~**vergiftung** *f* botulismo *m*; '~**wolf** *m* triturador *m* de carne

Fleiß [flaɪs] *m* (-es; *sin pl*) aplicación *f*, diligencia *f*; 2**ig** aplicado, trabajador

'**flick|en** ['flikən] (ge-, h) remendar; 2**en** *m* (-s; -) remiendo *m*; *Reifen*: parche *m*; 2**zeug** *n* caja *f* de parches

Flieder ['fli:dər] *m* (-s; -) lila *f*

Fliege ['-gə] *f* (-; -n) *zo* mosca *f* (*a Bart*); (*Krawatte*) lazo *m*, pajarita *f*

'**fliegen** ['-gən] (flog, geflogen, sn) *v/i* volar; ir en avión; F *fig* ser despedido; *in die Luft* ~ hacer explosión; 2**gewicht** *n dep* peso *m* mosca; 2**klatsche** *f* matamoscas *m*; 2**pilz** ♀ *m* oronja *f* falsa

'**Flieger** ['-gər] *m* (-s; -) aviador *m*, piloto *m*; (*Flugzeug*) avión *m*; ~**in** *f* (-; -nen) aviadora *f*

fliehen ['fli:ən] (floh, geflohen, sn) huir (*vor dat* de), fugarse

Fliese ['-zə] *f* (-; -n) baldosa *f*; (*Kachel*) azulejo *m*

'**Fließ|band** ['fli:s-] *n* (-[e]s; ⸚er) cadena *f* de montaje; 2**en** (floß, geflossen, sn) correr, fluir; ~ *durch* pasar por; 2**end** *Wasser*: corriente; *Stil*, *Verkehr*: fluido; ~ *sprechen* hablar con soltura

flimmern ['flimərn] (ge-, h) titilar, vibrar

flink [fliŋk] ágil; vivo

Flinte ['flintə] *f* (-; -n) escopeta *f*

Flirt [flœrt, flirt] *m* (-s; -s) flirteo *m*; '2**en** (ge-, h) flirtear

'**Flitter** ['flitər] *m* (-s; *sin pl*) lentejuela *f*; ~**wochen** *f/pl* luna *f* de miel

Flocke ['flɔkə] *f* (-; -n) copo *m*

Floh [flo:] *m* (-[e]s; ⸚e) pulga *f*; '~**markt** *m* mercadillo *m* (de viejo)

Flora ['flo:ra] *f* (-; Floren) flora *f*

Florett [flo'rɛt] *n* (-[e]s; -e) florete *m*

Floß [flo:s] *n* (-es; ⸚e) balsa *f*

Flosse ['flɔsə] *f* (-; -n) aleta *f*

Flöte ['flø:tə] *f* (-; -n) flauta *f*

flott [flɔt] *fig* elegante; (*schnell*) ágil; rápido; *Leben*: alegre; 2**e** *f* (-; -n) flota *f*; (*Kriegs*2) armada *f*

Fluch [flu:x] *m* (-[e]s; ⸚e) maldición *f*;

(*Kraftwort*) palabrota *f*; taco *m*; ⁀**en** (ge-, h) jurar, maldecir

Flucht [fluxt] *f* (-; -en) huida *f*, fuga *f*; *in die ~ schlagen* poner en fuga

'**flücht|en** ['flyçtən] (ge-, sn) huir, escaparse; *sich ~* refugiarse; *~ig fig* fugaz, pasajero; (*oberflächlich*) superficial; ⁀**ling** ['-liŋ] *m* (-s; -e) *pol* refugiado *m*

Flug [flu:k] *m* (-[e]s; ⁀e) vuelo *m*; '*~-***abwehr** ✕ *f* defensa *f* antiaérea; '*~***bahn** *f* trayectoria *f*; '*~***ball** *m Tennis*: volea *f*; '*~***blatt** *n* octavilla *f*

Flügel ['fly:gəl] *m* (-s; -) ala *f*; (*Tür*⁀, *Fenster*⁀) hoja *f*, batiente *m*; ♪ piano *m* de cola

'**Flug|gast** ['flu:k-] *m* pasajero *m*; *~***gesellschaft** *f* compañía *f* aérea; *~***hafen** *m* aeropuerto *m*; *~***kapitän** *m* comandante *m* (de a bordo); *~***linie** *f* línea *f* aérea; *~***lotse** *m* controlador *m* aéreo; *~***lotsenstreik** *m* huelga *f* de (los) controladores aéreos; *~***plan** *m* horario *m* de vuelo; *~***platz** *m* aeródromo *m*; *~***reise** *f* viaje *m* en avión; *~***schein** *m* pasaje *m*, billete *m* de avión; *~***schreiber** *m* caja *f* negra; *~***sicherung** *f* control *m* aéreo *od* de vuelo; *~***steig** *m* área *f* de embarque; *~***ticket** *n* pasaje *m*; *~***zeit** *f* duración *f* del vuelo

'**Flugzeug** *n* avión *m*; *~***entführer** *m* secuestrador *m* aéreo; *~***entführung** *f* secuestro *m* aéreo; *~***träger** *m* porta(a)viones *m*

Flunder ['flundər] *f* (-; -n) *zo* platija *f*

Flur [flu:r] *m* (-[e]s; -e) pasillo *m*

Fluß [flus] *m* (-sses; ⁀sse) río *m*; ⁀-'**abwärts** (⁀-'**aufwärts**) río *od* aguas abajo (arriba); '*~***bett** *n* cauce *m*, lecho *m*; '*~***fisch** *m* pez *m* de río

'**flüssig** ['flysiç] líquido (*a* ✝); fluido (*a Stil, Verkehr*); ✝ disponible; ⁀**keit** *f* (-; -en) líquido *m*

flüstern ['flystərn] (ge-, h) cuchichear

Flut [flu:t] *f* (-; -en) marea *f* alta, pleamar *f*; *fig* torrente *m*, profusión *f*; '*~***licht** *n* luz *f* difusa; '*~***welle** *f* ola *f* de la marea

Föderalismus [fœdera'lismus] *m* (-; *sin pl*) federalismo *m*

Fohlen ['fo:lən] *n* (-s; -) potro *m*

Föhn [fø:n] *m* (-[e]s; -e) viento *m* cálido del sur, foehn *m*

Föhre ♀ ['fø:rə] *f* (-; -n) pino *m* (silvestre)

'**Folge** ['fɔlgə] *f* (-; -n) (*Reihe*) serie *f*; (*Aufeinander*⁀) sucesión *f*; (*Fortsetzung*) continuación *f*; (*Ergebnis*) consecuencia *f*; *zur ~ haben* tener por consecuencia; ⁀**n** (ge-, sn) (*dat*) seguir; (*nachfolgen*) suceder (*auf ac* a); (*gehorchen*) obedecer; (*sich ergeben*) resultar (*aus* de); ⁀**nd** siguiente; ⁀**ndermaßen** ['--dərma:sən] como sigue; ⁀**rn** (ge-, h) concluir, deducir (*aus* de); *~***rung** *f* (-; -en) conclusión *f*, deducción *f*

'**folg|lich** ['fɔlkliç] por consiguiente, por (lo) tanto; *~***sam** obediente

Folie ['fo:ljə] *f* (-; -n) hoja *f*

Folk ['fɔlk] *m* (-s; *sin pl*) folk *m*; *~***lore** [-'lo:rə] *f* (-; *sin pl*) folklore *m*; *~***'lore-abend** *m* velada *f* folklórica; '*~***musik** *f* música *f* folk

'**Folter** ['fɔltər] *f* (-; -n) tortura *f*, tormento *m* (*a fig*); *fig auf die ~ spannen* tener en suspenso; ⁀**n** (ge-, h) torturar

Fön [fø:n] *Wz m* (-[e]s; -e) secador *m* de pelo *od* de mano

Fonds ✝ [fõ] *m* (-; - [fõs]) fondo *m*

fönen ['fø:nən] (ge-, h) secar con secador de pelo *od* de mano

Fontäne [fɔn'tɛ:nə] *f* (-; -n) surtidor *m*

fordern ['fɔrdərn] (ge-, h) pedir (*et v j-m* a/c a alg); *stärker*: exigir; *pol* reivindicar

'**förder|n** ['fœrdərn] (ge-, h) fomentar, promover; *j-n*: favorecer; ✕ extraer; ⁀**ung** *f* (-; -en) fomento *m*; ✕ extracción *f*

Forderung ['fɔrdəruŋ] *f* (-; -en) exigencia *f*; *pol* reivindicación *f*; ✝ (*ausstehende*) *~***en** créditos *m/pl*

Forelle [fo'rɛlə] *f* (-; -n) trucha *f*

Form [fɔrm] *f* (-; -en) forma *f*; (*Kuchen*⁀) molde *m*; (*gut, schlecht*) *in ~ sn* estar en (buena, baja) forma; *~***alität** [-mali'tɛ:t] *f* (-; -en) formalidad *f*; *pl* trámites *m/pl*; *~***at** [-'ma:t] *n* (-[e]s; -e) tamaño *m*; formato *m*; '*~***blatt** *n* formulario *m*; '*~***el** *f* (-; -n) fórmula *f*; ⁀**ell** [-'mɛl] formal, ceremonioso; ⁀**en** (ge-, h) formar (*a fig*)

förmlich ['fœrmliç] formal, ceremonioso

Formu|lar [fɔrmu'la:r] *n* (-[e]s; -e) impreso *m*, formulario *m*; ⁀'**lieren** (h) formular

'**forsch|en** ['-ʃən] (ge-, h) investigar; buscar (*nach j-m* a alg); ⁀**er** *m* (-s; -), ⁀**erin** *f* (-; -nen) investigador(a *f*) *m*; explorador(a *f*) *m*; ⁀**ung** *f* (-; -en) investigación

Forschungsauftrag

f; exploración *f*; ⸺**ungs-auftrag** *m* encargo *m* de investigación; ⸺**ungszentrum** *n* centro *m* de investigación

Forst [fɔrst] *m* (-[e]s; -e[n]) bosque *m*; monte *m*

Förster ['fœrstər] *m* (-s; -) guarda *m* forestal, guardabosque *m*

Forstwirtschaft ['fɔrst-] *f* (-; *sin pl*) silvicultura *f*

fort [fɔrt]: ~ **sn** *j*: haberse ido *od* marchado; *et*: haber desaparecido; *in e-m* ~ sin interrupción, continuamente; *und so* ~ y así sucesivamente; etcétera; '⸺**bestehen** (*irr, sep,* h, → **bestehen**) persistir, perdurar, subsistir; '⸺**bildung**(**skurs** *m*) *f* (curs(ill)o *m* de) perfeccionamiento *m*; '⸺**dauer** *f* continuación *f*; '⸺**fahren** (*irr, sep,* -ge-, → **fahren**) **a)** (sn) salir (*nach* para); **b)** (h) continuar, seguir (*mit* con, *zu ger*); ⸺**gehen** (*irr, sep,* -ge-, sn, → **gehen**) marcharse; '⸺**geschritten** adelantado, avanzado; '⸺**laufend** seguido, continuo; '⸺**pflanzung** *f* (-; *sin pl*) biol reproducción *f*; '⸺**schaffen** (*sep,* -ge-, h) (*befördern*) llevar; '⸺**schritt** *m* (-[e]s; -e) progreso *m*; '⸺**schrittlich** avanzado; progresista; '⸺**setzen** (*sep,* -ge-, h) continuar, seguir; '⸺**setzung** *f* (-; -en) continuación *f*; ~ *folgt* continuará; '⸺**während** continuo, perpetuo; '⸺**werfen** (*irr, sep,* -ge-, h, → **werfen**) tirar

'**Foto** ['foːto] *n* (-s; -s) foto *f*; ~**apparat** *m* máquina *f* fotográfica; ⸺**geschäft** *n* tienda *f* de artículos fotográficos; ~**graf** [-'graːf] *m* (-en; -en) fotógrafo *m*; ~**grafie** [--gra'fiː] *f* fotografía *f*; ⸺**gra'fieren** (h) fotografiar; ~**grafin** [--'graːfin] *f* (-; -nen) fotógrafa *f*; ~**ko'pie** *f* fotocopia *f*; ⸺**ko'pieren** (h) fotocopiar

Foul [faul] *n* (-s; -s) *dep* falta *f*

Foyer [foa'jeː] *n* (-s; -s) foyer *m*

Fracht [fraxt] *f* (-; -en) ⚓, ✈ flete *m*; 🚂 transporte *m*; (*Ladung*) carga *f*; ⚓ cargamento *m*; (*Gebühr*) porte *m*; '⸺**brief** *m* carta *f* de porte; ⚓ conocimiento *m*; '⸺**er** *m* (-s; -) carguero *m*, buque *m* de carga; '⸺**frei** franco de porte *bzw* ⚓ de flete; '⸺**kosten** *pl* gastos *m/pl* de transporte; ⚓ flete *m*; '⸺**schiff** *n* *s* **Frachter**

Frack [frak] *m* (-[e]s; -̈e) frac *m*

'**Frage** ['fraːɡə] *f* (-; -n) pregunta *f* (*stellen* hacer); (*Problem*) cuestión *f*, problema *m*; *in* ~ *stellen* poner en duda; *in* ~ *kommen* entrar en consideración; *das kommt nicht in* ~! ¡nada de eso!, ¡ni hablar!; ⸺**bogen** *m* cuestionario *m*; ⸺**n** (ge-, h) preguntar (*nach* por); (*ausfragen*) interrogar; *es fragt sich* queda por saber; ⸺**zeichen** *n* (signo *m* de) interrogación *f*

'**frag|lich** ['fraːklɪç] en cuestión; (*unsicher*) incierto; ⸺**würdig** dudoso

Frak'tion [frak'tsjoːn] *f* (-; -en) *pol* grupo *m* parlamentario; ⸺**svorsitzende** *m* (-n; -n) jefe *m* del grupo parlamentario; ⸺**szwang** *m* disciplina *f* del voto

Franc ['frã] *m* (-; -[s]) franco *m* (*französischer, belgischer* francés, belga)

Franken ['fraŋkən] *m* (-s; -): *Schweizer* ~ franco *m* suizo

fran'kier|en [-'kiːrən] (h) franquear; ⸺**maschine** *f* máquina *f* de franquear

franko ['-ko] libre de porte

Franse ['franzə] *f* (-; -n) franja *f*

Franz|ose [-'tsoːzə] *m* (-n; -n) francés *m*; ⸺**ösin** [-'tsøːzin] *f* (-; -nen) francesa *f*; ⸺**ösisch** [-'tsøːzɪʃ] francés

Frau [frau] *f* (-; -en) mujer *f*; señora *f* (*a Anrede*)

'**Frauen|-arzt** *m*, ⸺**ärztin** *f* ginecólogo *m*, -a *f*; ⸺**bewegung** *f* feminismo *m*; ⸺**klinik** *f* clínica *f* ginecológica

Fräulein ['frɔylaɪn] *n* (-s; -) señorita *f*

frech [frɛç] descarado, F fresco; '⸺**heit** *f* (-; -en) desfachatez *f*, F frescura *f*

frei [fraɪ] libre (*von* de); exento (de); *Stelle*: vacante; *Beruf*: liberal; (*kostenlos*) gratuito; ✝ ~ *Haus* franco (a) domicilio; ~**er Tag** día *m* libre *od* de asueto; *im* ⸺**en** al aire libre

'**Frei|bad** *n* piscina *f* al aire libre; ⸺**berufler** *m* (-s; -) profesional *m* liberal; ⸺**beruflich**: ~ *tätig sn* ejercer una profesión liberal; ⸺**exemplar** *n* ejemplar *m* gratuito; ⸺**gabe** *f* desembargo *m*, desbloqueo *m*; ⸺**geben** (*irr, sep,* -ge-, h, → **geben**) desembargar, desbloquear; *für den Verkehr* ~ abrir al tráfico; ⸺**gebig** ['-ɡeːbɪç] liberal, generoso; ⸺**gepäck** *n* equipaje *m* libre, franquicia *f* de equipaje; ⸺**haben** (*irr, sep,* -ge-, h, → **haben**) tener libre; ⸺**hafen** *m* puerto *m* franco; ⸺**handel** *m* librecambio *m*; ⸺**handelszone** *f* zona *f* de librecambio

'**Freiheit** *f* (-; -en) libertad *f*; ⸺**lich** li-

beral; ⁓**sstrafe** *f* pena *f* privativa de libertad

'**Frei|karte** *f* entrada *f* gratuita; ⁓**körperkultur** *f* (-; *sin pl*) (des)nudismo *m*; 2**lassen** (*irr, sep, -ge-, h,* → *lassen*) poner en libertad, soltar; ⁓**lassung** *f* (-; -en) puesta *f* en libertad; ⁓**lauf** *m am Fahrrad*: rueda *f* libre; 2**lich** claro, desde luego; ⁓**lichtbühne** *f* teatro *m* al aire libre; 2**machen** (*sep, -ge-, h*) 🐝 franquear; ⁓**maurer** *m* masón *m*; 2**mütig** ['-my:tiç] franco, sincero; *adv* con franqueza; ⁓**spruch** *m* absolución *f*; ⁓**stoß** *m dep* golpe *m* franco; ⁓**tag** *m* viernes *m*; ⁓**treppe** *f* escalinata *f*; ⁓**umschlag** *m* sobre *m* franqueado; 2**willig**, ⁓**willige** ['-viligə] *m/f* (-n; -n) voluntario *m*, -a *f*

Freizeit *f* tiempo *m* libre, (ratos *m/pl* de) ocio *m*; ⁓**angebot** *n* ofertas *f/pl* para el tiempo libre; ⁓**gestaltung** *f* aprovechamiento *m* del tiempo libre; ⁓**kleidung** *f* ropa *f* de tiempo libre

fremd [frɛmt] (*unbekannt*) desconocido; (*seltsam*) extraño, (*orts*⁓) forastero; (*ausländisch*) extranjero; '⁓**-artig** extraño, raro; 2**e** ['-də] **1.** *f*: *in der* ⁓ en el extranjero; **2.** *m/f* (-n; -n) forastero *m*, -a *f*; (*Ausländer*) extranjero *m*, -a *f*

'**Fremden|führer(in** *f*) *m* ['frɛmdən-] guía *su*; ⁓**verkehr** *m* turismo *m*; ⁓**verkehrs-amt** *n* oficina *f* de turismo; ⁓**zimmer** *n* habitación *f*

Fremd|finanzierung ['frɛmt-] *f* financiación *f* ajena; ⁓**kapital** *n* capital *m* ajeno; ⁓**sprache** *f* idioma *m* extranjero, lengua *f* extranjera; ⁓**sprachensekretärin** *f* secretaria *f* con idiomas; 2**sprachlich** en idioma extranjero; *Unterricht*: de idiomas; ⁓**währung** *f* moneda *f* extranjera; ⁓**wort** *n* (-[e]s; ⁻er) extranjerismo *m*

Frequenz [freˈkvɛnts] *f* (-; -en) frecuencia *f*

Fresko ['frɛsko] *n* (-s; -ken) fresco *m*

fressen ['frɛsən] (fraß, gefressen, h) *Tiere*: comer; P tragar; *Raubtiere*: devorar; 2 *n* (-s; *sin pl*) comida *f*; P bazofia *f*

'**Freud|e** [ˈfrɔydə] *f* (-; -n) alegría *f* (**machen** dar); placer *m*; *mit* ⁓**n** con mucho gusto; 2**ig** alegre; *adv* de buena gana

freuen ['-ən] (ge-, h): *sich* ⁓ alegrarse (*über ac* de); *sich* ⁓ *auf* (*ac*) esperar con ilusión; *es freut mich, daß* ... me alegro que ...; *das freut mich* lo celebro

Freund [frɔynt] *m* (-[e]s; -e) amigo *m*; (*Anhänger*) aficionado *m* (*gen* a); ⁓**in** ['-din] *f* (-; -nen) amiga *f*; 2**lich** ['frɔyntliç] amable; *Wetter*: agradable; *Farbe*: alegre; *das ist sehr* ⁓ *von Ihnen* es usted muy amable; '⁓**lichkeit** *f* (-; *sin pl*) amabilidad *f*, afabilidad *f*; '⁓**schaft** *f* (-; -en) amistad *f*; '2**schaftlich** amistoso

Frieden ['fri:dən] *m* (-s; *sin pl*) paz *f* (*a fig*); *im* ⁓ en tiempos de paz

'**Friedens|bewegung** *f* movimiento *m* pacifista; ⁓**nobelpreis** *m* Premio *m* Nobel de la Paz; ⁓**politik** *f* política *f* de paz

'**fried|fertig** ['fri:tfɛrtiç] pacífico; 2**hof** *m* cementerio *m*; ⁓**lich** pacífico, tranquilo; ⁓**liebend** amante de la paz

frieren ['fri:rən] (fror, gefroren, h) helar(se); *j*: tener frío; *es friert* hiela; *mich friert* tengo frío

Fries [fri:s] *m* (-es; -e) △ friso *m*

Frika|delle [frikaˈdɛlə] *f* (-; -n) hamburguesa *f*; ⁓**ssee** [--ˈse:] *n* (-s; -s) fricasé *m*

frisch [friʃ] fresco (*a fig Wetter*); (*neu*) nuevo; *Wäsche*: limpio; ⁓ *gestrichen!* ¡recién pintado!; '2**e** *f* (-; *sin pl*) frescura *f*, fresco *m*; *fig* vigor *m*

Friseu|r [friˈzøːr] *m* (-s; -e) peluquero *m*; ⁓**se** [-ˈzøːzə] *f* (-; -n) peluquera *f*

fri'sier|en [-ˈziːrən] (h) peinar; 2**salon** *m* salón *m* de peluquería

Frist [frist] *f* (-; -en) plazo *m*; (*Termin*) término *m*; '2**los** sin (pre)aviso

Frisur [friˈzuːr] *f* (-; -en) peinado *m*

Frit|euse [-ˈtøːzə] *f* (-; -n) freidora *f*; 2**ieren** [-ˈtiːrən] (h) freír

froh [froː] contento (*über ac* de); (*fröhlich*) alegre; (*glücklich*) feliz

'**fröhlich** [ˈfrøːliç] alegre; 2**keit** *f* (-; *sin pl*) alegría *f*

fromm [frɔm] piadoso; devoto

Fron'leichnam(sfest *n*) *m* [froːn-] (-[e]s; *sin pl*) (día *m* del) Corpus *m*

Front [frɔnt] *f* (-; -en) △ fachada *f*; ✗ frente *m* (*a Wetter*); '⁓**antrieb** *m* tracción *f* delantera

Frosch [frɔʃ] *m* (-[e]; ⁻e) rana *f*; '⁓**mann** *m* (-[e]s; ⁻er) hombre-rana *m*

Frost [frɔst] *m* (-[e]s; ⁻e) helada *f*; '⁓**beule** *f* sabañón *m*

frösteln [ˈfrœstəln] (ge-, h) tiritar de frío

frostig 356

'frost|ig ['frɔstiç] frío (a fig); ℒschutzmittel n anticongelante m
Frottee [frɔ'te:] n od m (-[s]; -s) (tejido m de) rizo m
frot'tier|en [-'ti:rən] (h) frotar; ℒtuch n toalla f de rizo (esponjoso)
Frucht [fruxt] f (-; ⸚e) fruto m (a fig); 'ℒbar fértil, fecundo (a fig); '⸗barkeit f (-; sin pl) fertilidad f, fecundidad f; '⸗eis n sorbete m; 'ℒlos fig inútil, infructuoso; '⸗saft m zumo m de fruta
früh [fry:] temprano; *heute* (*morgen*) ⸗ esta (mañana por la) mañana; *zu* ⸗ *kommen* llegar antes de tiempo; 'ℒe f: *in aller* ⸗ muy de madrugada; '⸗er 1. adj (*ehemalig*) antiguo, ex...; (*vorhergehend*) precedente, anterior; 2. adv antes; '⸗estens lo más pronto; ⸗ *morgen* no antes de mañana; 'ℒjahr n, ℒling ['-liŋ] m (-s; -e) primavera f; ⸗'morgens de madrugada; '⸗reif precoz; 'ℒstück n (-[e]s; -e) desayuno m; '⸗stücken (ge-, h) desayunar; 'ℒstücksbüfett n buffet m de desayuno; 'ℒstücksfernsehen n televisión f matutina; '⸗zeitig temprano; (*rechtzeitig*) a tiempo
Frust F [frust] m (-[e]s, *sin pl*) F frustre m, ℒrieren [-'tri:rən] (h) frustrar
Fuchs [fuks] m (-es; ⸚e) zorro m; (*Pferd*) alazán m; '⸗schwanz m ✪ serrucho m
Fuge ['fu:gə] f (-; -n) ✪ juntura f; ♪ fuga f; *aus den* ⸗*n gehen* deshacerse (a fig)
'füg|en ['fy:gən] (ge-, h): *sich* ⸗ someterse (*in ac* a); ⸗sam ['fy:kza:m] dócil
'fühl|bar ['fy:lba:r] palpable; *fig* sensible; perceptible; ⸗en (ge-, h) (*tasten*) palpar; (*empfinden*) sentir; *sich wohl* ⸗ sentirse bien; ℒer m (-s; -) zo antena f
'führen ['fy:rən] (ge-, h) 1. v/t conducir (a *auto*); llevar (a *Namen, Bücher, Leben usw*); (*leiten*) dirigir, guiar; ✈ pilotar; ✕ u ⚓ mandar; *Ware*: tener, vender; 2. v/i llevar, conducir; *bsd dep* estar en (*od* ir a la) cabeza; *zu nichts* ⸗ no conducir a ninguna parte; ⸗d dirigente, líder
'Führer ['fy:rər] m (-s; -) conductor m; ✈ piloto m; (*Fremden*ℒ) guía m; (*Buch*) guía f; (*Leiter*) jefe m; *pol* líder m (a *dep*); ⸗in f (-; -nen) conductora f; (*Fremden*ℒ) guía f; '⸗schein m carnet m *od* permiso m de conducir
'Führung ['fy:ruŋ] f (-; *sin pl*) dirección f;

(*Geschäfts*ℒ) gerencia f; gestión f; *pol u dep* liderato m; ✕ u ⚓ mando m; (*pl* -en) (*Besichtigung*) visita f guiada; *in* ⸗ *liegen* (*gehen*) estar (ponerse) en cabeza; ⸗szeugnis n certificado m de buena conducta
Fuhrunternehmen ['fu:r⸚-] n empresa f de transportes
'Füll|e ['fylə] f (-; *sin pl*) abundancia f; ℒen (ge-, h) llenar; *gastr* rellenar; ⸗en n (-s; -) zo potro m; ⸗er F m (-s; -), ⸗federhalter m (pluma f) estilográfica f; ⸗ung f (-; -en) relleno m (a *gastr*); (*Zahn*ℒ) empaste m
Fund [funt] m (-[e]s; -e) hallazgo m
Fundament [-da'mɛnt] n (-[e]s; -e) fundamento m (a fig)
'Fund|büro ['funt-] n oficina f de objetos perdidos; ⸗sache f objeto m hallado
fünf [fynf] 1. cinco; 2. ℒf (-; -en) cinco m; '⸗fach quíntuplo; '⸗hundert quinientos; 'ℒkampf m *dep* pentatlón m; '⸗mal cinco veces; ℒ'sternehotel n hotel m de cinco estrellas; ℒ'tagewoche f semana f inglesa; 'ℒtel n (-s; -) quinto m; '⸗tens (en) quinto (lugar); '⸗te quinto; ⸗zehn quince, ⸗zig [-tsiç] cincuenta
Funk [fuŋk] m (-s; *sin pl*) radio f; '⸗amateur m radioaficionado m
'Funke ['fuŋkə] m (-ns; -n) chispa f (*sprühen* echar); ℒln (ge-, h) brillar, centellear; ℒn (ge-, h) transmitir por radio; ⸗n m (-s; -) chispa f; ⸗r m (-s; -) radio(telegrafista) m
'Funk|haus n estación f emisora; ⸗spruch m radiograma m; ⸗streife(nwagen m) f (coche m) radiopatrulla f
Funktion [-'tsjo:n] f (-; -en) función f; ℒieren [-tsjo'ni:rən] (h) funcionar
für [fy:r] *Zweck, Bestimmung, Ziel*: para; (*um ... willen*) por; *Preis*: por; (*an Stelle von*) en lugar de, en vez de; (*zugunsten von*) a *od* en favor de; *Wort* ⸗ *Wort* palabra por palabra; *Tag* ⸗ *Tag* día tras día; *was* ⸗ *ein*? ¿qué (clase de)? (*a als Ausruf*); *das* ℒ *und Wider* el pro y el contra
Furche ['furçə] f (-; -n) surco m
Furcht [furçt] f (-; *sin pl*) temor m, miedo m (*vor* a, de); 'ℒbar terrible, horrible, tremendo
'fürcht|en ['fyrçtən] (ge-, h) temer; *sich* ⸗

tener miedo (*vor dat* a); ~**erlich** ['-tərliç] terrible, horrible
'**furcht|los** ['furçtlo:s] sin miedo; ~**sam** miedoso, medroso
füreinander [fyːrʔaɪnˈandər] el uno para el otro; unos para otros
Furnier [furˈniːr] *n* (-s; -e) chapa *f* de madera
Für|sorge ['fyːrzɔrgə] *f* (-; *sin pl*) asistencia *f*; *öffentliche*: asistencia *f* pública *bzw* social; ~**sorger** *m* (-s; -), ~**sorgerin** *f* (-; -nen) asistente *su* social; ~**sprache** *f* intercesión *f*
Fürst [fyrst] *m* (-en; -en) príncipe *m*; '~**entum** *n* (-s; ⁻er) principado *m*; '~**in** *f* (-; -nen) princesa *f*
Furt [furt] *f* (-; -en) vado *m*
Furunkel ☤ [fuˈrʊŋkəl] *m* (-s; -) furúnculo *m*, divieso *m*
Fürwort ['fyːr-] *n* (-[e]s; ⁻er) pronombre *m*
Furz V [furts] *m* (-es; ⁻e) pedo *m*; '2**en** V (ge-, h) soltar un pedo
Fusion [fuˈzjoːn] *f* (-; -en) fusión *f*; 2**ieren** [-zjoˈniːrən] (h) fusionar
Fuß [fuːs] *m* (-es; ⁻e) pie *m* (*a fig*); *Tier, Möbel*: pata *f*; **zu** ~ a pie; '~**abtreter** *m* limpiabarros *m*

'**Fußball** *m* balón *m*; (*Spiel*) fútbol *m*; ~**er** F *m* (-s; -) futbolista *m*; ~**mannschaft** *f* (~**platz** *m*) equipo *m* (campo *m*) de fútbol; ~**spiel** *n* partido *m* de fútbol; ~**spieler(in** *f*) *m* futbolista *su*; ~**toto** *n* quinielas *f*/*pl*
'**Fuß|boden** *m* piso *m*, suelo *m*; ~**bremse** *f* freno *m* de pie; ~**gänger** ['-gɛŋər] *m* (-s; -) peatón *m*; ~**gänger-ampel** *f* semáforo *m* para peatones; ~**gänger-überweg** *m* paso *m* de peatones; ~**gängerzone** *f* zona *f* peatonal; ~**marsch** *m* marcha *f* a pie, caminata *f*; ~**note** *f* nota *f* (al pie de la página); ~**pflege** *f* pedicura *f*; ~**sohle** *f* planta *f* del pie; ~**spur** *f* huella *f*, pisada *f*; ~**tritt** *m* puntapié *m*, F patada *f*; ~**weg** *m* camino *m* para peatones
Futter ['futər] *n* (-s; *sin pl*) alimento *m*; (*pl* -) (*Stoff* 2) forro *m*
Futteral [--ˈrɑːl] *n* (-s; -e) estuche *m*
'**fütter|n** ['fytərn] (ge-, h) *Vieh*: echar de comer a; *Kind*: dar de comer a; *Kleid*: forrar; 2**ung** *f* (-; -en) alimentación *f*
Futur [fuˈtuːr] *n* (-s; *sin pl*) futuro *m*

G

G, g [geː] *n* (-; -) G, g *f*; ♪ sol *m*; **G-Dur** sol mayor; **g-Moll** sol menor
Gabe [ˈgɑːbə] *f* (-; -n) regalo *m*; donativo *m*; *fig* don *m*, talento *m*
'**Gabel** ['-bəl] *f* (-; -n) ✗ horca *f*, horquilla *f* (*a Fahrrad* 2); (*Eß* 2) tenedor *m*; 2**n** (ge-, h) *sich* ~ bifurcarse
gackern ['gakərn] (ge-, h) cacarear
'**gaff|en** ['gafən] (ge-, h) mirar boquiabierto; 2**er** *m* (-s; -) mirón *m*
Gage ['gɑːʒə] *f* (-; -n) sueldo *m*, *fr* cachet *m*
gähnen ['gɛːnən] (ge-, h) bostezar
Gala-abend ['galaʔ-] *m* gala *f*; *teat* función *f* de gala
galant [-ˈlant] galante
Galeere [-ˈleːrə] *f* (-; -n) galera *f*
Galerie [-ləˈriː] *f* (-; -n) galería *f*

'**Galgen** ['galgən] *m* (-s; -) horca *f*, patíbulo *m*; ~**frist** *f* plazo *m* de gracia
Galic|ier [gaˈliːtsjər] *m* (-s; -), ~**ierin** *f* (-; -nen), 2**isch** gallego *m*, -a *f*
'**Galle** ['galə] *f* (-; *sin pl*) bilis *f*, hiel *f*; ~**nblase** *f* vesícula *f* biliar; ~**nstein** *m* cálculo *m* biliar
Galopp [-ˈlɔp] *m* (-s; -e, -s) galope *m*; 2'**ieren** (sn) galopar
gamm|eln ['gaməln] (ge-, h) gandulear; 2**ler** ['-lər] *m* (-s; -) melenudo *m*
Gang [gaŋ] *m* (-[e]s; *sin pl*) (*Verlauf*) curso *m*; (*Gangart*) (modo *m* de) andar *m*; (*pl* ⁻e) (*Flur*) pasillo *m*; (*Spazier* 2) vuelta *f* (**machen** dar); (*Bewegung, bsd* ⚙) marcha *f*; *auto* a: velocidad *f*; (*Besorgung*) recado *m* (**machen** hacer); (*Mahlzeit*) plato *m*; **in vollem** ~**e sn**

gängig

estar en plena actividad; *in ~ bringen, setzen* poner en marcha; *auto im zweiten ~ fahren* ir en segunda
gängig ['gɛniç] corriente; ✠ de fácil salida
Gangschaltung ['gaŋʃaltuŋ] *f* cambio *m* de marchas
Gangster ['gɛŋstər] *m* (-s; -) gángster *m*
Gangway ['-vɛi] *f* (-; -s) ✈ escalerilla *f*; ⚓ pasarela *f*
Ganove [ga'noːvə] *m* (-n; -n) tunante *m*, truhán *m*
Gans [gans] *f* (-; ¨e) ganso *m*, oca *f*
'Gänse|blümchen ['gɛnzəbly:mçən] *n* (-s; -) margarita *f*; **~braten** *m* ganso *m* asado; **~füßchen** ['--fy:sçən] *n/pl* comillas *f/pl*; **~haut** *f fig* carne *f* de gallina; **~leberpastete** *f* paté *m* de fuagrás; **~marsch** *m*: *im ~* en fila india
ganz [gants] **1.** *adj* entero; todo; *(heil)* intacto; *(vollständig)* completo; *(völlig)* total; *den ~en Tag* todo el día; *e-e ~e Woche* una semana entera; **2.** *adv* enteramente; completamente; totalmente; *vor adj u adv* muy; *(ziemlich)* bastante; *~ und gar* absolutamente; totalmente; *~ und gar nicht* de ningún modo, en absoluto; *nicht ~* no del todo; **'2e** *n* (-n; *sin pl*) conjunto *m*, todo *m*
Ganztagsarbeit ['gantstaːksʔarbaɪt] *f* trabajo *m* de jornada entera
gar [gaːr] **1.** *adj*: *~ sn* estar en su punto; **2.** *adv*: *~ nicht* en absoluto, de ningún modo; *~ nicht einfach* nada fácil; *~ nichts* absolutamente nada
Garage [ga'raːʒə] *f* (-; -n) garaje *m*
Garan'tie [-ran'tiː] *f* (-; -n) garantía *f*; **2ren** (h) garantizar; **~schein** *m* certificado *m* de garantía
Garbe ['garbə] *f* (-; -n) gavilla *f*
Garde'robe [-də'roːbə] *f* (-; -n) *(Raum)* guardarropa *m*; *(Flur2)* recibidor *m* (mural); *(sin pl) (Kleider)* ropa *f*, vestidos *m/pl*; **~nmarke** *f* ficha *f* del guardarropa; **~nständer** *m* percha *f*
Gardine [-'diːnə] *f* (-; -n) cortina *f*
gären ['gɛːrən] (gärte, gor, gegoren, h) fermentar
Garn [garn] *n* (-[e]s; -e) hilo *m*
Garnele *zo* [gar'neːlə] *f* (-; -n) camarón *m*; *größere*: gamba *f*
Garnison [-ni'zoːn] *f* (-; -en) guarnición *f*
Garnitur [--'tuːr] *f* (-; -en) *(Zs.gehöriges)* juego *m*; *~ Bettwäsche* juego *m* de cama

358

'Garten ['-tən] *m* (-s; ¨) jardín *m*; *(Nutz2)* huerto *m*; **~geräte** *n/pl* útiles *m/pl* de jardinería; **~lokal** *n* restaurante *m* con jardín; **~möbel** *n/pl* muebles *m/pl* de jardín
Gärtner ['gɛrtnər] *m* (-s; -), **~in** *f* (-; -nen) jardinero, -a *f*; *(Handels2)* horticultor(a *f*) *m*; **~ei** [--'raɪ] *f* (-; -en) horticultura *f*; jardinería *f*
Gärung ['gɛːruŋ] *f* (-; -en) fermentación *f*; *fig* efervescencia *f*
Gas [gaːs] *n* (-es; -e) gas *m*; *auto ~ geben* acelerar; *~ wegnehmen* cortar *od* quitar el gas; **'~anzünder** *m* encendedor *m* de gas; **'~brenner** *m* mechero *m* de gas; **'~flasche** *f* bombona *f* de gas; **'~hahn** *m* llave *f* del gas; **'~hebel** *m* *auto* acelerador *m*; **'~heizung** *f* calefacción *f* de gas; **'~herd** *m* cocina *f* de gas; **'~maske** *f* careta *f* antigás; **'~pedal** *n* *auto* acelerador *m*
Gasse ['gasə] *f* (-; -n) calleja *f*, callejón *m*
Gast [gast] *m* (-[e]s; ¨e) huésped *m*; invitado *m*; *(im Restaurant, Hotel)* cliente *m*; **'~arbeiter** *m* trabajador *m* extranjero
'Gäste|buch ['gɛstəbuːx] *n* álbum *m* de visitantes; **~haus** *n* casa *f* de huéspedes; **~zimmer** *n* cuarto *m* de huéspedes
'gast|freundlich ['gast-] hospitalario; **2freundschaft** *f* (-; *sin pl*) hospitalidad *f*; **2geber** *m* anfitrión *m*; **2geberin** *f* anfitriona *f*; **2haus** *n*, **2hof** *m* fonda *f*, hostería *f*; **2land** *n* país *m* de acogida; **~lich** hospitalario
Gastronomie [gastrono'miː] *f* (-; *sin pl*) gastronomía *f*
'Gast|stätte ['gastʃtɛtə] *f* restaurante *m*; **~wirt** *m* fondista *m*; hostelero *m*; **~wirtschaft** *f* restaurante *m*
'Gas|uhr ['gaːsʔuːr] *f* contador *m* de gas; **~vergiftung** *f* intoxicación *f* por gas(es); **~werk** *n* fábrica *f* de gas.
'Gatt|e ['gatə] *m* (-n; -n) esposo *m*; **~in** *f* (-; -nen) esposa *f*
Gaul [gaʊl] *m* (-[e]s; ¨e) caballo *m*; *desp* rocín *m*
Gaumen ['gaʊmən] *m* (-s; -) paladar *m*
Gauner ['-nər] *m* (-s; -) truhán *m*, estafador *m*, timador *m*; **~ei** [--'raɪ] *f* (-; -en) estafa *f*, timo *m*
Gazelle [ga'tsɛlə] *f* (-; -n) gacela *f*
Gebäck [gə'bɛk] *n* (-[e]s; -e) pastelería *f*, pasteles *m/pl*

Gebärde [-'bɛːrdə] f (-; -n) ademán m
ge'bär|en [-'bɛːrən] (gebar, geboren, h) parir; *Mensch:* dar a luz; 2**mutter** f *anat* matriz f, útero m
Gebäude [-'bɔydə] n (-s; -) edificio m
Gebell [-'bɛl] n (-[e]s; *sin pl*) ladrido m
geben ['geːbən] (gab, gegeben, h) dar; (*reichen*) a pasar; (*über~*) entregar; (*gewähren*) conceder; *teat* representar; *Film:* poner; *es gibt* hay; *was gibt's?* ¿qué hay?; ¿qué pasa?; *es wird Regen ~* va a llover; *sich ~* (*aufhören*) cesar; calmarse
Geber [-bər] m (-s; -), **~in** f (-; -nen) (*Spender*) donador(a f) m
Gebet [gə'beːt] n (-[e]s; -e) oración f
Gebiet [-'biːt] n (-[e]s; -e) región f, zona f, territorio m; *fig* campo m, terreno m; 2**erisch** [-'-tərɪʃ] imperioso, categórico
Gebilde [-'bɪldə] n (-s; -) forma(ción) f; figura f; (*Erzeugnis*) creación f
ge'bildet culto, instruido
Ge'birg|e [-'bɪrgə] n (-s; -) montaña f; sierra f; 2**ig** montañoso
Ge'birgs|bewohner [-'bɪrksbəwoːnər] m montañés m; **~zug** m cordillera f
Gebiß [-'bɪs] n (-sses; -sse) dentadura f (*künstliches* postiza)
Gebläse [-'blɛːzə] n (-s; -) ⊕ soplete m; ventilador m
ge|blümt [-'blyːmt] floreado; **~bogen** [-'boːgən] curvo, encorvado
geboren [-'boːrən] nacido; *~ in a* natural de; *~ werden* nacer
Gebot [-'boːt] n (-[e]s; -e) mandamiento m (*a rel*); orden f; *Auktion:* postura f, *höheres:* puja f
ge'braten asado; *in der Pfanne:* frito
Ge'brauch [-'braux] m (-[e]s; *sin pl*) uso m; utilización f, empleo m; (*pl ~e*) (*Sitte*) costumbre f; *~ machen von* servirse de; 2**en** (h) usar; utilizar, emplear; servirse de; *zu ~ sn* servir (*zu* para)
gebräuchlich [-'brɔyçlɪç] usual, en uso; (*allgemein*) corriente
Ge'brauchs|anweisung [-'brauxsʔ-] f instrucciones f/pl para el uso, modo m de empleo; 2**fertig** listo para el uso
ge'braucht [-'brauxt] usado; de ocasión; de segunda mano; 2**wagen** m coche m usado *od* de segunda mano
Gebrüder [-'bryːdər] pl hermanos m/pl
Gebrüll [-'brʏl] n (-[e]s; *sin pl*) *Löwe:* rugido m; *fig* griterío m, vocerío m
Gebühr [-'byːr] f (-; -en) derecho m; tarifa f, tasa f; *~ bezahlt* porte pagado
ge'bühren (h) *j-m:* corresponder a; **~d** debido; conveniente; *adv* debidamente; 2**einheit** f *tel* paso m (de contador); 2**erhöhung** f aumento m de tasas; **~frei** exento de tasas; 2**ordnung** f tarifa f; ✝ arancel m; **~pflichtig** [-'--pflɪçtɪç] sujeto a derechos; *Autobahn:* de peaje
gebunden [-'bʊndən] *Buch:* encuadernado; *fig* ligado
Ge'burt [-'buːrt] f (-; -en) nacimiento m; *vor (nach) Christi ~* antes (después) de Jesucristo; **~enkontrolle** f control m de natalidad; **~enrückgang** m disminución f de la natalidad; 2**enschwach** de baja natalidad; 2**enstark** de alta natalidad; **~enziffer** f natalidad f
gebürtig [-'bʏrtɪç] natural (*aus* de)
Ge'burts|datum [gə'buːrts-] n fecha f de nacimiento; **~ort** m lugar m de nacimiento; **~tag** m cumpleaños m; *~ haben* cumplir años; **~urkunde** f partida f de nacimiento
Gebüsch [-'bʏʃ] n (-[e]s; -e) matorral m
Ge'dächtnis [-'dɛçtnɪs] n (-ses; -se) memoria f; (*Andenken*) recuerdo m; *zum ~ an* (*ac*) en memoria de; **~feier** f acto m conmemorativo
Gedanke [-'daŋkə] m (-ns; -n) pensamiento m; idea f; *kein ~!* ¡ni pensarlo!; ¡ni por pienso!; *sich ~n machen über* (*ac*) preocuparse por
ge'danken|los irreflexivo, inconsiderado; 2**strich** m raya f
Gedärme [-'dɛrmə] n/pl intestinos m/pl, F tripas f/pl
Gedeck [-'dɛk] n (-[e]s; -e) cubierto m
gedeihen [-'daɪən] (gedieh, gediehen, sn) prosperar, desarrollarse
ge'denk|en (gedachte, gedacht, h) (*gen*) acordarse de; *ehrend:* conmemorar *ac*; (*beabsichtigen*) pensar (*zu inf*); 2**feier** f acto m conmemorativo; 2**stein** m (2**tafel** f) lápida f (placa f) conmemorativa; 2**tag** m aniversario m
Gedicht [gə'dɪçt] n (-[e]s; -e) poesía f
gediegen [-'diːgən] *fig* sólido; formal
Gedränge [-'drɛŋə] n (-s; *sin pl*) (*Menschen~*) gentío m, muchedumbre f
Ge'duld [-'dʊlt] f (-; *sin pl*) paciencia f;

gedulden 360

♀**en** [-'-dən] (h): *sich ~* tener paciencia; ♀**ig** paciente, sufrido

geeignet [-'ʔaɪgnət] apropiado, adecuado; *j*: apto (*für, zu* para)

Gefahr [-'faːr] *f* (-; -en) peligro *m*; (*Risiko*) riesgo *m*; ~ *laufen zu* correr peligro *od* el riesgo de; *in ~ sn* estar en peligro; *auf die ~ hin, zu* a riesgo de

ge'fähr|den [-'fɛːrdən] (h) poner en peligro; comprometer; ~**lich** peligroso, arriesgado

Gefährt|e [-'fɛːrtə] *m* (-n; -n), ~**in** *f* (-; -nen) compañero *m*, -a *f*

Gefälle [-'fɛlə] *n* (-s; -) declive *m*, pendiente *f*; *a fig* desnivel *m*

gefallen [-'falən] **1.** *v/i* (gefiel, gefallen, h) gustar, agradar; *wie gefällt es Ihnen?* ¿qué le parece?; *sich et ~ lassen* tolerar a/c; **2.** ♀ *n*: *~ finden an* tomar gusto a; **3.** ♀ *m* (-s; -) favor *m*; *j-m e-n ~ tun* hacer un favor a alg

ge'fällig [-'fɛliç] complaciente; agradable; *j-m ~ sn* complacer a alg; ♀**keit** *f* (-; sin pl) complacencia *f* (*aus* por); (*pl* -en) (*Dienst*) favor *m*

ge'fangen [-'faŋən] prisionero; cautivo; ♀**e** *m* (-n; -n) prisionero *m* (*a* ⚔); ⚖ preso *m*; ~**nehmen** (*irr, sep, ge-, h,* → *nehmen*) ⚔ hacer prisionero; ♀**schaft** *f* (-; sin pl) ⚔ cautividad *f*, cautiverio *m*

Ge'fängnis [-'fɛŋnis] *n* (-ses; -se) cárcel *f*, prisión *f*; ~**strafe** *f* (pena *f* de) prisión *f*; ~**wärter** *m* carcelero *m*

Gefäß [-'fɛːs] *n* (-es; -e) vaso *m* (*a* ⚕), recipiente *m*

gefaßt [-'fast] sereno; *sich ~ machen auf* (*ac*) prepararse para

Gefecht [-'fɛçt] *n* (-[e]s; -e) combate *m*

Gefieder [-'fiːdər] *n* (-s; -) plumaje *m*

Geflecht [-'flɛçt] *n* (-[e]s; -e) trenzado *m*; (*Draht*♀) enrejado *m*

Ge'flügel [-'flyːgəl] *n* (-s; sin pl) aves *f/pl* (de corral); ~**handlung** *f* pollería *f*; ~**zucht** *f* avicultura *f*

Geflüster [-'flystər] *n* (-s; sin pl) cuchicheo *m*

Gefolge [-'fɔlgə] *n* (-s; -) séquito *m*

ge|fragt [-'fraːkt] ⚕ solicitado; ~**fräßig** [-'frɛːsiç] voraz, glotón

Gefreite ⚔ [-'fraɪtə] *m* (-n; -n) cabo *m*

ge'frier|en (gefror, gefroren, sn) helar(se), congelarse; ♀**fach** *n* congelador *m*; ♀**punkt** *m*: *unter dem ~* bajo cero; ♀**truhe** *f* congelador *m*

gefügig [-'fyːgiç] dócil; dúctil

Ge'fühl [-'fyːl] *n* (-[e]s; -e) sentimiento *m*; sensación *f*; (*Ahnung*) presentimiento *m*; (~*ssinn*) tacto *m*; (*Sinn*) sentido *m* (*für* de); ♀**los** insensible (*gegen* a); ♀**voll** sensible; sentimental

ge'gebenenfalls [-'geːbənən-] dado el caso, eventualmente

gegen ['geːgən] (*ac*) contra; *Richtung, Zeit*: hacia; *Verhalten*: con, para con; *Tausch*: en cambio de; *Vergleich*: en comparación con; *~ Abend* hacia la noche; (*gut*) *~ ... Mittel*: (bueno) para *od* contra

'**Gegen|angriff** *m* contraataque *m*; ~**befehl** *m* contraorden *f*; ~**besuch** *m*: *j-m e-n ~ machen* devolver la visita a alg

Gegend ['geːgənt] *f* (-; -en) región *f*, comarca *f*; (*Landschaft*) paisaje *m*

gegen-ein'ander uno(s) contra otro(s)

'**Gegen|fahrbahn** *f* carril *m* contrario; ~**gewicht** *n* contrapeso *m* (*a fig*); ~**gift** *n* contraveneno *m*, antídoto *m*; ~**licht** *n*: *bei ~* a contraluz; ~**mittel** *n* remedio *m*; antídoto *m* (*a fig*); ~**partei** ⚖ *f* parte *f* contraria; ~**satz** *m* contraste *m*; oposición *f*; *im ~ zu* en contraposición a; ♀**sätzlich** ['--zɛtsliç] opuesto, contrario; ~**seite** *f* lado *m* opuesto; ⚖ parte *f* contraria; ♀**seitig** mutuo, recíproco; ~**seitigkeit** *f* (-; sin pl) reciprocidad *f*; mutualidad *f*; *auf ~* mutuo; ~**spieler(in)** *m* adversario *m*, -a *f*; ~**stand** *m* objeto *m*; (*Thema*) asunto *m*, tema *m*; ♀**ständlich** ['--ʃtɛntliç] concreto; material; ~**stimme** *f* voto *m* en contra; ~**teil** *n* lo contrario; *im ~* al contrario

gegen-'über 1. *adv* enfrente; **2.** *prp* (*dat*) enfrente de, frente a; (*verglichen mit*) comparado con; (*Verhalten*) para con, con; ~**liegend** [--'--liːgənt] de enfrente; ~**stehen** (*irr, sep, ge-, h,* → *stehen*) (*dat*) estar enfrente de; *sich ~* estar frente a frente; ~**stellen** (*sep, -ge-, h*) oponer; ⚖ confrontar; ♀**stellung** *f* confrontación *f*

'**Gegen|verkehr** *m* circulación *f* en sentido contrario; ~**wart** ['--vart] *f* (-; sin pl) *j-s*: presencia *f*; (*Zeit*) actualidad *f*; *gram* presente *m*; ♀**wärtig** ['--vɛrtiç] presente; (*jetzt*) actual; *adv* actualmente; ~**wehr** *f* (-; sin pl) defensa *f*, resistencia *f*; ~**wert** *m* contravalor *m*, equiva-

Gejammer

lente *m*; ~wind *m* viento *m* contrario; �**zeichnen** (*sep*, -ge-, h) refrendar

'**Gegner** ['ge:gnər] *m* (-s; -), ~**in** *f* (-; -nen) adversario *m*, -a *f* (*a dep*); rival *su*

Gehackte [-'haktə] *n* (-n; *sin pl*) carne *f* picada

Gehalt [-'halt] **1.** *m* (-[e]s; -e) contenido *m* (**an** *dat* de); *fig* valor *m*, sustancia *f*; **2.** *n* (-[e]s; ¨er) sueldo *m*; ~**s-abrechnung** *f* nómina *f*; ~**s-ansprüche** *m*/*pl* pretensiones *f*/*pl* económicas; ~**s-empfänger** *m* asalariado *m*; ~**s-erhöhung** *f* aumento *m* de sueldo; ~**sgruppe** *f* categoría *f* de sueldo; ~**s-konto** *n* domiciliación *f* de la nómina; ⁒**voll** sustancioso, sustancial

gehässig [-'hɛsiç] hostil; odioso

Gehäuse [-'hɔyzə] *n* (-s; -) caja *f* (*a Uhr*⁒); (*Etui*) estuche *m*; *auto* cárter *m*

ge'heim [-'haɪm] secreto; (*verborgen*) oculto; (*heimlich*) clandestino; ⁒**dienst** *m* servicio *m* secreto

Ge'heimnis [-'-nis] *n* (-ses; -se) secreto *m* (**offenes** a voces); misterio *m*; ⁒**voll** misterioso

Ge'heim|**nummer** *f* número *m* personal; ~**polizei** *f* policía *f* secreta

'**gehen** ['ge:ən] **1.** *v*/*i* (ging, gegangen, sn) ir (**nach, zu** a; **zu** *j-m* a casa de, a ver a); andar, marchar, caminar; ⊙ funcionar; (*weg*~) irse, marcharse, salir; **rechts** ~ tomar la derecha; **gut** ~ ✝ *Ware*: venderse bien; **es geht mir gut** estoy bien; **falsch** ~ *Uhr*: andar mal; **wie geht es Ihnen?** ¿cómo está Vd.?, ¿cómo le va?; **wie geht's?** ¿qué tal?; **das geht nicht** no puede ser; ~ **auf** *Fenster*: dar a; ~ **durch** pasar por; ~ **in** (*ac*) entrar en; **ins Theater** ~ ir al teatro; ~ **über** (*ac*) atravesar; cruzar (*ac*); ⛴ pasar por; **es geht nichts über ...** (no hay) nada mejor que ...; **es geht um ...** se trata de ...; **2.** ⁒ *n* (-s; *sin pl*) marcha *f*; *dep* marcha *f* atlética; **das** ~ **fällt ihm schwer** le cuesta andar; ~**lassen** (*irr, sep, sin* -ge-, h, → **lassen**): **sich** ~ descuidarse

Geheul [-'hɔyl] *n* (-[e]s; *sin pl*) aullido *m*

Gehilf|**e** [-'hilfə] *m* (-n; -n), ~**in** *f* (-; -nen) ayudante *m*, -a *f*, asistente *m*, -a *f*

Ge'hirn [-'hirn] *n* (-[e]s; -e) cerebro *m*; 🧠 encéfalo *m*; ~**erschütterung** *f* conmoción *f* cerebral; ~**haut** *f* meninge *f*; ~**haut-entzündung** *f* meningitis *f*;

~**schlag** *m* apoplejía *f*; ~**wäsche** *f* lavado *m* de cerebro

gehoben [-'ho:bən] *Stellung, Stil*: elevado

Gehör [-'hø:r] *n* (-[e]s; *sin pl*) oído *m*; ~ **schenken** dar oídos; ~ **finden** ser escuchado

gehorchen [-'hɔrçən] (h) (*dat*) obedecer

ge'hör|**en** [-'hø:rən] (h) (*dat*) ser de, pertenecer a; formar parte (**zu** de); **das gehört mir** es mío; **das gehört nicht hierher** no es del caso; **das gehört sich nicht** eso no se hace; **wie es sich gehört** como es debido; ~**ig** (*passend*) conveniente; (*gebührend*) debido

gehorsam [-'ho:rza:m] **1.** *adj* obediente; **2.** ⁒ *m* (-s; *sin pl*) obediencia *f*

Geh|**steig** ['ge:ʃtaɪk] *m*, ~**weg** *m* acera *f*

Geier ['gaɪər] *m* (-s; -) buitre *m*

'**Geige** ['-gə] *f* (-; -n) violín *m*; ~ **spielen** tocar el violín; ~**r** *m* (-s; -), ~**rin** *f* (-; -nen) violinista *su*

geil [gaɪl] *j*: lascivo; F cachondo; (*toll*) chupi

Geisel ['-zəl] *f* (-; -n) rehén *m*; ~**nahme** ['--na:mə] *f* (-; -n) toma *f* de rehenes

Geißel ['-səl] *f* (-; -n) *fig* azote *m*

Geist [gaɪst] *m* (-[e]s; *sin pl*) espíritu *m*; mente *f*; (*Witz*) ingenio *m*; (*pl* -er) (*Gespenst*) fantasma *m*, espectro *m*; **den** ~ **aufgeben** entregar el alma a Dios; **der Heilige** ~ el Espíritu Santo

'**Geister**|**bahn** *f* túnel *m* de los sustos; ~**fahrer** *m* conductor *m* suicida *bzw* homicida

'**geistes**|**abwesend** ['-stəs?-] distraído; ⁒**blitz** *m* salida *f*, ocurrencia *f*; ⁒**gegenwart** *f* presencia *f* de ánimo; ~**gestört** ['--gəʃtø:rt] perturbado (mental); ~**krank** enfermo mental; ⁒**wissenschaften** *f*/*pl* letras *f*/*pl*; humanidades *f*/*pl*; ⁒**zustand** *m* estado *m* mental

geistig ['-iç] espiritual; mental, intelectual; *Getränk*: espirituoso

'**geistlich** [-liç] espiritual; (*kirchlich*) eclesiástico, clerical; ♪ sagrado; ⁒**e** *m* (-n; -n) sacerdote *m*; clérigo *m*; *protestantischer*: pastor *m*

'**geist**|**los** ['-lo:s] falto de ingenio, insípido; ~**reich** ingenioso

Geiz [gaɪts] *m* (-es; *sin pl*) avaricia *f*; '~**hals** *m* avaro *m*; '⁒**ig** avaro

Gejammer [gə'jamər] *n* (-s; *sin pl*) lamentaciones *f*/*pl*

Geklapper [-'klapər] *n* (-s; *sin pl*) tableteo *m*
gekocht [-'kɔxt] cocido
gekonnt [-'kɔnt] *fig* logrado, bien hecho
Gekritzel [-'kritsəl] *n* (-s; *sin pl*) garrapatos *m/pl*, garabatos *m/pl*
gekünstelt [-'kynstəlt] artificial; afectado, amanerado
Gelächter [-'lɛçtər] *n* (-s; -) risa *f*, carcajada *f*; *in ~ ausbrechen* soltar una carcajada
gelähmt [-'lɛːmt] paralizado
Ge'lände [-'lɛndə] *n* (-s; -) terreno *m*; **~fahrzeug** *n* vehículo *m* (para) todo terreno; **~gängig** para todo terreno
Geländer [-'-dər] *n* (-s; -) (*Treppen~*) pasamano *m*
ge!angen [-'-ən] (sn) llegar (*zu* a); conseguir, lograr (*zu et* a/c)
ge'lassen [-'lasən] sereno, impasible; **~heit** *f* (-; *sin pl*) serenidad *f*
Gelatine [ʒela'tiːnə] *f* (-; -n) gelatina *f*
geläufig [gə'lɔyfiç] corriente; (*vertraut*) familiar; *sprechen*: con soltura
gelaunt [-'launt]: *gut (schlecht) ~ de* buen (mal) humor
gelb [gɛlp] amarillo; '**~lich** amarillento; '**~sucht** *f* (-; *sin pl*) ictericia *f*
Geld [gɛlt] *n* (-[e]s; -er) dinero *m*, *Am* plata *f*; **~er** *pl* fondos *m/pl*; '**~anlage** *f* inversión *f*; **~automat** *m* cajero *m* automático; '**~beutel** *m* monedero *m*; '**~buße** *f* multa *f*; '**~einwurf** *m* ranura *f* (para echar la moneda), **~geber** *m* socio *m* capitalista; inversor *m*; '**~institut** *n* instituto *m* bancario; '**~schein** *m* billete *m* de banco; '**~schrank** *m* caja *f* fuerte *o d* de caudales; '**~strafe** *f* multa *f*; '**~stück** *n* moneda *f*; '**~umlauf** *m* circulación *f* monetaria; '**~umtausch** *m* cambio *m* de moneda; '**~wechsel** *m* cambio *m* (de moneda); '**~wert** *m* valor *m* monetario
Gelee [ʒɤ'leː] *n* (-s; -s) jalea *f*
gelegen [gə'leːgən] *örtlich*: situado, bsd *Am* ubicado; (*passend*) a propósito; *das kommt mir sehr ~* me viene de perlas
Ge'legenheit *f* (-; -en) ocasión *f*; *bei dieser ~* con este motivo; **~s-arbeit** *f* trabajo *m* ocasional *od* eventual; **~skauf** *m* ocasión *f*, F ganga *f*
gelegentlich [-'--tliç] *adj* ocasional; eventual; *adv* en ocasiones

gelehr|ig [-'leːriç] dócil; **~t, ~te** *m/f* (-n; -n) sabio *m*, -a *f*, erudito *m*, -a *f*
Geleit [-'laıt] *n* (-[e]s; -e) séquito *m*; ⚔ escolta *f*; *freies ~* salvoconducto *m*; **~en** (h) acompañar; ⚔ escoltar
Ge'lenk [-'lɛŋk] *n* (-[e]s; -e) 🦴 articulación *f*; ⚙ juntura *f*
gelernt [-'lɛrnt] (*von Beruf*) de oficio
Geliebte [-'liːptə] *m/f* (-n; -n) amado *m*, -a *f*; *desp* amante *su*, querida *f*
gelingen [-'liŋən] **1.** *v/i* (gelang, gelungen, sn) salir bien; *es gelingt mir, zu* (*inf*) consigo (*inf*); *ihm gelingt alles todo le sale bien*; **2.** **2** *n* (-s; *sin pl*) éxito *m*
gellend ['gɛlənt] estridente
geloben [gə'loːbən] (h) prometer (solemnemente)
'**gelten** ['gɛltən] (galt, gegolten, h) valer, ser válido; *Gesetz*: estar en vigor; *~ lassen* admitir, dejar pasar; *~ als* pasar por; *das gilt dir* eso va por ti; *das gilt nicht* eso no vale; *~d* vigente; *~ machen* hacer valer, alegar
'**Geltung** *f* (-; *sin pl*) valor *m*; (*Gültigkeit*) validez *f*; (*Ansehen*) crédito *m*, prestigio *m*, autoridad *f*; *zur ~ bringen* hacer valer; *zur ~ kommen* resaltar
Gelübde [gə'lypdə] *n* (-s; -) voto *m*
ge'lungen [-'luŋən] logrado
gemächlich [-'mɛːçliç] *adv* despacio
Ge'mälde [-'mɛːldə] *n* (-s; -) cuadro *m*, pintura *f*; **~ausstellung** *f* (**~galerie** *f*) exposición *f* (museo *m*, galería *f*) de pinturas
ge'mäß [-'mɛːs] **1.** *adj* adecuado (a); **2.** *prp* (*dat*) según, conforme a; **~igt** [-'-siçt] moderado; *Klima*: templado
gemein [-'main] común; (*gewöhnlich*) ordinario, vulgar; (*niedrig*) vil, infame
Ge'meinde [-'-də] *f* (-; -n) *Verwaltung*: municipio *m*; (*Pfarr~*) parroquia *f*; **~amt** *n* ayuntamiento *m*; **~rat** *m* concejo *m* municipal; (*Person*) concejal *m*; **~verwaltung** *f* administración *f* municipal; **~wahlen** *f/pl* elecciones *f/pl* municipales
Ge'mein|heit *f* (-; *sin pl*) bajeza *f*, infamia *f*; (*pl* -en) (*Handlung*) mala jugada *f*; **2nützig** [-'nytsiç] de utilidad pública; **~platz** *m* tópico *m*, lugar *m* común; **2sam** común; colectivo; *adv* en común
Ge'meinschaft *f* comunidad *f*, colectivi-

dad *f*; ⁀**lich** común, colectivo; **~s-antenne** *f* antena *f* colectiva
gemessen [-'mɛsən] mesurado; (*ernst*) grave
Ge'misch [-'miʃ] *n* (-[e]s; -e) mezcla *f*; ⁀**t** mezclado, mixto
Gemse ['gɛmzə] *f* (-; -n) gamuza *f*
Ge'müse [gə'my:zə] *n* (-s; -) verdura *f*; hortalizas *f/pl*, legumbres *f/pl*; **~garten** *m* huerto *m*; **~laden** *m* verdulería *f*
Ge'müt [-'my:t] *n* (-[e]s; *sin pl*) alma *f*, ánimo *m*, corazón *m*; ⁀**lich** *et*: agradable, acogedor, íntimo; (*bequem*) confortable; *j*: jovial; *es sich ~ machen* ponerse cómodo; **~s-art** *f* carácter *m*; índole *f*, temperamento *m*
Gen [ge:n] *biol n* (-s; -e) gen(e) *m*
ge'nau [gə'naʊ] exacto, preciso; (*sorgfältig*) minucioso; *~ um 8 Uhr* a las ocho en punto; *~ wie* lo mismo que, igual que; *es ~ nehmen* ser escrupuloso; *~ kennen* conocer a fondo; ⁀**igkeit** *f* (-; *sin pl*) exactitud *f*, precisión *f*; **~so:** *~ ... wie* tan ... como
ge'nehmi|gen [-'ne:migən] (h) autorizar, permitir; ⁀**gung** *f* (-; -en) autorización *f*, aprobación *f*, permiso *m*; **~gungs-pflichtig** [-'---pflictiç] sujeto a autorización
geneigt [-'naɪkt] inclinado, *fig a* dispuesto (*zu* a)
Gene'ral [gene'rɑːl] *m* (-s; -e, -̈e) general *m*; **~direktor** *m* director *m* general; **~probe** *teat f* ensayo *m* general; **~streik** *m* huelga *f* general
Generation [--ra'tsjo:n] *f* (-; -en) generación *f*
Generator [--'rɑːtor] *m* (-s; -en [--rɑ'toːrən]) generador *m*
generell [--'rɛl] general
Genesung [gə'ne:tsʊŋ] *f* (-; *sin pl*) convalecencia *f*
gen|etisch [gə'ne:tiʃ] genético; ⁀**forschung** ['ge:n-] *f* investigación *f* genética
genial [gen'jɑːl] genial
Genick [gə'nik] *n* (-[e]s; -e) nuca *f*, cerviz *f*
Genie [ʒe'niː] *n* (-s; -s) ingenio *m*, genio *m* (*a Person*)
genieren [-'niːrən] (h): *sich ~* avergonzarse
genießen [gə'niːsən] (genoß, genossen, h) saborear; *fig* disfrutar de, gozar de

Genitiv ['geːnitiːf] *m* (-s; -e) genitivo *m*
Ge'noss|e [gə'nɔsə] *m* (-n; -n), **~in** *f* (-; -nen) compañero *m*, -a *f*; camarada *su* (*a pol*); **~enschaft** *f* (-; -en) cooperativa *f*; ⁀**enschaftlich** cooperativo; **~enschaftsbank** *f* banco *m* cooperativo
genug [-'nuːk] bastante, suficiente; *~!* ¡basta!; *~ haben von* estar harto de
Ge'nüge [-'nyːgə] *f*: *zur ~* lo suficiente; ⁀**n** (h) bastar, ser suficiente; ⁀**nd** suficiente, bastante
genügsam [-'nyːkzɑːm] contentadizo, modesto
Genugtuung [-'nuːktuʊŋ] *f* (-; *sin pl*) satisfacción *f* (*leisten* dar)
Genuß [gə'nʊs] *m* (-sses; ⁀sse) goce *m*, placer *m*, gozo *m*
Geograph|ie [geogra'fiː] *f* (-; *sin pl*) geografía *f*; ⁀**isch** [--'grɑːfiʃ] geográfico
Geo|logie [--lo'giː] *f* (-; *sin pl*) geología *f*; **~metrie** [--me'triː] *f* (-; *sin pl*) geometría *f*
Ge'päck [gə'pɛk] *n* (-[e]s; *sin pl*) equipaje *m*; **~abfertigung** *f* facturación *f* de equipajes; **~annahme** *f* recepción *f* de equipajes; **~aufbewahrung** *f* consigna *f*; **~ausgabe** *f* entrega *f* de equipajes; **~kontrolle** *f* control *m* de equipajes; **~netz** *n* rejilla *f*; **~schalter** *f* taquilla *f* de equipajes; **~schein** *m* resguardo *m* (de consigna); **~stück** *n* bulto *m*; **~träger** *m* portaequipajes *m*; (*Person*) mozo *m* (de estación); **~versicherung** *f* seguro *m* de equipajes; **~wagen** *m* furgón *m*
gepfeffert [-'pfɛfərt] *fig Preis*: exorbitante; *Witz*: verde
ge'rade [-'rɑːdə] **1.** *adj* recto (*a fig*); *Haltung*: derecho (*a fig*); (*unmittelbar*) directo; *Zahl*: par; **2.** *adv* (*genau*) precisamente; (*soeben*) ahora mismo; *~ dabei sn zu inf* estar + *ger*; *ich wollte ~ ...* estaba a punto de ...; *er ist ~ (an)gekommen* acaba de llegar; **3.** ⁀*f* (-n; -n) ⅋ *u dep* recta *f*; **~'aus:** (*immer*) *~* (todo) derecho, todo seguido; **~her'aus** francamente, con franqueza; **~stehen** (*irr*, *sep*, *-ge-*, h, →*stehen*) *fig* responder (*für* de); **~wegs** [-'--veːks] derecho, directamente; **~zu** verdaderamente
Geranie ⅋ [-'rɑːnjə] *f* (-; -n) geranio *m*
Gerät [-'rɛːt] *n* (-[e]s; -e) utensilio *m*; (*Apparat*) aparato *m*

geraten [-'rɑːtən] (geriet, geraten, sn) (*gelangen*) llegar (*nach* dat, *in* ac a), ir a parar (a); (*gelingen*) salir bien; *außer sich* ~ perder los estribos; ~ *in* (ac) caer en; *in Schwierigkeiten* ~ encontrar dificultades

Geräteturnen [-'rɛːtəturnən] *n* gimnasia *f* con aparatos

Geratewohl [-rɑːtə'voːl] *n*: *aufs* ~ al azar, a lo que salga

geräumig [-'rɔymiç] espacioso; amplio

Ge'räusch [-'rɔyʃ] *n* (-[e]s; -e) ruido *m*; ℒ**los** silencioso, sin ruido; ℒ**voll** ruidoso

gerben ['gɛrbən] (ge-, h) curtir

gerecht [gə'rɛçt] justo; *Strafe*: merecido; ~ *werden j-m*: hacer justicia a alg; ℒ**igkeit** *f* (-; *sin pl*) justicia *f*

Gerede [-'reːdə] *n* (-s; *sin pl*) habladurías *f/pl*, chismes *m/pl*

gereizt [-'raitst] irritado

Ge'richt [-'riçt] *n* (-[e]s; -e) **1.** ⚖ tribunal *m*; *niederes*: juzgado *m*; *höheres*: audiencia *f*, *Am* corte *f*; *vor* ~ en juicio; *vor* ~ *bringen* llevar a juicio; **2.** (*Speise*) plato *m*; ℒ**lich** ⚖ judicial

Ge'richts|akten [-'riçtsˀaktən] *f/pl* autos *m/pl*; ~**barkeit** *f* (-; *sin pl*) jurisdicción *f*; ~**gebäude** *n* Palacio *m* de Justicia; ~**stand** *m* tribunal *m* competente; ~**verhandlung** *f* vista *f* (de una causa); ~**vollzieher** [-'foltsiːər] *m* (-s; -) agente *m* ejecutivo; ~**weg** *m* vía *f* judicial

ge'ring [-'riŋ] pequeño; (~*fügig*) insignificante; (*wenig*) poco, escaso; ~**er** menor; inferior (*als* a); *nicht im* ~**sten** de ninguna manera; ~**schätzig** [-'-ʃɛtsiç] desdeñoso; *Ton*: despectivo

gerinnen [-'rinən] (gerann, geronnen, sn) *Blut*: coagularse; *Milch*: cuajarse

gerissen [-'risən] *fig* taimado, astuto, zorro

Ger'man|en [gɛr'mɑːnən] *m/pl* germanos *m/pl*; ℒ**isch** germano; germánico

gern(e) [gɛrn(ə)] con mucho gusto, de buena gana; *ich lese* ~ me gusta leer; *j-n* ~ *haben* querer a alg; ~ *geschehen!* de nada; *ich möchte* ~ quisiera

Gerste ['gɛrstə] *f* (-; -n) cebada *f*

Gerte ['-tə] *f* (-; -n) vara *f*

Geruch [gə'rux] *m* (-[e]s; ~e) olor *m*; (*sin pl*) (*Sinn*) olfato *m*

Gerücht [-'ryçt] *n* (-[e]s; -e) rumor *m*; *es geht das* ~ corre el rumor *od* la voz

Gerümpel [-'rympəl] *n* (-s; *sin pl*) cachivaches *m/pl*, trastos *m/pl* viejos

Gerundium gram [ge'rundjum] *n* (-s; -dien) gerundio *m*

Gerüst [-'ryst] *n* (-[e]s; -e) (*Bau*ℒ) andamio *m*, *a fig* armazón *f*

gesalzen [-'zaltsən] salado

ge'samt [-'zamt] total, entero; ℒ-**ausgabe** *f* edición *f* completa; ℒ**heit** *f* (-; *sin pl*) totalidad *f*, conjunto *m*; ℒ**schule** *f* escuela *f* integrada; ℒ**summe** *f* total *m*

Ge'sandt|e [-'zantə] *m* (-n; -n) enviado *m*; *pol* ministro *m* (plenipotenciario); ~**schaft** *f* (-; -en) legación *f*

Ge'sang [-'zaŋ] *m* (-[e]s; ~e) canto *m*; ~**verein** *m* orfeón *m*, coral *f*

Gesäß [-'zɛːs] *n* (-es; -e) nalgas *f/pl*

Ge'schäft [-'ʃɛft] *n* (-[e]s; -e) (*Handel*) negocio *m*; transacción *f*; (*Laden*) tienda *f*; (*Firma*) casa *f*; *ein* ~ *abschließen* cerrar un trato; ℒ**lich** comercial; *adv* por asuntos de negocios

Ge'schäfts|-abschluß *m* conclusión *f* de un negocio; ~**anteil** *m* participación *f*; ~**aufgabe** *f* liquidación *f* od cese *m* del negocio; ~**brief** *m* carta *f* comercial; ~**frau** *f* mujer *f* de negocios; ~**freund** corresponsal *m*; ~**führer(in** *f*) *m* gerente *su*, administrador(a *f*) *m*; ~**führung** *f* gerencia *f*, gestión *f*; ~**jahr** *n* ejercicio *m*; ~**leitung** *f* dirección *f*; ~**mann** *m* (-[e]s; -leute) hombre *m* de negocios, comerciante *m*; ~**ordnung** *f* reglamento *m*; ~**papiere** *n/pl* papeles *m/pl* de negocio; ~**reise** *f* viaje *m* de negocios; ~**stelle** *f* oficina *f*; ~**stunden** *f/pl* horas *f/pl* de oficina od de despacho; horario *m* comercial; ~**träger** *m* pol encargado *m* de negocios; ~**verbindung** *f* relación *f* comercial; ~**viertel** *n* barrio *m* comercial; ~**zeit** *f s* ~**stunden**

geschehen [-'ʃeːən] **1.** *v/i* (geschah, geschehen, sn) suceder, ocurrir, pasar; *was auch* ~ *mag* pase lo que pase; **2.** ℒ *n* (-s; *sin pl*) suceso *m*, acontecimiento *m*

gescheit [-'ʃait] inteligente, sensato

Geschenk [-'ʃɛŋk] *n* (-[e]s; -e) regalo *m*

Ge'schicht|e [-'ʃiçtə] *f* (-; *sin pl*) historia *f*; (*Erzählung*) cuento *m*; ℒ**lich** histórico

Ge'schick|lichkeit [-'ʃiklɪçkait] *f* (-; *sin pl*) habilidad *f*, destreza *f*; ℒ**t** hábil, mañoso; *sich* ~ *anstellen* darse maña

geschieden [gə'ʃiːdən] divorciado

Ge'schirr [-'ʃir] n (-[e]s; -e) vajilla f; (*Kaffee₂, Tee₂*) juego m, servicio m; **~spülmaschine** f lavaplatos m, lavavajillas m; **~tuch** n paño m de cocina

Ge'schlecht [-'ʃlɛçt] n (-[e]s; -er) sexo m; *gram* género m; (*Abstammung*) familia f, linaje m, raza f; **2lich** sexual

Ge'schlechts|krankheit f enfermedad f venérea; **~teile** m/pl genitales m/pl; **~verkehr** m relaciones f/pl sexuales; **~wort** n (-[e]s; ⁻er) *gram* artículo m

geschlossen [-'ʃlɔsən] cerrado; *teat* ~! no hay función

Ge'schmack [-'ʃmak] m (-[e]s; ⁻e, F ⁻er) sabor m; gusto m (*a fig*); ~ **finden an** (*dat*) tomar gusto a; **2los** insípido, soso; *fig* cursi, de mal gusto; **~losigkeit** f (-; *sin pl*) *fig* mal gusto m, falta f de gusto; **~(s)sache** f cuestión f de gusto; **~(s)sinn** m gusto m; **2voll** de buen gusto

geschmeidig [-'ʃmaɪdɪç] flexible; ágil

Geschöpf [-'ʃœpf] n (-[e]s; -e) criatura f

Ge'schoß [-'ʃɔs] n (-sses; -sse) proyectil m; △ piso m, planta f

Geschrei [-'ʃraɪ] n (-[e]s; *sin pl*) gritos m/pl, voces f/pl

Geschütz [-'ʃyts] n (-es; -e) cañón m

Geschwader [-'ʃvaːdər] n (-s; -) ⚓ escuadra f; ✈ escuadrón m

Ge'schwätz [-'ʃvɛts] n (-es; *sin pl*) parloteo m; chismes m/pl; **2ig** locuaz, hablador, parlanchín

geschweige [-'ʃvaɪgə]: ~ *denn* y mucho menos; por no hablar de

ge'schwind [-'ʃvɪnt] rápido, veloz; **2igkeit** [-'dɪçkaɪt] f (-; -en) velocidad f, rapidez f; **2igkeitsbeschränkung** f limitación f de velocidad; **2igkeitsmesser** m *auto* tacómetro m; **2igkeitsüberschreitung** f exceso m de velocidad

Geschwister [-'ʃvɪstər] pl hermanos m/pl

geschwollen [-'ʃvɔlən] *fig* ampuloso

Geschworene [-'ʃvoːrənə] m/f (-n; -n) jurado m, -a f

Geschwulst ⚡ [-'ʃvʊlst] f (-; ⁻e) tumor m; (*Schwellung*) hinchazón f

Geschwür ⚡ [-'ʃvyːr] n (-[e]s; -e) úlcera f

Ge'sell|e [-'zɛlə] m (-n; -n) compañero m; (*Handwerks₂*) oficial m; **~enbrief** m *etwa*: certificado m de oficial; **~enprüfung** f *etwa*: examen m de oficial; **2ig** sociable; social

Ge'sellschaft [-'zɛlʃaft] f (-; -en) compañía f (*a* ✞); sociedad f (*a* ✞); (*Vereinigung*) reunión f; (*Abend₂*) velada f; **~ leisten** hacer compañía; **~er** m (-s; -) ✞ socio m, asociado m; **2lich** social

Ge'sellschafts|-ordnung f orden m social; **~politik** f política f social; **~reise** f viaje m colectivo; **~schicht** f capa f *od* estrato m social; **~spiel** n juego m de sociedad; **~system** n sistema m social

Ge'setz [-'zɛts] n (-es; -e) ley f; **~buch** n código m; **~eskraft** f fuerza f legal; **2gebend** legislativo; **~geber** m legislador m; **~gebung** f (-; -en) legislación f; **2lich** legal; **2los** anárquico; **2mäßig** legítimo; *fig* regular

gesetzt [-'zɛtst] *fig* serio, grave; ~ (*den Fall*), *daß* supongamos que (*subj*)

ge'setzwidrig ilegal

Gesicht [-'zɪçt] n (-[e]s; -er) cara f; *zu* ~ *bekommen* (llegar a) ver; *ein langes* ~ *machen* quedar con un palmo de narices; *das* ~ *wahren* salvar la cara

Ge'sichts|farbe f tez f; **~kreis** m horizonte m; **~punkt** m punto m de vista; **~wasser** n loción f facial; **~zug** m rasgo m; pl facciones f/pl

Gesindel [-'zɪndəl] n (-s; *sin pl*) chusma f, canalla f

gesinnt [-'zɪnt]: *j-m freundlich* ~ *sn* sentir simpatía hacia alg; *feindlich* ~ hostil

Gesinnung [-'zɪnʊŋ] f (-; -en) opinión f, convicción f

gesittet [-'zɪtət] civilizado

Gesöff [-'zœf] F n (-[e]s; -e) brebaje m

gespannt [-'ʃpant] *a fig* tenso, tirante; ~ *sn auf* (*ac*) estar curioso por saber; estar ansioso de

Gespenst [-'ʃpɛnst] n (-[e]s; -er) fantasma m, espectro m

Gespött [-'ʃpœt] n (-[e]s; *sin pl*) burla f, ironía f; (*sich*) *zum* ~ *machen* poner(se) en ridículo

Ge'spräch [-'ʃprɛːç] n (-[e]s; -e) conversación f; *tel* conferencia f; llamada f; **2ig** comunicativo, locuaz; **~s-partner(in** f) m interlocutor(a f) m

Ge'stalt [-'ʃtalt] f (-; -en) forma f; figura f; (*Wuchs*) estatura f; *lit* personaje m; **2en** (h) formar; crear; organizar; **~ung**

geständig

f (-; *sin pl*) formación *f*; creación *f*; organización *f*
geständ|ig [-'ʃtɛndiç] confeso; **~ sn** confesar; **2nis** [-'ʃtɛntnis] *n* (-ses; -se) confesión *f*; *ein* **~ ablegen** confesar
Gestank [-'ʃtaŋk] *m* (-[e]s; *sin pl*) hedor *m*, mal olor *m*
gestatten [-'ʃtatən] (h) permitir, autorizar; **~ Sie!** con su permiso
Geste ['gɛstə] *f* (-; -n) ademán *m*; *fig* detalle *m*, rasgo *m*
gestehen [gə'ʃte:ən] (gestand, gestanden, h) confesar
Gestein [-'ʃtaɪn] *n* (-s; -e) roca *f*
Gestell [-'ʃtɛl] *n* (-[e]s; -e) (*Bock*) caballete *m*; (*Fuß2*) pedestal *m*; (*Regal*) estante *m*
gestern ['gɛstərn] ayer; **~ morgen** ayer por la mañana; **~ abend** anoche
Gestirn [gə'ʃtɪrn] *n* (-[e]s; -e) astro *m*
gestorben [-'ʃtɔrbən] muerto
gestreift [-'ʃtraɪft] rayado, listado
gestrig ['gɛstriç] de ayer
Gestrüpp [gə'ʃtryp] *n* (-[e]s; -e) matorral *m*, maleza *f*
Gestüt [-'ʃty:t] *n* (-[e]s; -e) acaballadero *m*
Ge'such [-'zu:x] *n* (-[e]s; -e) instancia *f*, solicitud *f*; (*Bittschrift*) petición *f*; **2t** ✝ demandado, solicitado; (*geziert*) rebuscado
ge'sund [-'zunt] sano; (*heilsam*) saludable (*a fig*), salubre; **~ werden = ~en** [-'-dən] (sn) sanar, curarse
Ge'sundheit [-'zunthaɪt] *f* (-; *sin pl*) salud *f*; salubridad *f*; **~!** *beim Niesen*: ¡Jesús!; *bei guter* **~** bien de salud; **2lich** higiénico, sanitario; *wie geht's Ihnen* **~?** ¿cómo va de salud?; **~s-amt** *n* delegación *f* de sanidad; **2sgefährdend, 2sschädlich** perjudicial para la salud; **~s-politik** *f* política *f* sanitaria; **~swesen** *n* sanidad *f*; **~szeugnis** *n* certificado *m* de sanidad; **~szustand** *m* estado *m* de salud
Gesundung [-'-duŋ] *f* (-; *sin pl*) restablecimiento *m*; *fig* saneamiento *m*
Getöse [-'tø:zə] *n* (-s; *sin pl*) estrépito *m*, estruendo *m*, fragor *m*
Ge'tränk [-'trɛŋk] *n* (-[e]s; -e) bebida *f*; **~-automat** *m* máquina *f* automática de bebidas; **~ekarte** *f* carta *f* de vinos
getrauen [-'traʊən] (h): *sich* **~ zu** atreverse a

366

Ge'treide [-'traɪdə] *n* (-s; -) cereales *m/pl*; **~bau** *m* (-[e]s; *sin pl*) cultivo *m* de cereales; **~ernte** *f* cosecha *f* de cereales
getrennt [-'trɛnt] separado; *adv* aparte; *zahlen*: por separado; **~ leben** vivir separados
getreu(lich) [-'trɔy(liç)] fiel, leal
Ge'triebe [-'tri:bə] *n* (-s; -) ⚙ engranaje *m*; *auto* caja *f* de cambios; **~öl** *n* aceite *m* de la caja de cambios; **~schaden** *m* avería *f* de la caja de cambios
Getue [gə'tu:e] *n* (-s; *sin pl*) afectación *f*, aspavientos *m/pl*
Gewächs [-'vɛks] *n* (-es; -e) planta *f*; ✽ tumor *m*
gewachsen [-'vaksən]: *gut* **~ sn** tener buen tipo; *fig j-m* (*e-r Sache*) **~ sn** estar a la altura de alg (a/c)
Gewächshaus [-'vɛkshaʊs] *n* invernadero *m*
gewagt [-'va:kt] arriesgado, atrevido
Gewähr [-'vɛːr] *f* (-; *sin pl*) garantía *f*; seguridad *f*; *ohne* **~** sin garantía, sin compromiso
ge'währ|en [-'vɛrən] (h) conceder, otorgar; *Bitte*: acceder a; **~ lassen** dejar hacer; **~leisten** (h) garantizar
Gewahrsam ['vaːrzaɪm] *m* (ə; *sin pl*) custodia *f*; *in* **~** bajo custodia
Ge'walt [-'valt] *f* (-; -en) (*Macht*) poder *m*; autoridad *f*; (*sin pl*) (*Zwang*) fuerza *f*, violencia *f*; *höhere* **~** fuerza *f* mayor; *mit* **~** a la fuerza; *mit aller* **~** *fig* a todo trance; **~ anwenden** valerse de la fuerza; *die* **~ verlieren über** (*ac*) perder el control de; **2ig** poderoso; *fig* enorme; **2sam** violento, brutal; *adv* a la fuerza; **2tätig** violento, brutal
ge'wandt [-'vant] (*flink*) ágil, ligero; (*geschickt*) hábil, diestro; **2heit** *f* (-; *sin pl*) agilidad *f*, habilidad *f*, destreza *f*
Ge'wässer [-'vɛsər] *n* (-s; -) aguas *f/pl*; **~schutz** *m* protección *f* de las aguas
Gewebe [-'ve:bə] *n* (-s; -) tejido *m*
Gewehr [-'ve:r] *n* (-[e]s; -e) fusil *m*; (*Jagd2*) escopeta *f*
Geweih [-'vaɪ] *n* (-[e]s; -e) cornamenta *f*
Ge'werbe [-'vɛrbə] *n* (-s; -) industria *f*; (*Beruf*) oficio *m*; **~aufsicht** *f* inspección *f* industrial; **~freiheit** *f* libertad *f* profesional; **~genehmigung** *f* licencia *f* profesional; **~schein** *m* licencia *f* (de oficio)

ge'werb|lich [-'vɛrpliç] industrial; **⁓smäßig** profesional
Ge'werkschaft [-'vɛrkʃaft] f (-; -en) sindicato m; **⁓(l)er** m (-s; -), **⁓(l)erin** f (-; -nen) sindicalista su; **⁓lich** sindical(ista); **⁓sbund** m confederación f de sindicatos; **⁓svertreter** m representante m sindical
Ge'wicht [-'viçt] n (-[e]s; -e) peso m; (**⁓sstein**) pesa f; **nach ⁓** al peso; **⁓ legen auf** (ac) dar importancia a; **⁓heben** n dep levantamiento m de pesos, halterofilia f; **2ig** fig de (mucho) peso, importante
Gewimmel [-'viməl] n (-s; sin pl) hormigueo m, hervidero m
Gewinde [-'vində] n (-s; -) ⊙ rosca f, filete m
Ge'winn [-'vin] m (-[e]s; -e) ganancia f; ✝ beneficio m; (*Lotterie*2) premio m; **⁓ausschüttung** f reparto m de beneficios; **⁓beteiligung** f participación f en los beneficios; **2bringend** provechoso, lucrativo; **2en** (gewann, gewonnen, h) ganar; ✗ extraer; (*erlangen*) conseguir, obtener; **2end** fig simpático; **⁓er** m (-s; -), **⁓erin** f (-; -nen) ganador(a f) m; vencedor(a f) m; bei Preisausschreiben, Toto usw: acertante su; **⁓spanne** f margen f de beneficios; **⁓ung** f (-; sin pl) obtención f; ✗ extracción f
gewiß [-'vis] **1.** adj cierto, seguro; **ein gewisser Martínez** un tal Martínez; **2.** adv seguramente; **aber ⁓!** ¡claro que sí!
Ge'wissen [-'visən] n (-s; -) conciencia f; **2haft** escrupuloso, concienzudo; adv a conciencia; **2los** sin escrúpulo(s); **⁓sbisse** m/pl remordimientos m/pl
gewissermaßen [-visərˈmaːsən] en cierto modo
Gewißheit [-'vishait] f (-; sin pl) certeza f, seguridad f
Ge'witt|er [-'vitər] n (-s; -) tormenta f; **2rig** [-'-riç] tormentoso
gewitzt [-'vitst] listo, astuto
gewöhnen [-'vøːnən] (h): (**sich**) **⁓ an** (*ac*) acostumbrar(se) a, habituar(se) a
Ge'wohnheit [-'voːnhait] f (-; -en) costumbre f; **aus ⁓** por costumbre; **2smäßig** habitual; **⁓srecht** n derecho m consuetudinario; **⁓s-trinker** m bebedor m habitual
gewöhnlich [-'vøːnliç] ordinario, corriente; (*üblich*) usual, habitual; (*unfein*) vulgar; adv de ordinario, normalmente; **wie ⁓** como de costumbre
gewohnt [-'voːnt] acostumbrado (*et*, **an** *ac* a), habituado (a)
Gewöhnung [-'vøːnuŋ] f (-; sin pl) habituación f
Gewölbe [-'vœlbə] n (-s; -) bóveda f
gewollt [-'vɔlt] intencionado
Gewühl [-'vyːl] n (-[e]s; sin pl) muchedumbre f, gentío m; (*Durcheinander*) barullo m
gewunden [-'vundən] a fig sinuoso, tortuoso
Ge'würz [-'vyrts] n (-es; -e) condimento m, especia f; **⁓gurke** f pepinillo m en vinagre; **⁓nelke** f clavo m
Gezeiten [-'tsaitən] pl marea f
geziert [-'tsiːrt] afectado
Gezwitscher [-'tsvitʃər] n (-s; sin pl) gorjeo m
gezwungen [-'tsvuŋən] fig forzado; (*geziert*) afectado
Gicht [giçt] f (-; sin pl) ✱ gota f
Giebel ['giːbəl] m (-s; -) frontón m
Gier [giːr] f (-; sin pl) avidez f (**nach** de), codicia f; **'2ig** ávido (**nach** de)
'gieß|en ['giːsən] (goß, gegossen, h) verter, echar; ⊙ fundir; *in Formen*: vaciar; ✓ regar; **es gießt** (**in Strömen**) F llueve a cántaros; **2e'rei** f (-; -en) fundición f; **2kanne** f regadera f
Gift [gift] n (-[e]s; -e) veneno m (*a fig*); tóxico m; **'⁓gas** n gas m tóxico *od* asfixiante; **'2ig** venenoso; ✱ tóxico; fig mordaz; **'⁓igkeit** f (-; sin pl) venenosidad f; toxicidad f; **'⁓müll** m desechos m/pl tóxicos; **'⁓pilz** m hongo m venenoso; **'⁓schlange** f serpiente f venenosa
Gi'gant [gi'gant] m (-en; -en) gigante m; **2isch** gigantesco
'Gipfel ['gipfəl] m (-s; -) cumbre f (*a pol*), cima f (*a fig*); fig **das ist der ⁓!** ¡es el colmo!; **⁓konferenz** f (conferencia f en la) cumbre f; **⁓punkt** m punto m culminante (*a fig*); **⁓treffen** n cumbre f
Gips [gips] m (-es; -e) *a* ✱ yeso m, escayola f; **'2en** (ge-, h) enyesar; **'⁓verband** ✱ m vendaje m enyesado, escayola f
Giraffe [gi'rafə] f (-; -n) jirafa f
Girlande [gir'landə] f (-; -n) guirnalda f
'Giro ['ʒiːro] n (-s; -s) giro m, transferencia f; **⁓konto** n cuenta f corriente; **⁓ver-**

Giroverkehr

kehr *m* operaciones *f/pl* en cuenta corriente
Gitarr|e [gi'tarə] *f* (-; -n) guitarra *f*; **~ist** [--'rist] *m* (-en; -en) guitarrista *m*
'**Gitter** ['gitər] *n* (-s; -) reja *f*, verja *f*; **~fenster** *n* ventana *f* enrejada
Glanz [glants] *m* (-es; *sin pl*) brillo *m*, lustre *m*; *fig* esplendor *m*
'**glänzen** ['glɛntsən] (ge-, h) brillar (*a fig*); resplandecer; **~d** brillante; *fig* magnífico, espléndido
Glas [glɑːs] *n* (-es; *sin pl*) vidrio *m*, cristal *m*; (*pl* ⁓er) (*Trink*⁑) copa *f*; '⁓**-aal** *zo m* angula *f*; **~er** ['-zər] *m* (-s; -) vidriero *m*; **~e'rei** *f* (-; -en) vidriería *f*
gläsern ['glɛːzərn] de cristal, de vidrio
glas|ieren [gla'ziːrən] (h) *gastr Kuchen*: glasear; *Früchte*: garapiñar; *Keramik*: vidriar; **~ig** ['glɑːzɪç] vidrioso (*a fig*)
'**Glas|scheibe** ['glɑːs-] *f* cristal *m*, vidrio *m*; **~scherbe** *f* casco *m* de vidrio; **~splitter** *m* casco *m* de vidrio; **~tür** *f* puerta *f* vidriera *od* de cristal
Glasur [gla'zuːr] *f* (-; -en) vidriado *m*; *gastr* baño *m* de azúcar
glatt [glat] **1.** *adj* liso (*a Haar*); pulido; (*schlüpfrig*) resbaladizo; **2.** *adv* sin dificultad; (*rundweg*) rotundamente
Glätte ['glɛtə] *f* (-; *sin pl*) (*Straßen*⁑) estado *m* resbaladizo
Glatteis ['glat'aɪs] *n* hielo *m* (resbaladizo)
glätten ['glɛtən] (ge-, h) alisar
glattrasiert ['glatrazíːrt] apurado
'**Glatz|e** ['glatsə] *f* (-; -n) calva *f*; **e-e ~ bekommen** ponerse calvo; **~kopf** *m*, ⁑**köpfig** ['-kœpfiç] calvo (*m*)
'**Glaube** ['glaʊbə] *m* (-ns; *sin pl*) fe *f* (**an** *ac* en), creencia *f* (en); (*Religion*) religión *f*; ⁑**n** (ge-, h) creer (**an** *ac* en); (*meinen*) pensar; **ich glaube, ja** (**nein**) creo que sí (no); **es ist nicht zu ~** parece mentira
'**Glaubensbekenntnis** *n* confesión *f*; credo *m* (*a pol*)
glaubhaft ['glaʊphaft] digno de crédito, creíble
'**gläubig** ['glɔʏbɪç] creyente; ⁑**e** ['-bɪgə] *m* (-n; -n) creyente *m*; *pl* a fieles *m/pl*; ⁑**er** ✝ *m* (-s; -) acreedor *m*
glaubwürdig ['glaʊp-] digno de crédito, fidedigno

368

gleich [glaɪç] igual; mismo; (*sofort*) en seguida, ahora mismo; *das ~e* lo mismo; *das ist mir ~* me da igual *od* lo mismo; **~ heute** hoy mismo; **~ darauf** al poco rato, acto seguido; *ich komme ~!* ¡ya voy!; *bis ~!* ¡hasta luego!
'**gleich|altrig** ['-ʔaltrɪç] de la misma edad; **~artig** similar, semejante; **~bedeutend** idéntico (*mit dat* a), equivalente (a); **~berechtigt** con los mismos derechos; ⁑**berechtigung** *f* igualdad *f* de derechos; **~bleibend** invariable; **~en** (glich, geglichen, h) (*dat*) parecerse a, semejar a; **~falls** ['-fals] asimismo, igualmente; *danke, ~!* ¡gracias, igualmente!; **~förmig** ['-fœrmɪç] uniforme; ⁑**gewicht** *n* (-[e]s; *sin pl*) equilibrio *m*; *ins ~ bringen* equilibrar; **~gültig** indiferente; ⁑**gültigkeit** *f* indiferencia *f*; ⁑**heit** *f* (-; *sin pl*) igualdad *f*; ⁑**heitsgrundsatz** *m* principio *m* de igualdad; **~lautend** idéntico; *Abschrift*: conforme; **~machen** (*sep*, -ge-, h) igualar, *a fig* nivelar; **~mäßig** simétrico; regular; ⁑**mut** *m* (-[e]s; *sin pl*) ecuanimidad *f*; (*Ruhe*) serenidad *f*; **~setzen** (*sep*, -ge-, h), **~stellen** (*sep*, -ge-, h) (*dat*) equiparar a; ⁑**strom** ✐ *m* corriente *f* continua; ⁑**ung** ⚶ *f* (-; -en) ecuación *f*; **~wertig** ['-veːrtɪç] equivalente; **~zeitig** simultáneo; *adv* al mismo tiempo
Gleis 🚄 [glaɪs] *n* (-es; -e) vía *f*
'**gleit|en** ['glaɪtən] (glitt, geglitten, sn) resbalar, deslizarse; ✈ planear; **~de Arbeitszeit** *f* horario *m* flexible; ⁑**flug** *m* vuelo *m* planeado; ⁑**schutz** *m* antideslizante *m*; ⁑**zeit** *f* horario *m* flexible
'**Gletscher** ['glɛtʃər] *m* (-s; -) glaciar *m*; **~spalte** *f* grieta *f* (de glaciar)
Glied [gliːt] *n* (-[e]s; -er) miembro *m*; (*Ketten*⁑) eslabón *m*; **männliches ~** miembro *m* viril; ⁑**ern** ['-dərn] (ge-, h) dividir (*in ac* en); desglosar (en); clasificar; '**~erung** *f* (-; -en) división *f*; desglose *m*; clasificación *f*; **~maßen** ['gliːtmɑːsən] *pl* miembros *m/pl*, extremidades *f/pl*
glimmen ['glɪmən] (glomm, geglommen, h) arder sin llama
glitschig ['glɪtʃɪç] resbaladizo; *Aal usw*: escurridizo
'**glitzern** ['glɪtsərn] (ge-, h) centellear, brillar; **~d** centelleante, brillante
global [glo'bɑːl] global

Globus ['gloːbus] *m* (-[ses]; -ben) globo *m* (terráqueo)
Glocke ['glɔkə] *f* (-; -n) campana *f*; (*Vieh*⸰) esquila *f*; ⚡ timbre *m*
'**Glocken|blume** ⚘ *f* campánula *f*; ⟋**ge-läut(e)** *n* toque *m od* repique *m* de campanas; ⟋**spiel** *n* carillón *m*; ⟋**turm** *m* campanario *m*
'**Glotz|e** ['glɔtsə] F *f* (-; -n) caja *f* tonta; ⸰**en** (ge-, h) mirar boquiabierto
Glück [glyk] *n* (-[e]s; *sin pl*) dicha *f*, felicidad *f*; (⟋*sfall*) suerte *f*, fortuna *f*; **zum ⟋** por suerte, afortunadamente; **auf gut ⟋** a la buena de Dios; *j-m* **⟋ wünschen** felicitar a, dar la enhorabuena a; **viel ⟋!** ¡que tenga(s) suerte!; '⸰**en** (ge-, sn) salir bien; **es glückt mir zu** logro (*inf*); '⸰**lich** feliz, dichoso; '⸰**licherweise** afortunadamente
'**Glücks|fall** ['glyksfal] *m* suerte *f*; ⟋**kind** *n*, ⟋**pilz** *m*: **er ist ein ⟋** ha nacido de pie; ⟋**spiel** *n* juego *m* de azar
'**glück|strahlend** radiante de felicidad; ⸰**wunsch** *m* felicitación *f*; **herzlichen ⟋!** ¡enhorabuena!, ¡mis felicitaciones!; ⸰**wunschtelegramm** *n* telegrama *m* de felicitación
'**Glüh|birne** ⚡ ['glyːbirnə] *f* bombilla *f*; ⸰**en** (ge-, h) *v/i* arder (*a fig*, **vor** *dat* de); estar incandescente; ⸰**end** incandescente; *fig* ardiente (*a Gesicht*), ferviente; *Hitze*: abrasador; **um ⟋ lampe** *f* bombilla *f*; ⟋**wein** *m* vino *m* caliente; ⟋**würmchen** ['-vyrmçən] *n* (-s; -) *zo* luciérnaga *f*
Glut [gluːt] *f* (-; -en) ardor *m* (*a fig*); (*Kohlen*⸰) brasa *f*, ascua *f*
Glyzerin [glitsəˈriːn] *n* (-s; *sin pl*) glicerina *f*
Gnade [ˈgnaːdə] *f* gracia *f* (*a rel*); (*Gunst*) favor *m*; **um ⟋ bitten** pedir perdón
'**Gnaden|frist** *f* plazo *m* de gracia; ⸰**los** sin piedad; ⟋**stoß** *m* golpe *m* de gracia (*a fig*)
gnädig [ˈgnɛːdɪç] (*nachsichtig*) indulgente; ⟋**e Frau!** ¡señora!
Gobelin [gobəˈlɛ̃] *m* (-s; -s) tapiz *m*
Gold [gɔlt] *n* (-es; *sin pl*) oro *m*; '⟋**barren** *m* lingote *m* de oro; '⟋**barsch** *m* gallineta *f* nórdica; ⟋**en** [ˈ-dən] de oro; dorado; ⟋**e Hochzeit** bodas *f/pl* de oro; '⟋**fisch** *m* pez *m* rojo; '⸰**gelb** (amarillo) dorado; '⟋**grube** *f* mina *f* de oro; *fig a* filón *m*; ⸰**haltig** [ˈ-haltɪç] aurífero; ⸰**ig**

[ˈ-dɪç] mono, encantador; '⟋**medaille** *f* medalla *f* de oro; '⟋**plombe** *f* empaste *m* de oro; '⟋**preis** *m* precio *m* del oro; '⟋**schmied** *m* orfebre *m*
Golf [gɔlf] **a)** *m* (-s; -e) *geo* golfo *m*; **b)** *n* (-s; *sin pl*) *dep* golf *m*; '⟋**ball** *m* pelota *f* de golf; '⟋**spieler** *m* golfista *m*; '⟋**platz** *m* campo *m* de golf
Gondel [ˈgɔndəl] *f* (-; -n) góndola *f*; *e-s Ballons*: barquilla *f*
Gong [gɔŋ] *m* (-s; -s) gong *m*, batintín *m*
'**gönn|en** [ˈgœnən] (ge-, h): **nicht ⟋** envidiar; **sich et ⟋** regalarse con a/c; **ich gönne es dir** me alegro por ti; ⸰**er** *m* (-s; -), ⸰**erin** *f* (-; -nen) protector(a *f*) *m*; bienhechor(a *f*) *m*
Gorilla [goˈrila] *m* (-s; -s) gorila *m* (*a fig*)
Gosse [ˈgɔsə] *f* (-; -n) arroyo *m* (*a fig*)
'**Got|ik** [ˈgoːtɪk] *f* (-; *sin pl*) (estilo *m*) gótico *m*; ⸰**isch** gótico
Gott [gɔt] *m* (-es; ⸚er) Dios *m*; *heidnisch*: dios *m*; **mein ⟋!** ¡Dios mío!; **um ⟋es willen!** ¡por (amor de) Dios!; **⟋ sei Dank!** ¡gracias a Dios!
'**Gottes|dienst** *m* culto *m*, oficio *m* divino; ⟋**lästerung** *f* blasfemia *f*
Gött|in [ˈgœtɪn] *f* (-; -nen) diosa *f*; ⸰**lich** divino (*a fig*)
gott|lob! [gɔtˈloːp] ¡gracias a Dios!; '⟋**los** ateo, impío; '⟋**verlassen** *Ort*: perdido; '⸰**vertrauen** *n* confianza *f* en Dios
Götze [ˈgœtsə] *m* (-n; -n), ⟋**nbild** *n* ídolo *m*
Grab [graːp] *n* (-es; ⸚er) tumba *f*, fosa *f*, sepultura *f*; '⸰**en** [ˈgraːbən] (ge-, h) cavar; '⟋**en** *m* (-s; ⸚) foso *m*; zanja *f*; (*Straßen*⸰) cuneta *f*; ⚔ trinchera *f*; ⟋**mal** [ˈgraːp-] *n* (-s; ⸚er, -e) monumento *m* fúnebre; '⟋**stätte** *f* sepulcro *m*, sepultura *f*; '⟋**stein** *m* lápida *f* sepulcral
Grad [graːt] *m* (-[e]s; -e) grado *m*; **5 ⟋ Wärme** (**Kälte**) cinco grados sobre (bajo) cero
Graf [graːf] *m* (-en; -en) conde *m*
Graffito [graˈfito] *m*, *n* (-; -ti) pintada *f*
Gräfin [ˈgrɛːfɪn] *f* (-; -nen) condesa *f*
Gram [graːm] *m* (-[e]s; *sin pl*) pena *f*, pesar *m*
grämen [ˈgrɛːmən] (ge-, h): **sich ⟋** afligirse (**über** *ac* de)
Gramm [gram] *n* (-[e]s; -e) gramo *m*; **100 ⟋** cien gramos

Gram'mati|k [graˈmatik] f (-; -en) gramática f; ²sch gramatical
Gra'nat [-ˈnɑːt] m (-[e]s; -e) *min* granate m; **~apfel** m granada f; **~e** ✕ f (-; -n) granada f
Granit [graˈniːt] m (-[e]s; -e) granito m
Grapefruit [ˈgreːpfruːt] f (-; -s) pomelo m
'Graph|ik [ˈgrɑːfik] f (-; -en) artes f/pl gráficas; (*Zeichnung*) gráfico m; **~iker** m (-s; -) dibujante m (publicitario), grafista m; ²**isch** gráfico
Graphologle [grafoloˈgiː] f (-; *sin pl*) grafología f
Gras [grɑːs] n (-es; ⸚er) hierba f (*a F Marihuana*); '²**en** [ˈgrɑːzən] (ge-, h) pacer, pastar
gräßlich [ˈgrɛsliç] horrible, atroz
Grat [grɑːt] m (-[e]s; -e) cresta f
Gräte [ˈgrɛːtə] f (-; -n) espina f
Gratifikation [gratifikaˈtsjoːn] f (-; -en) gratificación f
gratiniert [--ˈniːrt] *gastr* gratinado
gratis [ˈgrɑːtis] gratis, gratuitamente
Gratul|ant [gratuˈlant] m (-en; -en) congratulante m, felicitante m; **~ation** [--laˈtsjoːn] f (-; -en) felicitación f; ²**ieren** (h) felicitar (*j-m zu et* a alg por a/c)
grau [graʊ] gris (*a fig*); *Haar*: cano; '²**brot** n pan m moreno; '**~en** (ge-, h) *Tag*: apuntar; *der Morgen graut* amanece; *mir graut vor* tengo horror a; '²**en** n (-s; -) horror m; '**~enhaft**, **~envoll** horrible, espantoso; '**~haarig** cano(so)
gräulich [ˈgrɔʏliç] grisáceo
Graupeln [ˈgraʊpəln] f/pl granizo m menudo
'**grausam** cruel; ²**keit** f (-; -en) crueldad f
gravieren [graˈviːrən] (h) grabar; **~d** grave
Graz|ie [ˈgrɑːtsjə] f (-; *sin pl*) gracia f; ²**iös** [graˈtsjøːs] gracioso
'**greif|bar** [ˈgraɪfbɑːr] tangible (*a fig*); ✝ disponible; **~en** (griff, gegriffen, h) coger, *Am reg* tomar, agarrar; *zu e-m Mittel* **~** recurrir a; *um sich* **~** propagarse
Greis [graɪs] m (-es; -e) anciano m; '²**enhaft** [ˈgraɪzən-] senil; '**~in** f (-; -nen) anciana f
grell [grɛl] *Licht*: deslumbrante; *Farbe*: llamativo, chillón; *Ton*: estridente

Gremium [ˈgreːmjum] n (-s; -mien) entidad f, organismo m
'**Grenz|e** [ˈgrɛntsə] f (-; -n) límite m (*a fig*); (*Landes*²) frontera f; ²**en** (ge-, h) lindar, confinar (*an ac* con); *fig* rayar (en); ²**enlos** ilimitado; inmenso; **~formalitäten** f/pl formalidades f/pl al pasar la frontera; **~gebiet** n región f od zona f fronteriza; **~kontrolle** f control m fronterizo; **~polizei** f policía f de fronteras; **~schutz** m protección f de la frontera; **~stein** m mojón m fronterizo; **~übergang** m paso m fronterizo; ²-**überschreitend** transfronterizo; **~verkehr** m tráfico m fronterizo
'**Greu|el** [ˈgrɔʏəl] m (-s; -), **~eltat** f atrocidad f; ²**lich** horrible, atroz, espantoso
Griebe [ˈgriːbə] f (-; -n) chicharrón m
Griech|e [ˈgriːçə] m (-n; -n), **~in** f (-; -nen), ²**isch** griego m, -a f
Grieß [griːs] m (-es; -e) sémola f; ✱ arenillas f/pl
Griff [grif] m (-[e]s; -e) asidero m; empuñadura f; (*Messer*²) mango m; *e-r Schublade*: tirador m; (*Koffer*²) asa f; *im* **~** *haben* dominar; '²**bereit** al alcance de la mano
Grill [gril] m (-[e]s; -e) parrilla f; (*Garten*²) barbacoa f; **~e** f (-; -n) *zo* grillo m; *fig* capricho m; '²**en** (ge-, h) asar a la parrilla; '**~fest** n barbacoa f; '**~restaurant** n parrilla f, asador m
Grimasse [griˈmasə] f (-; -n) mueca f, gesto m (**schneiden** hacer)
grinsen [ˈ-zən] (ge-, h) (son)reír irónicamente
'**Grippe** ✱ [ˈgripə] f (-; -n) gripe f; **~welle** f epidemia f de gripe
grob [groːp] grueso; (*roh*) bruto; (*plump*) tosco, grosero; *Ton*: bronco; *Fehler*: grave; '²**heit** f (-; -en) grosería f
Grog [grɔk] m (-s; -s) grog m
grölen [ˈgrøːlən] F (ge-, h) berrear
Groll [grɔl] m (-[e]s; *sin pl*) rencor m; '²**en** (ge-, h): *j-m* **~** guardar rencor a alg
Groschen [ˈgrɔʃən] m (-s; -) moneda f de 10 pfennigs
groß [groːs] gran(de); (*weit*) extenso, amplio; (*hoch*) alto (*a v Wuchs*); *mein* **~er Bruder** mi hermano mayor; *im* **~en** (*und*) *ganzen* en general, en conjunto; **größer werden** crecer, aumentar; '²-**aktionär** m accionista m mayorita-

rio; '~**artig** grandioso, magnífico; '2-**aufnahme** f Film: primer plano m; '2**bank** f gran banco m; '2**betrieb** m (-[e]s; -e) gran empresa f; '2**buchstabe** m mayúscula f

Größe ['grø:sə] f (-; -n) grandeza f; (Ausdehnung) extensión f; (Umfang) tamaño m, dimensión f; (Höhe) altura f; (Körper2, Kleider2) talla f; (Person) celebridad f

Großeltern ['gro:s?-] pl abuelos m/pl

Größenwahn ['grø:sən-] m megalomanía f

'**Groß|grundbesitz** ['gro:sgruntbəzits] m latifundio m; ~**grundbesitzer** m terrateniente m, latifundista m; ~**handel** m comercio m al por mayor; ~**handelspreis** m precio m al por mayor; ~**händler** m mayorista m, comerciante m al por mayor; ~**industrie** f gran industria f

'**groß|jährig** [gro:sjɛ:riç] mayor de edad; 2**macht** f gran potencia f; 2**mama** F f abuelita f; 2**mut** f (-; sin pl) generosidad f; 2**mutter** f abuela f; 2**papa** F m abuelito m; 2**raum** m: **der** ~ **Madrid** el gran Madrid; 2**raumbüro** n despacho m colectivo; 2**schreibung** f empleo m de mayúsculas; ~**spurig** ['-ʃpu:riç] arrogante; 2**stadt** f gran ciudad f; urbe f; ~**städtisch** de gran ciudad; 2**stadtverkehr** m tráfico m de gran ciudad; 2**tankstelle** f estación f de servicio

größtenteils ['grø:stəntails] por la mayor parte

'**groß|tun** ['gro:stu:n] (irr, sep, -ge-, h, →tun): (sich) ~ **mit** jactarse de; '2-**unternehmen** n gran empresa f; '2**vater** m abuelo m; '2**wetterlage** f situación f meteorológica general; '~**zügig** generoso, liberal; '2**zügigkeit** f (-; sin pl) generosidad f, liberalidad f

Grotte ['grɔtə] f (-; -n) gruta f

Grübchen ['gry:pçən] n (-s; -) hoyuelo m

Grube ['gru:bə] f (-; -n) hoyo m; ⚔ mina f, pozo m

grübeln ['gry:bəln] (ge-, h) cavilar

Gruft [gruft] f (-; ⸚e) cripta f

grün [gry:n] verde; ~**e Versicherungskarte** f carta f verde; (wieder) ~ **werden** (re)verdecer; **die** 2**en** los verdes; **ins** 2**e** al campo; '2-**anlage** f zona f verde

Grund [grunt] m (-[e]s; sin pl) fondo m; (Boden) suelo m; (pl ⸚e) (Vernunft2) razón f, argumento m; (Beweg2) motivo m; (Ursache) causa f; ~ **und Boden** bienes m/pl raíces; **aus diesem** ~**e** por esta razón; **auf** ~ **von** en razón de, en virtud de; **im** ~**e genommen** en el fondo; '~**bedingung** f ('~**begriff** m) condición f (noción f) fundamental; '~**besitz** m bienes m/pl raíces, terrenos m/pl; '~**besitzer(in** f) m propietario m, -a f (de tierras); '~**buch** n registro m de la propiedad

'**gründ|en** ['gryndən] (ge-, h) fundar; 2**er** m (-s; -), 2**erin** f (-; -nen) fundador(a f) m

'**Grund|gebühr** ['grunt-] f tarifa f básica; ~**gesetz** n ley f fundamental; ~**kapital** n capital m social; ~**lage** f base f, fundamento m; 2**legend** fundamental

'**gründlich** ['gryntliç] profundo; (gewissenhaft) minucioso; adv a fondo; 2**keit** f (-; sin pl) minuciosidad f

'**grund|los** ['grunt-] fig infundado, inmotivado; adv sin fundamento; 2**nahrungsmittel** n/pl alimentos m/pl básicos

Gründonnerstag [gry:n'dɔnərsta:k] m Jueves m Santo

'**Grund|rechte** ['grunt-] n/pl derechos m/pl fundamentales; ~**riß** m △ plano m, planta f; ~**satz** m principio m; 2**sätzlich** ['-zɛtsliç] fundamental; adv en od por principio; ~**schule** f escuela f primaria; ~**stein** m: **den** ~ **legen** poner la primera piedra (a fig); ~**steuer** f impuesto m sobre bienes inmuebles; ~**stück** n finca f; (Bauplatz) terreno m, solar m; (bebaut) inmueble m

Gründung ['gryndʊŋ] f (-; -en) fundación f

grund|verschieden ['grunt-] completamente distinto; '2**wasser** n (-s; sin pl) agua f subterránea; '2**zahl** f número m cardinal

'**Grün|fläche** ['gry:n-] f espacio m verde; ~**gürtel** m cinturón m verde; ~**kohl** m col f verde; 2**lich** verdoso; ~**span** m (-[e]s; sin pl) cardenillo m; ~**streifen** m Autobahn: (franja f) mediana f

grunzen ['gruntsən] (ge-, h) gruñir

'**Grupp|e** ['grupə] f (-; -n) grupo m; ~**en-aufnahme** f, ~**enbild** n (retrato m en) grupo m; ~**enreise** f viaje m colectivo od en grupo; 2'**ieren** (h) agrupar

gruselig ['gru:zəliç] horripilante, escalofriante

Gruß [gru:s] *m* (-es; ⁻e) saludo *m*, salutación *f*; *viele Grüße!* muchos recuerdos; *mit herzlichen Grüßen* con un cordial saludo

grüßen ['gry:sən] (ge-, h) saludar; *j-n* (*vielmals*) ~ *lassen* dar (muchos) recuerdos a alg; ~ *Sie ihn von mir* salúdele de mi parte

'**guck|en** ['gukən] F (ge-, h) mirar; 2**loch** *n* mirilla *f*

Gulasch ['gulaʃ] *n* (-[e]s; -s, -e) estofado *m* a la húngara

Gulden ['guldən] *m* (-s; -) florín *m*

'**gültig** ['gyltiç] valedero; ⚖ válido; *Münze*: de curso legal; 2**keit** *f* (-; *sin pl*) validez *f*

'**Gummi** ['gumi] *m u n* (-s; *sin pl*) goma *f*, caucho *m*; ~**band** *n* (-[e]s; ⁻er) cinta *f* elástica, elástico *m*; ~**handschuh** *m* guante *m* de goma; ~**knüppel** *m* porra *f*; ~**stiefel** *m*/*pl* botas *f*/*pl* de goma; ~**zug** *m* elástico *m*

Gunst [gunst] *f*: *zu m-n* ~*en* en mi favor

günstig ['gynstiç] favorable; (*vorteilhaft*) ventajoso

'**Gurgel** ['gurgəl] *f* (-; -n) garganta *f*; 2**n** (ge-, h) hacer gárgaras

Gurke [-'kə] *f* (-; -n) pepino *m*; *saure* ~ pepinillo *m* en vinagre

Gurt [gurt] *m* (-[e]s; -e) cinturón *m*; *a* ⚙ correa *f*

'**Gürtel** ['gyrtəl] *m* (-s; -) cinturón *m* (*a fig*); ~**reifen** *m* neumático *m* radial

'**Gurt|muffel** ['gurtmufəl] *m* (-s; -) persona *f* que se niega a utilizar el cinturón de seguridad; ~**pflicht** *f* s *Anschnallpflicht*

Guß [gus] *m* (-sses; ⁻sse) (*Regen*) aguacero *m*, chaparrón *m*; (*Zucker*2) baño *m* de azúcar; '~**eisen** *n* hierro *m* colado

gut [gu:t] buen(o); *adv* bien; *es ist* (*schon*) ~ (ya) está bien; *sei so* ~ *und* ... haz el favor de (*inf*); ~ *sn für* servir para; *e-e* ~*e Stunde* una hora larga; *im* ~*en* por las buenas; *du hast es* ~*!* ¡qué suerte tienes!; *das ist* ~ *möglich* es muy posible

Gut [gu:t] *n* (-[e]s; ⁻er) bien *m*; propiedad *f*; (*Land*2) finca *f*; *Am* hacienda *f*; '~**achten** *n* (-s; -) dictamen *m*, peritaje *m*; '~**achter** *m* (-s; -) perito *m*; 2 -**artig** 🜊 benigno; '~**dünken** *n*: *nach* ~ a discreción; '~**e** *n* (-n; *sin pl*): *das* ~ lo bueno; ~*s tun* hacer bien; *alles* ~*!* ¡mucha suerte!

Güte ['gy:tə] *f* (-; *sin pl*) bondad *f*; ✝ calidad *f*

'**Güter** ['-tər] *n*/*pl* bienes *m*/*pl*; ✝ mercancías *f*/*pl*; ~**bahnhof** *m* estación *f* de mercancías; ~**verkehr** *m* transporte *m* de mercancías; ~**zug** 🚆 *m* tren *m* de mercancías

'**gut|gehen** ['gu:tge:ən] (*irr*, *sep*, -ge-, sn, →*gehen*): *es wird alles* ~ todo saldrá bien; *es sich* ~ *lassen* darse buena vida; ~**gelaunt** ['-gəlaunt] de buen humor; ~**gläubig** de buena fe; 2**haben** *n* (-s; -) haber *m*, saldo *m* activo

'**güt|ig** ['gy:tiç] bueno, bondadoso; ~**lich** amistoso, amigable

'**gut|machen** ['gu:tmaxən] (*sep*, -ge-, h) reparar; *Unrecht*: desagraviar; ~**mütig** ['-my:tiç] bondadoso, bonachón; 2**sbesitzer(in** *f*) *m* propietario *m*, -a *f* de una finca; 2**schein** *m* vale *m*; ~**schreiben** (*irr*, *sep*, -ge-, h, →*schreiben*) ✝ abonar (en cuenta); 2**schrift** *f* abono *m* (en cuenta); 2**shof** *m* granja *f*; ~**tun** (*irr*, *sep*, -ge-, h, →*tun*) hacer *od* sentar *od* probar bien

Gymnas|ium [gym'nɑ:zjum] *n* (-s; -sien) instituto *m* de bachillerato; ~**tik** [-'nastik] *f* (-; *sin pl*) gimnasia *f*

Gynäkolog|e [gyneko'lo:gə] *m* (-n; -n), ~**in** *f* (-; -nen) ginecólogo *m*, -a *f*

H

H, h [haː] n (-; -) H, h f; ♪ si m; **H-Dur** si mayor; **h-Moll** si menor.

Haar [haːr] n (-[e]s; -e) pelo m; (Kopf℠) a cabello m; **sich die ~e schneiden lassen** cortarse el pelo; **um ein ~** por un pelo; '**~ausfall** m caída f del pelo; '**~bürste** f cepillo m para el cabello; '℠**en** (ge-, h) perder el pelo; '**~entferner** m (-s; -) depilatorio m; '**~festiger** m fijador m, fijapelo m; '℠**genau** exactamente; con pelos y señales; '℠**ig** peludo; am Körper: velloso; F fig peliagudo; '**~klammer** f clip m; '**~nadel** f horquilla f; '**~nadelkurve** f curva f en herradura; '**~netz** n redecilla f; '**~schneiden** n, '**~schnitt** m corte m de pelo; '**~spange** f pasador m; '**~spray** m od n laca f, spray m; '℠**sträubend** espeluznante, horripilante; '**~teil** n bisoñé m, peluquín m; '**~trockner** m (-s; -) secador m; '**~waschmittel** n champú m; '**~wasser** n loción f capilar

Habe ['haːbə] f (-; sin pl) bienes m/pl, fortuna f

haben ['-bən] **1.** (hatte, gehabt, h): **a)** (Hilfsverb) haber; **b)** v/t (besitzen) tener; **was hast du?** ¿qué te pasa?; **da ~ wir's!** ¡ya lo decía yo!, ¡aquí estamos!; **~ zu** inf (müssen) tener que, haber de; **nichts zu essen ~** no tener nada que comer; **~ wollen** querer, desear; **2.** ✝ ℠ n (-s; sin pl) haber m, crédito m

'**Haben|saldo** ✝ m saldo m acreedor; **~seite** f lado m acreedor, haber m; **~zinsen** m/pl intereses m/pl acreedores

'**Habgier** ['haːpgiːr] f codicia f; ℠**ig** codicioso

Habicht ['haːbɪçt] m (-[e]s; -e) azor m

'**Habseligkeiten** ['haːpzeːlɪçkaɪtən] f/pl efectos m/pl, trastos m/pl

'**Hack|braten** ['hak-] m asado m de carne picada; **~e** f (-; -n) azada f, azadón m; (Spitz℠) pico m; ℠**en** (ge-, h) Vogel: picotear; Fleisch: picar; Holz: cortar; **~fleisch** n carne f picada

'**Hafen** ['haːfən] m (-s; ⸚) puerto m (a fig); **~anlagen** f/pl instalaciones f/pl portuarias; **~behörde** f autoridad f portuaria; **~gebühren** f/pl derechos m/pl portuarios; **~polizei** f policía f del puerto; **~stadt** f ciudad f portuaria, puerto m; **~viertel** n barrio m portuario

'**Hafer** ['-fər] m (-s; -) avena f; **~flocken** f/pl copos m/pl de avena

Haft [haft] f (-; sin pl) detención f; '℠**bar** responsable (**für** de); '**~befehl** m orden f de detención; '℠**en** (ge-, h) (kleben) estar pegado a; **~ für** responder de

Häftling ['hɛftlɪŋ] m (-s; -e) detenido m, preso m

'**Haftpflicht** ['haft-] f responsabilidad f civil; **~versicherung** f seguro m de responsabilidad civil

'**Haft|schalen** f/pl lentes f/pl de contacto, lentillas f/pl; **~ung** f (-; -en) responsabilidad f

Hagebutte ['haːgəbutə] f (-; -n) escaramujo m, agavanza f

'**Hagel** ['-gəl] m (-s; sin pl) granizo m; **~korn** n grano m de granizo; ℠**n** (ge-, h) granizar

'**hager** ['-gər] enjuto, flaco

Hahn [haːn] m (-[e]s; ⸚e) gallo m; (Wasser℠) grifo m; (Gas℠) llave f

Hähnchen ['hɛːnçən] n (-s; -) pollo m

Hai [haɪ] m (-[e]s; -e), '**~fisch** m tiburón m

'**Häkel|arbeit** ['hɛːkəl'arbaɪt] f labor f de ganchillo; ℠**n** (ge-, h) hacer ganchillo; **~nadel** f ganchillo m

'**Haken** ['haːkən] m (-s; -) gancho m (a Boxen); garfio m; für Kleider: percha f; für Öse: corchete m; **~ u Öse** broche m; **~kreuz** n cruz f gamada

halb [halp] medio; adv a medias; **~ drei** (Uhr) las dos y media; **e-e ~e Stunde** media hora; **~ angezogen** a medio vestir; '**~amtlich** oficioso

'**Halbe** ['-bə] f (-n; -[n]) medio litro m de cerveza

'**Halb|fabrikat** n producto m semiacabado; ℠**fertig** a medio hacer; **~fett** Käse: semigraso; **~finale** n dep semifinal f; ℠**ieren** [-'biːrən] (h) dividir en dos partes iguales, partir por la mitad; **~insel** f península f; **~jahr** n semestre m; ℠**jährig** ['-jɛːrɪç] de seis meses; ℠**jährlich** semestral; adv cada seis meses; **~kreis** m semicírculo m; hemiciclo m; **~kugel** f hemisferio m; ℠**laut** a media voz;

Halbmast

~**mast**: *auf* ~ a media asta; ~**messer** *m* radio *m*; ℒ**monatlich** quincenal, bimensual; ~**mond** *m* media luna *f*; ~**pension** *f* media pensión *f*; ~**schatten** *m* penumbra *f*; ~**schlaf** *m* duermevela *m*; ~**schuh** *m* zapato *m* (bajo); ~**starke** *m* (-n; -n) gamberro *m*; ℒ**stündig** ['-ʃtyndiç] de media hora; ℒ**tags**: ~ *arbeiten* hacer media jornada; ~**tags-arbeit** *f* trabajo *m* de media jornada; ~**tagskraft** *f* empleado *m*, -a *f* de media jornada; ℒ**trocken** semiseco; ℒ**voll** a medio llenar; ℒ**wegs** ['-veːks] a medio camino; *fig* casi; F (*leidlich*) regular; ~**zeit** *f dep* medio tiempo *m*; *erste* (*zweite*) ~ primer (segundo) tiempo
Hälfte ['hɛlftə] *f* (-; -n) mitad *f*; *zur* ~ a mitad; *a medias*
Halle ['halə] *f* (-; -n) sala *f*; vestíbulo *m*; (*Hotel*) hall *m*; (*Ausstellung*) pabellón *m*
Halleluja [hale'luːjaː] *n* (-s; -s) aleluya *f*
'**hallen** ['halən] (ge-, h) resonar; ℒ**bad** *n* piscina *f* cubierta
hallo ['halo]: ~*!* ¡oiga!; (*Gruß*) ¡hola!; *tel* ¡diga!
Halm [halm] *m* (-[e]s; -e) tallo *m*
Halo|**gen**|**lampe** [halo'geːn-] *f* lámpara *f* halógena; ~**scheinwerfer** *m* faro *m* halógeno
Hals [hals] *m* (-es; ⁻e) cuello *m*; (*Kehle*) garganta *f*; *aus vollem* ~*e* a voz en cuello, *lachen*: a carcajadas; F *es hängt mir zum* ~(*e*) *heraus* F estoy hasta la coronilla; '~**band** *n* (-[e]s; ⁻er) collar *m*; '~**entzündung** ☤ *f* inflamación *f* de la garganta, angina(s) *f*(/*pl*); '~**kette** *f* collar *m*; '~**Nasen**-'**Ohren**-**Arzt** *m* otorrinolaringólogo *m*; '~**schmerzen** *m*/*pl* dolor *m* de garganta; ℒ**starrig** ['-ʃtariç] tozudo, obstinado; ~**tuch** *n* bufanda *f*; pañuelo *m* (de cuello); '~**weh** *n* (-s; *sin pl*) dolor *m* de garganta
Halt [halt] **1.** *m* (-[e]s; -e) parada *f*, alto *m*; (*sin pl*) (*Stütze*) apoyo *m*, sostén *m* (*a fig*); **2.** ℒ*!* ¡alto!
'**haltbar** ['-baːr] sólido; resistente; ℒ**keitsdatum** *n* fecha *f* de caducidad
halten ['-tən] (hielt, gehalten, h) **1.** *v*/*t* tener; (*zurück*~) retener; (*ein*~) observar; *Rede*: pronunciar; *Zeitung*: estar suscrito a; *Versprechen*, *Wort*: cumplir; ~ *für* creer, considerar como, tomar por; ~ *von* pensar de; *was* ~ *Sie davon?* ¿qué le parece?; *viel von j-m* ~ tener a alg en gran aprecio; **2.** *v*/*i* (*haltmachen*) parar(se), detenerse; (*festsitzen*) estar fijo; *zu j-m* ~ estar de parte de alg; **3.** *v*/*refl*: *sich* ~ (*frisch bleiben*) conservarse; *a Wetter*: mantenerse; *sich an et* (*ac*) ~ atenerse a; *sich rechts* ~ llevar la derecha; *sich* ~ *für* tenerse por
Halter ['-tər] *m* (-s; -) (*Griff*) asidero *m*; (*Besitzer*) dueño *m*; *auto* titular *m*
'**Halte**|**stelle** *f* parada *f*; ~**verbot** *auto n* prohibición *f* de parar; ~**verbotsschild** *n* señal *f* de prohibición de parar
'**haltmachen** (*sep*, -ge-, h) pararse, hacer alto
Haltung ['haltʊŋ] *f* (-; *raro* -en) posición *f*, postura *f*; (*Auftreten*) actitud *f*
hämisch ['hɛːmiʃ] malicioso
'**Hammel** ['haməl] *m* (-s; -) carnero *m*; ~**braten** *m* asado *m* de carnero; ~**keule** *f* pierna *f* de carnero
Hammer ['hamər] *m* (-s; ⁻) martillo *m*
hämmern ['hɛmərn] (ge-, h) martill(e)ar
Hämorrhoiden ☤ [hɛːmɔrɔ'iːdən] *pl* hemorroides *f*/*pl*, almorranas *f*/*pl*
Hampelmann ['hampəlman] *m* (-[e]s; ⁻er) títere *m*, *a fig* fantoche *m*
'**Hamster** ['-stər] *m* (-s; -) *zo* hámster *m*; ~**er** *m* (-s; -) acaparador *m*; ℒ**n** (ge-, h) acaparar
Hand [hant] *f* (-; ⁻e) mano *f*; *mit der* ~ a mano; *an* ~ *von* por medio de; a base de; *zu Händen von* a la atención de; *j-s rechte* ~ *sn* ser el brazo derecho de alg; *weder* ~ *noch Fuß haben* no tener ni pies ni cabeza; *auf der* ~ *liegen* ser evidente; '~**arbeit** *f* trabajo *m* manual; *weibliche*: labor *f*; '~**ball** *m* balonmano *m*; '~**bremse** *f* freno *m* de mano; '~**buch** *n* manual *m*
'**Hände**|**druck** ['hɛndədruk] *m* (-[e]s; ⁻e) apretón *m* de manos; ~**klatschen** *n* palmas *f*/*pl*
Handel ['handəl] *m* (-s; *sin pl*) comercio *m*; (~**sverkehr**) tráfico *m* (*mit* de); *im* ~ en venta; ~ *treiben* negociar, tratar (*mit et* en a/c)
handeln ['handəln] (ge-, h) obrar, actuar; ✝ comerciar, tratar, negociar (*mit* en); (*feilschen*) regatear; ~ *von* tratar de; *sich* ~ *um* tratarse de
'**Handels**|-**abkommen** *n* acuerdo *m* comercial; ~**bank** *f* (-; -en) banco *m* co-

mercial; ~beziehungen *f/pl* relaciones *f/pl* comerciales; ~bilanz *f* balanza *f* comercial; ~bilanzdefizit *n* (~bilanzüberschuß *m*) déficit *m* (excedente *m*) de la balanza; ~gesellschaft *f* sociedad *f od* compañía *f* mercantil; ~kammer *f* Cámara *f* de Comercio; ~korrespondenz *f* correspondencia *f* comercial; ~marine *f* marina *f* mercante; ~recht *n* derecho *m* mercantil; ~register *n* registro *m* mercantil; ~schiff *n* buque *m* mercante; ~schranken *f/pl* barreras *f/pl* comerciales; ~schule *f* escuela *f* de comercio; ~spanne *f* margen *m* comercial; 2-üblich usual en el comercio; ~unternehmen *n* empresa *f* mercantil *od* comercial; ~vertrag *m* tratado *m* comercial; ~vertreter *m* representante *m* (de comercio); ~vertretung *f* agencia *f* comercial

Hand|feger ['hantfe:gər] *m* escobilla *f*; ~fläche *f* palma *f* (de la mano); ~gelenk *n* muñeca *f*; 2gemacht hecho a mano; ~gemenge *n* pelea *f* (cuerpo a cuerpo); ~gepäck *n* equipaje *m* de mano; ~granate *f* granada *f* de mano; 2haben (handhabte, gehandhabt, h) manejar, manipular; ~karren *m* carretilla *f*; ~koffer *m* maleta *f*; ~kuß *m* besamanos *m*; ~langer ['-laŋər] *m* (-s; -) peón *m*

Händler ['hɛndlər] *m* (-s; -), ~in *f* (-; -nen) comerciante *su*, negociante *su*

handlich ['hant-] manejable

'Handlung ['handluŋ] *f* (-; -en) acción *f*; acto *m*; *teat, lit* argumento *m*; † comercio *m*, tienda *f*; ~sreisende *m* viajante *m*; ~sweise *f* modo *m* de obrar

'Hand|rücken ['hant-] *m* dorso *m* de la mano; ~schellen *f/pl* esposas *f/pl*; ~schlag *m* apretón *m* de manos; per ~ con un apretón de manos

'Handschrift *f* letra *f*, escritura *f*; (*Werk*) manuscrito *m*; 2lich escrito a mano

'Handschuh *m* guante *m*; ~fach *n* auto guantera *f*; ~nummer *f* número *m* de la mano

'Hand|stickerei *f* bordado *m* a mano; ~tasche *f* bolso *m* (de mano); ~tuch *n* toalla *f*; ~umdrehen *n*: im ~ en un santiamén; ~voll *f* (-; -) puñado *m* (a *fig*)

'Handwerk *n* (-[e]s; -e) oficio *m*; artesanía *f*; ~er *m* (-s; -), ~erin *f* (-; -nen) artesano *m*, -a *f*; 2lich artesanal; ~sbetrieb *m* empresa *f* artesanal; ~szeug *n* útiles *m/pl*

Hanf [hanf] *m* (-[e]s; *sin pl*) cáñamo *m*

Hang [haŋ] *m* (-[e]s; ~e) pendiente *f*; (*sin pl*) *fig* inclinación *f* (zu a)

'Hänge|brücke ['hɛŋə-] *f* puente *m* colgante; ~lampe *f* lámpara *f* colgante; ~matte *f* hamaca *f*

'hängen ['-ən] 1. *v/i* (hing, gehangen, h) colgar, pender (*an dat* de); estar colgado *od* suspendido; *fig* ~ an (*dat*) tener apego a; 2. *v/t* (ge-, h) colgar, suspender; (*an den Galgen*) ahorcar; ~bleiben (*irr, sep*, -ge-, sn, → bleiben) quedar enganchado (*an dat* en)

Hansestadt ['hanzəʃtat] *f* ciudad *f* (h)anseática

Hanswurst [hans'vurst] *m* (-[e]s; ~e) bufón *m*, payaso *m*

Hanteln ['hantəln] *f/pl* pesas *f/pl*

hantieren [-'ti:rən] (h) manejar, manipular (*mit et* a/c)

Happen ['hapən] *m* (-s; -) bocado *m*

Hardware [hɑ:(r)dwɛ:(r)] *f* (-; -s) hardware *m*

Harfe ['harfə] *f* (-; -n) arpa *f*

Harke ['-kə] *f* (-; -n) rastrillo *m*

harmlos ['harmlo:s] inofensivo (*a Person u* ⚔), in(n)ocuo

Harmon|ie [harmo'ni:] *f* (-; -n) armonía *f* (*a fig*); 2isch [-'mo:niʃ] ♪ armónico; *fig* a armonioso; ~i'sierung [-moni'zi:ruŋ] *f* (-; *sin pl*) armonización *f*

Harn [harn] *m* (-[e]s; -e) orina *f*; '~blase *f* vejiga *f*; '~röhre *f* uretra *f*

Harpune [-'pu:nə] *f* (-; -n) arpón *m*

hart [hart] duro (*a fig u Ei*); (*fest*) firme; (*streng*) riguroso (*a Winter*), severo; *Währung*: duro, fuerte

Härte ['hɛrtə] *f* (-; -n) dureza *f* (*a fig*), rigor *m*

'Hart|faserplatte ['hartfɑ:zərplatə] *f* plancha *f* de fibra dura; 2gekocht *Ei*: duro; ~geld *n* (-es; *sin pl*) moneda *f* metálica; 2herzig duro de corazón; 2näckig ['-nɛkiç] terco, obstinado; *Krankheit*: persistente; ~näckigkeit *f* (-; *sin pl*) terquedad *f*, obstinación *f*

Harz [harts] *m* (-es; -e) resina *f*

Haschee [ha'ʃe:] *n* (-s; -s) picadillo *m* (de carne)

'hasch|en ['-ʃən] (ge-, h) F fumar porros; ~ nach *et* tratar de atrapar a/c;

Haschisch

≈isch n (-[s]; sin pl) hachís m, F chocolate m
Hase ['haːzə] m (-n; -n) liebre f
'**Hasel|nuß** ['-zəlnʊs] f avellana f; ~**strauch** m avellano m
'**Hasen|braten** ['-zənbraːtən] m asado m de liebre; ~**fuß** m cobarde m, gallina m
Haß [has] m (-sses; sin pl) odio m (**gegen, auf** ac a)
hassen ['hasən] (ge-, h) odiar
häßlich ['hɛslɪç] feo (a fig); ≈**keit** f (-; sin pl) fealdad f
Hast [hast] f (-; sin pl) prisa f, precipitación f; ≈**en** (ge-, sn) precipitarse; ≈**ig** precipitado; adv a toda prisa
Haube ['haʊbə] f (-; -n) cofia f; (Nonnen≈) toca f; auto capó m
Hauch [haʊx] m (-[e]s; sin pl) (Atem≈) aliento m; (Wind≈) soplo m; fig (Spur) toque m; asomo m; '≈**en** (ge-, h) soplar
hauen ['haʊən] (hieb, haute, gehauen, h) (schlagen) golpear, pegar; sich ~ pelear, reñir
Haufen ['haʊfən] m (-s; -) montón m (a fig); (Leute) tropel m
'**häuf|en** ['hɔyfən] (ge-, h): (sich) ~ amontonar(se), a fig acumular(se); Fälle; sich ~ menudear; ~**ig** frecuente; adv con frecuencia; ≈**igkeit** f (-; sin pl) frecuencia f
Haupt ['haʊpt] n (-[e]s; ⸚er) cabeza f; (Führer) jefe m, cabeza m; '~**aktionär** m accionista m mayoritario bzw principal; '~**bahnhof** m estación f central; '~**bestandteil** m elemento m principal; '~**darsteller(in** f) m protagonista su; '~**eingang** m entrada f principal; '~**gericht** gastr n plato m principal od fuerte; '~**geschäftsstraße** f calle f comercial principal; '~**gewinn** m primer premio m, F gordo m
Häuptling ['hɔyptlɪŋ] m (-s; -e) jefe m de tribu; (Indianer≈) cacique m
'**Haupt|mann** ['haʊpt-] ✗ m (-s; -leute) capitán m; ~**person** f a fig personaje m principal, protagonista su; ~**post-amt** n Central f de Correos, ~**quartier** n cuartel m general; ~**reisezeit** f temporada f alta; ~**rolle** f a fig papel m principal; ~**sache** f lo esencial, lo principal; ≈**sächlich** principal; esencial; adv principalmente, sobre todo; ~**saison** f temporada f alta; ~**schul-abschluß** m etwa: certificado m de escolaridad; ~**schule** f etwa: Educación f General Básica (EGB), segundo ciclo; ~**stadt** f capital f; ~**straße** f calle f principal od mayor; ~**verkehrsstraße** f arteria f (principal); ~**verkehrszeit** f horas f/pl punta; ~**versammlung** f junta f general; ~**wohnsitz** m domicilio m principal

Haus [haʊs] n (-es; ⸚er) casa f; teat sala f; Parlament: Cámara f; **nach** ~**e** a casa; **zu** ~**e** en casa; **außer** ~ fuera de casa; '~**angestellte** f empleada f de hogar, criada f; '~**apotheke** f botiquín m; '~**arbeit** f tareas f/pl domésticas, trabajos m/pl caseros; (Schule) deberes m/pl; ~'-**arzt** m médico m de cabecera; '~**besetzer** m ocupante m ilegal de casas, F ocupa m; '~**besetzung** f ocupación f ilegal de casas; '~**besitzer(in** f) m propietario m, -a f; ~**diener** m mozo m
hausen ['haʊzən] (ge-, h) vivir; (wüten) hacer estragos
'**Haus|flur** ['haʊsfluːr] m vestíbulo m, zaguán m; ~**frau** f ama f de casa; ~**gast** m im Hotel: cliente m; ~**gehilfin** f s ~**angestellte**; ≈**gemacht** casero; de fabricación casera; ~**halt** m (-[e]s; -e) casa f; (Etat) presupuesto m; **den** ~ **führen** llevar la casa; ~**hälterin** ['-hɛltərɪn] f (-; -nen) ama f de llaves; ~**haltsdefizit** n déficit m presupuestario; ~**haltsplan** m presupuesto m; ~**herr** m amo m od dueño m de la casa
Hausierer [haʊˈziːrər] m (-s; -) vendedor m ambulante, buhonero m
häuslich ['hɔyslɪç] doméstico; a Person: casero; Leben: hogareño
'**Haus|mädchen** ['haʊs-] n criada f; ~**mannskost** f comida f casera; ~**marke** f marca f de la casa; ~**meister(in** f) m conserje su, portero m, -a f; ~**mittel** n remedio m casero; ~**nummer** f número m de (la) casa; ~**ordnung** f reglamento m interior; ~**rat** m enseres m/pl domésticos; ~**schlüssel** m llave f de (la) casa; ~**schuh** m zapatilla f
Hausse ✝ ['hoːs(ə)] f (-; -n) alza f
'**Haussuchung** ['haʊszuːxʊŋ] f (-; -en) ⚖ f registro m domiciliario; ~**tier** n animal m doméstico; ~**tür** f puerta f de la calle; ~**verwalter** m administrador m; ~**wirt(in** f) m casero m, -a f; ~**wirtschaft** f economía f doméstica; ~**zelt** n tienda f chalet
Haut [haʊt] f (-; ⸚e) piel f (a v Obst); (bsd

Heimweh

*Gesichts2) cutis m; **bis auf die ~ durchnäßt** calado hasta los huesos; '**~abschürfung** f desolladura f, excoriación f; '**~arzt** m dermatólogo m; '**~ausschlag** m exantema m; '**~creme** f crema f cutánea; '**2-eng** muy ceñido, pegado al cuerpo; '**~farbe** f color m de la piel; '**~pflege** f cuidado m de la piel
Havarie ⚓ [hava'ri:] f (-; -n) avería f
Hebamme ['he:p?amə] f (-; -n) comadrona f, partera f
'**Hebe|bühne** ['he:bə-] f plataforma f elevadora; **~l** m (-s; -) palanca f; **2n** (hob, gehoben, h) levantar, alzar; ⚙ elevar; *fig* favorecer; aumentar; F ***e-n ~*** (*trinken*) empinar el codo; ***sich ~*** *Vorhang*: levantarse; *fig Stimmung*: animarse; **~r** m (-s; -) sifón m; *auto* gato m
hebräisch [he'brε:iʃ] hebreo
Hecht [hεçt] m (-[e]s; -e) lucio m; '**~sprung** m salto m de carpa
Heck [hεk] n (-[e]s; -e, -s) ⚓ popa f; *auto* parte f trasera; '**~e** f (-; -n) seto m (vivo); '**~enrose** f escaramujo m; '**~klappe** f *auto* portón m trasero; '**~motor** m motor m trasero; '**~scheibe** f *auto* lun(et)a f trasera (*heizbare* térmica); '**~scheibenwischer** m limpiaparabrisas m trasero
Heer [he:r] n (-[e]s; -e) ejército m
Hefe ['he:fə] f (-; -n) levadura f
Heft [hεft] n (-[e]s; -e) (*Schreib2*) cuaderno m; (*Zeitschrift*) número m; (*Griff*) mango m; '**2en** (ge-, h) sujetar; fijar (*an ac* en); (*nähen*) hilvanar; '**~faden** m hilo m de hilvanar
'**heftig** ['-tiç] violento, vehemente; **2keit** f (-; *sin pl*) violencia f, vehemencia f
'**Heft|klammer** f grapa f; **~maschine** f grapadora f, cosedora f; **~pflaster** n esparadrapo m; **~zwecke** f chincheta f
hegen ['he:gən] (ge-, h) cuidar de; *Hoffnung*: abrigar
Hehle|r ['he:lər] m (-s; -), **~rin** f (-; -nen) encubridor(a f) m; **~'rei** f (-; -en) encubrimiento m
Heide¹ ['haidə] m (-n; -n) pagano m
'**Heide²** f (-; -n) brezal m; landa f; **~kraut** n brezo m
Heidelbeere ['-dəlbe:rə] f arándano m
'**Heiden|angst** F ['-dən?aŋst] f miedo m cerval; **~geld** F n dineral m; **~lärm** F m ruido m infernal
heidnisch ['-dniʃ] pagano

heikel ['haikəl] delicado, precario; *Person*: exigente, delicado
Heil [hail] 1. n (-[e]s; *sin pl*) salud f; *rel* salvación f; **sein ~ versuchen** probar fortuna; 2. 2 *adj* entero, intacto; (*gesund*) sano (y salvo)
Heiland ['-lant] m (-[e]s; *sin pl*) Salvador m
'**Heil|bad** n estación f termal, balneario m; **2bar** curable; **~butt** m (-[e]s; -e) hipogloso m, halibut m; **2en** (ge-) 1. v/t (h) curar; 2. v/i (sn) curarse, sanar; **~gymnastik** f gimnasia f terapéutica; fisioterapia f; **~gymnastin** f (-; -nen) fisioterapeuta f
'**heilig** ['hailiç] santo; sagrado; ***die 2en Drei Könige*** los Reyes Magos; ***der 2e Abend*** = **2-'abend** m Nochebuena f; **2e** m/f (-n; -n) santo m, -a f; **2enschein** m nimbo m, aureola f; **2keit** ['-liçkait] f (-; *sin pl*) santidad f; **2sprechung** f (-; -en) canonización f; **2tum** n (-s; ⸚er) santuario m
'**Heil|kraft** f virtud f curativa; **~kraut** n hierba f medicinal; **~mittel** n remedio m; medicamento m; **~praktiker** m *etwa*: naturópata f; **~quelle** f aguas f/pl mineromedicinales; **2sam** saludable (*a fig*); **~s-armee** f Ejército m de Salvación; **~ung** f (-; -en) cura(ción) f
Heim [haim] 1. n (-[e]s; -e) hogar m, casa f; (*Anstalt*) asilo m; (*Wohn2*) residencia f; 2. 2 *adv* a casa; '**~arbeit** f trabajo m a domicilio
'**Heimat** ['-ma:t] f (-; *sin pl*) patria f, país m (natal); *engere*: patria f chica; **~adresse** f dirección f habitual; **~hafen** ⚓ m puerto m de matrícula; **~land** n patria f
'**Heim|chen** ['-çən] n (-s; -) *zo* grillo m; **~computer** m ordenador m doméstico; **~fahrt** f viaje m de vuelta; **2gehen** (*irr, sep,* -ge-, sn, → ***gehen***) volver a casa; **2isch** local; del país; *fig* familiar; **~kehr** ['-ke:r] f (-; *sin pl*) vuelta f, regreso m (a casa); **2kehren** (*sep,* -ge-, sn), **2kommen** (*irr, sep,* -ge-, sn, → ***kommen***) volver a casa
heimlich ['-liç] secreto; clandestino; *adv* en secreto
'**Heim|reise** f viaje m de vuelta; **~spiel** n *dep* partido m en casa; **2tückisch** pérfido; ⚔ alevoso; **2wärts** ['-vεrts] a casa; **~weg** ['-ve:k] m vuelta f; **~weh** n (-[e]s;

Heimwerker 378

sin pl) nostalgia *f*, añoranza *f*; **~werker** *m* (-s; -) bricolador *m*

'**Heirat** ['haɪraːt] *f* (-; -en) casamiento *m*; **℠en** (ge-, h) casarse (*j-n* con alg)

'**Heirats|-antrag** *m* petición *f* de mano; **~schwindler** *m* timador *m* de matrimonio; **~urkunde** *f* acta *f* de matrimonio; **~vermittlung** *f* agencia *f* matrimonial

'**heiser** ['-zər] ronco; **℠keit** *f* (-; *sin pl*) ronquera *f*

heiß [haɪs] (muy) caliente; *Klima*: cálido; *Wetter*: caluroso; *fig* ardiente; **mir ist ~** tengo calor; **es ist (sehr) ~** hace (mucho) calor

heißen ['-sən] (hieß, geheißen, h) llamarse; (*mit Familiennamen*) apellidarse; (*bedeuten*) querer decir, significar; **das heißt** es decir; **es heißt, daß** se dice que; **wie heißt das auf spanisch?** ¿cómo se dice eso en español?

'**heißlaufen** (*irr, sep,* -ge-, sn, → *laufen*) *Motor*: (re)calentarse

'**heiter** ['haɪtər] sereno; (*fröhlich*) alegre; despejado; **℠keit** *f* (-; *sin pl*) serenidad *f*; alegría *f*; (*Gelächter*) risas *f/pl*

'**heiz|en** ['-tsən] (ge-, h) calentar; *Ofen*: encender; **℠er** *m* (s;) fogonero *m*; **℠gerät** *n* calefactor *m*; **℠kissen** *n* almohadilla *f* eléctrica; **℠körper** *m* radiador *m*; **℠lüfter** *m* termoventilador *m*; **℠material** *n* combustible *m*; **℠-öl** *n* fuel(-oil) *m*; **℠ung** *f* (-; -en) calefacción *f*

Hektar [hɛkˈtaːr] *n* (-s; -[e]) hectárea *f*

hektisch ['-tɪʃ] febril, agitado

Held [hɛlt] *m* (-en; -en) héroe *m*

'**helden|haft** ['hɛldən-] heroico; **℠tat** *f* hazaña *f*

Heldin ['-dɪn] *f* (-; -nen) heroína *f*

'**helf|en** ['-fən] (half, geholfen, h) (*dat*) ayudar; (*beistehen*) socorrer, asistir; (*nützen*) servir, ser útil (**zu** para); **es hilft (alles) nichts!** no hay remedio; **sich** (*dat*) **zu ~ wissen** arreglárselas, defenderse; **℠er** *m* (-s; -), **℠erin** *f* (-; -nen) ayudante *su*, asistente *su*

hell [hɛl] claro (*a Farbe, Stimme, Haar*); (*erleuchtet*) iluminado; *fig* (*gescheit*) espabilado; **am ~en Tage** en pleno día; '**~blau** azul claro; '**~blond** rubio claro; '**℠igkeit** *f* (-; *sin pl*) claridad *f*; luminosidad *f*; '**℠seher(in** *f*) *m* vidente *su*

Helm [hɛlm] *m* (-[e]s; -e) casco *m*

Hemd [hɛmt] *n* (-[e]s; -en) camisa *f*;

'**~bluse** *f* blusa *f* camisera; '**~blusenkleid** *n* (vestido *m*) camisero *m*

Hemisphäre [hemiˈsfɛːrə] *f* (-; -n) hemisferio *m*

'**hemm|en** ['hɛmən] (ge-, h) detener, parar; frenar; (*hindern*) impedir; *seelisch*: cohibir; **℠nis** *n* (-ses; -se) obstáculo *m*; traba *f*; **℠ung** *f* (-; -en) *seelische*: cohibición *f*; (*Bedenken*) escrúpulo *m*; **~ungslos** desenfrenado; sin escrúpulos

Hengst [hɛŋst] *m* (-es; -e) caballo *m* padre, semental *m*

Henkel ['hɛŋkəl] *m* (-s; -) asa *f*

Henker ['-kər] *m* (-s; -) verdugo *m*

Henne ['hɛnə] *f* (-; -n) gallina *f*

her [heːr] aquí, acá; **~ damit!** ¡démelo!; **von ...~** desde; **es ist lange ~, daß** hace mucho tiempo que

her'ab [hɛˈrap] hacia abajo; **von oben ~** de arriba (abajo); *fig* altanero; **~lassen** (*irr, sep,* -ge-, h, → *lassen*) bajar, descender; **~lassend** condescendiente, altanero; **~setzen** (*sep,* -ge-, h) reducir, bajar (*a Preis*); *fig* desacreditar; denigrar; **℠setzung** *f* (-; -en) reducción *f*; *fig* denigración *f*; **~steigen** (*irr, sep,* -ge-, sn, → *steigen*) descender, bajar

her'an [hɛˈran] por aquí, nähor ~ más cerca; **~kommen** (*irr, sep,* -ge-, sn, → *kommen*) acercarse; *fig* **an sich ~ lassen** aguardar (con paciencia); **~treten** (*irr, sep,* -ge-, sn, → *treten*): *fig* **an j-n ~** dirigirse a alg

her'auf [hɛˈraʊf] hacia arriba; **~holen** (*sep,* -ge-, h) subir; **~kommen** (*irr, sep,* -ge-, sn, → *kommen*) subir; **~setzen** (*sep,* -ge-, h) *Preis*: aumentar, subir

her'aus [hɛˈraʊs] fuera; afuera; **von innen ~** desde dentro; **~ mit der Sprache!** ¡explíquese!, F ¡desembucha!; **~bekommen** (*irr, sep,* h, → *bekommen*) lograr sacar; (*entdecken*) descubrir; averiguar; *Geld*: recibir la vuelta; **~bringen** (*irr, sep,* -ge-, h, → *bringen*) sacar; *Buch*: publicar; *fig* averiguar; **~finden** (*irr, sep,* -ge-, h, → *finden*) descubrir; **~fordern** (*sep,* -ge-, h) provocar, desafiar; **~fordernd** provocador, provocativo; **℠forderung** *f* (-; -en) provocación *f*, desafío *m*; **℠gabe** *f* (-; -n) entrega *f*; restitución *f*; *e-s Buches*: publicación *f*; **~geben** (*irr, sep,* -ge-, h, → *geben*) devolver, restituir; *Buch*: publicar, editar; *Geld*: dar la vuelta;

können Sie ~? ¿tiene cambio?; **2geber** *m* editor *m*; **~holen** (*sep*, -ge-, h) sacar (***aus*** de); **~kommen** (*irr*, *sep*, -ge-, sn, → ***kommen***) salir (*a* ✝); (*bekanntwerden*) descubrirse; *Ergebnis*: resultar; *Buch*: publicarse; **~nehmen** (*irr*, *sep*, -ge-, h, → ***nehmen***) sacar; retirar; ***sich*** (*dat*) ***et ~*** permitirse a/c; **~rücken** (*sep*, -ge-, h): ***Geld ~*** F aflojar la mosca; **~stellen** (*sep*, -ge-, h) (*hervorheben*) hacer resaltar, subrayar; ***sich ~ als*** resultar; **~strecken** (*sep*, -ge-, h) sacar (*a Zunge*); ***den Kopf zum Fenster ~*** asomar la cabeza a la ventana

herb [hɛrp] acerbo; *a fig* áspero; *Wein*: seco

her'bei [hɛr'baɪ] (por) aquí, acá; **~holen** (*sep*, -ge-, h) ir a buscar

Herberge ['hɛrbɛrgə] *f* (-; -n) albergue *m*, posada *f*

herbringen ['he:r-] (*irr*, *sep*, -ge-, h, → ***bringen***) traer

Herbst [hɛrpst] *m* (-[e]s; -e) otoño *m*; ***im ~*** en otoño; **'2lich** otoñal

Herd [he:rt] *m* (-[e]s; -e) (*Küchen2*) cocina *f*; *fig u* ⚕ foco *m*

Herde ['he:rdə] *f* (-; -n) rebaño *m*, manada *f*; *fig* tropel *m*

her'ein [hɛ'raɪn] (hacia) adentro, hacia el interior; ***~!*** ¡adelante!; **~fallen** (*irr*, *sep*, -ge-, sn, → ***fallen***) F llevarse un chasco; **~kommen** (*irr*, *sep*, -ge-, sn, → ***kommen***) entrar; pasar; **~legen** (*sep*, -ge-, h) F tomar el pelo (a)

'Her|fahrt ['he:r-] *f* viaje *m* de ida; **2fallen** (*irr*, *sep*, -ge-, sn, → ***fallen***): ***~ über*** (*ac*) abalanzarse sobre; *fig* arremeter contra; **~gang** *m* (-[e]s; *sin pl*) lo ocurrido; (*Verlauf*) desarrollo *m*; **2geben** (*irr*, *sep*, -ge-, h, → ***geben***) entregar, dar; *fig* ***sich ~ zu*** prestarse a

Hering ['he:rɪŋ] *m* (-s; -e) arenque *m*; (*Zelt2*) piquete *m*

'her|kommen ['he:rkɔmən] (*irr*, *sep*, -ge-, sn, → ***kommen***) venir; acercarse; *fig* provenir de; ***komm her!*** ¡ven acá!; ¡acércate!; **~kömmlich** ['-kœmlɪç] tradicional; **2kunft** ['-kunft] *f* (-; *sin pl*) origen *m*, procedencia *f*; **2kunftsland** *n* país *m* de origen

hermetisch [hɛr'me:tɪʃ] hermético

Hero'in [hero'i:n] *n* (-s; *sin pl*) heroína *f*; **2süchtig** heroinómano

hero|isch [-'ro:ɪʃ] heroico; **2'ismus** [-ro'ismus] *m* (-; *sin pl*) heroísmo *m*

Herr [hɛr] *m* (-[e]n; -en) señor *m* (*a Anrede*), caballero *m*; (*Besitzer*) dueño *m*, amo *m*; ***meine*** (***Damen und***) ***~en!*** ¡(señoras y) señores!

'Herren|-anzug *m* traje *m* de caballero; **~bekleidung** *f* ropa *f* para caballeros; **~doppel** (**~-einzel**) *n Tennis*: doble (individual) *m* masculino; **~friseur** *m* peluquería *f* de caballeros; **2los** sin dueño; abandonado; **~mode** *f* moda *f* masculina; **~schneider** *m* sastre *m* para caballeros; **~toilette** *f* servicio *m* de caballeros

Herrgott ['-gɔt] *m* (-[e]s; *sin pl*): ***unser ~*** Nuestro Señor

herrichten ['he:rrɪçtən] (*sep*, -ge-, h) preparar; *Zimmer*: arreglar; ***sich ~*** arreglarse

'Herr|in ['hɛrɪn] *f* señora *f*; dueña *f*; **2isch** imperioso, autoritario; **2lich** magnífico, espléndido; **~schaft** *f* **a**) (-; *sin pl*) dominio *m*, dominación *f*; *e-s Fürsten*: reinado *m*; *pol* soberanía *f*; ***die ~ verlieren über*** (*ac*) perder el control de; **b**) *pl*: ***die ~en*** los señores

'herrsch|en ['hɛrʃən] (ge-, h) dominar; reinar (*a fig*); **2er** *m* (-s; -), **2erin** *f* (-; -nen) soberano *m*, -a *f*; **2erhaus** *n* dinastía *f*; **~süchtig** autoritario, despótico

herrühren ['he:rry:rən] (*sep*, -ge-, h) (pro)venir (***von*** de)

'herstell|en (*sep*, -ge-, h) hacer, fabricar, producir; *Verbindung*: establecer; **2er** *m* (-s; -) fabricante *m*, productor *m*; **2ung** *f* (-; *sin pl*) producción *f*, fabricación *f*

herüber [hɛ'ry:bər] hacia aquí *od* acá

her'um [-'rum] alrededor de (*a zeitlich*); ***hier*** (***dort***) ***~*** por aquí (allí); **~drehen** (*sep*, -ge-, h) dar la vuelta a; *Kopf*: volver; ***sich ~*** volverse; **~fahren** (*irr*, *sep*, -ge-, sn, → ***fahren***): ***~ um*** dar la vuelta a; **~führen** (*sep*, -ge-, h) acompañar, hacer de guía para; ***~ in*** (*dat*) llevar por; **~gehen** (*irr*, *sep*, -ge-, sn, → ***gehen***) *j*: pasearse (por); *et*: circular; *Zeit*: pasar; ***~ um*** dar la vuelta a; **~kommen** (*irr*, *sep*, -ge-, sn, → ***kommen***) correr mundo; ***weit ~*** ver mucho mundo; ***nicht ~ um*** no poder evitar (*ac*); **~laufen** (*irr*, *sep*, -ge-, sn, → ***laufen***) correr de un lado a otro; ***~ um***

H

herumlungern

correr alrededor de; *frei* ~ andar suelto; **~lungern** (*sep*, -ge-, h) holgazanear, gandulear; **~reichen** (*sep*, -ge-, h) hacer circular, pasar; **~reisen** (*sep*, -ge-, sn) viajar mucho; ~ *in* (*dat*) recorrer (*ac*); **~sprechen** (*irr*, *sep*, -ge-, h, → **sprechen**): *sich* ~ divulgarse; **~treiben** (*irr*, *sep*, -ge-, h, → **treiben**): *sich* ~ andar vagando (*in dat* por), vagabundear

her'unter [-'runtər] (hacia) abajo; **~bringen** (*irr*, *sep*, -ge-, h, → **bringen**) bajar; **~hauen** (*sep*, -ge-, h): *j-m e-e* ~ pegarle una bofetada a alg; **~lassen** (*irr*, *sep*, -ge-, h, → **lassen**) bajar

her'vor [hɛr'foːr] adelante; (*heraus*) fuera; *hinter* ... (*dat*) ~ (por) detrás de; **~bringen** (*irr*, *sep*, -ge-, h, → **bringen**) producir, crear; *Worte*: proferir; **~gehen** (*irr*, *sep*, -ge-, sn, → **gehen**) (*sich ergeben*) resultar (*aus* de); *als Sieger* ~ salir vencedor; **~heben** (*irr*, *sep*, -ge-, h, → **heben**) *fig* poner de relieve, hacer resaltar, subrayar; **~ragen** (*sep*, -ge-, h) *a fig* sobresalir; *fig* distinguirse (*aus* de); **~ragend** saliente; *fig* excelente; **~rufen** (*irr*, *sep*, -ge-, h, → **rufen**) *fig* ocasionar, provocar; **~tun** (*irr*, *sep*, -ge-, h, → **tun**): *sich* ~ distinguirse

Herweg ['heːrveːk] *m*: *auf dem* ~ al venir

Herz [hɛrts] *n* (-ens; -en) corazón *m* (*a fig u Karten*); *von ganzem* **~en** de todo corazón; *am* **~en liegen** preocupar, interesar mucho; *sich et zu* **~en nehmen** tomar a/c a pecho; '**~anfall** *m* ataque *m* cardíaco *od* al corazón; '**~beschwerden** *f/pl* trastornos *m/pl* cardíacos

'**Herzens|lust** *f*: *nach* ~ a mis (tus, sus) anchas; **~wunsch** *m* vivo deseo *m*

'**herz|ergreifend** conmovedor; ⁂**fehler** *m* lesión *f* cardíaca; **~haft** valiente, resuelto; **~er Schluck** buen trago

herzig ['hɛrtsɪç] mono

'**Herz|-infarkt** *m* infarto *m* de miocardio; **~klopfen** *n* palpitaciones *f/pl* (del corazón); ⁂**krank** cardíaco; **~leiden** *n* afección *f* cardíaca; ⁂**lich** cordial, afectuoso; ~ *gern* con mucho gusto; **~lichkeit** *f* (-; *sin pl*) cordialidad *f*; ⁂**los** sin corazón, insensible

'**Herzog** ['hɛrtsoːk], **~in** ['--gin] *f* (-; -nen) duque(sa *f*) *m*

'**Herz|schlag** *m* latido *m* del corazón; (*Anfall*) apoplejía *f*; **~schrittmacher** *m* marcapasos *m*; **~spezialist** *m* cardiólogo *m*; **~verpflanzung** *f* trasplante *m* de corazón

'**Hetz|e** ['hɛtsə] *f* (-; *sin pl*) (*Eile*) prisas *f/pl*, precipitación *f*; *fig* instigación *f*; *pol* agitación *f*; ⁂**en** (ge-, h) **1.** *v/t Hund*: azuzar; (*antreiben*) dar prisa a; **2.** *v/i* (*sich beeilen*) apresurarse, darse prisa; *gegen j-n* ~ agitar los ánimos contra alg; ⁂**erisch** agitador; **~jagd** *f* cacería *f*

Heu [hɔy] *n* (-[e]s; *sin pl*) heno *m*

Heuch|elei [-çə'laɪ] *f* (-; *sin pl*) hipocresía *f*; **~ler** ['-çlər] *m* (-s; -), **~lerin** *f* (-; -nen) hipócrita *su*

heulen ['-lən] (ge-, h) aullar (*weinen*) llorar

'**Heu|schnupfen** ⚕ *m* fiebre *f* del heno; **~schrecke** ['-ʃrɛkə] *f* (-; -n) langosta *f*, saltamontes *m*

'**heut|e** ['-tə] hoy; ~ *morgen* (*abend*) esta mañana (noche); ~ *vor acht Tagen* hace ocho días; ~ *in acht Tagen* de hoy en ocho días; *noch* ~ hoy mismo; **~ig** de hoy; actual; **~zutage** hoy (en) día

'**Hexe** ['hɛksə] *f* (-; -n) bruja *f*; **~njagd** *fig* caza *f* de brujas; **~nschuß** ⚕ *m* lumbago *m*, **~'rei** *f* (-; -en) brujería *f*

Hieb [hiːp] *m* (-[e]s; -e) golpe *m*

hier [hiːr] aquí; (*Adresse*) en ésta; ciudad; ~! *bei Aufruf*: ¡presente!; ~ (*nimm*)! ¡toma!; ~ *bin ich* aquí estoy; ~ *ist* (*sind*) aquí está(n); *von* ~ *aus* de(sde) aquí

'**hier|auf** ['hiːrauf] *örtlich*: sobre esto; *zeitlich*: después de esto, luego; **~aus** de aquí, de esto; **~bei** en esto; **~bleiben** (*irr*, *sep*, -ge-, sn, → **bleiben**) quedarse (aquí); **~durch** por *od* con esto; así; **~her** aquí, acá; **~herum** por aquí; **~hin** aquí; ~ *u dorthin* por aquí allá; **~in** en esto *od* ello; **~mit** con esto *od* ello; *Brief*: con la presente

'**hier|über** ['hiːryːbər] de *od* sobre esto; **~unter** debajo de esto; entre estos; **~von** de esto; **~zu** a esto

hiesig ['hiːzɪç] de aquí; ♱ de esta plaza

Hi-Fi-Anlage ['haɪfiʔ-, 'haɪfaɪʔ] *f* equipo *m* de alta fidelidad

'**Hilfe** ['hɪlfə] *f* (-; -n) ayuda *f*, asistencia *f*; auxilio *m*, socorro *m*; *Erste* ~ primeros auxilios; (*zu*) ~! ¡socorro!; *mit* ~ *von* con (la) ayuda de; por medio de; ~ *leisten* prestar auxilio (*j-m* a alg); *um* ~

bitten *bzw* *rufen* pedir auxilio; ⁓**ruf** *m* grito *m* de socorro
'**hilflos** desamparado, desvalido
'**Hilfs|-arbeiter** *m* peón *m*; ⁓**bedürftig** necesitado, menesteroso; ⁓**bereit** servicial; ⁓**bereitschaft** *f* complacencia *f*; ⁓**kraft** *f* auxiliar *su*; ⁓**mittel** *n* (re)medio *m*; ⁓**verb** *n* verbo *m* auxiliar
Himbeere ['hɪmbeːrə] *f* (-; -n) frambuesa *f*
'**Himmel** ['hɪməl] *m* (-s; -) cielo *m*; *um* ⁓**s willen!** ¡por (el amor de) Dios!; *unter freiem* ⁓ al aire libre; ⁓**blau** (azul) celeste; ⁓**fahrt** *f* (-; *sin pl*) Ascensión *f*; *Mariä* ⁓ Asunción *f*; ⁓**reich** *n* (-[e]s; *sin pl*) reino *m* de los cielos
'**Himmelsrichtung** *f* punto *m* cardinal
'**himmlisch** celeste, celestial; *fig* magnífico, divino
hin [hɪn] hacia allí *od* allá; F (*kaputt*) estropeado; ⁓ *und zurück* ida y vuelta; ⁓ *und wieder* a veces, de vez en cuando; ⁓ *und her* de un lado para otro, de acá para allá; ⁓ *und her gehen* ir y venir
hin'ab [hɪ'nap] hacia abajo; ⁓**gehen** (*irr*, *sep*, -ge-, sn, → *gehen*) bajar, descender
hin'auf [hɪ'naʊf] hacia arriba; ⁓**fahren** (*irr*, *sep*, -ge-, sn, → *fahren*), ⁓**gehen** (*irr*, *sep*, -ge-, sn, → *gehen*) subir; ⁓**setzen** *Preis*: aumentar, subir; ⁓**steigen** (*irr*, *sep*, -ge-, sn, → *steigen*) subir (*auf ac* a); ascender; ⁓**tragen** (*irr*, *sep*, -ge-, h, → *tragen*) subir
hin'aus [hɪ'naʊs] (hacia) afuera; ⁓**!** ¡fuera (de aquí)!; *zum Fenster* ⁓ por la ventana; *über* ... ⁓ más allá de; ⁓**gehen** (*irr*, *sep*, -ge-, sn, → *gehen*) salir; ⁓ *auf* (*ac*) *Fenster*: dar a; ⁓ *über* (*ac*) pasar de, rebasar (*ac*); ⁓**laufen** (*irr*, *sep*, -ge-, sn, → *laufen*) salir corriendo; *fig* ⁓ *auf* (*ac*) ir a parar a *od* en, acabar en; *auf dasselbe* ⁓ ser lo mismo; ⁓**lehnen** (*sep*, -ge-, h): *sich* ⁓ asomarse; ⁓**schieben** (*irr*, *sep*, -ge-, h, → *schieben*) *fig* aplazar; ⁓**werfen** (*irr*, *sep*, -ge-, h, → *werfen*) echar, tirar; *j-n*: echar a la calle
'**Hinblick** *m*: *im* ⁓ *auf* (*ac*) en atención a, en vista de
'**hinder|lich** ['hɪndərlɪç] embarazoso; molesto; contrario; ⁓**n** (ge-, h) impedir (*j-n an et dat* a alg hacer a/c); (*stören*) estorbar; ⁓**nis** *n* (-ses; -se) obstáculo *m*; ⁓**nislauf** *m*, ⁓**nisrennen** *n* carrera *f* de obstáculos
hindeuten ['hɪndɔʏtən] (ge-, h): ⁓ *auf* (*ac*) señalar a, *a fig* indicar (*ac*)
hindurch [-'dʊrç] *zeitlich*: durante; *durch* (*ac*) ⁓ a través de; por; *den ganzen Tag* ⁓ (durante) todo el día
hin'ein [hɪ'naɪn] (hacia) adentro; *in* (*ac*) ... ⁓ en; *bis tief in die Nacht* ⁓ hasta muy entrada la noche; ⁓**fahren** (*irr*, *sep*, -ge-, sn, → *fahren*) entrar; ⁓**gehen** (*irr*, *sep*, -ge-, sn, → *gehen*) entrar; *fig* caber; ⁓**passen** (*sep*, -ge-, h) caber; ⁓**ziehen** (*irr*, *sep*, -ge-, h, → *ziehen*) *fig* implicar (*in ac* en)
'**hin|fahren** ['hɪnfaːrən] (*irr*, *sep*, -ge-, → *fahren*) **1.** *v/t* (h) llevar; transportar; **2.** *v/i* (sn) ir (a); ⁓**fahrt** *f* viaje *m* de ida; ⁓**fallen** (*irr*, *sep*, -ge-, sn, → *fallen*) caer al suelo, caerse; ⁓**fällig** caduco, decrépito; (*ungültig*) nulo, sin validez; ⁓**flug** *m* vuelo *m* de ida
'**Hin|gabe** ['hɪŋgaːbə] *f* (-; *sin pl*) abnegación *f*, devoción *f*; ⁓**geben** (*irr*, *sep*, -ge-, h, → *geben*) dar; *sich* ⁓ entregarse a (*a Frau*), abandonarse a; (*sich widmen*) dedicarse a; ⁓**gegen** en cambio; ⁓**gehen** (*irr*, *sep*, -ge-, sn, → *gehen*) ir (a)
'**hinken** ['hɪŋkən] (ge-, h) cojear (*a fig*); ⁓**d** cojo
'**hin|knien** ['hɪnkniːən] (*sep*, -ge-, sn) (*a sich* [h]) ponerse de rodillas; ⁓**kriegen** F (*sep*, -ge-, h) arreglar, lograr; *ich kriege es nicht hin* no me sale; ⁓**legen** (*sep*, -ge-, h) poner, colocar; *sich* ⁓ echarse, tenderse; ⁓**nehmen** (*irr*, *sep*, -ge-, h, → *nehmen*) *fig* tolerar, soportar; ⁓**reise** *f* viaje *m* de ida; ⁓**reißend** arrebatador, irresistible; ⁓**richten** (*sep*, -ge-, h) ejecutar; ⁓**richtung** *f* (-; -en) ejecución *f*; ⁓**schicken** (*sep*, -ge-, h) enviar, mandar; ⁓**setzen** (*sep*, -ge-, h) poner, colocar; *sich* ⁓ sentarse; ⁓**sicht** *f*: *in dieser* ⁓ a este respecto; ⁓**sichtlich** (*gen*) con respecto a, en cuanto a; ⁓**spiel** *n dep* partido *m* de ida; ⁓**stellen** (*sep*, -ge-, h) poner, colocar; ⁓ *als* presentar como; *j-n*: tachar, tildar de
'**hinten** ['hɪntən] (por) detrás, atrás; (*im Hintergrund*) en el fondo; *von* ⁓ por detrás; *nach* ⁓ hacia atrás; ⁓**herum** por detrás; *fig* a escondidas
'**hinter** ['-tər] **1.** *prp* (*wo? dat*, *wohin? ac*)

Hinterachse

detrás de, tras; ~ *et kommen* descubrir a/c; ~ *sich lassen* dejar atrás; adelantar; *fig* ~ *j-m stehen* respaldar a alg; **2.** *adj* trasero, posterior; ⁓**achse** *f* eje *m* trasero; ⁓**bliebene** [-'bliːbənə] *m/pl* deudos *m/pl*; ⁓**ein**'**ander** uno tras otro; *drei Tage* ~ tres días seguidos; ⁓**gedanke** *m* segunda intención *f*; ~'**gehen** (hinterging, hintergangen, h) engañar, embaucar; ⁓**grund** *m* fondo *m*; *teat* foro *m*; *fot* segundo plano *m*; ⁓**halt** *m* (-[e]s; -e) emboscada *f*; ~'**her** después, posteriormente; ⁓**hof** *m* patio *m* trasero; ⁓**kopf** *m* occipucio *m*; ~'**lassen** (hinterließ, hinterlassen, h) dejar; *im Testament*: legar; *e-e Nachricht* ~ dejar recado; ~'**legen** (h) depositar; ~**listig** pérfido, alevoso; ⁓**n** F *m* (-; -) trasero *m*; ⁓**rad** *n* rueda *f* trasera; ⁓**rad-antrieb** *m* tracción *f* trasera; ~**rücks** ['--ryks] por detrás; *fig* con alevosía, a traición; ⁓**seite** *f* lado *m* posterior; ⁓**teil** *n* parte *f* posterior *od* trasera; F trasero *m*; ⁓**treppe** *f* escalera *f* de servicio; ⁓**tür** *f* puerta *f* trasera; ~'**ziehen** (hinterzog, hinterzogen, h) defraudar; ⁓'**ziehung** *f* defraudación *f*, fraude *m*

hin'**über** [hi'nyːbər] al otro lado; *fig* ~ *sn* estar estropeado; ⁓**gehen** (*irr*, *sep*, -ge-, sn, → *gehen*) pasar al otro lado

Hin- und '**Rückfahrt** *f* ida *f* y vuelta

hin'**unter** [hi'nuntər] (hacia) abajo; ⁓**gehen** (*irr*, *sep*, -ge-, sn, → *gehen*) bajar; ⁓**schlucken** (*sep*, -ge-, h) tragar (*a fig*)

Hinweg ['hinveːk] *m*: *auf dem* ~ a la ida

hin'**weg** [-'vɛk]: *über ...* (*ac*) ~ por encima de; ⁓**setzen** (*sep*, -ge-, h): *sich* ~ *über* (*ac*) sobreponerse a, no hacer caso de

'**Hin**|**weis** ['-vaɪs] *m* (-es; -e) indicación *f*; (*Verweis*) referencia *f* (*auf ac* a); ⁓**weisen** (*irr*, *sep*, -ge-, h, → *weisen*): ~ *auf* (*ac*) indicar (*ac*); *darauf* ~, *daß* señalar *od* observar que; ⁓**weisschild** *n* rótulo *m* indicador; ⁓**werfen** (*irr*, *sep*, -ge-, h, → *werfen*) tirar (al suelo); *Arbeit*: abandonar; *Wort*: dejar caer; ⁓**ziehen** (*irr*, *sep*, -ge-, h, → *ziehen*): *sich* ~ *zeitlich*: prolongarse

hin'**zu** además; ⁓**fügen** (*sep*, -ge-, h) añadir; ⁓**kommen** (*irr*, *sep*, -ge-, sn, → *kommen*) sobrevenir; añadirse

Hirn [hɪrn] *n* (-[e]s; -e) cerebro *m*; *gastr* sesos *m/pl*; '⁓**haut** *f* meninge *f*; '⁓**haut-entzündung** *f* meningitis *f*

Hirsch [hɪrʃ] *m* (-[e]s; -e) ciervo *m*

Hirse ['hɪrzə] *f* (-; -n) mijo *m*

Hirt [hɪrt] *m* (-en; -en), '⁓**in** *f* (-n; -nen) pastor(a *f*) *m*

Hispanist [hispaˈnɪst] *m* (-en; -en), ⁓**in** *f* (-; -nen) hispanista *su*

hissen ['-ən] (ge-, h) izar, enarbolar

Hi'**stori**|**ker** [-'toːrikər] *m* (-s; -) historiador *m*; ⁓**sch** histórico

Hit [hɪt] *m* (-[s]; -s) (canción *f* de) éxito *m*; ✝ éxito *m* de venta; '⁓**liste** *f* lista *f* de éxitos; '⁓**parade** *f* hit-parade *m*

'**Hitz**|**e** ['-sə] *f* (-; *sin pl*) calor *m*; *fig a* ardor *m*; ⁓**ewelle** *f* ola *f* de calor; ⁓**ig** fogoso, impetuoso; *Debatte*: acalorado; ⁓**kopf** *m* hombre *m* colérico; ⁓**schlag** ✽ *m* insolación *f*

HI'**V-**|**negativ** [haːiːˈfaʊ-] seronegativo, VIH negativo; ⁓**positiv** seropositivo, VIH positivo

Hobby ['hɔbi] *n* (-s; -s) hobby *m*

'**Hobel** ['hoːbəl] *m* (-s; -) cepillo *m* (de carpintero); ⁓**n** (ge-, h) (a)cepillar

hoch [hoːx] **1.** *adj* (*s a höher*, *höchst*) alto; *a Stellung*, *Preis*: elevado; *Ton*: agudo; *Alter*: avanzado, *adv* (*sehr*) muy; *wie* ~ *ist* ...? ¿qué altura tiene ...?; *wie* ~ *ist der Preis?* ¿qué precio tiene?; ~ *oben* en lo alto; *drei Meter* ~ tres metros de alto; (*er lebe*) ~! ¡viva!; F *das ist mir zu* ~ no lo comprendo; **2.** ⁓ *n* (-s; -s) (*Wetter*) zona *f* de alta presión, anticiclón *m*

'**Hoch**|-**achtung** *f* gran estima *f*, respeto *m*; *mit vorzüglicher* ~ = ⁓**achtungsvoll** *im Brief*: atentamente; ⁓**altar** *m* altar *m* mayor; ⁓**bau** *m* construcción *f* sobre tierra; ⁓**betrieb** *m* (-[e]s; *sin pl*) actividad *f* intensa; ⁓**deutsch** alto alemán; ⁓**druck** *m* (-[e]s; *sin pl*) alta presión *f*; ⁓**druckgebiet** *n* zona *f* de alta presión; ⁓**ebene** *f* altiplanicie *f*; meseta *f*; ⁓-**empfindlich** *fot* suprasensible; ⁓-**erfreut** encantado; ⁓**form** *f*: *in* ~ *sn* estar en plena forma; ⁓**frequenz** *f* alta frecuencia *f*; ⁓**gebirge** *n* alta montaña *f*; ⁓**genuß** *m* delicia *f*; ⁓**geschlossen** *Kleid*: cerrado; ⁓**geschwindigkeitszug** *m* tren *m* de alta velocidad; ⁓**gewachsen** alto de estatura; ⁓**haus** *n* edificio *m* singular; ⁓**heben** (*irr*, *sep*, -ge- h, → *heben*) levantar, alzar; ⁓**kon-**

junktur *f* gran prosperidad *f*; alta coyuntura *f*; **~land** *n* tierra *f* alta; **~mut** *m* orgullo *m*, altanería *f*; ⚲**mütig** ['-my:tiç] orgulloso, altanero; ⚲**näsig** ['-nɛ:ziç] F encopetado; **~ofen** ⚙ *m* alto horno *m*; **~rufe** *m/pl* vivas *m/pl*, vítores *m/pl*; **~saison** *f* temporada *f* alta; **~schul-abschluß** *m* título *m* universitario; **~schule** *f* escuela *f* superior; universidad *f*; **~schulreife** *f* madurez *f* universitaria; **~seefischerei** *f* pesca *f* de altura; **~sommer** *m* pleno verano *m*; **~spannung** ⚡ *f* alta tensión *f*; **~sprung** *m* salto *m* de altura

höchst [hø:çst] (*Superlativ v* **hoch**) el más alto; *fig* sumo, máximo; *adv* sumamente, altamente

'**Hochstapler** ['ho:xʃtɑ:plər] *m* (-s; -) estafador *m*, caballero *m* de industria

'**höchst|ens** ['hø:çstəns] a lo más, a lo sumo; ⚲**geschwindigkeit** *f* velocidad *f* máxima *od* punta; ⚲**leistung** *f* rendimiento *m* máximo; ⚲**maß** *n* máximo *m* (**an** *dat* de); ⚲**preis** *m* precio *m* máximo *od* tope; ⚲**stand** *m* (-[e]s; **~e**) nivel *m* máximo

'**hoch|trabend** ['ho:x-] altisonante; ⚲**verrat** *m* alta traición *f*; ⚲**wasser** *n* inundación *f*, crecida *f*; **~wertig** de gran valor

'**Hochzeit** ['hɔxtsaɪt] *f* (-; -en) boda *f*; **~sreise** *f* viaje *m* de boda(s) *od* de novios

'**hocke|n** ['hɔkən] (ge-, h) estar en cuclillas; ⚲**r** *m* (-s; -) taburete *m*

Höcker ['hœkər] *m* (-s; -) giba *f* (*a Kamel*), corcova *f*

'**Hockey** ['hɔke] *n* (-s; *sin pl*) hockey *m* (sobre hierba)

'**Hode** ['ho:də] *f* (-; -n), **~n** *m* (-s; -) testículo *m*

Hof [ho:f] *m* (-[e]s; **~e**) patio *m*; (*Bauern*⚲) granja *f*; (*Fürsten*⚲) corte *f*

'**hoffen** ['hɔfən] (ge-, h) esperar (**auf et** a/c); **~tlich** ['--tliç]: **~ kommt er** espero que venga

'**Hoffnung** ['-nuŋ] *f* (-; -en) esperanza *f* (**auf ac** en); **in der ~ zu** (*inf*) en espera de (*inf*); ⚲**slos** desesperado

'**höflich** ['hø:fliç] cortés; ⚲**keit** *f* (-; *sin pl*) cortesía *f*

Höhe ['hø:ə] *f* (-; -n) altura *f* (*a* ♈, ♄ *u* ☽); altitud *f* (*a* **über dem Meeresspiegel**); **auf der ~ von** a la altura de; **in gleicher ~** al mismo nivel; **in die ~** (hacia) arriba; ✝ **in ~ von** por el importe de; **das ist die ~!** ¡es el colmo!

'**Hoheit** ['ho:haɪt] *f* (-; *sin pl*) *pol* soberanía *f*; (*pl* -en) *Titel*: Alteza *f*; **~sgebiet** *n* territorio *m* (de soberanía); **~sgewässer** *n/pl* aguas *f/pl* territoriales *od* jurisdiccionales; **~szeichen** *n* emblema *m* nacional

'**Höhen|krankheit** ['hø:ən-] *f* mal *m* de las alturas, *Am* puna *f*, soroche *m*; **~kur-ort** *m* estación *f* de altura; **~messer** *m* altímetro *m*; **~sonne** ☀ *f* lámpara *f* de rayos ultravioletas; **~unterschied** *m* diferencia *f* de nivel

'**Höhepunkt** *m* punto *m* culminante (*a fig*)

höher ['hø:ər] (*Komparativ v* **hoch**) más alto; *fig* superior, mayor; **~e Schule** instituto *m* de segunda enseñanza

hohl [ho:l] hueco, vacío; *fig* huero

Höhle ['hø:lə] *f* (-; -n) caverna *f*, cueva *f*; gruta *f*; *anat* cavidad *f*; (*Tier*⚲) madriguera *f*, *größere*: guarida *f* (*a Räuber*⚲)

'**Hohl|maß** ['ho:l-] *n* medida *f* de capacidad; **~raum** *m* hueco *m*; **~weg** *m* desfiladero *m*, cañada *f*

Hohn [ho:n] *m* (-[e]s; *sin pl*) (*Spott*) escarnio *m*, sarcasmo *m*; (*Verachtung*) desdén *m*; **j-m zum ~** a despecho de alg

höhnisch ['hø:niʃ] irónico, sarcástico

Holdinggesellschaft ['hɔ:ldiŋ-] *f* (sociedad *f*) holding *m*

holen ['ho:lən] (ge-, h) ir a buscar, ir (a) por; *Arzt*: llamar; **~ lassen** mandar buscar, mandar (a) por; *Krankheit*: **sich** (*dat*) **~** pescar

Holländ|er ['hɔləndər] *m* (-s; -), **~erin** *f* (-; -nen), ⚲**isch** holandés *m*, -esa *f*

'**Hölle** ['hœlə] *f* (-; -n) infierno *m* (*a fig*); **~nlärm** *m* ruido *m* infernal

höllisch ['-liʃ] infernal; **~ aufpassen** andar con muchísimo cuidado

Hollywoodschaukel ['hɔlivud-] *f* balancín *m*

holp(e)rig ['hɔlp(ə)riç] áspero, desigual, fragoso

Holunder [ho'lundər] *m* (-s; -) saúco *m*

Holz [hɔlts] *n* (-es; **~er**) madera *f*; (*Brenn*⚲) leña *f*

hölzern ['hœltsərn] de madera; *fig* torpe

'**Holz|fäller** ['hɔltsfɛlər] *m* (-s; -) leñador *m*; ⚲**ig** leñoso; **~industrie** *f* industria *f* maderera; **~kohle** *f* carbón *m* vegetal;

Holzschnitt

~**schnitt** m grabado m en madera; ~**schnitzer** m tallista m; ~**schuh** m zueco m; ~**weg** ['-ve:k] m: *auf dem ~ sn* estar equivocado; ~**wolle** f virutas f/pl
Homöo'path [homøo'pɑ:t] m (-en; -en) homeópata m; ⚲**isch** homeopático
homosexuell [-mozɛksu'ɛl], ⚲**e** m (-n; -n) homosexual (m), invertido (m)
'**Honig** ['ho:niç] m (-s; -e) miel f; ~**kuchen** m pan m de especias
Honor|ar [hono'rɑ:r] n (-s; -e) honorarios m/pl; ⚲'**ieren** (h) pagar, remunerar; *fig* apreciar
Hopfen ♀ ['hɔpfən] m (-s; *sin pl*) lúpulo m
hopsen ['hɔpsən] (ge-, sn) brincar
'**hör|bar** ['hø:r-] oíble, audible, perceptible; ⚲**brille** f gafas f/pl acústicas
horchen ['hɔrçən] (ge-, h) escuchar (*auf et ac* a/c)
'**hören** ['hø:rən] (ge-, h) oír; (*zu*~) escuchar; (*gehorchen*) obedecer; (*erfahren*) oír decir, enterarse; *auf j-n ~* hacer caso a alg; *hör mal!* ¡escucha!; ¡oye!; *von sich ~ lassen* dar noticias suyas; ⚲**sagen** n: *vom ~* de oídas
'**Hör|er** ['hø:rer] m (-s; -) *tel* auricular m; ~**er** m, ~**erin** f (-; -nen) oyente su; ~**funk** m radio f; ~**gerät** n audífono m
Horizont [hori'tsɔnt] m (-[e]s; -e) horizonte m (*a fig*); ⚲**al** [---'tɑ:l] horizontal
Hormon [hɔr'mo:n] n (-s; -e) hormona f
Horn [hɔrn] n (-[e]s; ⸚er) cuerno m, asta f; ♪ trompa f
Hörnchen ['hœrnçən] n (-s; -) (*Gebäck*) croissant m
Hornhaut ['hɔrnhaut] f callosidad f; *Auge*: córnea f
Hornisse [hɔr'nisə] f (-; -n) avispón m
Horoskop [horɔs'ko:p] n (-s; -e) horóscopo m
'**Hör|saal** ['hø:r-] m aula f; *großer*: paraninfo m; ~**spiel** n pieza f radiofónica
horten ['hɔrtən] (ge-, h) atesorar
Hörweite ['hø:r-] f: *in* (*außer*) ~ *al* (fuera del) alcance del oído
'**Hose** ['ho:zə] f (-; -n) pantalón m; ~**n-anzug** m traje m pantalón; ~**nrock** m falda f pantalón; ~**nschlitz** m bragueta f; ~**nträger** m/pl tirantes m/pl
Hostess [hɔs'tɛs] f (-; -en) azafata f de relaciones públicas
Hostie ['-tjə] f (-; -n) *rel* hostia f
Ho'tel [ho'tɛl] n hotel m; ~**gewerbe** n industria f hotelera; ~**halle** f vestíbulo m, hall m; ~**ier** [-təl'je:] m (-s; -s) hotelero m; ~**verzeichnis** n lista f de hoteles; ~**zimmer** n habitación f de hotel
Hubraum ['hu:p-] m cilindrada f, cubicaje m
hübsch [hypʃ] bonito, j: guapo
'**Hubschrauber** ['hu:pʃraubər] m (-s; -) helicóptero m; ~**landeplatz** m helipuerto m
'**huckepack** ['hukəpak] a cuestas; ⚲-**Verkehr** m transporte m combinado ferrocarril-carretera
Huf [hu:f] m (-[e]s; -e) uña f; (*Pferde*⚲) casco m; '~**eisen** n herradura f; '~**schmied** m herrador m
'**Hüft|e** ['hyftə] f (-; -n) cadera f; ~**gelenk** n articulación f de la cadera; ~**gürtel** m, ~**halter** m faja f
'**Hügel** ['hy:gəl] m (-s; -) colina f, cerro m; ⚲**ig** accidentado
Huhn ['hu:n] n (-[e]s; ⸚er) gallina f
Hühnchen ['hy:nçən] n (-s; -) pollo m; *mit j-m ein ~ zu rupfen haben* tener una cuenta pendiente con alg
'**Hühner|auge** ⚑ ['-nərʔaugə] n callo m; ~**brühe** f caldo m de gallina; ~**ei** n huevo m de gallina; ~**farm** f granja f avícola; ~**stall** m gallinero m
Hülle ['hylə] f (-; -n) envoltura f; (*Schutz*⚲) funda f; (*Umschlag*) cubierta f; *in ~ und Fülle* en abundancia
Hülse ['hylzə] f ♀ vaina f; (*Schale*) cáscara f; ~**nfrüchte** f/pl legumbres f/pl secas
human [hu'mɑ:n] humano; ~**itär** [-mani'tɛ:r] humanitario
Hummel ['-əl] f (-; -n) *zo* abejorro m
Hummer ['-ər] m (-s; -) bogavante m
Hu'mor [hu'mo:r] m (-s; *sin pl*) humor m; humorismo m; ~**ist** [-mo'rist] m (-en; -en) humorista m; ⚲**istisch** [--'ristiʃ] humorístico; ⚲**los** sin humor; ⚲**voll** humorístico, lleno de humor
humpeln ['humpəln] (ge-, h *u* sn) cojear
Hund [hunt] m (-[e]s; -e) perro m
'**Hunde|futter** ['hundə-] n alimento m *od* comida f para perros; ~**hütte** f perrera f; '⚲**müde** F hecho polvo
'**hundert** ['-dərt] cien(to); *zu* ⚲**en** a centenares; ~**fach**, ~**fältig** ['--fɛltiç] céntuplo; ⚲'**jahrfeier** f centenario m; ~**jährig** ['--jɛ:riç] centenario; ~**prozentig** ['--prɔtsɛntiç] cien por cien (*a fig*); ~**ste** centésimo
Hündin ['hyndin] f (-; -nen) perra f

Hundstage ['hunts-] *m/pl* canícula *f*
Hüne ['hy:nə] *m* (-n; -n) gigante *m*
'**Hunger** ['huŋər] *m* (-s; *sin pl*) hambre *f* (**nach** de); ~ **haben** tener hambre; ~**kur** *f* dieta *f* absoluta; ~**lohn** *m* sueldo *m* de hambre; **für e-n** ~ por una miseria; ℒ**n** (ge-, h) pasar hambre; (*fasten*) ayunar; ~**snot** *f* hambre *f*; ~**streik** *m* huelga *f* de hambre
hungrig ['-riç] hambriento; ~ **sein** tener hambre
'**Hupe** ['hu:pə] *f* (-; -n) bocina *f*, claxon *m*; ℒ**n** (ge-, h) tocar la bocina *od* el claxon
hüpfen ['hypfən] (ge-, sn) brincar dar brincos
Hupverbot ['hu:pfɛrbo:t] *n* prohibición *f* de señales acústicos
'**Hürde** ['hyrdə] *f* (-; -n) *dep* valla *f*; *fig* obstáculo *m*; ~**nlauf** *m* carrera *f* de vallas
Hure ['hu:rə] P *f* (-; -n) ramera *f*, P puta *f*
hur'ra! [hu'ra:] ¡hurra!; ℒ**ruf** *m* hurra *m*
hüsteln ['hy:stəln] (ge-, h) toser ligeramente
'**husten** ['hu:stən] **1.** *v/i* (ge-, h) toser; **2.** ℒ *m* (-s; -) tos *f*; ℒ**mittel** *n* pectoral *m*; ℒ**saft** *m* jarabe *m* pectoral

Hut¹ [hu:t] *m* (-[e]s; ⸚e) sombrero *m*; *fig* ~ **ab!** F ¡chapó!
Hut² *f*: **auf der** ~ **sn** estar sobre aviso
hüten ['hy:tən] (ge-, h) guardar, *sich vor et* ~ guardarse de a/c; F **ich werde mich** ~**!** ¡ni hablar!
Hut|geschäft ['hu:tgəʃɛft] *n*, ~**laden** *m* sombrerería *f*
Hütte ['hytə] *f* (-; -n) choza *f*, cabaña *f*; ⊙ planta *f* metalúrgica; (*Berg*ℒ) refugio *m*; ~**nwerk** *n* planta *f* metalúrgica
Hyäne [hy'ɛ:nə] *f* (-; -n) hiena *f*
Hyazinthe [-a'tsintə] *f* (-; -n) jacinto *m*
Hydrant [-'drant] *m* (-en; -en) boca *f* de riego
hydraulisch [-'drauliʃ] hidráulico
Hy'gien|e [-'gje:nə] *f* (-; *sin pl*) higiene *f*; ℒ**isch** higiénico
Hymne ['hymnə] *f* (-; -n) himno *m*
Hypno|se [hyp'no:zə] *f* (-; -n) hipnosis *f*; ℒ**ti'sieren** [-noti'zi:rən] (h) hipnotizar
Hypo'thek [-po'te:k] *f* (-; -en) hipoteca *f*; **mit e-r** ~ **belasten** hipotecar; ℒ**arisch** [--te'ka:riʃ] hipotecario; ~**enzinsen** *m/pl* intereses *m/pl* hipotecarios
Hyster|ie [hyste'ri:] *f* (-; *sin pl*) histerismo *m*; ℒ**isch** [-'te:riʃ] histérico

---

I

I, i [i:] *n* (-; -) I, i *f*; *i wo!* ¡qué va!
I'ber|er [i'be:rər] *m* (-s; -) íbero *m*; ℒ**isch** ibérico
ich [iç] yo; ~ **bin es** soy yo
ideal [ide'a:l], ℒ *n* (-[e]s; -e) ideal (*m*); ℒ**ismus** [--a'lismus] *m* (-; *sin pl*) idealismo *m*; ℒ**ist** [---'list] *m* idealista *m*
Idee [i'de:] *f* (-; -n) idea *f*; (*Einfall*) ocurrencia *f*
identi|fizieren [idɛntifi'tsi:rən] (h) identificar; ~**sch** [-'-tiʃ] idéntico (**mit** a); ℒ**tät** [---'tɛ:t] *f* (-; *sin pl*) identidad *f*
Ideolog|ie [ideolo'gi:] *f* (-; -en) ideología *f*; ℒ**isch** [---'lo:giʃ] ideológico
idiomatisch [idjo'ma:tiʃ] idiomático
Idiot [i'djo:t] *m* (-en; -en), ℒ**isch** idiota (*m*)

Idol [i'do:l] *n* (-[e]s; -e) ídolo *m*
I'dyll [i'dyl] *n* (-s; -e), ~**e** *f* (-; -n) idilio *m*; ℒ**isch** idílico
Igel ['i:gəl] *m* (-s; -) erizo *m*
ignorieren [igno'ri:rən] (h) *et*: no hacer caso de; *j-n*: fingir no conocer
ihm [i:m] a él; *tonlos*: le
ihn [i:n] a él; *tonlos*: le, lo
ihnen ['i:nən] **1.** a ellos (-as); *tonlos*: les; **2.** ℒ a usted(es); *tonlos*: le(s)
ihr [i:r] **1.** a ella; *tonlos*: le; **2.** *Nominativ pl von du*) vosotros (-as); **3.** *besitzanzeigend*: su, *pl* sus; ℒ(**e**) su(s); *der, die, das* ~**e** el suyo, la suya, lo suyo; '~**er** (*gen v sie*) *sg* de ella, *pl* de ellos (-as)
ihrerseits ['i:rərzaɪts], ℒ de *od* por su parte

---

9 *Wörterbuch Spanisch*

ihresgleichen ['iːrəsˈglaiçən] su(s) igual(es)

ihretwegen por (causa de) ella, ellos, ellas; ♀ por usted(es)

illegal ['ilegaːl] ilegal

illegitim ['--gitiːm] ilegítimo

illoyal ['iloaјaːl] desleal

Illusion [iluˈzjoːn] f (-; -en) ilusión f

Illustr|ation [ilustraˈtsjoːn] f (-; -en) ilustración f; ⁓'**ierte** [--'triːrtə] f (-n; -n) revista f (ilustrada)

im [im] = **in dem**

'**Image** ['imidʒ] n (-s; -s) imagen f (pública); ⁓**pflege** f cuidado m de la imagen

'**Imbiß** ['imbis] m (-sses; -sse) bocado m, colación f; ⁓**bude** f chiringuito m; ⁓**stube** f cafetería f, (snack-)bar m

Imitation [imitaˈtsjoːn] f (-; -en) imitación f

Imker ['imkər] m (-s; -) apicultor m

immer ['imər] siempre; *auf od für* ⁓ para siempre; ⁓ *besser* (*mehr; weniger*) cada vez mejor (más; menos); ⁓ *noch* todavía; ⁓'**hin** de todos modos; (*wenigstens*) al menos; ⁓'**zu** sin parar

Immo'bilien [imoˈbiːljən] pl bienes m/pl inmuebles; ⁓**makler** m agente m de la propiedad inmobiliaria

immun [iˈmuːn] inmune, inmunizado (*gegen* contra); ♀**ität** [imuniˈtɛːt] f (-; sin pl) inmunidad f

Imperialismus [-perjaˈlismus] m (-; sin pl) imperialismo m

'**impf|en** ['-pfən] (ge-, h) vacunar (*gegen* contra); ♀**paß** m (♀**schein** m) carnet m (certificado m) de vacunación; ♀**stoff** m vacuna f; ♀**ung** f (-; -en) vacunación f

impo'nieren [-poˈniːrən] (h) infundir respeto, imponer; ⁓**d** imponente

Im'port [-'pɔrt] m (-s; -e) importación f; ⁓**beschränkungen** f/pl restricciones f/pl a la importación; ⁓**eur** [--'tøːr] m (-s; -e) importador m; ♀'**ieren** (h) importar

imposant [-poˈzant] imponente

impotent ['--tɛnt] impotente

imprägnieren [-prɛːgˈniːrən] (h) impermeabilizar

Impressionismus [-prɛsjoˈnismus] m (-; sin pl) impresionismo m

improvisieren [improviˈziːrən] (h) improvisar

Impuls [-'puls] m (-es; -e) impulso m

imstande [-'ʃtandə]: ⁓ *sn zu* ser capaz de; estar en condiciones de

in [in]: **a)** *örtlich*: en; (*innerhalb*) dentro de; ⁓ *die Schule gehen* ir a la escuela; **b)** *zeitlich*: en; dentro de; ⁓ *der Nacht* durante la noche; *im Winter* en invierno; ⁓ *diesen Tagen* estos días

inbegriffen ['inbəgrifən] incluido, inclusive

in'dem mientras; ⁓ *er dies sagte* diciendo esto

Inder ['indər] m (-s; -), ⁓**in** f (-; -nen) indio m, -a f

Index ['indɛks] m (-es; -e, Indizes ['-ditseːs]) índice m

Indian|er [-'djaːnər] m (-s; -), ⁓**erin** f (-; -nen), ♀**isch** indio m, -a f

indirekt ['-dirɛkt] indirecto

indisch ['-diʃ] indio

indiskret ['-diskreːt] indiscreto

individuell [-dividuˈɛl] individual

industrialisieren [-dustrialiˈziːrən] (h) industrializar

Indu'strie [--'triː] f (-; -n) industria f; ⁓ *und Handelskammer* f Cámara f de Comercio e Industria; ⁓**gebiet** n región f industrial

Industri|ell [--striˈɛl], ♀**e** m (-n; -n) industrial (m)

Indu'striestaat [indusˈtriː-] m Estado m industrial(izado)

in-ein'ander uno(s) en (*od* dentro de) otro(s)

Infarkt [-'farkt] m (-[e]s; -e) infarto m

Infek'tion [-fɛkˈtsjoːn] f (-; -en) infección f; ⁓**skrankheit** f enfermedad f infecciosa

Infinitiv ['-finitiːf] m (-s; -e) infinitivo m

infizieren [--'tsiːrən] (h) infectar, contagiar

Infla'tion [-flaˈtsjoːn] f (-; -en) inflación f; ⁓**srate** f tasa f od índice m de inflación

infolge [-'fɔlgə] (*gen*) debido a, a consecuencia de; ⁓'**dessen** por consiguiente, por lo tanto

Infor'matik [-fɔrˈmaːtik] f (-; sin pl) informática f; ⁓**er** m (-s; -) informático m

Informa'tion [--maˈtsjoːn] f informe m, información f; ⁓**sbüro** n oficina f de información; ⁓**smaterial** n material m informativo; ⁓**sschalter** m ventanilla f de información

infor'mieren (h): (*sich*) ⁓ informar(se) (*über ac* de *od* sobre), enterar(se) (de)

'infra|rot ['-fraroːt] infrarrojo; ⚹**struktur** *f* infraestructura *f*
Ingenieur [-ʒenˈjøːr] *m* (-s; -e) ingeniero *m*
Ingwer ⚘ ['iŋvər] *m* (-s; *sin pl*) jengibre *m*
Inhaber ['inhɑːbər] *m* (-s; -), ⁓**in** *f* (-; -nen) titular *su*; *e-s Geschäfts usw*: propietario *m*, -a *f*, dueño *m*, -a *f*; ✝ *e-s Papiers*: portador(a *f*) *m*, tenedor(a *f*) *m*
inhalieren [-haˈliːrən] (h) inhalar
'Inhalt ['-halt] *m* (-[e]s; -e) contenido *m*; (*Raum*⚹) capacidad *f*, volumen *m*; (*Gesprächs*⚹) tema *m*; ⁓**sverzeichnis** *n* tabla *f* de materias, índice *m*
Initiative [initsjaˈtiːvə] *f* (-; -n) iniciativa *f* (**ergreifen** tomar)
Injektion [injɛkˈtsjoːn] *f* inyección *f*
inklu|siv|e [-kluˈziːvə] inclusive, incluido; ⚹**preis** [--ˈziːf-] *m* precio *m* global
inkonsequent ['-kɔnzekvɛnt] inconsecuente
'Inland ['-lant] *n* (-[e]s; *sin pl*) interior *m* (del país); ⁓**flug** *m* vuelo *m* nacional
inländisch ['-lɛndiʃ] nacional, del país; interior
'Inlands|geschäft ['inlants-] *n* transacción *f* en el mercado interior; ⁓**gespräch** *n* conferencia *f* nacional; ⁓**markt** *m* mercado *m* interior
inmitten [-ˈmitən] (*gen*) en medio de
'innen ['inən] dentro, en el-interior; *nach* ⁓ adentro; ⚹**architekt(in** *f*) *m* decorador(a *f*) *m* de interiores; ⚹**minister(ium** *n*) *m* ministro *m* (ministerio *m*) del Interior; ⚹**politik** *f* política *f* interior; ⚹**stadt** *f* centro *m* od casco *m* urbano
'inner ['inər] interior; *a* ⚥ interno; ⁓**betrieblich** interempresarial; ⚹**eien** [--ˈraiən] *f/pl* tripas *f/pl*; *Geflügel*: menudillos *m/pl*; ⚹**e** *n* (-n; *sin pl*) interior *m*; ⁓**halb** (*gen*) *örtlich*: dentro de; *zeitlich*: en; en el plazo de; ⁓**lich** interior, interno; *adv* por dentro
'in-offiziell no oficial; oficioso
Inquisition [inkviziˈtsjoːn] *f* (-; *sin pl*) inquisición *f*
ins [ins] = *in das*
'Insasse ['inzasə] *m* (-n; -n) ocupante *m*; *e-s Hauses*: inquilino *m*; ⁓**nversicherung** *f* seguro *m* de ocupantes
insbesondere [insbəˈzɔndərə] especialmente, particularmente, en particular

Inschrift ['inʃrift] *f* (-; -en) inscripción *f*
In'sekt [-ˈzɛkt] (-[e]s; -en) insecto *m*; ⁓**enmittel** *n* insecticida *m*; ⁓**enschutzmittel** *n* repelente *m*; ⁓**enstich** *m* picadura *f* de insecto
Insel ['-zəl] *f* (-; -n) isla *f*
Inser|at [-zəˈrɑːt] *n* (-[e]s; -e) anuncio *m*; ⚹**'ieren** (h) poner un anuncio
insgesamt [insɡəˈzamt] en total, en conjunto
insofern [-ˈzoːfɛrn] en eso; [-zoˈfɛrn] en tanto que
'insolven|t ['-zɔlvɛnt] insolvente; ⚹**z** ['--vɛnts] *f* (-; -en) insolvencia *f*
Inspekt|ion [-ʃpɛkˈtsjoːn] *f* (-; -en) inspección *f*; *auto* revisión *f*
Installateur [-stalaˈtøːr] *m* (-s; -e) instalador *m*; (*Wasser*) fontanero *m*
instand [-ˈʃtant]: ⁓ *halten* mantener, entretener; ⁓ *setzen* arreglar, reparar
inständig ['-ʃtɛndiç]: ⁓ *bitten* instar
Instantgetränk [inˈstant-] *n* bebida *f* instantánea
In'stanz 🜪 [-ˈstants] *f* (-; -en) instancia *f*; ⁓**enweg** *m* trámite *m*; *auf dem* ⁓ por vías de trámite
Instinkt [-ˈstiŋkt] *m* (-[e]s; -e) instinto *m*
Institut [-stiˈtuːt] *n* (-[e]s; -e) instituto *m*; ⁓**ion** [--tuˈtsjoːn] *f* (-; -en) institución *f*
Instru'ment [-struˈmɛnt] *n* (-[e]s; -e) instrumento *m*; ⁓**enbrett** *n* tablero *m* de mando *od* de instrumentos
Insulin [-zuˈliːn] *n* (-s; *sin pl*) insulina *f*
Inszenierung [-stseˈniːruŋ] *f* (-; -en) puesta *f* en escena
intellektuell [intɛlɛktuˈɛl] intelectual
intelligen|t [-liˈɡɛnt] inteligente; ⚹**z** [---ˈɡɛnts] *f* (-; *sin pl*) inteligencia *f*
Intendant [-tɛnˈdant] *m* (-en; -en) *teat*, *TV*, *Radio*: director *m*
inten'siv [--ˈziːf] intenso; ⚕ intensivo; ⚹**station** *f* unidad *f* de vigilancia intensiva
Inter'city [intərˈsiti] *m* (-[s]; -[s]) Intercity *m*; ⁓**Netz** *n* red *f* de trenes Intercity; ⁓**Zug** *m* tren *m* Intercity; ⁓**Zuschlag** *m* suplemento *m* de Intercity
interess|ant [-t(ə)rɛˈsant] interesante; ⚹**e** [-t(ə)ˈrɛsə] *n* (-s; -n) interés *m* (*für* por); ⚹**ent** [---ˈsɛnt] *m* (-en; -en) interesado *m*; ⁓**ieren** [---ˈsiːrən] (h): (*sich*) ⁓ interesar(se) (*für* por)
intern [-ˈtɛrn] interno; ⁓**ational** [-tərnatsjoˈnɑːl] internacional

Internist

Internist [--'nist] *m* (-en; -en) (médico *m*) internista *m*
Interrail-Karte [--'reɪl-] *f* tarjeta *f* Interrail
Inter|vention [--vɛn'tsjoːn] *f* (-; -en) intervención *f*; **~view** ['--vjuː] *n* (-s; -s) entrevista *f*, interviú *f*; **2'viewen** (h) entrevistar
intim [-'tiːm] íntimo
intolerant ['-tɔlərant] intolerante
intransitiv ['-tranziːtiːf] intransitivo
Intrig|e [-'triːɡə] *f* (-; -n) intriga *f*; **2ieren** [-tri'ɡiːrən] (h) intrigar
Invalide [-va'liːdə] *m* (-n; -n) inválido *m*
Invasion [-va'zjoːn] *f* (-; -en) invasión *f*
Inven|tar [-vɛn'taːr] *n* (-s; -e) inventario *m*; **~tur** [--'tuːr] *f* (-; -en) inventario *m*; **~ machen** hacer el inventario
investieren [-vɛs'tiːrən] (h) invertir
Investi'tion [--ti'tsjoːn] *f* (-; -en) inversión *f*; **~sgüter** *n/pl* bienes *m/pl* de equipo; **~shilfe** *f* subvención *f* para inversiones; **~s-programm** *n* programa *m* de inversiones
inwie|'fern, ~'weit hasta qué punto; en qué medida
in'zwischen entretanto
irdisch ['irdiʃ] terrestre
Ire ['iːrə] *m* (-n; -n) irlandés *m*
'irgend ['irɡənt]: **~ etwas** algo; **~ jemand** alguien; **~ein** algún; **~einer** alguno; alguien; **'~wann** algún día; **'~welche** algunos; **'~wie** de cualquier modo; **~wo** en alguna parte
'Ir|in ['iːrin] *f* (-; -nen) irlandesa *f*; **2isch** irlandés
Iron|ie [iro'niː] *f* (-; *sin pl*) ironía *f*; **2isch** [i'roːniʃ] irónico
'irr|(e) ['ir(ə)] ✱ enajenado, demente, *a fig* loco; **2e** *m/f* (-n; -n) loco *m*, -a *f*; **~eführen** (*sep*, -ge-, h) engañar, desorientar; **~en** (ge-, sn) errar (*a herum~*); (h) (*a sich*) **~** estar equivocado, equivocarse; **2en-anstalt** *f* manicomio *m*
irrig ['iriç] equivocado, erróneo
'Irr|licht *n* fuego *m* fatuo; **~sinn** *m* (-[e]s; *sin pl*) demencia *f*, locura *f*; **~tum** *m* (-s; -̈er) error *m*, equivocación *f*; **im ~ sn** estar equivocado; **2tümlich** ['-tyːmliç] erróneo; *adv* por equivocación
Ischias ✱ ['iʃjas] *m od f* (-; *sin pl*) ciática *f*
Islam ['islam, -'laːm] *m* (-; *sin pl*) islam(ismo) *m*
Isländ|er ['iːslɛndər] *m* (-s; -), **~erin** *f* (-; -nen), **2isch** islandés *m*, -esa *f*
Iso'lier|band [izo'liːr-] *n* (-[e]s; -̈er) cinta *f* aislante; **2en** (h) aislar; *Gefangene*: *a* incomunicar; **~ung** (-; -en) *f* aislamiento *m*
Israeli [isra'eːli] *m* (-; -s), **2isch** israelí (*m*)
Italien|er [ital'jeːnər] *m* (-s; -), **~erin** *f* (-; -nen), **2isch** italiano *m*, -a *f*

J

J, j [jɔt] *n* (-; -) J, j *f*
ja [jaː] *adv* sí; **~ doch** (claro) que sí; **~ sagen** decir que sí; **~ sogar** incluso; **wenn ~** si es así; **da ist er ~!** ¡ahí viene!
Jacht [jaxt] *f* (-; -en) yate *m*; **'~klub** *m* club *m* náutico
'Jacke ['jakə] *f* (-; -n) chaqueta *f*, *Am* saco *m*; **~nkleid** *n* traje *m* de chaqueta
Jackett [ʒa'kɛt] *n* (-s; -s) chaqueta *f*, americana *f*, *Am* saco *m*
Jagd [jaːkt] *f* (-; -en) caza *f*; **auf die ~ gehen** ir de caza; **'~flugzeug** *n* (avión *m* de) caza *m*; **'~hund** *m* perro *m* de caza; **'~revier** *n* coto *m*; **'~schein** *m* licencia *f* de caza
jagen ['jaːɡən] (ge-, h) cazar; *fig* (sn) correr (**nach** tras); (*eilen*) correr a toda velocidad
Jäger ['jɛːɡər] *m* (-s; -) cazador *m*; ✱ caza *m*
Jahr [jaːr] *n* (-[e]s; -e) año *m*; **voriges** *od* **letztes ~** el año pasado; **nächstes ~** el año que viene; **nach ~en** después de muchos años; **vor zwei ~en** hace dos años; **'~buch** *n* anuario *m*; **2elang** durante muchos años

'**Jahres|-abonnement** n abono m bzw suscripción f anual; **~abschluß** m balance m anual; **~ausgleich** m reajuste m anual de impuestos; **~bericht** m informe m anual; **~bilanz** f balance m anual; **~einkommen** n renta f anual; **~hauptversammlung** f junta f general ordinaria; **~tag** m aniversario m; **~umsatz** m cifra f anual de ventas; **~zahl** f año m; **~zeit** f estación f (del año)

'**Jahr|gang** m (-s; ⁴e) año m; *Universität*: promoción f; *Wein*: cosecha f; **~'hundert** n (-s; -e) siglo m; **~'hundertwende** f fin m de siglo

jährlich ['jɛːrlɪç] anual; *adv* al año

Jahr|markt ['jɑːrmarkt] m feria f; '**~tausend** n (-s; -e) milenio m; **~'tausendwende** f fin m de milenio; **~'zehnt** [-'tseːnt] n (-[e]s; -e) década f, decenio m

jähzornig ['jɛːtsɔrnɪç] irascible

Jalousie [ʒaluˈziː] f (-; -n) celosía f, persiana f

Jammer ['jamər] m (-s; *sin pl*) (*Elend*) miseria f; **es ist ein ~** es una lástima

jämmerlich ['jɛmərlɪç] lastimoso, lamentable; (*elend*) miserable

jammern ['jamərn] (ge-, h) quejarse, lamentarse (*über ac* de)

Januar ['januaːr] m (-[s]; -e) enero m

Japan|er [-ˈpɑːnər] m (-s; -), **~erin** f (-; -nen), **2isch** japonés m, -esa f

jäten ['jɛːtən] (ge-, h) escardar

Jauche ['jauxə] f (-; -n) estiércol m líquido

jauchzen ['-tsən] (ge-, h) lanzar gritos de júbilo

jawohl [jaˈvoːl] sí, ciertamente

Jazz [dʒɛs] m (-; *sin pl*) jazz m; '**~band** f conjunto m de jazz

je [jeː] (*jemals*) nunca, jamás; (*pro*) cada uno; **~ zwei** de dos en dos; (*von jedem*) dos de cada uno; **~ Person** por persona; **~ ... desto ...** cuanto más ... (tanto) más ...; **~ nach** según; **~ nachdem, ob** según que

Jeans [dʒiːns] pl tejanos m/pl, (pantalones m/pl) vaqueros m/pl

jede|nfalls ['jeːdənˈfals] en todo caso, de todas maneras; '**~r**, '**~**, '**~s** *adj* cada; *substantivisch*: cada uno; (*irgendein*) cualquier(a); '**~rmann** todo el mundo; '**~rzeit** en todo momento; a cualquier hora; '**~smal** cada vez (**wenn** que)

jeˈdoch sin embargo, no obstante

Jeep [dʒiːp] m (-s; -s) jeep m

jeher ['jeːheːr]: **von ~** (desde) siempre

jemals ['-maːls] jamás; (*schon einmal*) alguna vez

jemand ['-mant] alguien, alguno; *verneint*: nadie, ninguno

jene|r ['-nər], **~**, **~s** aquél, aquélla, aquello (*adj ohne Akzent*)

'**jenseit|ig** ['jɛnzaɪtɪç] del otro lado; opuesto; **~s** (*gen*) al otro lado de; más allá de

Jesuˈit [jezuˈiːt] m (-en; -en) jesuita m; **~en-orden** m Compañía f de Jesús

Jesus ['jeːzus] m (Jesu; *sin pl*) Jesús m; **~ Christus** m Jesucristo m

Jet [dʒɛt] m (-[s]; -s) jet m; **~set** ['-sɛt] m (-s; *sin pl*) jet f

jetzig ['jɛtsɪç] actual

jetzt [jɛtst] ahora, actualmente; **bis ~** hasta la fecha; **eben ~** ahora mismo; **von ~ an** (de ahora) en adelante

'**jeweil|ig** ['jeːvaɪlɪç] respectivo, correspondiente; **~s** respectivamente

Job [dʒɔp] F m (-s; -s) trabajo m; empleo m (provisional); **2ben** ['dʒɔbən] F (ge-, h) trabajar, F currar; **~ber** ['-bər] m (-s; -) F currante m; **~sharing** ['dʒɔpʃɛːrɪŋ] n (-[s]; *sin pl*) trabajo m compartido; '**~vermittlung** f agencia f de colocación

Jockei ['dʒɔki] m (-s; -s) jockey m

Jod [joːt] n (-[e]s; *sin pl*) yodo m

Joga ['-ga] n od m (-[s]; *sin pl*) yoga m

Jogging ['dʒɔgɪŋ] n (-s; *sin pl*) footing m

Joghurt ['joːgurt] m od n (-[-e]s; *sin pl*) yogur(t) m

Joˈhannis|beere ['joˈhanɪsbeːrə] f grosella f; **~käfer** m luciérnaga f

johlen ['joːlən] (ge-, h) dar voces, chillar

Joint [dʒɔɪnt] m (-s; -s) F porro m; **~venture** ['-vɛntʃər] n (-[s]; -[s]) joint-venture f

Journaˈlist [ʒurnaˈlɪst] m (-en; -en), **~in** f (-; -nen) periodista su

'**Jubel** ['juːbəl] m (-s; *sin pl*) (gritos m/pl de) alegría f; **2n** (ge-, h) dar gritos de alegría

Jubiˈläum [jubiˈlɛːum] n (-s; -läen) aniversario m

'**juck|en** ['jukən] (ge-, h) picar; escocer; **2reiz** m picor m

Jude ['juːdə] m (-n; -n) judío m

'**Jüd|in** ['jyːdɪn] f (-; -nen) judía f; **2isch** judío; *Religion*: judaico

'**Jugend** ['juːgənt] f (-; *sin pl*) juventud f;

~arbeitslosigkeit f paro m juvenil; 2frei Film: apto para menores; ~herberge f albergue m juvenil; ~kriminalität f delincuencia f juvenil; 2lich juvenil; ~liche m/f (-n; -n) menor su; adolescente su; ~stil m (-s; sin pl) modernismo m; ~zentrum n centro m juvenil

Jugoslaw|e [jugo'slɑːvə] m (-n; -n), ~in f (-; -nen), 2isch yugoslavo m, -a f

Juli ['juːli] m (-[s]; -s) julio m

Jumbo-Jet ['jumbo-] m Jumbo m

jung [juŋ] joven; Aktie, Wein: nuevo; ~er Mann (~es Mädchen) joven m (f)

Junge ['juŋə]: **a)** m (-n; -n) muchacho m, chico m; kleiner ~ chiquillo m; **b)** n (-n; -n) cría f; Hund, Raubtiere: cachorro m; ~ werfen od bekommen parir

Jünger ['jyŋər] **1.** m (-s; -) discípulo m; **2.** 2 (Komparativ v jung) más joven; Bruder usw: menor

'**Jung|frau** f virgen f; astr Virgo m; ~geselle m soltero m; ~gesellin f (-; -nen) soltera f

Jüngling ['jyŋliŋ] m (-s; -e) adolescente m, joven m

jüngst [jyŋst] adj (Superlativ v jung) el (la) más joven; Bruder usw: menor; zeitlich: reciente, último; **das ~e Gericht** el juicio final

Jungunternehmer ['juŋʔ-] m joven empresario m

Juni ['juːni] m (-[s]; -s) junio m

'**junior** ['juːniɔr] hijo, a dep junior; 2chef m hijo m del jefe

Jura ['juːra] ⚖ pl: ~ studieren estudiar derecho

Ju'rist [ju'rist] m (-en; -en), ~in f (-; -nen) jurista su; 2isch jurídico

Jury ['ʒyːri] f (-; -s) jurado m

Justitiar [justi'tsjaːr] m (-s; -e) síndico m, asesor m jurídico

Ju'stiz [-'tiːts] f (-; sin pl) justicia f; ~minister(ium) m) m ministro m (ministerio m) de Justicia

Juwel [ju'veːl] n (-s; -en) joya f (a fig); ~ier [-və'liːr] m (-s; -e) joyero m

Jux F [juks] m (-es; -e) broma f; **aus ~** de (en, por) broma, F de cachondeo

K

K, k [kɑː] n (-; -) K, k f

Kabarett [kaba'rɛt] n (-s; -s, -e) cabaret m (literario)

'**Kabel** ['kɑːbəl] n (-s; -) cable m; ~anschluß m cableado m; ~fernsehen n televisión f por cable

Kabeljau ['--jaʊ] m (-s; -s, -e) bacalao m (fresco)

Kabine [ka'biːnə] f (-; -n) cabina f; ⚓ camarote m

Kabinett [-bi'nɛt] n (-s; -e) gabinete m (a pol)

Kabrio ['kɑːbrio] n (-s; -s), ~lett [kabrio'lɛt] n (-s; -s) descapotable m

Kachel ['kaxəl] f (-; -n) azulejo m; (Boden2) baldosa f

Käfer ['kɛːfər] m (-s; -) escarabajo m

'**Kaffee** ['kafeː, ka'feː] m (-s; -e) café m; **schwarzer ~** café m solo; **~ mit Milch** cortado m; ~fahrt f etwa: excursión f publicitaria; ~kanne f cafetera f; ~maschine f cafetera f eléctrica; ~mühle f molinillo m de café; ~tasse f taza f de café

Käfig ['kɛːfiç] m (-s; -e) jaula f

kahl [kɑːl] calvo; (geschoren) pelado; ♣ deshojado; Wand usw: desnudo

Kahn [kɑːn] m (-[e]s; ~e) bote m, barca f

Kai [kaɪ] m (-s; -s) muelle m

'**Kaiser** ['-zər] m (-s; -) emperador m; ~in f (-; -nen) emperatriz f; 2lich imperial; ~reich n imperio m; ~schnitt ✂ m (operación f) cesárea f

Ka'jüt|boot [ka'jyːt-] m barco m con camarote(s); ~e f (-; -n) camarote m

Kakao [-'kɑːo] m (-s; -s) cacao m; (Getränk) chocolate m

'**Kaktus** ['kaktus] m (-; Kakteen [-'teːən]) cacto m, cactus m; ~feige f higo m chumbo

Kalb [kalp] *n* (-[e]s; ⇌er) ternero *m*; '⇌**fleisch** *n* ternera *f*; '⇌**sbraten** *m* asado *m* de ternera; ⇌**shachse** ['-haksə] *f* (-; -n) pierna *f* de ternera

Ka'lender [ka'lɛndər] *m* (-s; -) calendario *m*; (*Termin*⇌) agenda *f*; ⇌**jahr** *n* año *m* civil

Kaliber [ka'li:bər] *n* (-s; -) calibre *m* (*a fig*)

Kalif [ka'li:f] *m* (-en; -en) califa *m*

Kalium ['kɑ:ljum] *n* (-s; *sin pl*) potasio *m*

Kalk [kalk] *m* (-[e]s, -e) cal *f*; '⇌**stein** *m* (piedra *f*) caliza *f*

Kalkul|ation [-kula'tsjo:n] *f* (-; -en) cálculo *m*; ⇌**ieren** [--'li:rən] (h) calcular

kalt [kalt] frío (*a fig*); *es ist* ⇌ hace frío; *mir ist* ⇌ tengo frío; ⇌ *werden* enfriarse; ⇌*e Küche* platos *m/pl* fríos; ⇌**blütig** ['-bly:tiç] *adv* a sangre fría

'**Kälte** ['kɛltə] *f* (-; *sin pl*) frío *m*; *fig* frialdad *f*; *zehn Grad* ⇌ diez grados bajo cero; ⇌**periode** *f* periodo *m* de frío; ⇌**welle** *f* ola *f* de frío

'**Kalt|front** ['kaltfrɔnt] *f* frente *m* frío; ⇌**miete** *f* alquiler *m* neto

Kalzium ['kaltsjum] *n* (-s; *sin pl*) calcio *m*

Kamel [ka'me:l] *n* (-[e]s; -e) camello *m*; F *fig* burro *m*

Kamera ['-mərɑ] *f* (-; -s) cámara *f*

Kame'rad [--'rɑ:t] *m* (-en; -en), ⇌**in** [--'-din] *f* (-; -nen) camarada *su*, compañero *m*, -a *f*; ⇌**schaft** *f* (-; -en) compañerismo *m*

Kameramann ['--raman] *m* (-[e]s; ⇌er, -leute) operador *m*, cámara *m*

Ka'mille ❦ [-'milə] *f* (-; -n) manzanilla *f*; ⇌**ntee** *m* (infusión *f* de) manzanilla *f*

Kamin [-'mi:n] *m* (-s; -e) chimenea *f*

Kamm [kam] *m* (-[e]s; ⇌e) peine *m*; (*Zier*⇌) peineta *f*; (*zo, Gebirgs*⇌) cresta *f*

kämmen ['kɛmən] (ge-, h) peinar

'**Kammer** ['kamər] *f* (-; -n) cuarto *m*; *pol,* ✪ cámara *f*; ⚔ sala *f*; ⇌**musik** *f* música *f* de cámara

Kammgarn ['-garn] *n* estambre *m*

Kampf [kampf] *m* (-[e]s; ⇌e) lucha *f* (*a fig*); combate *m*; *dep* encuentro *m*

'**kämpfe|n** ['kɛmpfən] (ge-, h) combatir; *a fig* luchar (*um* por); (*sich schlagen*) pelear; ⇌**r** *m* (-s; -) combatiente *m*; *a fig* luchador *m*

'**Kampf|richter** ['kampf-] *m* árbitro *m*; ⇌**stier** *m* toro *m* de lidia; ⇌-**unfähig** fuera de combate

kampieren [kam'pi:rən] (h) acampar

Kanad|ier [ka'nɑ:djər] *m* (-s; -), ⇌**ierin** *f* (-; -nen), ⇌**isch** canadiense *su*

Kanal [-'nɑ:l] *m* (-[e]s; ⇌e) *a TV* canal *m*; (*Bewässerungs*⇌) acequia *f*; (*Abfluß*⇌) alcantarilla *f*; ⇌**isation** [-naliza'tsjo:n] *f* (-; -en) canalización *f*; ⇌**i'sieren** (h) canalizar

Kanarienvogel [-'nɑ:rjən-] *m* canario *m*

Kandid|at [-di'dɑ:t] *m* (-en; -en), ⇌**atin** *f* (-; -nen) candidato *m*, -a *f*; ⇌**atur** [--da'tu:r] *f* (-; -en) candidatura *f*; ⇌**ieren** [--'di:rən] (h) presentar su candidatura (*für* a, para)

kandieren [-'di:rən] (h) escarchar, garapiñar

Kandiszucker ['kandis-] *m* azúcar *m* cande

Känguruh ['kɛŋguru:] *n* (-s; -s) canguro *m*

Kaninchen [ka'ni:nçən] *n* (-s; -) conejo *m*

Kanister [-'nistər] *m* (-s; -) lata *f*, bidón *m*

Kanne ['kanə] *f* jarro *m*; jarra *f*

Kanon ['kɑ:nɔn] *m* (-s; -s) canon *m*

Ka'none [ka'no:nə] *f* (-; -n) cañón *m*; F *fig* as *m*; ⇌**nschuß** *m* cañonazo *m*

Kantate ♪ [kan'tɑ:tə] *f* (-; -n) cantata *f*

'**Kant|e** ['-tə] *f* (-; -n) canto *m*; (*Rand*) borde *m*; ⇌**ig** anguloso (*a Gesicht*)

Kantine [-'ti:nə] *f* (-; -n) (*Betriebs*⇌) comedor *m* colectivo

Kanton [-'tɔ:n] *m* (-s; -e) cantón *m*

Kanu ['kɑ:nu, ka'nu:] *n* (-s; -s) canoa *f*, piragua *f*; ⇌**fahrer(in** *f*) *m* piragüista *su*

Kanüle ✒ [ka'ny:lə] *f* (-; -n) cánula *f*

Kanzel ['kantsəl] *f* (-; -n) púlpito *m*

Kanz|lei [kants'laɪ] *f* (-; -en) *pol* cancillería *f*; (*Anwalts*⇌) bufete *m*; ⇌**ler** ['-lər] *m* (-s; -) canciller *m*

Kap [kap] *n* (-s; -s) cabo *m*

Kapazi'tät [kapatsi'tɛ:t] *f* (-; -en) capacidad *f*; *fig* autoridad *f*; ⇌**s-auslastung** *f* utilización *f* de la capacidad

Ka'pell|e [-'pɛlə] *f* (-; -n) capilla *f*; ♪ banda *f* (de música); conjunto *m* (musical); ⇌**meister** *m* director *m* de orquesta

Kaper ❦ ['kɑ:pər] *f* (-; -n) alcaparra *f*

kapern ['-pərn] (ge-, h) apresar, capturar

kapieren F [ka'pi:rən] (h) F caer

Kapi'tal [kapi'tɑ:l] *n* (-s; -ien) capital *m*; ⇌**anlage** *f* inversión *f* de capital; ⇌**aufwand** *m* aportación *f* de capital;

Kapitalerhöhung

~erhöhung f ampliación f de capital; **~ertrag(s)steuer** f) m (impuesto m sobre la) renta f del capital; **~flucht** f evasión f od fuga f de capitales; **~hilfe** f ayuda f en forma de capital; ℒi'**sieren** (h) capitalizar; **~ismus** [--ta'lismus] m (-; sin pl) capitalismo m; **~ist** [---'list] m (-en; -en), ℒ**istisch** [---'listiʃ] capitalista (m); **~markt** m mercado m de capitales

Kapitän [--'tɛ:n] m (-s; -e) capitán m (a dep); ✈ comandante m

Kapitel [-'-təl] n (-s; -) capítulo m

Kapitul|ation [--tula'tsjo:n] f (-; -en) capitulación f; ℒi'**ieren** (h) capitular

Kaplan [-'pla:n] m (-s; ⁀e) capellán m; coadjutor m

Kappe ['kapə] f (-; -n) gorra f; (Badeℒ) gorro m

Kapsel ['kapsəl] f (-; -n) cápsula f

ka'putt F [ka'put] roto; (müde) rendido, hecho polvo; **~gehen** (irr, sep, -ge-, sn, → gehen) romperse; **~machen** (sep, -ge-, h) estropear, romper

Kapuze [-'pu:tsə] f (-; -n) capucha f

Karaffe [-'rafe] f (-; -n) garrafa f

Karambolage [-rambo'la:ʒə] f (-; -n) choque m, colisión f

Karamel [-ra'mɛl] m (-s; sin pl) caramelo m

Karat [-'ra:t] n (-[e]s; -[e]) quilate m; **~e** [-'-tə] n (-; sin pl) karate m

Karawane [-ra'vɑ:nə] f (-; -n) caravana f (a fig)

Kardanwelle [kar'dɑ:n-] f árbol m cardán

Kardi'nal [-di'nɑ:l] m (-s; ⁀e) cardenal m; **~zahl** f número m cardinal

Karfreitag [kɑ:r'-] m Viernes m Santo

kariert [ka'ri:rt] cuadriculado; Stoff: a od de cuadros

Karies ['kɑ:ries] f (-; sin pl) caries f

Karikatur [karika'tu:r] f (-; -en) caricatura f

Karneval ['-nəval] m (-s; -e) carnaval m

Karo ['kɑ:ro] n (-s; -s) cuadro m; Kartenspiel: oros m/pl

Karosserie [karɔsə'ri:] f (-; -n) carrocería f

Karotte [-'rɔtə] f (-; -n) zanahoria f

Karpfen ['karpfən] m (-s; -) carpa f

'**Karre** ['karə] f (-; -n), **~n** m (-s; -) carro m; (Schubℒ) carretilla f

Karriere [kar'jɛ:rə] f (-; -n) carrera f

Karsamstag [kɑ:r'-] m Sábado m de Gloria

Karte ['kartə] f (-; -n) (Fahrℒ) billete m; Am boleto m; (Besuchsℒ, Postℒ) tarjeta f (a Fußball); (Spielℒ, Speiseℒ) carta f; (Landℒ, Straßenℒ) mapa m; (Eintrittsℒ) entrada f; **nach der ~ essen** comer a la carta; **~n spielen** jugar a las cartas

Kar'tei [-'tai] f (-; -en) fichero m; **~karte** f ficha f; **~kasten** m fichero m; **~leiche** f etwa: ficha f inútil

Kar'tell ✝ [-'tɛl] n (-s; -e) cártel m; **~gesetz** n ley f sobre cárteles

'**Karten|spiel** ['kartən-] n juego m de naipes od de cartas; (Karten) baraja f; **~telefon** n teléfono m de tarjeta; **~verkauf** m venta f de localidades; **~vorverkauf** m venta f anticipada de localidades

Kar'toffel [-'tɔfəl] f (-; -n) patata f, Am papa f; **~brei** m, **~püree** n puré m de patatas; **~chips** m/pl patatas f/pl fritas; **~salat** m ensalada f de patatas

Karton [-'tɔ̃] m (-s; -s) cartón m; (Schachtel) caja f de cartón; ℒ**iert** [-to'ni:rt] encartonado

Karussell [karu'sɛl] n (-s; -e, -s) tiovivo m, caballitos m/pl

Karwoche ['kɑ:r-] f Semana f Santa

'**Käse** ['kɛ:zə] m (-s; -) queso m; **~glocke** f quesera f; **~kuchen** m tarta f de queso

Kaserne [ka'zɛrnə] f (-; -n) cuartel m

Kasino [ka'zi:no] n (-s; -s) casino m

Kasperletheater ['kaspərlə-] n (teatro m de) guiñol m

Kasse ['kasə] f (-; -n) caja f; teat usw: taquilla f

'**Kassen|arzt** m médico m del seguro; **~bestand** m dinero m en caja; **~bon** m ticket m; **~patient(in** f) m paciente su del seguro; **~zettel** m ticket m

Kas'sette [ka'sɛtə] f fot chasis m; ♪, TV cassette su, casete su; Bücher: estuche m; **~nrecorder** [-'--re'kɔrdər] m (magnetófono m a) cassette m

kas'sier|en [-'si:rən] (h) ✝ cobrar; ℒ**er** m (-s; -), ℒ**erin** f (-; -nen) cajero m, -a f

Kastagnette [kastan'jɛtə] f (-; -n) castañuela f

Ka'stanie [-'tɑ:njə] f (-; -n) castaña f; **~nbaum** m castaño m

Kasten ['-tən] m (-s; ⁀) caja f

Ka'stil|ier [-'ti:ljər] m (-s; -), **~ierin** f (-; -nen), ℒ**isch** castellano m, -a f

Kat [kat] *m* (-s; -s) *auto* catalizador *m*
Katalan|e [kata'lɑ:nə] *m* (-n; -n), **~in** *f* (-; -nen), **♀isch** catalán *m*, -ana *f*
Kata'log [--'lo:k] *m* (-[e]s; -e) catálogo *m*; **~preis** *m* precio *m* de catálogo
Kataly'sator [--ly'zɑ:tər] *m* (-s; -toren [---za'to:rən]) catalizador *m*; **~auto** *n* coche *m* con catalizador
Katarrh [-'tar] *m* (-s; -e) catarro *m*
katastroph|al [-tastro'fɑ:l] catastrófico; **♀e** [--'stro:fə] *f* (-; -n) catástrofe *f*
Kategor|ie [-tego'ri:] *f* (-; -n) categoría *f*; **♀isch** [--'go:riʃ] categórico
Kater ['kɑ:tər] *m* (-s; -) gato *m*; F *fig* **e-n ~ haben** tener resaca
Kathedrale [-te'drɑ:lə] *f* (-; -n) catedral *f*
Kathol|ik [-to'li:k] *m* (-en; -en), **~ikin** *f* (-; -nen), **♀isch** [-'to:liʃ] católico *m*, -a *f*
Kätzchen ['kɛtsçən] *n* (-s; -) gatito *m*, minino *m*; ♀ amento *m*
Katze ['katsə] *f* (-; -n) gato *m*; (*Weibchen*) gata *f*
'Katzen|-auge ⊙ *n* catafoto *m*, ojo *m* de gato; **~sprung** *m*: *fig* **es ist nur ein ~ (von hier)** está a dos pasos de aquí
kauen ['kaʊən] (ge-, h) mascar, masticar
Kauf [kaʊf] *m* (-[e]s; ⋅⋅e) compra *f*; **'~anreiz** *m* incentivo *m* comercial; **'♀en** (ge-, h) comprar
Käufer ['kɔʏfər] *m* (-s; -), **~in** *f* (-; -nen) comprador(a *f*) *m*
'Kauf|frau ['kaʊf-] *f* comerciante *f*; **~haus** *n* grandes almacenes *m/pl*; **~kraft** *f* (-; *sin pl*) poder *m* adquisitivo
'Kauf|mann ['kaʊfman] *m* (-[e]s; -leute) comerciante *m*, negociante *m*; **♀männisch** ['-mɛniʃ] comercial, mercantil; **~preis** *m* precio *m* de compra; **~vertrag** *m* contrato *m* de compraventa
Kaugummi ['kaʊgumi] *m od n* (-s; -s) goma *f* de mascar, chicle *m*
kaum [kaʊm] apenas; **wohl ~!** no lo creo
Kautabak ['kaʊta:bak] *m* tabaco *m* de mascar
Kaution [-'tsjo:n] *f* (-; -en) fianza *f*, caución *f*
Kautschuk ['kaʊtʃuk] *m* (-s; -e) caucho *m*
Kaval|ier [kava'li:r] *m* (-s; -e) caballero *m*; **~lerie** [--lə'ri:] *f* (-; -n) caballería *f*
Kaviar ['kɑ:viar] *m* (-s; -e) caviar *m*
'Kegel ['ke:gəl] *m* (-s; -) ⚹ cono *m*; *Spiel*: bolo *m*; **~bahn** *f* bolera *f*; **♀n** (ge-, h) jugar a los bolos

'Kehl|e ['ke:lə] *f* (-; -n) garganta *f*; **~kopf** *m* laringe *f*
'kehr|en ['ke:rən] (ge-, h) (*fegen*) barrer; (*wenden*) volver; **j-m den Rücken ~** volver la espalda a alg (*a fig*); **♀reim** *m* estribillo *m*; **~seite** *f* revés *m*; *fig* **die ~ der Medaille** el reverso de la medalla
Keil ['kaɪl] *m* (-[e]s; -e) cuña *f*; **'~absatz** *m* tacón *m* cuña; **~e'rei** F *f* (-; -en) pelea *f*, camorra *f*; **~riemen** ⊙ *m* correa *f* trapezoidal
Keim [kaɪm] *m* (-[e]s; -e) germen *m* (*a fig*); **♀en** (ge-, h *u* sn) germinar (*a fig*); **'♀frei** esterilizado; *f* aséptico
kein [kaɪn] no + *Verb*; (no ...) ningún; **ich habe ~e Zeit** no tengo tiempo; **ich habe ~ Buch** no tengo ningún libro; **'~er** ninguno; **~erlei** ['-nərlaɪ] ningún; **'~esfalls** en ningún caso; **~eswegs** ['-nəs've:ks] de ninguna manera, de ningún modo; **'~mal** ni una sola vez, nunca
Keks [ke:ks] *m od n* (-[es]; -e) galleta *f*
Kelle ['kɛlə] *f* (-; -n) cucharón *m*
Keller ['-lər] *m* (-s; -) sótano *m*; **~ei** [--'raɪ] *f* (-; -en) bodega *f*
Kellner ['kɛlnər] *m* (-s; -), **~in** *f* (-; -nen) camarero *m*, -a *f*
keltisch ['-tiʃ] celta
'kenn|en ['kɛnən] (kannte, gekannt, h) conocer; (*wissen*) saber; **~enlernen** (*sep*, -ge-, h) (llegar a) conocer; **♀er** *m* (-s; -) conocedor *m*, entendido *m*; **♀tnis** ['-tnis] *f* (-; -se) conocimiento *m*; **zur ~ nehmen** tomar (buena) nota de; **♀zeichen** *n* característica *f*; *auto* matrícula *f*; **besondere ~** señas *f/pl* particulares; **~zeichnend** característico (**für** de); **♀ziffer** *f bei Inseraten usw*: referencia *f*
kentern ⚓ ['kɛntərn] (ge-, sn) zozobrar
Keramik [ke'rɑ:mik] *f* (-; -en) cerámica *f*
Kerbe ['kɛrbə] *f* (-; -n) muesca *f*
Kerl F [kɛrl] *m* (-s; -e) tío *m*, tipo *m*; *desp* individuo *m*, sujeto *m*
Kern [kɛrn] *m* (-[e]s; -e) (*Kirsch♀ usw*) hueso *m*; (*Apfel♀ usw*) pepita *f*; (*Zell♀, Atom♀*) núcleo *m* (*a fig*); *fig* esencia *f*; **'~energie** *f* energía *f* nuclear; **'~forschung** *f* investigación *f* nuclear; **'~fusion** *f* fusión *f* nuclear; **'♀gesund** rebosando salud; **~kraftgegner** *m/pl* antinucleares *m/pl*; **'~kraftwerk** *n* central *f* nuclear; **'~reaktor** *m* reactor *m* nuclear; **'~spaltung** *f* fisión *f* nuclear;

Kernwaffe 394

'~waffe f arma f nuclear; **'2waffenfrei** desnuclearizado

'Kerze ['kɛrtsə] f(-; -n) vela f; *rel* cirio m; (*Zünd2*) bujía f; **~nhalter** m candelero m

Kessel ['kɛsəl] m (-s; -) ⚙ caldera f; (*Koch2*) olla f, marmita f

'Kette ['kɛtə] f (-; -n) cadena f; (*Hals2*) collar m; **~nreaktion** f reacción f en cadena

Ketzer ['kɛtsər] m (-s; -) hereje m

'keuch|en ['kɔʏçən] (ge-, h) jadear; **2husten** ✱ m tos f ferina

Keule ['-lə] f (-; -n) maza f; *gastr* pierna f; (*Wild2*) pernil m

keusch [kɔʏʃ] casto

Kfz.|-Brief [kaʔɛfˈtsɛt-] m carta f de vehículo; **~Schein** m permiso m de circulación; **~Steuer** f impuesto m sobre los vehículos de motor; **~Werkstatt** f taller m de reparación de automóviles

'Kicher|erbse ['kiçərʔ-] f garbanzo m; **2n** (ge-, h) reírse a socapa

'Kiefer ['ki:fər] **1.** m (-s; -) *anat* mandíbula f, quijada f; **2.** ♀ f (-; -n) pino m; **~höhle** *anat* f seno m maxilar

Kiel [ki:l] m (-[e]s; -e) ⚓ quilla f; **'~wasser** ⚓ n (-s; -) estela f

Kieme ['ki:mə] f (-; -n) branquia f

Kies [ki:s] m (-es; -e) grava f; gravilla f; F (*Geld*) pasta f; **~el** ['ki:zəl] m (-s; -), **'~elstein** m guijarro m; canto m

Kilo ['ki:lo] n (-s; -[s]), **~'gramm** n kilo (-gramo) m; **~'meter** m kilómetro m; **~'meterzähler** m cuentakilómetros m; **~'watt** n kilovatio m; **~'wattstunde** f kilovatio-hora m

Kind [kint] n (-[e]s; -er) niño m; **m-e ~er** mis hijos

'Kinder|arzt ['-dərʔartst] m, **~ärztin** f pediatra *su;* **~betreuung** f cuidado m de los niños; **~fahrkarte** f billete m infantil; **~freibetrag** m deducción f (fiscal) por hijos; **~garten** m parvulario m, jardín m de infancia; **~gärtnerin** f maestra f de párvulos; **~geld** n subsidio m por hijos; **~heilkunde** f pediatría f; **~krankheit** f enfermedad f de la infancia; **~lähmung** ✱ f parálisis f infantil, poliomielitis f; **'2leicht** facilísimo; *das ist ~* es coser y cantar; **~mädchen** n niñera f; **2reich:** **~e Familie** familia f numerosa; **~spiel** n juego m de niños (*a fig*); **~spielplatz** m parque m infantil; **~wagen** m cochecito m de niño

'Kindes|alter ['-dəsʔaltər] n niñez f; **~entführung** f rapto m de menores

'Kind|heit ['kinthait] f (-; *sin pl*) niñez f, infancia f; **2isch** ['-diʃ] infantil, pueril; *im Alter:* chocho; **2lich** infantil, de niño; *fig* ingenuo; *Liebe:* filial

Kinn [kin] n (-[e]s; -e) barbilla f; **'~haken** m gancho m a la mandíbula

Kino ['ki:no] n (-s; -s) cine m

Kiosk [ki'ɔsk] m (-[e]s; -e) kiosko m, quiosco m

'Kipp|e ['kipə] f (-; -n) F (*Zigaretten2*) colilla f; *auf der ~ stehen fig* estar en el alero: **2en** (ge-) **1.** v/t (h) volcar; **2.** v/i (sn) perder el equilibrio

Kirche ['kirçə] f (-; -n) iglesia f

'Kirchen|musik f música f sacra; **~steuer** f impuesto m eclesiástico

'Kirch|hof m cementerio m; **2lich** eclesiástico; **~turm** m campanario m; **~weih** f (-; -en) fiesta f patronal

Kirmes ['kirməs] f kermes f, verbena f; (*Messe*) feria f

Kirsch [kirʃ] m (-[e]s; -) kirsch m; **'~e** f(-; n) cereza f; *oaure ~* guinda f, **'~wasser** n (-s; -·) kirsch m

'Kissen ['kisən] n (-s; -) almohada f; (*Sofa2*) cojín m; **~bezug** m funda f

Kiste ['kistə] f (-; -n) caja f

Kitsch [kitʃ] m (-[e]s; *sin pl*) cursilería f; **'2ig** cursi, de mal gusto

Kitt [kit] m (-[e]s; -e) masilla f

Kittchen F ['-çən] n (-s; -) chirona f; *ins ~ stecken* meter en chirona

Kittel ['-əl] m (-s; -) bata f

kitten ['-ən] (ge-, h) enmasillar; *fig* arreglar

'Kitz|el ['kitsəl] m (-s; *sin pl*) cosquilleo m, cosquillas f/pl; *a fig* comezón f; **2(e)lig** cosquilloso; *fig* peliagudo, delicado; **2eln** (ge-, h) cosquillear, hacer cosquillas

Kiwi ['ki:vi] f (-; -s) kiwi m

kläffen ['klɛfən] (ge-, h) dar ladridos agudos

'Klage ['klɑ:gə] f (-; -n) lamentación f; (*Beschwerde*) queja f; ⚖ querella f, demanda f, acción f, pleito m; **~ erheben gegen j-n** poner pleito a alg, presentar una demanda contra alg; **2n** (ge-, h) quejarse (*über ac* de); (*weh~*) lamentar-

se (*über ac* de); ⚔ poner pleito (*gegen* a, *wegen* por)
'**Kläger** ['klɛːgər] *m* (-s; -), **~in** *f* (-; -nen) ⚔ demandante *su*
kläglich ['klɛːklɪç] lastimero; lastimoso; *Rolle usw*: lamentable; triste
klamm [klam] **1.** *adj* (*feucht*) mojado; *vor Kälte*: rígido; **2.** ♀ *f* (-; -en) barranco *m*
'**Klammer** ['-mər] *f* (-; -n) grapa *f*; (*Wäsche*♀) pinza *f*; (*Büro*♀) clip *m*; *tip runde*: paréntesis *m*, *eckige*: corchete *m*; *in* **~n setzen** poner entre paréntesis; ♀n (ge-, h): **sich ~ an** (*ac*) agarrarse a
Klang [klaŋ] *m* (-[e]s; ⸚e) sonido *m*; *harmonischer*: son *m*; (*Stimme*) timbre *m*; '**~farbe** *f* timbre *m*; '♀**voll** sonoro
'**Klapp|bett** ['klap-] *n* cama *f* plegable; **~e** *f* (-; -n) (*Deckel*) tapa *f*; ⊙ *u anat* válvula *f*; F *halt die ~!* ¡cierra el pico!; ♀en (ge-, h) F *fig* ir *od* marchar bien; *das klappt prima* esto va que chuta
'**Klapper** ['-pər] *f* (-; -n) carraca *f*, matraca *f*; (*Kinder*♀) sonajero *m*; ♀n (ge-, h) tabletear; **~schlange** *f* serpiente *f* de cascabel
'**Klapp|messer** *n* navaja *f* de muelle; **~rad** *n* bicicleta *f* plegable; **~sitz** *m* asiento *m* plegable; **~stuhl** *m* silla *f* plegable
Klaps [klaps] *m* (-es; -e) palmadita *f*
klar [klaːr] claro (*a fig*); *Himmel*: despejado; *sich über et im* **~en sein** darse cuenta de a/c
'**Klär|anlage** ['klɛːrˀ-] *f* planta *f* depuradora; ♀en (ge-, h) clarificar; *fig* aclarar
Klarheit ['klaːrhaɪt] *f* (-; *sin pl*) claridad *f*
Klarinette ♪ [klari'nɛtə] *f* (-; -n) clarinete *m*
'**klar|machen** ['klaːr-] (*sep*, -ge-, h) aclarar, explicar; **~stellen** (*sep*, -ge-, h) poner en claro, puntualizar
Klärung ['klɛːruŋ] *f* (-; -en) clarificación *f*; *fig* aclaración *f*
Klasse ['klasə] *f* (-; -n) clase *f*; F **~!** ¡estupendo!
'**Klassi|k** ['-sik] *f* (-; *sin pl*) clasicismo *m*; **~ker** *m* (-s; -), ♀**sch** clásico (*m*)
Klatsch [klatʃ] *m* (-es; -e) chismes *m/pl*; '♀en (ge-, h): F *fig* (*schwatzen*) chismorrear; (*in die Hände*) **~** dar palmadas; (*Beifall*) **~** aplaudir; '♀'**naß** F hecho una sopa
'**Klaue** ['klaʊə] *f* (-; -n) uña *f*; *Raubtiere*, *Vögel*: garra *f*; *fig* mala letra *f*; ♀n (ge-, h) F soplar, birlar, mangar
Klausel ['-zəl] *f* (-; -n) cláusula *f*
Kla'vier [kla'viːr] *n* (-[e]s; -e) piano *m*; **~ spielen** tocar el piano; **~konzert** *n* (*Stück*) concierto *m* para piano; (*Veranstaltung*) recital *m* de piano; **~spieler(in** *f*) *m* pianista *su*
'**Kleb|eband** ['kleːbə-] *n* cinta *f* (auto)adhesiva; ♀en (ge-, h) **1.** *v/t* pegar; F *j-m e-e* **~** pegarle un tortazo a alg; **2.** *v/i* pegar, estar pegado (*an dat* a); ♀**rig** pegajoso; **~stoff** ['kleːpʃtɔf] *m* pegamento *m*, adhesivo *m*; **~streifen** *m* cinta *f* adhesiva
Klecks [klɛks] *m* (-es; -e) mancha *f*; (*Tinten*♀) borrón *m*
Klee [kleː] *m* (-s; *sin pl*) trébol *m*; '**~blatt** *n* hoja *f* de trébol
Kleid [klaɪt] *n* (-es; -er) vestido *m*, traje *m*
'**Kleider|ablage** ['klaɪdərˀ-] *f* guardarropa *m*; **~bügel** *m* percha *f*, colgador *m*; **~bürste** *f* cepillo *m* (para ropa); **~haken** *m* colgadero *m*; **~schrank** *m* ropero *m*, guardarropa *m*; **~ständer** *m* percha *f*, perchero *m*
'**Kleidung** ['-duŋ] *f* (-; *sin pl*) ropa *f*; vestidos *m/pl*; **~sstück** *n* prenda *f* de vestir
Kleie ['klaɪə] *f* (-; *sin pl*) salvado *m*
klein [klaɪn] pequeño; menudo; (*unbedeutend*) insignificante; *Wuchs*: bajo; *von* **~** *auf* desde niño; '♀-**anzeigen** *f/pl* anuncios *m/pl* por palabras; '♀**buchstabe** *m* minúscula *f*; '♀**bus** *m* microbús *m*; '♀**gedruckte** *n* (-n; *sin pl*) letra *f* menuda; '♀**geld** *n* (-[e]s; *sin pl*) calderilla *f*; (*dinero m*) suelto *m*; '♀**händler** *m* detallista *m*; '♀**igkeit** *f* (-; -en) menudencia *f*, bagatela *f*; '♀**kind** *n* niño *m* de corta edad; '**~laut** apocado; '**~lich** (*genau*) meticuloso; (*geizig*) mezquino; ♀**od** ['-ˀoːt] *n* (-[e]s; -e) joya *f* (*a fig*), alhaja *f*; '♀**stadt** *f* ciudad *f* pequeña; '**~städtisch** provinciano; '♀**wagen** *m* coche *m* pequeño
'**Klemme** ['klɛmə] *f* (-; -n) pinza *f*; ⚡ borne *m*; F *fig in der* **~** *sitzen* estar en un apuro; ♀n (ge-, h) *Tür usw*: encajar mal; *sich den Finger* **~** pillarse el dedo
Klempner ['klɛmpnər] *m* (-s; -) hojalatero *m*; (*Installateur*) fontanero *m*; lampista *m*
Klerus ['kleːrus] *m* (-; *sin pl*) clero *m*

Klette ['klɛtə] f (-; -n) lampazo m, bardana f

'**kletter|n** ['-tərn] (ge-, sn) trepar (**auf** ac a); **auf** e-e Mauer: escalar (ac); **⚥pflanze** ⚥ f planta f trepadora

Klient [kli'ɛnt] m (-en; -en), **~in** f (-; -nen) cliente su

'**Klima** ['kli:ma] n (-s; -s) clima m (a fig); **~anlage** f aire m acondicionado; **~katastrophe** f catástrofe f climática; **⚥tisch** [kli'mα:tiʃ] climático; **~veränderung** f cambio m climático

Klinge ['kliŋə] f (-; -n) hoja f, cuchilla f

'**Klingel** ['-əl] f (-; -n) campanilla f; (Tür⚥) timbre m; **~knopf** m botón m del timbre; **⚥n** (ge-, h) tocar el timbre; **an der Tür**: llamar; tel sonar

klingen ['-ən] (klang, geklungen, h) sonar

Klinik ['kli:nik] f (-; -en) clínica f

Klinke ['kliŋkə] f (-; -n) picaporte m

Klippe ['klipə] f (-; -n) peña f, roca f; ⚓ escollo m (a fig)

klirren ['klirən] (ge-, h) sonar; Gläser usw: tintinear; Fenster: vibrar

Kli'schee [kli'ʃe:] n (-s; -s) clisé m, cliché m (a fig); **~vorstellung** f idea f tipificada

Klo F [klo:] n (-s; -s) s Klosett

klopfen ['klɔpfən] (ge-, h) golpear; Herz: latir; Motor: picar; **an die Tür**: llamar; **es klopft** llaman

Klops [klɔps] m (-es; ⸚e) albóndiga f

Klo'sett [klo'zɛt] n (-s; -s) retrete m, excusado m; **~bürste** f escobilla f de retrete; **~papier** n papel m higiénico

Kloß [klo:s] m (-es; ⸚e) albóndiga f

Kloster ['klo:stər] n (-s; ⸚) convento m; monasterio m

Klotz [klɔts] m (-es; ⸚e) bloque m; (Hack⚥) tajo m; fig zoquete m

Klub [klup] m (-s; -s) club m, círculo m; '**~sessel** m sillón m

Kluft [kluft] f (-; ⸚e) abismo m (a fig)

klug [klu:k] inteligente; (vernünftig) sensato; (vorsichtig) prudente; **⚥heit** f (-; sin pl) inteligencia f; prudencia f; sensatez f

Klumpen ['klumpən] m (-s; -) (Erde) terrón m; gastr grumo m

knabbern ['knabərn] (ge-, h) mordisquear (**an** et dat a/c)

Knabe ['knα:bə] m (-n; -n) muchacho m

Knäckebrot ['knɛkəbro:t] n pan m crujiente

knacken ['knakən] (ge-, h) **1.** v/t cascar; Geldschrank: forzar; **2.** v/i crujir

Knall [knal] m (-[e]s; -e) estallido m; (Schuß) estampido m, detonación f; F fig **e-n ~ haben** estar chiflado; '**⚥en** (ge-, h) estallar; hacer detonación; **es knallt** se oye un disparo; '**⚥rot** rojo subido

knapp [knap] (eng) estrecho, justo, apretado; (dürftig) escaso; adv apenas; **mit ~er Not** a duras penas; **~ sn** escasear; **⚥heit** f (-; sin pl) escasez f; (Enge) estrechez f

knarren ['knarən] (ge-, h) Tür, Räder: chirriar, rechinar

Knast F [knast] m (-[e]s; -e, ⸚e) F chirona f

knattern ['knatərn] (ge-, h) crepitar; Motorrad: petardear

Knäuel ['knɔyəl] n od m (-s; -) ovillo m; v Menschen: aglomeración f

'**knautsch|en** ['knautʃən] (ge-, h) v/i arrugarse; **⚥zone** f auto zona f de absorción de impactos

Knebel ['kne:bəl] m (-s; -) (Mund⚥) mordaza f

'**kneif|en** ['knaifən] (kniff, gekniffen, h) **1.** v/t pellizcar; **2.** F v/i rajarse; **⚥zange** f alicates m/pl, tenazas f/pl

Kneipe ['-pə] f (-; -n) tasca f

kneten ['kne:tən] (ge-, h) amasar; Ton usw: modelar

Knick [knik] m (-[e]s; -e) codo m; (Falte) doblez m; '**⚥en** (ge-, h) doblar

Knie [kni:] n (-; - ['kni:ə]) rodilla f; ⚙ codo m; **auf ~n** de rodillas; **~beuge** ['-bɔygə] f (-; -n) flexión f de rodillas; **⚥n** ['kni:(ə)n] (ge-, h) estar de rodillas; (**sich ~**) arrodillarse; '**~scheibe** f rótula f; '**~strumpf** m media f corta od de sport

Kniff [knif] m (-[e]s; -e) (Falte) pliegue m; fig truco m

knipsen ['knipsən] (ge-, h) picar, perforar; fot hacer od sacar una foto

knirschen ['knirʃən] (ge-, h) crujir; **mit den Zähnen ~** rechinar los dientes

knistern ['knistərn] (ge-, h) crujir; Feuer: crepitar

'**knitter|frei** ['-tərfrai] inarrugable; **~n** (ge-, h) arrugarse

'**Knoblauch** ['kno:p, 'knɔp-] m (-[e]s; sin pl) ajo m; **~zehe** f diente m de ajo

Knöchel ['knœçəl] *m* (-s; -) (*Finger*&) nudillo *m*; (*Fuß*&) tobillo *m*
'**Knochen** ['knɔxən] *m* (-s; -) hueso *m*; ⁓**bruch** *m* fractura *f*
Knödel ['knøːdəl] *m* (-s; -) albóndiga *f*
Knolle ['knɔlə] *f* (-; -n) tubérculo *m*; (*Zwiebel*) bulbo *m*
Knopf [knɔpf] *m* (-[e]s; ⁀e) botón *m*; ⦿ *a* pulsador *m*; '⁓**loch** *n* ojal *m*
Knorpel ['knɔrpəl] *m* (-s; -) cartílago *m*
Knospe ['knɔspə] *f* (-; -n) botón *m*
'**knot|en** ['knoːtən] (ge-, h) anudar; ℒ**en** *m* (-s; -) nudo *m* (*a* ⚓ *u fig*); ℒ**enpunkt** 🚂 *m* empalme *m*, nudo *m* (ferroviario)
knüpfen ['knypfən] (ge-, h) anudar; (*binden*) atar; *Knoten*: hacer
Knüppel ['knypəl] *m* (-s; -) garrote *m*, palo *m*; (*Gummi*&) porra *f*
knurren ['knurən] (ge-, h) gruñir
knusprig ['knuspriç] crujiente
knutschen F ['knuːtʃən] (ge-, h) besuquear
k.o. [kaˈoː]: *j-n* ⁓ *schlagen* noquear a alg; F ⁓ *sn* F estar hecho polvo
Koali'tion [koaliˈtsjoːn] *f* (-; -en) coalición *f*; ⁓**sregierung** *f* gobierno *m* de coalición
Koch [kɔx] *m* (-[e]s; ⁀e) cocinero *m*; '⁓**buch** *n* libro *m* de cocina; 'ℒ**en** (ge-, h) **1.** *v/t* cocer; cocinar; guisar; *Tee usw*: preparar, hacer; **2.** *v/i* cocinar, guisar; *Wasser usw*: hervir; '⁓**er** *m* (-s; -) hornillo *m* (eléctrico); 'ℒ**fertig** listo para cocinar; '⁓**gelegenheit** *f* derecho *m* a cocina
Köchin ['kœçin] *f* (-; -nen) cocinera *f*
'**Koch|kunst** ['kɔxkunst] *f* arte *m* culinario; ⁓**löffel** *m* cucharón *m*; ⁓**nische** *f* rincón *m* cocina; ⁓**topf** *m* olla *f*, marmita *f*
Köder ['køːdər] *m* (-s; -) cebo *m*
Koffe'in [kɔfeˈiːn] *n* (-s; *sin pl*) cafeína *f*; ℒ**frei** descafeinado, sin cafeína
'**Koffer** ['kɔfər] *m* (-s; -) maleta *f*; ⁓**kuli** *m* (-s; -s) carrito *m* (para equipajes); ⁓**radio** *n* radio *f* portátil; ⁓**raum** *m* auto maletero *m*
Kognak ['kɔnjak] *m* (-s; -s) coñac *m*
Kohl [koːl] *m* (-[e]s; -e) col *f*, berza *f*
Kohle ['-lə] *f* (-; -n) carbón *m*
'**Kohlen|becken** *n* brasero *m*; ⁓**bergwerk** *n* mina *f* de carbón; ⁓**dioxid** [--ˈdiːɔksiːt] *n* dióxido *m* de carbono; ⁓**hydrat** ['--hydraːt] *n* (-[e]s; -e) hidrato *m* de carbono; ⁓(**mon**)**oxid** *n* (mon)óxido *m* de carbono; ⁓**säure** *f* ácido *m* carbónico; ⁓**stoff** 🝆 *m* carbono *m*; ⁓'**wasserstoff** *m* hidrocarburo *m*
'**Kohle|papier** *n* papel *m* carbón; ⁓**tablette** *f* comprimido *m* de carbón; ⁓**zeichnung** *f* dibujo *m* al carbón
'**Kohl|kopf** *m* repollo *m*; ⁓**rabi** [-ˈraːbi] *m* (-[s]; -[s]) colinabo *m*; ⁓**rübe** *f* naba *f*
Koka'in [kokaˈiːn] *n* (-s; *sin pl*) cocaína *f*; ℒ**süchtig**, ⁓**süchtige** *m/f* cocainómano *m*, -a *f*
kokettieren [kokɛˈtiːrən] (h) coquetear
Kokosnuß ['koːkɔs-] *f* coco *m*
Koks [koːks] *m* (-es; -e) coque *m*; (*sin pl*) F (*Kokain*) nieve *f*
Kolben ['kɔlbən] *m* (-s; -) (*Gewehr*&) culata *f*; ⦿ émbolo *m*, pistón *m*; 🌽 mazorca *f*
Kolik 🩺 [koːlik] *f* (-; -en) cólico *m*
Kollaps 🩺 ['kɔlaps] *m* (-es; -e) colapso *m*
Kolleg [-'leːk] *n* (-s; -s, -ien[-gjən]) curso *m*, clase *f*; ⁓**e** [-ˈgə] *m* (-n; -n), ⁓**in** *f* (-; -nen) colega *su*; ⁓**ium** [-ˈgjum] *n* (-s; -ien[-gjən]) colegio *m*; *v Lehrern*: claustro *m*, cuerpo *m* docente
Kollek|te [-ˈlɛktə] *f* (-; -n) cuestación *f*, colecta *f*; ⁓**tion** [--ˈtsjoːn] *f* (-; -en) colección *f* (-; -en); ℒ**tiv** [--ˈtiːf] colectivo; ⁓**tiv** *n* (-s; -e) colectividad *f*, grupo *m*
Kollision [kɔliˈzjoːn] *f* (-; -en) colisión *f*, choque *m*
Kölnischwasser [kœlniʃˈvasər] *n* (agua *f* de) colonia *f*
kolon|ial [koloˈnjaːl] colonial; ℒ**ie** [--ˈniː] *f* (-; -n) colonia *f*; ⁓**isieren** [--niˈziːrən] (h) colonizar; ℒ**ist** [--ˈnist] *m* (-en; -en) colono *m*
Kolonne [-ˈlɔnə] *f* (-; -n) columna *f*; (*Arbeits*&) brigada *f*; (*Auto*&) fila *f*, caravana *f*; (*Fahrzeug*&) convoy *m*
Koloß [-ˈlɔs] *m* (-sses; -sse) coloso *m*
Kolumbian|er [kolumˈbjaːnər] *m* (-s; -), ⁓**erin** *f* (-; -nen), ℒ**isch** colombiano *m*, -a *f*
Kombi ['kɔmbi] *m* (-s; -s) camioneta *f*; ⁓**nation** [--naˈtsjoːn] *f* (-; -en) combinación *f*; *Skisport*: combinada *f*; ℒ'**nieren** (h) combinar
Komet [koˈmeːt] *m* (-en; -en) cometa *m*
Komfort [kɔmˈfoːr] *m* (-s; *sin pl*) comodidades *f/pl*, confort *m*; ℒ**abel** [-fɔrˈtaːbəl] confortable, cómodo

'Kom|ik ['ko:mik] *f* (-; *sin pl*) comicidad *f*; **~iker** *m* (-s; -) cómico *m*; **♀isch** cómico; *fig* extraño, raro
Komitee [kɔmi'te:] *n* (-s; -s) comité *m*
Komma ['kɔma] *n* (-s; -s, -ata) coma *f*
Kommand|ant [kɔman'dant] *m* (-en; -en), **~eur** [--'dø:r] *m* (-s; -e) comandante *m*; **♀'ieren** (h) 1. *v/t* (co)mandar; 2. *v/i* tener el mando
Kommando [-'do] *n* (-s; -s) mando *m*; (*Abteilung*) comando *m*, destacamento *m*; (*Ruf*) voz *f* de mando
'kommen ['kɔmən] (kam, gekommen, sn) (*zum Sprechenden hin*) venir; (*vom Sprechenden weg*) ir; (*an~*) llegar; (*zurück~*) volver; **ich komme (schon)!** ¡(ya) voy!; **wie kommt es, daß ...?** ¿cómo es posible que ...?; **~ lassen** hacer venir; mandar por; **~ auf** (*ac*) *Anteil*: tocar a; (*sich entsinnen*) recordar *a/c*; (*kosten*) venir a costar; **~ durch** pasar por; **hinter et ~** descubrir *a/c*; **um et ~** perder *a/c*; **das kommt von ...** eso se debe a; **das kommt davon!** ahí lo ves; así aprenderás; (*wieder*) *zu sich ~* volver en sí; **~d** *zeitlich*: venidero, futuro; (*nächster*) que viene, próximo
Kommentar [-mɛn'tɑ:r] *m* (-s; -e) comentario *m*
Kommerz [-'mɛrts] *m* (-es; *sin pl*) comercio *m*; **♀ialisieren** [--tsjali'zi:rən] (h) comercializar; **♀iell** [-'tsjɛl] comercial
Kommiss|ar [-mi'sɑ:r] *m* (-s; -e) comisario *m*; **~ion** [--'sjo:n] *f* (-; -en) comisión *f*
Kommode [-'mo:də] *f* (-; -n) cómoda *f*
Kommun|alwahlen [-mu'nɑ:l-] *f/pl* elecciones *f/pl* municipales *od* comunales; **~e** [-'mu:nə] *f* (-; -n) comuna *f*
Kommuni|kation [-munika'tsjo:n] *f* (-; -en) comunicación *f*; **~on** [-mun'jo:n] *f* (-; -en) comunión *f*; **~smus** [-mu'nismus] *m* (-; *sin pl*) comunismo *m*; **~st** [--'nist] *m* (-en; -en), **~stin** *f* (-; -nen), **♀stisch** comunista *su*
Komödie [-'mø:djə] *f* (-; -n) comedia *f*
Kompa|gnon [kɔmpa'njõ] *m* (-s; -s) socio *m*; **~nie** [--'ni:] *f* (-; -n) compañía *f*
Komparativ *gram* ['--rati:f] *m* (-s; -e) comparativo *m*
Kompaß ['-pas] *m* (-sses; -sse) brújula *f*; ♃ compás *m*
kompatibel [-pa'ti:bəl] compatible
Kompensation [-pɛnza'tsjo:n] *f* (-; -en) *f* compensación *f*

kompe'ten|t [-pə'tɛnt] competente; **♀z** [--'tɛnts] *f* (-; -en) competencia *f*; **♀zbereich** *m* (ámbito *m* de) competencia *f*
komplett [-'plɛt] completo
Komplex [-'plɛks] *m* (-es; -e) complejo *m* (*a psíc*); conjunto *m*
Kompli|kation [-plika'tsjo:n] *f* (-; -en) complicación *f*; **~ment** [--'mɛnt] *n* (-[e]s; -e) cumplido *m*; **♀zieren** [--'tsi:rən] (h) complicar
kompo|nieren [-po'ni:rən] (h) componer; **♀nist** [--'nist] *m* (-en; -en), **♀nistin** *f* (-; -nen) compositor(a *f*) *m*
Kompott [-pɔt] *n* (-[e]s; -e) compota *f*
Kompresse ♣ [-'prɛsə] *f* (-; -n) compresa *f*
Kompro|miß [-pro'mis] *m* (-sses; -sse) compromiso *m*, arreglo *m*; **~mittieren** [--mi'ti:rən] (h) comprometer
Kondensmilch [kɔn'dɛns-] *f* leche *f* condensada
Kondition [-di'tsjo:n] *f* (-; -en) condición *f*; (*sin pl*) *dep a* forma *f* física
Konditorei [-dito'raɪ] *f* (-; -en) pastelería *f*
Kondom [-'do:m] *n* (-s; -e) condón *m*
Konfekt [-fɛkt] *n* (-[e]s; -e) bombones *m/pl*; confites *m/pl*
Konfektion [-'tsjo:n] *f* (-; *sin pl*) confección *f*; **~s... *in Zssgn*:** de confección
Konferenz [-fə'rɛnts] *f* (-; -en) conferencia *f*
Konfession [-fɛ'sjo:n] *f* (-; -en) confesión *f*; religión *f*
Konfitüre [-fi'ty:rə] *f* (-; -n) confitura *f*
Konflikt [-'flikt] *m* (-[e]s; -e) conflicto *m*
Kongreß [-'grɛs] *m* (-sses; -sse) congreso *m*
'König ['kø:niç] *m* (-s; -e) rey *m* (*a Schach u Karte*); **~in** ['--gin] *f* (-; -nen) reina *f*; **♀lich** ['-nikliç] real; **~reich** *n* reino *m*
Konju|gation [-kɔnjuga'tsjo:n] *f* (-; -en) conjugación *f*; **♀'gieren** (h) conjugar
Konjunkt|ion [-jʊŋk'tsjo:n] *f* (-; -en) conjunción *f*; **~iv** ['--ti:f] *m* (-s; -e) subjuntivo *m*; **~ur** [--'tu:r] *f* (-; -en) coyuntura *f*; **♀urell** [--tu'rɛl] coyuntural
konkret [-'kre:t] concreto
Konkur'r|ent [-ku'rɛnt] *m* (-en; -en) competidor *m*; **~enz** [--'rɛnts] *f* (-; *sin pl*) competencia *f*; (*pl* -en) (*Konkurrenten*) competidores *m/pl*; **♀enzfähig** capaz de competir, competitivo; **~enzkampf** *m* lucha *f* competitiva; **♀ieren**

[--'riːrən] (h) competir (*mit dat* con)
Kon'kurs [-'kurs] *m* (-es; -e) quiebra *f*; ~ **machen** quebrar; ~ **anmelden** declararse en quiebra; ~**masse** *f* masa *f od* activo *m* de la quiebra; ~**verwalter** *m* síndico *m* de la quiebra
können ['kœnən] **1.** (konnte, gekonnt, h) poder; (*gelernt haben*) saber; **Deutsch ~** saber alemán; *es kann sn, daß* puede ser *od* es posible que; *so gut ich kann* lo mejor que pueda; **2.** 2 *n* (-s; *sin pl*) capacidad *f*; habilidad *f*
konse'quen|t [kɔnzeˈkvɛnt] consecuente; **2z** [--'kvɛnts] *f* (-; -en) consecuencia *f*
konservat|iv ['-zɛrvaˈtiːf], **2ive** *m/f* conservador(a *f*) *m*; **2orium** [--'toːrjum] *n* (-s; -rien [rjən]) conservatorio *m*
Kon'ser|ve [-'-və] *f* (-; -n) conserva *f*; ~**venbüchse** *f*, ~**vendose** *f* lata *f* (de conservas); **2'vieren** (h) conservar; ~**'vierung** *f* (-; *raro* -en) conservación *f*; ~**'vierungsmittel** *n* conservante *m*
Konsonant [-zoˈnant] *m* (-en; -en) consonante *f*
konstant [-'stant] constante
konstru|ieren [-struˈiːrən] (h) construir; **2ktion** [-strukˈtsjoːn] *f* (-; -en) construcción *f*; ~**ktiv** [-'tiːf] constructivo
Konsul ['-zul] *m* (-s; -n) cónsul *m*; ~**at** [--'laːt] *n* (-[e]s; -e) consulado *m*
Kon'sum [-'zuːm] *m* (-s; *sin pl*) consumo *m*; ~**artikel** *m* artículo *m* de consumo; ~**ent** [-zuˈmɛnt] *m* (-en; -en), ~**entin** *f* (-; -nen) consumidor(a *f*) *m*; ~**genossenschaft** *f* cooperativa *f* de consumo; ~**güter** *n/pl* bienes *m/pl* de consumo
Kon'takt [-'takt] *m* (-[e]s; -e) contacto *m*; ~**linse** *f* lente *f* de contacto, lentilla *f*
Kontinent ['-tinɛnt] *m* (-[e]s; -e) continente *m*
'Konto ['-to] *n* (-s; -ten) cuenta *f*; ~**auszug** *m* extracto *m* de cuenta; ~**inhaber** *m* titular *m* de una cuenta; ~**nummer** *f* número *m* de la cuenta
Kontoristin *f* [-toˈristin] (-; -nen) oficinista *f*
Kontostand ['-toʃtant] *m* estado *m* de la cuenta
Kontrast [-'trast] *m* (-[e]s; -e) contraste *m*
Kon'troll|abschnitt [-'trɔlʔapʃnit] *m* talón *m* de control; ~**e** *f* (-; -n) control *m*; inspección *f*, revisión *f*; *Zoll*: registro *m*; ~**eur** [--'løːr] *m* (-s; -e) inspector

m; 🐾 revisor *m*; **2'ieren** (h) controlar, comprobar; revisar; ~**(l)ampe** *f* piloto *m*
Konvention [-vɛnˈtsjoːn] *f* (-; -en) convención *f*; ~**alstrafe** [--tsjoˈnaːl-] *f* sanción *f* contractual; **2ell** [---'nɛl] convencional
Konversati'on [-vɛrzaˈtsjoːn] *f* (-; -en) conversación *f*; ~**slexikon** *n* diccionario *m* enciclopédico
konver'tier|bar [--'tiːrbaːr] convertible; **2barkeit** *f* (-; *sin.pl*) convertibilidad *f*
Konzentr|ation [-tsɛntraˈtsjoːn] *f* (-; -en) concentración *f*; ~**ati'onslager** *n* campo *m* de concentración; **2ieren** [--'triːrən] (h) concentrar
Konzern [-'tsɛrn] *m* (-s; -e) consorcio *m*; grupo *m*
Konzert [-'tsɛrt] *n* (-[e]s; -e) concierto *m*; (*Solisten*2) recital *m*
Konzession [-tsɛˈsjoːn] *f* (-; -en) concesión *f* (*a fig*), licencia *f*
Konzil [-'tsiːl] *n* (-[e]s; -e) concilio *m*
Kooper|ation [koˈʔɔperaˈtsjoːn] *f* (-; *sin pl*) cooperación *f*; **2ativ** [----'tiːf] cooperativo; **2'ieren** (h) cooperar
Koordin|ation [-'ʔɔrdinaˈtsjoːn] *f* (-; -en) coordinación *f*; **2'ieren** (h) coordinar
Kopf [kɔpf] *m* (-[e]s; ⁓e) cabeza *f*; ~ **hoch!** ¡ánimo!; *fig den ~ verlieren* perder la cabeza; *sich et in den ~ setzen* meterse a/c en la cabeza; *von ~ bis Fuß* de pies a cabeza; '~**bahnhof** *m* estación *f* terminal; '~**ende** *n* cabecera *f*; '~**hörer** *m* auricular *m*; '~**kissen** *n* almohada *f*; '**2los** *fig* atolondrado; '~**rechnen** *n* cálculo *m* mental; ~**salat** *m* lechuga *f*; '~**schmerzen** *m/pl* dolor *m* de cabeza; '~**schmerztablette** *f* analgésico *m*; '~**sprung** *m* zambullida *f* de cabeza; '~**stütze** *f auto* reposacabezas *m*; '~**tuch** *n* pañuelo *m* (de cabeza); **2-'über** de cabeza; '~**zerbrechen** *n* (-s; *sin pl*) quebradero *m* de cabeza
Ko'pie [koˈpiː] *f* (-; -n) copia *f*; **2ren** (h) copiar (*a fig*); ~**rer** *m* (-s; -), ~**rgerät** *n* copiadora *f*
Kopilot ['koːpiloːt] *m* copiloto *m*
'Koppel ['kɔpəl] *f* (-; -n) (*Weide*) dehesa *f*; **2n** (ge-, h) *a* ⚙ *u* ⚡ acoplar
Koproduktion ['koː-] *f* coproducción *f*
Koralle [koˈralə] *f* (-; -n) coral *m*
Koran [koˈraːn] *m* (-s; *sin pl*) Corán *m*
Korb [kɔrp] *m* (-[e]s; ⁓e) (*Hand*2) cesta *f*;

Korbball 400

hoher: cesto *m*, canasto *m*; *flacher*: canasta *f*; *fig e-n* ~ *geben* dar calabazas; '~**ball** *m* (-s; *sin pl*) baloncesto *m*; '~**flasche** *f* bombona *f*, damajuana *f*; '~**möbel** *n/pl* ('~**sessel** *m*) muebles *m/pl* (sillón *m*) de mimbre

Kord [kɔrt] *m* (-[e]s; -e, -s) pana *f*; '~**hose** *f* pantalón *m* de pana

Kork [kɔrk] *m* (-[e]s; -e) corcho *m*; '~**en** *m* (-s; -) tapón *m* (de corcho), corcho *m*; ~**enzieher** ['--tsi:ər] *m* (-s; -) sacacorchos *m*

Korn [kɔrn] **a)** *n* (-[e]s; ⁻er) grano *m*; (*sin pl*) (*Getreide*) cereales *m/pl*, **b)** *m* (-[e]s; -) (*Schnaps*) aguardiente *m* de trigo; '~**blume** *f* aciano *m*

'**Körper** ['kœrpər] *m* (-s; -) cuerpo *m*; ~**bau** *m* (-[e]s; *sin pl*) constitución *f*; ⁻**behindert** minusválido, impedido; ~**größe** *f* estatura *f*, talla *f*; ⁻**lich** corporal, físico; ~**pflege** *f* higiene *f*, aseo *m* personal; ~**schaft** *f* (-; -en) corporación *f*; ~**schaftssteuer** *f* impuesto *m* de sociedades; ~**teil** *m* parte *f* del cuerpo

Korps [ko:r] (-; - [ko:rs]) cuerpo *m*

korrekt [kɔ'rɛkt] correcto

Korrek'tur [--'tu:r] *f* (-; -en) corrección *f*; ~**band** *n* (-[e]s; ⁻er) cinta *f* correctora; ~**fahne** *f* prueba *f*, galerada *f*

Korrespond|ent [-rɛspɔn'dɛnt] *m* (-en; -en), ~**entin** *f* (-; -nen) encargado *m*, -a *f* de la correspondencia; (*Zeitungs*⁻) corresponsal *su*; ~**enz** [---'dɛnts] *f* (-; -en) correspondencia *f*; ⁻'**ieren** (h) mantener correspondencia (*mit* con)

Korridor ['-rido:r] *m* (-s; -e) corredor *m*, pasillo *m*

korrigieren [--'gi:rən] (h) corregir

korrupt [-'rupt] corrupto; ⁻**ion** [--'tsjo:n] *f* (-; -en) corrupción *f*

Kors|e ['kɔrzə] *m* (-n; -n), ~**in** *f* (-; -nen), ⁻**isch** corso *m*, -a *f*

Korsett [-'zɛt] *n* (-[e]s; -s, -e) corsé *m*

Kos'met|ik [kɔs'me:tik] *f* (-; *sin pl*) cosmética *f*; ~**ikerin** *f* esteticista *f*; ~**ikkoffer** *m* neceser *m*; ~**iksalon** *m* salón *m* de belleza; ⁻**isch** cosmético

Kost [kɔst] *f* (-; *sin pl*) alimentación *f*; comida *f*, dieta *f*

'**kostbar** ['-ba:r] precioso; costoso; ⁻**keit** *f* (-; -en) preciosidad *f*

'**kosten** ['kɔstən] (ge-, h) **1.** *v/i* costar, valer; **2.** *v/t* gustar, probar; **3.** ⁻ *pl* gastos *m/pl*; coste *m*, costos *m/pl*; costas *f/pl*; *auf* ~ *von* a expensas (*od* costas) de; ⁻**dämpfung** *f* (-; -en) moderación *f od* contención *f* de los gastos; ~**deckend** que cubre los gastos; ⁻**erstattung** *f* devolución *f* de los gastos; ⁻**explosion** *f* explosión *f* de gastos; ⁻**faktor** *m* factor *m* coste; ~**günstig** económico; ~**los** gratuito; *adv* gratis; ~**pflichtig** ['--pfliçtiç] de pago (obligatorio); ⁻**vor-anschlag** *m* presupuesto *m*

köstlich ['kœstliç] delicioso, exquisito

'**Kost|probe** ['kɔst-] *f* degustación *f*; *fig* prueba *f*; ⁻**spielig** ['-ʃpi:liç] costoso

Kostüm [kɔs'ty:m] *n* (-s; -e) traje *m*; (*Damen*⁻) traje *m* de chaqueta; (*Masken*⁻) disfraz *m*

Kot [ko:t] *m* (-[e]s; *sin pl*) barro *m*, lodo *m*; (*Exkremente*) excrementos *m/pl*

Kote'lett [kot(ə)'lɛt] *n* (-s; -s) chuleta *f*, *Am* costeleta *f*; ~**en** *f/pl* (*Bart*) patillas *f/pl*

Kotflügel ['ko:t-] *m* guardabarros *m*

kotzen P ['kɔtsən] (ge-, h) vomitar, arrojar

Krabbe ['krabə] *f* (-; -n) camarón *m*; gamba *f*

Krach [krax] *m* (-[e]s; *sin pl*) ruido *m*, estrépito *m*; (*pl* ⁻e) (*Streit*) bronca *f*; ⁻**en** (ge-, h) dar estampidos, estallar

krächzen ['krɛçtsən] (ge-, h) graznar

Kraft [kraft] *f* (-; ⁻e) fuerza *f*; *a* ⚕ vigor *m*; *bsd* ⚙ potencia *f*; *a* ⚡ *u fig* energía *f*; *in* ~ *sn* (*treten, setzen*) estar (entrar, poner) en vigor; '~**brühe** *f* caldo *m*, consomé *m*; '~**fahrer(in** *f*) *m* automovilista *su*; '~**fahrzeug** *n* automóvil *m*; *s a Kfz-...*; '~**fahrzeugsteuer** *f* impuesto *m* sobre los vehículos de motor; '~**fahrzeugversicherung** *f* seguro *m* del automóvil

kräftig ['krɛftiç] fuerte, vigoroso; (*nahrhaft*) sustancioso

'**kraft|los** ['kraftlo:s] débil, flojo; ⁻**probe** *f* prueba *f* (de fuerza); ⁻**stoff** *m* carburante *m*; ⁻**wagen** *m* automóvil *m*, coche *m*; ⁻**werk** ⚡ *n* central *f* eléctrica

'**Kragen** ['krɑ:gən] *m* (-s; ⁻) cuello *m*; ~**weite** *f* medida *f* del cuello

'**Krähe** ['krɛ:ə] *f* (-; -n) corneja *f*; ⁻**n** (ge-, h) *Hahn*: cantar

Krake *zo* ['krɑ:kə] *m* (-n; -n) pulpo *m*

Kralle ['kralə] *f* (-; -n) uña *f*, garra *f*

Kram [krɑ:m] *m* (-[e]s; *sin pl*) trastos

Kriminalität

m/pl, chismes m/pl; '~laden m tenducho m
Krampf [krampf] m (-[e]s; ⇌e) espasmo m, calambre m; '~ader f variz f; '2haft convulsivo, espasmódico; adv fig por todos los medios
Kran [krɑːn] m (-[e]s; ⇌e) grúa f
krank [kraŋk] enfermo; ~ **werden** ponerse enfermo; **sich ~ melden** darse de baja (por enfermo); '2e m/f (-n; -n) enfermo m, -a f
kränken ['krɛŋkən] (ge-, h) ofender, herir
'Kranken|geld ['kraŋkən-] n subsidio m de enfermedad; **~haus** n hospital m; **ins ~ bringen** ingresar en un hospital; **~kasse** f caja f de enfermedad; **~pfleger(in** f) m enfermero m, -a f; **~schein** m volante m del seguro; **~schwester** f enfermera f; **~versicherung** f seguro m de enfermedad; **~wagen** m ambulancia f
'krank|haft morboso, enfermizo; patológico; 2heit f (-; -en) enfermedad f
kränklich ['krɛŋkliç] enfermizo
Kränkung ['krɛŋkuŋ] f (-; -en) ofensa f, agravio m
Kranz [krants] m (-es; ⇌e) corona f
Krapfen ['krapfən] m (-s; -) buñuelo m
Krater ['krɑːtər] m (-s; -) cráter m
Krätze ⚕ ['krɛtsə] f (-; sin pl) sarna f
'kratz|en ['kratsən] (ge-, h) rascar; (ritzen) arañar; (schaben) raspar; 2er m (-s; -) arañazo m, rasguño m; auf Möbeln: raya f
kraulen ['kraʊlən] (ge-, h) rascar suavemente; Schwimmen: nadar a crol
kraus [kraʊs] crespo, rizado
Kraut [kraʊt] n (-[e]s; ⇌er) hierba f; (sin pl) (Kohl) col f
Kräutertee ['krɔʏtər-] m infusión f de hierbas, tisana f
Krawall [kra'val] m (-[e]s; -e) tumulto m, alboroto m
Krawatte [-'vatə] f (-; -n) corbata f
Krebs [kreːps] m (-es; -e) cangrejo m; ⚕ cáncer m; astr Cáncer m; '2-erregend cancerígeno; '~geschwulst f tumor m canceroso
Kre'dit [kreˈdiːt] m (-[e]s; -e) crédito m; **auf ~** a crédito; **~hai** m tiburón m financiero; **~institut** n instituto m de crédito; **~karte** f tarjeta f de crédito; **~rahmen** m límites m/pl del crédito; 2**würdig** digno de crédito, solvente

Kreide ['kraɪdə] f (-; -n) tiza f
Kreis [kraɪs] m (-es; -e) círculo m; (Bezirk) distrito m
'Kreise|l ['-zəl] m (-s; -) peonza f; **2n** (ge-, sn) girar; Blut, Geld: circular; **'kreis|förmig** ['kraɪsfœrmiç] circular; 2**lauf(mittel** n) m (medicamento m para la) circulación f; 2**laufstörung** f trastorno m circulatorio; 2**verkehr** m sentido m de giro obligatorio
Krematorium [krema'toːrjum] n (-s; -ien [-rjən]) crematorio m
Krempe ['krɛmpə] f (-; -n) ala f
Kreol|e [kreˈoːlə] m (-n; -n), **~in** f (-; -nen) criollo m, -a f
krepieren [-'piːrən] (sn) Tier: reventar; P Mensch: P diñarla
Krepp [krɛp] m (-s; -s, -e) crespón m
Kresse ♀ ['krɛsə] f (-; -n) berro m
Kreuz [krɔʏts] n (-es; -e) cruz f (a fig); anat riñones m/pl; ♪ sostenido m; Kartenspiel: bastos m/pl; '~band ⌧ n: **unter ~** bajo faja; '2en (ge-, h): (sich) ~ cruzar(se) (a biol); '~er ⚓ m (-s; -) crucero m; '~fahrt ⚓ f crucero m; 2**förmig** ['-fœrmiç] cruciforme; '~gang m (-[e]s; ⇌e) claustro m; '~igung ['-iguŋ] f (-; -en) crucifixión f; '~otter f víbora f (común); '~ung f (-; -en) cruce m (a biol); '~worträtsel n crucigrama m
'kriech|en ['kriːçən] (kroch, gekrochen, sn) arrastrarse; deslizarse (**durch** por); Tier: reptar; desp adular (**vor** j-m a alg); **~erisch** rastrero, servil; 2**spur** f carril m para vehículos lentos; 2**tempo** n: **im ~** a paso de tortuga
Krieg [kriːk] m (-[e]s; -e) guerra f; **~ führen** hacer la guerra; 2**en** F ['-gən] (ge-, h) obtener, recibir; Krankheit: F pescar; 2**erisch** belicoso, guerrero; 2**führend** ['kriːkfyːrənt] beligerante
'Kriegs|beschädigte ['kriːksbəʃɛːdiçtə] m mutilado m de guerra; **~dienst** m servicio m militar; **~dienstverweigerer** m (-s; -) objetor m de conciencia; **~erklärung** f declaración f de guerra; **~gefangene** m prisionero m de guerra; **~schiff** n buque m de guerra; **~verbrecher** m criminal m de guerra
Krimi ['krimi] F m (-s; -s) novela f bzw película f policíaca
Krimi'nal|be-amte [--'nɑːlbəʔamtə] m agente m de la policía criminal; **~film** m película f policíaca; **~ität** [--naliˈtɛːt] f

Kriminalpolizei 402

(-; *sin pl*) delincuencia *f*, criminalidad *f*; ~**polizei** *f* brigada *f* de investigación criminal; ~**roman** *m* novela *f* policíaca
kriminell [--'nɛl] criminal
Krippe ['krɪpə] *f* (-; -n) pesebre *m*; (*Weihnachts*2) a belén *m*; (*Kinder*2) guardería *f* infantil
'**Krise** ['kri:zə] *f* (-; -n) crisis *f*; ~**nstab** *m* Estado *m* mayor de crisis
Kristall [krɪs'tal] *n* (-[e]s; *sin pl*) u *Mineralogie*: *m* (*pl* -e) cristal *m*
Kriti|k [kri'ti:k] *f* (-; -en) crítica *f*; (*Rezension*) reseña *f*; ~**ker** ['kri'tikər] *m* (-s; -), 2**sch** crítico (*m*); 2**sieren** [kriti'zi:rən] (h) criticar; reseñar
kritzeln ['krɪtsəln] (ge-, h) garrapatear
Kroat|e [kro'ɑ:tə] *m* (-n; -n), ~**in** *f* (-; -nen), 2**isch** croata *su*
Krokette [krɔ'kɛtə] *f* (-; -n) *gastr* croqueta *f*
Krokodil [-ko'di:l] *n* (-[e]s; -e) cocodrilo *m*
'**Kron|e** ['kro:nə] *f* (-; -n) corona *f*; (*Zahn*2) funda *f*; ~**leuchter** *m* araña *f*; ~**prinz** *m* príncipe *m* heredero
Krönung ['krø:nuŋ] *f* (-; -en) coronación *f* (*a fig*)
Kropf [krɔpf] *m* (-[e]s; ⸚e) buche *m*, papo *m*; ✱ bocio *m*
Kröte ['krø:tə] *f* (-; -n) sapo *m*
Krücke ['krʏkə] *f* (-; -n) muleta *f*
Krug [kru:k] *m* (-[e]s; ⸚e) jarra *f*, cántaro *m*; (*Wasser*2, *Kühl*2) botijo *m*
Krümel ['kry:məl] *m* (-s; -) miga(ja) *f*
krumm [krum] corvo; *Rücken*: encorvado; *Beine, Nase*: torcido; *fig* tortuoso
'**krümm|en** ['krymən] (ge-, h) encorvar; doblar; torcer; *sich vor Schmerzen* (*Lachen*) ~ retorcerse de dolor (risa); 2**ung** *f* (-; -en) (*Weg*2, *Fluß*2) recodo *m*
Kruste ['krustə] *f* (-; -n) costra *f* (*a* ✱); (*Brot*2) corteza *f*
Kruzifix [krutsi'fɪks] *n* (-es; -e) crucifijo *m*
Krypta ['krypta] *f* (-; -ten) cripta *f*
Kuban|er [ku'bɑ:nər] *m* (-s; -), ~**erin** *f* (-; -nen), 2**isch** cubano *m*, -a *f*
Kübel ['ky:bəl] *m* (-s; -) cubo *m*
Kubik... [ku'bi:k...]: *in Zssgn*: cúbico
Kubismus [ku'bɪsmus] *m* (-; *sin pl*) cubismo *m*
Küche ['kyçə] *f* (-; -n) cocina *f*
'**Kuchen** ['ku:xən] *m* (-s; -) pastel *m*; ~**form** *f* molde *m* (para pasteles)

'**Küchen|geschirr** ['kyçən-] *n* batería *f* de cocina; ~**herd** *m* cocina *f*; ~**kräuter** *n/pl* hierbas *f/pl* culinarias
'**Kuckuck** *zo* ['kukuk] *m* (-s; -e) cuclillo *m*, cuco *m*; ~**s-uhr** *f* reloj *m* de cucú
Kufe ['ku:fə] *f* (-; -n) (*Schlitten*2) patín *m*
'**Kugel** ['ku:gəl] *f* (-; -n) bola *f*; ⚛ esfera *f*; (*Geschoß*) bala *f*; *dep* peso *m*; 2**förmig** ['--fœrmɪç] esférico; ~**kopf(maschine** *f*) *m* (máquina *f* de escribir de) bola *f* portatipos; ~**lager** *n* rodamiento *m* de bolas; ~**schreiber** *m* bolígrafo *m*; ~**stoßen** *n dep* lanzamiento *m* de peso
Kuh [ku:] *f* (-; ⸚e) vaca *f*
kühl [ky:l] fresco; *fig* frío, reservado; ~(**er**) **werden** refrescar; '~**en** (ge-, h) enfriar; *a* ⚙ refrigerar; '2**er** *auto m* (-s; -) radiador *m*; '2**erhaube** *f* capó *m*; '2**flüssigkeit** *f* líquido *m* de refrigeración; '2**schrank** *m* nevera *f*, frigorífico *m*; '2**tasche** *f* nevera *f* portátil, bolsa *f* termo; '2**truhe** *f* congelador *m* (horizontal); 2**wasser** *n auto* agua *f* del radiador
kühn [ky:n] atrevido, osado
Küken ['ky:kən] *n* (-s; -) polluelo *m*
Kuli ['ku:li] *m* (-s; -s) culi *m*; (*Kugelschreiber*) F boli *m*
kulinarisch [kuli'nɑ:rɪʃ] culinario
Kul|tur [-'tu:r] *f* (-; *sin pl*) ✿ cultivo *m*; *fig* cultura *f*; (*pl* -en) *e-s Volkes*: civilización *f*; ~**abkommen** *n* acuerdo *m* cultural; ~**angebot** *n* oferta *f* cultural; ~**austausch** *m* intercambio *m* cultural; ~**beutel** *m* bolsa *f* de aseo; 2**ell** [-'tu'rɛl] cultural; ~**programm** *n* programa *m* cultural; ~**schock** *m* shock *m* cultural
Kultusminister(ium *n*) *m* ['kultus-] ministro *m*) (ministerio *m*) de Cultura
Kümmel ['kymǝl] *m* (-s; -) comino *m*
Kummer ['kumǝr] *m* (-s; *sin pl*) pena *f*
kümmern ['kymǝrn] (ge-, h) preocupar; *sich* ~ *um* ocuparse de
Kumpel ['kumpǝl] *m* (-s; -) ⛏ minero *m*; F compañero *m*
kündbar ['kyntbɑ:r] revocable; *Vertrag*: rescindible
'**Kunde** ['kundǝ] *m* (-n; -n) cliente *m*; ~**ndienst** *m* servicio *m* pos(t)venta; asistencia *f* técnica
Kundgebung ['kuntge:buŋ] *f* (-; -en) manifestación *f*
'**kündig|en** ['kyndigǝn] (ge-, h) *j-m*: des-

pedir (*ac*); *j*: despedirse; *Vertrag*: rescindir; ⁹ung *f* (-; -en) despido *m*; (*Vertrag*) rescisión *f*; ⁹ungsfrist *f* plazo *m* de denuncia; ⁹ungsschutz *m* protección *f* contra el despido
Kund|in ['kundin] *f* (-; -nen) clienta *f*; **~schaft** ['kuntʃaft] *f* (-; *sin pl*) clientela *f*
künftig ['kynftiç] venidero; futuro; *adv* de ahora en adelante
Kunst [kunst] *f* (-; ⸚e) arte *m* (*pl f*); *fig das ist keine ~* eso lo hace cualquiera; '**~akademie** *f* escuela *f* de Bellas Artes; '**~ausstellung** *f* exposición *f* de arte; '**~dünger** *m* abono *m* químico; '**~faser** *f* fibra *f* sintética; '⁹fertig hábil; '**~geschichte** *f* historia *f* del arte; '**~griff** *m* artificio *m*, truco *m*; '**~handwerk** *n* artesanía *f*; '**~leder** *n* cuero *m* artificial
'**Künstler** ['kynstlər] *m* (-s; -), **~in** *f* (-; -nen) artista *su*; ⁹isch artístico
künstlich ['-liç] artificial; ⊕ *a* sintético; (*unecht*) falso; *Gebiß*: postizo
'**Kunst|sammlung** ['kunst-] *f* colección *f* de arte; **~schätze** *m/pl* tesoros *m/pl* artísticos; *e-s Landes*: patrimonio *m* artístico; **~stoff** *m* plástico *m*; **~stück** *n* muestra *f* de habilidad; *das ist kein ~* así cualquiera; **~werk** *n* obra *f* de arte
'**Kupfer** ['kupfər] *n* (-s; *sin pl*) cobre *m*; **~stich** *m* grabado *m* (en cobre)
Kuppe ['kupə] *f* (-; -n) cima *f*, cumbre *f*; (*Finger*⁹) yema *f*
Kuppel ['-pəl] *f* (-; -n) cúpula *f*; **~ei** [--'lai] *f* (-; *sin pl*) ⚖ proxenetismo *m*
'**kupp|eln** (ge-, h) *auto* embragar; ⁹ung ['-luŋ] *f* (-; -en) ⊕ acoplamiento *m*; *auto* embrague *m*
Kur [ku:r] *f* (-; -en) cura *f*
Kür [ky:r] *f* (-; -n) *dep* ejercicios *m/pl* libres; *Eislauf*: figuras *f/pl* libres
'**Kur|aufenthalt** ['kur?-] *m* (estancia *f* con fines de) cura *f*; **~bad** *n* balneario *m*
'**Kurbel** ['kurbəl] *f* (-; -n) manivela *f*; **~welle** *f* cigüeñal *m*
Kürbis ['kyrbis] *m* (-ses; -se) calabaza *f*
'**Kur|gast** ['ku:r-] *m* bañista *m*; **~haus** *n* establecimiento *m* balneario; ⁹ieren [ku'ri:rən] (h) curar
'**Kurort** ['ku:r?ort] *m* estación *f* balnearia *bzw* termal; **~pfuscher** *m* curandero *m*, charlatán *m*

Kurs [kurs] *m* (-es; -e) ⚓, ✈ rumbo *m* (*a fig*); (*Lehrgang*) curso *m*, cursillo *m*; ✝ cambio *m*, cotización *f*; '**~abfall** *m* descenso *m* de las cotizaciones; '**~anstieg** *m* alza *f* de las cotizaciones; '**~buch** 🚂 *n* guía *f* de ferrocarriles
Kürschner ['kyrʃnər] *m* (-s; -) peletero *m*
'**Kurs|teilnehmer(in** *f*) *m* ['kurs-] cursillista *su*; **~wagen** 🚂 *m* coche *m* directo
Kurtaxe ['ku:rtaksə] *f* tasa *f* sobre los bañistas.
Kurve ['kurvə] *f* (-; -n) curva *f*
kurz [kurts] corto; *a zeitlich*: breve; *fig* sucinto, conciso; *~ und gut* en suma, en fin; *~ darauf* poco después; *nach ~er Zeit* al poco rato; *~ nach 7* a las siete y pico; (*bis*) *vor ~em* (hasta) hace poco; *zu ~ kommen* quedarse con las ganas; '⁹-**arbeit** *f* jornada *f* reducida; **~ärmelig** ['-?ɛrməliç] de manga corta
'**Kürze** ['kyrtsə] *f* (-; *sin pl*) brevedad *f*; *in ~* en breve, dentro de poco; ⁹n (ge-, h) acortar; (*mindern*) reducir; *Text*: abreviar
kurz|erhand ['kurtsər'hant] sin más ni más; **~fristig** ['-fristiç] a corto plazo; '⁹**geschichte** *f* relato *m* corto
kürzlich ['kyrtsliç] recientemente
'**Kurz|parkzone** ['kurts-] *f* zona *f* azul; **~schluß** ⚡ *m* cortocircuito *m*; **~schrift** *f* taquigrafía *f*; ⁹**sichtig** ['-ziçtiç] miope, corto de vista; ⁹-'**um** en una palabra
Kürzung ['kyrtsuŋ] *f* (-; -en) abreviación *f*; reducción *f*
'**Kurz|waren** ['kurts-] *f/pl* mercería *f*; ⁹**weilig** divertido; **~welle** *f* onda *f* corta
Kusine [-'zi:nə] *f* (-; -n) prima *f*
Kuß [kus] *m* (-sses; ⸚sse) beso *m*; '⁹-**echt** indeleble, a prueba de besos
küssen ['kysən] (ge-, h) besar
'**Küste** ['kystə] *f* (-; -n) costa *f*; (*Gebiet*) litoral *m*; **~ngewässer** *n/pl* aguas *f/pl* costaneras; **~nschiffahrt** *f* cabotaje *m*; **~nschutz** *m* protección *f* de las costas
Küster ['kystər] *m* (-s; -) sacristán *m*
'**Kutsch|e** ['kutʃə] *f* (-; -n) coche *m* (de caballos); **~er** *m* (-s; -) cochero *m*
Kutteln ['kutəln] *f/pl* callos *m/pl*
Kuvert [ku'vɛ:r] *n* (-s; -s) sobre *m*

L

L, l [ɛl] n (-; -) L, l f
labil [la'biːl] inestable
Labor [la'boːr] n (-s; -s, -e) laboratorio m; **~ant** [-bo'rant] m (-en; -en), **~antin** f (-; -nen) auxiliar *su* de laboratorio
Lache ['laːxə] f (-; -n) charco m
'lächeln ['lɛçəln] **1.** v/i (ge-, h) sonreír; **2.** 2 n (-s; *sin pl*) sonrisa f; **~d** sonriente
lachen ['laxən] **1.** v/i (ge-, h) reír(se) (*über ac* de); *laut* ~ soltar una carcajada; **2.** 2 n (-s; *sin pl*) risa f; *mir ist nicht zum* ~ no estoy para bromas
lächerlich ['lɛçərliç] ridículo; ~ *machen* poner en ridículo; *sich* ~ *machen* hacer el o quedar en ridículo
Lachs [laks] m (-es; -e) salmón m
Lack [lak] m (-[e]s; -e) laca f; barniz m; *auto* pintura f; 2**ieren** (h) barnizar; **'~leder** n charol m
'Lade|fläche ['laːdə-] f superficie f de carga; **~gerät** ⚡ n cargador m; **~gewicht** n peso m en carga; ⚓ tonelaje m
laden ['-dən] (lud, geladen, h) cargar (*a* ⚡ *u Waffe*)
'Laden m (-s; ⸚) tienda f; (*Fenster*2) contraventana f, persiana f; **~dieb** m ladrón m de tiendas; **~diebin** f F mechera f; **~diebstahl** m robo m en tiendas; **~preis** m precio m de venta al público; **~schluß** m (-sses; *sin pl*) cierre m de los comercios; **~schlußgesetz** n ley f (sobre el horario) de cierre de los comercios; **~schlußzeit** f (horario m de) cierre m de los comercios; **~tisch** m mostrador m
'Lade|raum ⚓ m bodega f; **~ung** f (-; -en) carga f (*a* ⚡); *bsd* ⚓ cargamento m; ⚖ citación f
Lage ['laːgə] f (-; -n) situación f; (*Stellung*) posición f; (*Zustand*) estado m; (*Standort*) sitio m; (*Schicht*) capa f; *in der* ~ *sn zu* estar en condiciones de
'Lager ['-gər] n (-s; -) *a pol* campo m; ✝ almacén m, depósito m; *auf* ~ *haben* ✝ tener en almacén; **~bestand** m existencias f/pl en almacén; **~feuer** n hoguera f; **~haltung(skosten** pl) f (gastos m/pl de) almacenaje m; **~haus** n almacén m; 2**n** (ge-, h) **1.** v/i acampar; ✝ estar almacenado; *Wein*: estar en bodega; **2.** v/t ✝ almacenar; **~raum** m depósito m; **~ung** f (-; *sin pl*) almacenamiento m, almacenaje m
Lagune [la'guːnə] f (-; -n) laguna f
lahm [laːm] cojo; *fig* flojo, débil
'lähm|en ['lɛːmən] (ge-, h) paralizar (*a fig*); 2**ung** f (-; -en) parálisis f; *fig* paralización f
Laib [laɪp] m (-[e]s; -e): ~ *Brot* pan m
Laie ['laɪə] m (-n; -n) *rel* laico m, lego m; *fig* profano m, lego m
Laken ['laːkən] n (-s; -) sábana f
Lakritze [la'kritsə] f (-; -n) regaliz m
lallen ['lalən] (ge-, h) balbucear
Lama ['laːma] n (-s; -s) *zo* llama f
Lamm [lam] n (-[e]s; ⸚er) cordero m
'Lampe ['lampə] f (-; -n) lámpara f; **~nfieber** n: ~ *haben* tener nervios; **~nschirm** m pantalla f
Lampion [-'pjõ] m (-s; -s) farolillo m
Land [lant] n (-[e]s; ⸚er) (*Fest*2) tierra f; (*Grundstück*) terreno m; (*Gegensatz Stadt*) campo m; *pol* país m; *auf dem* ~ en el campo; *an* ~ *gehen* desembarcar
'Land|ebahn ✈ ['landəbaːn] f pista f de aterrizaje; **~e-erlaubnis** f permiso m de aterrizaje; 2**en** (ge-, sn) ⚓ arribar, tomar puerto; *j*.: desembarcar; ✈ aterrizar, tomar tierra; **~enge** ['lantʔɛŋə] f istmo m; **~eplatz** ['-dəplats] m desembarcadero m
Länderspiel ['lɛndər-] n partido m internacional
'Landes|farben ['landəs-] f/pl colores m/pl nacionales; **~innere** n interior m (del país); **~sprache** f lengua f nacional; **~verrat** m alta traición f
'Land|gericht ['lant-] *n etwa*: audiencia f provincial; **~gut** n finca f, *Am* hacienda f; **~haus** n casa f de campo; **~karte** f mapa m; **~kreis** m distrito m
ländlich ['lɛntliç] rural, campesino
Landschaft ['lantʃaft] f (-; -en) paisaje m
Lands|mann ['lants-] m (-[e]s; -leute), **~männin** ['-mɛnin] f (-; -nen) compatriota *su*, paisano m, -a f
'Land|straße ['lant-] f carretera f; **~streicher** ['-ʃtraɪçər] m (-s; -) vagabundo m; **~streitkräfte** f/pl fuerzas f/pl terrestres; **~tag** m dieta f

'Landung ['landuŋ] f (-; -en) ⚓ arribada f; j-s: desembarco m; ✈ aterrizaje m; **~sbrücke** f desembarcadero m; **~ssteg** m pasarela f

'Land|weg ['lant-] m: *auf dem* ~ por vía terrestre; **~wein** m vino m del país; **~wirt** m agricultor m; **~wirtschaft** f agricultura f; **♀wirtschaftlich** agrícola

lang [laŋ] largo; *ein(en) Meter* ~ tener un metro de largo; *ein Jahr* ~ durante un año; **~ärmelig** ['-'ɛrməliç] de manga larga

lange ['laŋə] adv mucho tiempo; *wie* ~? ¿cuánto tiempo?; *seit* ~*m* desde hace mucho tiempo; ~ *brauchen* tardar mucho

Länge ['lɛŋə] f (-; -n) largo m; ⚕ fis, geo longitud f; (*Dauer*) duración f; *in die* ~ *ziehen* dar largas a

langen ['laŋən] (ge-, h) (*genügen*) bastar, ser suficiente; F *jetzt langt's mir aber!* ¡estoy harto!

Längengrad ['lɛŋəngrɑːt] m grado m de longitud

länger ['lɛŋər] más largo; *zeitlich*: más (tiempo)

Langeweile ['laŋəvaɪlə] f (-; *sin pl*) aburrimiento m; ~ *haben* aburrirse

'lang|fristig ['-fristiç] a largo plazo; **~jährig** de muchos años; **♀lauf** m esquí m de fondo; **♀laufski** m esquí m de fondo; **~lebig** ['-leːbiç] ⚕ duradero

länglich ['lɛŋliç] oblongo, alargado

längs [lɛŋs] (*gen od dat*) a lo largo de

'lang|sam ['laŋzaːm] lento; *adv* despacio; **♀samkeit** f (-; *sin pl*) lentitud f; **♀spielplatte** f (disco m) microsurco m, elepé m

längst [lɛŋst] desde hace mucho tiempo; ~ *nicht* ni con mucho

Languste [laŋ'gustə] f (-; -n) langosta f

'lang|weilen ['-vaɪlən] (ge-, h): (*sich*) ~ aburrir(se); **~weilig** ['-vaɪliç] aburrido, pesado; **♀welle** f ⚡ onda f larga; **~wierig** ['-viːriç] largo; *Krankheit*: lento

Lappen ['-pən] m (-s; -) trapo m

Lärche ♣ ['lɛrçə] f (-; -n) alerce m

Lärm [lɛrm] m (-[e]s; *sin pl*) ruido m; *v Menschen*: bullicio m, alboroto m, barullo m; **♀en** (ge-, h) hacer ruido; **♀end** ruidoso; **♀schutz** m protección f contra el ruido; **'~schutzwall** m pantalla f antirruidos

Laser ['leːzər] m (-s; -) láser m

lassen ['lasən] (ließ, gelassen, h) dejar; (*zu*~) permitir; (*unter*~) abstenerse de; (*veran*~) hacer, mandar; *laß uns gehen!* ¡vámonos!; *laß das sein!* ¡déjalo!; *sich ein Kleid machen* ~ hacerse un vestido

Last [last] f (-; -en) carga f (*a fig*); *fig* peso m; *j-m zur* ~ *fallen* ser una carga para alg; *zu* ~*en von* a cargo de; **'~auto** n camión m; **♀en** (ge-, h) pesar (*auf dat* sobre); **'~en-aufzug** m montacargas m; **'~er: a)** n (-s; -) vicio m; **b)** F m (-s; -) camión m

lasterhaft ['lastərhaft] vicioso

lästern ['lɛstərn] (ge-, h): ~ *über j-n* difamar a alg, hablar mal de alg

lästig ['lɛstiç] molesto; (*aufdringlich*) importuno

'Last|(kraft)wagen ['last-] m camión m; **~schrift** ♰ f adeudo m, cargo m (en cuenta); **~wagenfahrer** m camionero m; **~zug** m camión m con remolque

La'tein [la'taɪn] n (-s; *sin pl*) latín m; **♀-amerikanisch** latinoamericano; **♀isch** latino

Laterne [-'tɛrnə] f (-; -n) linterna f; (*Straßen♀*) farol m, farola f; **~npfahl** m poste m de farol

latschen ['lɑːtʃən] (ge-, sn) F arrastrar los pies

'Latte ['latə] f (-; -n) listón m (*a Hochsprung*); (*Zaun♀*) ripia f; **~nzaun** m empalizada f

Lätzchen ['lɛtsçən] n (-s; -) babero m

Latzhose ['lats-] f pantalón m de peto

lau [laʊ] tibio (*a fig*)

Laub [laʊp] n (-[e]s; *sin pl*) follaje m, hojas f/pl; **'~baum** m árbol m de hoja caduca *bzw* de fronda; **~e** ['-bə] f (-; -n) cenador m, glorieta f; **~frosch** ['laʊpfrɔʃ] m rana f verde

Lauch ♣ [laʊx] m (-s; -e) puerro m

lauern ['laʊərn] (ge-, h): ~ *auf* (*ac*) acechar (*ac*)

Lauf [laʊf] m (-[e]s; ~e) carrera f (*a dep*); (*Gewehr♀*) cañón m; (*Fluß♀*) curso m; (*sin pl*) (*Ver♀*) curso m; *im* ~*e der Zeit* con el tiempo; **'~bahn** f carrera f; **♀en** (lief, gelaufen, sn) correr (*a Wasser*); *Strecke*: recorrer; (*zu Fuß gehen*) andar, ir andando *od* a pie; *Maschine*: marchar; *Film*: proyectarse; **♀end** corriente; *auf dem* ~*en sn* (*halten*) estar (tener) al corriente, estar (poner) al tanto

Läufer ['lɔyfər] m dep corredor m; (*Teppich*) alfombra f de escalera bzw de pasillo; *Schach*: alfil m

Lauffeuer ['lauf-] n fig: *sich wie ein ~ verbreiten* difundirse como un reguero de pólvora

läufig ['lɔyfiç] zo en celo

'**Lauf|masche** ['lauf-] f carrera f; **~paß** m: *j-m den ~ geben* mandar a alg a paseo; **~schritt** m paso m de carrera; **~stall** m *für Kinder*: parque m; **~steg** m pasarela f; **~werk** n *inform* unidad f de disco; **~zeit** f plazo m de vencimiento

Lauge ['lauɡə] f (-; -n) lejía f; (*Wasch*2) colada f

'**Laun|e** ['lɔ-nə] f (-; -n) humor m; (*Grille*) capricho m; *gute* (*schlechte*) ~ *haben* estar de buen (mal) humor; 2**enhaft**, 2**isch** caprichoso, veleidoso

Laus [laus] f (-; ~e) piojo m; '**~bub** ['-bu:p] m (-s; -en) pilluelo m

lauschen ['lauʃən] (ge-, h) escuchar; *heimlich*: estar a la escucha

lausig ['lauziç] miserable; *Kälte*: que pela

laut [laut] **1.** *adj* alto; sonoro; (*lärmend*) ruidoso; *adv* en voz alta; **2.** *prp* (*gen*) según; **3.** 2 m (-[e]s; -e) sonido m; *keinen ~ von sich geben* F no decir ni pío; '2**e** ♪ f (-; -n) laúd m; '**~en** (ge-, h) *Text*: decir, rezar

läuten ['lɔytən] **1.** *v/i u v/t* (ge-, h) tocar; *Glocken*: repicar; (*klingeln*) llamar; **2.** 2 n (-s; *sin pl*) toque m de campanas

'**laut|los** ['laut-] silencioso; 2**schrift** f transcripción f fonética; 2**sprecher** m altavoz m, *Am* altoparlante m; 2**stärke** f intensidad f (de sonido); potencia f; *Radio*: volumen m

lauwarm ['lauvarm] templado

Lava ['la:va] f (-; Laven) lava f

Lavendel ♀ [la'vɛndəl] m (-s; -) espliego m, lavanda f

Lawine [-'vi:nə] f (-; -n) alud m, avalancha f (*beide a fig*)

Lazarett [latsa'rɛt] n (-[e]s; -e) hospital m militar

'**leben** ['le:bən] **1.** *v/i* vivir; existir; *~ Sie wohl!* ¡adiós!; *es lebe ...!* ¡viva ...!; **2.** 2 n (-s; -) vida f; existencia f; (*Geschäftigkeit*) animación f, movimiento m; *am ~ sn* estar con vida; *ums ~ kommen* perder la vida; *am ~ bleiben* quedar con vida; sobrevivir; *sich das ~ nehmen* suicidarse; *sein ~ lang* (durante) toda su vida; **~d** vivo

lebendig [le'bɛndiç] viviente; vivo (*a fig*); (*rege*) vivaz; 2**keit** f (-; *sin pl*) viveza f; vivacidad f

'**Lebens|-abend** ['le:bəns-] m vejez f; **~alter** n edad f; **~bedingungen** f/pl condiciones f/pl de vida; **~dauer** f (duración f de la) vida f; ⊙ duración f; **~erwartung** f esperanza f *od* expectativa f de vida; 2**fähig** viable; **~freude** f alegría f de vivir; **~gefahr** f peligro m de muerte; *unter ~* con riesgo de la vida; 2**gefährlich** muy peligroso; **~gefährte** m compañero m de vida; **~haltungskosten** pl coste m de la vida; 2**länglich** *Strafe*: perpetuo; *Rente usw*: vitalicio; **~lauf** m currículum m vitae

'**Lebensmittel** n/pl víveres m/pl, comestibles m/pl; **~abteilung** f sección f de alimentación; **~geschäft** n tienda f de comestibles; **~preise** m/pl precios m/pl de los alimentos; **~vergiftung** f intoxicación f alimenticia

'**lebens|müde** cansado *od* harto de vivir; **~notwendig** de primera necesidad; vital; 2**standard** m nivel m de vida; 2**stellung** f empleo m vitalicio; 2 **unterhalt** m subsistencia f; sustento m; (*sich*) *sn ~ verdienen* ganarse la vida; 2**versicherung** f seguro m de vida; 2**wandel** m conducta f; vida f; 2**weise** f modo m de vivir; *gesunde ~* vida f sana; **~wichtig** vital; 2**zeichen** n señal f de vida; 2**zeit** f vida f; *auf ~* a perpetuidad, de por vida

'**Leber** ['-bər] f (-; -n) hígado m; **~entzündung** f hepatitis f; **~fleck** m lunar m; **~pastete** f foie-gras m; **~wurst** f embutido m de hígado

'**Lebewesen** n (-s; -) ser m vivo

'**leb|haft** ['le:phaft] vivo; *fig* animado; *Verkehr*: intenso; 2**haftigkeit** f (-; *sin pl*) viveza f; vivacidad f; animación f; 2**kuchen** m pan m de especias; **~los** sin vida, inanimado

leck [lɛk] *~ sn* ⚓ hacer agua; *Gefäß*: tener agujeros; '**~en** (ge-, h) *v/t u v/i* lamer; *fig sich die Finger ~ nach* chuparse los dedos por

'**lecker** ['-kər] sabroso; apetitoso; 2**bissen** m manjar m exquisito

'**Leder** ['le:dər] n (-s; -) cuero m (*a* F *Fußball*); *weiches*: piel f; **~(-ein)band** m encuadernación *f* en piel; **~handschuh** *m* guante *m* de piel; **~hose** *f* pantalón *m* de cuero; **~jacke** *f* chaqueta *f* de cuero; **~waren** *f/pl* artículos *m/pl* de piel; marroquinería *f*

ledig ['le:diç] soltero; **2e** ['--gə] *m/f* (-n; -n) soltero *m*, -a *f*; **~lich** ['--kliç] solamente

Lee ⚓ [le:] *f* (-; *sin pl*) sotavento *m*

leer [le:r] vacío; *Papier*: en blanco; *Platz*: libre, desocupado; ⚔ *Batterie*: descargado; *fig* vano; **~ stehen** *Haus usw*: estar desocupado; **~ werden** vaciarse; **2e** *f* (-; *sin pl*) vacío *m*; '**~en** (ge-, h) vaciar; *Glas*: a apurar; **den Briefkasten ~** recoger las cartas; '**2gut** *n* (-[e]s; *sin pl*) envases *m/pl* vacíos; '**2lauf** *m* (-[e]s; *sin pl*) ⚙ marcha *f* en vacío; *auto* ralentí *m*, punto *m* muerto; (*pl* ~e) *fig* actividad *f* inútil; '**~stehend** desocupado; '**2taste** *f Schreibmaschine*: espaciador *m*; '**2ung** *f* (-; -en) ♻ recogida *f*

legal [le'gɑ:l] legal

Legasthenie [-gaste'ni:] *f* (-; *sin pl*) dislexia *f*

Legat [-'gɑ:t] **1.** *m* (-en; -en) legado *m*; **2.** *n* (-[e]s; -e) legado *m*

legen ['le:gən] (ge-, h) poner (*a Eier*); colocar; meter; *Haare*: marcar; **sich ~** echarse; (*nachlassen*) calmarse; *Wind*: amainar; (*aufhören*) cesar

Legende [le'gɛndə] *f* (-; -n) leyenda *f*

leger [-'ʒɛ:r] informal, desenvuelto

Legierung [le'gi:ruŋ] *f* (-; -en) aleación *f*

Legislat|ive [le:gisla'ti:və] *f* (-; -n) (poder *m*) legislativo *m*; **~urperiode** [--'tu:rperjo:də] *f* legislatura *f*

legitim [-gi'ti:m] legítimo

Lehm [le:m] *m* (-[e]s; -e) barro *m*; '**~ziegel** *m* adobe *m*

'**Lehn|e** ['le:nə] *f* (-; -n) respaldo *m*; (*Arm*2) brazo *m*; **2en** (ge-, h): (**sich**) **~ an** (*ac*) *od* **gegen** apoyar(se) contra, arrimar(se) contra; **sich ~ aus** asomarse a; **~sessel** *m* sillón *m*, butaca *f*

'**Lehr|buch** ['le:r-] *n* libro *m* de texto; (*Handbuch*) manual *m*; **~e** *f* (-; -n) *rel, fil* doctrina *f*; (*Lehrzeit*) aprendizaje *m*; (*Warnung*) lección *f*; *das wird mir e-e ~ sn* me servirá de lección; **2en** (ge-, h) enseñar (*a* **j-n et** a/c a alg); **~er** *m* (-s; -), **~erin** *f* (-; -nen) profesor(a *f*) *m*; (*Volksschule*) maestro *m*, -a *f*; **~erschaft** *f* (-; *sin pl*) profesorado *m*, cuerpo *m* docente; **~fach** *n* asignatura *f*; **~gang** *m* (-[e]s; ~e) curso *m*, cursillo *m*; **~gangs-teilnehmer(in** *f*) *m* cursillista *su*; **~jahr** *n* año *m* de aprendizaje; **~kraft** *f* profesor *m*; **~ling** ['-liŋ] *m* (-s; -e) aprendiz(a *f*) *m*; **~mittel** *n/pl* material *m* didáctico; **~pfad** *m* itinerario *m* didáctico; **~plan** *m* plan *m od* programa *m* de estudios; **2reich** instructivo; **~stelle** *f* plaza *f od* puesto *m* de aprendiz(aje); **~stuhl** *m* cátedra *f*; **~zeit** *f* aprendizaje *m*

Leib [laɪp] *m* (-[e]s; -er) cuerpo *m*; (*Bauch*) vientre *m*; abdomen *m*; **bei lebendigem ~e** vivo; *mit ~ u Seele* con cuerpo y alma

'**Leibes|kräfte** *f/pl* ['-bəskrɛftə]: *aus ~n* a más no poder; **~-übungen** *f/pl* gimnasia *f*, ejercicios *m/pl* físicos; **~visitation** ['--vizitatsjo:n] *f* (-; -en) cacheo *m*

'**Leib|gericht** ['laip-] *n* plato *m* favorito; **2haftig** [-'haftiç] mismo; en persona; **~wächter** *m* guardaespaldas *m*

Leiche ['laɪçə] *f* (-; -n) cadáver *m*

'**leichen|blaß** cadavérico, lívido; **2schauhaus** *n* depósito *m* de cadáveres, *gal* morgue *f*; **2wagen** *m* coche *m* fúnebre; **2zug** *m* cortejo *m od* comitiva *f* fúnebre

Leichnam ['laɪçnɑ:m] *m* (-s; -e) cadáver *m*

leicht [laɪçt] ligero (*a fig*), *bsd Am* liviano; *Fehler, Krankheit*: leve; (*einfach*) fácil (*zu inf* de), sencillo; '**2-athlet(in** *f*) *m* atleta *su*; '**2-athletik** *f* atletismo *m* (ligero); '**~bekleidet** ligero de ropa; '**~-entzündlich** fácilmente inflamable; '**~fallen** (*irr, sep,* -ge-, *sn,* → *fallen*) resultar fácil; '**~fertig** ligero; descuidado; frívolo; '**2gewicht** *n dep* peso *m* ligero; '**~gläubig** crédulo; '**2igkeit** *f* (-; *sin pl*) facilidad *f*; (*Behendigkeit*) ligereza *f*, agilidad *f*; '**2metall** *n* metal *m* ligero; '**2sinn** *m* (-s; *sin pl*) ligereza *f*; '**~sinnig** ligero; imprudente; '**~verdaulich** ['-fɛrdaʊlɪç] fácil de digerir; '**~verderblich** perecedero

leid [laɪt]: *es tut mir ~* lo siento; *er tut mir ~* me da pena; '**~en** ['-dən] (litt, gelitten, h) **1.** *v/i* sufrir (*an dat* de); ⚕ padecer (*an dat* de); **2.** *v/t gut ~ können* querer bien; *nicht ~ können* no poder tragar; **2en** *n* (-s; -) sufrimiento *m*; ⚕ afección *f*

Leidenschaft 408

'**Leidenschaft** f (-; -en) pasión f (**für** por); 🇱lich apasionado

leid|er ['-dər] desgraciadamente, por desgracia; 🇱tragende ['laıttra:gəndə] m/f: **die ⁓n** la familia del difunto; fig **der ⁓ sn** ser la víctima

Leierkasten ['laıɐr-] m organillo m

'**Leih|bibliothek** ['laı-] f, **⁓bücherei** f biblioteca f con servicio de préstamo; 🇱en (lieh, geliehen, h): **j-m et ⁓** prestar a/c a alg; **et von j-m ⁓** tomar prestado a/c de alg; **⁓gebühr** f (derechos m/pl de) alquiler m; **⁓haus** n casa f de préstamos; **⁓mutter** f madre f alquilada od de alquiler; **⁓wagen** m coche m de alquiler (sin chófer); 🇱weise prestado

Leim [laım] m (-[e]s; -e) cola f

Leine ['-nə] f (-; -n) cuerda f; **an der ⁓ führen** Hund: llevar atado

'**Lein|en** ['-nən] n (-s; -) lino m, tela f; **⁓samen** m linaza f; **⁓wand** f lienzo m (a pint); Film: pantalla f

leise ['-zə] silencioso; Stimme: bajo, adv en voz baja; (schwach) ligero (a Schlaf); adv sin (hacer) ruido; **⁓(r) stellen** Radio: bajar

Leiste ['-stə] f (-; -en) listón m; ⚙ filete m; anat ingle f

leisten ['-stən] (ge-, h) hacer; Zahlung: efectuar; ⚙ rendir; producir; Arbeit: ejecutar; Dienst, Eid, Hilfe: prestar; Sicherheit: ofrecer; **sich** (dat) **et ⁓** permitirse a/c; **das kann ich mir nicht ⁓** no puedo permitirme este lujo

Leistenbruch ✱ m hernia f inguinal

'**Leistung** [-stuŋ] f (-; -en) allgemein: rendimiento m (a ⚙, ✝ u e-r Person); ⚙ potencia f; (Arbeit) trabajo m; (Dienst) prestación f (a e-r Versicherung); (Erfolg) resultado m; 🇱sfähig productivo; eficaz; j: eficiente; **⁓sgesellschaft** f sociedad f de rendimiento; **⁓s-prinzip** n principio m del rendimiento; **⁓ssport** m deporte m de competición

Leitartikel ['laıtʔarti:kəl] m editorial m, artículo m de fondo

'**leiten** ['-tən] (ge-, h) conducir (a ⚡), guiar; fig dirigir; **⁓d** ⚡ conductor; ✝ directivo; **⁓e Angestellte** m alto empleado m

'**Leiter** ['-tər] **a)** m (-s; -) director m (a ♪); jefe m; ✝ gerente m; fís conductor m;

b) f (-; -n) escalera f (de mano); **⁓in** f (-; -nen) directora f

'**Leit|faden** m (Buch) manual m, compendio m; **⁓planke** f valla f protectora

'**Leitung** f (-; sin pl) dirección f; (pl -en) ⚙ conducción f; (Rohr🇱) tubería f; ⚡, tel línea f; **⁓srohr** n tubo m; **⁓swasser** n agua f del grifo

Lektion [lɛk'tsjo:n] f (-; -en) lección f (a fig)

Lektüre ['-ty:rə] f (-; -n) lectura f

'**Lende** ['lɛndə] f (-; -n) lomo m (a gastr); **⁓nbraten** m, **⁓nstück** n solomillo m

'**lenk|en** ['lɛŋkən] (ge-, h) dirigir; auto conducir, guiar (a fig); 🇱rad n volante m; 🇱radschloß n cerradura f de dirección; 🇱stange f guía f, manillar m; 🇱ung f (-; -en) auto dirección f

Lepra ['le:pra] f (-; sin pl) lepra f

Lerche ['lɛrçə] f (-; -n) alondra f

lernen ['lɛrnən] (ge-, h) aprender; estudiar; **lesen usw ⁓** aprender a leer, etc

lesbar ['le:sba:r] legible, leíble

lesbisch ['lɛsbıʃ] lesbiano

Lese ['le:zə] f (-; -n) (Wein🇱) vendimia f

'**lese|n** ['-zən] (las, gelesen, h) leer; Messe: decir; **Trauben ⁓** vendimiar; 🇱r m (-s; -), 🇱rin f (-; -nen) lector(a f) m, **⁓rlich** legible; 🇱rzuschrift f carta f al director; 🇱saal m sala f de lectura; 🇱stoff m lectura f; 🇱zeichen n señal f, registro m

'**Lesung** f (-; -en) lectura f

'**Lett|en** ['lɛtə] m (-n; -n), **⁓in** f (-; -nen), 🇱isch letón m, -ona f

letzt [lɛtst] último; (äußerst) extremo; **⁓es Jahr** el año pasado; **in ⁓er Zeit** últimamente; **zu guter** 🇱 por último; F **das ist das** 🇱**e!** ¡es lo último!; '**⁓ere** este último

'**Leucht|e** ['lɔyçtə] f (-; -n) lámpara f; 🇱en (ge-, h) lucir; (glänzen) brillar, resplandecer; **⁓en** n (-s; sin pl) brillo m, resplandor m; 🇱end luminoso (a fig), radiante; **⁓er** m (-s; -) candelabro m; **⁓feuer** n fanal m; **⁓käfer** m luciérnaga f; **⁓reklame** f publicidad f luminosa, anuncio m luminoso; **⁓stoffröhre** f tubo m fluorescente; **⁓turm** m faro m; **⁓zifferblatt** n esfera f luminosa

leugnen ['lɔygnən] **1.** v/t (ge-, h) negar; **2.** 🇱 n (-s; sin pl) negación f

Leukämie [-kɛ'mi:] f (-; -n) leucemia f

Leute ['-tə] pl gente f; **die jungen ⁓** los

jóvenes; **die kleinen ~** la gente humilde
Leutnant ['lɔytnant] *m* (-s; -s) segundo teniente *m*; alférez *m*
Lexikon ['lɛksikɔn] *n* (-s; -ka) diccionario *m*; (*Konversations²*) enciclopedia *f*
Liane [li'ɑːnə] *f* (-; -n) bejuco *m*, liana *f*
Libanes|e [-ba'neːzə] *m* (-n; -n), **~in** *f* (-; -nen), **²isch** libanés *m*, -esa *f*
Libelle [-'bɛlə] *f* (-; -n) libélula *f*
liberal [-bə'rɑːl], **²e** *m/f* (-n; -n) liberal *su*
Libero ['liːbəro] *m* (-s; -s) líbero *m*
Libretto [li'brɛto] *n* (-s; -s, -tti) libreto *m*, letra *f*
Licht [liçt] *n* (-[e]s; -er, *fis sin pl*) luz *f*; (*Beleuchtung*) alumbrado *m*; **~ machen** dar la luz; **ans ~ bringen** (**kommen**) sacar (salir) a la luz; *fig* **j-n hinters ~ führen** engañar a alg; '**~bild** *n* foto(grafía) *f*; '**~bildervortrag** *m* conferencia *f* con proyecciones; '**~blick** *m* rayo *m* de esperanza; '**²durchlässig** tra(n)slúcido; '**²-echt** resiste..te a la luz; '**²-empfindlich** sensible a la luz; '**²en** (ge-, h): **die Anker ~** levar anclas; '**~hupe** *f* bocina *f* luminosa; '**~maschine** *f* dínamo *f*; '**~reklame** *f* publicidad *f* luminosa; '**~schacht** *m* patio *m* de luces; '**~schalter** *m* interruptor *m*; '**~schutzfaktor** *m* factor *m* de protección solar; '**~signal** *n* señal *f* luminosa *od* óptica; '**~strahl** *m* rayo *m* de luz; '**²-undurchlässig** opaco; '**~ung** *f* (-; -en) calvero *m*, claro *m*
Lid [liːt] *n* (-[e]s; -er) párpado *m*; '**~schatten** *m* sombra *f* de ojos
lieb [liːp] querido; (*angenehm*) agradable; (*liebenswürdig*) amable; **es wäre mir ~, wenn ...** me gustaría que (*subj*); **seien Sie so ~ und ...** hágame el favor de (*inf*)
Liebe ['liːbə] *f* (-; *sin pl*) amor *m* (**zu** a, por); cariño *m*; **aus ~ zu** por amor a; **~lei** [--'lai] *f* (-; -en) amorío *m*, flirteo *m*
'**lieben** [-bən] (ge-, h) querer; amar; **ich liebe es nicht, daß** no me gusta que (*subj*); **²de** ['--də] *m/f* (-n; -n) amante *su*, enamorado *m*, -a *f*; **~swürdig** amable; **²swürdigkeit** *f* (-; *sin pl*) amabilidad *f*
lieber ['liːbər] *adv* más bien; **~ haben** *od* **mögen** *od* **wollen** preferir
'**Liebes|brief** ['liːbəs-] *m* carta *f* de amor; **~-erklärung** *f* declaración *f* (de amor); **~kummer** *m* penas *f/pl* de amor; **~paar**

n amantes *m/pl*, pareja *f* de enamorados
'**liebevoll** afectuoso, cariñoso
'**lieb|gewinnen** ['liːp-], (*irr*, *sep*, h, → **gewinnen**) tomar cariño a; **~haben** (*irr*, *sep*, -ge-, h, → **haben**) querer; **²haber** ['-haːbər] *m* (-s; -) amante *m*; (*Kunst²* *usw*) aficionado *m*; **²habe'rei** *f* (-; -en) afición *f*; **²haberin** *f* (-; -nen) amante *f*; aficionada *f*; **~lich** *j*: lindo, gracioso; *Gegend*: ameno; **²ling** ['-liŋ] *m* (-s; -e) favorito *m*; (*Kosewort*) cariño *m*; **²lings...: *in Zssgn*** favorito, predilecto; **~los** sin cariño, duro; **²reiz** *m* atractivo *m*, encanto *m*; **²schaft** *f* (-; -en) amores *m/pl*, amorío *m*
liebst [liːpst] preferido, favorito
Lied [liːt] *n* (-[e]s; -er) canción *f*; (*Kunst²*) lied *m*
Lieder|abend ['liːdər?-] *m* recital *m*; **~buch** *n* cancionero *m*
liederlich ['--liç] desordenado; *Arbeit*: desaliñado; *Leben*: disoluto; *adv* sin esmero, superficialmente
'**Liedermacher** *m* cantautor *m*
Lieferant [liːfa'rant] *m* (-en; -en) suministrador *m*, proveedor *m*; **²bar** disponible; '**~frist** *f* plazo *m* de entrega; **²n** ['-fərn] (ge-, h) suministrar; (*übergeben*) entregar; '**~schein** *m* talón *m* de entrega; '**~ung** *f* (-; -en) suministro *m*; entrega *f*; 📖 fascículo *m*; '**~wagen** *m* camioneta *f* de reparto, furgoneta *f*
Liege ['liːgə] *f* (-; -n) tumbona *f*
'**liegen** ['-gən] (lag, gelegen, h) *Sachen*: estar (puesto); *Person*: estar echado; (*sich befinden*) hallarse, encontrarse; *Stadt usw.*: estar situado; **das Zimmer liegt zur Straße** la habitación da a la calle; **10 km von ... ~** estar a diez kilómetros de ...; **die Schwierigkeit liegt darin, daß** la dificultad reside en que; **woran liegt es?** ¿a qué se debe?; **es liegt an ihm** depende de él; (*Schuld*) es culpa suya; **mir liegt daran** me importa; **das liegt mir** se me da bien; es lo mío; **~bleiben** (*irr*, *sep*, -ge-, sn, → **bleiben**) quedarse acostado; *Arbeit*: quedar sin acabar; *auto* tener una avería; **~lassen** (*irr*, *sep*, -ge-, h, → **lassen**) dejar; (*vergessen*) olvidar
'**Liege|platz** *m* ⚓ atracadero *m*; 🛏 litera *f*; **~sitz** *m* asiento *m* reclinable *bzw* abatible; **~stuhl** *m* hamaca *f*, gandula *f*;

Liegewagen

~wagen m coche-literas m, litera f
Lift [lift] m (-[e]s; -e) ascensor m; '**~boy** m (-s; -s) ascensorista m
Liga ['li:ga] f (-; -gen) liga f (a dep)
Likör [li'kø:r] m (-s; -e) licor m
lila ['li:la] (de color) lila
Lilie ['li:ljə] f (-; -n) lirio m blanco
Limonade [limo'nɑ:də] f (-; -n) limonada f
Limousine [limu'zi:nə] f (-; -n) limusina f, sedán m
'**Linde** ['lində] f (-; -n) tilo m; **~nblütentee** m tila f
'**linder|n** ['-dərn] (ge-, h) suavizar, mitigar; (erleichtern) aliviar; Schmerz: calmar; 2**ung** f (-; sin pl) mitigación f; alivio m
Lineal [line'ɑ:l] n (-s; -e) regla f
'**Linie** ['li:njə] f (-; -n) línea f; fig **in erster ~** en primer lugar; **auf die ~ achten** cuidar la línea; **~nbus** m coche m de línea; **~nflug** m vuelo m (de línea) regular; **~nflugzeug** n, **~nmaschine** f avión m de línea; **~nrichter** m dep juez m de línea, linier m; **~ntaxi** n taxi m de línea
lin(i)ieren [lin(i)'i:rən] (h) rayar
link [liŋk] izquierdo; **~er Hand** a la izquierda; '2**e** f (-n; -n) izquierda f (a pol); '2**e** m/f (-n; -n) izquierdista su; '**~isch** torpe
links [liŋks] a la izquierda; '2**-abbieger** ['-apbi:gər] m (-s; -) vehículo m que gira a la izquierda; '2**-außen** m (-; -) dep extremo m izquierdo; '2**-extremismus** m ultraizquierdismo m; 2**händer** ['-hɛndər] m (-s; -) zurdo m; '**~radikal** de la extrema izquierda
Linse ['linzə] f (-; -n) ♀ lenteja f; Optik: lente f
'**Lippe** ['lipə] f (-; -n) labio m; **~nstift** m lápiz m labial od de labios
lispeln ['lispəln] v/i (ge-, h) cecear
List [list] f (-; -en) astucia f
Liste ['listə] f (-; -n) lista f, relación f
listig ['listiç] astuto
Litau|er ['litauər] m (-s; -), **~erin** f (-; -nen), 2**isch** lituano m, -a f
Liter ['li:tər] m od n (-s; -) litro m
litera|risch [lita'rɑ:riʃ] literario; 2**tur** [--ra'tu:r] f (-; -en) literatura f
Litfaßsäule ['litfaszɔylə] f columna f de anuncios
Live-Sendung ['laifzɛnduŋ] f (re)transmisión f en directo

Lizenz [li'tsɛnts] f (-; -en) licencia f
Lkw [ɛlka've:] m (-s; -s) s **Lastwagen**
Lob [lo:p] n (-[e]s; sin pl) elogio m, alabanza f; 2**en** ['-bən] (ge-, h) alabar; 2**enswert** laudable; '**~rede** f elogio m, panegírico m
Loch [lɔx] n (-[e]s; ~er) agujero m; (Öffnung) abertura f, orificio m; (Höhlung) hoyo m (a Golf); hueco m; F (Kerker) calabozo m; F (Wohnung) tugurio m; 2**en** (ge-, h) perforar; Fahrkarte: picar; '**~er** m (-s; -) Büro: taladro m
'**Loch|karte** ['lɔxkartə] f ficha f perforada; **~streifen** m cinta f perforada
Locke ['lɔkə] f (-; -n) rizo m, bucle m
'**locken** ['-kən] (ge-, h) Haar: (**sich**) **~** rizar(se); (an**~**) atraer; 2**wickel** m rulo m, bigudí m
'**locker** ['-kər] flojo; (lose) suelto; fig laxo; **~n** (ge-, h) aflojar; fig relajar; 2**ung** f (-; -en) aflojamiento m; relajamiento m
lockig ['-kiç] rizado
Loden ['lo:dən] m (-s; -) loden m
Löffel ['lœfəl] m (-s; -) cuchara f; größerer: cucharón m
Loge ['lo:ʒə] f (-; -n) palco m
'**Logi|k** ['lo:gik] f (-; sin pl) lógica f; 2**sch** lógico
Lohn [lo:n] m (-[e]s; ~e) salario m; (sin pl) fig recompensa f, premio m; '**~empfänger** m asalariado m; 2**en** (ge-, h) pagar; **es lohnt sich** vale od merece la pena; 2**end** ventajoso; lucrativo, rentable; '**~erhöhung** f aumento m de sueldo; '**~forderung** f reivindicación f salarial; '**~gruppe** f categoría f salarial; '**~liste** f nómina f; '**~steuer** f impuesto m sobre los salarios; '**~steuerjahres-ausgleich** m reajuste m anual de impuestos (sobre el salario); '**~steuerkarte** f tarjeta f de impuestos sobre el salario; '**~stopp** m congelación f salarial
Loipe ['lɔypə] f (-; -n) pista f de fondo
Lok [lɔk] f (-; -s) s **Lokomotive**
Lo'kal [lo'kɑ:l] **1.** n (-[e]s; -e) local m; (Gaststätte) restaurante m; café m; **2.** 2 adj local; **~blatt** n (**~presse** f) periódico m (prensa f) local; **~verbot** n prohibición f de admisión
Lokomotiv|e [lokomo'ti:və] f (-; -n) locomotora f; **~führer** m [---'ti:ffy:rər] m maquinista m

Lorbeer ['lɔrbeːr] *m* (-s; -en) laurel *m*
Los [loːs] *n* (-es; -e) (*Lotterie*⚳) billete *m* de lotería; (*Schicksal*) suerte *f*, destino *m*; *das Große ~ ziehen* sacar el gordo
los [loːs] suelto; (*frei*) libre; *~!* ¡vamos!; *was ist ~?* ¿qué pasa?
losbinden ['loːsbɪndən] (*irr, sep*, -ge-, h, → *binden*) desatar; soltar
'**Lösch|blatt** ['lœʃblat] *n* (papel *m*) secante *m*; ⚳**en** (ge-, h) *Licht, Durst*: apagar; *Brand*: *a* extinguir; *Schrift, Tonband*: borrar; ⚓ *Ladung*: desembarcar; *Schuld, Konto*: cancelar
lose ['loːzə] suelto; (*beweglich*) movible; (*unverpackt*) a granel
Lösegeld ['løːzə-] *n* (-[e]s; -er) rescate *m*
losen ['loːzən] (ge-, h) echar suertes
lösen ['løːzən] (ge-, h) soltar (*a Bremse*); *Knoten usw*: deshacer; 🜚 disolver; *Aufgabe, Problem*: resolver, solucionar; *Rätsel*: adivinar; *Vertrag*: anular; *Fahrkarte*: sacar; *Verbindung*: romper
'**los|gehen** (*irr, sep*, -ge-, sn, → *gehen*) partir, ponerse en marcha; (*sich lösen*) desprenderse; *Schuß*: dispararse; F (*anfangen*) empezar; *auf j-n ~* arremeter contra alg (*a fig*); **~lassen** (*irr, sep*, -ge-, h → *lassen*) soltar (*a fig*)
löslich ['løːsliç] soluble
los|lösen ['loːsløːzən] (*sep*, -ge-, h): (*sich*) *~* desprender(se); **~reißen** (*irr, sep*, -ge-, h, → *reißen*) arrancar
'**Lösung** ['løːzʊŋ] *f* (-; -en) solución *f* (*a* 🜚); separación *f*; *Vertrag*: anulación *f*; **~smittel** *n* disolvente *m*
loswerden ['loːsveːrdən] (*irr, sep*, -ge-, sn, → *werden*) desembarazarse de; deshacerse de
Lot [loːt] *n* (-[e]s; -e) ⚭ perpendicular *f*; △ plomada *f*; ⚓ sonda *f*
löten ['løːtən] (ge-, h) soldar
Lotion [loˈtsjoːn *od* ˈloʊʃən] *f* (-; -en *od* -s) loción *f*
Lotse ['loːtsə] *m* (-n; -n) ⚓ práctico *m*
Lotterie [lɔtəˈriː] *f* (-; -n) lotería *f*
Lotto [ˈloːto] *n* (-s; -s) lotería *f*
'**Löw|e** [ˈløːvə] *m* (-n; -n) león *m*; **~enzahn** ♣ *m* diente *m* de león; **~in** [ˈviːn] *f* (-; -nen) leona *f*
loyal [loaˈjaːl] leal; ⚳**ität** [-jaliˈtɛːt] *f* (-; *sin pl*) lealtad *f*
Luchs [lʊks] *m* (-es; -e) lince *m* (*a fig*)
'**Lücke** ['lykə] *f* (-; -n) vacío *m*; hueco *m*; *fig a* laguna *f*; *fig e-e ~ reißen* (*füllen*)

dejar (llenar) un vacío; **~nbüßer** *m* tapagujeros *m*
Luder ['luːdər] *n* (-s; -) carroña *f*; P *fig* bestia *f*, mal bicho *m*
Luft [lʊft] *f* (-; ⸚e) aire *m*; *in frischer ~* al aire libre; (*frische*) *~* **schöpfen** tomar el aire; F *in die ~ gehen* subirse a la parra; *an die ~ setzen* echar a la calle; '**~angriff** *m* ataque *m* aéreo; '**~aufnahme** *f*, '**~bild** *n* fotografía *f* aérea; '**~ballon** *m* globo *m*; ⚳**dicht** impermeable al aire; '**~druck** *m* (-[e]s; *sin pl*) presión *f* atmosférica
lüften ['lyftən] (ge-, h) airear, ventilar; *Geheimnis*: revelar, desvelar
'**Luft|fahrt** ['lʊftfaːrt] *f* (-; *sin pl*) aeronáutica *f*, aviación *f*; **~feuchtigkeit** *f* humedad *f* atmosférica; **~fracht** *f* carga *f* aérea; ⚳**gekühlt** [ˈ-gəkyːlt] refrigerado por aire; **~gewehr** *n* escopeta *f* de aire comprimido; **~kissen** *n* colchón *m* de aire; **~kissenboot** *n* aerodeslizador *m*; ⚳**krank** mareado; *~ werden* marearse; **~krankheit** *f* mareo *m*; **~kur-ort** *m* estación *f* climática; ⚳**leer** vacío; **~linie** *f* línea *f* directa; ✈ línea *f* aérea; **~loch** *n* ✈ bache *m*; **~matratze** *f* colchón *m* neumático; **~pirat** *m* pirata *m* aéreo; **~post** *f*: *mit ~* por avión; **~postleichtbrief** *m* aerograma *m*; **~pumpe** *f Fahrrad etc*: bomba *f* de inflar; **~raum** *m* espacio *m* aéreo; **~reifen** *m* neumático *m*; **~röhre** *anat f* tráquea *f*; **~schiff** *n* aeronave *f*; **~schiffahrt** *f* navegación *f* aérea; **~schutzkeller** *m* refugio *m* antiaéreo; **~streitkräfte** *f*/*pl* fuerzas *f*/*pl* aéreas; **~stützpunkt** ⚔ *m* base *f* aérea; **~taxi** *n* taxi *m* aéreo; **~temperatur** *f* temperatura *f* del aire
Lüftung [ˈlyftʊŋ] *f* (-; -en) ventilación *f*
'**Luft|veränderung** ['lʊft-] *f* cambio *m* de aires; **~verkehr** *m* tráfico *m* aéreo; **~verschmutzung** *f* contaminación *f* atmosférica; **~waffe** *f* fuerza *f* aérea; **~weg** [ˈ-veːk] *m* vía *f* aérea; *auf dem ~* por vía aérea; **~widerstand** *m* resistencia *f* del aire; **~zug** *m* (-[e]s; *sin pl*) corriente *f* del aire
'**Lüg|e** ['lyːgə] *f* (-; -n) mentira *f*; ⚳**en** (log, gelogen, h) mentir; **~ner** [-nər] *m* (-s; -), **~nerin** *f* (-; -nen), ⚳**nerisch** mentiroso *m*, -a *f*
Luke ['luːkə] *f* (-; -n) tragaluz *m*; ⚓ escotilla *f*

Lump [lump] *m* (-en; -en) canalla *m*
Lumpen ['-pən] *m* (-s; -) harapo *m*, andrajo *m*; (*Putz*2) trapo *m*
Lunchpaket ['lan(t)ʃ-] *n* bolsa *f* de merienda
Lunge ['luŋə] *f* (-; -n) pulmón *m*
'**Lungen**|**entzündung** *f* pulmonía *f*, neumonía *f*; **~flügel** *m* lóbulo *m* pulmonar; **~krebs** ⚕ *m* cáncer *m* de pulmón
Lupe ['lu:pə] *f* (-; -n) lupa *f*; *fig* **unter die ~ nehmen** pasar por el tamiz
Lust [lust] *f* (-; *sin pl*) ganas *f/pl*; (*Vergnügen*) placer *m*; (**keine**) **~ haben zu** (no) tener ganas de; **hättest du ~ auszugehen?** ¿te gustaría salir?
lüstern ['-tərn] voluptuoso, lascivo
'**lust**|**ig** ['lustiç] alegre; (*belustigend*) divertido, gracioso; **sich ~ machen über** (*ac*) burlarse de; **~los** desanimado; ✝ poco animado; 2**spiel** *n* comedia *f*
lutherisch ['lutəriʃ] luterano
'**lutsch**|**en** ['lutʃən] (ge-, h) chupar; **am Daumen ~** chuparse el dedo; 2**er** *m* (-s; -) pirulí *m*
Luv ⚓ [lu:f] *f* (-; *sin pl*) barlovento *m*
luxuriös [luksur'jø:s] lujoso
'**Luxus** ['-ksus] *m* lujo *m*; **~artikel** *m* artículo *m* de lujo; **~hotel** *n* hotel *m* de lujo
Lymphknoten ['lymf-] *m* ganglio *m* linfático
lynchen ['lynçən] (ge-, h) linchar
'**Lyri**|**k** ['ly:rik] *f* (-; *sin pl*) (poesía *f*) lírica *f*; **~ker** *m* (-s; -) poeta *m* lírico; 2**sch** lírico

M

M, m [ɛm] *n* (-; -) M, m *f*
'**Mach**|**art** ['max'ʔa:rt] *f* hechura *f*; forma *f*; 2**bar** factible, practicable
machen ['-ən] (ge-, h) *v/t* hacer; poner, volver (+ *adj*); *Appetit, Freude usw*: dar; **das macht nichts** no importa; **da kann man nichts ~** no hay nada que hacer; **was macht ...?** ¿qué es de ...?; **wieviel macht das?** ¿cuánto es?
Macher ['maxər] *m* (-s; -) cerebro *m*
Macht [maxt] *f* (-; *sin pl* poder *m*; (*pl* ¨e) (*Staat*) potencia *f*; **an der ~ sn** estar en el poder; '**~apparat** *m* aparato *m* del poder; '**~befugnis** *f* poder *m*; autoridad *f*; '**~bereich** *m* esfera *f* de influencia; **~haber** ['-ha:bər] *m* (-s; -) dirigente *m*; potentado *m*
mächtig ['mɛçtiç] poderoso, potente; F *fig* enorme
'**Macht**|**kampf** ['maxt-] *m* lucha *f* por el poder; 2**los** sin poder, impotente
'**Mädchen** ['mɛ:tçən] *n* (-s; -) chica *f*, muchacha *f*; (*Kind*) niña *f*; (*Dienst*2) criada *f*; **junges ~** joven *f*; **~name** *m* apellido *m* de soltera
made in ['meɪd ɪn] made in

'**Mad**|**o** ['mɑ:də] *f* (-; -n) cresa *f*, gusano *m*; 2**ig** agusanado
Madonna [ma'dɔna] *f* (-; -nen) Virgen *f*
Mafia ['mafja] *f* (-; *sin pl*) mafia *f*
Magazin [maga'tsi:n] *n* (-s; -e) almacén *m*, depósito *m*; (*Zeitschrift*) revista *f* ilustrada
'**Magen** ['mɑ:gən] *m* (-s; ¨) estómago *m*; **~bitter** *m* (-s; -) estomacal *m*; **~geschwür** *n* úlcera *f* gástrica *od* del estómago; **~krebs** ⚕ *m* cáncer *m* de(l) estómago; **~schmerzen** *m/pl* dolor(es) *m(pl)* de estómago
'**mager** ['-gər] flaco; *Fleisch*: magro; 2**keit** *f* (-; *sin pl*) flaqueza *f*; 2**milch** *f* leche *f* desnatada
Mag|**ie** [ma'gi:] *f* (-; *sin pl*) magia *f*; 2**isch** ['mɑ:giʃ] mágico (*a fig*)
Ma'gnet [ma'gne:t] *m* (-en, -[e]s; -e[n]) imán *m*; **~band** *n* cinta *f* magnética; 2**isch** magnético; **~karte** *f* tarjeta *f* magnética; **~nadel** *f* aguja *f* iman(t)ada; **~platte** *f* disco *m* magnético
Mahagoni [maha'go:ni] *n* (-s; *sin pl*) caoba *f*
'**Mäh**|**drescher** ['mɛ:drɛʃər] *m* (-s; -) se-

gadora-trilladora *f*; **~en** (ge-, h) segar; *Gras: a* cortar

mahlen ['mɑːlən] (mahlte, gemahlen, h) moler

'**Mahlzeit** *f* comida *f*; (*gesegnete*) **~!** ¡que aproveche!

Mähmaschine ['mɛː-] *f* segadora *f*; (*Gras***~**) guadañadora *f*

Mahnbescheid ['mɑːn-] *m* carta *f* admonitoria

Mähne ['mɛːnə] *f* (-; -n) melena *f* (*a fig*); (*Pferde***~**) crines *f*/*pl*

'**mahn|en** ['mɑːnən] (ge-, h) advertir; exhortar (**zu** a); *j-n an et* **~** recordar a/c a alg; **~ung** *f* recargo *m* de apremio; **~ung** *f* (-; -en) advertencia *f*; ✝ reclamación *f*

Mai [maɪ] *m* (-[e]s; *raro* -e) mayo *m*; '**~glöckchen** *n* (-s; -) muguete *m*; '**~käfer** *m* abejorro *m*

Mais [maɪs] *m* (-es; -e) maíz *m*; '**~kolben** *m* mazorca *f*

Majestät [majɛsˈtɛːt] *f* (-; -en) majestad *f*

Major [-ˈjoːr] *m* (-s; -e) comandante *m*; **~an** [-joˈrɑːn *od* 'mɑːjoran] *m* (-s; -e) mejorana *f*

makaber [-ˈkɑːbər] macabro

'**Makel** [mɑːkəl] *m* (-s; -) mancha *f*, tacha *f*; **~los** intachable

Make-up [meikˈʔap] *n* (-s; -s) maquillaje *m*

Makkaroni [makaˈroːni] *pl* macarrones *m*/*pl*

'**Makler** ['mɑːklər] *m* (-s; -) corredor *m*, agente *m*; **~gebühr** *f* corretaje *m*

Makrele [maˈkreːlə] *f* (-; -n) caballa *f*

Makrone [-ˈkroːnə] *f* (-; -n) macarrón *m*

Mal [mɑːl] **1.** *n* (-[e]s; -e) **a)** (*Zeichen*) marca *f*; (*pl* **~er**) (*Denk***~**) monumento *m*; **b)** vez *f*; *zum ersten* **~** por primera vez; *2 2* dos por dos; *mit e-m* **~** de repente; **2.** *adv* F = *einmal*

Malaria [-ˈlɑːrja] *f* (-; *sin pl*) paludismo *m*, malaria *f*

'**mal|en** ['mɑːlən] (ge-, h) pintar (*a fig*); **~er** *m* (-s; -) pintor *m*; (*Anstreicher*) pintor *m* (de brocha gorda); **~eˈrei** *f* (-; -en) pintura *f*; **~erin** *f* (-; -nen) pintora *f*; **~erisch** pintoresco; **~kasten** *m* caja *f* de colores *od* de pinturas

Malve ['malvə] *f* (-; -n) malva *f*

'**Malz|bier** ['malts-] *n* cerveza *f* de malta; **~kaffee** *m* (café *m* de) malta *f*

Mama [maˈmɑː, F 'mama] *f* (-; -s) mamá *f*

man [man] se; uno; **~** *spricht Deutsch* se habla alemán; **~** *wundert sich* uno se extraña; **~** *sagt* dicen; **~** *muß* hay que

'**Manag|ement** ['mɛnɪdʒmənt] *n* (-; *sin pl*) dirección *f*, gerencia *f*; **~en** (ge-, h) manejar, organizar; **~er** *m* (-s; -) ejecutivo *m*; *dep usw* mánager *m*

manch [manç] alguno; más de un(o); **~e** algunos; varios; **~es** mucho, muchas cosas; '**~mal** algunas veces, a veces, de vez en cuando

Mandarine [mandaˈriːnə] *f* (-; -n) mandarina *f*

Mandat [-ˈdɑːt] *n* (-[e]s; -e) mandato *m*

'**Mandel** ['-dəl] *f* (-; -n) almendra *f*; 🌿 amígdala *f*; **~baum** *m* almendro *m*; **~entzündung** *f* amigdalitis *f*

Mandoline ♪ [-doˈliːnə] *f* (-; -n) mandolina *f*

Manege [maˈneːʒə] *f* (-; -n) pista *f* de circo

'**Mangel** ['maŋəl] *m* (-s; ʺ) (*Fehler*) defecto *m*; (*Fehlen*) falta *f*, escasez *f* (*an dat* de); *aus* **~** *an* (*dat*) por falta de; **~beruf** *m* profesión *f* con escasez de personal; **~haft** defectuoso; insuficiente; **~n** (ge-, h) (*fehlen*) faltar, hacer falta (*j-m an et* a/c a alg); **~s** (*gen*) por falta de; **~ware** *f* artículo *m* escaso; **~** *sn* escasear

Mangold ['maŋgɔlt] *m* (-[e]s; -e) acelga(s) *f*(*pl*)

Manie [maˈniː] *f* (-; -n) manía *f*

Manieren [-ˈniːrən] *f*/*pl* modales *m*/*pl*

Manifest [-niˈfɛst] *n* (-[e]s; -e) manifiesto *m*

Maniˈküre [--ˈkyːrə] *f* (-; -n) manicura *f* (*a Person*); **~n** (h) hacer la manicura

Manipul|ation [--pulaˈtsjoːn] *f* (-; -en) manipulación *f*; **~ieren** (h) manipular

Mann [man] *m* (-[e]s; ʺer) hombre *m*; (*Ehe***~**) marido *m*

Männchen ['mɛnçən] *n* (-s; -) hombrecillo *m*; *zo* macho *m*

Mannequin [manəˈkɛ̃] *n* (-s; -s) maniquí *f*, modelo *f*

mannigfaltig ['maniçfaltiç] vario, variado, diverso

männlich ['mɛnlɪç] masculino (*a gram*); *zo* macho

'**Mannschaft** ['manʃaft] *f* (-; -en) equipo *m* (*a dep*); ⚓, ✈ tripulación *f*; **~skapitän** *m* *dep* capitán *m* (del equipo)

Manöver [maˈnøːvər] *n* (-s; -) maniobra *f* (*a fig*)

Man'sarde [man'zardə] f (-; -n) buhardilla f, mansarda f; ~nwohnung f ático m

Man'schette [-'ʃɛtə] f (-; -n) puño m; ~nknopf m gemelo m

'Mantel ['-təl] m (-s; ⁻) abrigo m; ~tarif m convenio m tipo; ~tarifvertrag m convenio m colectivo tipo

manuell [manu'ɛl] manual

Manuskript [--'skript] n (-[e]s; -e) manuscrito m

Mappe ['mapə] f (-; -n) (Akten♀, Schul♀) cartera f; (Ordner) carpeta f

'Märchen ['mɛːrçən] n (-s; -) cuento m (de hadas); ~buch n libro m de cuentos; ♀haft fabuloso

Marder ['mardər] m (-s; -) marta f

Margarine [-ga'riːnə] f (-; -n) margarina f

Marienbild [ma'riːənbilt] n imagen f de la Virgen, madona f

Marihuana [-rihu'ɑːna] n (-s; sin pl) marihuana f

Marinade [--'nɑːdə] f (-; -n) escabeche m

Ma'rine [-'riːnə] f (-; -n) marina f; ~stützpunkt m base f naval

marinieren [-ri'niːrən] (h) poner en escabeche, escabechar

Mario'nette [mario'nɛtə] f (-; -n) títere m, marioneta f (a fig); ~ntheater n teatro m de títeres

Mark [mark] **1.** n (-[e]s; sin pl) tuétano m, meollo m (alle a fig); (Frucht♀) pulpa f; **2.** f inv ✟ marco m

'Marke ['-kə] f (-; -n) marca f (a ✟); (Spiel♀) ficha f; (Brief♀) sello m, Am estampilla f; ~n-artikel ✟ m artículo m de marca; ~nbewußtsein n (~n-erzeugnis n) conciencia f (artículo m) de marca; ~n-image n imagen f de una marca; ~ntreue f fidelidad f a una marca; ~nzeichen n marca f (comercial)

'Marketing ['markətiŋ] n (-s; sin pl) marketing m; ~abteilung f sección f de marketing

markier|en [-'kiːrən] (h) marcar (a ✟); señalar; (beschriften) rotular; F simular; ♀ung f (-; -en) marca f; marcación f; señalización f

Markise [-'kiːzə] f (-; -n) toldo m; marquesina f

Markknochen ['mark-] m hueso m con tuétano

Markt [markt] m (-[e]s; ⁻e) mercado m; Gemeinsamer ~ Mercado m Común; auf den ~ bringen lanzar al mercado; zum ~ gehen ir a la plaza; '~analyse f análisis m del mercado; '~anteil m cuota f de mercado; '♀beherrschend que domina el mercado; '~forschung f estudio m del mercado; '~führer m líder m (en el mercado); '~halle f mercado m cubierto; '~lücke f hueco m de la demanda; '~platz m mercado m, plaza f; '~wert m valor m de mercado; '~wirtschaft f: (freie) ~ economía f de mercado (libre); ♀wirtschaftlich de (la) economía de mercado

Marmelade [marmə'lɑːdə] f (-; -n) mermelada f

'Marmor ['-mɔr] m (-s; -e) mármol m

Marok'kan|er [-rɔ'kɑːnər] m (-s; -), ~erin f (; -nen), ♀isch marroquí su

Marone [-'roːnə] f (-; -n) castaña f

Marsch [marʃ] m (-[e]s; ⁻e) marcha f (a ♪); ♀ieren (sn) marchar

Märtyrer ['mɛrtyrər] m (-s; -), ~in f (-; -nen) mártir su

Mar'xis|mus [mar'ksismus] m (-s; sin pl) marxismo m; ~t m (-en; -en), ~tin f (-; -nen), ♀tisch marxista su

März [mɛrts] m (; raro o) marzo m

Marzipan [martsi'pɑːn] n (-s; -e) mazapán m

Masche ['maʃə] f (-; -n) malla f; (Strick♀) punto m; F fig truco m

Maschin|e [-'ʃiːnə] f (-; -n) máquina f; ✈ avión m; mit der ~ schreiben escribir a máquina; ♀ell [-ʃi'nɛl] a máquina

Ma'schinen|bau [-ʃiːnən-] m (-[e]s; sin pl) construcción f de máquinas; ~fabrik f fábrica f de maquinaria; ♀geschrieben escrito a máquina, mecanografiado; ~gewehr n ametralladora f; ~pistole f metralleta f, pistola f ametralladora; ~schreiben n (-s; sin pl) mecanografía f

Maschinist [maʃi'nist] m (-en; -en) maquinista m

'Maser|n [mɑːzərn] ☤ pl sarampión m; ~ung f (-; -en) vetas f/pl

'Mask|e ['maskə] f (-; -n) máscara f; (Schutz♀) careta f; (Verkleidung) disfraz m; ~enbildner m (-s; -) maquillador m; ♀ieren (h) disfrazar (als de)

Maß [mɑːs] n (-es; -e) medida f; (Mäßigung) moderación f; nach ~ a (la) medida; in hohem ~e en alto grado; in dem

~e wie a medida que, conforme; ~ nehmen tomar medida
Massage [ma'saːʒə] f (-; -n) masaje m
Masse ['masə] f (-; -n) masa f; v Menschen: a muchedumbre f
'**Massen|-abfertigung** ['masən-] f tratamiento m masificado; ~absatz m venta f en gran escala; ~andrang m afluencia f masiva; ~arbeitslosigkeit f desempleo m masivo; ~entlassung f despido m masivo; 2haft en grandes cantidades, en masa; ~karambolage f choque m od colisión f en cadena; ~medien n/pl medios m/pl de comunicación social; ~tourismus m turismo m de masas; ~verkehrsmittel n/pl medios m/pl de transporte colectivo; 2weise en masa
Mas'seur [ma'søːr] m (-s; -e), ~in f (-; -nen) masajista su
'**maß|gebend** ['maːs-], ~geblich ['-geːplɪç] j: competente; et: decisivo, determinante
massieren [ma'siːrən] (h) ⚕ dar un masaje (a)
'**mäßig** ['mɛːsɪç] moderado; Preis: módico; im Essen: frugal; im Trinken: sobrio; (mittel~) mediocre, regular; ~en ['--gən] (ge-, h): (sich) ~ moderar(se); (mildern) suavizar; 2ung f (-; sin pl) moderación f
Massiv [ma'siːf] n (-s; -e) macizo m
'**Maß|krug** ['maːs-] m jarro m de litro; 2los desmesurado; inmenso; ~nahme ['-naːmə] f (-; -n) medida f; ~nahmenkatalog m catálogo m de medidas; ~stab m auf Karten usw: escala f; fig in großem ~ en gran escala
Mast [mast]. **1.** f (-; -en) engorde m, ceba f; **2.** m (-[e]s; -e[n]) ⚓ palo m, mástil m; (Leitungs2) poste m; '~darm m recto m
mästen ['mɛstən] (ge-, h) engordar, cebar
Materi'al [materˈjaːl] n (-s; -ien [-jən]) material m; ~fehler m defecto m de material
Materie [-'teːrjə] f (-; -n) materia f
materiell [-ter'jɛl] material
Mathema|tik [-təmaˈtiːk] f (-; sin pl) matemáticas f/pl; 2tisch [--'maːtɪʃ] matemático
Matinee [-ti'neː] f (-; -n) función f matinal
Matratze [-'tratsə] f (-; -n) colchón m

Matrize [-'triːtsə] f (-; -n) matriz f
Matrose [-'troːzə] m (-n; -n) marinero m
matt [mat] débil, flojo, fatigado; (glanzlos) mate (a fot); Stimme, Augen, Farbe: apagado; Glas: opaco; Schach: mate; '2e f (-; -n) estera f; (Fuß2) felpudo m; '2scheibe f TV pequeña pantalla f
Mauer ['mauər] f (-; -n) muro m; (Stadt2) muralla f; (Wand) pared f
Maul [maul] n (-[e]s; ~er) boca f; (Schnauze) hocico m; '~esel m burdégano m; '~korb m bozal m; '~tier n mulo m, macho m; '~ **und 'Klauenseuche** f glosopeda f, fiebre f aftosa; '~wurf m (-[e]s; ~e) topo m
Maure ['maurə] m (-n; -n) moro m
Maurer ['-rər] m (-s; -) albañil m
'**Maur|in** ['-rɪn] f (-; -nen) mora f; 2isch moro
Maus [maus] f (-; ~e) a inform ratón m; '~efalle ['mauzə-] f ratonera f
Maut ['maut] f (-; -en) peaje m; '~gebühr f peaje m; '~stelle f ('~straße f) estación f (carretera f) de peaje
maxi|mal [maksi'maːl] máximo; adv como máximo; a lo sumo; 2mierung [--'miːruŋ] f (-; -en) maximización f
Mayonnaise [majo'nɛːzə] f (-; -n) mayonesa f
Mäzen [mɛ'tseːn] m (-s; -e) mecenas m
Me'chani|ker [me'çaːnikər] m (-s; -) mecánico m; 2sch mecánico; fig a maquinal; ~'sierung [---'ziːruŋ] f (-; -en) mecanización f; ~smus [--'nɪsmus] m (-; -men) mecanismo m
meckern ['mɛkərn] (ge-, h) Ziege: balar; F fig poner reparos a todo; quejarse
Medaille [me'daljə] f (-; -n) medalla f
'**Medien** ['meːdjən] n/pl medios m/pl de comunicación; ~spektakel n (-s; -) espectáculo m multimedia
Medikament [medikaˈmɛnt] n (-[e]s; -e) medicamento m, medicina f
Medium ['meːdjum] n (-s; -dien [-djən]) medio m
Medi'zin [medi'tsiːn] f (-; -en; als Fach sin pl) medicina f; 2isch médico; (arzneilich) medicinal
Meer [meːr] n (-[e]s; -e) mar su; '~aal m congrio m; '~blick m vista f al mar; '~enge f estrecho m; '~esfrüchte f/pl mariscos m/pl; '~esspiegel m nivel m del mar; '~rettich m rábano m picante;

Meersalz

'~salz n sal f marina; '~schweinchen ['-ʃvaɪnçən] n (-s; -) conejillo m de Indias, cobayo m; '~wasser n agua f de mar

Mehl [meːl] n (-[e]s; -e) harina f

mehr [meːr] más (**als** que, *vor Zahlen*: de); **nicht ~** *zeitlich*: ya no; **nichts ~** nada más; **~ oder weniger** más o menos; **et nicht ~** (*wieder*) **tun** no volver a hacer a/c

'**Mehr|-arbeit** f trabajo m adicional; **~aufwand** m, **~ausgabe** f aumento m de gastos; gasto m adicional; **~einnahme** f aumento m de ingresos; (*Überschuß*) excedente m; ♀**ere** ['-rərə] varios, diversos; ♀**fach** múltiple; *adv* repetidas veces; **~heit** f (-; -en) mayoría f; **~heitswahlrecht** n sistema m mayoritario; **~kosten** pl gastos m/pl suplementarios *od* adicionales; ♀**mals** ['-maːls] varias *od* repetidas veces; **~parteiensystem** n pluripartidismo m; ♀**stimmig** ['-ʃtɪmɪç] de varias voces; **~wegflasche** f botella f recuperable; **~wert** m plusvalía f; **~wertsteuer** f impuesto m sobre el valor añadido; **~zahl** f (-; *sin pl*) mayoría f; *gram* plural m

Meile ['maɪlə] f (-; -n) legua f; (*See♀*) milla f

mein [maɪn] mi; *der meine* el mío; *die* ♀**en** los míos

Meineid ['-ʔaɪt] m perjurio m; **e-n ~ leisten** jurar en falso, perjurar

meinen ['-nən] (ge-, h) pensar, creer, opinar; (*sagen wollen*) querer decir; **was ~ Sie dazu?** ¿qué le parece?; **das will ich ~!** ¡ya lo creo!; **wie Sie ~** como Vd. quiera; **er meint es gut** tiene las mejores intenciones

meinerseits ['-nərzaɪts] por (*od* de) mi parte

'**meinet|wegen** ['-nət-] por mí (**kann er gehen** que se vaya); **~!** ¡sea!; **~willen**: **um ~** por mí

'**Meinung** ['-nʊŋ] f (-; -en) opinión f, parecer m; **m-r ~ nach** en mi opinión; a mi modo de ver; **~sforschung** f sondeo m de opinión; **~sforschungs-institut** n instituto m de sondeo; **~s-umfrage** f encuesta f demoscópica

Meise ['-zə] zo f (-; -n) paro m

Meißel ['-səl] m (-s; -) escoplo m; *des Bildhauers*: cincel m

meist [maɪst]: **das ~e, die ~en** la mayoría *od* mayor parte (de); **am ~en** más; *s a* **~ens**; ♀**begünstigungsklausel** f cláusula f de nación más favorecida; '**~ens** la mayoría de las veces, en general

'**Meister** ['-stər] m (-s;-) maestro m; *dep* campeón m; ♀**haft** magistral; *adv* con maestría; **~in** f (-; -nen) *dep* campeona f; **~schaft** f (-; *sin pl*) maestría f; *dep* (*pl* -en) campeonato m; **~stück** n obra f maestra; **~werk** n obra f maestra

'**Melde|behörde** ['mɛldə-] f oficina f de registro; ♀**n** (ge-, h) declarar; (*ankündigen*) anunciar; (*anzeigen*) denunciar; (*mitteilen*) informar, dar parte (**j-m et** a alg de a/c); **sich ~** presentarse (**bei** a); *tel* contestar; *polizeilich*: registrarse; (**an~**) inscribirse; **~pflicht** f declaración f obligatoria (**a ♂**); *amtlich*: registro m obligatorio; **~zettel** m hoja f de inscripción *bzw* de registro

Meldung ['-dʊŋ] f (-; -en) (*Nachricht*) noticia f; (*Anzeige*) denuncia f; (*Mitteilung*) aviso m; parte m; (*Bericht*) informe m; (*An♀*) inscripción f

Melisse ♀ [me'lɪsə] f (-; -n) melisa f

melken ['mɛlkən] (molk, gemolken, h) ordeñar

Melodie [melo'diː] f (-; -n) melodía f

Melone [-'loːnə] f (-; -n) melón m; (*Wasser♀*) sandía f

Memoiren [memo'aːrən] pl memorias f/pl

'**Menge** ['mɛŋə] f (-; -n) cantidad f; (*große Anzahl*) multitud f; (*Menschen♀*) a muchedumbre f; **e-e ~** (*su*) gran número de; **~nrabatt** m descuento m por cantidad

Mensa ['mɛnza] f (-; -s, Mensen) comedor m universitario

Mensch [mɛnʃ] m (-en; -en) hombre m; persona f; **jeder ~** todo el mundo; **kein ~** nadie

'**Menschen|freund** m filántropo m; **~kenntnis** f conocimiento m de los hombres; ♀**leer** despoblado; desierto; **~menge** f multitud f, muchedumbre f, gentío m; **~rechte** n/pl derechos m/pl humanos *od* del hombre; ♀**scheu** huraño; **~seele** f: **keine ~** ni un alma (viviente); **~skind!** F ¡hombre!; ♀**-unwürdig** inhumano; **~verstand** m: **gesunder ~** sentido m común; ♀**würdig** humano

Mensch|heit f (-; sin pl) humanidad f; ⒧**lich** humano; **⁓lichkeit** f (-; sin pl) humanidad f

Menstruation [mɛnstrua'tsjoːn] f (-; -en) menstruación f

Mentalität [-tali'tɛːt] f (-; -en) mentalidad f

Menü [me'nyː] n (-s; -s) menú m (a inform), minuta f; (Gedeck) cubierto m (fijo)

Menuett [menu'ɛt] n (-[e]s; -e) minué m

Meridian [meri'djaːn] m (-s; -e) meridiano m

'Merk|blatt ['mɛrk-] n hoja f informativa od explicativa; ⒧**en** (ge-, h) notar, darse cuenta de; **sich et ⁓** recordar a/c; ⒧**lich** perceptible; (beträchtlich) considerable; **⁓mal** n (-s; -e) señal f; (Kennzeichen) característica f; ⒧**würdig** curioso, raro, extraño

Mesner ['mɛsnər] m (-s; -) sacristán m

'Meß|band ['mɛs-] n (-[e]s; ⁻er) cinta f métrica; ⒧**bar** mensurable

'Messe ['mɛsə] f (-; -n) rel misa f; ✝ feria f; **⁓ausweis** m pase m (de la feria); **⁓besucher(in** f) m ✝ feriante su; **⁓gelände** n recinto m ferial

messen ['-sən] (maß, gemessen, h) medir; **sich ⁓ mit** competir con

'Messeneuheit f novedad f de la feria

'Messer ['-sər] n (-s; -) cuchillo m; (Klapp⒧) navaja f; **⁓stich** m cuchillada f

'Messe|stadt f ciudad f de ferias; **⁓stand** m stand m

Messing ['mɛsiŋ] n (-s; sin pl) latón m

Messung ['mɛsuŋ] f (-; -en) medición f

Me'tall [me'tal] n (-s; -e) metal m; **⁓arbeiter** m (obrero m) metalúrgico m; **⁓industrie** f industria f metalúrgica; **⁓urgie** [--ur'giː] f (-; sin pl) metalurgia f; ⒧**verarbeitend** metalúrgico

Meteor [-te'oːr] m (-s; -en) meteorito m; **⁓ologe** [--oro'loːgə] m (-n; -n) meteorólogo m; **⁓ologie** [----lo'giː] f (-; sin pl) meteorología f

'Meter ['meːtər] m, a n (-s; -) metro m; **⁓maß** n (-es; -e) (Band) cinta f métrica; (Zollstock) metro m (plegable)

Me'thod|e [me'toːdə] f (-; -n) método m; ⒧**isch** metódico

metrisch ['meːtriʃ] métrico

Metropole [metro'poːlə] f (-; -n) metrópoli f

Mette ['mɛtə] f (-; -n) maitines m/pl

Mettwurst ['mɛtvurst] f especie de butifarra ahumada

Metzge|r ['mɛtsgər] m (-s; -) carnicero m; **⁓'rei** f (-; -en) carnicería f

Meuterei [mɔytə'raɪ] f (-; -en) motín m

Mexikan|er [mɛksi'kaːnər] m (-s; -), **⁓erin** f (-; -nen), ⒧**isch** mejicano m, -a f

miauen [mi'aʊən] (h) maullar

mich [miç] me; betont: a mí

Mieder ['miːdər] n (-s; -) corpiño m; (Korsett) corsé m, faja f

Miene ['miːnə] f (-; -n) cara f

mies F [miːs] malo, feo; **'⒧muschel** f mejillón m

'Miet|dauer ['miːt-] f duración f del alquiler; **⁓e** f (-; -n) alquiler m; ⒧**en** (ge-, h) alquilar; **⁓er** m (-s; -), **⁓erin** f (-; -nen) inquilino m, -a f; **⁓kauf** m alquiler-venta m; **⁓vertrag** m contrato m de alquiler (Wohnung: de inquilinato); **⁓wagen** m coche m de alquiler; **⁓wohnung** f piso m de alquiler

Migräne [mi'grɛːnə] f (-; -n) jaqueca f

'Mikro|chip ['mikro-] m microchip m; **⁓fiche** ['--fiʃ] m, n (-s; -s) microficha f; **⁓film** m microfilm(e) m; **⁓phon** [--'foːn] n (-s; -e) micrófono m; **⁓skop** [--'skoːp] n (-s; -e) microscopio m; **⁓wellenherd** m horno m microondas

Milch [milç] f (-; sin pl) leche f; **'⁓glas** n cristal m opalino; **'⁓kaffee** m café m con leche; **'⁓mixgetränk** n batido m; **'⁓pulver** n leche f en polvo; **'⁓reis** m arroz m con leche; **'⁓straße** astr f vía f láctea; **'⁓tüte** f bolsa f de leche; **'⁓zahn** m diente m de leche

mild [milt], **⁓e** ['-də] suave; Wetter: apacible; Klima: templado; j: indulgente; Strafe: leve; ⒧**e** ['-də] f (-; sin pl) suavidad f; j-s: indulgencia f; **'⁓ern** (ge-, h) templar, suavizar; (lindern) mitigar, aliviar; **⁓der Umstand** circunstancia f atenuante

Milieu [mil'jøː] n (-s; -s) ambiente m, medio m

Mili'tär [mili'tɛːr] n (-s; -e) ejército m; soldados m/pl; **er ist beim ⁓** está en filas; **⁓attaché** m agregado m militar; ⒧**isch** militar

Militarismus [--ta'rismus] m (-; sin pl) militarismo m

Milli|arde [mil'jardə] f (-; -n) mil millones m/pl; **⁓meter** [mili'-] m, a n milímetro m

Million 418

Million [mil'jo:n] f (-; -en) millón m; **~är** [-jo'nɛ:r] m (-s; -e), **~ärin** f (-; -nen) millonario m, -a f

Milz [milts] f (-; -en) bazo m

Mimose ♀ [mi'mo:zə] f (-; -n) mimosa f, sensitiva f

Minarett [mina'rɛt] n (-s; -e) alminar m, minarete m

'minder ['mindər] menor; (geringer) inferior; adv menos; **⊆einnahme** f déficit m de ingresos; **⊆heit** f (-; -en) minoría f; **⊆heitsregierung** f gobierno m minoritario; **~jährig** menor (de edad); **~n** (ge-, h) reducir, disminuir; **⊆ung** f (-; -en) reducción f, disminución f; **~wertig** ['--ve:rtiç] (de calidad) inferior; de escaso valor

'mindest ['-dəst]: das **~e** lo menos; nicht das **~e** ni lo más mínimo; nicht im **~en** de ningún modo; **~ens** por lo (od al) menos; como mínimo; **⊆gebot** n postura f mínima; **⊆lohn** m salario m mínimo

Mine ['mi:nə] f (-; -n) a Kugelschreiber: mina f

Mine'ral [mine'raːl] n (-s; -e) mineral m; **~öl** n aceite m mineral; **~ölsteuer** f impuesto m sobre los aceites minerales; **~quelle** f fuente f de aguas minerales; **~wasser** n agua f mineral

'Mini|bus ['mini-] m microbús m; **~golf** n a Anlage: minigolf m; **~rock** m minifalda f

Mi'nister [-'nistər] m (-s; -), **~in** f (-; -nen) ministro m, -a f; **~ium** [--'te:rjum] n (-s; -ien) ministerio m; **~präsident(in** f) m Presidente m, -a f del Consejo; primer(a) ministro m (-a f); Esp presidente m del gobierno

'minus ['mi:nus] **1.** adv menos; 3 Grad **~** tres grados bajo cero; **2.** ⊆ n inv → ⊆betrag m ✝ déficit m; **⊆zeichen** n (signo m de) menos m

Mi'nute [mi'nu:tə] f (-; -n) minuto m; **~nzeiger** m minutero m

mir [mi:r] me; betont: a mí; **mit ~** conmigo; ein Freund von **~** un amigo mío

Mirabelle ♀ [mira'bɛlə] f (-; -n) ciruela f amarilla od mirabel

'Misch|brot ['miʃ-] n pan m integral; **⊆en** (ge-, h) mezclar; Karten: barajar; **sich ~ in** (ac) (entre)meterse en; **~gemüse** n macedonia f de verduras; **~ung** f (-; -en) mezcla f

miserabel [mizə'ra:bəl] miserable; malísimo, pésimo

'Miß|-achtung ['mis²-] f (-; sin pl) desprecio m, desdén m; **~bildung** f (-; -en) deformación f; deformidad f; **⊆'billigen** (h) desaprobar; **'~brauch** m (-s; **~e**) abuso m; **⊆'brauchen** (h) abusar de (a Frau); **⊆bräuchlich** ['-brɔʏçliç] abusivo; **~erfolg** m fracaso m; **~ernte** f mala cosecha f

'Miß|fallen ['misfalən] n (-s; sin pl) desagrado m, disgusto m; **~geschick** n mala suerte f, desgracia f, adversidad f; **⊆'glücken** (sn) fracasar, malograrse; salir mal; **⊆'handeln** (h) maltratar; **~'handlung** f malos tratos m/pl

Mission [mis'jo:n] f (-; -en) misión f; **~ar** [-jo'na:r] m (-s; -e) misionero m

'Miß|klang ['misklaŋ] m disonancia f (a fig); **⊆lingen** [-'liŋən] (mißlang, mißlungen, sn) fracasar; **j-m ~** salir mal a alg; **~mut** m mal humor m; **⊆'trauen** (h) (dat) desconfiar de; **~trauen** n (-s; sin pl) desconfianza f; **~trauensvotum** n voto m de censura; **⊆trauisch** desconfiado (gegen de); receloso; **⊆verständlich** equívoco; **~verständnis** n (-ses; -se) equivocación f, malentendido m; **⊆verstehen** (mißverstand, mißverstanden, h) entender od interpretar mal; **~wirtschaft** f (-; sin pl) desgobierno m, mala gestión f

Mist [mist] m (-[e]s; sin pl) estiércol m; F fig porquería f; (Unsinn) tonterías f/pl; **'~haufen** m estercolero m

mit [mit] (dat) con; Mittel: por; por medio de; **~ der Post** por correo; **~ dem Zug** en tren; **~ 20 Jahren** a los veinte años; **~ blonden Haaren** de cabellos rubios

'Mit|-arbeit f colaboración f, cooperación f; **⊆-arbeiten** (sep, -ge-, h) colaborar, cooperar (bei en); **~-arbeiter(in** f) m colaborador(a f) m; **~-arbeiterstab** m equipo m de colaboradores; **~bestimmung** f (-; sin pl) cogestión f; **⊆bringen** (irr, sep, -ge-, h, → bringen) traer; **~bringsel** ['-briŋzəl] n (-s; -) pequeño regalo m; **~eigentümer(in** f) m copropietario m, -a f; **⊆-ein-'ander** uno(s) con otro(s); juntos; **~esser** ✝ m comedón m, espinilla f; **⊆fahren** (irr, sep, -ge-, sn, → fahren) ir (mit con), acompañar (a); **~fahrerzentrale** f central f de viajes compartidos; ~**fahrgelegenheit** f viaje m compartido; ~**gefühl** n simpatía f; (Beileid) pésame m; ~**glied** n miembro m; e-s Vereins usw: socio m; ~**gliedsbeitrag** m cuota f (de socio); ~**gliedskarte** f carnet m de socio; ~**gliedsland** n país m miembro; 2**kommen** (irr, sep, -ge-, sn, → *kommen*) ir (*mit* con), acompañar (a); fig (poder) seguir; ~**laut** gram m consonante f; ~**leid** n (-[e]s; sin pl) compasión f; piedad f; 2**leidig** compasivo; 2**machen** (sep, -ge-, h) ser de la partida; participar (*bei* en); Mode usw: seguir; (ertragen) sufrir; 2**nehmen** (irr, sep, -ge-, h, → *nehmen*) llevarse, llevar consigo; *hart, arg* ~ dejar malparado; ~**reisende** m/f compañero m, -a f de viaje; 2**reißen** (irr, sep, -ge-, h, → *reißen*) arrastrar; fig entusiasmar; apasionar; 2**schreiben** (irr, sep, -ge-, h, → *schreiben*) tomar apuntes; 2**schuldig** cómplice (*an dat* en); 2**spielen** (sep, -ge-, h) tomar parte en el juego; *j-m übel* ~ jugar una mala partida a alg

'**Mittag** ['mɪtɑːk] m (-[e]s; -e) mediodía m; *zu* ~ *essen* almorzar, comer; ~**essen** n almuerzo m, comida f; 2s a mediodía; ~**shitze** f calor m de mediodía; ~**s-pause** f hora f de almorzar; ~**sruhe** f, ~**sschlaf** m siesta f; ~ *halten* dormir la siesta; ~**szeit** f (hora f del) mediodía m

Mitte ['mɪtə] f (-; -n) medio m, centro m; ~ *Mai* a mediados de mayo

'**mitteil|en** ['mɪt-taɪlən] (sep, -ge-, h) comunicar, participar; avisar, informar (de); 2**ung** f (-; -en) comunicación f, participación f

'**Mittel** ['mɪtəl] n (-s; -) medio m; (Ausweg) recurso m; ✚ remedio m; pl (Geld2) a recursos m/pl, fondos m/pl; ~**alter** n (-s; sin pl) Edad f Media; 2-**alterlich** medieval; 2-**amerikanisch** centroamericano; ~**finger** m dedo m medio *od* del corazón; 2**fristig** a medio plazo; 2**groß** de tamaño mediano; j: de estatura mediana; ~**klasse** f categoría f media; ~**klassewagen** m coche m de categoría media; 2**los** sin medios *od* recursos; 2**mäßig** mediocre; mediano, regular; ~**meerklima** n clima m mediterráneo; ~**meerraum** m región f mediterránea; ~**ohr-entzündung** f otitis f

media; ~**punkt** m centro m (*a fig*); 2**s** (*gen*) por medio de, mediante; ~**stand** m clase f media; ~**streifen** m Autobahn: (franja f) mediana f; ~**welle** f onda f media

mitten ['mɪtən]: ~ *in* en medio de; en el centro de; ~ *im Winter* en pleno invierno

Mitternacht ['-tərnaxt] f medianoche f (*um* a)

mittler ['-lər] adj medio; central; (*durchschnittlich*) mediano

Mittwoch ['-vɔx] m miércoles m

mit|unter [mɪt'ʔʊntər] de vez en cuando; '2**wirkung** f (-; sin pl) cooperación f, concurso m, participación f; *unter* ~ *von* con la colaboración de

'**Mix|er** ['mɪksər] m (-s; -) barman m; (Gerät) batidora f; ~**getränk** n batido m

'**Möbel** ['møːbəl] n (-s; -) mueble m; ~**wagen** m camión m de mudanzas

mobilisieren [mobili'ziːrən] (h) *a fig* movilizar

möbliert [mø'bliːrt] amueblado

'**Mode** ['moːdə] f (-; -n) moda f; *neueste* ~ última moda; (*in*) ~ *sn* estar de moda *od fig* en boga; ~**farbe** f color m de moda; ~**geschäft** n tienda f de modas

Modell [mo'dɛl] n (-s; -e) modelo m; (Person) modelo su; △ maqueta f

'**Mode|macher** ['moːdə-] m modisto m; ~**nschau** f desfile m de modelos

Moder|ator [mode'rɑːtɔr] m (-s; -toren [-'toːrən]), ~**a'torin** [-ra'toːrɪn] f (-; -nen) TV usw: moderador(a f) m, presentador(a f) m; 2**ieren** [--'riːrən] (h) moderar, presentar

modern [mo'dɛrn] moderno; 2**i'sierung** f (-; -en) modernización f

'**Mode|salon** ['moːdəzalɔŋ] m salón m de modas; ~**schmuck** m bisutería f; ~**schöpfer** m modisto m; ~**zeitschrift** f revista f de modas

modisch ['-dɪʃ] de moda

Mofa ['moːfa] n (-s; -s) velomotor m

mogeln ['moːgəln] F (ge-, h) hacer trampa

mögen ['møːgən] (mochte, gemocht, h) (*können, dürfen*) poder; (*wünschen*) querer; *a Speise*: gustar; *lieber* ~ preferir; *ich mag ihn sehr gern* le aprecio mucho; *ich möchte* (*gern*) quisiera; (*es*) *mag sn* puede ser, es posible

möglich

'**möglich** ['mø:kliç] posible; *alles* ~e todo lo posible; *das ist gut od leicht* ~ es muy posible; ~**er'weise** posiblemente; a lo mejor; ♀**keit** *f* (-; -en) posibilidad *f*; ~**st: sein** ~**es tun** hacer todo lo posible; ~ *bald* cuanto antes
Mohammedan|er [mohame'dɑ:nər] *m* (-s; -), ~**erin** *f* (-; -nen), ♀**isch** mahometano *m*, -a *f*
Mohn ♀ [mo:n] *m* (-[e]s; -e) adormidera *f*; (*Klatsch*♀) amapola *f*
Möhre ♀ ['mø:rə] *f* (-; -n), **Mohrrübe** ['mo:ry:bə] *f* zanahoria *f*
Mokka ['mɔka] *m* (-s; -s) moca *m*
Mole ⚓ ['mo:lə] *f* (-; -n) muelle *m*
Molkerei [mɔlkə'rai] *f* (-; -en) lechería *f*
Moll ♪ [mɔl] *n* (-; *sin pl*) modo *m* menor
mollig ['-liç] (*rundlich*) regordete
Moment [mo'mɛnt] *m* (-[e]s; -e) momento *m*, instante *m*; ♀**an** [--'tɑ:n] momentáneo; *adv* de momento
Monarchie [monar'çi:] *f* (-; -n) monarquía *f*
'**Monat** ['mo:nat] *m* (-[e]s; -e) mes *m*; ♀**lich** mensual; *adv* por (*od* al) mes; **100 Mark** ~ cien marcos mensuales; ~**s-einkommen** *n* ingresos *m/pl* mensuales; sueldo *m* mensual; ~**skarte** *f* billete *m od* abono *m* mensual; ~**srate** *f* mensualidad *f*; ~**sschrift** *f* revista *f* mensual
Mönch [mœnç] *m* (-[e]s; -e) monje *m*, fraile *m*
Mond [mo:nt] *m* (-[e]s; -e) luna *f*; '~**finsternis** *f* eclipse *m* lunar; '~**schein** *m* claro *m* de luna; *im* ~ a la luz de la luna
mone|tär [mone'tɛ:r] monetario; ♀**ten** [-'ne:tən] F *pl* F pasta *f*
Monitor ['mo:nitɔr] *m* (-s; -en [-'to:rən]) monitor *m*
Mono|gramm [mono'gram] *n* (-s; -e) monograma *m*; ~**log** [--'lo:k] *m* (-[e]s; -e) monólogo *m*; ~**pol** [--'po:l] *n* (-s; -e) monopolio *m*; ♀**ton** [--'to:n] monótono
Mon|stranz [mɔn'strants] *f* (-; -en) custodia *f*; ~**strum** ['-strum] *n* (-s; -ren) monstruo *m*
Montag ['mo:ntɑ:k] *m* lunes *m*
Mon|tage [mɔn'tɑ:ʒə] *f* (-; -n) montaje *m* (*a Film*); ensamblaje *m*; ~**tan-industrie** [mɔn'tɑ:n-] *f* industria *f* del carbón y del acero; ~'**tan-union** *f* Comunidad *f* Europea del Carbón y del Acero; ~**teur** [-'tø:r] *m* (-s; -e) montador *m*; mecánico

m; ♀'**tieren** (h) montar, ensamblar; instalar
Moor [mo:r] *n* (-[e]s; -e) pantano *m*; '~**bad** *n* baño *m* de lodo *od* fango
Moos ♀ [mo:s] *n* (-es; -e) musgo *m*; (*sin pl*) F (*Geld*) F pasta *f*
Mop [mɔp] *m* (-s; -s) mopa *f*
Moped ['mo:pɛt] *n* (-s; -s) ciclomotor *m*
Mo'ral [mo'rɑ:l] *f* (-; *sin pl*) (*Sittenlehre*) moral *f* (*a* ✕ *der Truppe*); *e-r Fabel*: moraleja *f*; (*Tugend*) moralidad *f*; ♀**isch** moral
Mo'rast [-'rast] *m* (-[e]s; -e) fango *m*, lodo *m*, cieno *m*; ♀**ig** fangoso
Morchel ['mɔrçəl] *f* (-; -n) colmenilla *f*
Mord [mɔrt] *m* (-[e]s; -e) asesinato *m*; ♀**en** ['-dən] (ge-, h) asesinar
Mörder ['mœrdər] *m* (-s; -), ~**in** *f* (-; -nen) asesino *m*, -a *f*
'**Mord|kommission** ['mɔrt-] *f* brigada *f* de homicidios; ~**skrach** F *m* ruido *m* infernal; ~**versuch** *m* tentativa *f* de asesinato
'**Morgen** ['mɔrgən] **1.** *m* (-s; -) mañana *f*; *guten* ~ buenos días; *heute* ♀ esta mañana; *gestern* ♀ ayer por la mañana; **2.** ♀ *adv* mañana; ~ *in 14 Tagen* de mañana en quince días; ~**grauen** *n*: *im* ~ al amanecer; ~**rock** *m* bata *f*; ♀**s** por la mañana, de (la) mañana; ~**zeitung** *f* (periódico *m*) matutino *m*
morgig ['-giç] de mañana
Morphium ['mɔrfium] *n* (-s; *sin pl*) morfina *f*
morsch [mɔrʃ] podrido
Mörtel ['mœrtəl] *m* (-s; -) mortero *m*
Mosaik [moza'i:k] *n* (-s; -en) mosaico *m*
Moschee [mɔ'ʃe:] *f* (-; -n) mezquita *f*
Mos'kito [mɔs'ki:to] *m* (-s; -s) mosquito *m*; ~**netz** *n* mosquitero *m*
Moslem ['-lɛm] *m* (-s; -s) musulmán *m*
Most [mɔst] *m* (-[e]s; -e) mosto *m*; (*Apfel*♀) sidra *f*
Mostrich ['-triç] *m* (-s; *sin pl*) mostaza *f*
Motel [mo'tɛl] *n* (-s; -s) motel *m*
Motiv [-'ti:f] *n* (-s; -e) motivo *m* (*a* ♪)
Motor ['mo:tɔr, mo'to:r] *m* (-s; -en [-'to:rən]) motor *m*; ~**boot** *n* gasolinera *f*, (lancha *f*) motora *f*; ~**haube** *f* capó *m*; ♀**isieren** [-tori'zi:rən] (h) motorizar; ~**öl** *n* aceite *m* para motores; ~**rad** *n* motocicleta *f*, F moto *f*; ~ *fahren* ir en moto(cicleta); ~**radfahrer(in** *f*) *m* motociclista *su*; ~**roller** *m* escúter *m*;

~schaden *m* avería *f* del motor; ~sport *m* motorismo *m*
'Motte ['mɔtə] *f* (-; -n) polilla *f*; ~nkugel *f* bola *f* antipolilla
Möwe ['mø:və] *f* (-; -n) gaviota *f*
'Mücke ['mykə] *f* (-; -n) mosquito *m*; ~nstich *m* picadura *f* de mosquito
'müd|e ['my:də] cansado, fatigado; 2igkeit *f* (-; *sin pl*) cansancio *m*, fatiga *f*
muffig ['mufiç]: ~ riechen oler a encerrado
'Mühe ['my:ə] *f* (-; -n) trabajo *m*, esfuerzo *m*; molestia *f*; sich (*dat*) ~ geben zu (*inf*) esforzarse por; sich (*dat*) die ~ machen zu (*inf*) tomarse la molestia de; 2los sin esfuerzo
muhen ['mu:ən] (ge-, h) mugir
Mühle ['my:lə] *f* (-; -n) molino *m*
mühsam ['-za:m] penoso; laborioso
Mulatt|e [mu'latə] *m* (-n; -n), ~in *f* (-; -nen) mulato *m*, -a *f*
Mulde ['muldə] *f* (-; -n) (*Erd*2) hondonada *f*
Müll [myl] *m* (-s; *sin pl*) basura(s) *f*(*pl*); '~abfuhr *f* recogida *f* de basuras; '~beutel *m* bolsa *f* de basura
Mullbinde ['mulbində] *f* venda *f* de gasa
'Müll|container ['myl-] *m* contenedor *m* de basuras; ~deponie *f* vertedero *m* de basuras; ~eimer *m* cubo *m* de (la) basura
Müller ['-lər] *m* (-s; -) molinero *m*
'Müll|fahrer *m*, ~mann F *m* basurero *m*; ~schlucker *m* (-s; -) evacuador *m* de basuras; ~tonne *f* cubo *m* de basura; ~verbrennungs-anlage *f* planta *f* incineradora de basuras
'multi... ['multi] multi...; 2 F *m* (-s; -s) multinacional *f*; ~kulturell multicultural; ~lateral multilateral; ~national multinacional
multiplizieren [--pli'tsi:rən] (h) multiplicar
Mumie ['mu:mjə] *f* (-; -n) momia *f*
Mumps ♣ [mumps] *m* (-; *sin pl*) paperas *f*/*pl*, parotiditis *f*
Mund [munt] *m* (-[e]s; ⁻er) boca *f*; den ~ halten callar la boca; '~art *f* dialecto *m*
münden ['myndən] (ge-, sn, h) desembocar (*in ac* en)
Mundharmonika ['munt-] *f* armónica *f*
mündig ['myndiç] mayor de edad
mündlich ['myntliç] oral; verbal

M-und-S-Reifen ['ɛmʔunt'ɛs-] *m*/*pl* neumáticos *m*/*pl* para barro y nieve
Mundstück ['munt-] *n* boquilla *f* (*a* ♪)
Münc̄ g ['myndun] *f* (-; -en) (*Fluß*2) desembocadura *f*; (*Gewehr*2) boca *f*
'Mund|wasser ['munt-] *n* agua *f* dentífrica; ~werk *n*: *ein gutes* ~ *haben* tener mucha labia; ~-zu-'Mund-Beatmung *f* (respiración *f* de) boca a boca *m*
Munition [muni'tsjo:n] *f* (-; *sin pl*) munición *f*
Münster ['mynstər] *n* (-s; -) catedral *f*
munter ['muntər] alegre, vivo; (*wach*) despierto
'Münz|e ['myntsə] *f* (-; -n) moneda *f*; (*Gedenk*2) medalla *f*; ~(en)sammler *m* numismático *m*; ~fernsprecher *m* teléfono *m* público de monedas; ~tankstelle *f* gasolinera *f* de monedas
'mürbe ['myrbə] (*brüchig*) frágil; (*zart*) tierno (*a Fleisch*); (*durchgekocht*) bien cocido; 2teig *m* pastaflora *f*
'Murmel ['murməl] *f* (-; -n) canica *f*; 2n (ge-, h) murmurar; ~tier *n* marmota *f*
murren ['murən] (ge-, h) murmurar, quejarse (*über ac* de)
mürrisch ['myriʃ] gruñón, malhumorado
Mus [mu:s] *n* (-es; -e) compota *f*
'Muschel ['muʃəl] *f* (-; -n) concha *f*; gastr (*Mies*2) mejillón *m*; (*Venus*2) almeja *f*; *tel* auricular *m*; ~schale *f* concha *f*
Museum [mu'ze:um] *n* (-s; -seen) museo *m*
Musik [mu'zi:k] *f* (-; *sin pl*) música *f*
Musika|lienhandlung [muzi'ka:ljən-] *f* casa *f* de música; 2lisch [--'ka:liʃ] musical; ~ *sn* tener talento musical
Mu'sik|box [-'zi:kbɔks] *f* máquina *f* tocadiscos; ~er ['mu:zikər] *m* (-s; -), ~erin *f* (-; -nen) músico *m*, -a *f*; ~instrument *n* instrumento *m* de música; ~stück *n* pieza *f* de música
musizieren [-zi'tsi:rən] (h) hacer música
Muskat [mus'ka:t] *m* (-[e]s; -e), ~nuß *f* nuez *f* moscada
Muskateller [-ka'tɛlər] *m* (-s; -), ~wein *m* (vino *m*) moscatel *m*
'Muskel ['-kəl] *m* (-s; -n) músculo *m*; ~kater F *m* agujetas *f*/*pl*; ~krampf *m* calambre *m*; ~zerrung ♣ *f* distensión *f* muscular
muskulös [-ku'lø:s] muscoloso

Muße ['muːsə] f (-; sin pl) ocio m
müssen ['mysən] (mußte, gemußt, h) (äußerer Zwang) tener que; (innerer Zwang) deber; (Annahme) **er muß zu Hause sn** debe de estar en casa; **man muß** hay que (inf)
müßig ['myːsiç] desocupado; (nutzlos) inútil
'**Muster** ['mustər] n (-s; -) modelo m (a fig); (Stoff2) dibujo m; ♥ muestra f (ohne Wert sin valor); ⚶**gültig**, ⚶**haft** ejemplar; ~**kollektion** f muestrario m; ~**messe** f feria f de muestras; ⚶**n** (ge-, h) examinar; ♥ tallar; ~**ung** f (-; -en) ⚔ revisión f médica
Mut [muːt] m (-[e]s; sin pl) ánimo m, valor m; **j-m ~ machen** alentar a alg; **den ~ verlieren** desanimarse; **nur ~!** ¡ánimo!; '⚶**ig** animoso, valiente; '⚶**los** desanimado, desalentado
'**mutmaß**|**lich** ['-maːsliç] presunto, supuesto, probable; ⚶**ung** f (-; -en) conjetura f, presunción f
'**Mutter** ['mutər] f: **a)** (-; ⚶) madre f; **b)** (-; -n) (Schrauben2) tuerca f;
~'**gottes** f (-; sin pl) Nuestra Señora f
'**mütterlich** ['mytərliç] maternal; materno; ~**erseits** [---çərzaits] (por el lado) materno
'**Mutter**|**liebe** ['mutər-] f amor m maternal; ~**mal** n lunar m; ~**milch** f leche f materna; ~**schaft** f (-; sin pl) maternidad f; ~**schafts-urlaub** m vacaciones f/pl por maternidad; ~**schutz** m protección f de la maternidad; ~**sprache** f lengua f materna; ~**tag** m día m de la Madre
Mutti F ['muti] f (-; -s) mamá f, mamaíta f
mutwillig ['muːt-] malicioso; travieso; (vorsätzlich) intencionado
Mütze ['mytsə] f (-; -n) gorro m; (Schirm2) gorra f
mysteri|**ös** [myster'jøːs] misterioso; ⚶**um** [-'teːrjum] n (-s; -ien [-jən]) misterio m
'**Mysti**|**k** ['mystik] f (-; sin pl) mística f; ⚶**sch** místico
Myth|**ologie** [mytolo'giː] f (-; -n) mitología f; ~**os** ['myːtɔs] m (-; -then) mito m

N

N, n [ɛn] n (-; -) N, n f
na! F [na] ¡pues!; **~ so was!** ¡vaya!; ¡hombre!; **~ und?** ¿y qué?; **~ ja!** ¡bueno!
Nabe ⚙ ['naːbə] f (-; -n) cubo m
Nabel ['-bəl] m (-s; -) ombligo m
nach [naːx] **1.** prp (dat): **a)** räumlich: a; para; hacia; **~ Spanien fahren** ir a España; **~ Madrid** (ab)**reisen** salir para Madrid; **~ Osten** hacia el este; **b)** zeitlich u Reihenfolge: después de; **~ drei Tagen** a los tres días; **~ zehn Jahren** al cabo de diez años; **zehn Minuten ~ drei** (a) las tres y diez; **~ Ihnen!** ¡Vd. primero!; **einer ~ dem ander(e)n** uno tras otro; **c)** (gemäß) según, conforme a; **~ m-r Meinung** en mi opinión; **~ m-m Geschmack** a mi gusto; **~ der neuesten Mode** a la última moda; **2.** adv: **~ und ~** poco a poco; **~ wie vor** ahora (od hoy) como antes; **das ist ~ wie vor**
interessant esto sigue siendo interesante
'**nachahm**|**en** ['-ʔaːmən] (sep, -ge-, h) imitar; ⚶**ung** f (-; -en) imitación f; (Fälschung) falsificación f
'**Nachbar** ['naxbaːr] m (-n; -n), ~**in** f (-; -nen) vecino m, -a f; ~**schaft** f (-; sin pl) vecindad f; vecinos m/pl
'**nach**|**bestellen** ['naːx-] (sep, h) hacer un pedido suplementario; ⚶**bestellung** f pedido m suplementario; ⚶**bildung** f (-; -en) copia f, imitación f; reproducción f; ~**blicken** (sep, -ge-, h) (dat) seguir con los ojos
nachdem [nax'deːm] después (de) que; después de (inf)
'**nach**|**denken** ['naːxdɛŋkən] reflexionar (über ac sobre); meditar (sobre); pensar (ac); ~**denklich** pensativo; ⚶**druck** m (-s; sin pl) ahínco m, énfasis m; tip (pl

-e) reproducción f, reimpresión f; ~**legen auf** (ac) poner énfasis en, insistir en; ~**drücklich** ['-dryklɪç] enérgico; ~**eifern** (sep, -ge-, h) (dat) emular; '~**ei'nander** uno tras otro

'**Nach|folge** f (-; sin pl) sucesión f; ⚲**folgen** (sep, -ge-, sn) suceder a; ⚲**folgend** siguiente; consecutivo; ~**folger** m (-s; -), ~**folgerin** f (-; -nen) sucesor(a f) m; ⚲**forschen** (sep, -ge-, h) investigar, indagar; ~**forschung** f (-; -en) investigación f, indagación f; pesquisa f; ~**frage** ✝ f (-; -n) demanda f (**nach** de); ⚲**fragen** (sep, -ge-, h) preguntar; ⚲**füllen** (sep, -ge-, h) rellenar; ⚲**geben** (irr, sep, -ge-, h, → **geben**) ceder; Preise: bajar; Stoff: dar de sí; ⚙ ser elástico; ~**gebühr** f sobretasa f; ⚲**gehen** (irr, sep, -ge-, sn, → **gehen**) j-m: ir tras, seguir (ac); e-r Sache: ocuparse de; Geschäften: dedicarse a; Vergnügungen: entregarse a; Uhr: ir atrasado; ~**geschmack** m gustillo m, resabio m; fig deje m; ⚲**giebig** ['-giːbɪç] flexible, elástico; fig indulgente, transigente (**gegenüber** con); '⚲**'her** después; más tarde; **bis** ~**!** ¡hasta luego!; ~**hilfestunde** f clase f particular (de repaso); ⚲**holen** (sep, -ge-, h) recuperar

'**Nachkomme** ['-kɔmə] m (-n; -n) descendiente m; ⚲**n** (irr, sep, -ge-, sn, → **kommen**) (dat) seguir (a fig); später: llegar más tarde; e-r Pflicht: cumplir con; e-r Bitte: acceder a

'**Nach|kriegszeit** f posguerra f; ~**laß** ['-las] m (-sses; ⁻sse) ✝ rebaja f, descuento m; ⚖ herencia f; ⚲**lassen** (irr, sep, -ge-, h, → **lassen**) v/i (sich vermindern) disminuir; Wind: amainar; Schmerz: ceder

nachlässig ['-lɛsɪç] negligente, descuidado

Nachlaßverwalter ['nɑːxlas-] m administrador m de la herencia

'**nach|laufen** (irr, sep, -ge-, sn, → **laufen**) (dat) correr tras; perseguir; ~**liefern** (sep, -ge-, h) entregar más tarde; enviar lo que falta; ~**lösen** (sep, -ge-, h) Fahrkarte: tomar un suplemento; ~**machen** (sep, -ge-, h) imitar, copiar

'**Nachmittag** m (-s; -e) tarde f; **heute** ⚲ esta tarde; **morgen** ⚲ mañana por la tarde; ⚲**s** por la tarde; ~**s...**: in Zssgn de la tarde

'**Nach|nahme** ['-nɑːmə] f (-; -n) re(e)mbolso m (**gegen** contra); ~**name** m apellido m; ⚲**prüfen** (sep, -ge-, h) verificar, comprobar; ⚲**rechnen** (sep, -ge-, h) repasar (una cuenta); ⚲**reisen** (sep, -ge-, sn) (dat) seguir (ac)

'**Nachricht** ['-rɪçt] f (-; -en) noticia f, información f; ~**en** pl TV, Radio: noticias f/pl; ~**en-agentur** f agencia f de noticias; ~**ensatellit** m satélite m de comunicaciones

'**Nach|saison** f temporada f baja; ⚲**schicken** (sep, -ge-, h) s **nachsenden**; ~**schlagewerk** n obra f de consulta; ~**schlüssel** m llave f falsa; ⚲**sehen** (irr, sep, -ge-, h, → **sehen**) (prüfen) examinar; ~, **ob** ir a ver si; **j-m et** ~ (verzeihen) dejar pasar, perdonar a/c a alg; ~**sende-antrag** m solicitud f de reexpedición; ⚲**senden** (irr, sep, -ge-, h, → **senden**) reexpedir, hacer seguir; ⚲**sichtig** ['-zɪçtɪç] indulgente; ~**speise** f postre m; ⚲**sprechen** (irr, sep, -ge-, h, → **sprechen**) repetir

nächst [nɛːçst] Entfernung: el más cercano; Reihenfolge: próximo (**a** zeitlich); Verwandte: más cercano; Weg: más corto; ~**e Woche** la semana que viene (od próxima); **in ~er Zeit** próximamente; **der ~e, bitte!** ¡el siguiente!; '⚲**e** m/f (-n; -n) (Mitmensch) prójimo m, -a f

'**nachstellen** (sep, -ge-, h) Uhr: retrasar; ⚙ ajustar

Nacht [naxt] f (-; ⁻e) noche f; **bei** ~ de noche; **heute** ⚲ esta noche; **gute** ~**!** ¡buenas noches!; '~**dienst** m servicio m nocturno

'**Nachteil** ['nɑːxtaɪl] m desventaja f, inconveniente m; **zum** ~ **von** en perjuicio de; ⚲**ig** desventajoso, perjudicial

'**Nacht|essen** ['naxt?-] n cena f; ~**fahrverbot** n prohibición f de circular de noche; ~**flug** m vuelo m nocturno; ~**hemd** n camisón m

Nachtigall ['-tigal] f (-; -en) ruiseñor m

Nachtisch ['nɑːxtɪʃ] m postre m

'**Nacht|leben** ['naxt-] n vida f nocturna; ~**lokal** n club m nocturno; ~**portier** m portero m de noche

'**nach|tragen** ['nɑːx-] (irr, sep, -ge-, h, → **tragen**) (hinzufügen) añadir; **j-m et** ~ guardar rencor a alg por a/c; ~**tragend** rencoroso; ~**träglich** ['-trɛːklɪç] ulterior, posterior; adv posteriormente

Nacht|ruhe ['naxt-] *f* reposo *m* nocturno; ⚆s de noche, durante la noche
'Nacht|schicht *f* turno *m* de noche; ~**schwester** *f* enfermera *f* de noche; ~**tisch** *m* mesita *f* de noche; ~**tischlampe** *f* lámpara *f* de cabecera; ~**wächter** *m* vigilante *m* nocturno, sereno *m*
'Nachweis ['naːxvaɪs] *m* (-es; -e) prueba *f*; ⚆**en** (*irr, sep, -ge-, h,* → *weisen*) probar, demostrar
'Nach|wirkung *f* consecuencia *f*; repercusión *f*; ~**wuchs** *m* (-es; *sin pl*) *fig* nueva generación *f*; *bsd dep* cantera *f*; F (*Kinder*) prole *f*; ⚆**zahlen** (*sep, -ge-, h*) pagar un suplemento; ⚆**zählen** (*sep, -ge-, h*) recontar; ~**zahlung** *f* pago *m* suplementario; ~**zügler** ['-tsyːɡlər] *m* (-s; -) rezagado *m*
Nacken ['nakən] *m* (-s; -) nuca *f*, cerviz *f*
nackt [nakt] desnudo (*a fig*); F en cueros; '⚆**badestrand** *m* playa *f* nudista
'Nadel ['naːdəl] *f* (-; -n) aguja *f* (*a* ⚙); (*Steck*⚆) alfiler *m*; 🌿 pinocha *f*; ~**baum** *m* conífera *f*; ~**öhr** *n* ojo *m* de la aguja; ~**stich** *m* alfilerazo *m* (*a fig*); ~**wald** *m* bosque *m* de coníferas
'Nagel ['naːɡəl] *m* (-s; ⸚) *anat* uña *f*; ⚙ clavo *m*; **den** ~ **auf den Kopf treffen** dar en el clavo; ~**bürste** *f* cepillo *m* de uñas; ~**feile** *f* lima *f* de uñas; ~**lack** *m* laca *f* de uñas, esmalte *m* para uñas; ~**lackentferner** *m* quitaesmalte *m*; ⚆**n** (*ge-, h*) clavar; '⚆**neu** flamante; ~**schere** *f* tijeras *f/pl* para uñas; ~**zange** *f* cortaúñas *m*
'nage|n ['-ɡən] (*ge-, h*) roer (*an et dat* a/c); ⚆**tier** *n* roedor *m*
nah [naː] cercano; próximo (*a zeitlich*); *adv* cerca; ~ *bei od an* (*dat*) cerca de, junto a; *von* ~*em* de cerca; '⚆-**aufnahme** *f* primer plano *m*; '~**e s nah**; '⚆**bereich** *m* S-, U-Bahn: ámbito *m* periférico
'Nähe ['nɛːə] *f* (-; *sin pl*) proximidad *f*, cercanía *f*; *in der* ~ (*von*) cerca (de)
'nahe|legen (*sep, -ge-, h*) sugerir, recomendar; ~**liegend** *fig* evidente
nähen ['nɛːən] (*ge-, h*) coser; 🩺 suturar
'näher ['-ər] (*Komparativ v nahe*) más cercano *od* próximo; más cerca; *Weg*: más corto; ~ *kennen* conocer de cerca; ⚆**e** *n* (-n; *sin pl*) más detalles *m/pl*
Naherholungsgebiet ['naː?-] *n* zona *f* periférica de recreo

nähern ['nɛːərn] (*ge-, h*): (*sich*) ~ acercar(se), aproximar(se)
nahezu ['naːətsuː] casi
'Näh|garn ['nɛːɡarn] *n* hilo *m* (de coser); ~**maschine** *f* máquina *f* de coser; ~**nadel** *f* aguja *f*
nahrhaft ['naːrhaft] nutritivo, sustancioso
'Nahrung ['naːrʊŋ] *f* (-; *sin pl*) alimento *m*; (*Kost*) comida *f*; dieta *f*; ~**smittel** *n* alimento *m*; *pl a* víveres *m/pl*; ~**smittelvergiftung** *f* intoxicación *f* alimenticia
Nährwert ['nɛːr-] *m* valor *m* nutritivo
Naht [naːt] *f* (-; ⸚e) costura *f*; 🩺 sutura *f*; '⚆**los** sin costura; *fig* sin fisura; ~ *braun* completamente moreno
'Nahverkehr ['naːfɛrkeːr] *m* tráfico *m* a corta distancia; 🚆 tráfico *m* de cercanías; ~**szug** *m* tren *m* de cercanías
'Nähzeug ['nɛːtsɔʏk] *n* útiles *m/pl bzw* neceser *m* de costura
naiv [naˈiːf] ingenuo; *Kunst*: naif
Name ['naːmə] *m* (-ns; -n) nombre *m*; (*Familien*⚆) apellido *m*; *im* ~*n von* en nombre de; *dem* ~*n nach* de nombre
'Namens-tag *m* (día *m* del) santo *m*
'nam|entlich ['-məntlɪç] nominal; *adv* (*besonders*) particularmente; ~**haft** renombrado, notable
nämlich ['nɛːmlɪç] *adv* a saber, es decir; *begründend*: es que ...
nanu! [naˈnuː] ¡hombre!; ¡atiza!
Napf [napf] *m* (-[e]s; ⸚e) (*Freß*⚆) comedero *m*
Narbe ['narbə] *f* (-; -n) cicatriz *f*
Narkose 🩺 ['-ˈkoːzə] *f* (-; -n) narcosis *f*, anestesia *f*
Narr [nar] *m* (-en; -en) loco *m*; '⚆**ensicher** a toda prueba
'Närr|in ['nɛrɪn] *f* (-; -nen) loca *f*; ⚆**isch** loco
Narzisse [narˈtsɪsə] *f* (-; -n) narciso *m*
'nasch|en ['naʃən] (*ge-, h*) ser goloso; ~ *von* comer de; ~**haft** goloso
Nase ['naːzə] *f* (-; -n) nariz *f*; F *pro* ~ por barba; *j-n an der* ~ *herumführen* tomar el pelo a alg; *s-e* ~ *in alles stecken* meter las narices en todo; *die* ~ *voll haben* F estar hasta las narices
'Nasen|bluten *n*: ~ *haben* sangrar por la nariz; ~**loch** *n* ventana *f* de la nariz; ~**spitze** *f* punta *f* de la nariz
Nashorn ['naːs-] *n* rinoceronte *m*

Nesselfieber

naß [nas] mojado; (*feucht*) húmedo; ~ **machen** (*werden*) mojar(se)
Nassauer F ['-sauər] *m* (-s; -) gorrón *m*
Nässe ['nɛsə] *f* (-; *sin pl*) humedad *f*
naßkalt ['naskalt] frío y húmedo
Nation [na'tsjo:n] *f* (-; -en) nación *f*
natio'nal [-tsjo'nɑ:l] nacional; **2feiertag** *m* fiesta *f* nacional; **2gericht** *n* (**2getränk** *n*) plato *m* (bebida *f*) nacional; **2hymne** *f* himno *m* nacional; **2ität** [--nali'tɛ:t] *f* (-; -en) nacionalidad *f*; **2mannschaft** *f dep* selección *f* nacional; **2park** *m* parque *m* nacional; **2sozialismus** *m hist* nacionalsocialismo *m*; **2tracht** *f* traje *m* nacional
Natr|ium ['nɑ:trium] *n* (-s; *sin pl*) sodio *m*; **~on** ['-trɔn] *n* (-s; *sin pl*) sosa *f*, F bicarbonato *m*
Natter ['natər] *f* (-; -n) culebra *f*
Na'tur [na'tu:r] *f* (-; *raro* -en) naturaleza *f* (*a Wesensart*); (*Körperbeschaffenheit*) constitución *f*; **von ~** (**aus**) por naturaleza; **2alisieren** [-turali'zi:rən] (h) naturalizar, nacionalizar; **~erscheinung** *f* fenómeno *m* natural; **~katastrophe** *f* catástrofe *f* natural, cataclismo *m*; **~lehrpfad** *m* itinerario *m* pedagógico *od* didáctico
natürlich [-'ty:rliç] natural; *adv* naturalmente; (*aber*) **~!** ¡claro que sí!
Na'tur|park [na'tu:r-] *m* parque *m* natural; **~schutz** *m* protección *f* de la naturaleza; **~schützer** *m* (-s; -), **~schützerin** *f* (-; -nen) protector(a *f*) *m od* defensor(a *f*) *m* de la naturaleza; **~schutzgebiet** *n* reserva *f* natural *od* ecológica; **~schutzpark** *m* parque *m* natural; **~wissenschaften** *f/pl* ciencias *f/pl* naturales
Nazi ['nɑ:tsi] *m* (-s; -s) nazi *m*
'Nebel ['ne:bəl] *m* (-s; -) niebla *f*; (*Dunst*) bruma *f*; **2ig** *s* **neblig**; **~scheinwerfer** *auto m* faro *m* antiniebla; **~schlußleuchte** *f* luz *f* antiniebla trasera
'neben ['-bən] (*wo? dat, wohin? ac*) junto a, al lado de; (*dazu*) (*dat*) además de; **~'an** al lado; **2-anschluß** *m tel* extensión *f*; **~'bei** de paso; (*außerdem*) además; **2beschäftigung** *f* ocupación *f* accesoria; **~ein'ander** uno al lado de otro; **2-eingang** *m* entrada *f* lateral; **2-erwerb** *m* ganancia *f* adicional; **2fluß** *m* afluente *m*; **2gebäude** *n* dependencia *f*, anexo *m*;
2kosten *pl* gastos *m/pl* accesorios; **2produkt** *n* subproducto *m*; **2rolle** *f* papel *m* secundario; **2sache** *f* cosa *f* de poca importancia; **das ist ~** eso es lo de menos; **2stelle** *f e-r Behörde*: delegación *f*; *tel* extensión *f*; **2straße** *f* calle *f* lateral; *Landstraße*: carretera *f* secundaria; **2wirkung** *f* efecto *m* secundario
neblig ['-bliç] nebuloso; **es ist ~** hace niebla
necken ['nɛkən] (ge-, h) embromar, burlarse de
Neffe ['nɛfə] *m* (-n; -n) sobrino *m*
negativ ['ne:gati:f], **2** *fot n* (-s; -e) negativo (*m*)
nehmen ['-mən] (nahm, genommen, h) tomar (*a Bus, Taxi*); coger, *in Am reg nur* agarrar; (*an~*) aceptar; (*weg~*) quitar; *beim Einkauf*: quedarse (con); **mit sich** (*dat*) **~** llevarse; *et*: **zu sich** (*dat*) **~** tomar
Neid [naɪt] *m* (-[e]s; *sin pl*) envidia *f* (**erregen** dar); **2isch** ['-diʃ] envidioso (*auf ac* de)
'neig|en ['naɪgən] (ge-, h): (*sich*) **~** inclinar(se); *fig* tender (**zu** a); **2ung** *f* (-; -en) inclinación *f*; *fig* propensión *f*, tendencia *f*
nein [naɪn] no; **~ sagen** decir que no
Nelke ['nɛlkə] *f* (-; -n) clavel *m*; (*Gewürz2*) clavo *m*
'nenn|en ['nɛnən] (nannte, genannt, h) llamar; (*erwähnen*) mencionar; (*bezeichnen als*) calificar de; **~enswert** notable; **2wert** ✝ *m* valor *m* nominal
'Neon ['ne:ɔn] *n* (-s; *sin pl*) neón *m*; **~reklame** *f* publicidad *f* luminosa; **~röhre** *f* tubo *m* de neón
Nepp F [nɛp] *m* (-s; *sin pl*) timo *m*; **'2en** (ge-, h) timar
Nerv [nɛrf] *m* (-s; -en) nervio *m*; *j-m auf die ~en fallen* F dar la lata a alg
'Nerven|-arzt *m* neurólogo *m*; **~entzündung** *f* neuritis *f*; **~heil-anstalt** *f* clínica *f* mental *od* psiquiátrica; **2krank** neurótico; **~säge** F *f* pelma(zo *m*) *su*, pesado *m*; **~zusammenbruch** *m* crisis *f* nerviosa
nerv|ös [-'vø:s] nervioso (**machen** poner); **2osität** [-vozi'tɛ:t] *f* (-; *sin pl*) nerviosismo *m*
Nerz [nɛrts] *m* (-es; -e) visón *m* (*a Pelz*)
Nesselfieber ['nɛsəl-] ✱ *n* urticaria *f*

Nest [nɛst] n (-[e]s; -er) nido m; fig (Ort) poblacho m

nett [nɛt] (angenehm) agradable; (freundlich) simpático; (hübsch) bonito; *das ist ~ von dir* eres muy amable

'**netto** ['-to], 2...: *in Zssgn* neto; 2-**einkommen** n ingresos m/pl netos

Netz [nɛts] n (-es; -e) red f (a fig); (Haar2) redecilla f; (Gepäck2) rejilla f; '~**anschluß** ≴ m conexión f a la red; '~**haut** anat f retina f; '~**hemd** n camiseta f de malla; '~**karte** f abono m

neu [nɔy] nuevo; (kürzlich) reciente; fresco; moderno; F (unerfahren) novel; ~*este Mode* última moda f; *was gibt es 2es?* ¿qué hay de nuevo?; *von ~em* de nuevo; '~**artig** nuevo; moderno; '2**bau** m (-[e]s; -ten) construcción f nueva; 2**bauviertel** n barrio m de edificios nuevos; 2**bauwohnung** f vivienda f de nueva construcción od planta; '2**erung** f (-; -en) innovación f; 2**gier(de)** ['-gi:r(də)] f (-; sin pl) curiosidad f; ~**gierig** curioso (*auf ac* por saber); '2**heit** f (-; -en) novedad f; '2**igkeit** f (-; -en) noticia f

'**Neujahr** n año m nuevo; ~**s-tag** m día m de año nuevo

'**neu**||**lich** el otro día; 2**mond** m luna f nueva

neun [nɔyn] **1.** nueve; **2.** 2 f (-; -en) nueve m; '~**hundert** novecientos; '~**tausend** nueve mil; '~**te** noveno; '~**tens** en noveno lugar; '~**zehn** diecinueve; '~**zehnte** décimonoveno; ~**zig** ['-tsiç] noventa; '~**zigste** nonagésimo

Neuralgie ♉ [nɔyral'gi:] f (-; -n) neuralgia f

neutral [-'tra:l] neutro; *pol* neutral; 2**ität** [-trali'tɛ:t] f (-; sin pl) neutralidad f

nicht [niçt] no; *~ wahr?* ¿verdad?; *auch ~* tampoco; *wenn ~* si no

Nichte ['niçtə] f (-; -n) sobrina f

'**nichtig** ⚖ nulo; *für ~ erklären* declarar nulo

'**Nichtraucher** m no fumador m; ~**abteil** n (~**zone** f) compartimiento m (zona f) de no fumadores

nichts [niçts] (no...) nada; *für ~ und wieder ~* por nada; *~ mehr* nada más

'**Nichtschwimmer** m no nadador m; ~**becken** n piscina f para no nadadores

nichts|**destoweniger** [niçtsdɛsto'veːnigər] sin embargo, no obstante; '~**sagend** insignificante; 2**tuer** ['-tu:ər] m (-s; -) gandul m, vago m

'**Nichtzutreffende** n: *~s streichen* táchese lo que no proceda

Nickel ['nikəl] n (-s; sin pl) níquel m

nicken ['nikən] (ge-, h) inclinar la cabeza; *zustimmend*: asentir con la cabeza

nie [niː] (bei Verben no ...) nunca, jamás; *~ mehr* nunca jamás

'**nieder** ['-dər] **1.** adj bajo; **2.** adv abajo; *~ mit ...!* ¡abajo ...!; ~**geschlagen** abatido, deprimido; ~**knien** (sep, -ge-, sn) arrodillarse; 2**lage** f derrota f; 2**länder** ['--lɛndər] m (-s; -), 2**länderin** f (-; -nen), ~**ländisch** neerlandés m, -esa f; ~**lassen** (irr, sep, -ge-, h → *lassen*) bajar; *sich ~* instalarse; establecerse; 2**lassung** f (-; -en) establecimiento m; (Zweig2) sucursal f; ~**legen** (sep, -ge-, h) poner en el suelo; *Arbeit*: abandonar; *sein Amt ~* dimitir de su cargo; *sich ~* acostarse; 2**schlag** m ♉ precipitado m; *mst pl* (Regen) precipitaciones f/pl; ~**schlagen** (irr, sep, -ge-, h, → *schlagen*) j-n: derribar; *Augen*: bajar; *Aufstand*: reprimir; ~**schlags-arm** (~**schlagsreich**) de escasas (de abundantes) precipitaciones; ~**trächtig** vil, infame; 2**ung** f (-; -en) terreno m bajo; (Ebene) llanura f; ~**werfen** (irr, sep, -ge-, h, → *werfen*) derribar; *Aufstand*: reprimir

niedlich ['niːtliç] bonito, lindo; F mono

niedrig ['niːdriç] bajo; *fig a* vil; infame

nie|**mals** ['-ma:ls] (bei Verben no...) nunca, jamás; ~**mand** ['-mant] (no ...) nadie; ninguno; *es ist ~ da* no hay nadie

Niere ['-rə] f (-; -n) riñón m (*a gastr*)

'**Nieren**|-**entzündung** f nefritis f; ~**stein** m cálculo m renal

'**niesel**|**n** ['-zəln] (ge-, h) lloviznar; 2**regen** m llovizna f

niesen ['-zən] **1.** v/i (ge-, h) estornudar; **2.** 2 n (-s; sin pl) estornudo m

Niete ['niːtə] f (-; -n) billete m de lotería no premiado; F *fig* cero m a la izquierda

Niko'tin [niko'tiːn] n (-s; sin pl) nicotina f; 2-**arm** bajo en nicotina

Nilpferd ['niːl-] n hipopótamo m

nipp|**en** ['nipən] (ge-, h) probar (*an dat* a/c); 2**sachen** f/pl chucherías f/pl, bibelots m/pl

nirgend|s ['nɪrgənts], **~(s)wo** (*bei Verben* no...) en ninguna parte
Nische ['niːʃə] *f* nicho *m*; hornacina *f*
Nitrat [niˈtraːt] *n* (-[e]s; -e) nitrato *m*
Niveau [niˈvoː] *n* (-s; -s) nivel *m* (*a fig*)
'Nobelhotel ['noːbəl-] *n* hotel *m* de lujo
Nobelpreis(träger) [noˈbɛlpraɪs(trɛːgər)] *m* premio *m* Nobel
noch [nɔx] todavía, aún; **~ immer** todavía; **~ nicht** aún no; **~ nie** nunca, jamás; **~ ein(er)** otro; **~ et** otra cosa?; **~ et?** ¿algo más?; **~ heute** hoy mismo; **auch das ~!** ¡lo que faltaba!; **~mals** ['-maːls] otra vez, una vez más
Nockenwelle ['nɔkən-] *f* árbol *m* de levas
Nomad|e [noˈmɑːdə] *m* (-n; -n), **2isch** nómada (*m*)
nomi'nal [-miˈnɑːl] nominal; **2-einkommen** *n* (**2wert** *m*) renta *f* (valor *m*) nominal
Nomi|nativ ['--natiːf] *m* (-s; -e) nominativo *m*; **2'nieren** (h) nombrar
No-name-produkt ['noʊneɪm-] *n* producto *m* sin marca (registrada)
Nonne ['nɔnə] *f* (-; -n) monja *f*
Nonstopflug [nɔnˈstɔpfluːk] *m* vuelo *m* sin escala
Nord... [nɔrt...]: *in Zssgn* septentrional, del Norte; **~ameri'kaner(in** *f*) *m*, **2-ameri'kanisch** norteamericano *m*, -a *f*; **~en** ['-dən] *m* (-s; *sin pl*) norte *m*; **2isch** nórdico
nördlich ['nœrtlɪç] del norte, septentrional; **~ von** al norte de
'Nord|licht ['nɔrtlɪçt] *n* aurora *f* boreal; **~'ost(en)** *m* nordeste *m*; **~pol** *m* polo *m* norte *od* ártico; **~'west(en)** *m* noroeste *m*; **~wind** *m* viento *m* del norte
nörgeln ['nœrgəln] (ge-, h) criticarlo todo
Norm [nɔrm] *f* (-; -en) norma *f*; regla *f*
nor'mal ['-maːl], **2...:** *in Zssgn* normal; **2benzin** *n* gasolina *f* normal; **~isieren** [-maliˈziːrən] (h) normalizar; **~verbraucher** F *m* ciudadano *m* de a pie
Norweg|er ['-veːgər] *m* (-s; -), **~erin** *f* (-; -nen), **2isch** noruego *m*, -a *f*
Not [noːt] *f* (-; *sin pl*) (*Mangel*) necesidad *f*; (*Elend*) miseria *f*; (*pl ⁓e*) (*Bedrängnis*) apuro *m*; **~ leiden** estar en la miseria; **zur ~** si no hay más remedio
Notar [noˈtɑːr] *m* (-s; -e) notario *m*; **~iat** [-tarˈjɑːt] *n* (-[e]s; -e) notaría *f*; **2iell** [--ˈjɛl] notarial; *adv* ante notario
'Not|arzt ['noːtʔ-] *m* médico *m* de urgencia *bzw* de guardia; **~arztwagen** *m* coche *m* del médico de urgencia; **~ausgang** *m*, **~ausstieg** *m* salida *f* de emergencia; **~bremse** 🚂 *f* freno *m* de alarma; **~dienst** *m* servicio *m* de urgencias; **2dürftig** apenas suficiente; provisional
Note ['noːtə] *f* (-; -n) nota *f* (*a* 🎵 *u fig*); (*Bank2*) billete *m* (de banco); 🎵 **~n** *pl* música *f*
'Noten|pult *n*, **~ständer** *m* atril *m*
'Not|fall ['noːtfal] *m* caso *m* de apuro *od* de emergencia; ⚕ urgencia *f*; **2falls** en caso de apuro; **2gedrungen** forzoso; *adv* por fuerza; **~hafen** *m* puerto *m* de refugio
no'tier|en [noˈtiːrən] (h) apuntar; 💹 cotizar; **2ung** 💹 *f* (-; -en) cotización *f*
'nötig ['nøːtɪç] preciso, necesario; **~ haben** necesitar, precisar; **~en** ['--gən] (ge-, h) obligar, forzar (**zu** *inf* a); **sich ~ lassen** hacerse de rogar; **'~en'falls** si es preciso
No'tiz [noːˈtiːts] *f* (-; -en) nota *f*, apunte *m*; (*Zeitungs2*) noticia *f*; **sich ~en machen** tomar apuntes; **~ nehmen von** tomar nota de; **~block** *m* bloc *m* de notas; **~buch** *n* libreta *f*, agenda *f*
'Not|lage ['noːtlaːgə] *f* apuro *m*; emergencia *f*; **2landen** ✈ (-ge-, sn) hacer un aterrizaje forzoso; **~landung** ✈ *f* aterrizaje *m* forzoso *od* de emergencia; **2leidend** necesitado, indigente; **~lösung** *f* solución *f* provisional; **~lüge** *f* mentira *f* disculpable
'Not|ruf ['noːtruːf] *m* tel llamada *f* de socorro; **~rufnummer** *f* número *m* de emergencia; **~rufsäule** *f* poste *m* de socorro; **~signal** *n* señal *f* de alarma; **~sitz** *m* traspontín *m*; **~stand** *m pol* estado *m* de emergencia; **~standsgebiet** *n* zona *f* siniestrada *bzw* catastrófica; **~verband** ⚕ *m* vendaje *m* provisional; **~wehr** *f* (-; *sin pl*) legítima defensa *f* (**aus** en); **2wendig** preciso, necesario; **~wendigkeit** *f* (-; -en) necesidad *f*
Nougat ['nuːgat] *m*, *n s* **Nugat**
Novelle [noˈvɛlə] *f* (-; -n) novela *f* corta
November [-ˈvɛmbər] *m* (-s; -) noviembre *m*

Nu [nu:] *m*: *im* ~ en un abrir y cerrar de ojos, en un santiamén

Nuance [ny'ãsə] *f* (-; -n) matiz *m*

'**nüchtern** ['nyçtərn] en ayunas; (*nicht betrunken*) que no está bebido; (*mäßig*) sobrio; (*sachlich*) realista, objetivo; (*unromantisch*) prosaico; (*besonnen*) sensato

'**Nudel** ['nu:dəl] *f* (-; -n): ~*n pl* pastas *f/pl* (alimenticias); (*Faden*♀) *f* fideos *m/pl*; ~**holz** *n* rodillo *m*; ~**suppe** *f* sopa *f* de fideos

Nudist [nu'dist] *m* (-en; -en) (des)nudista *m*

Nugat ['nu:gat] *m od n* (-s; -s) turrón *m* de chocolate

nuklear [nukle'ɑ:r], ♀...: *in Zssgn* nuclear

null [nul] **1.** cero; **2.** ♀ *f* (-; -en) cero *m*; *fig* nulidad *f*, cero *m* a la izquierda; '♀**punkt** *m* (punto *m*) cero *m*; '♀**tarif** *m* tarifa *f* cero; '♀**wachstum** ✝ *n* crecimiento *m* cero

numerieren [numə'ri:rən] (h) numerar

'**Nummer** ['-mər] *f* (-; -n) número *m*; *auto* matrícula *f*; ~**nkonto** *n* cuenta *f* numerada *od* cifrada; ~**nschild** *auto n* placa *f* de matrícula

nun [nu:n] (*jetzt*) ahora; *ein- bzw überleitend*: pues (bien); *und* ~? ¿y ahora qué?; *von* ~ *an* de ahora en adelante; '~**mehr** (desde) ahora

nur [nu:r] sólo, solamente; ~ *noch* tan sólo; no ... más que; *nicht* ~**, sondern auch** no sólo, sino también; ~ *zu!* ¡adelante!

Nuß [nus] *f* (-; Nüsse) nuez *f*; (*Hasel*♀) avellana *f*; '~**baum(holz** *n*) *m* nogal *m*; ~**knacker** ['-knakər] *m* (-s; -) cascanueces *m*

Nutte P ['nutə] *f* (-; -n) P ramera *f*, fulana *f*, puta *f*

'**nutz|en** ['nutsən] (*a* **nützen** ['nytsən]) (ge-, h) **1.** *v/i* servir, ser útil (*zu* para); *es nützt nichts* es inútil; **2.** *v/t* aprovechar, utilizar; ♀**en** *m* (-s; *sin pl*) utilidad *f*; (*Vorteil*) provecho *m*; ✝ beneficio *m*; ~ *ziehen aus* sacar provecho de; *zum* ~ *von* a beneficio de; ♀**fahrzeug** *n* vehículo *m* industrial; ♀**last** *f* carga *f* útil

'**nützlich** ['nytsliç] útil, provechoso; ♀**keit** *f* (-; *sin pl*) utilidad *f*

'**nutz|los** ['nutslo:s] inútil; ♀**losigkeit** *f* (-; *sin pl*) inutilidad *f*; ♀**nießer** ['-ni:sər] *m* (-s; -) beneficiario *m*; ♀**ung** *f* (-; -en) aprovechamiento *m*, utilización *f*; *a* ✍ explotación

Nylon ['nailɔn] *n Wz* (-s; *sin pl*) nilón *m*

Nymphe ['nymfə] *f* (-; -n) ninfa *f*

O

O, o [o:] *n* (-; -) O, o *f*

Oase [o'ʔɑ:zə] *f* (-; -n) oasis *m* (*a fig*)

ob [ɔp] si; *als* ~ como si (*subj*); *so tun als* ~ fingir (*inf*); *und* ~! ¡ya lo creo!

'**Obdach** ['ɔpdax] *n* (-[e]s; *sin pl*) abrigo *m*, refugio *m*; ♀**los** sin hogar; ~**lose** *m/f* (-n; -) persona *f* sin hogar

Obduktion ✍ [-duk'tsjo:n] *f* (-; -en) autopsia *f*

'**oben** ['o:bən] arriba; *nach* ~ hacia arriba; *von* ~ *herab fig* con altivez; *von* ~ *bis unten* de arriba abajo; ~'**auf** (por) encima de; ~'**drein** además, por añadidura; ~**erwähnt** arriba mencionado; '~'**hin** superficialmente

ober ['o:bər] **1.** superior; **2.** ♀ *m* (-s; -) camarero *m*

'**Ober...**: *in Zssgn oft* superior; ~**arm** *m* brazo *m*; ~**arzt** *m* médico *m* adjunto; ~**befehl** *m* mando *m* supremo; ~**bürgermeister** *m* (primer) alcalde *m*; ~**deck** *n* ⚓ cubierta *f* superior; *Bus*: imperial *f*; ~**fläche** *f* superficie *f*; ♀**flächlich** ['--flɛçliç] superficial; ♀**halb** (*gen*) por encima de, más arriba de; ~**haupt** *n* jefe *m*; ~**hemd** *n* camisa *f* (de vestir); ~**in** *f* (-; -nen) *rel* superiora *f*; ♀-**irdisch** ☉ aéreo; ~**kellner** *m* jefe *m* de comedor; *französisch*: maître *m*; ~**kiefer** *m* maxilar *m* superior; ~**körper**

Ölbaum

m busto *m*; ~**leder** *n* pala *f*; ~**leitung** *f* dirección *f* general; ⚔ línea *f* aérea; ~**leutnant** *m* teniente *m*; ~**lippe** *f* labio *m* superior; ~**schenkel** *m* muslo *m*; ~**schule** *f* Instituto *m* de Enseñanza Media; ~**schwester** *f* jefe *f* de enfermeras; ⚥**st** superior; supremo; ~**st** ⚔ *m* (-en; -en) coronel *m*; ~**teil** *n* parte *f* superior; *v Kleidung a:* cuerpo *m*

obgleich [ɔp'glaiç] aunque, bien que

Obhut ['-hu:t] *f* (-; *sin pl*) guardia *f*, protección *f*; *j-n in s-e* ~ *nehmen* proteger a alg

obig ['o:biç] arriba mencionado

Objekt [ɔp'jɛkt] *n* (-[e]s; -e) objeto *m*; *gram* complemento *m*; *fig* proyecto *m*; ⚥**iv** [--'ti:f], ~**iv** *fot n* (-s; -e) objetivo (*m*)

Obligation [ɔbliga'tsjo:n] *f* (-; -en) obligación *f*

Oboe [o'bo:ə] *f* (-; -n) oboe *m*

Observatorium [ɔpzɛrva'to:rjum] *n* (-s; -ien [-jən]) observatorio *m*

Obst [o:pst] *n* (-[e]s; *sin pl*) fruta *f*; '~**bau** *m* (-[e]s; *sin pl*) fruticultura *f*; '~**baum** *m* (árbol *m*) frutal *m*; '~**garten** *m* huerto *m* (frutal); '~**händler(in** *f*) *m* frutero *m*, -a *f*; '~**handlung** *f* frutería *f*; '~**kuchen** *m* tarta *f* de frutas; '~**messer** *n* cuchillo *m* para frutas; '~**plantage** *f* plantación *f* frutal; '~**salat** *m* macedonia *f* (de frutas)

obszön [ɔps'tsø:n] obsceno

Obus ['o:bus] *m* (-ses; -se) trolebús *m*

obwohl [ɔp'vo:l] = *obgleich*

'**Ochse** ['ɔksə] *m* (-n; -n) buey *m*; ~**nschwanzsuppe** *f* sopa *f* de rabo de buey

öde ['ø:də] *adj* desierto; *fig* aburrido

oder ['o:dər] o, *vor o u* ho: u; ~ *aber* o bien

Ofen ['o:fən] *m* (-s; ⸚) estufa *f*; (*Back*⚥) horno *m*

offen ['ɔfən] abierto; *Stelle:* vacante; (*freimütig*) franco; (*unentschieden*) pendiente; ~ *gesagt* dicho con franqueza, a decir verdad

offen'bar ['--'ba:r] manifiesto; evidente; *adv* por lo visto; ⚥**ung** *f* (-; -en) revelación *f*

'**Offen|heit** *f* (-; *sin pl*) franqueza *f*, sinceridad *f*; ⚥**herzig** franco, sincero; ⚥**kundig** manifiesto, notorio; ⚥**lassen** (*irr, sep,* -ge-, h, → *lassen*) dejar abierto;

fig dejar en suspenso; ⚥'**sichtlich** manifiesto, evidente

Offensive [ɔfɛn'zi:və] *f* (-; -n) ofensiva *f*

'**öffentlich** ['œfəntliç] público; *adv* en público; ⚥**keit** *f* (-; *sin pl*) público *m*; *a* ⚖ publicidad *f*; ⚥**keits-arbeit** *f* relaciones *f/pl* públicas; '~'**rechtlich** de derecho público

Offerte [ɔ'fɛrtə] *f* (-; -n) oferta *f*

offiziell [ɔfi'tsjɛl] oficial

Offizier [--'tsi:r] *m* (-s; -e) oficial *m*

'**öffn|en** ['œfnən] (ge-, h) abrir; ⚥**er** *m* (-s; -) abridor *m*; ⚥**ung** *f* (-; -en) abertura *f* (*a Loch*), *bsd pol u fig* apertura *f*; ⚥**ungszeiten** *f/pl* horas *f/pl* de apertura

oft [ɔft] a menudo, con frecuencia: *nicht* ~ pocas veces; *wie* ~? ¿cuántas veces?; ~**mals** ['-ma:ls] *s oft*

ohne ['o:nə] *prp* (*ac*) sin; ~ *zu* (*inf*) sin (*inf*); *cj* ~ *daß* sin que (*subj*); ~'**gleichen** sin igual, sin par; ~'**hin** de todos modos

'**Ohn|macht** ['o:nmaxt] *f* (-; -en) ⚕ desmayo *m*, desvanecimiento *m*; *in* ~ *fallen* desmayarse; ⚥**mächtig** ⚕ desmayado; ~ *werden* desmayarse

Ohr [o:r] *n* (-[e]s; -en) oreja *f*; (*Innen*⚥, *Gehör*) oído *m*; *bis über die* ~*en verliebt* perdidamente enamorado; *j-n übers* ~ *hauen* dar gato por liebre a alg

Öhr [ø:r] *n* (-[e]s; -e) ojo *m* (de la aguja)

'**Ohren|arzt** ['o:rənʔa:rtst] *m* otólogo *m*; ⚥**betäubend** ensordecedor; ~**sausen** *n* zumbido *m* de los oídos; ~**schmerzen** *m/pl* dolor *m* de oídos

'**Ohr|feige** ['o:rfaigə] *f* bofetada *f*, F torta *f*; ⚥**feigen** (ge-, h) abofetear; ~**läppchen** ['-lɛpçən] *n* (-s; -) lóbulo *m* de la oreja; ~**ring** *m* pendiente *m*

'**Öko|bewegung** ['øko-] *f* movimiento *m* ecologista; ~**laden** *m* tienda *f* ecológica; ~**loge** [--'lo:gə] *m* (-n; -n) ecólogo *m*; ~**logie** [--'lo:gi:] *f* (-; *sin pl*) ecología *f*; ⚥**logisch** [--'lo:giʃ] ecológico; ~**nomie** [--'no'mi:] *f* (-; -n) economía *f*; ⚥**nomisch** [--'no:miʃ] económico; ~**system** *n* ecosistema *m*

Ok'tan [ɔk'ta:n] *n* (-s; *sin pl*) octano *m*; ~**zahl** *f* octanaje *m*

Oktave [-'ta:və] *f* (-; -n) octava *f*

Oktober [-'to:bər] *m* (-[s]; -) octubre *m*

ökumenisch [øku'me:niʃ] ecuménico

Öl [ø:l] *n* (-[e]s; -e) aceite *m*; (*Erd*⚥) petróleo *m*; *pint* óleo *m*; '~**baum** *m* olivo *m*

Oldtimer ['ouldtaɪmər] m (-s; -) coche m antiguo od de época

'**öl|en** ['ø:lən] (ge-, h) aceitar; ✪ engrasar; ⁀**farbe** f pintura f al óleo; ⁀**gemälde** n (pintura f al) óleo m; ⁀**heizung** f calefacción f de fuel-oil

O'live [o'li:və] f (-; -n) aceituna f; ⁀**nbaum** m olivo m; ⁀**n-öl** n aceite m de oliva

olivgrün [o'li:fgry:n] verde oliva

'**Öl|kanister** ['ø:l-] m bidón m de aceite; ⁀**kanne** f aceitera f; ⁀**leitung** f oleoducto m; ⁀**pest** f marea f negra; ⁀**sardine** f sardina f en aceite; ⁀**stand(-anzeiger)** m (indicador m del) nivel m de aceite; ⁀**tanker** m petrolero m; ⁀**teppich** m capa f de aceite; ⁀**wechsel** m auto cambio m de aceite

Olympi|ade [olym'pjɑ:də] f (-; -n) Olimpíada f; ⁀**sch** [-'lympiʃ] olímpico; ⁀**e Spiele** n/pl juegos m/pl olímpicos

Oma F ['o:ma] f (-; -s) abuelita f

Omelett [ɔm(ə)'lɛt] n (-[e]s; -s) tortilla f

Omnibus ['ɔmnibus] m (-ses; -se) autobús m; (Reise⁀) autocar m

Onkel ['ɔŋkəl] m (-s; -) tío m

Opa F ['o:pa] m (-s; -s) abuelito m

Oper ['o:pər] f (-; -n) ópera f

Operati|on [opəra'tsjo:n] f (-; -en) operación f; ⁀**ssaal** m quirófano m

Operette [--'rɛtə] f (-; -n) opereta f

ope'rieren (h) operar; **sich ~ lassen** operarse

Opernsänger(in f) m ['o:pərn-] cantante su de ópera

'**Opfer** ['ɔpfər] n (-s; -) (das man bringt) sacrificio m (a fig); (das man wird) víctima f (a fig); ⁀n (ge-, h) sacrificar (a fig); ⁀**stock** m cepillo m

Opium ['o:pjum] n (-s; sin pl) opio m

Opportunismus [ɔpɔrtu'nɪsmus] m (-; sin pl) oportunismo m

Oppositi|on [ɔpozi'tsjo:n] f (-; -en) oposición f; ⁀**ell** [---tsjo'nɛl] de la oposición; ⁀**s-partei** f partido m de oposición

Optiker ['ɔptikər] m (-s; -), ⁀**in** f (-; -nen) óptico m, -a f

Optimist [--'mɪst] m (-en; -en), ⁀**in** f (-; -nen) optimista su; ⁀**sch** optimista

optisch ['-tiʃ] óptico

O'range [o'rɑ̃ʒə] f (-; -n) naranja f; ⁀ (de color) naranja; ⁀**ade** [--'ʒɑ:də] f (-; -n) naranjada f; ⁀**nbaum** m naranjo m; ⁀**nsaft** m zumo m de naranja

Oratorium [ora'to:rjum] n (-s; -ien [-jən]) ♩ oratorio m

Orchester [ɔr'kɛstər] n (-s; -) orquesta f

Orchidee [-çi'de:ə] f (-; -n) orquídea f

'**Orden** ['-dən] m (-s; -) rel orden f; (Ehrenzeichen) condecoración f; ⁀**s-schwester** f religiosa f, monja f

ordentlich ['--tliç] ordenado (a Person); (anständig) formal, decente; Mitglied, Professor: numerario; adv como es debido

'**Order** ✝ ['-dər] f (-; -n) orden f; ⁀**n** (ge-, h) pedir

ordinär [ɔrdi'nɛ:r] vulgar

'**ordn|en** ['ɔrdnən] (ge-, h) ordenar, a Haar: arreglar; (an⁀) disponer; (sortieren) clasificar; ⁀**er** m (-s; -) (Mappe) clasificador m, archivador m

'**Ordnung** ['-nuŋ] f (-; sin pl) orden m; **in ~ bringen** poner en orden; fig arreglar; **in ~** en orden; Papiere: en regla; **in ~!** ¡conforme!; ⁀**sgemäß** debidamente; ⁀**sstrafe** f multa f; ⁀**swidrig** contrario al orden, irregular; ⁀**szahl** número m ordinal

Or'gan [-'gɑ:n] n (ε; ө) órgano m (u fig), ⁀**bank** f (-; -en) banco m de órganos; ⁀**isation** [-ganiza'tsjo:n] f (-; -en) organización f; ⁀**isch** orgánico; ⁀**i'sieren** (h) organizar; ⁀**ist** ♩ [-ga'nɪst] m (-en; -en), ⁀**istin** f (-; -nen) organista su; ⁀**spender(in** f) m donante su de órganos; ⁀**transplantation** f trasplante m de órganos

Orgel ['-gəl] f (-; -n) órgano m

Orient ['o:rjɛnt] m (-s; sin pl) oriente m; ⁀'**alisch** [orjɛn'tɑ:liʃ] oriental; ⁀'**ieren** (h): (sich) ~ orientar(se) (über ac sobre); ⁀**ierung** f (-; sin pl) orientación f

origi'n|al [origi'nɑ:l], ⁀ n (-s; -e) a fig original (m); ⁀**alverpackung** f envase m original; ⁀**ell** [---'nɛl] original; raro

Orkan [ɔr'kɑ:n] m (-[e]s; -e) huracán m

Ornament [-na'mɛnt] n (-[e]s; -e) ornamento m, adorno m

Ort [ɔrt] m (-[e]s; -e) lugar m, sitio m; s a ⁀**schaft**

Orthographie [ɔrtogra'fi:] f (-; -n) ortografía f

Ortho'päd|e [--'pɛ:də] m (-n; -n), ⁀**in** f (-; -nen) ortopedista su; ⁀**isch** ortopédico

örtlich ['œrtliç] local (a ✱)

orts-ansässig ['ɔrts-] domiciliado en el lugar
Ortschaft ['ɔrtʃaft] f (-; -en) población f, lugar m
'orts|fremd ['ɔrts-] forastero; **♀gespräch** n tel conferencia f urbana; **♀schild** n señal f indicadora de población; **♀tarif** m tarifa f urbana; **♀zeit** f hora f local
Öse ['øːzə] f (-; ⁻n) corchete m
Ost [ɔst] m inv este m; '⁓...: in Zssgn oriental; '⁓block m hist pol bloque m oriental; '⁓en m (-s; sin pl) este m; oriente m; der Nahe ⁓ el Próximo Oriente
'Oster|ei ['oːstər'ʔaɪ] n huevo m de Pascua; ⁓'montag m lunes m de Pascua; ⁓n n inv, a pl Pascua f (de Resurrección)
Österreich|er ['øːstəraɪçər] m (-s; -), ⁓erin f (-; -nen), ♀isch austríaco m, -a f
Oster|samstag [oːstər'zamstɑːk] m Sábado m Santo od de Gloria; ⁓'sonntag m Domingo m de Resurrección od de Pascua; '⁓woche f Semana f Santa
östlich ['œstliç] oriental, del este; ⁓ **von** al este de
Ostwind ['ɔstvint] m viento m del este
Otter ['ɔtər] f (-; -n) víbora f
Ouvertüre [uvɛr'tyːrə] f (-; -n) obertura f
oval [o'vɑːl] oval
Overall ['ovərɔːl] m (-s; -s) mono m
Oxid [ɔ'ksiːt] n (-s; -e) óxido m; ♀**ieren** [-si'diːrən] v/i (sn) oxidarse
Ozean ['oːtsea:n] m (-s; -e) océano m
O'zon [o'tsoːn] m (-s; sin pl) ozono m; ⁓**loch** n agujero m (en la capa) de ozono; ⁓**schicht** f capa f de ozono

P

P, p [peː] n (-; -) P, p f
Paar [pɑːr] **1.** n (-[e]s; -e) et: par m; j: pareja f; **2.** ♀ adj: **ein** ⁓ unos cuantos, algunos, unos; '⁓**lauf** m dep patinaje m por parejas; '♀**mal:** **ein** ⁓ algunas veces; '♀**weise** de dos en dos, a pares; por parejas
Pacht [paxt] f (-; sin pl) arriendo m, arrendamiento m; '♀**en** (ge-, h) arrendar
Pächter ['pɛçtər] m (-s; -), ⁓**in** f (-; -nen) arrendatario m, -a f
Pachtvertrag ['paxt-] m contrato m de arrendamiento
Pack [pak] n (-s; sin pl) gentuza f, chusma f
Päckchen ['pɛkçən] n (-s; -) ❦ pequeño paquete m; Zigaretten: paquete m
'pack|en ['pakən] (ge-, h) (ein⁓) empaquetar, embalar; Koffer: hacer (la maleta); (fassen) agarrar; fig cautivar; ♀**en** m (-s; -) bulto m; paquete m; ⁓**end** fig cautivador; ♀**er** m (-s; -) embalador m; ♀**papier** n papel m de embalar od de estraza; ♀**ung** f (-; -en) paquete m; ✱ envoltura f

'Paddel ['padəl] n (-s; -) canalete m; ⁓**boot** n piragua f, canoa f; ♀**n** (ge-, h) ir en piragua
Page ['pɑːʒə] m (-n; -n) (Hotel♀) botones m
Pa'ket [pa'keːt] n (-[e]s; -e) paquete m; bulto m; ⁓**karte** f boletín m de expedición; ⁓**post** f servicio m de paquetes postales
Pakt [pakt] m (-[e]s; -e) pacto m
Palast [pa'last] m (-[e]s; ⁻e) palacio m
Palm|e ['palmə] f palmera f; F fig **j-n auf die** ⁓ **bringen** sacar a alg de quicio; ⁓'**sonntag** m Domingo m de Ramos
Pampelmuse [pampəl'muːzə] f (-; -n) toronja f, pomelo m
pa'nier|en [pa'niːrən] (h) rebozar, empanar; ♀**mehl** n pan m rallado
'Pan|ik ['pɑːnik] f (-; -en), ♀**isch** pánico (m)
'Panne ['panə] f (-; -n) avería f; fig contratiempo m; F plancha f; ⁓**ndienst** m servicio m de averías; ⁓**nhilfe** f auxilio m en carretera
Panorama [pano'rɑːma] n (-s; -men) panorama m

panschen ['panʃən] (ge-, h) F *mit Wasser* F bautizar

Pan'toffel [-'tɔfəl] *m* (-s; -n) zapatilla *f*; **~held** F *m* bragazas *m*

'Panzer ['-tsər] *m* (-s; -) (*Rüstung*) coraza *f*; *zo* caparazón *m*; ✕ tanque *m*; **~...**: *in Zssgn oft* blindado, acorazado; ♀**n** (ge-, h) blindar, acorazar; **~schrank** *m* caja *f* fuerte

Papa [pa'pa:, '-pa] *m* (-s; -s) papá *m*

Papagei [-pa'gaɪ] *m* (-s; -en) papagayo *m*, loro *m*

Pa'pier [-'pi:r] *n* (-s; -e) papel *m*; (*Urkunde*) documento *m*; **~e** *pl a* documentación *f*; ✝ valores *m/pl*; **~geld** *n* papel *m* moneda; **~korb** *m* papelera *f*; **~serviette** *f* (**~taschentuch** *n*) servilleta *f* (pañuelo *m*) de papel

Pappe ['-pə] *f* (-; -n) cartón *m*

'Pappel ♀ ['-pəl] *f* (-; -n) álamo *m*, chopo *m*; **~allee** *f* alameda *f*

'Papp|karton *m*, **~schachtel** *f* caja *f* de cartón

'Paprika ['paprika] *m* (-s; -[s]) pimiento *m*; *gemahlen*: pimentón *m*; **~schote** *f* pimiento *m*

Papst [pa:pst] *m* (-[e]s; ~e) papa *m*

päpstlich ['pɛ:pstlɪç] papal, pontificio

Paraboi... [para'bo:l...]: *in Zssgn* parabólico

Parade [-'ra:də] *f* (-; -n) ✕ desfile *m*, revista *f*

Paradies [-ra'di:s] *n* (-es; -e) paraíso *m*; ♀**isch** [---'zɪʃ] paradisíaco

paradox [--'dɔks] paradójico

Paragraph [--'gra:f] *m* (-en; -en) párrafo *m*; ⚖ artículo *m*

parallel [--'le:l] paralelo (*zu* a); ♀**e** *f* (-; -n) paralela *f*; *fig* paralelo *m*

Paratyphus ['-raty:fus] *m* paratifoidea *f*

Parfüm [par'fy:m] *n* (-s; -s, -e) perfume *m*; **~erie** [-fymə'ri:] *f* (-; -n) perfumería *f*

pari ✝ ['pa:ri] a la par

Parität [pari'tɛ:t] *f* (-; *sin pl*) paridad *f*

Park [park] *m* (-s; -s) parque *m*; **~and-ride-System** [pa:rkənd'raɪd-] *n* sistema *m* «park-and-ride», aparcamientos *m/pl* de disuasión; **'♀en** (ge-, h) *v/t u v/i* aparcar; **'~en** *n* (-s; *sin pl*) aparcamiento *m*, estacionamiento *m*

Parkett [par'kɛt] *n* (-s; -e) parqué *m*, entarimado *m*; *teat* patio *m* de butacas, platea *f*

'Park|haus ['park-] *n* garaje-aparcamiento *m*, parking *m*; **~kralle** *f* cepo *m*; **~lücke** *f* hueco *m* (para aparcar); **~möglichkeit** *f* posibilidad *f* de aparcar; **~scheibe** *f* disco *m* de estacionamiento; **~uhr** *f* parquímetro *m*; **~verbot** *n* prohibición *f* de estacionamiento

Parlament [parla'mɛnt] *n* (-[e]s; -e) parlamento *m*; ♀**arisch** [---'ta:rɪʃ] parlamentario

Parodie [paro'di:] *f* (-; -n) parodia *f* (*auf ac* de)

Par'tei [par'taɪ] *f* (-; -en) partido *m*; ⚖ parte *f*; **~** *ergreifen* tomar partido (*für* por); ♀**isch** parcial

Parterre [-'tɛr] *n* (-s; -s) piso *m* bajo, planta *f* baja; *teat* platea *f*

Partie [-'ti:] *f* (-; -n) partida *f* (*a Schach usw*); *dep* partido *m*; ✝ lote *m*

Partizip [-ti'tsi:p] *n* (-s; -ien) participio *m*

'Partner ['partnər] *m* (-s; -), **~in** *f* (-; -nen) ✝ socio *m*, -a *f*; *dep* compañero *m*, -a *f*; (*Tanz*♀ *usw*) pareja *f*; **~schaft** *f* (-; -en) cooperación *f*; participación *f*; **~städte** *f/pl* ciudades *f/pl* gemelas

Party ['pa:rti] *f* (-s; -s, -ties) guateque *m*

Paß [pas] *m* (Passes; Pässe) *geo* puerto *m*, paso *m*; (*Reise*♀) pasaporte *m*

Passage [-'sa:ʒə] *f* (-; -n) pasaje *m*

Passa'gier [-sa'ʒi:r] *m* (-s; -e) viajero *m*; ⚓, ✈ pasajero *m*; *pl a* pasaje *m*; **~schiff** *n* buque *m* de pasajeros; paquebote *m*

Passant [-'sant] *m* (-en; -en), **~in** *f* (-; -nen) transeúnte *su*

Paßbild ['pasbɪlt] *n* foto(grafía) *f* de pasaporte

'passen ['pasən] (ge-, h) convenir (*für, zu* a); ir bien (con); *Kleidung*: sentar *od* ir bien; *Spiel*: pasar; **in et** (*ac*) **~** caber en; *zueinander* **~** llevarse bien; *das* **paßt mir (nicht)** (no) me viene bien; **~d** conveniente, apropiado

pas'sier|en [-'si:rən] **1.** *v/i* (sn) (*geschehen*) pasar, suceder, ocurrir; **2.** *v/t* (h) pasar (*a gastr*), atravesar; ♀**schein** *m* pase *m*

Passion [-'sjo:n] *f* (-; -en) pasión *f*; *rel* Pasión *f*

passiv ['-si:f, -'si:f] **1.** *adj* pasivo; **2.** ♀ *gram n* (-s; -e) voz *f* pasiva; ♀**a** [-'-va] *pl* ✝ pasivo *m*; ♀**ität** [-sivi'tɛ:t] *f* (-; *sin pl*) pasividad *f*

'Paß|kontrolle ['paskɔntrɔlə] *f* control *m*

Personalien

de pasaportes; ~**straße** f carretera f de puerto de montaña
Paste ['pastə] f (-; -n) pasta f
Pastell [-'tɛl] n (-[e]s; -e) pastel m
Pastete [-'teːtə] f (-; -n) (Teig2) empanada f; (Fleisch2, Leber2) paté m
Pastor ['-tɔr] m (-s; -en [-'toːrən]) pastor m
'**Pate** ['paːtə] m (-n; -n) padrino m; ~**nkind** n ahijado m, -a f
Pa'tent [pa'tɛnt] n (-[e]s; -e) patente f; ~**amt** n oficina f de patentes; Esp registro m de la propiedad industrial; 2'**ieren** (h) patentar
Pater ['paːtər] m (-s; -, -tres) padre m
pathetisch [pa'teːtiʃ] patético
Patient [-'tsjɛnt] m (-en; -en), ~**in** f (-; -nen) paciente su
Patin ['paːtin] f (-; -nen) madrina f
patriotisch [patri'oːtiʃ] patriótico
Patron [-'troːn] m (-s; -e) rel patrono m, patrón m; F fig tío m
Patrone [-'-nə] f (-; -n) cartucho m
Patsche ['patʃə] f: *in der* ~ *sitzen* estar en un apuro
patzig ['-tsiç] insolente; F fresco
'**Pauke** ♪ ['paʊkə] f (-; -n) bombo m; 2**n** (ge-, h) F fig empollar
pau'schal [paʊ'ʃaːl], 2...: *in Zssgn mst* global; 2**e** f (-; -n) suma f global; 2**reise** f viaje m (con) todo incluido
'**Pause** [-zə] f (-; -n) pausa f; ♪ a silencio m; Konzert usw: descanso m; teat a entreacto m; Schule: recreo m; 2**enlos** continuamente, sin cesar
Pavillon ['paviljɔ̃] m (-s; -s) pabellón m; (Verkaufs2) quiosco m
Pazi'fis|mus [patsi'fismus] m (-; sin pl) pacifismo m; 2**tisch** pacifista
Pech [pɛç] n (-s; -e) pez f; (sin pl) fig mala suerte f, F mala pata f; '~**strähne** f mala racha f; '~**vogel** m F cenizo m; *ein* ~ *sn* tener mala pata
Pedal [pe'daːl] n (-[e]s; -e) pedal m
Pe'dant [-'dant] m (-en; -en) hombre m meticuloso; 2**isch** meticuloso
Pediküre [-di'kyːrə] f (-; -n) pedicura f (a Person)
'**Pegel** ['peːgəl] m (-s; -) fluviómetro m; a = ~**stand** m nivel m del agua
peilen ['paɪlən] (ge-, h) sondear; ⚓ a marcar; fig *die Lage* ~ tantear el terreno
peinlich ['paɪnliç] penoso; Frage: delicado; Lage: precario, embarazoso; (un-

angenehm) desagradable; ~ *genau* meticuloso
Peitsche ['paɪtʃə] f (-; -n) látigo m
Pelikan ['peːlikaːn] m (-s; -e) pelícano m
'**Pel|le** ['pɛlə] f (-; -n) piel f; 2**en** (ge-, h) pelar; ~**kartoffeln** f/pl patatas f/pl cocidas sin pelar
Pelz [pɛlts] m (-es; -e) piel f; '~**geschäft** n peletería f; '~**händler** m peletero m; '~**jacke** f chaquetón m de piel; '~**mantel** m abrigo m de piel(es)
'**Pendel** ['pɛndəl] n (-s; -) péndulo m; *der Uhr*: péndola f; 2**n** (ge-, h *u* sn) oscilar; fig ir y venir; ~**verkehr** m tráfico m de vaivén
Pendler ['pɛndlər] m (-s; -) trabajador m que diariamente viaja entre su casa y su lugar de trabajo
Penis ['peːnis] m (-; -se) pene m
Penizillin [penitsi'liːn] n (-s; sin pl) penicilina f
'**penne|n** F ['pɛnən] (ge-, h) dormir; 2**r** m (-s; -) vagabundo m
Pension [pã'zjoːn] f (-; -en) pensión f (a Heim); (Alters2) a jubilación f; ✕ retiro m; ~**är** [-zjo'nɛːr] m (-s; -e), ~**ärin** f (-; -nen) pensionista su; 2'**ieren** (h): (*sich*) ~ (*lassen*) jubilar(se); 2'**iert** jubilado; ~'**ierung** f (-; -en) jubilación f; ✕ retiro m
per [pɛr] por; ~ *Adresse* en casa de
perfekt [-'fɛkt] adj perfecto
Pergament [-ga'mɛnt] n (-[e]s; -e) pergamino m
Periode [per'joːdə] f (-; -n) periodo m, período m; ♀ a regla f
Periphe'rie [perife'riː] f (-; -n) periferia f; ~**geräte** n/pl inform periféricos m/pl
'**Per|le** ['pɛrlə] f (-; -n) perla f (a fig Person); Rosenkranz: cuenta f; 2**en** (ge-, h) burbujear (a Sekt); '~**mutt** n (-s; sin pl) nácar m
Pers|er ['-zər] m (-s; -) persa m; (Teppich) alfombra f persa; ~**ianer** [-'zjaːnər] m (-s; -) astracán m
Person [-'zoːn] f (-; -en) persona f; teat personaje m
Perso'nal [-zo'naːl] n (-s; sin pl) personal m; ~**abbau** m reducción f del personal *od* de la plantilla; ~**abteilung** f departamento m de personal; ~**ausweis** m documento m nacional de identidad, *Am* cédula f personal; ~**computer** m ordenador m personal; ~**ien** [-'-jən] pl

Personalmangel

datos m/pl personales; **~mangel** m escasez f de personal; **~vertretung** f representación f del personal
Per'sonen|aufzug [-'zo:nən?-] m ascensor m; **~(kraft)wagen** m turismo m; **~schaden** m daño m personal; **~zug** m (tren m) correo m; (Reisezug) tren m de viajeros
per'sönlich [-'zø:nliç] personal; adv en persona; **2keit** f (-; -en) personalidad f; (bedeutender Mensch) personaje m
Perspektive [-spɛk'ti:və] f (-; -n) perspectiva f
Peru'an|er [peru'ɑ:nər] m (-s; -), **~erin** f (-; -nen), **2isch** peruano m, -a f
Perücke [pɛ'rykə] f (-; -n) peluca f
pervers [pɛr'vɛrs] perverso
Pesete [pe'ze:tə] f (-; -n) peseta f
Pessi'mist [pɛsi'mɪst] m (-en; -en), **~in** f (-; -nen), **2isch** pesimista su
Pest ✱ [pɛst] f (-; sin pl) peste f (a fig)
Petersilie [petər'zi:ljə] f (-; -n) perejil m
Pe'troleum [-'tro:leum] n (-s; sin pl) petróleo m; **~lampe** f quinqué m
Pfad [pfɑ:t] m (-[e]s; -e) senda f, sendero m; '**~finder** m explorador m
Pfahl [pfɑ:l] m (-[e]s; ⸚e) palo m
Pfand [pfant] n (-[e]s; ⸚er) prenda f; (Flaschen2) depósito m (para el envase); '**~flasche** f botella f retornable
pfänden ['pfɛndən] (ge-, h) embargar
'**Pfand|haus** ['pfant-] n monte m de piedad, casa f de empeños; **~leiher** m (-s; -) prestamista m
Pfändung ['pfɛnduŋ] f (-; -en) embargo m
'**Pfann|e** ['pfanə] f (-; -n) sartén f; **~kuchen** m crepe m; Berliner **~** buñuelo m berlinés
Pfarr|ei [pfa'raɪ] f (-; -en) parroquia f; '**~er** m (-s; -) pastor m; katholisch: cura m, párroco m; '**~haus** n casa f parroquial
Pfau [pfau] m (-[e]s; -en) pavo m real
'**Pfeffer** ['pfɛfər] m (-s; -) pimienta f; **~kuchen** m pan m de especias; **~minze** ✱ f menta f; **~minztee** m infusión f de menta; **2n** (ge-, h) echar pimienta a
'**Pfeif|e** ['pfaɪfə] f (-; -n) pito m; (Tabaks2) pipa f; **~ rauchen** fumar en pipa; **2en** (pfiff, gepfiffen, h) silbar, pitar; F fig **ich pfeife darauf** me importa un pito

Pfeil [pfaɪl] m (-[e]s; -e) flecha f; (Wurf2) dardo m; '**~er** m (-s; -) pilar m
Pfennig ['pfɛnɪç] m (-s; -e, después de números en pl inv) pfennig m
Pferd [pfe:rt] n (-[e]s; -e) caballo m (a Schach); Turnen: potro m con aros; **zu ~e** a caballo
'**Pferde|rennen** ['pfe:rdə-] n carrera f de caballos, concurso m hípico; **~schwanz** m cola f de caballo (a Frisur); **~stall** m cuadra f, caballeriza f; **~stärke** f (Abk PS) caballo m de vapor
Pfiff [pfɪf] m (-[e]s; -e) silbido m; pitada f, pitido m; fig truco m; '**~erling** ['-fərlɪŋ] m (-s; -e) cantarela f; **keinen ~ wert sn** no valer nada; **2ig** astuto, ladino; '**~igkeit** f (-; sin pl) astucia f
Pfingst|en ['pfɪŋstən] n (-; -) Pentecostés m; **~rose** ✱ f peonía f
Pfirsich ['pfɪrzɪç] m (-s; -e) melocotón m, Am durazno m; **~baum** m melocotonero m; duraznero m
'**Pflanz|e** ['pflantsə] f (-; -n) planta f, vegetal m; **~en...**: in Zssgn oft vegetal; **2en** (ge-, h) plantar; **~er** m (-s; -) colono m; plantador m; **2lich** vegetal; **~ung** f (-; -en) plantación f
'**Pflaster** ['pflastər] n (o;) pavimento m, empedrado, adoquinado m; ✱ emplasto m, parche m; (Heft2) esparadrapo m; '**~maler** m persona f que pinta sobre la acera; **2n** (ge-, h) empedrar, adoquinar; **~stein** m adoquín m
Pflaume ['pflaumə] f (-; -n) ciruela f; **~nbaum** m ciruelo m
'**Pfleg|e** ['pfle:gə] f (-; sin pl) cuidados m/pl; ✱ asistencia f; ⊙ mantenimiento m; fig cultivo m; **2eleicht** de fácil lavado; **2en** (ge-, h) cuidar (de); atender a (a ✱); fig cultivar; **~ zu** (inf) soler, acostumbrar (inf); **~er** m (-s; -), **~erin** f (-; -nen) cuidador(a f) m; ✱ enfermero m, -a f
Pflicht [pflɪçt] f (-; -en) deber m, obligación f; '**~...**: in Zssgn oft obligatorio; '**2bewußt** cumplidor; '**~bewußtsein** n sentido m del deber; '**~erfüllung** f cumplimiento m del deber; '**~fach** n asignatura f obligatoria; '**2gemäß** debido; adv conforme a su deber; '**2vergessen** descuidado; desleal; '**~versicherung** f seguro m obligatorio
Pflock [pflɔk] m (-[e]s; ⸚e) estaquilla f
pflücken ['pflykən] (ge-, h) coger

Pflug [pflu:k] *m* (-[e]s; ˭e) arado *m*
pflügen ['pfly:gǝn] (ge-, h) arar
Pforte ['pfɔrtǝ] *f* (-; -n) puerta *f*
'Pförtner ['pfœrtnǝr] *m* (-s; -) portero *m*; conserje *m*; ⁓**loge** *f* portería *f*
Pfosten ['pfɔstǝn] *m* (-s; -) poste *m*
Pfote ['pfo:tǝ] *f* (-; -n) pata *f*
Pfropfen ['pfrɔpfǝn] *m* (-s; -) tapón *m*
pfui! ['pfui] ¡qué asco!
Pfund [pfunt] *n* (-[e]s; -e, *después de números en pl inv*) libra *f* (**Sterling** esterlina); *beim Einkauf*: medio kilo *m*
'pfusch|en ['pfuʃǝn] (ge-, h) chapucear; ⁓**er** *m* (-s; -) chapucero *m*
Pfütze ['pfytsǝ] *f* (-; -n) charco *m*
Phanta'sie [fanta'zi:] *f* (-; -n) imaginación *f*, fantasía *f*; ⁓**ren** (h) fantasear, a ✱ desvariar
phantastisch [-'tastiʃ] *a fig* fantástico
pharmazeutisch [farma'tsɔytiʃ] farmacéutico
Phase ['fa:zǝ] *f* (-; -n) fase *f*
Philolog|e [-lo'lo:gǝ] *m* (-en; -en), ⁓**in** *f* (-; -nen) filólogo *m*, -a *f*; ⁓**ie** [--lo'gi:] *f* (-; -n) filología *f*
Philosoph [--'zo:f] *m* (-en; -en) filósofo *m*; ⁓**ie** [--zo'fi:] *f* (-; -en) filosofía *f*; ⁓**isch** [--'zo:fiʃ] filosófico
Photo ['fo:to] *n u Zssgn* → **Foto**
Phrase ['fra:sǝ] *f* (-; -n) frase *f*; *pl a* palabrería *f*
Physik [fy'zi:k] *f* (-; *sin pl*) física *f*; ⁓**alisch** [-zi'ka:liʃ], ⁓**er** ['fy:zikǝr] *m* (-s; -), ⁓**erin** *f* (-; -nen) físico *m*, -a *f*
physisch ['fy:ziʃ] físico
Pianist [pia'nist] *m* (-en; -en), ⁓**in** *f* (-; -nen) pianista *su*
picheln F ['piçǝln] (ge-, h) F empinar el codo
'Pick|el ['pikǝl] *m* (-s; -) pico *m*; ✱ grano *m*; ⁓**en** (ge-, h) picotear; (*hacken*) picar
'Picknick *n* ['-nik] *n* (-s; -s) merienda *f* al aire libre, picnic *m*; ⁓**en** (ge-, h) hacer (un) picnic
piep(s)en ['pi:p(s)ǝn] (ge-, h) piar; F *bei dir piept's wohl?* ¿estás loco?
Pier ⚓ [pi:r] *m* (-s; -e) desembarcadero *m*
Pik [pi:k] **1.** *n* (-s; -s) *Kartenspiel*: espadas *f*/*pl*; **2.** *m* F *e-n* ⁓ *auf j-n haben* tener tirria a alg; ⁓**ant** [pi'kant] picante
'Pilger ['pilgǝr] *m* (-s; -), ⁓**in** *f* (-; -nen) peregrino *m*, -a *f*, romero *m*, -a *f*; ⁓**fahrt** *f* peregrinación *f*, romería *f*
Pille ['pilǝ] *f* (-; -n) píldora *f* (*a die* ⁓)
Pi'lot [pi'lo:t] *m* (-en; -en) piloto *m*; ⁓**projekt** *n* proyecto *m* piloto
Pilz [pilts] *m* (-es; -e) hongo *m*, seta *f*
pingelig F ['piŋǝliç] meticuloso
Pinie ♣ ['pi:njǝ] *f* (-; -n) pino *m*
pinkeln P ['piŋkǝln] (ge-, h) P mear
'Pinsel ['pinzǝl] *m* (-s; -) pincel *m*; *grober*: brocha *f*; ⁓**n** (ge-, h) pincelar (*a* ✱)
Pinzette [-'tsetǝ] *f* (-; -n) pinzas *f*/*pl*
Pionier [pio'ni:r] *m* (-s; -e) ✕ zapador *m*; *fig* pionero *m*
Pipeline ['paɪplaɪn] *f* (-; -s) oleoducto *m*; (*Gas*) gasoducto *m*
Pirat [pi'ra:t] *m* (-en; -en) pirata *m*
Pistazie ♣ [pis'ta:tsjǝ] *f* (-; -n) pistacho *m*
Piste ['-tǝ] *f* (-; -n) pista *f*
Pistole [-'to:lǝ] *f* (-; -n) pistola *f*
Pizz|a ['pitsa] *f* (-; -s) pizza *f*; ⁓**eria** [-tsǝ'ri:a] *f* (-; -s) pizzería *f*
'Plage ['pla:gǝ] *f* (-; -n) molestia *f*; ⁓**n** (ge-, h) molestar, fastidiar; *sich* ⁓ ajetrearse
Plakat [pla'ka:t] *n* (-[e]s; -e) cartel *m*
Plakette [-'kɛtǝ] *f* (-; -n) placa *f*; (*Ankleber*) pegatina *f*
Plan [pla:n] *m* (-[e]s; ˭e) plan *m*, proyecto *m*; ⚠ plano *m* (*a Stadt*⁓); '⁓**e** *f* (-; -n) toldo *m*, lona *f*; '⁓**en** (ge-, h) planear, proyectar
Planet [pla'ne:t] *m* (-en; -en) planeta *m*
planieren [-'ni:rǝn] (h) aplanar, nivelar
Planke ['plaŋkǝ] *f* (-; -n) tabla *f*, tablón *m*
'plan|los ['pla:nlo:s] sin método; ⁓**mäßig** metódico; ✹, ✓ regular
Planschbecken ['planʃ-] *n* piscina *f* para niños
Plantage [plan'ta:ʒǝ] *f* (-; -n) plantación *f*
'Plan|ung ['pla:nuŋ] *f* (-; -en) planificación *f*; ⁓**wirtschaft** *f* economía *f* dirigida, dirigismo *m*
plappern ['plapǝrn] (ge-, h) charlar, parlotear
plärren ['plɛrǝn] (ge-, h) berrear; (*heulen*) lloriquear
'Plast|ik ['plastik] **1.** *f* (-; -en) (*Kunstwerk*) escultura *f*; **2.** *n* (-s; *sin pl*) plástico *m*; ⁓**iktüte** *f* bolsa *f* de plástico; ⁓**isch** plástico (*a fig*)
Platane [pla'ta:nǝ] *f* (-; -n) plátano *m*
Platin ['pla:tin] *n* (-s; *sin pl*) platino *m*
plätschern ['plɛtʃǝrn] (ge-, h) chapalear; *Bach*: murmurar

platt [plat] llano, plano; aplastado; *fig* trivial, banal; F (*erstaunt*) perplejo; F ***e-n* 2*en haben*** tener un reventón *bzw* un pinchazo
Platte ['platə] *f* (-; -n) placa *f*, plancha *f*; (*Stein*2) losa *f*; (*Schall*2) disco *m*; (*Gericht*) plato *m*; F (*Glatze*) calva *f*
'**Plätt|eisen** ['plɛtˀ-] *n* (-s; -) plancha *f*; 2**en** (ge-, h) planchar
'**Plattenspieler** ['platən-] *m* tocadiscos *m*
'**Platt|form** ['platfɔrm] *f* plataforma *f* (*a fig*); **~fuß** *m* pie *m* plano; F *auto* pinchazo *m*
Platz [plats] *m* (-es; ⸚e) plaza *f*; (*Sitz*2) *a* asiento *m*; (*Stelle*) sitio *m*, lugar *m*; *dep* campo *m*; ***~ nehmen*** tomar asiento; ***~ machen*** hacer sitio; abrir paso; '**~anweiser** [-ˀanvaɪzər] *m* (-s; -), **~anweiserin** *f* (-; -nen) acomodador(a *f*) *m*
Plätzchen ['plɛtsçən] *n* (-s; -) rincón *m*; *gastr* pasta *f*
'**platz|en** ['platsən] (ge-, sn) estallar (*a* ⚔); *Reifen usw*: reventar (*a fig vor Lachen, Stolz usw*); F *fig* (*scheitern*) frustrarse; 2**karte** *f* reserva *f* de asiento; 2**regen** *m* chaparrón *m*, aguacero *m*, chubasco *m*; 2**wunde** *f* herida *f*
plaudern ['plaudərn] (ge-, h) charlar, F estar de palique
Playboy ['plɛː-] *m* (-s; -s) play-boy *m*
Pleite ['plaɪtə] *f* (-; -n) quiebra *f*; *fig* fracaso *m*; ***~ machen*** quebrar; ***2 sn*** estar en quiebra; F estar sin blanca
Pleuelstange ['plɔʏəl-] *f* biela *f*
Plisseerock [pli'seːrɔk] *m* falda *f* plisada
Plomb|e ['plɔmbə] *f* (-; -n) precinto *m*; (*Zahn*2) empaste *m*; 2'**ieren** (h) precintar; *Zahn*: empastar
plötzlich ['plœtslɪç] repentino, súbito; *adv* de repente
plump [plump] grosero; (*schwerfällig*) pesado; (*ungeschickt*) torpe; **~sen** ['-sən] (ge-, sn) caer(se) pesadamente; '2**sklo** *n* letrina *f*
Plunder ['plundər] *m* (-s; *sin pl*) trastos *m/pl*, cachivaches *m/pl*
'**plünder|n** ['plʏndərn] (ge-, h) pillar, saquear; 2**ung** *f* (-; -en) pillaje *m*, saqueo *m*
Plural ['pluːraːl] *m* (-s; -e) plural *m*
plus [plus] **1.** *adv* más; ***3 Grad ~*** tres grados sobre cero; **2.** 2 *n* (-; -) superávit *m*, excedente *m*; *fig* ventaja *f*
Plüsch [plyːʃ] *m* (-[e]s; -e) felpa *f*
Pluszeichen ['plus-] *n* (signo *m* de) más *m*
Po F [poː] *m* (-s; -s) *s* ***Popo***
Pöbel ['pøːbəl] *m* (-s; *sin pl*) populacho *m*, chusma *f*
pochen ['pɔxən] (ge-, h) *Herz*: latir, palpitar; *fig* **~ *auf*** (*ac*) insistir en; (*fordern*) reclamar (*ac*)
'**Pocken** ⚕ ['pɔkən] *f/pl* viruela *f*; **~(schutz)impfung** *f* vacunación *f* antivariólica
Podium ['poːdjum] *n* (-s; -dien [-djən]) podio *m*, estrado *m*
Poesie [poe'ziː] *f* (-; -n) poesía *f*
Po'et [-'eːt] *m* (-en; -en) poeta *m*; **~in** *f* (-; -nen) poetisa *f*; 2**isch** poético
Pointe [po'ɛ̃tə] *f* (-; -n) agudeza *f*; *e-s Witzes*: gracia *f*
Pokal [po'kaːl] *m* (-[e]s; -e) copa *f*
'**Poker** ['poːkər] *n* (-s; *sin pl*) póker *m*, póquer *m*; 2**n** (ge-, h) jugar al póker
Pol [poːl] *m* (-[e]s; -e) polo *m* (*a* ⚡)
Polarkreis [po'laːr-] *m* círculo *m* polar (***nördlicher*** ártico; ***südlicher*** antártico)
Pole ['poːlə] *m* (-n; -n) polaco *m*
Police [po'liːsə] *f* (-; -n) póliza *f*
polieren [-'liːrən] (h) pulir, sacar brillo a; *Möbel*: lustrar
Poliklinik ['poːli-] *f* policlínica *f*
Polin ['-lin] *f* (-; -nen) polaca *f*
Politesse [poli'tɛsə] *f* (-; -n) auxiliar *f* de policía
Polit|ik [poli'tiːk] *f* (-; -en) política *f*; **~iker** [-'liːtikər] *m* (-s; -), **~ikerin** *f* (-; -nen), 2**isch** [-'-tiʃ] político *m*, (mujer *f*) política *f*
Politur [--'tuːr] *f* (-; -en) lustre *m*, brillo *m*; *Mittel*: abrillantador *m*
Poli'zei [--'tsaɪ] *f* (-; -en) policía *f*; **~beamte** *m* agente *m* de policía; **~revier** *n* comisaría *f*; **~staat** *m* Estado *m* policía; **~streife** *f* patrulla *f* de policía; **~stunde** *f* hora *f* de cierre; **~wache** *f* puesto *m* de policía; comisaría *f*
Poli'zist [--'tsist] *m* (-en; -en) policía *m*; **~in** *f* (-; -nen) (mujer *f*) policía *f*
Pollen ⚘ ['pɔlən] *m* (-s; -) polen *m*
polnisch ['pɔlniʃ] polaco
'**Polo** ['poːlo] *n* (-s; -s) polo *m*; **~hemd** *n* (camisa *f*) polo *m*
'**Polster** ['pɔlstər] *n* (-s; -) acolchado *m*; (*Kissen*) cojín *m*; **~möbel** *n/pl* muebles *m/pl* tapizados

poltern ['pɔltərn] (ge-, h) hacer ruido
Poly... ['poly...]: *in Zssgn mst* poli...; **~gamie** [--ga'mi:] *f* (-; *sin pl*) poligamia *f*
Polyp [-'ly:p] *m* (-en; -en) ✱ *u zo* pólipo *m*; F (*Polizist*) polizonte *m*
Pomade [-'mɑːdə] (-; -n) pomada *f*
Pommes ['pɔməs] *od* **~ frites** *fr* [pɔm-'frit] *pl* patatas *f/pl* fritas
Pomp [pɔmp] *m* (-[e]s; *sin pl*) pompa *f*
Pony ['pɔni] **a)** *n* (-s; -s) poney *m*; **b)** *m* (-s; -s) (*Frisur*) flequillo *m*
Pool ['puːl] *m* (-s; -s) pool *m*; '**~billard** *n* billar *m* americano
'**Pop|gruppe** ['pɔp-] *f* grupo *m* pop; **~musik** *f* música *f* pop
Popo F [po'poː] *m* (-s; -s) pompis *m*
populär [-pu'lɛːr] popular
Pore ['poːrə] *f* (-; -n) poro *m*
Pornograph|ie [pɔrnograˈfiː] *f* (-; *sin pl*) pornografía *f*; ♀**isch** [--'grɑːfiʃ] pornográfico
porös [po'røːs] poroso
Porree ♀ ['pɔreː] *m* (-s; -s) puerro *m*
Portal [pɔr'tɑːl] *n* (-s; -e) portal *m*
Portemonnaie [pɔrtmɔ'neː] *n* (-s; -s) monedero *m*
Portier [pɔr'tjeː] *m* (-s; -s) portero *m*, conserje *m*
Portion [-'tsjoːn] *f* ración *f*; porción *f*
'**Porto** ['-to] *n* (-s; -s, -ti) porte *m*, franqueo *m*; **~ bezahlt** porte pagado; ♀**frei** franco de porte
Porträt [-'trɛː] *n* (-s; -s) retrato *m*
Portugies|e [-tu'giːzə] *m* (-n; -n), **~in** *f* (-; -nen), ♀**isch** protugués *m*, -esa *f*
Portwein ['pɔrt-] *m* oporto *m*
Porzellan [pɔrtsə'lɑːn] *n* (-s; -e) porcelana *f*
Posaune ♪ [po'zaʊnə] *f* (-; -n) trombón *m*
Position [pozi'tsjoːn] *f* (-; -en) posición *f*; ⚓ situación *f*
positiv ['--tiːf] **1.** *adj* positivo; **2.** ♀ *fot n* (-s; -e) positivo *m*
Posse ['pɔsə] *f* (-; -n) farsa *f*
Post [pɔst] *f* (-; *sin pl*) correo *m*; (*Gebäude*) (oficina *f* de) correos *m/pl*; **auf die ~ bringen** llevar al correo; **mit der ~** por correo; **mit getrennter ~** por (correo) separado
'**Post|-amt** *n* oficina *f od* estafeta *f* de correos; **~anweisung** *f* giro *m* postal; **~bote** *m* cartero *m*

Posten ['pɔstən] *m* (-s; -) puesto *m*, empleo *m*; ✝ partida *f*, lote *m*; ✕ centinela *m*; **~ stehen** montar la guardia; *fig* **nicht auf dem ~ sn** no sentirse bien
Poster ['pɔstər] *m*, *n* (-s; -) póster *m*
'**Post|fach** *n* apartado *m* de correos, *Am* casilla *f*; **~karte** *f* (tarjeta *f*) postal *f*; ♀**lagernd** lista de correos; **~leitzahl** *f* código *m* postal; **~scheck** *m* cheque *m* postal; **~scheck-amt** *n* oficina *f* de cheques postales; **~scheckkonto** *n* cuenta *f* de cheques postales; **~schließfach** *n s* **~fach**; **~sparbuch** *n* libreta *f od* cartilla *f* de ahorro postal; **~sparkasse** *f* caja *f* postal de ahorros; **~stempel** *m* matasellos *m*; ♀**wendend** a vuelta de correo; **~wertzeichen** *n* sello *m* (de correo), *Am* estampilla *f*; **~wurfsendung** *f* envío *m* colectivo; impresos *m/pl* sin dirección
Poularde [pu'lardə] *f* (-; -n) pularda *f*
Pracht [praxt] *f* (-; *sin pl*) esplendor *m*; suntuosidad *f*
prächtig ['prɛçtiç] magnífico, espléndido, suntuoso
prägen ['prɛːgən] (ge-, h) imprimir, estampar; *Münzen, Wort:* acuñar; *fig* marcar
prahl|en ['prɑːlən] (ge-, h) vanagloriarse, jactarse (*mit* de); ♀**erei** [-lə'raɪ] *f* (-; -en) fanfarronería *f*, jactancia *f*
Prakti|kant [prakti'kant] *m* (-en; -en), **~kantin** *f* (-; -nen) practicante *su*; (*Rechtsanwalts*♀) pasante *su*; **~kum** ['--kum] *n* (-s; -ka) prácticas *f/pl*; '♀**sch** práctico; **~er Arzt** médico *m* (de medicina) general; ♀**zieren** [--'tsiːrən] (h) practicar; *Arzt:* ejercer
Praline [pra'liːnə] *f* (-; -n) bombón *m*
prall [pral] (*straff*) tirante; (*voll*) repleto, relleno; *Ballon usw:* henchido; **in der ~en Sonne** a pleno sol; '**~en** (ge-, sn) chocar (**auf** *ac*, **gegen** contra, con)
Prämie ['prɛːmjə] *f* (-; -n) premio *m*; ✝ prima *f*
prämi(i)eren [prɛ'miːrən, -mi'iːrən] (h) premiar
Pranke ['praŋkə] *f* (-; -n) garra *f*, pata *f*
Präposition [prɛpozi'tsjoːn] *f* (-; -en) preposición *f*
Präsens *gram* ['prɛːzɛns] *n* (-; -sentia [prɛ'zɛntsja]) presente *m*
Präservativ [prɛzɛrva'tiːf] *n* (-s; -e) preservativo *m*

Präsi'dent [-zi'dɛnt] m (-en; -en), ~**in** f (-; -nen) presidente m, -a f; ~**schaft** f (-; -en) presidencia f

Praxis ['praksis] f (-; sin pl) práctica f; (pl Praxen) ⚖ bufete m; ☤ consultorio m; (Sprechstunde) consulta f

präzis [prɛ'tsiːs] preciso, exacto; ⒉**ion** [-tsi'zjoːn] f (-; sin pl) precisión f

'**predig|en** ['preːdigən] (ge-, h) predicar; ⒉**er** m (-s; -) predicador m; ⒉**t** ['-diçt] f (-; -en) sermón m (a fig)

Preis [prais] m (-es; -e) precio m; (Belohnung) premio m; **um jeden ~** a toda costa, cueste lo que cueste; **um keinen ~** de ningún modo; '~**anstieg** m aumento m od subida f de precios; '~**ausschreiben** n concurso m

Preiselbeere ['praizəl-] f arándano m encarnado

'**Preis|erhöhung** ['prais?-] f aumento m de precios; ~**ermäßigung** f reducción f de precios; ⒉**gekrönt** ['-gəkrøːnt] premiado; ~**lage** f categoría f de precios; ~**liste** f lista f de precios; ~**nachlaß** m rebaja f, descuento m; ~**niveau** n nivel m de precios; ~**richter** m miembro m del jurado; juez m; ~**senkung** f disminución f od rebaja f de (los) precios; ⒉**wert** barato; adv a buen precio

'**prell|en** ['prɛlən] (ge-, h) ✱ contusionar; fig estafar (**j-n um et** a/c a alg); ⒉**ung** ✱ f (-; -en) contusión f

Premier|e [prəm'jɛːrə] f (-; -n) estreno m; ~**minister(in** f) m [prəm'jeː-] primer(a) ministro m, -a f

'**Presse** ['prɛsə] f (-; -n) prensa f (a ⚙); ~**agentur** f agencia f de prensa; ~**freiheit** f libertad f de prensa; ~**konferenz** f conferencia f od rueda f de prensa; ⒉**n** (ge-, h) apretar; a ⚙ prensar

'**Preßluft** ['prɛs-] f (-; sin pl) aire m comprimido; ~**hammer** m martillo m neumático

'**prickeln** ['prikəln] (ge-, h) picar; Sekt: burbujear; Glieder: hormiguear; ~**d** picante; excitante

'**Priester** ['priːstər] m (-s; -) sacerdote m, cura m; ~**in** f (-; -nen) sacerdotisa f

prima ['priːma] ✙ de primera calidad; F estupendo, formidable

primär [pri'mɛːr] ⒉... primario

Primel ⚘ ['priːməl] f (-; -n) primavera f

primitiv [primi'tiːf] primitivo

Prinz [prints] m (-en; -en) príncipe m; ~**essin** [-'tsɛsin] f (-; -nen) princesa f

Prinzip [-'tsiːp] n (-s; -ien [jen]) principio m; **im ~** en principio; ⒉**iell** [-tsi'pjɛl] en od por principio

Priorität [priori'tɛːt] f (-; -en) prioridad f

Prise ['priːzə] f (-; -n) ⚓ presa f; (Salz) pellizco m, chispa f

pri'vat [pri'vaːt] particular, privado; ⒉**besitz** m, ⒉**eigentum** n propiedad f privada; ⒉**fernsehen** n televisión f privada; ⒉**leben** n vida f privada; ⒉**patient(in** f) m paciente su particular; ⒉**person** f particular m; ⒉**quartier** n alojamiento m en una casa particular; ⒉**sache** f asunto m particular; ~**versichert: ~ sn** tener un seguro privado; ⒉**wirtschaft** f (-; sin pl) economía f privada

Privileg [-vi'leːk] n (-[e]s; -ien [-gjən]) privilegio m

pro [proː] por; **~ Kopf** por cabeza; per cápita; **~ Person** por persona; **~ Stück** por (od la) pieza; **~ Tag** al día

'**Probe** ['proːbə] f (-; -n) prueba f; ✙ muestra f; **auf ~** a prueba; **auf die ~ stellen** poner od someter a prueba; ~**fahrt** f viaje m de prueba; ⒉**n** (ge-, h) ensayar; ⒉**weise** a (título de) prueba; ~**zeit** f período m de ensayo od de prueba

probieren [pro'biːrən] (h) probar (a Speise), ensayar

Problem [-'bleːm] n (-s; -e) problema m; ⒉**atisch** [-ble'maːtiʃ] problemático

Produkt [-'dukt] n (-[e]s; -e) producto m; ~**ion** [--'tsjoːn] f (-; -en) producción f; ~**ionskosten** pl costes m/pl de producción; ⒉**iv** [--'tiːf] productivo; ~**ivität** [--tivi'tɛːt] f (-; sin pl) productividad f

Produz|ent [-du'tsɛnt] m (-en; -en) productor m; fabricante m; ⒉**ieren** [--'tsiːrən] (h) producir, fabricar

Professor [-'fɛsɔr] m (-s; -en [-'soːrən]), ~**in** [--'soːrin] f (-; -nen) catedrático m, -a f (de universidad); als Titel: profesor(a f) m

Profi F [-'proːfi] m (-s; -s) profesional m

Profil [pro'fiːl] n (-s; -e) perfil m; (Reifen⒉) dibujo m; 🚗 gálibo m

Pro'fit [-'fiːt] m (-[e]s; -e) provecho m; beneficio m; ⒉**ieren** [-fi'tiːrən] (h) ganar, salir ganando (**von, bei** en); aprovecharse (de); ⒉-**orientiert** con ánimo de lucro

Prognose [-'gno:zə] *f* (-; -n) pronóstico *m* (*a* ⚕)
Pro'gramm [-'gram] *n* (-s; -e) programa *m*; **~gestaltung** *f* programación *f*; **ˇieren** [--'mi:rən] (h) programar; **~'ierer** *m* (-s; -) programador *m*; **~'iersprache** *f* lenguaje *m* de programación
progressiv [-grɛ'si:f] progresivo
Projekt [-'jɛkt] *n* (-[e]s; -e) proyecto *m*, plan *m*
Prokurist [-ku'rist] *m* (-en; -en) apoderado *m*
Prolet|ariat [-letar'jɑ:t] *n* (-[e]s; -e) proletariado *m*; **~arier** [--'tɑ:rjər] *m* (-s; -) proletario *m*
Promenade [-mə'nɑ:də] *f* (-; -n) paseo *m*
Promille [-'milə] *n* (-[s]; -) tanto *m* por mil
promi'nen|t [-mi'nɛnt] prominente, eminente, destacado; **ˇte** *su* (-n; -n) celebridad *f*; eminencia *f*
Promo|tion [-mo'tsjo:n] *f* (-; -en) doctorado *m*; **ˇvieren** [--'vi:rən] (h) doctorarse
Pronomen [pro'no:mən] *n* (-s; -, -mina) pronombre *m*
Propaganda [-pa'ganda] *f* (-; *sin pl*) propaganda *f*
Propeller [-'pɛlər] *m* (-s; -) hélice *f*, propulsor *m*
prophezeien [-fe'tsaıən] (h) profetizar; predecir; pronosticar
prophylaktisch [-fy'laktiʃ] profiláctico, preventivo
Proportion [-pɔr'tsjo:n] *f* (-; -en) proporción *f*; **ˇal** [--tsjo'nɑ:l] proporcional
Prosa ['pro:za] *f* (-; *sin pl*) prosa *f*
prosit! ['pro:zit] ¡(a su) salud!; **~ *Neujahr!*** ¡feliz año nuevo!
Prospekt [pro'spɛkt] *m* (-[e]s; -e) prospecto *m*, folleto *m*
Prostata *anat* ['prɔstata] *f* (-; -tae ['--tɛ:]) próstata *f*
Prostitu|ierte [-stitu'i:rtə] *f* (-n; -n) prostituta *f*; **~tion** [---'tsjo:n] *f* (-; *sin pl*) prostitución *f*
Protest [-'tɛst] *m* (-[e]s; -e) protesta *f*; ✝ protesto *m*; **~ant** [--'tant] *m* (-en; -en), **~'antin** *f* (-; -nen), **ˇ'antisch** protestante *su*; **ˇ'ieren** (h) protestar
Prothese ⚕ [-te:zə] *f* (-; -n) prótesis *f*
Protokoll [-to'kɔl] *n* (-s; -e) acta *f*; *a diplomatisches*: protocolo *m*; **(*das*) ~ *führen*** redactar el acta; **ˇ'ieren** (h) levantar acta; protocolizar

Proviant [pro'vjant] *m* (-s; -e) provisiones *f/pl*, víveres *m/pl*
Provinz [-'vints] *f* (-; -en) provincia *f*
Provis|ion [-vi'zjo:n] *f* (-; -en) ✝ comisión *f*; **ˇorisch** [--'zo:riʃ] provisional
provozieren [-vo'tsi:rən] (h) provocar
Pro'zent [-'tsɛnt] *n* (-[e]s; -e) (tanto *m*) por ciento; **~satz** *m* porcentaje *m*
Prozeß [-'tsɛs] *m* (-sses; -sse) proceso *m*; ⚖ *a* pleito *m*; ***e-n ~ führen*** seguir una causa
prozessieren [--'si:rən] (h) pleitear, litigar
Prozession [--'sjo:n] *f* (-; -en) procesión *f*
Pro'zeßkosten *pl* costas *f/pl* procesales
'prüf|en ['pry:fən] (ge-, h) examinar; (*nach~*) revisar; comprobar; verificar; ⚙ ensayar; **ˇer** *m* (-s; -) examinador *m*; **ˇling** ['-liŋ] *m* (-s; -e) examinando *m*
'Prüfung ['-fuŋ] *f* (-; -en) examen *m*; prueba *f* (*a fig*); ⚙ ensayo *m*; ***e-e ~ machen*** pasar un examen; **~s-ausschuß** *m*, **~skommission** *f* comisión *f* examinadora
'Prügel ['-gəl] *m* (-s; -) palo *m*; *pl* (*Schläge*) paliza *f*, palos *m/pl*; **ˇn** (ge-, h) pegar, dar una paliza; ***sich ~*** andar a palos
Prunk [pruŋk] *m* (-[e]s; *sin pl*) fasto *m*, boato *m*, suntuosidad *f*; **'ˇvoll** suntuoso, fastuoso
Pseudonym [psɔʏdo'ny:m] *n* (-s; -e) seudónimo *m*
'Psych|e ['psy:çə] *f* (-; -n) (p)sique *f*; **ˇisch** (p)síquico
Psycho|'loge [psyço'lo:gə] *m* (-n; -n) (p)sicólogo *m*; **~logie** [--lo'gi:] *f* (-; *sin pl*) (p)sicología *f*; **~'login** *f* (-; -nen) (p)sicóloga *f*; **~thera'pie** *f* (p)sicoterapia *f*
Pubertät [pubɛr'tɛ:t] *f* (-; *sin pl*) pubertad *f*
Publi|kation [publika'tsjo:n] *f* (-; -en) publicación *f*; **~kum** ['--kum] *n* (-s; *sin pl*) público *m*; **ˇzieren** [--'tsi:rən] (h) publicar
Pudding ['pudiŋ] *m* (-s; -e, -s) pudín *m*
Pudel ['pu:dəl] *m* (-s; -) perro *m* de aguas *od* de lanas, caniche *m*
Puder ['-dər] *m* (-s; -) polvos *m/pl*
Puff [puf] **a)** *m* (-[e]s; ¨e) (*Stoß*) empujón *m*, empellón *m*; **b)** P *m* (-s; -s) (*Bordell*) casa *f* de putas

P

Pullover

Pullover [pu'loːvər] m (-es; -) jersey m
Puls [puls] m (-es; -e) pulso m; **den ~ fühlen** tomar el pulso (a fig); '**~ader** f arteria f; '**~schlag** m pulsación f
Pult [pult] n (-[e]s; -e) pupitre m
'**Pulver** ['pulfər] n (-s; -) polvo m; ✗ pólvora f; **~kaffee** m café m en polvo; **~schnee** m nieve f polvo
'**Pump|e** ['pumpə] f (-; -n) bomba f; ♀**en** (h) bombear; F fig prestar
Punkt [puŋkt] m (-[e]s; -e) punto m; im Stoff: lunar m; **~ für ~** punto por punto; **~ drei Uhr** a las tres en punto; ♀**ieren** [-'tiːrən] (h) puntear; ✱ puncionar
pünktlich ['pyŋktliç] puntual; adv con puntualidad
Punsch [punʃ] m (-[e]s; -e) ponche m
Pupille [pu'pilə] f (-; -n) pupila f, F niña f del ojo
'**Puppe** ['pupə] f (-; -n) muñeca f; teat títere m, marioneta f; **~nspiel** n (teatro m de) guiñol m; **~nwagen** m cochecito m de muñeca
pur [puːr] puro
purpurrot ['purpur-] purpúreo
'**Puste** F ['puːstə] f (-; sin pl) aliento m; ♀**n** (ge-, h) soplar
'**Pute** ['puːtə] f (-; -n) pava f; **~r** m (-s; -) pavo m
Putsch [putʃ] m (-[e]s; -e) intentona f; golpe m (de Estado)
Putz [puts] m (-es; sin pl) atavío m; adorno m; △ revoque m; '♀**en** (ge-, h) limpiar; fregar; Zähne: lavar; **sich** (dat) **die Nase ~** sonarse; '**~frau** f mujer f de limpieza od de faenas; asistenta f; '**~mittel** n producto m de limpieza; limpiador m
Puzzle ['pazl] n (-s; -s) rompecabezas m, puzzle m
Pyjama [py'dʒaːma, -'jɑːma] m (-s; -s) pijama m
Pyramide [-ra'miːdə] f (-; -n) pirámide f

Q

Q, q [kuː] n (-; -) Q, q f
Qua'drat [kva'drɑːt] n (-[e]s; -e) cuadrado m; **~...:** in Zssgn = ♀**isch** cuadrado; **~meter** m u n metro m cuadrado; **~meterpreis** m precio m por metro cuadrado
Qual [kvɑːl] f (-; -en) pena f; tormento m, tortura f; martirio m
quälen ['kvɛːlən] (ge-, h) atormentar, torturar, molestar
Quali|fikation [kvalifika'tsjoːn] f (-; -en) calificación f; (Fähigkeit) capacidad f, aptitud f; ♀**fi'zieren** [---'tsiːrən] (h) calificar; ♀**fi'ziert** calificado, cualificado; **~tät** [--'tɛːt] f (-; -en) ✝ calidad f; (Eigenschaft) cualidad f; ♀**tativ** [--ta'tiːf] cualitativo
Qualle ['-lə] f (-; -n) medusa f
Qualm [kvalm] m (-[e]s; sin pl) humo m espeso; humareda f; '♀**en** (ge-, h) humear, echar humo
qualvoll ['kvɑːlfɔl] doloroso; angustioso, congojoso; atormentador
Quant|ität [kvanti'tɛːt] f (-; -en) cantidad f; ♀**itativ** [--ta'tiːf] cuantitativo
Quarantäne [karan'tɛːnə] f (-; -n) cuarentena f
Quark [kvark] m (-s; sin pl) requesón m
Quart|al [kvar'tɑːl] n (-s; -e) trimestre m; **~ett** ♪ [-'tɛt] n (-[e]s; -e) cuarteto m
Quartier [-'tiːr] n (-s; -e) alojamiento m; habitación f; ✗ acantonamiento m, cuartel m
Quarz [kvarts] m (-es; -e) cuarzo m; '**~uhr** f reloj m de cuarzo
Quatsch F [kvatʃ] m (-es; sin pl) tonterías f/pl, pamplinas f/pl, F chorradas f/pl
Quecksilber ['kvɛkzilbər] n (-s; sin pl) mercurio m, azogue m
'**Quell|e** ['kvɛlə] f (-; -n) manantial m; fuente f (a fig); **aus sicherer ~** de fuente fidedigna, de buena tinta; ♀**en** (quoll, gequollen, sn) brotar, manar; (auf~) hincharse; fig emanar, proceder; **~ensteuer** f retención f fiscal en la

fuente *od* en origen; ~**wasser** *n* agua *f* de manantial

quer [kveːr] transversal; *adv* a (*od* de) través; ~ **über** *et* (*ac*) **gehen** atravesar, cruzar (*ac*); ~**feldein** [-fɛlt'ʔaɪn] a campo traviesa; '~**schnitt** *m* corte *m od* sección *f* transversal; '~**schnitt(s)gelähmt** parapléjico (por corte medular); '~**straße** *f* travesía *f*

'**quetsch|en** ['kvɛtʃən] (ge-, h) magullar; (*breit*~) aplastar; 2**ung** *f* (-; -en) contusión *f*; magulladura *f*

quietschen ['kviːtʃən] (ge-, h) chillar; *Tür*: rechinar

Quintett ♪ [kvɪn'tɛt] *n* (-[e]s; -e) quinteto *m*

'**Quitt|e** ♀ ['kvɪtə] *f* (-; -n) membrillo *m*; 2'**ieren** (h) dar recibo de; ~**ung** *f* (-; -en) recibo *m*; ~**ungsblock** *m* talonario *m* de recibos

Quiz [kvɪs] *n* (-; -) concurso *m* radiofónico *od* televisivo; '~**master** ['-maːstər] *m* (-s; -) presentador *m* de concursos

'**Quote** ['kvoːtə] *f* (-; -n) cuota *f*; (*Anteil*) contingente *m*; cupo *m*; ~**nregelung** *f* reparto *m* por cuotas

Quotient [kvo'tsjɛnt] *m* (-en; -en) cociente *m*

R

R, r [ɛr] *n* (-; -) R, r *f*

Ra'batt ✝ [ra'bat] *m* (-[e]s; -e) descuento *m*, rebaja *f*; ~**e** ✒ *f* (-; -n) arriate *m*

Rabe ['raːbə] *m* (-n; -n) cuervo *m*

rabiat [ra'bjaːt] furioso

Rache ['raxə] *f* (-; *sin pl*) venganza *f*

Rachen ['-xən] *m* (-s; -) faringe *f*; (*Maul*) boca *f*; *a fig* fauces *f/pl*

rächen ['rɛçən] (ge-, h): (**sich**) ~ vengar (-se) (**an** *dat* de; **für** por)

Rad [raːt] *n* (-[e]s; ~er) rueda *f*; (*Fahr*2) bicicleta *f*

Ra'dar [ra'daːr] *m od n* (-s; *sin pl*) radar *m*; ~**falle** *Vkw f* control *m* por (*od* de) radar; ~**kontrolle** *f* control *m* por radar

Radau F [-'daʊ] *m* (-s; *sin pl*) alboroto *m*, ruido *m*; jaleo *m*

Rädelsführer ['rɛːdəlsfyːrər] *m* (-s; -) cabecilla *m*

'**rad|fahren** ['raːtfaːrən] (*irr, sep*, -ge-, sn, → **fahren**) ir en bicicleta; 2**fahrer(in** *f*) *m* ciclista *su*

ra'dier|en [ra'diːrən] (h) borrar; 2**gummi** *m* (-s; -s) goma *f* de borrar; 2**ung** *f* (-; -en) pint aguafuerte *m*

Radieschen ♀ [-'diːsçən] *n* (-s; -) rabanito *m*

radikal [-di'kaːl] radical; *pol a* extremista

'**Radio** ['raːdjo] *n* (-s; -s) radio *f*; *in Zssgn s a* **Rundfunk**...; 2-**ak'tiv** radiactivo;

~**aktivi'tät** *f* (-; *sin pl*) radiactividad *f*; ~**apparat** *m* aparato *m* de radio; ~**recorder** ['--rekɔrdər] *m* (-s; -) radiocassette *m*

Radius ['-djus] *m* (-; -dien) radio *m*

'**Rad|kappe** ['ratkapə] *f* tapacubos *m*; ~**rennbahn** *f* velódromo *m*; ~**rennen** *n* carrera *f* ciclista; ~**sport** *m* ciclismo *m*; ~**tour** *f* excursión *f* en bicicleta; ~**wanderung** *f* cicloturismo *m*; ~**weg** *m* pista *f* para ciclistas, F carril-bici *m*

raffiniert [rafi'niːrt] *fig* astuto; *et*: sofisticado

ragen ['raːgən] (ge-, h) elevarse

Ragout [ra'guː] *n* (-s; -s) *gastr* ragú *m*

'**Rahmen** ['raːmən] *m* (-s; -) marco *m* (*a fig*); ⊙ armazón *m u f*; *am Fahrrad*: cuadro *m*; ~**bedingungen** *f/pl* condiciones *f/pl* básicas; ~**gesetz** *n* ley *f* marco *od* básica; ~**vertrag** *m* acuerdo *m* marco

Rakete [ra'keːtə] *f* (-; -n) cohete *m*; ⚔ *a* misil *m*

Rallye ['rali] *f* (-; -s) rally(e) *m*

rammen ['ramən] (ge-, h) (*ein*~) pisar; ⚓ embestir (*a auto*), abordar

Rampe ['-pə] *f* (-; -n) ⛴ rampa *f*, muelle *m* (de carga)

Ramsch [ramʃ] *m* (-es; -e) pacotilla *f*

Rand [rant] *m* (-[e]s; ~er) borde *m*, orilla *f*; (*Buch*) margen *m*; (*Saum*) orla *f*;

(*Stadt*) periferia *f*; (*Wald*) linde *m*; **zu ~e kommen mit et** poder con a/c; **♀alieren** [-da'liːrən] (h) alborotar; **'~bemerkung** *f* nota *f* marginal, anotación *f*; *fig* glosa *f*, comentario *m*; **~erscheinung** *f* fenómeno *m* secundario; **'~löser** ['~løːzər] *m* (-s; -) *Schreibmaschine*: desbloqueador *m* de márgenes; **'~notiz** *f* acotación *f*; **'~steller** ['~ʃtɛlər] *m* (-s; -) *Schreibmaschine*: marginador *m*; **'~streifen** *Vkw m* arcén *m*

Rang [raŋ] *m* (-[e]s; ⁓e) categoría *f*; clase *f*; rango *m*; (*~stufe*) grado *m* (*a* ⚔); (*Stand*) condición *f*; *teat* anfiteatro *m*; galería *f*

rangieren 🚂 [rãˈʒiːrən] (h) maniobrar, hacer maniobras

'Ranke ['~kə] *f* (-; -n) zarcillo *m*; (*Wein*♀) pámpano *m*, sarmiento *m*; **♀n** (ge-, h) echar pámpanos; (*a* **sich ~**) trepar

ranzig ['rantsiç] rancio

rar [raːr] raro, escaso; **♀ität** [rariˈtɛːt] *f* (-; -en) objeto *m* raro; curiosidad *f*

rasch [raʃ] veloz; rápido; *adv* a pronto, de prisa; **~eln** ['~ʃəln] (ge-, h) crujir; *Laub*: susurrar

'rasen ['raːzən] (ge-, h) rabiar; *Sturm*: desencadenarse; (sn) (*schnell fahren*) correr a toda velocidad; **♀** *m* (-s; -) césped *m*; **~d** rabioso; *Schmerz*: atroz; *Geschwindigkeit*: vertiginoso; **♀mäher** ['~mɛːər] *m* (-s; -) cortacésped(es) *m*

Raserei [~'raɪ] *f* (-; -en) *auto* velocidad *f* vertiginosa

Raˈsier|apparat [raˈziːr?-] *m* máquina *f* de afeitar; **~creme** *f* crema *f* de afeitar; **♀en** (h) afeitar; **~klinge** *f* (**~messer** *n*, **~pinsel** *m*) hoja *f* (navaja *f*, brocha *f*) de afeitar; **~seife** *f* jabón *m* de afeitar; **~wasser** *n* loción *f* (para después) del afeitado; **~zeug** *n* (-[e]s; *sin pl*) utensilios *m/pl* de afeitar

'Rasse ['~sə] *f* (-; -n) raza *f*; **~ntrennung** *f* segregación *f* racial; **Gegner der ~** integracionista *m*; **~n-unruhen** *f/pl* disturbios *m/pl* raciales

'rass|ig castizo; *Tier*: de casta; **~isch** racial

Rasˈsis|mus [-ˈsismus] *m* (-; *sin pl*) racismo *m*; **♀tisch** racista

Rast [rast] *f* (-; *sin pl*) descanso *m*; (*Halt*) parada *f*, alto *m*; **♀en** (ge-, h) descansar; hacer (un) alto; **'~platz** *m* área *f* de descanso; **'~stätte** *f* restaurante *m* de carretera; *Autobahn*: área *f* de servicio

Rasur [raˈzuːr] *f* (-; -en) afeitado *m*

Rat [raːt] *m* (-[e]s; *sin pl*) (*~schlag*) consejo *m*; (*pl* ⁓e) (*Berater*) consejero *m*; (*Stadt*♀) concejo *m*; (*Person*) concejal *m*; **zu ~e ziehen** (*ac*) aconsejarse con; consultar a; **um ~ fragen** (*ac*) pedir consejo a

'Rate ['~tə] *f* (-; -n) plazo *m*; **♀n** (riet, geraten, h) aconsejar; (*er~*) adivinar; **~nkauf** *m* compra *f* a plazos; **♀nweise** a plazos; **~nzahlung** *f* pago *m* a plazos

'Rathaus *n* ayuntamiento *m*

ratifizieren [ratifiˈtsiːrən] (h) ratificar

Ration [raˈtsjoːn] *f* (-; -en) ración *f*; porción *f*; **♀al** [-joˈnaːl] racional; **♀alisieren** [--naliˈziːrən] (h) racionalizar; **~alisierung** *f* (-; -en) racionalización *f*; **♀ell** [--ˈnɛl] racional, económico; **♀ieren** [--ˈniːrən] (h) racionar

'rat|los ['raːtloːs] perplejo; **~sam** aconsejable; indicado, conveniente

Rätsel ['rɛːtsəl] *n* (-s; -) acertijo *m*, adivinanza *f*; *fig* enigma *m*

Ratte ['ratə] *f* (-; -n) rata *f*

Raub [raʊp] *m* (-[e]s; *sin pl*) robo *m*; (*Entführung*) secuestro *m*; rapto *m*; (*Überfall*) atraco *m*; (*Beute*) presa *f*; **'~bau** *m* (-[e]s; *sin pl*) explotación *f* abusiva; **'♀en** ['~bən] (ge-, h) robar; *fig* quitar; **~tier** *n* animal *m* de presa, fiera *f*; **'~überfall** *m* atraco *m* a mano armada; **'~vogel** *m* ave *f* de rapiña *od* de presa; (ave *f*) rapaz *f*

Rauch [raʊx] *m* (-[e]s; *sin pl*) humo *m*; **'♀en** (ge-, h) **1.** *v/i* echar (*Ofen*: hacer) humo; humear; **2.** *v/t u v/i* fumar; **♀ verboten!** prohibido fumar; **~er** *m* (-s; -), **'~erin** *f* (-; -nen) fumador(a *f*) *m*; **'~er-abteil** *n* compartimiento *m* de fumadores

'Räucher|kerze ['rɔʏçər-] *f* pebete *m*; **♀n** (ge-, h) ahumar

'rauch|ig ['raʊxiç] lleno de humo; humoso, humeante; **♀verbot** *n* prohibición *f* de fumar; **♀vergiftung** *f* intoxicación *f* por humo; **♀waren** *f/pl* tabacos *m/pl*; (*Pelze*) peletería *f*; **♀wolke** *f* humareda *f*

rauh [raʊ] áspero; *Klima*: rudo; *Stimme*: ronco; *fig* rudo, duro

Raum [raʊm] *m* (-[e]s; ⁓e) espacio *m*; (*Platz*) sitio *m*, lugar *m*; (*Gebiet*) zona *f*;

abgegrenzt: recinto *m*; (*Räumlichkeit*) local *m*; (*Zimmer*) pieza *f*, habitación *f*, cuarto *m*
räumen ['rɔʏmən] (ge-, h) quitar; *Gebiet*: evacuar (*a* ⚔); *Saal etc*: desalojar; *Wohnung*: desocupar; ⚓ *Lager*: vaciar; (*frei machen*) despejar
'**Raum|fähre** ['raʊmfɛːrə] *f* transbordador *m od* lanzadera *f* espacial; **~fahrer** *m* astronauta *m*; **~fahrt** *f* (-; *sin pl*) astronáutica *f*; **~flug** *m* vuelo *m* espacial; **~inhalt** *m* volumen *m*, capacidad *f*
'**räumlich** ['rɔʏmlɪç] espacial; **~ begrenzt** localizado; ⚙**keit** *f* (-; -en) local *m*
'**Raum|schiff** ['raʊm-] *n* astronave *f*, nave *f* espacial; **~station** *f* estación *f* espacial *od* orbital
'**Räumung** ['rɔʏmʊŋ] *f* (-; -en) evacuación *f*; desalojamiento *m*; despejo *m*; ⚖ desahucio *m*; **~sverkauf** ⚓ *m* liquidación *f* de (las) existencias; liquidación *f* total
'**Raupe** ['raʊpə] *f* (-; -n) *zo* oruga *f*; **~nschlepper** ⚙ *m* tractor-oruga *m*
raus! F [raʊs] ¡fuera!
Rausch [raʊʃ] *m* (-[e]s; -e) borrachera *f*; *a fig* embriaguez *f*; **s-n ~ ausschlafen** F dormir la mona; '**~en** (ge-, h) murmurar; susurrar; crujir; '**~gift** *n* estupefaciente *m*, droga *f*; '**~giftbekämpfung** ['--bəkɛmpfʊŋ] *f* (-; *sin pl*) lucha *f* antidroga; '**~gifthandel** *m* tráfico *m* de drogas, narcotráfico *m*; '**~gifthändler** *m* traficante *m* de drogas, narcotraficante *m*; '**~giftkriminalität** *f* delincuencia *f* en relación con la droga; ⚙**giftsüchtig** toxicómano, drogadicto
räuspern ['rɔʏspərn] (ge-, h): **sich ~** carraspear
Razzia ['ratsja] *f* (-; -ien) batida *f*, redada *f*
reagieren [reˀaˈgiːrən] (h) reaccionar (**auf** *ac* a)
Reaktion [-ˀakˈtsjoːn] *f* (-; -en) reacción *f*; ⚙**är** [--tsjoˈnɛːr] reaccionario
Reaktor [-ˀaktor] *m* (-s; -en [-ˈtoːrən]) reactor *m*
re·al [-ˈaːl] real; efectivo; ⚙**-einkommen** *n* renta *f* real; **~isieren** [-aliˈziːrən] (h) realizar; ⚙**ismus** *m* (-; *sin pl*) realismo *m*; **~istisch** realista; ⚙**ität** [-aliˈtɛːt] *f* (-; -en) realidad *f*; ⚙**schule** *f* escuela *f* secundaria con seis cursos

Rebe ['reːbə] *f* (-; -n) vid *f*; (*Zweig*) sarmiento *m*
Rebell [reˈbɛl] *m* (-en; -en) rebelde *m*; ⚙**'ieren** (h) rebelarse; sublevarse
'**Rechen** ⚒ ['rɛçən] **1.** *m* (-s; -) rastrillo *m*; **2.** ⚙ *v/i* (ge-, h) rastrillar
'**Rechen|fehler** *m* error *m* de cálculo; **~maschine** *f* (máquina *f*) calculadora *f*; **~schaft** *f* (-; *sin pl*) cuenta *f*; **~ ablegen über** dar cuenta de; rendir cuentas de; **zur ~ ziehen wegen** pedir cuenta(s) por; **~schaftsbericht** *m* informe *m*
'**rechn|en** ['rɛçnən] (ge-, h) calcular; computar; (*zählen*) contar; **~ mit** (*dat*) contar con; ⚙**er** *m* (-s; -) (*Gerät*) calculadora *f*; **~erisch** aritmético; calculatorio; ⚙**ung** *f* (-; -en) cálculo *m*, operación *f* aritmética; ⚓ cuenta *f*; (*Waren*⚙) factura *f*; **auf ~ von** por cuenta de; **in ~ stellen** poner en cuenta
'**Rechnungs|-ablage** *f* archivo *m* de facturas; **~betrag** ⚓ *m* importe *m* de la factura; **~führung** *f* (-; *sin pl*) contabilidad *f*; **~jahr** *n* ejercicio *m*; **~legung** *f* (-; -en) rendición *f* de cuentas; **~prüfer** *m* (-s; -) auditor *m*
recht [rɛçt] derecho; ⚖ recto; (*richtig*) justo; (*passend*) conveniente, oportuno; **zur ~en Zeit** a tiempo; **ganz ~** exactamente, exacto; **~ haben** tener razón; **j-m ~ geben** dar (la) razón a alg
Recht [rɛçt] *n* (-[e]s; -e, *a sin pl*) derecho *m*; **von ~s wegen** de derecho; **ein ~ haben auf, das ~ haben zu** tener derecho a; **zu ~ bestehen** ser legal; '⚙**-eckig** rectangular; '⚙**fertigen** (h) justificar; '⚙**haberisch** ergotista; '⚙**lich** ⚖ jurídico; legal; '⚙**los** sin derecho(s); ⚙**mäßig** legítimo; legal
rechts [rɛçts] *a* (*od* por) la derecha; '⚙**-abbieger** ['-ˀapbiːgər] *m* (-s; -) *Vkw* vehículo *m* que gira a la derecha
'**Rechts|-anspruch** ⚖ *m* derecho *m* (**auf** *ac* a); **~anwalt** *m*, **~anwältin** *f* abogado *m*, -a *f*; **~'außen** *m* (-s; -) *dep* extremo *m* derecha; **~berater** *m* asesor *m* jurídico
'**Rechtschreibung** ['rɛçt-] *f* ortografía *f*
'**rechts|-extrem** ['rɛçts-]- de la extrema derecha; ⚙**-extremismus** ['-ɛkstremɪsmʊs] *m* (-; *sin pl*) extremismo *m* de derecha, ultraderechismo *m*; ⚙**fall** *m* caso *m* jurídico; ⚙**frage** *f* cuestión *f* jurídica; ⚙**händer** ['-hɛndər] *m* (-s; -)

rechtskräftig — 444

diestro *m*; ~**kräftig** válido; ⚖**mittel** ⚖ *n* recurso *m* (*einlegen* interponer)
Rechtsprechung ['rɛçtʃprɛçuŋ] *f* (-; -en) jurisprudencia *f*; jurisdicción *f*
'**rechts|radikal** ['rɛçtsradikɑːl] ultraderechista; ⚖**schutz** *m* protección *f* jurídica *od* legal; ⚖**schutzversicherung** *f* seguro *m* de asistencia jurídica; ⚖**staat** *m* Estado *m* de derecho; ⚖**streit** *m* litigio *m*; ⚖**weg** ['-veːk] *m* vía *f* judicial; *den* ~ *beschreiten* tomar medidas judiciales; ~**widrig** ilegal
'**recht|wink(e)lig** ['rɛçtviŋk(ə)liç] rectangular; ~**zeitig** oportuno; *adv* a tiempo
Redak't|eur [redak'tøːr] *m* (-s; -e), ~**eurin** *f* (-; -nen) redactor(a *f*) *m*; ~**ion** [--'tsjoːn] *f* (-; -en) redacción *f*
'**Rede** ['reːdə] *f* (-; -n) discurso *m*; *feierliche*: oración *f*; alocución *f*; (*Worte*) palabras *f*/*pl*; (*Ausdrucksweise*) lenguaje *m*; *die* ~ *sn von* tratarse de; *j-n zur* ~ *stellen* pedir explicaciones a alg; *nicht der* ~ *wert sn* no tener importancia; *davon kann keine* ~ *sn* no hay que pensarlo; ~**freiheit** *f* (-; *sin pl*) libertad *f* de palabra; ⚖**gewandt** diserto, elocuente; ⚖**n** (ge-, h) hablar (*über ac* de); (*nicht*) *mit sich* ~ *lassen* ser tratable (intransigente); ~**wendung** *f* locución *f*, modismo *m*, giro *m*
Redner ['reːdnər] *m* (-s; -) orador *m*
redselig [reːtzeːliç] locuaz
reduzieren [redu'tsiːrən] (h) reducir (*auf ac* a)
'**Reede** ⚓ ['reːdə] *f* (-; -n) rada *f*; ~**r** *m* (-s; -) armador *m*; ~**rei** [--'raɪ] *f* (-; -en) compañía *f* naviera
reell [re'ɛl] efectivo, real; *Ware*: bueno; *Geschäft*: serio, sólido; *Preis*: razonable
Refer|at [refəˈrɑːt] *n* (-[e]s; -e) informe *m*, ponencia *f*; (*Verwaltungsabteilung*) negociado *m*; ~**ent** [--'rɛnt] *m* (-en; -en) ponente *m*; ~**enz** [--'rɛnts] *f* (-; -en) referencia *f*; ~**en** *pl bei Bewerbung*: *a* informes *m*/*pl*
reffen ⚓ ['rɛfən] (ge-, h) arrizar
reflektieren [reflɛk'tiːrən] (h) *fis* reflejar; ~ *auf* (*ac*) interesarse por
Reflex [-'flɛks] *m* (-es; -e) reflejo *m*
Re'form [-'fɔrm] *f* (-; -en) reforma *f*; ~**ation** [--maˈtsjoːn] *f* (-; *sin pl*) Reforma *f*; ~**ator** [--'mɑːtɔr] *m* (-s; -en [-maˈtoːrən]) reformador *m*; ⚖**ieren** (h) reformar; ~**politik** *f* política *f* reformista, reformismo *m*
Refrain [rə'frɛ̃] *m* (-s; -s) estribillo *m*
Regal [re'gɑːl] *n* (-s; -e) estante *m*; *großes*: estantería *f*
Regatta ⚓ [-'gata] *f* (-; -ten) regata *f*
rege ['reːgə] activo; vivo; *Unterhaltung*: animado; *Geist*: despierto
'**Regel** ['-gəl] *f* (-; -n) regla *f* (*a* ♀); norma *f*; *in der* ~ por regla general; ⚖**mäßig** regular; regulado; periódico; ⚖**n** (ge-, h) regular (*a Verkehr*); arreglar; *gesetzlich*: reglamentar; ~**ung** *f* (-; -en) regulación *f*; arreglo *m*; reglamentación *f*; ⚖**widrig** irregular
'**Regen** ['-gən] *m* (-s; -) lluvia *f*; ~**bogen** *m* arco *m* iris; ~**mantel** *m* impermeable *m*; ~**schauer** *m* chubasco *m*; ~**schirm** *m* paraguas *m*; ~**tag** *m* día *m* lluvioso *od* de lluvia; ~**tropfen** *m* gota *f* de lluvia; ~**wetter** *n* (-s; *sin pl*) tiempo *m* lluvioso; ~**wolke** *f* nube *f* de lluvia; ~**wurm** *m* lombriz *f* de tierra; ~**zeit** *f* estación *f* de las lluvias
Regie *teat*, *Film* [re'ʒiː] *f* (-; *sin pl*) dirección *f*; ~ *führen* dirigir
re'gier|en [-'giːrən] (h) *v*/*t u* ~ *über* (*ac*) gobernar; (*herrschen*) reinar; ⚖**ung** *f* (-; -en) gobierno *m*
Re'gierungs|bezirk *m* distrito *m*; ~**form** *f* régimen *m* político; ~**krise** *f* (~**partei** *f*) crisis *f* (partido *m*) gubernamental; ~**zeit** *f* reinado *m*
Regime [-'ʒiːm] *n* (-s; - [-mə]) régimen *m*
Regiment [-gi'mɛnt] *n* (-[e]s; -er) ⚔ regimiento *m*
Region [-'gjoːn] *f* (-; -en) región *f*; ⚖**al** [-gjoˈnɑːl] regional
Regisseur [-ʒi'søːr] *m* (-s; -e) director *m*, *Film*: *a* realizador *m*
Regist|er [-'gistər] *n* (-s; -) registro *m* (*a* ♪); *im Buch*: tabla *f* de materias, índice *m*; ~**ratur** [--traˈtuːr] *f* (-; -en) archivo *m*; ⚖**rieren** (h) registrar
Regler ['reːglər] *m* (-s; -) ⚙ regulador *m*
'**regn|en** ['rɛgnən] (ge-, h) llover; ~**erisch** lluvioso
Re'greß ⚖ [re'grɛs] *m* (-sses; -sse) recurso *m*; ⚖**pflichtig** [-'-pfliçtiç] obligado a indemnización
regul|är [regu'lɛːr] regular; normal; ~**ieren** (h) reglar, regular; ⚙ ajustar
Reh [reː] *n* (-[e]s; -e) corzo *m*

Rehabili|tation [rehabilita'tsjo:n] f (-; -en) rehabilitación f (a ⚕); **2tieren** [----'ti:rən] (h) rehabilitar

'reib|en ['raıbən] (rieb, gerieben, h) frotar; *leicht*: rozar; *gastr* rallar; *(ab~)* restregar; **2e'reien** f/pl fig roces m/pl, fricciones f/pl; **~ungslos** fig sin dificultades

reich [raıç] **1.** *adj* rico (*an dat* en); **~ werden** enriquecerse; **2.** 2 n (-[e]s; -e) imperio m; reino m (*a fig*); **'~en 1.** v/t pasar, alargar, tender; **2.** v/i llegar, extenderse; (*genügen*) ser suficiente; **~haltig** ['-haltıç] abundante; **'~lich** copioso; abundante; *adv* bastante; en abundancia; **'2tum** m (-s; -̈er) riqueza f; **'2weite** f alcance m; *außer* **~** fuera de alcance

reif [raıf] maduro; **~ werden** madurar
Reif m (-[e]s; *sin pl*) (*Rauh2*) escarcha f; **'~e** f (-; *sin pl*) madurez f; **2en** (ge-) **a)** (sn) madurar; **b)** (h) *es reift* hay escarcha

'Reifen m (-s; -) aro m, cerco m; (*Rad2*) neumático m; **~druck** m presión f de los neumáticos; **~panne** f pinchazo m, reventón m; **~wechsel** m cambio m de neumático

'Reife|prüfung f examen m de bachillerato (superior); **~zeugnis** n certificado m *od* título m de bachiller

reiflich ['-lıç]: *es sich* **~** *überlegen* pensarlo bien

'Reihe ['raıə] f (-; -n) fila f (*a* ⚔); *Bäume, Knöpfe etc*: hilera f; (*Serie*) serie f; (*Linie*) línea f; *der* **~** *nach* por turno; **~nfolge** f sucesión f, orden m; turno m; **~nhaus** n chalet m adosado

Reim [raım] m (-[e]s; -e) rima f; **'2en** (ge-, h): (*sich*) **~** rimar (*auf ac* con)

rein [raın] limpio; puro (*a fig*); claro; *ins* **~e kommen mit** *et* resolver (*ac*), *mit j-m*: arreglarse con; *ins* **~e schreiben** poner *od* sacar en limpio

'Rein|fall F m fracaso m, F chasco m; **~gewinn** m beneficio m neto; **~heit** f (-; *sin pl*) limpieza f; pureza f (*a fig*); nitidez f; **2igen** (ge-, h) limpiar; *a fig* purificar; *chemisch* **~** limpiar *od* lavar en seco; **~igung** f (-; -en) limpieza f; purificación f; *chemische* **~** limpieza f *od* lavado m en seco; (*Laden*) tintorería f, F tinte m; **~igungsmittel** n limpiador m; detergente m; **2rassig** de raza pura, castizo; **~schrift** f copia f en limpio

Reis 🌾 [raıs] m (-es; *sin pl*) arroz m

'Reise ['raızə] f (-; -n) viaje m; **~andenken** n recuerdo m (de viaje); **~apotheke** f botiquín m (de viaje); **~büro** n agencia f de viajes; **~fieber** n nerviosismo m ante el viaje; **~führer** m (*Buch*) guía f; (*Person*) guía m; **~gepäck** n equipaje m; **~gepäckversicherung** f seguro m de equipajes; **~gesellschaft** f grupo m de turistas; **~leiter(in** f) m guía *su* (turístico, -a); (guía *su*) acompañante *su*; **2n** (ge-, sn) viajar; **~ nach** ir a; **~nde** m/f (-n; -n) viajero m, -a f; ✈ viajante m; **~paß** m pasaporte m; **~route** f itinerario m; ruta f; **~ruf** Vkw m mensaje m para automovilistas que se encuentran de viaje; **~scheck** m cheque m de viaje; **~spesen** pl gastos m/pl de viaje; **~tasche** f bolsa f de viaje; **~verkehr** m tráfico m de viajeros; turismo m; **~versicherung** f seguro m de viaje; **~wetterbericht** m previsión f meteorológica (para el viaje); **~ziel** n destino m (del viaje)

'Reiß|brett ['raıs-] n tablero m de dibujo; **2en** (riß, gerissen) **1.** v/t (h) arrancar; *an sich* **~** arrebatar; *fig* apoderarse de; *in Stücke* **~** hacer pedazos; *sich* **~** *um* (*ac*) disputarse a/c; **2.** v/i (sn) romperse; quebrarse; **2end** *Tier*: feroz; *Strom*: impetuoso; *Schmerz*: lancinante; **2erisch** chillón; **~verschluß** m (cierre m de) cremallera f; **~zwecke** f (-; -n) chincheta f

'reit|en ['raıtən] (ritt, geritten, sn) v/i ir *od* montar a caballo; cabalgar; **2er** m (-s; -) jinete m; (*Kartei*) guión m de fichero; **2erin** f (-; -nen) amazona f; **2hose** f pantalón m de montar; **2lehrer** m maestro m de equitación; **2pferd** n caballo m de silla; **2peitsche** f látigo m; **2sport** m deporte m hípico, equitación f; **2stiefel** m bota f de montar; **2weg** ['-ve:k] m camino m de herradura

Reiz [raıts] m (-es; -e) excitación f (a ⚕); (*An2*) estímulo m; (*Lieb2*) atractivo m, encanto m; **'2en** (ge-, h) estimular, excitar; (*erzürnen*) irritar; (*locken*) atraer; tentar; **'2end** encantador, atractivo; **'~klima** n (-s; *sin pl*) clima m estimulante; **'2los** sin atractivo; **'~ung** f (-; -en) excitación f; irritación f (a ⚕)

Reklamation [rekla'tsjoːn] f (-; -en) reclamación f
Reklam|e [-'klaːmə] f (-; -n) propaganda f; publicidad f; ⁓**ieren** [-kla'miːrən] (h) reclamar (*bei j-m* a)
rekonstru|ieren [-kɔnstru'iːrən] (h) reconstruir; ⁓**ktion** [---k'tsjoːn] f (-; -en) reconstrucción f
Rekonvaleszent [-kɔnvalɛs'tsɛnt] m (-en; -en) convaleciente m
Rekord [-'kɔrt] m (-[e]s; -e) (plus)marca f, récord m (*a in Zssgn*; **aufstellen** establecer; **brechen, schlagen** batir)
Rektor ['rɛktɔr] m (-s; -en [-'toːrən]) *Universität*: rector m; *Schule*: director m
relativ [rela'tiːf] relativo
Relief [rə'ljɛf] n (-s; -s, -e) relieve m
Relig|ion [reli'gjoːn] f (-; -en) religión f; ⁓**iös** [--'gjøːs] religioso; *Kunst*: sacro
Reling ⚓ ['reːliŋ] f (-; -s) borda f
Reliquie [re'liːkvjə] f (-; -n) reliquia f
Renaissance [rənɛ'sɑ̃s] f (-; *sin pl*) Renacimiento m
Rendez'vous [rɑ̃de'vuː] n (-; - [-'vuːs]) cita f; ⁓**manöver** n *Raumfahrt*: maniobra f de encuentro
Rendite ✝ [rɛn'diːtə] f (-; -n) rédito m; rentabilidad f
'**Renn|bahn** ['rɛn-] f pista f; ⁓**boot** n bote m de carreras, ⁓**en** (rannte, gerannt, sn) correr; *gegen et* ⁓ dar contra a/c; ⁓**en** n (-s; -) carrera f; ⁓**fahrer** m corredor m, piloto m de carreras; ⁓**pferd** n caballo m de carreras, ⁓**sport** m carreras f/pl; ⁓**strecke** f pista f, recorrido m; ⁓**wagen** m coche m de carreras
renommiert [renɔ'miːrt] renombrado; famoso
reno'vier|en [-no'viːrən] (h) renovar; ⁓**ung** f (-; -en) renovación f
rent|abel [rɛn'taːbəl] rentable; ⁓**abilität** [-tabili'tɛːt] f (-; *sin pl*) rendimiento m; rentabilidad f; '⁓**e** f (-; -n) (*aus Kapital*) renta f; (*soziale*) pensión f; '⁓**enversicherung** f seguro m de pensión; ⁓'**ieren** (h): *sich* ⁓ ser rentable; *fig* valer la pena; '⁓**ner** m (-s; -), '⁓**nerin** f (-; -nen) pensionista su
Repar|a'tur [repara'tuːr] f (-; -en) reparación f; ⁓**aturwerkstatt** f taller m de reparaciones; ⁓'**ieren** (h) reparar
Report|age [-pɔr'taːʒə] f (-; -n) reportaje m; ⁓**er** [-'pɔrtər] m (-s; -) reportero m
Repräsen|tant [-prɛzɛn'tant] m (-en;

-en) representante m; ⁓**tativ** [----'tiːf] representativo; ⁓'**tieren** (h) representar
Repressalien [-prɛ'saːljən] f/pl represalias f/pl
reprivati'sier|en ✝ [-privati'ziːrən] (h) desnacionalizar; ⁓**ung** ✝ f (-; -en) desnacionalización f
Repro|duktion [-produk'tsjoːn] f (-; -en) reproducción f; ⁓**du'zieren** (h) reproducir
Reptil [rɛp'tiːl] n (-[e]s; -lien) reptil m
Republik [repu'bliːk] f (-; -en) república f; ⁓'**anisch** [--bliˈkaːnif] republicano
Reservat [-zɛr'vaːt] n (-[e]s; -e) reserva f
Re'serv|e [-'-və] f (-; -n) reserva f; *in Zssgn* ⚔ *u* ✝ de reserva; ⚙ de recambio, de repuesto; ⁓**erad** n *auto* rueda f de repuesto; ⁓**tank** m depósito m de reserva; ⁓'**ieren** (h) reservar; ⁓'**iert** a *fig* reservado; ⁓'**ierung** f (-; -en) reserva f
Resid|enz [-zi'dɛnts] f (-; -en) residencia f; ⁓'**ieren** (h) residir
resignieren [-zig'niːrən] (h) resignarse
resolut [-zo'luːt] resuelto, decidido
Respekt [rɛs'pɛkt] m (-[e]s; *sin pl*) respeto m (*vor dat* a); ⁓'**ieren** (h) respetar
Ressort [-'sɔːr] n (-s; -s) negociado m, departamento m; sección f; (*Zuständigkeit*) incumbencia f
Rest [rɛst] m (-[e]s; -e) resto m; 🍴, ⚙ residuo m; (*Speise*) sobras f/pl; (*Stoff*) retal m
Restaur|ant [rɛsto'rɑ̃] n (-s; -s) restaurante m; ⁓'**ieren** [-tau'riːrən] (h) restaurar
'**Rest|bestand** ['rɛst-] ✝ m existencias f/pl restantes; ⁓**betrag** ✝ m saldo m, remanente m; ⁓**los** entero, total; ⁓**posten** ✝ m restante m; ⁓**urlaub** m vacaciones f/pl no gastadas; ⁓**zahlung** ✝ f pago m restante
Resul|tat [rezul'taːt] n (-[e]s; -e) resultado m; ⁓'**tieren** (h) resultar
retten ['rɛtən] (ge-, h) salvar
Rettich 🌿 ['rɛtiç] m (-s; -e) rábano m
'**Rettung** f (-; -en) salvación f, a ⚓ salvamento m, rescate m; ⁓**s-aktion** f operación f de rescate; ⁓**sboot** n bote m salvavidas; ⁓**sring** m salvavidas m
Revanch|e [rə'vɑ̃ʃə] f (-; -n) desquite m, gal revancha f; ⁓'**ieren** (h): *sich* ⁓ *für* tomar el desquite *od* la revancha de; *für e-e Einladung etc*: devolver

revidieren [revi'di:rən] (h) revisar
Revier [-'vi:r] *n* (-s; -e) *Forst:* coto *m*; ⚔ distrito *m*; *Polizei:* comisaría *f*
Revision [-vi'zjo:n] *f* (-; -en) revisión *f*; (*Zoll*) registro *m*; ⚖ recurso *m* de casación (*einlegen* interponer)
Revolt|e [-'vɔltə] *f* (-; -en) revuelta *f*, motín *m*; ⚙**ieren** (h) rebelarse (*a fig*), amotinarse
Revolution [-volu'tsjo:n] *f* (-; -en) revolución *f*; ⚙**är** [---jo'nɛ:r] revolucionario
Revolver [-'vɔlvər] *m* (-s; -) revólver *m*
Revue [rə'vy:] *f* (-; -n) *teat* revista *f*
Re'zept 𝒮 [re'tsɛpt] *n* (-[e]s; -e) receta *f*; ⚙**frei** sin receta médica; **~ion** [--'tsjo:n] *f* (-; -en) *Hotel:* recepción *f*; ⚙**pflichtig** [-'-pfliçtiç] con receta médica
R-Gespräch ['ɛrgəʃprɛ:ç] *n tel* conferencia *f* de cobro revertido
Rhabarber ♧ [ra'barbər] *m* (-s; *sin pl*) ruibarbo *m*
Rheumatismus 𝒮 [rɔyma'tismus] *m* (-; -men) reumatismo *m*
Rhythmus ['rytmus] *m* (-; -men) ritmo *m*
'richt|en ['riçtən] (ge-, h) dirigir (*auf, an ac* a); *Aufmerksamkeit:* fijar (*auf* en, sobre); *Waffe:* apuntar (*auf* sobre); ⚙ ajustar; arreglar; ⚖ juzgar; sentenciar; *sich ~ nach* ajustarse a; atenerse a; ⚙**er** ⚖ *m* (-s; -) juez *m*; **~ig** justo; correcto; exacto; (*echt*) verdadero, auténtico; **~!** ¡eso es!; *ganz ~!* ¡perfectamente!; *für ~ halten* aprobar; *~ gehen Uhr:* andar bien; **~igstellen** (*sep*, -ge-, h) rectificar; ⚙**linien** *f/pl* directivas *f/pl*; ⚙**preis** ✝ *m* precio *m* indicativo *od* de orientación; ⚙**ung** *f* (-; -en) dirección *f*; *fig* orientación *f*; tendencia *f*; **~ungweisend** orientador; normativo
riechen ['ri:çən] (roch, gerochen, h) oler (*nach* a)
Riegel ['-gəl] *m* (-s; -) cerrojo *m*; (*Tür etc*) pasador *m*; *am Schloß:* pestillo *m*; *Schokolade:* barra *f*; *e-r Sache e-n ~ vorschieben* poner coto a a/c
Riese ['-zə] *m* (-n; -n) gigante *m*
rieseln ['-zəln] (ge-, sn) correr; *Bach: a* murmurar; *Quelle:* manar
'Riesen|rad *n* noria *f*; **~schlange** *f* boa *f*; **~slalom** *m* slalom *m* gigante
'ries|ig ['-ziç] gigantesco; *fig* colosal, enorme; ⚙**in** *f* (-; -nen) giganta *f*
Riff [rif] *n* (-[e]s; -e) arrecife *m*
rigoros [rigo'ro:s] riguroso

Rille [rilə] *f* (-; -n) ranura *f*; *der Schallplatte:* surco *m*
Rind [rint] *n* (-[e]s; -er) bovino *m*, vacuno *m*; **~e** ['-də] *f* (-; -n) corteza *f* (*a Brot*⚙); **'~erbraten** *m* asado *m* de vaca *od* de buey; **'~fleisch** *n* carne *f* de buey *od* de vaca; **'~sleder** *n* vaqueta *f*
Ring [riŋ] *m* (-[e]s; -e) anillo *m*; aro *m*; (*Eisen*⚙) argolla *f*; (*Schmuck*⚙) sortija *f*; (*Ehe*⚙) alianza *f*; ⚙ anilla *f*; *Boxen:* ring *m*; (*Kreis*) círculo *m*; *dep ~e pl* anillas *f/pl*; *~e pl um die Augen* ojeras *f/pl*; **'~buch** *n* cuaderno *m* de anillas
'ringel|n ['riŋəln] (ge-, h): *sich ~* enroscarse; *Haar:* ensortijarse; ⚙**natter** *f zo* culebra *f* de agua
'ring|en ['riŋən] (rang, gerungen, h) luchar (*a fig*; *um* por); *nach Atem ~* respirar con dificultad; ⚙**er** *m* (-s; -) *dep* luchador *m*; ⚙**finger** *m* anular *m*; ⚙**kampf** *m* lucha *f*; ⚙**richter** *m dep* árbitro *m*
rings [riŋs], **'~herum** alrededor (de)
Ringstraße ['riŋ-] *f* cinturón *m*; ronda *f*
'Rinn|e [rinə] *f* (-; -n) (*Dach*⚙) canal *m*; ⚙**en** (rann, geronnen, sn) correr, fluir; (*tropfen*) gotear
'Rippe ['ripə] *f* (-;. -n) *anat* costilla *f*; **~nfell-entzündung** *f* pleuresía *f*
Risiko ['ri:ziko] *n* (-s; -s, -ken) riesgo *m* (*eingehen* correr); ⚙**kant** [ris'kant] arriesgado; ⚙**'kieren** (h) arriesgar
Riß [ris] *m* (-sses; -sse) rotura *f*; desgarro *m* (*beide a 𝒮*); *im Stoff:* roto *m*, desgarrón *m*; *Haut, Mauer:* grieta *f*; (*Spalt*) hendidura *f*, rendija *f*
rissig ['-siç] agrietado
Ritter ['ritər] *m* (-s; -) caballero *m*
Ritus ['ri:tus] *m* (-; -ten) rito *m*
'Rival|e [ri'va:lə] *m* (-n; -n), **~in** *f* (-; -nen) rival *su*, competidor(a *f*) *m*; ⚙**isieren** [-vali'zi:rən] (h) rivalizar, competir
Roastbeef ['ro:stbi:f] *n* (-s; -s) rosbif *m*
Robbe ['rɔbə] *f* (-; -n) foca *f*
Roboter ['-bɔtər] *m* (-s; -) robot *m*
robust [ro'bust] robusto
röcheln ['rœçəln] *v/i* (ge-, h) respirar con dificultad
Rock [rɔk] *m* (-[e]s; ⸗e) (*Sakko*) chaqueta *f*; (*Frauen*⚙) falda *f*, *Am* pollera *f*; **'~musik** *f* música *f* rock(era)
'Rodel|bahn ['ro:dəl-] *f* pista *f* de trineos *od* de luge; ⚙**n** (ge-, h *od* sn) ir en trineo;

Rodelschlitten

~(schlitten) m (-s; -) tobogán m, trineo m (pequeño), *dep a gal* luge f
roden ['-dən] (ge-, h) roturar; *Wald:* desmontar, talar
Rogen ['-gən] m (-s; -) huevas f/pl
Roggen ['rɔgən] m (-s; *sin pl*) centeno m
roh [roː] crudo; (*unbearbeitet*) bruto; *fig* rudo, grosero; brutal; 'Ωbau ⚕ m (-[e]s; -ten) obra f bruta; 'Ωkost f régimen m crudo; 'Ωmaterial n materia f prima; 'Ω-öl n (petróleo m) crudo m
Rohr [roːr] n (-[e]s; -e) ⚕ caña f; ⊛ tubo m
Röhre ['røːrə] f (-; -n) tubo m; caño m; ⚡ válvula f, lámpara f; (*Back*Ω) horno m
'**rohstoff**|-**arm** ['roːʃtɔfʔ-] pobre en materias primas; Ωe m/pl materias f/pl primas; ~**reich** rico en materias primas
'**Roll**|**aden** ['rɔlɑːdən] m persiana f (enrollable); ~**bahn** ✈ pista f de rodadura; ~**e** f (-; -n) rollo m; (*Walze*) rodillo m, cilindro m; (*Garn*Ω) carrete m; (*Flaschenzug*) polea f; *teat* papel m (*a fig*); rol m; **e-e ~ spielen** desempeñar un papel; *das spielt keine ~* no tiene importancia; Ωen (ge-) **1.** v/i (sn) rodar; **2.** v/t (h) (*auf*~) arrollar; (*ein*~) enrollar; *Wäsche:* calandrar; ~**er** m (-s; -) (*Spielzeug*) patinete m; *auto* escúter m; ~**film** m carrete m, rollo m; ~**kragen**(**pullover** m) m (jersey m de) cuello m cisne *od* alto; ~**mops** m *gastr* arenque m enrollado; ~**schuh** m patín m de ruedas; ~**stuhl** m sillón m de ruedas; Ω**stuhlfahrer**(**in** f) m persona f en sillón de ruedas; ~**treppe** f escalera f mecánica
Ro'**man** [roˈmɑːn] m (-[e]s; -e) novela f; ~**ik** [-ˈ-nik] f (-; *sin pl*) (estilo m) románico m; Ω**isch** ⚕ románico; *Sprache: a* romance
Ro'**man**|**tik** [-ˈmantik] f (-; *sin pl*) romanticismo m; Ω**tisch** romántico (*a fig*)
'**Röm**|**er** ['røːmər] m (-s; -) (*Glas*) copa f (para vino blanco); ~**er** m (-s; -), ~**erin** f (-; -nen) romano m, -a f; Ω**isch** romano
'**röntgen** ⚕ ['rœntgən] (ge-, h) radiografiar; hacer una radiografía; Ω-**aufnahme** f, Ω**bild** n radiografía f; Ω**strahlen** m/pl rayos m/pl X
'**rosa** ['roːza] *inv,* ~**farben** rosa
'**Rose** ['-zə] f (-; -n) ⚕ rósa f; ⚕ erisipela f; ~**nkohl** m col f de Bruselas; ~**nkranz** *rel* m rosario m; ~**nmontag** [-zən-ˈmoːntɑːk] m lunes m de carnaval
Rosine [roˈziːnə] f (-; -n) pasa f

448

Rost [rɔst] m (-[e]s; *sin pl*) orín m, herrumbre f, óxido m; (*pl* -e) (*Brat*Ω) parrilla f, gril m; (*Gitter*Ω) rejilla f; 'Ωen (ge-, sn *od* h) oxidarse
rösten ['rœstən] (ge-, h) tostar
'**rost**|**frei** ['rɔst-] inoxidable; ~**ig** oxidado, tomado de orín; Ω**schutzmittel** n anticorrosivo m
rot [roːt] rojo; encarnado; ~**e Zahlen** ✝ números m/pl rojos; *das* Ω**e Kreuz** la Cruz Roja
'**Röte**|**ln** ['røːtəln] ⚕ pl rubéola f; Ωn (ge-, h): (*sich*) ~ enrojecer(se)
'**Rot**|**käppchen** ['roːtkɛpçən] n (-s; *sin pl*) Caperucita f Roja; ~**kohl** m (col f) lombarda f; ~**stift** m lápiz m rojo; ~**wein** m vino m tinto; ~**wild** n venado m
Rouge [ˈruːʒ] n (-s; -s) colorete m
Roulade [ruˈlɑːdə] f (-; -n) filete m relleno
Roulett [-ˈlɛt] n (-[e]s; -e) ruleta f
Route [ˈruːtə] f (-; -n) ruta f, itinerario m
Rou'**ti**|**ne** [ruˈtiːnə] f (-; *sin pl*) rutina f; ~**nekontrolle** f control m rutinario; Ω**niert** [-tiˈniːrt] experto, versado
Rowdy [ˈraudi] m (-s; -s) camorrista m, gamberro m
Rübe [ˈryːbə] f (-; -n) remolacha f; *weiße* ~ nabo m; *gelbe* ~ zanahoria f; *rote* ~ remolacha f colorada
Rubel [ˈruːbəl] m (-s; -) rublo m
Rubin [ruˈbiːn] m (-s; -e) *min* rubí m
Rubrik [ruˈbriːk] f (-; -en) rúbrica f; *e-r Zeitung:* sección f, columna f
Ruck [ruk] m (-[e]s; -e) arranque m; (*Stoß*) empujón m; (*Erschütterung*) sacudida f
'**Rück**|**antwort** [ˈrykʔ-] f: ~ *bezahlt* respuesta f pagada; ~**antwortkarte** f tarjeta f de respuesta; ~**blick** *fig* m (mirada f) retrospectiva f; Ω**datieren** (h) antedatar
rücken [ˈrykən] (ge-) **1.** v/t (h) mover; empujar; **2.** v/i (sn) moverse; (*Platz machen*) correrse
'**Rücken** m (-s; -) *anat* espalda f; (*Buch*Ω) lomo m; (*Berg*Ω) loma f; ~**mark** n médula f espinal; ~**schwimmen** n natación f de espalda; ~**wind** m viento m por atrás *od* ⚓ en popa
'**rück**|-**erstatten** (h) devolver; restituir; Ω-**erstattung** f devolución f (*a v Steuern*); restitución f; reintegro m; Ω**fahr-**

karte f billete m de ida y vuelta; 2fahrscheinwerfer m auto luz f de marcha atrás; 2fahrt f viaje m de regreso; 2fall m ✱ recaída f, recidiva f; ⚕ reincidencia f; ~fällig reincidente; ~ werden reincidir; 2flug ✈ m vuelo m de regreso; 2frage f demanda f de nuevos informes; 2gabe f (-; sin pl) devolución f, restitución f; 2gang m retroceso m; descenso m; baja f; ✝ recesión f; ~gängig: ~ machen anular; 2gewinnung f recuperación f; 2grat n (-[e]s; -e) anat espina f dorsal; a fig columna f vertebral; 2halt m (-[e]s; sin pl) apoyo m, sostén m, respaldo m; 2kauf m readquisición f, rescate m; 2kehr ['-ke:r] f (-; sin pl) vuelta f, regreso m; 2lage f reserva f; 2lauf ⚙ m (-[e]s; sin pl) retroceso m; ~läufig retrógrado; inverso; 2licht n (-[e]s; -er) auto luz f trasera; 2marsch ⚔ m retirada f; 2porto n porte m de vuelta; 2reise f vuelta f; viaje m de regreso; 2reiseverkehr m Esp operación f retorno

'Rucksack ['rukzak] m mochila f; ~tourist m turista m de mochila

'Rück|schlag ['ryk-] m fig revés m; contratiempo m; 2schrittlich reaccionario; ~seite f parte f posterior od trasera; e-s Blattes: dorso m, vuelta f; e-r Münze: reverso m; ~sendung f devolución f; ~sicht f (-; -en) consideración f; ~ nehmen auf j-n respetar a alg; ~ nehmen auf et tomar en consideración a/c; 2sichtslos ['-ziçtslo:s] desconsiderado; brutal; 2sichtsvoll atento; considerado; ~sitz m asiento m trasero; ~spiegel m auto (espejo m) retrovisor m; ~spiel n dep partido m de vuelta; ~sprache f (-; -n) consulta f; ~ nehmen mit ponerse al habla con; 2ständig atrasado (a fig); 2stau Vkw m (-s; -s) retención f; ~taste f Schreibmaschine: tecla f de retroceso; ~tausch ✝ m cambio m; ~tritt m renuncia f; dimisión f; ~vergütung f re(e)mbolso m; ~wand f pared f del fondo; ~wärts ['-verts] hacia atrás; ~wärtsgang auto m marcha f atrás; ~weg ['-ve:k] m vuelta f; auf dem ~ al volver

'rück|wirkend ['rykvirkənt] (de efecto) retroactivo; ~zahlbar re(e)mbolsable; 2zahlung f re(e)mbolso m; 2zug ⚔ m (-[e]s; sin pl) retirada f; repliegue m

Rudel ['ru:dəl] n (-s; -) tropa f; (Wild) manada f

'Ruder ['-dər] n (-s; -) remo m; (Steuer) timón m (a fig); ~boot n barco m od bote m de remos; 2n (ge-) v/t (h), v/i (a sn) remar; bogar; ~sport m (deporte m del) remo m

Ruf [ru:f] m (-[e]s; -e) grito m; llamada f; (sin pl) (Ansehen) reputación f; '2en (rief, gerufen, h) llamar; (schreien) gritar; wie gerufen fig de perilla; '~name m nombre m de pila; '~nummer f número m de teléfono; '~zeichen n tel señal f de llamada

'Ruhe ['ru:ə] f (-; sin pl) (Stille) silencio m, calma f; tranquilidad f; in ~ lassen dejar tranquilo od en paz; sich zur ~ setzen retirarse; Beamte: jubilarse; ~! ¡silencio!; angenehme ~! ¡que descanse!; 2n (ge-, h) descansar, reposar; Verkehr etc: estar paralizado; ~ lassen Arbeit: suspender; ~stand m (-[e]s; sin pl) jubilación f; retiro m; im ~ jubilado, retirado; in den ~ versetzen jubilar; ~stätte f retiro m, lugar m de descanso; letzte ~ última morada f; ~störung f perturbación f del orden público; ~tag m día m de descanso

ruhig ['ru:iç] tranquilo, quieto; (still) silencioso

Ruhm [ru:m] m (-[e]s; sin pl) gloria f

rühmen ['ry:mən] (ge-, h) elogiar, alabar, ensalzar

'ruhm|reich ['ru:m-], ~voll glorioso

Ruhr ✱ [ru:r] f (-; raro -en) disentería f

'Rühr|ei ['ry:r?aɪ] n huevos m/pl revueltos; 2en (ge-, h) 1. v/t mover; (um~) revolver, remover; fig conmover; 2. v/i tocar (an ac en); 3. v/refl: sich ~ moverse; 2end conmovedor, emocionante; ~ung f (-; sin pl) enternecimiento m, emoción f

'Ruin [ru'i:n] m (-s; sin pl) ruina f; ~e f (-; -n) ruina f (a fig); 2ieren [rui'ni:rən] (h) arruinar; F estropear

Rum [rum] m (-s; -s) ron m

Ru'män|e [ru'mɛ:nə] m (-n; -n), ~in f (-; -nen), 2isch rumano m, -a f

'Rummel F ['rumǝl] m (-s; sin pl) F jaleo m; (Jahrmarkt) feria f; ~platz m parque m de atracciones

Rumpf [rumpf] m (-es; ~e) anat tronco m; ⚓ casco m; ✈ fuselaje m

rund [runt] redondo; circular; adv en ci-

Rundblick 450

fras redondas; ⁀**blick** m (-[e]s; -e) panorama m; ⁀**e** ['-də] f (-; -n) *dep* vuelta f; *Boxen:* asalto m; ⁀**fahrt** f vuelta f; circuito m

'**Rundfunk** ['-fuŋk] m (-s; *sin pl*) radio(difusión) f; ⁀**gerät** n radio f; ⁀**sender** m emisora f de radio; ⁀**sendung** f emisión f radiofónica

'**Rund|gang** m (-[e]s; ⁀e) vuelta f (*machen* dar); ronda f; ⁀**herum** ['-hɛ'rum] en redondo; ⁀**reise** f viaje m circular, circuito m, gira f; ⁀**schreiben** n circular f; ⁀**ung** ['-duŋ] (-; -en) f redondez f; curva f; ⁀**wanderweg** m circuito m

Rüsche ['ryːʃə] f (-; -n) volante m

Ruß [ruːs] m (-es; *sin pl*) hollín m, tizne m

Russe ['rusə] m (-n; -n) ruso m

Rüssel ['rysəl] m (-s; -) trompa f; *Schwein:* hocico m

rußig ['ruːsiç] lleno de hollín

'**Russ|in** ['rusin] f (-; -nen) rusa f; ⁀**isch** ruso

'**rüst|en** ['rystən] (ge-, h) preparar; ⚔ armar; ⁀**ig** vigoroso; robusto; ⁀**ung** f (-; -en) armamento m; (*Harnisch*) armadura f; ⁀**ungs-industrie** f industria f de armamentos

'**Rutsch|bahn** ['rutʃ-] f deslizadero m; tobogán m; ⁀**en** (ge-, sn) deslizarse; resbalar; *auto a* patinar; ⁀**gefahr** f (-; *sin pl*) *Vkw* calzada f deslizante; ⁀**ig** resbaladizo; ⁀**sicher** antideslizante

rütteln ['rytəln] (ge-, h) sacudir, agitar

S

S, s [ɛs] n (-; -) S, s f

Saal [zaːl] m (-[e]s; Säle) sala f; salón m

Saat [zaːt] f (-; -en) (*Säen*) siembra f; (*Samen*) semillas f/pl, simientes f/pl

Säbel ['zɛːbəl] m (-s; -) sable m

Sabot|age [zaboˈtaːʒə] f (-; -n) sabotaje m; ⁀**eur** [-ˈtøːr] m (-s; -e) saboteador m; ⁀'**ieren** (h) sabotear

'**Sach|bearbeiter(in** f) m ['zaxbəˀarbaɪtər(in)] encargado m, -a f; ⁀**beschädigung** f daño m material; ⁀**buch** n libro m de divulgación científica

'**Sach|e** ['zaxə] f (-; -n) cosa f; (*Gegenstand*) objeto m; (*Angelegenheit*) asunto m; ⚖ causa f; (*Fall*) caso m; (*Begebenheit*) suceso m; *pl* ⁀**n** (*Habe*) efectos m/pl; *zur ~ kommen* ir al grano; *in ~n* (*gen*) en materia de, ⚖ en la causa; ⁀**gemäß** apropiado; ⁀**kenntnis** f conocimiento m de causa; pericia f; ⁀**kundig** experto, competente; ⁀**lich** objetivo; imparcial

sächlich *gram* ['zɛçliç] neutro

Sachschaden ['zax-] m daño m material

Sachse ['zaksə] m (-n; -n) sajón m

'**Sächs|in** ['zɛksin] f (-; -nen) sajona f; ⁀**isch** sajón

'**Sach|verhalt** ['zaxfɛrhalt] m (-[e]s; -e) estado m de cosas, circunstancias f/pl; ⁀**verständig**, ⁀**verständige** m/f (-n; -n) experto m, -a f, perito m, -a f; ⁀**wert** m valor m real

Sack [zak] m (-[e]s; ⁀e) saco m; (*Post*⁀, *Geld*⁀) saca f; *mit ~ und Pack* con armas y bagajes; '⁀**gasse** f callejón m sin salida (*a fig*)

säen ['zɛːən] (ge-, h) *v/t u v/i* sembrar (*a fig*)

Safari [zaˈfaːri] f (-; -s) safari m

Safe [seːf] m (-s; -s) caja f fuerte *od* de caudales; (*Bank*⁀) caja f de seguridad

Saft [zaft] m (-[e]s; ⁀e) jugo m; (*Frucht*⁀) zumo m; ♣ savia f; '⁀**ig** jugoso; suculento; F *fig* fuerte

Sage ['zaːgə] f (-; -n) leyenda f

Säge ['zɛːgə] f (-; -n) sierra f

sagen ['zaːgən] (ge-, h) decir; *sich* (*dat*) *nichts ~ lassen* no hacer caso de nadie

sägen ['zɛːgən] (ge-, h) (a)serrar

'**Sahne** ['zaːnə] f (-; *sin pl*) nata f, crema f; ⁀**torte** f tarta f de crema

Sai'son [zɛˈzɔ̃] f (-; -s) temporada f; (*Jahreszeit*) estación f; ⁀**abhängig** estacional; ⁀**arbeiter** m temporero m;

~ausverkauf *m* liquidación *f* por fin de temporada

'**Saite** ♪ ['zaɪtə] *f* (-; -n) cuerda *f*; **~n-instrument** *n* instrumento *m* de cuerda

Sakko ['zako] *m od n* (-s; -s) chaqueta *f*, americana *f*, *Am* saco *m*

Sakrament [-kra'mɛnt] *n* (-[e]s; -e) sacramento *m*

Salami [-'lɑːmi] *f* (-; -[s]) salami *m*

Salat [-'lɑːt] *m* (-[e]s; -e) ensalada *f*

Salbe ['zalbə] *f* (-; -n) pomada *f*; ungüento *m*

'**Saldo** ♱ ['-do] *m* (-s; -den) saldo *m*; **~übertrag** *m* transporte *m* del saldo a nueva cuenta

Saline [za'liːnə] *f* (-; -n) salina *f*

Salmonellen [zalmo'nɛlən] *pl* salmonelas *f*/*pl*

Sa'lon [za'lõ] *m* (-s; -s) salón *m*; **~wagen** 🚆 *m* coche *m* salón

salopp [-'lɔp] descuidado; (*ungezwungen*) desenvuelto

Salpeter [zal'peːtər] *m* (-s; *sin pl*) salitre *m*, nitro *m*

Salut ✕ [za'luːt] *m* (-[e]s; -e) salva *f*; **~ schießen** disparar una salva

Salve ['zalvə] *f* (-; -n) descarga *f*

Salz [zalts] *n* (-es; -e) sal *f*; '**~en** (*pp mst* gesalzen, h) salar; '2**ig** salado; '**~kartoffeln** *f*/*pl* patatas *f*/*pl* hervidas; '**~säure** *f* ácido *m* clorhídrico; '**~wasser** *n* agua *f* salada

'**Samen** ['zɑːmən] *m* (-s; -) ♀ semilla *f*; simiente *f*; *Physiologie*: semen *m*, esperma *m*; **~erguß** *m* eyaculación *f*

'**Sammel|anschluß** ['zaməlʔ-] *tel m* línea *f* colectiva; **~bestellung** ♱ *f* pedido *m* colectivo; **~büchse** *f* hucha *f*, alcancía *f*; 2**n** (ge-, h) coleccionar; (*ein~*) recoger; (*anhäufen*) acumular; amontonar; *Geld*: colectar, recaudar; *sich ~ fig* (re)concentrarse; **~platz**, **~punkt** *m* lugar *m* de reunión; **~transport** *m* transporte *m* colectivo

'**Samml|er** ['-lər] *m* (-s; -), **~erin** *f* (-; -nen) coleccionista *su*; **~ung** *f* (-; -en) colección *f*; (*Geld*2) recaudación *f*, colecta *f*; cuestación *f*; *fig* (re)concentración *f*

Samstag [-stɑːk] *m* sábado *m*

Samt [zamt] *m* (-[e]s; -e) terciopelo *m*

sämtliche ['zɛmtlɪçə] *pl* todos; **~ Werke** *n*/*pl* obras *f*/*pl* completas

Sanatorium [zana'toːrjum] *n* (-s; -rien [rjən]) sanatorio *m*

Sand [zant] *m* (-[e]s; ⸚e) arena *f*; *fig* **den Kopf in den ~ stecken** esconder la cabeza bajo el ala

Sandale [-'dɑːlə] *f* (-; -n) sandalia *f*

'**Sand|bank** ['zantbaŋk] *f* (-; ⸚e) banco *m* de arena; 2**ig** ['-dɪç] arenoso; **~kasten** *m* cajón *m* de arena; **~stein** *m* (-[e]s; *sin pl*) (piedra *f*) arenisca *f*; gres *m*; **~strand** *m* playa *f* de arena

sanft [zanft] suave; (*zart*) tierno; (*mild*) dulce

'**Sänger** ['zɛŋər] *m* (-s; -), **~in** *f* (-; -nen) *teat* cantante *su*

sa'nier|en [za'niːrən] (h) sanear; 2**ung** *f* (-; -en) saneamiento *m*

sani|'tär [-ni'tɛːr] sanitario; 2'**tär-anlagen** *f*/*pl* instalaciones *f*/*pl* sanitarias; 2**-'täter** *m* (-s; -) enfermero *m*; sanitario *m*

Sankt [zaŋkt] *vor Eigennamen*: San *od* Santo (*m*), Santa (*f*)

Sanktion [-'tsjoːn] *f* (-; -en) sanción *f*; 2'**ieren** [-tsjo'niːrən] (h) sancionar

Saphir ['zɑːfir, za'fiːr] *m* (-s; -e) zafiro *m*

Sar|delle [zar'dɛlə] *f* (-; -n) anchoa *f*; **~dine** [-'diːnə] *f* (-; -n) sardina *f*

Sarg [zark] *m* (-[e]s; ⸚e) ataúd *m*, féretro *m*

Satan ['zɑːtan] *m* (-s; -e) satanás *m*

Satel'lit [zatɛ'liːt] *m* (-en; -en) satélite *m* (*a fig*); **~enfernsehen** *n* televisión *f* vía satélite; **~enstadt** *f* ciudad *f* satélite

Satire [-'tiːrə] *f* (-; -n) sátira *f*

satt [zat] harto; *Farbe*: intenso; *sich ~ essen* (comer hasta) saciarse; *et ~ sn od haben fig* estar harto de a/c

'**Sattel** ['-təl] *m* (-s; ⸚) silla *f*; (*Fahrrad*2) sillín *m*; 2**fest** firme en la silla; *fig ~ in* (*dat*) versado en; **~schlepper** *m* semirremolque *m*

sättigen ['zɛtɪgən] (ge-, h) saciar, hartar

Sattler ['zatlər] *m* (-s; -) guarnicionero *m*

Satz [zats] *m* (-es; ⸚e) (*Sprung*) brinco *m*, salto *m*; (*Boden*2) sedimento *m*; (*zs.-gehörende Gegenstände*) juego *m*; *v Waren*: surtido *m*; *gram* frase *f*, oración *f*; ♪ movimiento *m*; *Tennis*: set *m*; '**~ung** *f* (-; -en) estatuto *m*; reglamento *m*; '**~zeichen** *n* signo *m* de puntuación

Sau [zaʊ] *f* (-; -en *u* ⸚e) cerda *f*; puerca *f*; *a fig* guarra *f*, marrana *f*; P *fig* cerdo *m*, cochino *m*

sauber ['-bər] limpio, aseado; pulcro; (*sorgfältig*) esmerado

'**säuber|n** ['zɔybərn] (ge-, h) limpiar, asear; *pol* depurar; 2**ung** f (-; -en) limpieza f, asco m; *pol* depuración f

'**sauer** ['zauər] agrio; ácido (*a* 🎯 *u Regen*); (*mühsam*) penoso, duro; **~ werden** agriarse; *Milch*: cuajarse; 2**braten** m carne f adobada; 2**kirsche** f guinda f; 2**kraut** n (-[e]s; *sin pl*) chucrut m

säuerlich ['zɔyərliç] acídulo; avinagrado

'**Sauer|stoff** ['zauər-] m (-[e]s; *sin pl*) oxígeno m; **~teig** m levadura f

saufen ['-fən] (soff, gesoffen, h) *Tier*: beber; P *j*: beber con exceso

'**Säufer** ['zɔyfər] m (-s; -), **~in** f (-; -nen) borracho m, -a f

saugen ['zaugən] (sog, gesogen, h) chupar; *Kind*: mamar; (ge-, h) ⓧ aspirar, absorber; *Staub* **~** pasar la aspiradora

säugen ['zɔygən] (ge-, h) amamantar, lactar; *a Tier*: criar

'**Säugetier** n mamífero m

'**Säugling** ['zɔykliŋ] m (-s; -e) niño m de pecho, lactante m; **~s-pflege** f puericultura f; **~ssterblichkeit** f mortalidad f infantil

'**Säule** ['zɔylə] f (-; -n) columna f; (*Pfeiler*) pilar m; **~ngang** m (-[e]s; ⁻e) columnata f; **~nhalle** f pórtico m

Saum [zaum] m (-[e]s; ⁻e) *am Kleid*: dobladillo m

'**säum|en** ['zɔymən] (ge-, h) **1.** *v/t* hacer un dobladillo en; orlar, ribetear; **2.** *v/i* tardar; retrasarse; **~ig** *Zahler*: ✝ moroso

Sauna ['zauna] f (-; -s, -nen) sauna f

Säure ['zɔyrə] f (-; -n) acidez f; 🎯 ácido m

sausen ['zauzən] (ge-, h) *Wind*: silbar; F (sn) correr

Savanne [za'vanə] f (-; -n) sabana f

Saxophon [zakso'foːn] n (-s; -e) saxofón m, saxófono m

'**S-Bahn** ['ɛsbaːn] f (tren m) suburbano m; **~hof** m estación f de(l) suburbano

'**Schabe** *zo* ['ʃaːbə] f (-; -n) cucaracha f; 2**n** (ge-, h) raer, raspar, rascar

schäbig ['ʃɛːbiç] gastado, usado; *fig* mezquino, sórdido

Schablone [ʃa'bloːnə] f (-; -n) patrón m

Schach [ʃax] n (-s; *sin pl*) ajedrez m; **~ bieten** dar jaque; *in* **~** *halten fig* tener en jaque; '**~brett** n tablero m de ajedrez; '**~figur** f pieza f de ajedrez; 2'**matt** jaque mate; *fig* rendido; '**~spiel** n juego m de ajedrez

Schacht [ʃaxt] m (-[e]s; ⁻e) pozo m (*a* ⛏); '**~el** f (-; -n) caja f; cartón m; *Zigaretten*: cajetilla f

Schachzug ['ʃaxtsuːk] m jugada f de ajedrez; *fig ein guter* **~** una buena jugada

schade ['ʃaːdə] lástima; *wie* **~!** ¡qué lástima!

'**Schädel** ['ʃɛːdəl] m (-s; -) cráneo m; **~bruch** m fractura f del cráneo

'**schaden** ['ʃaːdən] **1.** *v/i* (ge-, h) dañar, perjudicar, causar daño; *das schadet ihm gar nichts* bien se lo merece; **2.** 2 m (-s; ⁻) daño m; perjuicio m, detrimento m; ⓧ avería f; 2**ersatz** m indemnización f (por daños y perjuicios); 2**freiheitsrabatt** m descuento m por libre de accidente; 2**sfall** m (caso m de) siniestro m; 2**sregulierung** f arreglo m de los daños

schadhaft ['ʃaːthaft] deteriorado; defectuoso; *Zahn*: cariado

schäd|igen ['ʃɛːdigən] (ge-, h) perjudicar; dañar; **~lich** ['-tliç] nocivo, perjudicial, dañino; 2**ling** ['-liŋ] m (-s; -e) parásito m (animal *od* vegetal), plaga f

'**Schad|stoff** ['ʃaːt-] m sustancia f nociva, contaminante m; 2**stoff-arm** poco contaminante; 2**stofffrei** no contaminante

Schaf [ʃaːf] n (-[e]s; -e) oveja f; *fig* borrico m; *schwarzes* **~** oveja f negra

'**Schäfer** ['ʃɛːfər] m (-s; -) pastor m; **~hund** m perro m pastor

schaffen ['ʃafən] **1.** (ge-, h) (*befördern*) llevar, transportar; (*arbeiten*) trabajar; (*fertigbringen*) lograr, conseguir; **2.** (schuf, geschaffen, h) (*er*~) crear; producir

'**Schaffner** ['-nər] m (-s; -), **~in** f (-; -nen) cobrador(a f) m; 🚆 revisor(a f) m

Schafott [ʃa'fɔt] n (-[e]s; -e) patíbulo m, cadalso m

Schafpelz ['ʃaːfpɛlts] m zalea f

Schaft [ʃaft] m (-[e]s; ⁻e) mango m, cabo m; (*Lanzen*2, *Fahnen*2) asta f; (*Stiefel*2) caña f; (*Säulen*2) fuste m; (*Gewehr*2) caja f

Schafzucht ['ʃaːftsuxt] f cría f de ganado lanar

Schal [ʃaːl] m (-s; -s, -e) chal m, bufanda f

Schale ['-lə] f (-; -n) (Eier&, Nuß&) cáscara f; v Früchten: piel f
schälen ['ʃɛ:lən] (ge-, h) mondar, pelar
Schall [ʃal] m (-[e]s; -e, ⸚e) sonido m, son m; **&dämmend** ['-dɛmənt] insonorizante; ,'**⸚dämpfer** m silenciador m; '**&dicht** insonorizado; **&en** (ge-, h) (re)sonar; '**⸚geschwindigkeit** f velocidad f del sonido; '**⸚mauer** f barrera f del sonido; '**⸚platte** f disco m
'**schalt|en** ['ʃaltən] (ge-, h) ≴ conmutar; conectar; ☉ mandar; auto cambiar de velocidad od de marcha; F fig (begreifen) caer (en la cuenta); **&er** m (-s; -) ventanilla f; 🚋 etc taquilla f, despacho m de billetes; ≴ conmutador m, interruptor m; **&erbeamte** m empleado m de la ventanilla; 🚋 taquillero m; **&erschluß** m cierre m de las ventanillas od taquillas; **&erstunden** f/pl horas f/pl de despacho; **&hebel** auto m palanca f de cambio de marchas; **&jahr** n año m bisiesto; **&pult** n pupitre m de mando od de control; **&tafel** ≴ f cuadro m de distribución; **&ung** f (-; -en) ≴ conmutación f, conexión f; auto cambio m de velocidad

Scham [ʃa:m] f (-; sin pl) vergüenza f; pudor m; anat partes f/pl (vergonzosas)
schämen ['ʃɛ:mən] (ge-, h): sich ~ tener vergüenza (gen de); avergonzarse (de); **ich schäme mich, zu** me da vergüenza (inf)
'**Scham|gefühl** ['ʃa:mgəfy:l] n (-s; sin pl) pudor m; **⸚haar** n vello m pubiano; **&los** impúdico, indecente; (frech) desvergonzado, sinvergüenza
Schande ['ʃandə] f (-: sin pl) deshonra f; vergüenza f
schänden ['ʃɛndən] (ge-, h) deshonrar; Frau: violar; rel profanar
'**Schand|fleck** ['ʃant-] m mancha f, mancilla f; **⸚tat** f infamia f
Schanze ['ʃantsə] f (-; -n) Skisport: trampolín m (de saltos)
Schar [ʃa:r] f (-; -en) multitud f; grupo m; (Vögel) bandada f
scharf [ʃarf] cortante; afilado; agudo (a Blick, Verstand); Kritik: mordaz; Geruch: acre, penetrante; Speise: picante; Kurve: cerrado; Luft: frío; Wind: cortante; Ton: estridente; Gehör: fino; (deutlich) nítido; ~ **bremsen** frenar en

seco; ~ **sn auf** (ac) codiciar (ac); '**&blick** m (-[e]s; sin pl) perspicacia f
'**Schärfe** ['ʃɛrfə] f (-; sin pl) agudeza f (a fig); (Schliff) corte m, filo m; **&n** (ge-, h) afilar; a fig aguzar
'**Scharf|schütze** ['ʃarf-] ⚔ m tirador m de precisión; **⸚sinn** m (-[e]s; sin pl) sagacidad f, perspicacia f
Scharlach ['ʃarlax] m (-s; sin pl) (Farbe) escarlata f; ⚕ escarlatina f
Scharnier [-'ni:r] n (-s; -e) bisagra f, charnela f
scharren ['ʃarən] (ge-, h) rascar; bsd Tier: escarbar
'**Schatt|en** ['ʃatən] m (-s; -) sombra f; **im** ~ a la sombra; **in den ~ stellen** fig hacer sombra a, eclipsar; **⸚enkabinett** n gobierno m fantasma od en la sombra; **⸚enseite** f lado m de la sombra; fig inconveniente m; **⸚'ierung** [-ti:ruŋ] f (-; -en) sombreado m; matiz m; **&ig** sombroso, umbroso; sombrío
Schatz [ʃats] m (-es; ⸚e) tesoro m (a fig u Anrede)
schätzen ['ʃɛtsən] (ge-, h) apreciar, estimar; evaluar, tasar; **wie alt schätzt du ihn?** ¿cuántos años le echas?
Schatzmeister ['ʃats-] m tesorero m
'**Schätz|preis** ['ʃɛts-] m precio m estimado; **⸚ung** f (-; -en) apreciación f, estimación f; tasación f, evalúo m; (Hoch&) estima f; **&ungsweise** aproximadamente; **⸚wert** m valor m estimativo
Schau [ʃau] f (-; -en) vista f, aspecto m; visión f; **zur ~ stellen** exhibir; fig ostentar
schaudern ['-dərn] (ge-, h) estremecerse; **mich schaudert** siento escalofríos
schauen ['-ən] (ge-, h) mirar, ver
Schauer ['-ər] m (-s; -) estremecimiento m; (Regen&) aguacero m, chubasco m
'**Schaufel** ['-fəl] f (-; -n) pala f; **&n** (ge-, h) trabajar od mover con la pala; Grab(en): abrir; Schnee: quitar
'**Schaufenster** ['-fɛnstər] n escaparate m, Am vidriera f; **⸚bummel** m: **e-n ~ machen** ir a ver escaparates
'**Schaukel** ['-kəl] f (-; -n) columpio m; **&n** (ge-, h) v/t (v/i u sich) columpiar(se), balancear(se)
Schaum [ʃaum] m (-[e]s; ⸚e) espuma f; **zu ~ schlagen** Eiweiß: batir a punto de nieve

schäumen ['ʃɔʏmən] (ge-, h) hacer espuma, espumar
'**Schaum|gummi** ['ʃaʊm-] *m* goma *f* espuma; ♀**ig** espumoso; **~löscher** *m* extintor *m* de espuma; **~stoff** *m* espuma *f*; **~wein** *m* vino *m* espumoso
'**Schau|platz** ['ʃaʊ-] *m* escenario *m*; teatro *m*; ♀**rig** horripilante; **~spiel** *n* espectáculo *m*; pieza *f* de teatro, drama *m*; **~spieler(in** *f*) *m* actor *m* (actriz *f*); **~spielhaus** *n* teatro *m*
Scheck ✝ [ʃɛk] *m* (-s; -s) cheque *m*; F talón *m*; '**~heft** *n* talonario *m* de cheques; '**~karte** *f* tarjeta *f* de cheques; '**~verkehr** ✝ *m* operaciones *f/pl* de cheques
'**Scheibe** ['ʃaɪbə] *f* (-; -n) disco *m*; ⚙ rodaja *f*; *Wurst: a* tajada *f*; *Brot:* rebanada *f*; *Schinken:* lonja *f*; *Zitrone etc:* raja *f*; (*Glas*♀) vidrio *m*, cristal *m*; (*Schieß*♀) blanco *m*; **~nwasch-anlage** *auto f* lavaparabrisas *m*; **~nwischer** *auto m* (-s; -) limpiaparabrisas *m*
'**Scheide** ['ʃaɪdə] *f* (-; -n) (*Degen*♀) vaina *f*; *anat* vagina *f*; ♀**n** (schied, geschieden) **1.** *v/t* (h) separar; dividir; *Ehe:* divorciar; **sich ~ lassen** divorciarse (**von** de); **2.** *v/i* (sn) despedirse, irse; **aus dem Amt ~** cesar en el cargo
Scheidung ['-dʊŋ] *f* (-; -en) separación *f*; ⚖ divorcio *m*
Schein [ʃaɪn] *m* (-[e]s) **1.** (*sin pl*) luz *f*; claridad *f*; (*Glanz*) brillo *m*; *fig* apariencia *f*; **den ~ wahren** salvar las apariencias; **der ~ trügt** las apariencias engañan; **2.** (*pl* -e) (*Bescheinigung*) certificado *m*; (*Beleg*) resguardo *m*; (*Geld*♀) billete *m*; **~asylant** *m* (-en; -en) asilado *m* ficticio; ♀**bar** aparente; *adv* en apariencia; ♀**en** (schien, geschienen, h) brillar, lucir; *fig* parecer; **die Sonne scheint** hace sol; **~werfer** ['-vɛrfər] *m* (-s; -) proyector *m*; *teat a* foco *m*; reflector *m*; *auto* faro *m*
Scheiße P ['ʃaɪsə] *f* (-; *sin pl*) mierda *f* (*a fig*)
'**Scheit|el** ['-təl] *m* (-s; -) coronilla *f*; ⚕ vértice *m*; (*Haar*♀) raya *f*; ♀**ern** (ge-, sn) ⚓ naufragar (*a fig*); *fig* fracasar
Schellfisch ['ʃɛlfɪʃ] *m* eglefino *m*
Schelm [ʃɛlm] *m* (-[e]s; -e) pícaro *m*; bribón *m*; '**~isch** pícaro
schelten ['-tən] (schalt, gescholten, h) reñir, reprender

Schema ['ʃeːma] *n* (-s; -s, -ata [ata] *u* Schemen) esquema *m*; ♀**tisch** [ʃeˈmɑːtɪʃ] esquemático
Schemel ['-məl] *m* (-s; -) taburete *m*; escabel *m*
Schenke ['ʃɛŋkə] *f* (-; -n) taberna *f*; bar *m*; F tasca *f*
Schenkel ['-kəl] *m* (-s; -) *anat* muslo *m*
'**schenk|en** ['-kən] (ge-, h) regalar; (*erlassen*) perdonar, dispensar; *Aufmerksamkeit:* dedicar; ♀**ung** *f* (-; -en) donación *f*; ♀**ungssteuer** *f* impuesto *m* sobre donaciones; ♀**ungs-urkunde** *f* acta *f* de donación
Scherbe ['ʃɛrbə] *f* (-; -n) casco *m*, pedazo *m*
Schere ['ʃeːrə] *f* (-; -n) tijeras *f/pl*
Scherz [ʃɛrts] *m* (-es; -e) broma *f*; **im ~** en broma; ♀**en** (ge-, h) bromear; burlarse, divertirse
scheu [ʃɔʏ] *adj* tímido; (*menschen~*) huraño; *Pferd:* desbocado; espantadizo; **~ machen** (**werden**) espantar(se); '**~en** (ge-, h) **1.** *v/t* temer; **keine Mühe ~** no regatear *od* escatimar esfuerzos; **keine Kosten ~** no reparar en gastos; **2.** *v/i Pferd:* desbocarse; espantarse; **sich ~ vor** (*dat*) recelarse de
'**Scheuer|bürste** ['-ərbʏrstə] *f* cepillo *m* de fregar; **~lappen** *m*, **~tuch** *n* bayeta *f*; ♀**n** (ge-, h) fregar; (*reiben*) frotar
Scheuklappe ['-klapə] *f* anteojera *f*
Scheune ['-nə] *f* (-; -n) granero *m*; pajar *m*
Schi [ʃiː] *m* s **Ski**
Schicht [ʃɪçt] *f* (-; -en) capa *f*; (*Arbeiter*) equipo *m*; '**~arbeit** *f* trabajo *m* por turnos; '**~dienst** *m:* **~ haben** estar de turno; '♀**en** (ge-, h) apilar
schick [ʃɪk] elegante, chic; '**~en** (ge-, h) enviar, expedir, mandar; **nach j-m ~** enviar por alg, mandar buscar a alg; ♀**eria** [ʃɪkəˈriːa] *f* (-; *sin pl*) la gente guapa
Schicksal ['-zɑːl] *n* (-s; -e) destino *m*; suerte *f*; fortuna *f*
'**Schiebe|dach** ['ʃiːbə-] *n* techo *m* corredizo; ♀**en** (schob, geschoben, h) **1.** *v/t* mover, empujar; **2.** *v/i fig* hacer chanchullos, traficar; **~er** *m* (-s; -) ⚙ distribuidor *m*; corredera *f*; *fig* traficante *m*; F estraperlista *m*; **~tür** *f* puerta *f* corrediza; **~ung** *f* (-; -en) chanchullo *m*
'**Schieds|gericht** ['ʃiːtsgəriçt] *n* tribunal

m arbitral *od* de arbitraje; ~**richter** *m* árbitro *m*; ~**spruch** *m* arbitraje *m*; sentencia *f* arbitral; '~**verfahren** *n* procedimiento *m* arbitral

schief [ʃiːf] oblicuo; (*geneigt*) inclinado; *fig* torcido; *adv* de soslayo, de reojo

Schiefer ['-ər] *m* (-s; -) pizarra *f*; *geo* esquisto *m*

schielen ['ʃiːlən] (ge-, h) *v*/*i* bizcar, ser bizco

'**Schien**|**bein** ['ʃiːn-] *n* tibia *f*; ~**e** *f* (-; -n) *a* 🛤 carril *m*, riel *m*, raíl *m*; 🎖 tablilla *f*, férula *f*; 2**en** 🎖 (ge-, h) entablillar; ~**enverkehr** *m* tráfico *m* ferroviario

'**Schieß**|**bude** ['ʃiːs-] *f* barraca *f* de tiro; 2**en** (schoß, geschossen, h) disparar, tirar; *Fußball*: *a* chutar; *Jagd*: cazar; *fig* (sn) (*stürzen*) precipitarse; *in die Höhe* ~ crecer rápidamente; *Kind*: F dar un estirón; ~**e'rei** *f* (-; -en) tiroteo *m*; ~**platz** *m* campo *m* de tiro; ~**pulver** *n* pólvora *f*; ~**scharte** ['-ʃartə] *f* (-; -n) aspillera *f*; ~**scheibe** *f* blanco *m*; ~**stand** *m* (polígono *m* de) tiro *m*

Schiff [ʃif] *n* (-[e]s; -e) buque *m*, barco *m*; navío *m*; *a* ⛪ nave *f*

'**Schiff**(**f**)**ahrt** ['-aːrt] *f* (-; *sin pl*) navegación *f*; ~**sgesellschaft** *f* compañía *f* naviera *od* de navegación

'**schiff**|**bar** ['-baːr] navegable; 2**bau** *m* (-[e]s; *sin pl*) construcción *f* naval; 2**bruch** *m* naufragio *m*; ~ *erleiden a fig* naufragar; ~**brüchig** ['-bryçiç] náufrago; 2**er** *m* (-s; -) navegante *m*; (*Fluß*2) batelero *m*, barquero *m*

'**Schiffs**|-**arzt** *m* médico *m* de a bordo; ~**junge** *m* grumete *m*; ~**reise** *f* crucero *m*; viaje *m* marítimo

Schikan|**e** [ʃi'kaːnə] *f* (-; -n) vejación *f*; 2**ieren** [-ka'niːrən] (h) vejar; F hacer la pascua (a alg)

Schild [ʃilt] **1.** *m* (-[e]s; -e) escudo *m*; *im* ~**e führen** *fig* tramar, maquinar; **2.** *n* (-[e]s; -er) letrero *m*, rótulo *m*; (*Tür*2) placa *f*; (*Plakat*) cartel *m*; (*Etikett*) etiqueta *f*; '~**drüse** *anat f* (glándula *f*) tiroides *m*; 2**ern** ['-dərn] (ge-, h) pintar, describir; explicar; ~**erung** ['-dəruŋ] *f* (-; -en) descripción *f*; '~**kröte** *f* tortuga *f*

Schilf [ʃilf] *n* (-[e]s; -e) **1.** cañaveral *m*; juncal *m*; **2.** = '~**rohr** *n* caña *f*, junco *m*

schillern ['ʃilərn] (ge-, h) tornasolar; irisar; *Stoff*: hacer visos

Schilling ['-liŋ] *m* (-s; -e, *después de números inv*) chelín *m*

'**Schimmel** ['ʃiməl] *m* (-s; *sin pl*) 🌿 moho *m*; (*pl* -) *zo* caballo *m* blanco; 2**ig** mohoso, enmohecido; ~ *werden* = 2**n** (ge-, h) enmohecer(se)

'**Schimmer** ['-mər] *m* (-s; -) vislumbre *f*; resplandor *m*; 2**n** (ge-, h) brillar, relucir

Schimpanse [ʃim'panzə] *m* (-n; -n) chimpancé *m*

schimpfen ['ʃimpfən] (ge-, h) insultar; reñir; renegar, maldecir (*über ac* de)

Schindel ['ʃindəl] *f* (-; -n) ripia *f*

schinden ['-dən] (schindete, geschunden, h) vejar; *sich* ~ trabajar como un negro

Schinken ['ʃiŋkən] *m* (-s; -) jamón *m* (*gekochter* dulce *od* York; *roher* serrano)

Schippe ['ʃipə] *f* (-; -n) pala *f*

Schirm [ʃirm] *m* (-[e]s; -e) pantalla *f*; (*Mützen*2) visera *f*; (*Regen*2) paraguas *m*; *fig* abrigo *m*; amparo *m*; '~**herrschaft** *f* patronato *m*, patrocinio *m*; '~**mütze** *f* gorra *f* de visera

Schiß P [ʃis] *m* (-sses; *sin pl*) P cagueta *f*; ~ *haben* F estar acojonado

Schlacht [ʃlaxt] *f* (-; -en) batalla *f*; 2**en** (ge-, h) matar; '~**enbummler** *m* dep F hincha *m*; '~**er** *m* (-s; -) carnicero *m*; *im Schlachthof*: matarife *m*; ~**e'rei** *f* (-; -en) carnicería *f*; '~**feld** *n* campo *m* de batalla; '~**hof** *m* matadero *m*

Schlacke ['ʃlakə] *f* (-; -n) ⚙ escoria *f*; (*Eisen*2) cagafierro *m*

Schlaf [ʃlaːf] *m* (-[e]s; *sin pl*) sueño *m*; '~**anzug** *m* pijama *m*

Schläfe ['ʃlɛːfə] *f* (-; -n) sien *f*

schlafen ['ʃlaːfən] (schlief, geschlafen, h) dormir; ~ *gehen* acostarse; ~ *Sie gut!* que (usted) descanse

schlaff [ʃlaf] flojo; *a Haut*: fláccido; *a fig* laxo; *fig* decaído, lánguido

'**Schlaf**|**gelegenheit** ['ʃlaːfɡəleːɡənhaɪt] *f* alojamiento *m*; 2**los** insomne; ~**e Nacht** noche *f* en blanco; ~**losigkeit** *f* (-; -en) insomnio *m*; ~**mittel** *n* somnífero *m*; ~**raum** *m* dormitorio *m*

schläfrig ['ʃlɛːfriç] soñoliento

'**Schlaf**|**sack** ['ʃlaːf-] *m* saco *m* de dormir; ~**stadt** *f* ciudad *f* dormitorio; ~**wagen** 🚂 *m* coche *m* cama, *Am* vagón *m* dormitorio; ~**zimmer** *n* dormitorio *m*

Schlag [ʃlaːk] *m* (-[e]s; ~e) golpe *m*; 🎖

Schlagader 456

ataque *m* de apoplejía; (*Herz*⁀) latido *m*; ⚡ descarga *f*; (*Art*) especie *f*; *fig harter* (*od schwerer*) ~ rudo golpe *m*; F *fig ich dachte, mich trifft der* ~ me quedé de una pieza; **'~ader** *f* arteria *f*; **'~anfall** ☀ *m* ataque *m* de apoplejía; **'⁀artig** brusco; *adv* de (un) golpe; **'~baum** *m* barrera *f*

schlagen ['ʃlɑːgən] (schlug, geschlagen, h) **1.** *v/t* golpear; (*prügeln*) pegar; (*besiegen*) vencer; derrotar, batir; *Schlacht*: librar; *Eier*: batir; *Sahne*: montar; *sich* ~ reñir, pelearse; batirse; **2.** *v/i Herz*: latir, palpitar; *Uhr*: dar la hora; *es schlägt drei* dan las tres

Schlager ['-gər] *m* (-s; -) ♪ canción *f* de moda; 🌣 gran éxito *m*

Schläger ['ʃlɛːgər] *m* (-s; -) pala *f*; *Tennis*: raqueta *f*; (*Person*) matón *m*; ~**'ei** *f* (-; -en) riña *f*, pelea *f*

Schlagersänger(in *f*) *m* ['ʃlɑːgər-] intérprete *su* de la canción moderna

'schlag|fertig ['ʃlɑːkfɛrtiç] que sabe replicar; ⁀**fertigkeit** *f* (-; *sin pl*) prontitud *f* en la réplica; ⁀**instrument** ♪ *n* instrumento *m* de percusión; ⁀**loch** *n* bache *m*; ⁀**sahne** *f* nata *f* batida *od* montada; ⁀**seite** ⚓ *f* inclinación *f*; ~ *haben* dar la banda; ⁀**stock** *m* porra *f*; ⁀**wort** *n* (-[e]s; -e, ⸚er) lema *m*; slogan *m*; ⁀**zeile** *tip f* titular *m*; ⁀**zeug** ♪ *n* batería *f*

Schlamm [ʃlam] *m* (-[e]s; -e, ⸚e) lodo *m*, barro *m*, cieno *m*; fango *m* (*a* ☀); ⁀**ig** lodoso, fangoso

'Schlampe ['ʃlampə] *f* (-; -n) mujer *f* desaseada; F puerca *f*; ~**e'rei** *f* (-; -en) negligencia *f*; desorden *m*; dejadez *f*; (*Arbeit*) chapuza *f*; ⁀**ig** desaseado; desordenado, desaliñado; *Arbeit*: chapucero

Schlange ['ʃlaŋə] *f* (-; -n) serpiente *f*, culebra *f*; *fig* víbora *f*; ⚙ serpentín *m*; (*Reihe*) cola *f*; ~ *stehen* hacer cola

schlängeln ['ʃlɛŋəln] (ge-, h): *sich* ~ serpentear; enroscarse (*um* en)

'Schlangen|biß ['ʃlaŋən-] *m* picadura *f* de serpiente; ~**linie** *f* línea *f* sinuosa

schlank [ʃlaŋk] delgado, esbelto; ~ *werden* adelgazar

schlapp [ʃlap] flojo; enervado; ~ *werden* aflojarse; fatigarse; **'~machen** F (*sep*, -ge-, h) desfallecer, desmayarse

schlau [ʃlaʊ] listo, astuto; avispado

Schlauch [ʃlaʊx] *m* (-[e]s; ⸚e) tubo *m* (flexible); *auto, Fahrrad*: cámara *f* (de aire); (*Garten*⁀) mang(uer)a *f*; **'~boot** *n* bote *m* neumático

schlecht [ʃlɛçt] malo, *Kurzform u adv* mal; *Luft*: viciado; (*verdorben*) podrido; ~ *werden* echarse a perder; *mir ist* ~ me siento mal; ~ *aussehen* tener mala cara; **'~machen** (*sep*, -ge-, h) hablar mal de; denigrar; ⁀**wetterperiode** *f* periodo *m* de mal tiempo

Schlegel ['ʃleːgəl] *m* (-s; -) mazo *m*; ♪ palillo *m*, baqueta *f*

Schlehe ['ʃleːə] *f* (-; -n) 🌿 endrina *f*

'schleich|en ['ʃlaɪçən] (schlich, geschlichen, sn) andar furtivamente *od* a hurtadillas; (h) *sich* ~ *in* (*ac*) colarse en; ⁀**werbung** *f* publicidad *f* cubierta

Schleier ['-ər] *m* (-s; -) velo *m* (*a fig*); mantilla *f*

Schleife ['-fə] *f* (-; -n) lazo *m*, nudo *m*; (*Kurve*) viraje *m*

'schleif|en ['-fən] **1.** (schliff, geschliffen, h) afilar, amolar, aguzar; *Glas*: pulir (*a fig*); *Diamant*: tallar; **2.** (ge-, h) arrastrar; ⚔ arrasar, desmantelar; ⁀**maschine** *f* afiladora *f*; ⁀**scheibe** *f* muela *f*; ⁀**stein** *m* piedra *f* de afilar

Schleim [ʃlaɪm] *m* ([e]s; -e) mucosidad *f*, moco *m*; **'~haut** *f* mucosa *f*; **'⁀ig** mucoso, viscoso

'schlemm|en ['ʃlɛmən] (ge-, h) regalarse; ⁀**erlokal** *n* restaurante *m* para sibaritas

'Schlepp|e ['ʃlɛpə] *f* (-; -n) cola *f* (de vestido); ⁀**en** (ge-, h) arrastrar; ⚓, *auto* remolcar, llevar a remolque; *sich* ~ arrastrarse; ~**er** *m* (-s; -) tractor *m*; ⚓ remolcador *m*; ~**lift** *m* telearrastre *m*; ~**tau** *n* cable *m* de remolque; ⚓ sirga *f*; *ins* ~ *nehmen* a *fig* llevar a remolque

'Schleuder ['ʃlɔʏdər] *f* (-; -n) honda *f*; (*Katapult*) catapulta *f*; ⚙ centrífuga *f*; ⁀**n** (ge-, h) **1.** *v/t* arrojar, lanzar; *Wäsche*: centrifugar; **2.** *v/i* (a sn) *auto* resbalar, patinar; ~**n** *n*: *ins* ~ *geraten* dar un patinazo, derrapar; ~**preis** *m* precio *m* ruinoso; ~**sitz** ✈ *m* asiento *m* catapulta *od* eyectable

Schleuse ['-zə] *f* (-; -n) esclusa *f*

schlicht [ʃliçt] sencillo, simple; modesto; **'~en** (ge-, h) alisar; *Streit*: dirimir; arreglar; **'⁀er** *m* (-s; -) mediador *m*; árbitro *m*; **'⁀ung** *f* (-; *sin pl*) conciliación *f* '**schließ|en** [´ʃliːsən] (schloß, geschlossen, h) cerrar; *Veranstaltung*: clausurar; *Vertrag*: concluir; *Frieden*: concertar, hacer; *Ehe*: contraer; *Freundschaft*: trabar; *Sitzung*: levantar; *(folgern)* deducir, concluir, inferir (**aus** de); ℒ**fach** *n* ⚭ apartado *m* (de correos), *Am* casilla *f*; *Bahnhof*: consigna *f* automática; *Bank*: caja *f* de seguridad; **~lich** finalmente, al *od* por fin; ℒ**ung** *f* (-; -en) cierre *m*

Schliff [ʃlif] *m* pulimento *m*; *Messer*, *Klinge*: filo *m*; *Edelstein*: talla *f*

schlimm [ʃlim] malo; *Kurzform u adv* mal

'**Schling|e** [´ʃliŋə] *f* (-; -n) lazo *m* (*a Jagd*); ℒ**en** (schlang, geschlungen, h) *(flechten)* enlazar, entrelazar; *(herunter~)* tragar

Schlips [ʃlips] *m* (-es; -e) corbata *f*

Schlitten [´ʃlitən] *m* (-s; -) trineo *m*; (*Rodel*ℒ) tobogán *m*, *bsd dep* luge *f*; **~ fahren** ir en trinco

'**Schlitter|bahn** [´-tərbaːn] *f* resbaladero *m*; ℒ**n** (ge-, sn) resbalar

'**Schlittschuh** [´-ʃuː] *m* patín *m*; **~ laufen** patinar (sobre hielo); **~laufen** *n* patinaje *m* (sobre hielo); **~läufer(in** *f*) *m* patinador(a *f*) *m*

Schlitz [ʃlits] *m* (-es; -e) raja *f*; rendija *f*; abertura *f*, ranura *f*: *am Kleid*: cuchillada *f*

Schloß [ʃlɔs] *n* (-sses; ¨sser) **a)** cerradura *f*; (*Gewehr*ℒ) cerrojo *m*; **b)** △ palacio *m*; castillo *m*; alcázar *m*

Schlosser [´-ər] *m* (-s; -) cerrajero *m*

Schlot [ʃloːt] *m* (-[e]s; -e) chimenea *f*; F **rauchen wie ein ~** fumar más que una chimenea

Schlucht [ʃluxt] *f* (-; -en) barranco *m*

schluchzen [´-tsən] (ge-, h) *v/i* sollozar

Schluck [ʃluk] *m* (-[e]s; -e) trago *m*, sorbo *m*; ℒ**en** (ge-, h) tragar (*a fig*); deglutir; '**~impfung** *f* vacunación *f* oral

schlummern [´ʃlumərn] (ge-, h) dormitar; dormir

Schlund [ʃlunt] *m* (-es; ¨e) garganta *f*; fauces *f/pl*; *fig* abismo *m*

'**schlüpf|en** [´ʃlypfən] (ge-, sn) deslizarse; *aus dem Ei* **~** salir del huevo; ℒ**er** *m* (-s; -) bragas *f/pl*

Schlupfwinkel [´ʃlupf-] *m* guarida *f*; escondrijo *m*

Schluß [ʃlus] *m* (-sses; ¨sse) fin *m*; final *m*; término *m*; *(Folgerung)* conclusión *f*; **~ machen mit** acabar con; poner fin *od* término a; '**~bilanz** ✝ *f* balance *m* final

'**Schlüssel** [´ʃlysəl] *m* (-s; -) llave *f*; *fig* clave *f* (*a* ♪); **~bein** *n* clavícula *f*; **~bund** *m od n* (-[e]s; -e) manojo *m* de llaves; **~industrie** *f* industria *f* clave; **~loch** *n* ojo *m* de la cerradura; **~stellung** *f* posición *f* clave

'**Schluß|folgerung** [´ʃlus-] *f* conclusión *f*; consecuencia *f*; **~kurs** *m* cotización *f* de cierre

'**Schluß|licht** [´ʃlusliçt] *n auto* luz *f* trasera; *fig* farolillo *m* rojo; **~strich** *m fig*: *e-n* **~ ziehen unter** poner punto final a; **~verkauf** *m* venta *f* de fin de temporada

schmackhaft [´ʃmakhaft] sabroso

schmal [ʃmaːl] estrecho; *Gestalt*: delgado, esbelto; *Gesicht*: afilado; *fig* escaso, exiguo

schmälern [´ʃmɛːlərn] (ge-, h) reducir, disminuir

'**Schmal|film** [´ʃmaːlfilm] *m* película *f* estrecha; **~spurbahn** *f* ferrocarril *m* de vía estrecha

Schmalz [ʃmalts] *n* (-es; -e) manteca *f* (de cerdo)

schmarotz|en [ʃmaˈrɔtsən] (h) parasitar; *fig* vivir de gorra; ℒ**er** *m* (-s; -), ℒ**erin** (-; -nen) parásito *m*, -a *f*; *fig a* zángano *m*, gorrón *m*

schmecken [´ʃmɛkən] (ge-, h) **1.** *v/i* saber, tener gusto *od* sabor (**nach** a); *gut* **~** saber bien, tener buen gusto; **2.** *v/t* (de)gustar

Schmeich|elei [ʃmaiçəˈlai] *f* (-; -en) lisonja *f*; halago *m*; adulación *f*, zalamería *f*; 'ℒ**elhaft** lisonjero; halagüeño; 'ℒ**eln** (ge-, h) (*dat*) adular, lisonjear, halagar; *Bild*: favorecer

schmeißen F [´-sən] (schmiß, geschmissen, h) arrojar, lanzar

'**schmelz|en** [´ʃmɛltsən] (schmolz, geschmolzen) **1.** *v/t* (h) fundir; **2.** *v/i* (sn) fundirse; derretirse; ℒ**punkt** *m* punto *m* de fusión

Schmerz [ʃmɛrts] *m* (-es; -en) dolor *m*; *(Kummer)* pena *f*, pesar *m*; 'ℒ**en** (ge-, h) causar dolor; doler; *fig* afligir, apenar; 'ℒ**lich** doloroso; penoso; 'ℒ**lindernd**, 'ℒ**stillend** analgésico, calmante, sedativo; '**~tablette** *f* analgésico *m*, calmante *m*

Schmetterling 458

'**Schmetter|ling** ['ʃmɛtərliŋ] m (-s; -e) mariposa f; ⚥n (ge-, h) **1.** v/t lanzar con violencia; *Lied*: cantar con brío; *zu Boden* ~ arrojar al suelo; **2.** v/i ♪ resonar

Schmied [ʃmiːt] m (-[e]s; -e) herrero m

'**Schmiede** ['-də] f (-; -n) herrería f; forja f; ⚥n (ge-, h) forjar; *Pläne*: hacer

schmiegen ['-gən] (ge-, h): *sich* ~ amoldarse, ajustarse (*an ac* a); *sich an j-n* ~ estrecharse contra alg

'**Schmier|e** ['-rə] f (-; -n) grasa f; sebo m; (*Schmutz*) mugre f; ⚥en (ge-, h) (*bestreichen*) untar; ⚥ lubri(fi)car, engrasar; (*kritzeln*) garabatear; F *j-n* ~ untar la mano a alg; **~e'rei** f (-; -en) garabatos m/pl; **~geld** F n soborno m; **~mittel** n lubri(fi)cante m

'**Schminke** ['ʃmiŋkə] f (-; -n) maquillaje m; afeite m; ⚥n (ge-, h) maquillar

'**schmirgel|n** ['ʃmirgəln] (ge-, h) esmerilar; ⚥**papier** n papel m de lija

'**Schmöker** F ['ʃmøːkər] m (-s; -) libraco m; ⚥n F (ge-, h) hojear, leer

'**Schmor|braten** ['ʃmoːrbrɑːtən] m estofado m; ⚥en (ge-, h) estofar, guisar; v/i fig asarse

Schmuck [ʃmuːk] m (-[e]s; *sin pl*) adorno m; (*Juwelen*) joyas f/pl

schmücken ['ʃmykən] (ge-, h) adornar; decorar

'**Schmuck|kästchen** ['ʃmukkɛstçən] n (-s; -) joyero m; ⚥**los** sencillo; sin adorno; **~stück** n joya f (*a fig*), alhaja f

'**Schmugg|el** ['ʃmugəl] m (-s; *sin pl*) contrabando m; ⚥**eln** (ge-, h) **1.** v/t pasar od introducir de contrabando; **2.** v/i hacer contrabando; **~ler** m (-s; -), **~lerin** f (-; -nen) contrabandista su

Schmutz [ʃmuts] m (-es; *sin pl*) suciedad f; (*Straßen*⚥) barro m; fig *in den* ~ *ziehen* arrastrar por el lodo; '**~fink** F m cochino m; '**~fleck** m mancha f (de barro); '⚥**ig** sucio; fig sórdido

Schnabel ['ʃnɑːbəl] m (-s; ⁻) pico m (*a e-r Kanne u fig*)

Schnalle ['ʃnalə] f (-; -n) hebilla f; broche m

'**schnapp|en** ['ʃnapən] (ge-, h) **1.** atrapar, F pescar; *Dieb*: P trincar; **2.** *Schloß*: cerrarse; *nach Luft* ~ jadear; ⚥**schuß** fot m instantánea f

Schnaps [ʃnaps] m (-es; ⁻e) aguardiente m

schnarchen ['ʃnarçən] (ge-, h) roncar

schnauben ['ʃnaubən] (ge-, h) resoplar; bufar (*a vor Wut*); *sich die Nase* ~ sonarse

'**Schnauz|bart** F ['ʃnauts-] m mostacho m; **~e** f (-; -n) hocico m (*a P fig*); **~er** m (-s; -) *zo* schnauzer m

'**Schnecke** ['ʃnɛkə] f (-; -n) caracol m (*anat*); (*Nackt*⚥) babosa f, limaza f; ⚥ (tornillo m) sinfín m; rosca f (*a Gebäck*); **~ntempo** n: fig *im* ~ a paso de tortuga

Schnee [ʃneː] m (-s; *sin pl*) nieve f (*a F Kokain*); '**~ball** m bola f de nieve; ⚥ viburno m; '**~fall** m nevada f; '**~flocke** f copo m de nieve; '**~gestöber** n ventisca f; nevasca f; '**~glöckchen** ♣ n campanilla f de las nieves; '**~grenze** f límite m de las nieves; '**~kette** f cadena f antideslizante; '**~mann** m muñeco m od monigote m de nieve; '**~pflug** m quitanieves m; *Skisport*: barrenieve m; ⚥**sicher** con garantía de nieve; '**~sturm** m temporal m de nieve; '⚥'**weiß** blanco como la nieve, níveo; **~wittchen** [-'vitçən] n (-s; *sin pl*) Blancanieves f

'**Schneid|e** ['ʃnaidə] f (-; -n) corte m; filo m; ⚥**en** (*schnitt*, *geschnitten*, h) cortar; *Fleisch*: tajar; *Braten*: trinchar; *Bäume*: podar; *in Holz*: grabar; *Film*: montar

'**Schneider** ['-dər] m (-s; -) sastre m; (*Damen*⚥) modisto m; **~in** f (-; -nen) modista f; sastra f; ⚥n (ge-, h) hacer vestidos; trabajar de sastre

'**Schneidezahn** m (diente m) incisivo m

schneien ['-ən] (ge-, h) nevar

schnell [ʃnɛl] rápido, pronto; veloz; *adv* de prisa; *mach* ~! ¡date prisa!; '**~en** (ge-, sn): *in die Höhe* ~ saltar; *Preis*: dispararse; '⚥**gaststätte** f restaurante m rápido; snack(-bar) m; '⚥**gericht** n ⚖ tribunal m de urgencia; *gastr* plato m rápido; '⚥**hefter** m carpeta f (flexible); '⚥-**imbiß** m refrigerio m, tentempié m; '⚥**straße** f autovía f, vía f de circulación rápida; '⚥**zug** m (tren m) expreso m

schneuzen ['ʃnɔytsən] (ge-, h): *sich* ~ sonarse

'**Schnipp|chen** ['ʃnipçən] n: *j-m ein* ~ *schlagen* burlarse de, dar chasco a alg; ⚥**isch** respondón

'**Schnipsel** ['-səl] m u n (-s; -) recortadura f, recorte m

Schnitt [ʃnit] *m* (-[e]s; -e) corte *m* (*a Schneiderei*); sección *f*; ✣ incisión *f*; (*Wunde*) cortadura *f*, corte *m*; (*Muster*) patrón *m*; *im ~* por término medio; *s-n ~ machen* hacer su agosto; '*~blumen f/pl* flores *f/pl* cortadas; '*~e f* (-; -n) *Brot*: rebanada *f*; '*~fläche f* superficie *f* de corte; **⩲ig** elegante; '*~lauch m* cebollino *m*; '*~stelle* inform *f* interface *m*, interfaz *f*; '*~wunde f* cortadura *f*, corte *m*, herida *f* incisa

'**Schnitz|el** ['ʃnitsəl] *n* (-s; -) **a)** *gastr* escalopa *f*, escalope *m*; **b)** (*a m*) (*Papier*) recorte *m*; **⩲en** (ge-, h) tallar en madera; *~e'rei f* (-; -en) talla *f* (en madera) (*a Werk*)

Schnorchel ['ʃnɔrçəl] *m* (-s; -) esnórquel *m*; (tubo *m*) respirador *m*

Schnörkel ['ʃnœrkəl] *m* (-s; -) rasgo *m* (ornamental); F ringorrango *m*; *am Namenszug*: rúbrica *f*

'**schnüff|eln** ['ʃnyfəln] (ge-, h) oliscar, olfatear; *fig* husmear; fisg(one)ar; **⩲ler** *m* (-s; -) husmeador *m*; fisgón *m*

'**schnupf|en** ['ʃnupfən] (ge-, h) tomar rapé; **⩲en** *m* (-s; -) constipado *m*, resfriado *m*; *e-n ~ haben* estar resfriado

schnuppern ['-pərn] (ge-, h) oliscar, olfatear

Schnur [ʃnuːr] *f* (-; ⸚e) cordón *m*; cuerda *f*, cordel *m*; (*Bindfaden*) bramante *m*; ✥ flexible *m*

schnüren ['ʃnyːrən] (ge-, h) atar, liar

'**Schnurr|bart** ['ʃnurbaːrt] *m* bigote *m*; **⩲en** *Katze*: ronronear

'**Schnür|schuh** ['ʃnyːrʃuː] *m* zapato *m* de cordones; *~senkel* ['-zɛŋkəl] *m* (-s; -) cordón *m*

Schober ['ʃoːbər] *m* (-s; -) pajar *m*; (*Heu*⩲) henil *m*

Schock [ʃɔk] ✣ *m* (-[e]s; -s) choc *m*, choque *m*, shock *m*; **⩲'ieren** (h) chocar, escandalizar; **⩲'ierend** chocante, escandaloso

Schokolade [ʃokoˈlaːdə] *f* (-; -n) chocolate *m*

Scholle ['ʃɔlə] *f* (-; -n) gleba *f* (*a fig*); (*Eis*⩲) témpano *m*; *zo* solla *f*

schon [ʃoːn] ya; *~ jetzt* ahora mismo; *~ lange* desde hace tiempo; *~ wieder* otra vez

schön [ʃøːn] **1.** hermoso; bello; *iron* valiente; *Wetter*: bueno; *e-s ~en Tages* algún día; *~en Dank!* ¡muchas gracias!; **2.** *adv* bien; *~!* ¡está bien!

schonen ['ʃoːnən] (ge-, h) tratar con cuidado; *sich ~* cuidarse

'**Schönheit** [ʃøːnhaɪt] *f* (-; -en) hermosura *f*, belleza *f*; *~s-pflege f* cosmética *f*

Schonkost ['ʃoːn-] *f* dieta *f* *od* régimen *m* suave

'**Schon|ung** ['ʃoːnuŋ] *f* (-; *sin pl*) cuidado *m*; (*Rücksicht*) miramientos *m/pl*; (*Nachsicht*) indulgencia *f*; **⩲ungslos** desconsiderado; sin miramiento

Schön'wetter|lage *f* situación *f* de buen tiempo; *~periode f* periodo *m* de buen tiempo

'**schöpf|en** ['ʃœpfən] (ge-, h) sacar; **⩲er** *m* (-s; -) creador *m*; *~erisch* creador, creativo; **⩲kelle** *f*, **⩲löffel** *m* cucharón *m*; **⩲ung** *f* (-; -en) creación *f*

Schorf [ʃɔrf] *m* (-[e]s; -e) costra *f*, escara *f*

'**Schornstein** ['ʃɔrn-] *m* chimenea *f*; *~feger* ['--feːgər] *m* (-s; -) deshollinador *m*

Schoß [ʃoːs] *m* (-es; ⸚e) regazo *m*; *bsd fig* seno *m*; (*Rock*⩲) faldón *m*

Schote ♀ ['ʃoːtə] *f* (-; -n) vaina *f*

'**Schott|e** ['ʃɔtə] *m* (-n; -n) escocés *m*; *~er* *m* (-s; -) grava *f*, gravilla *f*; 🚂 balasto *m*; *~in f* (-; -nen) escocesa *f*; **⩲isch** escocés

schräg [ʃrɛːk] oblicuo, sesgo; diagonal; (*querlaufend*) transversal; (*geneigt*) inclinado; *adv* de través

Schrank ['ʃraŋk] *m* (-[e]s; ⸚e) armario *m*; '*~e f* (-; -n) barrera *f* (*a fig*); 🚂 barra *f*; '*~enwärter m* guardabarrera *m*; '*~wand f* librería *f* mural

'**Schraub|e** ['ʃraubə] *f* (-; -n) tornillo *m*; ⚓, ✈ hélice *f*; **⩲en** (ge-, h) atornillar; *in die Höhe ~ Preis*: hacer subir; *~enschlüssel m* llave *f* de tuercas; *~enzieher* ['--ntsiːər] *m* (-s; -) destornillador *m*; *~stock* ['ʃraupʃtɔk] *m* torno *m*; *~verschluß m* cierre *m* roscado

Schreck [ʃrɛk] *m* (-[e]s; -e), '*~en m* (-s; -) susto *m* (*einjagen* dar); sobresalto *m*; espanto *m*; *e-n ~ bekommen* asustarse, llevarse un susto; **⩲lich** terrible; espantoso; '*~schuß m* tiro *m* al aire

Schrei [ʃraɪ] *m* (-[e]s; -e) grito *m* (*ausstoßen* dar)

'**Schreib|arbeit** ['ʃraɪpʔarbaɪt] *f* trabajo *m* mecanográfico; *~block m* bloc *m*; *~büro n* oficina *f* de trabajos mecanográficos; **⩲en** ['-bən] (schrieb, geschrieben, h) escribir; *~en n* (-s; -) carta *f*,

Schreibfehler

escrito m; **~fehler** m falta f de escritura; **~heft** n cuaderno m; **~kraft** f mecanógrafa f; **~maschine** f máquina f de escribir; *mit der ~ schreiben* mecanografiar; **~papier** n papel m de escribir; **~tisch** m escritorio m; **~ung** ['-buŋ] f (-; -en) ortografía f; **~waren** f/pl artículos m/pl de escritorio *od* de papelería; **~warengeschäft** n papelería f

schreien ['ʃraɪən] (schrie, geschrien, h) gritar; vociferar; *um Hilfe ~* dar gritos de auxilio

schreiten ['ʃraɪtən] (schritt, geschritten, sn) andar, caminar

Schrift [ʃrɪft] f (-; -en) escritura f; (*Hand*2) letra f; (*~stück*) escrito m, documento m; *tip* caracteres m/pl, tipo m, letra f; *die Heilige ~* la Sagrada Escritura; **'~deutsch** n alemán m literario; **'2lich** escrito; *adv* por escrito; **'~probe** f prueba f de escritura; **'~sprache** f lenguaje m culto; **~steller** ['-ʃtɛlər] m (-s; -), **~stellerin** f (-; -nen) escritor(a f) m; **2stellerisch** literario; **~stück** n escrito m, documento m; **~verkehr** m, **'~wechsel** m (-s; *sin pl*) correspondencia f; **'~zeichen** *tip* letra f, *pl* a caracteres m/pl

schrill [ʃrɪl] estridente, agudo

Schritt [ʃrɪt] m (-[e]s; -e) paso m; *der Hose*: entrepierna f; *fig* gestión f; *~ halten mit* llevar el paso a; *fig* adaptarse a; **'~macher** m (-s; -) *dep* guía m; *fig* pionero m; ♂ marcapasos m; **'2weise** paso a paso

schroff [ʃrɔf] escarpado; *fig* brusco, rudo

Schrot [ʃroːt] m u n (-[e]s; -e) grano m triturado; *Jagd*: perdigones m/pl

Schrott [ʃrɔt] m (-[e]s; -e) chatarra f; **'2reif** para desguace

schrumpfen ['ʃrʊmpfən] (ge-, sn) contraerse; encogerse; *fig* disminuir, reducirse; ♂ atrofiarse

Schub [ʃuːp] m (-[e]s; ~c) empujón m, empellón m; ⊙ empuje m; **'~fach** n, **'~kasten** m, **~lade** ['-laːdə] f (-; -n) cajón m, gaveta f; **'~karren** m carretilla f

schüchtern ['ʃʏçtərn] tímido

Schuft [ʃʊft] m (-[e]s; -e) canalla m, infame m; **'2en** F (ge-, h) trabajar como un negro, bregar

Schuh [ʃuː] m (-[e]s; -c) zapato m; *fig j-m et in die ~e schieben* imputarle a/c a alg; **~anzieher** ['-ʔantsiːər] m (-s; -) calzador m; **'~bürste** f cepillo m para los zapatos; **'~creme** f crema f para el calzado, betún m; **'~geschäft** n zapatería f; **'~größe** f número m; *welche ~ haben Sie?* ¿qué número calza?; **'~macher** m (-s; -) zapatero m; **'~sohle** f suela f

Schul|abschluß ['ʃuːlʔapʃlʊs] m graduación f escolar; **~arbeiten** f/pl deberes m/pl; **~bildung** f (-; *sin pl*) formación f escolar; **~buch** n libro m de texto

Schuld [ʃʊlt] f (-; -en) culpa f; *bsd* ⚖ culpabilidad f; ✝ deuda f; ♌ *sn an* (*dat*) tener la culpa de; **'2bewußt** consciente de su culpabilidad

'schulden ['-dən] (ge-, h) deber; **2berg** m montón m de deudas; **~frei** libre de deudas; **2tilgung** f amortización f (de deudas)

'Schuldienst ['ʃuːl-] m: *im ~ tätig sein* ejercer de profesor *bzw* de maestro

'schuld|ig ['ʃʊldɪç] culpable; *j-m et ~ sn* deber a/c a alg; **~los** inocente; **2ner** ['ʃʊldnər] m (-s; -) deudor m

'Schul|e ['ʃuːlə] f (-; -n) escuela f; *zur ~ gehen* ir a la escuela; *aus der ~ plaudern* cometer una indiscreción; irse de la lengua; **2en** (ge-, h) instruir, enseñar; formar; **~englisch, ~französisch** *etc* inglés, francés, *etc* aprendido en la escuela

'Schüler ['ʃyːlər] m (-s; -) alumno m; discípulo m; **~austausch** m intercambio m de alumnos; **~in** f (-; -nen) alumna f; discípula f

'Schul|ferien ['ʃuːl-] *pl* vacaciones f/pl escolares; **~funk** m emisión f escolar; **~geld** n matrícula f; **~hof** m patio m de la escuela; **~jahr** n año m escolar; curso m; **~kamerad(in** f) m condiscípulo m, -a f; **~leiter** m director m; **~pflicht** f (-; *sin pl*) escolarización f *od* escolaridad f obligatoria; **~schiff** n buque m escuela; **~schluß** m (-sses; *sin pl*) clausura f del curso; salida f de clase; **~stunde** f clase f, lección f; **~tasche** f cartera f

Schulter ['ʃʊltər] f (-; -n) hombro m; *et auf die leichte ~ nehmen* tomar a/c a la ligera

'Schul|ung ['ʃuːluŋ] f (-; -en) instrucción f; formación f; **~zeit** f años m/pl escolares; escolaridad f; **~zeugnis** n boletín m de calificaciones

schummeln F ['ʃuməln] (ge-, h) hacer trampa
Schund [ʃunt] *m* (-[e]s; *sin pl*) baratija *f*, pacotilla *f*
'**Schupp|e** ['ʃupə] *f* (-; -n) escama *f*; (*Kopf*♀) caspa *f*; **~en** *m* (-s; -) cobertizo *m*; tinglado *m*; ✈ hangar *m*
schüren ['ʃy:rən] (ge-, h) atizar (*a fig*)
'**Schürf|ung** ['ʃyrfuŋ] *f* (-; -en) prospección *f*; ⚔ = **~wunde** *f* excoriación *f*
Schurke ['ʃurkə] *m* (-n; -n) canalla *m*, infame *m*
Schurwolle ['ʃu:r-] *f* lana *f* virgen
'**Schürze** ['ʃyrtsə] *f* (-; -n) delantal *m*; ♀**n** (ge-, h) arremangar
Schuß [ʃus] *m* (-sses; ⸗sse) tiro *m*, disparo *m*; *Fußball*: *a* chut *m*; **weit vom ~** fuera de peligro
Schüssel ['ʃysəl] *f* (-; -n) fuente *f*; plato *m* (*a Gericht*)
'**Schuß|fahrt** ['ʃusfa:rt] *f Ski*: descenso *m* en línea recta; **~linie** *f* línea *f* de tiro; **~waffe** *f* arma *f* de fuego; **~wunde** *f* herida *f* de bala *od* por arma de fuego; balazo *m*
Schuster ['ʃu:stər] *m* (-s; -) zapatero *m*
Schutt [ʃut] *m* (-[e]s; *sin pl*) escombros *m/pl*; (*Bau*♀) cascotes *m/pl*; **in ~ und Asche legen** reducir a cenizas; '**~abladeplatz** *m* escombrera *f*, vertedero *m* de escombros
'**Schüttel|frost** ['ʃytəlfrɔst] *m* escalofríos *m/pl*; ♀**n** (ge-, h) sacudir; agitar; *Kopf*: menear; *Hand*: estrechar
schütten ['ʃytən] (ge-, h) echar, verter; *fig* **es schüttet** está diluviando
Schutz [ʃuts] *m* (-es; *sin pl*) protección *f*; amparo *m*; (*Verteidigung*) defensa *f*; (*Zuflucht*) refugio *m*; abrigo *m*; **in ~ nehmen** salir en defensa de; '**~blech** *n* guardabarros *m*; **~brief** *m etwa*: talonario *m* de bono-cheques (para automovilistas); '**~brille** *f* gafas *f/pl* protectoras; '**~dach** *n* alero *m*; marquesina *f*
'**Schütze** ['ʃytsə] *m* (-n; -n) tirador *m*; ⚔ cazador *m*; *astr* Sagitario *m*; ♀**n** (ge-, h) proteger (**vor** de, contra); defender; preservar (de), resguardar (de)
Schutzengel ['ʃuts'ɛŋəl] *m* ángel *m* custodio *od* de la guarda
Schützengraben ['ʃytsən-] *m* trinchera *f*
'**Schutz|gebiet** ['ʃuts-] *n* zona *f* protegida; *pol* protectorado *m*; **~hütte** *f* refugio *m*; **~impfung** *f* vacunación *f* preventiva; ♀**los** desamparado; indefenso; **~marke** ♱ *f* marca *f* registrada; **~maßnahme** *f* medida *f* preventiva
schwach [ʃvax] débil; *hsd fig* flojo (*a Getränk*); *Gesundheit*: delicado, frágil; *Gedächtnis*: flaco
'**Schwäche** ['ʃvɛçə] *f* (-; -n) debilidad *f* (*a fig*; **für** por); flojedad *f*; flaqueza *f*; *fig* (punto *m*) flaco *m*; ♀**n** (ge-, h) debilitar; aflojar
Schwachheit ['ʃvaxhaɪt] *f* (-; *sin pl*) debilidad *f*
schwächlich ['ʃvɛçliç] débil; delicado
'**Schwach|sinn** ['ʃvax-] *m* (-[e]s; *sin pl*) debilidad *f* mental; imbecilidad *f* (*a fig*); ♀**sinnig** imbécil; **~strom** ⚡ *m* corriente *f* de baja tensión
Schwächung ['ʃvɛçuŋ] *f* (-; -en) debilitación *f*; extenuación *f*
Schwager ['ʃva:gər] *m* (-s; ⸗) cuñado *m*, hermano *m* político
Schwägerin ['ʃvɛ:gerin] *f* (-; -nen) cuñada *f*, hermana *f* política
Schwalbe ['ʃvalbə] *f* (-; -n) golondrina *f*
Schwall [ʃval] *m* (-[e]s; -e) aluvión *m* (*a v Menschen*); *v Worten*: cascada *f*, torrente *m*
Schwamm [ʃvam] *m* (-[e]s; ⸗e) esponja *f*; ♣ hongo *m*, seta *f*; '♀**ig** esponjoso; *Gesicht*: fofo
Schwan [ʃva:n] *m* (-[e]s; ⸗e) cisne *m*
'**schwanger** ['ʃvaŋər] encinta, embarazada; ♀**e** *f* (-n; -n) embarazada *f*
'**Schwangerschaft** ['--ʃaft] *f* (-; -en) embarazo *m*; **~abbruch** *m* interrupción *f* del embarazo
'**schwank|en** ['ʃvaŋkən] (ge-, h) vacilar (*a fig*); oscilar; ♱ fluctuar; ♀**ung** *f* (-; -en) vacilación *f*; oscilación *f*; fluctuación *f*
Schwanz [ʃvants] *m* (-es; ⸗e) cola *f*, rabo *m*
'**schwänzen** F ['ʃvɛntsən] (ge-, h) fumarse; *die Schule ~* hacer novillos
Schwarm [ʃvarm] *m* (-[e]s; ⸗e) (*Bienen*) enjambre *m*; (*Insekten*) nube *f*; (*Vögel*) bandada *f*; (*Fische*) banco *m*, cardumen *m*; *v Menschen*: enjambre *m*, nube *f*, tropel *m*
'**schwärm|en** ['ʃvɛrmən] (ge-, h *u* sn) *Bienen*: enjambrar; (h) *fig* entusiasmarse (**für** por); **~erisch** exaltado, entusiástico

schwarz [ʃvarts] negro; **~e Zahlen** f/pl números m/pl negros; **~ werden** ennegrecer; **sich ~ ärgern** reventar de rabia; **'2-arbeit** f trabajo m clandestino; **'~arbeiten** (sep, -ge-, h) trabajar clandestinamente; **'2-arbeiter(in** f) m trabajador(a f) m clandestino (-a); **2brot** n pan m negro

'Schwarz|e [ˈʃvartsə] m/f (-n, -n) negro m, -a f; **2fahren** (irr, sep, -ge-, sn, → **fahren**) viajar sin billete; **~fahrer(in** f) m viajero m, -a f sin billete; **~handel** m comercio m od tráfico m clandestino; F estraperlo m; **~händler** m traficante m clandestino, F estraperlista m; **~markt** m mercado m negro; **~marktpreise** m/pl precios m/pl en el mercado negro; **~'weißfilm** m película f en blanco y negro; **~wurzel** ♀ f escorzonera f, salsifí m negro

schwatzen [ˈʃvatsən] (ge-, h) parlotear, charlar, F estar de palique

'Schwebe [ˈʃveːbə] f: **in der ~** en vilo, en suspenso; **~bahn** f ferrocarril m colgante; **2n** (ge-, sn) flotar (en el aire); (h) estar suspendido, colgar; Vögel: cernerse; ✝ estar pendiente; **in Gefahr ~** estar en peligro

'Schwed|e [ˈʃveːdə] m (-n, -n), **~in** f (-; -nen), **2isch** sueco m, -a f

'Schwefel [ˈʃveːfəl] m (-s; sin pl) azufre m; **~säure** f ácido m sulfúrico

Schweif [ʃvaɪf] m (-[e]s; -e) cola f; astr cabellera f; **2en** (ge-, sn) v/i vagar, vagabundear; errar; (h) **~ lassen** Blick: pasear la mirada (**über** ac por)

'schweig|en [ˈʃvaɪɡən] (schwieg, geschwiegen, h) callar(se); guardar silencio; **2en** n (-s; sin pl) silencio m; **zum ~ bringen** hacer callar; acallar; **2epflicht** f (-; sin pl) secreto m profesional; **~sam** [ˈ-kzaːm] taciturno

Schwein [ʃvaɪn] n (-[e]s; -e) cerdo m, puerco m, cochino m (alle a fig desp); Am chancho m; F (Glück) suerte f, chamba f; P churra f; **~ebraten** m asado m de cerdo; **~efleisch** n (carne f de) cerdo m; **~e'rei** f (-; -en) porquería f; **~estall** m pocilga f (a fig); **2isch** cochino; **~sleder** n cuero m de cerdo

Schweiß [ʃvaɪs] m (-es; -e) sudor m, transpiración f; **2en** ⚙ (ge-, h) soldar; **~er** m (-s; -) soldador m

'Schweizer [ˈʃvaɪtsər] m (-s; -) suizo m; **~ Käse** gruyère m; **~in** f (-; -nen) suiza f; **2isch** suizo

schwelen [ˈʃveːlən] (ge-, h) arder sin llama

schwelgen [ˈʃvɛlɡən] (ge-, h) darse la gran vida, regalarse

'Schwell|e [ˈʃvɛlə] f (-; -n) umbral m; 🚂 traviesa f; **2en** (schwoll, geschwollen, sn) hincharse, inflarse; **~enland** n país m umbral; **~ung** f (-; -en) hinchazón f; ✝ a tumefacción f

'Schwemme [ˈʃvɛmə] f (-; -n) abrevadero m; fig aluvión f

schwenken [ˈʃvɛŋkən] (ge-, h) v/t agitar; (spülen) enjuagar; gastr saltear

schwer [ʃveːr] pesado; (schwierig) difícil; (mühevoll) duro, penoso; (ernst) grave (a ✝); Wein, Tabak: fuerte; Strafe: severo; **3 Kilo ~ sn** pesar tres kilos; **~ arbeiten** trabajar mucho; **'2-arbeiter** m obrero m de trabajos duros; **'2behinderte** m/f (-n; -n) gran inválido m, -a f; **'2e** f (-; - sin pl) (Gewicht) peso m; pesadez f; fís gravedad f (a fig); der Strafe: severidad f; **'2elosigkeit** f (-; sin pl) ingravidez f; **'~fallen** (irr, sep, -ge-, sn, → **fallen**) costar (mucho); **'~fällig** pesado, torpe; **'~hörig** duro od tardo de oído, sordo; **2-industrie** f industria f pesada; **'2kraft** f (-; sin pl) gravitación f; **'~krank** gravemente enfermo; **~mütig** [ˈ-myːtɪç] melancólico; **'2punkt** m centro m de gravedad; fig a punto m esencial

Schwert [ʃveːrt] n (-[e]s; -er) espada f

'schwer|tun [ˈʃveːrtuːn] (irr, sep, -ge-, h, → **tun**): **sich ~** tener dificultades (**mit** con); **2verbrecher** m criminal m peligroso; **2verletzte** m herido m grave; **~wiegend** fig (muy) serio; de mucho peso

Schwester [ˈʃvɛstər] f (-; -n) hermana f; ✝ enfermera f; rel religiosa f, Anrede: sor

'Schwieger|eltern [ˈʃviːɡərˀɛltərn] pl suegros m/pl, padres m/pl políticos; **~mutter** f suegra f, madre f política; **~sohn** m yerno m, hijo m político; **~tochter** f nuera f, hija f política; **~vater** m suegro m, padre m político

'schwierig [ˈ-rɪç] difícil; **2keit** f (-; -en) dificultad f

'Schwimm|bad [ˈʃvɪm-] n piscina f; **~becken** n piscina f; **2en** (schwamm, geschwommen, h *u* sn) nadar; *Gegenstand*: flotar; **~en** *n* (-s; *sin pl*) natación *f*; **~er** *m* (-s; -) nadador *m*; ⚙, ✈ flotador *m*; *Angel*: veleta *f*; **~erin** *f* (-; -nen) nadadora *f*; **~flosse** *f* aleta *f* (*a dep*); **~weste** *f* chaleco *m* salvavidas

'**Schwindel** ['ʃvindəl] *m* (-s; *sin pl*) ✣ vértigo *m*, vahído *m*; mareo *m*; *fig* patraña *f*; (*Betrug*) estafa *f*, embuste *m*, engaño *m*; timo *m*; ♀**frei** que no se marea; ♀**n** (ge-, h) mentir; *mir schwindelt* me da vértigo

schwinden ['-dən] (schwand, geschwunden, sn) (*ver~*) desaparecer

'**Schwind**|**ler** ['-dlər] *m* (-s; -), **~lerin** *f* (-; -nen) estafador(a *f*) *m*; ♀**lig** mareado; *mir wird* (*od ist*) **~** se me va la cabeza; me mareo

'**schwing**|**en** ['ʃviŋən] (schwang, geschwungen, h) **1.** *v/t* agitar; **2.** *v/i* vibrar; *Pendel*: oscilar; ♀**ung** *f* (-; -en) vibración *f*; oscilación *f*

schwirren ['ʃvirən] (ge-, h *u* sn) silbar; *Insekt*: zumbar

'**schwitzen** ['ʃvitsən] (ge-, h) sudar, transpirar

schwören ['ʃvø:rən] (schwor, geschworen, h) jurar (*bei* por); prestar juramento; *fig* tener absoluta confianza (*auf ac* en)

schwul F [ʃvu:l] homosexual, F gay

schwül [ʃvy:l] cargado; sofocante, bochornoso

Schwund [ʃvunt] *m* (-es; *sin pl*) disminución *f*; merma *f*; ✣ atrofia *f*

Schwung [ʃvuŋ] *m* (-[e]s; ⸚e) impulso *m*, empuje *m*, arranque *m*; *fig a* ímpetu *m*; brío *m*; énfasis *m*; '**~rad** *n* volante *m*

Schwur [ʃvu:r] *m* (-[e]s; ⸚e) juramento *m*

sechs [zɛks] **1.** seis; **2.** ♀ *f* (-; -en) seis *m*; '**~eckig** hexagonal; ♀**erpack** *m* lote *m* de seis unidades; '**~fach** séxtuplo; '**~hundert** seiscientos; '**~te** *adj* sexto; '♀**tel** *n* (-s; -) sexto *m*; '**~tens** en sexto lugar; sexto

sechzehn ['zɛçtse:n] dieciséis

'**sechzig** ['-tsiç] sesenta; **~ste** sexagésimo

See [ze:] **a)** *f* (-; *sin pl*) mar *m* (*bsd* ⚓ *f*); *auf hoher* **~** en alta mar; *in* **~** *stechen* hacerse a la mar; **b)** *m* (-s; -n) lago *m*; '**~bad** *n* playa *f*; balneario *m* de mar; '**~blick** *m* vista *f* al mar; '**~gang** *m* (-[e]s; *sin pl*) oleaje *m*; *hoher* **~** mareja-

da *f*; '**~hafen** *m* puerto *m* marítimo; '**~handel** *m* comercio *m* marítimo; '**~herrschaft** *f* (-; *sin pl*) soberanía *f* marítima; '**~igel** *m* erizo *m* de mar; '**~karte** *f* carta *f* marina; '♀**krank** mareado; **~ werden** marearse; '**~krankheit** *f* (-; *sin pl*) mal *m* de mar; '**~lachs** *zo m* carbonero *m*

Seele ['ze:lə] *f* (-; -n) alma *f* (*a fig*); *rel* ánima *f*

'**Seelen**|**heil** ['ze:lənhaıl] *n* salvación *f*; **~ruhe** *f* quietud *f*, serenidad *f*; ♀**ruhig** sereno; *adv* con mucha calma

Seelsorge ['ze:lzɔrgə] *f* (-; *sin pl*) cura *f* de almas

See|**luft** ['ze:luft] *f* aire *m* de mar; **~macht** *f* potencia *f* naval *od* marítima; **~mann** *m* (*pl* -leute) marinero *m*; marino *m*; **~meile** *f* milla *f* marina; **~not** *f* (-; *sin pl*) peligro *m* marítimo; *in* **~** en peligro de naufragar; **~räuber** *m* pirata *m*; **~reise** *f* viaje *m* por mar; crucero *m*; **~schlacht** *f* batalla *f* naval; **~streitkräfte** *f*/*pl* fuerzas *f*/*pl* navales; ♀**tüchtig** en (perfecto) estado de navegar; marinero; **~weg** ['-ve:k] *m* vía *f* marítima; *auf dem* **~** por mar; por vía marítima; **~zeichen** *n* señal *f* marítima

'**Segel** ['ze:gəl] *n* (-s; -) vela *f*; **~boot** *n* barco *m* de vela, velero *m*; **~flieger** *m* aviador *m* a vela, volovelista *m*; **~flug** *m* vuelo *m* sin motor; **~flugzeug** *n* planeador *m*; avión *m* sin motor; ♀**n** (ge-, *u* sn) navegar a vela; **~schiff** *n* buque *m* de vela, velero *m*

Segen ['-gən] *m* (-s; -) bendición *f*; *fig* felicidad *f*; prosperidad *f*

Segler ['-glər] *m* (-s; -) deportista *m* de la vela; (*Schiff*) velero *m*

segnen ['ze:gnən] (ge-, h) bendecir

'**sehen** ['ze:ən] (sah, gesehen, h) *v/t* ver; (*an~*) mirar; *siehe ...* véase ...; **~swert**, **~swürdig** digno *m* de verse; curioso; ♀**swürdigkeit** *f* (-; -en) curiosidad *f*; monumento *m* artístico; lugar *m* de interés

'**Sehkraft** *f* (-; *sin pl*) facultad *f* visual

'**Sehne** ['-nə] *f* (-; -n) *anat* tendón *m*; ♀**n** (ge-, h): *sich nach et* **~** anhelar, ansiar a/c; *sich nach j-m* **~** ansiar ver a alg; suspirar por alg

'**Sehnerv** *m* nervio *m* óptico

sehnig ['-niç] tendinoso

'**sehn**|**lich** ['zə:nliç] ardiente, vivo; *adv*

Sehnsucht

con ardor; ⁓**sucht** *f* (-; ⁓e) anhelo *m*, ansia *f*; nostalgia *f*; añoranza *f* (**nach** de); ⁓**süchtig** ansioso, anheloso; nostálgico; añorante

sehr [zeːr] mucho; *vor adj u adv* muy; **so ⁓, daß** tanto que; **wie ⁓ auch** por más que; **zu ⁓** demasiado

'**Seh|störung** ['zeː-] *f* trastorno *m* de la vista; ⁓**test** *m* test *m* visual

Seide ['zaɪdə] *f* (-; -n) seda *f*

Seidenpapier ['-dən-] *n* papel *m* de seda

seidig ['-diç] sedoso; *Stoff*: sedeño

Seife ['-fə] *f* (-; -n) jabón *m*

'**Seifen|blase** *f* pompa *f* de jabón; ⁓**dose** *f* jabonera *f*; ⁓**lauge** *f* lejía *f* de jabón; ⁓**pulver** *n* jabón *m* en polvo

seifig ['-fiç] jabonoso

Seil [zaɪl] *n* (-[e]s; -e) cuerda *f*; soga *f*; (*Tau*) cabo *m*, cable *m*; '⁓**bahn** *f* teleférico *m*; funicular *m* aéreo; '⁓**schaft** *f* (-; -en) cordada *f*

sein[1] [zaɪn] 1. (war, gewesen, sn) *dauernd*: ser; *vorübergehend*: estar; (*vorhanden* ⁓) existir; **es ist schönes Wetter** hace buen tiempo; **es ist drei Uhr** son las tres; **was ist?** ¿qué hay?; **da ist (sind) hay**; 2. ⁓ *n* (-s; *sin pl*) ser *m*; existencia *f*

sein[2] [zaɪn] *pron* su; **die ⁓en** los suyos; ⁓**erseits** ['-nər'zaɪts] de su lado *od* parte; '⁓**es'gleichen** su igual; sus semejantes; '⁓**et'wegen** por él; por culpa suya

seit [zaɪt] 1. *prp* desde, a partir de; *Zeitraum*: desde hace; ⁓ **kurzem** desde hace poco; ⁓ **langem** desde hace tiempo; ⁓ **einer Woche ...** hace una semana que ...; 2. *cj* desde que; ⁓'**dem** 1. *adv* desde entonces; 2. *cj* desde que

Seite ['-tə] *f* (-; -n) lado *m*; (*Körper*⁓) costado *m* (*a* ♣); (*Buch*⁓) página *f*; *e-r Münze, Schallplatte*: cara *f*; **auf die ⁓ legen** apartar; *Geld*: ahorrar; **auf beiden ⁓n** de ambos lados

'**Seiten|ansicht** ['zaɪtən²ansiçt] *f* vista *f* lateral; ⁓**blick** *m* mirada *f* de soslayo; ⁓**sprung** *fig m* escapada *f*; ⁓**stechen** ♣ *n* (-s; *sin pl*) dolores *m/pl* de costado; ⁓**straße** *f* calle *f* lateral; ⁓**streifen** *m* arcén *m*

'**seit|lich** ['-liç] lateral; de lado; ⁓**wärts** ['-vɛrts] de lado; al lado (de)

Sekre|tär [zekre'tɛːr] *m* (-s; -e) secretario *m*; (*Möbel*) secreter *m*; ⁓**ariat** [--tar'jaːt] *n* (-[e]s; -e) secretaría *f*; ⁓**ärin** *f* (-; -nen) secretaria *f*

Sekt [zɛkt] *m* (-[e]s; -e) champán *m*, cava *m*; '⁓**e** *f* (-; -n) secta *f*; ⁓**ion** [-'tsjoːn] *f* (-; -nen) sección *f*; ♣ disección *f*, autopsia *f*; ⁓**or** ['-tɔr] *m* (-s; -en [-'toːrən]) sector *m*

Sekunde [zeˈkundə] *f* (-; -n) segundo *m*

selbst [zɛlpst] mismo; (*sogar*) hasta, aun; **ich ⁓** yo mismo; **von ⁓** por sí mismo; espontáneamente

'**selbständig** ['-ʃtɛndiç] independiente; *Arbeiter*: autónomo; **sich ⁓ machen** independizarse; ⁓**e** *m*|*f* (-n, -n) trabajador(a *f*) *m* autónomo (-a); ⁓**keit** *f* (-; *sin pl*) independencia *f*

'**Selbst|auslöser** ['zɛlpst²aʊsløːzər] *fot m* autodisparador *m*; ⁓**bedienung** *f* autoservicio *m*; ⁓**bedienungsladen** *m* (tienda *f* de) autoservicio *m*; ⁓**bedienungsrestaurant** *n* restaurante *m* de autoservicio; ⁓**beherrschung** *f* dominio *m* de sí mismo, autodominio *m*; ⁓**bestätigung** *f* autoafirmación *f*; ⁓**bestimmung(srecht** *n*) *f* (derecho *m* de) autodeterminación *f*; ⁓**bewußt** consciente de su propio valor; (*anmaßend*) presumido; ⁓**bewußtsein** *n* conciencia *f* de sí mismo; ⁓**gespräch** *n* soliloquio *m*, monólogo *m*; ⁓**hilfe** *f* (-; *sin pl*) defensa *f* propia; ⁓**kostenpreis** *m* precio *m* de coste; ⁓**kritik** *f* (-; *sin pl*) autocrítica *f*; ⁓**laut** *m* vocal *f*; ⁓**los** desinteresado, abnegado; ⁓**mord** *m* suicidio *m*; ⁓**mörder(in** *f*) *m*, ⁓**mörderisch** suicida (*su*); ⁓**tätig** automático; ⁓**unterricht** *m* enseñanza *f* autodidáctica; ⁓**versorger** *m*: ⁓ **sn** autoabastecerse; ⁓**versorgung** *f* (-; *sin pl*) autoabastecimiento *m*; autarquía *f*; ⁓**verständlich** natural, evidente; *adv* por supuesto, desde luego; claro que sí, *bsd Am* ¿cómo no?; ⁓**verteidigung** *f* autodefensa *f*; ⁓**vertrauen** *n* confianza *f* en sí mismo, autoconfianza *f*; ⁓**verwaltung** *f* autonomía *f* (administrativa), autogestión *f*; ⁓**wähldienst** *tel m* servicio *m* telefónico automático; ⁓**zweck** *m* (-[e]s; *sin pl*) fin *m* absoluto; finalidad *f* en sí

selig ['zeːliç] bienaventurado; *fig* feliz; (*verstorben*) fallecido, difunto

Sellerie ['zɛləri:] *m* (-s; -[s]) apio *m*

'**selten** ['zɛltən] raro; escaso; **nicht ⁓** a

menudo; ≈**heit** f (-; -en) rareza f .casez f
Selterswasser ['-tərsvasər] n (-s; sin pl) agua f de Seltz, sifón m
seltsam ['zɛltzɑːm] raro, extraño; extravagante
Se'mester [zeˈmɛstər] n (-s; -) semestre m; **~ferien** pl vacaciones f/pl semestrales
Semikolon [-miˈkoːlɔn] n (-s; -s, -kola) punto m y coma
Seminar [--ˈnɑːr] n (-s; -e) rel u Universität: seminario m
Semmel ['zɛməl] f (-; -n) panecillo m
Senat [zeˈnɑːt] m (-[e]s; -e) senado m; ⚖ sala f
'**Send|egebiet** ['zɛndə-] n alcance m de las emisiones; ≈**en** (sandte, gesandt, h) enviar, mandar; ✝ remitir; (ge-, h) TV, Radio: emitir; **~er** m (-s; -) emisora f; (Gerät) emisor m; **~eschluß** m cierre m de las emisiones; **~ung** f (-; -en) envío m; (Auftrag) misión f; TV, Radio: emisión f
Senf [zɛnf] m (-[e]s; -e) mostaza f
'**senior** ['zeːnjɔr] **1.** adj: **Herr X ~** el señor X padre; **2.** ♀ m (-s; -en [zeːˈnjoːrən]) decano m; dep senior m; **die ~en** la tercera edad; ≈**enpaß** m Esp tarjeta f dorada
'**Senk|e** ['zɛŋkə] f (-; -n) hondonada f; ≈**en** (ge-, h) bajar; Preise usw: reducir; **sich ~** Gebäude: hundirse; ≈**recht** vertical; **~rechtstarter** m (-s; -) avión m de despegue vertical; **~ung** f (-; -en) declive m, pendiente f; ✝ baja f, reducción f; geo depresión f
Sensation [zɛnzɑˈtsjoːn] f (-; -en) sensación f
Sense ['-zə] f (-; -n) guadaña f
sensibel [-ˈziːbəl] sensible
sentimental [-timɛnˈtɑːl] sentimental
Separatismus [zepɑrɑˈtismus] m (-; sin pl) separatismo m
September [zɛpˈtɛmbər] m (-[s]; -) se(p)tiembre m
'**Serb|e** ['zɛrbə] m (-n; -n), **~in** f (-; -nen), ≈**isch** serbio m, -a f
'**Serie** ['zeːrjə] f (-; -n) serie f; **~nherstellung** f fabricación f en serie; ≈**nmäßig** de serie; **~nproduktion** f producción f en serie; ≈**nreif** apto para fabricar en serie
Serpentine [zɛrpɛnˈtiːnə] f (-; -n) serpentina f

Serum ['zeːrum] n (-s; -en) suero m
Service: a) [zɛrˈviːs] n (-; -[ˈviːs(ə)]) servicio m od juego m de mesa; **b)** ['sœrvis] m od n (-; -s [-vis(is)]) servicio m
ser'vier|en [zɛrˈviːrən] (h) servir (a la mesa); ≈**erin** f (-; -nen) camarera f
Serviette [-ˈvjɛtə] f (-; -n) servilleta f
'**Sessel** ['zɛsəl] m (-s; -) sillón m; butaca f; **~lift** m telesilla m
seßhaft ['zɛshɑft] sedentario
'**setz|en** ['zɛtsən] (ge-, h) colocar; poner; (nieder~) (a)sentar; (wetten) apostar (**auf** ac por); tip componer; Frist: fijar, señalar; **sich ~** sentarse, tomar asiento; ≈**er** m (-s; -) cajista m; ≈**e'rei** f (-; -en) taller m de composición
'**Seuche** ['zɔyçə] f (-; -n) epidemia f; fig plaga f
Sex [zɛks] m (-[es]; sin pl) sexo m; **~ualität** [-uɑliˈtɛːt] f (-; sin pl) sexualidad f; ≈**uell** [-uˈɛl] sexual
sezieren [zeˈtsiːrən] (h) disecar, hacer la autopsia
Shorts [ʃɔːts] pl pantalones m/pl cortos
Show [ʃou] f (-; -s) espectáculo m, show m; **~master** ['-mɑːstər] m (-s; -) presentador m; animador m
sibirisch [ziˈbiːriʃ] siberiano
sich [ziç] betont: sí; unbetont: se; **an (und für) ~** en sí, de por sí; **bei ~** consigo; **von ~ aus** espontáneamente; por sí solo
Sichel ['-çəl] f (-; -n) hoz f
'**sicher** ['-çər] seguro; (fraglos) indudable; adv con toda seguridad; **e-r Sache ~ sein** estar seguro de a/c; ≈**heit** f (-; -en) seguridad f; certidumbre f; ✝ garantía f; ≈**heitsgurt** m cinturón m de seguridad; ≈**heitsleistung** f garantía f; ≈**heitsnadel** f imperdible m; ≈**heitsrat** m Consejo m de Seguridad; ≈**heitsschloß** n cerradura f de seguridad; **~n** (ge-, h) v/t asegurar; garantizar; (schützen) proteger (**gegen, vor** contra); preservar (de); **~stellen** (sep, -ge-, h) poner en seguro; asegurar; (beschlagnahmen) confiscar; incautarse de; ≈**ung** f (-; sin pl) protección f; (pl -en) ⚡ fusible m

Sicht [ziçt] f (-; sin pl) vista f; ≈**bar** visible; fig evidente, manifiesto; ≈**en** (ge-, h) avistar, divisar; (ordnen) ordenar, clasificar; '**~vermerk** m visto m bueno, visado m; '**~weite** f alcance m visual od de la vista

sickern ['zikərn] (ge-, sn) rezumar, filtrarse

sie [ziː] *pron 3. Pers sg* ella; *ac* la; *3. Pers pl* ellos, -as; *ac* los (les), las; ♀ (*Anrede*) usted(es *pl*)

Sieb [ziːp] *n* (-[e]s; -e) colador *m*, cedazo *m*; (*feines*) tamiz *m*; (*grobes*) criba *f*

sieben ['ziːbən] siete; **~hundert** setecientos

'**Sieb(en)t|el** ['--təl, ziːptəl] *n* (-s; -), **♀e** *adj* sé(p)timo (*m*); **♀ens** en sé(p)timo lugar

'**siebzehn** ['ziːptseːn] diecisiete; **~te** décimosé(p)timo

'**siebzig** ['-tsiç] setenta; **~ste** septuagésimo

'**siede|ln** ['ziːdəln] (ge-, h) establecerse; **~n** (ge-, h) hervir; (*kochen*) cocer; **♀punkt** *m* (-[e]s; *sin pl*) punto *m* de ebullición

'**Sied|ler** ['ziːdlər] *m* (-s; -) colono *m*, poblador *m*; **~lung** *f* (-; -en) colonia *f*; urbanización *f*

Sieg [ziːk] *m* (-[e]s; -e) victoria *f*, triunfo *m* (*a fig*)

Siegel ['ziːgəl] *n* (-s; -) sello *m*

'**sieg|en** ['-gən] (ge-, h) vencer (*über j-n* a alg); *a fig* triunfar (de); **♀er** *m* (-s; -), **♀erin** *f* (-; -nen) vencedor(a *f*) *m*; *a fig* triunfador(a *f*) *m*

Signal [zigˈnaːl] *n* (-[e]s; -e) señal *f*; **♀isieren** [-naliˈziːrən] (h) señalar, dar señales

'**signieren** [-ˈniːrən] (h) marcar, señalar; (*unterzeichnen*) firmar

'**Silbe** ['zilbə] *f* (-; -n) sílaba *f*; **~ntrennung** *f* separación *f* de sílabas

'**Silber** ['-bər] (-s; *sin pl*) plata *f*; **~hochzeit** *f* bodas *f/pl* de plata; **♀n** de plata; plateado

Silhouette [ziluˈɛtə] *f* (-; -n) silueta *f*

Silo ['ziːlo] *m* (-s; -s) silo *m*

Silvester [zilˈvɛstər] *m od n* (-s; -) nochevieja *f*

Sims [zims] *m u n* (-es; -e) △ cornisa *f*; (*Fenster♀*) moldura *f*; (*Wandbrett*) estante *m*, anaquel *m*

Simu|lation [zimulaˈtsjoːn] *f* (-; -nen) simulación *f*; **♀lieren** (h) simular, fingir

simul'tan [--ˈtaːn] simultáneo; **♀dolmetscher**(**in** *f*) *m* intérprete *su* simultáneo

Sinfo'nie [zinfoˈniː] *f* (-; -n ['niːən]) sinfonía *f*; **~orchester** *n* orquesta *f* sinfónica

'**singjen** ['ziŋən] (sang, gesungen, h) cantar; **♀ular** ['-gulaːr] *m* (-s; -e) *gram* singular *m*; **♀vogel** *m* pájaro *m* cantor, ave *f* canora

sinken ['-kən] (sank, gesunken, sn) *v/i* caer; descender; *Preise*: bajar; *Sonne*: ponerse; *Schiff*: hundirse, irse a pique

Sinn [zin] *m* (-[e]s; -e) sentido *m*; (*sin pl*) (*Bedeutung*) significación *f*; *e-s Wortes*: acepción *f*, significado *m*; **~ für** interés *m* (*od* gusto *m*) por; **~ für Humor haben** tener sentido del humor; *im* **~ haben** tener (la) intención (de hacer a/c); *das geht mir nicht aus dem* **~** no se me quita de la cabeza; *sich* (*dat*) *et aus dem* **~ schlagen** quitarse a/c de la cabeza; '**~bild** *n* símbolo *m*; alegoría *f*; '**~es-täuschung** *f* alucinación *f*; **♀gemäß** conforme al sentido; '**♀lich** sensual; voluptuoso; (*wahrnehmbar*) físico, material; '**~lichkeit** *f* (-; *sin pl*) sensualidad *f*; voluptuosidad *f*; **♀los** absurdo; insensato, desatinado; (*zwecklos*) inútil; **♀verwandt**: **~es Wort** *n* sinónimo *m*; **♀voll** ingenioso; (*zweckmäßig*) oportuno; razonable

Sintflut ['zintfluːt] *f* (-; *sin pl*) diluvio *m*

Siphon ['ziːfon] *m* (-s; -s) sifón *m*

Sippe ['zipə] *f* (-; -n) estirpe *f*, clan *m*

Sirene [-ˈreːnə] *f* (-; -n) sirena *f*

Sirup ['ziːrup] *m* (-s; -e) jarabe *m*

Sitte ['zitə] *f* (-; -n) costumbre *f*; (*Brauch*) uso *m*; usanza *f*

'**Sitten|losigkeit** *f* (-; *sin pl*) inmoralidad *f*; **~polizei** *f* brigada *f* contra el vicio

sitt|lich ['-liç] moral; **♀lichkeit** *f* (-; *sin pl*) moralidad *f*; **♀lichkeitsverbrechen** *n* delito *m* contra la honestidad

Situation [zituaˈtsjoːn] *f* (-; -en) situación *f*

Sitz [zits] *m* (-es; -e) asiento *m*; (*Amts♀ etc*) sede *f*; '**♀en** (saß, gesessen, h) estar sentado; *Kleid*: sentar *od* caer bien; F (*im Gefängnis sn*) F estar a la sombra *od* en chirona; (sn) **~ bleiben** quedar sentado; '**♀enbleiben** (*irr, sep, -ge-, sn*, → *bleiben*) *Schüler*: suspender un curso; '**♀enlassen** (*irr, sep, -ge-, h*, → *lassen*) abandonar; F dejar plantado; *et auf sich* **~** tragar(se) a/c; '**~platz** *m* asiento *m*; plaza *f* sentada

'**Sitzung** ['-tsuŋ] *f* (-; -en) sesión *f*; junta *f*; reunión *f*; ⚖ audiencia *f*; **~s-proto-**

koll n acta f (de la sesión); **~ssaal** m sala f de sesiones

Skala ['skaːla] f (-; -en, -s) escala f

Skan'dal [skan'daːl] m (-s; -e) escándalo m; (Lärm) alboroto m, barullo m; **~presse** f prensa f sensacionalista

Skandi'nav|ier [-di'naːvjər] m (-s; -), **~ierin** f (-; -nen), **2isch** escandinavo m, -a f

Skateboard ['skeitbɔːd] n (-s; -s) monopatín m

Skelett [ske'lɛt] n (-[e]s; -e) esqueleto m

skeptisch ['skɛptiʃ] escéptico

Ski [ʃiː] m (-s; -[er]) esquí m; **~ laufen** esquiar; '**~ausrüstung** f equipo m de esquiador; '**~gebiet** n estación f de esquí; '**~langlauf** m esquí m de fondo; '**~lauf** m esquí m; '**~läufer(in** f) m esquiador(a f) m; '**~lehrer** m profesor m od monitor m de esquí; '**~lift** m telesquí m; '**~springen** n salto m de esquís; '**~stiefel** m/pl botas f/pl de esquí; '**~urlaub** m vacaciones f/pl destinadas a esquiar

Skizz|e ['skitsə] f (-; -n) bosquejo m; esbozo m, boceto m; croquis m; **2'ieren** (h) bosquejar, esbozar

'**Sklave** [sklaːvə] m (-n; -n) esclavo m

skont|ieren [skɔn'tiːrən] (h) descontar; **2to** ['-to] n u m (-s; -s) descuento m

Skorbut [skɔr'buːt] m (-[e]s; sin pl) escorbuto m

'**Skrupel** ['skruːpəl] m (-s; -) escrúpulo m; **2los** sin escrúpulos

Skulptur [skulp'tuːr] f (-; -en) escultura f

Slalom ['slaːlɔm] m (-s; -s) slalom m

'**Slaw|e** ['-və] m (-n; -n), **~in** f (-; -nen), **2isch** eslavo m, -a f

Slip [slip] m (-s; -s) slip m

Slogan ['sloːgən] m (-s; -s) (e)slogan m

Slowen|e [slo'veːnə] m (-n; -n), **~in** f (-; -nen), **2isch** esloveno m, -a f

Smaragd [sma'rakt] m (-[e]s; -e) min esmeralda f

Smog [smɔk] m (-[s]; -s) smog m; '**~alarm** m alerta f de smog

Smoking ['smoːkiŋ] m (-s; -s) smoking m, esmoquin m

Snob [snɔp] m (-s; -s) (e)snob m

so [zoː] así; vor adj u adv tan; (solch) tal; **~?** ¿de veras?, ¿es posible?; **ach ~!** ¡ah, bueno!; ¡ya!; **~ sehr**, **~ viel** tanto; **~ (et)was!** ¡parece mentira!; ¡qué barbaridad!; **~ gut wie möglich** lo mejor posible; **~ daß** de modo que, de manera que

sobald [zo'balt] tan pronto como, en cuanto

'**Socke** ['zɔkə] f (-; -n) calcetín m

Sockel ['zɔkəl] m (-s; -) pedestal m, zócalo m; base f

Sofa ['zoːfa] n (-s; -s) sofá m, canapé m; diván m

sofern [zo'fɛrn] en tanto que, (en) caso que (subj); si es que

so'fort [-'fɔrt] en seguida, en el acto, al instante; **2bildkamera** f cámara f para fotos al instante; **~ig** inmediato

Software ['sɔftwɛːr] f (-; -s) software m

sogar [-'gaːr] hasta, aun, incluso

sogenannt ['zoːgənant] llamado, dicho; (angeblich) pretendido

Sohle ['zoːlə] f (-; -n) (Fuß2) planta f; (Schuh2) suela f; (Boden) fondo m

Sohn [zoːn] m (-[e]s; ⁃e) hijo m

solange [zo'laŋə] mientras, en tanto que; **~ bis** hasta que

So'lar|ium [-'laːrjum] n (-s; -rien) solario m, solárium m; **~zelle** f célula f solar

solch [zɔlç] tal, semejante; **~ ein ...!** ¡qué ...!

Soldat [-'daːt] m (-en; -en) soldado m, militar m

'**Söldner** ['zœltnər] m (-s; -) mercenario m

solidari|sieren [zolidari'ziːrən] (h): **sich ~ mit** solidarizarse con; **2'tät** [----'tɛːt] f (-; sin pl) solidaridad f

solid(e) [-'liːt, -'-də] sólido; Person: formal, serio; Firma: solvente

So'list [-'list] m (-en; -en), **~in** f (-; -nen) solista su

Soll † [zɔl] n (-[s]; -[s]) debe m; pasivo m; **~ und Haben** debe y haber; '**~Bestand** m efectivo m teórico od previsto; '**2en** (sollte, gesollt, h) Pflicht: deber; Notwendigkeit: haber de; Annahme: deber de; **du hättest es sagen ~** debieras haberlo dicho; **was soll ich tun?** ¿qué quieres que haga?, ¿qué he de hacer?; **ich weiß nicht, was ich tun soll** no sé qué hacer; **was soll das (heißen)?** ¿qué significa esto?; **sollte er kommen, falls er kommen sollte** (en) caso que venga, si viniera; '**~seite** f debe m; '**~zinsen** m/pl intereses m/pl deudores

Solo ['zoːlo] n (-s; -s, -li) solo m

'**Sommer** ['zɔmər] m (-s; -) verano m; **im**

Sommeranfang 468

~ en verano; **~anfang** m comienzo m del verano; **~fahrplan** 🚂 m horario m de verano; **~ferien** pl vacaciones f/pl de verano; **~gast** m veraneante m; **≗lich** veraniego, de verano; **~reifen** auto m neumático m de verano; **~schlußverkauf** m rebajas f/pl de verano; **~sprosse** f peca f; **~urlaub** m vacaciones f/pl de verano; **~zeit** f (-; sin pl) (Uhrzeit) horario m de verano

Sonde ['zɔndə] f (-; -n) sonda f (a 🐟)

'Sonder|angebot ✝ ['-dər?-] n oferta f especial; **~ausgabe** f edición f especial; (Zeitung) número m extraordinario; **≗bar** singular, extraño; curioso, raro; **~fahrt** Vkw f servicio m discrecional; **~fall** m caso m excepcional; **~maschine** ✈ f avión m especial; **≗n** cj sino; **~preis** ✝ m precio m especial; **~recht** n privilegio m; **~zug** m tren m especial

Sonnabend ['zɔn?abənt] m sábado m; **≗s** los sábados

'Sonne ['zɔnə] f (-; sin pl) sol m; **in der ~** al sol; **≗n** (ge-, h): **sich ~** tomar el sol

'Sonnen|-aufgang m salida f del sol; **~bad** n baño m de sol; **~blume** f girasol m; **~brand** m (-[e]s; sin pl) quemadura f de sol; **~brille** f gafas f/pl de sol; **~creme** f crema f bronceadora; **~deck** ⚓ n cubierta f solar; **~energie** f energía f solar; **~finsternis** f eclipse m solar; **~öl** n aceite m solar; **~schein** m (-[e]s; sin pl) (luz f del) sol m; **~schirm** m sombrilla f, parasol m; **~stich** 🩺 m insolación f; **~strahl** m rayo m de sol; **~uhr** f reloj m de sol; **~untergang** m puesta f del sol; **~wende** f solsticio m

sonnig ['-niç] expuesto al sol, soleado; fig alegre; radiante

'Sonntag ['-ta:k] m domingo m; **~sdienst** m guardia f de domingo

sonst [zɔnst] (andernfalls) de lo contrario, si no; (übrigens) por lo demás; (außerdem) además; **~ noch etwas?** ¿alguna otra cosa?; **~ nichts** nada más; **~ niemand** ningún otro, nadie más; **mehr als ~** más que de ordinario; **'~ig** otro

sooft [zɔ?ɔft] cada vez que; cuando, siempre que

Sopran [zo'pra:n] m (-s; -e) soprano m

Sorge ['zɔrgə] f (-; -n) preocupación f; stärker: inquietud f, alarma f; (Für≗) cuidado m; (Kummer) aflicción f, pena f; **sich ~n machen** preocuparse; **keine ~!** ¡descuide!

'sorgen ['-gən] (ge-, h): **~ für** cuidar de; atender a; (beschaffen) procurar; **sich ~** preocuparse, inquietarse (**um** de, por); **~frei** libre de cuidados

'sorg|fältig ['zɔrkfɛltiç] cuidadoso; esmerado; adv con esmero; **~los** despreocupado; descuidado

Sort|e ['zɔrtə] f (-; -n) clase f, especie f; 🌱 variedad f; **≗ieren** (h) clasificar; (auswählen) seleccionar, escoger; **~iment** [-ti'mɛnt] n (-[e]s; -e) surtido m

sosehr [zo'ze:r] por más (od mucho) que

Soße ['zo:sə] f (-; -n) salsa f

Souvenir [zuvə'ni:r] n (-s; -s) recuerdo m

souverän [-və're:n] soberano; **≗ität** [---ni'tɛ:t] f (-; sin pl) soberanía f

so|viel [zo'fi:l] tanto (**wie** como); **noch einmal ~** otro tanto; **~ ich weiß** que yo sepa; **~'weit** en cuanto; **~ nicht** a menos que; **wir sind ~** ya estamos; **~'wenig** tan poco; **~'wie** (así) como; tan pronto como, en cuanto; **~wie'so** en todo caso, de todos modos

sowjetisch [zɔ'vjɛtiʃ] hist soviético

sowohl [zo'vo:l]: **~ ... als auch** tanto ... como

so'zial [zo'tsja:l] social; **≗-abgaben** f/pl cargas f/pl sociales; **≗-arbeiter(in** f) m asistente su social; **≗demokrat** m, **~demokratisch** socialdemócrata (m); **≗hilfe** f (-; sin pl) asistencia f social; **~isieren** [-tsjali'zi:rən] (h) socializar; **≗ismus** [--'lismus] m (-; sin pl) socialismo m; **~istisch** [--'listiʃ] socialista; **≗leistungen** f/pl prestaciones f/pl sociales; **≗politik** f política f social; **≗produkt** n (-[e]s; -e) producto m nacional od social; **≗versicherung** f seguridad f social; **≗wohnung** f vivienda f de protección oficial

Soziolog|e [zotsjolo'gə] m (-n; -n), **~in** f (-; -nen) sociólogo m, -a f

sozusagen [zo:tsu'-] por decirlo así

Spaghetti [ʃpa'gɛti] pl espagueti m

Spalt [ʃpalt] m (-[e]s; -e) hendedura f, raja f, grieta f; fisura f; **'~e** f (-; -en) = **Spalt**; tip columna f; **≗en** (pp gespalten, h) dividir, partir; pol escindir; 🪓 disociar; fis desintegrar; **~ung** f (-; -en) 🪓 disociación f; fis fisión f; fig división f; escisión f (a pol)

Spange ['ʃpaŋə] f (-; -n) prendedero m; pasador m

'Span|ier ['ʃpɑːnjər] m (-s; -), **~ierin** f (-; -nen) español(a f) m; **2isch** español; *Sprache*: a castellano

'Spann|e ['ʃpanə] f (-; -n) (*Zeit*) lapso m, espacio m; ✝ margen m; **2en** v/t (ge-, h) tender; (*straffen*) estirar; *Waffe*: amartillar; **2end** *fig* (de interés) palpitante; cautivador; *Film etc*: de suspense; '**~ung** f (-; -en) ⚡ tensión f (*a fig*), voltaje m; *fig* impaciencia f; *Film etc*: suspense m

'Spar|buch ['ʃpɑːrbuːx] n libreta f od cartilla f de ahorro; **2en** (ge-, h) ahorrar; economizar, hacer economías; **~er** m (-s; -), **~erin** f (-; -nen) ahorrador(a f) m

Spargel ['ʃpargəl] m (-s; -) espárrago m

'Spar|guthaben ['ʃpɑːr-] n ahorro m; **~kasse** f caja f de ahorros; **~konto** n cuenta f de ahorro; **~maßnahme** f medida f de economía; **2sam** (económico; ahorrativo; **~samkeit** f (-; *sin pl*) economía f; **~zins** m interés m sobre el ahorro

Spaß [ʃpɑːs] m (-es; ⁻e) broma f, burla f; (*Witz*) chiste m; (*Vergnügen*) diversión f; *zum* ~ en broma; *viel* ~! ¡que te diviertas!; (*keinen*) ~ *verstehen* (no) aguantar *od* consentir las bromas; **2en** (ge-, h) bromear; '**~vogel** *fig* m bromista m

spät [ʃpɛːt] tardío; *adv* tarde; *wie* ~ *ist es?* ¿qué hora es?; *zu* ~ *kommen* venir tarde

Spaten ['ʃpɑːtən] m (-s; -) laya f

'spät|er ['ʃpɛːtər] posterior, ulterior (*als* a); *adv* más tarde; *eine Stunde* ~ una hora después; **~estens** lo más tarde, a más tardar

Spatz [ʃpats] m (-en; -en) gorrión m

spa'zieren [ʃpa'tsiːrən] (sn) pasear(se); **~enfahren** v/i (*irr, sep*, -ge-, sn, → *fahren*) dar un paseo en coche; **~engehen** (*irr, sep*, -ge-, sn, → *gehen*) pasear(se), dar un paseo; **2gang** m (-[e]s; ⁻e) paseo m

Specht [ʃpɛçt] m (-[e]s; -e) pájaro m carpintero, pico m

Speck [ʃpɛk] m (-[e]s; -e) tocino m; *geräucherter*: bacon m

Spedit|eur [ʃpediˈtøːr] m (-s; -e) agente m de transportes; transportista m; **~ion** [--ˈtsjoːn] f (-; -en) expedición f, transporte m; *Firma*: agencia f de transportes

Speer [ʃpeːr] m (-[e]s; -e) lanza f; (*Wurf*2) jabalina f; '**~werfen** n (-s; *sin pl*) dep lanzamiento m de jabalina

Speiche ['ʃpaɪçə] f (-; -n) ⚙ rayo m

Speichel ['-çəl] m (-s; *sin pl*) saliva f

'Speicher ['-çɔr] m (-s; -) (*Lager*) almacén m; (*Getreide*2) granero m; silo m; *Computer*: memoria f; **~kapazität** f *inform* capacidad f de almacenamiento *od* de memoria; **2n** (ge-, h) almacenar (*a Daten*), *Daten*: memorizar; ⚡ *u fig* acumular

'Speise ['-zə] f (-; -n) comida f; alimento m; (*Gericht*) plato m, manjar m; **~eis** n helado m; **~karte** f lista f de platos; menú m, minuta f; **~lokal** n restaurante m; **2n** (ge-, h) **1.** v/t alimentar (*a* ⚙); dar de comer a; **2.** v/i comer; **~saal** m comedor m; **~wagen** 🚂 m coche m *od* vagón m restaurante

Spektakel [ʃpɛkˈtɑːkəl] m (-s; *sin pl*) jaleo m

Spekul|ant [ʃpekuˈlant] m (-en; -en) especulador m; **~ation** [--laˈtsjoːn] f (-; -en) especulación f; **2'ieren** (h) especular (*auf ac* sobre); *an der Börse* ~ jugar a la bolsa

'Spend|e ['ʃpɛndə] f (-; -n) donativo m; **2en** (ge-, h) dar; *a Blut*: donar; **~enkonto** n cuenta f para donativos; **2'ieren** (h) regalar, ofrecer

Sperling ['ʃpɛrlɪŋ] m (-s; -e) gorrión m

Sperma ['-ma] n (-s; -men) esperma m

'Sperr|e ['ʃpɛrə] f (-; -n) cierre m; (*Schranke*) barrera f; (*Blockade*) bloqueo m; **2en** (ge-, h) cerrar; *Gas, Strom, Wasser, Straße*: cortar; ✝ *Kredit, Scheck*: bloquear; *Konto*: *a* congelar; **~gebiet** n zona f prohibida; **~gut** n mercancías f/pl de gran bulto; **~holz** n (-[e]s; *sin pl*) madera f contrachapeada *od* terciada; **2ig** voluminoso, abultado; **~konto** n cuenta f bloqueada *od* congelada; **~müll** m residuos m/pl voluminosos

Spesen ['ʃpeːzən] pl gastos m/pl

Spe'zial|gebiet [ʃpeˈtsjɑːl-] n especialidad f; **~geschäft** n comercio m del ramo, tienda f especializada; **2isieren** [-tsjaliˈziːrən] (h) especializar (*auf ac* en); **~'ist** m (-en; -en), **~istin** f (-; -nen)

Spezialität

especialista *su* (*a ♂*); **~ität** [---'tɛːt] *f* (-; -en) especialidad *f*; **~i'tätenrestaurant** *n* restaurante *m* de especialidades
speziell [-'tsjɛl] especial, particular
spezifisch [-tsi:fiʃ] específico
'Sphär|e ['sfɛːrə] *f* (-; -n) esfera *f*; *fig a* ambiente *m*; **2isch** esférico
Sphinx [sfiŋks] *f* (-; -e) esfinge *f*
'Spiegel ['ʃpiːɡəl] *m* (-s; -) espejo *m*; (*Schrank2*) luna *f*; **~bild** *n* imagen *f* reflejada, reflejo *m*; **~ei** *gastr n* huevo *m* frito *od* al plato; **2n** (ge-, h) reflejar (*a fig*); *sich* **~** reflejarse
Spiel [ʃpiːl] *n* (-[e]s; -e) juego *m*; *Schach etc*: partida *f*; *dep* partido *m*; (*Karten*) baraja *f*; *teat* interpretación *f*; *aufs* **~** *setzen* arriesgar, poner en juego; jugarse *a/c*; *auf dem* **~** *stehen* estar en juego; **~automat** *m* (máquina *f*) tragaperras *m/f*; **'~bank** *f* (-; -en) casa *f* de juego; casino *m*; **2en** (ge-, h) **1.** *v/t* jugar; *Instrument*: tocar; *teat* representar; *Rolle*: interpretar; (*vorgeben*) simular; **2.** *v/i* jugar; *teat* actuar; *Handlung*: pasar; **'2end** *fig* fácilmente; sin dificultades; **'~er** *m* (-s; -), **~erin** *f* (-; -nen) jugador(a *f*) *m*; *teat* actor *m*, actriz *f*; **'~feld** *n* campo *m od* terreno *m* de juego; *Am* cancha *f*; **'~film** *m* largometraje *m*; **'~halle** *f* salón *m* recreativo; **'~karte** *f* naipe *m*, carta *f*; **~kasino** *n* casino *m* de juego; **'~marke** *f* ficha *f*; **'~plan** *teat m* programa *m*, repertorio *m*; cartelera *f*; **'~platz** *m für Kinder*: parque *m* infantil; **'~raum** *m* ⊚ juego *m*; *fig* libertad *f* (de movimiento); **'~regel** *f* regla *f* de(l) juego; **'~sachen** *f/pl* juguetes *m/pl*; **'~uhr** *f* reloj *m* de música; **'~zeit** *f teat* temporada *f*; *dep* duración *f* del partido; **'~zeug** *n* (-[e]s; *sin pl*) juguete *m*
Spieß [ʃpiːs] *m* (-es; -e) pica *f*; (*Brat2*) asador *m*
Spinat [ʃpi'naːt] *m* (-[e]s; -e) espinaca(s) *f*(*/pl*)
Spind [ʃpint] *m u n* (-[e]s; -e) armario *m*
'Spinn|e ['ʃpinə] *f* (-; -n) araña *f*; **2en** (spann, gesponnen, h) hilar; *fig* tramar, urdir; F estar chiflado; **~(en)gewebe** *n* telaraña *f*; **~rad** *n* torno *m* de hilar
Spi'on [ʃpi'oːn] *m* (-s; -e), **~in** *f* (-; -nen) espía *su*; **~age** [-o'naːʒə] *f* (-; *sin pl*) espionaje *m*; **2'ieren** (h) espiar
Spirale [-'rɑːlə] *f* (-; -n) espiral *f*

Spirituosen [-ritu'oːzən] *pl* bebidas *f/pl* espirituosas
Spiritus ['ʃpiːritus] *m* (-; -se) alcohol *m*
spitz [ʃpits] *adj* agudo (*a* ♠); puntiagudo; *fig* picante, mordaz; **'2e** *f* (-; -n) punta *f*; (*Ende*) extremidad *f*, cabo *m*; (*Berg2*) pico *m*, cima *f*; (*Turm2*) flecha *f*; (*Gewebe*) encaje *m*, puntilla *f*; *fig* cabeza *f*; (*Höchstwert*) tope *m*; (*Bosheit*) indirecta *f*; *an der* **~** al frente; en (*od* a la) cabeza; **'2el** *m* (-s; -) espía *m*; confidente *m*; F soplón *m*; **'~en** (ge-, h) afilar, aguzar; *die Ohren* **~** aguzar el oído
'Spitzen|klasse *f* (-; *sin pl*) primera calidad *f*; **~leistung** *f dep* récord *m*; ⊚ rendimiento *m* máximo
'spitz|findig ['-findiç] sutil; **2name** *m* apodo *m*, mote *m*
Spleen F [ʃpliːn] *m* (-s; -e, -s) esplín *m*; manía *f*; **2ig** excéntrico
Splitt [ʃplit] *m* (-[e]s; -e) gravilla *f*
'Splitter ['ʃplitər] *m* (-s; -) astilla *f*; *in der Haut*: espina *f*; (*Bruchstück*) fragmento *m*; **2frei** inastillable; **2n** (ge-, h *u* sn) astillarse
'spons|ern ['ʃpɔnzərn] (ge-, h) patrocinar; **2or** [-'-zɔr] *m* (-s; -s, -en [-'zoːrən]) patrocinador *m*
spontan [-'taːn] espontáneo
sporadisch [ʃpoˈrɑːdiʃ] esporádico
Sport [ʃpɔrt] *m* (-[e]s; *sin pl*) deporte *m*; **~** *treiben* practicar un deporte; **'~art** *f* deporte *m*; **'~flugzeug** *n* avioneta *f*; **'~geschäft** *n* tienda *f* de artículos de deporte; **'~hotel** *n* hotel *m* de deporte; **'~ler** *m* (-s; -), **'~lerin** *f* (-; -nen) deportista *su*; **2lich** deportivo; **'~möglichkeiten** *f/pl* posibilidades *f/pl* para practicar deportes; **'~platz** *m* campo *m* de deportes; **'~verein** *m* sociedad *f* deportiva, club *m* deportivo; **'~wagen** *m* *auto* coche *m* deportivo
Spott [ʃpɔt] *m* (-[e]s; *sin pl*) burla *f*; mofa *f*; escarnio *m*; **2en** (ge-, h) reírse (*über ac* de); mofarse (de)
spöttisch ['ʃpœtiʃ] burlón; sarcástico
'Sprach|e ['ʃprɑːxə] *f* (-; -n) lengua *f*, idioma *m*; (*Sprechfähigkeit*) habla *f*; palabra *f*; (*Sprechart*) lenguaje *m*; (*Ausdrucksweise*) dicción *f*; *zur* **~** *bringen* poner sobre el tapete; *zur* **~** *kommen* (llegar a) discutirse; **~enschule** *f* escuela *f* de idiomas; **~führer** *m* ma-

Staatsexamen

nual *m* de conversación; **~gebrauch** *m* (-[e]s; *sin pl*) uso *m* del idioma; **2gewandt** elocuente; de palabra fácil; **2kundig** experto en idiomas; **~kurs** *m* curs(ill)o *m* de idiomas; **~labor** *n* laboratorio *m* de idiomas; **~lehrer(in** *f*) *m* profesor(a *f*) *m* de idiomas; **2lich** lingüístico; **2los** *fig* atónito; **~reise** *f* viaje *m* para aprender idiomas; **~unterricht** *m* enseñanza *f* de idiomas; **~wissenschaft** *f* filología *f*; lingüística *f*

Spray [ʃpre, spreː] *m od n* (-s; -s) spray *m*

'**Sprech|anlage** ['ʃrɛçˀanlaːgə] *f* interfono *m*; **~blase** *f* globito *m*; **2en** (sprach, gesprochen, h) hablar (*über ac* de); (*sagen*) decir; *dafür* **~** hablar en favor *od* en pro de; *zu* **~ sn** recibir; **~er** *m* (-s; -), **~erin** *f* (-; -nen) orador(a *f*) *m*; (*Wortführer*) portavoz *m*; *Radio*: locutor(a *f*) *m*; **~funk** *m* radiotelefonía *f*; **~stunde** *f* hora *f* de despacho; ✱ (hora *f* de) consulta *f*; '**~stundenhilfe** *f* auxiliar *f* de médico, enfermera *f*; **~zimmer** *n* locutorio *m*; ✱ sala *f* de consulta, consultorio *m*

spreizen ['ʃpraɪtsən] (ge-, h) abrir; extender; *Beine*: separar

'**spreng|en** ['ʃprɛŋən] (ge-, h) *Garten etc*: regar; *Schloß*: forzar; *Spielbank*: hacer saltar; (*in die Luft*) **~** hacer saltar, volar; **2körper** *m* (cuerpo *m*) explosivo *m*; **2stoff** *m* explosivo *m*; **2ung** *f* (-; -en) voladura *f*

Sprichwort ['ʃpriç-] *n* (-[e]s; ⸚er) refrán *m*, proverbio *m*

'**Spring|brunnen** ['ʃprɪŋbrʊnən] *m* surtidor *m*, fuente *f*; **2en** (sprang, gesprungen, sn) saltar; (*hüpfen*) brincar; (*platzen*) reventar, estallar; *Glas*: rajarse; **2end**: *der* **~e** *Punkt* el punto esencial, F el busilis, el quid; **~er** *m* (-s; -), **~erin** *f* (-; -nen) *dep* saltador(a *f*) *m*; *Schach*: caballo *m*; **~reiten** *n* concurso *m* de saltos

Sprit [ʃprit] *m* (-[e]s; -e) alcohol *m*; F gasolina *f*

'**Spritz|e** ['ʃprɪtsə] *f* -; -n) jeringa *f*, ✱ a jeringuilla *f*; (*Einspritzung*) inyección *f*; **2en** (ge-, h) **1.** *v/t* rociar, regar; ✱ inyectar; **2.** *v/i* (*a* sn) saltar, brotar; *Schmutz*: salpicar; **~er** *m* (-s; -) salpicadura *f*; **~tour** F *f* vuelta *f*, escapada *f*

spröde ['ʃpröːdə] frágil, quebradizo; *Haut*: áspero; *fig* esquivo

Sproß [ʃprɔs] *m* (-sses; -sse) ❡ retoño *m*, vástago *m* (*beide a fig*); renuevo *m*

Sprosse ['ʃprɔsə] *f* (-; -n) escalón *m*, peldaño *m*

Spruch [ʃprʊx] *m* (-[e]s; ⸚e) (*Aus*2) dicho *m*, sentencia *f*; (*Sinn*2) adagio *m*, proverbio *m*; ⚖ fallo *m*, sentencia *f*; '2**reif** maduro; ⚖ concluso para sentencia

'**Sprudel** ['ʃpruːdəl] *m* (-s; -) (*Getränk*) gaseosa *f*, agua *f* mineral con gas; **2n** (ge-, sn *u* h) brotar a borbotones, surtir; (*sieden*) hervir; *Sekt*: burbujear

'**Sprüh|dose** ['ʃpryːdoːzə] *f* spray *m*; **2en** (ge-, sn *u* h) chispear (*a fig*); (*Regen*) lloviznar; **~regen** *m* llovizna *f*

Sprung [ʃprʊŋ] *m* (-[e]s; ⸚e) salto *m*; (*Satz*) brinco *m*; (*Riß*) raja *f*, grieta *f*; '**~brett** *n* trampolín *m* (*a fig*); '2**haft** *fig* inconstante; veleidoso; '**~schanze** *f* trampolín *m* de saltos

'**Spuck|e** F ['ʃpʊkə] *f* (-; *sin pl*) saliva *f*; **2en** (ge-, h) escupir

spuken ['ʃpuːkən] (ge-, h) trasguear; *es spukt* andan duendes

Spülbecken ['ʃpyːlbɛkən] *n* fregadero *m*, pila *f*

Spule ['ʃpuːlə] *f* (-; -n) ⚡ bobina *f*; (*Rolle*) carrete *m*

'**spül|en** ['ʃpyːlən] (ge-, h) lavar; ✱ irrigar; *Mund, Gläser*: enjuagar; *Wäsche*: aclarar; **2mittel** *n* detergente *m*

Spur [ʃpuːr] *f* (-; -en) huella *f* (*a fig*); (*Fuß*2) pisada *f*; (*Rad*2) rodada *f*; 🚞 vía *f*; *Vkw* carril *m*; (*Tonband*) canal *m*; (*Fährte*) pista *f* (*a fig*); *fig* indicio *m*

'**spür|bar** ['ʃpyːrbaːr] perceptible; *fig* sensible; **~en** *v/t* (ge-, h) sentir; (*wahrnehmen*) notar, percibir

spurlos ['ʃpuːrloːs] sin dejar rastro

Spürsinn ['ʃpyːr-] *m* (-[e]s; *sin pl*) olfato *m*

Spurt [ʃpʊrt] *m* (-[e]s; -e) sprint *m*

Spurweite 🚞 ['ʃpuːrvaɪtə] *f* ancho *m* de vía, *Am* trocha *f*

Staat [ʃtaːt] *m* (-[e]s; -en) Estado *m*; '2**enlos** apátrida; '2**lich** del Estado; estatal; nacional; **~** *geprüft* diplomado

'**Staats|akt** ['-sˀakt] *m* ceremonia *f* oficial; **~angehörige** *su* súbdito *m*, -a *f*; ciudadano *m*, -a *f*; **~angehörigkeit** *f* (-; -en) nacionalidad *f*; ciudadanía *f*; **~anwalt** *m* fiscal *m*; **~bürger(in** *f*) *m* ciudadano *m*, -a *f*; **~dienst** *m* (-[e]s; *sin pl*) servicio *m* público; **~examen** *n*

staatsgefährdend 472

examen m de Estado; licenciatura f; **2gefährdend** subversivo; **~haushalt** m presupuesto m del Estado; **~kasse** f Tesoro m público, fisco m; **~mann** m (-[e]s; ⁻er) hombre m de Estado, estadista m; **~oberhaupt** n jefe m de Estado; **~sekretär** m secretario m de Estado; Esp subsecretario m; **~streich** m golpe m de Estado

Stab [ʃtɑːp] m (-[e]s; ⁻e) bastón m; (Stange) vara f; (Metall2) barra f; dep pértiga f; (Mitarbeiter2) plana f mayor; ✕ Estado m Mayor; '**~hochsprung** m salto m con pértiga

stabil [ʃta'biːl] estable; **~isieren** [-li'ziːrən] (h) estabilizar; **2ität** [---'tɛːt] f (-; sin pl) estabilidad f; **2itäts-politik** f política f estabilizadora

'**Stachel** ['ʃtaxəl] m (-s; -n) pincho m; ⚕ a espina f; zo púa f; (Insekten2) aguijón m (a fig); **~beere** f grosella f espinosa; **~draht** m (-[e]s; sin pl) alambre m de espino; **2ig** espinoso; erizado; **~schwein** n puerco m espín

Stad|ion ['ʃtaːdjɔn] n (-s; -dien) estadio m; **~ium** ['-djum] n (-s; -dien) fase f, estad(i)o m

Stadt [ʃtat] f (-; ⁻e) ciudad f; '**~autobahn** f autopista f urbana; '**~bahn** f ferrocarril m metropolitano; '**~bezirk** m distrito m; '**~bild** n aspecto m urbano, fisonomía f de la ciudad; '**~bummel** m paseo m por la ciudad

'**Städte|bau** ['ʃtɛtə-] m (-[e]s; sin pl) urbanismo m; **~partnerschaft** f hermanamiento m od gemelación f de ciudades; **~r** m (-s; -) hombre m de ciudad; ciudadano m

'**Stadt|gas** ['ʃtat-] n (-es; sin pl) gas m ciudad; **~gebiet** n término m municipal **städtisch** ['ʃtɛːtiʃ] urbano; (Verwaltung) municipal

'**Stadt|kern** ['ʃtat-] m casco m urbano; **~mauer** f muralla f; **~mitte** f centro m urbano; **~plan** m plano m de la ciudad; **~rand** m (-[e]s; sin pl) periferia f, afueras f/pl; **~rundfahrt** f visita f de la ciudad; **~teil** m barrio m; **~zentrum** n centro m de la ciudad

'**Staffel** ['ʃtafəl] f (-; -n) escalón m; dep relevo m; ✈ escuadrilla f; **~lauf** dep m carrera f de relevos; **2n** (ge-, h) escalonar; graduar

Stag|nation [ʃtagna'tsjoːn] f (-; -en) estancamiento m; **2'nieren** (h) estancarse

Stahl [ʃtɑːl] m (-[e]s; ⁻e) acero m; '**~beton** m hormigón m armado; '**2hart** duro como acero; '**~industrie** f industria f del acero; '**~kammer** f cámara f acorazada; '**~werk** n acería f, fábrica f de acero

Stall [ʃtal] m (-[e]s; ⁻e) establo m; (Pferde2) cuadra f

Stamm [ʃtam] m (-[e]s; ⁻e) tronco m; (Geschlecht) linaje m, estirpe f; (Volks2) tribu f; '**~aktie** ✝ f acción f ordinaria; '**~baum** m árbol m genealógico; '**2en** (ge-, h) provenir, proceder (aus de); (ab~) descender (von de); ~ aus ser natural de; '**~gast** m cliente m habitual; parroquiano m; '**~haus** n casa f matriz

stämmig ['ʃtɛmiç] robusto, vigoroso

'**Stamm|kapital** ['ʃtam-] n capital m social; **~kunde** m cliente m fijo; **~lokal** n bar m habitual; **~personal** n personal m de plantilla; **~tisch** m tertulia f; peña f

Stand [ʃtant] m (-[e]s; ⁻e) (Verkaufs2) puesto m; (Messe2) stand m; (sin pl) (Höhe) nivel m; (Zu2) estado m, (Rang) rango m, categoría f; **auf den neuesten ~ bringen** poner al día, actualizar

Standard ['-dart] m (-s; -s) standard m, estándar m; patrón m; tipo m; **2isieren** [--di'ziːrən] (h) estandarizar

'**Standbild** ['ʃtant-] n estatua f

Länd|chen ['ʃtɛntçən] n (-s; -) serenata f (bringen dar); **~er** ['-dər] m (-s; -) soporte m; (Regal) estante m; ⊕ montante m

'**Standesamt** ['ʃtandəs'amt] n registro m civil; **2lich** Trauung: civil; ~ **heiraten** casarse por lo civil

'**stand|haft** ['ʃtant-] constante; **~halten** (irr, sep, -ge-, h, → **halten**) resistir

ständig ['ʃtɛndiç] permanente

'**Stand|licht** auto ['ʃtant-] n (-[e]s; -er) luz f de población; **~ort** m lugar m, sitio m; emplazamiento m; **~punkt** m punto m de vista; **auf dem ~ stehen, daß** opinar que; **~spur** Vkw f carril m de aparcamiento

Stange ['ʃtaŋə] f (-; -n) vara f; pértiga f; palo m; (Kleider2) percha f; (Metall2) barra f; Zigaretten: cartón m

'**Stapel** ['ʃtaːpəl] m (-s; -) pila f, montón

m; ⚓ grada *f*; **vom ~ lassen** botar; **~lauf** ⚓ *m* botadura *f*; ⚙**n** (ge-, h) amontonar, apilar

Star [ʃtaːr] *m* (-[e]s; -e) **a)** *zo* estornino *m*; **b)** 🐟: **grauer ~** catarata *f*; **grüner ~** glaucoma *m*; **c)** [*a* staːr] (-s; -s) *teat*, *Film*: estrella *f*

stark [ʃtark] fuerte; robusto; vigoroso; *Kaffee*: cargado; ⚡ potente; (*dick*) grueso, gordo, obeso; *Verkehr etc*: intenso; *adv* mucho

'**Stärke** ['ʃtɛrkə] *f* (-; *sin pl*) fuerza *f*; robustez *f*; vigor *m*; (*pl* -n) intensidad *f*; ⚡ potencia *f*; (*Wäsche*⚙) almidón *m*; ⚙**n** (ge-, h) fortalecer, fortificar; robustecer; 🐟 tonificar; **sich ~** confortarse

Starkstrom ['ʃtark-] ⚡ *m* (-[e]s; *sin pl*) corriente *f* de alta tensión

'**Stärkung** ['ʃtɛrkʊŋ] *f* (-; -en) confortación *f*; (*Imbiß*) refrigerio *m*

starr [ʃtar] rígido, tieso; (*unbeweglich*) fijo, inmóvil; **~ vor Kälte** transido *od* aterido de frío; '**~en** (ge-, h) mirar fijamente (*auf ac*); **~ von** estar cubierto de; '**~sinnig** obstinado

Start [ʃtart] *m* (-[e]s; -s) salida *f* (*a dep*), arranque *m*; ✈ despegue *m*; '**~automatik** *auto f* arranque *m* automático; '**~bahn** ✈ *f* pista *f* de despegue; '⚙**bereit** ✈ listo para el despegue; *fig* listo para partir; '⚙**en** (ge-) **1.** *v*/*i* (sn) salir, arrancar; ✈ despegar; **2.** *v*/*t* (h) *Rakete etc*: lanzar; *a fig* poner en marcha; '**~hilfekabel** *n* cable *m* de emergencia; '**~nummer** *f dep* dorsal *m*

Statik ['ʃtaːtik] *f* (-; *sin pl*) estática *f*

Station [ʃtaˈtsjoːn] *f* (-; -en) estación *f*; 🐟 sección *f*; (*Halt*) parada *f*; ⚙**är** [-tsjoˈnɛːr] estacionario; 🐟 **~e Behandlung** tratamiento *m* clínico; ⚙**ieren** (h) estacionar; *Raketen*: instalar, desplegar

Sta'tist|ik [-'tistik] *f* (-; -en) estadística *f*; ⚙**isch** estadístico

Stativ [-'tiːf] *n* (-s; -e) trípode *m*

statt [ʃtat] *prp* (*gen*, **zu** + *inf*) en lugar de, en vez de

Stätte ['ʃtɛtə] *f* (-; -n) lugar *m*, sitio *m*

stattfinden ['ʃtatfindən] (*irr, sep*, -ge-, h, → **finden**) tener lugar, celebrarse; verificarse, realizarse

Statue ['ʃtaːtuə] *f* (-; -n) estatua *f*

Statur [ʃtaˈtuːr] *f* (-; -en) estatura *f*, talla *f*

Status ['ʃtaːtus] *m* (-; -) estado *m*; estatus *m* (social)

Statut [ʃtaˈtuːt] *n* (-[e]s; -en) estatuto *m*

Stau [ʃtaʊ] *m* (-[e]s; -s, -e) *a Vkw* retención *f*

Staub [ʃtaʊp] *m* (-[e]s; *sin pl*) polvo *m*; **~ saugen** pasar la aspiradora; ⚙**en** ['-bən] (ge-, h) levantar polvo; **es staubt** hay polvo; '⚙**ig** ['-biç] polvoriento; '**~sauger** *m* (-s; -) aspiradora *f*; '**~tuch** *n* trapo *m* quitapolvo; '**~wolke** *f* polvareda *f*

'**Staudamm** *m* presa *f*; dique *m* (de contención)

'**staue|n** (ge-, h) estancar; *Wasser*: represar; ⚓ estibar; **sich ~** *Verkehr*: congestionarse

staunen ['-nən] *v*/*i* (ge-, h) asombrarse, admirarse (*über ac* de)

'**Stausee** *m* pantano *m*

Steak [stɛːk] *n* (-s; -s) bistec *m*

'**stech|en** ['ʃtɛçən] (stach, gestochen, h) pinchar; punzar; *Insekt*, *Sonne*: picar; *Kartenspiel*: hacer baza; **~end** punzante; *Schmerz*: *a* lancinante; *Geruch*: penetrante; ⚙**mücke** *f* mosquito *m*; *Am* zancudo *m*

'**Steck|brief** ['ʃtɛk-] *m* (carta *f*) requisitoria *f*; orden *f* de búsqueda y captura; **~dose** *f* (caja *f* de) enchufe *m*; ⚙**en** (ge-, h) **1.** *v*/*t* meter, poner; *Geld in et*: invertir; (*fest~*) prender, fijar; **2.** *v*/*i* estar (metido), hallarse; *Schlüssel*: estar puesta; **dahinter steckt et** F aquí hay gato encerrado; ⚙**enbleiben** (*irr, sep*, -ge-, sn, → **bleiben**) atascarse (*a fig*); *Fahrzeug*: quedarse parado; quedar detenido (**im Schnee** por la nieve); ⚙**enlassen** (*irr, sep*, -ge-, h, → **lassen**) *Schlüssel*: dejar puesto; **~er** ⚡ *m* (-s; -) clavija *f*, enchufe *m*; **~nadel** *f* alfiler *m*

Steg [ʃteːk] *m* (-[e]s; -e) pasadera *f*; pasarela *f*; '**~reif** *m*: **aus dem ~ sprechen** improvisar (un discurso)

'**stehen** ['ʃteːən] *v*/*i* (stand, gestanden, h) estar de *od* en pie; (*sich befinden*) estar, encontrarse; *in e-m Text*: figurar en; *Uhr*, *Verkehr*: estar parado; *Kleidung*: ir, sentar; **wie stehst du dazu?** ¿qué opinas de esto?; **sich gut mit j-m ~** llevarse bien con alg; *fig* **hinter j-m ~** respaldar a alg; **wie steht es mit ...?** ¿qué hay de ...?; **~bleiben** (*irr, sep*, -ge-, sn, → **bleiben**) pararse (*a Uhr*), detenerse, quedarse parado; **~d** de pie; derecho; *Wasser*: estancado, muerto;

stehenlassen

~**lassen** (*irr, sep, mst sin* -ge-, *sn*, → *lassen*) dejar (*j-n*: plantado); (*vergessen*) olvidar

'**Steh|lampe** *f* lámpara *f* de pie; ~**leiter** *f* escalera *f* de tijera

stehlen ['-lən] (stahl, gestohlen, h) hurtar, robar

Stehplatz ['-plats] *m teat* localidad *f* de pie

steif [ʃtaɪf] tieso, rígido; *Grog, Wind*: fuerte; *Glieder*: entumecido; *Benehmen*: formal, ceremonioso

'**steig|en** ['ʃtaɪgən] (stieg, gestiegen, sn) subir (**auf, in** *ac* a); (*zunehmen*) aumentar, crecer; ~**end** en alza; creciente; ~**ern** (ge-, h) acrecentar, aumentar; elevar, alzar; *Preis a* subir; (*Auktion*) pujar; *sich* ~ aumentar, ir en aumento; 2**erung** *f* (-; -en) aumento *m*, subida *f*; 2**erungsrate** *f* tasa *f* de incremento; 2**ung** *f* (-; -en) subida *f*; cuesta *f*, pendiente *f*

steil [ʃtaɪl] escarpado, empinado; *Küste*: acantilado; '2**hang** *m* despeñadero *m*; tajo *m*; '2**küste** *f* acantilado *m*; '2**wandzelt** *n* tienda *f* canadiense

Stein [ʃtaɪn] *m* (-[e]s; -e) piedra *f*; ✱ cálculo *m*; (*Spiel*2) pieza *f*, peón *m*; (*Obst*2) hueso *m*; '~**bock** *m* zo cabra *f* montés *m*; *astr* Capricornio *m*; '~**bruch** *m* cantera *f*; '2**ern** de piedra; '~**gut** *n* (-[e]s; *sin pl*) loza *f*; gres *m*; '2**ig** pedregoso; '~**kohle** *f* hulla *f*; ~**metz** ['-mɛts] *m* (-en; -en) cantero *m*, picapedrero *m*; '~**pilz** ❦ *m* boleto *m* comestible; '~**schlag** *m* caída *f* de piedras; '~**zeit** *f* (-; *sin pl*) edad *f* de piedra

Steiß [ʃtaɪs] *m* (-es; -e) trasero *m*

Stelle ['ʃtɛlə] *f* (-; -n) sitio *m*, lugar *m*; (*Anstellung*) empleo *m*, puesto *m*, colocación *f*; *in Büchern*: pasaje *m*; (*Behörde*) servicio *m*; centro *m* (oficial); **an** ~ **von** en lugar de; *ich an deiner* ~ yo que tú

'**stellen** ['-lən] (ge-, h) **1.** *v/t* colocar; poner, meter; ❂ ajustar; *Uhr*: poner en hora; *Aufgabe*: proponer; *Antrag, Frage*: hacer; **2.** *v/refl*: *sich* ~ colocarse, ponerse, meterse; *Täter*: entregarse; (*so tun als ob*) fingir, simular *inf*; 2-**angebot** *n* oferta *f* de empleo *od* colocación; 2**gesuch** *n* demanda *f* de solicitud *f* de empleo; 2**vermittlung** *f* agencia *f* de colocaciones; ~**weise** aquí y allá; en parte

'**Stellplatz** *m* plaza *f* de parking

'**Stellung** ['-luŋ] *f* (-; -en) posición *f* (*a* ✕); (*An*2) empleo *m*, puesto *m*, colocación *f*; ~ **nehmen zu** tomar posición *od* opinar sobre; ~**nahme** ['--nɑːmə] *f* (-; -n) toma *f* de posición; parecer *m*, opinión *f*; ~**ssuche** *f* busca *f* de empleo; ~**ssuchende** *m/f* (-n; -n) solicitante *su* de empleo

'**Stellvertreter**(**in** *f*) *m* sustituto *m*, -a *f*, suplente *su*; representante *su*

stemmen ['ʃtɛmən] (ge-, h): *sich* ~ **gegen** apoyarse contra; *fig* resistirse a

'**Stempel** ['-pəl] *m* (-s; -) sello *m* (*a fig*); timbre *m*; (*Namens*2) estampilla *f*; ❦ matasellos *m*; ❂ punzón *m*; ~**kissen** *n* tampón *m*, almohadilla *f*; 2**n** (ge-, h) sellar; timbrar; ❦ *Marke*: matasellar, inutilizar

Steno'**gramm** [ʃtenoˈgram] *n* (-s; -e) taquigrama *m*; ~**block** *m* (-[e]s; -s) bloc *m* de taquigrafía

Steno'**graph** [--ˈgrɑːf] *m* (-en; -en), ~**in** *f* (-; -nen) taquígrafo *m*, -a *f*; ~**ie** [--graˈfiː] *f* (-; -en) taquigrafía *f*; 2**ieren** [---ˈfiːrən] (h) taquigrafiar

Stenotypistin [--tyˈpistin] *f* (-; -nen) taquimecanógrafa *f*, ⌐ taquimeca *f*

'**Stepp|decke** ['ʃtɛp-] *f* colcha *f* pespunteada; edredón *m*; ~**e** *f* (-; -n) estepa *f*

'**Sterbe|bett** ['ʃtɛrbə-] *n* lecho *m* de muerte; ~**fall** *m* fallecimiento *m*; 2**n** (starb, gestorben, sn) morir (**an** *dat* de), fallecer; *im* ~ *liegen* estar muriéndose; ~**urkunde** *f* partida *f* de defunción

'**sterblich** ['ʃtɛrplɪç] mortal

Stereo|**anlage** ['ʃteːreoʔ-] *f* equipo *m* estereofónico *od* estéreo; 2**typ** [---'tyːp] estereotípico, estereotipado (*a fig*)

steril [ʃteˈriːl] estéril; ~**isieren** [-riliˈziːrən] (h) esterilizar

Stern [ʃtɛrn] *m* (-[e]s; -e) estrella *f*, *astr a* astro *m*; '~**bild** *n* constelación *f*; '~**enbanner** *n* bandera *f* estrellada; '~**enhimmel** *m* (-s; *sin pl*) firmamento *m*; 2**förmig** ['-fœrmɪç] estrellado, radiado; '~**schnuppe** *f* (-; -n) estrella *f* fugaz; '~**warte** *f* observatorio *m* (astronómico)

'**stet**|**ig** ['ʃteːtɪç] constante, continuo; ~**s** siempre

'**Steuer** ['ʃtɔyər] **a)** *f* (-; -n) impuesto *m*, contribución *f*; **b)** *n* (-s;-) ⚓, ✈ timón *m* (*a fig*); *auto* volante *m*; ~**aufkom-**

men n recaudación f fiscal; ~**befreiung** f exención f fiscal; ~**berater** m asesor m fiscal; ~**bord** ⚓ n (-[e]s; sin pl) estribor m; ~**erklärung** f declaración f de impuestos; 2**frei** libre de impuestos; ~**freibetrag** m importe m exento de impuestos; ~**hinterziehung** f (-; -en) fraude m fiscal; ~**klasse** f categoría f impositiva; ~**knüppel** ✈ m palanca f de mando; 2**lich** fiscal; 2**n** (ge-, h) ⚓ gobernar; ✈ pilotar; *auto* conducir, guiar; ⚙ mandar; 2**pflichtig** *et:* imponible; *j:* contribuyente; ~**rad** n auto volante m; ⚓ timón m; ~**recht** n (-[e]s; sin pl) derecho m fiscal; ~**rückvergütung** f devolución f de impuestos; ~**satz** m tipo m impositivo; ~**ung** f (-; sin pl) ⚓ gobierno m; ✈ pilotaje m; *auto* conducción f; ⚙ mando m; control m; ~**vergünstigung** f ventaja f fiscal; ~**vorauszahlung** f pago m anticipado de impuestos; ~**zahler** m (-s; -) contribuyente m

'**Steward** ['stjuːərt] m (-s; -s) ✈ auxiliar m de vuelo; ⚓ camarero m; ~**eß** ['--dɛs] f(-; -dessen) ✈ azafata f, *Am* aeromoza f; ⚓ camarera f

Stich [ʃtiç] m (-[e]s; -e) pinchazo m; punzada f (*a Schmerz*); *e-s Insekts:* picadura f; *Kartenspiel:* baza f; (*Bild*) grabado m, lámina f, estampa f; **im ~ lassen** abandonar; '2**eln** *fig* (ge-, h) echar indirectas *od* pullas; '2**haltig** concluyente; fundado; '~**probe** f prueba f (hecha) al azar; '~**tag** m día m fijado; fecha f tope; '~**wahl** f votación f de desempate, balotaje m; '~**wort** n (*Notiz*) apunte m; *tip* voz f guía, entrada f

'**stick|en** ['ʃtikən] (ge-, h) bordar; 2**e'rei** f (-; -en) bordado m; ~**ig** sofocante; 2**stoff** 🜊 m (-[e]s; sin pl) nitrógeno m

Stiefbruder ['ʃtiːf-] m hermanastro m

Stiefel ['-fəl] m (-s; -) bota f

'**Stief|mutter** ['ʃtiːf-] f madrastra f; ~**mütterchen** ♀ n (-s; -) pensamiento m; ~**schwester** f hermanastra f; ~**sohn** m (~**tochter** f) hijastro m (hijastra f); ~**vater** m padrastro m

Stiege ['ʃtiːgə] f (-; -n) escalera f (estrecha)

Stiel [ʃtiːl] m (-[e]s; -e) mango m; ♀ tallo m; *a zo* pedúnculo m

Stier [ʃtiːr] m (-[e]s; -e) toro m; *astr* Tauro m; *fig* **den ~ bei den Hörnern pak**ken agarrar el toro por los cuernos; '~**kampf** m corrida f de toros; '~**kampf-arena** f plaza f de toros; '~**kämpfer** m torero m

Stift [ʃtift] m (-[e]s; -e) clavija f; espiga f; (*Nagel*) tachuela f; (*Blei*2) lápiz m; '2**en** (ge-, h) fundar, crear; (*schenken*) donar, regalar; '~**ung** f (-; -en) fundación f; (*Schenkung*) donación f

Stil [ʃtiːl] m (-[e]s; -e) estilo m; **in großem ~** por todo lo alto; 2**isieren** [ʃtili'ziːrən] (h) estilizar; 2**istisch** [-'listiʃ] estilístico

still [ʃtil] (*ruhig*) tranquilo, quieto; (*lautlos*) silencioso; (*unbeweglich*) inmóvil; (*schweigend*) tácito, taciturno; ~**er Teilhaber** socio m tácito *od* participante; '2**e** f (-; sin pl) tranquilidad f; silencio m; calma f; **in aller ~** en la (más estricta) intimidad

Stil(l)eben pint ['ʃtil-] n (-s; -) naturaleza f muerta, bodegón m

'**still(l)egen** (*sep*, -ge-, h) parar; cerrar; paralizar

'**still|en** ['ʃtilən] (ge-, h) *Schmerz:* calmar; *Hunger:* matar; *Durst:* apagar; *Blut:* restañar; *Kind:* dar el pecho, amamantar; ~**halten** (*irr, sep,* -ge-, h, → *halten*) no moverse, quedarse quieto

'**Still|schweigen** n (-s; sin pl) silencio m; mutismo m; 2**schweigend** callado, tácito; ~ **übergehen** silenciar; ~**stand** m (-[e]s; sin pl) parada f; suspensión f, paro m; paralización f; 2**stehen** (*irr, sep,* -ge-, h, → *stehen*) quedarse parado *od* quieto, no moverse; *Betrieb:* estar parado

'**Still|möbel** ['ʃtiːl-] n/pl muebles m/pl de estilo; 2**voll** de buen gusto; de estilo refinado

'**Stimm|bänder** *anat* ['ʃtim-] n/pl cuerdas f/pl vocales; 2**berechtigt** con derecho a votar; ~**e** f (-; -n) voz f; *pol* voto m; ♪ parte f; **s-e ~ abgeben** votar

'**stimmen** ['-mən] (ge-, h) **1.** *v/t* ♪ afinar; *fig* **traurig ~** entristecer; **gut** (**schlecht**) **gestimmt** de buen (mal) humor; **2.** *v/i* (*zutreffen*) ser exacto *od* cierto *od* justo; *pol* ~ **für** votar por; 2**mehrheit** f mayoría f de votos

'**Stimm|enthaltung** abstención f; ~**recht** n (-[e]s; *sin pl*) derecho m de voto; ~**ung** f (-; -en) *fig* disposición f; humor m; estado m de ánimo; ambiente m, atmósfera f; **in ~ kommen** animarse;

stimmungsvoll

ungsvoll (muy) expresivo; (muy) animado; **~zählung** f recuento m de votos, escrutinio m; **~zettel** m papeleta f de votación

stinken ['ʃtiŋkən] (stank, gestunken, h) heder (**nach** a); oler mal, apestar

Stipendi|at [ʃtipɛn'djaːt] m (-en; -en), **~atin** f (-; -nen) becario m, -a f; **~um** [-'pɛndjum] n (-s; -dien) beca f; bolsa f de estudios

Stirn [ʃtirn] (-; -en) frente f

Stock [ʃtɔk] m **a)** (-[e]s; ⸚e) bastón m; palo m; (*Billard*) taco m; **b)** △ (-[e]s; -, a -werke) piso m, planta f

'**stock|en** ['ʃtɔkən] (ge-, h) interrumpirse; pararse, detenerse; *Verkehr*: congestionarse; *beim Reden*: atascarse, cortarse; **ung** f (-; -en) interrupción f; detención f; estancamiento m; (*Verkehr*) congestión f; **werk** n piso m, planta f

Stoff [ʃtɔf] m (-[e]s; -e) materia f, sustancia f; (*Tuch*) paño m, tela f, tejido m; (*Thema*) tema m, asunto m; F (*Rauschgift*) polvo m; '**lich** material; '**~wechsel** ♂ m (-s; sin pl) metabolismo m

stöhnen ['ʃtøːnən] v/i (ge-, h) gemir; *fig* quejarse (*über* ac de)

Stollen ['ʃtɔlən] m (-s; -) ⚒ galería f; (*Gebäck*) bollo m de Navidad

stolpern ['-pərn] (ge-, sn) tropezar (*über* ac con); dar un traspié

stolz [ʃtɔlts] **1.** *adj* orgulloso (**auf** ac de); soberbio, altanero; **2.** m (-[e]s; sin pl) orgullo m; soberbia f, altanería f

'**stopf|en** ['ʃtɔpfən] (ge-, h) meter (**in** ac en); *Loch*: tapar; *Strumpf*: zurcir; **garn** n (**nadel** f) hilo m (aguja f) de zurcir

Stopp [ʃtɔp] **1.** m (-s; -s) parada f; **2.** ! ¡alto!

'**Stoppel** ['-pəl] f (-; -n) rastrojo m; **~bart** m barba f de varios días

'**stopp|en** ['-pən] (ge-, h) **1.** v/t (hacer) parar; detener; *Zeit*: cronometrar; **2.** v/i parar(se), detenerse; **schild** *Vkw* n señal f de parada *od* de stop; **-uhr** f cronómetro m

Stöpsel ['ʃtœpsəl] m (-s; -) tapón m (*a* F *fig*); ⚡ clavija f

Storch [ʃtɔrç] m (-[e]s; ⸚e) cigüeña f

'**stör|en** ['ʃtøːrən] (ge-, h) estorbar; perturbar; (*belästigen*) molestar, incomodar; **~end** molesto; perturbador

stor'nier|en ✝ [ʃtɔr'niːrən] (h) anular; cancelar; **ungsgebühr** f gastos m/pl de anulación

'**Storno** ✝ ['ʃtɔrno] n (-s; -ni) anulación f; **~buchung** f asiento m anulado

störrisch ['ʃtœriʃ] terco, recalcitrante

'**Störung** ['ʃtøːruŋ] f (-; -en) estorbo m; molestia f; perturbación f; ☇ trastorno m; ⚡ interferencia f; ☺ avería f; **~sstelle** f servicio m de averías

Stoß [ʃtoːs] m (-[e]s; ⸚e) golpe m; empujón m; *mit dem Ellenbogen*: codazo m; (*Erschütterung*) sacudida f; (*Anprall*) choque m; (*Haufen*) pila f, montón m; (*Akten*) legajo m; '**~dämpfer** *auto* m (-s; -) amortiguador m

'**stoß|en** ['ʃtoːsən] (stieß, gestoßen, h) **1.** v/t empujar; **sich ~** darse un golpe; hacerse daño; **2.** v/i *Stier*: dar cornadas; (sn) **~ auf** (ac) dar *od* topar con; (h *u* sn) **~ an** (ac) chocar (*od* dar) contra; tropezar con; (h) (*angrenzen*) lindar con; **stange** *auto* f parachoques m; **verkehr** m tráfico m en horas punta; **zahn** m colmillo m; **zeit** f horas f/pl punta

stottern ['ʃtɔtərn] (ge-, h) tartamudear

'**Straf|anotalt** ['ʃtraːf-] f penal m; centro m penitenciario; **~anzeige** f denuncia f (**erstatten** presentar); **bar** punible, delictivo; criminal; **sich ~ machen** incurrir en una pena; delinquir; **~e** f (-; -n) castigo m; ⚖ pena f; (*Geld*) multa f; **en** (ge-, h) castigar; multar

straff [ʃtraf] tieso, tirante; *fig* enérgico; riguroso, severo

straffällig ['ʃtraːffɛliç] culpable; **~ werden** delinquir

straffen ['ʃtrafən] (ge-, h) estirar, atiesar

'**straf|frei** ['ʃtraːf-] impune; **für ~ erklären** despenalizar; **gefangene** m/f preso m, -a f; **gesetzbuch** n código m penal; **kammer** ⚖ sala f de lo criminal; **mandat** n multa f; **maß** ⚖ n (-[e]s; sin pl) (cuantía f de la) pena f; **~mildernd** atenuante; **porto** ✉ n sobretasa f de franqueo; **prozeß** m proceso m penal; **punkt** m *dep* penalización f; **recht** n derecho m penal; **~rechtlich** penal; **stoß** m *dep* penalty m; **tat** f hecho m delictivo; acción f punible; **verteidiger** m abogado m criminalista; **zettel** F m (hoja f de la) multa f

Strahl [ʃtrɑːl] m (-[e]s; -en) rayo m; (Wasser2) chorro m; '2en (ge-, h) radiar; (aus~) irradiar; fig estar radiante (vor de); '~enschädigung f radiolesión f; '~enschutz m protección f contra las radiaciones; '~ung f (-; -en) radiación f

Strähn|e ['ʃtrɛːnə] f (-: -n) Haar: mechón m; 2ig lacio

strampeln ['ʃtrampəln] (ge-, h) patalear; F (radfahren) pedalear

Strand [ʃtrant] m (-[e]s; ¨-e) playa f; '~bad n playa f; '~korb m sillón m de mimbre (para la playa); ~nähe f: in ~ cerca de la playa; '~promenade f paseo m marítimo

Strang [ʃtraŋ] m (-[e]s; ¨-e) cuerda f, soga f; (Schienen2) vía f; fig an e-m ~ ziehen tirar de la misma cuerda

Strapaz|e [ʃtraˈpaːtsə] f (-; -n) fatiga f; 2ieren [-paˈtsiːrən] (h) fatigar, cansar; et: gastar (mucho); 2'ierfähig resistente

Straße ['ʃtraːsə] f (-; -n) calle f; (Land2) carretera f; vía f; ♆ estrecho m; fig auf die ~ setzen poner en la calle

Straßen|-arbeiten f/pl obras f/pl viales; ~bahn f tranvía m; ~bahnhaltestelle f parada f de tranvía; ~beleuchtung f alumbrado m público; ~benutzungsgebühr f peaje m; ~café n café m con terraza; ~ecke f esquina f; ~graben m cuneta f; ~händler(in f) m vendedor(a f) m ambulante; ~karte f mapa m de carreteras; ~kreuzung f cruce m; ~laterne f farol m; farola f; ~mädchen n ramera f; F fulana f; ~reinigung f limpieza f pública; ~schild n rótulo m de calle; ~sperre f barrera f; ~verhältnisse n/pl estado m de las carreteras; ~verkehr m tráfico m, circulación f; ~verkehrs-ordnung f código m de la circulación

Strateg|ie [ʃtrateˈgiː] f (-; -n) estrategia f; 2isch [-ˈteːgiʃ] estratégico

sträuben ['ʃtrɔʏbən] (ge-, h): (sich) ~ erizar(se); sich ~ fig oponerse, resistirse (gegen a)

Strauch [ʃtraʊx] m (-[e]s; ¨-er) arbusto m, mata f

Strauß [ʃtraʊs] m (-es) a) (Blumen2) (pl ¨-e) ramo m, ramillete m; b) zo (pl -e) avestruz m

streben ['ʃtreːbən] (ge-, h): ~ nach aspirar a; ambicionar (ac)

'**Streck|e** ['ʃtrɛkə] f (-; -n) recorrido m (a dep), trayecto m; (Entfernung) distancia f; (Teilstück) trecho m; 🚇 línea f (nach de); 2en (ge-, h) estirar, extender; Waffen: rendir; Vorräte: alargar; 2enweise a trechos; ~verband m vendaje m de extensión

Streich [ʃtraɪç] m (-[e]s; -e) golpe m; fig travesura f; dummer ~ tontería f; '2eln (ge-, h) acariciar; '2en (strich, gestrichen, h) **1.** v/i pasar (über ac por); **2.** v/t pintar; (aus~) borrar, tachar; Text: suprimir; Auftrag: anular; Butter: extender; '~holz n cerilla f, fósforo m; '~-instrument n instrumento m de arco; '~ung f (-; -en) supresión f; anulación f; cancelación f

'**Streif|e** ['ʃtraɪfə] f (-; -n) patrulla f; ronda f; ~en m (-s; -) raya f; tira f; (Film) cinta f; (Gelände2) faja f; 2en (ge-) **1.** v/t (h) rozar, a fig tocar; (ab~) quitar (von de); **2.** v/i (sn) vagar (durch por); ~enwagen m coche m patrulla; ~schuß m rozadura f (causada por un balazo); ~zug m correría f, incursión f

'**Streik** [ʃtraɪk] m (-[e]s; -s) huelga f; ~brecher ['-brɛçər] m (-s; -) esquirol m; '2en (ge-, h) estar en huelga; fig pasar; Motor etc: fallar; '~ende m/f (-n; -n) huelguista su; '~posten m piquete m; ~recht n (-[e]s; sin pl) derecho m de huelga

Streit [ʃtraɪt] m (-[e]s; -e) querella f, conflicto m; riña f, pendencia f; (Wort2) disputa f, controversia f; ⚖ litigio m; '2en (stritt, gestritten, h) disputar (über ac sobre, um por); luchar, combatir; ⚖ litigar; sich um et ~ disputarse a/c; '~frage f punto m litigioso; '~kräfte f/pl fuerzas f/pl armadas; '2süchtig pendenciero

streng [ʃtrɛŋ] severo; riguroso; Kälte: intenso; Sitte: austero; adv estrictamente; ~(stens) verboten terminantemente prohibido

Streß [ʃtrɛs] m (-sses; sin pl) stress m, estrés m

'**stress|en** (ge-, h) estresar; ~ig estresante

streuen ['ʃtrɔʏən] (ge-, h) esparcir; echar; dispersar

Strich [ʃtrɪç] m (-[e]s; -e) raya f; línea f; (Land2) comarca f, región f; fig e-n ~ unter et machen hacer borrón y cuen-

stricheln

ta nueva; P *auf den ~ gehen* hacer la calle *od* la carrera; '**2eln** (ge-, h) rayar; *gestrichelte Linie* línea *f* discontinua

Strick [ʃtrik] *m* (-[e]s; -e) cuerda *f*, soga *f*; *fig* pilluelo *m*; **2en** (ge-, h) hacer calceta *od* punto, tricotar; *gestrickt* de punto; '**~jacke** *f* chaqueta *f* de punto; '**~nadel** *f* aguja *f* para labores de punto; '**~waren** *f/pl* géneros *m/pl* de punto

Striemen ['ʃtriːmən] *m* (-s; -) cardenal *m*, verdugón *m*

Stroh [ʃtroː] *n* (-[e]s; *sin pl*) paja *f*; '**~halm** *m* brizna *f* de paja; *zum Trinken*: paja *f*; '**~hut** *m* sombrero *m* de paja; '**~sack** *m* jergón *m*

Strom [ʃtroːm] *m* (-[e]s; ⸚e) río *m*; (*Strömung*, ⚡) corriente *f*; *fig* torrente *m*; *Strom mit dem (gegen den) ~ schwimmen* irse con (ir contra) la corriente; **2~'ab(wärts** [vɛrts]) aguas abajo; '**~anschluß** *m* conexión *f* a la red eléctrica; toma *f* de corriente; **2~'auf(wärts)** aguas arriba; '**~ausfall** *m* apagón *m*

strömen ['ʃtrøːmən] (ge-, sn) correr (*aus* por); chorrear; *Regen*: caer a chorros; *fig* afluir (*nach* a); acudir en masa

'**Strom|kreis** ⚡ ['ʃtroːm-] circuito *m*; **2linienförmig** aerodinámico; **~netz** ⚡ (-; -n) red *f* de corriente; **~schnelle** *f* (-; -n) rápido *m*; **~stärke** ⚡ *f* intensidad *f* de la corriente

Strömung ['ʃtrøːmuŋ] *f* (-; -en) corriente *f* (*a fig*)

Stromverbrauch ⚡ ['ʃtroːm-] *m* consumo *m* de corriente

Strophe ['ʃtroːfə] *f* (-; -n) estrofa *f*

Strudel ['ʃtruːdəl] *m* (-s; -) remolino *m*, torbellino *m*, vorágine *f* (*alle a fig*)

Struktur [ʃtrukˈtuːr] *f* (-; -en) estructura *f*

Strumpf [ʃtrumpf] *m* (-[e]s; ⸚e) media *f*; '**~hose** *f* leotardos *m/pl*, panty *m*

Stube ['ʃtuːbə] *f* (-; -n) cuarto *m*, habitación *f*, pieza *f*

Stück [ʃtyk] *n* (-[e]s; -e; *como medida después de números inv*) pieza *f* (*a teat*, ♪); trozo *m*, pedazo *m*; (*Bruch*2) fragmento *m*; *Seife*: pastilla *f*; *Zucker*: terrón *m*; *Brot*: mendrugo *m*; *~ Land* (lote *m* de) terreno *m*; *~ Vieh* res *f*; *für ~* pieza por pieza; **2weise** a trozos; '**~werk** *n* (-[e]s; *sin pl*) obra *f* imperfecta; chapuza *f*; '**~zahl** *f* número *m* de piezas

Stu|dent [ʃtuˈdɛnt] *m* (-en; -en), **~in** *f* (-; -nen) estudiante *su*; universitario *m*, -a

f; **~en-ausweis** *m* carnet *m* de estudiante; **~enheim** *n* residencia *f* de estudiantes

'**Studie** ['ʃtuːdjə] *f* (-; -n) estudio *m*; **~n-abbrecher** *m* (-s; -) estudiante *m* que abandona los estudios; **~n-abschluß** *m* grado *m* universitario; **~n-aufenthalt** *m* estancia *f* por estudios; **~nfach** *n* asignatura *f*; **~nrat** *m* catedrático *m* de Instituto; **~nreise** *f* viaje *m* de estudios

studieren [ʃtuˈdiːrən] (h) estudiar

Stud|io ['ʃtuːdjo] *n* (-s; -s) estudio *m*; **~ium** ['-jum] *n* (-s; -dien) estudios *m/pl*

'**Stufe** ['-fə] *f* (-; -n) escalón *m* (*a fig*); peldaño *m*; grada *f*; **2nweise** gradualmente

Stuhl [ʃtuːl] *m* (-[e]s; ⸚e) silla *f*; '**~gang** ⚕ *m* (-[e]s; *sin pl*) deposiciones *f/pl*; defecación *f*

stülpen ['ʃtylpən] (ge-, h) (*um~*) volver; (*auf~*, *über~*) poner

stumm [ʃtum] mudo; '**2el** *m* (-s; -) muñón *m*; (*Kerzen*2) cabo *m*; (*Zigaretten*2) colilla *f*, *Am* pucho *m*; '**2film** *m* película *f* muda, cine *m* mudo

stumpf [ʃtumpf] **1.** *adj* sin filo; romo; **2. 2** *m* ([e]s; ⸚e) (*Glied*) muñón *m*; (*Baum*) tronco *m*; '**2sinn** *m* (-[e]s; *sin pl*) estupidez *f*

'**Stunde** ['ʃtundə] *f* (-; -n) hora *f*; (*Unterrichts*2) lección *f*, clase *f*; **2n** (ge-, h) aplazar (el pago de); conceder un plazo; **~ngeschwindigkeit** *f* velocidad *f* por hora; **~nkilometer** *m/pl* kilómetros *m/pl* por hora; **~nlohn** *m* salario *m* por hora; **~nplan** *m* horario *m*; **~nzeiger** *m* horario *m*

stündlich ['ʃtyntliç] cada hora

Stundung ['ʃtunduŋ] *f* (-; -en) aplazamiento *m* de pago; prórroga *f*

stur [ʃtuːr] testarudo, terco

Sturm [ʃturm] *m* (-[e]s; ⸚e) tempestad *f* (*a fig*); (*Gewitter*2) tormenta *f* (*a fig*); temporal *m*; ⚓ *a* borrasca *f*; '**~angriff** *m* asalto *m*

stürm|en ['ʃtyrmən] (ge-, h) **1.** *v/t* ⚔ tomar por asalto; **2.** *v/i* ⚔ dar el asalto; *fig* lanzarse (*auf ac* sobre); *es stürmt* hay tempestad *od* temporal; **2er** *m* (-s; -) *dep* delantero *m*

Sturmflut ['ʃturm-] *f* marea *f* viva

stürmisch ['ʃtyrmiʃ] tempestuoso; borrascoso; tormentoso; *fig* turbulento;

impetuoso; *Beifall*: delirante, frenético
Sturmwarnung *f* ['ʃturm-] aviso *m* de tempestad
Sturz [ʃturts] *m* (-es; ⸚e) caída *f*; △ dintel *m*
stürzen ['ʃtyrtsən] (ge-) **1.** *v/t* (h) derribar (*a fig*); *pol a* derrocar; (*hinab⸚*) arrojar, precipitar; **2.** *v/refl* (h): **sich ⸚** arrojarse (*aus dem Fenster* por la ventana); **3.** *v/i* (sn) caer(se); (*eilen*) precipitarse; **⸚ auf** (*ac*) ⚔ estrellarse contra
Sturzhelm ['ʃturts-] *m* casco *m* protector
Stute ['ʃtuːtə] *f* (-; -n) yegua *f*
'**Stütze** ['ʃytsə] *f* (-; -n) apoyo *m*, soporte *m* (*beide a fig*); ⚔ rodrigón *m*; *fig* pilar *m*, puntal *m*; ⩓n (ge-, h) apoyar (*a fig*), sostener; △ apuntalar; *fig* **sich ⸚ auf** (*ac*) basarse *od* fundarse en
stutzig ['ʃtutsiç] perplejo; (*argwöhnisch*) suspicaz; **⸚ machen** (**werden**) escamar(se)
'**Stütz|pfeiler** ['ʃtyts-] *m* pilar *m* de sostén; **⸚punkt** *m* punto *m* de apoyo; ⚔, ⚓ base *f*
Subjekt [zupˈjɛkt] *n* (-[e]s; -e) sujeto *m* (*a fig desp*); ⩓**iv** [--ˈtiːf] subjetivo
Substantiv ['-stantiːf] *n* (-s; -e) sustantivo *m*
Substanz [-ˈstants] *f* (-; -en) sustancia *f*
subtra|hieren [-traˈhiːrən] (h) restar, sustraer; ⩓**ktion** [-trakˈtsjoːn] *f* (-; -en) sustracción *f*, resta *f*
subtropisch ['-troːpiʃ] subtropical
Subvention [-vɛnˈtsjoːn] *f* (-; -en) subvención *f*; ⩓**nieren** [--tsjoˈniːrn] (h) subvencionar
'**Suche** ['zuːxə] *f* (-; -n) busca *f*, búsqueda *f*; ⩓n (ge-, h) buscar; (*ver⸚*) **⸚ zu** *inf* tratar de
Sucht [zuxt] *f* (-; ⸚e) manía *f*, pasión *f*; afán *m*; ✚ adicción *f*
süchtig ['zyçtiç] toxicómano; adicto
'**Süd|en** ['zyːdən] *m* (-s; *sin pl*) sur *m*, mediodía *m*; **⸚früchte** ['zyːtfryçtə] *f/pl* frutos *m/pl* meridionales; ⩓**lich** meridional, del sur; austral; **⸚ von** al sur de; **⸚'osten** *m* sudeste *m*; **⸚pol** *m* polo *m* sur *od* antártico; **⸚'westen** *m* sudoeste *m*; **⸚wind** *m* viento *m* del sur
suggerieren [zugeˈriːrən] (h) sugerir, insinuar

'**Sühn|e** ['zyːnə] *f* (-; -n) expiación *f*; ⩓**en** (ge-, h) expiar
Suite ['sviːt(ə)] *f* (-; -n) ♪ *u Hotel*: suite *f*
Sülze ['zyltsə] *f* (-; -n) carne *f* en gelatina
'**Summ|e** ['zumə] *f* (-; -n) suma *f*; total *m*; cantidad *f*; ⩓**en** (ge-, h) zumbar; *Lied*: canturrear; **⸚er** ⚡ *m* (-s; -) vibrador *m*; zumbador *m*; ⩓'**ieren** (h) sumar; **sich ⸚** acumularse
Sumpf [zumpf] *m* (-[e]s; ⸚e) pantano *m*; '⩓**ig** pantanoso
'**Sünd|e** ['zyndə] *f* (-; -n) pecado *m*; **⸚er** *m* (-s; -), **⸚erin** *f* (-; -nen) pecador(a *f*) *m*; ⩓**igen** ['-diɡən] (ge-, h) pecar
'**super** F ['zuːpər] F estupendo; bárbaro; ⩓(**benzin**) *n* (-s; -) (gasolina *f*) super *m*; **⸚klug** que se pasa de listo; ⩓**lativ** ['--latiːf] *m* (-s; -e) superlativo *m*; ⩓**markt** *m* supermercado *m*
'**Suppe** ['zupə] *f* (-; -n) sopa *f*; *fig* **die ⸚ auslöffeln** pagar los vidrios *od* platos rotos; **⸚nkelle** *f* cucharón *m*; **⸚nteller** *m* plato *m* sopero *od* hondo
'**Surf|brett** ['sœːfbrɛt] *n* tabla *f* deslizadora *od* de surf; ⩓**en** (ge-, h *u* sn) practicar el surf; **⸚er** *m* (-s; -), **⸚erin** *f* (-; -nen) surfista *su*, practicante *su* del surf(ing)
suspendieren [zuspɛnˈdiːrən] (h) suspender (de sus funciones)
süß [zyːs] dulce; *Kind*: F mono; '**⸚en** (ge-, h) endulzar; edulcorar; '⩓**igkeit** *f* (-; -en) dulzura *f*; **⸚en** *pl* dulces *m/pl*; golosinas *f/pl*; '**⸚lich** dulzón (*a fig*); '**⸚'sauer** agridulce; ⩓**speise** *f* dulce *m*; '⩓**stoff** *m* edulcorante *m*; sacarina *f*; '⩓**wasser** *n* (-s; -) agua *f* dulce
Swimmingpool ['sviminpuːl] *m* (-s; -s) piscina *f*
Sym'bol [zymˈboːl] *n* (-s; -e) símbolo *m*; emblema *m*; ⩓**isch** simbólico
symmetrisch [-ˈmeːtriʃ] simétrico
sympathi|sch ['-paːtiʃ] simpático; **⸚sieren** [-patiˈziːrən] (h) simpatizar
Symphonie [-foˈniː] *f s* Sinfonie
Symptom [-pˈtoːm] *n* (-s; -e) síntoma *m*
Synagoge [zynaˈɡoːɡə] *f* (-; -n) sinagoga *f*
Synchron|isation [-kronizaˈtsjoːn] *f* (-; -en) sincronización *f*; *Film*: doblaje *m*; ⩓'**sieren** (h) sincronizar; *Film*: doblar
Synode *rel* [-ˈnoːdə] *f* (-; -n) sínodo *m*
Synonym [-noˈnyːm] *n* (-s; -e), ⩓ *adj* sinónimo (*m*)

synthetisch [-'te:tiʃ] sintético
Syphilis ✱ ['zy:filis] f (-; *sin pl*) sífilis f
'**Syr|er** ['-rər] m (-s; -), **~erin** f (-; -nen), **♀isch** sirio m, -a f

System [zys'te:m] n (-s; -e) sistema m; **♀atisch** [-ste'ma:tiʃ] sistemático
Szen|e ['stse:nə] f (-; -n) escena f (*a fig*); **Fü:** ecuencia f

T

T, t [te:] n (-;-) T, t f
'**Tabak** ['tɑ:bak] m (-s; -e) tabaco m; **~(waren)laden** m tabaquería f, *Esp* estanco m; **~s-pfeife** f pipa f
tabell|arisch [tabɛ'lɑ:riʃ] en forma de cuadro *od* de tabla; sinóptico; **♀e** [-'-lə] f (-; -n) cuadro m; tabla f
Tablette [-'blɛtə] f (-; -n) tableta f; comprimido m
Tacho *auto* F ['taxo] m (-s; -s), **~'meter** m u n (-s; -) taquímetro m; tacómetro m
'**Tadel** ['tɑ:dəl] m (-s; -) censura f; reprensión f, reprimenda f; **♀n** (ge-, h) censurar, criticar (*wegen* por); (*rügen*) reprender, reprochar (*j-n wegen et* a/c a alg)
Tafel ['-fəl] f (-; -n) tablero m, tabla f; (*Schild*) letrero m; (*Tisch*) mesa f; (*Schokolade*) tableta f
'**Täfelung** ['tɛ:fəluŋ] f (-; -en) (*Wand♀*) revestimiento m de madera; (*Decken♀*) artesonado m
'**Tafelwein** ['tɑ:fəl-] m vino m de mesa
Tag [tɑ:k] m (-[e]s; -e) día m; *als Dauer:* jornada f; *bei ~e* de día; *am ~(e) danach* al día siguiente; *am ~(e) zuvor* el día antes, la víspera; *e-s (schönen) ~es* (*Vergangenheit*) un (buen) día, (*Zukunft*) algún día; *in 14 ~en* dentro de quince días; *guten ~!* ¡buenos días!, *nachmittags:* ¡buenas tardes!
'**Tage|buch** ['-gə-] n diario m; **~geld** n dietas f/pl; **♀lang** días y días; **♀n** (ge-, h) (*beraten*) celebrar sesión; reunirse (en sesión)
'**Tages|anbruch** ['-gəs?-] m: *bei ~* al amanecer; al alba; **~fahrt** f excursión f de un día; **~gericht** *gastr* n plato m del día; **~karte** f ticket m diario; *gastr* carta f del día; **~kurs** m clases f/pl diurnas; ✝ cambio m *bzw* cotización f del día; **~licht** n (-[e]s; *sin pl*) luz f del día; **~ordnung** f orden m del día; **~rückfahrkarte** f billete m de ida y vuelta (válido por un solo día); **~zeit** f hora f del día; **~zeitung** f diario m
täglich ['tɛ:kliç] diario, cotidiano; *adv* todos los días, cada día
tagsüber ['tɑ:ks?-] durante el día
Tagung ['-guŋ] f (-; -en) sesión f; congreso m; jornada(s) f(/pl)
Taifun [taɪ'fu:n] m (-s; -e) tifón m
Taille ['taljə] f (-; -n) talle m, cintura f
Takelage ⚓ [takə'lɑ:ʒə] f (-; -n) n jarcias f/pl, aparejo m
Takt [takt] m (-[e]s; -e) ♪ compás m; (*Motor*) tiempo m; '**~gefühl** *fig* n (-[e]s; *sin pl*) tacto m; delicadeza f; discreción f; **~ik** ['-ik] f (-; -en) táctica f; **♀isch** táctico; **♀los** indiscreto; sin tacto; **♀voll** delicado, discreto
Tal [tɑ:l] n (-[e]s; **~er**) valle m
Talent [ta'lɛnt] n (-[e]s; -e) talento m; **♀iert** de talento, dotado
Talisman ['tɑ:lisman] m (-s; -e) talismán m
Talsperre ['tɑ:l-] f presa f
Tampon ✱ ['tampɔn] m (-s; -s) tapón m, tampón m
Tang ♀ [taŋ] m (-[e]s; -e) alga f marina
Tank [taŋk] m (-[e]s; -s) depósito m; cisterna f; *a* ⚔ tanque m; (*Wasser♀*) a aljibe m; '**~anzeige** f indicador m del nivel de gasolina; **♀en** (ge-, h) echar gasolina; repostar; '**~er** ⚓ m (-s; -) petrolero m, buque m cisterna; '**~stelle** f gasolinera f, estación f de servicio; '**~wart** m (-[e]s; -e) empleado m de gasolinera, gasolinero m
'**Tanne** ['tanə] f (-; -n), **~nbaum** m abeto m; **~nzapfen** m piña f (de abeto)
Tante ['tantə] f (-; -n) tía f; **~-Emma-La-**

den [--'ʔɛmalɑːdən] *m* pequeño comercio *m* del barrio

Tanz [tants] *m* (-[e]s; ⁓e) baile *m*; danza *f*; '⁓abend *m* (velada *f* de) baile *m*; '⁓en (ge-, h) bailar

'**Tänzer** ['tɛntsər] *m* (-s; -), ⁓**in** *f* (-; -nen) bailador(a *f*) *m*; (*Berufs*⁓) bailarín *m*, -ina *f*

'**Tanz|lokal** ['tants-] *n* salón *m* de baile; ⁓**musik** *f* música *f* de baile, bailable *m*

Tape|te [taˈpeːtə] *f* (-; -n) papel *m* pintado; ⁓**zieren** [-peˈtsiːrən] (h) empapelar

tapfer ['tapfər] valiente; intrépido

Ta'rif [-ˈriːf] *m* (-s; -e) tarifa *f*; ⁓**autonomie** *f* autonomía *f* en materia de tarifas; ⁓**erhöhung** *f* aumento *m* de (las) tarifas; ⁓**konflikt** *m* conflicto *m* salarial; ⁓**lich** tarifario; según tarifa; ⁓**lohn** *m* salario *m* según convenio; ⁓**partner** *m/pl* partes *f/pl* contratantes de un convenio colectivo; ⁓**verhandlungen** *f/pl* negociaciones *f/pl* colectivas; ⁓**vertrag** *m* convenio *m* colectivo

tarnen ['tarnən] (ge-, h) disimular; enmascarar; *bsd* ✕ camuflar

'**Tasche** ['taʃə] *f* (-; -n) bolsillo *m*; (*Beutel*) bolsa *f*; (*Hand*⁓) bolso *m*; ⁓**nbuch** *n* libro *m* de bolsillo; ⁓**ndieb** *m* ratero *m*, carterista *m*; ⁓**ngeld** *n* (-[e]s; *sin pl*) dinero *m* para gastos menudos; ⁓**nlampe** *f* linterna *f* de bolsillo; ⁓**nmesser** *n* navaja *f*; ⁓**nrechner** *m* calculadora *f* de bolsillo; ⁓**ntuch** *n* pañuelo *m*

Tasse ['tasə] *f* (-; -n) taza *f*; *große*: tazón *m*

Tast|atur [tastaˈtuːr] *f* (-; -en) teclado *m*; '⁓**e** *f* (-; -n) tecla *f*; '⁓**en** (ge-, h) tentar, palpar; '⁓**entelefon** *n* teléfono *m* de teclado

Tat [tɑːt] *f* (-; -en) hecho *m*; acción *f*, acto *m*; (*Helden*⁓) hazaña *f*, proeza *f*; (*Straf*⁓) crimen *m*; *in die* ⁓ *umsetzen* realizar, llevar a efecto; '⁓**enlos** inactivo; *adv* con los brazos cruzados

'**Täter** ['tɛːtər] *m* (-s; -), ⁓**in** *f* (-; -nen) autor(a *f*) *m*; 🏛 culpable *su*

'**tätig** ['-tiç] activo; (*beschäftigt*) ocupado; ⁓ *sein als* actuar de; ⁓**keit** *f* (-; -en) actividad *f*; (*Beschäftigung*) ocupación *f*; (*Beruf*) profesión *f*; *in e-m Amt*: actuación *f*; funciones *f/pl*; ⚙ *in* ⁓ *setzen* poner en marcha

tatkräftig ['tɑːt-] enérgico; activo

'**tätlich** ['tɛːtliç] ⁓ *werden* pasar a las vías de hecho; venir *od* llegar a las manos; ⁓**keiten** *f/pl* vías *f/pl* de hecho

Tatort ['tɑːtʔɔrt] *m* lugar *m* del suceso *od* del crimen; 🏛 lugar *m* de autos

täto'wier|en [tɛtoˈviːrən] (h) tatuar; ⁓**ung** *f* (-; -en) tatuaje *m*

'**Tat|sache** ['tɑːtzaxə] *f* hecho *m*; ⁓**sächlich** real, positivo, efectivo; *adv* de hecho, en efecto

Tau [taʊ] **a)** *n* (-[e]s; -e) cuerda *f*, maroma *f*, cable *m*; ⚓ cabo *m*; **b)** *m* (-[e]s; *sin pl*) rocío *m*

taub [taʊp] sordo; *Glied*: entumecido

Taube ['-bə] *f* (-; -n) paloma *f*

taubstumm ['taʊp-] sordomudo

'**tauch|en** ['taʊxən] (ge-, h) *v/t* (*v/i a sn*) sumergir(se); zambullir(se); *Taucher*: bucear; ⁓**er** *m* (-s; -) buceador *m*; (*Berufs*⁓) buzo *m*; ⁓**gerät** *n* escafandra *f*; (*Tiefsee*⁓) batiscafo *m*; ⁓**sieder** ['-ziːdər] *m* (-s; -) calentador *m* de inmersión; ⁓**sport** *m* submarinismo *m*

tauen ['taʊən] (ge-, h *u* sn) caer rocío; (*auf*⁓) deshelarse; *Schnee*: derretirse; *es taut* hay deshielo

'**Tauf|e** ['-fə] *f* (-; -n) (*Sakrament*) bautismo *m*; (*Handlung*) bautizo *m*; ⁓**en** (ge-, h) bautizar (*a fig*); ⁓**pate** *m* padrino *m*; ⁓**patin** *f* madrina *f*; ⁓**schein** *m* partida *f* de bautismo

'**taug|en** ['taʊɡən] (ge-, h) valer; ⁓ *zu* servir para; ⁓**lich** ['-kliç] útil, apto, idóneo (**zu** para); ⁓**lichkeit** *f* (-; *sin pl*) aptitud *f*, idoneidad *f*

taumeln ['-məln] (ge-, sn) vacilar; tambalearse; dar traspiés *od* tumbos

Tausch [taʊʃ] *m* (-[e]s; *raro* -e) cambio *m*; (*Aus*⁓) trueque *m*; (*Um*⁓) canje *m*; (*bsd Ämter*⁓, *Wohnungs*⁓) permuta *f*; '⁓**en** (ge-, h) cambiar (**gegen** por); trocar; canjear; permutar

täuschen ['tɔyʃən] (ge-, h) engañar; embaucar; *sich* ⁓ engañarse; estar equivocado

'**Tausch|geschäft** ['taʊʃ-] *n*, ⁓**handel** *m* trueque *m*

Täuschung ['tɔyʃʊŋ] *f* (-; -en) (*Betrug*) engaño *m*; (*Irrtum*) equivocación *f*; error *m*

'**tausend** [ˈtaʊzənt] **1.** mil; **2.** ⚙ *n* (-s; -e) millar *m*; *zu* ⁓*en* por millares; ⁓**jährig** ['--jɛːriç] milenario; ⁓**mal** mil veces; ⁓**ste** milésimo; ⚙**stel** *n* (-s; -) milésima parte *f*

11 Wörterbuch Spanisch

'Tauwetter n deshielo m (a pol)
'**Tax|i** ['taksi] n (-s; -s) taxi m; ⚥'**ieren** (h) tasar, evaluar, estimar; ~**ifahrer(in** f) m taxista su; ~**istand** m parada f de taxis
Team [ti:m] n (-s; -s) equipo m; '~**arbeit** f, ~**work** ['-vœ:k] n (-s; sin pl) trabajo m en equipo
'**Techni|k** ['teçnik] f (-; -en od sin pl) técnica f; ⚥**sch** técnico
Technolo'g|ie [-nolo'gi:] f (-; -n) tecnología f; ~**iepark** m parque m tecnológico; ~**ietransfer** m transferencia f de tecnología; ⚥**isch** [--'lo:giʃ] tecnológico
Techtelmechtel [-təl'mɛçtəl] n (-s; -) amorío m, lío m (amoroso)
Teddybär ['tɛdi-] m osito m de trapo od de peluche
Tee [te:] m (-s; -s) té m; 🌿 tisana f, infusión f; ~ **trinken** tomar té; '~**beutel** m bolsita f de té; '~**gebäck** n pastas f/pl (de té); '~**kanne** f tetera f; '~**löffel** m cucharilla f
Teer [te:r] m (-[e]s; -e) alquitrán m, brea f
Teich [taiç] m (-[e]s; -e) estanque m
Teig [taik] m (-[e]s; -e) masa f; pasta f; ~**waren** f/pl pastas f/pl alimenticias
Teil [tail] m u n (-[e]s; -e) parte f; (An⚥) porción f; cuota f; (Bruch⚥) trozo m, fracción f; ⚛ pieza f; **zum** ~ en parte; '⚥**en** (ge-, h) dividir (a fe); partir; Meinung, Zimmer: compartir; ~**haber** ['-ha:bər] m (-s; -), '~**haberin** f (-; -nen) socio m, -a f; '~**kaskoversicherung** f seguro m contra riesgos parciales; ~**nahme** ['-na:mə] f (-; sin pl) participación f (**an** dat en); (Beileid) pésame m; '⚥**nahmslos** indiferente; apático; '⚥**nehmen** (irr, sep, -ge-, h, → nehmen): ~ **an** (dat) participar en, tomar parte en; (anwesend sein) asistir a; ~**nehmer** ['-ne:mər] m (-s; -), '~**nehmerin** f (-; -nen) participante su; tel abonado m, -a f; (Anwesende) asistente su, concurrente su
teils [tails] en parte; ~ ..., ~ ... ya ..., ya ...; medio ..., medio ...
'**Teil|ung** f (-; -en) división f; partición f; ⚥**weise** parcial; adv en parte; ~**zahlung** f pago m parcial od fraccionado; pago m a plazos; (Rate) plazo m; ~**zeit-arbeit** f trabajo m a tiempo parcial

Teint [tɛ̃:] m (-s; -s) tez f; (color m del) cutis m
Tele ['te:le] n (-[s]; -[s]) F s **Teleobjektiv**
Telefax [--'faks] n (-; -[e]) telefax m
Tele'fon [tele'fo:n] n (-s; -e) teléfono m; ~**anruf** m llamada f telefónica; ~**anschluß** m conexión f (a la red) telefónica; ~**buch** n guía f telefónica, listín m; ~**gespräch** n conversación f telefónica; ⚥'**ieren** [--fo'ni:rən] (h) telefonear; ⚥**isch** telefónico; adv por teléfono; ~**karte** f tarjeta f telefónica od de teléfono; ~**marke** f ficha f; ~**nummer** f número m de teléfono; ~**zelle** f cabina f telefónica; ~**zentrale** f central f telefónica; in Betrieben: centralita f
tele|grafieren [--gra'fi:rən] (h) telegrafiar; ⚥'**gramm** n (-s; -e) telegrama m; ⚥**kommunikation** ['te:ləkɔmunikatsjo:n] f (-; sin pl) telecomunicación f; '⚥**objektiv** fot n teleobjetivo m; ⚥**skop** [tele'sko:p] n (-s; -e) telescopio m
Telex ['te:lɛks] n (-; -[e]) télex m
Teller ['tɛlər] m (-s; -) plato m; **flacher** (**tiefer**) ~ plato llano (hondo)
Tempel ['tɛmpəl] m (-s; -) templo m
Tempera'ment [-pəra'mɛnt] n (-[e]s; -e) temperamento m, brío m, vivacidad f; ⚥**voll** brioso; vivo
Temperatur [---'tu:r] f (-; -en) temperatura f
'**Tempo** ['-po] n (-s; -s) ritmo m; velocidad f; ~**limit** auto n ['--limit] (-s; -s, -e) límite m de velocidad
Tend|enz [tɛn'dɛnts] f (-; -en) tendencia f; ⚥'**ieren** (h) tender (**zu** a)
'**Tennis** ['-nis] n (-; sin pl) tenis m; ~**platz** m pista f (bsd Am cancha f) de tenis; ~**schläger** m raqueta f; ~**spieler(in** f) m tenista su; ~**turnier** n campeonato m od torneo m de tenis
Tenor ♪ [te'no:r] m (-s; ⸚e) tenor m
'**Teppich** ['tɛpiç] m (-s; -e) alfombra f; (Wand⚥) tapiz m; ~**boden** m moqueta f, Am alfombrado m
Ter'min [tɛr'mi:n] m (-s; -e) término m; (Frist) plazo m; (Datum) fecha f; beim Arzt: hora f (de visita); ⚖ (Verhandlung) vista f; juicio m oral; ~**kalender** m agenda f
Terrasse [tɛ'rasə] f (-; -n) terraza f; (Dach⚥) azotea f
Territorium [-ri'to:rjum] n (-s; -rien) territorio m

Terror ['-rɔr] *m* (-s; *sin pl*) terror *m*; **~ismus** [--'rismus] *m* (-; *sin pl*) terrorismo *m*; **~ist** [--'rist] *m* (-en; -en), **~istin** *f* (-; -nen), **2istisch** terrorista (*su*)

Test [tɛst] *m* (-[e]s; -s, *a* -e) prueba *f*, test *m*

Testa'ment [-ta'mɛnt] *n* (-[e]s; -e) testamento *m*; *rel* **Altes** (**Neues**) **~** Antiguo (Nuevo) Testamento *m*; **2arisch** [---'taːriʃ] testamentario; *adv* por testamento; **~s-eröffnung** *f* apertura *f* del testamento

'**testen** (ge-, h) probar, ensayar

'**teuer** ['tɔyər] caro (*a fig*); **wie ~ ist ...?** ¿cuánto vale *od* cuesta ...?; **2ung** *f* (-; -en) carestía *f*; **2ungsrate** *f* tasa *f* de incremento de precios

'**Teufel** ['-fəl] *m* (-s; -) diablo *m*; demonio *m*; **~skreis** *m* círculo *m* vicioso

Text [tɛkst] *m* (-[e]s; -e) texto *m*

Tex'til|ien [-'tiːljən] *pl* textiles *m/pl*; tejidos *m/pl*; **~industrie** *f* industria *f* textil

'**Textver-arbeitung** *f* tratamiento *m od* proceso *m* de textos; **~ssystem** *inform* *n* procesador *m* de textos

The'ater [te'aːtər] *n* (-s; -) teatro *m*; **~aufführung** *f* representación *f* teatral *od* de teatro; **~karte** *f* entrada *f*, localidad *f*; **~stück** *n* pieza *f od* obra *f* de teatro

Theke ['teːkə] *f* (-; -n) mostrador *m*; (*Bar*) barra *f*

Thema ['-ma] *n* (-s; -men) tema *m* (*a* ♪); asunto *m*

Theolog|e [teo'loːgə] *m* (-n; -n) teólogo *m*; **~ie** [--loˈgiː] *f* (-; -n) *f* teología *f*

theor|etisch [--'reːtiʃ] teórico; **2ie** [--'riː] *f* (-; -n) teoría *f*

Thera|peut [tera'pɔyt] *m* (-en; -en), **~peutin** *f* (-; -nen) terapeuta *su*; **~pie** [--'piː] *f* (-; -n) terapia *f*

Ther'mal|bad [tɛr'maːlbaːt] *n* baño *m* termal; (*Ort*) estación *f* termal; **~schwimmbad** *n* piscina *f* termal

Thermometer [-mo'meːtər] *n* (-s; -) termómetro *m*

Thermos|flasche ['-mɔsflaʃə] *f* termo *m*; **~tat** [-mo'staːt] *m* (-[e]s, -en; -e[n]) termostato *m*

These ['teːzə] *f* (-; -n) tesis *f*

Thron [troːn] *m* (-[e]s; -e) trono *m*; **~folger** *m* ['-fɔlgər] *m* (-s; -) heredero *m* al trono

Thunfisch ['tuːnfiʃ] *m* atún *m*

Tick [tik] *m* (-[e]s; -e) ♂ *t*ic *m*; *fig* F chifladura *f*; **e-n ~ haben** tener vena de loco; '**2en** (ge-, h) *Uhr*: hacer tic tac; '**~et** ♃, ✈ ['-kət] *n* (-s; -s) ticket *m*

tief [tiːf] **1.** *adj* hondo, profundo (*a fig*); (*niedrig*) bajo; **2 Meter ~** dos metros de profundidad *od* de fondo; **2.** **2** *met n* (-s; -s) zona *f* de baja presión; '**2bau** *m* (-[e]s; *sin pl*) obras *f/pl* públicas; '**2druckgebiet** *met n* zona *f* de baja presión; '**2e** *f* (-; -n) profundidad *f* (*a fig*); (*Abgrund*) abismo *m*; '**2-ebene** *f* llano *m*, llanura *f*; '**2flug** *m* vuelo *m* rasante; '**2garage** *f* garaje *m od* aparcamiento *m* subterráneo; '**~gekühlt** congelado; '**~greifend** profundo; '**2kühltruhe** *f* arca *f* congeladora, congelador *m* (horizontal); '**2punkt** *m* fig bache *m*; '**2stand** *m* (-[e]s; *sin pl*) nivel *m* más bajo; depresión *f*

Tiegel ['tiːgəl] *m* (-s; -) cacerola *f*

Tier [tiːr] *n* (-[e]s; -e) animal *m*; '**~arzt** *m*, '**~ärztin** *f* veterinario *m*, -a *f*; '**~kreis(zeichen** *n*) *m* (signo *m* del) zodíaco *m*; **~quäle'rei** *f* (-; -en) crueldad *f* con los animales; '**~welt** *f* (-; *sin pl*) fauna *f*

Tiger ['tiːgər] *m* (-s; -) tigre *m*

'**tilg|en** ['tilgən] (ge-, h) ✝ amortizar; anular; cancelar; (*auslöschen*) borrar; **2ung** *f* (-; -en) amortización *f*; anulación *f*; cancelación *f*; **2ungsfonds** ✝ *m* fondo *m* de amortización

Tinktur [tiŋk'tuːr] *f* (-; -en) tintura *f*

'**Tinte** ['tintə] *f* (-; -n) tinta *f*; **~nfisch** *m* sepia *f*; calamar *m*

Tip [tip] *m* (-s; -s) *dep* pronóstico *m*; (*Wink*) aviso *m* (secreto); pista *f*; F soplo *m*; **ein guter ~** un buen consejo

'**tipp|en** (ge-, h) escribir a máquina; '**2fehler** *m* error *m* de máquina

Tisch [tiʃ] *m* (-[e]s; -e) mesa *f*; **bei ~** a la mesa; **den ~** (**ab**)**decken** poner (quitar) la mesa; '**~decke** *f* mantel *m*; '**~ler** *m* (-s; -) carpintero *m*; (*Kunst2*) ebanista *m*; '**~tennis** *n* pingpong *m*, tenis *m* de mesa; '**~wein** *m* vino *m* de mesa

'**Titel** ['tiːtəl] *m* (-s; -) título *m*; **~blatt** *n* portada *f*; **~geschichte** *f* reportaje *m* de portada; **~verteidiger** *m dep* defensor *m* del título

Toast [toːst] *m* (-[e]s; -e, -s) *gastr* tostada *f*; (*Trinkspruch*) brindis *m*; **e-n ~ auf j-n ausbringen** brindar por alg; '**~brot** *n*

pan *m* tostado *bzw* para tostar; '♀en (ge-, h) tostar; '∼er *m* (-s; -) tostador *m* de pan

toben ['to:bən] (ge-, h) rabiar, estar furioso; *Kind*: retozar; *Sturm, See*: bramar

'**Tochter** ['tɔxtər] *f* (-; ⸚) hija *f*; ∼**gesellschaft** ⸸ *f* (sociedad *f*) filial *f*

Tod [to:t] *m* (-es; -e) muerte *f*; fallecimiento *m*, defunción *f*

'**Todes|anzeige** ['-dəs⁊-] *f* esquela *f* de defunción; ∼**fall** *m* defunción *f*; *im* ∼ en caso de muerte; ∼**strafe** *f* pena *f* capital *od* de muerte

todkrank ['to:t'-] enfermo de muerte

tödlich ['tø:tliç] mortal; fatal; (*todbringend*) mortífero; ∼ *verunglücken* sufrir un accidente mortal

'**tod**|'**müde** ['to:t'my:də] muerto de cansancio *od* sueño; ∼'**schick** muy elegante *od* chic; ♀**sünde** *f* pecado *m* mortal

Toi'lette [toa'lɛtə] *f* (-; -n) (*Kleid*) vestido *m*; (*Abort*) lavabo *m*, servicios *m/pl*; ∼**npapier** *n* papel *m* higiénico

tole'r|ant [tole'rant] tolerante; ♀**anz** *f* (-; *sin pl*) tolerancia *f*; ∼'**ieren** (h) tolerar

toll [tɔl] loco; frenético; furioso; F *fig* fantástico, F estupendo; '∼**en** (ge-, h u sn) retozar; alborotar; '♀**wut** ⚕ *f* rabia *f*, hidrofobia *f*

To'mate [to'mɑ:tə] *f* (-; -n) tomate *m*; ∼**nsaft** *m* jugo *m od* zumo *m* de tomate

Tombola ['tɔmbola] *f* (-; -s) tómbola *f*, rifa *f*

Ton [to:n] *m* **a)** (-[e]s; ⸚e) (*Klang*) sonido *m*; ♩ *u fig* tono *m*; (*Klangfarbe*) timbre *m*; (*Betonung*) acento *m*; **b)** (*pl* -e) *min* arcilla *f*, barro *m*; '♀-**angebend** *fig* que da el tono; '∼**art** *f* tonalidad *f*; tono *m*; '∼**band** *n* cinta *f* magnetofónica; '∼**bandgerät** *n* magnetofón *m*, magnetófono *m*

tönen ['tø:nən] (ge-, h) **1.** *v/i* ♩ (re)sonar; **2.** *v/t* matizar; *Haar*: dar reflejos

'**Ton**|**ingenieur** ['to:n⁊-] *m* ingeniero *m* del sonido; ∼**kopf** *m* cabeza *f* fonocaptora; ∼**leiter** *f* escala *f* (musical), gama *f*

Tonnage [tɔ'nɑ:ʒə] *f* (-; -n) tonelaje *m*

Tonne ['-nə] *f* (-; -n) tonel *m*; barril *m*; ⚓ boya *f*; (*Maß*) tonelada *f*

Tontaubenschießen ['to:ntaʊbənʃi:sən] *n* tiro *m* al plato

Tönung ['tø:nʊŋ] *f* (-; -en) colorido *m*; matiz *m*

Topf [tɔpf] *m* (-[e]s; ⸚e) olla *f*; marmita *f*; cacerola *f*; F *fig* *in e-n* ∼ *werfen* meter en el mismo saco

'**Töpfer** ['tœpfər] *m* (-s; -) alfarero *m*; ∼**waren** *f/pl* (objetos *m/pl* de) alfarería *f*; cacharrería *f*

'**top-fit** ['tɔp'fit] en plena forma, en perfectas condiciones físicas

topographisch [topo'grɑ:fiʃ] topográfico

Toppsegel ['tɔp-] *n* juanete *m*

Tor [to:r] *n* (-[e]s; -e) puerta *f*; portal *m*; *dep* portería *f*; *erzieltes*: gol *m*, tanto *m* (*schießen* marcar)

Torf [tɔrf] *m* (-[e]s; *sin pl*) turba *f*; '∼**mull** *m* serrín *m* de turba

Torhüter ['to:rhy:tər] *dep m* (-s; -) portero *m*, (guarda)meta *m*

töricht ['tø:riçt] tonto, necio; estúpido

torkeln ['tɔrkəln] (ge-, sn, h) tambalearse; F ir haciendo eses

Torlinie *dep* ['to:r-] *f* línea *f* de gol *od* de meta

torped|ieren [tɔrpɛ'di:rən] (h) torpedear (*a fig*); ♀**o** [-'pe:do] *m* (-s; -s) torpedo *m*; ♀**oboot** *n* torpedero *m*

Torschütze *dep* ['to:r-] *m* autor *m* del gol; goleador *m*

Torso ['tɔrzo] *m* (-; -s) torso *m*

Torte ['-tə] *f* (-; -n) tarta *f*

Torwart *dep* ['to:rvart] *m* (-[e]s; -e) portero *m*, (guarda)meta *m*

'**tosen** ['to:zən] (ge-, h *u* sn) bramar, rugir; ∼**d** *Beifall*: atronador

tot [to:t] muerto; (*verstorben*) difunto, fallecido; (*leblos*) inanimado; *Kapital*: inactivo

to'tal [to'tɑ:l] total; entero, completo; ♀**-ausverkauf** *m* liquidación *f* total; ∼**itär** [-tali'tɛ:r] totalitario; ♀**schaden** *m auto* siniestro *m* total

'**tot**|**arbeiten** F ['to:t⁊arbaitən] (*sep*, -ge-, h): *sich* ∼ matarse trabajando; ∼**ärgern** F (*sep*, -ge-, h): *sich* ∼ reventar de rabia; ♀**e** *m/f* (-n; -n) muerto *m*, -a *f*; difunto *m*, -a *f*

töten ['tø:tən] (ge-, h) matar

'**Toten**|**bett** ['to:tən-] *n* (-[e]s; *sin pl*) lecho *m* mortuorio; ∼**kopf** *m* calavera *f*; ∼**messe** *f* misa *f* de réquiem *od* de difuntos; ∼**schein** *m* ⚕ certificado *m* de defunción; ∼**starre** *f* rigidez *f* cadavérica

'**totlachen** (*sep*, -ge-, h): *sich* ∼ morirse de risa

'Toto ['to:to] *m u n* (-s; -s) quinielas *f/pl*; ⁓schein *m* quiniela *f*

'Totschlag ⚥ ['to:t-] *m* (-[e]s; *sin pl*) homicidio *m*; ℒen (*irr, sep, -gc-, h,* → *schlagen*) matar (*a fig Zeit*)

Tou|pet [tu'pe:] *n* (-s; -s) bisoñé *m*; ℒ'pieren (h) cardar

Tour [tu:r] *f* (-; -en) (*Umdrehung*) revolución *f, a dep* vuelta *f*; (*Ausflug*) excursión *f*; gira *f*

Tou'ris|mus [tu'rismus] *m* (-; *sin pl*) turismo *m*; ⁓t *m* (-en; -en) turista *m*; ⁓tenklasse *f* clase *f* turista; ⁓tin *f* (-; -nen) turista *f*; ℒtisch turístico

Tournee [tur'ne:] *f* (-; -s, -n) gira *f*; tournée *f*

Trabrennen ['tra:p-] *n* carrera *f* al trote

Tracht [traxt] *f* (-; -en) traje *m* regional; (*Schwesternℒ etc*) uniforme *m*; 'ℒen (ge-, h): ⁓ nach aspirar a; pretender, anhelar (*ac*); '⁓enfest *n* fiesta *f* folklórica; '⁓engruppe *f* grupo *m* folklórico

Tradition [tradi'tsjo:n] *f* (-; -en) tradición *f*; ℒell [--tsjo'nɛl] tradicional

'trag|bar ['tra:k-] portátil; ℒe ['-gə] *f* (-; -n) angarillas *f/pl*, andas *f/pl*

träge ['trɛ:gə] perezoso; indolente

tragen ['tra:gən] (trug, getragen, h) 1. *v/t* llevar; *Brille, Bart: a* gastar; *Zinsen*: producir; *Früchte*: dar; (*stützen*) sostener; *die Kosten* ⁓ correr con los gastos, costear (a/c); 2. *v/i Eis*: resistir; *Baum*: dar fruto

'Träger ['trɛ:gər] *m* (-s; -) portador *m*; △ soporte *m*, sostén *m*; *an Kleidungsstücken*: tirante *m*; '⁓rakete *f* cohete *m* portador

'Trag|etasche ['tra:gə-] *f* bolsa *f*; ⁓fläche ⤳ ['tra:k-] *f* ala *f*; ⁓flügelboot *n* hidroala *m*, hidrofoil *m*

'Tragi|k ['tra:gik] *f* (-; *sin pl*) lo trágico; ℒsch trágico

Tragödie [tra'gø:djə] *f* (-; -n) tragedia *f* (*a fig*)

Tragweite ['tra:k-] *f* (-; *sin pl*) alcance *m*; *fig a* tra(n)scendencia *f*, envergadura *f*

'Train|er ['trɛ:nər] *m* (-s; -), ⁓erin *f* (-; -nen) entrenador(a *f*) *m*; ℒ'ieren [trɛ-'ni:rən] (h) *v/t* (*v/i*) entrenar(se); ⁓ing ['-niŋ] *n* (-s; -s) entrenamiento *m*; ⁓ings-anzug *m* chándal *m*

Traktor ['traktɔr] *m* (-s; -en [-'to:rən]) tractor *m*

trampeln ['trampəln] (ge-, h) pat(al)ear

'tramp|en ['trɛmpən] (ge-, sn) hacer autostop, viajar por autostop; ℒer *m* (-s; -), ℒerin *f* (-; -nen) autostopista *su*

'Träne ['trɛ:nə] *f* (-; -n) lágrima *f*; ℒn (ge-, h) lagrimear; ⁓ngas *n* gas *m* lacrimógeno

'Tränke ['trɛŋkə] *f* (-; -n) abrevadero *m*; ℒn (ge-, h) abrevar; (*durch*⁓) empapar, impregnar (*mit* de)

Transaktion [trans?ak'tsjo:n] *f* transacción *f*

Trans|fer [trans'fe:r] *m* (-s; -s) transferencia *f*; *v Personen*: traslado *m*; ℒferieren [-fe'ri:rən] (h) transferir; ⁓formator [-fɔr'ma:tɔr] ⚡ *m* (-s; -en [-ma'to:rən]) transformador *m*

Tran'sistor ☉ [-'zistɔr] *m* (-s; -en [-'to:rən]), ⁓radio *n* transistor *m*

Tran'sit [-'zi:t] *m* (-s; -e) tránsito *m*; ⁓strecke *f* trayecto *m* de tránsito; ⁓visum *n* visado *m* de tránsito

Trans|parent [transpa'rɛnt] *n* (-[e]s; -e) transparente *m*; (*Spruchband*) pancarta *f*; ⁓plantation ⚘ [-planta'tsjo:n] *f* (-; -en) trasplante *m*

Trans'port [-'pɔrt] *m* (-[e]s; -e) transporte *m*; ℒabel [--'ta:bəl] transportable; ⁓eur [--'tø:r] *m* (-s; -e) transportista *m*; ☉, ⚒ transportador *m*; ℒfähig transportable; ℒ'ieren (h) transportar; ⁓kosten *pl* gastos *m/pl* de transporte; ⁓mittel *n* medio *m* de transporte; ⁓unternehmen *n* empresa *f od* agencia *f* de transportes; ⁓unternehmer *m* transportista *m*; agente *m* de transportes; ⁓versicherung *f* seguro *m* de transporte; ⁓wesen *n* transportes *m/pl*

Trapez [tra'pe:ts] *n* (-es; -e) trapecio *m*

'Traube ['traubə] *f* (-; -n) racimo *m* (*a fig*); (*Weinℒ*) uva *f*; ⁓nsaft *m* zumo *m* de uva; ⁓nzucker *m* glucosa *f*

trauen (h) 1. *v/i* (ge-) confiar (*j-m* en alg); fiarse (de); *s-n Augen* (*Ohren*) *nicht* ⁓ no dar crédito a sus ojos (oídos); 2. *v/t* (*sich* ⁓ *lassen*) casar (-se); 3. *v/i/refl* (ge-): *sich* ⁓ *zu* atreverse a

'Trauer *f* (-; *sin pl*) tristeza *f*; (*Totenℒ*) duelo *m*, luto *m*; ⁓fall *m* defunción *f*; ⁓feier *f* funerales *m/pl*, exequias *f/pl*; ⁓kleidung *f* luto *m*; ⁓marsch *m* marcha *f* fúnebre; ℒn (ge-, h): ⁓ *um* llorar la muerte de; estar de luto por; ⁓zug *m* cortejo *m* fúnebre

träufeln

träufeln ['trɔyfəln] (ge-, h) echar gota a gota; ✍ instilar
Traum [traʊm] *m* (-[e]s; ⸚e) sueño *m*; ensueño *m*
träumen ['trɔymən] (ge-, h) soñar (**von** con)
Traumwelt ['traʊm-] *f* mundo *m* fantástico *od* imaginario
traurig ['traʊrɪç] triste; afligido
'**Trau|ring** *m* alianza *f*; **~schein** *m* acta *f* de matrimonio; **~ung** *f* (-; -en) matrimonio *m* (**kirchliche** religioso; **standesamtliche** civil); **~zeuge** *m* padrino *m* de boda; **~zeugin** *f* madrina *f* de boda
Travellerscheck ['trɛvələr-] *m* cheque *m* de viaje
'**treff|en** ['-fən] (traf, getroffen, h) **1.** *v/t u v/i* alcanzar; (*begegnen*) encontrar; *zufällig*: tropezar con; *Maßnahmen*: tomar; *Vorbereitungen*: hacer; *Verabredung*: concertar; (sn) **~ auf** (*ac*) dar con; **2.** *v/refl* (h): **sich ~** reunirse; darse cita; encontrarse; **♀en** *n* (-s; -) encuentro *m* (*a dep*); reunión *f*; cita *f*; ⚔ combate *m*; **~end** acertado; exacto; justo; **♀er** *m* (-s; -) ⚔ impacto *m*; *dep* gol *m*, tanto *m*; *Lotterie*: billete *m* premiado; *fig* gran éxito *m*; **♀punkt** *m* punto *m* de reunión; lugar *m* de (la) cita
'**treib|en** ['traɪbən] (trieb, getrieben) **1.** *v/t* (h) empujar; impeler; (*an*~) ⚙ accionar; impulsar; *Vieh*: conducir; (*be*~) practicar, ejercitar, ejercer; (*ver*~) expulsar, echar (**aus** de); *fig* (*drängen*) atosigar; *Preis*: (**in die Höhe**) **~** hacer subir; **es zu weit** *od* **zu bunt ~** ir demasiado lejos, (pro)pasarse; **2.** *v/i* (h u sn) flotar; ⚓ ir a la deriva; 🌱 brotar; germinar; **~de Kraft** fuerza *f* motriz; *j*: iniciador *m*, propulsor *m*; **♀en** *n* (-s; *sin pl*) (*Tun*) actividad *f*; (*Bewegung*) movimiento *m*; animación *f*; **♀haus** *n* invernadero *m*; **♀haus-effekt** *m* efecto *m* invernadero; **♀jagd** *f* batida *f*; caza *f* en ojeo; **♀stoff** *m* carburante *m*
Trekking ['trɛkɪŋ] *n* (-s; -s) trekking *m*
Trend [trɛnt] *m* (-s; -s) tendencia *f* (**zu** *a*)
'**trenn|en** ['trɛnən] (ge-, h) separar; *a* 🎵 disociar; (*entzweien*) desunir; *tel* cortar; **sich ~** separarse (*a Eheleute*); **♀ung** *f* (-; -en) separación *f*; división *f*
'**Treppe** ['trɛpə] *f* (-; -n) escalera *f*; **drei ~n hoch** en el tercer piso; **~n-absatz** *m* descansillo *m*, rellano *m*; **~ngeländer** *n* pasamano(s) *m*; **~nhaus** *n* caja *f od* hueco *m* de la escalera
Tre'sor [tre'zo:r] *m* (-s; -e) *in Banken*: cámara *f* acorazada; (*Geldschrank*) caja *f* fuerte *od* de caudales; **~raum** *m* cámara *f* acorazada
'**Tret|boot** ['tre:t-] *n* patín *m* (acuático); **♀en** (trat, getreten) **1.** *v/i* (h u sn): **auf od in et ~** pisar a/c; **in e-n Raum ~** entrar en; **aus** *et* **~** salir de; **zu j-m ~** acercarse a alg; **2.** *v/t* (h) pisar; **j-n ~** dar un puntapié *od* una patada a alg
treu [trɔy] fiel (*a fig*), leal; '**♀e** *f* (-; *sin pl*) fidelidad *f*; lealtad *f*; **♀händer ✝** ['-hɛndər] *m* (-s; -) (agente *m*) fiduciario *m*; '**♀handgesellschaft ✝** *f* sociedad *f* fiduciaria; '**~los** desleal, infiel; pérfido
Tribunal [tribu'na:l] *n* (-s; -e) tribunal *m*
Tribüne [-'by:nə] *f* (-; -n) tribuna *f*
Trichter ['trɪçtər] *m* (-s; -) embudo *m*; (*Füll*♀) tolva *f*; (*Vulkan*♀) cráter *m*
Trick [trɪk] *m* (-s; -s) truco *m*; '**~film** *m* dibujos *m/pl* animados
Trieb [tri:p] *m* (-[e]s; -e) (*Antrieb*) impulso *m*; (*Instinkt*) instinto *m*; (*Neigung*) inclinación *f*; 🌱 brote *m*, retoño *m*; '**kraft** *f* fuerza *f* motriz; '**~wagon 🚃** *m* automotor *m*; '**~werk** *n* mecanismo *m* de accionamiento; *a* ✈ propulsor *m*
'**triefen** ['tri:fən] (ge-, h) chorrear; *Nase*: moquear; *Auge*: lagrimear; **~d** empapado (**vor** de)
triftig ['trɪftɪç] concluyente, plausible; (bien) fundado
Trikot [tri'ko:] *n* (-s; -s) (*Kleidungsstück*) malla *f*, tricot *m*
'**Trimm|-dich-Pfad** ['trɪmdɪçpfɑ:t] *m* circuito *m* natural; **♀en** (ge-, h): **sich ~** hacer ejercicio; entrenarse
'**trink|bar** ['trɪŋk-] potable; **♀becher** *m* vaso *m*; **~en** (trank, getrunken, h) beber (**aus** en); *Tee, Kaffee*: tomar; **auf et** *od* **j-n ~** brindar por a/c *od* alg; **♀er** *m* (-s; -), **♀erin** *f* (-; -nen) bebedor(a *f*) *m*; alcohólico *m*, -a *f*; **♀geld** *n* propina *f*; **♀spruch** *m* brindis *m*; **e-n ~ ausbringen auf** (*ac*) brindar por; **♀wasser** *n* (-s; ⸚) agua *f* potable
Trio ['tri:o] *n* (-s; -s) trío *m* (*a fig*)
'**tripp|eln** ['trɪpəln] (ge-, sn) andar a pasitos cortos y rápidos; **♀er ✍** *m* (-s; -) gonorrea *f*, blenorragia *f*
Tritt [trɪt] *m* (-[e]s; -e) paso *m*; (*Fuß*♀)

puntapié *m*; '⁓brett *n* estribo *m*; '⁓leiter *f* escalerilla *f*

Triumph [tri'umf] *m* (-[e]s; -e) triunfo *m*; 2'**ieren** (h) triunfar (*über ac* de)

'**trocken** ['trɔkən] seco (*a fig*); (*dürr*) árido; ⁓ *werden* secarse; 2**dock** *n* dique *m* seco; 2**haube** *f* (casco *m*) secador *m*; 2**heit** *f* (-; *sin pl*) sequedad *f* (*a fig*); sequía *f*; (*Dürre*) aridez *f*; ⁓**legen** (*sep*, -ge-, h) desecar; *Gelände*: desaguar; *Kind*: cambiar los pañales a; 2**zeit** *f* temporada *f* seca, sequía *f*

trocknen ['-nən] (ge-) *v/t* (h) secar; *v/i* (h *u* sn) secarse

'**Trödel** ['trø:dəl] *m* (-s; *sin pl*) baratijas *f/pl*; trastos *m/pl* viejos; ⁓**markt** *m* mercadillo *m* (de viejo); 2**n** (ge-, h) perder el tiempo; rezagarse

'**Trommel** ['trɔməl] *f* (-; -n) tambor *m* (*a* ⚙); ⁓**fell** *n anat* tímpano *m*; 2**n** (ge-, h) tocar el tambor

Trommler ['-lər] *m* (-s; -) tambor *m*

Trom'pete [-'pe:tə] *f* (-; -n) trompeta *f*; 2**n** (h) tocar la trompeta; ⁓**r** *m* (-s; -) trompeta *m*, trompetista *m*

'**Tropen** ['tro:pən] *pl* trópicos *m/pl*; ⁓**helm** *m* salacot *m*

Tropf [trɔpf] *m* (-[e]s; -e) gota a gota *m*; '2**en** *v/i* (ge-, h) gotear; '⁓**en** *m* (-s; -) gota *f*; '⁓**stein** *m an der Decke*: estalactita *f*; *am Boden*: estalagmita *f*; '⁓**steinhöhle** *f* gruta *f* de estalactitas

Trophäe [trɔ'fɛ:ə] *f* (-; -n) trofeo *m*

tropisch ['tro:pɪʃ] tropical

Trosse ⚓ ['trɔsə] *f* (-; -n) cable *m*; amarra *f*

Trost [tro:st] *m* (-[e]s; *sin pl*) consuelo *m*

trösten ['trø:stən] (ge-, h) consolar

'**trost|los** ['tro:stlo:s] desconsolado; desesperado; (*öde*) desolado; 2**preis** *m* premio *m* de consolación

trotz [trɔts] **1.** *prp* (*gen u dat*) a pesar de, no obstante, pese a; **2.** 2 *m* (-es; *sin pl*) obstinación *f*, terquedad *f*; *j-m zum* ⁓ *a* despecho de alg; '⁓**dem** sin embargo, no obstante, a pesar de todo; '⁓**ig** obstinado, terco, porfiado

trübe ['try:bə] *Flüssigkeit*: turbio, borroso; *Licht*: mortecino; (*glanzlos*) deslucido; *Glas*: empañado; *Tag*: gris; *Wetter*: nuboso; *Himmel*: nublado; *fig* sombrío, triste

Trubel ['tru:bəl] *m* (-s; *sin pl*) jaleo *m*, barullo *m*; bulla *f*

'**trüb|en** ['try:bən] (ge-, h) enturbiar (*a fig*); (*verdunkeln*) oscurecer; *Glas*: empañar (*a fig Freude*); *Verstand* turbar; ⁓**selig** ['try:p-] triste, afligido; ⁓**sinnig** melancólico

Trüffel ['tryfəl] *f* (-; -n) trufa *f*

Trugbild ['tru:k-] *n* fantasma *m*, espejismo *m*

'**trüg|en** ['try:gən] (trog, getrogen, h) engañar; ⁓**erisch** engañoso; falaz

Trugschluß ['tru:k-] *m* conclusión *f* errónea

Truhe ['tru:ə] *f* (-; -n) arca *f*; cofre *m*

Trümmer ['trymər] *pl* escombros *m/pl*; ruinas *f/pl*

Trumpf [trumpf] *m* (-[e]s; ⁻e) triunfo *m*; *fig* baza *f*

'**Trunkenheit** ['truŋkən-] *f* (-; *sin pl*) embriaguez *f*; *wegen* ⁓ *am Steuer* por conducir en estado de embriaguez

Trupp [trup] *m* (-s; -s) grupo *m*; *Arbeiter*: brigada *f*, equipo *m*; '⁓**e** *f* (-; -n) ✕ tropa *f*; '⁓**en-übungsplatz** *m* campo *m* de maniobras

Trust ✝ [trast] *m* (-[e]s; -e, -s) trust *m*

Truthahn ['tru:t-] *m* pavo *m*

'**Tschech|e** ['tʃɛçə] *m* (-n; -n), ⁓**in** *f* (-; -nen), 2**isch** checo *m*, -a *f*

tschüs F [tʃys, tʃy:s] chao

T-Shirt ['ti:ʃœ:t] *n* (-s; -s) camiseta *f*

Tube ['tu:bə] *f* (-; -n) tubo *m*

Tuberkulose ☤ [tubɛrku'lo:zə] *f* (-; -n) tuberculosis *f*

Tuch [tu:x] *n* (-[e]s; ⁻er) (*Wisch*2) trapo *m*; (*Hals*2, *Kopf*2 *etc*) pañuelo *m*

tüchtig ['tyçtɪç] hábil; capaz, eficiente; bueno; *adv* de lo lindo

tückisch ['tykɪʃ] pérfido; malicioso; traidor (*a Tier*); (*Krankheit*) insidioso

tüfteln ['tyftəln] (ge-, h) sutilizar

Tugend ['tu:gənt] *f* (-; -en) virtud *f*

Tulpe ['tulpə] *f* (-; -n) tulipán *m*

tummeln ['tuməln] (ge-, h): *sich* ⁓ *Kinder*: retozar

Tumor ☤ ['tu:mɔr] *m* (-s; -en [tu'mo:rən]) tumor *m*

Tumult [tu'mult] *m* (-[e]s; -e) tumulto *m*; alboroto *m*

tun [tu:n] (tat, getan, h) hacer; *in et (hinein)*⁓ introducir, meter, poner en; echar en; (*viel*) *zu* ⁓ *haben* estar (muy) ocupado; tener (mucho) que hacer; *mit j-m zu* ⁓ *haben* (tener que) tratar con alg; *nichts zu* ⁓ *haben mit* no tener nada que ver con; *so ~, als ob* hacer como si; fingir

Tu'nes|ier [tu'ne:zjər] *m* (-s; -), **~ierin** *f* (-; -nen), **2isch** tunecino *m*, -a *f*

Tunke ['tuŋkə] *f* (-; -n) salsa *f*; **2n** (ge-, h) mojar (*in ac* en)

Tunnel ['tunəl] *m* (-s; -) túnel *m*

tupfen ['tupfən] (ge-, h) tocar ligeramente

Tür [ty:r] *f* (-; -en) puerta *f*; (*Wagen2*) portezuela *f*; *hinter verschlossenen ~en* a puerta cerrada; *vor die ~ setzen* echar a la calle; '**~angel** *f* gozne *m*

Turban ['turba:n] *m* (-s; -e) turbante *m*

Turbine [-'bi:nə] *f* (-; -n) turbina *f*

turbulent [-bu'lɛnt] turbulento

Türflügel ['ty:r-] *m* hoja *f* de puerta

'**Türk|e** ['tyrkə] *m* (-n; -n), **~in** *f* (-; -nen), **2isch** turco *m*, -a *f*

'**Tür|klinke** ['ty:r-] *f* picaporte *m*; **~klopfer** *m* (-s; -) aldaba *f*

Turm [turm] *m* (-[e]s; ⁓e) torre *f* (*a Schach*); (*Glocken2*) campanario *m*; (*Festungs2*) torreón *m*; (*Wacht2*) atalaya *f*; '**~spitze** *f* aguja *f*, flecha *f*; '**~springen** *n* (-s; *sin pl*) saltos *m/pl* de palanca; '**~uhr** *f* reloj *m* de torre

'**turn|en** ['turnən] (ge-, h) hacer gimnasia; **2en** *n* (-s; *sin pl*) gimnasia *f* (deportiva); **2er** *m* (-s; -), **2erin** *f* (-; -nen)

gimnasta *su*; **2gerät** *n* aparato *m* gimnástico; **2halle** *f* gimnasio *m*; **2hose** *f* pantalón *m* de gimnasia; **2ier** [-'ni:r] *n* (-s; -e) torneo *m*; **2schuhe** *m/pl* zapatillas *f/pl*

'**Turnus** ['-nus] *m* (-; -se) turno *m*; **2mäßig** por turno(s)

'**Tür|öffner** ['ty:r⁹-] *m*: *automatischer ~* portero *m* electrónico; **~schild** *n* placa *f*; **~schließer** *m* (-s; -) (*Apparat*) cierre *m* (de puertas) automático; **~schloß** *n* cerradura *f*

Tusch|e ['tuʃə] *f* (-; -n) tinta *f* china; **2eln** (ge-, h) cuchichear

Tüte ['ty:tə] *f* (-; -n) cucurucho *m*, bolsa *f* (de papel)

tuten ['tu:tən] (ge-, h) tocar (la sirena; la bocina, *etc*); (hacer) sonar

TÜV [tyf] *m* (-; *sin pl*) *Esp* Inspección *f* Técnica de Vehículos (ITV)

Typ [ty:p] *m* (-s; -en) tipo *m*; '**~e** *f* (-; -n) *tip* tipo *m* (de imprenta); letra *f* de molde; F *fig* tío *m*, tipejo *m*; '**~enrad** *n* margarita *f*

Typhus ⚕ ['ty:fus] *m* (-; *sin pl*) tifus *m*, fiebre *f* tifoidea

typisch ['-piʃ] típico

Tyrann [ty'ran] *m* (-en, -en) tirano *m*; **2i'sieren** (h) tiranizar

U

U, u [u:] *n* (-; -) U, u *f*

'**U-Bahn** ['u:ba:n] *f* (-; -en) metro *m*, *Am* subterráneo *m*; **~hof** *m* estación *f* de metro; **~netz** *n* red *f* de metro

'**übel** ['y:bəl] *adj* mal(o); *adv* mal; **~nehmen** (*irr*, *sep*, -ge-, h, → *nehmen*) tomar a mal; **2täter(in** *f*) *m* malhechor(a *f*) *m*

üben ['y:bən] (ge-, h) **1.** *v/t* ejercitar, practicar, ejercer; ♪ estudiar; **2.** *v/i* hacer ejercicios; entrenarse

über ['y:bər] **1.** *prp* (*wo? dat*; *wohin? ac*) sobre; encima de; (*~ ... hinweg*) por encima de; (*~ ... hinaus*) más allá de; (*während*) durante; (*mehr als*) más de; (*von*) de, sobre; 🙼 vía, por; *ein Scheck*

~ 100 Mark un cheque (por valor) de cien marcos; **2.** *adv*: *~ und ~* completamente

über|'all [--⁹al] en *od* por todas partes; '**2angebot** ✝ *n* (-[e]s; -e) oferta *f* excesiva; **~'anstrengen** (h) fatigar excesivamente; **~'arbeiten** (h) revisar; retocar; *sich ~* trabajar demasiado

über|'backen (*irr*, *sin* ge-, h, → *backen*) gratinar; '**~belichten** (h) *fot* sobreexponer; **~'bieten** (*irr*, *sin* ge-, h, → *bieten*) sobrepujar (*a fig*); '**2blick** *m* (-[e]s; -e) *a fig* vista *f* general *od* de conjunto; (*Zusammenfassung*) resumen *m*; sumario *m*; **~'blicken** (h) abarcar con la vista; *a fig* dominar; **~'dauern** (h) sobrevivir a; ~'**denken** (*irr, sin* ge-, h, → *denken*) reflexionar sobre; recapacitar; '2**dosis** *f* (-; -sen) sobredosis *f*; '~**durchschnittlich** superior al promedio; extraordinario; ~**eilen** (h) precipitar

überein'ander [--'?aɪn'?andər] uno sobre otro; ~**schlagen** (*irr, sep,* -ge-, h, → *schlagen*) *Beine:* cruzar

über'ein|kommen [--'?aɪnkɔmən] (*irr, sep,* -ge-, sn, → *kommen*) ponerse de acuerdo (*über ac* sobre); convenir (en); 2**kommen** *n* (-s; -), 2**kunft** *f* [--'-kunft] *f* (-; ⁓e) convenio *m,* acuerdo *m,* arreglo *m;* ~**stimmen** (*sep,* -ge-, h) coincidir; concordar; estar conforme *od* de acuerdo; 2**stimmung** *f* (-; -en) concordancia *f;* armonía *f;* conformidad *f*

'**über-empfindlich** hipersensible

über'|fahren (*irr, sin* ge-, h, → *fahren*) atropellar, arrollar; *Signal:* pasar; '2**fahrt** *f* (-; -en) travesía *f;* pasaje *m;* '2**fall** *m* (-[e]s; ⁓e) agresión *f;* (*Raub*2) atraco *m;* ~'**fallen** (*irr, sin* ge-, h, → *fallen*) atracar, asaltar; *fig* sorprender; '~**fällig** retrasado; ✝ vencido (y no pagado); '2**fluß** *m* (-sses; *sin pl*) abundancia *f,* profusión *f* (*an dat* de); '2**flußgesellschaft** *f* sociedad *f* opulenta; '~**flüssig** superfluo; ~ **sn** sobrar, estar de sobra *od* de más; ~'**fordern** (h) exigir demasiado de; ~'**führen** (h) 🚂 vo- convencer; 2'**führung** *f* (-; -en) traslado *m;* transporte *m; e-r Leiche:* conducción *f; Verkehr:* paso *m* superior *od* elevado; 🚂 convicción *f;* ~'**füllt** [--'fylt] repleto, atestado, F de bote en bote

'**Über|gabe** *f* (-; -n) entrega *f;* ✕ rendición *f;* ~**gang** *m* (-[e]s; ⁓e) paso *m; fig* transición *f;* 2'**geben** (*irr, sin* ge-, h, → *geben*) entregar; ✕ rendir; *sich* ~ vomitar; 2'**gehen** (*irr, sin* ge-, h, → *gehen*) pasar por alto; (*auslassen*) omitir; *bei der Beförderung:* postergar; ~**gepäck** *n* (-[e]s; *sin pl*) exceso *m* de equipaje; ~**gewicht** *n* (-[e]s; *sin pl*) sobrepeso *m,* exceso *m* de peso; *fig* preponderancia *f;* 2**glücklich** muy feliz; loco de alegría; ~**größe** talla *f* grande, talla *f* especial

über'|handnehmen (*irr, sep,* -ge-, h, → *nehmen*) llegar a ser excesivo; aumentar demasiado; menudear; ~'**häufen** (h) colmar (*mit* de); *mit Arbeit etc:* ago-

biar, abrumar (de); ~'**haupt** generalmente; en suma; ~ **nicht** de ningún modo; ~ **nichts** absolutamente nada; ~**heblich** [--'heːplɪç] presuntuoso, arrogante; ~'**höht** [--'høːt] *Preis:* abusivo; ~'**holen** (h) adelantar; pasar; *fig* aventajar; ⊙ revisar; repasar; 2'**holspur** *f* carril *m* de adelantamiento; 2'**holverbot** *n* prohibición *f* de adelantar; ~'**hören** (h) no oír; *absichtlich:* hacerse el desentendido; '2**kapazität** *f* sobrecapacidad *f;* '~**kochen** (*sep,* -ge-, sn) rebosar al hervir; *Milch:* salirse

über'|laden (*irr, sin* ge-, h, → *laden*) sobrecargar; *fig* recargar; ~'**lagern** (h) superponer; '2**landbus** *m* coche *m* de línea; ~'**lassen** (*irr, sin* ge-, h, → *lassen*) (*abtreten*) ceder; (*anheimstellen*) dejar; ~'**lasten** (h) sobrecargar; *fig* agobiar, abrumar (*mit* de); '~**laufen** (*irr, sep,* -ge-, sn, → *laufen*) derramarse, rebosar; salirse; ✕ pasarse al enemigo; ~'**leben** (h) sobrevivir a, 2**lebende** *m/f* (-n; -n) superviviente *su;* ~'**legen 1.** *v/t* (h) pensar, considerar; reflexionar; **2.** *adj* superior; ~'**liefern** (h) transmitir

'**Über|macht** *f* (-; *sin pl*) ✕ superioridad *f* de fuerzas *bzw* numérica; 2**mäßig** excesivo; desmesurado; *adv* demasiado; 2'**mitteln** (h) transmitir; 2'**morgen** pasado mañana; 2**mütig** ['--myːtɪç] loco de alegría; petulante, travieso

'**über|nächst:** *am* ~*en Tag* dos días después *od* más tarde; ~**nachten** [--'naxtən] (h) pasar la noche (*in dat* en), pernoctar; 2'**nachtung** *f* (-; -en) pernoctación *f;* ~ *mit Frühstück* alojamiento *m* con desayuno; 2**nahme** ['--naːmə] *f* (-; -n) aceptación *f,* recepción *f; e-s Amtes:* toma *f* de posesión; 2**nahme-angebot** *n* oferta *f* pública de adquisición (de acciones), opa *f;* ~**national** supranacional; ~'**nehmen** (*irr, sin* ge-, h, → *nehmen*) tomar, aceptar; recibir; *Amt:* tomar posesión de; *Arbeit, Auftrag:* encargarse de; *Stelle, Firma:* hacerse cargo de; *Verantwortung:* asumir; 2**produktion** *f* (-; -en) sobreproducción *f;* ~'**prüfen** (h) examinar; revisar, comprobar; ~**queren** [--'kveːrən] (h) atravesar, cruzar

über'rasch|en [--'raʃən] (h) sorprender;

überraschend

⸺**end** sorprendente; inesperado; ⸺**ung** f (-; -en) sorpresa f
über'reden (h) persuadir
'**über|regional** suprarregional; ⸺**reich** abundante; ⸺ **sn an** (dat) abundar en; ⸺'**reichen** (h) entregar; presentar; ⸺'**rumpeln** (h) coger desprevenido; sorprender; ⸺'**runden** (h) tomar la delantera (a fig)
'**über|satt** repleto; ⸺**schallflugzeug** n avión m supersónico; ⸺**schallgeschwindigkeit** f velocidad f supersónica; ⸺'**schätzen** (h) sobr(e)estimar; ⸺**schlag** m (-[e]s; ⸚e) cálculo m aproximativo; (Turnen) paloma f; ⸺'**schlagen** (irr, sin ge-, h, → schlagen) (auslassen) pasar por alto, omitir; (berechnen) calcular; **sich** ⸺ dar una vuelta de campana; a ✈ capotar; ⸺'**schneiden** (irr, sin ge-, h, → schneiden): **sich** ⸺ cruzarse; (zeitlich) coincidir; ⸺'**schreiten** (irr, sin ge-, h, → schreiten) atravesar, cruzar; pasar; fig exceder, pasar de, rebasar; Gesetz, Gebot: violar, infringir; ⸺**schrift** f (-; -en) título m; ⸺**schuß** m (-sses; ⸚sse) excedente m, sobrante m; (Kassen⸺) superávit m, saldo m activo; ⸺**schußproduktion** f producción f excedentaria; ⸺'**schütten** (h) cubrir (mit de); fig a colmar (de); ⸺'**schwemmen** (h) a fig inundar (mit de); ⸺'**schwemmung** f (-; -en) inundación f
'**Über|see** f ultramar m; ⸺**seedampfer** m transatlántico m; ⸺'**sehen** (irr, sin ge-, h, → sehen) abarcar con la vista; (nicht sehen) no ver; omitir; (nicht beachten) no hacer caso de, desatender; ⸺'**senden** (irr, sin ge-, h, → senden) enviar, mandar, remitir; ⸺**setzen** (sep, -ge-, h) mit Fähre: pasar (a la otra orilla); ⸺'**setzen** (h) Text: traducir; ⸺'**setzer(in** f) m traductor(a f) m; ⸺'**setzung** f (-; -en) traducción f; in die Muttersprache: versión f; ⊕ transmisión f; am Fahrrad: multiplicación f; ⸺**sicht** f (-; -en) vista f general od de conjunto; cuadro m sinóptico; ⸺**sichtlich** claro; Gelände: abierto; ⸺**sichtskarte** f mapa m general; ⸺**siedeln** (sep, -ge-, sn) trasladarse; ⸺**spannt** [--'ʃpant] fig exagerado, exaltado, extravagante; ⸺'**spielen** (h) Schallplatte: regrabar; fig disimular; ⸺'**springen** (irr, sin ge-, h, → springen) saltar (por encima de); fig saltar-

se; ⸺'**stehen** (irr, sin ge-, h, → stehen) pasar; vencer; **glücklich** ⸺ salir airoso de; ⸺'**steigen** (irr, sin ge-, h, → steigen) pasar por encima de; fig exceder; desbordar; ⸺'**stimmen** (h) vencer por mayoría de votos; ⸺**stunde** f hora f extraordinaria; ⸺**stundenzuschlag** m (Aufschlag) suplemento m por horas extra(ordinaria)s
'**Über|trag** ['--traːk] ✞ m (-[e]s; ⸚e) suma f anterior, suma f y sigue; ⸺ **auf neue Rechnung** saldo m od traslado m a cuenta nueva; ⸺'**tragbar** transferible; a ✚ transmisible; **nicht** ⸺ intransferible; ⸺'**tragen** (irr, sin ge-, h, → tragen) trasladar; a ✚, ⊕ transmitir (auf ac a); 🕮, ✞ transferir; Steno: transcribir; Radio, TV: (re)transmitir; Amt, Aufgabe: encargar, confiar; **in** ⸺**er Bedeutung** en sentido figurado; ⸺'**tragung** f (-; -en) 🕮, ✞ transferencia f; transmisión f (a ⊕); ✚ a contagio m; (Steno) transcripción f; Radio, TV: (re)transmisión f; ⸺'**treffen** (irr, sin ge-, h, → treffen) exceder, superar; j-n: aventajar (**an** dat en); llevar ventaja a; ⸺'**treiben** (irr, sin ge-, h, → treiben) exagerar; ⸺'**treten** (irr, sin ge, h, → treten) contravenir a, infringir, violar
übervölkert [--'fœlkərt] superpoblado
über|'wachen (h) vigilar, inspeccionar, controlar; ⸺**weisen** [--'vaɪzən] (irr, sin ge-, h, → weisen) transferir; Geld: a girar; ⸺'**weisung** f (-; -en) transferencia f; giro m; ⸺'**weisungsformular** n formulario m de transferencia; ⸺'**wiegen** (irr, sin ge-, h, → wiegen) preponderar, predominar, prevalecer (sobre); ⸺'**winden** (irr, sin ge-, h, → winden) vencer; superar; Hindernisse: a allanar; Gefühle: dominar; **sich** ⸺ (et zu tun) hacer de tripas corazón
'**Über|zahl** f (-; sin pl) superioridad f numérica; ⸺'**zeugen** (h) convencer (**von** de); ⸺'**zeugung** f (-; -en) convencimiento m, convicción f; ⸺'**ziehen** (irr, sin ge-, h, → ziehen) revestir, (re)cubrir; forrar (**mit** de); Möbel: tapizar; Kissen: enfundar; Konto: dejar en descubierto; Kredit, Zeit: rebasar; · **das Bett frisch** ⸺ mudar la ropa de la cama; ⸺'**ziehungskredit** m crédito m por descubierto; ⸺**zug** m (-[e]s; ⸚e) ⊕ revestimiento m; (Hülle) funda f

üblich ['y:pliç] usual; acostumbrado; **wie ~** como de costumbre
U-Boot ['u:bo:t] *n* submarino *m*
'übrig ['y:briç] sobrante, restante; **das ~e** el resto; lo demás; **die ~en** los demás; **~ sn** sobrar; **~ haben** tener de sobra; **~bleiben** (*irr, sep*, -ge-, sn, → *bleiben*) quedar, sobrar; **was bleibt mir anderes übrig?** ¡qué remedio!; **~lassen** (*irr, sep*, -ge-, h, → *lassen*) dejar
Übung ['y:buŋ] *f* (-; -en) ejercicio *m*; práctica *f*; (*Training*) entrenamiento *m*
'Ufer ['u:fər] *n* (-s; -) orilla *f*; borde *m*; (*Fluß*) a ribera *f*; **über die ~ treten** desbordarse; **~promenade** *f* paseo *m* marítimo *bzw* ribereño; **~straße** *f* carretera *f* ribereña *od* del litoral
Uhr [u:r] *f* (-; -en) reloj *m*; *Zeit*: hora *f*; **wieviel ~ ist es?** ¿qué hora es?; **es ist ein ~** es la una; **es ist zwei ~** son las dos; **'~macher** [-maxər] *m* (-s; -) relojero *m*; **'~zeiger** *m* aguja *f*, manecilla *f*; **'~zeigersinn** *m*: **im ~** en el sentido de las agujas del reloj; **'~zeit** *f* hora *f*
Uhu *zo* ['u:hu] *m* (-s; -s) búho *m*
Ulme ♀ ['ulmə] *f* (-; -n) olmo *m*
Ultimatum [-ti'mɑ:tum] *n* (-s; -ten) ultimátum *m* (**stellen** poner)
Ultra|'kurzwelle [-tra'-] *f* ≨ onda *f* ultracorta; *Radio*: frecuencia *f* modulada; **'~schall** *m* ultrasonido *m*; **'≨violett** ultravioleta
um [um] **1.** *prp* (*ac*) **a)** *örtlich*: (**~ ... herum**) alrededor de; **b)** *zeitlich*: a; (*ungefähr*) hacia, a eso de; **c)** *Grund*: (**~ ... willen**) por, a causa de; **d)** *Maß*: **~ so besser** (**schlimmer**) tanto mejor (peor); **e)** *Preis*: por, al precio de; **2.** *cj*: **~ zu** (*inf*) para; **3.** *adv*: **~ und ~** por todos lados
umarmen [-'ʔarmən] (h) abrazar, dar un abrazo a
'Umbau *m* (-[e]s; -ten) △ reformas *f/pl*, transformación *f*; *teat* cambio *m* de decorados; *fig* reorganización *f*; **≨en** (*sep*, -ge-, h) reformar, transformar; *fig* reorganizar
'umbilden (*sep*, -ge-; h) transformar; remodelar; *fig* reorganizar
'um|binden (*irr, sep*, -ge-, h, → *binden*) *Schürze, Krawatte*: ponerse; **~bringen** (*irr, sep*, -ge-, h, → *bringen*) matar, asesinar

'umbuch|en (*sep*, -ge-, h) ✈ pasar a otra cuenta; *Reise*: cambiar la reserva (de); **≨ung** *f* (-; -en) cambio *m* de asiento (*Reise*: de reserva)
'um|datieren (*sep*, h) cambiar la fecha; **~disponieren** (*sep*, h) cambiar las disposiciones; **~drehen** (*sep*, -ge-, h) volver; dar vuelta a; *Hals*: torcer; **sich ~** volverse, volver la cabeza; **~fahren** (*irr, sep*, -ge-, h, → *fahren*) derribar; *j-n*: atropellar; **~fallen** (*irr, sep*, -ge-, sn, → *fallen*) caerse; *Wagen etc*: volcar; *fig* cambiar bruscamente de opinión
'Umfang *m* (-[e]s; *sin pl*) circunferencia *f*; ⚭ perímetro *m*; periferia *f*; (*Dicke*) espesor *m*; *fig* extensión *f*; envergadura *f*; proporciones *f/pl*; **≨reich** voluminoso; extenso
umfassend [-'fasənd] amplio, extenso; completo
'Umfrage *f* (-; -n) encuesta *f* (**halten** hacer)
'umfüllen (*sep*, -ge-, h) tra(n)svasar, trasegar
'Umgangs|sprache ['-gaŋs-] *f* lenguaje *m* familiar *od* coloquial; **≨sprachlich** coloquial
Um|'gebung [-'ge:buŋ] *f* (-; -en) **1.** *fig* entorno *m*; ambiente *m*, medio *m*; **2.** = **'~gegend** *f* (-; -en) alrededores *m/pl*; inmediaciones *f/pl*, cercanías *f/pl*
umgeh|en (*irr* → *gehen*) **1.** ['-ge:ən] *v/i* (*sep*, -ge-, sn) *Gerücht*: circular; **~ mit j-m** tratar a alg; **2.** [-'-] *v/t* (*sin* ge-, h) dar la vuelta alrededor de; *fig* evitar, eludir; **≨ungsstraße** [-'-uŋs-] *f* carretera *f* de circunvalación
umgekehrt ['-gəke:rt] invertido, inverso; contrario; *adv* al revés, por el (*od* al) contrario
'um|graben (*irr, sep*, -ge-, h, → *graben*) cavar; remover; **≨hang** *m* (-[e]s; ⁓e) mantón *m*; capa *f*
'umhänge|n (*sep*, -ge-, h) colgar; *Mantel*: ponerse sobre los hombros; *Bild*: colocar de otro modo; *über die Schulter*: poner en bandolera; **≨tasche** *f* bolso *m* en bandolera
um'her alrededor, en torno; **~streifen** (*sep*, -ge-, sn) andar vagando (**in** *dat* por); **~ziehen** (*irr, sep*, -ge-, sn, → *ziehen*) vagar, errar
'Umkehr ['-ke:r] *f* (-; *sin pl*) vuelta *f*; **≨en** (*sep*, -ge-) **1.** *v/t* (h) volver, dar vuelta a;

umklammern A. ⚡ invertir; **2.** v/i (sn) volver; dar media vuelta
um'klammern (h) abrazar; agarrar; ⚔ envolver
'umkleide|n v/refl (sep, -ge-, h): **sich ~** cambiarse, mudarse de ropa; **⸺raum** m vestuario m
'um|kommen (irr. sep, -ge-, sn, → **kommen**) perecer; (verderben) desperdiciarse; echarse a perder; **⸺kreis** m (-es; sin pl) periferia f, circunferencia f; (Bereich) ámbito m; **im ~ von 10 km** en diez kilómetros a la redonda; **~laden** (irr, sep, -ge-, h, → **laden**) transbordar; **~'lagern** (h) sitiar, cercar; **⸺land** n (-[e]s; sin pl) alrededores m/pl
'Umlauf m (-[e]s; ⸚e) circulación f; (Schreiben) circular f; **in ~ bringen** poner en circulación; **im ~ sn** circular, estar en circulación
'Umlaut m (-[e]s; -e) metafonía f
'umlegen (sep, -ge-, h) (anders legen) colocar de otro modo; Mantel, Schmuck: ponerse; (umwerfen) derribar; P (töten) dejar tieso
'umleit|en (sep, -ge-, h) desviar; **⸺ung** f (-; -en) desviación f; **⸺ungsschild** n señal f de desviación
'um|packen (sep, -ge-, h) empaquetar de nuevo; Koffer: volver a hacer; Ware: cambiar el embalaje; **~quartieren** ['-kvarti:rən] (sep, h) cambiar de alojamiento; **~räumen** (sep, -ge-, h) disponer de otro modo
'umrechn|en (sep, -ge-, h) convertir (**in** en); **⸺ungskurs** m tipo m de cambio
'um|reißen (irr, sin ge-, h, → **reißen**) perfilar; esbozar; **~'ringen** (h) rodear; ⚔ a cercar; **'⸺riß** m (-sses; -sse) contorno m; **'~rühren** (sep, -ge-, h) remover, agitar
'Umsatz ✝ m (-es; ⸚e) volumen m de negocios, cifra f de ventas, facturación f; (Absatz) (volumen m de) ventas f/pl; **~provision** f comisión f sobre la cifra de ventas; **~rückgang** m descenso m de las ventas; **~steigerung** f incremento m od aumento m de las ventas; **~steuer** f impuesto m sobre el volumen de negocios
'um|schalten (sep, -ge-, h) ⚡ conmutar; TV cambiar de canal; **~schauen** (sep, -ge-, h): **sich ~** volver la cabeza
'Umschlag m (-[e]s; ⸚e) (Hülle) envoltura f; (Buch⸺) cubierta f; forro m; (Brief⸺) sobre m; fig (Wendung) cambio m repentino od brusco; ✝ movimiento m; (Umladen) transbordo m; **⸺en** (irr, sep, -ge-, → **schlagen**) **1.** v/i (sn) (kippen) volcar; Wetter: cambiar bruscamente; **2.** v/t (h) Stoff: doblar; Ärmel: arremangar; Seite: volver; ✝ transbordar; **~hafen** (**~platz**) ✝ m puerto m (lugar m) de transbordo
um'schließen (irr, sin ge-, h, → **schließen**) circundar; encerrar; ✝ cercar
umschreib|en (irr, h, → **schreiben**) **1.** ['---] v/t (sep, -ge-) transcribir; refundir; ⚖ transferir (**auf** ac a, en); **2.** [-'--] v/t (sin ge-) circunscribir; fig parafrasear; **⸺ung** [-'--] f (-; -en) circunscripción f; circunlocución f, perífrasis f
'um|schulden ✝ (sep, -ge-, h) convertir una deuda; **⸺schuldung** f (-; -en) conversión f de una deuda
'umschul|en (sep, -ge-, h) beruflich: readaptar; **⸺ung** f (-; -en) readaptación f profesional
'Um|schwung m (-[e]s; ⸚e) cambio m brusco od repentino; revolución f; **⸺sehen** (irr, sep, -ge-, h, → **sehen**): **sich ~** mirar (hacia) atrás, volver la cabeza; mirar alrededor; fig **sich ~ nach** buscar
'um|setzen (sep, -ge-, h) cambiar de sitio; trasladar; ✝ vender, colocar; ✍ trasplantar; **~ in** transformar en; **~siedeln** (sep, -ge-, h) reasentar
um'sonst (kostenlos) gratis, de balde; (vergeblich) en vano, en balde; inútil(mente)
'Umstand m (-[e]s; ⸚e) circunstancia f; hecho m; **besonderer ~** particularidad f
Umständ|e ['-ʃtɛndə] m/pl circunstancias f/pl; (Lage) situación f; **unter ~n** tal vez, eventualmente; **unter allen ~n** en todo caso, a todo trance; **unter keinen ~n** en ningún caso, de ningún modo; **in anderen ~n** encinta, embarazada; **⸺lich** ['-ʃtɛntlɪç] circunstanciado; (genau) minucioso
'Umstandskleidung f vestidos m/pl para futura mamá
'um|steigen (irr, sep, -ge-, sn, → **steigen**) cambiar (de tren, etc); hacer tra(n)sbordo; **~stellen** (sep, -ge-, h) colocar en otro sitio; cambiar de sitio; fig reorganizar; **sich ~ auf** (ac) (re)adap-

tarsc a; Ωstellung f (-; -en) reorganización f; (re)adaptación f; a ⚔ reconversión f; ~stimmen (sep, -ge-, h) hacer cambiar de opinión; ~stoßen (irr, sep, -ge-, h, → stoßen) derribar; volcar; fig anular; invalidar; ~strukturieren ['-ʃtrukturiːrən] (sep, h) reestructurar; Ωstrukturierung f (-; -en) reestructuración f; Ωsturz (-es; ~e) pol m subversión f; revolución f; ~stürzen (sep, -ge-) 1. v/t (h) volcar, derribar; 2. v/i (sn) volcar, derrumbarse

'Umtausch m (-[e]s; -e) cambio m; canje m; Ωen (sep, -ge-, h) cambiar; canjear; ~kurs m tipo m de cambio m

Umwälzung ['-vɛltsuŋ] f (-; -en) revolución f

'umwand|eln (sep, -ge-, h) transformar; cambiar; ⚔ convertir; Ωlung f (-; -en) transformación f; cambio m; ⚔ conversión f

Umweg ['-veːk] m (-[e]s; -e) rodeo m (a fig)

'Umwelt f (-; sin pl) medio m ambiente, ambiente m; entorno m; ~belastung f impacto m ambiental od ecológico; Ωbewußt consciente de los problemas medioambientales; ~bewußtsein n conciencia f ecológica; ~einfluß m influencia f ambiental; Ωfeindlich contaminante del medio ambiente; Ωfreundlich ecológico; ~schäden ['--ʃɛːdən] m/pl daños m/pl ecológicos od del medio ambiente; Ωschädlich que daña el medio ambiente; ~schutz m protección f del medio ambiente; ~schützer m ['--ʃytsər] (-s; -) ecologista m; ~verschmutzung f contaminación f ambiental

'um|wenden (irr, sep, -ge-, h, → wenden) volver; sich ~ volverse; volver la cabeza; ~werfen (irr, sep, -ge-, h, → werfen) derribar, volcar; ~ziehen (irr, sep, -ge-, → ziehen) 1. v/i (sn) mudarse de casa, trasladarse; 2. v/refl (h): sich ~ mudarse de ropa, cambiarse

'Umzug m (-[e]s; ~e) mudanza f (de casa); traslado m; (Festzug) desfile m; cabalgata f

'unabhängig ['unʔaphɛŋiç] independiente; Ωkeit f (-; sin pl) independencia f

unab|kömmlich [--'kœmliç] insustituible; '~sichtlich involuntario; adv sin intención, sin querer(lo)

'un-achtsam distraído, inadvertido; (nachlässig) descuidado

un-an|'fechtbar incontestable, indiscutible; '~genehm desagradable; molesto; es ist mir ~ me sabe mal; '~ständig indecente, indecoroso; ~tastbar [--'tastbaːr] intangible; inviolable

'un-appetitlich poco apetitoso; repugnante

'Un-art f (-; -en) mala costumbre f; vicio m; e-s Kindes: travesura f; Ωig Kind: travieso, malo

'un-auf|dringlich, ~fällig discreto; ~gefordert ['--gəfɔrdərt] espontáneo; ~merksam desatento; distraído; ~richtig insincero

'unaus|gefüllt ['-ʔausgəfylt] Formular: en blanco; fig vacío; ~stehlich [--'ʃteːliç] insoportable

'unbe|absichtigt ['-bəʔapziçtiçt] involuntario; adv sin querer(lo); ~achtet ['--ʔaxtət] inadvertido (bleiben pasar); ~ lassen no hacer caso de; ~antwortet ['--ʔantvɔrtət] sin respuesta, sin contestación; ~dacht inconsiderado; irreflexivo; ~deutend insignificante; de poca monta; ~dingt incondicional; absoluto; adv a toda costa; ~'fahrbar intransitable, impracticable; ⚓ innavegable; ~fangen imparcial; sin prejuicios; (arglos) ingenuo, cándido; ~friedigend poco satisfactorio; insuficiente; ~friedigt descontento, poco satisfecho; ~fristet ilimitado; ~fugt no autorizado; ilícito; ~gabt poco inteligente; poco apto; sin talento; ~'greiflich incomprensible, inconcebible; ~grenzt ['--grɛntst] ilimitado; ~gründet ['--gryndət] infundado; ~helligt [--'hɛliçt] sin ser molestado; ~herrscht ['--hɛrʃt] que no sabe dominarse; ~holfen ['--hɔlfən] torpe; ~irrt [--'ʔirt] firme; imperturbable; adv sin turbarse; ~kannt desconocido; ~kleidet ['--klaidət] desnudo; ~kümmert despreocupado; descuidado; indiferente; ~lehrbar [--'leːrbaːr] incorregible; ~liebt impopular; ~mannt ['--mant] sin tripulación, no tripulado; ~merkt ['--mɛrkt] inadvertido, sin ser visto; ~nutzt ['--nutst] sin utilizar; ~quem incómodo; (lästig) molesto; engorroso; ~'rechenbar [--'rɛçənbaːr] incalculable; j: caprichoso, veleidoso; ~rechtigt injustificado; infundado; *adv* sin autorización; ~rührt ['--ry:rt] intacto; *a fig* virgen; ~schädigt intacto; ✝ en buenas condiciones; ~schränkt ilimitado, absoluto; ~schreiblich [--'ʃraɪplɪç] indescriptible; ~sehen *adv* sin reparo; ~siegbar [--'zi:kbɑ:r] invencible; ~sonnen atolondrado; irreflexivo; ~ständig inconstante, inestable; *a Wetter*: variable; ~stechlich incorruptible; ~stimmt indeterminado, indefinido (*a gram*); indeciso, vago; ~streitbar [--'ʃtraɪtbɑ:r] incontestable, indiscutible; ~stritten [--'ʃtrɪtən] incontestado, indiscutido; ~teiligt ['--taɪlɪçt] desinteresado; ajeno (*an* a); ~tont ['--to:nt] átono

unbeugsam [-'bɔykzɑ:m] inflexible; rígido

'**unbe|wacht** ['-bəvaxt] no vigilado; sin guarda; ~weglich inmóvil; fijo (*a Fest*); rígido; ~e *Güter* n/pl bienes m/pl inmuebles; ~wohnt ['--vo:nt] inhabitado; *Gebäude*: deshabitado; ~wußt inconsciente; instintivo; involuntario; *adv* sin darse cuenta; ~zahlbar [--'tsɑ:lbɑ:r] impagable (*a fig*)

'**unbrauchbar** inutilizable; inservible; *j; inútil, incapaz*; ~ **machen** inutilizar

und [unt] y, (*vor* i *od* hi) e

'**Undank** m (-[e]s; *sin pl*) ingratitud *f*; desagradecimiento *m*; 2**bar** ingrato (*a fig*); desagradecido

un|definierbar [-defi'ni:rbɑ:r] indefinible; ~'**denkbar** inimaginable; impensable; '~**deutlich** indistinto; vago; *Laut*: inarticulado; *Schrift*: ilegible; *Bild*: borroso; '~**dicht** permeable; ~ *sn Fenster etc*: juntar mal; *Gefäß*: salirse, rezumar; '~**duldsam** intolerante

undurch|dringlich [-durç'drɪŋlɪç] impenetrable (*a fig*); impermeable; ~'**führbar** irrealizable, impracticable; '~**lässig** impermeable; '~**sichtig** opaco; *fig* impenetrable; ambiguo

'**un-eben** desigual; *Gelände*: escabroso; accidentado; *Weg*: áspero; 2**heit** *f* (-; -en) desigualdad *f*; aspereza *f*; escabrosidad *f*; ~**en des Geländes** accidentes m/pl del terreno

'**un-echt** falso; falsificado; imitado

'**un-ehelich** ilegítimo

'**un-ehrlich** falso; insincero; desleal

'**un-eigennützig** desinteresado

un-eingeschränkt ['-ʔaɪŋəʃrɛŋkt] ilimitado; absoluto

'**un-empfindlich** *a fig* insensible (*gegen* a); apático, indiferente; ✱ anestesiado

un-'endlich infinito (*a* ₳); *fig a* inmenso

un-ent|'behrlich indispensable, imprescindible; ~**geltlich** [--'gɛltlɪç] gratuito; *adv* gratis; '~**schieden** indeciso; *Spiel, Wahl*: empatado; ~ **spielen** empatar; '~**schlossen** irresoluto

'**un-er|fahren** ['-ʔɛrfɑ:rən] inexperto, sin experiencia; ~**forschlich** [--'fɔrʃlɪç] impenetrable; inescrutable; ~**freulich** desagradable; ~**giebig** improductivo; ~'**gründlich** insondable (*a fig*); ~**hört** [--'hø:rt] inaudito; increíble; *das ist* ~*!* ¡habráse visto!; ~**kannt** ['--kant] *adv* sin ser reconocido; de incógnito; ~'**klärlich** inexplicable; ~**läßlich** [--'lɛslɪç] indispensable, imprescindible; ~**laubt** ['--laupt] ilícito; ~**meßlich** [--'mɛslɪç] inmenso; ~**müdlich** [--'my:tlɪç] infatigable; ~'**reichbar** inalcanzable; inaccesible; *fig* inasequible; ~**sättlich** [--'zɛtlɪç] insaciable (*a fig*); ~**schöpflich** [--'ʃœpflɪç] inagotable; ~**schrocken** intrépido, denodado; ~**schütterlich** [--'ʃytərlɪç] imperturbable; impávido; *Wille*: inquebrantable; ~'**schwinglich** inasequible; *Preis*: exorbitante; ~**setzlich** [--'zɛtslɪç] insustituible; *Verlust*: irreparable; ~'**träglich** insoportable, inaguantable; intolerable; ~**wartet** ['--vartət] inesperado, imprevisto; *adv* de improviso; ~**wünscht** indeseable

'**unfähig** incapaz (*zu* de); inepto (*zu* para)

unfair ['-fɛ:r] desleal; injusto; *dep* sucio

'**Unfall** *m* (-[e]s; ~e) accidente *m*; ~**flucht** *f* huida *f* en caso de accidente; ~**hergang** *m* desarrollo *m* del accidente; ~**station** *f* puesto *m* de socorro; ~**verhütung** *f* prevención *f* de accidentes; ~**versicherung** *f* seguro *m* de accidentes

un'faßbar inconcebible

unfehlbar [-'fe:lbɑ:r] infalible

'**unfolgsam** desobediente

'**unförmig** ['-fœrmɪç] informe, deforme

unfrankiert ['-fraŋki:rt] no franqueado; sin franquear

'**unfrei** que no es libre; ✉ (a) porte debido; ~**willig** involuntario

'**unfreundlich** poco amable *od* amigable; *Gesicht*: F de pocos amigos; *Wetter*: desapacible

'**unfruchtbar** estéril (*a fig*); infecundo; *Boden*: árido; ℨ**keit** *f* (-; *sin pl*) esterilidad *f*; infecundidad *f*; aridez *f*

Unfug ['-fu:k] *m* (-[e]s; *sin pl*) (*Streich*) travesura *f*

'**Ungar** ['uŋgar] *m* (-n; -n), **~in** *f* (-; -nen) húngaro *m*, -a *f*; ℨ**isch** húngaro

'**unge|achtet** ['ungəʔaxtət] **1.** *adj* poco apreciado *od* respetado; **2.** *prp* (*gen*) no obstante, a pesar de; **~ahnt** ['--ʔa:nt] insospechado; **~beten** ['--be:tən] no invitado; **~er Gast** intruso *m*; **~bildet** inculto; **~boren** no nato; **~bräuchlich** poco usado; **~braucht** no usado; (completamente) nuevo

'**unge|bunden** *Buch*: en rústica; *fig* libre, independiente; **~deckt** ['--dɛkt] *†* descubierto; ℨ**duld** *f* (-; *sin pl*) impaciencia *f*; **~duldig** impaciente; **~ werden** impacientarse; **~eignet** inadecuado, impropio (*für* para)

'**ungefähr** ['--fɛːr] aproximativo; *adv* aproximadamente, (poco) más o menos; *von* **~** por casualidad; **~lich** inofensivo

'**Unge|heuer** ['--hɔyər] *n* (-s; -) monstruo *m*; ℨ**heuer** monstruoso; enorme; ℨ**hindert** ['--hindərt] sin ser molestado; ℨ**horsam** desobediente; ℨ**kündigt** ['--kyndiçt] no despedido; ℨ**künstelt** natural; sin afectación; ℨ**kürzt** ['--kyrtst] *Text*: completo, íntegro; ℨ**legen** inoportuno, intempestivo; *adv* a deshora, a destiempo; ℨ**lernt** *Arbeiter*: no cualificado; ℨ**mein** extraordinario; *adv* extremadamente; sobremanera; ℨ**mütlich** desagradable; poco confortable; *j*: poco simpático; *Wetter*: desapacible; ℨ**nau** inexacto, impreciso; **~nauigkeit** *f* (-; -en) inexactitud *f*; imprecisión *f*; ℨ**niert** ['--ʒeniːrt] desenvuelto, desenfadado; sin cumplidos; ℨ**nießbar** incomible; imbebible; *fig* insoportable; ℨ**nügend** insuficiente; *Prüfungsnote*: suspenso; ℨ**pflegt** ['--pfleːgt] descuidado; *Person*: a desaseado, desaliñado; ℨ**rade** *Zahl*: impar

'**ungerecht** injusto; **~fertigt** injustificado

'**ungern** de mala gana; a disgusto; con desgana; *ich tue es* **~** no me gusta hacerlo

'**ungeschehen: ~ machen** deshacer lo hecho

'**Ungeschick** *n* (-[e]s; *sin pl*), **~lichkeit** *f* (-; *sin pl*) torpeza *f*; ℨt torpe, desmañado

'**unge|schminkt** ['--ʃmiŋkt] *fig Bericht*: verídico; *Wahrheit*: crudo; **~schrieben** ['--ʃriːbən]: *fig* **~es Gesetz** convenio *m* tácito; **~setzlich** ilegal; ilegítimo; **~sittet** inculto; indecente; **~spritzt** ['--ʃpritst] *Obst etc*: no tratado; **~stört** ['--ʃtøːrt] tranquilo; *adv* sin ser molestado; sin ningún estorbo; **~straft** ['--ʃtrɑːft] impune; **~stüm** ['--ʃtyːm] impetuoso, fogoso; **~sund** malsano; insalubre; **~trübt** ['--tryːpt] *fig* inalterable; *Glück*: puro; ℨ**tüm** ['--tyːm] *n* (-s; -e) monstruo *m*; **~wiß** incierto; dudoso; ℨ**wißheit** *f* (-; *sin pl*) incertidumbre *f*; **~wöhnlich** poco común; insólito; extraordinario; (*seltsam*) raro, extraño; **~wohnt** desacostumbrado, insólito

Ungeziefer ['--tsiːfər] *n* (-s; *sin pl*) bichos *m/pl*

'**unge|zogen** ['--tsoːgən] mal educado; *Kind*: travieso; malo; (*frech*) impertinente; **~zwungen** *fig* desenvuelto, natural; informal; sin afectación

'**ungläubig** incrédulo, descreído; *rel* infiel; no creyente

un'glaublich increíble

'**unglaubwürdig** inverosímil; *Person*: de poco crédito

'**ungleich** desigual; diferente; *adv* (*viel*) infinitamente, mucho; **~mäßig** desigual

'**Unglück** *n* (-[e]s; -e) desgracia *f*, desdicha *f*; (*Mißgeschick*) infortunio *m*; *ins* **~ stürzen** perder, arruinar; ℨ**lich** desgraciado, infeliz; ℨ**licher'weise** desgraciadamente, por desgracia

'**un|gültig** nulo; inválido; caducado; *für* **~ erklären, ~ machen** cancelar, anular, invalidar; **~günstig** desfavorable; *Aussicht*: poco prometedor; **~haltbar** insostenible

'**Unheil** *n* (-s; *sin pl*) mal *m*; desgracia *f*; desastre *m*; ℨ**bar** [-'-baːr] irremediable; ✻ incurable

'**un|heimlich** inquietante, fatídico; lúgubre; F *fig* enorme; F *adv* enormemente; **~höflich** descortés; **~'hörbar** imperceptible, inaudible; **~hygienisch** antihigiénico

Uniform [uni'fɔrm] f (-; -en) uniforme m
'**un-interessant** poco interesante
Union [un'jo:n] f (-; -en) unión f
univers|al [univɛr'zɑ:l] universal; ⸰**ität** [---zi'tɛ:t] f (-; -en) universidad f; ⸰**um** [--'-zum] n (-s; sin pl) universo m
'**unkennt|lich** irreconocible; desfigurado; ⸰ **machen** desfigurar; ⸰**nis** f (-; sin pl) ignorancia f
'**unklar** poco claro; confuso; (*trübe*) turbio; *Bild*: borroso; *im* ⸰*en sn über* (*ac*) no ver claro en; ⸰**heit** f (-; sin pl) falta f de claridad; confusión f
'**un|klug** poco inteligente; imprudente; ⸰**konzentriert** distraído
'**Unkosten** pl gastos m/pl; *sich in* ⸰ *stürzen* meterse en gastos
'**Unkraut** n (-[e]s, ⸰er) mala hierba f, *Am* yuyo m; ⸰ *vergeht nicht* mala hierba nunca muere
'**un|kündbar** *Vertrag*: irrevocable, irrescindible; *Stellung*: permanente; ⸰**längst** hace poco, recientemente; ⸰**lauter** *Geschäft*: sucio; turbio; *Wettbewerb*: desleal; ⸰**leserlich** ilegible; ⸰**logisch** ilógico
un'lös|bar, ⸰**lich** insoluble
'**un|männlich** afeminado; poco varonil; ⸰**mäßig** inmoderado; desmesurado; *im Genuß*: intemperante
'**Unmenge** f (-; -n) cantidad f enorme; *e-e* ⸰ *von* F la mar de
'**Unmensch** m (-en; -en) monstruo m
'**unmenschlich** inhumano; ⸰**keit** f (-; sin pl) inhumanidad f
un|'merklich imperceptible; '⸰**mißverständlich** inequívoco; categórico; '⸰**mittelbar** inmediato; directo; ⸰**möbliert** ['-møbli:rt] sin amueblar; '⸰**modern** pasado de moda, anticuado
'**unmöglich** imposible (*a fig*); *das ist* ⸰ *a* no puede ser; ⸰**keit** f (-; raro -en) imposibilidad f
'**un|moralisch** inmoral; ⸰**mündig** menor de edad; ⸰**musikalisch** sin talento *od* sentido musical
'**unnach|ahmlich** ['-nɑ:xˀɑ:mliç] inimitable; ⸰**giebig** inflexible, intransigente; ⸰**sichtig** severo
unnahbar [-'nɑ:bɑ:r] inaccesible; intratable
'**un|natürlich** poco natural; afectado; ⸰**nötig** inútil, superfluo
'**un-ord|entlich** en desorden; *j*: desordenado; descuidado; ⸰**nung** f (-; sin pl) desorden m; desarreglo m
'**un|parteiisch** imparcial; ⸰**passend** impropio (*für* de); inconveniente; (*unschicklich*) incorrecto; (*ungelegen*) inoportuno; ⸰**passierbar** intransitable, impracticable; ♣ innavegable
unpäßlich ['-pɛsliç] indispuesto
'**un|persönlich** impersonal; ⸰**politisch** apolítico; ⸰**populär** impopular; ⸰**praktisch** poco práctico; *j*: poco hábil; ⸰**produktiv** improductivo; ⸰**pünktlich** poco puntual; ⸰**rationell** poco racional
'**unrecht 1.** *adv* injusto; (*unrichtig*) equivocado, falso; (*übel*) malo; *adv* mal; ⸰ **haben** no tener razón; estar equivocado; *j-m* ⸰ *tun* ser injusto con alg; **2.** ⸰ *n* (-[e]s; sin pl) injusticia f; *angetanes*: agravio m; *zu* ⸰ injustamente; sin razón; *im* ⸰ *sn* no tener razón; ⸰**mäßig** ilegítimo; ilegal
'**un|regelmäßig** irregular; *Leben*: desordenado; ⸰**reif** inmaduro (*a fig*); *Obst*: a verde; ⸰**rentabel** no rentable
'**Unruh|e** f (-; sin pl) inquietud f, desasosiego m; intranquilidad f; (*Besorgnis*) preocupación f; alarma f; (*pl* -en) (*Aufruhr*) agitación f, disturbio m; ⸰**ig** inquieto; intranquilo; agitado
uns [uns] nos; *betont*: a nosotros (-as); *ein Freund von* ⸰ un amigo nuestro
'**unsach|gemäß** inadecuado; no apropiado; ⸰**lich** subjetivo; parcial; que no viene al caso
'**un|schädlich** inofensivo; in(n)ocuo; ⸰ *machen* Gift: neutralizar; *Mine etc*: desactivar; *Person*: eliminar; ⸰**scharf** *fot* borroso, poco nítido; ⸰**schätzbar** [-'ʃɛtsbɑ:r] inestimable; incalculable; ⸰**scheinbar** de poca apariencia; poco vistoso; insignificante; (*zurückhaltend*) discreto; ⸰**schicklich** indecoroso, indecente
unschlagbar [-'ʃlɑ:kbɑ:r] imbatible
'**unschlüssig** irresoluto, indeciso
'**Unschuld** f (-; sin pl) inocencia f; ⸰**ig** inocente
'**unselbständig** dependiente; *fig* (*unbeholfen*) falto de iniciativa
'**unser** ['-zər] nuestro, -a; ⸰**einer**, ⸰**eins** uno; (gente como) nosotros
'**unsicher** inseguro; incierto; dudoso; *Lage*: precario; ⸰ *machen Gegend*: in-

festar; heit f (-; sin pl) inseguridad f; incertidumbre f; dudas f/pl
'unsichtbar invisible
'Unsinn m (-[e]s; sin pl) absurdo m; (dummes Zeug) disparates m/pl, tonterías f/pl; ~ reden desatinar, disparatar; ig absurdo; insensato
'Unsitt|e f (-; -n) mala costumbre f; vicio m; lich inmoral
'un|sozial antisocial; ~sportlich antideportivo
un'sterblich inmortal; ~ machen inmortalizar
'Un|stimmigkeit ['-ʃtimiçkaıt] f (-; -en) desacuerdo m; divergencia f, discrepancia f; sympatisch antipático; tätig ocioso; inactivo; tauglich inútil (a ⚔); no apto (für para); incapaz (de)
un'teilbar indivisible
unten ['untən] abajo; nach ~ hacia abajo; von ~ de abajo; weiter ~ más abajo; siehe ~! véase más abajo od más adelante
unter ['-tər] 1. prp (wo? dat; wohin? ac) debajo de; bajo; (zwischen) entre; (während) durante; (weniger) menos de; fig bajo; ~ ... hervor de debajo de; 2. adj inferior; de debajo; bajo
'Unter-arm (-[e]s; -e) m antebrazo m; belichten (h) subexponer; ~bewußtsein n (-s; sin pl) subconsciente m; 'bieten (irr, sin ge-, h, → bieten) ofrecer mejor precio que; Rekord: mejorar; 'binden (irr, sin gc-, h, → binden) ⚕ ligar; fig prohibir; impedir; 'brechen (irr, sin ge-, h, → brechen) interrumpir; zeitweilig: suspender; ✂ cortar; ~'brechung f (-; -en) interrupción f; suspensión f; ✂ corte m; bringen (irr, sep, -gc-, h, → bringen) colocar (a ⛑); Gast: alojar, hospedar; ~'bringung f (-; sin pl) colocación f; alojamiento m; 'drücken (h) suprimir; Volk: oprimir; Aufstand: reprimir; (vertuschen) disimular; ~'drückung f (-; -en) supresión f; represión f; opresión f; ein-'ander entre sí; entre nosotros; (gegenseitig) mutuamente, recíprocamente; entwickelt ['-ʔɛntvikəlt] subdesarrollado; -ernährt ['-ʔɛrnɛːrt] insuficientemente od mal alimentado; desnutrido; ~'führung f (-; -en) paso m inferior od subterráneo; ~gang m (-[e]s; ⸚e) ⚓ hundimiento m; astr puesta f; fig ruina f; decadencia f; ocaso m; ~'gebene m/f (-n; -n) subordinado m, -a f; gehen (irr, sep, -ge-, sn, → gehen) ⚓ irse a pique, hundirse; astr ponerse; fig perderse; perecer; geordnet ['--gəʔɔrdnət] subordinado; subalterno; an Bedeutung: inferior, secundario; ~gewicht n (-[e]s; sin pl) falta f de peso; 'graben (irr, sin ge-, h, → graben) socavar; a fig minar; ~grund m (-[e]s; ⸚e) subsuelo m; ~grundbahn f metro m; Am subterráneo m; halb (gen) (por) debajo de
'Unterhalt m (-[e]s; sin pl) sustento m; mantenimiento m, manutención f; (Lebens) subsistencia f; ⚖ alimentos m/pl; pensión f alimenticia; ⚖ ~ zahlen pagar una pensión; en [--'--] (irr, sin ge-, h, → halten) conservar (en buen estado); (ernähren) sustentar, mantener; (vergnügen) divertir, distraer; sich ~ divertirse, entretenerse; (plaudern) conversar; ~ung [--'haltuŋ] f (-; -en) conversación f; (Zerstreuung) entretenimiento m, diversión f, distracción f
'Unter|händler m (-s; -) negociador m; mediador m; ~haus n (-es; sin pl) Cámara f de los Comunes; ~hemd n (-[e]s; -en) camiseta f; ~hose f (-; -n) calzoncillos m/pl; -irdisch subterráneo; ~kiefer m (-s; -) maxilar m inferior; kommen (irr, sep, -ge-, sn, → kommen) hallar alojamiento; alojarse; (Anstellung) colocarse; ~kunft ['--kunft] f (-; ⸚e) alojamiento m; ~lage f (-; -n) base f (a fig); ⚙ soporte m; apoyo m; (Schreib) carpeta f; (Beleg) documento m; pl ~n documentación f; 'lassen (irr, sin ge-, h, → lassen) dejar, dejarse de; omitir; ~'lassung f (-; -en) omisión f; legen (sep, -ge-, h) poner od colocar debajo; fig atribuir; 'legen adj inferior (j-m a alg; an dat en); ~'legenheit f (-; sin pl) inferioridad f; ~leib m (-[e]s; -e) (bajo) vientre m; abdomen m; 'liegen (irr, sin ge-, sn, → liegen) sucumbir; ser vencido; fig estar sujeto a; ~lippe f (-; -n) labio m inferior; ~mieter m (-s; -), ~mieterin f (-; -nen) subinquilino m, -a f, realquilado m, -a f
unter'nehm|en (irr, sin ge-, h, → nehmen) emprender; en n (-s; -) empresa f; ensberater m asesor m de empre-

sas; ⎵**ensberatung** *f* asesoramiento *m*, *Büro*: asesoría *f* de empresas; ⎵**er** [--'neːmər] *m* (-s; -), ⎵**erin** *f* (-; -nen) empresario *m*, -a *f*; ⎵**ungslustig** emprendedor; activo, dinámico

'**Unter|-offizier** *m* (-s; -e) suboficial *m*; ⎵**ordnung** *f* (-; -en) subordinación *f*; ⎵**redung** [--'reːduŋ] *f* (-; -en) conversación *f*; entrevista *f*

'**Unterricht** ['--riçt] *m* (-[e]s; *sin pl*) enseñanza *f*; instrucción *f*; (*Stunden*) clases *f/pl*, lecciones *f/pl*; ⎵**en** [--'riçtən] (h) enseñar, dar clases; *j-n*: instruir; *fig* ⎵ *über* (*ac*) informar sobre, enterar de

'**Unter|rock** *m* (-[e]s; ⎵e) combinación *f*; enaguas *f/pl*; ⎵**satz** *m* (-es; ⎵e) soporte *m*; base *f*; pie *m*; (*Sockel*) zócalo *m*, pedestal *m*; (*Teller*) platillo *m*; *für Gläser*: posavasos *m*

unter'schätzen (h) subestimar

unter'scheid|en (*irr, sin* ge-, h, → *scheiden*) distinguir; discernir; diferenciar; ⎵**ung** *f* (-; -en) distinción *f*; diferenciación *f*

'**Unterschied** ['--ʃiːt] *m* (-[e]s; -e) diferencia *f*; distinción *f*; *im* ⎵ *zu* a diferencia de; ⎵**lich** distinto, diferente

unter'|schlagen (*irr, sin* ge-, h, → *schlagen*) *Geld*: sustraer, malversar, defraudar; *Brief*: interceptar; ⎵**schlagung** *f* (-; -en) sustracción *f*, malversación *f*, defraudación *f*; ⎵**'schreiben** (*irr, sin* ge-, h, → *schreiben*) firmar; *fig* suscribir; '⎵**schrift** *f* (-; -en) firma *f*; *e-s Bildes*: leyenda *f*; '⎵**seeboot** *n* submarino *m*; '⎵**seite** *f* (-; -n) lado *m* inferior; ⎵**setzt** [--'zɛtst] regordete, rechoncho; ⎵**'stehen** (*irr, sin* ge-, h, → *stehen*) *j-m*: estar subordinado a; depender de; *sich* ⎵ *zu* atreverse a; '⎵**stellen** (*sep*, -ge-, h) poner *od* colocar debajo de; (*sich*) ⎵ poner(se) al abrigo; ⎵**'stellen** (h) subordinar; (*annehmen*) suponer; (*zuschreiben*) atribuir, imputar; ⎵**'streichen** (*irr, sin* ge-, h, → *streichen*) subrayar (*a fig*)

unter'stütz|en (h) apoyar, respaldar; (*helfen*) ayudar, socorrer; (*fördern*) favorecer; fomentar; subvencionar; ⎵**ung** *f* (-; -en) apoyo *m*; respaldo *m*; ayuda *f*, socorro *m*; fomento *m*; *finanzielle*: subsidio *m*, subvención *f*

unter'suchen (h) examinar; ♣ *a* reconocer; *Gepäck*: registrar; (*erforschen*) investigar; ⚖ indagar, pesquisar

Unter'suchung [--'zuːxuŋ] *f* (-; -en) examen *m*; registro *m*; investigación *f*; ♣ reconocimiento *m*; ⚖ indagación *f*, pesquisa *f*; ⎵**shaft** *f* prisión *f* preventiva

'**Unter|tan** ['--taːn] *m* (-s, -en; -en) súbdito *m*; ⎵**tasse** *f* (-; -n) platillo *m* (*fliegende* volante); ⎵**tauchen** (*sep*, -ge-, h) sumergir; zambullir; (sn) *fig* desaparecer; esconderse; ⎵**teil** *n od m* (-[e]s; -e) parte *f* inferior; ⎵**teilen** (h) subdividir; ⎵**titel** *m* (-s; -) subtítulo *m* (*a Film*); ⎵**versichert** insuficientemente asegurado; ⎵**wandern** (h) infiltrarse en; ⎵**wäsche** *f* (-; *sin pl*) ropa *f* interior; ⎵**wegs** [--'veːks] en el camino; durante el viaje; ⎵**weisen** (*irr, sin* ge-, h, → *weisen*) instruir; ⎵**'weisung** *f* (-; -en) instrucción *f*; ⎵**werfen** (*irr, sin* ge-, h, → *werfen*): (*sich*) ⎵ someter(se); *fig* sujetar; ⎵**würfig** [--'vyrfiç] sumiso, servil

unter'zeichn|en (h) firmar; ⎵**ung** *f* (-; -en) firma *f*

unter'ziehen (*irr, sin* ge-, h, → *ziehen*) someter; *sich* ⎵ (*dat*) someterse a; *e-r Aufgabe*: encargarse de

un'tragbar ['untraˑgbaːr] insoportable; ⎵**'trennbar** inseparable

'**untreu** desleal; infiel; ⎵**e** *f* (-; *sin pl*) deslealtad *f*; infidelidad *f*

un'tröstlich inconsolable

'**un-über|legt** ['-ˀyːbərleːkt] irreflexivo; atolondrado; inconsiderado; ⎵**'sehbar** inmenso; incalculable; ⎵**'sichtlich** poco claro; complejo; intrincado; *Gelände*: de difícil orientación; ⎵**windlich** [---'vintliç] invencible; *Schwierigkeit*: insuperable, insalvable

unumgänglich ['-ˀumgɛŋliç] indispensable, imprescindible

ununterbrochen ['-ˀuntərbrɔxən] continuo; *adv* sin interrupción

unver-'änderlich ['unfɛrˀɛndərliç] invariable, inalterable; inmutable; constante

unver-'antwortlich irresponsable; imperdonable

'**unver|bindlich** sin compromiso; (*unfreundlich*) poco amable; ⎵**bleit** ['-fɛrblaɪt] (*Benzin*) sin plomo; ⎵**daulich** indigesto (*a fig*); ⎵**dient** inmerecido; ⎵**dorben** en buen estado; *fig* inco-

Urlauberin

rrupto; puro; inocente; ~dünnt ['--dynt] sin diluir; ~'einbar incompatible; ~fälscht ['--fɛlʃt] verdadero; legítimo, auténtico; puro; ~gänglich imperecedero; inmortal; ~'geßlich inolvidable; ~gleichlich [--'glaɪçlɪç] incomparable; inigualable; ~heiratet ['--haɪratət] soltero; ~hofft ['--hɔft] inesperado; imprevisto; *adv* de improviso; ~käuflich invendible; ~kennbar [--'kɛnbaːr] inequívoco; evidente; ~letzt ileso; sano y salvo; ~meidlich [--'maɪtlɪç] inevitable; ~mittelt ['--mɪtəlt] súbito; brusco; *adv* de repente; ~mutet ['--muːtət] imprevisto; ~nünftig irracional; insensato; imprudente; ~schämt desvergonzado, descarado, insolente; ~er Kerl sinvergüenza *m*; ~sehrt ['--zɛːrt] ileso, incólume; intacto; ~söhnlich irreconciliable; implacable, intransigente; ~standen ['--ʃtandən] incomprendido; ~ständlich ininteligible, incomprensible; ~steuert ['--ʃtɔyərt] libre de impuestos *od* derechos; ~sucht ['--zuːxt]: *nichts ~ lassen* no perdonar medio; ~wechselbar [--'vɛksəlbaːr] inconfundible; ~wüstlich [--'vyːstlɪç] indestructible; muy robusto; ~'zeihlich imperdonable; ~zollt ['--tsɔlt] sin pagar derechos; ~züglich [--'tsyːklɪç] inmediato; *adv* en el acto, sin demora

'unvoll|-endet inacabado; incompleto; ~kommen imperfecto; defectuoso; ~ständig incompleto

'unvor|bereitet ['-fo:rbəraɪtət] desprevenido; improvisado; *adv* sin preparación; ~eingenommen sin prejuicios; imparcial; ~hergesehen ['--heːrgəzeːən] imprevisto; ~sichtig imprudente, incauto; ~stellbar [--'ʃtɛlbaːr] inimaginable

'unwahrscheinlich improbable, inverosímil; F *fig* increíble

un|'weigerlich [-'vaɪgərlɪç] inevitable; *adv* sin falta; '~wesentlich insignificante; irrelevante; de poca importancia; 'Ձwetter *n* (-s; -) temporal *m*; borrasca *f*; tempestad *f*; (*Gewitter*) tormenta *f*; '~wichtig insignificante, irrelevante; de poca importancia; ~ *sn* no tener importancia

unwider|'legbar irrefutable; ~'ruflich irrevocable

'un|willkürlich involuntario; maquinal, automático; *adv a* sin querer; ~wirksam ineficaz, inoperante; ~wirtschaftlich poco económico; antieconómico

'unwissen|d ['-vɪsənt] ignorante; ~schaftlich poco científico

'unwohl indispuesto; *ich fühle mich ~* no me siento bien; Ձsein *n* (-s; *sin pl*) indisposición *f*

'un|würdig indigno (*gen* de); ~zählig [-'tsɛːlɪç] innumerable, incontable

'unzeitgemäß pasado de moda; anacrónico

unzer|'brechlich, ~'reißbar irrompible; ~trennlich [-tsɛr'trɛnlɪç] inseparable

'Unzucht *f* (-; *sin pl*) impudi(ci)cia *f*, deshonestidad *f*

'unzu|frieden descontento; Ձfriedenheit *f* (-; *sin pl*) descontento *m*; ~gänglich inaccesible; ~lässig inadmisible; ilícito; ♃ improcedente; ~rechnungsfähig irresponsable (de sus acciones); ~reichend ['--tsuːraɪçənt] insuficiente; ~verlässig inseguro, dudoso; *j*: informal; de poca confianza

üppig ['ypɪç] exuberante; abundante; opulento; *Mahl*: opíparo; (*schwelgerisch*) voluptuoso; *~ leben* vivir a cuerpo de rey

'Ur|abstimmung ['uːrʔ-] *f* (-; -en) referéndum *m*; Ձ-alt muy viejo; vetusto

Uran 🜛 [uˈrɑːn] *n* (-s; *sin pl*) uranio *m*

Uraufführung ['uːrʔaʊffyːruŋ] *f* (-; -en) estreno *m* absoluto

'Ur|bevölkerung *f* (-; -en), ~bewohner *m/pl* habitantes *m/pl* primitivos; aborígenes *m/pl*; ~enkel(in *f*) *m* bisnieto *m*, -a *f*; ~großmutter *f* bisabuela *f*; ~großvater *m* bisabuelo *m*

'Urheber ['-heːbər] *m* (-s; -), ~in *f* (-; -nen) autor(a *f*) *m*; ~recht *n* derechos *m/pl* de autor; derecho *m* de la propiedad intelectual; ~schutz *m* protección *f* de la propiedad intelectual

Urin [uˈriːn] *m* (-s; -e) orina *f*

'Urkund|e ['uːrkundə] *f* (-; -n) documento *m*; título *m*; instrumento *m*; *notarielle*: escritura *f*; ~enfälschung *f* falsedad *f* en documentos; falsificación *f* de documentos

'Urlaub ['-laʊp] *m* (-[e]s; -e) vacaciones *f/pl*; *auf ~ sn* estar de vacaciones; ~er ['--bər] *m* (-s; -), ~erin *f* (-; -nen) turista *su*; vacacionista *su*; **~erstrom** *m* afluencia *f* (masiva) de turistas; **~s-anschrift** *f* dirección *f* de vacaciones; **~sgeld** *n* suplemento *m* por vacaciones; **~s-ort** *m* lugar *m* de vacaciones; **~sreise** *f* viaje *m* turístico *od* de vacaciones; **~svertretung** *f* suplencia *f* durante las vacaciones; **~szeit** *f* tiempo *m od* periodo *m* de vacaciones

'Ur|sache *f* (-; -n) causa *f*; (*Anlaß*) motivo *m*; ***keine ~!*** de nada, no hay de qué; **&sächlich** causal; **~sprung** *m* (-[e]s; ⁻e) origen *m*; procedencia *f*; **&sprünglich** primitivo, original; *fig* natural

'Urteil ['urtaıl] *n* (-s; -e) juicio *m*; (*Meinung*) parecer *m*, opinión *f*; ⚖ sentencia *f*, fallo *m*; (*Gutachten*) dictamen *m*; **&en** (ge-, h) juzgar (***über*** *ac* de); ⚖ sentenciar, fallar; (*meinen*) opinar; **&sfähig** competente (para juzgar)

'Ur|wald ['u:r-] *m* (-[e]s; ⁻er) selva *f* virgen; **&wüchsig** ['-vy:ksiç] primitivo; original; *j*: de pura cepa; natural; **~zeit** *f* (-; -en) tiempos *m/pl* primitivos; **~zustand** *m* (-[e]s; ⁻e) estado *m* primitivo

Utop|ie [uto'pi:] *f* (-; -n) utopía *f*; **&isch** [-'to:piʃ] utópico

V

V, v [faυ] *n* (-; -) V, v *f*

Vagabund [vaga'bunt] *m* (-en; -en) vagabundo *m*

vage ['vɑ:gə] impreciso, vago

vakant [va'kant] vacante

'Vakuum ['vɑ:ku'um] *n* (-s; -kua) vacío *m*; **&verpackt** envasado al vacío

Valuta [va'lu:ta] *f* (-; -ten) moneda *f* extranjera

Vanille [va'nil(j)ə] *f* (-; *sin pl*) vainilla *f*

Varieté [varie'te:] *n* (-s; -s) teatro *m* de variedades, music-hall *m*

Vase ['vɑ:zə] *f* (-; -n) florero *m*; *große*: jarrón *m*

Vaseline [vazə'li:nə] *f* (-; *sin pl*) vaselina *f*

'Vater ['fɑ:tər] *m* (-s; ⁻) padre *m*; **~land** *n* (-[e]s; ⁻er) patria *f*

väterlich ['fɛ:tərliç] paterno, paternal

Vater'unser *n* (-s; -) Padrenuestro *m*

Vege|tarier [vege'tɑ:rjər] *m* (-s; -), **~tarierin** (-; -nen), **&'tarisch** vegetariano *m*, -a *f*; **~tation** [--ta'tsjo:n] *f* (-; -en) vegetación *f*

Veilchen ['faılçən] *n* (-s; -) violeta *f*

'Vene ['ve:nə] *f* (-; -n) vena *f*; **~n-entzündung** *f* flebitis *f*

Ventil [vɛn'ti:l] *n* (-s; -e) válvula *f*; ♪ pistón *m*; **~ation** [-tila'tsjo:n] *f* (-; -en) ventilación *f*; **~ator** [--'lɑ:tɔr] *m* (-s; -en [-la'to:rən]) ventilador *m*

ver'ab|reden [fɛr'ˀapre:dən] (h) concertar; convenir; ***sich ~*** apalabrarse; citarse; **&redung** *f* (-; -en) cita *f*; **~schieden** [-'-ʃi:dən] (h) despedir; *Gesetz*: votar; ***sich ~*** despedirse (***von*** de)

ver|-'achten (h) despreciar, menospreciar; **~ächtlich** [-'ˀɛçtliç] despreciable; **&-'achtung** *f* (-; *sin pl*) desprecio *m*, menosprecio *m*, desdén *m*

ver-allge'meinern (h) generalizar

veraltet [-'ˀaltət] anticuado, pasado de moda

Veranda [ve'randa] *f* (-; -den) veranda *f*

ver'änder|lich [fɛr'ˀɛndərliç] variable; **~n** (h) cambiar, modificar; ***sich ~*** cambiar; **&ung** *f* (-; -en) cambio *m*

ver-'an|lagen [-'ˀanlɑ:gən] (h) *Steuer*: tasar, estimar; **&lagung** *f* (-; -en) *Steuer*: tasación *f*, estimación *f*; ⚕ predisposición *f*; *geistige*: disposición *f*; **~lassen** (h) ocasionar, originar; motivar; (*anordnen*) disponer; **&lassung** *f* (-; -en) causa *f*, motivo *m*; **~stalten** [-'-ʃtaltən] (h) organizar; **&staltung** *f* (-; -en) organización *f*; *feierliche*: acto *m*; *gesellschaftliche*: reunión *f*; *sportliche*: concurso *m*; **&staltungskalender** *m* calendario *m* de actos; *in Zeitungen etc*: cartelera *f*

ver-'antwort|en (h) responder de; ***sich ~*** justificarse (***wegen*** de); **~lich** respon-

sable (*für* de); ℒung *f* (-; *sin pl*) responsabilidad *f*; *j-n zur* ~ *ziehen* pedir cuentas a alg
ver-'arbeit|en (h) elaborar, transformar; ℒung *f* (-; -en) elaboración *f*
Verb [vɛrp] *n* (-s; -en) verbo *m*
Ver'band [fɛr'-] *m* (-[e]s; ⸚e) (*Verein*) asociación *f*; federación *f*; ✱ vendaje *m*; ~(s)kasten *m* botiquín *m*; ~(s)watte *f* algodón *m* hidrófilo; ~(s)zeug *n* vendajes *m/pl*
ver'bann|en (h) desterrar; ℒung *f* (-; -en) destierro *m*
ver'bergen (*irr*, *sin* ge-, h, → *bergen*) esconder, ocultar
ver'besser|n (h) mejorar; perfeccionar; corregir; ℒung *f* (-; -en) mejora(miento *m*) *f*; perfeccionamiento *m*; corrección *f*
ver'beug|en (h): *sich* ~ hacer una reverencia, inclinarse; ℒung *f* (-; -en) reverencia *f*, inclinación *f*
ver|'beulen (h) abollar; ~'biegen (*irr*, *sin* ge-, h, → *biegen*) torcer, deformar; ~'bieten (*irr*, *sin* ge-, h, → *bieten*) prohibir
ver'billigen (h) abaratar
ver'bind|en (*irr*, *sin* ge-, h, → *binden*) unir, juntar; ✱ *u Augen*: vendar; ⚡ conectar; ⚙ ensamblar; *tel* poner (en comunicación); ~lich [-'bɪntlɪç] obligatorio; (*gefällig*) complaciente, amable; ℒung *f* (-; -en) unión *f*; enlace *m* (*a* 🛤); reunión *f*; (*Beziehung*) relación *f*, contacto *m*; 🎵 combinación *f*; *tel* comunicación *f*; ⚡ conexión *f*; *sich mit j-m in* ~ *setzen* ponerse al habla *od* en contacto con alg
verbittert [-'bɪtərt] amargado
verblassen [-'blasən] (sn) perder el color, desteñirse
verbleit [-'blaɪt] con plomo
ver'blüff|en [-'blyfən] (h) desconcertar; ~t perplejo, estupefacto
ver|'blühen (sn) marchitarse; ~'bluten (sn) desangrarse
ver'borgen *adj* escondido, oculto; secreto
Ver'bot [-'bo:t] *n* (-[e]s; -e) prohibición *f*; ~sschild *n* señal *f* de prohibición
Ver'brauch *m* (-[e]s; *sin pl*) consumo *m*; ℒen (h) consumir; gastar; ~er *m* (-s; -) consumidor *m*; ~ermarkt *m* mercado *m* de consumo; hipermercado *m*; ~erschutz *m* protección *f* del consumidor; ~sgüter *n/pl* bienes *m/pl* de consumo; ~ssteuer *f* impuesto *m* sobre el consumo
Ver'breche|n *n* (-s; -) crimen *m*; ~r (-s; -), ~rin *f* (-; -nen) criminal *su*, delincuente *su*; ℒrisch criminal
ver'breit|en (h) difundir; propagar; *Geruch*: despedir; ~ern (h) ensanchar; ℒung *f* (-; *sin pl*) difusión *f*; propagación *f*
ver'brenn|en (*irr*, *sin* ge-, → *brennen*) *v/t* (h) (*v/i* [sn]) quemar(se); *Tote*: incinerar; ℒung *f* (-; -en) ✱ quemadura *f*; (*Leichen*ℒ) incineración *f*, cremación *f*
ver'bringen (*irr*, *sin* ge-, h, → *bringen*) pasar
ver|'brühen (h): (*sich*) ~ escaldar(se); ~'buchen (h) ✝ sentar (en los libros); *fig* apuntarse; ~bünden [-'byndən] (h): *sich* ~ aliarse, unirse; ℒ'bündete *m* (-n; -n) aliado *m*; ℒ'bundglas *n* vidrio *m* laminado; ℒ'bundsystem *n* red *f* de transporte público
ver'bürgen (h) garantizar; *sich* ~ *für* responder de
Verdacht [-'daxt] *m* (-[e]s; *sin pl*) sospecha *f* (*auf ac* de); recelo *m*; *j-n in* ~ *haben* sospechar de alg; ~ *erregen* (*schöpfen*) inspirar (concebir) sospechas
verdächtig [-'dɛçtɪç] sospechoso; ~en [-'--gən] (h) sospechar de; *j-n e-r Sache* ~ imputar a/c a alg
ver'damm|en [-'damən] (h) condenar; ~t maldito
ver'dampfen *v/t* (h) (*v/i* [sn]) evaporar (-se)
ver'danken (h) deber (*j-m et* a/c a alg)
ver'dau|en [-'daʊən] (h) digerir (*a fig*); ~lich: *leicht* ~ de fácil digestión; *schwer* ~ indigesto; ℒung *f* (-; *sin pl*) digestión *f*; ℒungsbeschwerden *f/pl*, ℒungsstörung *f* indigestión *f*
Ver'deck *n* (-s; -e) *auto* capota *f*; ℒen (h) cubrir, tapar; *fig* ocultar
verderb|en [-'dɛrbən] (verdarb, verdorben) 1. *v/t* (h) deteriorar, estropear; *Freude*: turbar; *fig* pervertir, corromper; *sich dem Magen* ~ coger una indigestión; 2. *v/i* (sn) deteriorarse, echarse a perder; ~lich [-'--plɪç] *Ware*: perecedero, corruptible
ver'diene|n (h) ganar; *fig* merecer; *sein*

Verdiener

Brot ~ ganarse la vida; ℒ**r** *m* (-s; -) el que gana el dinero
Verdienst [-'di:nst] (-es; -e): **a)** *n* mérito *m*; **b)** *m* ganancia *f*, beneficio *m*; (*Lohn*) sueldo *m*, salario *m*
verdoppeln [-'dɔpəln] (h) doblar, (re-)duplicar; *a fig* redoblar
verdorben [-'dɔrbən] *Lebensmittel*: podrido; *Luft*: viciado; *fig* corrupto, perverso; *e-n ~en Magen haben* tener una indigestión
ver'dräng|en (h) desalojar; expulsar; *a* ⚓ desplazar; *psic* reprimir; ℒ**ung** *f* (-; -en) *psic* represión *f*
ver'dreh|en (h) torcer; *fig* tergiversar, falsear; ~**t** excéntrico; F chiflado; ℒ**ung** *f* (-; -en) *fig* tergiversación *f*, falseamiento *m*
verdreifachen [-'draɪfaxən] (h) triplicar
verdrießlich [-'dri:slɪç] malhumorado, de mal humor; *et*: molesto
verdrossen [-'drɔsən] malhumorado
ver|'drücken (h) *Kleid*: arrugar; F (*essen*) tragar; F *sich* ~ escabullirse; ℒ**druß** [-'drʊs] *m* (-sses; *sin pl*) disgusto *m*; ~**'duften** F (sn) esfumarse
ver'dunkeln (h) oscurecer; *Glanz*: deslucir; *astr u fig* eclipsar
verdünnen [-'dynən] (h) diluir; *Luft*: enrarecer
ver|dunsten [-'dʊnstən] (sn) evaporarse; ~**'dursten** (sn) morir(se) de sed; ~**dutzt** [-'dʊtst] perplejo
veredeln [-'ʔe:dəln] (h) refinar (*a* ⚙); *Güter*: elaborar
ver-'ehr|en (h) venerar, respetar; adorar; *j-m et* ~ obsequiar a alg con a/c; ℒ**er** *m* (-s; -), ℒ**erin** *f* (-; -nen) admirador(a *f*) *m*; adorador(a *f*) *m*; ℒ**ung** *f* (-; *sin pl*) veneración *f*, respeto *m*; adoración *f*
vereidig|en [-'ʔaɪdɪgən] (h) juramentar; ~**t** jurado
Verein [-'ʔaɪn] *m* (-[e]s; -e) unión *f*; asociación *f*; círculo *m*, club *m*
ver-'einbar [-'aɪnbɑːr] compatible; ~**en** (h) convenir, concertar
ver-'ein|en (h) (re)unir; *die Vereinten Nationen* las Naciones Unidas; ~**fachen** [-'-faxən] (h) simplificar; ~**heitlichen** [-'-haɪtlɪçən] (h) unificar, estandarizar; ~**igen** (h): (*sich*) ~ unir(se); juntar(se); asociar(se); ℒ**igung** *f* (-; -en) unión *f*; ~**zelt** [-'-tsəlt] aislado

vereisen [-'ʔaɪzən] (sn) helarse, cubrirse de hielo
ver|'eiteln [-'ʔaɪtəln] (h) frustrar; hacer fracasar; ~**'enden** (sn) morir; *Tier*: *a* reventar
verenge(r)n [-'ʔɛŋə(r)n] (h) estrechar
ver-'erb|en (h) dejar en herencia: *testamentarisch*: legar; ℒ**ung** *f* (-; *sin pl*) transmisión *f* hereditaria
ver'fahren 1. (*irr, sin ge-*, → *fahren*) *v/i* (sn *u* h) proceder, obrar; **2.** *v/refl* (h): *sich* ~ extraviarse, errar el camino; **3.** ℒ *n* (-s; -) ⚙, 🔬, ⚖ procedimiento *m*
Ver'fall *m* (-s; *sin pl*) decaimiento *m*; decadencia *f*; ℒ**en 1.** *v/i* (*irr, sin ge-*, sn, → *fallen*) decaer (*a* ⚔ *u fig*); ⚠ desmoronarse; ✝ vencer; (*ungültig werden*) caducar; **2.** *pp* decaído; en ruinas; (*ungültig*) caducado; ~**sdatum** *n* fecha *f* de caducidad; ~**(s)tag** ✝ *m* fecha *f* od día *m* de vencimiento
verfänglich [-'fɛŋlɪç] *Frage*: capcioso; *Lage*: embarazoso
ver'fass|en (h) componer; redactar; ℒ**er** *m* (-s; -), ℒ**erin** *f* (-; -nen) autor(a *f*) *m*
Ver'fassung *f* (-; *sin pl*) estado *m*, condición *f*; (*pl* -en) *pol* constitución *f*; ℒ**smäßig** constitucional; ℒ**swidrig** anticonstitucional
ver'faulen (sn) pudrirse
ver'fehl|en (h) *Ziel*: errar; *Zug*: perder; *j-n*: no encontrar; ~**t** equivocado; fracasado
ver'filmen (h) llevar a la pantalla, filmar
ver|'fliegen (*irr, sin ge-*, sn, → *fliegen*) *Zeit*: pasar volando; F *sich* ~ desorientarse, perder el rumbo; ~**'fließen** (*irr, sin ge-*, sn, → *fließen*) *Zeit*: pasar, transcurrir; ~**flixt** [-'flɪkst] maldito; *iron* dichoso
ver'fluch|en (h) maldecir; ~**t** *adj* maldito; ~**!** ¡maldita sea!
ver'folg|en [-'fɔlgən] (h) perseguir (*gerichtlich* judicialmente); *fig* proseguir; (*beobachten*) seguir de cerca, observar; *Spur*: seguir; ℒ**ung** *f* (-; -en) persecución *f*
ver'füg|bar [-'fy:kbɑːr] disponible; ~**en** [-'-gən] (h) **1.** *v/t* disponer, ordenar; **2.** *v/i*: ~ *über* (*ac*) disponer de; (*besitzen*) contar con; ℒ**ung** *f* (-; -en) disposición *f*; *j-m zur* ~ *stellen* (*stehen*) poner (estar) a la disposición de alg
ver'führ|en (h) seducir; ~**erisch** seduc-

ver'gangen [-'gaŋən] pasado; ⁀**heit** f (-; sin pl) pasado m; gram pretérito m
Vergaser [-'gɑːzər] auto m (-s; -) carburador m
ver'geb|en (irr, sin ge-, h, → **geben**) (weggeben) dar; (verzeihen) perdonar; ⁀**ens** en vano; ⁀**lich** [-'geːpliç] vano, inútil; adv en vano; ⁀**ung** [-'-buŋ] f (-; sin pl) perdón m; der Sünden: remisión f
ver'gehen 1. (irr, sin ge-, → **gehen**) v/i (sn) Zeit: pasar, transcurrir; (verschwinden) desaparecer; fig ⁀ **vor** morirse de; (h) **sich ⁀ an** (dat) violar (ac); **sich ⁀ gegen** faltar a; **2.** ⁀ n (-s; -) falta f; ⚖ delito m
ver'gelt|en (irr, sin ge-, h, → **gelten**) Dienst: devolver; pagar; **Gleiches mit Gleichem ⁀** pagar con la misma moneda; ⁀**ung** f (-; sin pl) desquite m
ver'gessen [-'gɛsən] (vergaß, vergessen, h) olvidar; **⁀ et zu tun** olvidarse de hacer a/c; ⁀**'geßlich** [-'gɛsliç] olvidadizo
vergeuden [-'gɔʏdən] (h) Geld: despilfarrar, derrochar; Zeit: desperdiciar
verge'waltig|en [-gə'valtɪgən] (h) violar; ⁀**ung** f (-; -en) violación f
vergewissern [--'vɪsərn] (h): **sich ⁀** cerciorarse, asegurarse
ver'gießen (irr, sin ge-, h, → **gießen**) derramar, verter
vergift|en [-'gɪftən] (h) intoxicar; a fig envenenar; ⁀**ung** f (-; -en) intoxicación f; envenenamiento m
Vergißmeinnicht [-'gɪsmaɪnnɪçt] n (-[e]s; -[e]) nomeolvides f
Ver'gleich m (-[e]s; -e) comparación f; ⚖ arreglo m, acuerdo m; ⚖ conciliación f; **im ⁀ zu** en comparación con; ⁀**bar** comparable; ⁀**en** (irr, sin ge-, h, → **gleichen**) comparar (**mit** con, a); **vergleiche S. 12** véase pág. 12
ver'gnüg|en [-'gnyːgən] (h): (**sich**) **⁀** divertir(se), distraer(se); ⁀**en** n (-s; -) placer m; **zum ⁀** para divertirse; **mit ⁀!** ¡con mucho gusto!; **viel ⁀!** ¡que se divierta!; ⁀**t** [-'-kt] alegre; contento
Ver'gnügung [-'-guŋ] f (-; -en) diversión f; ⁀**s-park** m parque m de atracciones; ⁀**sviertel** n barrio m de diversiones
ver'goldet [-'gɔldət] dorado
ver'graben (irr, sin ge-, h, → **graben**) enterrar, soterrar

vergriffen [-'grɪfən] Buch, Ware: agotado
ver'größer|n [-'grøːsərn] (h) agrandar, engrandecer; aumentar; ampliar (a fot); ⁀**ung** f (-; -en) engrandecimiento m; aumento m; ampliación f (a fot)
Vergünstigung [-'gynstɪguŋ] f (-; -en) privilegio m, ventaja f
Vergütung [-'gyːtuŋ] f (-; -en) remuneración f; (Entschädigung) indemnización f
ver'haft|en (h) detener; ⁀**ung** f (-; -en) detención f
ver'halten 1. v/t (irr, sin ge-, h, → **halten**): **sich ⁀** conducirse, portarse; **sich ruhig ⁀** quedarse od estarse quieto; **2.** ⁀ n (-s; sin pl) conducta f, comportamiento m
Ver'hältnis [-'hɛltnɪs] n (-ses; -se) relación f, proporción f; (Liebes⁀) lío m (amoroso); ⁀**se** pl circunstancias f/pl, condiciones f/pl; (Lage) situación f; **im ⁀ zu** en proporción od relación a; en comparación con; ⁀**mäßig** adj relativo; ⁀**wahl** f elección f según el sistema proporcional; ⁀**wahlrecht** n representación f proporcional
ver'hand|eln (h) negociar (**über** et (ac) a/c); discutir (sobre od a/c); ⚖ ver una causa; ⁀**lung** f (-; -en) negociación f; discusión f; ⚖ vista f (de la causa)
verheerend [-'heːrənt] asolador; fig desastroso
ver'|heilen (sn) cicatrizarse; curarse; ⁀**heimlichen** [-'haɪmlɪçən] (h) disimular, ocultar
ver'heirate|n (h): (**sich**) **⁀** casar(se); ⁀**t** casado
ver'helfen (irr, sin ge-, h, → **helfen**): **j-m zu et ⁀** proporcionar a/c a alg
verherrlichen [-'hɛrlɪçən] (h) glorificar, ensalzar
ver'hindern (h) impedir; (vorbeugen) evitar; **verhindert sn** no poder asistir
ver'höhnen (h) escarnecer
Ver'hör [-'høːr] n (-s; -e) interrogatorio m; ⁀**en** (h) interrogar; Zeugen: oír; **sich ⁀** entender mal
ver'|hüllen (h) cubrir; a fig velar; ⁀**'hungern** (sn) morir(se) de hambre; ⁀**hunzen** F [-'huntsən] (h) estropear; ⁀**'hüten** (h) evitar, prevenir
Ver'hütung f (-; sin pl) prevención f; ⚕ a profilaxis f; ⁀**smittel** n anticonceptivo m

ver-'irren (h): *sich* ~ extraviarse, perderse
ver'jagen (h) ahuyentar (*a fig*)
ver'jähr|en [-'jɛːrən] (sn) 🏛️ prescribir; **♀ung** *f* (-; -en) (**♀ungsfrist** *f*) (plazo *m* de) prescripción *f*
verjüngen [-'jyŋən] (h) rejuvenecer
ver'kabeln (h) cablear
ver'kalk|t [-'kalkt] calcificado; 🩺 esclerótico; F *fig* chocho; **♀ung** *f* (-; -en) calcificación *f*; 🩺 esclerosis *f*
verkatert [-'kɑːtərt]: ~ *sn* F tener resaca
Ver'kauf *m* (-[e]s; ⁻e) venta *f*; **♀en** (h) vender; *zu* ~ en venta
Ver'käuf|er *m* (-s; -), **~erin** *f* (-; -nen) vendedor(a *f*) *m*; **♀lich** vendible, en venta; *leicht* ~ de venta fácil
Ver'kaufs... [-'kaufs...]: *in Zssgn oft* de venta; **~leiter** *m* jefe *m* de ventas; **♀-offen** abierto; **~preis** *m* precio *m* de venta; **~stand** *m* puesto *m*
Ver'kehr [-'keːr] *m* (-s; *sin pl*) circulación *f*, tráfico *m*; (*Umgang*) trato *m*; relaciones *f/pl*; *aus dem* ~ *ziehen Banknoten*: retirar de la circulación; **♀en** (h) *v/i* circular; *mit j-m* ~ tener trato con alg
Ver'kehrs|-ader *f* arteria *f*; **~aufkommen** *n* volumen *m* de tráfico; **♀beruhigt** de tráfico reducido; **~betriebe** *m/pl* transportes *m/pl* públicos; **~chaos** *n* caos *m* circulatorio; **~funk** *m* información *f* viaria; **~mittel** *n* medio *m* de transporte; **~polizei** *f* policía *f* de tráfico; **~regel** *f* norma *f* de circulación; **~schild** *m* señal *f* (vertical) de circulación; **~stau(ung** *f*) *m*, **~stokkung** *f* embotellamiento *m*, atasco *m*; **~unfall** *m* accidente *m* de tráfico; **~verbindungen** *f/pl* comunicaciones *f/pl*; **~verein** *m* oficina *f* de turismo; **~zeichen** *n* señal *f* de tráfico
verkehrt [-'keːrt] invertido; (*falsch*) falso; *adv* al revés
verklagen (h) 🏛️ demandar a, poner pleito a
ver'kleid|en (h) disfrazar; 🔧 revestir (*mit* de); **♀ung** *f* (-; -en) disfraz *m*; 🔧 revestimiento *m*
ver'kleiner|n [-'klaɪnərn] (h) empequeñecer (*a fig*); disminuir; ♀ reducir; **♀ung** *f* (-; -en) disminución *f*; reducción *f*
verklemmt [-'klɛmt] atascado; *fig* reprimido

Verknappung [-'knapʊŋ] *f* (-; -en) escasez *f*
ver'knittern (h) arrugar
ver'knoten (h) anudar
ver'kommen 1. *v/i* (*irr, sin* ge-, sn, → *kommen*) echarse a perder, depravarse; **2.** *adj* depravado
verkörpern [-'kœrpərn] (h) personificar, *a teat* encarnar
ver|krampft [-'krampft] crispado; **~krüppelt** [-'krypəlt] lisiado; contrahecho; **~'kühlen** (h): *sich* ~ coger frío
ver'künd|(ig)en (h) anunciar; publicar; *Gesetz*: promulgar; 🏛️ *Urteil*: pronunciar; **♀igung** *f* (-; -en) anuncio *m*; publicación *f*; *Mariä* ~ Anunciación *f*; **♀ung** *f* (-; -en) promulgación *f*
ver'kürz|en (h) acortar; (*vermindern*) reducir (*a Arbeitszeit*); **♀ung** *f* (-; -en) acortamiento *m*; reducción *f*
ver'laden (*irr, sin* ge-, h, → *laden*) cargar; ⚓ embarcar
Verlag [-'lɑːk] *m* (-[e]s; -e) editorial *f*
ver'langen 1. (h) pedir (*von j-m* a), exigir; *nach j-m* ~ desear ver a alg; **2.** ♀ *n* (-s; *sin pl*) deseo *m*; *auf* ~ a petición, a requerimiento
ver'länger|n [-'lɛŋərn] (h) alargar; *zeitlich*: prolongar; 🏛️ prorrogar; **♀ung** *f* (-; -en) alargamiento *m*; prolongación *f*; 🏛️ prórroga *f*; **♀ungsschnur** ⚡ *f* prolongación *f*
verlangsamen [-'laŋzɑːmən] (h) retardar; *Geschwindigkeit*: reducir
ver'lassen 1. *v/t* (*irr, sin* ge-, h, → *lassen*) dejar, abandonar; *sich* ~ *auf* (*ac*) fiarse de, contar con; **2.** *adj* abandonado; *Ort*: desierto
Ver'lauf *m* (-[e]s; ⁻e) curso *m*, transcurso *m*; (*Entwicklung*) desarrollo *m*; *nach* ~ *von* al cabo de; **♀en** (*irr, sin* ge-, sn, → *laufen*) pasar; (h) *sich* ~ perderse, perder el camino
ver'leben (h) pasar
ver'leg|en 1. *v/t* (h) trasladar; *irrtümlich*: extraviar; *Papiere*: *a* traspapelar; (*aufschieben*) aplazar; *Buch*: publicar, editar; *Leitung*: colocar; **2.** *adj* azorado, turbado; ~ *werden* turbarse, cortarse; **♀enheit** *f* (-; -en) confusión *f*, turbación *f*; (*Geld*♀) apuro *m*; *in* ~ *bringen* poner en un apuro; *aus der* ~ *helfen* sacar del apuro; **♀er** *m* (-s; -) editor

m; **2ung** *f* (-; -en) traslado *m*; *zeitlich*: aplazamiento *m*
Ver'leih [-'laɪ] *m* (-[e]s; -e) alquiler *m*; *Film*: distribución *f*; **2en** (*irr*, *sin* ge-, h, → ***leihen***) prestar; (*vermieten*) alquilar; *Titel*: conferir; *Preis*: conceder; *Recht*: otorgar; **~ung** *f* (-; -en) concesión *f*
ver|'leiten (h) inducir (***zu*** a); **~'lernen** (h) desaprender, olvidar
ver'letz|en (h) herir (*a fig*); lesionar (*a Interessen*); (*kränken*) ofender; **~end** hiriente; ofensivo; **2te** *m/f* (-n; -n) herido *m*, -a *f*; **2ung** *f* (-; -en) herida *f*
ver'leumd|en [-'lɔʏmdən] (h) calumniar, difamar; **2ung** *f* (-; -en) calumnia *f*, difamación *f*
ver'lieb|en (h): ***sich ~ in*** (*ac*) enamorarse de; **~t** [-'-pt] enamorado
verlier|en [-'liːrən] (verlor, verloren, h) perder; **2er** *m* (-s; -) perdedor *m*
ver'lob|en (h): ***sich ~*** prometerse; **~t** [-'loːpt] prometido; **2te** *m/f* prometido *m*, -a *f*, F novio *m*, -a *f*; **2ung** [-'-buŋ] *f* (-; -en) esponsales *m/pl*
ver'lockend seductor, tentador
verlogen [-'loːgən] mentiroso
ver'loren [-'loːrən] perdido; **~gehen** (*irr*, *sep*, -ge-, sn, → ***gehen***) perderse, extraviarse
ver'los|en (h) sortear; **2ung** *f* (-; -en) sorteo *m*
Verlust [-'lust] *m* (-[e]s; -e) pérdida *f*
ver'machen (h) legar
Vermarktung [-'marktuŋ] *f* (-; -en) comercialización *f*
ver'mehr|en (h) aumentar, acrecentar; ***sich ~*** aumentar; *biol* multiplicarse; **2ung** *f* (-; -en) aumento *m*, incremento *m*; multiplicación *f*
ver'meiden (vermied, vermieden, h) evitar
Ver'merk [-'mɛrk] *m* (-s; -e) nota *f*; apunte *m*; **2en** (h) anotar, apuntar
ver'messen 1. *v/t* (*irr*, *sin* ge-, h, → ***messen***) medir; **2.** *adj* temerario
ver'miet|en (h) alquilar; ***zu ~*** se alquila; **2er** *m* (-s; -), **2erin** *f* (-; -nen) alquilador(a *f*) *m*; **2ung** *f* (-; -en) alquiler *m*
ver'minder|n (h) disminuir; reducir; **2ung** *f* disminución *f*; reducción *f*
ver'mischen (h) mezclar
ver'missen (h) echar de menos
ver'mitt|eln [-'mitəln] (h) **1.** *v/i* mediar, intervenir; **2.** *v/t* procurar, proporcionar; **2ler** *m* (-s; -) intermediario *m*; *bei Konflikt*: mediador *m*; **2lung** *f* (-; -en) intervención *f*; mediación *f*; *tel* central *f*
Ver'mögen [-'møːgən] *n* (-s; -) (*Besitz*) fortuna *f*, bienes *m/pl*, patrimonio *m*; **2d** adinerado, acaudalado; **~sberatung** *f* gestión *f* de patrimonio; **~steuer** *f* impuesto *m* sobre el patrimonio; **~swerte** *m/pl* bienes *m/pl*
vermummt [-'mumt] embozado
vermut|en [-'muːtən] (h) suponer; **~lich** presunto; **2ung** *f* (-; -en) suposición *f*
vernachlässigen [-'naːxlɛsigən] (h) descuidar
ver'nehm|en (*irr*, *sin* ge-, h, → ***nehmen***) percibir, oír; ⚖ interrogar; **2ung** *f* (-; -en) ⚖ interrogatorio *m*; toma *f* de declaración
ver'neigen (h): ***sich ~*** inclinarse
ver'nein|en [-'naɪnən] (h) negar; **~end** negativo; **2ung** *f* (-; -en) negación *f*
ver'nicht|en [-'niçtən] (h) destruir; **2ung** *f* (-; -en) destrucción *f*
Vernunft [-'nunft] *f* (-; *sin pl*) razón *f*; ***zur ~ bringen*** poner en razón; ***zur ~ kommen*** entrar en razón, sentar la cabeza
vernünftig [-'nynftiç] razonable; *j*: sensato
ver'-öffentlich|en [-'ˀœfəntliçən] (h) publicar; **2ung** *f* (-; -en) publicación *f*
ver-'ordn|en (h) ordenar; ⚕ prescribir; **2ung** *f* orden *f*; ⚕ prescripción *f*
ver'pacht|en (h) arrendar; **2ung** *f* (-; -en) arrendamiento *m*
ver'pack|en (h) embalar, envasar; **2ung** *f* (-; -en) embalaje *m*, envase *m*; **2ungsmaterial** *n* material *m* de embalaje
ver|'passen (h) perder; **~'pflanzen** (h) trasplantar
ver'pfleg|en (h) alimentar; **2ung** *f* (-; *sin pl*) alimentación *f*, comida *f*
ver'pflicht|en [-'pfliçtən] (h) obligar; ***sich ~ zu*** comprometerse a; **2ung** (-; -en) obligación *f*, compromiso *m*
ver|plempern F [-'plɛmpərn] (h) malgastar, desperdiciar; **~pönt** [-'pøːnt] mal visto; **~'prügeln** (h) dar una paliza; **~'putzen** (h) ⚠ revocar, enlucir; F (*essen*) tragar
Ver'rat [-'raːt] *m* (-[e]s; *sin pl*) traición *f*; **2en** (*irr*, *sin* ge-, h, → ***raten***) traicionar; *Geheimnis*: descubrir

Verräter 506

Ver'räter [-'rɛːtər] m (-s; -), **~in** f (-; -nen) traidor(a f) m

ver'rechn|en (h) poner en cuenta; compensar; *sich* ~ equivocarse en sus cálculos; *fig* equivocarse; **ung** f (-; -en) compensación f; ✝ *nur zur* ~ para abonar en cuenta; **ungsscheck** m cheque m cruzado *od* barrado

ver|'recken P (sn) reventar, P diñarla; **~regnet** [-'reːɡnət] lluvioso

ver'reis|en (sn) salir *od* irse de viaje; **~t:** ~ *sn* estar de viaje

ver'renk|en [-'rɛŋkən] (h): (*sich den Arm*) ~ dislocar(se el brazo); **ung** f (-; -en) dislocación f

verriegeln [-'riːɡəln] (h) echar el cerrojo a

ver'ringer|n [-'rɪŋərn] (h) disminuir, reducir; **ung** f (-; -en) disminución f, reducción f

ver'rosten (sn) corroerse, oxidarse

ver'rückt loco; ~ *machen* volver loco; **heit** f (-; -en) locura f

Vers [fɛrs] m (-es; -e) verso m

ver'sag|en [fɛr'zaːɡən] (h) **1.** *v/t* (de)negar, rehusar; **2.** *v/i* fallar, no funcionar; *Person*: fracasar; **en** n (-s; *sin pl*) fallo m; *menschliches* ~ fallo m humano; **er** m (-s; -) (*Person*) fracasado m

ver'salzen (*pp* versalzt *od* versalzen, h) salar demasiado

ver'samm|eln (h) reunir; **lung** f (-; -en) reunión f; asamblea f; *pol* mitin m

Ver'sand [-'zant] m (-[e]s; *sin pl*) expedición f, envío m; **~abteilung** f (departamento m de) expedición f; **~haus** n casa f de venta(s) por correo *od* por catálogo; **~hauskatalog** m catálogo m (de una casa de ventas por correo)

ver|'säumen (h) omitir; (*verpassen*) perder; *Pflicht*: faltar a; **~'schaffen** (h) proporcionar, procurar, facilitar; **~'schärfen** (h) agravar, agudizar; intensificar; **~'scharren** (h) enterrar; **~'schenken** (h) regalar, dar; **~scheuchen** [-'ʃɔʏçən] (h) ahuyentar (*a fig*), espantar; **~'schicken** (h) enviar, expedir; **~'schieben** (*irr, sin* ge-, h, → *schieben*) cambiar de sitio (*a refl*), desplazar; *zeitlich*: aplazar

ver'schieden [-'ʃiːdən] *adj* diferente, distinto, *pl* **-e** (*mehrere*) diversos, varios; **~artig** distinto; **heit** f (-; -en) diferencia f, diversidad f

ver'schiff|en (h) embarcar; **ung** f (-; -en) embarque m

ver|'schimmeln (sn) enmohecerse; **~'schlafen 1.** *v/t* (*irr, sin* ge-, h, → *schlafen*): (*sich*) ~ levantarse *bzw* despertarse tarde; **2.** *adj* soñoliento; **~'schlagen 1.** *v/t* (*irr, sin* ge-, h, → *schlagen*): ~ *werden nach* ir a parar a; *es verschlug ihm die Sprache* se quedó de una pieza; **2.** *adj* taimado, astuto

ver'schlechter|n [-'ʃlɛçtərn] (h) empeorar; *sich* ~ empeorarse; **ung** f (-; -en) empeoramiento m

verschleiern [-'ʃlaɪərn] (h) velar; *fig* encubrir

ver'schlepp|en (h) *j-n:* secuestrar; deportar; *et:* dar largas a; ✄ descuidar; **ung** f (-; -en) secuestro m; deportación f

ver'schleudern (h) dilapidar; ✝ malbaratar

ver'schließ|bar [-'ʃliːsbaːr] con cerradura; **~en** (*irr, sin* ge-, h, → *schließen*) cerrar (con llave); (*einschließen*) encerrar

ver'schlimmer|n [-'ʃlɪmərn] (h): (*sich*) ~ agravar(se); **ung** f (-; -en) agravación f

ver'schlingen (*irr, sin* ge-, h, → *schlingen*) (*essen*) devorar (*a fig*), tragarse

ver'schlossen [-'ʃlɔsən] cerrado; *fig a* reservado; **heit** f (-; *sin pl*) reserva f

ver|'schlucken (h) tragar; *sich* ~ atragantarse (*an dat* con); **'schluß** m (-sses; ⁻sse) cierre m; *fot* obturador m; **~'schmähen** (h) despreciar, desdeñar; **~'schmelzen** (*irr, sin* ge-, → *schmelzen*) **1.** *v/t* (h) fundir; **2.** *v/i* (sn) fundirse

ver'schmutz|en *v/t* (h) (*v/i* [sn]) ensuciar(se); *Umwelt*: contaminar; **ung** f (-; -en) *der Umwelt*: contaminación f, polución f

Ver|schnitt [-'ʃnɪt] m (-[e]s; -e) (*Wein usw*) mezcla f; **schnupft** [-'ʃnʊpft] constipado; *fig* amoscado, picado; **'schnüren** (h) atar (con cuerda); **schönern** [-'ʃøːnərn] (h) embellecer, hermosear

ver|schossen [-'ʃɔsən] *Farbe*: desteñido; F *fig* ~ *in* (*ac*) chalado por; **~'schrauben** (h) atornillar; **~'schreiben** (*irr, sin* ge-, h, → *schreiben*) ✄ recetar, prescribir; *sich* ~ equivocarse al escribir; **~'schreibungspflichtig** con

verstehen

receta médica; **~schrotten** [-'ʃrɔtən] (h) desguazar

ver'schuld|en (h) tener la culpa de; causar; **2en** n (-s; *sin pl*) culpa f, falta f; **~et** endeudado; **2ung** f (-; -en) endeudamiento m

ver|'schütten (h) derramar; **~'schweigen** (*irr, sin* ge-, h, → *schweigen*) callar

ver'schwend|en [-'ʃvɛndən] (h) prodigar, disipar; derrochar; *a Zeit:* desperdiciar; **2ung** f (-; -en) disipación f, derroche m, despilfarro m

verschwiegen [-'ʃviːgən] callado; discreto

ver|'schwinden (*irr, sin* ge-, sn, → *schwinden*) desaparecer; F eclipsarse; **~'schwitzen** (h) F *fig* olvidarse de

verschwommen [-'ʃvɔmən] vago; nebuloso; *Bild usw:* borroso

Ver'schwörung [-'ʃvøːruŋ] f (-; -en) conjuración f, conspiración f

ver'sehen 1. v/t (*irr, sin* ge-, h, → *sehen*): **~ mit** dotar de, proveer de; **2.** 2 n (-s; -) equivocación f, error m; descuido m, inadvertencia f; *aus* **~ = ~tlich** por descuido

ver'send|en (*irr, sin* ge-, h, → *senden*) expedir, enviar; **2ung** f (-; -en) expedición f, envío m

ver|'sengen (h) chamuscar; **~'senken** (h) sumergir; ⚓ hundir; *sich* **~ in** (*ac*) sumirse *od* abismarse en; **~'setzen** (h) trasladar (*a Beamte*); *Schlag:* asestar, propinar; (*entgegnen*) replicar; *als Pfand:* empeñar; F *j-n* **~** dar esquinazo *od* un plantón a alg

verseuch|en [-'zɔyçən] (h) infestar, contaminar; **2ung** f (-; -en) contaminación f

Ver'sicher|er [fɛr'ziçərər] m (-s; -) asegurador m; **2n** (h) ✝ asegurar; (*behaupten*) aseverar, afirmar; **~te** m/f (-n; -n) asegurado m, -a f; **~ung** f (-; -en) ✝ seguro m; (*Behauptung*) aseveración f, afirmación f

Ver'sicherungs... [-'--ruŋs...]: *in Zssgn oft* de seguro; **~agent** m agente m de seguros; **~nehmer** m contratante m; **~police** f póliza f de seguro

ver|'siegeln (h) sellar; **~'siegen** (sn) secarse; *fig* agotarse; **~'sinken** (*irr, sin* ge-, sn, → *sinken*) hundirse, sumergirse; ⚓ irse a pique; *in Gedanken* **~** ensimismarse

ver'söhn|en [fɛr'zøːnən] (h) reconciliar; **2ung** f (-; -en) reconciliación f

ver'sorg|en (h) proveer, abastecer (*mit* de); ✝ surtir (*mit* de); **2ung** f (-; *sin pl*) abasto m, abastecimiento m, aprovisionamiento m; **2ungs-engpaß** m, **2ungslücke** f desabastecimiento m

ver'spät|en [-'ʃpɛːtən] (h): *sich* **~** retrasarse, llegar tarde; **~et** con retraso; **2ung** f (-; -en) retraso m; **~ haben** llevar retraso

ver|'sperren (h) cerrar; obstruir; *Weg:* atajar; *Aussicht:* quitar; **~'spielen** (h) perder en el juego; **~'spotten** (h) burlarse de, mofarse de

ver'sprech|en (*irr, sin* ge-, h, → *sprechen*) prometer; *sich* **~** equivocarse (al hablar); *sich viel* **~ *von*** esperar mucho de; **2en** n (-s; -), **2ung** f (-; -en) promesa f

ver'staatlich|en [-'ʃtaːtlɪçən] (h) nacionalizar; **2ung** f (-; -en) nacionalización f

Verstand [-'ʃtant] m (-[e]s; *sin pl*) inteligencia f; intelecto m; (*Vernunft*) razón f; (*Urteilskraft*) juicio m; *den* **~** *verlieren* perder el juicio

ver'ständig|en [-'ʃtɛndigən] (h) enterar, informar (*von* de); *sich* **~** entenderse; (*sich einigen*) ponerse de acuerdo; **2ung** f (-; *sin pl*) acuerdo m, arreglo m; *tel* comunicación f

verständlich [-'ʃtɛntlɪç] inteligible; comprensible; *sich* **~** *machen* hacerse entender

Ver'ständnis [-'-nɪs] n (-sses; *sin pl*) comprensión f, entendimiento m; **2voll** comprensivo

ver'stärk|en (h) reforzar (*a* ⚙ *u* ✗); ♪ amplificar; intensificar; **2er** ♪ m (-s; -) amplificador m; **2ung** f (-; -en) refuerzo m (*a* ✗); intensificación f; ♪ amplificación f

ver'stauch|en [-'ʃtauxən] (h): *sich den Fuß* **~** torcerse el pie; **2ung** f (-; -en) torcedura f

Versteck [-'ʃtɛk] n (-[e]s; -e) escondrijo m; **2en** (h) esconder (*vor dat* de); *sich* **~** esconderse

ver'stehen (*irr, sin* ge-, h, → *stehen*) entender (*unter dat* por); comprender; (*können*) saber; *sich* **~** entenderse; *zu* **~** *geben* dar a entender; *sich auf et* **~** entender de a/c; *das versteht sich von selbst* eso se sobrentiende

ver'steiger|n (h) subastar, rematar; **Ωung** *f* (-; -en) subasta *f*, remate *m*
ver'stell|bar ajustable, regulable; **~en** (h) ajustar, regular; (*versperren*) obstruir; cerrar; *Schrift, Stimme*: desfigurar; *sich ~* disimular, fingir; **Ωung** *f* (-; *sin pl*) disimulo *m*
ver'steuern (h) pagar impuestos por
verstimmt [-'ʃtimt] ♩ desafinado; *fig* de mal humor, disgustado
ver'stopf|en (h) obstruir; *Loch*: tapar; **Ωung** *f* (-; -en) ⚕ estreñimiento *m*; *Verkehr*: embotellamiento *m*, atasco *m*
verstorben [-'ʃtɔrbən] fallecido
Ver'stoß *m* (-es; ⁎e) falta *f* (**gegen** a); **Ωen** (*irr*, *sin* ge-, h, → **stoßen**) 1. *v/t* expulsar; 2. *v/i*: *~* **gegen** faltar a, contravenir a
ver|'streichen (*irr*, *sin* ge-, sn, → **streichen**) *v/i* transcurrir, pasar; *Frist*: vencer; **~'streuen** (h) dispersar, esparcir; **~'stümmeln** [-'ʃtyməln] (h) mutilar (*a fig*); **~'stummen** [-'ʃtumən] (sn) enmudecer; *Lärm*: cesar
Ver'such [-'zuːx] *m* (-[e]s; -e) tentativa *f*, intento *m* (*a* ⚕); (*Probe*) prueba *f*, ensayo *m*; *fis usw*: experimento *m*; **Ωen** (h) probar (*a kosten*), ensayar; *~* **zu** (*inf*) intentar, procurar (*inf*); tratar de; **Ωsweise** a título de ensayo *od* prueba; **~ung** *f* (-; -en) tentación *f*; **in *~* führen** tentar
ver|sunken [-'zuŋkən] *fig*: *~* **in** (*ac*) absorto en; **~'süßen** (h) endulzar; *fig Pille*: dorar
ver'tag|en (h) aplazar (**auf** *ac* hasta); **Ωung** *f* (-; -en) aplazamiento *m*
ver'tauschen (h) cambiar (**gegen** por); (*verwechseln*) confundir (**mit** con)
ver'teidig|en [-'taɪdɪɡən] (h) defender; **Ωer** *m* (-s; -) defensor *m* (*a* ⚕); *dep* defensa *m*; **Ωung** *f* (-; *sin pl*) defensa *f*; **Ωungs...**: *in Zssgn* defensivo; **Ωungsminister(ium** *n*) *m* ministro *m* (ministerio *m*) de Defensa
ver'teil|en (h) distribuir, repartir; *sich ~* dispersarse; **Ωer** *m* (-s; -) repartidor *m*; *a* ⚙ distribuidor *m*; **Ωung** *f* (-; -en) distribución *f*; reparto *m*
ver'tief|en [-'tiːfən] (h) ahondar, profundizar; *sich ~* **in** (*ac*) absorberse en; **Ωung** *f* (-; -en) (*Mulde*) hondonada *f*; (*Höhlung*) hueco *m*
vertikal [vɛrti'kaːl] vertical

vertilgen [fɛr'tɪlɡən] (h) destruir, exterminar; F comerse
Ver'trag [-'traːk] *m* (-[e]s; ⁎e) contrato *m*; *pol* tratado *m*; **Ωen** [-'-ɡən] (*irr*, *sin* ge-, h, → **tragen**) (*ertragen*) aguantar, resistir; (*dulden*) soportar; *sich* (**gut**) *~* llevarse bien; **Ωlich** [-'traːklɪç] contractual; *adv* por contrato
Ver'trags|händler *m* concesionario *m*; **~werkstatt** *f* taller *m* oficial
ver'trauen (h) 1. *v/i* confiar (*j-m od auf ac* en alg *od* a/c); 2. *Ω n* (-s; *sin pl*) confianza *f* (**auf** *ac*, **zu** en); **im *~* en** confianza, confidencialmente; **Ωsstellung** *f* puesto *m* de confianza; **~swürdig** (digno) de confianza
ver'traulich confidencial; (*familiär*) familiar, íntimo
vertraut [-'traʊt] íntimo; familiar; *sich ~ machen mit* familiarizarse con
ver'treiben (*irr*, *sin* ge-, h, → **treiben**) expulsar; *fig* ahuyentar; ✝ vender, distribuir; *sich* (*dat*) **die Zeit *~*** pasar *od* matar el tiempo
ver'tret|en (*irr*, *sin* ge-, h, → **treten**) representar; (*ersetzen*) re(e)mplazar, sustituir; *Meinung*: sostener; defender; F *sich* (*dat*) **die Beine *~*,** F estirar las piernas; *sich den Fuß ~* torcerse el pie; **Ωer** *m* (-s; -), **Ωerin** *f* (-; -en) representante *su* (*a* ✝); (*Stell*Ω) sustituto *m*, -a *f*, suplente *su*; **Ωung** *f* representación *f*; sustitución *f*
Vertrieb [-'triːp] ✝ *m* (-[e]s; *sin pl*) venta *f*; distribución *f*; **~ene** [-'-benə] *m* (-n; -n) expulsado *m*; **~s-abteilung** [-'triːps-] *f* sección *f od* departamento *m* de ventas; **~sleiter** *m* jefe *m* de ventas
ver|'trocknen (sn) secarse; **~'trödeln** (h) *Zeit*: perder; **~'tuschen** (h) disimular, encubrir; **~'üben** (h) cometer, perpetrar
ver'un|glücken [-'ˀʊnɡlʏkən] (sn) *j*: tener *od* sufrir un accidente; *et*: fracasar; **Ωglückte** *m* (-n; -n) accidentado *m*; **Ωreinigung** *f* (-; -en) polución *f*, contaminación *f*; **~sichern** (h) confundir; **Ωtreuung** *f* (-; -en) defraudación *f*, malversación *f*
ver'ur|sachen [-'ˀuːrzaxən] (h) causar, ocasionar; **~teilen** (h) condenar (*a fig*); **Ωteilung** *f* (-; en) condena *f*
vervielfältigen [-'fiːlfɛltɪɡən] (h) *fot usw*: reproducir; (*abziehen*) multicopiar

vervoll|kommnen [-'fɔlkɔmnən] (h) perfeccionar; **~ständigen** [-'-ʃtɛndigən] (h) completar
verwackelt [-'vakəlt] *fot* movido
verwählen (h): *sich ~ tel* marcar mal
ver'wahr|en [-'vɑːrən] (h) guardar; *sich ~* protestar (*gegen* contra); **~lost** [-'-loːst] abandonado; **2ung** *f* (-; *sin pl*) custodia *f*; *in ~ geben* dar en depósito
verwaist [-'vaɪst] huérfano; *fig* abandonado
ver'walt|en (h) administrar; *Amt:* desempeñar; **2er** *m* (-s; -), **2erin** *f* (-; -nen) administrador(a *f*) *m*; **2ung** *f* (-; -en) administración *f*; **2ungs...:** *in Zssgn oft* administrativo; **2ungskosten** *pl* gastos *m/pl* de administración
ver'wand|eln (h) transformar, cambiar (*in ac* en); **2lung** *f* (-; -en) transformación *f*; cambio *m*
ver'wandt [-'vant] pariente (*mit* de); *fig* semejante (a); **2e** *m/f* (-n; -n) pariente *su*, familiar *su*; **2schaft** *f* parentesco *m*; (*die Verwandten*) parentela *f*
Ver'warnung *f* (-; -en) amonestación *f*
ver'wechs|eln (h) confundir; **2lung** *f* (-; -en) confusión *f*; equivocación *f*
verwegen [-'veːgən] temerario
ver'weigern (h) rehusar, (de)negar
Verweis [-'vaɪs] *m* (-es; -e) (*Tadel*) reprensión *f*, reprimenda *f*; (*Hinweis*) remisión *f* (*auf ac* a); **2en** [-'-zən] (*irr, sin* ge-, h, → *weisen*) (*hinweisen*) remitir (*an, auf ac* a); *des Landes ~* expulsar
ver'welken (sn) marchitarse
ver'wend|en (*irr, sin* ge-, h, → *wenden*) utilizar, emplear; *Geld, Zeit, Sorgfalt:* gastar (*für, auf ac* en); **2ung** *f* (-; -en) empleo *m*, uso *m*, utilización *f*
ver'wert|en (h) utilizar, aprovechar; **2ung** *f* (-; -en) utilización *f*, aprovechamiento *m*
verwes|en [-'veːzən] (sn) pudrirse, corromperse; **2ung** *f* (-; *sin pl*) putrefacción *f*, descomposición *f*
ver'wick|eln (h) enredar, enmarañar; *fig* complicar; *sich in Widersprüche ~* incurrir en contradicciones; **~elt** *fig* complicado; enredado; **~** *sn in* (*ac*) estar implicado *od* envuelto en; **2lung** *f* complicación *f*
ver'wirklich|en (h) realizar; **2ung** *f* (-; -en) realización *f*
ver'wirr|en [-'virən] (h) enmarañar, enredar; *fig* desconcertar, confundir; **~t** confuso, desconcertado; **2ung** *f* (-; *sin pl*) embrollo *m*, confusión *f*
ver|'wischen (h) borrar (*a fig*); **~witwet** [-'vitvət] viudo; **~wöhnen** [-'vøːnən] (h) mimar
verworren [-'vɔrən] embrollado
verwunden [-'vundən] (h) herir (*a fig*)
ver'wunder|lich extraño, sorprendente; **~n** (h) extrañar, sorprender; **2ung** *f* (-; *sin pl*) admiración *f*, asombro *m*
Ver'wundete *m/f* (-n; -n) herido *m*, -a *f*
ver|'wünschen (h) maldecir, imprecar; **~wüsten** [-'vyːstən] (h) devastar, asolar; **~'zählen** (h): *sich ~* equivocarse (al contar); **~zaubern** (h) encantar, hechizar
Ver'zehr [-'tseːr] *m* (-s; *sin pl*) consumo *m*; **2en** (h) consumir (*a fig*), comer(se)
Ver'zeichnis [-'tsaɪçnɪs] *n* (-ses; -se) lista *f*, relación *f*
ver'zeih|en (verzieh, verziehen, h) perdonar, disculpar; **~lich** perdonable; **2ung** *f* (-; *sin pl*) perdón *m*; **~!** ¡perdone!, ¡perdón!; *j-n um ~ bitten* pedir perdón a alg
ver'zerren (h) deformar; *a Ton, Bild:* distorsionar
Ver'zicht [-'tsɪçt] *m* (-[e]s; *sin pl*) renuncia *f* (*auf ac* a); **2en** (h) renunciar (*auf ac* a)
verziehen (*irr, sin* ge-, h, → *ziehen*) *v/t Kind:* mimar; *das Gesicht ~* torcer el gesto; *sich ~ Holz:* alabearse; *Wolken:* disiparse; F *Person:* esfumarse
Ver'zierung *f* (-; -en) adorno *m*; △ ornamento *m*
ver'zins|en [-'tsinzən] (h) pagar intereses; *sich ~* devengar intereses; *mit 5% ~* pagar un 5% de interés; **2ung** *f* (-; -en) rédito *m*
ver'zöger|n (h) retardar; *sich ~* retrasarse; **2ung** *f* (-; -en) retraso *m*; demora *f*
verzollen [-'tsɔlən] (h) pagar aduana; *haben Sie et zu ~?* ¿tiene usted algo que declarar?
Verzug [-'tsuːk] *m* (-[e]s; *sin pl*) demora *f*; *in ~ geraten* retrasarse
ver'zweif|eln (sn) desesperar (*an dat* de); **2lung** *f* (-; *sin pl*) desesperación *f*; *zur ~ bringen* desesperar
verzwickt F [-'tsvikt] complicado
'Vetter ['fɛtər] *m* (-s; -) primo *m*; **~nwirtschaft** *f* nepotismo *m*

vibrieren

vibrieren [vi'bri:rən] (h) vibrar
'**Video** ['vi:deo] n (-s; -s) vídeo m; ~**film** m videofilm(e) m; ~**kassette** f videocassette f; ~**kamera** f videocámara f; ~**recorder** ['---rekɔrdər] m (-s; -) videocassette m, F vídeo m; ~**spiel** n videojuego m; ~**thek** [---'te:k] f (-; -en) videoteca f
Vieh [fi:] n (-s; sin pl) ganado m; (Stück n) ~ res f; '~**wagen** 🚃 m vagón m para ganado; '~**zucht** f cría f de ganado
viel [fi:l] (Komparativ: **mehr**, Superlativ: **meist**) mucho; **sehr** ~ muchísimo; **so** ~ tanto; **ziemlich** ~ bastante; ~**erlei** ['-lər'laɪ] inv toda clase de; '~**fach** múltiple; (wiederholt) reiterado, repetido; adv a menudo, con frecuencia; ℔**falt** ['-falt] f (-; sin pl) diversidad f; variedad f; '~**farbig** multicolor; ~'**leicht** quizá(s), tal vez; ~**mals** ['-ma:ls]: **danke** ~**!** ¡muchísimas gracias!; '~**mehr** más bien; '~**sagend** significativo; ~**seitig** ['-zaɪtɪç] variado; universal; Person: polifacético; Gerät: versátil; '~**versprechend** muy prometedor; '℔**völkerstaat** m Estado m multinacional
vier [fi:r] cuatro; **unter** ~ **Augen** a solas; **auf allen** ~**en** a gatas; ℔**eck** ['-ˀɛk] n (-[e]s; -e) cuadrángulo m, cuadrilátero m; '~**eckig** cuadrangular; '~**fach** cuádruplo; ℔**füß(l)er** ['-fy:s(l)ər] m (-s; -) cuadrúpedo m; '~'**hundert** cuatrocientos; '~**jährig** de cuatro años; ℔**linge** ['-lɪŋə] m/pl cuatrillizos m/pl; '~**mal** cuatro veces; ~**rädrig** ['-rɛːdrɪç] de cuatro ruedas; '~**stellig** de cuatro cifras od dígitos; '℔**taktmotor** m motor m de cuatro tiempos; ~'**tausend** cuatro mil; '~**te** cuarto
'**Viertel** ['fɪrtəl] n (-s; -) cuarto m; (Stadt℔) barrio m; ~ **nach fünf** las cinco y cuarto; ~ **vor fünf** las cinco menos cuarto; ~'**jahr** n trimestre m; ℔**jährlich** trimestral; ~**note** ♩ f negra f; ~'**stunde** f cuarto m de hora
'**vier|tens** ['fi:rtəns] en cuarto lugar; ~**zehn** ['fɪrtseːn] catorce; ~ **Tage** quince días; ~**zehntägig** quincenal; ~**zehnte** décimo cuarto
'**vierzig** ['fɪrtsɪç] cuarenta; ~**ste** cuadragésimo
Villa ['vila] f (-; -len) chalet m, torre f
Viola ♩ [vi'o:la] f (-; -len) viola f
violett [vio'lɛt] violeta

510

Violine [--'li:nə] f (-; -n) violín m
Virus ['vi:rus] n, m (-; -ren) virus m
Vision [vi'zjoːn] f (-; -en) visión f
Vi'site [-'ziːtə] f (-; -n) visita f (a ♣); ~**nkarte** f tarjeta f (de visita)
Visum ['vi:zum] n (-s; Visa, Visen) visado m, Am visa f
Vitamin [vita'miːn] n (-s; -e) vitamina f
'**Vizekanzler** ['fɪːtsə-, 'viːtsə-] m vicecanciller m
'**Vogel** ['foːgəl] m (-s; ⁓) ave f; kleiner: pájaro m; F **e-n** ~ **haben** estar chiflado; ~**futter** n alpiste m; ~**perspektive**, ~**schau** f: **aus der** ~ a vista de pájaro; ~**scheuche** f ['--ʃɔyçə] f (-; -n) espantajo m (a fig), espantapájaros m
Vokab|el [vo'ka:bəl] f (-; -n) vocablo m, voz f; ~**ular** [-kabu'la:r] n (-s; -e) vocabulario m
Vokal [-'ka:l] m (-s; -e) vocal f
Volk [fɔlk] n (-[e]s; ⁓er) pueblo m, nación f
'**Völker|kunde** ['fœlkər-] f etnología f; ~**recht** n derecho m internacional; ℔**rechtlich** del derecho internacional; ~**wanderung** hist f Invasión f de los Bárbaros
'**Volks|-abstimmung** ['fɔlks-] f plebiscito m; referéndum m; ~**fest** n fiesta f popular; ~**hochschule** f universidad f popular; ~**lied** n canción f popular; ~**republik** f república f popular; ~**tanz** m danza f popular; ~**tracht** f traje m nacional bzw regional; ℔**tümlich** ['-tyːmlɪç] popular; ~**wirtschaft** f economía f política; ~**wirt(schaftler** m [-s; -]) m economista m
voll [fɔl] lleno (de); fig pleno; (ganz) completo, entero; P (betrunken) borracho; ~ **und ganz** totalmente; (**nicht**) **für** ~ **nehmen** (no) tomar en serio; '~**auf** completamente; '~**automatisch** completamente automático; ℔**bart** m barba f (cerrada); ℔**beschäftigung** f pleno empleo m; ℔**blut(pferd)** n (caballo m de) pura sangre m; ~'**bringen** (irr, sin ge-, h, → **bringen**) llevar a cabo, realizar; ℔**dampf** m: **mit** ~ a toda máquina (a fig); ~'**enden** (h) acabar, terminar; ~'**endet** (vollkommen) perfecto; ~**e Tatsache** hecho m consumado; ~**ends** ['-ɛnts] por completo, completamente
Volleyball ['vɔlibal] m voleibol m, balonvolea m

voll|führen [fɔl'fyːrən] (h) realizar, ejecutar; **♀gas** n: **mit ~** a todo gas, a toda marcha; **~ geben** pisar a fondo
völlig ['fœliç] completo, entero
'voll|jährig ['fɔljɛːriç] mayor de edad; **♀kasko(versicherung** f) n seguro m a todo riesgo; **~'kommen** perfecto; **♀'kommenheit** f (-; sin pl) perfección f; **♀kornbrot** n pan m integral; **~machen** (sep, -ge-, h) llenar; completar; F ensuciar; **♀macht** f (-; -en) poder m; (plenos) poderes m/pl; **♀milch** f leche f entera od completa; **♀mond** m luna f llena, plenilunio m; **♀pension** f pensión f completa; **~ständig** completo, entero; íntegro; **~'strecken** (h) ejecutar; **♀'streckung** f (-; -en) ejecución f; **~tanken** (sep, -ge-, h) llenar el depósito; **~wertig** ['-veːrtiç] de valor integral; **~zählig** ['-tsɛːliç] completo; **~'ziehen** (irr, sin ge-, h, → **ziehen**) ejecutar, efectuar
Volontär [volɔn'tɛːr] m (-s; -e) practicante m
Volt [vɔlt] n (-, -[e]s; -) voltio m; '**~zahl** f voltaje m
Volumen [vo'luːmən] n (-s; -, -mina) volumen m
vom [fɔm] = **von dem**
von [fɔn] prp (dat) de; beim Passiv mst por; **~ ... ab, an** desde, a partir de; **~ jetzt** (od **nun**) **an** de ahora en adelante; **~ ... bis** de ... a, desde ... hasta; **ein Freund ~ mir** un amigo mío; **~ mir aus** por mí; por mi parte; **~-ein-'ander** uno(s) de otro(s)
vor [foːr] 1. prp (wo?, wann? dat; wohin? ac): **a)** örtlich: delante de; a fig ante; fig **~ sich gehen** tener lugar; ocurrir; **b)** zeitlich: antes de; **~ fünf Jahren** hace cinco años; **fünf Minuten ~ drei** las tres menos cinco; **c)** kausal: (dat) de; **~ Freude** de alegría; **2.** adv: **nach wie ~** ahora como antes; '**♀-abend** m víspera f; **am ~ von** en vísperas de; '**♀-ahnung** f presentimiento m
vor'an [fo'ran] delante, adelante; **~gehen** (irr, sep, -ge-, sn, → **gehen**) ir delante (j-m de alg); tomar la delantera; zeitlich: preceder; **~kommen** (irr, sep, -ge, sn, → **kommen**) adelantar, avanzar
'Vor-an|meldung ['foːr'ʔanmɛlduŋ] f tel preaviso m; **~schlag** m presupuesto m
Voranzeige ['foːr'ʔantsaɪɡə] f previo aviso m; TV, Film: avance m (de programa)
'Vor-arbeiter m capataz m
vor'aus [fo'raʊs] hacia adelante; **j-m ~ sn** llevar ventaja a alg; **im ~** ['--] de antemano, con anticipación, por adelantado; **~datieren** (h) poner posfecha; **~gehen** (irr, sep, -ge-, sn, → **gehen**) ir delante; preceder; **~gesetzt: ~, daß ...** suponiendo que ...; a condición de que (subj); **~sagen** (sep, -ge-, h) predecir, pronosticar; **~sehen** (irr, sep, -ge-, h, → **sehen**) prever; **~setzen** (sep, -ge-, h) (pre)suponer; **♀setzung** f (-; -en) suposición f; (Bedingung) condición f (previa); **~sichtlich** probable; **♀zahlung** f pago m por adelantado
'Vorbe|deutung ['foːr-] f (-; -en) presagio m, agüero m; **~dingung** f (-; -en) condición f previa
Vorbehalt ['-bəhalt] m (-[e]s; -e) reserva f
vor'bei [foːr'baɪ] por delante (**an** dat de); junto a; zeitlich: pasado; **es ist ~** ya pasó; **es ist alles ~** todo se acabó; **~fahren** (irr, sep, -ge-, sn, → **fahren**), **~gehen** (irr, sep, -ge-, sn, → **gehen**) pasar (**an** dat por delante de, junto a); **~lassen** (irr, sep, -ge-, h, → **lassen**) dejar pasar
'vorbereit|en ['foːr-] (sep, h) preparar; **~end**, **♀ungs...** preparatorio; **♀ung** f preparación f; **~en** pl preparativos m/pl
'vorbe|stellen (sep, h) reservar; **♀stellung** f (-; -en) reserva f; **~straft: (nicht) ~** con (sin) antecedentes penales
'vorbeug|en (sep, -ge-, h) **1.** v/refl: **sich ~** inclinarse hacia adelante; **2.** v/i prevenir (**e-r Sache** a/c); **~end**, **♀ungs...** preventivo; ♣ a profiláctico; **♀ung** f (-; sin pl) prevención f; ♣ a profilaxis f
'Vorbild n (-[e]s; -er) modelo m, ejemplo m; ideal m; **♀lich** ejemplar, modelo (inv)
'vordatieren (sep, h) poner posfecha
'vorder ['fɔrdər] de delante, delantero; anterior; **♀-achse** f eje m delantero; **♀bein** n, **♀fuß** m pata f delantera; **♀grund** m primer plano m (a fig); **♀rad** n rueda f delantera; **♀rad-antrieb** m tracción f delantera; **♀seite** f parte f anterior od delantera; Münze: cara f; △ fachada f; **♀sitz** m asiento m delantero; **♀teil** n od m parte f delantera
'vor|drängen ['foːr-] (sep, -ge-, h): **sich ~**

vordringlich 512

abrirse paso a codazos; ~**dringlich** urgente; ⩔**druck** *m* (-[e]s; -e) formulario *m*, impreso *m*
'**vor-eilig** precipitado; prematuro
'**vor-eingenommen** parcial; prevenido (*gegen* contra)
Vorfahr ['-fɑːr] *m* (-en; -en) antepasado *m*
Vorfahrt|(**srecht** *n*) *f* prioridad *f od* preferencia *f* de paso; *Vorfahrt beachten!* ceda el paso; ~**sschild** *n* señal *f* de prioridad; ~**sstraße** *f* calle *f bzw* carretera *f* con preferencia (de paso)
'**Vorfall** *m* (-[e]s; ⸚e) suceso *m*, acontecimiento *m*; ⚕ prolapso *m*
'**vorfinden** (*irr, sep*, -ge-, h, → *finden*) encontrar
'**vorführ**|**en** (*sep*, -ge-, h) exhibir, presentar, demostrar; *Film*: proyectar; ⩔**ung** *f* (-; -en) exhibición *f*, presentación *f*, demostración *f*; *e-s Films*: proyección *f*
'**Vor**|**gang** *m* (-[e]s; ⸚e) suceso *m*, acontecimiento *m*; ⚙, 🔧, ✈ proceso *m*; (*Akten*⩔) expediente *m*; ~**gänger** ['-gɛŋər] *m* (-s; -), ~**gängerin** *f* (-; -nen) antecesor(a *f*) *m*, predecesor(a *f*) *m*; ~**gebirge** *n* cabo *m*, promontorio *m*; ⩔**gefertigt** prefabricado
'**vorgehen** (*irr, sep*, -ge-, sn, → *gehen*) pasar adelante; *Uhr*: ir adelantado; (*den Vorrang haben*) tener preferencia; (*geschehen*) ocurrir, pasar; (*handeln*) proceder
'**Vorge**|**schmack** *m fig* prueba *f*; anticipo *m*; ~**setzte** ['--zɛtstə] *m/f* (-n; -n) superior(a *f*) *m*
'**vorgestern** anteayer; ~ *abend* anteanoche
'**vor**|**haben** (*irr, sep*, -ge-, h, → *haben*) tener la intención de, pensar (*inf*); proponerse (*inf*); *et* (*nichts*) ~ (no) tener un (ningún) compromiso; ⩔**haben** *n* (-s; -) intención *f*; proyecto *m*; ⩔**halle** *f* vestíbulo *m*
vorhanden [-'handən] existente; presente; ✚ disponible; ~ *sn* existir
'**Vorhang** *m* (-[e]s; ⸚e) ∗cortina *f*; *teat* telón *m*
'**Vorhängeschloß** *n* candado *m*
'**vorher** antes; (*im voraus*) con anticipación; *kurz* (*lang*) ~ poco (mucho) antes
vor'her|**gehend**, ~**ig** precedente, anterior
Vor'hersage *f* (-; -n) predicción *f*, pronóstico *m*

vor'hin hace un momento
'**vor**|**ig** precedente, anterior; pasado; ⩔**jahr** *n* año *m* pasado
'**Vor**|**kasse** *f* pago *m* por anticipado; ~**kenntnisse** *f/pl* conocimientos *m/pl* preliminares
'**vorkomm**|**en** (*irr, sep*, -ge-, sn, → *kommen*) (*geschehen*) ocurrir, pasar, suceder; (*auftreten*) encontrarse, existir; (*scheinen*) parecer; ⩔**en** *n* (-s; -) presencia *f*, existencia *f*; *geo* yacimientos *m/pl*; ⩔**nis** *n* (-ses; -se) suceso *m*, incidente *m*
'**Vorladung** *f* (-; -en) citación *f*, emplazamiento *m*
'**Vor**|**lage** *f* (-; -n) presentación *f*; (*Gesetz*) proyecto *m*; (*Muster*) muestra *f*, modelo *m*; ⩔**läufig** provisional; *adv* por ahora, por de pronto
'**vorleg**|**en** (*sep*, -ge-, h) presentar; enseñar, mostrar; someter; *Speise*: servir; ⩔**er** *m* (-s; -) alfombrilla *f*; ⩔**eschloß** *n* candado *m*
'**vorles**|**en** (*irr, sep*, -ge-, h, → *lesen*) leer (en voz alta); ⩔**ung** *f* (-; -en) clase *f*, curso *m*; ~**en halten** dar *od* impartir clases
'**vor**|**letzt** penúltimo; ⩔**liebe** *f* (-; -n) predilección *f* (*für* por), preferencia *f*
'**vormal**|**ig** ['-mɑːlɪç] anterior, precedente; ~**s** antes
'**vormerken** (*sep*, -ge-, h) apuntar, anotar; tomar nota de
'**Vormittag** *m* (-s; -e) mañana *f*; *morgen* ⩔ mañana por la mañana; ⩔**s** por la mañana
'**Vormund** *m* (-[e]s; -e, ⸚er) tutor *m*; ~**schaft** *f* (-; -en) tutela *f*
vorn [fɔrn] (por) delante; *von* ~ por delante, de frente; *zeitlich*: de nuevo; *nach* ~ hacia adelante; (*wieder*) *von* ~ *anfangen* volver a empezar
'**Vorname** *m* nombre *m* de pila
'**vornehm** ['-neːm] noble; distinguido; elegante; ~**en** (*irr, sep*, -ge-, h, → *nehmen*) efectuar; *sich* (*dat*) *et* ~ proponerse a/c; ⩔**heit** *f* (-; *sin pl*) nobleza *f*; distinción *f*
vornherein ['fɔrnhɛˈraɪn]: *von* ~ desde un principio
'**Vorort** ['foːrʔɔrt] *m* (-[e]s; -e) suburbio *m*; ~**zug** *m* tren *m* suburbano
'**Vor**|**platz** *m* entrada *f*; explanada *f*; ⩔**programmiert** preprogramado; ~**rang** *m* (-[e]s; *sin pl*) primacía *f* (*vor*

dat sobre); preferencia *f*; ~**rat** *m* (-[e]s; ⸚e) provisión *f*; ✝ existencias *f/pl*, stock *m*; ⁀**rätig** ['-rɛːtiç] disponible; ~**recht** *n* privilegio *m*; prerrogativa *f*
'**Vorrichtung** *f* (-; -en) dispositivo *m*, mecanismo *m*
'**Vor**|**ruhestand** *m* (-[e]s; *sin pl*) prejubilación *f*, jubilación *f* anticipada; ~**runde** *f dep* eliminatoria *f*; ~**saison** *f* temporada *f* baja; ~**satz** *m* propósito *m*, intención *f*; ⁀**sätzlich** ['-zɛtsliç] premeditado; *adv* de propósito; *a* 🏴 con premeditación; ~**schau** *f TV* avance *m* de programa; *Film*: *a* trailer *m*; ~**schein** *m*: **zum** ~ **kommen** salir a la luz, aparecer
'**Vorschlag** *m* (-[e]s; ⸚e) proposición *f*; propuesta *f*; ⁀**en** (*irr, sep*, -ge-, h, → *schlagen*) proponer
'**Vor**|**schlußrunde** *f dep* semifinal *f*; ⁀**schreiben** (*irr, sep*, -ge-, h, → *schreiben*) *fig* prescribir
'**Vorschrift** *f* (-; -en) prescripción *f* (*a* 🏴); reglamento *m*; ⁀**smäßig** reglamentario; *adv* en (su) debida forma
Vorschuß *m* (-sses; ⸚sse) anticipo *m*, adelanto *m*
'**vorsehen** (*irr, sep*, -ge-, h, → *sehen*) prever; **sich** ~ tener cuidado; guardarse (*vor dat* de)
'**Vorsicht** *f* (-; *sin pl*) precaución *f*; cuidado *m*; ~**!** ¡cuidado!; F ¡ojo!; ⁀**ig** prudente, cauto; *adv* con cuidado; ~ *sn* tener cuidado
'**Vorsilbe** *f* (-; -n) prefijo *m*
'**Vorsitz** *m* (-es; *sin pl*) presidencia *f*; **den** ~ **führen** presidir (*ac*); ~**ende** *m/f* (-n; -n) presidente *m*, -a *f*
'**Vorsorg**|**e** *f* (-; *sin pl*) previsión *f*; ~**treffen** tomar (sus) precauciones *bzw* las medidas necesarias; ~**e-untersuchung** 🏴 *f* chequeo *m* preventivo; ⁀**lich** ['-zɔrkliç] previsor; *adv* por precaución
'**Vor**|**spann** *m* (-[e]s; -e) *Film*: títulos *m/pl* (de crédito); ~**speise** *f* (-; -n) entrada *f*, entremés *m*, entrante *m*
'**Vorspiel** *n* (-[e]s; -e) preludio *m* (*a fig*); *teat* prólogo *m*
'**vor**|**springend** saliente; *Kinn*: prominente; ⁀**sprung** *m* (-[e]s; ⸚e) △ resalto *m*, saledizo *m*; *fig* ventaja *f*; **e-n** ~ **haben vor** llevar ventaja a; ⁀**stadt** *f* arrabal *m*
'**Vorstand** *m* (-[e]s; ⸚e) junta *f* directiva; (*Vorsteher*) jefe *m*, director *m*; ~**s-etage** *f* planta *f* de los directivos; ~**svorsitzende** *m* presidente *m* de la junta directiva
'**vorstehend** saliente
'**vorstell**|**en** (*sep*, -ge-, h) *Uhr*: adelantar; *j-n*: presentar; (*darstellen*) representar; (*bedeuten*) significar; **sich j-m** ~ presentarse a alg; **sich** (*dat*) *et* ~ figurarse, imaginarse; ⁀**ung** *f* (-; -en) *j-s*: presentación *f*; *teat* representación *f*, función *f*; *Kino*: sesión *f*; (*Begriff*) idea *f*; concepto *m*; ⁀**ungsgespräch** *n* entrevista *f* personal; ⁀**ungskraft** *f* imaginación *f*
'**Vor**|**strafen** *f/pl* antecedentes *m/pl* penales; ⁀**strecken** (*sep*, -ge-, h) *Geld*: adelantar
'**Vorteil** ['fɔrtaɪl] *m* (-s; -e) ventaja *f*; (*Gewinn*) provecho *m*; ⁀**haft** ventajoso
Vortrag ['foːrtraːk] *m* (-[e]s; ⸚e) conferencia *f* (**halten** dar); ⁀**en** ['--gən] (*irr, sep*, -ge-, h, → *tragen*) exponer; declamar, recitar; ♩ interpretar
vor'trefflich excelente
'**vor**'**über** [foːr'yːbər] pasado; ~**gehen** (*irr, sep*, -ge-, sn, → *gehen*) pasar (**an** *dat* por delante de); ~**gehend** pasajero; (*zeitweilig*) temporario; *adv* de paso
'**Vor-urteil** ['foːr-] *n* prejuicio *m*
'**Vor**|**verkauf** *teat m* venta *f* anticipada; ~**verkaufsstelle** *f* (taquilla *f* para la) venta *f* anticipada; ~**vorgestern** hace tres días; ~**wahl** *f* (-; *sin pl*), ~**wählnummer** *f* prefijo *m*; ~**wand** *m* (-[e]s; ⸚e) pretexto *m*
'**vorwärts** ['fɔrvɛrts] (hacia) adelante; ~ **gehen** avanzar; ~**kommen** (*irr, sep*, -ge-, sn, → *kommen*) *fig* salir adelante; progresar
vorweg [foːr'vɛk] de antemano
'**vor**|**werfen** ['foːr-] (*irr, sep*, -ge-, h, → *werfen*) echar; *fig* reprochar, echar en cara; ~**wiegend** predominante, preponderante; *adv* en su mayoría
'**Vorwort** *n* (-[e]s; -e) prefacio *m*, prólogo *m*
'**Vorwurf** *m* (-[e]s; ⸚e) reproche *m*; **zum** ~ **machen** reprochar
'**Vor**|**zeichen** *n* (-s; -) augurio *m*, presagio *m*, agüero *m*; ⚻ signo *m*; ⁀**zeigen** (*sep*, -ge-, h) presentar; enseñar; ⁀**zeitig** prematuro, anticipado; *adv* antes de tiempo; ⁀**ziehen** (*irr, sep*, -ge-, h, →

Vorzimmer 514

ziehen) Vorhang: correr; *fig* preferir; **vorzuziehen** preferible; ~**zimmer** *n* antesala *f*; ~**zug** *m* (-[e]s; ~e) preferencia *f*; (*Vorteil*) ventaja *f*; (*gute Eigenschaft*) mérito *m*
vorzüglich [-'tsy:kliç] excelente, exquisito; superior

'**Vorzugspreis** *m* precio *m* de favor
Votivbild [vo'ti:fbilt] *n* exvoto *m*
vulgär [vul'gɛ:r] vulgar; grosero
Vul|**kan** [-'ka:n] *m* (-[e]s; -e) volcán *m*; ⚬**isch** volcánico; ⚬**isieren** [-kani-'zi:rən] (h) vulcanizar; *auto* recauchutar

W

W, w [ve:] *n* (-; -) W, w *f*
'**Waage** ['va:gə] *f* (-; -n) balanza *f*; báscula *f*; *sich die* ~ *halten* equilibrarse; ⚬**recht** horizontal
Wabe ['va:bə] *f* (-; -n) panal *m*
wach [vax] despierto; *fig a* espabilado, vivo; ~ *werden* despertarse; '⚬**e** *f* (-; -n) guardia *f*; (*Mannschaft*) cuerpo *m* de guardia; ~ *stehen* estar de guardia; '~**en** (ge-, h) estar despierto; ~ *bei* velar (*ac*); ~ *über* (*ac*) vigilar (*ac*), velar por
Wacholder ⚬ [va'xɔldər] *m* (-s; -) enebro *m*
Wachs [vaks] *n* (-es; -e) cera *f*
wachsam ['vaxza:m] vigilante
wachsen ['vaksən] **1.** *v/i* (wuchs, gewachsen, sn) crecer; *fig a* aumentar; acrecentar; **2.** *v/t* (ge-, h) encerar; ~**d** creciente
Wachstuch *n* hule *m*
'**Wachs-tum** *n* (-s; *sin pl*) crecimiento *m*; ~**srate** *f* tasa *f* de crecimiento
Wachtel ['vaxtəl] *f* (-; -n) codorniz *f*
Wächter ['vɛçtər] *m* (-s; -) guarda *m*, guardián *m*
Wachtturm ['vaxt-] *m* vigía *f*, atalaya *f*
'**wack**|(**e**)**lig** ['vak(ə)liç] tambaleante, movedizo; *Möbel*: cojo; *fig* inseguro; ⚬**elkontakt** ⚡ *m* contacto *m* flojo *od* intermitente; ~**eln** (ge-, h) tambalear(se); moverse (*a Zahn*); (*Möbel*) cojear
Wade ['va:də] *f* (-; -n) pantorrilla *f*
Waffe ['vafə] *f* (-; -n) arma *f*
Waffel ['-fəl] *f* (-; -n) barquillo *m*
'**Waffen**|**schein** *m* licencia *f* de armas; ~**stillstand** *m* armisticio *m*
Wagemut ['va:gəmu:t] *m* osadía *f*, temeridad *f*, audacia *f*

wagen ['-gən] (ge-, h) atreverse a, osar (*inf*); (*riskieren*) arriesgar, aventurar
'**Wagen** *m* (-s; -) coche *m* (*a* 🚗, *auto*); (*Karren*) carro *m*; 🚋 vagón *m*; ~**heber** *m* (-s; -) gato *m*; ~**papiere** *n/pl* documentación *f* del coche
Waggon [va'gɔŋ] *m* (-s; -s) vagón *m*
waghalsig ['va:khalziç] temerario, atrevido
Wagnis ['-nis *n* (-ses; -se) riesgo *m*
Wahl [va:l] *f* (-; -en) elección *f* (*a pol*); *zwischen zwei Möglichkeiten*: alternativa *f*, opción *f*; ✝ *erste* ~ primera calidad
wählbar ['vɛ:lba:r] elegible
'**wahl**|**berechtigt** ['va:l-] con derecho a votar; ~ *sn* tener voto; ⚬**beteiligung** *f* participación *f* electoral
'**wähl**|**en** ['vɛ:lən] (ge-, h) elegir; (*aus*~) escoger, seleccionar; (*abstimmen*) votar; *tel* marcar; ⚬**er** ['-lər] *m* (-s; -), ⚬**erin** *f* (-; -nen) elector(a *f*) *m*, votante *su*
Wahlergebnis ['va:l?-] *n* resultado *m* de las elecciones
'**wähler**|**isch** ['vɛ:ləriʃ] difícil (de contentar); ⚬**liste** *f* censo *m* electoral
'**Wahl**|**heimat** ['va:l-] *f* patria *f* adoptiva; ~**kampf** *m* lucha *f* electoral; ~**kreis** *m* distrito *m* electoral; ~**lokal** *n* colegio *m* electoral; ⚬**los** confuso; *adv* al azar; sin orden ni concierto; ~**recht** *n* (-[e]s; *sin pl*) derecho *m* de votar; *allgemeines* ~ sufragio *m* universal; ~**zettel** *m* papeleta *f* electoral
'**Wahnsinn** ['va:n-] *m* (-s; *sin pl*) locura *f* (*a fig*); ✱ demencia *f*; ⚬**ig** loco (*a fig*); ✱ demente

wahr [vɑːr] verdadero, verídico; (*echt*) auténtico; (*aufrichtig*) sincero; **das ist ~** es verdad; **nicht ~?** ¿verdad?

wahren ['vɑːrən] (ge-, h) cuidar de; *Rechte, Interessen*: defender

währen ['vɛːrən] (ge-, h) durar; continuar; **~d 1.** *prp* (*gen*) durante; **2.** *cj* mientras; *Gegensatz*: mientras que

wahr|haftig [vɑːr'haftiç] *adv* verdaderamente; realmente; ⟨**heit** ['-haɪt] *f* (-; -en) verdad *f*

'wahrnehm|bar ['-neːmbɑːr] perceptible; **~en** (*irr, sep,* -ge-, h, → *nehmen*) percibir; (*bemerken*) notar, observar; *Gelegenheit*: aprovechar

Wahrsagerin ['-zɑːgərin] *f* (-; -nen) adivina *f*

wahr'scheinlich [-'ʃaɪnlɪç] probable; **er wird ~** (**nicht**) **kommen** (no) es probable que venga; ⟨**keit** *f* (-; *sin pl*) probabilidad *f*

'Währung ['vɛːruŋ] *f* (-; -en) moneda *f*; **~skurs** *m* tipo *m* de cambio; **~sreform** *f* reforma *f* monetaria; **~sschlange** *f* serpiente *f* monetaria; **~ssystem** *n* sistema *m* monetario

Wahrzeichen ['vɑːrtsaɪçən] *n* símbolo *m*

'Waise ['vaɪzə] *f* (-; -n) huérfano *m*, -a *f*; **~nhaus** *n* orfanato *m*

Wal [vɑːl] *m* (-[e]s; -e) ballena *f*

Wald [valt] *m* (-[e]s; ⸚er) bosque *m*, monte *m*; **'~brand** *m* incendio *m* forestal; **'~erdbeere** *f* fresa *f* (de los bosques); ⟨**ig** ['-dɪç], ⟨**reich** poblado de bosques, boscoso; **'~sterben** *n* muerte *f* lenta de los bosques; **~weg** *m* camino *m* forestal

Wall [val] *m* (-[e]s; ⸚e) (*ErdՉ*) terraplén *m*; (*Mauer*) muralla *f*

'Wallfahr|er *m* (-s; -) peregrino *m*, romero *m*; **~t** *f* peregrinación *f*, romería *f*

Walnuß ['-nʊs] *f* nuez *f*

Walze ['valtsə] *f* (-; -n) rodillo *m*; ⊕ cilindro *m*

wälzen ['vɛltsən] (ge-, h) hacer rodar, arrollar; *Bücher*: manejar; *Probleme*: dar vueltas a; **sich ~** revolcarse (*in dat* en)

Walzer ['valtsər] *m* (-s; -) vals *m*

Wand [vant] *f* (-; ⸚e) pared *f* (*a BergՉ*); (*Mauer*) muro *m*

'Wandel ['vandəl] *m* (-s; *sin pl*) cambio *m*; transformación *f*; ⟨**n** (ge-) **1.** *v/i* (sn) caminar, deambular; **2.** *v/t* (h) cambiar (*a* **sich**); transformar

'Wander|-ausstellung ['vandər-] *f* exposición *f* ambulante; **~er** *m* (-s; -) excursionista *m*, caminante *m*; **~karte** *f* mapa *m* excursionista; ⟨**n** (ge-, sn) caminar, viajar a pie; hacer excursiones; **~pokal** *m* copa *f* ambulante; **~ung** *f* (-; -en) excursión *f*, caminata *f*; **~weg** *m* itinerario *m*; **~zirkus** *m* circo *m* ambulante

'Wand|kalender ['vant-] *m* calendario *m* de pared; **~lung** ['-dluŋ] *f* (-; -en) transformación *f*; **~male'rei** *f* pintura *f* mural; **~schrank** *m* armario *m* empotrado; **'~uhr** *f* reloj *m* de pared; **~zeitung** *f* periódico *m* mural

Wange ['vaŋə] *f* (-; -n) mejilla *f*

wann [van] cuando; **~?** ¿cuándo?

'Wanne ['vanə] *f* (-; -n) ⊛ tina *f*; (*BadeՉ*) bañera *f*

Wanze ['vantsə] *f* (-; -n) chinche *f*; F *fig* micro-espía *m*

Wappen ['vapən] *n* (-s; -) armas *f/pl*, blasón *m*

Ware ['vɑːrə] *f* (-; -n) mercancía *f*, *Am* mercadería *f*

'Waren|-angebot *n* oferta *f* de artículos; **~automat** *m* máquina *f* automática de venta, expendedora *f* automática; **~haus** *n* grandes almacenes *m/pl*, *Am* emporio *m*; **~korb** *m Statistik*: cesta *f* de la compra; **~probe** *f* muestra *f*; **~sendung** *f* envío *m* (de mercancías); remesa *f*; **~test** *m* control *m* de productos; **~zeichen** *n* marca *f* (*eingetragenes* registrada)

warm [varm] caliente; *Klima*: cálido (*a fig*); *Wetter*: caluroso (*a fig Empfang usw*); *Kleidung*: de abrigo; **es ist ~** hace calor; **mir ist ~** tengo calor

'Wärme ['vɛrmə] *f* (-; *sin pl*) calor *m* (*a fig*); **~kraftwerk** *n* central *f* térmica; ⟨**n** (ge-, h): (**sich**) **~** calentar(se)

'Wärmflasche *f* bolsa *f* de agua caliente

'Warm|front ['varmfrɔnt] *f* frente *m* cálido; **~luft** *f* aire *m* caliente

Warm'wasser|bereiter *m* calentador *m* de agua; **~speicher** *m* termo *m*

'Warn|anlage ['varn?-] *f* dispositivo *m* de alarma; **~blink-anlage** *f*, **~blinker** *m* luz *f* intermitente de alarma; **~drei-eck** *n* triángulo *m* de peligro; ⟨**en** (ge-, h) advertir, prevenir (**vor** contra); **vor ... wird gewarnt** cuidado con ...; **~schuß** *m* tiro *m* al aire *od* de aviso;

~streik m huelga f de advertencia; **~ung** f (-; -en) advertencia f, aviso m; *abschreckende*: escarmiento m

'Warte|liste ['vartə-] f lista f de espera; **2n** (ge-, h) **1.** v/i esperar (*auf j-n* a alg, *auf et* a/c); **2.** v/t cuidar de

Wärter ['vɛrtər] m (-s; -) guardián m

'Warte|raum m, **~saal** m, **~zimmer** n ['vartə...] sala f de espera

'Wartung f (-; -en) ✪ mantenimiento m, entretenimiento m

warum? [va'rum] ¿por qué?

Warze ['vartsə] f (-; -n) verruga f

was [vas] **1.** *pron interr* ¿qué?; **2.** *pron relativo* que; lo que, lo cual; **~ für (ein)** qué (clase de); **3.** F (*etwas*) algo

'Wasch|-anlage ['vaʃ-] f auto: tren m od túnel m de lavado; **~automat** m lavadora f automática; **2bar** lavable; **~becken** n lavabo m

'Wäsche ['vɛʃə] f (-; *sin pl*) ropa f; (*Waschen*) lavado m; *in die ~ geben* dar a lavar; **~geschäft** n lencería f; (*Herren2*) camisería f; **~klammer** f pinza f (para la ropa); **~leine** f cuerda f (para tender la ropa)

waschen ['vaʃən] **1.** v/t (wusch, gewaschen, h) lavar; *sich ~* lavarse; **2, 2n** (-s; *sin pl*) lavado m

Wäsche|rei [vɛʃə'raɪ] f (-; -en) lavandería f; **'~schleuder** f secadora f centrífuga

'Wasch|lappen ['vaʃ-] m manopla f para baño; F *fig* calzonazos m; **~maschine** f lavadora f; **~mittel** n, **~pulver** n detergente m; **~raum** m lavabo m, cuarto m de aseo; **~salon** m lavandería f; **~schüssel** f jofaina f, palangana f

'Wasser ['vasər] n (-s; -, ⸚) agua f; *Kölnisch ~* agua f de Colonia, colonia f; *zu ~ und zu Lande* por tierra y por mar; *fig ins ~ fallen* aguarse; **~ball(spiel** n) m waterpolo m; **2dicht** impermeable; **~fall** m salto m de agua, cascada f; *großer*: catarata f; **~farbe** f aguada f; **~flugzeug** n hidroavión m; **~glas** n vaso m para agua; **~hahn** m grifo m

wässerig ['vɛsəriç] acuoso; *den Mund ~ machen* dar dentera

'Wasser|kanne ['vasərkanə] f jarro m para agua; **~kessel** m hervidor m; ✪ caldera f; **~klosett** n wáter m, inodoro m; **~kraftwerk** n central f hidroeléctrica; **~kühlung** f refrigeración f por agua; **~kur** f cura f hidroterápica; **~lauf** m corriente f de agua; **~leitung** f tubería f de agua; **2löslich** soluble en agua, hidrosoluble; **~mann** *astr* m Acuario m; **~melone** f sandía f; **2n** ✈ (ge-, h) amarar, amerizar

wässern ['vɛsərn] (ge-, h) regar; (*einweichen*) poner a remojo

'wasser|scheu ['vasər-] que tiene miedo al agua; ⚓ hidrófobo; **2ski** m esquí m acuático *od* náutico; **2sport** m deporte m acuático *od* náutico; **2stand** m nivel m del agua; **2stoff** m hidrógeno m; **2turm** m arca f de agua; **2-uhr** f contador m de agua; **2versorgung** f abastecimiento m de agua; **2weg** ['--ve:k] m: *auf dem ~* por vía fluvial *bzw* marítima; **2welle** f ondulación f; **2zähler** m contador m de agua

waten ['va:tən] (ge-, sn) vadear (*durch ac*); caminar (*in dat* por)

Watt [vat] n **1.** *geo* (-[e]s; -en) marisma f; **2.** ⚡ (-s; -) vatio m; **'~e** f (-; -n) algodón m; '**~enmeer** n aguas f/pl bajas de la costa; **2'ieren** (h) enguatar

WC [ve:'tse:] n (-s; -s) wáter m

'web|en ['ve:bən] (ge-, h) tejer; **2e'rei** f (-; -en) tejeduría f; fábrica f de tejidos; **2stuhl** ['ve:pʃtu:l] m telar m

'Wechsel ['vɛksəl] m (-s; -) cambio m; variación f; *regelmäßiger*: alternación f; *Jagd*: pista f; ♰ letra f de cambio; *gezogener ~* giro m; **~fieber** n fiebre f intermitente; **~geld** n cambio m, vuelta f; **~getriebe** ✪ n engranaje m de cambio (de velocidades); **2haft** cambiante; *Wetter*: inestable; **~jahre** n/pl climaterio m, menopausia f; **~kurs** m tipo m de cambio; **2n** (ge-, h) cambiar (*a Geld u fig*); variar; *die Stellung ~* cambiar de empleo; *die Kleider, die Wohnung ~* mudarse de ropa, de casa; *können Sie ~?* ¿tiene Vd. cambio?; **2seitig** ['--zaɪtiç] mutuo, recíproco; **~strom** ⚡ m corriente f alterna; **~stube** f oficina f *od* casa f de cambio

'Weck|-auftrag ['vɛk?-] m encargo m para despertar; **~dienst** m *tel* servicio m de despertador; **2en** (ge-, h) despertar (*a fig*); *im Hotel*: llamar; *fig* evocar; **~er** m (-s; -) despertador m; F *fig j-m auf den ~ fallen* dar la lata a alg

wedeln ['ve:dəln] (ge-, h): *mit dem Schwanz ~* menear la cola

Weinbau

weder ['-dər]: ~ ... **noch** ni ... ni
Weg [ve:k] *m* (-[e]s; -e) camino *m* (*a fig*); vía *f* (*a fig*); (*Strecke*) recorrido *m*; (*Route*) itinerario *m*; **auf halbem ~e** a medio camino; **auf dem ~e nach** camino de; **sich auf den ~ machen nach** ponerse en camino para; **aus dem ~e gehen** *j-m*: evitar un encuentro con; *e-r Frage*: eludir; **im ~e sn** *od* **stehen** estorbar
weg [vɛk] (*abwesend*) ausente; (*verloren*) perdido; **er ist ~** (*gegangen*) ha salido; se ha ido; **~ da!** ¡fuera de aquí!; F *fig* **ganz ~ sn** no caber en sí (*vor dat* de)
wegen ['ve:gən] (*gen od dat*) por, a *od* por causa de; (*anläßlich*) con motivo de; (*infolge*) debido a
'**weg|fahren** ['vɛk-] (*irr, sep*, -ge-, sn, → **fahren**) irse, marcharse; salir (*nach* para); **~fallen** (*irr, sep*, -ge-, sn, → **fallen**) quedar suprimido, omitirse; **~gehen** (*irr, sep*, -ge-, sn, → **gehen**) irse, marcharse; **~kommen** (*irr, sep*, -ge-, sn, → **kommen**) (*abhanden kommen*) perderse; **gut** (**schlecht**) **bei et ~** salir bien (mal) librado de a/c; **~laufen** (*irr, sep*, -ge-, sn, → **laufen**) irse corriendo, huir; **~nehmen** (*irr, sep*, -ge-, h, → **nehmen**) quitar; **~räumen** (*sep*, -ge-, h) quitar; **~reißen** (*irr, sep*, -ge-, h, → **reißen**) arrancar; arrebatar; **~rennen** (*irr, sep*, -ge-, sn, → **rennen**) salir corriendo, huir; **~schicken** (*sep*, -ge-, h) enviar, mandar; *Person*: despedir; **~sehen** (*irr, sep*, -ge-, h, → **sehen**) apartar la vista
Wegweiser ['ve:kvaɪzər] *m* (-s; -) indicador *m* (de camino); poste *m* indicador
'**Wegwerf|...** ['vɛkvɛrf...]: *in Zssgn mst* desechable; ²en (*irr, sep*, -ge-, h, → **werfen**) tirar; **~gesellschaft** *f* sociedad *f* del despilfarro
wegziehen (*irr, sep*, -ge-, → **ziehen**) 1. *v/t* (h) retirar; *Vorhang*: descorrer; 2. *v/i* (sn) mudarse de casa, cambiar de domicilio
weh [ve:]: **~ tun** doler, hacer daño; *j-m*: causar dolor; *fig* afligir; **sich ~ tun** hacerse daño; **o ~!** ¡vaya!
Wehen ['ve:ən] ⚕ *f/pl* dolores *m/pl* del parto
'**wehen** (ge-, h) soplar; *Fahne*: ondear, flotar

wehmütig ['-my:tiç] melancólico; nostálgico
Wehr [ve:r] *n* (-[e]s; -e) presa *f*; '**~dienst** *m* servicio *m* militar; '**~dienstverweigerer** *m* objetor *m* de conciencia; '**~dienstverweigerung** *f* objeción *f* de conciencia; ²**en** (ge-, h): **sich ~** defenderse (**gegen** contra); ²**los** indefenso; '**~pflicht** *f* ('²**pflichtig** sujeto al) servicio *m* militar obligatorio
Weib [vaɪp] *n* (-[e]s; -er) *mst desp* mujer *f*; **~chen** *zo* ['-çən] *n* (-s; -) hembra *f*; **~erheld** ['vaɪbər-] *m* tenorio *m*, (hombre *m*) mujeriego *m*; ²**isch** ['-bɪʃ] afeminado, mujeril; ²**lich** ['-plɪç] femenino
weich [vaɪç] blando (*a Wasser, Droge*); (*zart*) tierno (*a Fleisch*); *fig* sensible, impresionable; (*sanft*) suave; *Ei*: pasado por agua; **~ machen** (**werden**) ablandar(se); ²**e** *f* (-; -n) 🚆 aguja *f*; '**~en** (wich, gewichen, sn) (*nachgeben*) ceder; **~gekocht** ['-gəkɔxt] *Ei*: pasado por agua; **~lich** blando, flojo; *fig* débil; F blandengue; ²**spüler** *m* (-s; -) suavizante *m*
'**Weide** ['vaɪdə] *f* (-; -n) ♣ pasto *m*, dehesa *f*; ♀ sauce *m*; ²**n** (ge-, h) *v/i* pacer, pastar; **~nkorb** *m* cesto *m* de mimbre
'**weiger|n** ['vaɪgərn] (ge-, h): **sich ~** negarse (**zu** a); ²**ung** *f* (-; -en) negativa *f*
'**Weihe** [vaɪə] *f* (-; -n) *rel* consagración *f*; ²**n** (ge-, h) consagrar; *Priester*: ordenar; (*widmen*) dedicar (a); '**~r** *m* (-s; -) estanque *m*
'**Weihnacht** ['-naxt] *f inv*, **~en** *n inv* Navidad(es) *f(pl)*; **Fröhliche ~!** ¡felices Pascuas!; **!** felices Navidades!; **~s-abend** *m* Nochebuena *f*; **~sbaum** *m* árbol *m* de Navidad; **~sferien** *pl* vacaciones *f/pl* de Navidad; **~sgeld** *n* gratificación *f* navideña; **~sgeschäft** *n* negocio *m* navideño; **~sgeschenk** *n* regalo *m* de Navidad; **~slied** *n* villancico *m*; **~smann** *m* Papá *m* Noel
'**Weih|rauch** *m* (-[e]s; *sin pl*) incienso *m*; **~wasser** *n* (-s; *sin pl*) agua *f* bendita; **~wasserbecken** *n* pila *f* del agua bendita
weil [vaɪl] porque
Weil|chen ['-çən] *n* (-s; *sin pl*) ratito *m*; **~e** *f* (-; *sin pl*) rato *m*; **e-e ganze ~** un buen rato; **~er** *m* (-s; -) caserío *m*
Wein [vaɪn] *m* (-[e]s; -e) vino *m*; (*Rebe*) vid *f*; '**~bau** *m* (-[e]s; *sin pl*) viticultura *f*;

Weinbeere 518

'~beere f uva f; '~berg m viña f, viñedo m; '~brand m aguardiente m de vino
'wein|en ['-ən] (ge-, h) llorar (*vor dat* de; *um* por); ~erlich llorón
'Wein|-essig m vinagre m de vino; ~flasche f botella f de vino; ~garten m viña f; ~gegend f región f vitícola; ~glas n vaso m *bzw* copa f para vino; ~händler m tratante m en vinos, vinatero m; ~handlung f bodega f, vinatería f; ~karte f carta f de vinos; ~keller m bodega f; ~lese f vendimia f; ~lokal n taberna f; ~probe f degustación f *od* cata f de vinos; ~rebe f vid f; ~stock m cepa f; ~traube f racimo m de uvas; *einzelne*: uva f
'weise ['vaɪzə] **1.** *adj* sabio; **2.** ♀ f (-; -n) manera f, modo m; ♪ melodía f, aire m; *auf diese* ~ de esta manera, de este modo; ~n (wies, gewiesen, h) señalar, indicar; mostrar; *von sich* ~ rechazar
'Weis|heit ['vaɪshaɪt] f (-; -en) sabiduría f; ~heitszahn m muela f del juicio; ♀machen (sep, ge-, h) hacer creer; *mach das e-m andern weis!* ¡a otro perro con ese hueso!
weiß [vaɪs] *adj* blanco; ~*e Haare* canas f/pl
'Weiß|bier n cerveza f blanca; ~brot n pan m blanco; ~e m/f (-n; -n) blanco m, -a f; ~glut f incandescencia f; F *fig j-n zur* ~ *bringen* sacar a alg de quicio; ~kohl m, ~kraut n repollo m; ~wein m vino m blanco
Weisung ['vaɪzʊŋ] f (-; -en) orden f, instrucción f
weit [vaɪt] (*geräumig*) espacioso, amplio; ancho (*a Kleid*); (*ausgedehnt*) extenso, vasto; *Weg, Reise*: largo; (*fern*) lejano, *adv* lejos; *2 Kilometer* ~ *vom Meer entfernt* a dos kilómetros del mar; *wie* ~ *ist es bis ...?* ¿cuánto falta por *od* hasta ...?; *bei* ~*em* (*nicht*) (ni) con mucho; ~ *größer* mucho mayor; *von* ~*em* desde lejos; *fig zu* ~ *gehen* (pro)pasarse, extralimitarse; *das geht zu* ~ esto pasa de la raya; *es* ~ *bringen* llegar lejos; ~ *und breit* a la redonda; '~'ab muy lejos; '~'aus con mucho; ♀blick m (-[e]s; *sin pl*) perspicacia f; visión f de futuro; ♀e f (-; -n) anchura f; (*Ausdehnung*) extensión f; (*Länge*) largo m; (*Entfernung*) distancia f; (*Ferne*) lejanía f

'weiter ['-ər] **1.** *Komparativ v weit*; **2.** *fig* (*sonstig*) otro; ulterior; (*außerdem*) además; ~! ¡adelante!; *bitte* ~! ¡siga Vd.!; ~ *nichts* nada más; *ohne* ~*es* sin más ni más; *bis auf* ~*es* por ahora; hasta nuevo aviso *od* nueva orden; *und* ~? ¿qué más?; *und so* ~ etcétera; ~ *et tun* seguir haciendo a/c; *alles* ♀*e* todo lo demás; ~bilden (*sep*, -ge-, h): *sich* ~ perfeccionarse, ampliar estudios; ♀bildung f perfeccionamiento m, ampliación f de estudios; ♀fahrt f (♀flug m) continuación f del viaje (del vuelo); ~geben (*irr, sep*, -ge-, h, → *geben*) transmitir; pasar (*an ac* a); ~hin (*außerdem*) además; ~kommen (*irr, sep*, -ge-, sn, → *kommen*) adelantar; ~machen (*sep*, -ge-, h) seguir, continuar; ♀reise f continuación f del viaje
'weit|gehend ['-ge:ənt] amplio; considerable; *adv* en gran parte; ~reichend extenso; ~sichtig ['-zɪçtɪç] ♣ présbita; *fig* perspicaz; ♀sprung m salto m de longitud; ~verbreitet muy frecuente *od* corriente; ♀winkel-objektiv n objetivo m granangular
Weizen ['vaɪtsən] m (-s; -) trigo m
welch [vɛlç] (*ein*[*e*]) ...! ¡qué ...!; ~*e*(*r*) *fragend*: ¿qué?; ¿cuál (de)?; *relativ*: que; el (la) cual; *pl* ~*e* (*einige*) unos, algunos
welk [vɛlk] marchito, ajado (*a fig*)
'Well|blech ['vɛlblɛç] n chapa f ondulada; ~e f (-; -n) ola f (*a fig*); *a fís* onda f; ◉ árbol m
'Wellen|bereich m gama f de ondas; ~brecher ['--brɛçər] m (-s; -) rompeolas m; ~gang m (-[e]s; *sin pl*) oleaje m; ~länge f longitud f de onda; ~reiten n surf m; ~sittich ['--zɪtɪç] m (-s; -e) periquito m
Welpe ['vɛlpə] m cachorro m
Welt [vɛlt] f (-; -en) mundo m; universo m; *alle* ~ todo el mundo; *auf der* ~ en el mundo; *zur* ~ *bringen* dar a luz
'Welt... ['vɛlt...]: *in Zssgn oft* universal, mundial; del mundo; ~all n universo m; ~anschauung f ideología f; concepción f del mundo; ~ausstellung f exposición f universal; ~bank f Banco m Mundial; ♀berühmt de fama mundial; ~handel m comercio m internacional; ~karte f mapamundi m; ~krieg m guerra f mundial; ♀lich mundano, mundanal; *rel* seglar; ~macht f poten-

cia *f* mundial; **~markt** *m* mercado *m* mundial; **~meister(schaft** *f)* *m* campeón *m* (campeonato *m*) del mundo; **~raum** *m* espacio *m* interplanetario; **~reise** *f* vuelta *f* al (*od* viaje *m* alrededor del) mundo; **~rekord** *m* marca *f od* récord *m* mundial; **~ruf** *m* (-[e]s; *sin pl*), **~ruhm** *m* fama *f* mundial; **~sprache** *f* lengua *f* universal; **~stadt** *f* metrópoli *f*; ♀**weit** universal

wem? [ve:m] (*s wer*) ¿a quién?; *von ~?* ¿de quién?

wen? [ve:n] (*s wer*) ¿a quién? (*a = an ~?*)

'**Wende** ['vɛndə] *f* (-; -n) vuelta *f*; **~kreis** *m* trópico *m*; *auto* radio *m* de giro; **~ltreppe** *f* escalera *f* de caracol

'**wend|en** ['-dən] **1.** *v/t* (ge-, h) volver, dar la vuelta a; *bitte ~!* ¡véase al dorso!; **2.** *v/i* (ge-, h) *auto u* ⚓ virar; dar la vuelta; **3.** *v/refl* (wandte, gewandt, h) *sich ~ an* dirigirse a; *sich ~ gegen* volverse contra; **~ig** ágil; *auto* de fácil manejo, manejable; ♀**ung** *f* (-; -en) vuelta *f*; *auto* viraje *m*; *sprachliche*: giro *m*, locución *f*; (*Wechsel*) cambio *m*

'**wenig** ['ve:nɪç] poco; *ein ~* un poco; **~er** menos (*als que; vor Zahlen* de); **~er werden** disminuir; **~st** ['--çst] *das ~e, am ~en* lo menos; *die ~en* (*Leute*) muy poca gente; **~stens** al (*od* por lo) menos

wenn [vɛn] *Bedingung*: si; *zeitlich*: cuando; *~ auch* si bien; aun cuando, aunque (*subj*); *~ nur* con tal que; *als ~* como si (*subj*); *~ selbst ~* aun cuando (*subj*); *~ man ihn trifft* al encontrarle; *~ er doch käme!* ¡ojalá viniera!

wer [ve:r] **1.** *fragend*: ¿quién?; *~ da?* ¿quién vive?; *~ von beiden?* ¿cuál de los dos?; **2.** *relativ*: el que, quien; *~ auch immer* quienquiera que (*subj*)

'**Werbe|-abteilung** ['vɛrbə?-] *f* sección *f* de publicidad; **~agentur** *f* agencia *f* publicitaria *od* de publicidad; **~geschenk** *n* regalo *m* de empresa; ♀**n** (warb, geworben, h): *~ für* hacer propaganda *od* publicidad por; **~slogan** *m* slogan *m* publicitario; **~spot** ['--spɔt] *m* (-s; -s) spot *m* publicitario, cuña *f* publicitaria

'**Werbung** *f* (-; *sin pl*) ✝ publicidad *f*, propaganda *f*; **~skosten** *pl* gastos *m/pl* de publicidad

werden ['-dən] **1.** *v/i* (wurde, geworden, sn) **a)** *mit su*: llegar a ser, hacerse; **b)** *mit adj*: volverse, ponerse, quedar, resultar; **c)** *selbständiges Verb*: *was willst du ~?* ¿qué quieres ser (de mayor)?; *was ist aus ihm geworden?* ¿qué ha sido de él?; *was soll daraus ~?* ¿dónde va a parar eso?; *es wird schon ~!* ¡ya se arreglará!; **2.** *Hilfsverb*: **a)** *Futur*: *sie ~ es tun* lo harán, lo van a hacer; **b)** *passiv* (wurde, worden, sn) ser (a quedar, resultar) *od refl* (*es wurde getan* se hizo)

werfen ['vɛrfən] (warf, geworfen, h) echar, tirar; (*schleudern*) arrojar, lanzar; *Junge*: parir

Werft [vɛrft] *f* (-; -en) astillero(s) *m*(/*pl*)

Werk [vɛrk] *n* (-[e]s; -e) obra *f*; (*Arbeit*) trabajo *m*; (*Fabrik*) fábrica *f*, talleres *m/pl*; planta *f*; (*Getriebe*) mecanismo *m*; '**~bank** *f* (-; **~e**) banco *m* de trabajo); '**~meister** *m* capataz *m*, contramaestre *m*; jefe *m* de taller; '**~statt** *f* (-; **~en**) taller *m*; '**~tag** *m* día *m* laborable; ♀**tags** en días laborables; ♀**tätig**: *~e Bevölkerung* población *f* activa; '**~zeug** *n* ⚙ herramienta *f*; *fig* instrumento *m*

Wermut ['ve:rmu:t] *m* (-[e]s; *sin pl*) ⚕ ajenjo *m*; (*Wein*) vermut *m*

wert [ve:rt] **1.** *~ sn* valer; *er ist es ~* se lo merece; **2.** ♀ *m* (-[e]s; -e) valor *m*; *fig* mérito *m*; *im ~e von* por valor de; *~ legen auf* (*ac*) dar importancia a; '♀**angabe** *f* declaración *f* de valor; '♀**brief** *m* valores *m/pl* declarados; '♀**gegenstand** *m* objeto *m* de valor; '**~los** sin valor; '♀**paket** *n* envío *m* con valor declarado; '♀**papier** *n* título *m*, valor *m*; '♀**sachen** *f/pl* objetos *m/pl* de valor; '♀**ung** *f* (-; -en) valoración *f*; *dep* calificación *f*; '**~voll** precioso, valioso, de mucho valor

'**Wesen** ['ve:zən] *n* (-s; -) ser *m*; (*sin pl*) (*Gehalt*) sustancia *f*; esencia *f*; (*Wesensart*) carácter *m*, naturaleza *f*; ♀**tlich** esencial, sustancial; *adv vor Komparativ*: mucho; *im ~en* en sustancia

weshalb [vɛs'halp] **1.** *fragend*: ¿por qué?; **2.** *relativ*: por lo que, por lo cual

Wespe ['vɛspə] *f* (-; -n) avispa *f*

wessen ['vɛsən] *fragend*: ¿de quién?; *~ Haus ist dies?* ¿de quién es esta casa?

Weste ['vɛstə] *f* (-; -n) chaleco *m*

'**West|en** ['-tən] *m* (-s; *sin pl*) oeste *m*;

Westgote

occidente m; ~**gote** m, ⁨gotisch visigodo (m); ⁨lich occidental, del oeste; adv al oeste; ⁨wärts hacia el oeste; ~**wind** m viento m del oeste

weswegen [vɛs'veːɡən] s **weshalb**

'**Wett|bewerb** ['vɛtbəvɛrp] m (-s; -e) concurso m, competición f; ✝ competencia f; ~**e** f (-; -n) apuesta f; **um die ~** a porfía, a cual más od mejor; ⁨en (ge-, h) apostar (**auf, um** ac por); ~**, daß ich recht habe!** F ¿a que yo tengo razón?

'**Wetter** ['vɛtər] n (-s; -) tiempo m; **es ist schönes (schlechtes) ~** hace buen (mal) tiempo; ~**bericht** m boletín m od parte m meteorológico; ⁨fest resistente a la intemperie; impermeable; ⁨fühlig ['--fyːlɪç] sensible a los cambios del tiempo; ~**karte** f mapa m meteorológico; ~**kunde** f meteorología f; ~**lage** f situación f meteorológica; ~**leuchten** n relampagueo m; ~**satellit** m satélite m meteorológico; ~**vorhersage** f previsión f od pronóstico m del tiempo

'**Wett|kampf** ['vɛt-] m dep competición f; campeonato m; ~**lauf** m carrera f; ~**rennen** n carrera f; ~**rüsten** n (-s; sin pl) carrera f armamentista od de armamentos; ~**streit** m rivalidad f; competición f

wetzen ['vɛtsən] (ge-, h) afilar

Whisky ['vɪski] m (-s; -s) whisky m, güisqui m

'**wichtig** ['vɪçtɪç] importante; ~ **tun, sich ~ machen** F darse importancia od tono; ⁨keit f (-; sin pl) importancia f; ⁨tuer ['--tuːər] m (-s; -) presumido m, F farolero m

'**Wickel** ['-kəl] m (-s; -) (Haar⁨) bigudí m, rulo m; ✱ envoltura f; compresa f; ⁨n (ge-, h) arrollar; Kind: fajar; poner bzw cambiar los pañales a; ~**rock** m falda f cruzada

Widder ['vɪdər] m (-s; -) morueco m; astr Aries m

'**wider** ['viːdər] (ac) contra; ~'**fahren** (irr, sin ge-, sn, → **fahren**) ocurrir, suceder; ⁨haken m garfio m; ⁨hall m (-[e]s; -e) eco m, resonancia f (a fig); ~'**legen** (h) refutar; ~**lich** repugnante, asqueroso; ~**rechtlich** ilegal; contrario a la ley; ~'**rufen** (irr, sin ge-, h, → **rufen**) revocar; Aussage: retractarse de, desmentir; ⁨sacher ['--zaxər] m (-s; -) adversario m; ⁨schein m reflejo m; ~'**setzen** (h): **sich ~** oponerse (dat a); ~**sinnig** absurdo; ~**spenstig** ['--ʃpɛnstɪç] reacio, terco; rebelde; ~**spiegeln** (sep, -ge-, h) reflejar (a fig); ~'**sprechen** (irr, sin ge-, h, → **sprechen**) (dat) contradecir (ac); ⁨spruch m contradicción f; (Einspruch, Protest) protesta f, oposición f; **im ~ stehen zu** estar en contradicción con; ~**sprüchlich** contradictorio; ⁨stand m (-[e]s; ⁻e) resistencia f (a ⚡); ~ **leisten** resistirse a; ~**standsfähig** resistente; ~'**stehen** (irr, sin ge-, h, → **stehen**) resistir (dat a/c); (zuwider sn) repugnar; ~'**streben** (h): **es widerstrebt mir, zu …** me repugna (inf); ~**wärtig** ['--vɛrtɪç] antipático, repugnante; ⁨wille m repugnancia f (**gegen** a, por), aversión f (a); antipatía f (contra, a, por); ~**willig** de mala gana, a disgusto

'**widm|en** ['vɪtmən] (ge-, h): (**sich**) ~ dedicar(se); Zeit: consagrar; ⁨ung f (-; -en) dedicatoria f

wie [viː] 1. adv a) fragend: ¿cómo?; **~ bitte?** ¿cómo (dice)?; b) Ausruf: **und ~!** ¡y tanto!; **~ hübsch sie ist!** ¡qué bonita es!; **~ dumm!** ¡qué tontería!; **~ ich mich freue!** ¡cuánto me alegro!; 2. cj como (od igual que), **ich denke ~ du** pienso como (od igual que) tú; ~ **ich sehe** según veo; por lo que veo

'**wieder** ['-dər] de nuevo, nuevamente; otra vez; in Zssgn oft Umschreibung mit volver a (inf); **nie ~** nunca más; **immer ~** una y otra vez; **ich bin gleich ~ da** vuelvo enseguida; ⁨'**aufbau** m reconstrucción f; ⁨'**aufbereitung** ⚛ f reciclaje m; ⁨'**aufbereitungs-anlage** f planta f recicladora; ~**bekommen** (irr, sep, h, → **bekommen**) recobrar, recuperar; ⁨belebung f reanimación f; fig relanzamiento m, reactivación f; ~**bringen** (irr, sep, -ge-, h, → **bringen**) devolver; ~**erkennen** (irr, sep, h, → **erkennen**) reconocer; ⁨-er-öffnung f reapertura f; ~**finden** (irr, sep, -ge-, h, → **finden**) hallar, encontrar; ⁨gabe f reproducción f; ♪ interpretación f; ~**geben** (irr, sep, -ge-, h, → **geben**) devolver, restituir; reproducir; interpretar; ⁨geburt f renacimiento m; fig a regeneración f; ~'**gutmachen** (sep, -ge-, h) reparar; **nicht wiedergutzumachen** irreparable; ⁨'**gutmachung** f (-; -en) reparación *f*; **⌐holen** (*sep*, -ge-, h) ir a buscar; **⌐'holen** (h) repetir, reiterar; **⌐'holt** repetido, reiterado; *adv* repetidas veces; ꝚI**holung** *f* (-; -en) repetición *f*; recapitulación *f*; Ꝛ**kehr** ['--ke:r] *f* (-; *sin pl*) vuelta *f*, regreso *m*; **⌐kommen** (*irr, sep*, -ge-, sn, → *kommen*) volver, regresar; **⌐sehen** (*irr, sep*, -ge-, h, → *sehen*) volver a ver; Ꝛ**sehen** *n* (-s; *sin pl*) reencuentro *m*; *auf ⌐!* ¡adiós!; *auf baldiges ⌐!* ¡hasta pronto!; **⌐um** de nuevo; (*andererseits*) por otra parte; Ꝛ**ver-einigung** *f* reunificación *f*; Ꝛ**verwendung** *f* reutilización *f*; Ꝛ**verwertung** *f* recuperación *f*; reciclaje *m*; Ꝛ**wahl** *f* reelección *f*

'**Wiege** ['vi:gə] *f* (-; -n) cuna *f*; Ꝛ**n** *v*/*t u v*/*i* (wog, gewogen, h) pesar; **⌐nlied** *n* canción *f* de cuna

wiehern ['-ərn] (ge-, h) relinchar

'**Wiener** ['-nər] *m* (-s; -), **⌐in** *f* (-; -nen), Ꝛ**isch** vienés *m*, -esa *f*

Wiese ['vi:zə] *f* (-; -n) prado *m*

Wiesel ['-zəl] *zo n* (-s; -) comadreja *f*

wie|so? [-'zo:] ¿cómo?; *⌐ denn?* ¿por qué?; *⌐ nicht?* ¿cómo que no?; *⌐'viel?* ¿cuánto?; *pl ⌐?* ¿cuántos?; *⌐'vielte: den Ꝛn haben wir heute?* ¿a cuántos estamos hoy?

wild [vilt] **1.** salvaje (*a Streik*); *Stier:* bravo; ꝘI silvestre; *Tier u fig:* feroz; (*heftig*) violento; *Kind:* travieso, revoltoso; *Gerücht:* fantástico; F *fig ⌐ sn auf* (*ac*) estar loco por; *das ist halb so ⌐* no es para tanto; **2.** Ꝛ *n* (-[e]s; *sin pl*) caza *f*; venado *m*; 'Ꝛ**bach** *m* torrente *m*; Ꝛ**e** ['-də] *m*/*f* (-n; -n) salvaje *su*; 'Ꝛ**erer** (-s; -) cazador *m* furtivo; '**⌐ern** (ge-, h) hacer caza furtiva; 'Ꝛ**hüter** *m* guardabosque(s) *m*; 'Ꝛ**leder** *n* gamuza *f*; ante *m*; 'Ꝛ**nis** *f* (-; -se) desierto *m*; selva *f*; 'Ꝛ**schwein** *n* jabalí *m*; Ꝛ'**westfilm** *m* película *f* del Oeste, western *m*

'**Will|e** ['vilə] *m* (-ns; *sin pl*) voluntad *f*; *freier ⌐* libre albedrío *m*; *aus freiem ⌐n* de buen grado, de buena voluntad; *Letzter ⌐* última voluntad *f*; *gegen m-n ⌐n* a pesar mío; *wider ⌐n* de mala gana; sin quererlo; Ꝛ**en:** *um ... ⌐* por; Ꝛ**enlos** sin energía; **⌐enlosigkeit** *f* falta *f* de energía; **⌐ensfreiheit** *f* libre albedrío *m*; **⌐enskraft** *f* fuerza *f* de voluntad, energía *f*; Ꝛ**ig** servicial, solícito; dócil; *adv* de buena voluntad; Ꝛ'**kommen** *adj*

j: bienvenido; *et*: oportuno; **j-n ⌐ heißen** dar la bienvenida a alg; Ꝛ**kürlich** arbitrario

'**wimm|eln** ['viməln] (ge-, h) hormiguear, pulular; *⌐ von* rebosar de; estar plagado de; **⌐ern** ['-mərn] (ge-, h) gemir, gimotear

'**Wimp|el** ['-pəl] *m* (-s; -) banderín *m*; ⚓ gallardete *m*; **⌐er** *f* (-; -n) pestaña *f*; **⌐erntusche** *f* rímel *m*

Wind [vint] *m* (-[e]s; -e) viento *m*; '**⌐beutel** *m* buñuelo *m* de viento; *fig* F calavera *m*

Winde ['-də] *f* (-; -n) ⚙ torno *m*, cabrestante *m*; ♣ enredadera *f*

Windel ['-dəl] *f* (-; -n) pañal *m*

winden ['-dən] (wand, gewunden, h) *Kranz:* tejer; *sich ⌐* retorcerse; *Fluß:* serpentear

'**Wind|hose** ['vint-] *f* manga *f* de viento; **⌐hund** *m* lebrel *m*, galgo *m*; *fig* calavera *m*; Ꝛ**ig** ['-diç] expuesto al viento; *fig* casquivano; *es ist ⌐* hace viento; **⌐mühle** *f* molino *m* de viento; **⌐pokken** *f*/*pl* varicela *f*; **⌐richtung** *f* dirección *f* del viento; **⌐schutzscheibe** *f* parabrisas *m*; **⌐seite** *f* lado *m* expuesto al viento; **⌐stärke** *f* fuerza *f* del viento; **⌐stille** *f* calma *f*; *völlige ⌐* calma *f* chicha; **⌐stoß** *m* ráfaga *f* de viento; **⌐surfen** ['-sœ:fən] *n* windsurfing *m*, surf *m* a vela; **⌐ung** ['-duŋ] *f* (-; -en) (*Schrauben*Ꝛ) vuelta *f*, espira *f*; *e-s Weges:* sinuosidad *f*; *e-s Flusses: a* meandro *m*

Wink [viŋk] *m* (-[e]s; -e) seña(l) *f*; *fig* advertencia *f*, aviso *m*

'**Winkel** ['-kəl] *m* (-s; -) ángulo *m*; (*Ecke*) rincón *m*

winken ['-kən] (ge-, h) hacer señas

winseln ['vinzəln] (ge-, h) *Hund:* ladrar lastimeramente

'**Winter** ['-tər] *m* (-s; -) invierno *m*; *im ⌐* en invierno; **⌐anfang** *m* (**⌐einbruch** *m*) comienzo *m* (irrupción *f*) del invierno; **⌐fahrplan** *m* horario *m* de invierno; **⌐kur-ort** *m* estación *f* de invierno; Ꝛ**lich** invernal; **⌐reifen** *m* neumático *m* de invierno; **⌐schlußverkauf** *m* rebajas *f*/*pl* de invierno; **⌐spiele** *n*/*pl*: *Olympische ⌐* juegos *m*/*pl* olímpicos de invierno; **⌐sport** *m* deporte(s) *m*(*pl*) de invierno; **⌐urlaub** *m* vacaciones *f*/*pl* de invierno

Winzer ['-tsər] *m* (-s; -) viñador *m*, viticultor *m*

winzig ['-tsiç] diminuto, minúsculo
Wipfel ['vipfəl] m (-s; -) cima f
wir [vi:r] nosotros (-as)
'**Wirbel** ['virbəl] m (-s; -) torbellino m; remolino m (a *Haar*♀); *anat* vértebra f; F *fig* (*Trubel*) jaleo m; **~säule** f columna f vertebral; **~sturm** m ciclón m, tornado m
'**wirk|en** ['virkən] (ge-, h) v/i obrar; a ⚙ actuar, producir efecto (*auf ac* sobre); ☉ accionar (*auf* sobre); **~ als** actuar de; *gut* **~** hacer buen efecto; **♀en** n (-s; *sin pl*) actuación f; **~lich** real, efectivo; (*echt*) verdadero; **~?** ¿de veras?; **♀lichkeit** f (-; *sin pl*) realidad f; **~sam** eficaz; **~ sn** surtir efecto; **♀samkeit** f (-; *sin pl*) eficacia f
'**Wirkung** ['-kuŋ] f (-; -en) efecto m; **♀slos** ineficaz; **♀svoll** eficaz
Wirkwaren ['virkva:rən] f/pl géneros m/pl de punto
wirr [vir] confuso (a *fig*), *Haar*: desgreñado; **♀warr** m (-s; *sin pl*) confusión f, caos m; barullo m
'**Wirsing** ['virziŋ] m (-s; *sin pl*), **~kohl** m col f rizada
Wirt [virt] m (-[e]s; -e) (*Gast*♀) dueño m; (*Haus*♀) patrón m; '**~in** f (-; -nen) dueña f, patrona f
'**Wirtschaft** ['-ʃaft] f (-; -en) economía f; (*Gast*♀) restaurante m; cervecería f, taberna f; **♀en** (ge-, h) administrar; llevar la casa; **♀lich** económico; rentable; **~lichkeit** f rentabilidad f; **~s...:** in *Zssgn oft* económico; **~s-abkommen** n acuerdo m económico; **~s-asylant** m asilado m por razones económicas; **~s-aufschwung** m auge m *od* despegue m económico; **~sbeziehungen** f/pl relaciones f/pl económicas; **~skrise** f crisis f económica; **~slage** f situación f económica; **~sministerium** n ministerio m de Economía; **~s-politik** f política f económica; **~swachstum** n crecimiento m económico
Wirtshaus ['virtshaus] n restaurante m; mesón m
'**wisch|en** ['viʃən] (ge-, h) (*putzen*) fregar; (*ab~*) limpiar; *Staub* **~** quitar el polvo; **♀lappen** m, **♀tuch** n trapo m; bayeta f
wißbegierig deseoso de aprender; curioso
wissen ['visən] **1.** v/t (wußte, gewußt, h) saber; *nicht* **~** ignorar; *soviel ich weiß* que yo sepa; *nicht, daß ich wüßte* no que yo sepa; *man kann nie* **~** nunca se sabe; **2. ♀** n (-s; *sin pl*) saber m, conocimientos m/pl; *m-s* **~s** que yo sepa
'**Wissenschaft** f (-; -en) ciencia f; **~ler** m (-s; -) hombre m de ciencia, científico m; **~lerin** f científica f; **♀lich** científico
wissentlich ['--tliç] *adv* a sabiendas; a propósito
wittern ['vitərn] (ge-, h) olfatear (a *fig*), husmear; *fig* oler
Witterung ['--ruŋ] f (-; -en) **a)** (*Wetter*) tiempo m; **b)** *Wild u fig* olfato m
'**Witwe** ['vitvə] f (-; -n) viuda f; **~r** m (-s; -) viudo m
Witz [vits] m (-es; *sin pl*) gracia f, salero m; (*pl* -e) (*Scherz*) chiste m, broma f; **~e machen** gastar bromas; '**~blatt** n revista f humorística; '**~bold** ['-bɔlt] m (-[e]s; -e) bromista m; '**♀ig** chistoso; gracioso; **~ sn** tener gracia
wo [vo:] donde; **~?** ¿dónde?; **~'anders** en otro sitio; **~'bei** en *od* con lo cual; **~ es möglich ist, daß** siendo posible que
Woche ['vɔxə] f (-; -n) semana f; *heute in zwei* **~n** hoy en quince días
'**Wochen|-arbeitszeit** f horario m semanal de trabajo; **~ende** n fin m de semana; **~karte** f abono m semanal; **~markt** m mercado m semanal; **♀lang** durante semanas enteras; **~tag** m día m de (la) semana; (*Werktag*) día m laborable; *an* **~en** = **♀tags** los días laborables
wöchentlich ['vœçəntliç] semanal; hebdomadario; *einmal* **~** una vez a la *od* por semana
wo|durch [vo:'durç] por donde; por lo que; **~?** ¿por qué medio?, ¿cómo?; **~'für** por (*od* para) lo cual; **~?** ¿para qué?
Woge ['vo:gə] f (-; -n) onda f, ola f
wo|her? [-'he:r] ¿de dónde?; **~'hin?** ¿(a)dónde?, ¿hacia dónde?; **~hin'gegen** mientras que
wohl [vo:l] **1.** *adv* bien; **~ oder übel** por las buenas o por las malas; *sich* **~ fühlen** estar bien; *ob er* **~ *krank ist?*** ¿estará enfermo?; **2. ♀** n (-[e]s; *sin pl*) bien m; bienestar m; *auf Ihr* **~!** ¡a su salud!; **~'auf bien de salud**; '**♀befinden** n bienestar m; '**~behalten** n sano y salvo; '**♀fahrtsstaat** m Estado m providencia; '**~gemerkt!** bien entendido; '**~gesinnt** bienintencionado; *j-m* **~ sn**

estar bien dispuesto hacia alg; '~habend acomodado; pudiente, adinerado; '~ig agradable; muy cómodo; '⸗klang m armonía f; '⸗stand m (-[e]s; sin pl) bienestar m; prosperidad f; '⸗standsgesellschaft f sociedad f de bienestar; '⸗tat f beneficio m; fig alivio m; '⸗täter(in f) m bienhechor(a f) m; '~tätig benéfico; caritativo; '⸗tätigkeit f (-; sin pl) beneficencia f; caridad f; '⸗tätigkeits... de beneficencia, benéfico; ~tuend ['-tu:ənt] agradable; benéfico; '~verdient bien merecido; '⸗wollen n (-s; sin pl) benevolencia f; (Gunst) favor m; '~wollend benévolo; adv con buenos ojos

'Wohn|block ['vo:nblɔk] m bloque m de viviendas, polígono m residencial; ⸗en (ge-, h) vivir, habitar; vorübergehend: estar alojado; ~gemeinschaft f comuna f; ⸗haft domiciliado; residente; ~mobil n coche-vivienda m, autocaravana f; ~sitz m domicilio m

'Wohnung ['vo:nuŋ] f (-; -en) vivienda f, casa f; (Etagen⸗) piso m, Am departamento m; ~sbau m (-[e]s; sin pl) construcción f de viviendas (sozialer de protección oficial); ~snot f (-; sin pl) escasez f de viviendas

'Wohn|viertel n barrio m residencial; ~wagen m caravana f, gal roulotte f; ~zimmer n cuarto m de estar

Wölbung f (-; -en) (Gewölbe) bóveda f

Wolf [vɔlf] zo m (-[e]s; "-e) lobo m

Wölfin ['vœlfɪn] f (-; -nen) loba f

'Wolk|e ['vɔlkə] f (-; -n) nube f; F fig aus allen ~n fallen quedarse perplejo od atónito; ~enbruch m aguacero m; ~enkratzer m rascacielos m; ⸗enlos despejado; ⸗ig nublado, nuboso

'Woll|decke ['vɔldɛkə] f manta f de lana; ~e f (-; -n) lana f; '⸗en¹ adj de lana

wollen² ['-lən] (wollte, gewollt, h) querer; (wünschen) desear; (beabsichtigen) tener la intención de, pensar; (behaupten) afirmar, pretender; lieber ~ preferir; wir ~ essen vamos a comer; wir ~ gehen vámonos; wir ~ sehen ya veremos; wie du willst como quieras

wo|mit [vo:'mɪt] con que; con lo cual; ~? ¿con qué?; ~'möglich si es posible; F a lo mejor

Wonne ['vɔnə] f (-; -n) delicia f, deleite m

wor|an [vo:'ran] a que; ~ denkst du? ¿en qué estás pensando?; er weiß nicht, ~ er ist no sabe a qué atenerse; ~'auf sobre que, sobre lo cual; zeitlich: después de lo cual; ~ wartest du? ¿(a) qué esperas?; ~'aus de que, de lo cual; de donde; ~'in en que, en el cual, donde

Wort [vɔrt] n (-[e]s; -e, "-er) palabra f; (Ausdruck) término m, voz f; (Ausspruch) frase f, dicho m; rel Verbo m; ~ für ~ palabra por palabra; aufs ~ glauben creer a pies juntillas; in ~en en letra(s); mit anderen ~en en otras palabras; mit e-m ~ en una palabra; en resumen; sein ~ geben (halten) dar (cumplir) su palabra; zu ~e kommen lassen dejar hablar; j-n beim ~ nehmen coger la palabra a alg; F hast du ~e? ¿será posible?

Wörterbuch ['vœrtər-] n diccionario m

'Wort|führer ['vɔrt-] m portavoz m; ~laut m texto m, tenor m; im ~ textualmente

wörtlich ['vœrtlɪç] literal, textual; adv al pie de la letra

'Wort|schatz ['vɔrt-] m vocabulario m; ~spiel n juego m de palabras; ~wechsel m disputa f, altercado m

wo|rüber [vo:'ry:bər] sobre que, de que; ~rum de que; ~von de que, de lo cual; ~? ¿de qué?; ~vor delante de que; ~? ¿de qué?; ~zu a que, a lo cual; ~? ¿para qué?

Wrack [vrak] n (-[e]s; -s) buque m naufragado; fig piltrafa f

wringen ['vrɪŋən] (wrang, gewrungen, h) Wäsche: torcer

'Wucher ['vu:xər] m (-s; sin pl) usura f; ~er m (-s; -) usurero m; ⸗n (ge-, h) ⚕ multiplicarse rápidamente; 🌱 proliferar (a fig); ~preis m precio m abusivo; ~zinsen m/pl intereses m/pl usurarios

Wuchs [vu:ks] m (-es; sin pl) (Wachstum) crecimiento m; (Gestalt) estatura f, talla f

Wucht [vʊxt] f (-; sin pl) empuje m, ímpetu m; mit voller ~ con toda fuerza; '⸗ig pesado; macizo; Schlag: violento

wühlen ['vy:lən] (ge-, h) Schwein: hozar; a fig hurgar (in dat en); in Papieren usw: revolver (a/c)

Wulst [vʊlst] m (-es; "-e) abombamiento m, bulto m

wund [vʊnt] excoriado, desollado; ~ reiben excoriar; fig ~er Punkt punto m delicado *od* flaco; 2e ['-də] *f* (-; -n) herida *f*, llaga *f* (*a fig*)

'**Wunder** ['-dər] *n* (-s; -) milagro *m* (*a rel*); (*~werk*) maravilla *f*; *das ist kein ~* no es nada sorprendente; 2bar maravilloso, milagroso; (*großartig*) estupendo; *adv* a maravilla; *~kind n* niño *m* prodigio; 2lich extravagante, raro; 2n (ge-, h): *sich ~* asombrarse, extrañarse (*über ac* de); 2'schön hermosísimo; maravilloso; 2voll maravilloso, magnífico; *~werk n* maravilla *f*

Wundstarrkrampf ['vuntʃtarkrampf] *m* (-[e]s; *sin pl*) tétanos *m*

Wunsch [vunʃ] *m* (-es; ae) deseo *m*; *auf ~* a petición; *nach ~* a voluntad, a pedir de boca; *haben Sie noch e-n ~?* ¿desea algo más?

'**wünschen** ['vynʃən] (ge-, h) desear; *j-m Glück ~* desear (buena) suerte a alg; *was ~ Sie?* ¿qué desea?, ✝ ¿qué se le ofrece?; *ganz wie Sie ~* como Vd. quiera; *~swert* deseable

'**Würde** ['vyrdə] *f* (-; -n) dignidad *f*; (*Titel*) título *m*; 2los indigno; *~nträger m* dignatario *m*; 2voll grave, solemne

'**würdig** ['-diç] digno; *sich e-r Sache ~ erweisen* hacerse digno de a/c; *~en* ['--gən] (ge-, h) apreciar; *j-n keiner Antwort* (*keines Blickes*) *~* no dignarse contestar (mirar) a alg; 2ung ['--guŋ] *f* (-; -en) apreciación *f*

Wurf [vurf] *m* (-[e]s; ae) tiro *m*; *a dep* lanzamiento *m*; *zo* camada *f*

'**Würfel** ['vyrfəl] *m* (-s; -) dado *m*; A cubo *m*; (*Zucker*) terrón *m*; *auf Stoffen*: cuadro *m*; 2n (ge-, h) jugar a (*od* echar) los dados; *~spiel n* juego *m* de dados; *~zucker m* azúcar *m* en terrones

würgen ['vyrgən] (ge-, h) **1.** *v/t* estrangular; **2.** *v/i* atragantarse

Wurm [vurm] (-[e]s; aer) *m* gusano *m*; '2en (ge-, h): *das wurmt mich* me sabe mal, me da rabia; 2stichig ['-ʃtiçiç] carcomido; *Obst*: agusanado

Wurst [vurst] *f* (-; ae) embutido *m*; (*Hart2*) salchichón *m*; *das ist mir ~* F me importa un comino

'**Würstchen** ['vyrstçən] *n* (-s; -) salchicha *f* (*Frankfurter* de Francfort)

'**Würze** ['vyrtsə] *f* (-; -n) condimento *m*; (*Gewürz*) especia *f*; *fig* sal *f*

'**Wurzel** ['vurtsəl] *f* (-; -n) raíz *f* (*a fig*); *~*(*n*) *schlagen a fig* echar raíces

'**würz|en** ['vyrtsən] (ge-, h) condimentar, sazonar; *~ig* aromático

wüst [vy:st] (*öde*) desierto, desolado; (*unordentlich*) desordenado; (*ausschweifend*) libertino; '2e *f* (-; -n) desierto *m*

Wut [vu:t] *f* (-; *sin pl*) furia *f*, rabia *f*; *in ~ bringen* poner furioso; *in ~ geraten* ponerse furioso, enfurecerse; '*~anfall m* ataque *m* de rabia

'**wüten** ['vy:tən] (ge-, h) *Sturm*: desencadenarse; *Seuche*: causar estragos; *~d* furioso, enfurecido; *auf j-n ~ sn* tener rabia a alg

X

X, x [iks] *n* (-; -) X, x *f*

'**X-|Beine** *n/pl* piernas *f/pl* en X; *~beinig* ['-baıniç] (pati)zambo; '2beliebig cualquier(a)

x-mal ['iksmɑ:l] mil veces

x-te ['-tə]: *zum ~n Mal* por enésima vez

Xylophon ♪ [ksylo'fo:n] *n* (-s; -e) xilófono *m*, xilofón *m*

Y

Y, y ['ypsilɔn] *n* (-; -) Y, y *f*
Yacht ['jaxt] *f* (-; -en) yate *m*
Yankee ['jɛŋki] *m* (-s; -s) yanqui *m*

Yuppie ['jupi] *m* (-s; -s) yuppie *m*, yuppy *m*

Z

Z, z [tsɛt] *n* (-; -) Z, z *f*
Zacke ['tsakə] *f* (-; -n), **~n** *m* (-s; -) punta *f*; ✪ diente *m*
'**zaghaft** ['tsɑːkhaft] tímido, temeroso; **♀igkeit** *f* (-; *sin pl*) timidez *f*
zäh [tsɛː] resistente; *Fleisch*: duro; *fig* tenaz, pertinaz; '**~flüssig** viscoso; *Verkehr*: lento; '**♀igkeit** *f* (-; *sin pl*) tenacidad *f*, dureza *f*
Zahl [tsɑːl] *f* (-; -en) número *m*; (*Ziffer*) cifra *f*; '**♀bar** pagadero; '**♀en** (ge-, h) pagar; *bitte* **~!** la cuenta, por favor; *was habe ich zu* **~?** ¿cuánto le debo?
zählen ['tsɛːlən] (ge-, h) contar (*auf ac* con); **~** *zu* figurar entre
Zähler ['tsɛːlər] *m* (-s; -) Ⓐ numerador *m*; ⚡, ✪ contador *m*
'**Zahl|grenze** ['tsɑːl-] *f* límite *m* de zona *bzw* de tarifa; **~karte** ✆ *f* impreso *m* para giro postal; **♀los** innumerable, sin número; **♀reich** numeroso; **~e** *pl a* gran número de; **~ung** *f* (-; -en) pago *m*; *in* **~** *nehmen* (*geben*) aceptar (dar) en pago
'**Zahlung** ['tsɛːluŋ] *f* (-; -en) numeración *f*; *v Stimmen usw*: recuento *m*
'**Zahlungs|-anweisung** ['tsɑːluŋs-] *f* orden *f* de pago; **~aufforderung** *f* requerimiento *m* de pago; **~aufschub** *m* prórroga *f*, moratoria *f*; **~bedingungen** *f/pl* condiciones *f/pl* de pago; **~befehl** *m* orden *f* de pago; **~bilanz** *f* balanza *f* de pagos; **~bilanzdefizit** *n* (**~bilanz-überschuß** *m*) déficit *m* (excedente *m*) de la balanza de pagos; **♀fähig** solvente; **♀-unfähig** insolvente; **~weise** *f* modo *m* de pago
'**Zahlwort** *n* numeral *m*

zahm [tsɑːm] manso; *fig* dócil
zähmen ['tsɛːmən] (ge-, h) amansar, *a fig* domar
Zahn [tsɑːn] *m* (-[e]s; ⁻e) diente *m* (*a* ✪); '**~arzt** *m*, '**~ärztin** *f* odontólogo *m*, -a *f*, dentista *su*; '**~bürste** *f* cepillo *m* de dientes; '**~creme** *f* crema *f* dental
zahnen ['tsɑːnən] (ge-, h) echar los dientes
'**Zahn|-ersatz** *m* prótesis *f* dental; **~fleisch** *n* encía(s *pl*) *f*; **~lücke** *f* mella *f*; **~pasta** *f* (-; -sten), **~paste** *f* pasta *f* dentífrica, dentífrico *m*; **~rad** *n* rueda *f* dentada; *kleines*: piñón *m*; **~radbahn** *f* ferrocarril *m* de cremallera; **~schmerzen** *m/pl* dolor *m* de muelas; **~spange** *f* aparato *m* ortodóncico; **~stocher** ['-ʃtɔxər] *m* (-s; -) palillo *m*; **~techniker** *m* protésico *m* dental, mecánico *m* dentista
Zander ['tsandər] *m* (-s; -) luciperca *f*
Zange ['tsaŋə] *f* (-; -n) tenazas *f/pl*; (*Flach♀*) alicates *m/pl*
Zank [tsaŋk] *m* (-[e]s; *sin pl*) disputa *f*, riña *f*; '**♀en** (ge-, h): *sich* **~** reñir, pelearse, disputarse (*um et* a/c)
Zäpfchen ['tsɛpfçən] *n* (-s; -) (*Gaumen♀*) úvula *f*; ✚ supositorio *m*
Zapfen ['tsapfən] *m* (-s; -) ✪ (*Stift*) espiga *f*, clavija *f*, tarugo *m*; (*Faß♀*) espita *f*; ♠ cono *m*
'**Zapfsäule** *f* surtidor *m* (de gasolina)
zappeln (ge-, h) agitarse
Zar [tsɑːr] *m* (-en; -en) zar *m*; **~in** ['-rin] *f* (-; -nen) zarina *f*
zart [tsɑːrt] tierno (*a Fleisch*); *Haut, Gesundheit*: delicado; (*dünn*) delgado, fino; (*sanft*) suave; '**♀gefühl** *n* delicade-

Zartheit 526

za f; ˈ≈heit f (-; sin pl) ternura f; delicadeza f; finura f

ˈzärtlich [ˈtsɛːrtliç] cariñoso (**zu** con); ≈keit f (-; sin pl) cariño m; (pl -en) (Liebkosung) caricia f

ˈZauber [ˈtsaʊbər] m (-s; sin pl) encanto m; ~er m (-s; -) hechicero m; (Künstler) mago m; ≈haft encantador; ~künstler m prestidigitador; ~kunststück n juego m de manos; ≈n (ge-, h) hacer juegos de manos; ~spruch m fórmula f mágica; ~stab m varita f mágica

zaudern [ˈ-dərn] (ge-, h) vacilar, titubear

Zaum [tsaʊm] m (-[e]s; ⸚e) brida f, freno m; fig **im ~ halten** refrenar

Zaun [tsaʊn] m (-[e]s; ⸚e) cerca f, cercado m; (Holz≈) vallado m, valla f

ˈ**Zebra** [ˈtseːbra] n (-s; -s) cebra f; ~streifen m paso m cebra

Zeche [ˈtsɛçə] f (-; -n) ⚒ mina f; (Rechnung) cuenta f; fig **die ~ bezahlen** pagar el pato

Zecke zo [ˈtsɛkə] f (-; -n) garrapata f

Zeder ♣ [ˈtseːdər] f (-; -n) cedro m

Zeh [tseː] m (-s; -en), ˈ~e f (-; -n) dedo m del pie; **große(r)** ~ dedo m gordo; ˈ~enspitze f: **auf** ~n de puntillas

zehn [tseːn] **1.** diez; (etwa) ~ ... una decena de; **2.** ≈ f (-; -en) diez m; ˈ≈er ⚔ m (-s; -) decena f; ≈erkarte f abono m de diez viajes bzw entradas; ˈ~fach décuplo; ˈ≈kampf m decat(h)lón m; ˈ~te décimo; ˈ≈tel n (-s; -) décimo m, décima parte f; ˈ~tens (en) décimo (lugar)

ˈ**Zeichen** [ˈtsaɪçən] n (-s; -) signo m; (Signal) señal f; (Wink) seña f; (Kennz≈) marca f; (An≈) indicio m, a 🩺 síntoma m; **j-m ein ~ geben** hacer señas a alg; ✝ **Ihr ~** su referencia; ~block m bloc m de dibujo; ~brett n tablero m de dibujo; ~papier n papel m para dibujar; ~setzung gram f (-; sin pl) puntuación f; ~sprache f (-; sin pl) lenguaje m por señas; ~(trick)film m dibujos m/pl animados

ˈ**zeichn|en** [ˈ-çnən] (ge-, h) dibujar; (kenn~) marcar; (unter~) firmar; Anleihe: suscribir; ≈en n (-s; sin pl) dibujo m; ≈er m (-s; -), ≈erin f (-; -nen) dibujante su, delineante su; ✝ suscritor m; ≈ung f dibujo m; ~ungsberechtigt autorizado para firmar

ˈ**Zeige|finger** [ˈ-gəfɪŋər] m índice m; ≈n (ge-, h) enseñar, mostrar; (beweisen) demostrar, probar; ~ **auf** (ac) señalar (ac); **sich ~** mostrarse, aparecer; **das wird sich ~** eso se verá; ~r m (-s; -) aguja f

Zeile [ˈ-lə] f (-; -n) línea f, renglón m; **j-m ein paar ~n schreiben** poner cuatro letras a alg

Zeit [tsaɪt] f (-; -en) tiempo m; (~raum) período m; (~alter) era f, época f, edad f; (Uhr≈) hora f; **für alle ~en** para siempre; **von ~ zu ~** de vez en cuando; **vor langer ~** hace mucho tiempo; **seit einiger ~** desde hace algún tiempo; **es ist (höchste) ~** ya es (más que) hora; **zur ~** de momento, actualmente; **sich (dat) ~ lassen** od **nehmen** tomarse tiempo, no precipitarse; **das hat ~** no corre prisa; **mit der ~** con el tiempo; **mit der ~ gehen** ir con el tiempo; ˈ~abschnitt m período m; época f; ˈ~alter n era f; edad f; siglo m; época f; ˈ~arbeit f trabajo m temporal; ˈ~fahren n dep carrera f contra reloj; ≈gemäß de actualidad, moderno; ˈ~genosse m, ≈genössisch [ˈ-gənœsiʃ] contemporáneo (m); ˈ≈ig temprano; a tiempo; ˈ~karte f abono m; ˈ~lang: **e-e ~** (por) algún tiempo; ≈lebens durante toda mi (tu, su) vida; ˈ≈lich temporal; ˈ~lohn m salario m por unidad de tiempo; ˈ~los independiente de la moda; ˈ~lupe f cámara f lenta; **in ~** a cámara lenta, gal al ralentí; ˈ~mangel m: **aus ~** por falta de tiempo; ˈ~plan m calendario m; ˈ~punkt m momento m; ˈ~raum m espacio m de tiempo, período m; ˈ~rechnung f cronología f; **christliche ~** era f cristiana; ˈ~schrift f revista f; ˈ~spanne f lapso m de tiempo

Zeitung [ˈ-tʊŋ] f (-; -en) periódico m, diario m

ˈ**Zeitungs|-abonnement** n suscripción f a un periódico; ~anzeige f anuncio m (en el periódico); ~artikel m artículo m de periódico; ~ausschnitt m recorte m de periódico; ~kiosk m quiosco m de periódicos

ˈ**Zeit|-unterschied** m diferencia f horaria; ~vertreib [ˈ-fɛrtraɪp] m (-[e]s; -e) pasatiempo m; **zum ~** para pasar el rato; ≈weise por momentos; ~wort n (-[e]s; ⸚er) verbo m; ~zeichen n Radio: señal f horaria; ~zone f huso m horario

ˈ**Zell|e** [ˈtsɛlə] f (-; -n) célula f; △ celda f

(*a Kloster⚭*); *tel* cabina *f*; ~**stoff** *m* celulosa *f*

Zelt [tsɛlt] *n* (-[e]s; -e) tienda *f* (de campaña); *großes*: entoldado *m*; '⚭**en** (ge-, h) acampar, hacer camping; '~**en** *n* (-s; *sin pl*) camping *m*; '~**lager** *n* campamento *m* (de tiendas); ~**ler** ['-lər] *m* (-s; -) campista *m*; '~**platz** *m* (terreno *m* de) camping *m*

Zement [tse'mɛnt] *m* (-[e]s; -e) cemento *m*

zens|ieren [tsɛn'ziːrən] (h) censurar; *Schule*: calificar; ⚭**ur** [-'zuːr] *f* (-; *sin pl*) censura *f*; (*pl* -en) *Schule*: nota *f*

Zentimeter [-ti'meːtər] *m od n* (-s; -) centímetro *m*

Zentner ['tsɛntnər] *m* (-s; -) cincuenta kilos *m/pl*

zen'tral [-'traːl] central; ~ **gelegen** céntrico; ⚭**bank** *f* (-; -en) banco *m* central; ⚭**e** *f* (-; -n) ✝, ⚡, *tel* central *f*; ⚭**heizung** *f* calefacción *f* central; ~**isieren** [-trali'ziːrən] centralizar; ⚭**ismus** [--'lismus] *m* (-; *sin pl*) centralismo *m*

Zentrum ['-trum] *n* (-s; -tren) centro *m*

zer'beißen [tsɛr'baısən] (*irr*, *sin* ge-, h, → *beißen*) romper con los dientes; ~**'brechen** (*irr*, *sin* ge-, → *brechen*) *v/t* (h) (*v/i* [sn]) romper(se), quebrar(se); ~**'brechlich** frágil; quebradizo; ~**'drücken** (h) aplastar; *Kleid usw*: arrugar

Zeremonie [tseremo'niː, --'moːnje] *f* (-; -n) ceremonia *f*

zer|'fallen [tsɛr'-] (*irr*, *sin* ge-, sn, → *fallen*) descomponerse, *a fig* descomponerse; ~ **in** (*ac*) dividirse en; ~**'fetzen** [-'fɛtsən] (h) desgarrar; ~**'fressen** (*irr*, *sin* ge-, h, → *fressen*) roer; ⚙ corroer; ~**'gehen** (*irr*, *sin* ge-, sn, → *gehen*) derretirse; *in Flüssigkeit*: desleírse; ~**'kauen** (h) masticar (bien); ~**'kleinern** [-'klaınərn] (h) desmenuzar; ~**'knittern** (h) arrugar; ~**'kratzen** (h) rasgar, arañar; *Möbel*: rayar; ~**'lassen** (*irr*, *sin* ge-, h, → *lassen*) derretir; ~**'legen** (h) dividir (en partes); descomponer; *Fleisch*: trinchar; ⚙ desmontar, desarmar

zerlumpt [-'lumpt] harapiento, andrajoso

zer|malmen [-'malmən] (h) aplastar; *fig a* aniquilar; ~**mürben** [-'myrbən] (h) agotar; desmoralizar; ~**'platzen** (sn) reventar, estallar; ~**'quetschen** (h) machacar, aplastar; ~**reißen** (*irr*, *sin* ge-, → *reißen*) **1.** *v/t* (h) romper, despedazar, rasgar; **2.** *v/i* (sn) romperse

zerren ['tsɛrən] (ge-, h) tirar (**an** *dat* de); (*schleppen*) arrastrar; ✝ distender

zerrissen [-'risən] roto

Zerrung ✝ ['tsɛruŋ] *f* (-; -en) distensión *f*

zerrüttet [-'rytət] *Ehe*: desunido, desavenido

zer|schellen [-'ʃɛlən] (sn) estrellarse (**an** *dat* contra); ~**'schlagen** (*irr*, *sin* ge-, h, → *schlagen*) romper, hacer pedazos; *fig sich* ~ fracasar; ~**'schneiden** (*irr*, *sin* ge-, h, → *schneiden*) partir, cortar (en trozos)

zer'setz|en (h) descomponer; disolver; *fig* desmoralizar; ~**end** *fig* desmoralizador; ⚭**ung** *f* (-; *sin pl*) descomposición *f*; disolución *f*; *fig* desmoralización *f*

zer|'splittern *v/t* (h) (*v/i* [sn]) hacer(se) astillas (*od* pedazos), astillar(se); ~**'springen** (*irr*, *sin* ge-, sn, → *springen*) romperse

zer'stör|en (h) destruir, destrozar (*a fig*); ⚭**ung** *f* (-; -en) destrucción *f*; demolición *f*; estragos *m/pl*

zer'streu|en (h) dispersar; *fig Bedenken*: disipar; (*erheitern*) distraer; *sich* ~ *Menge*: dispersarse; ~**t** *fig* distraído, F despistado; ⚭**theit** *f* (-; *sin pl*) distracción *f*, F despiste *m*; ⚭**ung** *f* (-; -en) *fig* distracción *f*, diversión *f*

zer'stückeln (h) desmenuzar, despedazar, descuartizar

Zertifikat [tsɛrtifikaːt] *n* (-[e]s; -e) certificado *m*

zer|'treten (*irr*, *sin* ge-, h, → *treten*) aplastar, pisar; ~**'trümmern** [-'trymərn] (h) destruir, destrozar; *Atom*: desintegrar

zerzaust [-'tsaust] desgreñado

'Zettel ['tsɛtəl] *m* (-s; -) papel(ito) *m*; (*Blatt*) hoja *f*; (*Kartei⚭*) ficha *f*; ~**kasten** *m* fichero *m*

Zeug [tsɔʏk] *n* (-[e]s; *sin pl*) (*Material*) material *m*; (*Geräte*) útiles *m/pl*, utensilios *m/pl*; (*Sachen*) cosas *f/pl*, F chismes *m/pl*, trastos *m/pl*; **dummes** ~ tonterías *f/pl*, disparates *m/pl*; **das** ~ **haben zu** tener madera de; *sich ins* ~ *legen* F arrimar el hombro

'Zeug|e ['-gə] *m* (-n; -n) testigo *m*; ⚭**en**

Zeugenaussage

(ge-, h) **1.** v/i declarar (como testigo); ~**von** demostrar, evidenciar (ac); **2.** v/t procrear, engendrar; ~**en-aussage** f declaración f testimonial; ~**in** ['-gin] f (-; -nen) testigo f; ~**nis** ['-knis] n (-ses; -sc) ⚖ testimonio m; (Bescheinigung) certificado m; (Diplom) diploma m; (Schul2) boletín m de calificaciones

Zeugung ['-guŋ] f (-; -en) generación f, procreación f

Zickzack ['tsiktsak] m (-[e]s; -e) zigzag m, eses f/pl; **im** ~ **gehen** zigzaguear

Ziege ['tsi:gə] f (-; -n) cabra f

'**Ziegel** ['-gəl] m (-s; -) ladrillo m; (Dach2) teja f; ~**ei** [--'lai] f (-; -en) fábrica f de tejas y ladrillos; tejar m; ~**stein** m ladrillo m

'**Ziegen|bock** ['tsi:gən-] m macho m cabrío, cabrón m; ~**käse** m queso m de cabra; ~**peter** 🞲 ['--pe:tər] m (-s; sin pl) paperas f/pl

ziehen ['-ən] (zog, gezogen, h) **1.** v/t tirar; (heraus~) sacar, extraer (a Zahn, ⚕ Wurzel); Linie: trazar; Spielfigur: mover; 🌱 cultivar; Hut: quitarse; **die Blicke auf sich** ~ atraer las miradas; **die Aufmerksamkeit auf sich** ~ llamar la atención; fig **nach sich** ~ acarrear; **2.** v/refl: **sich** ~ extenderse, estirarse; **3.** v/i **a)** Ofen, Zigarre, auto: tirar; Schach usw: jugar; ~ **an** (dat) tirar de; **lassen** Tee: dejar reposar od en reposo; **es zieht** hay corriente; **b)** (sn) ir (**nach** a); Vögel, Wolken: pasar; **zu j-m** ~ ir a vivir en casa de alg

'**Zieh|harmonika** f acordeón m; ~**ung** f (-; -en) (Lotterie) sorteo m

Ziel [tsi:l] n (-[e]s; -e) dep meta f (a fig); (Zweck) fin m; objetivo m (a ✕); (~scheibe) blanco m; (Reise2) destino m; 🞲 (Frist) término m, plazo m; **das** ~ **treffen (verfehlen)** dar en (errar) el blanco; fig **sein** ~ **erreichen** lograr su fin; **sich** ~ **zum** ~ **setzen** proponerse a/c; 2**en** (ge-, h) apuntar (**auf** ac a); '~**fernrohr** n mira f telescópica; '~**gruppe** f grupo m de destino; '~**hafen** m puerto m de destino; '2**los** sin rumbo fijo; '~**scheibe** f blanco m (a fig); '~**sprache** f lengua f objetivo

ziemlich ['tsi:mliç] considerable; adv bastante

'**zier|en** ['tsi:rən] (ge-, h) (ad)ornar, decorar; **sich** ~ hacer remilgos od melindres; '~**lich** grácil; delicado, fino; 2-**pflanze** f planta f ornamental od de adorno

'**Ziffer** ['tsifər] f (-; -n) cifra f; guarismo m; ~**blatt** n esfera f

Ziga'rette [tsiga'retə] f (-; -n) cigarrillo m, F pitillo m; ~**n-automat** m máquina f expendedora de cigarrillos; ~**n-etui** n pitillera f; ~**npapier** n papel m de fumar; ~**nspitze** f boquilla f

Zigarillo [--'ril(j)o] m (-s; -s) purito m

Zi'garre [-'garə] f (-; -n) puro m, cigarro m; ~**n-etui** n petaca f; ~**nkiste** f caja de puros

Zigeuner [-'gɔynər] m (-s; -), ~**in** f (-; -nen) gitano m, -a f

Zikade zo [-'ka:də] f (-; -n) cigarra f

'**Zimmer** ['tsimər] n (-s; -) cuarto m, habitación f; ~**kellner** m camarero m de piso; ~**mädchen** n camarera f (de piso); ~**nachweis** m información f sobre alojamientos; ~**nummer** f (~**service** m) número m (servicio m) de habitación

zimperlich ['tsimpərliç] melindroso

Zimt [tsimt] m (-[e]s; -e) canela f

Zink [tsiŋk] n (-[e]s; sin pl) cinc m, zinc m; '~**e** f (-; -n) diente m; púa f

Zinn [tsin] n (-[e]s; sin pl) estaño m; '~**e** 🏰 f (-; -n) almena f

Zins [tsins] m (-es; -en) 🞲 (mst pl) interés m, intereses m/pl; **3%** ~**en bringen** dar un interés del 3%; ~**eszins** ['tsinzəstsins] m interés m compuesto; '2**günstig** Kredit etc: a bajo interés; '2**los** sin interés, libre de intereses; '~**satz** m tipo m de interés

Zipfel ['tsipfəl] m (-s; -) punta f

zirka ['tsirka] aproximadamente, cerca de

Zirkel ['-kəl] m (-s; -) compás m; fig círculo m

Zirkus ['-kus] m (-; -se) circo m

zischen ['tsiʃən] (ge-, h) silbar; teat sisear

Zitadelle [tsita'dɛlə] f (-; -n) ciudadela f

Zitat [-'ta:t] n (-[e]s; -e) cita f

Zither ['-tər] f (-; -n) cítara f

zitieren [-'ti:rən] (h) citar

Zi'trone [-'tro:nə] f (-; -n) limón m; ~**nbaum** m limonero m; ~**nlimonade** f limonada f; ~**npresse** f exprimidor m; ~**nsaft** m zumo m de limón

Zitrusfrüchte ['tsiːtrusfryçtə] *f/pl* agrios *m/pl*, cítricos *m/pl*
zittern ['tsitərn] (ge-, h) temblar (**vor** *dat* de); **vor Kälte** ~ tiritar de frío
zi'vil [tsi'viːl] civil; *Preis*: módico; **in** 2 **de** paisano; 2 **tragen** vestir de paisano; 2**bevölkerung** *f* población *f* civil; 2**dienst** *m* servicio *m* civil (sustitutorio); 2**isation** [-viliza'tsjoːn] *f* (-; -en) civilización *f*; ~**i'sieren** (h) civilizar; 2**'ist** *m* (-en; -en) paisano *m*
Zobel ['tsoːbəl] *m* (-s; -) cebellina *f*
zögern ['tsøːgərn] **1.** *v/i* (ge-, h) tardar (**mit** en); (*schwanken*) titubear; vacilar (**zu** *inf* en); **2.** 2 *n* (-s; *sin pl*) tardanza *f*, demora *f*; vacilación *f*
Zölibat [tsøːliˈbaːt] *n, m* (-[e]s; *sin pl*) celibato *m*
Zoll [tsɔl] *m* (-[e]s) **1.** (*Maß*, *pl* -) pulgada *f*; **2.** (*pl* ⸚e) (*Abgabe*) (derechos *m/pl* de) aduana *f*; '~**abfertigung** *f* despacho *m* aduanero; '~**amt** *n* aduana *f*; '~**beamte** *m* funcionario *m* de aduana, vista *m*; '~**bescheinigung** *f* certificado *m* de aduana; '~**erklärung** *f* declaración *f* de aduana; '2**frei** exento de aduana; '~**gebühren** *f/pl* derechos *m/pl* de aduana; '~**kontrolle** *f* control *m* aduanero
'**zoll|pflichtig** ['tsɔlpfliçtiç] sujeto a aduana; 2**schranke** *f* barrera *f* arancelaria; 2**stock** *m* metro *m* plegable; 2**tarif** *m* arancel *m* (de aduana); '2**-union** *f* unión *f* aduanera
Zone ['tsoːnə] *f* (-; -n) zona *f*
Zoo [tsoː] *m* (-s; -s) zoo *m*
Zoolog|e [tsoʔoˈloːgə] *m* (-n; -n), ~**in** *f* (-; -nen) zoólogo *m*, -a *f*; ~**ie** [-loˈgiː] *f* (-; *sin pl*) zoología *f*; 2**isch** [--'loːgiʃ] zoológico
Zopf [tsɔpf] *m* (-[e]s; ⸚e) trenza *f*
Zorn [tsɔrn] *m* (-[e]s; *sin pl*) cólera *f*, ira *f*; '2**ig** encolerizado, furioso
zu [tsuː] **1.** *prp* **a)** *örtlich*: a; ~**m Arzt** al médico; ~ *j-m gehen* ir a casa de alg; *der Weg* ~**m Bahnhof** el camino de la estación; ~**r Tür hinaus** por la puerta; ~ **Hause** en casa; **b)** *zeitlich*: a, en, para, por; ~ **Anfang** al principio; ~ *jener Zeit* en aquella época; ~ **Ostern** para Pascua; **c)** *Art und Weise, Mittel*: ~ **Fuß** a pie; ~ **Pferd** a caballo; **d)** *Bestimmung, Zweck*: para; *zu s-m Geburtstag* para su cumpleaños; **e)** *bei*

Zahlen: *zu 30 Peseten das Kilo* a treinta pesetas el kilo; *3:0 siegen* ganar por tres a cero; ~ *dreien* de tres en tres; (*alle drei*) los tres juntos; **f)** *vor inf*: **leicht** ~ **behalten** fácil de recordar; **ich habe** ~ **tun** tengo que hacer; **2.** *adv* (*geschlossen*) cerrado; (*allzu*) demasiado; **Tür** ~**!** ¡cierre la puerta!; ~**'aller-'erst** (~'**aller'letzt**) en primer (último) lugar
Zubehör ⊙ ['-bəhøːr] *n* (-s; -e) accesorios *m/pl*
'**zubereit|en** (*sep*, h) preparar; 2**ung** *f* (-; -en) preparación *f*
'**zubring|en** (*irr, sep*, -ge-, h, → *bringen*) *Zeit*: pasar; 2**er** *m* (-s; -) *Vkw* (vía *f* de) acceso; 2**erbus** *m* servicio *m* de autobuses; 2**erdienst** *m* servicio *m* de enlace; 2**erstraße** *f* carretera *f* de acceso
Zucchini [tsuˈkiːni] *m/pl* calabacines *m/pl*
Zucht [tsuxt] *f* (-; -en) *zo* cría *f*; ✿ cultivo *m*; (*sin pl*) *fig* disciplina *f*
'**zücht|en** ['tsyçtən] (ge-, h) *zo* criar; ✿ cultivar; 2**er** *m* (-s; -) criador *m*; cultivador *m*
Zuchthaus ['tsuxthaus] *n* presidio *m*
Zuchtperle ['tsuxt-] *f* perla *f* cultivada
Züchtung ['tsyçtuŋ] *f* (-; -en) cría *f*; ✿ cultivo *m*; selección *f*
zucken ['tsukən] (ge-, h) palpitar; contraerse (convulsivamente)
'**Zucker** ['tsukər] *m* (-s; -) azúcar *m*; ✿ F ~ **haben** tener diabetes; ~**dose** *f* azucarero *m*; 2**krank** diabético; ~**krankheit** *f* diabetes *f*; 2**n** (ge-, h) azucarar; ~**rohr** *n* caña *f* de azúcar; ~**rübe** *f* remolacha *f* azucarera; ~**streuer** *m* azucarero *m*
zudecken ['tsuːdɛkən] (*sep*, -ge-, h) cubrir, tapar; **sich** ~ cubrirse
zudem [tsuˈdeːm] además
'**zudrehen** ['tsuː-] (*sep*, -ge-, h) *Hahn*: cerrar; *j-m den Rücken* ~ volver las espaldas a alg
'**zudringlich** importuno, impertinente; 2**keit** *f* (-; -en) importunidad *f*, (*sin pl*) impertinencia *f*
'**zudrücken** (*sep*, -ge-, h) cerrar; *fig ein Auge* ~ hacer la vista gorda
zu-ein-'ander uno(s) a *bzw* con otro(s)
'**zu-erkennen** (*irr, sep*, h, → **erkennen**) adjudicar; conceder
zu-'erst primero, en primer lugar; (*als erster*) el primero

'**Zufahrt** f (-; -en) acceso m; **~sstraße** f vía f de acceso

'**Zufall** m (-[e]s; ⸚e) casualidad f

'**zufällig** casual, accidental, fortuito; *adv* por casualidad

'**Zuflucht** f (-; -en) refugio m; asilo m; *vor Unwetter*: abrigo m; *fig* recurso m

zufolge [tsu'fɔlgə] (*dat*) según, conforme a

zu'frieden [-'fri:dən] contento, satisfecho (*mit* con, de); **~geben** (*irr, sep, -ge-, h, → geben*): *sich* ~ darse por satisfecho; **2heit** f (-; *sin pl*) contento m, satisfacción f; **~lassen** (*irr, sep, -ge-, h, → lassen*) dejar en paz; **~stellen** (*sep, -ge-, h*) satisfacer, complacer; **~stellend** satisfactorio

'**zu|frieren** ['tsu:fri:rən] (*irr, sep, -ge-, sn, → frieren*) helarse; **~fügen** (*sep, -ge-, h*) *Schaden*: causar

Zufuhr [-'fu:r] f (-; -en) aprovisionamiento m, abastecimiento m

Zug [tsu:k] (-[e]s; ⸚e) 🚂 tren m; (*Ruck*) tirón m; ⚙ tracción f; (*Schluck*) trago m; *Rauchen*: chupada f; (*Luft2*) corriente f (de aire); (*Fest2*) procesión f; desfile m; *Vögel*: bandada f; (*Schach2*) jugada f; (*Gesichts2, Charakter2*) rasgo m; *in e-m* ~ de un trago; *fig* de un tirón; *e-n* ~ *tun* echar un trago

Zugabe ['tsu:ga:bə] f (-; -n) añadidura f; ♪ bis m

Zug-abteil ['tsu:kʔ-] m compartimiento m

'**Zugang** ['tsu:gaŋ] m (-[e]s; ⸚e) acceso m; entrada f

zugänglich ['-gɛŋliç] accesible; *fig* abierto (*für* a); (*umgänglich*) tratable

'**Zug|-anschluß** ['tsu:kʔ-] m enlace m (de trenes); **~begleiter** m revisor m (del tren); **~brücke** f puente m levadizo

zugeben ['tsu:ge:bən] (*irr, sep, -ge-, h, → geben*) añadir; (*zulassen*) admitir; (*bekennen*) confesar

zugegen [tsu'ge:gən]: ~ *sn bei* asistir a, presenciar (*ac*)

zugehen ['tsu:ge:ən] (*irr, sep, -ge-, sn → gehen*) *Tür*: cerrarse; ~ *auf* (*ac*) dirigirse a *od* hacia

'**Zugehörigkeit** f (-; *sin pl*) pertenencia f; *pol* (a)filiación f

'**Zügel** ['tsy:gəl] m (-s; -) rienda f; *a fig* freno m; **2los** desenfrenado (*a fig*); **2n** (*ge-, h*) refrenar

Zugereiste ['tsu:-] m/f (-n; -n) forastero m, -a f

'**Zugeständnis** n (-ses; -se) concesión f

Zugführer ['tsu:k-] m 🚂 jefe m de tren

zugig ['-giç] expuesto a la corriente de aire; *es ist* ~ hay corriente de aire

zugleich [tsu'glaiç] a la vez; al mismo tiempo (*mit mir* que yo)

Zug|luft ['tsu:kluft] f corriente f de aire; **~maschine** f tractor m; **~personal** n personal m del tren

zugreifen ['tsu:graifən] (*irr, sep, -ge-, h, → greifen*) *bei Tisch*: servirse; *fig* aprovechar la oportunidad

zugrunde [tsu'grundə]: ~ *gehen* perecer, perderse; ~ *richten* echar a perder, arruinar

'**Zug|schaffner** ['tsu:k-] m revisor m; **~telefon** n teléfono m (en el tren)

zugunsten [tsu'gunstən] (*gen*) a *od* en favor de

Zugverbindung ['tsu:k-] f comunicación f ferroviaria

'**zuhalten** [tsu:-] (*irr, sep, -ge-, h, → halten*) (man)tener cerrado

Zuhälter ['-hɛltər] m (-s; -) rufián m, 🚹 proxeneta m

Zuhause [tsu'hauzə] n (s; *sin pl*) hogar m, casa f

zuheilen ['tsu:hailən] (*sep, -ge-, sn*) cerrarse

'**zuhör|en** (*sep, -ge-, h*) escuchar; **2er(in** f) m oyente su

'**zu|jubeln** (*sep, -ge-, h*) (*dat*) aclamar, vitorear; ovacionar (*ac*); '**~kleben** (*sep, -ge-, h*) pegar; '**~knallen** (*sep, -ge-, h*) F cerrar de golpe; *die Tür* ~ dar un portazo; '**~knöpfen** (*sep, -ge-, h*) abotonar

'**Zu|kunft** ['-kunft] f (-; *sin pl*) porvenir m; futuro m (*a gram*); *in* ~ en el futuro, (de aquí) en adelante; **2künftig** futuro, venidero; *adv* en el futuro; F *m-e* **2e** mi futura

'**Zulage** f (-; -n) suplemento m; plus m

'**zu|langen** (*sep, -ge-, h*) *bei Tisch*: servirse; '**~lassen** (*irr, sep, -ge-, h, → lassen*) dejar cerrado; *Person*: admitir (*a fig Zweifel usw*); (*erlauben*) permitir, tolerar; *auto* matricular

'**zulässig** admisible; autorizado, lícito

'**Zulassung** f (-; -en) admisión f; permiso m; *auto* permiso m de circulación

'**zulegen** (*sep, -ge-, h*) (*hinzufügen*)

añadir; **sich** (*dat*) **et ~** comprarse a/c; F **sich e-e Braut ~** echarse novia

Zuliefer-industrie ['tsu:li:fər⁊-] *f* industria *f* suministradora de componentes

zuletzt [tsu'lɛtst] en último lugar; por último; al fin; (*als letzter*) el último

zu'liebe: j-m ~ por amor a alg

zum [tsum] = *zu dem*

zumachen ['tsu:-] (*sep*, -ge-, h) cerrar; *Jacke usw*: abrochar

zu|meist [tsu'maist] la mayoría de las veces; en general; **~'mindest** por lo menos, al menos

Zumutung ['tsu:mu:tuŋ] *f* (-; -en) exigencia *f* exagerada; impertinencia *f*, F frescura *f*

zunächst [tsu'nɛːçst] en primer lugar, ante todo; (*vorläufig*) por de pronto, de momento

'zunähen ['tsu:-] (*sep*, -ge-, h) coser

Zunahme ['-nɑ:mə] *f* (-; -n) aumento *m*, incremento *m*

'Zuname *m* (-ns; -n) apellido *m*

'zünd|en ['tsyndən] *v/i* (ge-, h) encenderse; prender; *fig* entusiasmar; electrizar; **~end** *fig* vibrante

'Zünd|er ['tsyndər] *m* (-s; -) espoleta *f*; detonador *m*; **~holz** ['-hɔlts] *n* cerilla *f*; **~kerze** ⊗ *f* bujía *f*; **~schloß** *n* cerradura *f* de contacto; **~schlüssel** *m* llave *f* de contacto; **~ung** ['-duŋ] *f* (-; -en) encendido *m*

zunehmen ['tsu:-] (*irr*, *sep*, -ge-, h, → *nehmen*) aumentar (**an** *dat* de); crecer (*a Mond*); *an Gewicht*: engordar

'Zuneigung *f* (-; -en) cariño *m*, simpatía *f*

Zunge ['tsuŋə] *f* (-; -n) lengua *f*; **es liegt mir auf der ~** lo tengo en la (punta de la) lengua

zunichte [tsu'niçtə]: **~ machen** Plan usw: desbaratar; *Hoffnungen*: frustrar

zupfen ['tsupfən] (ge-, h) tirar (**an** *dat* de); ♪ puntear

zur [tsu:r] = *zu der*

zurechnungsfähig ['tsu:rɛçnuŋs-] responsable de sus actos

zu'recht|kommen [tsu:rɛçt-] (*irr*, *sep*, -ge-, sn, → *kommen*) *fig* arreglárselas; **mit j-m ~** entenderse con alg; **~machen** (*sep*, -ge-, h) arreglar, disponer; **sich ~** arreglarse; **♀weisung** *f* (-; -en) reprimenda *f*

'zu|reden ['tsu:-] (*sep*, -ge-, h) (*dat*) tratar de persuadir; (**gut**) **~** animar (**zu** a); **~richten** (*sep*, -ge-, h) preparar; **übel ~** dejar maltrecho; *et*: echar a perder

zu'rück [tsu'ryk] (hacia *od* para) atrás; (*im Rückstand*) retrasado, atrasado; **~ sn** estar de vuelta; **~bekommen** (*irr*, *sep*, h, → *bekommen*) recuperar, recobrar; *Wechselgeld*: recibir; **ich habe es ~** me lo han devuelto; **~bleiben** (*irr*, *sep*, -ge-, sn, → *bleiben*) quedarse atrás; rezagarse; *in Leistungen*: quedar retrasado; **~bringen** (*irr*, *sep*, -ge-, h, → *bringen*) *j-n*: acompañar a casa; *et*: devolver, restituir; **~drängen** (*sep*, -ge-, h) hacer retroceder; *fig* contener; **~erstatten** (*sep*, h) devolver; restituir; **~fahren** *v/i* (*irr*, *sep*, -ge-, sn, → *fahren*) regresar, volver; **~fordern** (*sep*, -ge-, h) reclamar, reivindicar; **~führen** (*sep*, -ge-, h): **~ auf** (*ac*) atribuir a; **~geben** (*irr*, *sep*, -ge-, h, → *geben*) devolver, restituir; **~geblieben** atrasado; *fig* retrasado; **~gehen** (*irr*, *sep*, -ge-, sn, → *gehen*) volver; (*abnehmen*) bajar, disminuir; *fig* **~ auf** (*ac*) remontarse a; ser debido a; **~ lassen** devolver; **~gezogen** retirado; **~halten** (*irr*, *sep*, -ge-, h, → *halten*) retener; *a fig* contener; **sich ~** contenerse; **~haltend** reservado; **♀haltung** *f* (-; *sin pl*) reserva *f*; **~kehren** (*sep*, -ge-, sn) volver, regresar; **~kommen** (*irr*, *sep*, -ge-, sn, → *kommen*) volver, regresar; **~ auf** (*ac*) volver a; **~lassen** (*irr*, *sep*, -ge-, h, → *lassen*) dejar (atrás); abandonar; **~legen** (*sep*, -ge-, h) reservar; *Geld*: ahorrar; *Strecke*: recorrer; **~nehmen** (*irr*, *sep*, -ge-, h, → *nehmen*) recoger; *fig* revocar; **~schicken** (*sep*, -ge-, h) devolver; *j-n*: hacer volver; **~schlagen** (*irr*, *sep*, -ge-, h, → *schlagen*) rechazar (*a* ⚔); *Ball*: devolver; **~setzen** (*sep*, -ge-, h) **1.** *v/i auto* hacer marcha atrás; **2.** *v/t fig* postergar; **~stellen** (*sep*, -ge-, h) poner en su sitio; *Uhr*: atrasar; *fig* aplazar, dejar para más tarde; **~treten** (*irr*, *sep*, -ge-, sn, → *treten*) dar un paso atrás, retroceder; *vom Amt*: dimitir, renunciar a; **~weisen** (*irr*, *sep*, -ge-, h, → *weisen*) rechazar; **~werfen** (*irr*, *sep*, -ge-, h, → *werfen*) rechazar; *Ball*: devolver; *fig* poner en retraso; **~zahlen** (*sep*, -ge-, h) devolver, re(e)mbolsar;

~ziehen (*irr, sep,* -ge-, h, → *ziehen*): (*sich*) ~ retirar(se)
Zuruf ['tsu:ru:f] *m* (-[e]s; -e) grito *m*; llamada *f*; *durch* ~ por aclamación
'**Zusage** *f* (-; -n) promesa *f*; (*Zustimmung*) consentimiento *m*; *auf e-e Einladung*: aceptación *f*; ⚘n (*sep,* -ge-, h) **1.** *v/t* prometer; **2.** *v/i* aceptar (una invitación); (*gefallen*) gustar
zu'sammen [tsu'zamən] juntos; juntamente; (*im ganzen*) en total; ~ *mit* junto con; ⚘**-arbeit** *f* (-; *sin pl*) cooperación *f*, colaboración *f*; **~arbeiten** (*sep,* -ge-, h) cooperar, colaborar; **~bauen** (*sep,* -ge-, h) ⚙ montar, ensamblar; **~binden** (*irr, sep,* -ge-, h, → *binden*) atar, liar; **~brechen** (*irr, sep,* -ge-, sn, → *brechen*) *a fig* derrumbarse, hundirse; *Person*: desplomarse; ⚘**bruch** *m* (-[e]s; ⸚e) *fig* derrumbamiento *m*, hundimiento *m*; ✱ colapso *m*; ✝ quiebra *f*; **~fallen** (*irr, sep,* -ge-, sn, → *fallen*) hundirse; *zeitlich*: coincidir; **~fassen** (*sep,* -ge-, h) reunir; *kurz* ~ resumir; ⚘**fassung** *f* (-; -en) resumen *m*; ⚘**fluß** *m* confluencia *f*; **~fügen** (*sep,* -ge-, h) juntar; ⚙ *a* ensamblar; **~gesetzt** compuesto; ⚘**hang** *m* (-[e]s; ⸚e) conexión *f*; (*Beziehung*) relación *f*; (*Text*) contexto *m*; *in diesem* ~ a este respecto; *in* ~ *bringen mit* relacionar con; **~hängen** (*irr, sep,* -ge-, h, → *hängen*) estar unido (*mit* a); estar relacionado (*mit* con); **~hängend** coherente; **~klappbar** [-'--klapbɑ:r] plegable; **~kommen** (*irr, sep,* -ge-, sn,→ *kommen*) reunirse; *zu e-r Besprechung*: entrevistarse; *Umstände*: concurrir, coincidir; ⚘**kunft** [-'--kunft] *f* (-; ⸚e) reunión *f*; (*Besprechung*) entrevista *f*; **~leben** (*sep,* -ge-, h) vivir juntos; (con)vivir (*mit j-m* con alg); ⚘**leben** *n* (-s; *sin pl*) vida *f* (en) común, convivencia *f*; **~legen** (*sep,* -ge-, h) poner juntos; *Geld*: reunir; (*falten*) doblar, plegar; **~nehmen** (*irr, sep,* -ge-, h, → *nehmen*) *Kräfte, Gedanken*: concentrar; *s-n Mut* ~ hacer acopio de valor; *sich* ~ contenerse, dominarse; **~passen** (*sep,* -ge-, h) *v/i* ir bien (*mit* con); hacer juego; *a Personen*: armonizar; **~prallen** (*sep,* -ge-, sn) chocar, colisionar (*a fig*); **~rechnen** (*sep,* -ge-, h) sumar; **~reißen** (*irr, sep,* -ge-, h, → *reißen*): *sich* ~ hacer un esfuerzo; **~schlagen** (*irr, sep,* -ge-, h, → *schlagen*) *v/t* hacer pedazos, demoler; *j-n*: apalear; **~schließen** (*irr, sep,* -ge-, h, → *schließen*): *sich* ~ unirse, asociarse; *pol,* ✝ fusionarse; ⚘**schluß** *m* (-sses; ⸚sse) unión *f*, asociación *f*; fusión *f*; **~schrumpfen** (*sep,* -ge-, sn) encogerse, contraerse; *fig* disminuir; **~setzen** (*sep,* -ge-, h) juntar, (re)unir; ⚙ montar, ensamblar; *sich* ~ sentarse juntos; *sich* ~ *aus* componerse de; ⚘**setzung** *f* composición *f*; **~stellen** (*sep,* -ge-, h) reunir, agrupar; componer (*a Menü*; *Daten*: compilar; *Programm*: organizar; *Liste*: hacer, confeccionar; ⚘**stoß** *m* (-es; ⸚e) choque *m*, colisión *f* (*a fig*); **~stoßen** (*irr, sep,* -ge-, sn, → *stoßen*) chocar (*a fig*), entrar en colisión; *fig* tener un altercado; **~stürzen** (*sep,*-ge-, sn) hundirse, derrumbarse; **~treffen** (*irr, sep,* -ge-, sn, → *treffen*) encontrarse, entrevistarse; *zeitlich*: coincidir; ⚘**treffen** *n* (-s; *sin pl*) encuentro *m*; coincidencia *f*; *v Umständen*: concurso *m*; **~treten** (*irr, sep,* -ge-, sn, → *treten*) reunirse; ⚘**tritt** *m* reunión *f*; **~zählen** (*sep,* -ge-, h) sumar; **~ziehen** (*sep,* -ge-, → *ziehen*) **1.** *v/t* (h) contraer; (*sammeln*) reunir; concentrar (*a* ✕); *sich* ~ contraerse. **2.** *v/i* (sn) ir a vivir juntos
Zu|satz ['tsu:zats] *m* (-es; ⸚e) adición *f*, añadidura *f*; 🜚 aditivo *m*; (*Nachtrag*) suplemento *m*; ⚘**sätzlich** ['-zetsliç] adicional; suplementario; *adv* además
'**zuschau|en** (*sep,* -ge-, h) estar mirando; ser espectador (*bei* de); ⚘**er** *m* (-s; -), ⚘**erin** *f* (-; -nen) espectador(a *f*) *m*; *pl* público *m*
'**zuschicken** enviar, mandar
'**Zuschlag** *m* (-[e]s; ⸚e) *Auktion, Ausschreibung*: adjudicación *f*; (*Aufschlag*) recargo *m*, *a* 🜚 sobretasa *f*; *a* 🚂 suplemento *m*; ⚘**en** (*irr, sep,* -ge-, h, → *schlagen*) **1.** *v/t* cerrar de golpe; *Auktion, Auftrag*: adjudicar; **2.** *v/i* pegar; *Tür*: cerrarse de golpe; ⚘**pflichtig** sujeto a suplemento
'**zu|schließen** (*irr, sep,* -ge-, h, → *schließen*) cerrar con llave; **~schneiden** (*irr, sep,* -ge-, h, → *schneiden*) cortar; **~schreiben** (*irr, sep,* -ge-, h, → *schreiben*) atribuir, imputar; *zu~ sn* ser debido a; ⚘**schrift** *f* (-; -en) carta *f*;

Zwangsvollstreckung

~schulden [tsu'ʃuldən]: *sich* (*dat*) *et* (*nichts*) ~ *kommen lassen* (no) hacerse culpable de a/c (nada)

'Zuschuß ['tsu:ʃus] *m* (-sses; ~sse) ayuda *f*; *staatlich*: subvención *f*; ~betrieb *m* empresa *f* subvencionada *bzw* deficitaria

'zusehen (*irr, sep*, -ge-, h, → *sehen*) s *zuschauen*; ~ds a ojos vistas

'zu|senden (*irr, sep*, -ge-, h, → *senden*) enviar, mandar; ~setzen (*sep*, -ge-, h) añadir; *Geld*: perder; *j-m* (*hart*) ~ apretar, acosar a alg

'zusicher|n (*sep*, -ge-, h) asegurar; 2ung *f* (-; -en) seguridad *f*; promesa *f*

'zu|spielen (*sep*, -ge-, h) *Ball*: pasar; *fig* facilitar; ~spitzen (*sep*, -ge-, h): *fig sich* ~ agravarse, agudizarse

Zustand *m* estado *m*; (*Lage*) situación *f*; *in gutem* ~ en buen estado

zustande [tsu'ʃtandə]: ~ *bringen* llevar a cabo; ~ *kommen* realizarse, efectuarse

'zuständig [tsu:ʃtɛndiç] competente; 2keit *f* (-; -en) competencia *f*

'zu|stehen (*irr, sep*, -ge-, h, → *stehen*) corresponder, incumbir a; ~steigen (*irr, sep*, -ge-, sn, → *steigen*) subir (al tren, *etc*)

'zustell|en (*sep*, -ge-, h) entregar, enviar; ⚖ repartir, distribuir; ⚖ notificar; 2ung *f* (-; -en) entrega *f*, envío *m*; ⚖ reparto *m*, distribución *f*; ⚖ notificación *f*

'zustimm|en (*sep*, -ge-, h) (*dat*) consentir (en); aprobar (*ac*); ~end afirmativo; 2ung *f* (-; *sin pl*) consentimiento *m*, aprobación *f*

'zustoßen (*irr, sep*, -ge-, sn, → *stoßen*) *v/i j-m*: suceder, pasar, ocurrir

Zutaten ['tsu:tɑ:tən] *f/pl gastr* ingredientes *m/pl*

'zuteil|en (*sep*, -ge-, h) asignar, adjudicar (*j-m et* a/c a alg); *j-n*: agregar; 2ung *f* (-; -en) asignación *f*; adjudicación *f*

'zutragen (*irr, sep*, -ge-, h, → *tragen*) *fig* contar, delatar; *sich* ~ suceder, ocurrir

'zutrau|en (*sep*, -ge-, h): *j-m et* ~ creer a alg capaz de a/c; *sich* (*dat*) *zuviel* ~ excederse; 2en *n* (-s; *sin pl*) confianza *f* (*zu* en); ~lich confiado, cariñoso; *Tier*: manso

'zutreffen (*irr, sep*, -ge-, h, → *treffen*) ser justo, ser verdad; ~ *auf* (*ac*) aplicarse a

'Zutritt *m* (-[e]s; *sin pl*) entrada *f*; acceso *m*; ~ *verboten!* ¡se prohíbe la entrada!

'zuverlässig ['tsu:fɛrlɛsiç] seguro; *Person*: formal; (digno) de confianza; *a* ⚙ fiable; 2keit *f* (-; *sin pl*) seguridad *f*; formalidad *f*; *a* ⚙ fiabilidad *f*

'Zuversicht ['-fɛrziçt] *f* (-; *sin pl*) confianza *f*; 2lich confiado, lleno de confianza

zuviel [tsu'fi:l] demasiado

zu'vor antes, primero

zu'vorkommen (*irr, sep*, -ge-, sn, → *kommen*) *j-m*: adelantarse a; *e-r Gefahr*: prevenir (*ac*); ~d atento, solícito (*gegen* con)

Zuwachs ['tsu:vaks] *m* (-es; *sin pl*) aumento *m*, incremento *m* (*an dat* de); crecimiento *m*

zu'weilen [tsu'vaɪlən] a veces

'zuweis|en ['tsu:-] (*irr, sep*, -ge-, h, → *weisen*) asignar, señalar; 2ung *f* (-; -en) asignación *f*

'zuwend|en (*irr, sep*, -ge-, h, → *wenden*) (*dat*) volver hacia; *sich* ~ dirigirse a; *fig* dedicarse a; 2ung *f* (-; -en) donativo *m*; ⚖ donación *f*

zuwenig [tsu've:niç] demasiado poco

zuwerfen ['tsu:vɛrfən] (*irr, sep*, -ge-, h, → *werfen*) *Blick*: lanzar, echar; *Ball*: tirar, pasar; *Tür*: cerrar de golpe; *Graben*: cegar

zu'wider [tsu'vi:dər] *er ist mir* ~ me es antipático; *es ist mir* ~ me repugna; lo detesto; 2handlung *f* (-; -en) contravención *f*, infracción *f*

'zu|winken ['tsu:vɪŋkən] hacer señas (*j-m* a alg); ~ziehen (*irr, sep*, -ge-, → *ziehen*) 1. *v/t* (h) *Vorhang*: correr; (*fest*~) apretar; *sich* (*dat*) ~ *Krankheit*: contraer; 2. *v/i* (sn) establecerse; ~züglich ['-tsy:klɪç] (*gen*) más (*ac*)

Zwang [tsvaŋ] *m* (-[e]s; ~e) (*Gewalt*) fuerza *f*, violencia *f*; (*Druck*) presión *f*; *moralischer*: obligación *f*; *stärker*: coacción *f*; ⚖ coerción *f*

zwanglos ['tsvaŋlo:s] *fig* informal; sin cumplidos

'Zwangs|jacke *f* camisa *f* de fuerza; 2läufig *adv* forzosamente, a la *od* por fuerza; ~maßnahme *f* medida *f* coercitiva; ~umtausch *m* cambio *m* obligatorio (de divisas); ~versteigerung *f* subasta *f* forzosa; ~vollstreckung *f*

zwangsweise

ejecución f forzosa; ℒ**weise** por (od a la) fuerza

'**zwanzig** ['tsvantsiç] veinte; **etwa ~** una veintena; **~ste** vigésimo; **~stel** n (-s; -) veintavo m

zwar [tsvɑ:r] en verdad; es cierto od verdad que; **und ~** es decir, a saber

Zweck [tsvɛk] m (-[e]s; -e) fin m; finalidad f; (Absicht) intención f; (Ziel) objetivo m; objeto m; **zu diesem ~** con este fin; **zu welchem ~?** ¿para qué?; **keinen ~ haben** ser inútil; '**~e** f (-; -n) (Reißℒ) chincheta f; 'ℒ**los** inútil; 'ℒ**mäßig** conveniente, oportuno; apropiado; ℒ**s** (gen) con el fin (od objeto) de, para (inf)

zwei [tsvaɪ] 1. dos; 2. ℒ f (-; -en) dos m; '**ℒbettzimmer** n habitación f de dos camas; **~deutig** ['-dɔytiç] equívoco, ambiguo; 'ℒ**deutigkeit** f doble sentido m, ambigüedad f; **~erlei** ['-ər'laɪ] de dos clases; **das ist ~** son dos cosas distintas; '**~fach** doble; **in ~er Ausfertigung** por duplicado

'**Zweifel** ['-fəl] m (-s; -) duda f; **ohne ~** sin duda alguna; '**ℒhaft** dudoso; (ungewiß) incierto; (verdächtig) sospechoso; ℒ**los** indudable; adv sin duda alguna; ℒ**n** (ge-, h) dudar (**an** dat de); **~stall** m: **im ~** en caso de duda

Zweig [tsvaɪk] m (-[e]s; -e) ramo m; rama f (beide a fig)

zweigleisig ['tsvaɪɡlaɪzɪç] de vía doble

'**Zweigstelle** ['tsvaɪk-] f sucursal f; agencia f (urbana); **~nleiter(in** f) m director(a f) m de la sucursal

'**zwei|händig** ♪ ['tsvaɪhɛndɪç] a dos manos; **~'hundert** doscientos; **~jährig** ['-jɛ:rɪç] de dos años; bienal; ℒ**kampf** m duelo m; **~mal** dos veces; **~ monatlich** (**wöchentlich**) **erscheinend** bimensual (bisemanal); **~motorig** ['-moto:rɪç] bimotor; ℒ**reiher** m traje m cruzado; **~schneidig** de dos filos (a fig); **~seitig** ['-zaɪtɪç] bilateral; ℒ**sitzer** m coche m de dos asientos; **~sprachig** ['-ʃprɑ:xɪç] bilingüe; **~stöckig** ['-ʃtœkɪç] de dos pisos; **~stündig** ['-ʃtʏndɪç] de dos horas; **~t** [tsvaɪt]: **zu ~** dos a dos; de dos en dos; ℒ**taktmotor** m motor m de dos tiempos; **~'tausend** dos mil; **~te** segundo; **jeden ~n Tag** un día sí y otro no; **~teilig** de dos partes; Kleid: de dos piezas; **~tens** en segundo lugar; ℒ**twohnung** f segunda residencia f

Zwerchfell anat ['tsvɛrçfɛl] n diafragma m

Zwerg [tsvɛrk] m (-[e]s; -e) enano m (a fig)

Zwetsch(g)e ['tsvɛtʃ(ɡ)ə] f (-; -n) ciruela f

zwicken ['tsvɪkən] (ge-, h) pellizcar

Zwieback ['tsvi:bak] m (-s; -e) bizcocho m (seco)

'**Zwiebel** ['-bəl] f (-; -n) cebolla f; (Blumenℒ) bulbo m; **~suppe** f sopa f de cebolla

'**Zwie|licht** n (-[e]s; sin pl) media luz f; **im ~** entre dos luces; **~tracht** f (-; sin pl) discordia f (säen, stiften sembrar)

'**Zwilling** ['-lɪŋ] m (-s; -e) gemelo m, mellizo m; astr **~e** Géminis m; **~sbruder** m hermano m gemelo

zwing|en ['tsvɪŋən] (zwang, gezwungen, h) obligar, **stärker**: forzar (**zu** a); **sich ~** forzarse (**zu** a), hacer un esfuerzo (para); **sich gezwungen sehen zu** verse obligado a; **~end** obligatorio, forzoso; Grund: concluyente

zwinkern ['tsvɪŋkərn] (ge-, h): **mit den Augen ~** guiñar los ojos

Zwirn [tsvɪrn] m (-s; -e) hilo m

'**zwischen** ['tsvɪʃən] entre; **~...:** in Zssgn oft intermediario; intermedio; ℒ**-aufenthalt** m parada f; escala f; ℒ**deck** ♣ n entrepuente m; **~'durch** zeitlich: entretanto; et **~ essen** comer entre horas; ℒ**fall** m incidente m; ℒ**geschoß** △ n entresuelo m; ℒ**handel** m comercio m intermediario; **~landen** (sep, -ge-, sn) ✈ hacer escala; ℒ**landung** ✈ f escala f; ℒ**raum** m espacio m; zeitlich: intervalo m; ℒ**runde** f dep semifinal f; **~staatlich** internacional; ℒ**stock** m entresuelo m; ℒ**zeit** f intervalo m; **in der ~** entretanto, mientras tanto

Zwist [tsvɪst] m (-[e]s; -e) discordia f; controversia f; desavenencia f

zwitschern ['tsvɪtʃərn] (ge-, h) gorjear, trinar

zwölf [tsvœlf] 1. doce; **~ Stück** una docena; 2. ℒ f (-; -en) doce m; ℒ'**fingerdarm** m duodeno m; **~te** duodécimo; 'ℒ**tel** n (-s; -) dozavo m

Zyankali [tsyan'kɑ:li] n (-s; sin pl) cianuro m de potasio

zyklisch ['tsy:klɪʃ] cíclico

Zyklon [tsyˈkloːn] *m* (-s; -e) ciclón *m*
Zyklus [ˈtsyːklus] *m* (-; Zyklen) ciclo *m*
Zy'linder [tsiˈlindər] *m* (-s; -) ⚙ cilindro *m*; (*Hut*) sombrero *m* de copa; **~kopf** *auto m* culata *f*

'Zyn|iker [ˈtsyːnikər] *m* (-s; -), **2isch** cínico (*m*); **~ismus** [tsyˈnismus] *m* (-; -men) cinismo *m*
Zypresse ♣ [tsyˈprɛsə] (-; -n) ciprés *m*
Zyste ✱ [ˈtsystə] (-; -en) quiste *m*

Anhang

Apéndice

Spanische geographische Eigennamen
Nombres propios geográficos españoles

A

Ádige ['aðixe] *m* Etsch *f*
Adriático [a'drĭatiko] *m* Adria *f*
Afganistán [afɣanis'tan] *m* Afghanistan *n*
África ['afrika] *f* Afrika *n*; ~ *del Sur* Südafrika *n*
Albania [al'banĭa] *f* Albanien *n*
Alejandría [alɛxan'dria] *f* Alexandria *n*
Alemania [ale'manĭa] *f* Deutschland *n*
Alpes ['alpes] *m/pl* Alpen *f/pl*
Alsacia [al'saθĭa] *f* Elsaß *n*
Amazonas [ama'θonas] *m* Amazonas *m*
Amberes [am'beres] *f* Antwerpen *n*
América [a'merika] *f* Amerika *n*; ~ *Central* Mittelamerika *n*; ~ *Latina* Lateinamerika *n*; ~ *del Norte* Nordamerika *n*; ~ *del Sur* Südamerika *n*
Andalucía [andalu'θia] *f* Andalusien *n*
Andes ['andes] *m/pl* Anden *pl*
Andorra [an'dɔrra] *f* Andorra *n*
Antártida [an'tartiða] *f* Antarktis *f*
Antillas [an'tiʎas] *f/pl* Antillen *pl*
Apeninos [ape'ninos] *m/pl* Apennin *m*
Aquisgrán [akiz'gran] *m* Aachen *n*
Arabia Saudita *od* **Saudí** [a'rabĭa saü'ði(ta)] *f* Saudi-Arabien *n*
Aragón [ara'ɣon] *m* Aragonien *n*
Argel [ar'xɛl] *m* Algier *n*
Argelia [ar'xelĭa] *f* Algerien *n*
Argentina [arxen'tina] *f* Argentinien *n*
Armenia [ar'menĭa] *f* Armenien *n*
Ártico ['artiko] *m* Arktis *f*
Asia ['asĭa] *f* Asien *n*; ~ *Menor* Kleinasien *n*
Asturias [as'turĭas] *f/pl* Asturien *n*
Atenas [a'tenas] *f* Athen *n*
Atlántico [at'lantiko] *m*: (*Océano m*) ~ Atlantik *m*, Atlantischer Ozean *m*
Australia [aŭs'tralĭa] *f* Australien *n*
Austria ['aŭstrĭa] *f* Österreich *n*
Azores [a'θores] *m/pl* Azoren *pl*

B

Balcanes [bal'kanes] *m/pl* Balkan *m*
Baleares [bale'ares] *f/pl* die Balearen *pl*
Báltico ['baltiko] *m* Ostsee *f*
Basilea [basi'lea] *f* Basel *n*
Baviera [ba'bĭera] *f* Bayern *n*; *Alta* ~ Oberbayern *n*; *Baja* ~ Niederbayern *n*
Belén [be'len] *m* Bethlehem *n*
Bélgica ['bɛlxika] *f* Belgien *n*
Belgrado [bɛl'ɣraðo] *f* Belgrad *n*
Berlín [bɛr'lin] *m* Berlin *n*
Berna ['bɛrna] *f* Bern *n*
Bolivia [bo'libĭa] *f* Bolivien *n*
Bohemia [bo'emĭa] *f* Böhmen *n*
Borgoña [bɔr'ɣoɲa] *f* Burgund *n*
Bósforo ['bɔsforo] *m* Bosporus *m*
Bosnia ['bɔsnĭa] *f* Bosnien *n*; ~ *y Herzegovina* [~ i jɛrθe'ɣobina] *f* Bosnien-Herzegovina *n*
Brande(n)burgo [brande(n)'burɣo] *m* Brandenburg *n*
Brasil [bra'sil] *m* Brasilien *n*
Brema ['brema] *f* Bremen *n*
Bretaña [bre'taɲa] *f* Bretagne *f*
Brisgovia [briz'ɣobĭa] *f* Breisgau *m*
Brujas ['bruxas] *m* Brügge *n*
Bruselas [bru'selas] *f* Brüssel *n*
Bulgaria [bul'ɣarĭa] *f* Bulgarien *n*
Burdeos [bur'ðeɔs] *f* Bordeaux *n*

C

Cabo, El ['kabo] Kapstadt *n*
Cabo de Buena Esperanza ['kabo ðe 'bŭena espe'ranθa] *m* Kap *n* der Guten Hoffnung
Cabo de Hornos ['kabo ðe 'ɔrnos] *m* Kap *n* Ho(o)rn
Cairo (El) ['kaïro] Kairo *n*
California [kali'fɔrnĭa] *f* Kalifornien *n*
Camboya [kam'boja] *f* Kambodscha *n*
Canadá [kana'ða] *m* Kanada *n*
Canal de la Mancha [ka'nal de la 'mantʃa] *m* Ärmelkanal *m*
Canarias [ka'narĭas] *f/pl*: (*Islas f/pl*) ~ Kanarische Inseln *f/pl*, Kanaren *pl*
Cantábrico [kan'tabriko] *m*: (*Mar m*) ~ Golf *m* von Biskaya
Caribe [ka'ribe] *m* Karibik *f*
Carintia [ka'rintĭa] *f* Kärnten *n*
Cárpatos ['karpatos] *m/pl* Karpaten *pl*

Caspio [ˈkaspĭo] *m*: (*Mar m*) ~ Kaspisches Meer *n*
Castilla [kasˈtiʎa] *f* Kastilien *n*
Cataluña [kataˈluɲa] *f* Katalonien *n*
Cáucaso [ˈkaŭkaso] *m* Kaukasus *m*
Centroamérica [θentroaˈmerika] *f* Mittelamerika *n*
Cerdeña [θɛrˈdeɲa] *f* Sardinien *n*
Chad [ˈtʃad] *m* Tschad *m*
Checoslovaquia [tʃekosloˈbakĭa] *f* Tschechoslowakei *f*
Chile [ˈtʃile] *m* Chile *n*
China [ˈtʃina] *f* China *n*
Chipre [ˈtʃipre] *m* Zypern *n*
Ciudad [θĭuˈdad] *f*: ~ *del Cabo* Kapstadt *n*; ~ *del Vaticano* Vatikanstadt *f*
Coblenza [koˈblenθa] *f* Koblenz *n*
Colombia [koˈlombĭa] *f* Kolumbien *n*
Colonia [koˈlonĭa] *f* Köln *n*
Congo [ˈkoŋgo] *m* Kongo *m*
Constanza [konsˈtanθa] *f* Konstanz *n*
Copenhague [kopeˈnage] *f* Kopenhagen *n*
Córcega [ˈkorθega] *f* Korsika *n*
Corea [koˈrea] *f* Korea *n*
Corriente del Golfo [koˈrrĭente del ˈgolfo] *f* Golfstrom *m*
Costa Azul [ˈkosta aˈθul] *f* Côte d'Azur *f*
Costa de Marfil [ˈkosta de marˈfil] *f* Elfenbeinküste *f*
Costa Rica [ˈkosta ˈrika] *f* Costa Rica *n*
Creta [ˈkreta] *f* Kreta *n*
Crimea [kriˈmea] *f* Krim *f*
Croacia [kroˈaθĭa] *f* Kroatien *n*
Cuba [ˈkuba] *f* Kuba *n*

D

Dalmacia [dalˈmaθĭa] *f* Dalmatien *n*
Damasco [daˈmasko] *m* Damaskus *n*
Danubio [daˈnubĭo] *m* Donau *f*
Dardanelos [darðaˈnelos] *m/pl* Dardanellen *pl*
Dinamarca [dinaˈmarka] *f* Dänemark *n*
Dresde [ˈdrezðe] *m* Dresden *n*
Dunquerque [duŋˈkɛrke] *m* Dünkirchen *n*

E

Ecuador [ekŭaˈdor] *m* Ecuador *n*
Edimburgo [eðimˈburgo] *m* Edinburg *n*
Egeo [ɛˈxeo] *m* Ägäis *f*
Egipto [ɛˈxipto] *m* Ägypten *n*
Elba [ˈɛlba] *m* Elbe *f*

Emiratos Árabes Unidos [emiˈratos ˈarabes uˈniðos] *m/pl* Vereinigte Arabische Emirate *n/pl*
Escalda [esˈkalda] *m* Schelde *f*
Escandinavia [eskandiˈnabĭa] *f* Skandinavien *n*
Escocia [esˈkoθĭa] *f* Schottland *n*
Eslovaquia [ezloˈbakĭa] *f* Slowakei *f*
Eslovenia [ezloˈbenĭa] *f* Slowenien *n*
España [esˈpaɲa] *f* Spanien *n*
Esparta [esˈparta] *f* Sparta *n*
Espira [esˈpira] *f* Speyer *n*
Estados Unidos de América [esˈtaðos uˈniðoz de aˈmerika] *m/pl* Vereinigte Staaten von Amerika *m/pl*
Estambul [estamˈbul] *f* Istanbul *n*
Estiria [esˈtirĭa] *f* Steiermark *f*
Estocolmo [estoˈkolmo] *m* Stockholm *n*
Estonia [esˈtonĭa] *f* Estland *n*
Estrasburgo [estrazˈburgo] *m* Straßburg *n*
Etiopía [etĭoˈpia] *f* Äthiopien *n*
Europa [eŭˈropa] *f* Europa *n*
Extremadura [estremaˈdura] *f* Estremadura *f*

F

Filipinas [filiˈpinas] *f/pl* Philippinen *pl*
Finlandia [finˈlandĭa] *f* Finnland *n*
Flandes [ˈflandes] *m* Flandern *n*
Florencia [floˈrenθĭa] *f* Florenz *n*
Francfort-del-Meno [fraŋkˈfort del ˈmeno] *m* Frankfurt am Main *n*
Francia [ˈfranθĭa] *f* Frankreich *n*
Franconia [franˈkonĭa] *f* Franken *n*
Friburgo [friˈburgo] *m* Freiburg *n*
Frisia [ˈfrisĭa] *f* Friesland *n*

G

Gabón [gaˈbon] *m* Gabun *n*
Gales [ˈgales] *m* Wales *n*
Galicia [gaˈliθĭa] *f* Galicien *n* (*Spanien*); Galizien *n* (*Osteuropa*)
Gante [ˈgante] *m* Gent *n*
Garona [gaˈrona] *m* Garonne *f*
Génova [ˈxenoba] *f* Genua *n*
Georgia [xeˈorxĭa] *f* Georgien *n*
Ginebra [xiˈnebra] *f* Genf *n*
Gotinga [goˈtiŋga] *f* Göttingen *n*
Gran Bretaña [gran breˈtaɲa] *f* Großbritannien *n*

Grisones [gri'sones] *m/pl* Graubünden *n*
Groenlandia [groen'landĭa] *f* Grönland *n*
Guatemala [gŭate'mala] *f* Guatemala *n*
Guinea Ecuatorial [gi'nea ekŭato'rĭal] *f* Äquatorialguinea *n*

H

Habana, La [a'bana] Havanna *n*
Haití [ai'ti] *m* Haiti *n*
Hamburgo [am'burgo] *m* Hamburg *n*
Haya, La ['aja] *f* Den Haag *n*
Holanda [o'landa] *f* Holland *n*
Honduras [ɔn'duras] *f* Honduras *n*
Hungría [uŋ'gria] *f* Ungarn *n*

I

India ['indĭa] *f* Indien *n*
Índico ['indiko] *m*: (*Océano m*) ~ Indischer Ozean *m*
Indonesia [indo'nesĭa] *f* Indonesien *n*
Inglaterra [iŋgla'tɛrra] *f* England *n*
Irak [i'rak] *m* Irak *m*
Irán [i'ran] *m* Iran *m*
Irlanda [ir'landa] *f* Irland *n*
Islandia [iz'landĭa] *f* Island *n*
Italia [i'talĭa] *f* Italien *n*

J

Jamaica [xa'maĭka] *f* Jamaika *n*
Japón [xa'pɔn] *m* Japan *n*
Jerusalén [xerusa'len] *f* Jerusalem *n*

K

Kremlin ['kremlin] *m* Kreml *m*

L

Lago de Constanza ['lago đe kɔns'tanθa] *m* Bodensee *m*
Lago de los Cuatro Cantones ['lago đe los 'kŭatro kan'tones] *m* Vierwaldstätter See *m*
Lago Lemán ['lago le'man] *m* Genfer See *m*
Laponia [la'ponĭa] *f* Lappland *n*
Lausana [laŭ'sana] *f* Lausanne *n*
Letonia [le'tonĭa] *f* Lettland *n*
Líbano ['libano] *m* Libanon *m*
Liberia [li'berĭa] *f* Liberien *n*
Libia ['libĭa] *f* Libyen *n*
Lieja ['lĭɛxa] *f* Lüttich *n*
Lisboa [liz'boa] *f* Lissabon *f*
Lituania [li'tŭanĭa] *f* Litauen *n*
Loira [lo'ira] *m* Loire *f*
Lombardía [lɔmbar'dia] *f* Lombardei *f*
Londres ['lɔndres] *m* London *n*
Lorena [lo'rena] *f* Lothringen *n*
Lovaina [lo'baĭna] *f* Löwen *n*
Lucerna [lu'θerna] *f* Luzern *n*
Luxemburgo [lugsem'burgo] *m* Luxemburg *n*

M

Macedonia [maθe'đonĭa] *f* Mazedonien *n*
Madagascar [mađagas'kar] *m* Madagaskar *n*
Maguncia [ma'gunθĭa] *f* Mainz *n*
Malasia [ma'lasĭa] *f* Malaysia *n*
Maldivas [mal'diβas] *f/pl* Malediven *pl*
Malí [ma'li] *m* Mali *n*
Malvinas [mal'binas] *f/pl* Falklandinseln *f/pl*
Mallorca [ma'ʎorka] *f* Mallorca *n*
Mar Adriático [mar a'đrĭatiko] *m* Adriatisches Meer *n*, Adria *f*
Mar Báltico [mar 'baltiko] *m* Ostsee *f*
Mar Caribe [mar ka'riβe] *m* Karibisches Meer *n*
Mar Glacial [mar gla'θĭal] *m* Eismeer *n*
Mar Muerto [mar 'mŭerto] *m* Totes Meer *n*
Mar Negro [mar 'negro] *m* Schwarzes Meer *n*
Mar del Norte [mar đel 'nɔrte] *m* Nordsee *f*
Mar Rojo [mar 'rrɔxo] *m* Rotes Meer *n*
Mar Tirreno [mar ti'rreno] *m* Tyrrhenisches Meer *n*
Marruecos [ma'rrŭekos] *m* Marokko *n*
Marsella [mar'seʎa] *f* Marseille *n*
Mauritania [maŭri'tanĭa] *f* Mauretanien *n*
Mediterráneo [međitɛ'rraneo] *m*: (*Mar m*) ~ Mittelmeer *n*
Méjico ['mɛxiko] *m* Mexiko *n*
Meno ['meno] *m* Main *m*
México ['mɛxiko] *m* Mexiko *n*
Milán [mi'lan] *m* Mailand *n*
Moldáu [mɔl'daŭ] *m*, **Moldava** [mɔl'daβa] *m* Moldau *f*

Mónaco ['monako] *m* Monaco *n*
Mongolia [mɔŋ'golĩa] *f* Mongolei *f*
Montenegro [mɔnte'negro] *m* Montenegro *n*
Moravia [mo'raβĩa] *f* Mähren *n*
Mosa ['mosa] *m* Maas *f*
Moscú [mɔs'ku] *m* Moskau *n*
Mosela [mo'sela] *m* Mosel *f*
Munich [mu'nik] *f* München *n*

N

Nápoles ['napoles] *m* Neapel *n*
Nicaragua [nika'raɣŭa] *f* Nicaragua *n*
Níger ['nixɛr] *m* Niger *n*
Nigeria [ni'xerĩa] *f* Nigeria *n*
Nilo ['nilo] *m* Nil *m*
Niza ['niθa] *f* Nizza *n*
Normandía [nɔrman'dia] *f* Normandie *f*
Noruega [no'rŭega] *f* Norwegen *n*
Nueva Guinea ['nŭeβa gi'nea] *f* Neuguinea *n*
Nueva York ['nŭeβa 'jɔrk] New York *n*
Nueva Zelanda ['nŭeβa θe'landa] *f* Neuseeland *n*
Nuremberg ['nuremberg] *f* Nürnberg *n*

O

Oceanía [oθea'nia] *f* Ozeanien *n*
Océano Glacial [o'θeano gla'θĩal] *m* Eismeer *n*
Oriente [o'rĩente] *m*: **Extremo** ~ Ferner Osten *m*; **Próximo** ~ Naher Osten *m*

P

Pacífico [pa'θifiko] *m*: (**Océano** *m*) ~ Stiller Ozean *m*, Pazifik *m*
País Vasco [pa'is 'basko] *m* Baskenland *n*
Países Bajos [pa'ises 'βaxos] *m/pl* Niederlande *n/pl*
Pakistán [pakis'tan] *m* Pakistan *n*
Palatinado [palati'naðo] *m* Pfalz *f*
Palestina [pales'tina] *f* Palästina *n*
Panamá [pana'ma] *m* Panama *n*
Paraguay [para'ɣŭaĩ] *m* Paraguay *n*
París [pa'ris] *f* Paris *n*
Pekín [pe'kin] *m* Peking *n*
Perú [pe'ru] *m* Peru *n*
Pirineos [piri'neos] *m/pl* Pyrenäen *pl*
Polinesia [poli'nesĩa] *f* Polynesien *n*
Polonia [po'lonĩa] *f* Polen *n*
Pomerania [pɔme'ranĩa] *f* Pommern *n*

Portugal [pɔrtu'gal] *m* Portugal *n*
Praga ['praga] *f* Prag *n*
Provenza [pro'βenθa] *f* Provence *f*

R

Ratisbona [rratiz'βona] *f* Regensburg *n*
Renania [rrɛ'nanĩa] *f* Rheinland *n*
República Dominicana [rrɛ'publika domini'kana] *f* Dominikanische Republik *f*
Rin [rrin] *m* Rhein *m*
Ródano ['rroðano] *m* Rhone *f*
Rodas ['rroðas] *m* Rhodos *n*
Roma ['rroma] *f* Rom *n*
Rumania [rru'manĩa] *f* Rumänien *n*
Rusia ['rrusĩa] *f* Rußland *n*

S

Saboya [sa'βoja] *f* Savoyen *n*
Sajonia [sa'xonĩa] *f* Sachsen *n*; **Baja** ~ Niedersachsen *n*
Salvador (El) [ɛl salβa'ðɔr] El Salvador *n*
San Gotardo [saŋ go'tarðo] *m* Sankt Gotthard *m*
Sarre ['sarrɛ] *m* Saar *f*
Selva Negra ['sɛlβa 'negra] *f* Schwarzwald *m*
Sena ['sena] *m* Seine *f*
Serbia ['sɛrbĩa] *f* Serbien *n*
Siberia [si'βerĩa] *f* Sibirien *n*
Sicilia [si'θilĩa] *f* Sizilien *n*
Silesia [si'lesĩa] *f* Schlesien *n*
Siria ['sirĩa] *f* Syrien *n*
Suabia ['sŭaβĩa] *f* Schwaben *n*
Sudáfrica [su'ðafrika] *f* Südafrika *n*
Sudamérica [suða'merika] *f* Südamerika *n*
Suecia ['sŭeθĩa] *f* Schweden *n*
Suiza ['sŭiθa] *f* Schweiz *f*

T

Tailandia [taĩ'landĩa] *f* Thailand *n*
Támesis ['tamesis] *m* Themse *f*
Tánger ['taŋxɛr] *m* Tanger *n*
Tejas ['texas] *m* Texas *n*
Tenerife [tene'rife] *f* Teneriffa *n*
Terranova [tɛrra'noβa] *f* Neufundland *n*
Tierra del Fuego ['tĩɛrra del 'fŭego] *f* Feuerland *n*
Tolón [to'lɔn] *m* Toulon *n*
Tolosa [to'losa] *f* Toulouse *n*

Torino [to'rino] *m* Turin *n*
Transilvania [transil'banĭa] *f* Siebenbürgen *n*
Trento ['trento] *m* Trient *n*
Tréveris ['treberis] *m* Trier *n*
Túnez ['tuneθ] *m* Tunis *n*; Tunesien *n*
Tunicia [tu'niθĭa] *f* Tunesien *n*
Turingia [tu'riŋxĭa] *f* Thüringen *n*
Turquía [tur'kia] *f* Türkei *f*

U

Ucrania [u'kranĭa] *f* Ukraine *f*
Unión de Repúblicas Socialistas Soviéticas *hist* [u'nĭɔn de rrɛ'publikas soθĭa'listas so'bĭetikas] *f* Union *f* der Sozialistischen Sowjetrepubliken
Unión Sudafricana [u'nĭɔn suđafri'kana] *f* Südafrikanische Union *f*
Urales [u'rales] *m/pl* Ural *m*
Uruguay [uru'ǧŭaĭ] *m* Uruguay *n*

V

Varsovia [bar'sobĭa] *f* Warschau *n*
Vascongadas [baskɔŋ'gađas] *f/pl* Baskische Provinzen *f/pl*
Vaticano [bati'kano] *m* Vatikan *m*
Venecia [be'neθĭa] *f* Venedig *n*
Venezuela [bene'θŭela] *f* Venezuela *n*
Versalles [bɛr'saʎes] *f* Versailles *n*
Vesubio [be'subĭo] *m* Vesuv *m*
Viena ['bĭena] *f* Wien *n*
Vietnam [bĭɛt'nam] *m* Vietnam *n*
Vístula ['bistula] *m* Weichsel *f*
Vizcaya [biθ'kaja] *f* Biscaya *f*
Volga ['bɔlga] *m* Wolga *f*
Vosgos ['bɔzgɔs] *m/pl* Vogesen *pl*

W

Westfalia [best'falĭa] *f* Westfalen *n*

Y

Yemen ['jemen] *m* Jemen *m*
Yugoslavia [jugos'labĭa] *f* Jugoslawien *n*

Z

Zaragoza [θara'goθa] *f* Saragossa *n*
Zimbabue [θim'babŭe] *m* Simbabwe *n*
Zurich ['θurik] *m* Zürich *n*

Deutsche geographische Eigennamen
Nombres propios geográficos alemanes

A

Aachen ['a:xən] *n* Aquisgrán *m*
Adria [a:dria] *f*, **Adriatisches Meer** [adri'a:tiʃəs me:r] *n* (Mar *m*) Adriático *m*
Afghanistan [afˈgɑːnistɑːn] *n* Afganistán *m*
Afrika ['ɑ:frika] *n* África *f*
Ägäis [ɛˈgɛːis] *f*, **Ägäisches Meer** [ɛˈgɛːiʃəs meːr] *n* (Mar *m*) Egeo *m*
Ägypten [ɛˈgyptən] *n* Egipto *m*
Albanien [alˈbɑːnjən] *n* Albania *f*
Alexandria [alɛˈksandria] *n* Alejandría *f*
Algerien [alˈgeːrjən] *n* Argelia *f*
Algier [ˈalʒiːr] *n* Argel *m*
Alpen [ˈalpən] *pl* Alpes *m/pl*
Amazonas [amaˈtsoːnas] *m* Amazonas *m*
Amerika [aˈmeːrika] *n* América *f*
Andalusien [andaˈluːzjən] *n* Andalucía *f*
Anden ['andən] *pl* Andes *m/pl*
Andorra [anˈdɔra] *n* Andorra *f*
Antarktis [antˈarktis] *f* Antártica *f*
Antillen [anˈtilən] *pl* Antillas *f/pl*
Antwerpen [antˈvɛrpən] *n* Amberes *f*
Apennin(en) [apɛˈniːn(ən)] *m(pl)* Apeninos *m/pl*
Äquatorialguinea [ɛkvatoˈrjaːlgineːa] *n* Guinea *f* Ecuatorial
Arabien [aˈrɑːbjən] *n* Arabia *f*
Aragonien [araˈgoːnjən] *n* Aragón *m*
Ardennen [arˈdɛnən] *pl* Ardenas *f/pl*
Argentinien [argɛnˈtiːnjən] *n* (la) Argentina
Armenien [arˈmeːnjən] *n* Armenia *f*
Ärmelkanal [ˈɛrməlkanɑːl] *m* Canal *m* de La Mancha
Asien [ˈaːzjən] *n* Asia *f*
Asturien [asˈtuːrjən] *n* Asturias *f/pl*
Athen [aˈteːn] *n* Atenas *f*
Äthiopien [ɛˈtjoːpjən] *n* Etiopía *f*
Atlantik [atˈlantik] *m*, **Atlantischer Ozean** [atˈlantiʃər ˈoːtseaːn] (Océano *m*) Atlántico *m*
Ätna [ˈɛtna] *m* Etna *m*
Augsburg [ˈaʊksburk] *n* Augsburgo *m*
Australien [aʊsˈtrɑːljən] *n* Australia *f*
Avignon [avinˈjɔː] *n* Aviñón *m*
Azoren [aˈtsoːrən] *pl* Azores *f/pl*

B

Baden-Württemberg [ˈbɑːdən ˈvyrtəmbɛrk] *n* Baden-Wurtemberg *m*
Bahamas [baˈhɑːmas] *f/pl* las Bahamas
Balearen [baleˈɑːrən] *pl* Baleares *f/pl*
Balkan [ˈbalkɑːn] *m* Balcanes *m/pl*
Basel [ˈbɑːzəl] *n* Basilea *f*
Baskenland [ˈbaskənlant] *n* País *m* Vasco
Bayern [ˈbaɪərn] *n* Baviera *f*
Belgien [ˈbɛlgjən] *n* Bélgica *f*
Belgrad [ˈbɛlgrɑːt] *n* Belgrado *m*
Beneluxstaaten [beːneˈluksʃtɑːtən] *m/pl* (Estados *m/pl*) Benelux *m*
Berlin [bɛrˈliːn] *n* Berlín *m*
Bern [bɛrn] *n* Berna *f*
Bethlehem [ˈbeːtlehɛm] *n* Belén *m*
Biskaya [bisˈkaːja] *f* Vizcaya *f*; **Golf** *m* **von ~** Golfo *m* de Vizcaya
Bodensee [ˈboːdənzeː] *m* Lago *m* de Constanza
Böhmen [ˈbøːmən] *n* Bohemia *f*
Bolivien [boˈliːvjən] *n* Bolivia *f*
Bordeaux [bɔrˈdoː] *n* Burdeos *f*
Bosnien-Herzegowina [ˈbɔsnjən hɛrtseˈgoːvina] *n* Bosnia y Herzegovina *f*
Brandenburg [ˈbrandənburk] *n* Brande(n)burgo *m*
Brasilien [braˈziːljən] *n* (el) Brasil
Braunschweig [ˈbraʊnʃvaɪk] *n* Brunswick *f*
Breisgau [ˈbraɪsgaʊ] *m* Brisgovia *f*
Bremen [ˈbreːmən] *n* Brema *f*
Bretagne [breˈtanjə] *f* Bretaña *f*
Brügge [ˈbrygə] *n* Brujas *f*
Brüssel [ˈbrysəl] *n* Bruselas *f*
Bulgarien [bulˈgɑːrjən] *n* Bulgaria *f*
Bundesrepublik *f* **Deutschland** [ˈbundəsrepubliːk ˈdɔytʃlant] República *f* Federal de Alemania
Burgund [burˈgunt] *n* Borgoña *f*

C

Chile ['tʃiːlə, 'çiːlə] *n* Chile *m*
China ['çiːna] *n* China *f*
Costa Rica ['kɔsta 'riːka] *n* Costa Rica *f*
Côte d'Azur [kot da'zyːr] *f* Costa *f* Azul

D

Dalmatien [dal'mɑːtsjən] *n* Dalmacia *f*
Dänemark ['dɛːnəmark] *n* Dinamarca *f*
Dardanellen [darda'nɛlən] *pl* Dardanelos *m/pl*
Den Haag [den hɑːk] *n* La Haya
Deutsche Demokratische Republik *hist* ['dɔytʃə demo'krɑːtiʃə repu'bliːk] *f* República *f* Democrática Alemana
Deutschland [dɔytʃlant] *n* Alemania *f*
Dominikanische Republik [domini'kɑːniʃə repu'bliːk] *f* República *f* Dominicana
Donau ['doːnaʊ] *f* Danubio *m*
Dresden ['dreːsdən] *n* Dresde *f*
Dünkirchen ['dyːnkirçən] *n* Dunquerque *m*

E

Ecuador [ekua'doːr] *n* Ecuador *m*
Edinburg ['eːdinburk] *n* Edimburgo *m*
Eismeer ['aɪsmeːr] *n* Océano *m* Glacial
Elbe ['ɛlbə] *f* Elba *m*
Elfenbeinküste ['ɛlfənbaɪnkystə] *f* Costa *f* de Marfil
El Salvador [ɛl salva'doːr] *n* El Salvador
Elsaß ['ɛlzas] *n* Alsacia *f*
England ['ɛŋlant] *n* Inglaterra *f*
Estland ['eːstlant] *n* Estonia *f*
Etsch ['ɛtʃ] *f* Ádige *m*
Europa [ɔy'roːpa] *n* Europa *f*

F

Falklandinseln ['falklantʔinzəln] *f/pl* (Islas *f/pl*) Malvinas *f/pl*
Feuerland ['fɔyərlant] *n* Tierra *f* del Fuego
Finnland ['finlant] *n* Finlandia *f*
Flandern ['flandərn] *n* Flandes *m*
Florenz [flo'rɛnts] *n* Florencia *f*
Franken ['fraŋkən] *n* Franconia *f*
Frankfurt ['fraŋkfurt] *n* Francfort *m* (**am Main** del Meno; **an der Oder** del Oder)
Frankreich ['frankraɪç] *n* Francia *f*
Freiburg ['fraɪburk] *n* Friburgo *m*
Friesland ['friːslant] *n* Frisia *f*

G

Galicien [ga'liːtsjən] *n* Galicia *f* (*en España*)
Galizien [ga'liːtsjən] *n* Galicia *f* (*en Europa oriental*)
Garonne [ga'rɔn] *f* Garona *m*
Gascogne [gas'kɔn] *f* Gascuña *f*
Genf [gɛnf] *n* Ginebra *f*; **~er See** Lago *m* Lemán *od.* de Ginebra
Gent [gɛnt] *n* Gante *f*
Genua ['geːnua] *n* Génova *f*
Georgien [gɛ'ɔrgjən] *n* Georgia *f*
Golfstrom ['gɔlfʃtroːm] *m* Corriente *f* del Golfo
Göttingen ['gœtiŋən] *n* Gotinga *f*
Graubünden [graʊ'byndən] *n* Grisones *m/pl*
Griechenland ['griːçənlant] *n* Grecia *f*
Grönland ['grønlant] *n* Groenlandia *f*
Großbritannien [groːsbri'tanjən] *n* Gran Bretaña *f*
Guatemala [guate'mɑːla] *n* Guatemala *f*
Guinea [gi'neːa] *n* Guinea *f*

H

Haiti [ha'iːti] *n* Haití *m*
Hamburg ['hamburk] *n* Hamburgo *m*
Hannover [ha'noːfər] *n* Hanóver *m*
Havanna [ha'vana] *n* La Habana
Hawaii [ha'vai(i)] *n* Hawai *m*
Helgoland ['hɛlgolant] *n* (Isla *f* de) Hel(i)goland
Hessen ['hɛsən] *n* Hesse *f*
Hispanoamerika [his'panoʔa'meːrika] *n* Hispanoamérica *f*
Holland ['hɔlant] *n* Holanda *f*
Honduras [hɔn'duːras] *n* Honduras *f*

I

Iberische Halbinsel [i'beːriʃə 'halpʔinzəl] *f* Península *f* Ibérica
Iberoamerika [ibe:roʔa'meːrika] *n* Iberoamérica *f*
Indien ['indjən] *n* la India
Indischer Ozean ['indiʃər 'oːtsea:n] *m* Océano *m* Índico, Mar *m* de las Indias
Indonesien [indo'neːzjən] *n* Indonesia *f*

Ionisches Meer ['jo:niʃəs me:r] *n* Mar *m* Jónico
Irak [i'rɑ:k] *m* Irak *m*
Iran [i'rɑ:n] *m* Irán *m*
Irland ['ırlant] *n* Irlanda *f*
Island ['i:slant] *n* Islandia *f*
Israel ['ısrae:l] *n* Israel *m*
Istanbul ['ıstambu:l] *n* Estambul *f*
Italien [i'tɑ:ljən] *n* Italia *f*

J

Jamaika [ja'maıka] *n* Jamaica *f*
Japan ['jɑ:pan] *n* (el) Japón
Jemen ['je:mən] *m* (el) Yemen
Jerusalem [je'ru:zalem] *n* Jerusalén *m*
Jordan ['jɔrdan] *m* Jordán *m*
Jordanien [jɔr'dɑ:njən] *n* Jordania *f*
Jugoslawien [jugo'slɑ:vjən] *n* Yugo(e)slavia *f*

K

Kairo ['kaıro] *n* El Cairo
Kalifornien [kali'fɔrnjən] *n* California *f*
Kambodscha [kam'bɔdʒa] *n* Camboya *f*
Kanada ['kanada] *n* (el) Canadá
Kanarische Inseln [ka'nɑ:rıʃə 'ınzəln] *f/pl* (Islas *f/pl*) Canarias *f/pl*
Kap *n* **der Guten Hoffnung** [kap dər 'gu:tən 'hɔfnuŋ] Cabo *m* de Buena Esperanza
Kap *n* **Ho(o)rn** [kap hɔ:rn] Cabo *m* de Hornos
Kapstadt ['kapʃtat] *n* Ciudad *f* del Cabo
Karibik [ka'ri:bik] *f* Caribe *m*
Kärnten ['kɛrntən] *n* Carintia *f*
Karpaten [kar'pɑ:tən] *pl* Cárpatos *m/pl*
Kaspisches Meer ['kaspıʃəs me:r] *n* (Mar *m*) Caspio *m*
Kastilien [kas'ti:ljən] *n* Castilla *f*
Katalonien [kata'lo:njən] *n* Cataluña *f*
Kaukasus ['kaʊkazus] *m* Cáucaso *m*
Kleinasien [klaın'ɑ:zjən] *n* Asia *f* Menor
Koblenz ['ko:blɛnts] *n* Coblenza *f*
Köln [kœln] *n* Colonia *f*
Kolumbien [ko'lumbjən] *n* Colombia *f*
Kongo ['kɔŋgo] *m* (el) Congo
Konstanz ['kɔnstants] *n* Constanza *f*
Kopenhagen [ko:pən'hɑ:gən] *n* Copenhague *f*
Korea [ko're:a] *n* Corea *f*
Korsika ['kɔrzika] *n* Córcega *f*
Krakau ['krɑ:kaʊ] *n* Cracovia *f*

Kreml [krɛml] *m* Kremlin *m*
Kreta ['kre:ta] *n* Creta *f*
Krim [krim] *f* Crimea *f*
Kroatien [kro'atsjən] *n* Croacia *f*
Kuba ['ku:ba] *n* Cuba *f*
Kuwait [ku'vaıt] *n* Kuwait *m*

L

Lappland ['laplant] *n* Laponia *f*
Lateinamerika [la'taınʔame:rika] *n* América *f* Latina
Lausanne [lo:'zan] *n* Lausana *f*
Lettland ['lɛtlant] *n* Letonia *f*
Libanon ['li:banɔn] *m* Líbano *m*
Libyen ['li:byən] *n* Libia *f*
Liechtenstein ['lıçtənʃtaın] *n* Liechtenstein *m*
Lissabon ['lisabɔn] *n* Lisboa *f*
Litauen ['litaʊən] *n* Lituania *f*
Loire [lo'ɑ:r] *f* Loira *m*
Lombardei [lɔmbar'daı] *f* Lombardía *f*
London ['lɔndɔn] *n* Londres *m*
Lothringen ['lo:trıŋən] *n* Lorena *f*
Löwen ['løːvən] *n* Lovaina *f*
Lüttich ['lytiç] *n* Lieja *f*
Luxemburg ['luksəmburk] *n* Luxemburgo *m*
Luzern [lu'tsɛrn] *n* Lucerna *f*

M

Maas [mɑ:s] *f* Mosa *m*
Mähren ['mɛ:rən] *n* Moravia *f*
Mailand ['maılant] *n* Milano *m*
Main [maın] *m* Meno *m*
Mainz [maınts] *n* Maguncia *f*
Mali *n* Malí *m*
Malediven [male'di:vən] *pl* Maldivas *f/pl*
Marokko [ma'rɔko] *n* Marruecos *m*
Marseille [mar'sɛ:j] *n* Marsella *f*
Mazedonien [matse'do:njən] *n* Macedonia *f*
Mecklenburg-Vorpommern ['me:klənburk-fo:rpɔmərn] *n* Mecklemburgo-Pomerania Occidental *f*
Mexiko ['mɛksiko] *n* Méjico, México *m*
Mittelamerika ['mıtəlʔame:rika] *n* América *f* Central, Centroamérica *f*
Mittelmeer ['mıtəlme:r] *n* (mar *m*) Mediterráneo *m*
Moldau ['mɔldaʊ] *f* Moldáu *m*, Moldava *m*

Monaco [mo'nako] *n* Mónaco *m*
Mongolei [mɔŋgo'laɪ] *f* Mongolia *f*
Montenegro [mɔnte'neːgro] *n* Montenegro *m*
Mosel ['moːzəl] *f* Mosela *m*
Moskau ['mɔskaʊ] *n* Moscú *m*
München ['mynçən] *n* Munich *f*

N

Neapel [ne'ɑːpəl] *n* Nápoles *m*
Neufundland [nɔy'funtlant] *n* Terranova *f*
Neuguinea [nɔygi'neːa] *n* Nueva Guinea *f*
Neuseeland [nɔy'zeːlant] *n* Nueva Zelanda *f*
New York [njuː'jɔː(r)k] *n* Nueva York *f*
Nicaragua [nika'ragua] *n* Nicaragua *f*
Niederbayern ['niːdərbaɪərn] *n* Baja Baviera *f*
Niederlande ['niːdərlandə] *n/pl* Países *m/pl* Bajos
Niedersachsen ['niːdərzaksən] *n* Baja Sajonia *f*
Niger ['niːgər] *n* Níger *m*
Nigeria [ni'geːrja] *n* Nigeria *f*
Nil [niːl] *m* Nilo *m*
Nizza ['nitsa] *n* Niza *f*
Nordamerika [nɔrtʔa'meːrika] *n* América *f* del Norte
Nordirland [nɔrtʔ'irlant] *n* Irlanda *f* del Norte
Nordkorea ['nɔrtko'reːa] *n* Corea *f* del Norte
Nordrhein-Westfalen ['nɔrtraɪn-vest-'fɑːlən] *n* Renania del Norte-Westfalia *f*
Nordsee ['nɔrtzeː] *f* Mar *m* del Norte
Normandie [nɔrman'diː] *f* Normandía *f*
Norwegen ['nɔrveːgən] *n* Noruega *f*
Nürnberg ['nyrnbɛrk] *n* Nuremberg *m*

O

Oberbayern ['oːbərbaɪərn] *n* Alta Baviera *f*
Osten ['ɔstən] *m*: **Ferner ~** Extremo Oriente *m*; **Naher ~** Próximo Oriente *m*
Österreich ['øːstəraɪç] *n* Austria *f*
Ostsee ['ɔstzeː] *f* (Mar *m*) Báltico *m*

P

Pakistan ['pakistan] *n* Pakistán *m*
Palästina [palɛ'stiːna] *n* Palestina *f*
Panama ['panama] *n* Panamá *m*
Paraguay [para'gvaɪ] *n* Paraguay *m*
Paris [pa'riːs] *n* París *m*
Pazifik [pa'tsiːfik] *m*, **Pazifischer Ozean** [pa'tsiːfiʃər 'oːtseaːn] *m* (Océano *m*) Pacífico *m*
Peking ['peːkiŋ] *n* Pekín *m*
Persien ['pɛrzjən] *n* Persia *f*
Peru [pe'ruː] *n* (el) Perú
Philippinen [fili'piːnən] *pl* Filipinas *f/pl*
Polen ['poːlən] *n* Polonia *f*
Pommern ['pɔmərn] *n* Pomerania *f*
Portugal ['pɔrtugal] *n* Portugal *m*
Prag [prɑːk] *n* Praga *f*
Provence [prɔ'vɑ̃ːs] *f* Provenza *f*
Puerto Rico ['puɛrto 'riko] *n* Puerto Rico *m*
Pyrenäen [pyre'nɛːən] *pl* Pirineos *m/pl*

R

Regensburg ['reːgənsburk] *n* Ratisbona *f*
Rhein [raɪn] *m* Rin *m*
Rheinland ['raɪnlant] *n* Renania *f*; **~-Pfalz** [--pfalts] *n* Renania-Palatinado *m*
Rhodos ['rɔdɔs] *n* Rodas *m*
Rhone ['roːnə] *f* Ródano *m*
Rom [roːm] *n* Roma *f*
Rotes Meer ['roːtəs meːr] *n* Mar *m* Rojo
Rumänien [ru'mɛːnjən] *n* Rumania *f*
Rußland ['ruslant] *n* Rusia *f*

S

Saar [zɑːr] *f* Sarre *m*
Saarbrücken [zɑːr'brykən] *n* Sarrebruck *m*
Saarland ['zɑːrlant] *n* Saarland *m*
Sachsen ['zaksən] *n* Sajonia *f*; **~-Anhalt** [--'anhalt] *n* Sajonia-Anhalt *f*
Sahara [za'hɑːra] *f* Sáhara *m*
Salvador, El [zalva'doːr] *n* El Salvador
Salzburg ['zaltsburk] *n* Salzburgo *m*
Sankt Gotthard [zaŋkt 'gɔthart] *m* San Gotardo *m*
Saragossa [zara'gɔsa] *n* Zaragoza *f*
Sardinien [zar'diːnjən] *n* Cerdeña *f*
Saudi-Arabien ['zaʊdiʔarɑːbjən] *n* Arabia *f* Saudita *od.* Saudí
Savoyen [za'vɔyən] *n* Saboya *f*
Schelde ['ʃɛldə] *f* Escalda *m*
Schlesien ['ʃleːzjən] *n* Silesia *f*

Schottland ['ʃɔtlant] n Escocia f
Schwaben ['ʃvaːbən] n Suabia f
Schwarzes Meer ['ʃvartsəs meːr] n Mar m Negro
Schwarzwald ['ʃvartsvalt] m Selva f Negra
Schweden ['ʃveːdən] n Suecia f
Schweiz ['ʃvaɪts] f Suiza f
Seine ['zɛːn(ə)] f Sena m
Serbien ['zɛrbjən] n Serbia f, Servia f
Sibirien [ziˈbiːrjən] n Siberia f
Siebenbürgen [ziːbənˈbyrgən] n Transilvania f
Sizilien [ziˈtsiːljən] n Sicilia f
Skandinavien [skandiˈnaːvjən] n Escandinavia f
Slowakei [slovaˈkaɪ] f Eslovaquia f
Slowenien [sloˈveːnjən] n Eslovenia f
Sowjetunion hist [zɔˈvjɛtʔunjoːn] f Unión f Soviética
Spanien [ʃpaːnjən] n España f
Speyer ['ʃpaɪər] n Espira f
Steiermark ['ʃtaɪərmark] f Estiria f
Stiller Ozean ['ʃtilər 'oːtseaːn] m s. **Pazifik**
Stockholm ['ʃtɔkhɔlm] n Estocolmo m
Straßburg ['ʃtrasburk] n Estrasburgo m
Südafrika [zyːtʔˈaːfrika] n Sudáfrica f
Südamerika [zyːtʔaˈmeːrika] n América f del Sur
Südkorea [zyːtkoˈreːa] n Corea f del Sur
Suezkanal ['suːɛtskanaːl] m Canal m de Suez
Syrien ['zyːrjən] n Siria f

T

Tanger ['taŋər] n Tánger m
Teneriffa [teneˈrifa] n Tenerife f
Tessin [tɛˈsiːn] m (Fluß) u. n (Kanton) Tesino m
Texas ['tɛksas] n Tejas m
Thailand ['taɪlant] n Tailandia f
Themse ['tɛmzə] f Támesis m
Thüringen ['tyːriŋən] n Turingia f
Tirol [tiˈroːl] n (el) Tirol
Totes Meer ['toːtəs meːr] n Mar m Muerto
Trient [triˈɛnt] n Trento m
Trier [triːr] n Tréveris m
Tschad [tʃat] m el Chad
Tschechoslowakei [tʃɛçoslovaˈkaɪ] f Checoslovaquia f
Tübingen ['tyːbiŋən] n Tubinga f
Tunesien [tuˈneːzjən] n Túnez m, Tunicia f

Tunis ['tuːnis] n Túnez m
Turin [tuˈriːn] n Torino m
Türkei [tyrˈkaɪ] f Turquía f
Tyrrhenisches Meer [tyˈreːniʃəs meːr] n Mar m Tirreno

U

Ukraine [uˈkraɪnə] f Ucrania f
Ungarn ['uŋgarn] n Hungría f
Ural [uˈraːl] m (Fluß) Ural m; (Gebirge) Urales m/pl
Uruguay [uruˈgvaɪ] n Uruguay m

V

Vatikan(stadt f**)** [vatiˈkaːn(ʃtat)] m (Ciudad f del) Vaticano m
Venedig [veˈneːdiç] n Venecia f
Venezuela [venetsuˈeːla] n Venezuela f
Vereinigte Arabische Emirate [fɛrˈaɪniçtə aˈraːbiʃə emiˈraːtə] pl Emiratos m/pl Árabes Unidos
Vereinigte Staaten m/pl **von Amerika** [fɛrˈaɪniçtə 'ʃtaːtən fɔn aˈmeːrika] Estados m/pl Unidos de América
Versailles [vɛrˈzaɪ] n Versalles f
Vesuv [veˈzuːf] m Vesubio m
Vierwaldstätter See [fiːrˈvaltʃtɛtər zeː] m Lago m de los Cuatro Cantones
Vietnam [viɛtˈnam] n Vietnam m
Vogesen [voˈgeːzən] pl Vosgos m/pl
Vorderasien ['fɔrdərʔaːzjən] n Asia f Menor

W

Wales ['weɪlz] n Gales m
Warschau ['varʃaʊ] n Varsovia f
Weichsel ['vaɪçsəl] f Vístula m
Westfalen [vɛstˈfaːlən] n Westfalia f
Westindien [vɛstʔˈindjən] n Indias f/pl Occidentales
Wien [viːn] n Viena f
Wolga ['vɔlga] f Volga m
Württemberg ['vyrtəmbɛrk] n Wurtemberg m

Z

Zentralafrika [tsɛnˈtraːlʔaːfrika] n Centroáfrica f
Zürich ['tsyːriç] n Zurich m
Zypern ['tsyːpərn] n Chipre m

Spanische Abkürzungen
Abreviaturas españolas

A

a *área* Ar
(a) *alias* alias
AA.EE. *Asuntos Exteriores* Auswärtige Angelegenheiten
a/c *a cargo* zu Lasten; *a cuenta* auf Rechnung
a.c. *año corriente* laufendes Jahr
a.C. *antes de Cristo* vor Christus (v. Chr.)
a/f. *a favor* zugunsten
Apdo. *Apartado* Postfach (PF, Pf.)
art. o **art.º** *artículo* Artikel (Art.)
ATS *Ayudante Técnico-Sanitaria* etwa: medizinisch-technische Assistentin (MTA)
atte. *atentamente* hochachtungsvoll
Av(da). *Avenida* Avenue
AVE *Alta Velocidad Española* span. Hochgeschwindigkeitszug
AVIACO *Aviación y Comercio, S.A.* span. Fluggesellschaft

B

BANESTO *Banco español de Crédito* span. Bank
BARNA *Barcelona*
BBV *Banco de Bilbao Vizcaya* span. Bank
BOE *Boletín Oficial del Estado* Staatliches Amts-, Gesetzblatt
BUP *Bachillerato Unificado Polivalente* in Spanien: die beiden letzten Oberschuljahre

C

c. *capítulo* Kapitel (Kap.)
c/ *cargo* zu Lasten
C/, c/ *calle* Straße (Str.)
C.ª *compañía* Gesellschaft (Ges.)
CAMPSA *Compañía Arrendataria del Monopolio de Petróleos, S.A.* span. Erdölgesellschaft
cap. o **cap.º** *capítulo* Kapitel (Kap.)
c/c *cuenta corriente* laufendes Konto
c.c. *centímetro(s) cúbico(s)* Kubikzentimeter (cm³)
CC. *Código Civil* Bürgerliches Gesetzbuch
CC. OO. *Comisiones Obreras* kommunistische Gewerkschaft
CDS *Centro Democrático y Social* span. Partei
CE *Comunidad Europea* Europäische Gemeinschaft (EG)
CEDE *Compañía Española de Electricidad* Spanische Elektrizitätsgesellschaft
CEI *Comunidad de Estados Independientes* Gemeinschaft Unabhängiger Staaten (GUS)
CEOE *Confederación Española de Organizaciones Empresariales* Dachverband der span. Arbeitgeberorganisationen
CEPSA *Compañía Española de Petróleos, S.A.* span. Erdölgesellschaft
CEPYME *Confederación Española de la Pequeña y Mediana Empresa* Arbeitgeberverband der Klein- u. Mittelbetriebe
Cía. *Compañía* Gesellschaft (Ges.); Compagnie (Co.)
cm *centímetro(s)* Zentimeter (cm)
CNT *Confederación Nacional de Trabajadores* span. Gewerkschaft
COI *Comité Olímpico Internacional* Internationales Olympisches Komitee (IOK)
CON *Comité Olímpico Nacional* Nationales Olympisches Komitee (NOK)
COPE *Cadenas de Ondas Populares Españolas* private span. Rundfunkgesellschaft
C.O.U. *Curso de Orientación Universitaria* bis 1991 in Spanien Voruniversitätsjahr
C.P. *Código Postal* Postleitzahl (PLZ)
CSCE *Conferencia de Seguridad y Cooperación en Europa* Konferenz über Sicherheit u. Zusammenarbeit in Europa (KSZE)

CSIC *Consejo Superior de Investigaciones Científicas* oberster span. Forschungsrat
cta. *cuenta* Rechnung
CV *caballo de vapor* Pferdestärke (PS)

D

D. *Don* Herr (vor dem Vornamen)
Da. *Doña* Frau (vor dem Vornamen)
DC *Democracia Cristiana* span. Partei
d.C. *después de Cristo* nach Christus (n. Chr.)
D.F. *Distrito Federal* Bundesdistrikt
DGT *Dirección General de Turismo* Generaldirektion für Fremdenverkehr
D.m. *Dios mediante* so Gott will
Dn. *Don* Herr (vor dem Vornamen)
D.N.I. *Documento Nacional de Identidad* span. Personalausweis
Dr. *doctor* Doktor (Dr.)

E

E *este* Osten (O)
EA *Ejército del Aire* Luftstreitkräfte
Ed. *Edición* Ausgabe, Auflage (Aufl.)
EE.UU. *Estados Unidos* Vereinigte Staaten (USA)
EGB *Enseñanza General Básica* span. Grundschulwesen
E.M. *Estado Mayor* Generalstab
EME *Estado Mayor del Ejército* Generalstab des Heeres
ENAGAS *Empresa Nacional del Gas* Staatl. Gasversorgungsbetrieb
ENDESA *Empresa Nacional de Electricidad, S.A.* Staatl. Energieversorgungsbetrieb
entlo. *entresuelo* Hochparterre
E.P.D. *en paz descanse* ruhe in Frieden
e.p.m. *en propia mano* persönlich zu übergeben
ET *Ejército de Tierra* Landstreitkräfte
ETA *Euskadi Ta Askatasuna* (Baskenland u. Freiheit) bask. Terroristenorganisation (ETA)
ETB *Euskal Telebista* bask. Fernsehen
etc. *etcétera* usw.
Exca. *Excelencia* Exzellenz
Excmo. *Excelentísimo* Exzellenz

F

FERE *Federación Española de Religiosos de Enseñanza* Arbeitgeberverband der kirchlichen Privatschulen in Spanien
FEVE *Ferrocarriles de Vía Estrecha* span. Schmalspur-Eisenbahngesellschaft
FF.AA. *Fuerzas Armadas* Streitkräfte
FF.CC. *Ferrocarriles* Eisenbahnen
FM *Frecuencia Modulada* Ultrakurzwelle (UKW)
FMI *Fondo Monetario Internacional* Internationaler Währungsfonds (IWF)
FN *Fuerzas Navales* Seestreitkräfte
FORPPA *Fondo de Ordenación y Regulación de Producciones y Precios Agrarios* staatl. Regulationsfonds für Agrarprodukte
FP *Formación Profesional* Berufsausbildung

G

GEO *Grupo Especial de Operaciones* Eliteeinheit der span. Polizei
gr. *gramo* Gramm (g)
gral. *general* allgemein (allg.)
GRAPO *Grupo de Resistencia Antifascista Primero de Octubre* span. Terroristenorganisation

H

h *hora* Stunde (Std., h)
HB *Herri Batasuna* (Einiges Volk) bask. Partei
Hnos. *hermanos* Gebrüder (Gebr.)

I

ib. *ibídem* ebendort (ib.)
IBI *Impuesto sobre bienes inmuebles* die span. Grundsteuer
ICEX *Instituto Español de Comercio Exterior* span. Außenhandelsinstitut
ICONA *Instituto para la Conservación de la Naturaleza* Naturschutzinstitut
íd. *ídem* dasselbe (id.)
Ilmo. *ilustrísimo* Hochwürdigste(r)
INDO *Instituto Nacional de Denominaciones de Origen* Staatl. Institut für Herkunftsbezeichnungen
I.N.E. *Instituto Nacional de Estadística* Staatliches Institut für Statistik

INEF *Instituto Nacional de Educación Física etwa*: Sporthochschule
INEM *Instituto Nacional de Empleo Staatl. Arbeitsbeschaffungsinstitut*
I.N.I. *Instituto Nacional de Industria Staatliches Institut für Industrie*
IPC *Índice de Precios al Consumo* Verbraucherpreisindex
IRPF *Impuesto sobre la Renta de las Personas Físicas span.* Einkommensteuer
ITV *Inspección Técnica de Vehículos der span. TÜV*
IU *Izquierda Unida* (*Vereinte Linke*) *Kommunistisches Parteienbündnis*
IVA *Impuesto sobre el Valor Añadido* Mehrwertsteuer (MwSt.)

J

J.C. *Jesucristo* Jesus Christus
JJ.OO. *Juegos Olímpicos* Olympische Spiele

K

kg. *kilogramo* Kilogramm (kg)
km. *kilómetro(s)* Kilometer (km)
km/h *kilómetros por hora* Stundenkilometer (km/h)
kwh *kilovatio-hora* Kilowattstunde (kWh)

L

l *litro* Liter (l)
Lic(do). *licenciado* Lizentiat
LOGSE *Ley Orgánica General del Sistema Educativo Gesetz über das Erziehungssystem*
LRU *Ley de Reforma Universitaria Gesetz über Hochschulreform*
Ltda. *Limitada* mit beschränkter Haftung (mbH)

M

m *metro(s)* Meter (m); *minuto(s)* Minute(n) (Min.)
M.ª *María* Maria
MC *Mercado Común* Gemeinsamer Markt
MEC *Ministerio de Educación y Ciencia* Erziehungsministerium
mg *miligramo(s)* Milligramm (mg)
ml. *mililitro* Milliliter (ml)
mm *milímetro(s)* Millimeter (mm)
Mons. *Monseñor* Monsignore
MOPT *Ministerio de Obras Públicas y Transportes* Ministerium für öffentliche Arbeiten und Verkehrswesen
mts. *metros* Meter (m)

N

N *norte* Norden (N)
n/ *nuestro* unser
n/c *nuestra cuenta* unser Konto
NE *nordeste* Nordosten (NO)
NIF *Número de Identificación Fiscal steuerliche Identifizierungsnummer*
NN.UU. *Naciones Unidas* Vereinte Nationen (UN)
NO *noroeste* Nordwesten (NW)
n/o *nuestra orden* unsere Order
nº *número* Nummer (Nr.)
N.S. *Nuestro Señor* Unser Herr (*Jesus Christus*)
ntro. *nuestro* unser
núm. *número* Nummer (Nr.)

O

O *oeste* Westen (W)
OCDE *Organización de Cooperación y Desarrollo Económico* Organisation für wirtschaftliche Zusammenarbeit u. Entwicklung (OECD)
OEA *Organización de Estados Americanos* Organisation der Amerikanischen Staaten (OAS)
OID *Oficina de Información Diplomática* Diplomatisches Informationsbüro
OIT *Organización Internacional del Trabajo* Internationale Arbeitsorganisation (IAO)
OMS *Organización Mundial de la Salud* Weltgesundheitsorganisation (WHO)
ONCE *Organización Nacional de Ciegos Españoles span.* Blindenorganisation
ONU *Organización de las Naciones Unidas* Organisation der Vereinten Nationen (UNO)
OPA *Oferta pública de adquisición de acciones Angebot des Erwerbs von Aktien*
OPEP *Organización de Países Exportadores de Petróleo* Organisation erdölausführender Länder (OPEC)

OTAN *Organización del Tratado del Atlántico Norte* Nordatlantikpakt-Organisation (NATO)
OVNI *Objeto Volante No Identificado* Unbekanntes Flugobjekt (UFO)

P

p. *página* Seite (S.)
p.a. *por autorización* im Auftrag (i. A.)
pág., págs. *página(s)* Seite, Seiten (S.)
p/c *por cuenta* auf Rechnung
PCE *Partido Comunista Español* Kommunistische Partei Spaniens
p.d. *por delegación* in Vertretung (i. V.)
P.D. *posdata* Nachschrift (PS)
p.ej. *por ejemplo* zum Beispiel (z. B.)
PIB *Producto Interior Bruto* Bruttoinlandsprodukt
PM *Policía Militar* Militärpolizei (MP)
PMM *Parque Móvil Ministerial* Kraftfahrzeugpark der span. Ministerien
PNB *Producto Nacional Bruto* Bruttosozialprodukt (BSP)
PNV *Partido Nacional Vasco* Baskische Nationalpartei
p.o. *por orden* im Auftrag (i. A.)
p.p. *por poder* per Prokura (pp., p. pa.)
PP *Partido Popular* (*Volkspartei*) rechtsgerichtete span. Partei
pral. *principal* erster Stock
prof. *profesor* Professor (Prof.)
P.S. *post scriptum* Nachschrift (PS)
PSOE *Partido Socialista Obrero Español* Sozialistische Arbeiterpartei Spaniens
pta(s). *peseta(s)* Pesete(n) (Pta(s))
pts. *pesetas* Peseten (Ptas)
p.v. *pequeña velocidad* Frachtgut
PVP *precio de venta al público* Verkaufspreis
PYME *Pequeñas y Medianas Empresas* Klein- u. Mittelbetriebe

Q

q.e.p.d. *que en paz descanse* ruhe in Frieden

R

RACE *Real Automóvil Club de España* span. Automobilclub

R.A.E. *Real Academia Española* Königliche Spanische Akademie
RDA *hist* *República Democrática Alemana* Deutsche Demokratische Republik (DDR)
RENFE *Red Nacional de Ferrocarriles Españoles* Staatliches Netz der spanischen Eisenbahnen
RFA *República Federal de Alemania* Bundesrepublik Deutschland (BRD)
R.I.P. *requiescat in pace* ruhe in Frieden (R.I.P.)
RNE *Radio Nacional de España* staatlicher span. Rundfunk
r.p.m. *revoluciones por minuto* Umdrehungen pro Minute (U/min)
rte. *remite(nte)* Absender (Abs.)
RTVE *Radiotelevisión Española* Spanischer Rundfunk und Fernsehen

S

s. *siglo* Jahrhundert (Jh.)
S *Sur* Süden (S)
S. *San, Santo* heilig (hl)
s.a. *sin año* ohne Jahr (o. J.)
S.A. *Su Alteza* Seine (Ihre) Hoheit
S.A. *Sociedad Anónima* Aktiengesellschaft (AG)
S.A.R. *Su Alteza Real* Seine (Ihre) Königliche Hoheit
S.E. *Su Excelencia* Seine (Ihre) Exzellenz
SE *sudeste* Südost (SO)
SEAT *Sociedad Española de Automóviles Turismo* span. Automobilwerk, heute in VW-Besitz
SER *Sociedad Española de Radiodifusión* span. Rundfunkgesellschaft
SIDA *Síndrome de Inmunodeficiencia Adquirida* Aids
S.M. *Su Majestad* Seine (Ihre) Majestät
SME *Sistema Monetario Europeo* Europäisches Währungssystem (EWS)
s/n *sin número* ohne Hausnummer
SO *sudoeste* Südwesten (SW)
SP *Servicio Público* öffentlicher Dienst
Sr. *Señor* Herr (Hr.)
Sra., Sras. *Señora, Señoras* Frau, Frauen (Fr.)
Sres. *Señores* Herren
S.R.L. *Sociedad de Responsabilidad limitada* Gesellschaft mit beschränkter Haftung (GmbH)

Srta. *Señorita* Fräulein (Frl.)
SS *Seguridad Social* Sozialversicherung
S.S. *Su Santidad* Seine Heiligkeit
SSE *sudsudeste* Südsüdost (SSO)
SS.MM. *Sus Majestades* Ihre Majestäten
SSO *sudsudoeste* Südsüdwest (SSW)
Sta. *Santa* Heilige
Sto. *Santo* Heiliger

T

t., T. *tomo* Band (Bd.)
TALGO *Tren Articulado Ligero Goicoechea Oriol* *spanischer Gliederzug aus Leichtmetall*
TAV *Tren de Alta Velocidad* Hochgeschwindigkeitszug (*etwa*: ICE)
TC *Tribunal Constitucional* *Verfassungsgericht*
Tel. *teléfono* Telefon (Tel.)
TIR *Transportes Internacionales en Ruta* Internationale Lkw-Transporte (TIR)
TV *Televisión* Fernsehen (TV)
TVE *Televisión Española* span. Fernsehen
TVG *Televisión de Galicia* galicisches Fernsehen

U

UCD *Unión de Centro Democrático* ehemalige Zentrumspartei
UCI *Unidad de Cuidados Intensivos* Intensivstation
Ud. *Usted* Sie (*sg.*)
Uds. *Ustedes* Sie (*pl.*)
UE *Unión Europea* Europäische Union (EU)
UGT *Unión General de Trabajadores* *sozialistische span. Gewerkschaft*
UME *Unión Monetaria Europea* Europäische Währungsunion (EWU)
UNED *Universidad Nacional de Educación a Distancia* *span. Fernuniversität*
URSS *hist Unión de Repúblicas Socialistas Soviéticas* Union der Sozialistischen Sowjetrepubliken (UdSSR)
USO *Unión Sindical Obrera* *span. Gewerkschaft*
UVI *Unidad de Vigilancia Intensiva* Intensivstation

V

v. *véase* siehe (s.)
V.B., V°B° *Visto Bueno* gesehen u. genehmigt
Vd. *usted* Sie (*sg.*)
Vda. *viuda* Witwe (Wwe.)
Vds. *Ustedes* Sie (*pl.*)
V.E. *Vuestra Excelencia* Euer Exzellenz
vg., v.gr. *verbigracia* zum Beispiel (z. B.)
VIH *Virus de Inmunodeficiencia Humana* Aids-Virus (HIV)
vol. *volumen* Band (Bd.)
vols. *volúmenes* Bände (Bde.)

Z

ZUR *Zona de Urgente Reindustrialización* *Zone dringender Reindustrialisierung*

Deutsche Abkürzungen
Abreviaturas alemanas

A

AA *Auswärtiges Amt* Ministerio de Asuntos Exteriores
a. a. O. *am angeführten Ort* en el lugar citado
Abb. *Abbildung* figura
Abf. *Abfahrt* salida (S.)
Abk. *Abkürzung* abreviatura (abr.)
Abs. *Absatz* párrafo (párr.); *Absender* remitente (rte.)
ABS *Antiblockiersystem* Sistema Antibloqueo de Frenos (ABS)
Abschn. *Abschnitt* párrafo (párr.)
Abt. *Abteilung* sección; departamento (dpto.)
a. d. *an der* (*bei Ortsnamen*) del
a. D. *außer Dienst* jubilado, retirado
ADAC *Allgemeiner Deutscher Automobil-Club* Automóvil Club General de Alemania
Adr. *Adresse* dirección
AG *Aktiengesellschaft* Sociedad Anónima (S.A.)
allg. *allgemein* general(mente) (gral.)
a. M. *am Main* del Meno
Anh. *Anhang* apéndice
Ank. *Ankunft* llegada (Ll.)
Anl. *Anlage im Brief* anejo
Anm. *Anmerkung* observación; nota (N.)
AOK *Allgemeine Ortskrankenkasse* caja local de enfermedad
a. o. Prof. *außerordentlicher Professor* catedrático supernumerario
ARD *Arbeitsgemeinschaft der öffentlich-rechtlichen Rundfunkanstalten der Bundesrepublik Deutschland* Asociación de las estaciones de radio de la República Federal de Alemania
a. Rh. *am Rhein* del Rin
Art. *Artikel* artículo (art.)
AStA *Allgemeiner Studentenausschuß* asociación general de estudiantes
ASU *Abgassonderuntersuchung* control especial de emisiones contaminantes
Aufl. *Auflage* edición (ed.); tirada
Ausg. *Ausgabe* edición (ed.)
Az. *Aktenzeichen* referencia (ref.)

B

b. *bei*; *bei Ortsangaben*: cerca de; *Adresse*: en casa de
B *Bundesstraße* carretera federal
Bd. *Band* tomo (t.); volumen (vol.)
BDI *Bundesverband der Deutschen Industrie* Unión Federal de la Industria Alemana
beil. *beiliegend* adjunto
bes. *besonders* especialmente; en particular
Best.-Nr. *Bestellnummer* número de pedido
betr. *betreffend, betreffs* concerniente a, con respecto a
Betr. *Betreff* referencia (ref.); objeto
bez. *bezahlt* pagado
BGB *Bürgerliches Gesetzbuch* Código civil (CC)
BH F *Büstenhalter* sujetador
Bhf. *Bahnhof* estación
Bl. *blatt* hoja
BLZ *Bankleitzahl* clave bancaria
BND *Bundesnachrichtendienst* Servicio Federal de Inteligencia
BP *Bundespost* Correos Federales
BR *Bayerischer Rundfunk* Radio de Baviera
BRD *Bundesrepublik Deutschland* República Federal de Alemania
brosch. *broschiert* en rústica
BRT *Bruttoregistertonne* tonelada de registro bruto
b. w. *bitte wenden* véase al dorso
bzw. *beziehungsweise* o bien; repectivamente

C

C *Celsius* centígrado; Celsius
ca. *circa, ungefähr, etwa* aproximadamente; *vor Zahlen*: unos
CD *Compact Disk* disco compacto (CD)

CDU *Christlich-Demokratische Union* Unión Cristiano-Demócrata
CH *Confoederatio Helvetica* Confederación Helvética
Cie. *Kompanie* compañía (Cía.)
cl *Zentiliter* centilitro (cl)
cm *Zentimeter* centímetro (cm)
Co. *Compagnie* compañía (C .̣.)
CSU *Christlich-Soziale Union* Unión Social-Cristiana

D

DAG *Deutsche Angestellten-Gewerkschaft* Sindicato Alemán de Empleados
DB *Deutsche Bahn* Ferrocarriles Alemanes
DBP *Deutsche Bundespost* Correos Federales Alemanes
DDR *hist Deutsche Demokratische Republik* República Democrática Alemana (RDA)
DER *Deutsches Reisebüro* Agencia Alemana de Viajes
desgl. *desgleichen* ídem
DFB *Deutscher Fußballbund* Federación Alemana de Fútbol
DGB *Deutscher Gewerkschaftsbund* Confederación de Sindicatos Alemanes
dgl. *dergleichen* tal; semejante; análogo
d. h. *das heißt* es decir; o sea
DIN *Deutsche Industrie-Norm(en)* norma(s) industrial(es) alemana(s); *Deutsches Institut für Normung* Instituto alemán de estandarización
Dipl.-Ing. *Diplomingenieur* ingeniero diplomado
DM *Deutsche Mark* marco alemán
d. M. *dieses Monats* del (mes) corriente
dpa *Deutsche Presse-Agentur* Agencia Alemana de Prensa
Dr. *Doktor* doctor
Dr.-Ing. *Doktor der Ingenieurwissenschaft* doctor en ingeniería
Dr. jur. *Doktor der Rechte* doctor en derecho
Dr. med. *Doktor der Medizin* doctor en medicina
Dr. med. dent. *Doktor der Zahnheilkunde* doctor en odontología
Dr. med. vet. *Doktor der Tierheilkunde* doctor en veterinaria
Dr. phil. *Doktor der Philosophie* doctor en filosofía (y letras)
Dr. rer. nat. *Doktor der Naturwissenschaften* doctor en ciencias (físicas, químicas y naturales)
Dr. rer. pol. *Doktor der Staatswissenschaften* doctor en ciencias políticas
Dr. theol. *Doktor der Theologie* doctor en teología
d. R. *der Reserve* de la reserva
DRK *Deutsches Rotes Kreuz* Cruz Roja Alemana
DSG *Deutsche Schlafwagen- und Speisewagen-Gesellschaft* Compañía Alemana de Coches cama y restaurante
dt(sch). *deutsch* alemán, alemana
Dtz(d). *Dutzend* docena

E

E *Eilzug* rápido
Ed. *Edition, Ausgabe* edición (Ed.)
EDV *Elektronische Datenverarbeitung* proceso electrónico de datos
EFTA (*European Free Trade Association*) *Europäische Freihandelszone* Asociación Europea de Libre Comercio (AELC)
EG *Europäische Gemeinschaft* Comunidad Europea (CE)
ehem., ehm. *ehemals* antes; antiguamente
eig., eigtl. *eigentlich* propiamente
einschl. *einschließlich* inclusive
EKG *Elektrokardiogramm* electrocardigrama (ECG)
entspr. *entsprechend* correspondiente
erg. *ergänze* complétese; añádase
EU *Europäische Union* Unión Europea (UE)
EURATOM *Europäische Atomgemeinschaft* Comunidad Europea de Energía Atómica (EURATOM)
ev. *evangelisch* protestante
e. V. *eingetragener Verein* asociación registrada
evtl. *eventuell* eventualmente
EWA *Europäisches Währungsabkommen* Acuerdo Monetario Europeo (AME)
EWS *Europäisches Währungssystem* Sistema Monetario Europeo (SME)

exkl. *exklusive* excluido; excepto
Expl. *Exemplar* ejemplar

F

f. *folgende Seite* página siguiente; *für* para
Fa. *firma* casa; razón social
F. C. *Fußballclub* club de fútbol
FD *Fernschnellzug* expreso internacional
F.D.P. *Freie Demokratische Partei* Partido Liberal Demócrata
ff. *folgende Seiten* páginas siguientes
FKK *Freikörperkultur* desnudismo
Forts. *Fortsetzung* continuación
Fr. *Frau* señora (Sra.)
frdl. *freundlich* amable
Frl. *Fräulein* señorita (Srta.)
frz. *französisch* francés (fr.)

G

g *Gramm* gramo (gr.)
geb. *geboren* nacido; *gebunden* encuadernado
Gebr. *Gebrüder* Hermanos (Hnos.)
gegr. *gegründet* fundado
geh. *geheftet* en rústica
Ges. *Gesellschaft* sociedad; *Gesetz* ley
gesch. *geschieden* divorciado
ges. gesch. *gesetzlich geschützt* registrado legalmente; patentado
gest. *gestorben* difunto; fallecido
gez. *gezeichnet* firmado
GG *Grundgesetz* ley fundamental
ggf. *gegebenenfalls* si fuera preciso, eventualmente
GmbH *Gesellschaft mit beschränkter Haftung* sociedad de responsabilidad limitada (S.R.L.)
GUS *Gemeinschaft Unabhängiger Staaten* Comunidad de Estados Independientes (CEI)

H

ha *Hektar* hectárea
Hbf. *Hauptbahnhof* estación central
h. c. *honoris causa* honoris causa
hg. *herausgegeben* editado
HGB *Handelsgesetzbuch* Código de Comercio
HIV (*Human Immundeficiency Virus*) *Aids-Erreger* Virus de Inmunodeficiencia Humana (VIH)
HR *Hessischer Rundfunk* Radio de Hesse
Hr., Hrn. *Herr(n)* señor (Sr.)
hrsg. *herausgegeben* editado (ed.)
Hrsg. *Herausgeber* editor

I

i. A. *im Auftrag* por orden (p.o.)
IAO *Internationale Arbeitsorganisation* Organización Internacional de Trabajo (OIT)
IATA (*International Air Transport Association*) *Internationaler Luftverkehrsverband* Asociación de Transporte Aéreo Internacional (ATAI)
ib(d). *ibidem, ebendort* ibídem (ib.)
IC *Intercity-Zug* tren Intercity
ICE *Intercity Expreß* tren de alta velocidad
id. *idem* ídem (íd.)
IG *Industriegewerkschaft* sindicato industrial
IHK *Industrie- und Handelskammer* Cámara de Industria y Comercio
i. J. *im Jahre* en el año
Ing *Ingenieur* ingeniero (ing.)
Inh. *Inhaber* propietario; *Inhalt* contenido
inkl. *inklusive* inclusive
IOK *Internationales Olympisches Komitee* Comité Olímpico Internacional (COI)
i. R. *im Ruhestand* jubilado, retirado
I. V. *in Vertretung* por autorización (p.a.); *in Vollmacht* por poder (p.p.)
IWF *Internationaler Währungsfonds* Fondo Monetario Internacional (FMI)

J

Jg. *Jahrgang* año
JH *Jugendherberge* albergue juvenil
Jh. *Jahrhundert* siglo (s.)
jr., jun. *junior* hijo, junior

K

Kap. *Kapitel* capítulo (cap.)
kart. *kartoniert* empastado
kath. *katholisch* católico
Kfm. *Kaufmann* comerciante

Kfz. *Kraftfahrzeug* automóvil; vehículo de motor
kg *Kilogramm* kilogramo (kg.)
KG *Kommanditgesellschaft* sociedad en comandita (S. en C.)
kgl. *königlich* real
Kl. *Klasse* clase
km *Kilometer* kilómetro (km.)
KP *Kommunistische Partei* Partido Comunista (PC)
Kr. *Kreis* distrito
Kripo *Kriminalpolizei* policía de investigación criminal
KSZE *Konferenz über Sicherheit und Zusammmenarbeit in Europa* Conferencia de Seguridad y Cooperación en Europa (CSCE)
Kto. *Konto* cuenta (cta.)
kW *Kilowatt* kilovatio (kw.)
kWh *Kilowattstunde* kilovatio-hora (kwh)
KZ *Konzentrationslager* campo de concentración

L

l *Liter* litro (l)
led. *ledig* soltero
lfd. *laufend* corriente (cte.)
lfd. Nr. *laufende Nummer* número de orden
Lfg., Lfrg. *Lieferung* entrega
Lkw *Lastkraftwagen* camión
LP *Langspielplatte* elepé
lt. *laut* según

M

m *Meter* metro (m)
MAD *Militärischer Abschirmdienst* Servicio Militar de Contraespionaje
MdB, M.d.B. *Mitglied des Bundestages* Miembro del Bundestag
MdL, M.d.L. *Mitglied des Landtags* Miembro del Landtag
m. E. *meines Erachtens* a mi parecer
MEZ *Mitteleuropäische Zeit* hora de la Europa Central
mg *Milligramm* miligramo(s) (mg.)
MG *Maschinengewehr* ametralladora
Mill. *Million(en)* millón, millones
Min. *Minute* minuto
Mio. *Million(en)* millón, millones
mm *Millimeter* milímetro (mm)
möbl. *möbliert* amueblado
MP *Militärpolizei* policía militar (PM); *Maschinenpistole* metralleta
Mrd. *Milliarde(n)* mil millones
Ms., Mskr. *Manuskript* manuscrito
m/s *Meter pro Sekunde* metros por segundo
mtl. *monatlich* mensual
MwSt. *Mehrwertsteuer* impuesto sobre el valor añadido (IVA)

N

N *Norden* norte
N(a)chf. *Nachfolger* sucesor
nachm. *nachmittags* por la tarde
NATO (*North Atlantic Treaty Organization*) *Nordatlantikpakt-Organisation* Organización del Tratado del Atlántico Norte (OTAN)
NB *nota bene* nota bene
n. Chr. *nach Christus* después de Jesucristo (d.C.)
NDR *Norddeutscher Rundfunk* Radio de la Alemania del Norte
n. J. *nächsten Jahres* del año próximo
N. N. *nomen nescio, Name unbekannt* señor X
NO *Nordosten* nordeste (NE)
NOK *Nationales Olympisches Komitee* Comité Olímpico Nacional (CON)
Nr. *Nummer* número (núm.)
NS *Nachschrift* posdata (P.D.)
NW *Nordwesten* noroeste (NO)

O

O *Osten* este (E)
o. *oben* arriba; *ohne* sin
o. ä. *oder ähnliches* o algo parecido
OAS *Organisation der amerikanischen Staaten* Organización de los Estados Americanos (OEA)
o. B. *ohne Befund* sin hallazgo
OB *Oberbürgermeister* (primer) alcalde
Obb. *Oberbayern* Alta Baviera
ÖBB *Österreichische Bundesbahnen* Ferrocarriles Federales de Austria
od. *oder* o
OECD (*Organization for Economic Cooperation and Development*) *Organisation für wirtschaftliche Zusammenarbeit und Entwicklung* Organización de Cooperación y Desarrollo Económico (OCDE)

OEZ *Osteuropäische Zeit* hora de la Europa del Este
OHG *Offene Handelsgesellschaft* sociedad colectiva
o. J. *ohne Jahr* sin año
OP *Operationssaal* quirófano
op. *Opus, Werk* obra
ÖTV *Öffentliche Dienste, Transport und Verkehr* (*Gewerkschaft*) servicios públicos y transportes (*sindicato*)

P

p. A. *per Adresse* en casa de
PC *Personalcomputer* ordenador personal (PC)
PDS *Partei des Demokratischen Sozialismus* partido del socialismo democrático
Pf *Pfennig* pfennig
Pfd. *Pfund* libra
PH *Pädagogische Hochschule* Escuela Normal
Pkt. *Punkt* punto
Pkw *Personenkraftwagen* turismo
PLZ *Postleitzahl* código postal (C.P.)
pp., ppa. *per procura* por poder (p.p.)
Prof. *Professor* catedrático; profesor (prof.)
PS *Pferdestärke* caballo de vapor (CV); *Postskriptum* postdata (P.D.)
PSchA *Postscheckamt* oficina de cheques postales

R

rd. *rund* (*gerechnet*) alrededor de; en números redondos
Reg.-Bez. *Regierungsbezirk* distrito administrativo
Rel. *Religion* religión
resp. *respektive* respectivamente
rh, Rh *Rhesusfaktor* factor Rhesus
Rhld. *Rheinland* Renania
RIAS *Rundfunk im amerikanischen Sektor* (*von Berlin*) Radio en el sector americano (*de Berlín*)
r.-k. *römisch-katholisch* católico romano

S

S *Süden* sur (S)
S. *Seite* página (pág.)
s. *siehe* véase (v.)
s. a. *siehe auch* véase también
Sa. *Summa, Summe* suma; total
S-Bahn *Stadtbahn* tren suburbano
SBB *Schweizerische Bundesbahnen* Ferrocarriles Federales de Suiza
s. d. *siehe dies* véase esto
SDR *Süddeutscher Rundfunk* Radio de Alemania del Sur
sec *Sekunde* segundo
SED *hist Sozialistische Einheitspartei Deutschlands* (*DDR*) Partido Socialista Unificado de Alemania (*RDA*)
sen. *senior* padre, senior
SO *Südosten* sudeste (SE)
s. o. *siehe oben* véase más arriba
sog. *sogenannt* llamado
SPD *Sozialdemokratische Partei Deutschlands* Partido Socialdemócrata de Alemania
SS *Sommersemester* semestre de verano
St. *Sankt* santo
St., Std. *Stunde* hora (h)
StGB *Strafgesetzbuch* Código penal
StPO *Strafprozeßordnung* Ley de enjuiciamiento criminal
Str. *Straße* calle (C/, c/)
StVO *Straßenverkehrsordnung* Código de la circulación
s. u. *siehe unten* véase más abajo
SW *Südwesten* sudoeste (SO)
s. Z. *seinerzeit* en su día

T

t *Tonne* tonelada
Tb(c) *Tuberkulose* tuberculosis
TEE *Trans-Europ-Express* Exprés Transeuropeo (TEE)
Tel. *Telefon* teléfono (tel.)
TH *Technische Hochschule* Escuela Superior Técnica
Tsd. *Tausend* mil
TU *Technische Universität* Universidad Técnica
TÜV *Technischer Überwachungsverein* Servicio de Inspección Técnica
TV *Turnverein* Club de gimnasia; *Television* televisión (TV)

U

u. *und* y
u. a. *unter anderem* entre otras cosas;

unter anderen entre otros; **und andere(s)** y otro(s)
u. ä. und ähnliche(s) y cosas semejantes
u. a. m. und andere(s) mehr y otros más; etcétera
u. A. w. g. um Antwort wird gebeten se ruega contestación
ü. d. M. über dem Meeresspiegel sobre el nivel del mar
UdSSR *hist* **Union der Sozialistischen Sowjetrepubliken** Unión de Repúblicas Socialistas Soviéticas (URSS)
u. E. unseres Erachtens a nuestro parecer
UFO Unbekanntes Flugobjekt objeto volante no identificado (OVNI)
UKW Ultrakurzwelle onda ultracorta; frecuencia modulada (FM)
U/min Umdrehungen pro Minute revoluciones por minuto (r.p.m.)
UNO Organisation der Vereinten Nationen Organización de las Naciones Unidas (ONU)
urspr. ursprünglich originalmente
USA United States of America (*Vereinigte Staaten von Nordamerika*) Estados Unidos de América (EE.UU.)
usf. und so fort y así sucesivamente; etcétera (etc.)
usw. und so weiter etcétera (etc.)
u. U. unter Umständen tal vez, eventualmente

V

v. von de
V Volt voltio (v.)
v. Chr. vor Christus antes de Jesucristo (a.C.)
VEB *hist* **Volkseigener Betrieb** (*DDR*) empresa socializada (*RDA*)
Verf. Verfasser autor
verh. verheiratet casado
Verl. Verlag editorial, casa editorial
verw. verwitwet viudo
vgl. vergleiche compárese
v. g. u. vorgelesen, genehmigt, unterschrieben leído, aprobado, firmado
v. H. vom Hundert por ciento
VHS Volkshochschule universidad popular
v. J. vorigen Jahres del año pasado
v. M. vorigen Monats del mes pasado
vorm. vormals antes; antaño; **vormittags** por la mañana
Vors. Vorsitzender presidente
v. T. vom Tausend por mil
VW Volkswagen Volkswagen

W

W Westen oeste (O)
WDR Westdeutscher Rundfunk Radio de la Alemania del Oeste
WEZ Westeuropäische Zeit hora de la Europa Occidental
WS Wintersemester semestre de invierno
Wwe. Witwe viuda (Vda.)
Wz. Warenzeichen marca registrada

Z

z. B. zum Beispiel por ejemplo (p.ej.)
ZDF Zweites Deutsches Fernsehen Segundo canal de la televisión alemana
z. H(d). zu Händen (von) a manos de
ZPO Zivilprozeßordnung Ley de enjuiciamiento civil
z. S. zur See de Marina
z. T. zum Teil en parte
Ztg. Zeitung diario; periódico
Ztr. Zentner (*50 kg*) quintal
zus. zusammen junto
zw. zwischen entre
z. Z., z. Zt. zur Zeit actualmente

Konjugation der spanischen Verben

In den folgenden Konjugationsmustern sind die Stämme mit gewöhnlicher, die Endungen mit *kursiver* Schrift gedruckt. Unregelmäßigkeiten sind durch **fette** Schrift kenntlich gemacht.

Anweisung für die Bildung der Zeiten

Aus den nachstehenden Stammformen lassen sich folgende Ableitungen* bilden:

Stammformen

I. Aus dem **Presente de indicativo,** und zwar der 3. Pers. *sg.*
(mand*a*, vend*e*, recib*e*)

II. Aus dem **Presente de subjuntivo,** und zwar der 2. und 3. Pers. *sg.* und dem ganzen *pl.*
(mand*es*, mand*e*, mand*emos*, mand*éis*, mand*en* – vend*as*, vend*a*, vend*amos*, vend*áis*, vend*an* – recib*as*, recib*a*, recib*amos*, recib*áis*, recib*an*)

III. Aus dem **Pretérito indefinido,** und zwar der 3. Person *pl.*
(mand*aron*, vend*ieron*, recib*ieron*)

IV. Aus dem **Infinitivo**
(mand*ar*, vend*er*, recib*ir*)

V. Aus dem **Participio**
(mand*ado*, vend*ido*, recib*ido*)

Ableitungen

1. der **Imperativo** 2. Pers. *sg.*
(¡mand*a*! ¡vend*e*! ¡recib*e*!)

2. der **Imperativo** 1. Pers. *pl.*, 3. Person *sg.* und *pl.*, sowie die verneinte 2. Person *sg.* u. *pl.*
(no mand*es*, mand*e* Vd., mand*emos*, no mand*éis*, mand*en* Vds. – no vend*as*, vend*a* Vd., vend*amos*, no vend*áis*, vend*an* Vds. – no recib*as* usw.)

3. der **Imperf. de subj. I** durch Verwandlung von ...ron in ...*ra*
(mand*ara*, vend*iera*, recib*iera*)

4. der **Imperf. de subj. II** durch Verwandlung von ...ron in ...*se*
(mand*ase*, vend*iese*, recib*iese*)

5. der **Futuro de subj.** durch Verwandlung von ...ron in ...*re*
(mand*are*, vend*iere*, recib*iere*)

6. der **Imperativo** 2. Person *pl.* durch Verwandlung von ...r in ...*d*
(mand*ad*, vend*ed*, recib*id*)

7. der **Gerundio** durch Verwandlung von ...ar in ...*ando*, von ...er und ...ir in ...*iendo* (zuweilen ...*yendo*)
(mand*ando*, vend*iendo*, recib*iendo*)

8. der **Futuro** durch Anhängen der Endung des *Pres.* von haber
(mand*aré*, vend*eré*, recib*iré*)

9. der **Condicional** durch Anhängung der Endungen des *Imperf.* von haber
(mand*aría*, vend*ería*, recib*iría*)

10. alle **zusammengesetzten Zeiten** durch Vorsetzung einer Form von haber oder ser.

---

* Diese Ableitungen entsprechen nur teilweise den sprachgeschichtlichen Zusammenhängen; sie sind als praktische Hinweise für die Bildung der Zeiten zu verstehen.

Erste Konjugation

1a mandar. Der Stamm bleibt in Schrift und Aussprache unverändert.

Einfache Zeiten

Indicativo

Presente	*Imperfecto*	*Pretérito indefinido*
sg. mando	*sg.* mandaba	*sg.* mandé
mandas	mandabas	mandaste
manda	mandaba	mandó
pl. mandamos	*pl.* mandábamos	*pl.* mandamos
mandáis	mandabais	mandasteis
mandan	mandaban	mandaron

Futuro	*Condicional*
sg. mandaré	*sg.* mandaría
mandarás	mandarías
mandará	mandaría
pl. mandaremos	*pl.* mandaríamos
mandaréis	mandaríais
mandarán	mandarían

Subjuntivo

Presente	*Imperfecto I*	*Imperfecto II*
sg. mande	*sg.* mandara	*sg.* mandase
mandes	mandaras	mandases
mande	mandara	mandase
pl. mandemos	*pl.* mandáramos	*pl.* mandásemos
mandéis	mandarais	mandaseis
manden	mandaran	mandasen

Futuro	**Imperativo**
sg. mandare	*sg.* —
mandares	manda (no mandes)
mandare	mande Vd.
pl. mandáremos	*pl.* mandemos
mandareis	mandad (no mandéis)
mandaren	manden Vds.

Infinitivo: mandar **Gerundio:** mandando **Participio:** mandado

Zusammengesetzte Zeiten

1. Im Aktiv
(Durch Vorsetzung von haber vor unveränderliches *Part.*)

Infinitivo
perfecto: haber mandado

Gerundio
perfecto: habiendo mandado

Indicativo
pretérito perf.: he mandado
pluscuamp.: había mandado
pret. anterior: hube mandado
futuro perf.: habré mandado
cond. perf.: habría mandado

Subjuntivo
pretérito perf.: haya mandado
pluscuamp: {hubiera mandado / hubiese mandado}
fut. perf.: hubiere mandado

2. Im Passiv
(Durch Vorsetzen von ser [und haber] vor veränderliches *Part.*)

Infinitivo
presente: ser mandado usw.
perfecto: haber sido mandado

Gerundio
presente: siendo mandado
perf.: habiendo sido mandado

Indicativo
presente: soy mandado
imperf.: era mandado
pret. indef.: fui mandado
pret. perf.: he sido mandado
pluscp.: había sido mandado
pret. ant.: hube sido mandado
futuro: seré mandado
fut. perf.: habré sido mandado
condicional: sería mandado
cond. pf.: habría sido mandado

Subjuntivo
presente: sea mandado
imperfecto: {fuera mandado / fuese mandado}
perf.: haya sido mandado
pluscp.: {hubiera sido mandado / hubiese sido mandado}
futuro: fuere mandado
fut. perf.: hubiere sido mandado

Infinitivo	Presente de ind.	Presente de subj.	Pretérito indefinido
1b cambiar. Ebenso alle Verben auf ...*iar*, soweit sie nicht wie *variar* (1c) gehen	cambio cambias cambia cambiamos cambiáis cambian	cambie cambies cambie cambiemos cambiéis cambien	cambié cambiaste cambió cambiamos cambiasteis cambiaron
1c variar. Das *i* wird in den stammbetonten Formen mit dem Akzent versehen	varío varías varía variamos variáis varían	varíe varíes varíe variemos variéis varíen	varié variaste varió variamos variasteis variaron
1d evacuar. Ebenso alle Verben auf ...*uar*, soweit sie nicht wie *acentuar* (1e) gehen	evacuo evacuas evacua evacuamos evacuáis evacuan	evacue evacues evacue evacuemos evacuéis evacuen	evacué evacuaste evacuó evacuamos evacuasteis evacuaron
1e acentuar. Das *u* wird in den stammbetonten Formen mit dem Akzent versehen	acentúo acentúas acentúa acentuamos acentuáis acentúan	acentúe acentúes acentúe acentuemos acentuéis acentúen	acentué acentuaste acentuó acentuamos acentuasteis acentuaron
1f cruzar. Der Stammauslaut *z* wird *c* vor *e*. Ebenso alle Verben auf ...*zar*	cruzo cruzas cruza cruzamos cruzáis cruzan	cruce cruces cruce crucemos crucéis crucen	crucé cruzaste cruzó cruzamos cruzasteis cruzaron

Infinitivo	Presente de ind.	Presente de subj.	Pretérito indefinido
1g tocar. Der Stammauslaut *c* wird *qu* vor *e*. Ebenso alle Verben auf ...*car*	toco tocas toca tocamos tocáis tocan	toque toques toque toquemos toquéis toquen	toqué tocaste tocó tocamos tocasteis tocaron
1h pagar. Der Stammauslaut *g* wird *gu* (*u* stumm!) vor *e*. Ebenso alle Verben auf ...*gar*	pago pagas paga pagamos pagáis pagan	pague pagues pague paguemos paguéis paguen	pagué pagaste pagó pagamos pagasteis pagaron
1i fraguar. Der Stammauslaut *gu* wird *gü* (*u* mit Trema lautend) vor *e*. Ebenso alle Verben auf ...*guar*	fraguo fraguas fragua fraguamos fraguáis fraguan	fragüe fragües fragüe fragüemos fragüéis fragüen	fragüé fraguaste fraguó fraguamos fraguasteis fraguaron
1k pensar. Betontes Stamm-*e* wird *ie*	pienso piensas piensa pensamos pensáis piensan	piense pienses piense pensemos penséis piensen	pensé pensaste pensó pensamos pensasteis pensaron
1l errar. Betontes Stamm-*e* wird (weil es am Anfang des Wortes steht) *ye*	yerro yerras yerra erramos erráis yerran	yerre yerres yerre erremos erréis yerren	erré erraste erró erramos errasteis erraron
1m contar. Betontes Stamm-*o* wird *ue* (*u* lautend!)	cuento cuentas cuenta contamos contáis cuentan	cuente cuentes cuente contemos contéis cuenten	conté contaste contó contamos contasteis contaron
1n agorar. Betontes Stamm-*o* wird zu *üe* (*u* mit Trema lautend)	agüero agüeras agüera agoramos agoráis agüeran	agüere agüeres agüere agoremos agoréis agüeren	agoré agoraste agoró agoramos agorasteis agoraron
1o jugar. Betontes Stamm-*u* wird *ue*; Stammauslaut *g* wird vor *e* zu *gu*: s. (1h); *conjugar*, *enjugar* und *enjugarse* sind regelmäßig	juego juegas juega jugamos jugáis juegan	juegue juegues juegue juguemos juguéis jueguen	jugué jugaste jugó jugamos jugasteis jugaron

Infinitivo	Presente de ind.	Presente de subj.	Pretérito indefinido
1p estar. *Pres. de ind.* 1. Pers. *sg.* auf ...*oy*, sonst regelm., aber mit betontem *a*; der *Pres. de subj.* hat durchweg betontes Endungs-*e*; *Pret. indef.* usw. wie (21). Sonst regelmäßig.	est**oy** est**ás** est**á** est**amos** est**áis** est**án**	est**é** est**és** est**é** est**emos** est**éis** est**én**	est**uv**e est**uv**i*ste* est**uv**o est**uv**i*mos* est**uv**i*steis* est**uv**i*eron*
1q andar. *Pret. indef.* und Ableitungen in Angleichung an *estar* wie (21); sonst regelmäßig	and*o* and*as* and*a* and*amos* and*áis* and*an*	and*e* and*es* and*e* and*emos* and*éis* and*en*	and**uv**e and**uv**i*ste* and**uv**o and**uv**i*mos* and**uv**i*steis* and**uv**i*eron*
1r dar. *Pres. de ind.* 1. Pers. *sg.* auf ...*oy*, sonst regelm. *Pres. de subj.* 1. u. 3. Pers. *sg.* mit Akzent. *Pret. indef.* usw. nach der zweiten regelm. Konjugation. Sonst regelmäßig	d*oy* d*as* d*a* d*amos* d*ais* d*an*	d**é** d*es* d**é** d*emos* d*eis* d*en*	d*i* d*iste* d*io* d*imos* d*isteis* d*ieron*

Zweite Konjugation

2a vender. Der Stamm bleibt in Schrift und Aussprache unverändert.

Einfache Zeiten
Indicativo

Presente
sg. vend*o*
vend*es*
vend*e*
pl. vend*emos*
vend*éis*
vend*en*

Imperfecto
sg. vend*ía*
vend*ías*
vend*ía*
pl. vend*íamos*
vend*íais*
vend*ían*

Pretérito indefinido
sg. vend*í*
vend*iste*
vend*ió*
pl. vend*imos*
vend*isteis*
vend*ieron*

Futuro
sg. vend*eré*
vend*erás*
vend*erá*
pl. vend*eremos*
vend*eréis*
vend*erán*

Condicional
sg. vend*ería*
vend*erías*
vend*ería*
pl. vend*eríamos*
vend*eríais*
vend*erían*

Subjuntivo

Presente	Imperfecto I	Imperfecto II
sg. vend*a*	*sg.* vend*iera*	*sg.* vend*iese*
vend*as*	vend*ieras*	vend*ieses*
vend*a*	vend*iera*	vend*iese*
pl. vend*amos*	*pl.* vend*iéramos*	*pl.* vend*iésemos*
vend*áis*	vend*ierais*	vend*ieseis*
vend*an*	vend*ieran*	vend*iesen*

Futuro	Imperativo
sg. vend*iere*	*sg.* —
vend*ieres*	vend*e* (no ...*as*)
vend*iere*	vend*a* Vd.
pl. vend*iéremos*	*pl.* vend*amos*
vend*iereis*	vend*ed* (no ...*áis*)
vend*ieren*	vend*an* Vds.

Infinitivo: vend*er* **Gerundio:** vend*iendo* **Participio:** vend*ido*
Zusammenges. Zeiten: Vom *Participio* mit Hilfe von *haber und ser*; *s.* (1a)

Infinitivo	Presente de ind.	Presente de subj.	Pretérito indefinido
2b vencer. Der Stammauslaut *c* wird *z* vor *a* und *o*. Ebenso alle Verben auf ...*cer* mit vorhergehendem Konsonanten	ven**z**o vence*s* vence vence*mos* venc*éis* vence*n*	ven**z**a ven**z**a*s* ven**z**a ven**z**a*mos* ven**z**á*is* ven**z**a*n*	venc*í* venc*iste* venc*ió* venc*imos* venc*isteis* venc*ieron*
2c coger. Der Stammauslaut *g* wird *j* vor *a* und *o*. Ebenso alle Verben auf ...*ger*	co**j**o coge*s* coge coge*mos* cog*éis* coge*n*	co**j**a co**j**a*s* co**j**a co**j**a*mos* co**j**á*is* co**j**a*n*	cog*í* cog*iste* cog*ió* cog*imos* cog*isteis* cog*ieron*
2d merecer. Der Stammauslaut *c* wird *zc* vor *a* und *o*	mere**zc**o merece*s* merece merece*mos* merec*éis* merece*n*	mere**zc**a mere**zc**a*s* mere**zc**a mere**zc**a*mos* mere**zc**á*is* mere**zc**a*n*	merec*í* merec*iste* merec*ió* merec*imos* merec*isteis* merec*ieron*
2e creer. Unbetontes *i* zwischen zwei Vokalen wird *y* Participio: *creído* Gerundio: *creyendo*	creo crees cree creemos creéis creen	crea creas crea creamos creáis crean	cre*í* cre*íste* cre**y**ó cre*ímos* cre*ísteis* cre**y**eron
2f tañer. Unbetontes *i* nach *ñ* und *ll* fällt aus; vgl. (3h) Gerundio: *tañendo*	taño tañes tañe tañemos tañéis tañen	taña tañas taña tañamos tañáis tañan	tañ*í* tañ*iste* ta**ñó** tañ*imos* tañ*isteis* ta**ñe**ron

Infinitivo	Presente de ind.	Presente de subj.	Pretérito indefinido
2g perder. Betontes Stamm-*e* wird *ie*; ebenso viele Verben	pierdo pierdes pierde perdemos perdéis pierden	pierda pierdas pierda perdamos perdáis pierdan	perdí perdiste perdió perdimos perdisteis perdieron
2h mover. Betontes Stamm-*o* wird *ue*. Die Verben auf ...*olver* haben im *Participio* ...*uelto*	muevo mueves mueve movemos movéis mueven	mueva muevas mueva movamos mováis muevan	moví moviste movió movimos movisteis movieron
2i oler. Betontes Stamm-*o* wird (wenn es am Anfang des Wortes steht) *hue*...	huelo hueles huele olemos oléis huelen	huela huelas huela olamos oláis huelan	olí oliste olió olimos olisteis olieron
2k haber. Unregelmäßig in vielen Formen. Im *Fut.* u. *Cond.* fällt *e* hinter dem Stamm *hab*... aus Futuro: *habré* Imperativo: *2. Pers. sg. he*	he has ha hemos habéis han	haya hayas haya hayamos hayáis hayan	hube hubiste hubo hubimos hubisteis hubieron
2l tener. Unregelmäßig in den meisten Formen. Im *Futuro* und *Cond.* Ausfall des dem Stamm folgenden *e* und Einfügung von *d* Futuro: *tendré* Imperativo: *2. Pers. sg. ten*	tengo tienes tiene tenemos tenéis tienen	tenga tengas tenga tengamos tengáis tengan	tuve tuviste tuvo tuvimos tuvisteis tuvieron
2m caber. Unregelmäßig in vielen Formen. Im *Fut.* u. *Cond.* fällt das dem Stamm folgende *e* aus Futuro: *cabré*	quepo cabes cabe cabemos cabéis caben	quepa quepas quepa quepamos quepáis quepan	cupe cupiste cupo cupimos cupisteis cupieron
2n saber. Unregelmäßig in vielen Formen. Im *Fut.* u. *Cond.* fällt das dem Stamm folgende *e* aus Futuro: *sabré*	sé sabes sabe sabemos sabéis saben	sepa sepas sepa sepamos sepáis sepan	supe supiste supo supimos supisteis supieron
2o caer. Im *Pres.* Einschiebung von ...*ig* hinter dem Stamm. Unbetontes *i* zwischen Vokalen geht wie bei (2e) in *y* über Participio: *caído* Gerundio: *cayendo*	caigo caes cae caemos caéis caen	caiga caigas caiga caigamos caigáis caigan	caí caíste cayó caímos caísteis cayeron

Infinitivo	Presente de ind.	Presente de subj.	Pretérito indefinido
2p traer. Im *Pres.* Einschiebung von ...*ig*... hinter dem Stamm. Endung des *Pret. indef.* ...*je*. Im *Gerundio* Übergang von *i* in *y* Participio: *traído* Gerundio: *trayendo*	tra**ig**o traes trae traemos traéis traen	tra**ig**a tra**ig**as tra**ig**a tra**ig**amos tra**ig**áis tra**ig**an	tra**je** tra**j**iste tra**jo** tra**j**imos tra**j**isteis tra**j**eron
2q valer. Im *Pres.* Einschiebung von ...*g*... hinter dem Stamm. Im *Futuro* u. *Cond.* Ausfall des dem Stamm folgenden *e* und Einfügung von ...*d*... Futuro: *valdré*	val**g**o vales vale valemos valéis valen	val**g**a val**g**as val**g**a val**g**amos val**g**áis val**g**an	valí val**i**ste valió valimos valisteis valieron
2r poner. Im *Pres.* Einfügung von ...*g*... Unregelm. im *Pret. indef.* u. *Part.* Im *Futuro* u. *Cond.* Ausfall des dem Stamm folgenden ...*e*... und Einfügung von ...*d*... Futuro: *pondré* Participio: *puesto* Imperativo: 2. Pers. sg. *pon*	pon**g**o pones pone ponemos ponéis ponen	pon**g**a pon**g**as pon**g**a pon**g**amos pon**g**áis pon**g**an	pu**s**e pu**s**iste pu**s**o pu**s**imos pu**s**isteis pu**s**ieron
2s hacer. Im *Pres.* in der 1. Person des *Ind.* und im *Subj.* g für c. Unregelmäßig im *Pret. indef.* u. *Part.* Im *Fut.* u. *Cond.* Ausfall von *ce*. Im *Imperativo* sg. reiner Stamm unter Verwandlung von ...*c* in ...*z* Futuro: *haré* Imperativo: 2. Pers. sg. *haz* Participio: *hecho*	ha**g**o haces hace hacemos hacéis hacen	ha**g**a ha**g**as ha**g**a ha**g**amos ha**g**áis ha**g**an	h**i**ce h**i**ciste h**i**zo h**i**cimos h**i**cisteis h**i**cieron
2t poder. Betontes Stamm-*o* geht (im *Pres.* u. im *Imper.*) in ...*ue*... über. Unregelm. im *Pret. indef.* u. *Gerundio*. Im *Fut.* u. *Cond.* Ausfall des dem Stamm folgenden *e* Futuro: *podré* Gerundio: *pudiendo*	pu**e**do pu**e**des pu**e**de podemos podéis pu**e**den	pu**e**da pu**e**das pu**e**da podamos podáis pu**e**dan	pud**e** pud**iste** pud**o** pud**imos** pud**isteis** pud**ieron**
2u querer. Betontes Stamm-*e* geht (im *Pres.* u. *Imper.*) in *ie* über. Unregelmäßig im *Pret. indef.* Im *Futuro* und *Cond.* Ausfall des dem Stamm folgenden *e* Futuro: *querré*	qu**ie**ro qu**ie**res qu**ie**re queremos queréis qu**ie**ren	qu**ie**ra qu**ie**ras qu**ie**ra queramos queráis qu**ie**ran	qu**i**se qu**i**siste qu**i**so qu**i**simos qu**i**sisteis qu**i**sieron
2v ver. *Pres. de ind.* 1. Pers. *sg.*, *Pres. de subj.* und *Impf.* vom Stamm *ve*..., sonst regelm. vom verkürzten Stamm *v*... Unregelmäßig im *Participio* Participio: *visto*	v**e**o ves ve vemos veis ven	v**e**a v**e**as v**e**a v**e**amos v**e**áis v**e**an	vi viste vio vimos visteis vieron

Infinitivo	Presente de ind.	Presente de subj.	Imperf. de ind.	Pretérito indefinido
2w ser. Ganz unregelmäßig, da verschiedene Stämme miteinander abwechseln Participio: *sido* Imperativo: 2. Pers. sg. *sé* 2. Pers. pl. *sed*	soy eres es somos sois son	sea seas sea seamos seáis sean	era eras era éramos erais eran	fui fuiste fue fuimos fuisteis fueron

2x placer. Fast nur in der 3. Person *sg.* gebräuchlich. Unregelmäßige Formen: *Pres. de subj. plega* und *plegue* neben *plazca*; *Pret. indef. plugo* (oder *plació*), *pluguieron* (oder *placieron*); *Imperf. de subj. pluguiera*, *pluguiese* (oder *placiera*, *placiese*); *Futuro de subj. pluguiere* (oder *placiere*).

2y yacer. Namentlich auf Grabschriften, daher vornehmlich in der 3. Person gebräuchlich. Im *Presente de ind.* 1. Person *sg.* und im *Pres. de subj.* drei Nebenformen. *Imper.* regelmäßig; daneben reiner Stamm mit Verwandlung von *c* in *z*. *Pres. de ind.*: *yazco, yazgo, yago*; *yaces* usw.; *Pres. de subj.*: *yazca, yazga, yaga* usw.; *Imperativo yace* und *yaz*.

2z raer. *Pres. de ind.* 1. Person *sg.* und *Pres. de subj.* zeigen neben den weniger gebräuchlichen regelmäßigen Formen solche mit Einschiebungen von *...ig...* wie (2o): *raigo, raiga*; daneben *rayo, raya* (weniger gebräuchlich). Sonst regelmäßig.

2za roer. *Pres. de ind.* 1. Person *sg.* und *Pres. de subj.* zeigen neben den regelmäßigen Formen weniger gebräuchliche: *roigo, roiga*; *royo, roya*.

Dritte Konjugation

3a recibir. Der Stamm bleibt in Schrift und Aussprache unverändert.

Einfache Zeiten
Indicativo

Presente
sg. recibo
recibes
recibe
pl. recibimos
recibís
reciben

Imperfecto
sg. recibía
recibías
recibía
pl. recibíamos
recibíais
recibían

Pretérito indefinido
sg. recibí
recibiste
recibió
pl. recibimos
recibisteis
recibieron

Futuro
sg. recibiré
recibirás
recibirá
pl. recibiremos
recibiréis
recibirán

Condicional
sg. recibiría
recibirías
recibiría
pl. recibiríamos
recibiríais
recibirían

Subjuntivo

Presente	*Imperfecto I*	*Imperfecto II*
sg. reciba	sg. recibiera	sg. recibiese
recibas	recibieras	recibieses
reciba	recibiera	recibiese
pl. recibamos	pl. recibiéramos	pl. recibiésemos
recibáis	recibierais	recibieseis
reciban	recibieran	recibiesen

Futuro	**Imperativo**
sg. recibiere	sg. —
recibieres	recibe (no ...as)
recibiere	reciba Vd.
pl. recibiéremos	pl. recibamos
recibiereis	recibid (no ...áis)
recibieren	reciban Vds.

Infinitivo: recibir   **Gerundio:** recibiendo   **Participio:** recibido
Zusammengesetzte Zeiten: Vom *Participio* mit Hilfe von *haber* und *ser*; *s.* (1a).

Infinitivo	Presente de ind.	Presente de subj.	Pretérito indefinido
3b esparcir. Der Stammauslaut *c* wird *z* vor *a* und *o*	esparzo esparces esparce esparcimos esparcís esparcen	esparza esparzas esparza esparzamos esparzáis esparzan	esparcí esparciste esparció esparcimos esparcisteis esparcieron
3c dirigir. Der Stammauslaut *g* wird *j* vor *a* und *o*	dirijo diriges dirige dirigimos dirigís dirigen	dirija dirijas dirija dirijamos dirijáis dirijan	dirigí dirigiste dirigió dirigimos dirigisteis dirigieron
3d distinguir. Der Stammauslaut *gu* wird *g* vor *a* und *o*	distingo distingues distingue distinguimos distinguís distinguen	distinga distingas distinga distingamos distingáis distingan	distinguí distinguiste distinguió distinguimos distinguisteis distinguieron
3e delinquir. Der Stammauslaut *qu* wird *c* vor *a* und *o*	delinco delinques delinque delinquimos delinquís delinquen	delinca delincas delinca delincamos delincáis delincan	delinquí delinquiste delinquió delinquimos delinquisteis delinquieron
3f lucir. Der Stammauslaut *c* wird *zc* vor *a* und *o*	luzco luces luce lucimos lucís lucen	luzca luzcas luzca luzcamos luzcáis luzcan	lucí luciste lució lucimos lucisteis lucieron

Infinitivo	Presente de ind.	Presente de subj.	Pretérito indefinido
3g concluir. Schiebt in allen Formen, deren Endung nicht mit einem silbenbildenden *i* beginnt, ein *y* hinter dem Stamm ein Participio: *concluido* Gerundio: *concluyendo*	conclu*yo* conclu*yes* conclu*ye* conclu*imos* conclu*ís* conclu*yen*	conclu*ya* conclu*yas* conclu*ya* conclu*yamos* conclu*yáis* conclu*yan*	conclu*í* conclu*iste* conclu*yó* conclu*imos* conclu*isteis* conclu*yeron*
3h gruñir. Unbetontes *i* nach *ñ*, *ll* und *ch* fällt aus. Dementsprechend von *mullir*: *mulló, mulleron, mullendo*, von *henchir*: *hinchó, hincheron, hinchendo* Gerundio: *gruñendo*	gruñ*o* gruñ*es* gruñ*e* gruñ*imos* gruñ*ís* gruñ*en*	gruñ*a* gruñ*as* gruñ*a* gruñ*amos* gruñ*áis* gruñ*an*	gruñ*í* gruñ*iste* gruñ*ó* gruñ*imos* gruñ*isteis* gruñ*eron*
3i sentir. Betontes Stamm-*e* wird *ie*; unbetontes *e* bleibt vor silbenbildendem *i* der Endung, sonst geht es in ...*i*... über; dementsprechend *adquirir*: ⟩ntes Stamm-*i* wird *ie*; unbetontes *i* bleibt überall erhalten Gerundio: *sintiendo*	s*ie*nt*o* s*ie*nt*es* s*ie*nt*e* s*e*nt*imos* s*e*nt*ís* s*ie*nt*en*	s*ie*nt*a* s*ie*nt*as* s*ie*nt*a* s*i*nt*amos* s*i*nt*áis* s*ie*nt*an*	s*e*nt*í* s*e*nt*iste* s*i*nt*ió* s*e*nt*imos* s*e*nt*isteis* s*i*nt*ieron*
3k dormir. Betontes Stamm-*o* wird *ue*; unbetontes *o* bleibt, wenn die Endung silbenbildendes *i* hat; sonst geht es in ...*u*... über Gerundio: *durmiendo*	d*ue*rm*o* d*ue*rm*es* d*ue*rm*e* d*o*rm*imos* d*o*rm*ís* d*ue*rm*en*	d*ue*rm*a* d*ue*rm*as* d*ue*rm*a* d*u*rm*amos* d*u*rm*áis* d*ue*rm*an*	d*o*rm*í* d*o*rm*iste* d*u*rm*ió* d*o*rm*imos* d*o*rm*isteis* d*u*rm*ieron*
3l medir. Das Stamm-*e* bleibt, wenn in der Endung ein silbenbildendes ...*i*... steht, sonst wird es, gleichviel ob betont oder nicht, zu ...*i*... Gerundio: *midiendo*	m*i*d*o* m*i*d*es* m*i*d*e* m*e*d*imos* m*e*d*ís* m*i*d*en*	m*i*d*a* m*i*d*as* m*i*d*a* m*i*d*amos* m*i*d*áis* m*i*d*an*	m*e*d*í* m*e*d*iste* m*i*d*ió* m*e*d*imos* m*e*d*isteis* m*i*d*ieron*
3m reír. Geht wie *medir* (3l); folgt unmittelbar auf das aus *e* entstandene *i* ein zweites *i* (der Endung), so fällt letzteres aus Participio: *reído* Gerundio: *riendo*	r*í*o r*í*es r*í*e r*e*imos r*e*ís r*í*en	r*í*a r*í*as r*í*a r*i*amos r*i*áis r*í*an	r*e*í r*e*iste r*i*ó r*e*imos r*e*ísteis r*i*eron
3n erguir. Geht wie *medir*; im Pres. de ind. und subj. und Imper. Nebenformen nach *sentir* mit Übergang von anleutendem *ie...* in *ye...* Gerundio: *irguiendo* Imperativo: *irgue, yergue*	**i**rg*o*, **ye**rg*o* **i**rg*ues*, 　**ye**rg*ues* **i**rg*ue*, 　**ye**rg*ue* **e**rgu*imos* **e**rgu*ís* **i**rg*uen*, 　**ye**rg*uen*	**i**rg*a*, **ye**rg*a* **i**rg*as*, 　**ye**rg*as* **i**rg*a*, 　**ye**rg*a* **i**rg*amos*, 　**ye**rg*amos* **i**rg*áis*, 　**ye**rg*áis* **i**rg*an*, 　**ye**rg*an*	**e**rgu*í* **e**rgu*iste* **i**rgu*ió* **e**rgu*imos* **e**rgu*isteis* **i**rgu*ieron*

Infinitivo	Presente de ind.	Presente de subj.	Pretérito indefinido
3o conducir. Der Stammauslaut *c* wird wie bei *lucir* (3f) vor *a* und *o* zu *zc*. *Pretérito indef.* auf *...je* unregelmäßig	conduzco conduces conduce conducimos conducís conducen	conduzca conduzcas conduzca conduzcamos conduzcáis conduzcan	conduje condujiste condujo condujimos condujisteis condujeron
3p decir. Im *Pres.* und *Imper.* Wechsel von *e* und *i* wie bei *medir*; im *Pres. de ind.* 1. Pers. *sg.* u. im *Pres. de subj.* wird *c* zu *g*. Unregelm. *Fut.* u. *Cond.* vom verkürzten *Inf.* dir; *Pret. indef.* auf *je* Futuro: *diré* Participio: *dicho* Gerundio: *diciendo* Imp. 2. Pers. *sg.*: *di*	digo dices dice decimos decís dicen	diga digas diga digamos digáis digan	dije dijiste dijo dijimos dijisteis dijeron
3q oír. Im *Pres. de ind.* 1. Pers. *sg.* und im *Pres. de subj.* wird hinter dem Stamm *o...* die Verbindung *...ig...* eingeschoben. Unbetontes *...i...* geht zwischen zwei Vokalen in *...y...* über Participio: *oído* Gerundio: *oyendo*	oigo oyes oye oímos oís oyen	oiga oigas oiga oigamos oigáis oigan	oí oíste oyó oímos oísteis oyeron
3r salir. Im *Pres. de ind.* 1. Pers. *sg.* und im *Pres. de subj.* wird *...g...* hinter dem Stamm eingeschoben. Im *Fut.* und *Cond.* wird *i* durch *d* ersetzt Futuro: *saldré* Imp. 2. Pers. *sg.*: *sal*	salgo sales sale salimos salís salen	salga salgas salga salgamos salgáis salgan	salí saliste salió salimos salisteis salieron

Infinitivo	Presente de ind.	Presente de subj.	Imperf. de ind.	Pretérito indefinido
3s venir. Im *Pres.* wird entweder *...g...* hinter dem Stamm eingeschoben, oder es zeigt denselben Wechsel von *e* und *ie* und *i* wie *sentir*. Im *Fut.* und *Cond.* fällt *i* aus und wird durch *d* ersetzt Futuro: *vendré* Gerundio: *viniendo* Imp. 2. Pers. *sg.*: *ven*	vengo vienes viene venimos venís vienen	venga vengas venga vengamos vengáis vengan	venía venías venía veníamos veníais venían	vine viniste vino vinimos vinisteis vinieron

Infinitivo	Presente de ind.	Presente de subj.	Imperf. de ind.	Pretérito indefinido
3t ir. Ganz unregelmäßig, da verschiedene Stämme miteinander abwechseln Gerundio: *yendo* *Imperativo*: **ve** (no **vayas**), **vaya** Vd., **vamos**, id (no **vayáis**), **vayan** Vds.	**voy** **vas** **va** **va***mos* **vai***s* **va***n*	**vay***a* **vay***as* **vay***a* **vay***amos* **vay***áis* **vay***an*	**ib***a* **ib***as* **ib***a* **íb***amos* **ib***ais* **ib***an*	**fu***i* **fu***iste* **fu***e* **fu***imos* **fu***isteis* **fu***eron*

Zahlwörter — Numerales

Die spanischen **Ordnungszahlen** sowie die Grundzahlen *uno* und die Hunderte von *doscientos* ab haben für das weibliche Geschlecht eine besondere Form, die durch Verwandlung des auslautenden *-o* in *-a* (Mehrzahl *-as*) gebildet wird.

Wir geben im folgenden nur die männliche Form ohne Artikel.

Die spanischen Ordnungszahlen 13te bis 19te werden mit Hilfe von *décimo* und der Ordnungszahl des betreffenden Einers gebildet. Von 20ste ab haben alle Ordnungszahlen die Endung *-ésimo*.

Grundzahlen — Números cardinales

- **0** null *cero*
- **1** eins *uno* (Kurzform: *un*), *una*
- **2** zwei *dos*
- **3** drei *tres*
- **4** vier *cuatro*
- **5** fünf *cinco*
- **6** sechs *seis*
- **7** sieben *siete*
- **8** acht *ocho*
- **9** neun *nueve*
- **10** zehn *diez*
- **11** elf *once*
- **12** zwölf *doce*
- **13** dreizehn *trece*
- **14** vierzehn *catorce*
- **15** fünfzehn *quince*
- **16** sechzehn *dieciséis*
- **17** siebzehn *diecisiete*
- **18** achtzehn *dieciocho*
- **19** neunzehn *diecinueve*
- **20** zwanzig *veinte*
- **21** einundzwanzig *veintiuno*, Kurzform: *veintiún*
- **22** zweiundzwanzig *ventidós*
- **30** dreißig *treinta*
- **31** einunddreißig *treinta y un(o)*
- **40** vierzig *cuarenta*
- **50** fünfzig *cincuenta*
- **60** sechzig *sesenta*
- **70** siebzig *setenta*
- **80** achtzig *ochenta*
- **90** neunzig *noventa*
- **100** hundert *ciento*, Kurzform: *cien*
- **101** (ein)hunderteins *ciento un(o)*
- **200** zweihundert *doscientos, -as*
- **300** dreihundert *trescientos*
- **400** vierhundert *cuatrocientos*
- **500** fünfhundert *quinientos*
- **600** sechshundert *seiscientos*
- **700** siebenhundert *setecientos*
- **800** achthundert *ochocientos*
- **900** neunhundert *novecientos*
- **1000** tausend *mil*
- **1875** eintausendachthundertfünfundsiebzig *mil ochocientos setenta y cinco*
- **3000** dreitausend *tres mil*
- **5000** fünftausend *cinco mil*
- **10 000** zehntausend *diez mil*
- **100 000** hunderttausend *cien mil*
- **500 000** fünfhunderttausend *quinientos mil*
- **1 000 000** eine Million *un millón (de)*
- **2 000 000** zwei Millionen *dos millones (de)*

Ordnungszahlen — Números ordinales

Die spanischen Ordnungszahlen werden **1.°**, **2.°**, **3.°** usw. geschrieben, die Kurzform **1.ᵉʳ** und **3.ᵉʳ**, die weiblichen Formen **1.ᵃ**, **2.ᵃ** usw.

1. erste *primero*, Kurzform: *primer*
2. zweite *segundo*
3. dritte *tercero*, Kurzform: *tercer*
4. vierte *cuarto*
5. fünfte *quinto*
6. sechste *sexto*
7. siebte, siebente *sé(p)timo*
8. achte *octavo*
9. neunte *noveno*, *nono*
10. zehnte *décimo*
11. elfte *undécimo*
12. zwölfte *duodécimo*
13. dreizehnte *décimotercero*, *décimotercio*
14. vierzehnte *décimocuarto*
15. fünfzehnte *décimoquinto*
16. sechzehnte *décimosexto*
17. siebzehnte *décimosé(p)timo*
18. achtzehnte *décimoctavo*
19. neunzehnte *decmonono*
20. zwanzigste *vigésimo*
21. einundzwanzigste *vigésimo primero*, *vigésimo primo*
22. zweiundzwanzigste *vigésimo segundo*
30. dreißigste *trigésimo*
31. einunddreißigste *trigésimo prim(er)o*
40. vierzigste *cuadragésimo*
50. fünfzigste *quincuagésimo*
60. sechzigste *sexagésimo*
70. siebzigste *septuagésimo*
80. achtzigste *octogésimo*
90. neunzigste *nonagésimo*
100. hundertste *centésimo*
101. hunderterste *centésimo primero*
200. zweihundertste *ducentésimo*
300. dreihundertste *trecentésimo*
400. vierhundertste *cuadringentésimo*
500. fünfhundertste *quingentésimo*
600. sechshundertste *sexcentésimo*
700. siebenhundertste *septingentésimo*
800. achthundertste *octingentésimo*
900. neunhundertste *noningentésimo*
1000. tausendste *milésimo*
1875. eintausendachthundertfünfundsiebzigste *milésimo octingentésimo septuagésimo quinto*
3000. dreitausendste *tres milésimo*
100 000. hunderttausendste *cien milésimo*
500 000. fünfhunderttausendste *quinientos milésimo*
1 000 000. millionste *millonésimo*
2 000 000. zweimillionste *dos millonésimo*

Bruchzahlen — Números quebrados

½ ein halb *medio, media*; 1½ eineinhalb *od*. anderthalb *uno y medio*; ½ Meile *media legua*; 1½ Meilen *legua y media*; 2½ Meilen *dos leguas y media*.

⅓ ein Drittel *un tercio*; ⅔ *dos tercios*.

¼ ein Viertel *un cuarto*; ¾ *tres cuartos* *od*. *las tres cuartas partes*; ¼ Stunde *un cuarto de hora*; 1¼ Stunden *una hora y un cuarto*.

⅕ ein Fünftel *un quinto*; 3⅘ *tres y cuatro quintos*.

¹⁄₁₁ ein Elftel *un onzavo*; ⁵⁄₁₂ *cinco dozavos*; ⁷⁄₁₃ *siete trezavos* usw.

Vervielfältigungszahlen — Números proporcionales

Einfach *simple*, zweifach *doble, duplo*, dreifach *triple*, vierfach *cuádruplo*, fünffach *quíntuplo*, sechsfach *séxtuplo*, siebenfach *séptuplo*, achtfach *óctuplo*, zehnfach *décuplo*, hundertfach *céntuplo*.

Einmal *una vez*; zwei-, drei-, viermal *usw. dos, tres, cuatro veces*; zweimal soviel *dos veces más*; noch einmal *otra vez*.

$7 + 8 = 15$ sieben und acht ist fünfzehn *siete y ocho son quince*.

$10 - 3 = 7$ zehn weniger drei ist sieben *diez menos tres son siete; de tres a diez van siete*.

$2 \times 3 = 6$ zwei mal drei ist sechs *dos por tres son seis*.

$20 : 4 = 5$ zwanzig (geteilt) durch vier ist fünf *veinte dividido por cuatro es cinco; veinte entre cuatro son cinco*.

Zahladverbien — Adverbios numerales

Erstens *en primer lugar, primero, primeramente* (1.°)
Zweitens *en segundo lugar, segundo* (2.°)
Drittens *en tercer lugar, tercero* (3.°)

Potenzen, Wurzeln und Prozente
Potencias, raíces y porcentajes

Potenz: 3^2 drei hoch zwei *tres elevado a la segunda potencia* oder *tres elevado a dos*
Wurzel: $\sqrt{9}$ Wurzel aus neun *la raíz cuadrada de nueve*
Prozent: 4% vier Prozent *el* oder *un cuatro por ciento*

Vervielfältigungszahlen — Números proporcionales

Einfach *simple*, zweifach *doble, duplo*, dreifach *triple*, vierfach *cuádruplo*, fünffach *quíntuplo*, sechsfach *séxtuplo*, siebenfach *séptuplo*, achtfach *óctuplo*, zehnfach *décuplo*, hundertfach *céntuplo*.

Einmal *una vez*; zwei-, drei-, viermal *usw. dos, tres, cuatro veces*; zweimal soviel *dos veces más*; noch einmal *otra vez*.

$7+8=15$ sieben und acht ist fünfzehn *siete y ocho son quince.*

$10-3=7$ zehn weniger drei ist sieben *diez menos tres son siete; de tres a diez van siete.*

$2 \times 3 = 6$ zwei mal drei ist sechs *dos por tres son seis.*

$20:4=5$ zwanzig (geteilt) durch vier ist fünf *veinte dividido por cuatro es cinco; veinte entre cuatro son cinco.*

Zahladverbien — Adverbios numerales

Erstens *en primer lugar, primero, primeramente* (1.°)
Zweitens *en segundo lugar, segundo* (2.°)
Drittens *en tercer lugar, tercero* (3.°)

Potenzen, Wurzeln und Prozente
Potencias, raíces y porcentajes

Potenz: 3^2 drei hoch zwei *tres elevado a la segunda potencia* oder *tres elevado a dos*
Wurzel: $\sqrt{9}$ Wurzel aus neun *la raíz cuadrada de nueve*
Prozent: 4% vier Prozent *el* oder *un cuatro por ciento*